◇ 中国建设年鉴 2022

Yearbook of China Construction 《中国建设年鉴》编委会 编

中国建筑工业出版社

图书在版编目（CIP）数据

中国建设年鉴 = Yearbook of China Construction. 2022 /《中国建设年鉴》编委会编. — 北京：中国建筑工业出版社，2023.6

ISBN 978-7-112-28774-1

Ⅰ.①中… Ⅱ.①中… Ⅲ.①城乡建设－中国－2022－年鉴 Ⅳ.①F299.2－54

中国国家版本馆 CIP 数据核字（2023）第 097210 号

责任编辑：杜　洁　胡明安　张文胜

责任校对：李美娜

中国建设年鉴 2022

Yearbook of China Construction

《中国建设年鉴》编委会　编

*

中国建筑工业出版社出版、发行(北京海淀三里河路 9 号)

各地新华书店、建筑书店经销

北京红光制版公司制版

北京中科印刷有限公司印刷

*

开本：880 毫米×1230 毫米　1/16　印张：44　插页：8　字数：1453 千字

2023 年 9 月第一版　　2023 年 9 月第一次印刷

定价：**380.00** 元

ISBN 978-7-112-28774-1

(41076)

编辑说明

一、《中国建设年鉴》是由住房和城乡建设部组织编纂的综合性大型资料工具书，中国建筑工业出版社具体负责编辑出版工作。每年一册，逐年编辑出版。

二、《中国建设年鉴》力求综合反映我国住房城乡建设事业发展与改革年度情况，内容丰富，资料来源准确可靠，具有很强的政策性、指导性、文献性。可为各级建设行政主管领导提供参考，为地区和行业建设发展规划和思路提供借鉴，为国内外各界人士了解中国建设情况提供信息。本书具有重要的史料价值、实用价值和收藏价值。

三、《中国建设年鉴》2022卷力求全面记述2021年我国房地产业、住房保障、城乡规划、城市建设、村镇建设、建筑业、建筑节能与科技和国家基础设施建设等方面的主要工作，突出新思路、新举措、新特点。

四、《中国建设年鉴》记述时限一般为上一年度1月1日至12月31日。为保证有些条目内容的完整性和时效性，个别记述在时限上有所上溯或下延。为方便读者阅读使用，选录的部分新闻媒体稿件，在时间的表述上，有所改动，如“今年”改为“2021年”。

五、《中国建设年鉴》采用分类编辑方法，按照篇目、栏目、分目、条目依次展开，条目为主要信息载体。全卷设7个篇目，篇目内包含文章、分目、条目和表格。标有【 】者为条目的题目。

六、《中国建设年鉴》文稿的内容、文字、数据、保密问题等均经撰稿人所在单位把关审定，由《中国建设年鉴》编辑部汇总编辑完成。

七、我国香港特别行政区、澳门特别行政区和台湾地区建设情况暂未列入本卷。

八、限于编辑水平和经验，本年鉴难免有错误和缺点，欢迎广大读者提出宝贵意见。

九、谨向关心支持《中国建设年鉴》的各级领导、撰稿人员和广大读者致以诚挚的感谢！

《中国建设年鉴2022》编辑委员会

党委书记、局长

刘　峰　天津市城市管理委员会党组书记、主任

胡广杰　上海市住房和城乡建设管理委员会主任

史家明　上海市水务局（上海市海洋局）党组书记、局长

岳　顺　重庆市住房和城乡建设委员会党组书记、主任

于文学　河北省住房和城乡建设厅党组书记、厅长

黄　巍　山西省住房和城乡建设厅党组书记、厅长

郭玉峰　内蒙古自治区住房和城乡建设厅党组书记、厅长

高起生　黑龙江省住房和城乡建设厅党组书记、厅长

魏举峰　辽宁省住房和城乡建设厅党组书记、厅长

徐　亮　吉林省住房和城乡建设厅党组书记、厅长

王学峰　江苏省住房和城乡建设厅党组书记、副厅长

应柏平　浙江省住房和城乡建设厅党组书记、厅长

常业军　安徽省住房和城乡建设厅党组书记、厅长

朱子君　福建省住房和城乡建设厅党组书记、厅长

李绪先　江西省住房和城乡建设厅党组书记、厅长

王玉志　山东省住房和城乡建设厅厅长

王　艺　河南省住房和城乡建设厅党组书记、厅长

刘丰雷　湖北省住房和城乡建设厅党组书记、厅长

唐道明　湖南省住房和城乡建设厅党组书记、厅长

张　勇　广东省住房和城乡建设厅党组书记、厅长

杨绿峰　广西壮族自治区住房和城乡建设厅党组书记、厅长

王　鹏　海南省住房和城乡建设厅党组书记、厅长

钟鸣明　海南省水务厅党组书记、副厅长

田　文　四川省住房和城乡建设厅党组书记、厅长

周宏文　贵州省住房和城乡建设厅党组书记、厅长

尹　勇　云南省住房和城乡建设厅党组书记、厅长

余和平　西藏自治区住房和城乡建设厅党组书记、副厅长

张晓峰　陕西省住房和城乡建设厅党组书记、厅长

苏海明　甘肃省住房和城乡建设厅党组书记、厅长

葛文平　青海省住房和城乡建设厅党组书记、副厅长

马汉文　宁夏回族自治区住房和城乡建设厅党组书记

李宏斌　新疆维吾尔自治区住房和城乡建设厅党组书记、副厅长

王宝龙　新疆生产建设兵团住房和城乡建设局党组书记、局长

梁春波　大连市住房和城乡建设局局长

毕维准　青岛市住房和城乡建设局党组书记、局长

金伟平　宁波市住房和城乡建设局党组书记、局长

李德才　厦门市建设局党组书记、局长

徐松明　深圳市住房和建设局党组书记、局长

孔繁昌　深圳市规划和自然资源局党组成员、副局长

刘郁林　工业和信息化部信息通信发展司

一级巡视员

邹首民　生态环境部科技与财务司司长

郭青松　交通运输部水运局副局长

王明亮　文化和旅游部财务司副司长

吴明友　中国国家铁路集团有限公司建设管理部专员兼副主任

李存东　中国建筑学会秘书长

陈　重　中国风景园林学会理事长

王长远　中国市长协会秘书长

王子牛　中国勘察设计协会副理事长

赵　峰　中国建筑业协会副秘书长

杨存成　中国安装协会秘书长

宋为民　中国建筑金属结构协会副会长兼秘书长

王学军　中国建设监理协会副会长兼秘书长

王中奇　中国建筑装饰协会会长

杨丽坤　中国建设工程造价管理协会理事长

王要武　哈尔滨工业大学教授

《中国建设年鉴2022》工作执行委员会

丁富军　住房和城乡建设部办公厅综合处处长

梁　爽　住房和城乡建设部办公厅秘书处处长

张　开　住房和城乡建设部办公厅宣传信息处处长

范宏柱　住房和城乡建设部办公厅工程审批改革处处长

陈　静　住房和城乡建设部办公厅档案处处长

尹飞龙　住房和城乡建设部法规司综合处三级调研员

徐明星　住房和城乡建设部住房改革与发展司（研究室）综合处处长

司　儆　住房和城乡建设部住房保障司综合处处长

袁　雷　住房和城乡建设部标准定额司综合处处长

王永慧　住房和城乡建设部房地产市场监管司综合处处长

张　磊　住房和城乡建设部建筑市场监管司综合处处长

邱绪建　住房和城乡建设部城市建设司综合处处长

屈丹峰　住房和城乡建设部村镇建设司综合处处长

宋梅红　住房和城乡建设部工程质量安全监管司综合处处长

南　楠　住房和城乡建设部建筑节能与科技司综合处处长

杨　林　住房和城乡建设部住房公积金监管司综合处处长

李　冬　住房和城乡建设部城市管理监督局综合处处长

江云辉　住房和城乡建设部计划财务与外事司综合处处长

彭　赟　住房和城乡建设部人事司综合与机构编制处处长

胡秀梅　住房和城乡建设部直属机关党委办公室主任

刘美芝　住房和城乡建设部政策研究中心综合处处长

张海荣　全国市长研修学院（住房和城乡建设部干部学院）院务办公室主任

乔　斐　住房和城乡建设部人力资源开发中心办公室主任

付春玲　住房和城乡建设部执业资格注册中心办公室主任

史现利　中国建筑出版传媒有限公司（中国城市出版社有限公司）总经理办公室主任

刘忠昌　北京市住房和城乡建设发展研究中心主任

堵锡忠　北京市城市管理委员会研究室主任

马兴永　北京市规划和自然资源委员会研究室（宣传处）主任（处长）

吴富宁　北京市水务局研究室主任

郭　勇　北京市城市管理综合行政执法局

办公室主任

王祥雨　天津市住房和城乡建设委员会办公室主任

孙君普　天津市规划和自然资源局办公室主任

刘　韧　天津市城市管理委员会政策法规处处长

徐存福　上海市住房和城乡建设管理委员会政策研究室主任

魏梓兴　上海市水务局（上海市海洋局）办公室主任

吴　鑫　重庆市住房和城乡建设委员会办公室主任

郭骁辉　河北省住房和城乡建设厅办公室主任

毕晋锋　山西省住房和城乡建设厅办公室主任

郭　辉　内蒙古自治区住房和城乡建设厅办公室主任

姜殿彬　黑龙江省住房和城乡建设厅办公室主任

刘绍伟　辽宁省住房和城乡建设厅办公室主任

刘　金　吉林省住房和城乡建设厅行业发展处处长

金　文　江苏省住房和城乡建设厅办公室主任

何青峰　浙江省住房和城乡建设厅办公室办公室主任

徐春雨　安徽省住房和城乡建设厅办公室主任

张志红　福建省住房和城乡建设厅办公室主任

江建国　江西省住房和城乡建设厅办公室主任

潘岚君　山东省住房和城乡建设厅办公室主任

董海立　河南省住房和城乡建设厅办公室主任

张明豪　湖北省住房和城乡建设厅办公室主任

张传领　湖南省住房和城乡建设厅办公室主任

杨震侃　广东省住房和城乡建设厅办公室主任

湛志宏　广西壮族自治区住房和城乡建设信息中心党组书记、主任

程叶华　海南省住房和城乡建设厅政策法规处处长

云大健　海南水务厅城乡水务处副处长

吴城林　四川省住房和城乡建设厅办公室主任、一级调研员

俞建英　贵州省住房和城乡建设厅法规处一级调研员

路尚文　云南省住房和城乡建设厅办公室主任

龚世军　西藏自治区住房和城乡建设厅办公室主任

杜晓东　陕西省住房和城乡建设厅政策法规处处长

梁小鹏　甘肃省住房和城乡建设厅办公室主任

李志国　青海省住房和城乡建设厅办公室主任

李有军　宁夏回族自治区住房和城乡建设厅办公室主任

王　言　新疆维吾尔自治区住房和城乡建设厅城建档案馆馆长

张美战　新疆生产建设兵团住房和城乡建设局办公室主任

何运荣　大连市住房和城乡建设局机关党委办公室主任

张明亮　青岛市住房和城乡建设局政策研究室主任

沈　波　宁波市住房和城乡建设局办公室主任

李小平　厦门市建设局办公室主任

卢成建　深圳市住房和建设局办公室副主任

孙　侑　深圳市规划和自然资源局办公室主任

张　寰　工业和信息化部信息通信发展司通信建设处处长

逯元堂　生态环境部科技与财务司投资处处长

高鹏飞　交通运输部水运局办公室主任

杨　雪　文化和旅游部财务司规划统计处处长

刘俊贤　中国国家铁路集团有限公司建设管理部综合处处长

张松峰　中国建筑学会副秘书长

贾建中　中国风景园林学会秘书长

杨　捷　中国市长协会副秘书长

汪祖进　中国勘察设计协会副秘书长

金　玲　中国建筑业协会建筑业高质量发展研究部主任

赵金山　中国安装协会副秘书长兼办公室主任

赵志兵　中国建筑金属结构协会副秘书长、办公室主任

孙　璐　中国建设监理协会行业发展部主任

张京跃　中国建筑装饰协会副会长兼秘书长

李　萍　中国建设工程造价管理协会行业发展部主任

《中国建设年鉴》编辑部

特邀审稿：马　红

编　　辑：杜　洁　胡明安　张文胜　武　洲

电　　话：010-58337201

地　　址：北京市海淀区三里河路9号院中国建筑出版传媒有限公司

《中国建设年鉴2022》主要撰稿人名单（以姓氏笔画为序）

于君涵　王　伟　王　玮　王　放　王　骁　王　森　王玉珠　王佳佳

王相鹏　王翔雨　王遂社　亢　博　尹飞龙　卢文辉　田　军　田　歌

史振伟　付彦荣　邢　政　曲怡然　吕志翠　朱　乐　朱海波　朱智勇

伍　燕　向贵和　刘　延　刘　金　刘　奕　刘　巍　刘叶冲　刘尚超

刘泽群　刘俊贤　刘朝革　刘瑞平　刘瑞清　刘静雯　闫　军　关常来

米玉婷　江爱·海达尔　安　昭　许伟义　许明磊　许想想　许澜馨

孙　璐　孙桂珍　纪丰岩　严德华　苏　琦　杜莜靖　杜凌波　李　琳

李　童　李　慧　李　蕊　李志业　李芳馨　李根芽　李雪菊　杨　帆

杨铭洋　肖忠钰　吴汉卫　吴绵胜　何声卫　何丽雯　冷　亮　汪成钢

宋雪文　宋维修　张　伟　张　爽　张　敏　张　睿　张艺扬　张亚衡

张利洁　张宏震　张俊勇　张勇智　张振洲　张爱华　张海荣　张盛莉

张野田　张婷婷　陆怀安　陈　锋　陈天平　陈文芳　范宏柱　林梓轩

林蓓蓓　季　帆　岳　乐　周　琦　周志红　周英豪　周静煊　屈允永

屈超然　封　尧　赵　霆　赵金山　胡　亮　胡秀梅　胡建坤　侯丽娟

姜　洋　费忠军　姚春玲　贺铁聪　格根哈斯　贯立宏　夏　萍　顾永宁

钱　璟　倪广丽　高　俊　高　健　堵锡忠　曹　玮　盖成福　舒东昌

褚苗苗　潘　群　潘志成

目　录

专　题　报　道

建　设　综　述

各 地 建 设

政策法规文件

数据统计与分析

部属单位、团体

附　录

燃气、电力、排水、供热等配套基础设施成为改造重点
——补上老旧小区配套设施短板

装电梯、加保温层，老旧小区改造正让越来越多城镇居民受益。下一步的重点是什么?

国家发展改革委、住房城乡建设部日前联合印发《关于加强城镇老旧小区改造配套设施建设的通知》（以下简称《通知》），要求对2000年底前建成的需改造城镇老旧小区配套设施短板进行摸排，以燃气、电力、排水、供热等配套基础设施和养老、托育、停车、便民、充电桩等民生设施为重点，进行优先改造。

这些“看不到”“难看到”的地方，是老旧小区运行的痛点堵点。补上配套设施短板，让居民充满期待。

摸排“看不见的地方”

——排查配套基础设施存在的安全隐患，摸排民生设施缺口情况

老旧小区的“老”和“旧”，不仅体现在具体的楼龄上，更隐藏在许多“看不见的地方”。

“加装电梯、路面硬化，这些都是‘看得见的地方’，而‘看不见的地方’也应成为改造的重点对象。”提起老旧小区改造，北京市海淀区某老旧小区居民陈军这样说。陈军所居住的小区建成于20世纪80年代初，由于楼龄较老，小区配套设施存在排水设施老化、暖气温度不高、入户光纤网速较慢等问题。以排水设施为例，楼内上下水管道为铸铁材质，老化锈蚀较为严重，存在渗水漏水等现象。“每到停水后恢复供水时，水都是棕红色的，还掺杂着沙砾，要排很久才能恢复清澈。管道锈蚀已经影响到水质，我家不烧自来水喝，也不用它做饭。”陈军说。

对民生设施缺口，老旧小区的居民们同样有很强烈改造意愿。

“楼门高出地面5级台阶，却没有无障碍设施，对于坐轮椅、拄拐杖的老人特别不方便。小区里老人多、孩子多，缺少养老托育设施。”年过八旬的王淑珍老人住在北京市朝阳区一处建于上世纪90年代的小区，眼下就有一桩烦心事：“我们这里是一梯两户的结构，有些业主干脆就把电梯外的公共空间圈占了，打隔断、存杂物，感觉很不安全，但物业又没有执法权，现在成了‘老大难’问题。”王淑珍说。

这些“看不到”“难看到”的地方，既包含市政配套设施等基础类改造内容、满足居民生活便利需要的完善类改造内容，也包含丰富公共服务的提升类改造内容，正是下一阶段老旧小区改造的重点。

《通知》要求排查燃气、电力、排水、供热等配套基础设施以及公共空间等可能存在的安全隐患；摸排养老、托育、停车、便民、充电桩等设施缺口情况。在此基础上，上述设施将作为重点内容得到优先改造。

国务院发展研究中心市场经济研究所研究员任兴洲对本报记者表示，老旧小区相关设施改造是一项包括前期立项、中期建设、后期管理维护在内的系统性工程，前期摸排到位、面向居民做好解释引导，是做好改造的重要前提。具体实施过程中也要坚持因地制宜、分类施策，力争做到一地一策、一小区一策。“摸清情况，找准短板，在改造过程中首先力求实效，将极大提升老旧小区居民获得感、幸福感。”任兴洲说。

建设好、更新好、管护好

——加强事中事后监管，推行物业专业化管理，完善长效管理机制

补上老旧小区配套设施短板，是一项复杂而细致、牵涉面广的大工程。

“我们希望把铸铁管换成PVC（聚氯乙烯）的，但这真的是大工程，要换就得整串换，需要有人组织协调、各户统一行动。当然，也需要不少钱。”陈军告诉记者，要解决排水设施老化的问题，单凭个别业主和物业公司的力量是远远不够的，需要多个主体在各环节形成合力，才能实现“标本兼治”。

王淑珍表示，设施建好了，也要管好，这就要提升社区、物业和相关部门的服务管理能力。

“我们小区停车位不仅缺少，而且管理无序。有的户一个也没有，有的人却占有多个。时间长了，很多居民对设施管理者缺乏信任。”

配套设施改造，需要压实责任主体。《通知》强调，首先要落实专业经营单位的社会责任和安全责任，做好安全巡查和设施管养。在完善长效管理机制方面，各级城市（县）要履行安全管理主体责任，相关部门要按职责开展安全监督检查。此外，要建立居委会、业委会、物业公司等广泛参与、共商事务、协调互动的社区管理新机制，推进社区基层治理体系和治理能力现代化，共同维护改造成果。

改造过程中的统筹协调也很重要。“各家单位管养设施常常是‘九龙治水’，缺乏协调。今天挖水管子，明天修井，后天动光缆……挖了填、填了挖，时不时再停个水，给居民生活带来很多不便。”陈军说。为此，《通知》在工程质量安全监管方面对项目行业主管单位、建设单位、勘察设计单位、施工单位、监理单位均提出相应要求，同时明确强化项目建设统筹协调，优化空间布局和建设时序，避免反复开挖。

此外，部分老旧小区由于历史原因没有物管、配套设施产权不明晰，成为中长期配套设施维护更新的障碍。《通知》明确，城镇老旧小区完成改造后，有条件的小区通过市场化方式选择专业物业服务公司接管；引导将相关配套设施产权依照法定程序移交给专业经营单位，由其负责化后续维护管理。

多渠道筹措资金

——统筹地方财力；鼓励金融机构参与；引导居民出资参与

不少居民和专营单位、物管企业工作人员在采访中表示，配套设施和民生设施改造作为老旧小区改造的难点，“难就难在资金”。

任兴洲认为，解决“钱从哪儿来”的问题，关键在于创新投融资机制，推动多主体共建共改；同时，要着眼于改造的可持续性，促进资金活水持续涌流，避免筹措资金过程变为“一锤子买卖”。

明确多种资金来源，正是此次《通知》的一大亮点。

一方面，《通知》强调，中央预算内投资全部用于城镇老旧小区改造配套设施建设项目；各地应统筹地方财力，重点安排消除城镇老旧小区各类安全隐患、提高排水防涝能力、完善养老托育设施、建设停车场和便民设施等城镇老旧小区配套设施改造内容。同时，专业经营单位要落实出资责任，优先安排老旧小区配套设施改造资金。

另一方面，《通知》指出，发挥开发性、政策性金融支持的重要作用；鼓励金融机构参与投资地方政府设立的老旧小区改造等城市更新基金；对养老托育、停车等有一定盈利的改造内容，鼓励社会资本专业承包单项或多项等；按照谁受益、谁出资原则，积极引导居民出资参与改造等。

“谁受益、谁出资，这6个字落实起来难度不小。2013年，物业在电梯里贴出公告，表示电梯已属过时产品、亟须大修或更换。现在公告还贴在那儿，就是没人出钱！”王淑珍表示，“我们这些老住户都愿意出钱，维修基金这个池子也该续水了。另外，小区广告牌很多，产生的公共收益也应用于设施养护。”

为落实“谁受益、谁出资”原则，《通知》给出了具体办法：在引导居民出资参与改造时，可采取直接出资、使用（补建、续筹）住宅专项维修资金、让渡小区公共收益等方式。同时，建立健全住宅专项维修资金归集、使用及补建续筹制度；统筹公共设施经营收益等业主共有收入，保障后续管养资金需求。

任兴洲解释，考虑到老旧小区自身特性，配套设施改造资金需要多渠道筹措。这既非财政“大包大揽”，也非业主完全“自掏腰包”，而是通过中央财政、地方财政、居民、社会资本等多主体参与共建共改。

专家表示，不同小区的改造侧重点不同，在“谁出钱”的问题上应坚持具体问题具体分析：基础类改造应由各级财政提供资金支持；完善类、提升类改造则应由居民分摊履行出资责任，社会资本也可通过市场化机制引入，用于具有一定营利性的设施改造。其中，引导居民协商一致并形成共识、取得楼宇乃至小区公共利益的“最大公约数”至关重要。（记者 汪文正）

（2021-10-13　来源：人民日报海外版）

美丽乡村建设

海南省琼海市博鳌镇留客村　　（海南省住房和城乡建设厅　提供）

宁夏回族自治区吴忠市永新村　　（宁夏回族自治区住房和城乡建设厅　提供）

特色小镇

重庆市荣昌区万灵镇　　（重庆市住房和城乡建设委员会　提供）

宁夏回族自治区石嘴山市红果子镇　　（宁夏回族自治区住房和城乡建设厅　提供）

生态园林城市

宁夏回族自治区银川市森林公园　　（宁夏回族自治区住房和城乡建设厅　提供）

重庆磁器口码头　　（重庆市住房和城乡建设委员会　提供）

棚户区改造项目

北京通州区东方厂周边棚户区改造项目 （北京市住房和城乡建设委员会 提供）

山东省淄博市福园小区棚改项目（获得2021年山东工程建设泰山杯奖一等奖）
（山东省住房和城乡建设厅 提供）

棚户区改造项目

山东省青岛西海岸新区棚改项目　　（山东省住房和城乡建设厅　提供）

山东省济宁市嘉祥县棚改项目　　（山东省住房和城乡建设厅　提供）

装配式建筑

宁夏回族自治区吴忠市利通街第二小学综合楼扩建项目AA级装配式建筑

（宁夏回族自治区住房和城乡建设厅　提供）

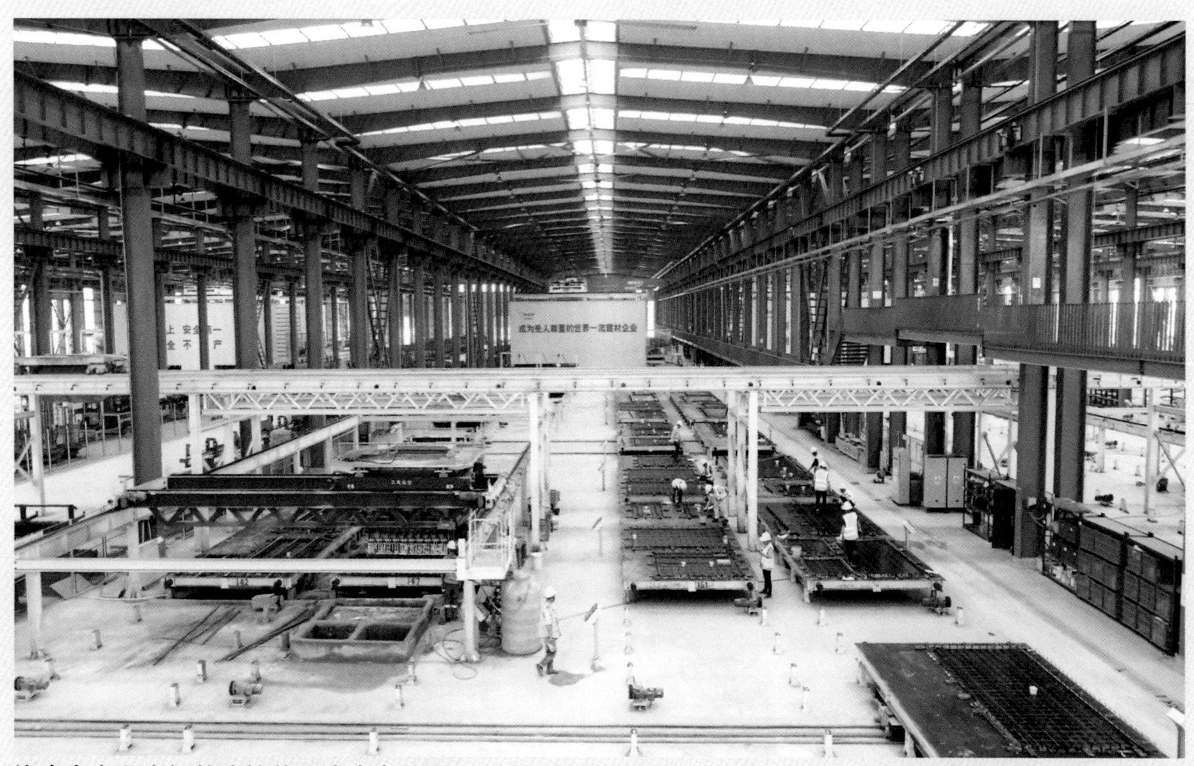

海南定安润丰智慧建筑装配式生产基地　（海南省住房和城乡建设厅　提供）

城市地下综合管廊

北京怀柔科学城地下综合管廊效果图　　（北京市住房和城乡建设委员会　提供）

宁夏回族自治区银川市沈阳路综合管廊　　（宁夏回族自治区住房和城乡建设厅　提供）

北京冬奥工程

北京冬奥村　　（北京市住房和城乡建设委员会　提供）

北京市冰上项目训练基地综合训练馆工程　　（北京市住房和城乡建设委员会　提供）

北京冬奥工程

北京冬奥人才公租房　　（北京市住房和城乡建设委员会　提供）

北京冬奥雪车雪橇中心　　（北京市住房和城乡建设委员会　提供）

鲁班奖工程

西南交通大学犀浦校区3号教学楼建设工程　　（四川省住房城乡建设厅　提供）

海南省儿童医院新建项目　　（海南省住房和城乡建设厅　提供）

建筑新风采

黑龙江省黑河市龙滨公园　　（黑龙江省住房和城乡建设厅　提供）

重庆九龙滩　　（重庆市住房和城乡建设委员会　提供）

建筑新风采

青海省农村信用社联合社办公营业综合楼建设工程　　（青海省住房和城乡建设厅　提供）

青海省海东市朝阳山市政广场景观工程　　（青海省住房和城乡建设厅　提供）

建筑新风采

海口美兰国际机场二期扩建工程航站楼及配套项目　　（海南省住房和城乡建设厅　提供）

海南省海师桂林洋图书馆（中商联合泰盛）　　（海南省住房和城乡建设厅　提供）

建筑新风采

北京学校（中学部及共享区）（北京市住房和城乡建设委员会 提供）

山东省荣成市少年宫（山东省住房和城乡建设厅 提供）

专 题 报 道

稳字当头　稳中求进
推动住房和城乡建设事业高质量发展
以优异成绩迎接党的二十大胜利召开
——全国住房和城乡建设工作会议在京召开

1月20日，全国住房和城乡建设工作会议在北京以视频形式召开。会议深入学习贯彻习近平新时代中国特色社会主义思想，全面贯彻落实党的十九大和十九届历次全会精神、中央经济工作会议精神，总结2021年工作，分析形势和问题，研究部署2022年工作。住房和城乡建设部党组书记、部长王蒙徽作工作报告。

会议认为，2021年，全国住房和城乡建设系统认真贯彻落实习近平总书记重要指示批示精神和党中央、国务院决策部署，深入开展党史学习教育，扎实推进“我为群众办实事”实践活动，有力推动了学党史、悟思想、办实事、开新局；坚持问题导向、目标导向、结果导向，定标准、建平台、强考评，形成了上下联动、齐抓共管的工作新格局；紧扣进入新发展阶段、贯彻新发展理念、构建新发展格局，充分发挥住房和城乡建设在扩内需转方式调结构中的重要支点作用，推动住房和城乡建设事业发展取得了新进展新成效，实现了“十四五”良好开局。

一是统筹疫情防控与住房和城乡建设工作。全国市政公用、环卫、物业等1100多万相关行业从业人员无私奉献，有力保障了城市运行和人民群众生产生活。组织施工企业全力以赴建设疫情防控设施。继续在减免国有房屋租金等方面帮助企业解决困难。排查整治疫情隔离观察场所安全风险隐患，加强公园、社区、房屋市政工程施工工地疫情防控。

二是促进房地产市场平稳健康发展。稳妥实施房地产长效机制，建立部省市调控责任机制，加强政策协调联动。坚决有力处置个别房地产企业房地产项目逾期交付风险。规范发展住房租赁市场。整治房地产市场秩序。在各方面共同努力下，房地产市场运行总体平稳。

三是扎实推进保障性住房建设。加快发展保障性租赁住房，全国40个城市新筹集保障性租赁住房94.2万套。规范发展公租房，新开工公租房8.8万套。稳步推进棚户区改造，各类棚户区改造开工165万套。全面推进城镇老旧小区改造，全国新开工改造城镇老旧小区5.56万个，惠及居民965万户。引导灵活就业人员参加住房公积金制度，完成异地购房提取等5项高频服务事项“跨省通办”。

四是稳妥实施城市更新行动。实施城市体检评估机制，在59个样本城市开展城市体检。制定“城市营建要则”，加强城市建设底线管控，严控超高层建筑规划建设，防止在城市更新中大拆大建。督促各地从广州市大规模迁移砍伐城市树木等事件中深刻汲取教训，全面排查，坚决杜绝破坏性“建设”行为。在21个城市开展城市更新试点。加强历史文化保护传承，建立国家历史文化名城保护评估制度，加大历史文化街区划定和历史建筑确定力度。加强城市内涝治理，推进城市排水防涝设施建设，在20个示范城市系统化全域推进海绵城市建设。推动生活垃圾分类，地级及以上城市开展垃圾分类的小区超过26万个。推进新型城市基础设施建设，一批“新城建”项目落地见效。推进国家、省、市三级城市运行管理服务平台建设，开展市容环境专项整治，巩固深化城市管理执法队伍“强基础、转作风、树形象”专项行动。

五是深入推进美丽宜居乡村建设。推进巩固拓展脱贫攻坚成果同乡村振兴有效衔接，全年农村低收入群体危房改造和抗震改造开工49.29万户。在28个省份81个样本县开展乡村建设评价。制定县城建设“营建要点”，加强县城绿色低碳建设。制定乡村建设“营建要点”，加快农房和村庄建设现代化，全国90%以上的自然村实现生活垃圾收运处置，推进传统村落集中连片保护利用示范。

六是加快推动建筑产业转型升级。推动智能建造与新型建筑工业化协同发展，积极发展装配式建筑，开展钢结构住宅建设试点，大力推广绿色建筑。加强工程质量监管，开展预拌混凝土质量与海砂使用专项督查和冬奥会场馆工程质量检查，开展建设工程质量评价试点。完善工程建设标准。

七是防范治理城乡建设领域风险隐患。指导做好十堰燃气爆炸、郴州房屋倒塌等事故应急处置和调查。指导河南省做好“7·20”特大暴雨灾害应对，协调周边省市紧急驰援。全面开展安全隐患排查整治，排查整治住房和城乡建设领域安全生产隐患77万个，整治城市燃气安全隐患38.66万处，基本完成全国农村房屋安全隐患排查摸底和用作经营的农村自建房阶段性整治。

八是深化拓展重点领域改革。深入推进工程建设项目审批制度改革，专项治理“体外循环”和“隐性审批”问题。深化建筑业“放管服”改革。组织编制“十四五”城乡人居环境建设规划等专项规划，制定实施“十四五”推动长江经济带发展城乡建设行动方案、黄河流域生态保护和高质量发展城乡建设行动方案。

九是全面加强党的建设。坚持把党的政治建设摆在首位，大力推进政治机关建设。落实好基层党组织建设质量提升三年行动计划，毫不松懈治“四风”，加强监督执纪、反腐倡廉和警示教育。选树系统模范典型，全系统108个集体被评选表彰为全国青年文明号。深入开展美好环境与幸福生活共同缔造活动，发动群众共建共治共享美好家园。

会议指出，党的十八大以来，在以习近平同志为核心的党中央坚强领导下，住房和城乡建设事业发展取得了历史性新成就、发生了历史性变革，我们对住房和城乡建设事业发展的规律性认识不断深化，积累了一些成功做法和经验。一是必须坚持以党的政治建设为统领，增强“四个意识”、坚定“四个自信”、做到“两个维护”，确保住房和城乡建设事业始终沿着正确方向前进。二是必须坚持以人民为中心的发展思想，坚守人民立场，不断满足人民对美好生活的向往。三是必须坚持尊重发展规律、尊重客观实际，走出一条中国特色的城市化和城乡融合发展道路。四是必须坚持敬畏历史、敬畏文化、敬畏生态，在保护中发展、在发展中保护，建设好人与人、人与自然和谐共生的美丽家园。五是必须坚持统筹发展和安全，把安全发展贯穿住房和城乡建设各领域各环节，以高水平安全促进高质量发展。六是必须坚持系统观念，统筹规划、建设、管理，实现更高质量、更有效率、更加公平、更可持续、更为安全的发展。七是必须坚持改革创新，全面拓展和深化改革，不断推进制度创新、科技创新、实践创新，破解体制机制障碍。八是必须坚持全面从严治党，保持高度政治自觉和永远在路上的政治定力，为住房和城乡建设事业高质量发展提供坚强政治保障。

会议强调，2022年，全系统要认真贯彻落实党中央、国务院决策部署，坚持稳中求进工作总基调，完整、准确、全面贯彻新发展理念，着力在“增信心、防风险、稳增长、促改革、强队伍”上下功夫。一是增信心。要深刻认识到，我国发展的多方面优势和条件没有变，时与势在我们一边，这是我们的定力和底气所在，也是我们的决心和信心所在。二是防风险。把防风险摆在更加突出的位置，防范化解住房和城乡建设领域风险，坚决守住不发生系统性风险的底线。三是稳增长。充分释放居民住房需求、新型城市基础设施建设投资需求潜力，同步推动扩内需、转方式、调结构，促进经济实现质的稳步提升和量的合理增长。四是促改革。更好地激发企业活力，更好地适应和满足需求变化，推进住房供给侧结构性改革，加快形成与高质量发展相适应的城市开发建设体制机制和政策体系。五是强队伍。忠诚拥护“两个确立”、忠诚践行“两个维护”，悟透以人民为中心的发展思想，树立正确政绩观，切实提高工作能力和水平，建设忠诚干净担当的高素质专业化干部队伍。

会议要求，2022年要重点要抓好八个方面工作。

一是加强房地产市场调控。毫不动摇坚持房子是用来住的、不是用来炒的定位，不把房地产作为短期刺激经济的工具和手段，保持调控政策连续性稳定性，增强调控政策协调性精准性，继续稳妥实施房地产长效机制，坚决有力处置个别头部房地产企业房地产项目逾期交付风险，持续整治规范房地产市场秩序。

二是推进住房供给侧结构性改革。坚持租购并举，多主体供给、多渠道保障，优化住房供应结构。大力增加保障性租赁住房供给，以人口净流入的大城市为重点，全年建设筹集保障性租赁住房240万套（间）。完善城镇住房保障体系，指导各地合理确定本地区住房保障制度安排。加快发展长租房市场。健全住房公积金缴存、使用、管理和运行机制。

三是实施城市更新行动。将实施城市更新行动作为推动城市高质量发展的重大战略举措，健全体系、优化布局、完善功能、管控底线、提升品质、提高效能、转变方式。在设区市全面开展城市体检评估。指导各地制定和实施城市更新规划，有计划有步骤推进各项任务。组织推进燃气等城市管道老化更新改造重大工程。编制城乡历史文化保护传承体系规划纲要。推动城市建设适老化转型，大力推进新型城市基础设施建设。加强城市治理，构建全国城市运行管理服务平台“一张网”，建立部、省、市城市管理工作体系，建立超大特大城市治理风险防控机制。

四是实施乡村建设行动。以农房和村庄建设现代化为着力点，加快建设美丽宜居乡村。在全国100个样本县开展乡村建设评价，实现省级全覆盖。实施农房质量安全提升工程，持续实施危房改造和抗震改造，深入推进农村房屋安全隐患排查整治。落实县城建设“营建要点”，推动转变县城建设方式。落实乡村建设“营建要点”，探索形成符合当地实际的乡村政策机制和建设方式，整治提升农村人居环境。

五是落实碳达峰碳中和目标任务。出台城乡建设领域碳达峰实施方案，指导各地制定细化方案，推动城乡建设绿色发展。研究建立城乡建设碳排放统计监测体系。构建绿色低碳城市、县城、社区、乡村考评指标体系，研究建立考核评价制度和方法。

六是推动建筑业转型升级。坚持守底线、提品质、强秩序、促转型，提高建筑业发展质量和效益。完善智能建造政策和产业体系，大力发展装配式建筑，2022年新建建筑中装配式建筑面积占比达到25%以上。持续开展绿色建筑创建行动。完善工程建设组织模式。加快培育建筑产业工人队伍。健全建筑工程质量安全保障体系，完善工程质量评价制度。

七是推动改革创新和法治建设。深化工程建设项目审批制度改革，推进全流程审批制度化、模式化。强化科技创新支撑。加快构建以强制性标准为核心的新型工程建设标准体系。完善重点领域法律法规，推动出台城镇住房保障条例、住房租赁条例。建立巡查稽查制度，推进信用体系建设。

八是加强党的建设。巩固拓展党史学习教育成果，学深悟透习近平新时代中国特色社会主义思想。加强党的政治建设，深刻认识“两个确立”的决定性意义，始终在思想上政治上行动上同以习近平同志为核心的党中央保持高度一致。践行党的群众路线，持续开展美好环境与幸福生活共同缔造活动。进一步压实全面从严治党主体责任，坚定不移推进住房和城乡建设领域党风廉政建设和反腐败斗争。加强干部队伍建设，教育引导广大干部树立正确政绩观，提高专业素养、专业能力。大力弘扬优良传统和作风，广泛宣传先进典型和模范人物，凝聚全系统共同推动住房和城乡建设事业发展的强大力量。

会议还对岁末年初疫情防控、城市保供、农民工工资发放、安全生产等工作作出了部署。

会议号召，踏上新的征程，全国住房和城乡建设系统要更加紧密地团结在以习近平同志为核心的党中央周围，全面贯彻习近平新时代中国特色社会主义思想，大力弘扬伟大建党精神，以史为鉴、开创未来，埋头苦干、勇毅前行，推动住房和城乡建设事业高质量发展，以优异成绩迎接党的二十大胜利召开。

住房和城乡建设部副部长倪虹、姜万荣、张小宏，中央纪委国家监委驻部纪检监察组组长宋寒松，总工程师李如生，总经济师杨保军出席会议。驻部纪检监察组负责同志，部机关各司局、直属各单位主要负责同志在主会场参加会议。各省、自治区住房和城乡建设厅领导班子，新疆生产建设兵团住房和城乡建设局领导班子，海南省自然资源和规划厅、水务厅领导班子，各直辖市住房和城乡建设（管）委领导班子及规划、城市管理、水务、交通、园林绿化、住房公积金等住房和城乡建设相关主管部门领导班子在分会场参加会议。各省、自治区地级及以上城市（地、州、盟）政府分管负责同志受邀在分会场参加会议。

（2022-01-20　来源：《中国建设报》）

推动住房和城乡建设事业高质量发展——访住房和城乡建设部部长王蒙徽

日前召开的中央经济工作会议要求“坚持租购并举”“因城施策促进房地产业良性循环和健康发展”，并作出“提升新型城镇化建设质量”等部署。

如何推动住房和城乡建设事业高质量发展？明年将重点抓好哪些工作？记者采访了住房和城乡建设部部长王蒙徽。

机遇和挑战并存，明年重点抓好八方面工作

记者：如何看待当前住房和城乡建设工作面临的形势？明年工作将如何开展？

王蒙徽：世纪疫情和百年变局交织，机遇和挑战前所未有。我们既要正视困难，又要坚定信心。

一方面，要客观认识住房和城乡建设事业高质量发展面临的困难和风险挑战。比如，过去形成的“高负债、高杠杆、高周转”的房地产开发经营模式不可持续，“大量建设、大量消耗、大量排放”的城乡建设方式不可持续，既不适应高质量发展的要求，也积累了不少风险隐患。

另一方面，要深刻认识危中有机、化危为机的辩证关系。我国经济稳中向好、长期向好的基本面没有变，我国经济潜力足、韧性大、活力强、回旋空间大、政策工具多的基本特点没有变，我国发展具有的多方面优势和条件没有变。更为重要的是，我们有习近平总书记掌舵领航，有党的坚强领导和中国特色社会主义制度的显著优势，人民群众追求美好生活的愿望十分强烈。时与势在我们一边，这是我们定力和底气所在，也是我们的决心和信心所在。

明年，住房和城乡建设系统将重点抓好八个方面的工作。一是坚持房子是用来住的、不是用来炒的定位，不把房地产作为短期刺激经济的工具和手段，稳妥实施房地产长效机制，因城施策促进房地产业良性循环和健康发展。二是坚持租购并举，加快发展长租房市场，推进保障性住房建设，更好满足群众的住房刚性需求和改善性需求。三是全面实施城市更新行动，统筹城市规划建设管理，推动城市结构优化、功能完善和品质提升。四是全面实施乡村建设行动，开展乡村建设评价，推动农房和村庄建设现代化。五是制定实施城乡建设碳达峰碳中和工作方案，推动形成绿色生产方式和生活方式。六是推动智能建造与建筑工业化协同发展，全面提高建筑业发展质量和效益。七是持续深化改革创新，加快形成与高质量发展相适应的城乡建设体制机制和政策体系。八是坚定不移推进全面从严治党，建设忠诚干净担当的高素质干部队伍。

保持房地产调控政策连续性稳定性，加大“新城建”推进力度

记者：房地产业规模大、链条长、涉及面广，对经济金融稳定和风险防范具有重要的系统性影响。住房和城乡建设部将采取哪些举措促进房地产业良性循环和健康发展？

王蒙徽：房地产长效机制实施以来，在各方面共同努力下，我国房地产市场运行总体平稳。今年下半年以来，受个别房地产头部企业债务违约风险显现等因素影响，市场预期发生变化。

下一步，我们将坚决落实中央经济工作会议部署，牢牢坚持房子是用来住的、不是用来炒的定位，不将房地产作为短期刺激经济的工具和手段，加强预期引导，因城施策促进房地产业良性循环和健康发展。

一是保持调控政策连续性稳定性。继续稳妥实施房地产长效机制，落实城市主体责任，强化省级政府监督指导责任，保障刚性住房需求，满足合理的改善性住房需求，努力做到稳地价、稳房价、稳预期。

二是增强调控政策协调性精准性。加强金融、土地、市场监管等调控政策的协同。加强部省市县调控联动，加强对城市调控工作“一对一”的指导监督。

三是坚决有力处置个别头部房地产企业房地产项目逾期交付风险。以“保交楼、保民生、保稳定”为首要目标，按照省市统筹的工作要求，以法治化市场化为原则，确保社会稳定、国家和群众利益不受损失。

四是持续整顿规范房地产市场秩序。完善市场监管机制，切实维护群众合法权益。

记者：中央经济工作会议要求，实施好扩大内需战略，增强发展内生动力。如何发挥住房和城乡建设在稳增长扩内需中的作用？

王蒙徽：住房和城乡建设是稳增长扩内需、建设强大国内市场的重要领域。我们将按照中央经济工作会议要求，统筹推动稳增长、调结构、促改革，着力稳定宏观经济大盘。

比如，房地产市场的基本面没有变，住房需求依然旺盛。一是住房刚性需求。当前我国常住人口城镇化率63.9%，仍处在快速城镇化阶段，每年城镇新增就业人口1100万以上，带来大量新增住房需求。二是住房改善性需求。2000年前建成的大量老旧住房面积小、质量差、配套不齐全，居民改善居住条件的需求比较旺盛。

又如，基于数字化、网络化、智能化的新型城市基础设施建设投资需求巨大，也是新的经济增长点。过去40多年的高速度、大规模建设积累了一些风险隐患，如地下管线老化、底数不清等问题突出，城市内涝、燃气爆炸等灾害事故频发多发，迫切需要更新改造。

去年以来，我们在21个城市开展了综合试点，

在一些城市作了专项试点，实施了一批“新城建”项目，效果很好。明年我们将进一步加大“新城建”的推进力度，包括全面推进城市信息模型平台建设、实施智能化城市基础设施建设和更新改造、协同发展智慧城市与智能网联汽车、推进智慧社区建设、推动智能建造与建筑工业化协同发展等。

推进供给侧结构性改革，杜绝“破坏性建设”行为

记者：坚持以供给侧结构性改革为主线，住房和城乡建设部将从哪些方面发力？

王蒙徽：我们将用改革的办法推进结构调整，更好地适应和满足需求变化，更好地激发企业活力和消费者潜力。

推进住房供给侧结构性改革。针对新市民、青年人等群体住房需求，加大金融、土地、公共服务等政策支持力度，大力发展保障性租赁住房，因地制宜发展共有产权住房，加快发展长租房市场。针对城镇老旧小区居民的住房改善需求，创新金融支持方式，落实闲置土地利用、存量房屋用途调整等政策，加快形成推进城镇老旧小区改造的政策机制。针对老年人的适老化需求，加强顶层设计，在部分地区开展试点，探索建立完善发展适老化住房的体制机制和政策措施。

加快形成与高质量发展相适应的城市开发建设体制机制和政策体系。当前，我国城市发展进入城市更新的重要时期。我们将在总结各地实践的基础上，加快形成一整套与大规模存量提质改造相适应的城市开发建设体制机制，以及相应的金融、财税、土地等政策体系，推动实施城市更新行动，让群众在城市生活得更方便、更舒心、更美好。

记者：中央经济工作会议强调“坚持正确政绩观，敬畏历史、敬畏文化、敬畏生态”。如何抓好贯彻落实？

王蒙徽：城乡建设是一个系统工程，需要一代代人接续奋斗，必须悟透以人民为中心的发展思想，树立正确政绩观。“运动式”、只顾“显绩”的工作方式，往往会带来“破坏性建设”。

我们要切实提高工作能力和水平，坚持尊重规律、尊重实际、尊重群众。加强调查研究，力戒形式主义、官僚主义，坚决防止简单化、乱作为，坚决反对不担当、不作为。指导各地以负面典型案例为鉴，坚决杜绝“破坏性建设”行为。

（2021-12-26　来源：人民日报）

促进租购并举　扩大制度惠及面——我国建立住房公积金制度 30 周年综述

新华社北京 11 月 29 日电　题：促进租购并举　扩大制度惠及面——我国建立住房公积金制度 30 周年综述

新华社记者　王优玲、郑钧天

从只允许有单位的职工缴存到灵活就业人员也可缴存，从主要支持职工贷款购房到支持租购并举，从“窗口办理”到“一网通办”……我国建立住房公积金制度 30 年来，不断创新提升服务，扩大制度惠及面，有力支持了百姓的基本居住需求。

住房公积金“按月还房租”试点近日在广州破冰。23 岁的徐祉祎今年刚入户广州，她租的房子正是该试点覆盖项目。

“公司帮我交了住房公积金，我办理完申请手续后，每个月自动扣划租金，减轻了我这样刚毕业大学生的经济压力。”徐祉祎坐在出租屋沙发上告诉记者，住房租赁企业对住房公积金缴存租客有专门优惠，不但免交租房押金，房租也打折。

据介绍，在广州“按月还房租”服务项目中，住房公积金管理中心与缴存人、租赁机构对接，实现按月自动扣划住房公积金支付房租。缴存人租房时，申请使用住房公积金账户余额自动还款，按月自动提取住房公积金支付房租。

为徐祉祎提供住房的租赁企业负责人刘洋说，与住房公积金中心合作，房租用公积金按月缴付，手续办理不复杂，能为企业带来优质稳定的客户，还能大大降低管理成本。

近年来，住房和城乡建设部认真贯彻落实党中央、国务院要求，推动建立多主体供给、多渠道保障、租购并举的住房制度，更好地支持租房、购房等多样化的基本住房需求，也正是住房公积金系统服务创新提升的应时之举。

住房公积金制度1991年在上海初创，并随后在全国普遍建立发展起来。住房和城乡建设部数据显示，截至2020年末，累计归集住房公积金19.6万亿元，提取12.3万亿元，发放个人住房贷款11.1万亿元，帮助5800多万缴存人贷款购房。

住房和城乡建设部相关司局负责人说，30年来，住房公积金制度在解决住房问题上充分体现了互助性、保障性，法规和制度建设不断完善，资金使用效能不断提高，服务水平全面提升，信息化建设不断加快，为推动实现住有所居发挥了重要作用。

据介绍，住房和城乡建设部为支持新市民、青年人等群体的住房需求，正在重庆等部分城市开展灵活就业人员参加住房公积金制度试点，进一步扩大制度惠及面。

近年来，在一些大城市逐步推广的共有产权住房中，住房公积金制度也发挥了“一臂之力”。上海、广州等城市针对购买共有产权房的住房公积金缴存人，提出了差异化的贷款、提取和还贷政策，帮助刚需群体实现安居梦。

在支持保障房建设上，住房和城乡建设部相关司局负责人说，住房公积金运作产生的增值收益，在留足贷款风险准备金、住房公积金管理中心的管理费用后，全部补充用于城市公租房（廉租住房）建设。截至2020年末，累计上缴城市公租房（廉租住房）建设补充资金4692亿元。

住房公积金跨省自由流动一直是服务攻坚“痛点”。我国流动人口规模超过2亿人，住房公积金缴存者异地缴存、使用住房公积金的需求不断增长。

在南京买房、在上海缴存住房公积金的崔彬便有此迫切需求。她看着手机上购房提取住房公积金15万元到账的信息，不由得松了一口气。

“我担心来回跑几趟才能提取，没想到这么方便。”她告诉记者，在长三角“一网通办”平台的住房公积金服务专栏中，只需填写并确认个人身份、不动产等信息，“点点手指”就能办结业务，使资金迅速到账。

上海市公积金管理中心相关负责人介绍，长三角住房公积金一体化工作，目前已实现一市三省19个试点城市购房提取住房公积金“零跑动、零材料、零等候”。住房公积金单位登记开户、住房公积金单位缴存信息变更等4项“跨省通办”服务事项近日也在长三角“一网通办”平台上线，业务范围进一步拓展。

记者在采访中了解到，住房公积金系统以缴存人需求为导向推进信息化建设，不断克服各省数据共享、交互、标准化方面的障碍。2019年建成数据平台，联通所有住房公积金管理机构数据，为提供统一便捷的服务奠定了基础。

让数据多跑路，群众少跑腿。2021年，全国住房公积金小程序建成上线，可为1.5亿个缴存职工提供住房公积金缴存和使用情况查询，以及异地转移接续服务。在信息化手段的支撑下，住房公积金系统通过全程网办、两地联办、代收代办三种途径实现住房公积金高频服务事项“跨省通办”。

（2021-11-30 来源：新华社）

住房保障建设蹄疾步稳

重在解决大城市住房突出问题，缓解新市民、青年人住房困难的保障性租赁住房建设已经驶入快车道。住房和城乡建设部发布的数据显示，今年全国40个城市计划新筹集保障性租赁住房93.6万套，1月份至10月份已开工77万套，占全年计划的82.2%。长沙、成都、青岛、济南、南京、武汉、宁波、南宁、杭州等十余城市已完成年度计划。

从各地近期明确的“十四五”时期保障性租赁住房建设目标看，各地将切实增加保障性租赁住房供给。住房和城乡建设部副部长倪虹近日表示，保障性租赁住房是新发展阶段住房保障工作的重中之重，各地加快发展保障性租赁住房，形成了一批可复制可推广的经验。

多地公布建设规划

保障性租赁住房让城市新市民、青年人看到了解决住房问题的希望。哪些城市将重点发展保障性租赁住房？未来又将有多少供应量？

之前，国务院办公厅发布《关于加快发展保障性租赁住房的意见》，加快了发展保障性租赁住房的步伐。各地确定“十四五”时期保障性租赁住房建设目标和政策措施，制定年度计划，并陆续向社会公布。

浙江省住房和城乡建设厅厅长项永丹说，以浙江省为例，未来将在11个设区市市区和26个县（市）发展保障性租赁住房。按照人均11平方米、每套面积70平方米计算，浙江省确定了“十四五”期间建设筹集120万套（间）保障性租赁住房的建设目标。

近期，各地相继公布了保障性租赁住房建设规划。据统计，“十四五”期间筹集建设保障性租赁住房30万套（间）以上的有广州、上海、北京、深圳、重庆、杭州、西安、成都8个城市。

15万套至30万套（间）的有武汉、宁波、厦门、青岛、郑州、苏州、天津、济南、南京、合肥、福州、长沙、金华13个城市。10万套（间）左右的有南宁、贵阳、温州、嘉兴、东莞、台州、洛阳、南昌、无锡、石家庄10个城市。

多渠道确保总量供给

住房和城乡建设部住房保障司司长曹金彪介绍，保障性租赁住房通过完善土地支持政策，引导多主体投资、多渠道供给，有利于缓解大城市土地供给压力。

集体土地成为保障性租赁住房建设的来源之一。比如，北京市的两个保障性租赁住房项目——成寿寺项目和有巢总部基地项目，都是利用集体土地建设。

不少企事业单位有相当数量的自有闲置土地，同时，企事业单位新就业职工的住房又比较困难。利用企事业单位自有闲置土地建设保障性租赁住房，主要面向单位新就业青年职工，能够帮助他们解决阶段性住房困难。比如，西安电子科技大学利用自有土地建设保障性租赁住房403套，解决教职工租房难及引进人才短期过渡问题。

产业园区是新市民、青年人集中工作的地方，对保障性租赁住房的需求量大。目前，很多城市将产业园区中工业项目配套用地面积占比上限提高，提高部分主要用于建设宿舍型保障性租赁住房。比如，为满足比亚迪在产业园内建设保障性租赁住房的需求，西安市向比亚迪汽车有限公司发放《保障性租赁住房项目认定书》，允许拆除部分闲置低效厂房，腾出土地建设宿舍型保障性租赁住房12栋、4416套（间），解决上万名职工的居住问题。

非居住存量房屋可用于改建保障性租赁住房。非居住存量房屋用作保障性租赁住房期间，不补缴土地价款，有利于降低保障性租赁住房的建设成本。比如，厦门市自7月至今已筹集23个存量非居住房屋改建项目，房源9400套（间）。

“充分利用土地支持政策，能够引导村集体经济组织、企事业单位、园区企业、住房租赁企业、房地产开发企业等积极发展保障性租赁住房。”曹金彪说，“这些支持政策目的在于降低土地成本，使租金不高于市场租金，让新市民、青年人能够租得起。”

主要面向无房新市民

从各地出台的保障性租赁住房实施办法来看，保障性租赁住房坚持小户型、低租金，以建筑面积不超过70平方米的小户型为主，且各地均明确主要面向无房新市民、青年人，不设收入线门槛。

一些城市对保障性租赁住房面积有更为具体的指导意见。如厦门市提出以30平方米至40平方米的小户型为主；杭州市推出的蓝领公寓主要解决物业、餐饮、保洁、保安等外来务工人员“租房难”问题，户型设计以30平方米左右的小户型为主；福州市规定主城区新建保障性租赁住房项目60平方米以下的占90%。

一些城市对于保障性租赁住房的租金范围以及每年的涨幅上限给出了具体要求。如上海市明确租金价格应在市场租金的90%以下，租金年涨幅最高不超5%；成都提出租金按照市场租金的75%至90%执行，年涨幅不超过5%；杭州要求蓝领公寓租金价格不高于市场租金的70%；武汉市要求租金按不高于市场租赁住房租金的85%确定。

目前，各地申请保障性租赁住房的条件都是要求在当地无房。比如，杭州市蓝领公寓主要面向基本公共服务行业外来务工人员，要求市区无房、有合法稳定就业；长沙市明确，承租人原则上应在辖区内无自有住房，不设收入线，由个人诚信申报。

不过，条件宽松不代表没有门槛。倪虹表示，“要对保障性租赁住房加强监督管理，这类房子一定是符合条件的住房困难群体才能住，并且只租不卖。要守住这两条底线，让真正有需求的人得到保障，不能变味”。（记者　亢舒）

（2021-11-30　来源：经济日报）

住房城乡建设部：新开工改造城镇老旧小区完成全年目标任务

新华社北京11月26日电（记者　王优玲）记者26日从住房和城乡建设部获悉，截至10月底，全国已新开工改造城镇老旧小区5.34万个，超过了今年政府工作报告提出的全年目标任务。

今年的政府工作报告提出，新开工改造城镇老旧小区5.3万个。住房城乡建设部相关司局负责人介绍，随着面上全国城镇老旧小区改造工作的顺利推进，纳入住房城乡建设部“我为群众办实事”实践活动联系点的100个小区，改造工作进展顺利。截至10月底，72%的联系点小区群众“急难愁盼”突出问题得以解决。这些联系点小区结合改造，在加装电梯、无障碍设施建设、老旧管网更换、改造提升社区服务设施等方面，探索形成了一批可复制可推广的典型案例和经验做法。

近日，住房城乡建设部印发第四批城镇老旧小区改造可复制政策机制清单，聚焦国务院大督查发现、群众反映比较集中的，部分地方城镇老旧小区改造计划不科学不合理、统筹协调不够、发动居民共建不到位、施工组织粗放、建立长效管理机制难、多渠道筹措资金难等6方面问题，有针对性地总结推广北京、上海、重庆、河北、福建以及浙江省杭州、宁波等22个省、市解决难点问题的对策办法27条。

（2021-11-26　来源：新华社）

住房城乡建设部：做好城市排水防涝　消除责任盲区和监管空白

新华社北京4月5日电（记者王优玲）记者5日从住房和城乡建设部了解到，该部门要求在推进疫情常态化防控的同时，要做好2021年城市排水防涝工作。

住房和城乡建设部近日发布通知，要求省级住房和城乡建设（水务）主管部门要坚决杜绝侥幸心理，克服麻痹松懈思想，强化防大汛、防极端降雨意识，督促本地区城市落实《住房和城乡建设部关于2021年全国城市排水防涝安全及重要易涝点整治责任人名单的通告》要求，将工作责任逐一落实到具体岗位和个人，消除责任盲区和监管空白。

通知要求，指导督促城市排水主管部门全面开展内涝积水隐患排查，建立清单和台账，力争汛前整治到位，对于汛前难以整治到位的，制定专门处置方案，防范安全事故；加强作业安全管理，按照当地疫情防控要求，做好设施维护养护从业人员卫生健康防护。

同时，开展应急演练，总结往年排水防涝工作中的难点堵点和暴露出的薄弱环节，有针对性地修订完善排水防涝应急预案；加快设施建设补短板，编制排水防涝系统化实施方案，着力用系统的方法解决城市内涝问题，统筹落实具体建设项目，加强施工质量管理，补齐排水防涝设施短板。

住房和城乡建设部强调，城市排水主管部门要加强与气象、应急管理、水利、公安、交通运输等部门的信息共享与联动，建立健全城区水系、排水管渠与周边江河湖海、水库等“联排联调”运行管理模式。按要求加强值班值守，掌握雨情、涝情、水情，迅速采取应对措施。严格执行汛期涝情“一日一报”制度，按时报告内涝积水基本情况、成因及应对措施等情况。采取多种方式加大城市排水防涝安全知识宣传力度，及时发布预警预报信息，第一时间回应社会关切。

（2021-04-05　来源：新华社）

今年新开工改造老旧小区超五万个　城区常住人口三百万以下城市落实全面取消落户限制政策

国家发展改革委日前印发的《2021 年新型城镇化和城乡融合发展重点任务》（以下简称《重点任务》）提出，今年，城区常住人口 300 万以下城市落实全面取消落户限制政策，实行积分落户政策的城市确保社保缴纳年限和居住年限分数占主要比例。今年还将新开工改造 5.3 万个老旧小区，有条件的可同步开展建筑节能改造。

《重点任务》指出，为促进农业转移人口有序有效融入城市，各类城市要根据资源环境承载能力和经济社会发展实际需求，推动进城就业生活 5 年以上和举家迁徙的农业转移人口、在城镇稳定就业生活的新生代农民工、农村学生升学和参军进城的人口等重点人群便捷落户。城市落户政策要对租购房者同等对待，允许租房常住人口在公共户口落户。支持有条件地区将未落户常住人口纳入普惠性学前教育保障范围。今年还将完成养老保险全国统筹信息系统建设，推进普通门诊费用跨省直接结算，完成职业技能提升行动方案确定的 5000 万人次目标。

在提升城市群和都市圈承载能力方面，今年要制定京津冀协同发展、粤港澳大湾区建设、长三角一体化发展“十四五”实施方案。扎实实施成渝地区双城经济圈建设规划纲要。研究编制长江中游、北部湾、关中平原等跨省区城市群实施方案。充分利用既有铁路开行市域（郊）列车，科学有序发展市域（郊）铁路，打通城际“断头路”。加快规划建设京津冀、长三角、粤港澳大湾区等重点城市群城际铁路，支持其他有条件城市群合理规划建设城际轨道交通。

在促进大中小城市和小城镇协调发展方面，既要促进超大特大城市优化发展，也要推进县城补短板强弱项。在债务风险可控前提下，加大中央预算内投资和地方政府专项债券等财政性资金统筹支持力度，有序发行县城新型城镇化建设专项企业债券。发挥 120 个县城建设示范地区带动作用，支持在有条件县城建设一批产业转型升级示范园区。（记者陆娅楠）

（2021-04-14　来源：人民日报）

建设综述

法 规 建 设

【立法工作】着力推进重点领域立法。5月，国务院第135次常务会议审议通过《建设工程抗震管理条例》《住房租赁条例》《城镇住房保障条例》立法进程加快。

落实规章立法计划。发布《住房和城乡建设部关于修改〈建设工程勘察质量管理办法〉的决定》《住房和城乡建设部关于修改〈建筑工程施工许可管理办法〉等三部规章的决定》2部规章。

认真开展立法协调。积极参与《中华人民共和国黄河保护法》《中华人民共和国噪声污染防治法》《中华人民共和国体育法》《地名管理条例（修订）》等相关法律法规立法工作，及时办理法律法规征求意见工作。

【行政复议和行政诉讼工作】认真办理行政复议应诉案件。全年共办理行政复议案件813件，行政诉讼案件488件。

加强行政复议监督。对行政机关作出的违法或不当的具体行政行为，依法予以撤销或确认违法。从行政复议应诉案件中选取17件典型案例在中国建设报刊发，揭示法律风险点。

【行政执法监督工作】认真落实行政规范性文件和重大执法决定审核制度。完善行政规范性文件合法性审核机制，落实公职律师合法性审核工作职责；严格依法依规开展部机关重大执法决定法制审核工作。

健全行政执法监督工作体系。研究起草《住房和城乡建设行政处罚程序规定》。开展部机关行政执法人员培训考核，按照国务院统一样式制发行政执法证件。确定部分市县级住房和城乡建设主管部门作为法治政府重点联系单位。开展住房和城乡建设系统行政执法统计年报工作。

【普法工作】部署开展住房和城乡建设系统“八五”普法工作。印发《关于在住房和城乡建设系统开展法治宣传教育的第八个五年规划（2021—2025年）》。组织开展宪法宣传周、“美好生活民法典相伴”主题宣传、全民国家安全教育日等普法宣传活动。

提高工作人员依法行政意识。选取12件行政应诉案件，组织在线观看庭审视频。邀请部法律顾问为部机关工作人员作行政处罚法专题讲座。

【其他工作】配合开展固体废物污染环境防治法、消防法等执法检查。自觉接受人大代表、政协委员监督，认真办理全国两会议案22件、建议591件、提案288件。

落实国务院深化“证照分离”改革部署，协调推动取消工程造价咨询企业资质审批、压减房地产开发企业资质等级等改革。协调完善住房和城乡建设领域行政许可事项清单。继续推进证明事项清理等工作。

（住房和城乡建设部法规司）

住 房 保 障

全年重点工作、新举措

【国家层面明确住房保障体系构成】2021年，在开展试点、深入调研、总结经验、征求各方面意见基础上，会同有关部门起草了关于加快发展保障性租赁住房的草案。6月18日，国务院常务会议审议并原则通过文件。6月24日，国务院办公厅正式印发《国务院办公厅关于加快发展保障性租赁住房的意见》（国办发〔2021〕22号），国家层面首次明确了住房保障体系以公租房、保障性租赁住房和共有产权住房为主体。

【加快发展保障性租赁住房】截至年底，40个重点城市保障性租赁住房开工建设筹集94.2万套(间),完成年度计划100.6%,预计可解决近300万新市民、青年人住房困难。主要开展了以下工作:一是指导地方贯彻落实《关于加快发展保障性租赁住房的意见》(国办发〔2021〕22号)文件精神,各地陆续出台实施办法,制定"十四五"时期保障性租赁住房发展目标,落实土地、财税、金融等支持政策。二是配合国务院办公厅于7月22日召开加快发展保障性租赁住房工作电视电话会议,韩正副总理出席并作重要讲话,部署保障性租赁住房工作。三是会同有关部门印发保障性租赁住房监测评价指导意见、申报2022年计划任务的通知、完善住房租赁有关税收政策的公告、集中式租赁住房适用标准的通知等文件。四是做好保障性租赁住房宣传、培训和经验总结工作。通过中央主要新闻媒体报道、召开现场会和座谈会、组织视频培训、印发《建设工作简报》等方式,宣传保障性租赁住房工作政策、经验做法等。五是引导银行业金融机构和住房租赁企业发展保障性租赁住房。

【进一步规范发展公租房】一是加大保障力度。对71座大中城市等地区2021年新筹集公租房给予中央补助,配合国家发展改革委、财政部下达补助资金,支持地方公租房开工8.8万套,完成年度计划100.5%。积极推进公租房租赁补贴,配合财政部下达公租房租赁补贴补助资金,截至2021年年底,正在领取租赁补贴的有158万户。二是实施精准保障。推进解决环卫、公交、教育等基本公共服务行业困难职工的住房问题。截至2021年年底,11万环卫工人、5万公交行业职工、36万青年教师、26万乡村教师正在享受公租房保障。三是推广公租房APP,提升公租房服务管理水平。开展"我为群众办实事"实践活动,在齐齐哈尔、宜春、洛阳、漯河、西宁、银川、湘潭、汉中、江门、桂林10个城市推广公租房APP。截至2021年年底,10个城市公租房APP实现了网上查询、申请、缴费、投诉等功能。

【稳步推进棚户区改造】2021年,全国棚改计划开工152万套,截至年底,已开工164.5万套,完成年度计划108.4%。主要采取了以下措施:一是指导各地落实棚改年度计划。督促各地做好项目前期工作,简化审批程序,加快立项、用地、规划、施工等手续办理,及早开工新建项目,做好续建项目建设,加大棚改配套基础设施建设力度,加快竣工交付。二是落实相关支持政策。配合国家发展改革委、财政部下达棚改中央补助资金,支持各地发行棚改专项债券。自然资源部单列安排新增建设用地计划,应保尽保。三是强化监督检查。国务院办公厅将棚改工作纳入国务院第八次大督查内容。住房和城乡建设部指导各地把棚改安置住房作为工程质量安全监督检查的重点,开展逾期在建棚改项目排查,督促加快建设进度。会同国家发展改革委、财政部等部门加强对群众回迁安居、投资计划执行、财政资金使用的督促检查。审计署开展跟踪审计,督促地方及时整改发现的问题。四是指导各地科学制定2022年棚改计划。2021年9月,会同国家发展改革委、财政部、自然资源部等部门印发文件,部署各地坚持因地制宜、量力而行,严格评估财政承受能力,不搞一刀切、不层层下指标、不盲目举债铺摊子,坚决防止借棚户区改造之名搞房地产开发的倾向,科学安排2022年棚改计划。经汇总,2022年各地经省级人民政府同意的棚户区改造计划合计约120万套。五是将棚改纳入基本公共服务内容。配合国家发展改革委制定并发布《"十四五"公共服务规划》和《国家基本公共服务标准(2021年版)》,将棚户区改造纳入基本公共服务中住有所居相关内容,明确服务对象、内容、标准和支出责任。

【因地制宜发展共有产权住房】截至年底,北京已累计筹集共有产权住房房源约8.3万套,上海已累计签约13.1万户,南京已供应4000多套,广州累计签约2000套。2021年,指导杭州出台了共有产权住房管理办法,推动兰州、宁波等城市发展共有产权住房。

住房保障政策拟定

【《住房和城乡建设部办公厅关于集中式租赁住房建设适用标准的通知》(建办标〔2021〕19号)】明确集中式租赁住房的类型和适用标准。集中式租赁住房是指具备一定规模、实行整体运营并集中管理、用于出租的居住性用房。按照使用对象和使用功能,集中式租赁住房可分为宿舍型和住宅型2类。新建宿舍型租赁住房应执行《宿舍建筑设计规范》及相关标准;改建宿舍型租赁住房应执行《宿舍建筑设计规范》或《旅馆建筑设计规范》及相关标准。新建或改建住宅型租赁住房应执行《住宅建筑规范》及相关标准。

支持合理增加服务功能。集中式租赁住房可根据市场需求和建筑周边商业服务网点配置等实际情况,增加相应服务功能。宿舍型租赁住房建筑内公共区域可增加公用厨房、文体活动、商务、网络宽带、日用品零售、快递收取等服务空间。房间内应加大储物空间,增加用餐、会客、晾衣空间,应设置信息网络接入点；可设置卫生间、洗浴间和起居室。新建宿舍型租赁住房应设置机动车停车位，并预留电动汽车、电动自行车充电设施空间。按《旅馆建筑设计规范》及相关标准进行改建的宿舍型租赁住房，采光、通风应满足《宿舍建筑设计规范》的相关要求。住宅型租赁住房按《城市居住区规划设计标准》和《完整居住社区建设标准（试行）》建设配套设施。当项目规模未达到标准规定应配建配套设施的最小规模时，宜与相邻居住区共享教育、社区卫生服务站等公共服务设施。

严格把握非居住类建筑改建为集中式租赁住房的条件。非居住类建筑改建前应对房屋安全性能进行鉴定，保证满足安全使用的要求；土地性质为三类工业用地和三类物流仓储用地的非居住建筑，不得改建为集中式租赁住房。

加强运营安全管理。集中式租赁住房的运营主体应确保租赁住房符合运营维护管理相关要求，建立完善各项突发事件应急预警及处置制度；落实消防安全责任制，配备符合规定的消防设施、器材，保持疏散通道、安全出口、消防车通道畅通，定期开展消防安全检查。

【《住房和城乡建设部办公厅等关于做好2021年度发展保障性租赁住房情况监测评价工作的通知》（建办保〔2021〕44号）】各省（自治区）要对人口净流入的大城市和省级人民政府确定的城市发展保障性租赁住房情况实施监测评价，各直辖市要对发展保障性租赁住房情况实施自评。监测评价重点围绕确定发展目标、落实支持政策、建立工作机制、严格监督管理、取得工作成效等五个方面开展。

确定发展目标方面具体内容包括，支持农村集体经济组织、企事业单位、园区企业、住房租赁企业、房地产开发企业等各类主体参与建设运营保障性租赁住房；城市应尽快确定“十四五”保障性租赁住房建设目标，制定年度建设计划，并向社会公布；新市民和青年人多、房价偏高或上涨压力较大的大城市，在“十四五”期间应大力增加保障性租赁住房供给。

落实支持政策方面具体内容包括，要出台落实《国务院办公厅关于加快发展保障性租赁住房的意见》（国办发〔2021〕22号）文件的具体操作办法，重点明确本地区利用集体经营性建设用地、企事业单位自有闲置土地、产业园区配套用地和非居住存量房屋建设保障性租赁住房的申请条件、流程及工作要求等；要对现有各类政策支持租赁住房进行梳理，符合规定的均纳入保障性租赁住房规范管理。

建立工作机制方面具体内容包括，要建立市县人民政府牵头、有关部门参与的保障性租赁住房工作领导和推进机制，对保障性租赁住房项目建设方案进行联合审查，建立与税务部门以及供水、供电、供气等企业单位的联动机制，引导市场主体与银行业金融机构沟通对接。

严格监督管理方面具体内容包括，要建立健全住房租赁管理服务平台，将保障性租赁住房项目纳入平台统一管理；将保障性租赁住房纳入工程建设质量安全监管，并作为监督检查的重点；要根据不同的建设筹集方式，结合实际，明确保障性租赁住房准入和退出的具体条件、小户型的具体面积标准以及低租金的具体标准；要出台具体措施，坚决防止保障性租赁住房上市销售或变相销售，严禁以保障性租赁住房为名违规经营或骗取优惠政策。

取得工作成效方面具体内容包括，要提高新市民、青年人等群体对本地区发展保障性租赁住房工作的满意度；发展保障性租赁住房要促进本地区住房租赁市场稳定，市场平均租金价格变动在合理区间内，也要促进本地区房地产市场稳定，新建商品住宅和二手住宅价格变动在合理区间内。

各省级住房和城乡建设部门要会同相关部门，结合实际，围绕重点监测评价内容进一步细化完善监测评价指标和评分规则，明确工作程序，研究制定本地区2021年度监测评价具体办法，报请省级人民政府同意后，尽快组织实施，并将监测评价结果纳入对城市政府的绩效考核。

（住房和城乡建设部住房保障司）

标准定额、建筑节能与科技

概况

2021年，住房和城乡建设部标准定额司坚持以习近平新时代中国特色社会主义思想为指导，认真学习党的十九大及十九届历次全会精神，深刻领悟习近平总书记系列重要讲话精神，坚决落实中央经济工作会议决策部署，立足新发展阶段，完整、准确、全面贯彻新发展理念，构建新发展格局，以党史学习教育的良好成效推动标准定额和科技创新各项工作取得新成绩。

工程建设标准规范发展

【引言】 按照住房和城乡建设部《深化工程建设标准化工作改革意见》部署和《住房和城乡建设领域改革和完善工程建设标准体系工作方案》要求，聚焦国家“十四五”规划和深化改革系列政策及重点工作，加快以强制性工程建设规范为核心、推荐性标准和团体标准相配套的新型工程建设标准体系建设，积极推动工程建设标准国际化，进一步发挥标准化支撑和引领作用。2021年批准发布强制性工程建设规范22项，工程建设国家标准27项，工程建设行业标准16项，工程项目建设标准2项；完成了20项中国标准英文版翻译；国际标准化组织（ISO）批准发布了2项由我国主导的住房城乡建设领域的国际标准。

【全文强制性工程规范编制工作取得新进展】 一是加快推进住房和城乡建设领域38项强制性工程建设规范编制工作。落实《住房和城乡建设领域改革和完善工程建设标准体系工作方案》，组织开展住房和城乡建设领域38项强制性工程建设规范审查报批工作。截至2021年年底，已发布《建筑环境通用规范》《建筑节能与可再生能源利用通用规范》等22项强制性工程建设规范。二是有序推进工业建设领域114项强制性工程建设规范编制工作。石油天然气、水利工程、有色金属工程等32个工业建设领域开展了强制性工程建设规范研编和编制工作，工业领域强制性工程建设规范体系已基本确立，为工业建设领域持续健康发展提供了重要保障。

【做好重点标准编制工作】 一是围绕住房城乡建设领域重点工作，完成了《城市运行管理服务平台技术标准》《城市运行管理服务平台数据标准》等重要标准的编制，有效推动了城市运行管理服务平台、城市信息模型基础平台建设及相关工作开展。二是为进一步落实新冠肺炎疫情常态化防控工作要求，配合国家卫生健康委员会印发了《医学隔离观察临时设施设计导则（试行）》，保障了新冠肺炎疫情防治设施建设需要。三是按照北京冬奥组委交通协调小组分工，发布了国家标准《汽车加油加气加氢站技术标准》《加氢站技术规范》，满足了冬奥绿色低碳交通设施建设需求。四是围绕市容环卫方面，组织开展《公共厕所通用规范》《厨余垃圾处理技术标准》《生活垃圾收集站技术标准》等标准的编制工作。五是围绕海绵城市建设方面，组织开展《海绵城市运行维护标准》《海绵城市建设监测标准》《海绵城市建设专项规划与设计标准》等标准的编制工作。

【加强工程建设标准管理】 一是围绕质量安全、生态环境、绿色发展、资源节约与利用等国家重点工作，统筹安排2021年标准制修订工作，印发了《2021年工程建设规范标准编制及相关工作计划》，下达了81项工程建设规范、21项工程建设国家标准、5项工程建设行业标准、27项标准英文版翻译和1项国际标准的制修订任务，为项目建设提供标准支撑；报送国家标准化委员会24项产品国家标准建议项目、37项碳达峰碳中和国家标准建议项目。二是做好标准日常管理。组织开展2021年度国家标准复审和2022年国家、行业标准立项申报工作。组织开展对《城镇燃气调压箱》《燃气采暖热水炉》2项强制性国家标准实施情况统计分析试点，指导电子、农业和水利等行业开展强制性工程建设规范编制工作。三是参与《国家标准化发展纲要》的起草、修改、公开等工作，按照文件部署，研究制定住房和城乡建设领域贯彻落实工作方案。四是指导筹建国家技术标准创新基地（建筑工程），建立健全创新基地组织机构及管理制度，促进建筑工程标准、科技和产业创新融合。

【加强工程建设标准实施指导监督】会同住房和城乡建设部住房保障司印发《关于集中式租赁住房建设适用标准的通知》（建办标〔2021〕19号），并通过人民日报、新华社等国家媒体进行宣传解读，在工程建设标准方面为集中式租赁住房设计、施工、验收等提供依据。11月11日和12日，开展全文强制性工程建设规范培训，重点是宣传工程建设领域标准化改革工作情况和要求，解读22本已发布的全文强制性规范，主要培训对象是省级住房城乡建设部门相关管理人员。

住房和城乡建设工程造价管理

【完善工程计价体系】印发《建设工程工程量清单计价标准》（征求意见稿）和《建筑工程施工发包与承包计价管理办法》（征求意见稿），完善工程造价市场化形成机制，推动工程造价市场化改革。完成《园林绿化工程工程量计算标准》《城市轨道交通工程工程量计算标准》《构筑物工程工程量计算标准》《矿山工程工程量计算标准》《绿色建筑经济指标》《市政工程投资估算编制办法》《装配式建筑工程投资估算指标》等标准的审查工作。协调国家发展改革委、财政部推进《建设项目总投资费用组成》编制开展。

【开展工程造价市场化改革调研】会同国务院政策研究室，再次赴深圳、广州、上海和南京，开展工程造价改革调研，了解存在的问题和困难，听取意见建议。

【推进行政审批制度改革】贯彻落实国务院“放管服”改革，按照《国务院关于深化“证照分离”改革进一步激发市场主体发展活力的通知》（国发〔2021〕7号）要求，《住房和城乡建设部办公厅关于取消工程造价咨询企业资质审批加强事中事后监管的通知》（建办标〔2021〕26号），自7月1日起，停止工程造价咨询企业资质审批，企业按照营业执照的经营范围即可开展工程造价咨询业务，同时要求加强事中事后监管推进工程造价咨询行业信用建设。

【探索市场价格信息发布平台建设】开展“工程造价价格信息发布平台技术指南”课题研究，以广东为试点，探索搭建市场价格信息发布平台，鼓励企事业单位在平台上发布价格信息，为市场各方主体提供参考。

【加强工程造价咨询信用信息管理】合并修订《工程造价咨询企业管理办法》《注册造价工程师管理办法》，形成《工程造价咨询管理办法》（征求意见稿），公开征求意见。升级“全国工程造价咨询企业　造价工程师管理系统”为“全国工程造价咨询管理系统”，鼓励企业、注册造价工程师登录系统自愿填报相关信息，并接受社会监督；指导各级住房和城乡建设主管部门充分运用信息化手段，做好信用信息归集、共享和发布工作；引导委托方优先选择信用良好的企业开展工程造价咨询业务，增强行业信用意识和契约精神。

【工程造价行业概况】通过对2021年具有原工程造价咨询资质企业的基本数据进行统计，截至年末，全国共有甲级工程造价咨询企业5421家，比上年增长4.7%，占比47.6%；乙级工程造价咨询企业5977家，比上年增长12.6%，占比52.4%。工程造价咨询企业共有从业人员868367人，比上年增长9.8%。工程造价咨询企业共有注册造价工程师129734人，比上年增长16.0%，占全部从业人员的14.9%。工程造价咨询企业营业收入为3056.68亿元，比上年增长18.9%。工程造价咨询企业实现营业利润297.56亿元，比上年增长12.4%。

科技创新

【开展相关规划编制】积极参与《国家中长期科技发展规划（2021—2035年）》《“十四五”国家科技创新规划》和相关领域科技专项规划编制，把行业科技创新工作融入国家相关科技规划中，争取国家层面政策和资金支持。根据《“十四五”国家科技创新规划》、城乡建设领域碳达峰碳中和目标，以及地方省厅、部科技委各专委会、行业骨干企业、部内相关司局和科技部的反馈意见，进一步修改完善《“十四五”住房和城乡建设科技发展规划》，做好行业科技发展规划和国家相关科技创新规划以及国家重大政策的衔接。

【参与国家科技计划组织实施工作】积极参与科技部牵头的“十四五”国家重点研发计划“城镇可持续发展关键技术与装备”“重大自然灾害防控与公共安全”等重点专项实施方案和指南编制，将行业关键技术攻关重点任务纳入国家科技项目中实施。认真做好2021年国家重点研发计划申报项目，尤其是“住宅工程质量保障体系及关键技术研究”“城市道路塌陷隐患诊断与风险预警关键技术及示范”等定向委托、揭榜挂帅方式立项项目的推荐工作。

【推进科技计划项目实施】一是做好水专项成果总结凝练和宣传工作。配合科技部编制水专项科普图书，修改科技部重大专项宣传视频和总师采访纪录片；组织开展水专项科技成果转化示范区建设的筹备工作；组织开展水专项“十三五”丛书和重点领域技术指南的出版工作。二是做好水专项档案整理及移交工作。按照科技部要求，整理19个项目（课题）238件档案，并移送科技部。三是完成“十三五”水专项项目（课题）验收结论书的下达工作。四是组织开展高分专项“高分城市精细化管理遥感应用示范系统”二期项目实施。五是完成2021年度部科技计划项目立项评审、征求意见、司务会审查、发布等工作。完成住房和城乡建设部科技计划项目管理办法修订初稿，邀请有关单位和地方省厅代表召开座谈会研究讨论，进一步优化住房和城乡建设部科技计划项目管理程序。

【研究建立部科技成果库】 研究并形成住房和城乡建设领域科技成果库初步框架。

建筑节能和绿色建筑

2021年，各级住房城乡建设部门围绕国务院确定的建筑节能工作重点，进一步加强组织领导，落实政策措施，强化技术支撑，严格监督管理，推动各项工作取得积极成效。一是全国城镇新建建筑全面执行节能强制性标准，累计建成节能建筑面积达到277亿平方米，占城镇既有建筑面积比例超过63%，2021年城镇新增节能建筑面积25.47亿平方米。二是2021年完成公共建筑节能改造面积3298万平方米。三是2021年新建超低、近零能耗建筑面积919万平方米。

【城乡建设绿色发展】 2021年，中共中央办公厅、国务院办公厅印发《关于推动城乡建设绿色发展的意见》，提出要落实碳达峰、碳中和目标任务，推进城市更新行动、乡村建设行动，加快转变城乡建设方式，促进经济社会发展全面绿色转型。《关于推动城乡建设发展的意见》从区域和城市群绿色发展、美丽城市建设、美丽乡村建设、绿色建筑、基础设施、历史文化保护、绿色建造、绿色生活方式等方面提出了具体要求。截至2021年年底，22个省（区、市）印发地方实施方案。

【城乡建设领域碳达峰】 按照碳达峰碳中和“1+N”政策体系，住房和城乡建设部会同国家发展改革委印发《城乡建设领域碳达峰实施方案》，明确推动城乡建设领域碳达峰、碳中和的工作目标、重点任务和保障措施。提出2030年前，城乡建设领域碳排放达到峰值，力争到2060年前，城乡建设方式全面实现绿色低碳转型。在建设绿色低碳城市、打造绿色低碳县城和乡村等方面提出具体任务，明确城乡建设领域碳达峰实施路径。

【建筑节能】 新建建筑全面执行节能强制性标准。发布全文强制国家标准《建筑节能与可再生能源利用通用规范》，在新建建筑节能、既有建筑节能改造、可再生能源建筑应用等方面进一步提高了要求，并对新建建筑的能耗指标和减碳量做出明确规定。2021年，全国城镇新建建筑设计与竣工验收阶段执行建筑节能标准比例达到100%，总体情况良好。

既有建筑节能改造顺利推进。2021年，严寒及寒冷地区各省（区、市）完成既有居住建筑节能改造1.09亿平方米，黑龙江、辽宁两省改造面积超过2400万平方米；夏热冬冷地区各省（区、市）完成既有居住建筑节能改造面积5946万平方米，四川省完成既有居住建筑节能改造面积超过1900万平方米；夏热冬暖地区和温和地区各省（区、市）完成既有居住建筑节能改造面积1964万平方米。

积极推动国家机关办公建筑和大型公共建筑能源统计、审计和公示，探索采用市场化方式实施高耗能公共建筑节能改造。2021年全国各省（区、市）完成建筑能耗统计68251栋，完成公共建筑能源审计7204栋，能耗公示4117栋，能耗监测4522栋。

【可再生能源建筑应用】 可再生能源在建筑领域的应用规模不断扩大。2021年，全国新增太阳能光热建筑应用面积4.56亿平方米，浅层地热能建筑应用面积2196万平方米，太阳能光电建筑应用装机容量2595兆瓦。

【绿色建筑】 继续推动各地实施《绿色建筑创建行动方案》，指导各地印发“绿色建筑创建行动实施方案”，细化任务目标，落实支持政策，保证如期实现创建目标。印发《绿色建筑标识管理办法》，实施绿色建筑统一标识制度，规范标识申报和管理，保障绿色建筑标识质量。印发《关于发布绿色建筑标识式样的通知》《关于做好三星级绿色建筑标识申报工作的通知》，开发“绿色建筑标识管理信息系统”，组织开展绿色建筑三星级申报和认定。2021年，全国城镇新建绿色建筑面积约20亿平方米，占当年新建建筑面积的比例达到84%。

国际科技与标准合作

【开展相关国际合作项目】 有序推进全球环境基金（GEF）赠款项目，世界银行“可持续城市综合方式试点项目”进入平台开发阶段，完成了平台各项功能的开发任务；联合国开发计划署“中国公共建筑能效提升项目”完成19个子课题成果验收，研究成果有效支撑了公共建筑领域能效提升重点工作。

继续支持国家适当减缓行动基金会（NAMA）“中国城市生活垃圾处理领域国家适当减缓行动项目”在试点城市开展工作。

【推进国际交流活动】会同生态环境部应对气候变化司、亚洲开发银行以线上形式共同举办了“2021 年城市适应气候变化国际研讨会”，参加世界银行驻华代表处在深圳组织召开的全球环境基金“可持续城市综合方式试点项目”研讨会暨城市间经验交流会。

【推荐国家重点研发计划国际合作相关重点专项】根据科技部发布的国家重点研发计划国际合作相关重点专项申报指南，认真做好“战略性科技创新合作”2021 年度第二批港澳台项目、“政府间国际科技创新合作”2022 年度第一批项目推荐工作。

【推进标准国际化工作】一是参与国际标准制定。2021 年发布我国主导制定的国际标准 2 项，牵头编制国际标准 18 项，申报国际标准立项项目 9 项。二是申请设立国际标准化组织。住房和城乡建设部组织申报的装配式建筑分技术委员会 2021 年已获国际标准化组织批准成立，正在申请成立供热管网标准技术委员会。三是推动中国标准走出去。依托“走出去”工程项目，开展标准翻译工作，2021 年批准发布中译英标准 20 项。组织召开中国工程建设标准“一带一路”国际化政策研究项目结题验收会、项目成果宣传推广会，圆满完成项目。印发建设工作简报（第 61 期），介绍广西积极发挥面向东盟开放发展门户作用借“一带一路”东风促工程建设标准国际化的经验。

装配式建筑与墙材革新

【大力发展装配式建筑】推进装配式建筑标准化设计和生产，发布实施《装配式混凝土结构住宅主要构件尺寸指南》《住宅装配化装修主要部品部件尺寸指南》，引领设计单位实施标准化正向设计，指导生产单位开展标准化批量生产，进一步降低装配式建筑造价成本，提升综合效率和效益优势。组织相关单位开展“新型建筑工业化技术体系研究”，梳理成熟可靠有应用前景的技术体系以及相应的装配施工和高效连接技术，全面提升施工质量和效益。2021 年，全国新开工装配式建筑面积达 7.4 亿平方米，较 2020 年增长 18%，占新建建筑面积的比例为 24.5%，取得“十四五”开门红。

【推广应用绿色建材】会同财政部深入推进政府采购绿色建材、促进建筑品质提升试点工作，截至 2021 年年底，落实试点项目 209 个，投资额达到 1025 亿元。会同国家市场监督管理总局、工业和信息化部加快推进绿色建材评价认证和推广应用，截至 2021 年年底，共有 2700 余个建材产品获得绿色建材评价标识。

（住房和城乡建设部标准定额司）

房地产市场监管

【房地产市场政策、协调、指导】党中央、国务院高度重视房地产工作。习近平总书记多次强调，要坚持房子是用来住的、不是用来炒的定位，因城施策用足用好政策工具箱，支持刚性和改善性住房需求，保交楼、稳民生，稳定房地产市场，促进房地产业良性循环和健康发展。李克强总理明确指出，支持刚性和改善性住房需求，地方要“一城一策”用好政策工具箱，灵活运用阶段性信贷政策和保交楼专项借款，促进房地产市场平稳健康发展。韩正副总理多次就房地产调控工作提出明确要求。

2021 年，住房和城乡建设部会同有关部门认真贯彻落实党中央、国务院决策部署，牢牢坚持房子是用来住的、不是用来炒的定位，继续稳妥实施房地产长效机制，支持刚性和改善性住房需求，保交楼、稳民生，促进房地产市场平稳健康发展。

一是坚定不移实施房地产长效机制。毫不动摇坚持房子是用来住的、不是用来炒的定位，继续稳妥实施房地产长效机制，夯实城市主体责任，落实省级政府监督指导责任，保持政策连续性稳定性，增强政策精准性协调性，切实稳地价、稳房价、稳预期。

二是大力支持刚性和改善性住房需求。指导有关城市用足用好政策工具箱，因城施策调整完善政策措施，满足居民合理住房需求，不给投机炒房留空间。会同有关部门出台下调首套房商贷利率、下调首套房公积金贷款利率、减免居民换购住房个人所得税等政策措施，精准支持刚性和改善性住房需求。

三是扎实推进“保交楼、稳民生”工作。坚持以人民为中心的发展思想，坚持法治化、市场化原则，压实企业自救主体责任，通过专项借款撬动、银行贷款跟进，支持已售逾期难交付住宅项目建设交付，切实维护购房人合法权益，维护社会稳定大局。在做好“保交楼、稳民生”工作的同时，对逾期难交付背后存在的违法违规问题，依法严肃查处，对项目原有预售资金被挪用的，追究有关机构和人员责任。

四是加大房地产市场监管力度。抓好整治规范房地产市场秩序三年行动，规范房地产开发企业、住房租赁企业、物业服务企业和中介服务机构行为并将住宅项目逾期难交付作为重点整治内容纳入三年行动，营造守法诚信、风清气正的市场环境。

【房地产市场监测】2021 年，住房和城乡建设部会同有关部门认真贯彻落实党中央、国务院决策部署，稳妥实施房地产长效机制，指导各地落实城市主体责任，强化省级政府监督指导责任，稳地价、稳房价、稳预期，房地产市场运行总体平稳，“房子是用来住的、不是用来炒的”成为社会共识。

一是商品房销售量保持高位。2021 年全国商品房销售面积 17.94 亿平方米，同比增长 1.9%，其中商品住宅销售面积 15.65 亿平方米，同比增长 1.1%，绝对量处于历史高位。商品房销售额 18.19 万亿元，同比增长 4.8%，其中住宅销售额同比增长 5.3%。

二是住宅销售价格保持在合理区间。2021 年 70 个大中城市新建商品住宅价格同比涨幅 4.1%，较 2020 年回落 0.8 个百分点；二手住宅价格同比涨幅 3.1%，较 2020 年上升 0.7 个百分点。房价波动幅度有所收窄。

三是房地产开发投资保持正增长。2021 年房地产开发投资 14.76 万亿元，比上年增长 4.4%，其中，住宅投资 11.12 万亿元，同比增长 6.4%。房屋施工面积 97.54 亿平方米，同比增长 5.2%。房屋新开工面积 19.89 亿平方米，同比下降 11.4%。房屋竣工面积 10.14 亿平方米，同比增长 11.2%。

【整治规范房地产市场秩序】7 月，住房和城乡建设部会同国家发展改革委、公安部等部门印发《住房和城乡建设部等 8 部门关于持续整治规范房地产市场秩序的通知》（建房〔2021〕55 号），指导各地聚焦房地产开发、房屋买卖、住房租赁、物业服务等重点领域，全面排查问题线索，查处违法违规行为，发挥部门协同作用，曝光违法违规典型案例，建立制度化、常态化整治机制，切实维护人民群众合法权益。

【指导各地完善征收配套政策】督促指导各地全面贯彻落实《国有土地上房屋征收与补偿条例》，建立健全国有土地上房屋征收配套法规政策，将国有土地上房屋征收补偿信息列入当地政府政务公开工作的重点，大力推进阳光征收，促进提升房屋征收法治化、规范化水平，切实解决被征收人最关心的利益问题。

【住房租赁市场发展】一是加快出台《住房租赁条例》。2020 年 9 月，《住房租赁条例（征求意见稿）》公开征求社会意见。主要内容包括明确住房租赁双方权利义务，加强承租人权益保护，推动形成稳定的租赁关系，完善住房租赁服务与监督，加强住房租赁企业监管等。2020 年 11 月、2021 年 6 月，住房和城乡建设部配合司法部向相关城市和部门两轮征求意见，根据意见征求情况进一步修改完善条例，推动尽快出台。

二是继续开展中央财政支持住房租赁市场发展试点。会同财政部，分两批在北京、上海、深圳、广州、天津等 24 个人口净流入、租赁需求旺盛的城市发展住房租赁市场。各试点城市围绕租赁住房房源筹集、住房租赁管理服务平台建设、住房租赁发展规划、住房租赁企业培育等方面先后出台一系列住房租赁相关政策，逐步完善住房租赁政策体系。试点期间总共下拨资金 600 亿元，其中下拨 2021 年度专项资金 200 亿元，截至年底，试点城市总计筹集租赁房源 482 万套（间），纳入租赁平台管理房源 1927 万套，备案租赁合同 1059 万份。

三是完善住房租赁配套政策。研究出台土地、税收等方面配套支持政策。2021 年 7 月，住房和城乡建设部会同财政部、税务总局出台《关于完善住房租赁有关税收政策的公告》（财政部　税务总局　住房城乡建设部公告 2021 年第 24 号），明确住房租赁企业的增值税、房产税税收优惠政策。此外，研究制定住房租赁管理服务平台业务规程和租赁住房运营管理标准。

四是整顿规范住房租赁市场秩序。4 月，针对蛋壳等部分轻资产住房租赁企业爆雷问题，会同国家发展改革委、公安部等 5 部门出台《住房和城乡建设部等部门关于加强轻资产住房租赁企业监管的意见》（建房规〔2021〕2 号），明确从加强从业管理、规范经营行为、开展住房租赁资金监管、禁止套取住房租赁消费贷款等方面加强住房租赁企业监管，防范化解金融风险。

【物业服务与市场监督】会同中共中央组织部、中共中央政法委等部门印发《关于深化城市基层党建引领基层治理的若干措施（试行）》（中组发〔2022〕2号），加强社区物业党建联建，以高质量的物业服务推进美好家园建设。

一是做好疫情防控工作。督促指导物业服务企业配合街道社区，做好疫情防控期间小区出入管理、卫生消杀和居家生活服务保障。与国家邮政局联合印发《住房和城乡建设部办公厅 国家邮政局办公室关于做好疫情防控期间寄递服务保障工作的通知》（建办城函〔2022〕181号），做好疫情期间保通保畅。

二是推进居家社区养老试点。指导试点城市引导物业服务企业，开展供餐、家政、出行、购物、定期巡访等形式多样的居家养老服务。会同民政部等部门联合印发《关于开展特殊困难老年人探访关爱服务的指导意见》（民发〔2022〕73号），鼓励物业服务企业开展空巢老人等特殊群体探访关爱服务。

三是依据民法典有关条款规定，全面梳理物业管理相关法规、规章、规范性文件，按照立法要求组织《物业管理条例》修订，前后2次修改完善《物业管理条例（修订稿）》有关内容，并编写相关材料，提交行业情况、现行政策制度执行情况、主要制度和重要内容的研究论证等专题报告。

四是开展房屋养老金制度研究，组织各有关部门、专家学者等开展专题研究，赴浙江宁波等地开展实地调研，通过调查了解，深入分析我国存量住房安全形势和住宅专项维修资金现状，借鉴国内外房屋维修和资金筹措的经验，研究完善现有维修资金管理体制，推动建立房屋养老金制度，形成《关于建立房屋养老金的研究报告》《房屋养老金制度实施方案》等内容。

（住房和城乡建设部房地产市场监管司）

建筑市场监管

概况

2021年，住房和城乡建设部建筑市场监管司深入学习贯彻习近平新时代中国特色社会主义思想、党的十九大和十九届历次全会精神，坚持以党的建设为统领，深刻认识“两个确立”的决定性意义，增强“四个意识”，坚定“四个自信”，做到“两个维护”，认真贯彻落实习近平总书记关于住房和城乡建设工作的重要指示批示精神，坚决落实党中央决策部署，紧紧围绕部党组中心工作，紧扣进入新发展阶段、贯彻新发展理念、构建新发展格局，着力推进建筑业转型升级，积极推动建筑业高质量发展，较好完成了各项任务。

建筑业发展现状

建筑业是我国国民经济的支柱产业，也是吸纳就业、保障民生的重要领域。近年来，我国建筑业持续保持快速发展的良好态势，对经济社会发展做出了重要贡献。一是产业规模持续扩大。2021年全国建筑业总产值达到29.3万亿元、同比增长11.0%，实现增加值8.0万亿元、同比增长2.1%、占国内生产总值比重达到7.0%。二是吸纳就业能力保持稳定。2021年年末全国建筑业从业人员数量5283万人，与去年同期基本持平，约占全社会就业人员总数的7%。三是有力支撑了城镇化建设。2021年全国房屋建筑竣工面积40.8亿平方米，同比增长6.1%。四是建筑市场主体持续壮大。2021年末全国建筑企业数量达12.9万家、同比增长10.3%，企业新签合同额34.4万亿元、同比增长6.0%。五是国际竞争力不断提升。我国内地共有78家建筑企业入围ENR2021年度“全球最大250家国际承包商”，其国际营业额占上榜企业国际营业总额的25.6%。

推动建筑业健康发展

【大力发展智能建造】落实《关于推动智能建造与建筑工业化协同发展的指导意见》要求，选取广东、上海、重庆的7个建筑工程项目开展智能建造试点，围绕装配式建筑、建筑产业互联网、建筑机器人等重点领域积极探索智能建造应用场景。印发《智能建造与新型建筑工业化协同发展可复制经验做法清单（第一批）》，发布了6方面38条可复制经验做法，供地方学习借鉴。遴选和发布了5大类124个智能建造新技术新产品创新服务典型案例，指导相关市场主体了解、选用智能建造技术和产品。目前，大力发展智能建造已成为行业共识。

【积极推广钢结构住宅】指导浙江、山东等7个省份开展钢结构住宅建设试点，选取浙江绍兴、广东湛江的2个钢结构住宅项目开展综合试点，加快完善标准规范，创新技术体系，推进产业链协同发展。如，浙江绍兴试点项目采用标准化设计，实现主要构件采用热轧型钢的比例达到90%以上，有效降低了建设成本。调研总结地方经验做法，起草钢结构住宅建设可复制经验做法清单。组织召开湛江试点项目现场观摩会，积极宣传推广试点经验，共计46万余人线上参会。据初步统计，2021年试点地区新开工钢结构住宅面积约631万平方米，较2019年增长81%。

【加快培育建筑产业工人队伍】落实《关于加快培育新时代建筑产业工人队伍的指导意见》要求，印发《关于开展施工现场技能工人配备标准制定工作的通知》，指导各地制定和实施施工现场技能工人配备标准，强化施工现场技能工人配备。研究制定建筑工人简易劳动合同示范文本，推进劳务用工规范化和职业化。完善全国建筑工人管理服务信息平台，加快推进建筑工人实名制管理。截至12月底，平台已入库建筑工人4335万人，为规范劳务用工发挥了重要作用。部署开展住房和城乡建设系统根治欠薪冬季专项行动，以房地产开发项目、冬奥项目等为重点，保障农民工工资支付，维护建筑工人的合法权益。

【推进建筑师负责制落地，提升建筑品质】建筑师负责制是设计单位提供全过程工程咨询服务的具体体现之一。指导试点地区按照试点方案积极推进工作，在62个项目开展试点，建筑师团队在策划、设计、招标、施工等阶段发挥专业技术作用，提供设计咨询和管理服务，落实建设意图和设计理念，提升了建筑品质。北京等试点地区发挥行业力量，出台建筑师负责制的指导意见和合同范本等配套政策，加强跟踪指导，试点工作有效推进。在中国建筑学会、清华大学课题研究基础上，结合试点经验，起草了《在民用建筑中推行建筑师负责制的指导意见（初稿）》。

【完成一级注册建筑师考试改革】指导全国注册建筑师管理委员会颁布了2021版《全国一级注册建筑师资格考试大纲》，将考试科目由9门整合为6门，并增加绿色低碳、城市更新、全过程服务等内容，拓展建筑师服务能力要求。同时，出台了新旧考试成绩衔接办法，保障考生利益和考试工作平稳过渡。通过考试改革，在保证考试质量的基础上，减轻了应考负担，有利于培育优秀建筑设计人才。2021年，一级注册建筑师考试通过率达8.9%，通过人数6093人，较上两年有较大提升，有力壮大了注册建筑师队伍。

【积极推进全过程工程咨询】组织专业技术力量，研究起草《房屋建筑和市政基础设施项目工程建设全过程咨询服务合同（示范文本）》，指导全过程工程咨询合同签约行为，促进全过程工程咨询发展。

规范建筑市场秩序

【稳步推进企业资质管理制度改革】按照深化“放管服”改革要求，落实《建设工程企业资质管理制度改革方案》，积极推进修订建设工程企业资质管理规定和资质标准，推动改革举措落地。选取15个省份开展资质审批权限下放试点，方便企业就近办理。落实国务院“证照分离”改革要求，指导各地做好建筑业“证照分离”改革衔接有关工作。同时，严格落实疫情防控要求，提高审批效率。2021年，共发布七批次关于核准建设工程企业资质的公告，核准了1911项企业资质。

简化监理工程师执业资格注册程序和条件。为深入推进建筑业“放管服”改革，优化审批服务，提高审批效率，11月，印发《住房和城乡建设部办公厅关于简化监理工程师执业资格注册程序和条件的通知》（建办市函〔2021〕450号），取消了监理工程师初始注册公示审核意见环节，并取消了注册条件中对职称的要求。

【推进政务服务事项电子化】2021年住房和城乡建设部分三批在全国启用一级建造师电子证书，采取承诺制、简化申请材料、在线办理等方式，进一步压缩办理时限，提高审批效率，充分发挥“互联网+政务服务”优势，极大减轻企业和个人负担，实现了证书办理“零跑腿、零费用、零等待”，社会各方反映总体良好。截至12月底，已有54.37万人申领一级建造师电子注册证书。

同时，在全国范围内实行了一级注册建筑师证书电子化。截至年底，已有1.9万名一级注册建筑师申领了电子证书，提升了注册工作的便利化，增强了企业和注册建筑师的获得感和幸福感。会同国务院办公厅电子政务办公室发布了注册建筑师、勘察设计注册工程师等电子注册证书标准，实现注册事项与全国政务服务平台对接，提升信息化水平。福建、云南等地也实施二级注册建筑师等电子注册证书，进一步便利群众办事。

【加大简政放权工作，为企业做好服务】按照《住房和城乡建设部办公厅关于进一步做好建设工程企业资质告知承诺制审批有关工作的通知》，在全国范围对建筑工程、市政公用工程施工总承包一级资质，房屋建筑工程、市政公用工程监理甲级资质实行告知承诺制审批。告知承诺制的实施改革简化了审批流程、减轻了企业负担、提升了服务效能、完善了诚信建设，为今后行政审批制度改革奠定了基础。

【推进工程保函的体系化和制度化建设】印发《住房和城乡建设部关于印发工程保函示范文本的通知》，自 2021 年 3 月 1 日起执行，为工程建设各方主体选择、优化保函及防范保函风险提供参考和依据，进一步推进工程保函的体系化和制度化，提升工程保函的使用率，更好发挥市场手段在建筑市场监管中的作用。

【开展工程建设行业专项整治】印发《住房和城乡建设部办公厅关于开展工程建设领域整治的通知》，组织地方各级住房和城乡建设主管部门聚焦房屋建筑和市政基础设施工程中恶意竞标、强揽工程等突出问题，包括工程招标投标过程中，投标人串通投标、以行贿的手段谋取中标、挂靠或借用资质投标等恶意竞标行为以及投标人以暴力手段胁迫其他潜在投标人放弃投标，或胁迫中标人放弃中标，或胁迫中标人转让中标项目等强揽工程行为，开展工程建设领域重点整治，严格依法查处违法违规行为，及时发现和堵塞监管漏洞，建立健全源头治理的防范整治机制，持续规范建筑市场秩序。

同时印发《住房和城乡建设部办公厅关于开展建筑企业跨地区承揽业务要求设立分（子）公司问题治理工作的通知》，于 1—3 月在全国范围内组织开展建筑企业跨地区承揽业务要求设立分（子）公司问题治理工作。

【落实党中央决策部署，加大产业扶贫力度】深入贯彻落实党中央、国务院打赢脱贫攻坚战的统一部署，充分发挥建筑业在解决农村贫困劳动力就业、促进当地经济发展方面的优势，对青海省湟中区、福建省连城县等住房和城乡建设部帮扶地区的建筑业发展提供政策扶持和精准帮扶。

完善法规政策制度

【推进建筑法修订】按照《中华人民共和国建筑法》修订任务分工方案，组织开展建筑法修订必要性、可行性等研究，开展现行制度相关情况调研，分析存在的问题，研究拟修订的重点内容，起草形成《中华人民共和国建筑法》修订稿初稿。

【推进勘察设计相关立法工作】《建设工程勘察设计管理条例》《注册建筑师条例》修订，已列入了住房和城乡建设部“十四五”期间立法计划。按照部长专题会议要求，开展了修订和起草前期研究，委托中国勘察设计协会开展了《建设工程勘察设计管理条例》修订前期课题研究，收集国内外法规资料，论证主要修改内容。同时，在《建筑法》修订起草中增加了设计章节，明确了设计的要求和设计招标等内容，引导设计人员加强现场技术服务，为推动行业改革发展提供法治保障。

【研究起草“十四五”建筑业发展规划】贯彻落实《中华人民共和国国民经济和社会发展第十四个五年规划和 2035 年远景目标纲要》，结合建筑业改革研究，研究起草《“十四五”建筑业发展规划》，明确“十四五”时期建筑业发展目标和主要任务，统筹推进建筑业转型发展，着力提升发展质量和效益。

【完善勘察设计工程师职业制度】推进勘察设计注册工程师执业进程，提出了注册公用设备、电气工程师的执业项目初步范围，完成《注册公用设备、电气工程师执业管理办法（初稿）》起草工作。落实“放管服”要求，取消石油天然气、冶金、采矿/矿物、机械 4 个专业类别，优化勘察设计注册工程师总体框架。上海等地加强对项目勘察设计负责人、专业负责人的执业监管，夯实签字人员技术责任。

（住房和城乡建设部建筑市场监管司）

城 市 建 设

2021年，住房和城乡建设部城市建设司以习近平新时代中国特色社会主义思想为指导，全面贯彻党的十九大和十九届历次全会精神，坚持以人民为中心的发展思想，完整、准确、全面贯彻新发展理念，统筹发展和安全，按照部党组要求，全面贯彻全国住房城乡建设工作会议部署，聚焦落实有关重点任务，加强市政基础设施体系化建设，保障安全运行，提升城市安全韧性，促进城市高质量发展，让人民群众生活更安全、更舒心、更美好。

新型城市基础设施建设

与中央网信办等7部门联合印发的《关于加快推进新型城市基础设施建设的指导意见》、会同住房和城乡建设部试点办印发《关于开展新型城市基础设施建设专项试点工作的函》，确定在苏州、广州、承德、长春、海宁、湖州、绍兴、芜湖8个城市开展“供水、排水、燃气、供热”设施智能化建设和改造专项试点工作。试点建设推进智能化改造为城区、街道、社区等基层管理人员提供监管工具，显著提升监管部门的管理能力与管理效率。市政基础设施效率的提升为人民生活带来更多便捷，强了人民群众的安全感和幸福感。绍兴供水管网漏损率从超过20%下降到5%以内，有效的漏损控制管理，提高了居民用水的幸福感和安全感，通过安装新型管网监测设备以及远程操控设备，阻止了水质污染等不良事件事态扩大，大大提高应急保障能力，为保障供水安全构筑了一道科技屏障。

市政交通建设

【城镇燃气】 3月，印发《住房和城乡建设部等部门关于加强瓶装液化石油气安全管理的指导意见》（建城〔2021〕23号），指导各地加强部门协同，推动解决违法违规经营、储存、充装、运输、使用液化石油气问题等问题。2021年5月，举办全国燃气安全管理培训班，通过线下线上同步的方式对各地共5万多人进行了教育培训。

贯彻落实习近平总书记等中央领导同志关于湖北十堰燃气事故重要指示批示精神，2021年6月14日印发紧急通知，部署各地深入开展城镇燃气安全隐患再排查再整治，并组成工作组赴17个省（区、市）进行实地指导，期间各地共排查整治城镇燃气安全隐患38.66万处。

会同应急管理部对湖北省十堰市城市管理执法委员会和中国燃气控股有限公司进行约谈。组织召开全国城镇燃气安全警示教育视频会议，要求各地城镇燃气主管部门举一反三，审视整改存在问题。开展全国城镇燃气安全教育培训，用鲜活事故警示教育燃气企业及从业人员，全面推动行业深刻吸取教训。

10月，对燃气安全事故频发多发的辽宁省和沈阳市、大连市进行提醒谈话，督促深刻吸取事故教训，提升城镇燃气安全管理水平。

配合应急管理部起草并以国务院安全委员会名义印发《全国城镇燃气安全排查整治工作方案》，部署全国开展为期1年的燃气安全风险和重大隐患排查整治。

12月，召开城市燃气管道老化更新改造工作专题会议，听取部分省、市主管部门和重点燃气企业工作建议。全面梳理城市燃气管道老化更新改造流程、开展城市燃气管道老化更新改造对象范围、标准研究。组织各地全面摸查城市（县城）燃气等城市管道老化更新改造底数。起草形成《城市燃气管道等老化更新改造实施方案（2022—2025年）》征求意见稿。

截至年底，全国城市天然气供气总量1721.06亿立方米，液化石油气供气总量860.68万吨，人工煤气供气总量18.72亿立方米，用气人口5.48亿人，燃气普及率98.04%。

【城镇供热】 一是9月通过视频会议方式调度了解北方地区15个省（区、市）和新疆生产建设兵团城镇供热准备工作情况，10月组织召开北方供暖地区今冬明春城镇供热供暖工作视频会议，研判2020—2021年供暖期能源保供形势及气象总体情况，全面部署住房和城乡建设系统城镇供热运行保障工作。二是印发《关于建立城镇供热运行保障工作信息报送机制的通知》，要求各地城镇供热部门及时发现并协调解决各地保暖保供问题，每周报送本地区燃料保障情况、访民问暖活动情况、供热设施运行等情况。三是 10 月，派出 3 个工作组，分赴青海、内蒙古、河北、辽宁、吉林 5 省区 9 个城市调研指导各地加强供热设施维修、养护、调试，排查设施运行安全隐患，督促燃料储备不足地区抓紧研究采取措施，及时签订合同锁定天然气等供应量，切实做好供热运行前的各项准备工作，制定应急保障预案。四是指导各级供热主管部门和供热企业累计走访居民约 104 万户，实地解决群众身边供热问题约 36 万个，受理群众投诉 47.6 万件（热线投诉约 41.8 万件，网络投诉 5.1 万件，信访投诉 0.7 万件），问题解决率达到 99%。五是落实“新城建”工作要求，在承德市、长春市开展供热设施智能化建设试点工作，探索多热源联网互补、管网水力平衡、供热系统智能调控等节能措施，提高供热系统运行效率，取得阶段成效。六是供热供暖季全国供热系统运行总体平稳，经受住疫情、极寒天气等重大考验，没有出现影响较大的群众投诉事件。

截至年底，全国城市集中供热能力：蒸汽达 11.88 万吨/小时，热水达 59.32 万兆瓦，集中供热面积达 106.03 亿平方米。

【城市地下市政基础设施】一是贯彻落实《关于加强城市地下市政基础设施建设的导意见》要求，推动各地统筹发展和安全，加强城市地下市政基础设施体系化建设，切实提高城市安全水平和综合承载能力。二是 1 月，组织召开视频会议，推动各地抓紧谋划推进城市地下市政基础设施建设相关工作，尽快制定省级工作方案，确保按时高质量完成目标任务。截至 10 月底，全国各省区市已全部完成省级工作方案制定印发。三是 5 月，印发《城市市政基础设施普查和综合管理信息平台建设工作指导手册》，供各地参考借鉴。11 月组织召开视频会议，调度各地工作进展情况，督促指导加快推进任务实施。四是推进自然灾害风险普查，完成城市道路、桥梁、供水等市政设施普查阶段性工作，全国 122 个试点县区市政设施承灾体调查基本完成。

【城市道路交通】一是联合国家发展改革委报请国务院印发《国务院办公厅转发国家发展改革委等部门关于推动城市停车设施发展意见的通知》，并联合印发《关于近期推动城市停车设施发展重点工作的通知》（国办函〔2021〕46 号），推动各地加快补齐城市停车供给短板，改善交通环境。二是联合国家发展改革委印发《“十四五”城市轨道交通规划建设实施方案》，明确工作措施和具体要求，指导各地推进“十四五”城市轨道交通高质量发展。三是协同交通运输部等部门印发《关于深入开展坚决整治违规设置妨碍货车通行的道路限高限宽设施和检查卡点工作的通知》（交公路函〔2021〕224 号），部署各地推进城市道路限高限宽设施和检查卡点整治工作，并在总结各地工作成效基础上，联合向国务院呈报了总结报告。四是印发《住房和城乡建设部工业和信息化部关于确定智慧城市基础设施与智能网联汽车协同发展第一批试点城市的通知》，确定北京、上海、广州、武汉、长沙、无锡 6 个城市为智慧城市基础设施与智能网联汽车协同发展第一批试点城市。印发《住房和城乡建设部工业和信息化部关于确定智慧城市基础设施与智能网联汽车协同发展第二批试点城市的通知》，确定重庆、深圳、厦门、南京、济南、成都、合肥、沧州、芜湖、淄博等 10 个城市为第二批双智试点城市。五是结合编制《“十四五”全国城市基础设施建设规划》，明确城市道路照明、景观照明相关工作要求。印发《住房和城乡建设部办公厅关于进一步加强城市照明汛期安全管理的紧急通知》，部署各地防范应对暴雨洪涝灾害，加强城市基础设施安全防护，切实做好城市照明防汛。

截至年底，全国城市道路长度 53.25 万公里，道路面积 105.37 亿平方米，人均道路面积 18.84 平方米，建成区路网密度 7.56 公里/平方公里，全国安装路灯城市道路长度 40.3 万公里，道路照明灯 3245.9 万盏。

城市环境卫生工作

【持续推进生活垃圾分类】2 月，建立生活垃圾分类工作“1 对 1”交流协作机制，指导先行省份、重点城市与中、西部和东北地区省份结对，开展各类交流活动 150 余次，在生活垃圾分类工作上经验共享、对策共谋、协同共进，积极转化推广可复制政策机制和好经验、好方法。

7 月 30 日，印发《省级统筹推进生活垃圾分类工作评估办法》《城市生活垃圾分类工作评估办法》，开发工作成效评估管理平台，延续 46 个重点城市靶向通报制度，推动省级统筹和地级以上城市建立健全工作责任制、压实主体责任。截至年底，297 个地级及以上城市垃圾分类覆盖 27.4 万个小区，覆盖率 77%。

7 月，组织行业专家赴江苏省南京市、苏州市，浙江省宁波市，重庆市等先行城市实地调研，探索研究厨余垃圾处理技术工艺，逐一分析不同处理技术工艺的优势与不足、改进空间、适用范围等。

9—12月，开展“我为群众办实事”实践活动，推动全国升级改造生活垃圾分类投放收集点（站）10万余个，建立示范联系点1000个，改善居民分类投放环境，促进居民养成分类习惯。

【加强建筑垃圾治理和资源化利用】5月，组织召开专家研讨会，赴上海、青岛、长沙等城市实地调研，起草完成修订《城市建筑垃圾管理规定（初稿）》。

5—9月，强化建筑垃圾相关指标研究，组织研究建筑垃圾年产生量测算，建立全国建筑垃圾年产生量测算模型。组织研究国内外建筑垃圾定义及资源化利用率有关情况，结合我国建筑垃圾实际情况，规范“建筑垃圾资源化利用率”定义和计算公式。

12月8日，组织召开全国城市建筑垃圾工作视频会议，视频观摩常州市建筑垃圾前端分类投放收集、中端转运、末端资源化利用工作，交流先行地区的经验做法，进一步做好建筑垃圾治理和资源化利用工作。

【加快生活垃圾处理设施建设】3—7月，联合国家发展改革委先后研究出台《关于“十四五”大宗固体废弃物综合利用的指导意见》(发改环资〔2021〕381号)、《“十四五”城镇生活垃圾分类和处理设施发展规划》（发改环资〔2021〕642号）、《关于推进非居民厨余垃圾处理计量收费的指导意见》（发改价格〔2021〕977号）等政策性文件，指导各地加快焚烧处理设施建设，补齐厨余垃圾和有害垃圾设施短板。截至2021年年底，全国城市生活垃圾处理设施1435座，其中，焚烧处理设施605座，处理能力74.5万吨/日，占比68.5%；卫生填埋设施540座，处理能力26.4万吨/日，占比24.3%；厨余垃圾处理设施290座，处理能力7.8万吨/日，占比7.2%。

4月21日，印发《关于深入开展生活垃圾填埋场安全隐患排查整治工作的通知》，督促各地对全国城市、县城共2301座生活垃圾填埋场深入开展全覆盖式安全隐患排查。

【提升城市保洁水平】结合推进生活垃圾分类，城市生活垃圾收集基本做到日产日清，收集率达到90%左右，城市生活垃圾收运系统基本建立。全国城市道路清扫保洁面积97.6亿平方米、机械化清扫面积74.3亿平方米，机扫率达76%。

【加强新冠疫情防控】统筹行业发展和疫情防控，指导地方做好疫情封控区域环境消杀、废弃口罩处理、公厕运行维护和粪便无害化处理工作。

推进城市水务工作

【加强城市内涝治理工作】印发《住房和城乡建设部关于2021年全国城市排水防涝安全及重要易涝点整治责任人名单的通告》（建城函〔2021〕25号）、《住房和城乡建设部办公厅关于做好2021年城市排水防涝工作的通知》（建办城函〔2021〕112号），落实城市人民政府主体责任，全面部署2021年城市排水防涝工作。指导各地落实《国务院办公厅关于加强城市内涝治理的实施意见》（国办发〔2021〕11号），与国家发展改革委、水利部、自然资源部共同召开电视电话会议进行宣贯部署。与国家发展改革委印发《国家发展改革委办公厅 住房和城乡建设部办公厅关于编制城市内涝治理系统化实施方案和2021年城市内涝治理项目中央预算内投资计划的通知》（发改办投资〔2021〕261号），指导督促地方科学编制城市内涝系统化实施方案，系统谋划治理项目。指导河南省做好“7·20”特大暴雨灾害应对。7月22—28日持续指导帮助河南省全力开展抢险救灾等工作，调派北京、湖北、山东、陕西、安徽5支救援队、280多人、39台（套）龙吸水移动泵车等专业救援车辆驰援河南省。

【开展海绵城市建设示范】与财政部、水利部印发《关于开展系统化全域推进海绵城市建设示范工作的通知》（财办建〔2021〕35号），通过竞争性评审确定了20个示范城市，包括唐山、长治、四平、无锡、宿迁、杭州、马鞍山、龙岩、南平、鹰潭、潍坊、信阳、孝感、岳阳、广州、汕头、泸州、铜川、天水、乌鲁木齐等。印发《关于开展2021年度海绵城市建设评估工作的通知》（建办城函〔2021〕416号），重点对海绵城市建设示范城市工作进展进行评估。与财政部、水利部印发《中央财政海绵城市建设示范补助资金绩效评价办法》（财办建〔2021〕53号），明确示范城市绩效评价要求。

【加快城市污水收集处理设施建设】与国家发展改革委印发《“十四五”城镇污水处理及资源化利用发展规划》（发改环资〔2021〕827号），明确“十四五”期间工作目标和重点。与国家发展改革委等部委联合印发了《关于推进污水资源化利用的指导意见》（发改环资〔2021〕13号），指导各地推进城市污水再生利用设施建设。截至2021年底，全国城市和县城污水处理能力达2.5亿吨/天，污水管网（含合流管网）长度达64.5万公里。

【强化城镇供水安全保障】与国家发展改革委等部委修订《城镇供水价格管理办法》《城镇供水定价

成本监审管理办法》，并以 2 部委联合令形式发布，建立健全城镇供水价格形成机制和成本监审制度。

【加强城镇节水工作】与国家发展改革委、水利部、工业和信息化部印发《关于加强城市节水工作的指导意见》（建办城〔2021〕51 号），指导各地深入推进城市节水工作。5 月 9—15 日组织开展主题为“贯彻新发展理念，建设节水型城市”的全国城市节水宣传周活动。

园林绿化建设

【推动国际园林博览会筹办工作】3 月 12 日，组织第十三届中国（徐州）国际园林博览会（以下简称第十三届园博会）指导委员会在徐州市召开会议，审查城市展园设计方案和展览展示方案，并提出修改意见。杨保军总经济师出席会议。4 月 15 日，在徐州组织召开第十三届园博会组委会第二次会议，审议通过了园博园展园规划设计方案、展览展示实施方案、园博会开闭幕式方案、高层论坛活动方案、园博园展后可持续发展方案、宣传工作方案和吉祥物方案，黄艳副部长、杨保军总经济师出席会议。此后，通过现场调研、座谈交流等持续推动各项筹办工作。12 月 21—22 日，“新盛杯”首届全国园林绿化职业技能竞赛在徐州举行。

4 月 26 日，组织有关专家在合肥市召开专家审查会，对第十四届中国（合肥）园林博览会（以下简称合肥园博会）总体方案、展园规划设计方案、展览展示方案和宣传方案等 4 个方案进行审查，并提出修改意见。杨保军总经济师出席会议。11 月 14 日，采取视频形式组织召开第十四届中国（合肥）国际园林博览会（以下简称第十四届园博会）组委会第一次会议，审议通过合肥园博会总体方案、园博园规划设计方案、园博会展览展示方案、宣传工作方案和招展工作方案，要求合肥市根据会议要求，对有关方案进行修改完善，全面推进园博会各项筹办工作。黄艳副部长、杨保军总经济师出席会议。11 月 30 日，印发《住房和城乡建设部关于第十四届中国（合肥）国际园林博览会总体方案意见的函》（建城函〔2021〕113 号）。12 月，印发《住房和城乡建设部办公厅关于第十四届中国（合肥）国际园林博览会参展有关事宜的通知》（建办城函〔2021〕514 号），指导和推进合肥园博会筹备工作。

【加强外来物种入侵防控工作】6 月，进一步部署城市公园绿地、园林绿化带区域红火蚁防控工作，鼓励地方优先选用乡土树种和本地苗木，从源头降低疫情传播风险。组织技术培训，提高园林绿化建设管理养护人员识别能力及防控技术水平。加强科普宣传，不断增强群众的防范意识。配合农业农村部、国家林草局等部门印发《关于加强红火蚁阻截防控工作的通知》《外来入侵物种普查总体方案》《关于进一步加强松材线虫病疫情防控工作的通知》等。

【组织国家园林城市复核工作】7 月 12—23 日，组织有关专家对山西省介休市、辽宁省开原市、山东省高密市和滕州市、湖北省鄂州市、宁夏回族自治区石嘴山市 6 个国家园林城市复查未达标城市整改落实情况进行了复核。经复核，介休市、高密市、滕州市、鄂州市和石嘴山市对照反馈问题认真开展整改并通过复核，保留国家园林城市称号。开原市公园绿地服务半径覆盖率未达到园林城市标准要求，延期整改一年。

【加强城市公园安全隐患排查整治和疫情防控工作】2 月，印发《重大疫情期间城市公园运行管理指南（试行）》。6 月，组织各省（自治区、直辖市）住房和城乡建设（园林绿化）主管部门开展城市公园安全隐患排查整治，排查出安全隐患 7.02 万处，年内基本完成整治工作。7 月，对加强疫情期间城市公园运行管理工作进行部署，指导督促各地落实“限量、预约、错峰”管理要求，为游客营造安全有序的游园环境。

【加强城市园林绿化监管管理】7 月 20—22 日，组成工作组赴广州市就广州市大规模迁移砍伐城市树木问题开展实地调查，并形成调研报告。12 月 7 日，向各省级和地级以上城市政府印发通报，督促各地深刻汲取教训，以案为鉴，举一反三，全面加强城市建设监管工作，坚决杜绝类似情况再次发生。12 月 17 日，向各省级行业主管部门印发开展通报落实情况专项调研的通知，进一步督促各地落实通报要求。

【城市园林绿化成效明显】指导各地地方聚焦百姓需求，大力推进城市绿色生态网络建设，增加百姓身边的口袋公园和小微绿地。截至年底，全国城市建成区绿地率达到 38.7%，城市建成区绿化覆盖率达到 42.42%，人均公园绿地面积达到 14.87 平方米，进一步提升了城市生态和人居环境品质。

城镇老旧小区改造

【抓好年度计划制定实施】2021 年《政府工作报告》提出，政府投资更多向惠及面广的民生项目倾斜，新开工改造城镇老旧小区 5.3 万个，提升县城公共服务水平。住房和城乡建设部会同 5 部门印发《住房和城乡建设部办公厅等关于做好 2021 年城镇老旧小区改造工作的通知》（建办城〔2021〕28 号），指导各地完善符合当地实际的政策体系、工作机制，扎实有序实施2021年改造计划，统筹谋划“十四五”时期改造工作。开展全国城镇老旧小区改造统计调查试填报，自4月起逐月调度、6月起公开通报分省计划进展，抓好《政府工作报告》量化指标落实。2021年全国新开工改造城镇老旧小区5.56万个、惠及居民965万户。

【扎实推进“我为群众办实事”实践活动城镇老旧小区改造重点项目】结合党史学习教育，住房和城乡建设部指导各地将城镇老旧小区改造作为住房和城乡建设系统“我为群众办实事”实践活动重点项目，在全国确定100个联系点并开展指导帮扶，帮助居民解决老旧管网更换难、加装电梯难、建立后续管理机制难、改造提升社区服务难、无障碍设施建设难等5方面“急难愁盼”问题。住房和城乡建设部“我为群众办实事”实践活动案例《城镇老旧小区“华丽变身”》收录到党史学习教育领导小组办公室组织编写的《百年初心成大道——党史学习教育案例选编》。

【加强政策指导】9月，国家发展改革委、住房和城乡建设部联合印发《关于加强城镇老旧小区改造配套设施建设的通知》（发改投资〔2021〕1275号），督促各地将改造与排查整治老旧小区安全隐患工作相结合、同步推进，切实消除老旧管线等方面的安全隐患。12月，住房和城乡建设部、国家发展改革委、财政部印发《关于进一步明确城镇老旧小区改造工作要求的通知》（建办城〔2021〕50号），督促指导各地守牢作为民生工程的10方面底线要求，加快破解作为发展工程的10方面重点难点问题，科学评价工作质量和效果，建立巡回调研指导机制，健全激励先进、督促落后机制。

【总结推广可复制经验】住房和城乡建设部及时总结推广各地在发挥居民主体作用、吸引市场力量参与、健全适应改造需要的配套制度等方面的好经验好做法，印发3批《城镇老旧小区改造可复制政策机制清单》，推出可复制政策机制110余条。住房和城乡建设部会同有关部门聚焦“城镇老旧小区改造怎么干”问题，加强政策培训和案例交流，培训地方相关工作负责同志2万余人次。

绿色社区创建行动

【有序开展绿色社区创建行动】住房和城乡建设部会同相关部门指导各地结合城镇老旧小区改造同步推进绿色社区创建行动。截至12月底，全国31个省（区、市）和新疆生产建设兵团均已出台绿色社区创建行动方案。上海、黑龙江、浙江、安徽、山东、重庆、甘肃、宁夏8个省（区、市）及新疆生产建设兵团超过20%的城市社区参与并达到绿色社区创建要求。

无障碍环境建设

【表彰全国无障碍环境市县村镇】住房和城乡建设部会同工业和信息化部、民政部、中国残联、全国老龄办印发《住房和城乡建设部等部门关于表彰全国无障碍环境市县村镇的决定》（建城〔2021〕15号），授予72个市县村镇为“创建全国无障碍环境示范市县村镇”并予以表彰，同时授予74个市县村镇为“创建全国无障碍环境达标市县村镇”。

【有序推进无障碍环境建设】住房和城乡建设部与中国残联等13部门联合印发《无障碍环境建设“十四五”实施方案》（残联发〔2021〕47号），进一步细化落实“十四五”目标任务、工作措施，提高城市道路、公共建筑、居住社区无障碍设施水平，指导各地结合城镇老旧小区改造、居住社区建设补短板等工作，支持加装电梯和无障碍设施建设。

（住房和城乡建设部城市建设司）

村 镇 建 设

2021年，住房和城乡建设部村镇建设司深入贯彻落实习近平总书记重要讲话和重要指示精神，在住房和城乡建设部党组的坚强领导下，落实全国住房和城乡建设工作会议部署，巩固拓展脱贫攻坚成果和乡村振兴有效衔接，深入推进农村房屋安全隐患排查整治，开展现代宜居新型农房建设和乡村建设工匠培育，推进农村人居环境整治提升，加强传统村落保护利用和乡村风貌保护提升，制定县城和乡村建设“营建要则”，指导小城镇建设，全面开展乡村建设评价，深入开展美好环境与幸福生活共同缔造活动，村镇建设取得新的进展和成效。

巩固拓展脱贫攻坚成果同乡村振兴有效衔接

【获得脱贫攻坚表彰】2021年，我国脱贫攻坚战取得全面胜利。2月25日上午，全国脱贫攻坚总结表彰大会在人民大会堂举行，住房和城乡建设部村镇建设司被授予“全国脱贫攻坚先进集体”荣誉称号，住房和城乡建设部扶贫办公室董红梅同志和挂职干部王虹航同志被评为“全国脱贫攻坚先进个人”。此外，住房和城乡建设部帮扶办公室被青海省委、省人民政府评为“青海省脱贫攻坚先进集体”。

【持续推进农村危房改造】会同财政部、民政部、国家乡村振兴局印发《关于做好农村低收入群体等重点对象住房安全保障工作的实施意见》，明确“十四五”期间在保持政策稳定性、延续性的基础上调整优化，继续实施农村低收入群体等重点对象农村危房改造和地震高烈度设防地区农房抗震改造。会同财政部下达2021年农村危房改造中央补助资金100.7亿元，支持指导各地开展农村危房改造和抗震改造，将符合条件的农村低收入群体等重点对象及时纳入危房改造保障范围。截至2021年12月底，农村危房改造竣工22.8万户，农房抗震改造竣工21.1万户。

【支持定点帮扶县巩固拓展脱贫攻坚成果同乡村振兴有效衔接】为贯彻落实好党中央、国务院关于巩固拓展脱贫攻坚成果同乡村振兴有效衔接的工作部署，住房和城乡建设部扶贫攻坚领导小组调整为住房和城乡建设部定点帮扶工作领导小组，由住房和城乡建设部党组书记、部长任组长，副部长任副组长，住房和城乡建设部机关各司局、直属各单位、社团第一党委、社团第二党委主要负责同志为成员，进一步加强部定点帮扶工作。组织召开住房和城乡建设部定点帮扶工作领导小组会议，研究安排2021年定点帮扶工作，印发住房和城乡建设部2021年定点帮扶工作计划，明确5方面29项帮扶措施。住房和城乡建设部党组成员、副部长张小宏分别与住房和城乡建设部定点帮扶县主要负责同志召开部县联席会议，对做好定点帮扶工作进行再部署再推进。动员行业系统深入推进支部共建、资金政策倾斜、消费帮扶、人才培训、送医下乡、教育资助等帮扶举措，支持定点帮扶县巩固拓展脱贫攻坚成果同乡村振兴有效衔接。截至2021年12月底，直接捐赠和引入帮扶资金约6.3亿元，培训基层干部和技术人员860人次，直接购买和帮助销售农产品720万元，支持建筑业和特色产业发展，与住房和城乡建设部定点帮扶4县17个村党支部开展了支部共建活动，多次协调社会力量开展送医下乡、产业发展、教育资助等活动。住房和城乡建设部定点帮扶县脱贫攻坚成果得到进一步巩固，乡村振兴步伐不断加快。2021年，住房和城乡建设部定点帮扶工作在中央和国家机关各部门定点帮扶工作成效考核评价中被评为“好”等次。

【支持对口支援县振兴发展】大力支持部对口支援县福建省连城县振兴发展。参照定点帮扶县做法，建立部县联席会议制度和组团帮扶机制，住房和城乡建设部党组成员、副部长张小宏于2021年3月赴连城县召开部县联席会议，与连城县委、政府主要负责同志共同研究推动对口支援工作。成立了由城市建设司、中国城市规划设计研究院和中国建筑学会组成的帮扶工作组，进一步强化帮扶力量，并结合连城县实际，从产业发展、城镇建设、乡村建设、党建交流等4方面明确了10项具体帮扶事项。2021年，帮助连城县编制《连城县新型建筑材料产业园规划》《连城县排水防涝专项规划及系统化方案(2020—2035)》等规划，协调中央资金2000万元，支持排水设施建设、城镇老旧小区改造。指导支持连城县做好传统村落保护、历史街区保护、农房建设、人居环境改善等工作。

农村房屋安全隐患排查整治

【深入开展农村房屋安全隐患排查整治工作】会同部际协调机制成员单位深入推进农村房屋安全隐患排查整治工作。组织召开农村房屋安全隐患排查整治工作部际协调机制第二次工作会议，总结重点排查阶段工作经验，审议工作进展情况报告。赴全国32个省（自治区、直辖市）开展调研督导，组织召开22次排查整治工作联络员视频调度会，印发15期工作简报。指导地方扎实推进农村房屋安全隐患排查整治工作，对3层以上、用作经营、人员密集和擅自改扩建等四类重点农村房屋排查整治情况进行抽检审核。截至2021年12月底，基本完成全国50万个行政村2.24亿户农村房屋的排查摸底和鉴定为危房的农村经营性自建房阶段性整治任务。

加强农房建设管理

【开展现代宜居新型农房建设试点】指导推进现代宜居农房建设，提升农房设计建造水平，满足质量安全及抗震设防要求，因地制宜推动水冲式厕所入户，鼓励设计建设无障碍设施。鼓励选用装配式钢结构等安全可靠的新型建造方式。赴江苏、浙江、江西、四川、贵州等省份调研指导现代宜居农房建设，系统梳理现代宜居农房建设试点经验做法，在全国推广。开展问卷调查，掌握各地装配式钢结构农房发展现状和群众接受度等相关情况。梳理农房设计建造相关标准规范，开展现代宜居农房技术导则研究，不断完善农房建设标准规范。

【开展乡村建设工匠培育】将乡村建设工匠培训作为住房和城乡建设系统“我为群众办实事”实践活动项目，组织开展乡村建设工匠培训，2021 年 4 万余名乡村建设工匠获得培训合格证书。通过培训，有效提高了乡村建设工匠技能水平，为实施农村危房改造和保障农村自建房安全发挥了重要作用。

农村人居环境整治提升

【加强农村生活垃圾收运处置体系建设】督促各地落实《关于建立健全农村生活垃圾收集、运输、处置体系的指导意见》，完善农村生活垃圾收运处置体系建设工作台账，调度各省（区、市）工作进度，及时掌握每个县（市、区）的情况。对农村生活垃圾进行收运处理的自然村比例低于 90%的 303 个县进行专门督促，对中西部省份的 230 个行政村生活垃圾收运处理情况进行第三方现场检查，督促地方限期整改存在的问题。发布《农村生活垃圾收运和处理技术标准》，指导各地规范农村生活垃圾分类、收集、运输和处理各环节的运行管理。截至 2021 年 12 月，全国农村生活垃圾进行收运处理的自然村比例超过 90%，村庄环境基本实现干净整洁。

【开展农村生活垃圾分类示范】督促指导农村生活垃圾分类和资源化利用示范县探索就地分类减量的方法。2021 年，示范县 90%以上的乡镇，70%以上的自然村开展了垃圾分类，平均垃圾减量率 40%以上，梳理形成了河南兰考“党建引领、群众参与、干湿分类”，江苏沛县“生态化处理、资源化利用”等经验，进行宣传推广。

加强传统村落保护利用

【开展中国传统村落保护发展情况评估】组织各地对列入名录的中国传统村落逐村开展自评，汇总 6819 个村落信息和各省自评报告，系统总结传统村落保护发展工作成效、存在问题及下一步工作措施。

【继续推进传统村落集中连片保护利用示范】督促晋城市、黄山市、抚州市、恩施土家族苗族自治州、湘西土家族苗族自治州、甘孜藏族自治州、黔东南苗族侗族自治州、大理白族自治州、渭南市和黄南藏族自治州 10 个示范市（州）落实主体责任，加快工作进度。及时总结各地工作进展和成效。召开 2 次传统村落集中连片保护利用示范工作视频调度会，交流各地工作进展情况，部署下一步工作。

【加强对优秀传统文化的宣传推广】继续建设中国传统村落数字博物馆，新增 70 个中国传统村落单馆，上线村落单馆数量达到 515 个。完成纪录片《中国传统建筑的智慧》制作，经中央宣传部审定在央视播出。联合人民日报推出“走进传统村落”专栏，整版报道了 4 个传统村落，获得了社会广泛关注。在中国建设报纸媒和微信公众号开设“魅力传统村落”专栏，陆续推出中国传统村落报道。

【开展传统村落保护利用和乡村风貌提升培训】举办乡村风貌保护提升和现代宜居农房建设暨传统村落保护利用线上培训，组织专家授课，并选择江西省、重庆市、盐城市、黄山市等乡村风貌保护工作成效显著、有代表性的省、市交流乡村风貌保护提升和传统村落保护利用的经验做法。全国 31 个省（区、市）住房和城乡建设主管部门、北京市农业农村局、新疆生产建设兵团住房和城乡建设局及定点帮扶和对口支援县相关人员参加培训。

县城建设营建要则

【制定县城建设“营建要则”】会同有关部门印发《住房和城乡建设部等 15 部门关于加强县城绿色低碳建设的意见》，从严守县城建设安全底线、控制县城建设强度和民用建筑高度、发展绿色节约型基础设施、营造良好县城人居环境、加强县城历史文化保护传承等方面提出县城建设的 10 条底线要求，推动县城高质量发展，提升县城承载力和综合服务能力。

【组织开展试点】推进山西省 5 个试点县建设，指导试点县制定完善试点方案，明确县城建设强度、密度、建筑高度等方面的管控要求，启动实施一批县城绿色低碳建设试点项目，总结地方经验并编发建设工作简报进行宣传推广。

乡村建设营建要则

【制定乡村建设“营建要则”】会同农业农村部、国家乡村振兴局印发《关于加快农房和村庄建设现代化的指导意见》，从选址布局、村庄环境、基础设施和公共服务设施等方面明确乡村建设的 12 条基本要求，指导各地加强农房和村庄建设，改善农民生产生活条件。

【指导地方细化实施方案】指导各地制定完善实施方案，细化农房和村庄建设现代化的相关要求。吉林、安徽等 19 个省份印发了省级实施方案，浙江、河北等 11 个省份在省级文件中落实相关要求。

【组织开展试点】分别在东中西部地区选择江苏省沛县、湖北省远安县、四川省丹棱县 3 个县进行先行先试，指导试点县制定农房和村庄建设要求细化落实方案，明确工作目标和具体要求，积极探索可复制可推广的经验做法。

小城镇建设

【因地制宜指导小城镇建设】参与印发《关于加强县域商业体系建设促进农村消费的意见》，指导乡镇商贸建设。举办小城镇人居环境整治培训班，推广湖北、浙江等地经验做法，引导各地有序推进小城镇人居环境整治。与国家发展改革委联合印发《“十四五”城镇污水处理及资源化利用发展规划》《“十四五”黄河流域城镇污水垃圾处理实施方案》，指导建制镇污水收集处理设施建设。落实《部省高原美丽城镇示范省建设实施方案》要求，指导环青海湖地区城镇带试点建设。

全面开展乡村建设评价

【优化指标体系】2021 年，乡村建设评价工作聚焦与农民群众生产生活密切相关的内容，量化反映乡村建设情况和城乡差距，从发展水平、农房建设、村庄建设和县城建设等四个方面确定了 71 项指标。其中，发展水平主要反映全县经济社会、财政、农民收入、产业发展等情况；农房建设主要衡量农房及配套设施建设水平和风貌特色；村庄建设主要评价村庄基础设施、公共服务及农村人居环境质量；县城建设主要评价县城绿色低碳建设水平和综合服务能力。内蒙古、辽宁、江苏、浙江等地在此基础上还增设了地方指标。

【扩大评价范围】考虑到全国各地乡村自然禀赋、经济条件、区位环境等方面的差异，评价工作以省为单元，选择主要位于农产品主产区，经济发展状况处于全省平均水平且具有典型性和代表性的县作为样本县，2021 年乡村建设评价范围从 2020 年的 4 省 12 县扩展至 28 省 81 县，基本实现省级全覆盖。

【广泛深入开展调研】2021 年，组织 58 家高校及科研院所深入一线，实地调研 259 个乡镇、783 个村庄、访谈 776 名村干部与 2417 名村民、采集 7.8 万张村庄照片、收集 14.7 万份有效村民问卷与 3847 份有效村干部问卷。综合运用电信大数据分析以及遥感、无人机拍照等新技术采集数据，全面掌握全国各地乡村建设情况。

【多维度综合分析】从三个维度对收集的信息开展分析评价。一是城乡差距分析，将乡村建设指标与所在地级城市有关指标进行比较分析。二是农民群众满意度分析，梳理问卷调查结果，了解农民群众对乡村建设的满意度，查找农民群众普遍关心的突出问题和短板。三是开展国际比较，将样本县乡村建设情况与韩国有关情况进行比较研究，通过全面分析，形成全国、分省、分县评价报告。

美好环境与幸福生活共同缔造

【持续推动试点工作】组织召开 2021 年美好环境与幸福生活共同缔造活动工作推进视频会，通过现场调研、视频培训、网络指导等形式，督促指导试点地区持续深入开展美好环境与幸福生活共同缔造活动。

【持续推进部省合作】与陕西省人民政府联合印发《在城乡人居环境建设中开展美好环境与幸福生活共同缔造活动实施方案》，明确在城市更新行动和乡村建设行动中广泛开展共同缔造活动，在 40 余个城乡社区开展共同缔造试点，依托全国市长研修学院在线学习平台，组织各级干部 1100 余人参加共同缔造网络专题培训。

【加大培训宣传力度】加强对全国美好环境与幸福生活共同缔造活动培训基地的技术指导，组织专家开展调研，总结可复制可推广的经验。发挥培训基地作用，2021 年累计培训和接待观摩超过 2.6 万人次，培养了一批熟悉共同缔造理念方法的基层干部。组织召开视频培训，交流省、市、县、乡、村不同层级组织开展共同缔造活动的经验做法，超过 3000 余人参加培训。

（住房和城乡建设部村镇建设司）

工程质量安全监管

概况

2021年，住房和城乡建设部工程质量安全监管司以习近平新时代中国特色社会主义思想为指导，全面贯彻党的十九大和十九届历次全会精神，深入贯彻落实习近平总书记对住房和城乡建设工作的重要指示批示精神，坚决贯彻落实党中央、国务院重大决策部署及全国住房和城乡建设工作会议部署，坚持“两个至上”，统筹发展和安全，不断提升建筑工程品质，保障建筑施工安全，推进工程技术进步，提升工程抗震防灾能力，为党的二十大胜利召开创造安全的环境。

工程质量监管

【强化政府工程质量监管】开展全国工程质量监督机构情况调查，研究制定关于进一步加强工程质量监督管理工作的通知，加快完善工程质量监督机制。以“强化质量监督 建设宜居家园”为主题，在深圳开展全国住房和城乡建设系统“质量月”暨工程质量监督论坛活动，系统总结我国质量监督工作40年发展历程。开展违规海砂专项治理及研究，部署开展沿海、沿长江15个省（区、市）违规海砂排查整治行动，排查整治项目3.4万个，建筑面积16.8亿平方米，实施行政处罚69起。对浙江、广西等10个地方开展预拌混凝土质量及海砂使用专项抽查，对2个项目和1家混凝土生产企业下发执法建议书。深入开展工程质量检测管理调研，加快推动《建设工程质量检测管理办法》修订出台。

【创新工程质量发展机制】积极推进建筑工程质量评价，完善评价指标体系和实施方案，选择湖北、浙江、广东等10个地区，采取地区自评和住房和城乡建设部聘请第三方机构评价相结合的模式开展评价试点。开展工程质量保险顶层设计研究，提出加快发展质量保险的措施建议。

【抓好应急处置】赛格大厦振动事件发生后，第一时间成立专家组赴深圳实地踏勘，与深圳建立定期报送制度，指导地方妥善处置。深刻汲取近期房屋倒塌事故教训，深入分析房屋安全现状及问题，加强城镇房屋安全管理，研究形成城镇房屋安全管理责任清单。核查了解河南省某小区幼儿园塌陷事件情况，联合教育部印发《加强城镇小区配套幼儿园校舍安全管理工作的通知》，部署开展城镇小区配套幼儿园校舍安全专项排查。

【统筹做好在建工程疫情防控】指导地方建立常态化疫情隔离观察场所和在建工程集中居住场所安全风险隐患专项排查整治机制和定期上报制度。截至12月底，排查疫情隔离观察场所5.77余万栋，督促地方第一时间完成安全隐患房屋整改、人员撤离。

【督导冬奥会场馆建设和运行安全风险防控】印发关于进一步加强2022年北京冬奥会场馆建设和运行安全风险防控的通知，建立定期督导制度和重大风险随报制度，指导地方落实属地责任，强化冬奥会场馆建筑质量安全排查和运行安全监管，坚决防范化解安全风险，杜绝事故发生。

建筑施工安全监管

2021年，全国建筑施工安全生产形势稳定。全国共发生房屋市政工程生产安全事故717起、死亡803人，其中较大及以上事故15起、死亡65人，同比分别下降31.82%、26.97%。

【健全重大安全风险防范机制】印发《危险性较大的分部分项工程专项施工方案编制指南》，指导工程参建各方规范危险性较大的分部分项工程专项施工方案编制工作，强化高风险环节安全管控措施。发布《房屋建筑和市政基础设施工程危及生产安全施工工艺、设备和材料淘汰目录（第一批）》，对存在严重施工安全隐患、耐久性差、影响职业健康和危害生态环境的施工工艺、设备和材料采取禁止性或限制性措施，加强风险源头管控。制定《房屋市政工程生产安全重大事故隐患判定标准（2022版）》，明确重大事故隐患判定情形，为各地深入开展隐患排查治理工作提供依据。

【保持事故查处高压态势】严格落实事故查处督办、通报、约谈工作机制，对15起较大及以上事故印发查处督办通知书，对天津、浙江等地区省级住房和城乡建设部门实施约谈，督促有关地区举一反三，认真分析事故原因，按照“四不放过”原则，依法依规对责任企业和人员实施处罚。加强事故应急处置，先后赴江苏苏州“7・12”酒店倒塌事故、广东珠海“7・15”隧道透水事故现场，指导有关地区做好伤亡人员搜救、事故原因分析、调查处理等工作。

【深入排查治理重大事故隐患】认真贯彻落实全国安全生产专项整治三年行动有关部署，持续开展危险性较大的分部分项工程和城市轨道交通工程专项治理，累计检查工程项目63万个，督促指导各地采取措施消除安全隐患。组织对9省（区、市）房屋建筑和市政基础设施工程安全生产工作进行监督检查，督促各地压紧压实企业和从业人员安全生产主体责任，深入排查治理安全隐患，坚决遏制重特大事故发生。

【推进安全监管信息化建设】印发《住房和城乡建设部办公厅关于启用全国工程质量安全监管信息平台的通知》，部署全国工程质量安全监管信息平台上线运行，构建全国建筑施工安全监管一张网。平台归集和共享各地建筑施工企业安全生产许可证信息60.64万条、建筑施工企业安全生产管理人员安全生产考核合格证信息709.47万条、建筑施工特种作业人员操作资格证信息247万条、建筑起重机械信息40.95万条，强化安全监管工作信息化支撑。

【深入开展安全宣传教育活动】结合党史学习教育和“我为群众办实事”实践活动，赴相关建筑施工企业、设计企业开展安全生产宣传教育，推动企业和从业人员树牢安全发展理念。组织开展2021年全国住房和城乡建设系统安全生产月和安全生产宣传咨询日活动，依托今日头条、微博等新媒体平台动进行现场直播，普及法律法规和安全防范常识，共计11.6万人收看。举办全国建筑施工安全监管人员培训班，围绕完善监管体制机制、防范施工现场重大风险等开展专题研讨，共计1.56万名监管人员参加培训。

城市轨道交通工程质量安全监管

【加强调查研究】一是组织开展城市轨道交通工程建设单位质量安全首要责任调研，研究提出下一步工作思路，推动落实建设单位全过程风险管控和质量安全保障首要责任，严格执行工程建设基本程序，确保合理工期、造价，提高参建各方履约能力。二是开展城市轨道交通工程各环节验收现状及对策研究专题调研，了解各地落实《城市轨道交通建设工程验收管理暂行办法》情况，分析目前面临的突出问题，进一步规范各环节验收程序和内容，确保工程建设全过程质量稳定可控。

【强化安全风险防控】一是印发《关于加强城市轨道交通建设安全风险管控的通知》，要求地方对所有在建城市轨道交通项目开展安全隐患排查。印发《城市轨道交通工程基坑、隧道施工坍塌防范导则》，督促参建各方落实坍塌防范技术管理措施，提升应急处置能力。指导各地推广应用《城市轨道交通工程建设安全生产标准化管理技术指南》《城市轨道交通工程地质风险控制技术指南》等文件，提升风险防控能力和标准化管理水平。二是加大检查督导力度。组织专家对贵阳、南京、苏州、青岛、合肥、天津、福州、厦门、深圳、北京10个地区城市轨道交通工程建设质量安全管理情况开展检查和技术指导，督促地方主管部门和企业压实责任，切实采取有效措施整治问题隐患，坚决防范和遏制重特大事故发生。

【加强技术指导服务】一是举办“城市轨道交通工程质量安全管理培训班”。通过线下线上同步方式，对所有在建城市轨道交通工程的省市开展质量安全培训，深刻学习领会习近平总书记关于安全生产重要论述。同时，针对建设单位首要责任落实、智慧工地建设、监管信息化、防范施工坍塌等内容专题讲授。二是根据地方监管部门工作亟需，委派住房和城乡建设部科技委城市轨道交通建设专业委员会专家赴15个省市开展培训、咨询、检查等技术支持，指导现场安全风险管控及各环节质量验收工作。

勘察设计质量监管与行业技术进步

【加强勘察设计质量监管】修订印发《建设工程勘察质量管理办法》，加强勘察质量管理、规范勘察质量行为、提升勘察质量水平。创新勘察设计质量监管方式，推进人工智能审图和BIM审图试点，继续指导深圳、湖南、北京开展试点工作。

【编制“十四五”工程勘察设计行业发展规划】起草“十四五”勘察设计行业发展规划，回顾总结“十三五”时期行业发展成就，系统分析行业面临的新机遇和新挑战，全面部署“十四五”时期行业发展目标、重点任务和保障措施。

【组织开展第十批全国工程勘察设计大师评选工作】经推荐、申报、初评、综合评选、公示等环节，评选出35名第十批全国工程勘察设计大师。

【积极推进绿色建造】印发《绿色建造技术导则（试行）》，提出绿色策划、绿色设计、绿色施工、绿色交付等方面的具体技术和管理措施，为绿色建造试点工作提供技术支撑。指导湖南、广东深圳、江苏常州三地推进绿色建造试点工作，共确定37个项目作为试点项目，并开展相关标准体系和技术研究工作。组织开展《施工现场建筑垃圾减量化技术标准》编制工作。

城乡建设抗震防灾

【建立健全法规制度体系】贯彻落实习近平总书记重要指示批示精神，积极推进《建设工程抗震管理条例》立法进程，《建设工程抗震管理条例》于7月19日颁布，自9月1日起施行。开展抗震管理相关配套规章制度制修订工作，健全建设工程抗震管理制度体系，不断提升建设工程抗震管理法制化、规范化水平。

【推动实施自然灾害防治重点工程】落实中央财经委员会第三次会议关于提升自然灾害防治能力的工作部署，紧密结合农村危房改造、农房抗震改造、城市棚户区改造，有序实施地震易发区城镇住宅和农村民居抗震加固工程。

【推进全国房屋建筑和市政设施调查】按照第一次全国自然灾害综合风险普查工作部署，推进全国房屋建筑和市政设施调查。组建工作专班，编制印发调查实施方案和技术导则，开发部署软件系统，制备调查底图。完成全国122个县区试点调查任务。在总结试点经验的基础上，进一步完善实施方案和技术导则，有序推进全国全面调查。加强对各地支持指导，组建部级技术专家组提供技术支持。建立数据质量在线巡检制度和部省市县四级核查制度，加强全过程数据质量管控。

【不断提高地震应急响应能力】落实《住房城乡建设系统地震应急预案》，执行24小时应急值班制度，对135次4级以上地震进行跟踪，及时沟通联系当地住房和城乡建设部门，督促做好相关信息报送，指导震后抢险救灾、应急评估等工作。部署住房和城乡建设系统2021年全国防灾减灾日工作，指导各地开展宣传教育活动和应急演练，面向公众普及抗震防灾知识和防范应对基本技能。

做好部安委办协调工作

【研究部署住建领域安全生产工作】召开住房和城乡建设部安委会全体会议，深入学习贯彻习近平总书记关于安全生产重要指示精神，传达学习李克强总理关于安全生产的批示以及国务院安委会全体会议和全国安全生产电视电话会议精神，研究部署2021年住房和城乡建设系统安全生产工作。印发住房和城乡建设部2021年安全生产工作要点。从深入学习宣传贯彻习近平总书记关于安全生产重要论述，强化建筑施工、市政公用设施、城镇房屋、农村住房、城市管理安全风险防控以及推进城市更新行动、建立健全安全监管机制等方面全面部署安全生产工作。

【部署开展住建领域安全生产隐患排查整治】湖北十堰“6·13”燃气爆炸事故发生后，迅速部署开展住房和城乡建设领域安全生产隐患排查整治。召开住房和城乡建设领域安全生产视频会议，印发《关于切实加强住房和城乡建设领域安全生产隐患排查整治的紧急通知》，要求各级住房和城乡建设主管部门以对人民群众极端负责的态度抓好安全生产隐患排查整治工作。督查指导各地每日上报工作进展情况，对进度较慢地区进行通报提醒。江苏苏州“7·12”酒店房屋坍塌事故发生后，召开房屋建筑安全隐患排查整治视频会议，印发《关于深入开展房屋建筑安全隐患排查整治的紧急通知》，切实加强房屋建筑安全风险源头管控。

【扎实推进安全生产专项整治三年行动】组织机关全体党员干部集中观看学习《生命重于泰山—学习习近平总书记关于安全生产重要论述》电视专题片，引导党员干部切实把思想和行动统一到中央决策部署上来，强化“人民至上、生命至上”理念。成立三年行动工作专班，做好协调、调度、督办等工作，编发6期工作简报，交流工作信息和典型做法，推动工作开展。印发全国安全生产专项整治三年行动部门任务清单各专题、专项工作部内分工方案，推进专项整治工作。

【协调做好监督检查工作】按照国务院安委会统一安排部署，对江西、湖南2020年安全生产和消防工作情况进行考核巡查。完成国务院第八次大督查任务（督查吉林）。先后组织协调对贵州、江苏、天津、山东、安徽、广东、福建、北京等省市开展房屋市政工程建筑施工安全生产监督检查，督促指导地方深入开展建筑施工安全专项整治集中攻坚，推进安全隐患排查治理。研究制定《深化江苏建筑施工和燃气安全生产专项整治指导工作方案》，巩固深化江苏安全生产专项整治成效，并对建筑施工和燃气安全生产开展转段衔接指导工作。

【做好安全生产预警提醒和突发事件（故）应急处置工作】一是加强重点时期、敏感时段和极端天气的安全生产管理和突发事件应对的预警提醒，在五一、七一、中秋、国庆、元旦、春节、“两会”、汛期等特殊时期和敏感时段，及时部署住房和城乡建设领域安全防范工作。要求各地住房和城乡建设部门和有关部门落实责任、强化担当，抓好市政公用设施运行、建筑施工安全、房屋使用安全和城市管理相关工作，做好值班值守和应急响应、部门联动。二是及时了解突发事故情况，指导地方应急救援工作。参与湖北十堰燃气爆炸等事故应急处置，及时上报相关事故处置信息。三是组织开展住房和城乡建设领域突发事故应急处置培训，通过线下和线上结合方式，从学习贯彻习近平总书记关于安全生产重要论述、认真落实安全生产和应急管理工作职责、切实加强住房和城乡建设系统突发事故应对等方面，对全国住房和城乡建设系统开展安全生产和突发事故应对培训。

【完善应急工作机制】一是印发住房和城乡建设部安全生产管理委员会工作职责和组成人员的通知，根据机构、职责和人员变动情况，及时调整部安全生产管理委员会工作职责和组成人员。每季度指导地方提供建筑施工安全监管执法典型案例，并按要求上报国务院安委办。二是为着力防范化解重大风险，住房和城乡建设部安委办会同相关成员单位系统梳理分析住房和城乡建设领域安全风险，起草关于住房和城乡建设领域安全风险防范清单管理方案。

（住房和城乡建设部工程质量安全监管司）

城市人居环境建设

概况

2021年，在住房和城乡建设部党组的坚强领导下，建筑节能与科技司坚持以习近平新时代中国特色社会主义思想为指导，贯彻落实党的十九大和十九届历次全会精神，认真学习领会习近平总书记关于城市人居环境建设工作的重要批示精神，立足新发展阶段，贯彻新发展理念，构建新发展格局，坚持问题导向、标准先行、强化考核，推进城市人居环境建设高质量发展。

城市体检评估

【全面开展城市体检工作】深入贯彻落实习近平总书记关于建设没有“城市病”的城市及建立城市体检评估机制的重要指示精神，落实中共中央办公厅、国务院办公厅印发《关于推动城乡建设绿色发展的意见》对城市体检评估工作部署要求，在2020年工作基础上，进一步增强城市体检工作系统性，完善工作方法和指标体系，印发《住房和城乡建设部关于开展2021年城市体检工作的通知》（建科函〔2021〕44号），选择59个样本城市全面推进城市体检工作，覆盖所有省、自治区和直辖市。组织开展第三方城市体检和社会满意度调查，指导样本城市开展自体检，全面完成2021年体检任务，在此基础上，形成2021年度城市体检总报告。强化城市体检培训工作，2021年通过片区督导培训会、专题研讨班、视频培训会等形式，累计培训各地领导干部3万余人次，推广城市体检工作好经验好做法，增强了各地对城市体检工作认识和共识。

【开展城市体检系列宣传报道】3月起，开展城市体检系列宣传培训报道，充分展示各地工作成效，进一步提升城市体检工作的社会知晓度、参与度，营造“人民城市人民建”的良好氛围。4月起，组织2020年36个样本城市对城市体检工作的做法和成效进行总结，分批在中国建设报等媒体上进行宣传报道。2021年7月，组织新华社、人民日报、中央广播电视总台、澎湃新闻、中国建设报等媒体记者先后赴成都市、重庆市、长沙市，对城市体检工作进行深度宣传报道，将优秀样本城市的经验做法向全国推广。《新闻联播》以“人民的城市百姓的乐园”为题，新闻频道《新闻直播间》栏目以“住建部：59城正在实施城市体检工作”为题，财经频道《第一时间》栏目以“城市体检推动城市更新，住建部：在全国59个城市开展城市体检”为题，分别报道城市体检相关工作。7—9月，央视新闻联播、新闻直播间、第一时间、朝闻天下、午夜新闻、天下财经等栏目多次报道城市体检工作，累计播出时长超200分钟（含重播），各传播平台对央视报道的转载宣传持续时间高达26天。

城乡历史文化保护传承

【推动构建城乡历史文化保护传承体系】2021年

5月，习近平总书记主持召开了中央全面深化改革委员会第十九次会议，审议通过了《关于在城乡建设中加强历史文化保护传承的若干意见（送审稿）》。2021年8月，中共中央办公厅、国务院办公厅正式印发《关于在城乡建设中加强历史文化保护传承的若干意见》，住房和城乡建设部配合国新办召开新闻发布会，对《关于在城乡建设中加强历史文化保护传承的若干意见》进行了解读。文件提出加强制度顶层设计，统筹保护利用传承，坚持系统完整保护，加强监督检查和问责问效，建立分类科学、保护有力、管理有效的城乡历史文化保护传承体系，着力解决城乡建设中历史文化遗产屡遭破坏、拆除等突出问题。《关于在城乡建设中加强历史文化保护传承的若干意见》是我国自1982年建立历史文化名城保护制度近40年来，中央印发的首个关于城乡历史文化保护传承的文件，是加强城乡历史文化保护传承工作顶层设计的纲领性文件。

【推进城乡历史文化资源普查认定工作】印发《住房和城乡建设部办公厅关于进一步加强历史文化街区和历史建筑保护工作的通知》（建办科〔2021〕2号），大力推进历史文化街区划定和历史建筑确定工作，截至年底，全国共划定约1200片历史文化街区，与2016年年底相比，数量翻番，确定5.75万处历史建筑，数量增长近5倍。持续推进国家历史文化名城申报工作，报请国务院将通海县、黟县、桐城市列为国家历史文化名城。截至年底，国家历史文化名城达138座。

【开展历史文化名城保护工作调研评估和监督检查】会同国家文物局印发《关于加强国家历史文化名城保护专项评估工作的通知》（建科〔2021〕83号），进一步推进国家历史文化名城保护工作评估制度化。持续督促聊城市、大同市、洛阳市、韩城市、哈尔滨市5个被通报国家历史文化名城做好整改工作，对8座国家历史文化名城开展监督检查。

【开展历史文化保护传承培训工作】6月、9月举办2期住房和城乡建设系统领导干部系列视频远程教育培训班，分别就“加强城乡历史文化保护传承”“构建城乡历史文化保护传承体系”开展专题讲座。11月，举办“大城市主要负责同志城市工作专题研讨班”，并向韩正副总理报送报告。7月、11月，举办城乡历史文化保护传承绍兴现场培训班和网络培训班2期培训，共计约6600人参加培训。

城市更新

【推动城市更新工作】8月，印发《住房和城乡建设部关于在实施城市更新行动中防止大拆大建问题的通知》（建科〔2021〕63号），明确城市更新底线要求，严格控制大规模拆除、增建、搬迁，确保住房租赁市场供需平稳。11月，印发《住房和城乡建设部办公厅关于开展第一批城市更新试点的通知》（建办科函〔2021〕443号），将北京等21个市（区）列为城市更新试点，因地制宜探索城市更新工作机制、实施模式、支持政策、技术方法和管理制度等。组织摸底调研，全面摸查统计党的十九届五中全会以来各地城市更新项目数量、投资和类型等实施情况，会同国家开发银行、中国银行和有关专家赴重庆、江苏、四川等20多个省市调研城市更新工作进展、金融支持模式、典型项目，梳理总结经验做法和难点问题。

【推进完整社区建设】12月，印发《住房和城乡建设部办公厅关于印发完整居住社区建设指南的通知》（建办科〔2021〕55号），指导各地因地制宜建设和改造社区基本公共服务设施和公共活动空间等，推动建设安全健康、设施完善、管理有序的完整社区。

建筑设计

【加强建筑设计管理】3月，指导各地对本行政区域内超大体量公共建筑、超高层地标建筑及重点地段建筑等情况进行专项调研，形成调研报告。6月，经中央批准，同意全国工程勘察设计大师、优秀工程勘察设计项目和绿色建筑创新奖评选变更为国家建筑奖和全国工程勘察设计大师、优秀工程勘察设计项目评选。研究起草国家建筑奖评选办法。

【强化超高层建筑规划建设管理】组织研究加强超高层建筑规划建设管理的政策措施，会同应急管理部印发《住房和城乡建设部 应急管理部关于加强超高层建筑规划建设管理的通知》（建科〔2021〕76号），严格新建超高层建筑管控，强化既有超高层建筑安全管理，督促指导各地认真落实通知要求。

城市信息模型（CIM）基础平台建设

【推进城市信息模型（CIM）基础平台建设工作】持续跟踪指导广州、南京、厦门、北京城市副中心、雄安新区、中新天津生态城等城市（地区）推进CIM基础平台专项建设试点工作。指导重庆、太原、贵阳等21个城市结合新型城市基础设施建设试点推进CIM基础平台建设。同时，加强对省级CIM基础平台，超大、特大城市、省会城市、部分中小城市CIM基础平台建设情况的跟踪调研。开展城市信息模型（CIM）基础平台建设工作培训。

【完善城市信息模型（CIM）基础平台标准体系】推动完善 CIM 基础平台标准体系，推动编制《城市信息模型基础平台技术标准》《房屋建筑统一编码与基本属性数据标准》《城市信息模型数据加工技术标准》《城市信息模型应用统一标准》《城市信息模型平台工程建设项目数据标准》5 项行业标准。

建设工程消防设计审查验收

【完善配套文件】1 月，印发《关于做好建筑高度大于 250 米民用建筑防火设计研究论证的通知》（建办科〔2021〕3 号），指导地方做好建筑高度大于 250 米民用建筑的防火设计加强性措施的研究论证。7 月，印发《关于做好建设工程消防设计审查验收工作的通知》（建办科〔2021〕31 号），切实加强建设工程消防设计审查验收管理。

【开展试点工作】4 月，印发《关于开展既有建筑改造利用消防设计审查验收试点的通知》（建办科函〔2021〕164 号），在北京、广州、南京等 31 个市县开展试点工作。6 月，组织专家审查既有建筑改造利用消防设计审查验收试点实施方案。9 月，召开既有建筑改造利用消防设计审查验收试点工作推进会。2021 年 12 月，于山东省烟台市组织召开召开既有建筑改造利用消防设计审查验收试点工作座谈会。及时总结广州、南京、烟台等地方经验，印发各地参考借鉴，有力支撑了城市更新行动，促进既有建筑活化利用，试点工作初见成效。

【做好实施监督】10 月，赴湖北、浙江、河南、广东、上海、青海 6 省（市）开展建设工程消防设计审查验收工作检查，督促各地做好《建设工程消防设计审查验收管理暂行规定》及配套文件的实施工作，规范建设工程消防设计审查验收行为。12 月，在南京组织召开建设工程消防审查验收工作交流座谈会，促进各地交流经验做法。

【加强行业指导】定期汇总全国各省（区、市）和新疆生产建设兵团建设工程消防设计审查验收工作进展，2021 年各级住房和城乡建设主管部门共计受理 32.2 万余件建设工程消防设计审查验收申请，办结 30.6 万余件，办结率由 2020 年的 91%提升到 95%。3—11 月，答复了陕西、四川、西藏、内蒙古、广东等省（区）住房和城乡建设厅关于专业工程、开工报告、标准适用等方面问题的请示。6—10 月，在广州、成都、西安、唐山开展 4 期建设工程消防设计审查验收政策宣传贯彻及能力建设培训，各级住房和城乡建设部门共 500 人参加。

【及时推广经验】印发新疆、安徽、江苏、陕西、甘肃、河南、吉林、江西等地有关建设工程消防审查验收工作进展情况的建设工作简报，积极推广地方先进经验。

其他工作

【指导中新天津生态城建设】会同外交部筹备组织召开中新天津生态城联合协调理事会第十三次会议，协调相关部门出台 3 项支持政策。

【推进部省共建高原美丽城镇示范省建设工作】1 月 26 日，住房和城乡建设部杨保军总经济师召集专家指导工作组，主持召开试点地区规划项目论证视频会，研究审议《西宁市美丽城市总体规划暨行动纲要》《格尔木市城市战略定位及美丽城镇建设规划行动》《环湖地区城镇人居环境提升行动计划（战略研究）》等规划文本。2021 年 7 月 16 日，以视频形式召开部省共建高原美丽城镇示范省工作领导小组第二次全体会议，听取高原美丽城镇示范省建设和试点工作开展情况汇报，研究审议试点地区高原美丽城镇行动计划和工作要点，安排部署下一阶段重点工作。2021 年 10 月 15 日，住房和城乡建设部与青海省人民政府在西宁共同举办新时代高原美丽城镇建设省部论坛，宣传总结共建以来，青海省推进生态文明建设和美丽城镇建设的新成就。

【推进部省共建江西城市高质量发展示范省建设工作】3 月 25 日，住房和城乡建设部与江西省政府签署战略合作框架协议，共同推动建设城市体检评估机制，统筹城市规划建设管理，推进实施城市更新行动，开展城市高质量发展示范省建设，为全国城市体检积累经验、提供示范。9 月 13 日，以视频会议形式召开部省共建工作领导小组第一次会议，审议通过并印发实施《江西省人民政府住房和城乡建设部建立城市体检评估机制推进城市高质量发展示范省建设实施方案》。此外，支持江西省开展城市体检基础研究，组织专家对《江西省城市体检第三方评估》《江西省城市体检信息平台建设工作》等课题研究进行指导。

【与上海市共建超大城市精细化建设和治理中国典范】5 月，住房和城乡建设部上海市人民政府合作领导小组办公室印发《共建超大城市精细化建设和治理中国典范推动绿色低碳发展 2021 年工作方案》，明确 8 项工作任务，包括启动新城绿色低碳试点区建设、开展老城区更新改造试点、推进公共资源共享等，推动城市建设发展方式的绿色转型。

（住房和城乡建设部建筑节能与科技司）

住房公积金监管

概况

根据《住房公积金管理条例》规定，住房和城乡建设部会同财政部、中国人民银行负责拟定住房公积金政策，并监督执行。住房和城乡建设部设立住房公积金监管司，各省、自治区住房和城乡建设厅设立住房公积金监管处（办），分别负责全国、省（自治区）住房公积金日常监管工作。

直辖市和省、自治区人民政府所在地的市，其他设区的市（地、州、盟）以及新疆生产建设兵团设立住房公积金管理委员会，作为住房公积金管理决策机构，负责在《住房公积金管理条例》框架内审议住房公积金决策事项，制定和调整住房公积金具体管理措施并监督实施。截至年末，全国共设有住房公积金管理委员会341个。

直辖市和省、自治区人民政府所在地的市，其他设区的市（地、州、盟）以及新疆生产建设兵团设立住房公积金管理中心，负责住房公积金的管理运作。截至年末，全国共设有住房公积金管理中心341个；未纳入设区城市统一管理的分支机构115个，其中，省直分支机构24个，石油、电力、煤炭等企业分支机构64个，区县分支机构27个。全国住房公积金服务网点3416个。截至年末，全国住房公积金从业人员4.51万人，其中，在编2.71万人，非在编1.80万人。

按照中国人民银行的规定，住房公积金贷款、结算等金融业务委托住房公积金管理委员会指定的商业银行办理。受委托商业银行主要为中国工商银行、中国农业银行、中国银行、中国建设银行、中国交通银行等。

全国住房公积金政策制定

【统筹做好相关发展规划编制】研究提出“十四五”时期住房公积金发展思路和重点举措，相关内容纳入已出台的《国家新型城镇化规划（2021—2035年）》《“十四五”数字经济发展规划》《“十四五”民政事业发展规划》《“十四五”推进国家政务信息化规划》《“十四五”公共服务规划》《成渝地区双城经济圈建设规划纲要》等6部专项规划。

【稳步推进灵活就业人员参加住房公积金制度试点工作】指导重庆、成都、广州、深圳、苏州、常州6个试点城市稳步推进试点工作，探索适应灵活就业人员特点的缴存使用机制和精准高效的服务方式，多措并举帮助灵活就业人员在城市稳业安居。截至2021年年末，试点城市共有7.29万名灵活就业人员缴存住房公积金。

【修订《住房公积金统计管理办法》】为进一步规范住房公积金统计管理工作，提高统计工作质量，住房和城乡建设部对《住房公积金统计管理办法》进行了修订，并于9月6日起施行。新修订的《住房公积金统计管理办法》共计五章三十条，对统计调查机构、人员、内容以及报送方式等做了明确规定，有利于更好地适应新时期住房公积金管理和服务工作的需要。

住房公积金督察管理

【公布住房公积金年度报告】住房和城乡建设部会同财政部、中国人民银行向社会公开披露了《全国住房公积金2020年年度报告》。报告全面披露了住房公积金机构概况、业务运行情况、业务收支和增值收益情况、资产风险状况、社会经济效益，以及其他重要事项，保障了缴存单位和缴存职工的知情权和监督权。从披露的数据看，2020年，住房公积金制度覆盖面进一步扩大，缴存单位和缴存职工规模持续增长，租购并举保障缴存职工基本住房需求，住房公积金管理和服务能力持续提升，取得了较好的社会经济效益。

【进一步推进住房公积金规范化管理】推行线上线下监管相结合，赴重点省市开展现场监管，强化内审内控和贷款管理，个贷逾期率在较低水平的基础上进一步下降。督促各地对照专项审计发现的问题和典型案例，举一反三开展排查整治，同时，督导接受专项审计的11个地区配合做好2021年专项审计工作。推动分支机构调整，规范机构设置，分支机构属地化管理取得新突破。完善全国住房公积金监管服务平台功能，并在全国推广使用，实现线上动态监管。

住房公积金信息化建设

【建成全国住房公积金监管服务平台】落实“互联网+监管”的要求，利用大数据、区块链等技术，丰富和完善全国住房公积金监管服务平台功能，并在全国推广使用，实现线上动态监管。建立联通全国住房公积金的服务协同机制，推动与公安部、人力资源和社会保障、中国人民银行等部门的数据共享，推动建立跨区域住房公积金信息协查共享、业务协同联办工作机制，让缴存职工办事更加高效便捷。

住房公积金服务工作

【持续推动高频服务事项“跨省通办”】将住房公积金高频服务事项“跨省通办”列为党史学习教育“我为群众办实事”实践活动重要内容，实现了“办理异地购房提取住房公积金”“开具住房公积金个人住房贷款全部还清证明”“住房公积金单位登记开户”“住房公积金单位及个人缴存信息变更”“提前还清住房公积金贷款”5个事项“跨省通办”。各地扎实开展“三个一百”（创建百个“跨省通办”示范窗口，讲述百个“跨省通办”小故事，开展“百名城市中心主任零距离真体验”）活动。截至年末，全国设区城市（含地、州、盟）以及新疆生产建设兵团住房公积金管理中心已全部完成“跨省通办”工作任务，共为“跨省通办”业务设立6460个线下专窗和1364个线上专区，办理“跨省通办”业务2338万笔。

【不断提高住房公积金服务效能】住房公积金小程序上线运行，全国统一入口、统一受理、统一标准的线上服务渠道建设加快推进。缴存职工可通过小程序办理住房公积金账户信息查询、账户资金跨城市转移接续，全国341个住房公积金管理中心已全部接入。截至年末，累计5073.08万人通过小程序查询个人住房公积金信息，办理跨城市住房公积金转移接续55.23万笔、转移资金累计57.19亿元。所有设区城市（含地、州、盟）以及新疆生产建设兵团均已建成住房公积金综合服务平台，缴存单位和职工业务办理渠道更加多样化，其中，2021年12329热线服务4059.97万次、短消息服务10.21亿条。通过国家政务服务平台和国务院客户端向缴存职工提供住房公积金信息查询3.07亿次。

【启用全国住房公积金服务标识】为推进住房公积金服务标准化、规范化、便利化建设，方便广大群众识别住房公积金线上线下服务渠道，塑造住房公积金服务品牌形象，传递住房公积金的服务理念和文化精神，进一步增强住房公积金服务的社会公信力和影响力，住房和城乡建设部确定了全国住房公积金服务标识，并于2021年7月1日启用。

全国住房公积金年度主要统计数据及分析

【缴存】2021年，住房公积金实缴单位416.09万个，实缴职工16436.09万人，分别比上年增长13.88%和7.23%。新开户单位79.46万个，新开户职工2220.51万人。

2021年，住房公积金缴存额29156.87亿元，比上年增长11.24%。

截至年末，住房公积金累计缴存总额224991.31亿元，缴存余额81882.14亿元，分别比上年末增长14.89%、12.10%，结余资金12942.48亿元。具体情况详见表1、表2、图1、图2。

2021年分地区住房公积金缴存情况　　表1

地区	实缴单位（万个）	实缴职工（万人）	缴存额（亿元）	累计缴存总额（亿元）	缴存余额（亿元）
全国	416.09	16436.09	29156.87	224991.31	81882.14
北京	41.58	944.05	2749.22	20530.61	6181.49
天津	8.61	295.00	608.98	5666.60	1782.67
河北	7.80	551.28	751.93	6560.45	2772.28
山西	5.19	354.91	500.85	4107.33	1662.22
内蒙古	4.78	267.11	487.23	4005.12	1694.51
辽宁	10.55	509.69	897.53	8931.45	3022.40
吉林	4.53	253.51	395.25	3620.56	1455.27
黑龙江	4.35	293.89	493.50	4648.88	1807.90
上海	49.84	925.05	1943.10	14718.10	6068.64
江苏	46.59	1542.41	2603.33	18717.14	6224.12
浙江	36.11	1023.35	2067.02	14861.11	4424.95
安徽	8.12	488.06	850.50	7091.03	2211.68
福建	15.74	467.85	826.92	6357.28	2126.42
江西	5.58	310.81	556.84	3862.75	1722.94
山东	23.14	1083.22	1590.82	12390.70	4724.59
河南	10.40	695.79	982.89	7225.50	3237.92
湖北	9.55	538.42	1040.17	7617.56	3405.65
湖南	8.20	518.48	821.71	6052.24	2786.50
广东	53.19	2144.15	3276.16	24033.25	7674.83
广西	6.59	340.48	597.71	4529.46	1545.75
海南	4.16	121.36	162.11	1264.26	546.28

续表

地区	实缴单位（万个）	实缴职工（万人）	缴存额（亿元）	累计缴存总额（亿元）	缴存余额（亿元）
重庆	4.83	298.57	526.67	3914.99	1396.86
四川	15.62	790.14	1337.39	10043.60	4020.75
贵州	5.93	289.95	503.73	3428.20	1440.42
云南	6.07	301.09	627.39	5211.31	1793.60
西藏	0.60	40.16	126.44	835.79	393.79
陕西	7.99	453.56	666.28	5047.13	2095.41
甘肃	3.67	204.80	352.91	2929.33	1264.39
青海	1.16	57.70	138.21	1146.03	379.16
宁夏	1.12	72.19	126.78	1135.50	384.43
新疆	3.94	231.18	493.38	4109.58	1469.45
新疆生产建设兵团	0.57	27.88	53.93	398.47	164.87

2021 年分单位类型住房公积金缴存情况　　表 2

单位性质	缴存单位（万个）	占比（%）	实缴职工（万人）	占比（%）	新开户职工（万人）	占比（%）
国家机关和事业单位	72.09	17.33	4654.61	28.33	297.44	13.39
国有企业	23.06	5.54	2969.08	18.06	216.55	9.75
城镇集体企业	4.78	1.15	241.87	1.47	28.82	1.30
外商投资企业	11.12	2.67	1203.93	7.32	176.94	7.97
城镇私营企业及其他城镇企业	245.16	58.92	6083.31	37.01	1251.51	56.36
民办非企业单位和社会团体	9.99	2.40	297.03	1.81	61.24	2.76
其他类型单位	49.89	11.99	986.27	6.00	188.02	8.47
合计	416.09	100.00	16436.09	100.00	2220.51	100.00

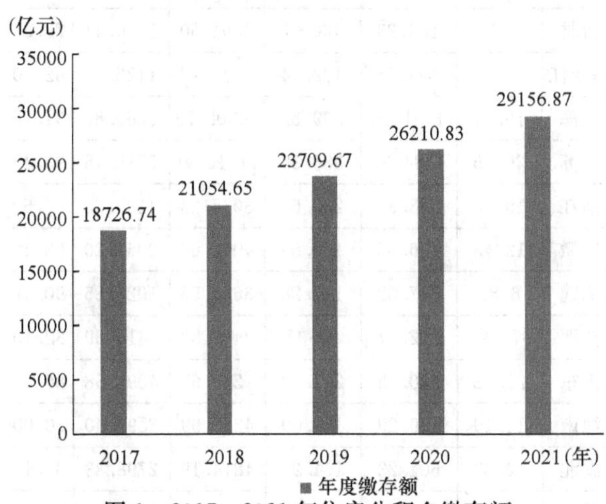

图 1　2017—2021 年住房公积金缴存额

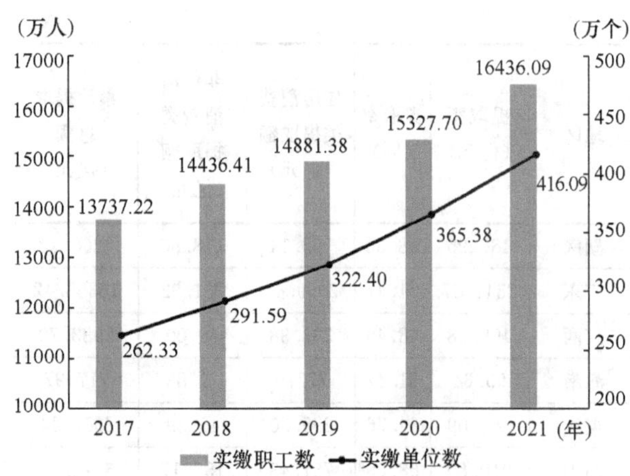

图 2　2017—2021 年实缴单位数和实缴职工人数

【提取】2021 年，住房公积金提取人数 6611.21 万人，占实缴职工人数的 40.22%；提取额 20316.13 亿元，比上年增长 9.51%；提取率 69.68%，比上年降低 1.10 个百分点。

截至年末，住房公积金累计提取总额 143109.17 亿元，占累计缴存总额的 63.61%。具体情况详见表 3、表 4、图 3。

2021 年分地区住房公积金提取情况　　表 3

地区	提取额（亿元）	提取率（%）	住房消费类提取额（亿元）	非住房消费类提取额（亿元）	累计提取总额（亿元）
全国	20316.13	69.68	16703.25	3612.88	143109.17
北京	2058.80	74.89	1813.01	245.80	14349.12
天津	454.86	74.69	358.06	96.80	3883.93
河北	470.09	62.52	331.35	138.74	3788.17
山西	301.28	60.15	233.93	67.35	2445.11
内蒙古	337.25	69.22	243.49	93.76	2310.62
辽宁	681.84	75.97	536.63	145.21	5909.06
吉林	272.40	68.92	191.12	81.28	2165.29
黑龙江	345.27	69.96	232.23	113.05	2840.98
上海	1236.24	63.62	1034.69	201.54	8649.45
江苏	1858.19	71.38	1572.61	285.58	12493.02
浙江	1569.76	75.94	1358.90	210.86	10436.15
安徽	630.85	74.17	529.62	101.23	4879.36
福建	614.16	74.27	508.03	106.13	4230.86
江西	348.98	62.67	274.38	74.60	2139.81
山东	1116.87	70.21	913.34	203.54	7666.11
河南	587.34	59.76	424.53	162.81	3987.58
湖北	656.69	63.13	504.99	151.70	4211.91

续表

地区	提取额（亿元）	提取率（%）	住房消费类提取额（亿元）	非住房消费类提取额（亿元）	累计提取总额（亿元）
湖南	480.95	58.53	362.14	118.80	3265.74
广东	2341.37	71.47	2059.44	281.92	16358.42
广西	409.38	68.49	333.38	76.00	2983.70
海南	99.64	61.47	77.76	21.88	717.97
重庆	341.09	64.76	295.20	45.89	2518.14
四川	910.60	68.09	751.43	159.17	6022.85
贵州	347.60	69.01	285.57	62.03	1987.78
云南	491.04	78.27	402.95	88.09	3417.70
西藏	75.83	59.97	62.44	13.38	441.99
陕西	399.82	60.01	321.09	78.72	2951.72
甘肃	234.00	66.31	184.11	49.89	1664.93
青海	104.44	75.56	78.66	25.78	766.86
宁夏	96.28	75.95	77.49	18.79	751.07
新疆	401.89	81.46	321.24	80.65	2640.14
新疆生产建设兵团	41.33	76.62	29.41	11.92	233.61

2021 年分类型住房公积金提取情况　　表 4

提取原因		提取人数（万人）	占比（%）	提取金额（亿元）	占比（%）
住房消费类	购买、建造、翻建、大修自住住房	695.23	10.52	5192.62	25.56
	偿还购房贷款本息	3658.21	55.33	10134.54	49.88
	租赁住房	1353.93	20.48	1258.67	6.20
	老旧小区改造	1.00	0.02	4.23	0.02
	其他	73.85	1.12	113.20	0.56
非住房消费类	离退休	241.52	3.65	2379.42	11.71
	丧失劳动能力，与单位终止劳动关系	228.55	3.46	351.46	1.73
	出境定居或户口迁移	72.47	1.10	80.29	0.40
	死亡或宣告死亡	13.64	0.21	86.20	0.42
	其他	272.79	4.13	715.50	3.52
合计		6611.21	100.00	20316.13	100.00

【贷款】2021 年，发放住房公积金个人住房贷款 310.33 万笔，比上年增长 2.50%；发放金额 13964.22 亿元，比上年增长 4.52%。

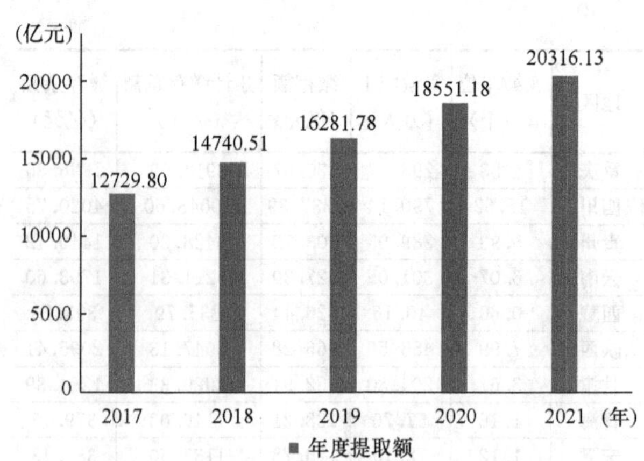

图 3　2017—2021 年住房公积金提取额

截至年末，累计发放住房公积金个人住房贷款 4234.71 万笔、125302.81 亿元，分别比上年末增长 7.91%和 12.54%；个人住房贷款余额 68931.12 亿元，比上年末增长 10.62%；个人住房贷款率 84.18%，比上年末减少 1.13 个百分点。具体情况详见表 5、表 6、图 4。

2021 年分地区住房公积金个人住房贷款情况　　表 5

地区	放贷笔数（万笔）	贷款发放额（亿元）	累计放贷笔数（万笔）	累计贷款总额（亿元）	贷款余额（亿元）	个人住房贷款率（%）
全国	310.33	13964.22	4234.71	125302.81	68931.12	84.18
北京	9.42	723.99	135.71	8268.02	4897.27	79.22
天津	5.39	249.71	112.95	3690.42	1541.92	86.50
河北	9.65	430.94	126.45	3490.09	2074.76	74.84
山西	8.07	346.77	75.50	2102.43	1351.68	81.32
内蒙古	6.29	239.03	123.74	2683.54	1247.85	73.64
辽宁	10.33	364.40	202.50	4917.80	2393.24	79.18
吉林	4.10	160.23	83.88	2091.50	1140.41	78.36
黑龙江	4.58	164.28	102.54	2421.26	1128.17	62.40
上海	16.50	1151.65	299.82	10908.78	5580.86	91.96
江苏	26.76	1184.31	386.39	11516.91	5815.48	93.43
浙江	19.03	888.83	230.63	8075.23	4185.73	94.59
安徽	12.43	436.86	160.85	4002.66	2067.20	93.47
福建	6.89	347.69	117.28	3626.56	1923.85	90.47
江西	7.19	292.07	93.02	2493.59	1414.59	82.10
山东	25.02	920.15	267.78	7283.67	4094.58	86.67
河南	14.19	589.29	159.09	4235.99	2590.40	80.00
湖北	12.87	604.23	164.22	4814.19	2798.33	82.17
湖南	10.69	420.84	158.53	3880.36	2302.09	82.62

续表

地区	放贷笔数（万笔）	贷款发放额（亿元）	累计放贷笔数（万笔）	累计贷款总额（亿元）	贷款余额（亿元）	个人住房贷款率（%）
广东	25.40	1331.06	250.37	9820.16	6155.81	80.21
广西	6.79	252.79	86.91	2182.74	1379.73	89.26
海南	1.93	122.98	21.53	742.98	497.91	91.14
重庆	7.30	287.02	73.02	2163.70	1353.01	96.86
四川	18.20	747.06	197.90	5529.72	3302.00	82.12
贵州	7.05	278.46	89.29	2336.30	1414.57	98.21
云南	6.01	230.92	138.07	3057.92	1378.88	76.88
西藏	1.01	67.37	11.30	489.11	280.34	71.19
陕西	8.41	386.19	95.84	2660.03	1707.75	81.50
甘肃	5.03	199.25	88.68	1875.63	941.52	74.46
青海	1.73	80.66	30.86	694.77	311.25	82.09
宁夏	1.35	60.31	31.32	715.24	294.21	76.53
新疆	9.33	348.11	110.23	2317.16	1219.71	83.00
新疆生产建设兵团	1.37	56.78	8.51	214.39	146.02	88.57

2021 年分类型住房公积金个人住房贷款情况　表 6

类别		发放笔数（万笔）	占比（%）	金额（亿元）	占比（%）
房屋类型	新房	220.36	71.01	9610.15	68.82
	存量商品住房	86.56	27.89	4192.99	30.03
	建造、翻建、大修自住住房	0.24	0.08	9.11	0.07
	其他	3.17	1.02	151.97	1.09
房屋建筑面积	90 平方米(含)以下	73.87	23.80	3622.47	25.94
	90—144 平方米（含）	209.76	67.59	9059.80	64.88
	144 平方米以上	26.70	8.60	1281.95	9.18
支持购房套数	首套	266.13	85.76	11914.25	85.32
	二套及以上	44.20	14.24	2049.98	14.68
贷款职工	单缴存职工	154.56	49.81	6270.26	44.90
	双缴存职工	155.11	49.98	7649.85	54.78
	三人及以上缴存职工	0.66	0.21	44.11	0.32

续表

类别		发放笔数（万笔）	占比（%）	金额（亿元）	占比（%）
贷款职工年龄	30 岁（含）以下	99.52	32.07	4314.18	30.89
	30—40 岁（含）	135.97	43.81	6515.49	46.66
	40—50 岁（含）	58.61	18.89	2521.15	18.05
	50 岁以上	16.24	5.23	613.40	4.39
贷款职工收入水平	低于上年当地社会平均工资 3 倍	297.08	95.73	13233.37	94.77
	高于上年当地社会平均工资 3 倍（含）	13.25	4.27	730.85	5.23

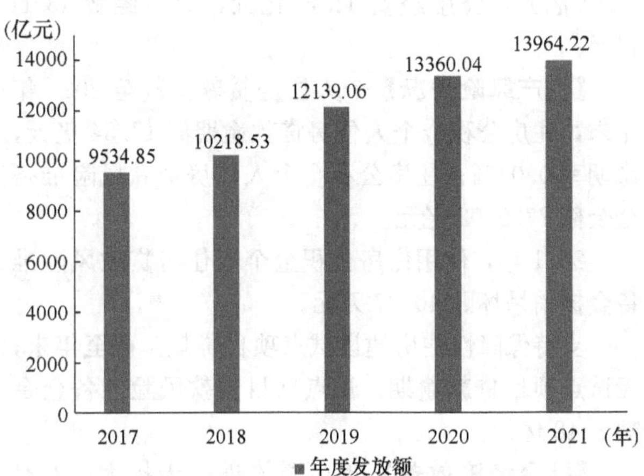

图 4　2017—2021 年个人住房贷款发放额

【支持保障性住房建设试点项目贷款】近年来，支持保障性住房建设试点项目贷款工作以贷款回收为主。2021 年，未发放试点项目贷款，回收试点项目贷款 2.36 亿元。截至年末，累计向 373 个试点项目发放贷款 872.15 亿元，累计回收试点项目贷款 868.90 亿元，试点项目贷款余额 3.25 亿元。369 个试点项目结清贷款本息，82 个试点城市全部收回贷款本息。

【国债】2021 年，未购买国债，兑付、转让、收回国债 5.96 亿元；截至 2021 年年末，国债余额 5.29 亿元。

【业务收支及增值收益情况】

业务收入：2021 年，住房公积金业务收入 2588.27 亿元，比上年增长 11.72%。其中，存款利息 436.21 亿元，委托贷款利息 2142.13 亿元，国债利息 0.25 亿元，其他收入 9.67 亿元。

业务支出：2021 年，住房公积金业务支出 1326.25 亿元，比上年增长 10.18%。其中，支付缴存职工利息 1186.74 亿元，支付受委托银行归集手续费 28.74 亿元、委托贷款手续费 69.07 亿元，其他支出 41.70 亿元。

增值收益：2021 年，住房公积金增值收益 1262.02 亿元，比上年增长 13.37%；增值收益率 1.63%。

增值收益分配：2021 年，提取住房公积金贷款风险准备金 307.47 亿元，提取管理费用 121.49 亿元，提取公租房（廉租房）建设补充资金 835.83 亿元。

截至 2021 年年末，累计提取住房公积金贷款风险准备金 2789.71 亿元，累计提取公租房（廉租房）建设补充资金 5533.09 亿元。

管理费用支出：2021 年，实际支出管理费用 114.11 亿元，比上年增加 2.83%。其中，人员经费 59.61 亿元，公用经费 11.40 亿元，专项经费 43.11 亿元。

【资产风险情况】个人住房贷款：截至 2021 年年末，住房公积金个人住房贷款逾期额 17.34 亿元，逾期率 0.03%；住房公积金个人住房贷款风险准备金余额 2769.02 亿元。

2021 年，使用住房公积金个人住房贷款风险准备金核销呆坏账 40.07 万元。

支持保障性住房建设试点项目贷款：截至年末，无试点项目贷款逾期。试点项目贷款风险准备金余额 8.48 亿元。

【社会经济效益】缴存群体进一步扩大：2021 年，全国净增住房公积金实缴单位 50.72 万个，净增住房公积金实缴职工 1108.40 万人，住房公积金缴存规模持续增长。

缴存职工中，城镇私营企业及其他城镇企业、外商投资企业、民办非企业单位和其他类型单位占 52.14%，比上年增加 2.10 个百分点，非公有制缴存单位职工占比进一步增加。新开户职工中，城镇私营企业及其他城镇企业、外商投资企业、民办非企业单位和其他类型单位的职工占比达 76.85%；非本市职工 1333.10 万人，占全部新开户职工的 60.04%。在 6 个开展灵活就业人员参加住房公积金制度试点的城市，共有 7.29 万名灵活就业人员缴存住房公积金 2.92 亿元。

支持缴存职工住房消费：有效支持租赁住房消费。2021 年，租赁住房提取金额 1258.67 亿元，比上年增长 5.90%；租赁住房提取人数 1353.93 万人，比上年增长 10.40%。

大力支持城镇老旧小区改造：2021 年，支持 1.00 万人提取住房公积金 4.23 亿元用于加装电梯等自住住房改造，改善职工居住环境。

个人住房贷款重点支持首套普通住房：2021 年发放的个人住房贷款笔数中，首套住房贷款占 85.76%，144 平方米（含）以下住房贷款占 91.40%，40 岁（含）以下职工贷款占 75.88%。2021 年年末，住房公积金个人住房贷款市场占有率 15.27%。

2021 年，发放异地贷款 22.16 万笔、892.18 亿元；截至年末，累计发放异地贷款 127.34 万笔、4477.40 亿元，余额 3223.81 亿元。

持续支持保障性住房建设：2021 年，提取公租房（廉租房）建设补充资金 835.83 亿元，占当年分配增值收益的 66.08%。年末，累计为公租房（廉租房）建设提供补充资金 5533.09 亿元。

节约职工住房贷款利息支出：住房公积金个人住房贷款利率比同期贷款市场报价利率（LPR）低 1.05—1.4 个百分点，2021 年发放的住房公积金个人住房贷款，偿还期内可为贷款职工节约利息支出约 3075.40 亿元，平均每笔贷款可节约利息支出约 9.91 万元。

（住房和城乡建设部住房公积金监管司）

城市管理监督

【概况】2021 年，城市管理监督工作以习近平新时代中国特色社会主义思想为指导，全面贯彻落实党的十九大和十九届历次全会精神，立足新发展阶段，贯彻新发展理念，城市运行管理服务平台加快建设，城市治理风险防控持续推进，市容环境面貌进一步改善，城市管理执法队伍素质有效提升。

【城市运行管理服务平台建设】印发《住房和城乡建设部办公厅关于全面加快建设城市运行管理服务平台的通知》（建办督函〔2021〕54 号），统筹推进国家、省、市三级运行管理服务平台体系建设。截至 12 月底，国家平台基本建成并运行，16 个省级平台、260 个地级以上城市平台与国家平台联网。编制发布《城市运行管理服务平台技术标准》和《城市运行管理服务平台数据标准》，提高平台建设标准化规范化水平。推广上海、青岛、合肥等城市经验做法，指导推动各地加快建设集运行分析、事件处置、风险预警、安全防控、指挥决策于一体的城市运行管理服务平台。

【城市治理风险防控】聚焦超大、特大城市治理风险和发展中存在的突出问题，向中央领导呈报推动超大、特大城市高质量建设的报告，提出做好特大城市风险防控工作的建议和措施。调研19个超大、特大城市风险防控工作情况，全面系统梳理城市治理各类风险，组织编制城市治理风险清单样板，指导重庆市开展城市治理风险清单制度试点。

向国务院领导呈报《住房和城乡建设部关于加强城市基础设施安全运行监测有关情况的报告》（建督呈〔2021〕55号），提出强化城市基础设施安全运行监测的工作建议。印发《关于进一步加强城市基础设施安全运行监测的通知》（建督〔2021〕71号），组织开展城市基础设施安全运行监测工作试点。联合工业和信息化部、公安部等部门印发《关于加强窨井盖安全管理的指导意见》（建办督〔2021〕7号），指导地方加强窨井盖安全管理，保障群众“脚底下的安全”。组织编制《城市户外广告和招牌设施技术标准》，推动各地从规划、设计、施工、验收、运行全过程保障户外广告和招牌设施安全可靠。

【市容环境面貌整治提升】印发《住房和城乡建设部关于开展市容环境整治专项活动的通知》（建督函〔2021〕43号），部署各地结合党史学习教育“我为群众办实事”实践活动要求，以消除城市卫生死角、点亮城市街头巷尾、确保群众脚下安全为重点，开展市容环境整治专项活动，提升城市人居环境品质。聚焦人民群众身边最关心最直接最现实市容环境突出问题，重点指导100个城市全面整治920条背街小巷。住房和城乡建设部领导带队赴重庆、新疆实地指导，驻住房和城乡建设部纪检监察组、机关党委赴北京、重庆督导调研，班子成员分赴各地推动落实。截至12月底，100个重点推进城市共消除背街小巷卫生死角2.4万处，整治公厕卫生2549个，修复破损路面2.3万处、路灯6776盏，新增绿化8.3万平方米、停车泊位1.1万个，一大批群众“急难愁盼”的市容环境问题得到有效解决，以看得见的变化回应群众期盼。

【完善城市管理工作体系】在湖北、湖南两省组织开展建立城市管理工作体系试点工作，推动构建部省市协调联动工作机制，强化对城市管理工作的监督指导和考核评价，促进城市管理高效有序运行。研究建立城市管理执法部门统筹牵头的住房和城乡建设领域巡查机制，推动住房和城乡建设领域形成有部署、有检查、及时发现反馈问题的闭合管理体系。实地调研街道一线“城管进社区”经验做法，研究制定“城管进社区”工作方案，推动城市管理从源头预防和减少违法违规行为。

【城市管理执法队伍建设】印发《关于巩固深化全国城市管理执法队伍“强基础、转作风、树形象”专项行动的通知》（建督〔2021〕37号），督促指导各地巩固深化“强转树”专项行动成果，全面提升城市管理执法队伍政治素质、管理水平、执法能力和服务质量。经住房和城乡建设部领导同意，发文表扬2020年度“强基础、转作风、树形象”专项行动表现突出的153个单位和158名个人，充分发挥先进示范引领作用。全面宣传报道城市管理执法工作中涌现的先进典型，营造良好社会舆论氛围。委托专业机构全天候监测城市管理执法舆情，指导督促地方妥善处置重点舆情，及时回应群众和社会关切。

（住房和城乡建设部城市管理监管局）

人事司教育

干部教育培训工作

【举办大城市主要负责同志城市工作专题研讨班】2021年11月8—12日，会同中共中央组织部在中国浦东干部学院举办大城市主要负责同志城市工作专题研讨班，副省级城市及省会城市市长、中央和国家机关有关部委分管负责同志及相关业务司局主要负责同志、中管高校领导班子成员等共40人参加学习。

【开展住房和城乡建设系统视频远程教育培训】2021年6—11月，举办14讲系统领导干部视频远程教育培训。围绕党中央、国务院决策部署和住房和城乡建设部重点工作任务，邀请住房和城乡建设部总师、有关司局主要负责同志、地方同志和专家进行授课，全国累计400个城市参与连线，13.5万人次参加培训。

【举办地方党政领导干部专题研究班】2021年，指导全国市长研修学院举办3期线下、1期线上市长研究班，培训地方党政领导干部3980人。

【举办学习贯彻党的十九届五中全会精神集中轮训班】2021年1—2月举办了3期部直属机关学习贯彻党的十九届五中全会精神集中轮训班，进一步提高干部政治素质和专业能力。

【举办部机关公文处理培训班】2021年7月，会同办公厅举办2期部机关公文处理培训班，部机关干部约300人参加培训，进一步提高部机关干部公文办理能力。

【组织开展中国干部网络学院“党史百年”网上专题学习】2021年3—6月，根据中组部的要求，在中国干部网络学院组织开展“党史百年”网上专题学习，部机关处级以上干部，直属单位领导班子成员全员参加学习。

【举办新录用公务员入职培训班】2021年9月，为加强新入职公务员培训，举办部机关新录用公务员入职培训班，培训部机关近两年新录用公务员20人。

【编制年度培训计划】围绕住房和城乡建设部中心工作和重点任务，组织部机关各司局编制印发2021年部培训计划，培训计划基本覆盖2021年全国住房和城乡建设工作会议部署的重点工作。

【完成中组部干部履职通识系列网络课程开发工作】积极与中组部沟通协调，作为先行试点部门，配合中国浦东干部学院完成“城市规划建设管理专题系列课程”的开发工作。

【推进优质课程教材建设】按照中组部要求完成《构建新发展格局干部读本》相关内容编写工作。协调全国市长研修学院继续编写“致力于绿色发展的城乡建设”市长培训教材，并广泛应用于各级领导干部培训中。推荐杨保军总经济师《全面实施城市更新行动　推动城市高质量发展》课程入选中组部全国教育培训好课程目录。

职业资格工作

【住房和城乡建设领域职业资格考试注册情况】2021年，全国共有34.8万人次通过考试并取得住房和城乡建设领域职业资格证书。截至2021年年底，累计注册人数179.2万人。

【推进一级注册建筑师考试大纲新旧考试科目成绩认定衔接】会同人力资源和社会保障部与相关单位对一级注册建筑师职业资格考试新旧大纲衔接问题进行研究，指导全国注册建筑师管理委员会对考试大纲进行修订，制定发布《一级注册建筑师考试大纲新旧考试科目成绩认定的衔接方案》。

【将特种作业人员职业资格纳入国家职业资格目录统一管理】为规范建筑施工特种作业人员管理，提升建筑施工特种作业安全水平，将建筑施工特种作业人员操作资格（涵盖12个工种）纳入国家职业资格目录。

人才工作

【完善职业技能标准】与人力资源和社会保障部共同颁布燃气供应服务员、储运工2个国家职业标准。指导相关单位做好标准编制、征求意见等工作，推进市政、装配式建筑等40余个工种行业职业技能标准修订工作。

【推进施工现场专业人员培训工作】2019年以来，累计培训施工现场专业人员100.5万余人次，生成电子培训合格证57万余本。2021年累计培训施工现场专业人员65.5万余人次，生成电子培训合格证45万余本。

【开展职业技能竞赛】举办第一届职业技能大赛住建行业代表队总结大会，对我代表队8个项目8名选手获1金3银1铜3优秀奖且全部入选国家队的优秀成绩和作出突出贡献的单位和个人进行表扬。指导部相关社团规范申报2021年拟举办的国家二类职业技能竞赛。与中国海员建设工会等举办长三角一体化发展城乡建设示范性劳动和技能竞赛。

【推进职业教育相关工作】指导做好2021—2025年住房和城乡建设行业指导委员会及其各专业指导委员会换届工作。完成新版职业教育土木建筑类专业目录修订。

（住房和城乡建设部人事司）

城 乡 建 设 档 案

2021年是党和国家历史上具有里程碑意义的一年，是中国共产党成立100周年，也是实施“十四五”规划、开启全面建设社会主义现代化国家新征程的第一年。习近平总书记在党的百年华诞之际专门对档案工作作出重要批示，为做好新时代档案工作提供了根本遵循。李克强总理在政府工作报告中强调要繁荣档案事业。住房和城乡建设部城建档案工作办公室坚持以习近平新时代中国特色社会主义思想为指导，坚决贯彻落实党中央决策部署和习近平总书记对档案工作的重要批示精神，围绕中心、服务大局，求真务实、奋发进取，推动城建档案事业发展育新机开新局。

【城建档案法制建设】 各地不断创新城建档案管理法规制度标准，法制建设取得重要成果，依法治档水平不断提高。北京馆高标准通过北京市档案局档案执法检查，受委托开展建设工程档案逾期未移交执法检查108项，发放2份《责令限期改正违法行为通知书》。天津馆修订《政务服务事项档案验收认可操作规程》《政务服务事项档案查询服务操作规程》。河北雄安新区印发《雄安新区规划建设档案管理办法》《雄安新区建设工程档案管理工作实施细则(试行)》。辽宁沈阳市颁布《沈阳市城市建设档案管理条例》。吉林长春市修订《长春市城市建设档案管理条例》，四平市修订《四平市城市建设档案管理办法》。长春馆主编的《建设工程文件归档与移交标准》通过专家评审颁布实施。《上海市城市建设档案管理办法（草案)》，被列入市政府正式立法项目。上海馆修订《建设项目（工程）竣工档案编制技术规范》。安徽省建立城建档案违法追究责任机制，对发现的违法行为及时通报相关执法部门予以追责。修订《安徽省建设工程消防设计审查验收档案管理规定》《建筑工程竣工档案编报须知》《市政基础设施工程竣工档案编报须知》《轨道交通工程竣工档案编报须知》。福建编制《福建省城市地下管线探测及信息化技术规程》《福建省城市地下管线信息数据库建库规程》，修编《福建省建设工程电子文件与电子档案管理技术规程》。山东继续做好全省城建档案“双随机、一公开”执法检查，济南印发《关于进一步加强市政基础设施工程档案管理的实施意见》，枣庄修订《枣庄市城市建设档案管理办法》。湖北立项编制《湖北省城建档案基础数据规范》。湖南株洲市制定《株洲市城市建设档案管理条例》，郴州市修订《郴州市城乡建设档案管理办法》《郴州市地下管线信息数据共享应用及动态更新管理办法》。广东广州馆参编《建设工程声像文件归档标准》《建设工程档案验收标准》《建设工程档案在线接收标准》《数字档案中手写电子签名应用标准》4项中国工程建设标准化协会团体标准；牵头编制《城市建设声像电子文件收集与归档规范》《地下综合管廊工程档案编制规范》3项地方标准。珠海市颁布《珠海市城乡建设档案管理办法》，编制《社会投资小型低风险建设项目归档指引》《珠海市既有住宅增设电梯工程档案归档指引》《珠海市既有住宅增设电梯各阶段所需工程档案查询指引》《珠海市城建档案查询利用制度》。惠州市修订《惠州市城乡建设档案管理办法》。广西南宁修订《南宁市城市建设档案管理办法》，柳州市印发《关于加强建设工程电子文件归档管理工作的通知》。海南省住房和城乡建设厅联合省档案局等部门印发《关于推进工程建设项目审批制度改革档案管理工作的实施意见》《关于印发工程建设项目档案归档范围与档案保管期限表的通知》。重庆加强对区县城建档案馆（室）的业务督导检查，召开3个片区城建档案协作组工作会议。持续开展城建档案“双随机、一公开”检查，并将检查结果在信用中国（重庆）网站上公开。四川泸州市印发《关于进一步规范城建档案管理有关工作的通知》，将档案管理情况纳入工程建设领域诚信体系建设。贵州修订《贵州省城乡建设档案管理办法》，规定房屋权属登记部门在办理房屋权属登记时，应将城乡建设档案移交证书纳入产权产籍档案。陕西印发《关于加强全省城乡建设档案工作的实施意见》《关于启用陕西省城建档案信息管理系统的通知》《关于印发2021年全省城建档案重点工作的通知》。甘肃兰州市开展城建档案“双随机、一公开”执法检查。

【建设工程竣工档案归集管理】 各地不断创新城建档案归集管理方式，强化过程服务导向，扎实推进城建档案资源体系建设。北京馆针对冬奥会建设工程灵活采用档案验收和自检方式，完成市馆负责的全部 42 个项目档案验收。完成中国共产党历史展览馆等重点工程档案验收接收。参与轨道交通工程验收 90 余次，档案接收完成 90%。完成建筑工程档案验收 322 项、市政工程档案验收 88 项。接收纸质档案 538 项、11973 卷、缩微档案 2481 盘，征集珍贵史料 115 册。天津馆完成 325 个工程项目档案验收，馆藏总数为 641202 卷。河北全省新增移交进馆档案 8.24 万卷。内蒙古呼和浩特市接收 150 个遗留项目工程、233 个民用建筑工程、3 个市政工程项目档案。包头市接收竣工档案 6550 卷、综合档案 377 卷，其中规划管理档案 251 卷、土地报批档案 22 卷。吉林全省现有馆藏 2748945 卷。上海馆接收建设工程档案 271 项。安徽将装饰装修工程档案和消防工程竣工验收档案列入接收范围，全省接收 10140 个项目档案约 12 万卷。福建全省归集档案 74315 卷。江西全省现有城建档案 2275838 卷，全年新增 214943 卷。山东济南、青岛、淄博、潍坊、威海、日照、临沂 7 市全年接收档案在万卷以上；青岛市实行档案在线接收与涉密工程档案离线接收，在青岛地铁 6 号线开展原生电子档案接收试点；威海市 2021 年新建工程项目全面采取在线归档方式；济南、潍坊、临沂等地积极开展档案追缴工作。河南全省新增 9.7 万余卷档案。湖北全省接收档案约 41.48 万卷，同比增长 26.54%，底图约 1.89 万张，电子文件约 405.4 万件。湖南长沙馆接收档案 38719 卷，株洲馆接收住建系统业务档案 8505 卷，郴州馆与市档案局建立馆库资源共享工作联动机制，接收市档案馆寄存档案 10 余万卷。广东广州市接收 1.7 万余卷；韶关市接收 5164 卷；肇庆市接收 6548 卷，虚拟库房上架 6684 盒；梅州市接收 4204 卷，催交 253 卷；河源市接收电子档案 834 卷、纸质档案 2741 卷；江门馆接收 22000 卷。广西全区市级馆共接收 2322 个项目档案 60237 卷，南宁馆按照归档内容总量减少、便于利用的原则，将归档内容缩减约 40%。海南全年接收 500 余个项目档案 41000 余卷，接收业务档案（人防规划验收、人防施工、备案档案、招标投标）6000 余个项目。重庆馆将施工记录表格以电子形式归档，纸质归档文件数量平均减少 50%，实体档案案卷数量减少 33%左右。全年接收竣工档案 280458 卷、业务档案 5300 余盒。贵州全省接收档案 77175 卷。云南全省馆藏量达 317 万余卷。甘肃嘉峪关馆接收 3658 卷、金昌馆接收 5331 卷、天水馆接收 3000 卷、张掖市甘州区馆接收 1819 卷、定西馆接收 1.76 万卷、武威市凉州区馆接收 2278 卷。宁夏接收 22253 卷档案。

【城建档案信息化建设】各地不断加强城建档案接收、保管、利用等全过程信息化建设，加速推进城建档案管理数字化进程。北京馆实现城建档案管理信息系统（政务云平台）与市住房城乡建设委数据库实时共享市区两级建设工程档案验收信息，并实时接收政务局的施工许可证、竣工验收备案信息。建设完成各区城建档案目录数据库，探索建设数字档案馆。完成城建档案管理信息系统等级保护三级测评，完成城建档案数据的北京市信息安全容灾备份中心同城备份 2 次。天津馆整合 241 个项目 10248 卷建设工程电子档案和工程照片数据。制定网络安全系统集成升级改造方案，部署更换 8 台内网交换机设备，将网络规划为办公网和档案网。河北省石家庄、唐山、秦皇岛、邯郸、邢台、保定、张家口、承德、沧州、廊坊、雄安新区等地研发了城建档案管理信息系统，开展馆藏档案数字化扫描。邯郸馆开展异地备份。邢台馆研发建设工程档案在线报建系统。承德馆开发电子档案离线收集整理软件和电子档案接收审核软件。辽宁沈阳开展城建档案管理系统升级改造。大连市建设完成基于城建档案大数据的城市建设决策支持系统，获得建设行业科技成果评估证书。吉林全省已有 22 个市县建立了城建档案管理信息系统开展电子档案接收。上海市研究制定电子档案归档技术规范，继续完善市规划资源系统业务档案“一键归档”系统功能，实现全市规划资源业务审批系统与城建档案管理系统直接对接，电子档案单套制归档。全年接收审批系统推送新项目 1 万余个。完成 25 万个项目全文数据，生成 964 万张双层 PDF 文件。完成 8 万余条数据注记。逐步实现数字化竣工图线上自动组卷，试点线下纸质文件与线上电子文件混合整理。安徽合肥市全业务管理平台中的城建档案管理系统，可实现档案业务全过程管理、声像档案管理、建设单位自助档案管理、文件在线同步管理、可视化数据展示、GIS 查档、电子证照管理，支持合肥市与四县一市城建档案的跨区查询、跨区出证等功能，并开通了微信公众号扫码服务；芜湖市将馆藏档案系统和在线系统迁移至云计算服务中心；马鞍山市建设完成地下管网地理信息系统和安全运行监测系统，对城市核心功能区、人员密集区等重点区域及城市重要基础设施的重点部位实现了安全运行的实时感知、在线监测和预警预测，同时系统数据实时上传住建部；淮北市实施了智慧档案馆平台一体化（一期）项目建设，实现档案库房智能密集架、环控设备的一体化平台展示和综合分析。福建福州市制定建设项目档案竣工图电子化归档实施意见及签单软件说明，厦门市开展城建档案信息系统安全可控替代建设方案编制申报，以及一般性系统升级完善和异地备份工作。江西九江馆研发了建设工程电子档案检测与接收系统。吉安馆搭建了城建档案综合管理服务平台，实现线上线下纸质电子档案同步接收，在线自助查询和线下馆内自助查询。山东济南市研发BIM档案管理系统。青岛市建设城建档案区（市）一体化综合管理服务平台。德州市完成城建档案数据一体化建设，实现5馆数据互联互通。济宁、日照、滨州等市加快建设电子档案接收系统。临沂、聊城和菏泽市城建档案系统对接国土空间规划一张蓝图平台。淄博市城建档案和地下管线信息综合管理系统入选山东省新型智慧城市“优政”领域智慧城建应用案例，威海市建设工程电子文件在线归档研究科技项目通过省档案馆立项审查。湖南株洲市建设了株洲市综合管线信息管理平台排水管网应用子系统，娄底市开发了建设工程电子文件流转与归档管理系统，生成11万件原生电子文件。益阳市制定建设工程电子文件与电子档案管理实施细则，永州市制定建设工程电子档案管理规定。广东广州市完成城建档案BIM资源管理服务一体化平台建设，优化城乡建设档案监督指导及验收业务管理系统，上线完成馆藏目录中心第一版本。珠海市创建以电子文件全程管理为核心的数字城建档案管理系统。江门市将城建系统数据迁入政务云。河源市利用市政数据服务器建立了建设工程电子档案互联网应用系统。广西拟建立自治区一级的城建电子档案管理系统。海南海口市研发城建档案管理系统。三亚市拟定城建档案数字化项目初步设计方案。重庆升级改造市区（县）城建档案信息一体化管理平台，剥离外网业务，增强档案统计分析功能。推进城建档案外网业务管理系统建设，将系统数据与市政府“渝快办”对接。完成了“智慧住建二期”建设中城乡建设档案数据资源池、GIS地理信息库、数字化城建档案数据治理等建设任务。研发了建设电子文件流转与归档管理系统。探索与成都馆异地查阅城建档案工作思路。开展了多项城建档案信息化课题研究。贵州贵阳馆将在线管理系统中档案数据迁移到内部局域网。六盘水馆在线归档36个项目。遵义馆完成3094卷档案数字化加工。安顺馆试运行城建数字档案管理系统。陕西研发了省级城建档案信息管理系统，实现与现有一体化系统平台、房地产信用评价系统平台之间数据联动。已完成市级城建档案馆应用全覆盖，创建年报统计、十四运项目等模块。甘肃部分馆使用年度档案管护费，开展档案数字化扫描和城建档案信息系统建设工作。宁夏银川市依托政务云，构建了城建档案馆云端数据中心，开发档案线上审核业务功能。石嘴山市建设了建设工程电子档案收集管理服务平台。

【声像档案管理】各地持续推进声像档案管理和文化传播工作，不断积累声像档案资源，拓展城建档案文化展示形式，推广城建档案文化成果。北京馆接收照片3108张、视频文件20G，拍摄照片7548张、视频22小时。天津馆接收照片105G，拍摄114次、照片1645张、视频120小时，制作录像片及专题片142部。开展馆藏声像资料整理编辑工作。河北唐山馆要求每项单位工程移交的声像档案不少于54张照片、4张光盘，全年接收声像档案396册、照片21384张。邯郸馆接收9427张照片，印制了《2020年建设工作图集》。张家口馆接收照片7558张。承德馆接收照片4608张、视频15小时。雄安新区入库照片1.95万张、专题片5部、资料片89段。吉林全省馆藏照片788433张、录像带5810盘、录音带57690盘、微缩胶片3656张。延吉制定了《延吉市建设工程声像档案归档要求（2021版）》。长春馆征集了1948—1999年老照片296张。上海市拍摄工程声像资料片24部、优秀历史保护建筑照片4000余张。继续做好传统载体声像档案数字化采集录入和声像档案数字化管理系统分级分类管理工作。开展红色建筑档案研究，从馆藏4万余卷历史档案中精选出与中国共产党在上海革命活动相关城建档案40处，汇编成《城市的记忆·建党百年专辑》图书，同步举办专题展览。摄制《浦江潮氤　信仰启航》《苏河涓涌　初心接续》两部“永远跟党走”主题宣传短视频，用影像档案推广城建档案文化成果，献礼建党百年。出版4期《上海城建档案》期刊。拍摄制作《上海建筑百年》（第十七辑）专题纪录片，并以电子出版物的形式公开发行。微信公众号发布38篇专业推文。以虹桥路沿线为例，开展基于城建档案的城市历史风貌变迁与更新研究。完成汇丰银行大楼、武康路、南京东路步行街等全景视频拍摄与个案研究。安徽合肥市接收照片7200张、视频570分钟；铜陵市接收照片7183张、视频48分钟；芜湖市接收照片4040张；阜阳市接收照片13117张。福建福州市完成馆藏录像档案数字化加工3000分钟。厦门市围绕“厦门建筑中的党史故事”专题，拍摄红色革命遗址照片1000余张，制作厦门市地下管线工程档案管理专题片，接收工程照片 3952 张、视频 1013 分钟。泉州市拍摄城市风貌 15 次，会议活动 86 次，接收照片 3100 张。江西全省新增照片 53243 张、录像 4346 分钟。山东《枣庄老街》《胜利路再回首》专题片获得中国电视艺术家协会举办的“理想照耀中国—纪念中国共产党建党百年”系列片优秀作品奖。日照市《日照印记》《万平口今昔》等城市建设档案图集，荣获 2021 年度山东省优秀档案学成果奖。湖南常德馆接收照片 31125 张，郴州馆接收照片 26400 张。广西南宁馆围绕南宁市重点项目和城市记忆点拍摄 20 次、无人机 12 次，接收市政项目声像档案 160 个、房建声像档案 326 个。重庆馆拍摄照片 3875 张、视频 377 分钟，完成库存 17322 卷、1180954 张照片数字化加工，编研完成《重庆城市建设档案发展 40 年》画册，出版 4 期《重庆城建档案》。贵州贵阳馆对馆藏声像档案数字化加工图片 139024 张、视频 2249 卷，扫描底片 9453 张、照片 8489 张，拍摄照片 2995 张。甘肃兰州馆接收照片 24700 张、视频 1400 分钟。嘉峪关馆拍摄照片 1962 张。

【城市地下管线工程档案管理】各地稳步推进地下管线工程档案接收、保管和利用，全力推动地下管线工程档案管理工作迈上新台阶。河北保定馆受理地下管线工程项目查询 178 项，其中 128 个项目完成了开工前核实并将核实的地下管线数据入库，更新管线长度 595 公里。14 个项目完成竣工入库，更新管线长度 10 公里。接收地下管线工程开工前核实纸质档案 131 卷、光盘 128 张和竣工档案 16 卷、光盘 14 张。辽宁沈阳市完成了地下管线普查成果抽查质检及数据入库，完成了“综合管线一张图”场景建设。吉林全省累计接收 229 个地下管线工程档案 1383 卷。上海市研究制定《管线工程竣工档案编制技术规范》。安徽芜湖市印发《芜湖市城市地下管线管理办法》；马鞍山市对新增及改扩建地下管线进行修补测 781 公里，编绘 1∶500 综合地下管线图 472 幅，对全库已有数据进行了坐标转换；淮北市完成地下管线信息管理（国产化）系统建设，外业补测管线分幅图 1012 张。福建福州市接收地下管线工程纸质档案 2129 卷。厦门市接收地下管线工程档案电子数据 2977 项、1857 公里，开展地下管线修补测 741 公里，向 533 个单位提供 8284 幅地下管线档案资料。南平市接收 5 个地下管线工程档案 37 卷。山东东营市成立城市地下管线建设管理专项提升领导小组，全年接收管线数据 767 公里。湖北全省已有 37 个设市城市、神农架林区和谷城等 12 个县城完成地下管线普查并建立地下管线信息系统，共计探测长度约 10.73 万公里，排查出结构性隐患 3043 个，危险源 1370 个，其中包括检修井无井盖、破损、堵塞，管道淤塞、管线穿井、裸露、天然气漏气等结构性隐患和危险源，处置率为 92%。湖南全省地下管线新增普查 2838 公里，已完成普查总工作量 110801 公里。其中株洲市完成市区主次干道新改扩地下管线集中修补测入库管线 11159 公里。娄底市地下管线信息平台建设已融入智慧城市大数据建设，现已完成湖南省住建厅配发的管线基础平台建设，包括六个管线基础系统，完成了娄底中心城区 15 种地下管线共计 2848 公里数据入库，把 30 平方公里的地面三维建模和城市地名信息系统融入城市地下管网平台。重庆接收 530 个工程项目 3747 公里的管线数据，系统数据库包含管线全长 37790 公里。四川乐山市搭建了地下综合管线信息系统和数字乐山地理公共平台，更新 83 公里综合管线数据，管线数据库总长 2814 公里。贵州贵阳馆更新入库地下管线数据 1600 公里，完成住宅小区地下管线数据 CGCS2000 坐标转换，接收 53 个住宅小区地下管线工程竣工档案。甘肃嘉峪关馆接收地下管线工程档案 48 卷，金昌馆接收 213 卷。

【联合验收】各地不断建立健全建设工程档案验收纳入工程竣工联合验收工作机制，通过加强全过程指导服务和信息化建设，不断提高验收效率。北京市投资项目在线审批监管平台增加受理环节，符合联合验收申请条件后，点击受理将项目涉及的申请信息和申报材料实时传输至“多验合一”平台，经办人员再进行城建档案专项验收操作。低风险和一般风险工程联合验收时限压缩为 7 日。按照工程建设项目风险等级，针对联合验收和备案制模式分别编制了《竣工档案组卷范例》。天津对承诺办理档案验收的项目，实行先验收后交档。河北省印发《关于进一步规范工程建设项目竣工联合验收档案专项验收工作的通知》，统一制定了《河北省工程建设项目竣工联合验收档案专项验收工作流程》《工程建设项目档案专项验收申请单》《工程建设项目档案移交说明书》《工程建设项目档案专项验收认可书》。石家庄馆在验收工作中，针对工程项目的实际情况，有针对性地实施“容缺后补”和“容缺不补”；唐山馆将建设工程档案联合验收接入市行政审批专线网，采取“线下服务，线上审批”；邢台馆通过邢台市工程建设项目审批管理系统确认验收，实行容缺受理机制；雄安新区实行联合验收。辽宁将建设工程城建档案验收纳入竣工联合验收。吉林实行联合验收，依据建设单位提交的完整归档文件和各部门的验收认可文件，核发档案接收认可文件。全省50个城建档案馆（室）共34个参与联合验收，占比68%。上海将建设工程竣工档案验收纳入竣工规划资源验收，对竣工规划验收申请时，未完成档案收集移交的，采取告知承诺方式容缺受理。在审批平台上提供建设项目竣工档案归集全过程服务功能。制定《关于本市建设工程项目竣工档案验收事中事后监管规定》。安徽将建设工程档案验收事项纳入联合验收，通过联合验收平台出具城建档案验收意见和移交证明。印发《关于推行建设工程城建档案验收告知承诺制有关事项的通知》，督促建设单位收集整理建设工程文件，并于联合验收前，与《建设工程城建档案验收告知承诺书》同步提交。能通过系统获取的建设工程电子文件，不再提交纸质文件。福建漳州市通过联合验收完成89个项目档案验收。泉州市完成142个项目的联合验收。龙岩市完成90个项目的联合验收。江西全省实行联合验收项目1871个，736个项目实行告知承诺。山东省实行房屋市政工程竣工验收备案（含人防、档案、消防），对部分在验收时无法提交的工程文件资料，实行告知承诺。河南各地均已纳入联合验收，实行承诺容缺机制，全省完成2343个项目档案验收。湖北全省78家城建档案管理机构中实施告知承诺的有33家。全省实施告知承诺以来，累计承诺办理工程项目864项，已按期履行承诺760项占比88%；部分履行承诺47项占比5%；未履行承诺57项占比7%；行政处罚和纳入信用黑名单0项。湖南推行城建档案告知承诺制，指导、督促市县继续做好城建档案参与联合验收工作，对省工改办通报指出的工改系统无办件量地区赴实地检查整改情况，推进问题整改到位。广东珠海市印发《关于建设工程竣工联合验收阶段城建档案验收及归档工作实施告知承诺制有关事宜的通知》。海南对小型社会投资工业类项目、带方案出让土地简易项目、既有建筑改造项目等3类工程项目的档案验收实行告知承诺制，建设单位对建设工程档案的完整性、真实性、规范性作出终身承诺，并对提交的档案材料负责。住房城乡建设、规划、人防等主管部门验收通过后，通过省工程建设项目审批管理系统将联合验收通过意见及建设单位承诺书推送给行业档案主管部门即视为档案验收通过。按照建设单位承诺提交档案材料期限的约定，市县住房和城乡建设主管部门档案管理机构或受委托的城建档案馆收存档案材料。重庆对市政工程联合验收实行告知承诺制，档案验收时限压减为4个工作日。四川各地因地制宜实行城建档案验收告知承诺制，对在联合验收时尚未形成的竣工验收文件实行容缺受理，南充市、乐山市、广元市制定建设工程档案预审告知单，进一步缩短竣工档案验收时间。贵州将档案验收纳入竣工联合验收，在全省试行档案验收承诺制。云南全省16个州（市）县均已在云南省工程建设项目审批管理系统中办理竣工档案联合验收，出具了《云南省建设工程档案验收告知承诺书》《建设工程档案验收意见书》共计600余份。甘肃将建设工程档案验收纳入联合验收。嘉峪关馆将《建设工程竣工档案验收备案表》作为建设工程联合验收的必备资料。

【城建档案馆舍、机构、人员培训情况】各地不断加大城建档案基础设施投人，为推动城建档案工作高质量发展提供坚强保障。北京馆完成南磨房路办公区搬迁和二七剧场路办公区、副中心委机关办公区库房档案调整工作。搬迁后，二七剧场路办公区作为主办公区，主要负责建设工程档案的接收利用和涉密档案的保管，10个科室75人属地办公。副中心委机关办公区主要负责委机关文书档案和部分业务档案的管理，1个科室13人属地办公。南磨房路办公区负责地质资料管理，同时作为技术加工区和档案保管的第二库区，负责六里桥政务服务中心审批档案接收整编、在库档案数字化、缩微技术处理和集中保管，3个科室21人属地办公，一位馆领导轮值。天津馆录制培训视频，组织线上答疑讲解。聘请档案行业专家开展《兰台讲堂》活动，对全馆职工进行职业培训。河北省城市建设档案馆与省厅信息中心整合为河北省住房和城乡建设厅信息宣传与档案中心。2021年5月，雄安新区成立了隶属于新区规划建设局的临时城建档案机构，配置办公用房及档案库房3634平方米，组建了第三方服务团队，负责开展城建档案的接收、保管和利用。河北秦皇岛馆搬迁新址，新的办公用房352平方米、库房670平方米；邢台市将龙岗区规划展馆作为城建档案馆新馆使用；保定馆经过装修升级改造，新增馆舍面积379.65平方米；承德馆投资160万元修缮馆建墙体并改建查阅大厅，档案库房面积由381平方米扩容至1179平方米。唐山馆会同主管部门教育培训机构做好工程资料管理员继续教育培训。内蒙古盟市级独立城建档案管理机构共计6家，其他为内设科室，均为公益一类全额拨款单位。有3家隶属自然资源部门。盟市级城建档案库房面积8840.9平方米、馆藏档案134万余卷。辽宁各市城建档案馆均已并入住建或自然资源部门下属服务中心，作为内设机构。其中，丹东、葫芦岛馆隶属自然资源部门。抚顺馆启动了馆舍搬迁工作，新馆总建筑面积为2500平方米，其中库房1900平方米，业务技术用房100平方米，对外服务用房73平方米。吉林新成立安图县城建档案馆。长春馆完成库房升级改造。德惠市新增库房140平方米。吉林市积极推进城建档案馆库重建，2021年8月21日正式进场施工。和龙市库房面积由原有的52平方米增至100平方米。上海馆隶属市规划和自然资源局，差额拨款公益一类事业单位，编制70人，库房面积4477平方米。安徽省住建厅城建处负责全省城建档案管理职责，16个地级市全部建立了城建档案馆，各区（市）县基本设置馆（室）。除合肥馆为副县级，其他均为正科级；除安庆馆为参公事业单位外，其他均为全额拨款事业单位；除六安馆、铜陵馆、池州馆隶属规划资源部门、亳州馆隶属城管部门外，其他均隶属住建部门。合肥馆申报“合肥市城建档案库房改造项目”公益性项目建设计划，可以提供1万平方米标准化库房，预计2023年竣工；淮北市在市规划展览馆规划800平方米为城建档案馆使用，新馆智慧档案馆平台一体化（一期）项目已通过验收，一体化（二期）项目正在筹划中；宣城市新馆建设在综合档案馆规划库房约7000平方米，现主体部分已封顶，预计2023年竣工；马鞍山新馆揭牌，总建筑面积1万平方米，其中库房面积2640平方米，已顺利完成14万卷档案消毒搬迁工作。福建全省除平潭综合实验区未单独设立城建档案馆外（城建档案工作由区行政审批局项目投资处城建档案室负责），其余9个设区市均设有城建档案馆。其中正处级1个、正科级7个、副科级1个，全额拨款6个、自收自支3个，平均每个馆编制10人。厦门市新馆项目按计划推进。南平馆库整体搬迁至武夷新区档案综合大楼，库房面积约2600平方米。宁德市新增库房面积400平方米。江西全省城建档案管理机构共计95家，其中，独立全额拨款17家，撤并自筹资金78家。全省实际在岗人数363人、馆库面积约44232.39平方米，其中，2021年新增2283平方米。山东截至2021年年底，16市中青岛、枣庄、潍坊、济宁、威海、日照6市继续保留城建档案馆，其余10市均与其他单位合并。枣庄市增加办公和技术用房面积1350平方米，荣成馆迁入荣成市档案中心，菏泽市档案馆和城建档案馆新馆已进入竣工验收阶段。组织开展全省《建设工程电子文件与电子档案管理标准》宣贯培训533人。湖北全省共有78个市、县、区成立城建档案管理机构，其中公益一类37个、公益二类30个，机构性质暂未明确11个。6个馆新增馆舍面积3109平方米。湖南省有86个城建档案管理机构，均为财政全额拨款事业单位，加挂建设信息中心牌子的5个（株洲市、邵阳市、岳阳市、益阳市、郴州市）。城建档案管理人员593人，馆库面积6万多平方米。广西全区14个设区市基本成立了城建档案馆，除北海、玉林、崇左3市隶属自然资源局，防城港市隶属档案局，其他10个设区市都隶属住建系统。县级城建档案管理职能基本设在住建局。海南海口、三亚、儋州三个地级市成立了城建档案馆，将全面建成市县城建档案馆列入《海南省档案事业发展“十四五”规划》，《关于推进工程建设项目审批制度改革档案管理工作的实施意见》明确提出“未建设城建档案馆的市县，务必在2023年前建成城建档案馆”。四川自贡馆进行了机构调整。贵州贵阳馆启动馆房维修改造。贵阳市城市建设档案管理处（贵阳市城市建设档案馆、贵阳市城市建设信息服务中心）更名为贵阳市城市建设档案馆（贵阳市城市建设信息服务中心）。云南全省已有80个市（县）成立了城建档案馆（室），其中，昆明、曲靖、玉溪、丽江、昭通、文山州、红河州、西双版纳州、楚雄州、迪庆州等10个州（市）成立了城建档案管理机构。共有国家级城建档案馆2个，省一级城建档案馆11个，库房面积约12200平方米。陕西各级城建档案管理机构共46个，省、市级建馆（室）率100%，区（县）建馆（室）率50%，财政全额拨款的馆（室）达90%以上。商洛、渭南和铜川馆隶属自然资源局，杨凌示范区档案馆为综合档案馆，其余9个市级馆隶属建设局，均为全额拨款事业单位，总编制人数为126人。共有34个馆（室）通过了城建档案目标管理达标考评，其中国家级馆1个，省一级馆（室）15个，省二级馆（室）11个，省三级馆（室）7个。全省馆库面积3万平方米，馆藏总量150余万卷。西安市新馆建设项目有序推进，计划2022年年底投入使用。渭南馆将搬迁至市政府中心西片区多功能场馆，馆库面积增至约7000平方米。商洛新馆（展示馆）总面积5400平方米，档案管理及业务用房面积800平方米。咸阳市新馆建设完毕，预计2022年年底完成搬迁。汉中市将由市档案局、不动产登记交易服务中心及城建档案馆联合修建档案大厦，现正积极选址中。甘肃省现有城建档案馆8个，分别为兰州市、嘉峪关市、天水市、张掖甘州区、平凉市、庆阳市、甘南州、兰州新区。金昌市、陇南市、武威市、定西市、酒泉市、白银市城建档案由住建部门内设科室或者下设单位进行管理。临夏州本级未设立城建档案管理机构，城建档案按建设程序涉及的相关单位自存。金昌市完成整体搬迁工作，库存面积188平方米。甘南州城建档案馆核定事业编制11名。宁夏全区累计培训档案管理人员、注册档案中介服务机构人员600余人次。

（住房和城乡建设部城建档案工作办公室）

工程建设项目审批制度改革

2022年，住房和城乡建设部坚持问题导向、目标导向和结果导向，持续深化工程建设项目审批制度改革，大力推进审批标准化、规范化、便利化，加快重大项目审批，助力稳定经济大盘。

【持续提升审批效能】大力推进审批标准化规范化便利化，持续整治“体外循环”问题，组织部分地区研究编写审批标准，推动各地切实规范审批行为。每月调度地方改革工作，编制工作简报，复制推广典型案例，通报典型问题，督促地方持续落实各项改革举措。2022年，先后通报典型问题75个，推广案例13个，全国工程建设项目并联审批率46.71%，联合验收率48.75%，同比分别增长4.34个、7.79个百分点，联合审图基本全覆盖。

【推动重大项目建设】印发《住房和城乡建设部办公厅关于进一步优化相关审批加快推动重大项目开工建设的通知》（建办厅电〔2022〕34号），推出重大项目审批绿色通道、分单体分标段办理施工图审查和施工许可等改革举措。印发《住房和城乡建设部办公厅关于配合做好推进有效投资重要项目协调机制相关工作的通知》（建办厅函〔2022〕280号），建立部省协调机制工作联络员制度和“日调度、周总结、月通报”工作机制，项目信息纳入系统管理，督促各地加快项目审批建设。截至2022年年底，7399亿元政策性开发性金融工具签约项目中房建和城市基础设施项目1740个，开工率、纳入系统率均超过90%，有力保障投资快速落地。

【健全全程网办机制】住房和城乡建设部持续推动地方将全流程审批服务事项纳入线上办理，对全国337个地级以上城市工程审批系统逐一点对点分析指导，整改问题690余个。开发全国工程建设项目审批服务平台，向公众提供查询信息、办理审批等服务，完成与河南、福建、广东、海南等省的13个城市试对接。2022年，各地通过工程审批系统审批项目65.49万个，办件量203.93万件，同比分别增长8.3%、10.38%，项目和事项覆盖数、实时共享率、数据质量持续提升。

【开展年度第三方评估】完成2021年度第三方评估，线上线下访谈企业代表3064名，召开企业座谈会108场，形成全国评估报告并向国务院呈报，向36个样本城市逐一反馈评估问题189条，帮助地方有针对性地深化改革。结合世行宜商环境新评估体系，修订工程审批评估指标体系，委托第三方机构开展2022年度评估工作。

【推动地方改革创新】建立联络员、定期调度等机制，指导6个国务院营商环境创新试点城市，认真落实“用地清单制”等7项工程审批创新试点举措，取得积极成效，全部列入国务院首批全国复制推广改革举措清单。深入研究世行宜商环境新评估体系，配合财政部提出我国意见。通过组织专题培训、城市经验交流等方式，指导北京、上海等城市对标新评估体系，就获得经营场所、市政公用基础设施报装指标做好改革准备。

（住房和城乡建设部办公厅）

2021 住房城乡建设大事记

1月

6 日，住房和城乡建设部近日印发通知明确，要进一步深化工程建设项目审批制度改革，加快推进全流程在线审批，不断提升工程建设项目审批效能，优化营商环境。

通知要求，要持续破解堵点问题推动关键环节改革。进一步优化审批流程，针对企业和群众反映强烈的堵点问题，制定切实可行的精简优化措施，最大限度优化审批流程。加强项目前期策划生成和区域评估，简化项目后续审批手续。精简规范技术审查和中介服务事项，工程建设项目审批所涉及的技术审查和中介服务事项，无法律法规规定的一律取消。优化市政公用服务程序。可将供水、排水等市政公用服务提前到工程建设许可阶段办理，推行“一站式”集中服务、主动服务。市政公用服务单位通过工程建设项目审批管理系统实时获取项目市政公用服务接入需求、设计方案、图档等相关信息，实现与主体工程同步设计、同步建设、竣工验收后直接接入。

7 日，为深入贯彻党的十九大和十九届四中、五中全会精神，全面落实《中华人民共和国民法典》《中共中央国务院关于加强和完善城乡社区治理的意见》和《中共中央办公厅印发〈关于加强和改进城市基层党的建设工作的意见〉的通知》有关要求，加快发展物业服务业，推动物业服务向高品质和多样化升级，满足人民群众不断增长的美好居住生活需要，日前，住房和城乡建设部、中央政法委、中央文明办等 10 部门联合印发《关于加强和改进住宅物业管理工作的通知》，从融入基层社会治理体系、健全业主委员会治理结构、提升物业管理服务水平、推动发展生活服务业、规范维修资金使用和管理、强化物业服务监督管理 6 个方面对提升住宅物业管理水平和效能提出要求。

8 日，经国务院同意，住房和城乡建设部印发《关于加强城市地下市政基础设施建设的指导意见》，要求按照党中央、国务院决策部署，坚持以人民为中心，坚持新发展理念，落实高质量发展要求，统筹发展和安全，加强城市地下市政基础设施体系化建设，加快完善管理制度规范，补齐规划建设和安全管理短板，推动城市治理体系和治理能力现代化，提高城市安全水平和综合承载能力，满足人民群众日益增长的美好生活需要。

15 日，住房和城乡建设部、国家发展和改革委员会日前发布第十批（2020 年度）国家节水型城市名单，河北省秦皇岛市等 34 个城市上榜。

26 日，住房和城乡建设部召开违法建设和违法违规审批专项清查工作视频约谈会议，对专项清查进展迟缓的天津、吉林、黑龙江、海南 4 省市住房和城乡建设部门与有关部门实施约谈，督促指导有关地区贯彻落实住房和城乡建设部专项清查工作电视电话会议及视频调度会议精神，加快推动专项清查工作。

28 日，财政部国库司会同住房和城乡建设部标准定额司召开政府采购支持绿色建材促进建筑品质提升试点工作推进视频会议，介绍试点工作进展，交流经验做法，部署安排下步工作。

会上，南京、杭州、绍兴、湖州、青岛、佛山 6 个试点城市介绍了试点工作启动以来的进展情况。各个试点城市高度重视试点工作，成立试点工作推进小组，制定实施方案，各项工作取得了积极进展。目前，试点工作的影响范围越来越大、关注度越来越高，北京市等其他城市也将主动申请参照试点执行。

2月

1 日，住房和城乡建设部办公厅发布《关于做好建筑高度大于 250 米民用建筑防火设计研究论证的通知》，要求切实做好建筑高度大于 250 米民用建筑消防设计审查工作。

通知从 3 个方面提出了具体要求。一是强化属地管理。建筑高度大于 250 米民用建筑的防火设计加强性措施的研究论证，由省级建设工程消防设计审查主管部门负责组织。研究论证意见作为出具消防设计审查意见的依据之一。

2日，住房和城乡建设部印发《关于进一步加强历史文化街区和历史建筑保护工作的通知》，要求各地应充分认识保护历史文化街区和历史建筑的重要性与紧迫性，加大保护力度，坚决制止各类破坏历史文化街区和历史建筑的行为。

4日，住房和城乡建设部办公厅印发通知，决定开展一级建造师电子注册证书及延续注册试点工作。通知明确，在北京、上海、浙江、海南4个地区开展第一批试点工作，视工作开展情况适时启动其他地区试点工作。

8日，为贯彻落实《住房和城乡建设部等部门关于推动智能建造与建筑工业化协同发展的指导意见》，指导各地住房和城乡建设主管部门及企业全面了解、科学选用智能建造技术和产品，加快智能建造发展，住房和城乡建设部办公厅近日印发通知，决定组织征集第一批智能建造新技术新产品创新服务案例，并将委托部科技与产业化发展中心组织专家对推荐案例进行评审，经认定后公布，向智能建造试点地区和项目推荐。

同日，住房和城乡建设部、工业和信息化部、民政部、中国残联、全国老龄办联合发布通知，授予72个市县村镇为“创建全国无障碍环境示范市县村镇”并予以表彰，同时授予74个市县村镇为“创建全国无障碍环境达标市县村镇”。

9日，牛年春节来临之际，住房和城乡建设部党组书记、部长王蒙徽及倪虹、黄艳、宋寒松、姜万荣等领导班子成员分别带队看望慰问了19位在京部级老同志及老领导遗孀，传递党中央、部党组对老同志的关怀和温暖，向他们送上亲切问候和新春祝福。

25日，住房和城乡建设部下发通知，决定开展建筑市场部分评比表彰奖项信息归集共享试点工作，旨在完善建筑市场评比表彰奖项信息共享和公开机制，减轻建筑业企业重复提交证明材料的负担，提高建筑业政务服务质量。

奖项归集范围为由各省（自治区）住房和城乡建设厅、直辖市住房和城乡建设（管）委以及北京市规划和自然资源委、新疆生产建设兵团住房和城乡建设局（以下简称“各省级主管部门”）主办或主管的优质房屋建筑和市政基础设施工程评比表彰奖项（以下简称“试点奖项”）。

同日上午，全国脱贫攻坚总结表彰大会在北京人民大会堂隆重举行。中共中央总书记、国家主席、中央军委主席习近平向全国脱贫攻坚楷模荣誉称号获得者颁奖并发表重要讲话。大会还对全国脱贫攻坚先进个人、先进集体进行表彰，全国住房和城乡建设系统共有22名个人和27个集体获奖。同时，住房和城乡建设部4个定点扶贫县共有4名个人和4个集体获奖。

26日，住房和城乡建设部近日公示2020年度棚户区改造工作拟激励城市名单，浙江省杭州市等10城市入列。

3月

3日，住房和城乡建设部等6部门联合发布《关于加强窨井盖安全管理的指导意见》，到2023年年底前，基本完成各类窨井盖普查工作，摸清底数，健全管理档案，完成窨井盖治理专项行动，窨井盖安全隐患得到有效治理；到2025年年底前，窨井盖安全管理机制进一步完善，信息化、智能化管理水平明显加强，事故风险监测预警能力和应急处置水平显著提升，窨井盖安全事故明显减少。

8日，住房和城乡建设部召开“巾帼心向党·奋斗新征程”先进妇女代表事迹分享会，庆祝第111个“三八”国际妇女节。部党组书记、部长王蒙徽向部机关和直属单位女干部职工致书面贺词。副部长倪虹出席并致辞。部机关和直属单位获得2020年度国家级、省部级荣誉称号的女干部职工和先进集体代表分享了她们在党的培养教育下建功立业的先进事迹和人生体会。

9日，为落实城市人民政府排水防涝主体责任，确保2021年城市安全度汛，住房和城乡建设部公布全国城市排水防涝安全责任人及重要易涝点整治责任人名单。

10日，部党史学习教育动员大会召开后，部直属机关各单位迅速启动部署、精心组织谋划，扎实有序推进党史学习教育。截至3月22日，共有14家单位进行了党史学习教育动员，23家单位制定了党史学习教育实施方案，25家单位成立了党史学习教育领导小组。

12日，为推进建设工程企业资质审批权限下放工作，住房和城乡建设部办公厅近日印发通知，决定新增河北、内蒙古、福建、山东、湖北、广西、重庆、贵州、陕西9个地区开展建设工程企业资质审批权限下放试点。试点时间为2021年3月15日—6月30日。

22日，为贯彻落实绿色发展理念、推进绿色建造、提升建筑工程品质、推动建筑业高质量发展，住房和城乡建设部组织编制了《绿色建造技术导则（试行）》，并于近日印发。

导则分为总则、术语、基本规定、绿色策划、绿色设计、绿色施工、绿色交付7项内容，适用于新建民用建筑、工业建筑及其相关附属设施的绿色建造，既有建筑的改建或扩建也可参照执行。

23日，为深入贯彻落实习近平总书记关于垃圾分类的系列重要指示批示精神和党的十九届五中全会有关部署，落实落细经中央全面深化改革委员会第十五次会议审议通过的《关于进一步推进生活垃圾分类工作的若干意见》，积极转化推广生活垃圾分类可复制政策机制和好经验、好方法，扎实推行垃圾分类和减量化、资源化，住房和城乡建设部积极创新工作举措，按照完全自愿原则，在尊重有关各方意愿前提下，建立了生活垃圾分类工作“1对1”交流协作机制，由19个先行省份、重点城市与19个中、西部和东北地区省份结对，加强沟通协作、促进交流互鉴、实现互促互进。

29日，为贯彻党中央、国务院决策部署，落实国家防汛抗旱总指挥部办公室《关于切实做好汛前准备工作的通知》要求，近日，住房和城乡建设部发布通知，要求在推进疫情常态化防控的同时，做好城市排水防涝工作。

住房和城乡建设部要求，省级住房和城乡建设（水务）主管部门要切实落实工作责任，坚决杜绝侥幸心理，克服麻痹松懈思想，强化防大汛、防极端降雨意识，督促本地区城市落实《住房和城乡建设部关于2021年全国城市排水防涝安全及重要易涝点整治责任人名单的通告》要求，将工作责任逐一落实到具体岗位和个人，消除责任盲区和监管空白。

29日，按照部党组党史学习教育总体部署安排，部直属机关各单位注重把党史学习教育抓在经常、融入日常，坚持规定动作和自选动作、集中学习和自主学习相结合，不断深化学习教育效果。

30日，住房和城乡建设部党组坚决贯彻落实习近平总书记在党史学习教育动员大会上的重要讲话精神和党中央决策部署，把党史学习教育作为一项重大政治任务，紧密结合住房和城乡建设工作实际、党员干部思想实际，超前谋划，精心组织，创新载体，统筹推进，确保学习内容、学习对象全覆盖。

4月

1日，住房和城乡建设部工程质量安全监管司青年理论学习小组根据部党史学习教育领导小组要求和司党支部部署安排，深入学习领会习近平总书记关于党的历史的重要论述，将学习党史与工作实践紧密结合，围绕工程质量安全和绿色建造等中心工作，积极发挥青年同志的主动性、创造性，走进工程建设项目工地开展党史学习教育实践活动。

同日，住房和城乡建设部党组召开理论学习中心组学习（扩大）会议，深入学习领会习近平总书记在党史学习教育动员大会上的重要讲话精神，结合学习贯彻党的十九届五中全会、中央经济工作会议和全国“两会”精神，研究“十四五”时期住房和城乡建设工作思路及2021年重点工作，切实做到学党史、悟思想、办实事、开新局。部党组书记、部长王蒙徽主持会议并讲话，部党组理论学习中心组成员、副部长、总师、部机关各司局主要负责同志交流学习体会。

7日，部直属机关各单位切实加强对青年党员干部党史学习教育的组织领导，党史学习教育实施方案或具体措施体现青年理论学习小组学习安排，青年理论学习小组学习计划突出党史学习教育专题内容，多措并举推动党史学习教育向纵深发展。

9日，由住房和城乡建设部信息中心主办的《中国建筑业信息化发展报告（2021）》编写启动会以网络视频会议的方式召开，标志着中国建筑业信息化领域具有权威性和广泛影响力的年度报告编写工作正式启动。2021年报告主题聚焦智能建造，旨在展现当前建筑业智能化实践，探索建筑业高质量发展路径。

同日，党史学习教育开展以来，住房改革与发展司青年理论学习小组紧紧围绕学懂弄通做实党的创新理论，坚持学习党史与学习新中国史、改革开放史、社会主义发展史相贯通，建立完善学习机制，引导青年党员干部不断提高政治判断力、政治领悟力、政治执行力，进一步夯实新时代住房和城乡建设事业高质量发展的政治思想基础。

14日，住房和城乡建设部党组召开理论学习中心组学习（扩大）会议，深入学习领会习近平总书记在党史学习教育动员大会上的重要讲话精神，结合学习贯彻党的十九届五中全会、中央经济工作会议和全国两会精神，研究“十四五”时期住房和城乡建设工作思路及2021年重点工作，切实做到学党史、悟思想、办实事、开新局。会上，部机关司局和直属单位主要负责同志交流学习体会，并表示要迅速行动、扎实推进党史学习教育，引导广大党员干部群众把党的历史学习好、总结好，把党的成功经验传承好、发扬好。

19日，近年来，信息技术发展迅速，数字家庭的功能和服务内容不断扩充，但还存在发展不平衡、住宅和社区配套设施智能化水平不高、产品系统互联互通不够等问题。为落实党中央、国务院扩大内需和发展数字经济战略决策部署，住房和城乡建设部等部门联合印发《关于加快发展数字家庭提高居住品质的指导意见》，要求加快发展数字家庭，提高居住品质，改善人居环境。

意见强调，要深化住房供给侧改革，深度融合数字家庭产品应用与工程设计，强化宜居住宅和新型城市基础设施建设，提升数字家庭产品消费服务供给能力。坚持“市场主导、政府引导，因地制宜、系统推进，融合共享、创新发展，安全可靠、绿色发展”4项基本原则。截至2022年年底，数字家庭相关政策制度和标准基本健全，基础条件较好的省（区、市）至少有一个城市或市辖区开展数字家庭建设，基本形成可复制可推广的经验和生活服务模式。到2025年年底，构建比较完备的数字家庭标准体系；新建全装修住宅和社区配套设施，全面具备通信连接能力，拥有必要的智能产品。

19日，2021年是伟大的中国共产党成立100周年，为更好地研究、展示住房和城乡建设事业在党的领导下拼搏奋斗的光辉历程和取得的重大成就，从住房和城乡建设部历史中汲取精神力量，永续传承建设工作者艰苦奋斗、无私奉献的光荣传统，住房和城乡建设部面向社会各界，特别是不同历史年代的建设工作者征集历史资料、实物，并在即将建设的住房和城乡建设部历史展览馆中遴选展出。

21日，住房和城乡建设部印发通知明确，全国工程质量安全监管信息平台自5月15日起正式启用，旨在构建一体化的全国房屋建筑和市政基础设施工程质量安全监管信息平台，覆盖建筑施工安全监管、工程勘察设计质量监管、工程质量监管、城市轨道交通工程质量安全监管等业务，实现跨层级、跨地区、跨部门间信息共享和业务协同，提升监管工作效能和政务服务能力，有力维护人民群众生命财产安全。目前，各地住房和城乡建设部门及有关部门可登录平台，熟悉系统环境，试用系统功能。

同日，为进一步巩固拓展脱贫攻坚成果，接续推动乡村全面振兴，根据《中共中央国务院关于实现巩固拓展脱贫攻坚成果同乡村振兴有效衔接的意见》，近日，住房和城乡建设部、财政部、民政部、国家乡村振兴局联合印发《关于做好农村低收入群体等重点对象住房安全保障工作的实施意见》。

23日，住房和城乡建设部印发通知，决定于2021年6月至2022年6月，在北京、广州等31个市县开展既有建筑改造利用消防设计审查验收试点，旨在创新适应城市更新过程中既有建筑改造利用的建设工程消防设计审查验收工作机制，探索既有建筑改造利用消防设计审查验收管理简化优化路径，形成可复制可推广的经验。

25日，部党史学习教育开展以来，直属机关各单位加强组织领导，注重抓实抓细，不断推动党史学习教育向纵深发展。

开展形式多样的专题学习交流。城市建设司召开党员大会，集体学习习近平总书记在福建考察期间重要讲话精神，深刻领悟“建设好管理好一座城市，要把人居环境、城市空间等工作放到重要位置切实抓好”的深刻内涵，进一步明确城市工作方向和根本遵循。

25日，近期，部直属机关各单位突出学党史、悟思想、办实事、开新局，把学党史与总结经验、观照现实、推动工作和解决问题结合起来，不断用党的奋斗历程和伟大成就鼓舞斗志、明确方向，用党的光荣传统和优良作风坚定信念、凝聚力量，用党的实践创造和历史经验启迪智慧、砥砺品格。

27日，为贯彻落实党中央、国务院决策部署，加强住房租赁企业监管，防范化解金融风险，促进住房租赁市场健康发展，经国务院同意，住房和城乡建设部、国家发展改革委、公安部、国家市场监督管理总局、国家网信办、银保监会6部门联合印发《关于加强轻资产住房租赁企业监管的意见》。

28日，住房和城乡建设部印发《关于开展市容环境整治专项活动的通知》，要求聚焦人民群众反映强烈的市容环境突出问题和关键小事，有序开展市容环境专项整治，以“小切口”推动“大变化”，实现城市环境干净、整洁、有序、安全。

5月

6日，住房和城乡建设部组织机关各司局、直属各单位青年干部代表，集体学习习近平总书记在广西考察时的重要讲话精神，特别是对开展好党史学习教育所作的指示精神。与会青年干部围绕“学党史、强信念、跟党走”主题，结合积极投身党史学习教育，深入学习贯彻习近平总书记视察清华大学时的重要讲话精神，畅谈学习体会、交流学习心得。

同日下午，为庆祝中国共产党成立100周年，纪念“五四”爱国运动102周年，深入学习贯彻习近平总书记视察清华大学时、在广西考察时的重要讲话精神，传承红色基因，赓续红色血脉，住房和城乡建设部直属机关“学党史、强信念、跟党走”主题团日活动在香山革命纪念地举行。

7 日，住房和城乡建设部、工业和信息化部日前印发通知，确定北京、上海、广州、武汉、长沙、无锡 6 个城市为智慧城市基础设施与智能网联汽车协同发展第一批试点城市。

10 日，近日，住房和城乡建设部印发通知，要求巩固深化全国城市管理执法队伍“强基础、转作风、树形象”专项行动，进一步加强城市管理执法队伍建设，全面提升城市管理执法和服务水平。

12 日，根据住房和城乡建设部党组部署，部党组巡视组集中进驻被巡视单位开展现场巡视。进驻见面会上，传达了部党组、部党组巡视工作领导小组关于做好部内巡视工作的要求，通报了有关工作安排。

13 日，为贯彻落实党的十九届五中全会精神，落实中央农村工作会议和《中共中央国务院关于实现巩固拓展脱贫攻坚成果同乡村振兴有效衔接的意见》部署，进一步巩固脱贫攻坚成果，接续开启乡村振兴新征程，按照中组部通知要求，日前，住房和城乡建设部选派的新一批 5 名挂职干部奔赴湖北省黄冈市红安县、麻城市，青海省西宁市湟中区、大通回族土族自治县等定点帮扶县市开展新一轮帮扶工作。

14 日，住房和城乡建设部日前印发通知要求，新建、改建、扩建房屋建筑与市政基础设施工程建设项目，均应制定相应的施工现场技能工人配备标准。2025 年，力争实现在建项目施工现场中级工占技能工人比例达到 20%、高级工及以上等级技能工人占技能工人比例达到 5%，初步建立施工现场技能工人配备体系；2035 年，力争实现在建项目施工现场中级工占技能工人比例达到 30%、高级工及以上等级技能工人占技能工人比例达到 10%，建立施工现场所有工种技能工人配备体系。

同日，为贯彻落实党中央、国务院决策部署，按照高尔夫球场清理整治工作有关要求，自 2017 年以来，国家发展改革委、自然资源部、生态环境部、住房城乡建设部、水利部、农业农村部、文化和旅游部、市场监管总局、体育总局、银保监会、国家林草局 11 部门连续 4 年联合开展了高尔夫球场清理整治“回头看”工作。

20 日，住房和城乡建设部城市建设司以“提升社区无障碍建设水平，提高残疾人生活质量”为主题，开展第三十一次全国助残日调研活动。活动中，住房和城乡建设部城市建设司、中国残联维权部、北京市住房和城乡建设委员会、北京市残联相关负责人以及设计师、工程师等走进北京市通州区北小园小区、西营前街小区，到住户家中走访，了解老旧小区改造中无障碍设施建设情况以及居民对无障碍建设的需求，研究提升社区无障碍建设水平。

26 日，住房和城乡建设部日前下发通知，要求各省级住房和城乡建设主管部门按照统计调查制度要求，组织本行政区域内在 2020 年 1 月 1 日—2020 年 12 月 31 日期间持有住房和城乡建设主管部门颁发的工程勘察资质、工程设计资质、工程监理资质证书的企业和从事工程招标代理活动的企业开展统计调查工作。

同日，住房和城乡建设部召开直属机关处级以上党员干部党史学习教育专题培训总结暨学习成果交流会，交流党史学习成果，推动党史学习教育向深度拓展。33 个直属党组织的党员代表书面交流学习体会，8 名处级党员代表作现场交流发言。

28 日，住房和城乡建设部近日发布公告，批准《建筑隔震设计标准》为国家标准，自 2021 年 9 月 1 日起实施。

31 日，住房和城乡建设部计划财务与外事司党支部以“学百年党史汲奋斗力量”为主题召开学习交流会，阶段总结党史学习教育开展情况，交流学习心得，推动全体党员干部进一步深化认识，提高站位、立足本职，切实做到学党史、悟思想、办实事、开新局。部党史学习教育领导小组办公室指导组有关同志到会指导。

6月

2 日，近期，部直属机关各单位坚持将党史学习教育与业务工作两融合、两促进，积极创新方式方法，用好红色资源，推动党史学习教育走深、走实、走心。

3 日，追寻红色记忆，汲取奋进力量。住房和城乡建设部召开直属机关学习贯彻习近平总书记《用好红色资源，传承好红色基因，把红色江山世世代代传下去》重要文章交流会，深刻领会习近平总书记重要文章的丰富内涵、重大意义和实践要求，畅谈学习贯彻的收获体会，交流运用红色资源、传承红色基因的经验做法，切实推动学习成果转化为干事创业、担当作为的精神力量。

7 日，住房和城乡建设部坚持以习近平新时代中国特色社会主义思想为指导，深入贯彻落实习近平总书记在党史学习教育动员大会上的重要讲话精神，把学习党史同总结经验、观照现实、推动工作结合起来，将“我为群众办实事”实践活动贯穿党史学习教育全过程。

11日，为贯彻落实党中央、国务院关于建设网络强国、数字中国、智慧社会的战略部署，进一步指导地方做好城市信息模型（CIM）基础平台建设，推进智慧城市建设，住房和城乡建设部在总结各地CIM基础平台建设经验的基础上，对《城市信息模型（CIM）基础平台技术导则》进行了修订，并于日前印发。

16日，住房和城乡建设部召开住房和城乡建设领域安全生产视频会议，认真学习贯彻习近平总书记重要指示精神，贯彻落实李克强总理等中央领导同志批示要求，深刻汲取湖北省十堰市“6·13”燃气爆炸事故教训，部署开展住房和城乡建设领域安全隐患排查整治工作。会议由部党组成员、副部长张小宏主持，部党组书记、部长王蒙徽，副部长黄艳，总工程师李如生出席会议，王蒙徽作讲话。

王蒙徽强调，要认真学习贯彻习近平总书记重要指示批示精神，切实增强政治敏锐性，强化防范化解重大安全风险的紧迫感责任感。要深刻认识到习近平总书记关于安全生产的重要指示批示，充分体现了我们党以人民为中心的发展思想，体现了党的初心使命和执政理念，无论是规划、建设还是管理工作，都要始终把人民生命安全放在首位。要深刻认识到安全是发展的前提，发展是安全的保障，既要以安全促发展，又要以发展保安全，做到两手抓，两手都要硬。要深刻认识到抓好安全生产是践行“两个维护”的具体行动，是党史学习教育“我为群众办实事”实践活动的重要组成，切实把安全生产政治责任扛在肩上、放在心中、抓在手里。

17日，国家发展改革委、住房和城乡建设部发布《“十四五”城镇污水处理及资源化利用发展规划》，明确了“十四五”时期城镇污水处理及资源化利用的主要发展目标。

规划提出，到2025年，基本消除城市建成区生活污水直排口和收集处理设施空白区，全国城市生活污水集中收集率力争达到70%以上；城市和县城污水处理能力基本满足经济社会发展需要，县城污水处理率达到95%以上；水环境敏感地区污水处理基本达到一级A排放标准；全国地级及以上缺水城市再生水利用率达到25%以上，京津冀地区达到35%以上，黄河流域中下游地级及以上缺水城市力争达到30%；城市和县城污泥无害化、资源化利用水平进一步提升，城市污泥无害化处置率达到90%以上；长江经济带、黄河流域、京津冀地区建制镇污水收集处理能力、污泥无害化处置水平明显提升。

17日下午，为认真学习贯彻习近平总书记关于湖北十堰市“6·13”燃气爆炸事故的重要指示精神，贯彻落实6月16日住房和城乡建设领域安全生产视频会议精神，住房和城乡建设部安委会办公室会同建筑节能与科技司、城市管理监督局召开违法建设和违法违规审批专项清查工作视频调度会议，督促指导地方加快推进房屋隐患排查工作，防范重大突发事件发生，切实保障人民群众生命和财产安全。

18日，2021年《政府工作报告》提出，新开工改造城镇老旧小区5.3万个。经汇总各地统计、上报情况，今年1—5月份，全国新开工改造城镇老旧小区2.29万个，占年度目标任务的42.4%，较4月末增加了17.8个百分点。其中，开工进展较快的地区：河北（89.2%）、上海（86%）、山东（72.4%）、兵团（68.9%）、北京（64.8%）、内蒙古（64%）、新疆（60.1%）；开工进展较慢的地区：贵州（17.9%）、山西（17.6%）、广东（16.9%）、西藏（16.7%）、海南（1.3%）。

21日，为认真学习贯彻习近平总书记关于湖北十堰市“6·13”燃气爆炸事故的重要指示精神，贯彻落实6月16日住房和城乡建设领域安全生产视频会议精神，6月17日下午，住房和城乡建设部安委会办公室会同建筑节能与科技司、城市管理监督局召开违法建设和违法违规审批专项清查工作视频调度会议，督促指导地方加快推进房屋隐患排查工作，防范重大突发事件发生，切实保障人民群众生命和财产安全。

21日，为深入学习贯彻习近平总书记关于安全生产重要论述，根据《中央宣传部国务院安委会应急管理部关于组织观看学习〈生命重于泰山——学习习近平总书记关于安全生产重要论述〉电视专题片的通知》和《全国安全生产专项整治三年行动计划》要求，6月18日上午，住房和城乡建设部工程质量安全监管司和直属机关党委组织部机关党员干部分批集中观看学习专题片。

21日，为深入贯彻落实党的十九届五中全会精神和“十四五”规划纲要关于实施乡村建设行动的部署要求，加快推进农房和村庄建设现代化，提高农房品质，提升乡村建设水平，近日，住房和城乡建设部、农业农村部、国家乡村振兴局联合印发

《关于加快农房和村庄建设现代化的指导意见》。

25日，日前，住房和城乡建设部下发通知要求，按照《绿色建筑标识管理办法》，做好三星级绿色建筑标识申报工作。

28日，为深入贯彻落实习近平总书记重要指示以及李克强总理、韩正副总理等中央领导同志指示精神，按照住房和城乡建设领域安全生产视频会议提出的要求，近日，住房和城乡建设部派5个工作组，分赴河北、上海、河南、湖南、辽宁等17个地区，指导城市做好燃气安全隐患再排查再整治工作。

30日，日前，住房和城乡建设部下发通知，决定在前期北京、上海、浙江、海南4个省（市）开展一级建造师电子注册证书试点的基础上，再选取河北、黑龙江、江苏、安徽、福建、江西、山东、河南、广东、重庆、四川、云南、陕西、青海、新疆15个省（区、市），自2021年8月1日起启用一级建造师电子注册证书，并开展延续注册工作。

7月

1日，中共中央在北京隆重举行庆祝中国共产党成立100周年大会，习近平总书记发表重要讲话，习近平总书记重要讲话高屋建瓴、思想深邃、鼓舞人心，部直属机关全体党员干部职工倍感振奋、倍增信心，迅速掀起学习宣传贯彻习近平总书记重要讲话精神的热潮。

认真组织收听收看。各单位将收听收看习近平总书记重要讲话现场直播作为重要政治任务和党史学习教育的重要内容，采取集中收看与自行收看相结合的方式，确保组织到位、覆盖到位、不漏一人。党员干部职工认真聆听习近平总书记重要讲话，发自内心地与庆祝大会现场同鼓掌、同欢呼，深深感受到习近平总书记重要讲话是引领全党全国人民向着第二个百年奋斗目标奋进的政治宣言和行动纲领，蕴含着强大的真理力量、思想力量和实践力量。

2日，为深入学习贯彻习近平总书记在庆祝中国共产党成立100周年大会上的重要讲话精神，学党史、强信念、跟党走，赓续红色血脉、担当时代责任，住房和城乡建设部召开青年干部座谈会，举办“青年大学习·一起学党史”主题团课。部直属机关现场参加庆祝大会的青年干部、各直属团组织书记及团员青年干部代表，围绕学习习近平总书记重要讲话精神，在党史学习教育中展现青年风采，在新征程上贡献先锋力量，畅谈学习体会、交流学习心得。

5日，为贯彻落实《国务院关于深化“证照分离”改革进一步激发市场主体发展活力的通知》，积极推进房地产开发企业资质审批制度改革，近日，住房和城乡建设部房地产市场监管司要求，做好房地产开发企业资质审批制度改革有关工作。

同日，国务院办公厅日前印发《关于加快发展保障性租赁住房的意见》，明确保障性租赁住房基础制度和支持政策。

6日上午，住房和城乡建设部党组带领部机关和直属单位党员代表，前往中国共产党历史展览馆，参观“‘不忘初心、牢记使命’——中国共产党历史展览”，深刻认识中国共产党百年奋斗的光辉历程和伟大成就，深刻体悟中国共产党为中国人民谋幸福、为中华民族谋复兴的初心使命，从党的百年奋斗历史中汲取前进力量。住房和城乡建设部党组书记、部长，部党史学习教育领导小组组长王蒙徽参加活动。

同日，为深入推动习近平总书记“七一”重要讲话精神学习走深走实，住房和城乡建设部党组带领直属机关党员干部代表100人，赴中国共产党历史展览馆，参观“‘不忘初心、牢记使命’中国共产党历史展览”，深刻认识中国共产党百年奋斗的光辉历程和伟大成就，深刻体悟中国共产党为中国人民谋幸福、为中华民族谋复兴的初心使命，从党的百年奋斗历史中，汲取信心、智慧和奋进力量，加快推动住房和城乡建设事业高质量发展。

7日，住房和城乡建设部近日印发2021年政务公开工作要点，对住房和城乡建设部5方面年度政务公开工作进行部署。

要点指出，2021年是实施“十四五”规划、开启全面建设社会主义现代化国家新征程的第一年。做好住房和城乡建设部政务公开工作，要以习近平新时代中国特色社会主义思想为指导，深入贯彻党的十九大和十九届二中、三中、四中、五中全会精神，立足新发展阶段、贯彻新发展理念、构建新发展格局，坚持以人民为中心，深化政务公开工作，推动住房和城乡建设事业高质量发展，以优异成绩庆祝中国共产党成立100周年。

12日，为推进住房公积金服务标准化、规范化、便利化建设，方便广大群众识别住房公积金线上线下服务渠道，住房和城乡建设部日前发布《关于启用全国住房公积金服务标识的公告》，确定了全国住房公积金服务标识，并决定即日起启用。

同日，为认真贯彻党的十九届五中全会、中央经济工作会议和4月30日中央政治局会议精神，落实2021年《政府工作报告》要求，推动大力发展保障性租赁住房，住房和城乡建设部在深入调研部分大中城市、住房租赁企业，以及新市民租赁住房需求的基础上，组织专家开展深入研究，基于现有的建筑设计标准体系，制订了《关于集中式租赁住房建设适用标准的通知》。中国建筑标准设计研究院有限公司副总建筑师、住房和城乡建设部建筑设计标准化技术委员会秘书长郭景以及中国建筑设计研究院有限公司装配式建筑院院长赵钿对《关于集中式租赁住房建设适用标准的通知》进行了解读。

12日，近期，住房和城乡建设部办公厅印发《关于集中式租赁住房建设适用标准的通知》。《关于集中式租赁住房建设适用标准的通知》将在工程建设标准方面为集中式租赁住房设计、施工、验收等提供依据，对推动增加保障性租赁住房供给具有重要意义。

近两年，在发展租赁住房过程中，地方和企业反映，由于国家层面对宿舍型、公寓型租赁住房适用的工程设计标准不明确，各地执行工程建设标准不统一，有的城市没有明确相关标准，有的城市仅明确消防适用的标准，导致地方相关部门缺乏审批依据或对审批的把握尺度不一。

同日，江苏省苏州市吴江区松陵镇四季开源酒店发生部分房间倒塌事故。接报后，住房和城乡建设部立即派员赶赴事故现场，指导帮助当地做好人员搜救、伤员救治等工作，查明事故原因并依法依规处理。

13日，住房和城乡建设部工程质量安全监管司在山东省青岛市组织城市轨道交通工程质量安全管理培训。本次培训集中学习《生命重于泰山——学习习近平总书记关于安全生产重要论述》专题片主要内容，强化“人民至上、生命至上”理念，坚定人民情怀，提高城市轨道交通工程质量安全监管能力，防范化解重大安全风险。

15日凌晨3时30分左右，广东省珠海市兴业快线（南段）项目石景山隧道施工段1.16公里处发生透水险情，造成14名施工人员被困。接报后，住房和城乡建设部部长王蒙徽立即作出部署，派员赶赴现场，指导帮助地方和有关企业加强应急救援，尽全力营救被困施工人员。

16日，为深刻汲取湖北十堰“6·13”燃气爆炸事故教训，督促落实安全生产责任，防范和遏制事故发生，住房和城乡建设部组织召开会议，对负有监管责任的十堰市城市管理执法委员会和负有主体责任的中国燃气控股有限公司进行约谈。住房和城乡建设部主管副部长作约谈讲话，国务院安委办有关同志参加会议。

同日，住房和城乡建设部召开深入开展房屋建筑安全隐患排查整治视频会议，认真学习贯彻习近平总书记重要指示精神，贯彻落实李克强总理等中央领导同志批示要求，深刻汲取江苏苏州吴江区四季开源酒店“7·12”坍塌等近期多起房屋建筑安全事故教训，部署开展房屋建筑安全隐患排查整治工作。会议由总工程师李如生主持，部党组成员、副部长张小宏出席会议并讲话。

同日，住房和城乡建设部、青海省人民政府以视频会议方式，召开省部共建高原美丽城镇示范省工作领导小组第二次全体会议。会议听取了高原美丽城镇示范省建设和试点工作进展情况，审议通过试点地区高原美丽城镇行动计划以及2021年工作要点，研究部署下一阶段重点工作。住房和城乡建设部部长王蒙徽、青海省省长信长星出席会议并讲话。住房和城乡建设部总经济师杨保军介绍专家组关于试点地区高原美丽城镇行动计划的意见，青海省副省长匡湧介绍工作进展情况，住房和城乡建设部副部长黄艳安排部署2021年试点建设工作任务。

19日，住房和城乡建设部、财政部、中国人民银行联合发布《全国住房公积金2020年年度报告》，全面披露了2020年全国住房公积金运行情况。

2020年，全国住房公积金各项业务运行平稳，住房公积金缴存额26210.83亿元，6083.42万人提取住房公积金18551.18亿元，发放个人住房贷款302.77万笔、13360.04亿元。“十三五”期间，住房公积金缴存额累计106264.77亿元、提取额累计73930.14亿元，累计发放个人住房贷款57954.19亿元；“十三五”期末，个人住房贷款率85.31%。

20日，一场历史罕见的极端强降雨袭击河南多地，郑州是重灾区之一。一时间，市民生命财产安全受到威胁。

大灾面前，再现万众一心、众志成城的意志和决心，尤其是住房和城乡建设系统全力抗击灾害、战胜灾难的斗志和决心。近日，住房和城乡建设部党组书记、部长王蒙徽作出批示，要求认真学习贯彻习近平总书记关于防汛救灾工作的重要指示精神，积极指导帮助河南全力开展抢险救灾、转移避险等工作，最大限度减少人员伤亡和财产损失。住房和城乡建设部认真贯彻落实习近平总书记重要指示精神，按照王蒙徽的批示要求，积极指导帮助河南开展抢险救灾和灾后恢复保供等工作，并根据当地需求，全力予以支持。

23日，住房和城乡建设部组织召开城市燃气安全警示教育视频会议，认真学习贯彻习近平总书记重要指示精神，贯彻落实李克强总理、韩正副总理等中央领导同志批示要求，深刻汲取湖北省十堰市“6·13”燃气爆炸事故教训，举一反三，进一步抓实抓好城市燃气安全管理工作，切实保障人民群众生命财产安全。住房和城乡建设部副部长黄艳出席会议并讲话。

会议强调，各地城市燃气主管部门要深入学习贯彻习近平总书记关于安全生产工作的重要指示批示精神，按照6月16日王蒙徽部长在住房和城乡建设领域安全生产视频会议上的部署要求，坚持以人民为中心的发展思想，始终把人民生命财产安全放在首位，切实增强政治敏锐性，增强防范化解重大安全风险的使命感紧迫感责任感，坚决把安全生产政治责任扛在肩上、放在心中、抓在手里、落到实处，以实际行动践行“两个维护”。要深刻认识城市燃气领域安全生产面临的复杂形势和突出问题，坚持结果导向，加快建立长效机制，强化责任落实，久久为功，常抓不懈，切实把安全生产理念落实到各项工作和各个环节。

26日，为深入贯彻落实党中央、国务院关于促进房地产市场平稳健康发展的决策部署，加大房地产市场秩序整治力度，切实维护人民群众合法权益，近日，住房和城乡建设部、国家发展改革委、公安部、自然资源部、税务总局、市场监管总局、银保监会、国家网信办联合印发了《住房和城乡建设部等8部门关于持续整治规范房地产市场秩序的通知》。

27日下午，住房和城乡建设部召开新闻发布会，邀请专家围绕加快发展保障性租赁住房和进一步做好房地产市场调控工作回答记者提问。

同日，住房和城乡建设部召开住房和城乡建设领域防汛救灾工作视频会议，认真贯彻落实习近平总书记关于防汛救灾工作的重要指示精神，贯彻落实李克强总理就抗洪抢险救灾和防汛工作提出的要求，部署住房和城乡建设领域防汛救灾工作。

28日，近日，河南等地持续遭遇强降雨，党中央、国务院高度重视，习近平总书记作出重要指示，要求始终把保障人民群众生命财产安全放在第一位，抓细抓实各项防汛救灾措施。7月28日，国新办举行发布会，介绍防汛救灾工作情况。

29日，住房和城乡建设部安全生产管理委员会组织开展住房和城乡建设领域突发事故应急处置视频培训，深入贯彻落实习近平总书记关于安全生产重要论述和重要指示精神，集中学习安全生产工作有关法律法规、安全生产管理委员会工作职责、突发事故应对有关内容，提升住房和城乡建设领域突发事故应对能力，层层压实责任，强化风险防控，切实维护人民群众生命财产安全和社会稳定。

同日，住房和城乡建设部副部长倪虹约谈银川、徐州、金华、泉州、惠州5个城市政府负责同志，要求坚决贯彻落实党中央、国务院决策部署，坚持房子是用来住的、不是用来炒的定位，不把房地产作为短期刺激经济的手段，切实履行城市主体责任，针对上半年房地产市场出现的新情况、新问题，加大调控和监管力度，促进房地产市场平稳健康发展。

8月

2日，日前，住房和城乡建设部、工业和信息化部联合召开的智慧城市基础设施与智能网联汽车协同发展试点工作交流会在北京经济技术开发区管委会举办。来自北京、上海、广州、武汉、长沙、无锡6个试点城市代表、有意向申请第二批试点（专项特色试点）的20余个城市代表以及部分行业机构专家等，通过线上线下结合的方式参加会议。

4日，国务院总理李克强日前签署国务院令，公布《建设工程抗震管理条例》，自2021年9月1日起施行。

5日，住房和城乡建设部办公厅近日印发通知，公布第一批智能建造与新型建筑工业化协同发展可复制经验做法清单。

通知指出，按照《住房和城乡建设部等部门关于推动智能建造与建筑工业化协同发展的指导意见》要求，各地围绕数字设计、智能生产、智能施工等方面积极探索，推动智能建造与新型建筑工业化协同发展取得较大进展。住房和城乡建设部总结各地经验做法，形成了《智能建造与新型建筑工业化协同发展可复制经验做法清单（第一批）》。

同日，日前，国务院印发《全民健身计划（2021～2025年）》，就今后5年促进全民健身更高水平发展作出部署。

6日，为坚决贯彻落实党中央、国务院关于新冠肺炎疫情防控的部署要求，持续深入做好房屋市政工程施工工地疫情防控工作，切实保障建筑施工领域从业人员身体健康和生命安全，住房和城乡建设部办公厅日前印发通知，要求全面加强施工工地疫情防控工作。

19日，近日，国务院应对新型冠状病毒肺炎疫情联防联控机制综合组印发《重点场所重点单位重点人群新冠肺炎疫情常态化防控相关防护指南(2021年8月版)》，对公园、物业项目部、建筑业等85类场所、单位和人群提出了明确的防护要求。

23—29日是第31个全国节能宣传周，主题为“节能降碳，绿色发展”。23日上午，2021年全国节能宣传周暨北京市节能宣传周线上启动仪式举办，开启“云”上节能宣传周。

全国节能宣传周自1991年以来已连续举办30届，对传播节能理念、增强节能意识、营造节能氛围、促进全社会节能发挥了重要作用。“十三五”以来，我国节能工作取得显著成效，全国单位GDP能耗继续保持大幅下降，节约能源约6.5亿吨标准煤，相当于减少二氧化碳排放14亿吨，为推动经济社会持续健康发展提供了有力支撑。

24日，住房和城乡建设部召开会议，传达学习7月30日中共中央政治局会议精神，总结今年以来贯彻落实党中央、国务院重大决策部署进展情况，研究部署下一步工作。部党组书记、部长王蒙徽主持会议并作总结讲话，对贯彻落实中共中央政治局会议精神，全力做好各项工作提出要求。其他部党组成员、部领导出席会议并讲话。部机关司局、直属单位主要负责同志参加会议，汇报了工作情况和考虑。

25日，住房和城乡建设部党组书记、部长、部党史学习教育领导小组组长王蒙徽主持召开部党史学习教育领导小组会议，听取前一阶段“我为群众办实事”实践活动进展情况，研究部署下一步工作，要求深刻认识“我为群众办实事”实践活动的重大意义，聚焦重点，落实责任，真抓实干，切实解决人民群众“急难愁盼”问题，增强人民群众获得感、幸福感、安全感。其他部党组成员、部领导出席会议。有关司局主要负责同志参加会议并汇报工作情况。

26日，近日，国家发展改革委、住房和城乡建设部联合印发《“十四五”黄河流域城镇污水垃圾处理实施方案》明确，到2025年，城市建成区基本消除生活污水直排口和收集处理设施空白区，城市生活污水集中收集率达到70%以上；县城污水处理率达到95%以上，建制镇污水处理能力明显提升；上游地级及以上缺水城市再生水利用率达到25%以上，中下游力争达到30%；城市污泥无害化处置率达到90%以上，城镇污泥资源化利用水平明显提升；太原、呼和浩特、济南、泰安、郑州、西安、咸阳、兰州、西宁、银川10个城市生活垃圾分类处理能力进一步提升；地级城市基本建成生活垃圾分类投放、分类收集、分类运输、分类处理系统；城市生活垃圾焚烧处理能力占比达到65%左右，资源化利用率达到60%左右。

31日，住房和城乡建设部部长王蒙徽表示，“十四五”期间，我国将以发展保障性租赁住房为重点，进一步完善住房保障体系，增加保障性住房的供给，努力实现全体人民住有所居。

王蒙徽在国新办新闻发布会上说，我国住房和城乡建设事业发展取得历史性成就，为全面建成小康社会做出了积极贡献。住房发展取得巨大成就，建成了世界上最大的住房保障体系。

9月

2日，日前，住房和城乡建设部印发《关于在实施城市更新行动中防止大拆大建问题的通知》。实施城市更新行动是党的十九届五中全会作出的重要决策部署，是国家“十四五”规划纲要明确的重大工程项目。实施城市更新行动要顺应城市发展规律，尊重人民群众意愿，以内涵集约、绿色低碳发展为路径，转变城市开发建设方式，坚持“留改拆”并举、以保留利用提升为主，加强修缮改造，补齐城市短板，注重提升功能，增强城市活力。近期，各地积极推动实施城市更新行动，但有些地方出现继续沿用过度房地产化的开发建设方式、大拆大建、急功近利的倾向，随意拆除老建筑、搬迁居民、砍伐老树，变相抬高房价，增加生活成本，产生了新的城市问题。为积极稳妥实施城市更新行动，防止大拆大建问题。

6日，近日，部党组书记、部长、部党史学习教育领导小组组长王蒙徽主持召开部党史学习教育领导小组会议，听取前一阶段“我为群众办实事”实践活动进展情况汇报，研究部署下一步工作。

会议指出，部党组坚持把扎实推进“我为群众办实事”实践活动摆在党史学习教育突出位置，高度重视、专题研究、定期调度、加强督导。各责任单位广泛开展调研，找准群众关切，迅速动员部署，采取有效措施，“我为群众办实事”实践活动总体进展顺利并取得了积极成效。

同日，按照党史学习教育工作部署，部党组书记、部长王蒙徽以普通党员身份参加人事司党支部专题组织生活会，同党员们一起深入学习习近平总书记在庆祝中国共产党成立100周年大会上的重要讲话精神，交流学习心得体会，勉励大家深刻领悟历久弥坚的初心使命，深刻认识薪火相传的建党精神，深刻把握“九个必须”的根本要求，从百年党史中汲取奋进新征程的信心、智慧和力量，努力推动住房和城乡建设事业高质量发展，为全面建设社会主义现代化国家作出更大贡献。

会上，党支部主要负责同志代表党支部委员会报告了半年来党支部工作情况特别是开展党史学习教育情况，通报了党支部委员会检视问题情况。随后，大家逐一发言，谈体会、讲收获、找差距，严肃开展批评和自我批评，明确整改方向和措施。

8 日，近日，受国家发展改革委委托，住房和城乡建设部组织专家召开了住房信息系统建设项目竣工验收评审会，并顺利通过竣工验收。

13 日，近日，根据中央党史学习教育领导小组关于深入推进“我为群众办实事”实践活动有关要求，我部结合工作实际，将 9 月份定为“我为群众办实事”实践活动重点项目集中推进月，并制定印发了工作方案，明确了工作目标、重点任务和工作要求。

14 日，为切实增加城市停车设施有效供给，改善交通环境，国家发展改革委、住房和城乡建设部等四部门近日联合发布《关于近期推动城市停车设施发展重点工作的通知》，从评估完善标准规划、研究建立指标体系等 10 个方面对推动城市停车设施发展工作提出要求。

15 日，第四次全国住房和城乡建设系统对口支援西藏工作会议在拉萨召开。会议深入学习贯彻习近平总书记在第七次西藏工作座谈会上的重要讲话精神和在西藏考察时的重要指示精神，全面贯彻新时代党的治藏方略，总结“十三五”以来住房和城乡建设系统对口援藏工作成效和经验，研究部署“十四五”时期全系统对口援藏工作。住房和城乡建设部党组成员、副部长张小宏出席会议并讲话，住房和城乡建设部总工程师李如生主持会议。

22 日，近日，住房和城乡建设部就做好 2021 年中秋国庆假期安全防范工作下发通知。通知强调，2021 年中秋国庆假期即将来临，群众出行出游等活动将大幅增加，同时，国内疫情防控形势依然严峻，一些地区极端天气多发频发，各类风险交织叠加更加突出，安全生产不稳定因素增加。各地要深入贯彻落实习近平总书记关于安全生产和防灾减灾的重要论述和指示批示精神，按照国务院安委办工作部署，全力抓好住房和城乡建设领域安全防范工作，坚决遏制重特大事故，为群众安全出行、平安过节创造良好的安全环境。

28 日，住房和城乡建设部日前印发通知，决定在全国范围内实行一级建造师电子注册证书，并开展延续注册工作。

29 日下午，住房和城乡建设部举办第二期视频远程教育专题培训第二讲，请部科技委历史文化保护与传承专委会主任委员、清华大学教授吕舟就构建城乡历史文化保护传承体系授课。中央纪委国家监委驻住房和城乡建设部纪检监察组组长宋寒松、住房和城乡建设部副部长张小宏出席。部机关和直属单位以及各地住房和城乡建设部门约 9000 人参加培训。

30 日上午，住房和城乡建设部隆重举行庆祝新中国成立 72 周年升国旗仪式。在高亢激昂、庄严嘹亮的国歌声中，鲜艳的五星红旗冉冉升起。参加仪式的全体人员整齐列队，面向国旗行注目礼，怀着无比激动的心情，表达对伟大祖国的热爱和诚挚祝福。部党组书记、部长王蒙徽，部党组成员和部领导、总师出席仪式。

10 月

11 日，根据住房和城乡建设部党组巡视工作部署，近日，住房和城乡建设部党组 2021 年上半年巡视全部完成反馈。反馈会上，传达了部党组书记、部长、部党组巡视工作领导小组组长王蒙徽听取巡视汇报时的讲话精神，反馈了巡视意见，对 6 个被巡视党组织抓好巡视整改提出了要求。

反馈指出，被巡视党组织坚持以习近平新时代中国特色社会主义思想为指导，认真落实管党治党政治责任，围绕部中心工作履职尽责，推进各项重点工作取得积极进展。巡视也发现了一些问题，主要是：有的学习贯彻习近平总书记关于标准化工作的重要论述不深入，指导标准定额工作有差距；有的履职担当与新时代新阶段新要求有差距，推动服务管理信息化精准化规范化不到位；有的落实全面从严治党责任不到位，层层传导压力、强化教育管理监督做得不够；有的廉政风险梳理更新不及时，未就新工作任务制定相应防控措施等。

13 日，为深入贯彻党的十九届五中全会和中央经济工作会议精神，坚定实施扩大内需战略，畅通国民经济循环，满足人民日益增长的美好生活需要，根据《商务部等 12 部门关于推进城市一刻钟便民生活圈建设的意见》《商务部办公厅等 11 部门关于印发〈城市一刻钟便民生活圈建设指南〉的通知》要求，在各地申报的基础上，经专家评审并向社会公示，商务部、住房和城乡建设部等11部门日前印发通知，确定北京市东城区等30个地区为全国首批城市一刻钟便民生活圈试点地区。

同日下午，住房和城乡建设部举办第二期视频远程教育专题培训第三讲，邀请中国城市规划设计研究院生态市政院院长王家卓和武汉市水务局总工程师王赤兵针对城市内涝治理作讲解。住房和城乡建设部副部长黄艳，中央纪委国家监委驻住房和城乡建设部纪检监察组组长、部党组成员宋寒松出席。城市建设司负责同志作了课程导学和总结。部机关和直属单位以及各地住房和城乡建设部门1万多人参加培训。

15日，近日，商务部、住房和城乡建设部等14部门联合印发《家政兴农行动计划（2021—2025年）》明确，到2025年，农村劳动力特别是脱贫劳动力从事家政服务的渠道更加通畅，家政服务对带动就业、保障民生的作用明显增强，家政扶贫成果进一步巩固，家政服务品牌化、信息化、专业化、规范化水平有效提升，家政服务有效供给显著增加，人民群众对家政服务的满意度稳步提高。

18日，建设儿童友好城市，寄托着人民对美好生活的向往，事关广大儿童成长发展和美好未来。为落实党中央、国务院决策部署，推进儿童友好城市建设，让儿童成长得更好，经国务院同意，国家发展改革委、国务院妇儿工委办公室、住房和城乡建设部等23部门近日联合印发《关于推进儿童友好城市建设的指导意见》。

10月21日8时20分左右，辽宁省沈阳市太原南街南七马路一饭店发生燃气爆炸事故。住房和城乡建设部部长王蒙徽立即作出部署，要求迅速了解事故情况，立即派员赶赴现场，指导帮助当地做好人员搜救、伤员救治等工作，查明事故原因并依法依规处理。进一步指导督促各地深刻汲取教训，按照已有工作部署，扎实开展燃气安全隐患专项检查和整治，坚决消除安全隐患，有效遏制燃气安全事故发生，确保人民群众生命财产安全。住房和城乡建设部有关司局负责同志带队的工作组已出发赶赴事故现场。

21日下午，2021年世界城市日中国主场活动暨首届城市可持续发展全球大会新闻发布会在上海举行，住房和城乡建设部计划财务与外事司司长胡子健、上海市住房和城乡建设管理委员会主任姚凯、住房和城乡建设部计划财务与外事司二级巡视员李喆、上海市生态环境局副局长柏国强、上海市住房和城乡建设管理委员会总工程师刘千伟、上海市奉贤区人民政府党组成员田哲共同出席新闻发布会，并回答记者提问。

21日，住房和城乡建设部在江苏省苏州市召开新型城市基础设施建设试点经验交流会，总结前一阶段试点情况，交流经验，研究部署下一步重点工作。住房和城乡建设部党组成员、副部长姜万荣出席会议并讲话。

28日，为深刻汲取辽宁省燃气爆炸事故教训，督促落实安全生产责任、防范化解燃气安全风险、有效遏制燃气安全事故发生，2021年10月28日，住房和城乡建设部组织召开视频会议，副部长黄艳对辽宁省住房和城乡建设厅、沈阳市人民政府、大连市人民政府以及有关燃气企业相关负责人进行提醒谈话。

31日，2021年世界城市日中国主场活动暨首届城市可持续发展全球大会于10月31日在上海开幕。活动由住房和城乡建设部、上海市人民政府与联合国人居署共同主办。上海市委书记李强出席开幕式并致辞，住房和城乡建设部部长王蒙徽在线致辞，上海市委副书记、市长龚正出席并发布上海指数综合指标体系框架、《上海手册·2021年度报告》。联合国秘书长古特雷斯发来书面贺词，联合国副秘书长、联合国人居署执行主任谢里夫发表视频致辞。住房和城乡建设部副部长姜万荣主持开幕式。

11月

2日下午，住房和城乡建设部召开新闻通气会，邀请相关专家就《关于推动城乡建设绿色发展的意见》进行解读。

4日，日前，中国残联、住房和城乡建设部等13部门联合印发《无障碍环境建设“十四五”实施方案》明确，到2025年，无障碍环境建设法律保障机制更加健全，无障碍基本公共服务体系更加完备，信息无障碍服务深度应用，无障碍人文环境不断优化，城乡无障碍设施的系统性、完整性和包容性水平明显提升，支持110万户困难重度残疾人家庭进行无障碍改造，加快形成设施齐备、功能完善、信息通畅、体验舒适的无障碍环境，方便残疾人、老年人生产生活，增强人民群众获得感、幸福感、安全感，为2035年实现安全便捷、健康舒适、多元包容的无障碍环境奠定基础。

8—12日，住房和城乡建设部会同中国浦东干部学院在上海举办大城市主要负责同志城市工作专题研讨班。副省级城市及省会城市市长、中央和国家机关有关部委分管负责同志及相关业务司局主要负责同志、中管高校领导班子成员等共 40 人参加了学习。

本期研讨班聚焦“提高大城市主要领导的城市工作能力和水平，推动城市高质量发展”主题，深入学习贯彻习近平总书记关于城市工作的重要论述和指示批示精神，贯彻落实党的十九届五中全会决策部署，进一步提高大城市主要负责同志领导城市工作能力，引导领导干部树立正确的发展观和政绩观，尊重城市发展规律、尊重自然环境、尊重历史文化传承、尊重群众诉求，坚持底线思维，坚持系统观念，切实把思想和行动统一到党中央决策部署上来，推动大城市高质量发展。

10 日，为深入贯彻习近平生态文明思想，全面推进节水型社会建设，国家发展改革委、住房和城乡建设部等 5 部门近日联合印发《“十四五”节水型社会建设规划》。

24 日下午，住房和城乡建设部举办第二期视频远程教育专题培训第九讲，请江西省萍乡市海绵城市试点建设领导小组副主任刘民、河南省鹤壁市住房和城乡建设局局长常文君交流“系统化全域推进海绵城市建设”的经验做法。中央纪委国家监委驻住房和城乡建设部纪检监察组组长宋寒松、住房和城乡建设部总工程师李如生出席。城市建设司主要负责同志作课程导学。部机关和直属单位以及各地住房和城乡建设部门 1 万余人参加培训。

26 日，住房和城乡建设部、国家文物局两部门日前联合印发《关于加强国家历史文化名城保护专项评估工作的通知》，要求贯彻落实中共中央办公厅、国务院办公厅印发的《关于在城乡建设中加强历史文化保护传承的意见》精神，坚持目标导向、问题导向和结果导向，全面准确评估历史文化名城保护工作情况、保护对象的保护状况，及时发现和解决历史文化遗产屡遭破坏、拆除等突出问题，充分运用评估成果，推进落实保护责任，推动经验推广、问责问效、问题整改，切实提高名城保护能力和水平。

30 日，近日，住房和城乡建设部印发通知，要求各地加强农村自建房安全宣传工作，切实提高农村群众安全意识，并组织编制了《“农村自建房安全常识”一张图》，供各地在宣传工作中使用。

通知强调，农村房屋安全事关人民群众生命财产安全和切身利益，做好农村自建房安全常识宣传，对提高农民群众建筑安全意识，预防农房安全事故发生至关重要。各地要充分认识做好农村自建房安全常识宣传工作的重要性，高度重视农房安全常识宣传工作，并作为一项长期的基础性工作抓实抓细抓好。

同日，近日，住房和城乡建设部办公厅发布《关于加强农村自建房安全常识宣传的通知》，要求各地加强农村自建房安全宣传工作，切实提高农村群众安全意识。

12月

6 日，近日公布的《国家职业资格目录（2021 年版）》，涵盖 72 项职业资格。其中，专业技术人员职业资格 59 项，含准入类 33 项，水平评价类 26 项；技能人员职业资格 13 项。监理工程师、房地产估价师、造价工程师、建造师、勘察设计注册工程师、房地产经纪专业人员职业资格、建筑施工特种作业人员等被纳入目录。

9 日，近日，中共中央、国务院印发了《关于加强新时代老龄工作的意见》。12 月 9 日，在国新办举行的新闻发布会上，住房和城乡建设部建筑节能与科技司相关负责人介绍了近年来打造老年宜居环境方面的有关情况。

17 日，为贯彻落实党中央、国务院关于实施城市更新行动决策部署，住房和城乡建设部召开城市更新试点工作视频会，与各省级住房和城乡建设部门及试点城市政府负责同志一起研究城市更新的推进机制、实施模式和工作重点，共同探索推动城市更新工作。住房和城乡建设部副部长黄艳、总经济师杨保军出席会议。

22 日，住房和城乡建设部办公厅日前印发通知，要求做好 2022 年城乡建设统计工作。通知明确，2022 年城乡建设统计继续执行《城市（县城）和村镇建设统计报表制度》，包括 2021 年城乡建设统计年报、2022 年城市（县城）建设统计快报和 2021 年服务业统计年报 3 项统计任务。

同日，为进一步完善质量保障体系，提升建筑工程品质，助推建筑业高质量发展，住房和城乡建设部工程质量安全监管司召开工程质量监管工作视频座谈会，交流各地工作经验和做法，研讨近期工程质量工作的基本思路和政策措施。

会上，北京、河北、山东、江苏、浙江、湖北、湖南、广西 8 省（市、区）住房和城乡建设主管部门分别就本年度工程质量监管中的重点工作、难点工作、热点工作开展情况进行了经验交流。住房和城乡建设部工程质量安全监管司通报了 2021 年预拌混凝土质量及海砂使用专项抽查情况，并就2021年工程质量监管工作成效和2022年工程质量监管重点工作进行了总结和部署。

23日，住房和城乡建设部帮扶办公室召开定点帮扶工作专题会议，深入学习习近平总书记关于定点帮扶工作的重要指示精神，总结2021年定点帮扶工作开展情况，研究持续支持定点帮扶县巩固拓展脱贫攻坚成果同乡村振兴有效衔接工作。部定点帮扶工作领导小组各成员单位联络员参加会议，驻部纪检监察组有关同志到会指导。

信息通信业建设

2021年，面对新冠肺炎疫情和外部环境变化带来的严峻挑战，信息通信业坚持以习近平新时代中国特色社会主义思想为指导，深入贯彻落实党中央、国务院决策部署，扎实推进制造强国、网络强国、数字中国建设，5G和千兆光网等新型信息基础设施建设覆盖和应用普及全面加速，为打造数字经济新优势、增强经济发展新动能提供有力支撑。行业持续向高质量方向迈进，为“十四五”开局打下了扎实基础。

2021年，全行业加快“双千兆”建设，推动国家大数据中心发展，构建云网融合新型基础设施，赋能社会数字化转型的供给能力不断提升。新建光缆线路长度319万公里，全国光缆线路总长度达5488万公里。三家基础电信企业的固定互联网宽带接入用户总数达5.36亿户，全年净增5224万户，1000Mbps及以上接入速率的用户为3456万户，比上年末净增2816万户。全国移动通信基站总数达996万个，全年净增65万个。其中4G基站达590万个，新建5G基站超65万个，全年累计开通5G基站142.5万个，实现覆盖全国所有地级市城区、超过98%的县城城区和80%的乡镇镇区，并逐步向有条件、有需求的农村地区逐步推进。

【全力支撑疫情防控，助力经济社会发展】 新冠肺炎疫情期间，推动基础电信企业为新冠肺炎疫情防控一线的医院、临时应急指挥中心等重点保障场所建设部署5G网络，有力保障了网络畅通和5G+远程诊疗、无接触防控等技术的应用。部署加强网络监测、做好宽带网络建设维护，全力保障网络稳定畅通。特别是针对个别农村偏远地区信号弱影响上网课问题，推动电信企业拉光纤补基站，切实改善广大师生用网体验。积极应对新冠肺炎疫情影响下，远程办公、在线教学、远程医疗等非接触性服务新模式带来的流量集中爆发式增长，我国广覆盖、大容量的网络基础设施保持了网络通畅，有力保障了群众基本生产生活需求，为统筹疫情防控和经济社会发展持续贡献行业力量。

【推动5G网络加快建设，优化建设政策环境】 按照适度超前原则，组织电信企业稳步推进5G网络建设，加强工作统筹，强化城市地区5G网络深度覆盖，推进5G网络覆盖向县城和乡镇延伸。支持基础电信企业持续共建共享，推进绿色低碳发展，2021年共建共享5G基站达84万个。加大5G建设经验总结和交流，多措并举指导各地为5G发展营造良好政策环境，推动提出进一步降低5G用电成本的措施，支持电信企业参与电力市场化交易。

【强化公共基础设施属性，推进通信基础设施建设】 持续深化将通信设施纳入工程建设项目审批制度，推进将通信设施建设嵌入工程建设项目审批流程，在市政等建设中统筹考虑通信需求并预留资源，超100多个地市实现了主体工程与通信配套工程的联合图审和联合验收。组织全行业积极落实国办文件关于老旧小区改造要求，将光纤到户和移动通信设施纳入老旧小区改造的基础类内容，与水电气同等对待予以优先改造。全年累计开展老旧小区通信设施改造项目近5万个，加装移动基站约2万个，光纤改造惠及家庭超1200万户。

积极推动重点项目通信网络同步建设。推进高铁沿线通信网络建设，及时跟进高铁项目可研批复进程和先期工程建设安排，指导电信运营商和铁塔公司，加强与当地铁路部门对接，推动在铁路规划建设中，统筹考虑通信网络建设需求，高效集约利用铁路沿线资源。协调推动冬奥会通信基础设施规划建设，指导北京、河北两地通信行业推进冬奥赛区移动网络建设，与场馆主体工程建设同步开展5G网络等信息通信基础设施建设和改造，实现冬奥重点场所的深度覆盖，以及重点交通线路的广度覆盖。

【**推进电信普遍服务，实现村村通宽带**】全行业持续推进电信普遍服务，全国所有行政村实现“村村通宽带”。宽带网络逐步向农村人口聚居区、生产作业区、交通要道沿线等重点区域延伸，农村偏远地区网络覆盖水平不断提升，农村宽带用户规模持续扩大。截至 2021 年年底，农村宽带接入用户总数达 1.58 亿户，比上年末净增 1581 万户，农村光纤平均下载速率超过 100Mbps，基本实现与城市“同网同速”。继续联合教育部开展学校联网攻坚行动，全面改善农村及偏远地区学校网络接入条件，全国中小学（含教学点）通宽带比例达到 100%。联合国家卫健委进一步加强远程医疗网络能力建设，加快推动宽带网络普遍覆盖基层医疗卫生机构，不断增强各级各类医疗卫生机构的网络接入能力，推进“互联网＋”在医疗健康领域的应用发展。

【**强化建设市场监管，持续优化营商环境**】以“通信工程建设项目招标投标管理信息平台”为依托，不断加强对通信工程招投标项目的信息化监管。部署开展 2021 年招标投标检查工作，按照网上检查与现场检查相结合方式，组织对部分省份进行检查，督促企业对检查中出现的问题举一反三开展整改。鼓励企业创新招标投标方式，探索采取在线开标、异地远程评标等方式，在做好新冠肺炎疫情防疫的同时，提高招标投标效率。

印发《关于做好 2021 年通信业安全生产工作的通知》，对通信建设安全生产工作作出部署，要求电信企业落实安全生产主体责任，做好重点工作，防范化解风险隐患等。组织对部分省份电信企业开展质量监督和安全生产联合检查，通报检查情况，督促企业对发现问题进行整改，及时消除安全隐患。

（工业和信息化部信息通信发展司）

生态环境保护

【**概况**】2021 年，生态环境部持续开展大气、水、土壤污染防治行动，加强农村环境整治，提高环境监管能力，推进一系列重大环保工程实施，为深入打好污染防治攻坚战、推进生态文明建设发挥了重要支撑作用。

【**生态环境保护工程建设投资、资金利用**】2021 年，生态环境部共参与分配资金 577.82 亿元，其中中央生态环境资金 572 亿元，支持相关省份开展水污染防治、大气污染防治、土壤污染防治和农村环境整治；中央基建类资金 5.82 亿元，支持部属单位基建和能力建设项目等工作。

【**重点工程建设**】水污染防治。支持 31 个省（区、市）开展流域水污染治理、流域水生态保护修复、集中式水源地保护、地下水环境保护修复、水污染防治监管能力建设以及长江、黄河全流域横向生态保护补偿激励等；对 2020 年落实有关重大政策措施真抓实干成效明显的省份进行奖励。共安排水污染防治资金 217 亿元。

大气污染防治。支持开展北方地区冬季清洁取暖及清洁取暖运行费用进行补贴；支持 31 个省（区、市）开展重点区域挥发性有机物综合治理、钢铁行业超低排放改造、移动源污染治理和监管体系建设、细颗粒物（PM2.5）与臭氧（O_3）协同控制相关工作；对 2020 年落实有关重大政策措施真抓实干成效明显的省份进行奖励。共安排大气污染防治资金 275 亿元。

土壤污染防治。支持 31 个省（区、市）开展土壤污染风险防控、建设用地风险管控和修复、管理改革创新等工作。共安排土壤污染防治资金 44 亿元。

农村环境整治。支持开展农村生活污水治理、农村黑臭水体整治等工作。共安排农村环境整治资金 36 亿元。

部属单位基建项目。编制并印发《生态环境部部属单位基础设施建设规划（2020－2025 年）》，系统推进部属单位基础设施建设。完成 2 家部属单位业务用房建设项目竣工财务决算审计及批复，2 家部属单位装修改造项目审核。支持 5 个续建项目下达中央预算内资金 54825 万元、1 个新建项目下达中央预算内资金 2855 万元、1 个军民融合项目下达资金 500 万元。共安排资金 5.82 亿元。

【**生态环境保护工作相关法规、政策**】法律、行政法规制修订。《排污许可管理条例》经 2020 年 12 月 9 日国务院常务会议通过，自 2021 年 3 月 1 日起施行。该条例在总结实践经验的基础上，对规范排污许可证申请与审批、强化排污单位主体责任、加强排污许可事中事后监管等作出详细规定。

部门规章制修订。2021 年 12 月，生态环境部公布《企业环境信息依法披露管理办法》（第 24 号），对企业依法披露环境信息进行规范，明确了环境信息披露主体、披露内容和监督管理要求。

（生态环境部科技与财务司）

水 路 工 程 建 设

概况

2021 年是我国现代化建设进程中具有特殊重要性的一年，也是加快建设交通强国和实施“十四五”规划的开局之年。水运基础设施建设坚持完整、准确、全面贯彻新发展理念，以供给侧结构性改革为主线，持续推动黄金水道、港口设施高质量发展，努力当好中国现代化的开路先锋。

截至 2021 年年末，内河航道通航里程 12.76 万公里，比上年末减少 43 公里。等级航道通航里程 6.72 万公里，占总里程比重为 52.7%，其中三级及以上航道通航里程 1.45 万公里，占总里程比重为 11.4%。各等级内河航道通航里程分别为：一级航道 2106 公里，二级航道 4069 公里，三级航道 8348 公里，四级航道 11284 公里，五级航道 7602 公里，六级航道 16849 公里，七级航道 16946 公里。等外航道 6.04 万公里。

截至年末，全国港口生产用码头泊位 20867 个，比上年减少 1275 个。其中，沿海港口生产用码头泊位 5419 个，减少 42 个；内河港口生产用码头泊位 15448 个，减少 1233 个。全国港口万吨级及以上泊位 2659 个，比上年增加 67 个。其中，沿海港口万吨级及以上泊位 2207 个、增加 69 个，内河港口万吨级及以上泊位 452 个、减少 2 个。

水路工程建设情况

2021 年全年完成水运建设投资 1513 亿元，比上年增长 11.4%。其中，内河完成 743 亿元，增长 5.5%；沿海完成 723 亿元，增长 15.4%。

【港口建设】一是沿海港口基础设施建设稳步推进。北京燃气天津南港 LNG 码头工程、烟台西港区 30 万吨级油码头二期工程、福州港漳湾作业区 18—20 号泊位工程、湛江港宝满港区集装箱码头一期扩建工程、巴斯夫（广东）一体化项目大件码头工程等一批重大工程开工建设，广州港南沙港区四期工程、江苏滨海 LNG 码头工程、宁波舟山港梅山二期工程、连云港 30 万吨级航道二期工程等工程稳步推进，天津港北疆港区 C 段智能化集装箱码头、黄骅港散货港区矿石码头一期（续建）工程、青岛港董家口港区原油码头二期工程、深圳液化天然气应急调峰站项目配套码头、深圳港妈湾港区海星码头 1～4 号泊位改造工程、广州港深水航道拓宽工程等一批重大项目建成投运。

二是内河港口基础设施建设不断加强。芜湖港长江船舶 LNG 加注码头工程、荆州港江陵煤炭储备基地一期工程等已全面建成。重庆港主城港区果园作业区二期工程、九江彭泽矶山公用码头工程、泰和港沿溪综合货运码头工程等完成竣工验收。重庆港万州新田作业区二期工程、九江港安信物流公用码头工程、韶关港白土港区一期工程等开工建设。重庆港涪陵龙头二期工程、赣州港赣县五云综合码头一期工程、来宾港武宣港区四安林场作业区 1 号和 2 号泊位工程等有序推进。

【内河航道建设】（1）长江黄金水道建设情况。加快推进长江干线航道系统治理，朝天门至涪陵河段航道整治工程、江心洲至乌江河段航道整治二期建设有序推进，长江干线武汉至安庆段 6 米水深航道工程、芜裕河段、两坝间莲沱段航道整治工程建成试运行。长江口南槽航道治理一期工程通过竣工验收。加快推进长江上游九龙坡至朝天门段，中游蕲春水道，下游新洲至九江河段航道整治二期工程竣工验收有关工作。指导推进长江上游涪陵至丰都河段、荆江河段航道整治二期工程前期工作。

（2）珠江黄金水道建设情况。大力推进西江航运干线扩能工程和珠三角航道网完善工程建设。西江航运干线贵港至梧州 3000 吨级航道一期工程建成试运行，贵港至梧州 3000 吨级航道二期工程、来宾至桂平 2000 吨级航道工程、郁江西津二线船闸工程、柳江红花二线船闸工程、崖门出海航道二期工程等有序推进。加快推进北江航道扩能升级工程清远枢纽二线船闸、濛里枢纽二线船闸、飞来峡枢纽二三线船闸和白石窑枢纽二线船闸竣工验收工作。

（3）其他航道、通航设施建设。持续推进内河航道互联互通。加快推进引江济淮航运工程、京杭运河浙江段三级航道工程、小清河复航工程、淮河干流航道整治工程、大芦线航道整治二期工程等重点项目；嘉陵江利泽航运枢纽船闸土建工程已基本完成，岷江龙溪口航电枢纽船闸围堰已全面形成。岷江犍为、赣江井冈山、信江八字嘴、汉江雅口等航电枢纽正在进行主体工程建设。

水运工程建设相关法规政策

印发了《水运“十四五”发展规划》。按照国家“放管服”要求，积极推进水运工程监理企业资质类别等级压减工作，取消了水运工程专业丙级资质，将 4 项资质压减合并为 3 项；制定实施水运领域加强和规范事中事后监管三年行动方案。

（交通运输部水运局）

文化和旅游设施建设

2021 年，在党中央、国务院坚强领导下，全国文化和旅游系统以习近平新时代中国特色社会主义思想为指导，全面贯彻落实党的十九大和十九届历次全会精神，坚持以人民为中心的工作导向，坚持稳中求进工作总基调，坚持新发展理念，以推进文化和旅游高质量发展为主线，不断加大公共文化设施建设力度，全国文化和旅游设施建设取得积极进展。

【公共文化设施网络更加健全】 2021 年，全国文化和旅游系统基本建设投资项目 1651 个，计划施工面积（建筑面积）1315.06 万平方米。全年完成投资额为 154.82 亿元，竣工项目 497 个，竣工面积 156.19 万平方米。其中，公共图书馆建设项目 91 个，占基建项目总数的 5.5%，全年竣工项目 15 个，竣工项目面积 6.71 万平方米；群众艺术馆、文化馆（站）建设项目 139 个，占基建项目总数的 8.5%，全年竣工项目 77 个，竣工面积 10.45 万平方米；博物馆建设项目 178 个，占基建项目总数的 10.8%，全年竣工项目 41 个，竣工面积 15.24 万平方米。

截至年末，全国共有公共图书馆 3215 个，文化馆 3316 个，文化站 40215 个，博物馆 5772 个，全国每万人拥有公共图书馆设施面积由 2000 年的 47.3 平方米提高到 2021 年的 135.5 平方米，增长了 186.5%；每万人拥有文化馆（站）面积由 2000 年的 97.2 平方米提高到 2021 年的 352.1 平方米，增长了 262.2%，覆盖城乡、功能合理的公共文化设施网络更加健全，公共文化服务效能不断提升。

【《文化保护传承利用工程》进展顺利】 为进一步提升文化自然遗产保护水平，推动“十四五”时期文化旅游融合和高质量发展，国家发展和改革委员会同文化和旅游部等相关部门在“十四五”期间策划实施了《文化保护传承利用工程》。其中，经专家评审，共有 365 个文化和旅游领域项目纳入项目库，包括国家文化公园（包含部分非遗类项目）建设项目 130 个、重大旅游基础设施建设项目 235 个。这是近年来中央预算内投资对于文化和旅游行业投入力度最大的项目，对于提升国家文化公园和重大旅游基础设施建设水平，推动旅游高质量发展有着重要的意义和作用。2021 年，共安排中央预算内投资 21.5 亿元，对 71 个建设项目进行了支持。通过《文化保护传承利用工程》的有效实施，我国文化和旅游设施水平得到进一步提升。

【国家重大文化设施建设稳步推进】 2021 年，国家重大文化设施建设稳步推进。中国国家画院扩建工程已竣工投入使用，正在开展竣工财务决算工作；中国工艺美术馆工程（暂定名）、中央歌剧院剧场工程基本完工；北京故宫博物院地库改造、基础设施改造一期（试点）工程继续推进施工建设，北京故宫博物院北院区取得可行性研究报告批复，并编制完成初步设计和投资概算报国家发展和改革委员会审批；国家图书馆国家文献战略储备库建设工程初步设计及概算报国家发展和改革委员会审批，已取得建设用地划拨手续、完成建设用地围挡建设工程；中央芭蕾舞团业务用房扩建项目已编制完成初步设计和投资概算报国家发展和改革委员会审批；国家美术馆工程按照中央领导指示精神完成设计方案优化工作，并编制完成可行性研究报告初稿。

2021年，稳步推进哥本哈根、布加勒斯特、贝尔格莱德、卢森堡等中国文化中心的工程建设工作，积极推进达喀尔、亚的斯亚贝巴、布达佩斯、科威特等中国文化中心的前期筹建和方案设计工作，同步推进爱尔兰、葡萄牙、阿联酋等文化中心的前期选址调研工作。截至年底，已运营的海外中国文化中心总数达45个。

（文化和旅游部财务司）

铁 路 建 设

概况

2021年，铁路建设系统以习近平新时代中国特色社会主义思想为指导，以习近平总书记对铁路工作的重要指示批示精神为根本遵循，以庆祝中国共产党成立100周年和党史学习教育为强大政治动力，坚决贯彻党中央、国务院决策部署，全面落实中国国家铁路集团有限公司（以下简称：国铁集团）党组要求，勇担交通强国铁路先行历史使命，积极应对新冠肺炎疫情、汛情影响，聚焦开通、改革、创新、廉政建设等重点任务，科学有序、安全优质推进铁路建设，全力打好“两坚守两实现”攻坚战，全年完成基建投资4978亿元，投产新线4208公里，其中高铁2168公里，实现了“十四五”铁路建设良好开局。

【服务国家战略项目有序实施】川藏铁路全线开工建设。深入贯彻习近平总书记对川藏铁路的重要指示批示精神，始终把川藏铁路建设作为一项重大政治任务来抓。川藏铁路拉萨至林芝段克服高寒缺氧、生态脆弱、自然灾害频发等严酷环境影响，开展强岩爆、高地应力、极高地温、活动断裂带等技术难题攻关，历经6年艰苦奋战，在庆祝建党百年前夕高质量开通运营，为川藏铁路全线开工提供了有力的技术支撑；复兴号开进西藏拉萨，历史性实现复兴号对31个省市区全覆盖。川藏铁路雅安至林芝段“两隧一桥”形成试点示范效应，雅安至新都桥、波密至林芝东西两段3月18日开工建设并稳产达产；新都桥至波密中间段高质量完成初步设计和施工图设计，川藏两省区分别于12月13日、14日开工建设，实现了川藏铁路雅安至林芝段全线开工建设目标，为建好实现第二个百年奋斗目标进程中的标志性工程迈出了坚实的第一步。

中老昆万铁路高质量开通运营。认真贯彻习近平总书记对中老铁路的重要指示批示精神，聚焦建设中老铁路“一带一路”、中老友谊标志性工程，统筹境内玉溪至磨憨铁路、境外磨丁至万象铁路施组安排，克服境外严重疫情影响，攻克景寨等167座、630公里隧道建设难题，倾力打造西双版纳站等“一站一景”精品客站，精心组织开展工程验收，12月3日中老铁路昆明至万象实现全线通车，为建设中老经济走廊、构建中老命运共同体提供了重要支撑。此外，务实推进雅万高铁、匈塞铁路、中泰铁路等境外项目建设，为高质量共建“一带一路”作出了积极贡献。

一批助力区域发展项目建成投产。连徐高铁开通运营，“八纵八横”高铁网最长横向通道贯通，为新亚欧大陆桥经济走廊建设提供了有力支撑；京沈客专北京至承德段建成投产，京哈高铁全线贯通，形成东北地区又一进出关高铁通道；朝凌、牡佳、敦白铁路开通运营，为助力东北全面振兴发挥了积极作用；张吉怀高铁建成投产，推动湘西地区步入乡村振兴“快车道”；赣深、安九铁路同步建成投产，京港（台）高铁通道商丘至深圳段全部贯通，促进了长三角与珠三角地区互联互通；酒额、太崇铁路开通运营，为服务军民融合、北京冬奥会作出了重要贡献。截至年底，全国铁路营业里程突破15万公里，其中高铁超过4万公里。

“十四五”规划的一些重大项目开工建设。主动对接京津冀协同发展、雄安新区建设、粤港澳大湾区建设、长三角一体化发展、成渝地区双城经济圈建设、长江经济带发展、黄河流域生态保护和高质量发展等国家战略，加快推进国家“十四五”规划纲要确定的102项工程中涉铁项目建设，沪渝蓉高铁武汉至宜昌段、西安至十堰铁路、包头至银川铁路等重大项目年内开工建设，为“十四五”铁路建设开好局、起好步提供了有力支撑。

【年度建设任务目标圆满完成】高质量实现保开通目标。科学制定年度验收开通方案，严格落实10项开通条件，做到不安全不开通、不达标不开通、不依法不开通。采取领导包保、驻点督导、激励考核等措施，解决玉磨、拉林等项目难题；组织对牡佳、张吉怀等8条高铁的27座隧道、47处路基实体质量进行检测和破检，探索推行了程序性验收与实体质量验收并重的新方法；贯彻客站建设新理念，展现地域文化特色，推行站区一体化，建成125座客站，助推了综合交通一体化。此外，成立工作专班，强化沟通协调，完成了经济责任审计和16个建设项目审计配合相关工作。全面完成历史遗留的271个项目的竣工决算，厘清了2.62万亿元资产结构和价值；持续推进2019年以来开通项目竣工决算工作，完成了70个项目竣工决算的审核审批。

高效率完成保在建任务。统筹疫情汛情与项目建设，坚持以施组管理为主线，动态优化重难点工程施组方案，科学合理配置建设资源，施组兑现率超过90%，同比提高1.8个百分点；积极筹集落实建设资金，提高甲供物资采购效率，统筹安排长轨运输和施工天窗，加快办理Ⅰ类变更设计，形成了上下联动、合力共为的良好态势。

高起点推进保开工计划。超前谋划安排，细化可研、初步设计、施工图审查、工程招标等节点目标，推进站前站后站房一体化设计、一体化招标，确保各项工作有序衔接、务实推进；认真履行建设程序，严格落实开工条件，推广沈白、渝昆前期工作经验，狠抓开工标准化，西十、兰合等一批新项目依法开工。

【建设队伍素质能力得到有效提升】全面加强党建工作。深入学习习近平总书记对铁路建设工作的重要指示批示精神，引导教育建设系统全体党员增强“四个意识”、坚定“四个自信”、做到“两个维护”；深入开展党史学习教育，认真做好学习研讨、专题党课、主题党日活动、专题组织生活会等工作，扎实推进“我为群众办实事”实践活动，达到了学党史、悟思想、办实事、开新局的目的。

强化人才教育培训。落实分层分类培训要求，狠抓建设系统关键岗位、关键人员培训，全年举办2期建设管理人员培训班、2期川藏铁路建设质量安全管理培训班，共计培训229人；抓好制度标准宣贯，召开3次专题视频会议，集中宣贯质量回访管理办法、施工监理招标文件范本等，取得了良好效果。

抓好廉洁风险防控。坚持“抓系统、系统抓”和“抓业务必须管廉政”，推动廉洁风险防控与铁路建设重点工作同研究、同部署、同落实、同检查。按照《纪检监察建议书》要求，聚焦招标投标、验工计价、变更设计、资金拨付等4个关键环节，开展专项排查活动，组织联合交叉检查，集中整治突出问题，严肃处理了10名责任人员。根据《纪律检查建议书》要求，按规定对8家施工企业进行了2个月的停标处罚；针对违反中央八项规定精神的突出问题，分片区召开专题会议，开展廉政警示教育，部署自查自纠工作。下发《关于进一步加强铁路建设项目廉洁风险防控工作的通知》，强化“一把手”权力分解和权力制约，完善关键环节的防控措施，抓住了“关键少数”，取得了明显成效。

建设管理

【完善管理制度】制定质量回访、生产安全事故应急预案等管理制度，强化了质量安全管理基础；修订施工和监理招标示范文本，规范了合同管理工作；起草加强竣工验收若干规定、验工计价等管理办法，制定细化参建单位行贿和违反中央八项规定精神与招标投标挂钩、纳入信用评价的标准，进一步完善了建设管理制度体系。

【创新建设管理模式】推进常益长、沪苏湖等项目单价承包试点工作；规范委托代建管理工作，通过工程咨询等方式，支持地方主导的铁路项目建设；开展杭绍台、昌景黄等项目EPC工程总承包调研并取得阶段进展；建立竣工决算常态化考核机制，强力推动建设项目按期完成竣工决算编制工作。

【扎实推进建设系统改革】一是科学制定改革方案。按照国铁集团党组部署和改革专题会议要求，系统梳理2004年以来铁路建设管理现状，深入分析“十四五”面临的新形势新要求，聚焦服务国家战略、推进高质量发展、整合全路建设资源、强化专业化管理、加强党的建设和队伍建设等内容，开展现场调研，组织专题座谈，广泛征求意见，形成了铁路建设体制机制改革规范的建议方案。二是配套出台相关文件。印发《关于改革规范国铁控股合资铁路公司机构设置及人员编制的实施意见》《关于国铁集团重点监管的铁路公司（建设）领导人员岗位职责和部门主要职责的指导意见》等4个文件，明确铁路公司机构设置及人员编制标准、领导人员岗位和部门职责等，理顺了工作界面和管理关系。三是稳步推进机构调整。召开部署会议及专题会议，宣贯改革文件，部署推进工作；研究提出铁路局集团公司实施方案建议并加快实施，完成第一批19个项目管理机构设置及人员编制批复，按规定调整建设项目管理机构领导人员分工及岗位职责、内设机构职责，铁路建设系统改革取得重要进展。

【纵深推进标准化管理】加强日常管理与检查考评，充分发挥首件评估、样板引路、过程控制的作用；持续推进铁路工程管理平台建设，推广应用质量检测管理系统、隧道三维激光扫描技术等，进一步增强了平台系统性、整体性和协同性；发挥信息化手段在建设管理、施工技术、工装设备、监理检测方面的作用，推动标准化管理向工艺、工序延伸，向机械配套化、工厂智能化、专业管理化拓展。

建设标准

为服务铁路高质量发展的要求，勇担交通强国铁路先行历史使命，以服务川藏铁路规划建设、推进高铁自主创新为核心，按照构建世界领先的铁路工程建设标准体系的总体部署，全面推进标准制修订，推动高铁关键技术自主攻关和产业化应用，促进铁路建造技术和设备不断升级，着力提升铁路工程建造水平。

【川藏铁路标准】贯彻落实习近平总书记关于川藏铁路规划建设的重要指示批示精神，科学扎实推进川藏铁路规划建设，按照科学规划、技术支撑、保护生态、安全可靠的总体思路，根据国铁集团党组部署安排，在全面总结川藏铁路类似工程建设经验和相关研究成果的基础上，编制发布多项川藏铁路标准，为川藏铁路建设提供重要技术支撑。一是加强顶层设计，开展《川藏铁路建设标准体系》研究，初步提出了涵盖勘察设计、施工、验收各阶段的标准体系方案；二是聚焦川藏铁路环境特点和工程重难点问题，总结类似铁路特殊结构桥梁、特殊地质隧道，以及滑坡、泥石流防治工程建设实践经验，吸纳川藏铁路相关科研成果，聚焦工程建设重难点问题，突出建设运营质量安全、防灾减灾、应急救援、生态保护、职业健康等要求，发布《川藏铁路勘察设计暂行规范》《川藏铁路站前工程施工质量验收补充规定》《川藏铁路机制砂用隧道洞渣质量评定暂行规定》3项国铁集团标准，印发《折多山隧道施工技指南》《色季拉山隧道施工技指南》《大渡河特大桥施工技指南》《川藏铁路岩爆隧道设计指南》《川藏铁路岩爆隧道施工技术指南》等19项指南供川藏铁路建设参考使用，为推进川藏铁路建设提供技术支撑；三是针对川藏铁路的环境特点和质量、安全、工期、投资、环保等建设要求，发布《川藏铁路预制后张法预应力混凝土简支箱梁》等6册通用参考图，统一梁高、梁宽和桥面布置形式，加强桥面附属设施的耐久性设计；四是针对川藏铁路高地温、强紫外、大温差和大风干燥等特殊环境，推进《川藏铁路混凝土结构耐久性设计补充规定》编制工作，明确川藏铁路隧道、桥涵、路基支挡、轨道等不同结构混凝土的耐久性设计要求及强化措施；五是以拉林、拉日、青藏等铁路隧道建设运营经验为切入点，开展专题调研，编制《高寒高原隧道病害原因分析及对策》，总结高原铁路隧道存在的共性问题，分析隧道病害原因并寻求防治对策措施，从建设管理、勘察设计、施工管控等方面提出质量管理要点，为川藏铁路建设提供借鉴。

【智能建造标准体系】依托京张、京雄高铁等重大工程智能建造经验和相关科研成果，以川藏铁路国家重点专项研究为引领，推动智能建造标准编制工作，促进关键技术创新，稳步提升工程建造水平。一是根据智能铁路总体框架，初步提出了由基础与管理、关键技术、平台及支持技术3部分组成的智能建造标准体系方案；二是聚焦铁路四电工程智能建造技术，开展《铁路电力牵引供电及电力工程智能建造技术指南》《铁路智能牵引供电系统工程设计和施工质量控制标准》《铁路通信信号工程智能建造技术规程》3项标准编制工作，规范智能建造技术要求，提高生产效率，提升工程质量，确保施工安全，改善作业环境。三是全面总结郑万高铁隧道机械化大断面设计施工实践经验，编制完成《铁路隧道机械化全断面法设计施工指南》，以隧道工程安全质量控制为核心，创新掌子面软弱围岩处理基本理论，提出机械化大断面法勘察、设计、施工技术标准，提高铁路隧道机械化建造水平。

【质量安全管控】坚持以安全、质量和效益为核心，强化安全基础的导向作用，突出质量安全管控，强化建设标准支撑。一是编制完成《铁路建设项目施工安全管理细则》，明确了各专业安全管控重点和检查要点，强调过程安全风险管控，为提升铁路建设安全管理水平奠定基础；二是编制《铁路隧道防灾疏散救援工程设计补充规定》，规定了客货共线、城际铁路、高速铁路隧道防灾疏散救援工程设计要求；三是发布《进一步规范铁路隧道侧沟槽混凝土设计施工技术要求》，明确沟槽混凝土一次浇筑分段长度、接缝密封措施、施工工艺进行针对性设计要求，从质量管控、接缝设置、沟槽混凝土配比、施工工艺等方面提出解决沟槽混凝土裂缝问题的措施；四是有序推进《大跨度铁路桥梁与轨道健康监测系统技术规程》编制，通过信息化手段提升安全管控水平。

【CR450 科技创新工程】巩固中国铁路技术领先优势，全面总结我国高速铁路建设运营实践经验，充分吸纳 400 千米/小时高速铁路相关科研成果，编制完成《成渝中线高速铁路设计暂行规范》，支撑 CR450 科技创新工程建设，提升铁路科技自立自强能力，为成渝中线高速铁路建设提供技术支撑。

【绿色铁路标准】适应绿色铁路发展需求，全面总结清水混凝土工程建设和运营维护经验，编制《铁路旅客车站清水混凝土技术规程》，规范清水混凝土工程制备和应用技术要求，促进清水混凝土在铁路工程中推广应用，降低工程和维护成本，减少材料消耗和环境污染。

【一体化综合视频监控】在总结京张高铁建设经验基础上，采取云存储等技术，将多专业视频资源集中整合，编制完成《高速铁路一体化综合视频监控系统设计原则》，促进综合视频监控技术发展，集约综合视频监控资源，深入挖掘视频数据价值，提升运营维护效率，强化智能分析算法。同时，开展了工程试设计及进行技术经济性分析，推动一体化综合视频监控系统在南沿江高铁和福厦高铁开展试验，应用成熟技术赋能智能铁路。

【标准设计】开展铁路桥梁、轨道、牵引变电所通用图编制，进一步提高标准设计经济性。一是发布高速铁路双壁墩预应力混凝土 T 构、高速铁路连续梁和简支梁桥墩、客货共线铁路简支箱梁桥墩、客货共线框架箱涵等标准设计 9 项 46 册；二是全面总结高速铁路预制简支箱梁工程实践经验和最新科研成果，开展时速 250 公里、350 公里高速铁路简支箱梁的全面修订工作，进一步优化结构尺寸和预应力体系；三是编制《高速铁路 CRTS 双块式无砟轨道与有砟轨道过渡段结构》，对过渡段轨枕结构、基本轨及辅助轨扣件接口等进行系统设计，统一过渡段结构；四是修订发布《高速铁路牵引变电安装图（AT 供电方式一次部分）》，优化生产房屋平面布置和场坪总平面布置，适应铁路牵引变电所无人化发展要求。

【标准翻译】服务"一带一路"建设和铁路"走出去"，稳步推进铁路建设标准外文版翻译，开展了《铁路路基工程风险管理技术规范》《铁路桥梁工程风险管理技术规范》《铁路隧道衬砌施工技术规程》3 项标准英文版编制工作。

【造价标准】坚持贯彻落实国家重大战略部署，服务川藏铁路高质量建设需要，针对川藏铁路高原复杂艰险山区的施工环境特点，深入施工一线开展定额测定，完成西南山区铁路高陡边坡防护施工技术经济研究，开展高原施工降效费用研究、川藏铁路隧道弃渣利用调配方案研究及桥梁变径钻孔桩施工定额测定研究；坚持适时成果转化，完成新型路基防风沙结构、接触网智能建造及智能牵引变电所、40 米简支箱梁制运架、轨道聚氨酯固化道床等补充定额编制；坚持及时配套新技术应用，开展"四新"定额测定与研究，完成铁路地基处理新型桩、隧道铣挖等特殊工法、装配式桥梁施工工艺等定额测定，完成高速铁路简统化接触网装备技术经济性研究；坚持问题导向，完成铁路轨道精调费用标准、铁路隧道泄水洞定额、岩溶隧道施工定额等铁路建设急需的造价标准研究测定工作；坚持改革创新，夯实造价标准理论基础，探索建立符合铁路工程建设特点、符合信息化和市场化发展需求、服务全过程造价管理的造价指标指数体系。

质量安全

【红线管理专项督查】以年内开通项目、隧道工程为重点，深化自查自纠，强化预防预控，联合五大施工企业集中开展专项督查，将开通项目通道不堵、标识不漏、盖板不晃、线缆不露、评估不缺、程序不乱作为督查重点，全年检查项目 66 个、标段 294 个、工点 779 个，整治质量安全问题 2697 个，并对相关责任单位进行了严肃处理，为建设、运营安全奠定了坚实基础。

【质量专项整治】落实安全生产专项整治三年行动计划，印发安全隐患专项整治行动实施方案，系统推进隧道、桥梁、路基、站房质量安全专项整治，排查在建项目 117 个，整治问题 38283 个；开展以"警钟长鸣、坚守红线"为主题的安全生产月活动，聚焦联调联试、工程线管理等 7 项重点，组织开展全面自查和分片督导，确保安全万无一失；深入河南、山西等地区督导，排查整治问题 4217 个，确保工程安全度汛；配合运营单位整治线路病害，开展 2020 年开通项目质量回访，全力做好保驾护航工作。2021 年，有 37 家参建单位因严重质量问题、安全事故受到停标处罚。

【监督管理】推广应用监理管理信息系统，发挥监理人员进退场、转岗网上审核把关作用；制定差异化监管指导意见，组织 6 家监督站对 14 个重点项目开展交叉检查。全年累计开展监督检查 1134 项次、监督检测 185 项次，发现并责令整改质量安全问题 42813 个，认定不良行为 498 件，信用评价扣分

680 项次，有 25 名监理人员被列入“黑名单”，发出警示函 19 份，约谈参建单位 27 家、84 人次；开展甲供物资进场抽检 6291 批次，进一步提升了质量安全监管水平。

【安全稳定】围绕确保建党 100 周年和两会、春运等特殊时段的安全稳定，排查化解农民工工资发放、工程款拨付、沿线治安治理等矛盾纠纷，开展根治欠薪冬季专项排查整治行动，及时消除苗头性、倾向性问题，营造了良好的建设环境。

（中国国家铁路集团有限公司建设管理部）

各 地 建 设

北 京 市

住房和城乡建设

住房和城乡建设工作概况

2021 年，北京市住建系统完整、准确、全面贯彻新发展理念，坚持以首都发展为统领，全面推进住建事业高质量发展，圆满完成年度任务目标，实现“十四五”良好开局。

住有所居目标取得新进展新成效。坚持“房住不炒”定位，围绕实现“三稳”目标，保持调控定力，因区施策落实长效机制。创新“房地联动、一地一策”工作机制和政策工具，强化开工、投资、入市调度，增加住房有效供给。发挥保障房兜底保障作用，实施公租房精准保障新机制，规范市场租房补贴发放管理，完善共有产权房出租、代持机构管理政策。三批集中供地推出公租房、保障性租赁住房配建地块 25 宗、46 万平方米，建设筹集政策性住房 6.1 万套、竣工 8.3 万套，超额完成年度任务。

城市更新行动取得积极成效。制定实施“十四五”老旧小区改造规划，推动城市更新立法，出台引入社会资本、加快危旧楼改建项目审批等 20 余项改革政策，全面完成各项年度任务。老旧小区改造全面提速，按照“双纳入”机制支持配合央产小区改造陆续开展。

党建引领社区治理框架下的物业管理体系加快形成。深化落实物业管理条例，物业管理“12345”市民诉求月度分析纳入市委书记接诉即办月度调度会和区委书记点评会。市住建委会同市委组织部、市委城工委、市政务服务局，按月调度全市物业管理工作，同时约谈物业管理“12345”“三率”后十名街乡镇，不断提升“12345”接诉即办效能，聚焦高频诉求开展“治理类”小区治理并取得初步成果。

建设工程质量安全管理不断加强。认真履行建筑施工行业安全监管职责，落实建设单位首要责任，完善风险和隐患双控机制，强化危大工程管理，构建限额以下工程安全管理模式，规范老旧小区改造工程安全管理，促进施工现场标准化管理水平提升，推进“两违”清查向深向实。全市建设系统发生生产安全事故较 2020 年分别下降 18.8%、22.2%，未发生较大及以上生产安全事故，安全生产形势总体平稳。完善质量保障体系，制定出台建设单位工程质量首要责任、关键工序质量影像追溯管理、老旧小区改造质量管理等文件，强化工程质量安全测评和质量双控管理。持续开展全市城镇房屋安全检查和防汛工作，对发现的问题即查即改、立行立改，落实解危措施，实现安全度汛。

建筑业转型升级纵深推进。制定《北京市民用建筑节能减碳工作方案》，推动建筑绿色发展条例立法，完善绿色发展激励政策。加快推进可再生能源、超低能耗建筑推广应用，有序开展公建电耗限额管理、节能绿色化改造和既有居住建筑节能改造。新增绿色建筑运行标识项目 42 项、670 万平方米，首钢冬奥广场等 7 个项目获得 2020 年度全国绿色建筑创新奖；新开工装配式建筑面积占新开工总面积 40%。加强科技创新和技术攻关，发布地方标准 55 部。推进建材绿色供应链建设，新增挂牌砂石绿色基地 3 个，90%以上混凝土搅拌站完成密闭化改造。生产、销售使用建筑垃圾资源化再生产品分别同比增长 92%、72%。加强施工现场扬尘治理，构建一体化综合监管体系。123 项工程被评为“绿牌”工地。

法规建设

【推进地方性法规和政府规章立法】年内，《北京市住房租赁条例》《北京市建筑工程施工许可办法（修订）》列入《市政府 2021 年立法工作计划》第一档力争完成项目，《北京市建筑绿色发展条例》《北京市城市更新条例》《北京市城市轨道交通工程质量安全管理办法》《北京市关于城市公有房屋管理的若干规定（修订）》列入《市政府 2021 年立法工作计划》第二档适时提出项目。《北京市住房租赁条例》

已经市人大常委会一次审议。《北京市建筑工程施工许可办法（修订）》于10月1日公布实施。

【组织开展法规、规章及规范性文件清理】年内，组织开展行政处罚法涉及相关法律、法规、规章、文件等专项清理工作，对住房和城乡建设法律、法规、规章与规范性文件进行梳理，集中修订规范性文件22件，废止4件。

【做好规范性文件制定审查工作】严格执行《北京市住房和城乡建设委员会规范性文件合法性审查实施方案》，全年共制定发布规范性文件11件，实现100%法制审核、100%网上公开、100%按时备案。完成住房和城乡建设部、市人大、市政府法制办及其他委办局的法律法规草案征求意见工作。

【落实行政执法三项制度】严格落实行政执法三项制度。按时在委外网公开执法机构及人员、执法职权、抽查事项清单、年度执法计划、年度执法统计年报、行政处罚信息和双随机抽查结果。2021年，市、区住房和城乡建设系统总计实施行政处罚5478起，实施行政检查74115次；组织开展住房和城乡建设系统行政处罚案卷评查工作；对11起重大行政处罚决定进行了法制审核，出具书面法制审核意见；组织召开6次行政处罚听证会。经过市区共同努力，行政执法各项年度任务圆满完成。

【组织开展行政处罚法培训学习】2021年，组织开展多轮新修订行政处罚法培训学习。组织市住房城乡建设委理论学习中心组（扩大）学习报告会；协调市人大和市司法局，设立行政处罚法培训市住建委分会场，组织执法人员进行培训交流；将市司法局行政处罚法讲座资料制作成光盘，发放至全市住建系统；订购行政处罚法相关书籍，向全委进行发放。

【调整行政处罚裁量基准】2021年，及时调整涉及住建系统的行政处罚职权，共涉及14项职权，其中新增职权4项，调整处罚职权名称、违法行为认定依据和处罚依据及裁量内容10项。

【加强事中事后监管工作】2021年，起草发布《2021年度北京市住房和城乡建设委执法统计年报》《2021年度北京市住房和城乡建设委双随机一公开抽查事项清单及抽查计划》《北京市住房和城乡建设委员会双随机抽查工作指引》，明确47项双随机抽查事项的检查内容、检查方式、检查依据及标准，确保规范执法。出台《北京市住房和城乡建设委员加强和规范事中事后监管的工作方案》，统筹住房城乡建设领域事中事后监管工作。印发《北京市住房和城乡建设委员会违法行为分类目录》，规范行政处罚信息公示期限，建立依申请缩短公示期制度。

【推进法治政府建设年度工作】完成法治政府建设年度报告；制定自查工作方案，组织开展市住房和城乡建设委推进法治政府建设自查工作；调整市住房城乡建设委依法行政领导小组及各专业委员会成员，推进依法行政各项重点工作落实。健全法律顾问制度，依法依规确定4家法律顾问单位全面参与市住房城乡建设委立法、文件审查、合同审查等工作，规范法律顾问机构考核评价工作。

【建立公职律师队伍】经市司法局审核，建立市住房城乡建设委公职律师队伍，完成2021年公职律师年度备案。

【加强合同内控管理】实行合同网上审批，强化合同承办单位责任，组织对市住房城乡建设委签订的合同进行合法性审核，共审核委内各类合同303项。

【稳妥做好各类复议诉讼案件办理工作】市住房城乡建设委共收到行政复议申请198件，受理191件，法定期限内结案率100%。2021年，开庭审理案件全部实现行政机关工作人员出庭应诉。按时向司法部、市司法局报送行政复议及应诉相关管理信息，及时履行行政诉讼文书、行政复议决定书义务，按时回复司法建议书、复议意见书与建议书，并认真整改。

【推行多元调解化解矛盾纠纷】市住房城乡建设委对房地产市场、建筑市场、物业管理等矛盾集中的领域加大行政调解力度，全市住建系统开展各类行政调解16962件，其中调解成功13319件。发挥行政复议审前调解作用，通过在复议接待时对当事人进行法律宣传贯彻和说服劝解，从源头化解行政矛盾。

【推进年度法治宣传工作】制定《关于在全市住房城乡建设系统开展法治宣传教育的第八个五年规划（2021—2025年）》；印发《北京市住房城乡建设系统2021年度法治宣传工作要点》；组织开展会前学法4次；组织开展4期“法治大讲堂”、多期以案说法活动；在国家安全日、“12.4”宪法宣传日等重要时间节点制作宣传展板、宣传彩页，开展法制宣传进社区、进企业、进机关相关工作，向社会公众广泛开展普法宣传。

房地产业

【完善房地产市场调控长效机制】2021年，在商品住房用地上市前，准备设置合理地价上限、明确住房预期价格上限、竞政府持有商品住房产权份额、竞高标准建设方案等 10 项政策工具，根据调控需要综合各项政策工具，确定土地竞买条件，实现“限房价、控地价、提品质”的综合目标。2021 年首批供应的 30 宗住宅用地平均溢价率 6.4%，为保“三稳”提供了坚实支撑。

【房地产市场调控因区施策】各区严格落实“多校划片”措施，热点区升级执行。西城区采取“跨片区”方式入学；东城区扩大“多校划片”实施范围，有效弱化了住房的学区属性；海淀区推行二手房挂牌价格“窗口指导”。

【严查违规资金流入房地产市场】市住房城乡建设委会同北京市银保监局、人行营管部、市经侦总队等部门，开展 3 轮“经营贷”违规进入楼市联合专项检查，发现违规流入房地产市场资金约 3000 万元，对 4 家银行和 10 名责任人进行行政处罚，累计罚款 565 万元，有效震慑了违规使用经营贷的行为。为巩固专项检查成果，市住房城乡建设委持续开展房地产市场领域“经营贷”检查，将经纪机构和销售机构作为检查的重点，1～9 月市区两级住建执法部门共检查 4335 次，处罚 389 起。三季度继续筛查涉嫌使用经营性贷款支付购房款线索 1188 个，均移转金融管理部门进一步核实，严查违规资金流入房地产市场。

【出台离婚限购政策】2021 年，为落实“房子是用来住的、不是用来炒的”定位，北京市保持从严调控的政治定力，着力“打补丁”“堵漏洞”，进一步完善北京市房地产市场调控长效机制，促进市场平稳健康发展。经市政府同意，市住房城乡建设委 8 月 5 日印发《关于进一步完善商品住房限购政策的公告》（京建发〔2021〕243 号）。明确自 8 月 5 日起，夫妻离异的，原家庭在离异前拥有住房套数不符合本市商品住房限购政策规定的，自离异之日起 3 年内，任何一方均不得在本市购买商品住房。

【加强房地产市场执法检查】2021 年初，市住房城乡建设委制定了 2021 年房地产市场执法检查工作安排。将重点查处“无证售房”“不实宣传”“合同欺诈和不平等条款”“违反预售资金监管”“捆绑销售和违规分销”“信贷资金违规使用”“借学区房等炒作房价”“违规工改住、商改住销售”“发布虚假网络房源”九方面问题。4 月 20 日，再次下发《关于进一步加强房地产市场秩序整治工作的通知》（京建发〔2021〕115 号）。为贯彻落实住房和城乡建设部等八部委联合印发的《关于持续整治规范房地产市场秩序的通知》（建房〔2021〕55 号）要求，北京市相关部门正在研究草拟落实方案，将进一步持续规范市场秩序。同时，坚持对新批准的商品房预售项目负责人、销售负责人逐个进行约谈，对商品房买卖合同及补充协议中不平等条款、擅自处分物业公共部位、擅自改变规划设计、捆绑销售等违规行为，在执法过程中，为企业讲政策，讲规范，严查违法违规行为；针对媒体曝光及热点项目，会同执法总队及属地开展联合执法检查；组织开展“双随机”检查抽查、预售资金专项检查。组织各区开展执法培训。集中约谈违规开发企业，并通过官网和微信公众号主动公示违法案例查处情况。

【开展房地产经营风险化解处置】年内，针对恒大集团等因资金问题引发项目“烂尾”风险，按照市委常委会部署和住房城乡建设部会议精神，市住房城乡建设委研究起草了《房地产经营风险防范化解处置工作方案》，已经市委市政府批复。根据前期风险研判和工作方案，已实施对恒大在京资金、资产保全工作。在资金方面，指导项目所属各区开立政府监管专用账户，将现有预售资金余额、后续销售回款相关资产处置资金等全部归集进入账户，在政府监管下封闭运行，优先用于工程建设和支付农民工工资。在资产方面，对所有恒大在京未售房源开展网签保护，由区政府指定签约主体先行网签，销售一套、释放一套，在确保能够实现后续销售回款的同时，所售房源权利也能得到有效保障。同时，约谈中铁建设、苏中建设、江苏华建等施工单位，要求从大局出发限期复工，确保按期交付；会同市银保监局、市经侦总队共同约谈中信、浦发、盛京、大连、兴业等监管银行，以及工行等主要按揭贷款发放银行，要求将监管资金和按揭贷款尽快转入新监管账户，实施封闭管理。针对处置过程中各方反映的不利舆情影响后续销售、市民热线满意率低、项目运营团队薪酬保障、为属地国企提供司法保障等问题，逐一提出处理方案报市政府。截至 9 月，恒大 4 个在建项目所在区政府均已全面启动区级专班机制，均已实现复工；各区政府监管账户已建立，北京银保监局协调银行返还资金。各项目舆情和信访情况总体平稳有序。

【加强住房租赁管理制度建设】全面梳理北京市和国内外住房租赁政策法律制度、现状问题，深入各区、街乡镇、企业、项目开展专项调研，市住房城乡建设委研究起草《北京市住房租赁条例》。联合北京市市场监管局、市地方金融监管局、市委网信办、北京银保监局印发《关于规范本市住房租赁企业经营活动的通知》。联合市公安局、市网信办、市文旅局印发《关于规范管理短租住房的通知》。印发

《关于开展违法群租房集中整治月行动的通知》《关于进一步加强违法群租房整治工作的有关意见》《关于创建无违法群租房小区试点工作方案》。

【加大执法监管力度】 4月20日，印发《关于进一步加强房地产市场秩序整治工作的通知》，开展全方位房地产市场秩序整治，范围覆盖新房、二手房、租赁市场和网络房源信息4个方面，结合"每月一题"工作要求，综合采取集中约谈、巡检暗访、专项检查、联合执法、重点复查等方式开展。市区两级住建（房管）部门累计下发《责令改正通知书》226份，行政处罚382起，罚款603.45万元。

【强化住房租赁管理服务】 年内，向社会公布106家重点关注企业名单，提示消费者谨慎选择；连续三年在毕业季发布《住房租赁指南3.0》，指导大学毕业生找房、签约和支付租金押金，提示租房人需要履行的相关规定和安全责任，做好垃圾分类；继续发布租赁领域典型案例，提示租赁双方避免矛盾纠纷，保护租赁双方权益；组织举办"毕业季租房服务进校园"系列活动，助力毕业生安心租房；进一步强化住房租赁平台服务功能，全市租赁平台累计备案超400万笔，为积分落户、子女入学和公积金提取等公共服务事项提供支持。

住房保障

【印发保障性住房年度工作要点】 4月2日，经市政府批准，发布《关于印发〈北京市2021年住房保障工作要点〉和目标分解表及任务清单的通知》（京建发〔2021〕98号），明确3项年度目标任务，22项工作重点任务，作为市政府对各区及相关单位落实住房保障工作任务考核的依据。全年计划供应保障性租赁住房用地300公顷、共有产权住房用地100公顷，建设筹集政策性住房5万套（间）、竣工8万套（间），公租房备案家庭总体保障率比2020年底提高10%以上，新增市场租房补贴5000户、补贴发放户不低于2万户，老城平房区申请式退租不少于2000户；简易楼腾退、危旧楼房改建实施20万平方米，棚户区改造完成签约3995户，进一步增加保障性住房有效供给，提高保障房分配运营管理水平。

【编制"十四五"住房保障规划】 形成"十四五"住房保障规划初稿，对"十四五"期间住房保障工作基本需求、工作目标和主要任务提出具体要求，完善以公租房、保障性租赁住房、共有产权住房和安置房为主体的新时期住房保障体系，计划建设筹集保障性租赁住房40万套（间）、公租房10万套、共有产权住房10万套。

【规范市场租房补贴发放管理】 印发《关于进一步规范市场租房补贴发放管理等问题的通知》（京建法〔2021〕6号），进一步加强市场租房补贴发放管理，简化补贴领取手续，规范租赁合同签订行为。会同市财政局、规建管专项小组，对市场租房补贴调整政策落实情况和实施效果开展专项督查。

【印发住宅项目配建公租房、保障性租赁住房的通知】 12月27日，市住房城乡建设委、市发改委、市财政局、市规划自然资源委联合印发《关于进一步规范本市新供住宅项目配建公租房、保障性租赁住房工作的通知》（京建发〔2021〕389号），通过"一地一策"会商方式，按照"以需定供"思路，选择合适的商品住房、安置房地块进行配建，明确配建工作的程序和各环节要求，合理设定配建比例和回购价格，有效拓宽房源筹集方式，促进职住平衡和项目可持续运营。

【积极推进保障房配建工作】 在三次集中供地中累计推出配建公租房、保障性租赁住房地块25宗、建筑规模46万平方米、可提供房源约5700套，共有产权住房地块4宗、建筑规模22万平方米，指导市区保障房平台有序做好配建地块回购工作。

【指导发行全国首单公共租赁住房类REITs产品】 指导保障房中心成功簿记发行全国首单公共租赁住房类REITs产品——国开一北京保障房中心公租房资产支持专项计划，发行总额4亿元，优先级证券评级为AAA，票面利率3.35%，为全国首单。

【做好保障房税费减免工作】 共办理47个项目、101283套政策性住房税费减免手续，其中保障性住房免收行政事业性收费和政府性基金项目38个、94201套；共有产权住房暂不预征土地增值税项目9个、7082套。

【不断完善住房保障租金补贴机制】 印发《公租房补贴和市场租房补贴退回处理依据》，捋顺退回补贴的调查处理程序，并规范退回补贴、催告、强制执行申请、违法行为移送等文书样式。探索补贴发放告知承诺制，组织东城区、西城区、朝阳区、海淀区的四个街道开展市场租房补贴告知承诺试点；组织开展市场租房补贴家庭实地检查工作，从全市抽取1000户领取补贴家庭核对是否实际居住等情况；遴选第三方开展市场租房补贴现场抽查工作。

【超额完成棚户区改造年度任务】 全市计划完成棚户区改造3995户，实际完成4547户，完成全年任务的113.8%。全市共有15个项目完成征拆收尾。促进入市地块土地整理工作开展，首次组织棚改项目地块集中上市，全年共完成上市交易地块19个，成交金额 814.43 亿元，为实现居民妥善安置、土地高效利用、资金健康运转奠定良好基础。

公积金管理

【年度归集管理情况】截至 12 月 31 日，北京地区建立住房公积金单位 51.24 万个，建立住房公积金职工 1273.12 万人，全年新增住房公积金缴存职工 103.61 万人。北京地区全年归集住房公积金 2749.22 亿元，提取 2058.80 亿元，净增 690.42 亿元。累计归集 20530.61 亿元，累计提取 14349.12 亿元，余额 6181.49 亿元。

【年度贷款发放情况】北京地区全年发放住房公积金个人贷款 9.42 万笔、金额 723.99 亿元，回收金额 398.01 亿元，净增 325.98 亿元。支持职工购房面积 809.66 万平方米。截至 12 月 31 日，累计发放住房公积金个人贷款 135.71 万笔，发放贷款金额 8268.02 亿元，回收金额 3370.75 亿元，余额 4897.27 亿元。年末个人住房贷款余额占缴存余额的 79.22%，住房公积金个人住房贷款市场占有率为 29.4%。截至 12 月 31 日，累计发放项目贷款 37 个，贷款额度 236.09 亿元，建筑面积约 943 万平方米，项目贷款余额 36 亿元。

【完善接诉即办体系】深入推动主动治理、未诉先办，进一步提升接诉即办法治化、规范化、科学化水平。成立工作领导小组，组建服务指导处，原则上工单 100%见面办理；优化 73 个业务问题和 23 项系统功能；推动"未诉先办"，梳理热点问题，加强宣传引导，妥善处理集体投诉案件，全年接听 12329 热线来电 280 万个、办理工单 14000 余件，12329 热线来电同比下降 30%；全年 12345 工单近 4300 件，公积金中心接诉即办全市排名第 24 名，"三率"成绩均高于全市平均水平。

【全面优化服务环境】住房公积金管理中心制定《公积金优化服务环境 1.0 版》，18 项措施任务全部完成。服务事项由 52 个精简整合为 42 个，办事时限由 43 天减至 23 天，办事材料由 47 份减至 33 份，全程网办事项由 28 个增加到 34 个。81%的服务事项实现全程网办，15 个事项"掌上办"；9 项高频业务"跨省通办"；19 个业务大厅全面实施首问负责、一次告知、"办不成事"反映窗口等措施，106 个窗口推行综合服务，42 个事项可无差别办理。

【深化制度保障改革创新】北京市委全面深化改革委员会第二十次会议审议通过了《关于深化北京住房公积金制度改革的实施意见》。从供给和需求两侧发挥作用，支持租赁住房和保障性住房建设；与市住房城乡建设委联合印发《关于住房公积金支持北京老旧小区综合整治的通知》，支持提取住房公积金用于加装电梯等老旧小区综合整治及维修资金补建续筹，翻建、改建或扩建危旧楼房可申请住房公积金个人贷款。推进京津冀住房公积金一体化，促进实现信息共享和业务通办；支持副中心职工职住平衡，近 2000 人次提取公积金支付宿舍综合使用费。统筹资金安全与监管服务，建立健全风险防控机制。

【加强行政执法体系建设】制定《重大行政执法决定审核办法》《行政执法全过程记录制度》等 7 项制度；开展"双随机、一公开"执法检查，加强事中事后执法检查监管；执法人员增至 132 人，严格实行"双证"上岗。全年受理执法案件约 2 万件，结案 1.1 万件，为 1.2 万名职工追缴住房公积金 2.4 亿元，有力维护了职工合法权益。

【推进"智慧公积金"建设】编制实施住房公积金管理中心"十四五"信息化发展规划，充分运用大数据、区块链等技术，扩大信息共享和业务联动范围，提升信息化、智能化服务水平。完成具备智能识别、智能推动、人机交互功能的自助系统建设，开展"自助终端机+服务指导员"业务模式试点；完成"全程留痕、可查可控、主动提醒"的执法业务系统建设，实现投诉案件闭环管理。29 个事项 79 个场景应用人脸识别，151 类单据 304 个场景应用电子签章，6 类电子证照开展应用；微信公众号可智能推送 6 类服务信息；政务网站开通智能问答。

城市建设

【全市新开工情况】2021 年，北京市办理房屋建设工程施工许可共 825 项，总规模 5158.75 万平方米，同比下降 2.51%。上述办理施工许可的房屋建设工程中，住宅项目 282 项，建筑面积 2791.72 万平方米，同比下降 19.90%，其中商品住宅 142 项，1139.86 万平方米，同比下降 28.64%；其他类住宅 140 项（含政策性住房、职工自建房等），1651.86 万平方米，同比下降 12.51%。

【重大项目完工 62 项】2021 年，全市共确定 300 项重点建设项目，其中计划新建项目 120 项，续建项目 180 项，力争当年竣工 73 项，总投资约 1.3 万亿元。2021 年新开工 92 项、完工 62 项，完成投资 2872 亿元，其中建安投资 1354 亿元，投资进度分别为 103.3%、107.8%。重点建设项目超额完成建安投资任务，基础设施建设整体推进顺利，新型基础设施建设提速，高标准构建城市副中心城市框架，持续提升公共服务供给质量，城市功能和空间布局持续优化。

【丰台火车站改建工程】项目位于丰台区东大街，建设内容为新建站房40万平方米，配套生产房屋35.7万平方米，地面普速车场11台20线，高架高速车场6台12线。工程总投资2634500万元，2017年12月开工，2021年12月完工。

【轨道交通14号线剩余段】项目位于丰台区、朝阳区。西局站至右安门外站，建设内容为轨道交通，全长约47.3千米，西、东、中段先后于2013年、2014年、2015年开通，剩余4千米在建。工程总投资4450893万元，2009年12月开工，2021年12月完工。

【轨道交通19号线一期】项目位于海淀区、西城区、丰台区。新宫站至牡丹园站，建设内容为轨道交通，全长约22.4千米。其中对新宫车辆段同步实施综合服务设备结构转换夹层、盖上盖下相关交通连接设施及咽喉区盖板等综合利用结构预留。对草桥站、右安门站、新宫站、牡丹园站及周边用地同步实施一体化结构预留。工程总投资2401464万元，2016年6月开工，2021年12月完工。

【轨道交通8号线三期剩余段】项目位于东城区、西城区。中国美术馆站至珠市口站，建设内容为轨道交通，全长约17.2千米。工程总投资1825880万元，2013年12月开工，2021年12月完工。

【北京市中低速磁浮交通示范线（S1线）工程剩余段】项目位于门头沟区、石景山区。金安桥站至苹果园站，建设内容为轨道交通，线路全长10.2千米。工程总投资889937万元，2011年6月开工，2021年12月完工。

【轨道交通11号线西段（冬奥支线）工程】项目位于石景山区金顶街站至首钢站，建设内容为轨道交通，全长约4.2千米。工程总投资484879万元，2019年11月开工，2021年12月完工。

【轨道交通机场线西延】项目位于东城区东直门站至北新桥站，建设内容为轨道交通，全长约1.8千米。工程总投资170197万元，2015年12月开工，2021年12月完工。

【北京市文化中心】项目位于西城区西便门，建设规模约2.8万平方米，建设内容包括北京群众艺术馆、西单剧场（复建）、北京非物质文化遗产保护中心、地下停车库及配套用房等。工程总投资32001万元，2014年8月开工，2021年12月完工。

村镇规划建设

【农村危房改造】6月18日，市住房城乡建设委会同市民政局、市残联、市规划自然资源委、市农业农村局和市财政局，联合印发《北京市农村低收入群体危房改造工作方案（2021—2025年）》（京建发〔2021〕182号），指导各区开展“十四五”期间农村低收入群体危房改造工作。全市2020年动态新增农村危房改造任务2450余户，全部竣工验收或通过其他方式解决安全住所，2021年农村低收入群体危房改造任务200余户全部开工。

【农村房屋安全隐患排查整治】根据住房和城乡建设部农村房屋安全隐患排查整治信息平台统计显示，全市累计排查各类农房125万余户。用作经营的农村自建房8.5万余户，其中初判存在安全隐患的640户全部完成鉴定或评估，47户危房全部完成整治；其他农村房屋116万余户，其中初判存在安全隐患的29848户已基本完成鉴定或评估。针对用作经营、人员密集、擅自改扩建、3层及以上农村4类重点自建房，组织各区开展抽查复核工作。已抽查复核约7万户，抽查率达到46%。

【农宅建设专项检查】对全市9个区抗震节能农宅建设开展“双随机，一公开”检查，累计检查80户。委托第三方机构对各区抗震节能农宅建设、农村危房改造完成情况和农村房屋安全隐患排查整治推进情况进行抽查，分别抽查了800户、500户和920户，全年累计抽查2220户。

【深入推进抗震节能农宅建设工作】完成2018—2020年抗震节能农宅建设验收清算工作，2018—2020年共完成抗震节能农宅建设2.6万余户。为全面贯彻落实“十四五”时期乡村建设行动，提升农房建设质量和地震等自然灾害防御工程标准，12月9日，制定印发《北京市抗震节能农宅建设工作方案（2021—2025年）》（京建发〔2021〕408号）。

【村镇建设其他服务工作】结合农村地区建房实际情况，修订完善《农村民居建筑抗震设计施工规程》。结合“我为群众办实事”践行活动，解决平谷区村民抗震节能改造奖励资金兑付问题。开展镇、村村镇建设管理人员培训工作。

标准定额

【完善绿色建筑标准体系】发布京津冀协同标准《绿色建筑评价标准》DB11/T 825—2021，2021年6月1日起实施；发布地方标准《既有工业建筑民用化绿色改造评价标准》DB11/T 1844—2021，2021

年7月1日起实施，为绿色建筑高质量发展提供技术支撑。

【推动重点区域和重大项目高标准建设】持续推动新建冬奥场馆及设施高标准建设，国家速滑馆、国家会议中心二期、五棵松冰上运动中心、国家体育总局冬奥训练中心、延庆冬奥村等18个建筑获得绿色建筑三星级标识。启动首钢工业遗存项目绿色建筑标识的预评审和现场核验工作。

【建立健全轨道交通工程监督制度机制】市住房城乡建设委发布《关于做好北京市城市轨道交通工程项目安全质量标准化考评工作的通知》（京建发〔2021〕338号），通过总结多年开展轨道交通工程项目安全质量标准化考评工作的经验，进一步完善轨道交通工程风险管控、绿色文明施工、工程质量标准化、科技创新、施工现场作业及生活环境、施工人员卫生健康保障等方面创新点，设置能提升施工现场安全质量标准化管理水平的加分项，激励企业推陈出新。

【开展标准化研究工作】编制《建筑工程消防施工质量验收规范》，落实落细建设单位在竣工验收阶段消防施工质量查验主体责任，进一步加强建筑工程消防施工质量管理，规范建筑工程消防施工质量的验收，保证消防施工质量。

【不断完善保障性住房建设标准】北京市发布《北京市共有产权住房规划设计宜居建设导则（2021年版）》，对2017年发布的《北京市共有产权住房规划设计宜居建设导则（试行）》进行了11项修订，对共有产权住房选址、配套、户型、面积等作出调整，进一步优化提升共有产权住房建设标准。同时，发布《关于调整本市公共租赁住房装配式装修建安工程造价标准的通知》，对公租房装配式装修建安工程造价标准从单方建筑面积800元调整至1000元，旨在提升公租房家庭居住体验，并提高开发建设企业对公租房建设的积极性。

工程质量安全监督

【持续完善质量保障体系提升建筑工程品质】贯彻落实《关于完善质量保障体系提升建筑工程品质的实施意见》（京建发〔2020〕351号），明确任务分工和主责部门，持续健全工作机制，统筹相关部门积极研究制定提升建筑工程品质措施，制定出台建设单位首要责任、四新技术管理、关键工序质量影像追溯管理、城市更新老旧小区质量管理等文件，强化工程质量安全测评和质量双控管理工作，着力破除体制机制障碍，完善首都特色质量保障体系。

【加强城市更新质量管理】贯彻落实市委市政府关于北京市老旧小区综合整治工作相关要求。研究出台《关于进一步加强老旧小区更新改造工程质量管理工作的通知》，明确改造工程实施主体承担建设单位质量首要责任，重点突出党建引领、共同治理理念、改革创新、参建各方质量责任的落实和关键环节监管。

【推动住宅工程质量缺陷保险制度落实】推进住宅工程质量潜在缺陷保险制度实施，落实《北京市住宅工程质量潜在缺陷保险暂行管理办法》（京政办发〔2019〕11号），总结前期保险工作经验，制定2021年保险工作推进措施，宣讲保险政策，督促住宅工程“应保尽保”，全年投保面积约356万平方米，保费金额约1.6亿元。

【组织开展住宅工程督导检查】全年组织专家对新建住宅工程和老旧小区改造项目专项督导检查4次，检查项目61项，查处一般质量安全问题1583项，现场出具《住宅质量安全情况专项检查问题移交单》17份，移交区住建委查处较严重问题共计91项，其余问题要求区住建委督促参建单位依法依规限期整改，助力住宅工程质量提升。

【加强检测行业管理】落实“三减”要求，深化“放管服”改革，加快推进“互联网+政务服务”，进一步完善“建设工程质量检测机构资质管理系统”；推进审批服务便民化，进一步压减申报材料；做好建设工程质量检测机构资质核准审批优化改革，优化建设工程质量检测机构资质核准审批事项，确保“证照分离”改革事项落地。

【强化竣工验收备案管理】进一步优化房屋建筑和市政基础设施工程竣工验收工作，6月4日，市住房城乡建设委出台《关于进一步优化建设工程竣工验收备案管理工作的通知》（京建发〔2021〕173号），推进实现全市建设工程竣工备案工作再提速，办结时限由5个工作日压缩为1个工作日，实现全市建设工程竣工验收备案一日办结。

建筑市场

【工程招标投标监管情况】2021年，北京全年市级总包市场入场招标678项，其中施工504项，监理174项；共办理资格预审文件（含补充文件）备案805项，招标文件（含补充文件）备案1216项，招投标情况书面报告671项，监理合同备案165项。市级专业市场入场招标1405项，其中专业承包项目272项，专业分包项目684项，货物采购项目449项；共办理资格预审文件（含补充文件）备案1777

项，招标文件（含补充文件）备案2005项，招投标情况书面报告1200项。开展“双随机一公开”事中事后监管，抽查施工总承包工程项目483个，提出强制性整改意见967条；抽查监理工程165个，提出强制性整改意见118条；抽查专业工程813个，提出强制性整改意见709条，市场主体均按照整改意见完成整改。

【完成工程造价管理市场化改革试点工作】根据住房和城乡建设部批复的工程造价管理市场化改革试点工作方案，市住房城乡建设委按照“联动市场、服务市场”的原则，坚持目标导向和需求导向，从计价依据多样化入手，实施计价依据公共服务产品供给侧结构性改革，着力构建由消耗量标准、指数指标体系和工程造价信息组成的计价依据体系。截至12月31日，该支撑体系已经基本建成并投入运行，北京市工程造价管理市场化改革试点工作完成阶段性目标任务。

【施工劳务从审批改为备案】根据《住房和城乡建设部办公厅〈关于做好建筑业“证照分离”改革衔接有关工作〉的通知》（建办市〔2021〕30号），市住房城乡建设委制发了《关于落实建筑业企业施工劳务资质备案制的通知》（京建发〔2021〕234号），明确在北京市范围内将原有的施工劳务资质审批改为备案，大幅度降低建筑市场，特别是建筑劳务市场的准入门槛，为众多中小企业从事施工劳务提供便利和支持。截至2021年12月，全市已经有6287家企业申请办理完成施工劳务备案。

【推进建筑市场信用管理工作】从2020年11月起成立信用管理专班，系统研究运用信用手段加强建筑市场管理。加强信用信息归集共享，研究拟定《北京市建筑市场公共信用信息管理暂行办法》，界定公共信用信息范围、具体内容，防止信用的泛用和滥用；理清信用管理各个环节的具体内容，搭建信用监管基本框架。6月9日，市住房城乡建设委印发《关于完善本市工程项目信息的通知》，多渠道采集市场主体业绩信息，为企业资质申报、信用评价、执法检查提供参考。施工总承包项目信息完善功能于6月1日正式上线，截至10月12日，已有530项工程完成项目信息完善，经审核后在市住房城乡建设委网站上进行公示。全量推送“双公示”信息至市经信局“信用中国（北京）”、市市场监管局企业信用信息网，开展双公示信息迟报、漏报、瞒报情况的清理整顿工作。2021年以来累计报送行政处罚489条，行政许可124876条。完善行政处罚信息修复机制，市住房城乡建设委编制印发《北京市住房城乡建设系统行政违法行为分类目录》，按照违法情节将违法行为分为一般违法行为和严重违法行为，根据市场主体违法行为造成后果的严重程度，明确行政处罚信息公示期限，并规定可依申请缩短的公示期限。持续开展建筑市场行为信用评价，每天对建筑市场行为进行信用评价，并及时将评价结果发布于“北京市建筑市场信用信息服务平台”。截至12月31日，共对10930家施工总承包企业、720家监理企业、720家造价咨询企业、80家质量检测机构、101980名注册建造师、18679名注册监理工程师实施了信用评价。

建筑节能与科技

【深入开展公共建筑能耗限额管理工作】市住房城乡建设委深入推进公共建筑能耗限额管理工作，共完成601栋建筑信息采集及1131栋建筑信息核查，是2020年完成量的4倍。截至12月31日，共有12751栋公共建筑纳入电耗限额管理范围，涉及建筑面积1.76亿平方米。

【节能建筑占比进一步提升】全市新增城镇节能民用建筑3477.32万平方米，其中居住建筑1877.99万平方米，公共建筑1599.33万平方米，全部按照现行建筑节能设计标准设计施工；共完成既有居住建筑节能改造356.16万平方米。截至12月，北京市累计建成城镇节能住宅55172.51万平方米，节能住宅占全部既有住宅的95.03%；累计建成城镇节能民用建筑80268.67万平方米，节能民用建筑占全部既有民用建筑总量的80.55%。

【完成2021年民用建筑能源资源消耗统计】共完成6654栋民用建筑的能源资源消耗统计分析工作。能耗统计包含对原统计样本以及年度新增的三星级绿色建筑、超低能耗建筑和节能绿色化改造建筑的能源资源消耗进行统计分析，涉及1511栋居住建筑、4079栋（2863组）大型公共建筑、1021栋中小型公共建筑、13栋三星级绿色建筑、10栋超低能耗建筑、20栋节能绿色化改造建筑，总建筑面积达1.76亿平方米，约占北京市城镇既有建筑总面积的18%。同时，还调研了621户农村清洁供暖用户。数据类型方面，在水、电、气、热全年用量的基础上，增加了月度电力数据和部分建筑样本的电力分项数据。通过对数据进行对比分析，全市城镇民用建筑单位面积综合能耗指标与“十二五”末相比明显降低，民用建筑能耗总量和强度得到有效控制。

【装配式建筑实施比例稳步提升】2021年，北京市新建装配式建筑面积达2079万平方米，占全市新建建筑比例的40%，装配式建筑实施比例稳步提升。

2017—2021年，北京市累计新建装配式建筑面积超过7400万平方米。百子湾保障房项目公租房地块和朝阳区垡头地区焦化厂公租房项目获得"2021年中国土木工程詹天佑奖优秀住宅小区金奖"。

人事教育

【干部人事管理概况】 2021年，北京市住房城乡建设委共有工作人员1204人，局级领导共10人，其中局级正职1人、局级副职6人（兼一级巡视员1人）、二级巡视员3人；处级干部共395人，其中，委管二级巡视员8人（其中6人兼任处级正职），处级正职56人（含兼任）、处级副职89人、职级调研员209人、一般事业单位五级管理岗位和六级管理岗位（原规范单位职级调研员）38人、专业技术三级1人。积极稳妥推进事业单位改革和机关机构改革，大力培养选拔适应首都住建事业发展需要的高素质专业化干部队伍，加强干部教育培训，加强年轻干部队伍建设；严格执行干部任用政策法规，强化干部监督管理，贯彻实施公务员平时考核制度，不断提高选人用人公信度和群众满意度。

【建设公益培训资源平台】 2021年新上线的《首都建设云课堂》系列课程涵盖城市更新改造、老城风貌保护、装配式建筑、绿色建造、智能建造、科技创新与新技术应用、安全生产管理与事故预防等共18个选题41学时的内容。从业人员可随时随地进行相关学习，有效地解决了建筑工地分布零散、工学矛盾突出的问题。

【"互联网+监管"初见成效】 为持续深入贯彻落实《住房和城乡建设部办公厅等关于开展工程建设领域专业技术人员职业资格"挂证"等违法违规行为专项整治的通知》精神，建立打击"挂证"常态化机制，市住房城乡建设委注册中心通过"北京市住房城乡建设领域人员资格管理信息系统"全面监控分析二级建造师的注册经历、执业轨迹，对部分注册人员存在短时间内在多家新办资质的企业或在安全生产许可证临近失效前频繁办理注册业务的情况，监管系统自动临时锁定，并提示其按照《注册建造师管理规定》，主动向注册机关进行解释说明。2021年已累计锁定3841人，其中187人提交了解释说明。经查实已对22人作出行政处罚（理）。

【大力开展职业培训试点工作】 2月22日，发布《关于开展住房和城乡建设领域施工现场专业人员职业培训试点工作的通知》，按照单位申报、实地调研、择优遴选的方式，确定北京城建集团培训中心、北京建工培训中心为试点单位。试点工作实施方案获住房和城乡建设部批复后组织实施。为提高培训质量，市住房城乡建设委注册中心运用远程视频监控等信息化手段，加强培训和测试过程监督检查，两家试点单位共组织培训2805人次，1125人次考试合格。

【有序开展安管人员、特种作业人员证书管理工作】 为全面开展好北京市安管人员、特种作业人员证书续期工作，3月24日发布《关于开展2021年北京市建筑施工特种作业操作资格证书延期复核工作的通知》，9月26日发布《关于开展2021年度〈安全生产考核合格证书〉延续工作的通知》。全年完成证书续期38917人次，其中安管人员27500人次、特种作业11417人次；完成证书信息变更65748人次。

【开展执业资格行政受理工作】 根据住房和城乡建设部有关文件规定，全年受理一、二级建造师，监理工程师，造价工程师，房地产估价师等行政许可事项51411人次。其中，一级建造师注册业务变更为企业认证、个人实名认证和企业更名，全年共计受理一级建造师注册业务7499件。一级造价工程师注册业务仅保留变更业务，全年共计受理一级造价工程师注册业务809件。

大事记

1月

12日　市住建委等三部门联合印发《关于进一步加强全市集体土地租赁住房规划建设管理的意见》，明确提高集体土地租赁住房项目供地质量，并将房源统一纳入全市租赁监管服务平台。

19日　正式启动住房城乡建设领域施工现场专业人员职业培训试点工作。测试成绩合格的考生可取得施工现场专业人员职业培训合格证，作为施工现场专业人员具备相应专业知识水平的证明。

22日　京沈客专北京段正式开通运营。京沈客专北京段全长98.4公里，途经朝阳、昌平、顺义、怀柔、密云5区，设北京朝阳、顺义西、怀柔南、密云站4座车站和动车所1座，设计时速350公里/小时。其建成通车后，北京至沈阳运行时间将缩短为2.5小时。

1月，2021年首批公租房开始配租。为加快解决群众住房困难，1月22日、1月25日，东城、丰台两区分别面向本区公租房轮候家庭启动今年首批房源配租工作。

1月，北京环球影城主题公园及度假区核心工程建设完工，开始进入运营准备和开园前的密集筹备阶段。

1月，北京土地公开出让首次采用“竞地价＋竞政府持有商品住宅产权份额＋竞高标准商品住宅建设方案”方式供地，合理引导市场预期，严格落实“房住不炒”。

2月

1日 市住房城乡建设委联合市规自委发布《北京市轨道交通建设工程盾构施工安全质量管理办法》。通过明确盾构机选型和适应性评估、改造质量、验收程序等内容，规范了盾构机使用管理。

同日，由市住建委、市公安局、市网信办、市文旅局四部门印发的《关于规范管理短租住房的通知》正式施行。

22日 市住房城乡建设委正式发布《关于进一步做好国有土地上房屋征收补偿决定有关工作的通知》，从征收补偿决定的作出、送达、执行程序等方面进一步规范行政行为、缩减执法周期、提升工作效率，推动回迁安置房及重点工程建设尽早落地。

2月，市住建委等五部门联合发文《关于规范本市住房租赁企业经营活动的通知》。自2021年3月1日正式实施。

2月，中国电信京津冀大数据基地一期工程完成主体结构封顶。

2月，市住建委为全市住建系统不停工工程项目留京的约17000名农民工发放共约680万资金补助。

3月

16日 北京保障房中心发行3亿美元债券，息票率1.9%，最终认购订单超10倍。

同日，市住建委印发《北京市建筑施工特种作业人员考核管理办法》。建筑施工特种作业人员必须经专门的安全作业培训并考核合格，方可上岗从事相应作业。

19日 市住建委发布《北京市物业管理委员会组建办法》，自3月31日起实施。

3月，市住建委会同市发改委、市规划自然资源委联合印发《2021年首批政策性住房开竣工项目计划的通知》，计划开工项目共47个、房源约5.3万套，其中租赁住房11个、约1.3万套，产权住房36个、约4万套。竣工计划项目共56个、房源约6.9万套，其中租赁住房1.3万套，产权住房5.6万套。

4月

7日 北京市住房和城乡建设委员会发布《关于禁止房地产开发企业违规收取契税和住宅专项维修资金有关问题的通知》，《通知》明确禁止房地产开发企业对应由购房人缴纳的契税和住宅专项维修资金进行代收、代缴。

15日 市级保障房平台公司市保障房中心3亿美元5年期债券在中华（澳门）金融资产交易股份有限公司（即MOX）挂牌上市，是全国首笔保障性住房建设及运营平台境外美元债券。

22日 市住建委等部门发布关于印发《关于引入社会资本参与老旧小区改造的意见》的通知，提出从多种方式引入社会资本参与。

同日，市住房城乡建设委启动房地产市场秩序专项整治，综合采取集中约谈、巡检暗访、“双随机”抽查等方式，打击治理房地产开发企业、房地产经纪机构、住房租赁企业及从业人员的违法违规行为。

5月

4日 北京市重点项目万寿路南延四环路跨线桥全面实现通车，为打通西三环与西四环之间城市主干路创造了条件。

7日 市住房城乡建设委、市规划和自然资源委联合出台《关于进一步简化购房资格审核程序的通知》。

10日 市住房城乡建设委印发《2021年北京市老旧小区综合整治工作方案》，明确2021年启动300个老旧小区综合整治，100个老旧小区完成综合整治。

17日 北京大兴机场北线高速公路东延段（京台高速—京冀廊坊界）正式通车。

25日 市住房城乡建设委发布《关于老旧小区综合整治实施适老化改造和无障碍环境建设的指导意见》，推出适老化改造“菜单”，9项必须改造的内容都围绕着通行无障碍设定。

6月

1日 市住建委公布2021年第二批老旧小区综合整治项目名单，共有150个小区，涉及朝阳、海淀、石景山、房山和延庆5个区，合计改造楼栋数889栋、建筑面积约644.5万平方米。

10日 《北京市人民政府关于实施城市更新行动的指导意见》发布，将城市更新纳入经济社会发展规划、国土空间规划统筹实施。

18日 市住房建设委、市发展改革委等四部门联合印发《关于进一步推进非居住建筑改建宿舍型租赁住房有关工作的通知》。

26日 北京冬奥村居住区全面完工，交付北京冬奥组委使用。

29日 2022年冬奥会首个新建比赛场馆“冰丝带”通过竣工验收。该项目位于北京奥林匹克森林公园网球中心南侧，是北京 2022 年冬奥会北京主赛区标志性场馆。

6 月，北京市住房和城乡建设委员会等六部门联合发布了《北京市农村低收入群体危房改造工作方案（2021—2025 年）》（京建发〔2021〕182 号），明确规定了 2021 年北京危房改造补助标准及享受对象。

7 月

14 日　市住建委发布《关于进一步规范市场租房补贴发放管理有关工作的通知》，明确取得市场租房补贴资格的家庭自行到市场租赁住房，签订住房租赁合同时应使用《北京市住房租赁合同》（示范文本）。

16 日　市住建委发布《关于规范共有产权住房出租管理工作的通知（试行）》（征求意见稿），首次就共有产权住房交付后的出租管理规定公开征求意见。

7 月，北京城市副中心剧院、图书馆、博物馆工程主体结构全面完成。

8 月

5 日　丰台站改建工程京广客专联络线特大桥全线贯通。

10 日　市住房和城乡建设委发布《关于进一步加强老旧小区更新改造工程质量管理工作的通知》，将在老旧小区改造工程中推行样板引路制度。

18 日　全国首单公共租赁住房类 REITs 产品——“国开—北京保障房中心公租房资产支持专项计划”成功发行。

27 日　北京市住房和城乡建设委员会发布关于印发《北京市“十四五”时期老旧小区改造规划》。

8 月，市住建委发布《北京住房和城乡建设发展白皮书（2021）》。

9 月

28 日　新国展二期项目正式开工。项目计划于 2024 年竣工。

10 月

28 日　国家体育场“鸟巢”改造工程完工，这里主要承担北京冬奥会、冬残奥会开闭幕式。

10 月，北京市住房城乡建设委、市发展改革委等 15 部门共同发布了《北京市绿色社区创建行动实施方案》。

11 月

10 日　市住建委公布 2021 年第五批老旧小区综合整治项目名单，8 个区的 61 个项目纳入改造名单。

16 日　市住房和城乡建设委员会发布北京市住房资金管理中心关于多售房单位楼房支取使用住宅专项维修资金问题的通知。

30 日　北京大兴国际机场临空经济区内的京东 5G 智能物流产业园项目开工，预计 2023 年竣工。

12 月

1 日　市住建委、市规自委、市消防救援总队三部门联合印发《北京市关于深化城市更新中既有建筑改造消防设计审查验收改革的实施方案》。

13 日　市住建委、市规自委、市农业农村局、市财政局四部门联合印发《北京市抗震节能农宅建设工作方案（2021—2025 年）》。

23 日　市住建委、市规自委联合印发《北京市共有产权住房规划设计宜居建设导则（2021 年版）》。

27 日　市住建委等四部门联合印发《关于进一步规范全市新供住宅项目配建公租房、保障性租赁住房工作的通知》。

29 日　市住建委和东、西城区政府联合印发实施《关于核心区历史文化街区平房直管公房开展申请式换租有关工作的通知》。

（北京市住房和城乡建设委员会）

城乡规划

政策发布

【《北京历史文化名城保护条例》施行】1 月 27 日，《北京历史文化名城保护条例》由北京市第十五届人民代表大会第四次会议审议通过，自 3 月 1 日起施行。该条例将历史文化名城保护的新理念新要求转化为制度安排，对“保什么”“谁来保”“怎么保”“怎么用”等作出规定。5 月 7 日，北京历史文化名城保护委员会办公室召开宣传贯彻《北京历史文化名城保护条例》动员部署大会。

【《北京市无障碍环境建设条例》施行】9 月 24 日，《北京市无障碍环境建设条例》由市第十五届人民代表大会常务委员会第三十三次会议审议通过，自 11 月 1 日起施行。此次修订，名称由《北京市无障碍设施建设和管理条例》调整为《北京市无障碍环境建设条例》；内容上新增“无障碍信息交流”和“无障碍社会服务”两部分内容，涉及的政府部门职责也相应扩大；受益群体方面，从残疾人扩展至全体社会成员。

【“十四五”历史文化名城保护发展规划发布】7 月 15 日，市政府批复《北京市“十四五”时期历史文化名城保护发展规划》。8 月 3 日，市规划自然资源委发布该规划。该规划以2035年名城保护目标为指引，明确“十四五”保护目标，明确老城、三山五园地区、三条文化带及各类保护对象等近期重点保护任务200多项；对接国家文化保护传承利用工程等重大文化发展战略，立足于“都”谋划北京名城保护工作，以33项重大工程带动全国文化中心建设；围绕政策机制完善，提出探索文物腾退、保护利用和开放政策，适时多领域、分批次公布各项保护对象保护名录等策略，构建保护治理体系。

【《北京市城市设计管理办法（试行)》施行】 1月5日，《北京市城市设计管理办法（试行)》施行。该办法与构建完善全市国土空间规划体系相衔接，建立贯穿城市规划编制和规划管理的城市设计管理体系，强化对城市设计的分类指导，通过加强公众参与、成果集成创新、发挥责任规划师作用等方式，促进城市设计在塑造城市特色风貌、提升城市空间品质、加强城市精细化管理中的引领作用。

【《北京市城市设计导则》发布实施】 4月30日，市规划自然资源委发布实施《北京市城市设计导则》。该导则是《北京市城市设计管理办法（试行)》的实施细则，从技术层面、可操作层面落实试行办法相关要求；从管控和实施两个方面明确城市设计的各类对象、控制要素构成及管控方式，搭建适合北京特色的城市设计管控和引导体系，建设高品质、人性化的公共空间，保持城市建筑风格的基调与多元化，提升人居环境质量。

【重要市政场站城市设计导则印发实施】 6月7日，市规划自然资源委印发实施《北京市重要市政场站城市设计导则》。该导则涵盖水、电、气、热等8大专业类型、40余种设施类型，聚焦市政行业痛点，关注城市风貌塑造和内涵品质提升，制定层次清晰、类型全面、要素完整的城市设计要求，缓解市政设施的邻避效应。

【国土空间规划城市设计编制技术要点编制完成】 11月5日，市规划自然资源委编制完成《北京市国土空间规划城市设计编制技术要点》。该要点把国土空间规划中各层级城市设计专篇作为一个体系，进行一体化整合、闭合式传导、完全涵盖性释义，把各层级城市设计管控要素，按照研究类、管控类分类提取，按照符合、不符合进行表格化处理，对涉及的名词做出针对性地释义。

【城市总体规划实施第一阶段评估】 2021年，北京市落实“一年一体检、五年一评估”要求，在2018—2020年连续三年开展城市体检基础上，组织开展城市总体规划获批后的首次评估。评估对照城市总体规划提出的2020年近期目标，采用自评估与第三方评估同步进行的方式，结合市民满意度调查和市民服务热线，对城市总体规划实施和城市发展状态进行评价。评估形成总报告和“一张表、一清单、一套图、一调查、一平台”的“1+5”成果。7月20日，市政府召开常务会议，审议通过城市总体规划实施评估报告。7月28日，市委常委会召开会议，听取城市总体规划实施评估情况汇报。9月24日，市十五届人大常委会第三十三次会议听取审议市政府关于城市总体规划实施评估情况报告。11月2日，评估成果经首规委第42次全会审议通过。11月30日，评估成果上报党中央、国务院。

【城市更新系列政策印发实施】 3月26日，市规划自然资源委、市住房城乡建设委、市发展改革委、市财政局（以下简称“四部门”）联合印发《关于首都功能核心区平房（院落）保护性修缮和恢复性修建工作的意见》。4月9日，四部门联合印发《关于老旧小区更新改造工作的意见》。4月21日，四部门联合印发《关于开展老旧厂房更新改造工作的意见》《关于开展老旧楼宇更新改造工作的意见》。5月15日，《北京市人民政府关于实施城市更新行动的指导意见》印发实施，强化“圈层引导”与“街区引导”的规划引领，提出6种主要更新方式，明确组织实施方式、配套政策、保障措施，统筹推进城市更新。

【城市更新行动计划印发实施】 8月21日，市委办公厅、市政府办公厅联合印发实施《北京市城市更新行动计划（2021—2025年)》。通过实施城市更新行动，进一步完善城市空间结构和功能布局，促进产业转型升级，建立城市自我更新机制，实现存量空间资源提质增效。

【城市更新专项规划审议通过】 12月13日，《北京市城市更新专项规划（北京市“十四五”时期城市更新规划)》经市委城工委主任专题会审议通过。该规划为全国首个减量发展背景下的城市更新专项规划，结合北京减量背景和存量特点，以功能完善、提质增效、民生改善、严控大拆大建为原则，确立以街区为单元、以存量建筑为主体、以功能环境提升为导向的更新工作思路，推进小规模、渐进式、可持续更新。规划提出了更新对象范围、目标策略、方法路径、组织体系和政策机制。

【既有建筑改造消防设计审查验收改革】 4月12日，北京市和北京市朝阳区、北京经济技术开发区被住房和城乡建设部确定为开展既有建筑改造利用消防设计审查验收试点市（区)。10月25日，市委全面深化改革委员会第二十二次会议审议通过《北京市关于深化城市更新中既有建筑改造消防设计审查验收改革的实施方案》。11月28日，市住房城乡建设委、市规划自然资源委、市消防救援总队联合印发该实施方案。该实施方案从健全消防技术标准体系、优化消防审验管理、消防与工程质量监管一体化融合、完善监督管理体系4个方面提出13条措施，推进既有建筑改造消防审验关键环节和突出问题改革，建立健全与城市更新相适应的消防审验政策机制。

村镇规划建设

【120个乡镇国土空间规划编制审查】2021年，市规划自然资源委有序推进全市乡镇国土空间规划编制报审，形成“1+5+N”工作体系，搭建乡镇国土空间规划市级层面“多规合一”联审平台。建立月调度、月报送工作机制和问题反馈机制，每月召开调度会，协调解决相关问题。截至2021年年底，全市需要编制乡镇国土空间规划的120个乡镇（含通州区9个），全部启动编制工作；履行市级审查的15个。

【2911个应编村庄规划全部获批】市规划自然资源委落实市委、市政府《实施乡村振兴战略 扎实推进美丽乡村建设专项行动计划（2018—2020年）》要求，配合市农村农业局开展全市村庄规划编制。截至2021年年底，全市2911个应编村庄规划全部获得区政府批复。

标准定额

【既有建筑改造工程消防设计指南（试行）印发】3月18日，市规划自然资源委印发《北京市既有建筑改造工程消防设计指南（试行）》。该指南坚持“处方式”规范和“性能化”设计相结合理念，明确既有建筑改造工程消防设计总体原则，提出46条“松绑式”设计要求，涵盖总平面布局、安全疏散与避难、建筑构造、灭火救援等9方面，填补北京市既有建筑改造消防设计标准空白。

【无障碍设施通用图集发布实施】5月30日，市规划自然资源委发布实施《无障碍设施》通用图集。该图集从标识系统、交通出行、公共建筑及场所、居住区及居住建筑等方面出发，进一步完善无障碍建设的标准要求、技术做法，更加注重系统化、精细化设计，强化无障碍环境的全方位建设与助残、保障母婴权益、适老化设计理念。

【《站城一体化工程消防安全技术标准》发布】9月30日，市规划自然资源委、市市场监管局联合发布《站城一体化工程消防安全技术标准》。该标准总结梳理近几年复杂工程性能化审查工作经验，打破当前不同功能的建设工程只从各自领域（行业）的消防设计及管理考虑的壁垒，提出站城一体化工程大中庭共享空间防火排烟疏散设计要求，共建、共享站城一体化工程消防设施，推进全市轨道交通与城市更新一体化设计发展，提升整体应急响应能力和消防安全水平，促进轨道交通与城市功能有机融合、协调发展。该标准自2022年4月1日起实施。

【《建筑物名称规划标准》发布】12月30日，市规划自然资源委、市市场监管局联合发布《建筑物名称规划标准》。该标准与《北京市建筑物名称管理暂行规定》相衔接，细化建筑物名称规划的目的、适用对象和原则依据，强化建筑物名称的分类规划标准，明确更名或注销建筑物名称的要求，引导建筑在规划设计阶段根据区域、文化、特征及类别进行命名，避免出现“大、洋、怪”名称，推动全市建筑物名称管理更加规范化、科学化。该标准自2022年4月1日起实施。

【《公共建筑无障碍设计标准》发布】12月30日，市规划自然资源委、市市场监管局联合发布《公共建筑无障碍设计标准》。该标准进一步提高全市公共建筑无障碍设计水平，强化公共场所无障碍环境设计的系统性和便利性，提升重点公共场所无障碍设施配置，着力发展公共场所信息交流无障碍与无障碍智慧服务，方便包括各类残障人士、老年人等有无障碍需求的人士平等参与社会生活，营造友好、包容、共享的无障碍环境。该标准自2022年7月1日起实施。

其他重要工作

【建筑师负责制试点】1月27日，市规划自然资源委印发实施《北京市建筑师负责制试点指导意见》。成立试点工作专班，开展试点项目征集、跟踪服务和评估；组建行业咨询委员会。指导北京工程勘察设计协会出台建筑师负责制工程建设项目《招标示范文本》《合同示范文本》《服务收费指导意见》《责任保险实施意见》等配套文件。倡导建筑信息模型（BIM）全正向设计，出台《工程建设项目全生命周期BIM技术应用实施意见》，提高建筑师对项目的管控能力、在全产业链中的影响力。截至2021年年底，在北重科技文化产业园总体规划设计及一期工程等17个工程建设项目中开展建筑师负责制试点，首批商品住宅集中供地中有7宗地签订建筑师负责制合同。

【推动责任规划师工作拓展深化】会同市住房城乡建设委发布《关于责任规划师参与老旧小区综合整治工作的意见》，编制《责任规划师优秀案例集》。召开责任规划师工作年度表彰暨经验交流推进大会。开展10余期线上线下培训讲座，受众超过4000余人次。开展“建党百年·服务百姓·营造属于您的百个公共空间”项目评选与实施，推出“微空间·向阳而生”等品牌。4月23日，自然资源部联合市规划自然资源委，就责任规划师制度助力城市更新、社区生活圈建设和乡村振兴等开展交流研讨，并赴东城区史家胡同、朝阳区双井街道实地调研座谈。全年配合自然资源部接待19个省市来京调研学习责任规划师工作。截至2021年年底，全市签约近300个责任规划师团队。

【2026年世界建筑师大会申办】2021年，市规划自然资源委、中国建筑学会共同完成2026年世界建筑师大会申办工作。申办期间，申办外联团队向103个国际建筑师协会（UIA）会员发出申办宣传材料和申办支持邮件，与30余个友好会员及各区副主席召开一对一宣传推介视频会议。申办宣传团队开通申办英文网站，通过微空间改造、城市更新等具体案例体现“为人民而设计”理念。6月4日，第27届世界建筑师大会中国—巴西合作协议签署。7月12日，第27届世界建筑师大会中巴合作论坛暨中国建筑展在张家湾未来设计园以线上线下方式举办。7月19～26日，第27届世界建筑师大会在巴西里约举办期间，推荐3名中国建筑师为大会主旨演讲嘉宾、7名中国建筑师为论坛演讲嘉宾。本次申办未获成功。

【办理建筑许可指标改革持续深化】2021年，市规划自然资源委开展政策宣传解读，特别是在新冠肺炎疫情期间，召开全市工程建设领域优化营商环境改革政策视频宣讲会，约2000人在线观看。举办“处长政策解读日”，通过线上线下方式，为企业点对点答疑解惑。3月29日，国务院优化营商环境专项督查调研组来京开展实地督查调研，召开办理建筑许可专题组对接会，市规划自然资源委汇报北京市优化营商环境办理建筑许可指标工作情况，督查组实地观看北京市低风险工程“一站通”、施工图审查、“多规合一”平台、工程建设项目审批、风险分类、联合竣工验收6个系统平台建设和运行情况。6月16日，完成与世界银行关于办理建筑许可指标的视频磋商。11月19日，与惠灵顿联合召开办理建筑许可优化营商环境云上研讨会，介绍北京市低风险工程建筑项目改革情况，惠灵顿与会专家分享建筑立法与程序及构建以客户为中心的世界级建筑许可制度相关经验，围绕施工图管理、审批机构设置等进行交流。

【工程建设项目审批制度改革】4月8日，《关于进一步优化我市社会投资低风险工程建设项目全程网办的通知》由市深化工程建设项目审批制度改革领导小组办公室印发，通过“前端电子报件＋中台智能转派＋后端出具电子证照”方式，社会投资低风险工程建设项目“一表式”受理实行电子报件，出具电子证照。9月27日，《北京市关于加强工程建设项目全流程审批时间管理及审批行为监督的指导意见》由市深化工程建设项目审批制度改革领导小组办公室印发，全面清理压减各环节“隐形时间”。实现与水电气热市政公用服务系统对接、将“多规合一”纳入审批系统统一管理，实现全部工程建设项目审批事项“一口申报”。探索市政公用“免审批、并联批”接入审批模式，对市政公用接入外线工程实行分类审批。持续深化“多测合一”改革，推行建筑师负责制，深化告知承诺审批模式。开展打通“最后一公里”行动，对施工图审查、“多测合一”等政策落实情况，低风险工程“一站通”、工程建设项目审批管理系统等信息化平台建设情况，以群众“懂不懂”、流程“通不通”、体验“好不好”为标尺，全面开展自查。9月29日，完成住房和城乡建设部工程建设项目审批制度改革第三方评估填报。

（北京市规划和自然资源委员会）

城市管理

公用事业

【概况】2021年，北京市城市管理工作着眼首都城市功能定位，立足庆祝建党百年及筹办北京冬奥会等重大活动服务保障，高标准抓好市政公用设施运行管理。首次促成入廊管线企业出资共建综合管廊，制定实施《北京市城市地下综合管廊运行安全和风险防控管理规范（试行）》，协调推进城市副中心等综合管廊项目建设，建成综合管廊212公里。建立风险管控和隐患排查治理双重预防机制，强化地下管线隐患消除、安全防护、井盖治理以及老旧小区管线改造等工作，市级地下管线消隐工程完成1596项，共170公里，治理管道隐患9处，实现“动态清零”。

截至2021年年底，全市共有石油、天然气管道

27 条、总长度 1141.68 公里，分属于 9 家企业运营管理。按运行状态分为：在运管道 21 条，长度为 1000.26 公里，停运封存管道 6 条，长度为 141.42 公里。按输送介质分为 6 种，原油管道 7 条 144.08 公里、柴油和汽油管道 6 条 225.90 公里、航空煤油管道 3 条 186.40 公里、天然气和煤制气管道 11 条 585.30 公里。

编制《北京市推进智能化供热综合工作方案》，全市天然气消费量达到 190.6 亿立方米，城镇地区供热面积约 9.19 亿平方米，居民供热面积约 6.47 亿平方米。制定加氢站行业发展规划，规范加氢站运营管理。推动充电设施接入市级平台和不同充电服务平台信息互联互通。始终坚持安全生产“党政同责、一岗双责、齐抓共管、失职追责”，牢固树立安全生产红线意识和底线思维，不断强化城市运行应急管理能力，圆满完成城市管理行业领域安全生产、应急管理、城市地下管线安全度汛、重大活动和重要会议城市运行应急保障等工作任务，确保首都城市运行安全稳定。

【编制完成“十四五”城市管理发展规划】12 月 28 日，《北京市“十四五”时期城市管理发展规划》经市政府常务会议审议通过，坚持精细治理，深化落实“三治（精治、共治、法治）、五化（法治化、标准化、智能化、专业化、社会化）”要求，努力构建现代化的城市治理体系。

【综合管廊建设】为有效推进综合管廊建设，市城市管理委协调城市副中心、大兴新航城、轨道交通 3 号线、轨道交通 7 号线东延、怀柔科学城、通州文旅区等综合管廊项目建设，加强协调调度。截至年底，建成综合管廊 212 公里。在轨道交通 3 号线一期综合管廊建设中，市城市管理委首次促成入廊管线企业出资共建综合管廊，特别是电力出资建设在本市乃至全国尚属首次，有力支撑了轨道交通 3 号线一期综合管廊建设投资。北京冬奥会延庆赛区水、电等地下管线通过综合管廊实现与比赛场馆连通，全部基础建设完成并实现闭环管理，有效保障了冬奥会配套市政能源供给。北京冬奥场馆外围配套综合管廊工程于 2021 年 9 月完成竣工验收并交付使用。

【优化市政接入营商环境】市城市管理委牵头完成市政公用接入营商环境 4.0 版。制定发布进一步提升市政公用接入水平更好服务市场主体工作方案，实行市政接入外线工程行政审批全程网上并联办理和“非禁免批”，办理时限不超过 2 个工作日；市政公用报装“一站式”服务平台上线运行，整合市政公用报装申请表单，申请材料精简到 4 项，实行“一次申请、一表受理、各方共享、全程网办”。实现不动产登记与水电气有线电视过户联动办理，印发《不动产登记与水电气有线电视过户联动办理工作方案》，利用区块链技术，可同步办理水电气有线电视过户业务，实现“一件事一次办”。

【推进老旧小区管线改造与治理】会同相关部门印发《进一步加强北京市老旧小区市政管线改造的工作意见》，明确管线改造资金政策、手续办理程序、产权移交政策、后期运维管理政策等。会同市住房城乡建设委、水电气热管线单位现场调研了解老楼加装电梯管线拆改移工作的组织形式、施工方式、费用构成、专业公司参与度等情况，下发管线拆改移实施方案。印发《关于规范居住小区内地下管线改造工程实施后恢复工作的指导意见》，明确道路、绿地等设施挖掘恢复价格，推动居住小区公共区域地下管线实现专业化管理，保障各方权利和责任履行。推进核心区老旧管线隐患整治，完成 27 项、16.8 公里管线消隐及改造工程，以及 163 个道路积水点改造。

【井盖病害治理和更新换装】印发《北京市城市管理委员会 北京市园林绿化局关于开展全市绿地内井盖病害排查治理专项行动的通知》《北京市城市管理委员会关于开展 2021 年度公共道路范围内井盖病害治理工作的通知》，按照随道路施工、随管线施工、年度专项计划治理的模式，在全市范围内组织开展病害检查井治理、全市绿地内井盖病害排查治理专项行动，完成病害检查井治理 3.1 万余座。

【安全生产专项整治三年行动】落实市安委会工作部署，紧盯目标任务和问题隐患“两个清单”，全面推进安全生产专项整治三年行动。按时完成全年 59 项重点任务，上账 74 项事故隐患均已整改。

【阿苏卫循环园区异味治理】市城市管理委牵头成立阿苏卫循环经济园区异味治理工作专班，编制印发《阿苏卫循环经济产业园区异味治理方案》《专项检查工作方案》《专项环境监测方案》和《专项接诉即办工作方案》，组织开展改造、检查、监测等工作，实现园区内各项污染物全面达标排放，异味投诉同比 2020 年大幅下降。

【做好垃圾粪便处理设施异味治理】市城市管理委制定《关于印发进一步开展全市垃圾粪便处理设施异味治理工作方案的通知》推动全市垃圾粪便处理设施开展自查自改，通过设施密闭、负压改造等措施加强异味控制。

【垃圾分类与垃圾处理设施建设】市城市管理委

会同国家能源集团、北京化工大学研制可实现与家庭厨余垃圾“同步堆肥”“完全降解”的全生物可降解垃圾袋。在昌平区回天地区开展试点应用，累计发放居民家用垃圾袋334万余个，室外厨余垃圾桶用垃圾袋55万余个，实现居民厨余垃圾“不破袋”投放。9月，市城市管理委印发《关于推广可堆肥全生物降解袋在部分地区试用的意见》提升居民自主准确分类水平，实现“以袋促分”。采取“日沟通、周调度、专题协调、滚动推进”的方式，在建项目抓进度、未开工项目抓动工、后续项目抓储备，强力推动垃圾处理设施项目建设。安定循环经济园区项目焚烧厂土建施工完成48%，设备安装完成13%，整体形象进度41%；医疗废物处理厂土建施工完成30%；综合楼土建施工完成15%。顺义生活垃圾综合处理中心焚烧三期同步进行土建施工和设备安装，项目进度81%。大屯生活垃圾转运站全密闭改造项目进度72%。平谷生活垃圾综合处理厂二期项目进度12%。

【涉疫医疗废物处置项目技改升级】会同市生态环境局加快推进南宫生活垃圾焚烧厂涉疫医疗废物应急处置项目技改升级，项目处理规模为30～50/日。12月进行设备安装，按医疗废物接收处置管理模式，接收延庆、朝阳等涉冬奥场馆的生活垃圾，冬奥会期间共处置垃圾7657.84吨。

【建成全市公厕智慧查询系统】统筹建立“区管委牵头、专业公司测绘、高德公司上图、区环卫中心维护反馈”的工作机制，16个区及北京经济技术开发区已将13374座公厕导入高德地图图层，完成公厕信息落点落图，方便公众查找。

【谋划北京“双碳”行动实施方案】为深入贯彻落实国家碳达峰、碳中和重大决策部署，加快推进本市能源体系清洁低碳转型，实现能源安全发展和稳定供应，谋划研究《北京市能源安全运行“双碳”行动实施方案》。该方案以北京市2050年率先实现碳中和目标为出发点，立足全市能源安全运行工作实际，确立了四个目标，贯彻三条主线，坚持五大理念，强化七项任务。

【迎峰度夏（冬）供电保障】分别于5月、10月制定度夏（冬）电力保障方案、有序用电和拉路序位方案，加强工作部署，强化资源储备，优化电网调度，强化隐患排查治理和应急准备，发挥热电气联调联供机制作用，完成外受电量占比不低于62%的工作目标。联合市发展改革委等11个部门印发《北京市进一步强化节能实施方案》，助力电网安全稳定运行和电力安全可靠供应。

【首次开展大用户绿色电力交易试点】组织首都电力交易中心，通过调查问卷征集全市电力用户绿电需求。编制出台《关于北京市2021年外购绿电交易试点工作实施方案（试行）的意见》，9月，北京地区首次开展大用户绿色电力交易试点工作。通过省间绿色电力交易购买山西绿电，9～12月达成绿色交易电量9620万千瓦时。

【天然气供应保障工作】组织北京市燃气供应企业落实合同期总计192亿立方米的天然气资源。10月29日，北京燃气集团与中国石油天然气销售北京分公司签订2021—2022年度天然气购销合同，落实合同期178.2亿立方米的天然气资源，非居民门站价格供暖季上浮18%。2021年全市天然气消费量达到190.6亿立方米。9月，联合市发展改革委、市财政局印发《北京市政府天然气应急储备设施运行管理方案（试行）》，明确了应急储备资源动用的工作程序和要求。

【优化燃气营商环境】组织市燃气集团等供气企业对标全国重要城市燃气优化营商环境工作，实施燃气优化营商环境4.0版措施，优化业务流程，指导供气企业扩大了小微工程“三零”服务范围。积极落实“一网通办”工作要求，推进“互联网+服务”模式发展，推动网上办向掌上办、自动办、智能办延伸。截至年底，全市已累计完成“小微工程”项目6503个。

【供热能力持续提升】全市城镇地区供热面积约9.19亿平方米，热电联产供热2.21亿平方米、区域锅炉房5.51亿平方米、燃气壁挂炉分户自供暖1.1亿平方米、新能源和可再生能源0.37亿平方米；居民供热面积约6.47亿平方米。全市备案供热单位1209家，区域锅炉房共3546座。城市热网供热面积约2.02亿平方米，占全市总供热面积的21.9%，热力站共3404个。

【促进充电设施平台互联互通】12月底，推动全市累计建成充电桩25.6万个，其中社会公用桩3.2万个，单位内部桩2.2万个，私人自用桩19.5万个。推动充电设施接入市级平台和不同充电服务平台信息互联互通，新增接入平台企业17家，累计接入平台企业达到194家。

【完成冬奥会氢燃料电池汽车加氢保障】持续协调推动金龙、玉泉营、庆园街等4座冬奥配套加氢站建设工作，制定市级冬奥加氢保障方案和应急预案，指导企业制定专项保障方案和应急预案。冬奥会期间，累计加注57.78吨氢气、服务4831车次，日均加注3.4吨、服务285车次；冬残奥会期间累计加注 14.67 吨氢气、服务 1368 车次，日均加注 1.47 吨、服务 134 车次。

市容环境

【概况】2021 年，编制完成《北京市“十四五”时期城乡环境建设管理规划》，下达《2021 年首都环境建设管理任务书》，确定 2021 年度首都环境建设市级重点项目16 项，各区牵头任务82 项。坚持央地协同、市区联动、政企互动，持续深化精治共治法治。持续开展农村人居环境和城乡接合部环境整治，推进铁路沿线环境整治和环境管理。落实环境管理考核评价，强化环境问题执法督查。集中开展城市公共空间设施治理，深入推进架空线入地及规范梳理，净化公共空间，提升城市品质。

开展新修订《北京市市容环境卫生条例》《北京市户外广告牌匾标识和标语宣传品设施设置管理条例》宣贯，推进违规户外广告和标语规范治理。进一步实施《北京市生活垃圾管理条例》，截至年底，可回收物回收量增长近 1 倍，生活垃圾回收利用率达 37.5%以上；全市垃圾处理量 784.22 万吨，无害化处理率 100%；粪便清运量为 209.37 万吨，处理量为 209.37 万吨，处理率为 100%。生活垃圾处理设施 46 座，三类以上公共厕所 6343 座，市容环卫专用车辆设备总数 12215 台，其中道路清扫保洁专用车辆 4915 台，生活垃圾运输专用车辆 5103 台，城市道路“冲、扫、洗、收”组合工艺作业覆盖率达到 94%以上。

【推进重点环境建设项目实施】市级重点项目 17 项（实施周期为 2021—2022 年），包括首都功能核心区环境建设、冬奥会环境保障、城市副中心环境建设、高铁及市郊铁路沿线环境建设、城市环境薄弱地区环境建设，涉及 11 个区。项目以首都功能核心区和冬奥会环境建设为重点，覆盖奥林匹克中心区、首都体育馆区域、延庆小海坨三个涉冬奥会重要区域，以及京张高铁、京藏高速、阜石路、京银路、松闫路等涉冬奥会重要途径联络线。

【提升铁路沿线环境建设水平】制定出台《北京市铁路沿线环境建设管理工作指导意见（2021 年—2023 年）》《关于铁路沿线环境建设管理“双段长”制的工作方案》；重点推进涉冬奥会保障线路京张高铁、大秦线沿线环境整治提升；完善铁路沿线环境管理“双段长”工作机制，将铁路沿线环境管理，纳入属地日常环境保障范畴，市域内各条铁路沿线环境管理“双段长”责任制基本落实。

【实施城乡接合部地区环境整治】与市农业农村局等部门研究制定《2021 年北京市改善农村人居环境推进美丽乡村建设工作方案》，推进村庄人居环境整治和美丽乡村建设。深化“厕所革命”，完成怀柔、昌平、延庆 3 个区 28 座农村公厕达标改造，以及涉农区 351 座公厕无障碍设施升级改造。按照“五有”标准，建立全市 3887 个行政村农村生活垃圾治理台账，指导各涉农区完善农村生活垃圾分类收运处置体系，99%的行政村生活垃圾得到有效处理；完成 2221 处、127 万平方米拆违腾退积存建筑垃圾点位清理；对 13 个涉农区采取每区每月抽查 12 个行政村的方式开展生活垃圾治理检查，累计督促整改农村环境脏乱等问题 4258 处。

【加强道路扬尘管控】发布实施地方标准《城市道路清扫保洁质量与作业要求》《街巷环境卫生质量要求》。组织开展道路清扫保洁、雾霾天气道路降尘、冬季午间洗地、杨柳飞絮湿化阻燃等环卫作业，城市道路“冲、扫、洗、收”组合工艺作业覆盖率达到 94%以上。市级年度检测一级城市道路（1296 条）、二级城市道路（528 条）尘土残存量，一级道路尘土残存量平均值为 10.6 克/平方米。健全城市道路尘土残存量监测机制，进一步扩大检测范围，14 个区（含经济技术开发区）对区级道路尘土残存量进行监测，市、区两级监测体系基本构建。

【城乡公共厕所服务品质提升】制定印发《关于深化“厕所革命”进一步提升农村公厕建设管理水平的函》《关于深化“厕所革命”因地制宜推动农村公厕达标改造工作方案》，明确农村公厕的管理责任、规划布局、运行管护要求。2021 年，完善公厕标志标识引导牌 344 处，整改 593 座公厕 2433 处无障碍设施，公厕服务品质不断提升。

【生活垃圾分类成效显现】全市 1.3 万余个小区、3000 余个村、11.7 万个垃圾分类管理责任人认真落实《北京市生活垃圾管理条例》规定，广大市民群众积极响应和行动，生活垃圾分类治理体系基本建立，市民分类意识普遍增强，分类习惯初步形成。居民垃圾分类知晓率达 98%以上，参与率达 90%，自主投放准确率达 85%左右，家庭厨余垃圾分出率达 19.2%，可回收物回收量增长近 1 倍，生活垃圾回收利用率达 37.5%以上，分类效果显现。据市统计局 2021 年 10 月调查数据显示，93.4%的被访者对北京市垃圾分类工作表示满意，与 2020 年 1 月份相比，提高 36 个百分点。联合市发展改革委印发《关于北京市非居民厨余垃圾计量收费管理实施方案的通知》《关于调整本市非居民厨余垃圾处理费有关事项的通知》《关于加强本市非居民厨余垃圾计量收费管理工作的通知》，从9月起实施，由原来的100元/吨提高至300元/吨。

【开展架空线入地与杆箱规范治理】完成206公里架空线入地、105公里通信架空线规范梳理、217条胡同“线平杆直”治理，拔杆6700余根，其中涉冬奥会场馆周边及沿线保障区域188公里架空线入地及规范梳理任务圆满完成；统筹组织开展平安大街、五四大街、五塔寺路等12条道路“多杆合一”、电力箱体“三化”治理155台，整合1601根杆体至831根，减量48%。

【推进长安街及延长线市容环境整治】开展长安街市容环境景观管理日常巡查，共发现问题812处，整改799处，整改率98%。完成东单体育中心外立面改造提升，西单文化广场园林绿化、建筑立面等改造提升，沿线交通护栏、城市家具等清洗见新，以及硬质横幅、灯笼灯饰、绿化美化等景观布置。

【深化背街小巷环境精细化整治提升】制定印发《2021年背街小巷环境精细化整治提升工作实施方案》，顺利完成1396条背街小巷精细化整治提升，城六区和通州区打造的200条精品街巷纳入年度市政府重要民生实事，同步推进完成东城区北大红楼周边和王府井地区、西城区爱民街和天桥片区、通州区西海子和复兴里片区6个示范片区环境综合治理。

【开展“我为群众办实事”市容环境专项整治】深入开展“我为群众办实事”背街小巷环境整治，圆满完成住房城乡建设部实践活动——30条背街小巷环境整治任务，其中东城区新鲜胡同、杨家园西里3号楼北侧路，西城区李大钊故居片区、西长安街片区，通州区粮食局直属库平房胡同、果园片区环境精细化整治提升，被住房城乡建设部收入“我为群众办实事”典型案例汇编。

【颁布实施户外广告设置管理条例】新修订的《北京市户外广告牌匾标识和标语宣传品设施设置管理条例》，5月27日经市十五届人大常委会第三十一次会议表决通过，于9月1日正式实施，为加强北京市户外广告设施、牌匾标识和标语宣传品管理，合理规划利用城市空间资源，维护城市景观风貌，建设高品质的城市公共空间，推进户外广告行业管理提供了法制保障。

【首都景观照明建设】北京市具有一定规模的景观照明达2000余处，年开灯时间约1400余小时，其中市属景观照明设施为110处，基本形成“一核、两轴、三环、十五线、十九区、滨水界面”景观照明格局。主要以天安门广场为中心，以长安街及其延长线、南北中轴线为主线，以二、三、四环路和繁华地区、滨水界面为集中景区，以古建筑、城市标志性建筑为精品特色，奠定了北京市承办国际国内重大活动的夜景基础。

大事记

1月

8日　北京市委市政府召开《北京市生活垃圾管理条例》实施工作推进会。听取《北京市生活垃圾管理条例》实施工作开展检查有关情况，汇报生活垃圾分类执法检查整改工作方案。

19日　北京市百年党庆环境整治提升和工程建设指挥部召开第一次全体会议，对环境整治提升和相关工程建设作出安排部署。

2月

1日　北京冬奥会城市运行和环境建设管理指挥部第一次会议召开。市级成立运行指挥部“1办13组”，“城市运行和环境建设管理指挥部”调整为“城市运行及环境保障组”。

3日　市委书记蔡奇、市长陈吉宁到城市运行及环境保障指挥调度中心检查北京冬奥会、冬残奥会城市运行工作，连线慰问一线工作人员。

3月

25日　市城市管理委党组书记、主任孙新军赴市生态环境局，就净煤、减气、充电设施建设、供热系统重构、生活垃圾甲烷处理等目标、路径和措施进行对接，建议相关控制指标与“十四五”规划和城市总规匹配。

31日　《首都城市环境建设管理考核评价工作方案》印发实施并同步出台配套实施细则。

4月

17日　市委书记蔡奇、市长陈吉宁以“四不两直”方式先后到丰台区、西城区调研检查生活垃圾分类工作，并在天桥街道主持召开会议进行部署推进。

19日　市政府召开专题会，研究智能化供热工作方案、“十四五”时期北京市管网数字平台和物联网建设专项行动计划。

28日　市委市政府召开新修订的《北京市生活垃圾管理条例》实施周年总结部署大会。

5月

1日　北京市电力设施保护区施工实行行政许可制度。市政府印发《关于印发在电力设施周围或电力设施保护区内进行可能危及电力设施安全作业的行政许可程序规定及有关文书的通知》，自2021年5

月 1 日起增设电力设施保护区施工许可。

18 日　蔡奇赴昌平区回龙观街道华龙苑北里社区，调研检查垃圾分类等工作。

27 日　北京市第十五届人民代表大会常务委员会第三十一次会议审议通过《北京市户外广告设施、牌匾标识和标语宣传品设置管理条例》，自 2021 年 9 月 1 日起施行。

31 日　市政府召开专题会，研究市级液化石油气供应基地建设和南郊灌瓶厂搬迁工作、研究燃气安全配件更换实施方案、研究北京市天然气政府应急储备设施运行管理工作方案。

6 月

7 日　由北京市政府出资在中石油京唐 LNG 接收站内建设的 2 座 16 万立方米的 LNG 储罐建成投运，储备能力约 1.92 亿立方米。

7 月

28 日　市十五届人大常委会第三十二次会议听取市人大常委会执法检查组关于检查《北京市生活垃圾管理条例》实施情况的报告。

8 月

27 日　市政府召开全市统一网格划分工作部署会。2021 年底，全市 16 区及经济开发区完成四级网格划分工作，并将共享到市大数据平台，为推行“一网统管”奠定基础。

31 日　北京市城市管理委员会、北京市发展和改革委员会、北京市财政局、北京市市场监督管理局联署下发《关于加强本市非居民厨余垃圾计量收费管理工作的通知》，即日起，对本市非居民厨余垃圾实施计量收费管理。

9 月

24 日　北京市第十五届人民代表大会常务委员会第三十三次会议审议通过新修订《北京市市容环境卫生条例》，自 2021 年 10 月 1 日起施行。

9 日　北京东特高压至通州 500 千伏外输电通道建成投产，新增外受电通道设计能力 300 万千瓦，外受电通道设计能力达到 3400 万千瓦。

10 月

29 日　2021—2022 年度天然气购销合同签订。

11 月

6 日　2021—2022 年供暖季正式供热，提前 9 天。

12 月

28 日　市政府常务会议审议通过《北京市“十四五”时期城市管理发展规划》。

（北京市城市管理委员会）

城管综合执法

概况

2021 年，北京市城管综合执法队伍坚持以习近平新时代中国特色社会主义思想为指导，聚焦“一个开局、两件大事、三项任务”的总体部署，取得“五落实、五提升”的工作成效：落实城市环境秩序整治任务，立案处罚各类违法行为为 20.4 万起，同比上升 24.7%；罚款 2.4 亿元，同比上升 41%；落实疏解整治促提升专项行动，参与拆除违法建设 2800 万平方米，完成年度任务 112%；落实新冠肺炎疫情防控职责，检查“三类场所”7.9 万家，共 89.5 万次，平均检查覆盖 11 轮次，消除问题隐患 4 万个；落实接诉即办工作任务，办理 12345 热线诉求 64 万件，市城管执法局“接诉即办”月考核成绩六次在市属机构取得第一名；落实队伍管理责任，涌现出以全国“最美公务员”张春山为代表的 110 个市级以上先进集体、先进个人，同比上升 108%。

城管综合执行

【各项重点任务圆满完成】坚持定期分析会商、强化过程管理、对照群众满意度检验绩效，不断深化依法行政，严格规范预算管理，全面优化服务和管理模式，较好地完成了绩效日常履职考核事项清单 34 项，有效统筹推进了民生实事、市政府工作报告重点工作、中央环保督察整改、污染防治攻坚战等重大决策的落实，确保生活垃圾分类执法、施工扬尘精细化管控、梳理城市执法高频事项等重点任务的高质量完成。

【城市环境秩序不断改善】做好重大活动保障，擦亮城市“金名片”。把建党百年庆祝活动、冬奥会冬残奥会执法保障作为头等大事，牵头做好环境秩序整治工作，对活动涉及区域开展拉网式排查整治，挂账点位全部如期销账，为建党百年庆祝活动、“相约北京”系列测试赛顺利举办营造了良好环境秩序氛围。

加强生活垃圾分类执法，营造垃圾分类“新时尚”。创新“主题执法月＋日常执法检查”模式，开展城管执法进社区专项执法检查，立案处罚 6.5 万起，同比上升 76%，罚款 3684 万元，同比上升 11.3%。

加强大气污染防治，保障首都“常态蓝”。持续开展“一微克”行动，加强施工扬尘、泄漏遗撒、露天烧烤、露天焚烧等违法行为整治，立案处罚 3.6 万起，同比上升 33.4%，罚款 1.5 亿元，同比上升 47.2%。

加强园林绿化执法，维护城市“生态绿”。会同市园林绿化局健全联席会商、信息共享、联合培训等机制，加强对侵占绿地、截干去冠、砍伐树木、损害古树名木、不文明游园等违法行为的执法检查，立案查处 8487 起，罚款 687 万元，维护了首都绿化环境。

加强市政公用安全执法，保护城市“生命线”。组织开展燃气安全执法“敲门行动”，检查燃气充装供应单位、燃气用户等 29.8 万家次，立案处罚 2766 起，罚款 739 万元，同比上升 35%；联合市城市管理委、市应急管理局建立应急联动机制，强化地下管线应急突发事件处置，严厉打击施工外力破坏管线违法行为，立案量、罚款量均同比上升一倍。

【接诉即办成效显著】落实接诉即办，做好送上门的群众工作。办理市 12345 市民服务热线直派街乡镇环境秩序类诉求 64 万件，同比下降 1.3%，在《北京市接诉即办工作条例》实施动员部署会上，城管执法队员张春山为群众办实事典型事例得到蔡奇书记点名表扬。加强主动治理，加强“每月一题”无照游商占道经营整治。会同市公安局、市商务局、市市场监管局和各区政府，全力推动无照游商占道经营整治，立案处罚 6.1 万起，罚款 1632 万元，12345 热线街头游商市民诉求 4.3 万件，实现了同比 2019 年下降 19.4%，同比 2020 年下降 11.8% 的“双下降”工作目标。

【城管执法效能有效提升】建成城管综合执法大数据平台，推动执法数字化转型升级。平台 3 大工程、19 项任务，13 个子系统、93 个功能模块的建设任务基本完成，执法检查、执法处罚、视频调度等功能上线运行，初步建成具有高集成功能、高应用效能的智慧执法体系。创新“信用+风险”执法监管，服务优化营商环境。完成 2019—2020 年度城管执法高频事项分析，结合新施行的法律法规，动态调整权力清单，厘清监管和执法边界，推进执法精细化精准化；制定印发《北京市城管执法系统分类分级执法工作管理规定》，全市约 13 万家责任主体全部分类分级标注，约 30%责任主体得到改革红利，实施了减量执法检查，约 2.2%（2865 家）完成自动降级处理、加大执法检查频次，进一步优化了执法检查方式，减少对市场主体正常经营活动的影响，助力优化营商环境。

【队伍规范管理持续加强】组织专项行动，找准管理教育着力点。组织开展“学党史、守初心、担使命、强作风”专项行动，开展主题党日等专题教育，走深走实“我为群众办实事”实践活动，共开展集中学习 7510 次，参加 9.8 万人次，专项行动典型经验受到住房和城乡建设部肯定，中国建设报向全国推广北京经验。健全完善机制制度，强化队伍规范管理。市区两级城管执法部门认真履行统筹指导和综合协调职能，建立健全统筹指导、部署调度、考核评议、关心关爱等队伍管理教育制度；研究完善新体制配套政策，修订《执法人员行为规范》《教育培训大纲》，制定《关于加强北京市基层综合执法队伍建设的意见》。

重点专项执法

【“三类场所”疫情防控监督检查执法】强化商务楼宇、商场超市、餐馆食堂执法检查全覆盖、不间断轮巡轮查、执法公示等措施，筑牢“三类场所”疫情防控线。全年共召开系统视频调度会 38 次；累计检查“三类场所”89.48 万家次，主动发现并督促责任单位落实整改问题 4.00 万起；执法公示问题单位 1.49 万家次，占 44.66%；市级联合督导抽查 3880 家次，发现问题 1072 起，现场督促改正 857 起，发放《监管通知单》督促改正 215 起。

【落实生活垃圾分类条例】开展三轮次生活垃圾“城管执法进社区”专项执法检查，通报重点问题点位清单 30 期，梳理 500 个生活垃圾分类突出问题重点区域，开展双休日、节假日重点时段督导检查 102 轮次。共检查垃圾分类主体责任单位 73.02 万家次，发现问题 8859 家次，整体问题率为 1.21%，立案查处生活垃圾类违法行为 6.54 万起，罚款 3684.27 万元。

【开展疏解整治促提升占道经营整治】依托市占道经营整治联席办，对全市 20 个举报相对集中的街道（乡镇）和 54 个举报频发点位实施市级挂牌督导、挂账管理，先后四次对 11 个区（地区）、19 个街道（乡镇）组织集中约谈，督促落实整改。组织公安、商务、市场监督等部门，研究疏堵结合推进占道经营问题综合治理，推动商务部门在全市建设提升 8 类基本便民商业网点 567 个，立案处罚违法行为 6.14 万起，罚款 1632.43 万元。

【强化非法小广告整治】牵头开展“擦亮北京城，迎接冬奥会”集中整治非法小广告专项行动，聚焦老旧小区、背街小巷、环路沿线、宾馆饭店、医院、学校周边、地铁出入口周边等重点区域，通过强化“源头治理、协同共治、全链条执法、停机警示、疏堵结合、清扫保洁、舆论宣传”7项措施，市级“小广告违法信息提示系统”累计呼出电话号码7.5万个次，停机1665个

【加强市政公用安全执法】组织开展燃气安全执法“敲门行动”，检查燃气充装供应单位、燃气用户等29.8万家次，立案处罚2766起，罚款739万元，同比上升35%。联合市城市管理委、市应急管理局建立应急联动机制，强化地下管线应急突发事件处置，严厉打击施工外力破坏管线违法行为，立案量、罚款量均同比上升一倍。

【严格落实大气污染防控】持续开展“一微克”行动，聚焦施工工地扬尘、渣土运输泄漏遗撒和违规进行夜间施工等多发问题，紧盯空气质量排名靠后街道（乡镇），加强执法检查，压实属地责任。会同市城管委、市住建委、市交通委、市环保局、市交管局、市环食药旅总队等部门开展市级渣土车专项整治督导检查45次。全市查处大气类违法行为3.58万件，罚款1.49亿元。

【推进规自领域整改任务】积极参与全市严厉打击违法用地违法建设专项行动，重点督办部门移送、群众举报、媒体曝光等途径反映的违法建设典型案件，指导基层结合辖区实际情况，提前制定计划，及时拆除违法建设，在城市拆违控违工作中发挥了主力军作用。全市城管综合执法部门牵头和参与拆除违法建设69187处、2800.56万万平方米，完成年度任务的112%。

【组织开展违规户外广告、违规牌匾标识整治】依托“吹哨报到”机制，会同市城市管理委、市委网信办、市公安局等相关部门开展户外电子显示屏网络安全督导检查工作。全年开展联合执法7540次，责令修复破损广告、牌匾标识、断亮霓虹灯8572块，清除车身广告、临窗广告4.6万余处，拆除违规牌匾标识、山寨指路牌2.36万余处。

【强化核心区环境秩序保障】组织召开市交通委、市文化和旅游局、市市场监督管理局、市环食药旅总队、市城管执法局等五部门三级体系联勤联动工作会。强化与公安部门沟通协调，建立“城管+公安”捆绑执法机制。2021年，核心区共开展区域联合整治（天安门）1475次，劝离1658人，训诫268人，盯守点位1.26万余次，查处违法行为1922起。

【落实地下管线保护机制】严格落实与市城市管理委、市应急管理局等部门及市燃气集团等公用事业服务单位的应急联动配合与反馈机制，提供专业执法工作支撑的同时，第一时间获取突发事件线索并掌握实际情况。强化日常巡查，加强对施工外力破坏地下管线事故的预防。2021年，市城管执法局立案44起，罚款193万元。

【落实“门前三包”责任制】推行“一点多查、一查多项”工作方法，做到“民有所呼、我有所应”。加强对重点时段、重点点位的执法检查，解决了一批街面长期存在的难点和重点问题。全年共查处市容类问题5883起，环境卫生类问题10212起，设施类问题907起。

【开展私掘占路整治工作】围绕冬奥五个区域、四个联络线、三个周边，按照冬奥场馆、涉奥场所周边1公里范围以及相关联络线两侧200米范围，建立并动态更新无障碍环境建设专项整治执法检查台账与执法处罚台账。积极落实与市交通委监管与执法联动机制，开展实地联合执法检查和约谈训诫，加强架空线入地工程管理，推进惠民工程规范有序实施。全市城管综合执法系统共查处私掘占路违法行为559起、同比上升20.47%，罚款85.5万元、同比上升29.84%。

（北京市城市管理综合行政执法局）

水务建设与管理

概况

2021年，北京市水务系统认真贯彻落实中央决策部署及市委市政府工作要求，围绕首都水务高质量发展，坚持不懈推进“安全、洁净、生态、优美、为民”水务发展目标，圆满完成各项重点任务，治水管水迈上新台阶。全年水资源配置量40.81亿立方米，万元地区生产总值生产生活用水量下降至6.45立方米，农田灌溉水有效利用系数0.751，污水处理率达95.8%以上，建成区海绵城市达标率达24%，水务固定资产投资达150亿元。

2021年，全市平均降水量为924毫米，较多年平均值增加58%。全市地表水资源量为31.46亿立方米，地下水资源量为30.33亿立方米，水资源总量为61.79亿立方米，比多年平均37.39亿立方米多65%。全市18座大、中型水库年末蓄水总量为43.38亿立方米，其中密云水库年末蓄水量33.40亿立方米，官厅水库年末蓄水量为6.23亿立方米。全市平原区年末地下水平均埋深为16.39米。

水务建设与管理

【水务规划】会同北京市发展改革委编制完成全

市重大基础设施“十四五”规划并经市政府常务会审议通过。完成节约用水、水资源开发利用和保护、供水发展、污水处理与再生水利用等9个“十四五”时期专项规划的衔接性审查。指导各区“十四五”规划编制并研提意见。印发区域水评实施细则和编制指南，研究制定《北京市水要素规划管理办法》，审查了52个街区区域水评报告和19个街区水要素规划。与北京市规划和自然委员会等部门联合推行区域水评，将水要素规划要求融入区域水评，同步开展区域水评。参与开展南水北调东中线后续规划编制与评估，参加水利部南水北调东线二期工程可研方案审查会，加强与河北省的协调对接，积极争取新增外调水指标，为北京市长远发展提供水资源保障。组织技术工作营制定水资源、中线扩能等7个专项规划工作大纲。制定印发南水北调后续规划建设工作专班组建方案、工作机制和工作方案。

【城乡供水】建成并投产运行亦庄水厂、石景山水厂、良乡水厂及永丰调蓄水厂，新增供水能力85万立方米/天，新增受益人口约50万人；新建中心城区供水管线26.7公里、改造老旧供水管网121公里。中心城区水厂综合生产能力达470万立方米/天，平稳应对6月21日城区历史最高日供水量367.7万立方米。完成20个单位（小区）自备井置换，置换水量约2.35万立方米/天，受益人口约12.6万人。将海淀、房山、顺义、延庆等10个区58个行政村纳入城乡公共供水覆盖范围，11.5万人喝上“市政水”。

印发《2021年农村供水设施运行管理监督检查工作方案》，安排检查全市12个区、155个乡镇、800处村庄供水站，水源防护、井房卫生、周边环境等状况均较去年有所提升。结合老旧小区综合整治，实施甘露园南里、芳城园一区、德林园等30个小区楼内供水管线改造，2万余户居民“水黄”问题得到解决。全年累计更换居民智能水表111万支、非居民智能水表7.4万支，中心城区基本实现非居民用水量智能远传全覆盖；建成独立计量区（DMA）576处，农村地区基本实现“一户一表”计量收费。

【节约用水】研究制定《关于加强“十四五”时期全市生产生活用水总量管控的实施意见》。年初，按照市政府批复的年度用水计划及水资源配置方案，下达生产生活用水计划指标27.7亿立方米，各区按照要求逐级将用水指标下达到乡镇、村庄和用水户，严格执行超计划累进加价制度，全年实际用水量为22.6亿立方米，收取超计划累进加价费约1900万元，万元地区生产总值水耗下降至10.46立方米左右。全面实施北京节水行动，推动建立北京市节水行动联席会议制度，完成30项节水标准制定修订，全面启动“光瓶行动”，全市60%党政机关及40%市属事业单位完成节水型单位创建任务。编制完成《北京市“十四五”节约用水规划》。印发《北京市2021年节水行动重点工作计划》，明确年度目标任务和十大年度节水行动与26项具体措施。召开首都节约用水工作暨表彰大会，对北京节水行动再动员、再部署。

【水环境治理】印发实施《北京市城市积水内涝防治及溢流污染控制实施方案（2021年—2025年）》。持续实施“清管行动”并延伸到社区，累计清掏污染物5.4万方，清掏量较去年同期增加25%；治理雨污管线混接错接510处；完成100个水环境侦察兵布设；按照“一河一策”完成11条段劣Ⅴ类水体治理。经监测，全市优良水体比例达75.7%。加大再生水配置利用，实现1000万平方米园林绿化用水再生水替代，再生水输配量5.5亿立方米，全市再生水利用与配置量超12亿立方米。

【南水北调建设】大兴支线工程于2017年3月开工建设，2021年底主干线主体完工，具备通水条件。2021年底新机场水厂连接线开工建设。截至2021年12月底，河西支线工程18.7公里的输水管线一衬已基本贯通，两座泵站已基本完工，总工程量完成80%。亦庄调节池扩建工程于2021年4月完成蓄水验收，年底前投人运行。2021年9月，团城湖至第九水厂输水工程二期工程输水管线实现一衬隧洞贯通，截至2021年12月底，总工程量完成87%。

【污水处理】第三个三年治污方案加快推进，新建延庆区张山营镇田宋营、刘斌堡乡、四海镇再生水厂，升级改造房山城关（一期）、良乡（一期）污水处理厂。全年完成新建污水管线568公里，改造雨污合流管线69公里，新建再生水管线35公里。推进农村地区污水收集处理设施建设，年内解决322个村的污水收集处理问题。全市污水处理率达95.8%，中心城区污水处理率达99.5%。

【污水处理厂运行监管】年内巡查中心城区污水处理厂（再生水厂）432厂次、污泥处理处置设施78厂次，核查排水管线768公里，核查再生水供水泵房泵站27座次，再生水加水站点80座次，确保污水和再生水设施稳定运行。

【海绵城市建设】组织各区提出年底前拟竣工的“海绵城市”建设项目400余项。指导各区开展老旧小区海绵化改造。组织开展2021年度海绵城市建设情况调查和分区自评估工作。正式发布实施《海绵城市规划编制与评估标准》《海绵城市建设设计标准》和《海绵城市建设效果监测与评估规范》三项地方标准。编制《海绵城市雨水控制与利用工程施工及验收标准》，修订《海绵城市雨水控制与利用工程设计规范》。建立全市建设项目海绵城市资料库，定期对建设项目海绵设施进行现场抽查。

【防汛安全保障】 2021 年汛期，全市平均降雨量 786mm，较常年偏多 6 成。部分河道发生洪水，密云水库最大入库流量 2540 立方米/秒，房山拒马河张坊站达 567 立方米/秒。全市 20 余处水闸塘坝、1000 余处河道堤防护岸、排水等水工程设施受损，金安桥、阜河路等 147 处下凹铁路桥、小区内部、村镇道路发生积水。面对超长汛期、超多降水异常汛情，狠抓水库度汛、城市排涝、山洪灾害、蓄滞洪区等防御重点，强化巡查排查、技术保障和协作联动，着力提升“四预”（预报、预警、预演、预案）能力。“通州堰”防洪工程体系初具规模，温榆河综合治理、宋庄蓄滞洪区二期、北运河治理基本完工。密云水库第一溢洪道改建完成主体工程并在汛期发挥作用。开工 77 处、完工 40 处城乡积水点治理，安装全市统一的雨水口和易积水点标识 220 余处；分批次推动雨水口“平立结合”改造工作；完成管道消隐提标 539 项，长度达 46.5 公里。精准实施水库蓄泄调度，累计 14 次分级预泄 6.6 亿立方米，13 座大中型水库拦蓄洪水 16.6 亿立方米。统筹开展城区“厂网河”一体化联合调度，累计 7 次对河道、管网预泄腾容 9300 万立方米。充分发挥流域防洪排涝工程体系“组合拳”作用，成功应对“7·2”“7·12”“7·18”等强降雨天气，取得了首都安全度汛全面胜利。

【优化营商环境改革】 印发《北京市区域水影响评价实施细则（试行）》和《北京市区域水影响评价报告编制指南（试行）》，明确区域水影响评价实施细则和编制指南。优化建设项目水影响评价编报审批程序，明确不同情形下和特定区域的水影响评价审批权限。持续优化市政公用设施接入办理流程，实现市政公用接入外线工程分类审批、“一张表单”申请、“全程网办”，积极推进“电子证照”应用等改革举措。探索实行“进一次门办多件事”的审批服务，进一步深化细化涉水审批服务事项，加快推进事前事中事后监管及日常管理系统性谋划和体制机制建设，全面深化建设项目涉水审批服务改革。

【法治建设】 完成《北京市节水条例》立法立项论证，同步开展节水法规草案起草和水法实施办法修订工作。完成《北京市水利工程保护管理条例》《北京市城市公共供水管理办法》《北京市水行政处罚程序若干规定》等规范性文件修订 14 项，重新发布《北京市常用水行政处罚裁量基准表》。出台水务地方技术标准 20 项。

【河长制工作】 进一步明确河湖长体系动态管理和河湖长信息公示牌日常管理工作。深入实施市总河长令，突出河长制从治河向治水转变，健全“每月通报、双月调度、季度报告”工作机制，对总河长令落实情况进行“月统计、月排名、月通报”，督办重点任务落实。推进“清河行动”“清四乱”专项行动常态化规范化，河湖新增违法建设实现动态清零。全市各级河长 5347 名，开展巡河 369785 人次，发现并协调解决各类河湖环境问题 7 万余件。加强小微水体日常监管，因地制宜推进小微水体综合整治，全年整治小微水体 327 条，排查出的 1000 余条小微水体已全部完成治理。出台《北京市小微水体整治管护工作标准规范指导意见》，推动建立小微水体长效管护机制。印发《北京市优美河湖考核评定办法（2021 年度）》，全市 15 个区 24 处河湖被评为“2021 年度北京市优美河湖”，已累计评定出 92 个优美河湖。

大事记

1 月

1 日　北京市水土保持补偿费等非税收入划转至税务部门征收。

8 日　南水北调工程江水入京水量累计达到 61 亿立方米。其中向水厂供水 40.30 亿立方米，向密云、怀柔水库存水 8.4 亿立方米，向水源地、河湖水系补水 12.3 亿立方米。

12 日　市水务局召开《北京市节约用水条例》立法研讨会。

13 日　市水务局召开水务重点工作视频调度会。

13 日　市水务局召开安全工作会议，对改进提高水务安全生产标准化建设工作质量进行座谈讨论。

20 日　市委常委会专题研究北京城市积水内涝防治及溢流污染控制实施方案。

22 日　第二批“北京水务科技新星培养计划”开题报告评审会召开。

26 日　市水务局颁发本市首张公用事业取水许可电子证照。

2 月

1 日　北京市水务综合执法总队挂牌成立。

4 日　市水务局以视频会形式召开 2021 年水务

工作交流研讨部署会，总结“十三五”及2020年水务工作，部署“十四五”及2021年重点任务。

2月　北京市水利设计院《永定河流域水文径流演变机理与生态修复模式研究及应用》荣获第十二届中国水土保持领域最高科学技术奖。

2月　开展2020年全市中小微企业污水处理费停征工作，累计停征中小微企业10392家，停征水量11380.51万立方米，停征污水处理费34141.53万元。

3月

4日　市水务局颁发首张城镇污水排入排水管网许可电子证照。

16日　2021年南水北调来水反向调入密云水库工作启动。

17日　市水务局为冬奥会颁发首张A类取水许可电子证照。

22日　全市开展“世界水日”和“中国水周”主题活动。

29日　市委书记蔡奇调研温榆河公园规划建设工作。

29日　发布《生产建设项目水土保持遥感信息应用技术规范》DB11/T 1829—2021，这是全国首个水土保持遥感监管地方标准。

4月

6日　市委书记、市总河长蔡奇，市长、市总河长陈吉宁共同签发北京市2021年第1号河长令。

同日　市自来水集团永丰调蓄水厂投入试运行，新增调蓄能力6.5万立方米/天。

14日　副市长张建东调研延庆区河长制工作。

19日　副市长殷勇督导凤河（凤港减河）流域河长制工作。

20日　永定河上游山西大同册田水库开闸向官厅水库输水。

23日　启动“倡导光瓶行动，杜绝用水浪费”专项行动。

27日　市水务局召开水旱灾害防御水库安全度汛工作会。

5月

2日　北京市地方计量技术规范《水资源大口径流量计在线检测技术规范》正式发布。

10日　市水务局向社会公布466条生态清洁小流域名录。

14日　市政府办公厅印发《北京市城市积水内涝防治及溢流污染控制实施方案（2021年—2025年）》。

19日　市水务局党组召开扩大会议，传达学习贯彻习近平总书记在推进南水北调后续工程高质量发展座谈会上的重要讲话精神，传达十二届市委常委会第288次会议精神。

28日　北京市3家单位和6名个人被水利部授予全面推行河长制湖长制先进集体和先进个人。

29日　南水北调中线向永定河生态补水工程穿堤隧洞暗挖一衬贯通。

31日　亦庄水厂（一期）工程试通水运行。

31日　北京大兴国际机场滞洪湿地一期工程完工。

6月

1日　全市上汛。市长陈吉宁签发上汛令。

3日　南水北调河西支线工程浅埋暗挖隧洞穿越京石客运专线工程实现贯通。

26日　京杭大运河北京段举行通航仪式。北京排水展览馆开馆。2021年北京市流域洪水防御综合演练举行。

7月

8日　市防汛抗旱指挥部召开主汛期防汛部署动员工作会议。

11日　市长陈吉宁到市水务局检查调度全市降雨应对工作。

21日　市水务局召开全市水务系统主汛期水旱灾害防御工作会议。

22日　北京市水务系统组建抢险突击队紧急驰援河南省郑州市。

30日　全亚洲唯一以再生水为单一水源的生态湿地公园——通惠水谷湿地公园正式通水。

8月

12日　《2020年北京市水生态监测及健康评价报告》完成。

8月至9月底，市水务局开展全市水务系统有限空间安全生产专项检查，对水务工程施工作业、水务设施运行维护、单位物业保障等涉及有限空间作业的生产经营单位、系统内部单位进行检查，推进落实主体责任。

9月

1日　北京市发展和改革委员会、北京市财政局、北京市水务局印发《关于降低本市水土保持补偿费收费标准的通知》（京发改〔2021〕1271号），自本日起执行。

同日　全市开展为期一年的河道非法采砂专项整治。

19日　市长陈吉宁到永定河调研永定河生态补水、南水北调有关配套水利工程建设情况。

27 日　永定河、潮白河、北运河、泃河、拒马河五大河流实现全线水流贯通。

10 月

1 日　密云水库蓄水量达到 35.79 亿立方米，突破历史最高纪录。

14 日　蔡奇调研检查温榆河公园规划建设情况。

15 日　市水务局召开全市水务系统创新工作会。

22 日　市文物局、市水务局联合举办“水利遗产与城市可持续发展”学术论坛。

26 日　市委常委会审议通过《北京市密云水库流域水生态保护与发展规划（2021 年—2035 年）》。

28 日《北京市病险水利设施除险加固及水旱灾害防御能力提升实施方案》实施。

10 月，市水务局申报的《局属单位“安全监管＋信息化”管理系统建设与运行》案例，荣获 2021 年首都应急管理创新案例一等奖。

11 月

19 日　市政府召开市直部门党组（党委）书记月度点评涉水问题整改部署会。

26 日　市水务局发布北京市 2022 年“清管行动”工作方案。

12 月

5 日　市委生态文明建设委员会印发《北京市密云水库流域水生态保护与发展规划（2021 年—2035 年）》。

7 日　北京市 2021 年度优美河湖评定结果正式公布。全市共有 24 条河段河湖被评定为“2021 年度北京市优美河湖”。

10 日　市水务局承办的“关爱山川河流、保护大运河”全线联动志愿服务活动在京启动，该活动由中央文明办、水利部主办。

13 日　市水务局召开温榆河公园二期规划设计工作调度会。

28 日“通州堰”三大防洪骨干工程全部建成投入使用。

（北京市水务局）

天　津　市

住房和城乡建设

住房和城乡建设工作概况

2021 年，天津市全年完成城建固定资产投资 3142.6 亿元，同比增长 6.6%；完成建筑业总产值 4653.05 亿元，同比增长 6%；实现建筑业增加值 760.17 亿元，占全市 GDP 比重 4.8%。

京津冀协同发展持续推进。国家会展中心（天津）一期展馆区 2021 年 5 月建成投入使用，成功举办中国建筑科学大会暨首届绿色智慧建筑博览会等一系列重要活动。机场枢纽工程稳步推进，成立现场指挥部，建立工作机制，开展项目设计招标。推进北京非首都功能疏解政策标准落实落地，强化京津冀区域来津人才服务保障，精准制定购房支持政策。加强京津冀建设标准一体化建设，发布实施《绿色建筑评价标准》等 11 项区域标准。重点基础设施建设全面提速。2021 年，完成市政基础设施投资 373.6 亿元，同比增长 10.3%。创新基础设施融资方式，吸引社会资本 206 亿元。国家批复的轨道交通线路全部开工，同期在建 10 条线路，4 号线南段和 6 号线二期建成通车，累计通车里程达到 265 公里。本溪路等 10 条民心工程道路全部建成，189 项世行贷款慢行系统提升改造工程基本完工。住房体系更加完善。2021 年，完成房地产开发投资 2769.98 亿元，同比增长 6.2%，累计实现新建商品房销售 1435.4 万平方米，同比增长 9.8%。制定非居住存量房改建保障性租赁住房规定，落实房产税、增值税优惠政策，开展中央财政支持住房租赁市场发展试点建设。出台公租房管理实施细则，开通“天津住房保障”APP 和网站登记渠道，优化登记方式。向 7.79 万户中低收入住房困难家庭发放租赁补贴 4.67 亿元，将环卫、公交等公共服务行业非本市户籍困难职工纳入公租房租赁补贴保障范围。全面实施 2021 年城市体检，向全市人民征询意见建议，从 8 个方面 65 个国家指标和 3 个天津特色指标。制定城市更新实施方案，老旧小区改造开工 154 个小区、778 万平方米。开通在建加装电梯 65 部。完成农村困难群众危房改造 1030 户。住建营商环境持续改善。出台《天津市深化工程建设项目审批制度改革优化营商环境若干措施》，启动新一轮改革。社会投资简易低风险项目从获得土地到完成不动产权登记全流程审批时间不超过14个工作日，一般社会投资工程建设项目从项目备案到取得施工许可审批时间将压缩至40个工作日以内。在全国营商环境综合评比中，“办理建筑许可”指标连续两年进入全国“标杆城市”行列。实施证照分离改革，5个涉企经营许可事项审批时间由20个工作日压缩至当天办结，7个事项实施电子证照，在全国率先推行施工许可电子证照。绿色建筑取得新进展。全面实施绿色建筑发展“十四五”规划，新建民用建筑全部执行绿色建筑设计标准，二、三星项目达到199项，装配式混凝土预制构件生产能力达到形成1个园区、7个国家级装配式产业基地的发展格局。完成公共建筑用能信息服务平台建设，开展用能实时在线监测。加强历史风貌建筑保护利用，开展历史风貌建筑普查体检和安全查勘，加大历史风貌建筑遗产保护和活化利用，深度推进小洋楼招商引企工作，累计筹集小洋楼房源200余幢，与70余家企业签署落户协议，60余家企业已经入驻。扎实推进城市建设安全专项整治三年行动，全面开展隐患排查和整改工作。保持质量监管高压态势，开展工程质量安全提升专项行动。开展抗震设防专项检查，强化地下管网监管保护“八个一律”要求。

法规、执法和标准定额

【法规建设】

全年共完成“三重一大”行政决策、政策措施文件、各类合同等的法律审核200余件，制发天津市住房和城乡建设委员会发行政规范性文件19件，完成法规规章专项清理11项。制定出台《天津市住房和城乡建设委员会行政规范性文件管理办法》。健全行政执法公示机制，做到执法行为过程信息全程记载、执法全过程可追溯管理、重大执法决定法制审核全覆盖，实现执法信息公开透明、执法全过程留痕、执法决定合法有效。制定出台《天津市住房和城乡建设委员会实行“谁执法谁普法”普法责任制实施方案》。制定《关于在天津市住房和城乡建设系统开展法治宣传教育的第八个五年规划（2021—2025年）》。依法化解社会矛盾纠纷。制定出台加强和改进天津市住房和城乡建设委员会机关负责人出庭应诉工作措施，健全争议实质化解机制、行政审判旁听机制等出庭应诉工作机制。全年出庭应诉49次。办理行政应诉案件173件，未发生败诉案件。办理行政复议案件188件，在已审结案件中，撤销原行政行为9件，纠错率达13.3%；经行政调解，当事人撤回复议申请6件。

【住建行政综合执法】全市累计组织检查执法35659次，出动执法人员75179人次，实施行政处罚1007件，同比增长5.9%，罚款7826万余元，同比增长38.8%，下达责令改正通知书9185份，下达责令停工改正通知书1073份。实施行政处罚144件，同比增长118.2%，罚款1147.5万元，同比增长97.1%，下达责令改正通知书578份，下达责令停工改正通知书25份，在执法频次、处罚数量、处罚力度、处罚金额等方面，创历年之最。向事故频发地区或行业发送提示函3份，提醒相关部门高度重视安全生产工作；建立警示约谈制度，全年约谈10余家安全生产事故责任单位的主要负责同志40余人次，落实安全生产主体责任；采取督促事故责任单位内部严肃问责的创新机制，本年度接受企业内部处理人员133人、罚款95人、罚款金额167万元，被问责调岗43人。针对事故多发的重点区域、重点企业、重点项目开展点穴式、靶向式精准监管执法。

房地产业

【房地产开发建设】2021年，天津市房地产开发投资保持平稳增长。健全市区工作联动机制，促进项目早开工、早竣工，加快项目施工进度，超额完成既定任务目标。房地产新开工面积1885.36万平方米，竣工面积1892.82万平方米。按照住房和城乡建设部要求，取消房地产开发企业三级、四级资质审批。积极对接有关部门，提出资质许可信息共享需求“四免”清单。制定出台《天津市住房和城乡建设委员会关于启用房地产开发企业资质电子证书有关事项的通知》。组织全市各区住房城乡建设委、滨海新区及各功能区审批部门开展业务培训，尤其是针对“证照分离”“一制三化”等最新改革工作进行重点讲解，营造良好营商环境。积极推动“一老一小”配套建设，推动新建住宅小区配套设施与整体项目同步建设、同步验收、同步交付。全年移交幼儿园22个，中小学7个，托老所、老年人活动中心等养老服务设施52个。修订出台《天津市住房和城乡建设委员会关于印发天津市新建住宅商品房准许交付使用管理办法的通知》，指导各区坚决做到要件不齐不得发证。对部分要件内容进行了明确，减少了部分前置条件，减轻了企业负担。强化供水、供电、供气、供热等专业经营部门责任意识，在住宅商品房配套建设时严格按照合同约定，把好质量关，及时出具配套合格证明。健全土地出让内部联合论证机制，促进城市土地开发良性发展。与土地部门构建出让前配套论证制度，审查项目周边市政道路、排水、供水等市政基础设施建设条件以及绿色建筑、装配式建筑、海绵城市等建设要求落实情况，压实建设主体责任。

【房地产市场管理】2021年，天津市新建商品住宅销售价格上涨2.5%，二手住宅价格上涨1.5%，完成了国家关于房价的调控目标。聚焦京津冀协同发展、承接北京非首都功能等重点工作，精准设计了住房安居政策，精准解决重点区域、重点企业职工住房困难问题。研究出台支持工业厂房销售、推动高端产业集聚发展相关政策，支持工业厂房分割销售。截至年底，累计办理工业厂房销售许可102万平方米，工信融商智能制造产业园等高端产业及文化教育行业骨干企业，预计每年可拉动投资20亿元，实现年纳税额超3亿元，初步形成互联网、大数据、高端装备、智能制造、生物医药等高端产业聚集效应。印发《天津市住房和城乡建设委员会关于开展以"学区房"名义炒作房价、扰乱房地产市场秩序行为专项整治行动的通知》和《天津市住房和城乡建设委员会等八部门关于开展持续整治规范房地产市场秩序专项行动的通知》重点摸排房地产项目延期交房、违规预售等问题，扎实防范化解房地产企业风险，促进房地产市场平稳健康发展。积极推进中央财政支持住房租赁市场发展试点工作，制定了实施方案，出台了《天津市中央财政支持住房租赁市场发展试点资金使用管理办法》，在全国率先出台了《关于用好中央试点政策支持我市保障性租赁住房建设有关工作的通知》。推行保障性租赁住房水电气热民用价格政策。全面落实保障性租赁住房税收优惠政策。截至年底，天津市累计新建改建租赁住房50578套（间、床位），盘活租赁住房7万余套（间、床位），新增专业化规模化住房租赁企业10家。持续推进住房租赁服务监管平台升级改造，实现住房租赁交易身份核验、网签备案、大数据监测分析等全流程服务体系。推动住房租赁服务监管平台与提取公积金、申领居住证、教育、金融等公共服务平台实现互联互通。实现住房租赁服务监管平台与互联网平台对接，指导各区将租赁住房项目纳入平台统一管理，提高住房租赁合同网签备案率，规范住房租赁市场主体交易行为。会同市公安局、市市场监管委、市发展改革委、市网信办、天津银保监局等部门出台了《关于规范整顿住房租赁市场秩序的通知》，推行《天津市住房租赁合同》示范文本，加强住房租赁市场联合监管。科学预测保障性租赁住房需求总量，全面摸清存量土地、房屋资源等情况，科学制定保障性租赁住房发展规划和全市建设总目标、年度建设计划和政策措施，明确各区建设计划，指导全市保障性租赁住房有序建设和供应。印发了《关于天津市非居住存量房屋改建为保障性租赁住房的指导意见（试行）》。截至年底，天津市已累计筹集储备"非改租"项目102个、33000余套（间、床位）、160余万平方米。印发了《关于盘活利用存量住房改造（转化）为保障性租赁住房工作的函》，鼓励各区利用整幢、整栋或整层的存量住房项目改造（转化）为保障性租赁住房。建立联合审查认定快速通道。南开区、河北区、北辰区、宁河区、西青区、滨海新区等已完成首批项目审查认定，包括58个项目，总建筑面积65万平方米，可提供保障性租赁住房16841套（间、床位）。

【房地产开发企业信用体系建设】出台《天津市房地产开发企业信用管理办法》，规定了信用评价结果公开方式、异议申诉和信用修复制度，于10月12日通过天津市住房和城乡建设委员会官方网站将982家房地产开发企业信用评价结果向社会进行首次公告。

住房保障

【概况】2021年，天津市实施"向中低收入住房困难家庭发放租房补贴，惠及7万个家庭"的民心工程。截至12月底，全年向7.79万户中低收入住房困难家庭发放住房租赁补贴4.67亿元。

【制度建设】与市民政局联合印发了《天津市住房和城乡建设委员会市民政局关于印发天津市租房补贴年度申报审核程序的通知》完善了系统筛查信息，简化了申报审核操作流程。修订印发了《天津市住房和城乡建设委员会关于加强本市城镇家庭住房保障租赁补贴管理工作的通知》使更多"边缘户"能够享受到住房租赁补贴政策。发布了《天津市住房和城乡建设委员会关于印发天津市公共租赁住房管理实施细则的通知》，规范公共租赁住房申请、使用、退出等行为。印发《关于重新印发天津市公有住房租金计算办法的通知》。印发《关于重新印发进一步规范公有住房出售收入管理实施意见的通知》。会同市财政局制定了《关于区级直管产公有住房出售收入分配比例及使用的通知》，解决了12个项目、1321户区级直管公产家庭无法进行房改购房的问题。会同市委组织部、市财政局、市人社局、市统计局以及市委老干部局，在全市梳理规范补充公积金工资缴存基数，清理公务员津贴补贴以及全市各单位提租住房补贴，印发了《关于做好在职公务员每月随职工工资发放（提租）住房补贴清退工作的通知》和《关于规范提租住房补贴发放的通知》对不规范问题进行整顿。

【住房保障信息化建设】提升“互联网＋政务”信息化管理服务水平，实现申请、审核、发证等全程网上办理。研发推广了公租房修缮平台；与建设银行合作打造“津租通”特色服务，借助小区商户作为延伸服务柜台，实现微信、支付宝转账，现金支付等方式便捷交租，其缴存的住房公积金及享受的租房补贴可用于交纳租金。

【房屋征收安置】持续推进老旧小区改造工作，组织开展全市城镇老旧小区改造工程质量安全大检查工作。2021 年，全年共开工改造 154 个城镇老旧小区、778 万平方米，受益群众 10 万余户。组织各区政府结合棚户区改造安置需求，筛选部分已启动前期手续、具体改造条件的项目，纳入新开工和基本建成工作计划。组织各区将开工建设任务落实到项目地块、工作进度细化到月，按照工作计划时间节点，定期巡查安置房建设项目。2021 年，全年共完成新开工棚改安置房 1975 套，基本建成棚改安置房 768 套。

物业和房屋管理

【物业管理】与市委政法委等 11 个单位联合印发《关于加强和改进我市住宅物业管理工作的指导意见》。配合市人大法工委做好《天津市物业管理条例》修正工作，并颁布实施。起草出台《天津市物业服务企业信用管理办法》，召开各区住建委及相关工作人员培训会。推动修订《天津市已交存维修资金房屋应急解危专项资金管理办法》颁布实施。按照住房和城乡建设部文明办“美好家园”小区标准，指导河西区住房城乡建设委制定《关于河西区开展创建“美好家园”工作的实施方案》。尖山街道办事处的秀竹苑被住房和城乡建设部评为“美好家园”。召开物业管理形势分析会和全市物业管理中期推动会，并在全市开展抽查检查工作。充分发挥物业管理行政监管信息系统应用在事中事后监管上的台账作用，抓实物业管理项目基础信息更新、退出预警等工作，保证数据全面、准确、更新及时。

【直管公房管理】截至年底，市内六区有在管直管公房 745.31 万平方米，涉及 17.18 万户。为 14 家市属企业办理非住宅使用权更名手续并免收转让费 510 万元。2021 年，市内六区累计维修直管公房 98.91 万平方米，超额完成 2021 年度修缮计划，受益居民约 2 万户。汛期累计排险抢修房屋 1069 处，屋面维修 4597 处，确保了汛期房屋使用安全。截至年底，市级公用公房（党政机关办公用除外）共计 524 处、691.16 万平方米，其中市级经租公用公房 18 处、8.76 万平方米，市级保管自修公用公房 506 处、682.4 万平方米。市级经租公用公房累计收缴租金 294.38 万元、维修房屋 3.28 万平方米。制定出台了《天津市住房和城乡建设委员会关于规范直管公产房屋管理有关工作的通知》等政策文件。

人居环境建设

【历史风貌建筑保护利用】印发《关于开展全市历史风貌建筑普查工作的通知》对全市已确认的历史风貌建筑进行普查，形成普查名册。持续加大历史风貌建筑巡查监管力度，年度完成 7800 余幢次巡查，强化监管。印发《2021 年度天津市历史风貌建筑保护维修项目申报指南》，完成 330 万元传统工艺维修项目补助，推动 8 幢、9595 平方米历史风貌建筑整修。同时完成 33 幢、7 万平方米历史风貌建筑安全查勘工作。对全市小洋楼资源摸底调查，首批选取了可立即组织招商的优质小洋楼 60 幢、10.68 万平方米，主动对接战略性新兴产业进行招商。会同相关单位制定完善小洋楼招商引企政策，通过建立完善线上线下联动的多渠道招商格局，吸引目标企业入驻。2021 年，已与 70 余家智能科技企业签署落户协议，亚投行等 60 余家企业已入驻小洋楼办公。参加国家会展中心（天津）首展“中国建筑科学大会暨绿色智慧建筑博览会”，利用专属展厅展位对历史风貌建筑进行宣传推介。深入南开区古文化街管委会开展调研，对区域内历史风貌建筑保护利用工作提出要求。联合市历史风貌建筑整理公司、和平区五大道管理委员会开展历史风貌建筑保护和小洋楼招商宣传，弘扬传统文化、助力洋楼招商。

【建筑设计管理】2021 年，评选出天津市“海河杯”优秀勘察设计奖 467 项。开展勘察设计企业资质审批“证照分离”改革。自 2021 年 7 月 1 日起，取消建设工程勘察企业资质认定（丙级）、建设工程设计企业资质认定（丙级、丁级），天津市住房和城乡建设委员会具有审批权的勘察设计企业资质认定精简申报材料、实行全程电子化申报和审批，推行告知承诺制审批，组织开展 2021 年建设工程勘察设计企业动态核查。11 月，印发《天津市住房和城乡建设委员会关于印发天津市勘察设计企业信用评价管理办法的通知》。

【城市更新】出台《天津市老旧房屋老旧小区改造提升和城市更新实施方案》，明确城市更新的组织方式、工作任务和保障措施。成立市老旧房屋老旧小区改造提升和城市更新工作领导小组，分管市领导担任组长，相关市级部门及各区人民政府为成员单位，积极指导监督推动各类更新项目实施。出台《天津市老旧房屋老旧小区改造提升和城市更新规划、土地、调查登记管理实施细则》《天津市城市居住社区建设补短板行动方案》《天津市关于落实国务院办公厅关于加强全民健身场地设施建设发展群众体育的意见的措施》《天津市既有住宅加装电梯工作指导意见》等配套文件。各区人民政府作为本区各类更新改造工作的责任主体，组织编制本区各类更新改造规划、年度实施计划、资金平衡方案，制定本区实施方案并组织实施；组织开展城市更新项目规划编制、实施、产业准入、评估、全过程监管等工作。结合推进各类更新改造工作，同步开展绿色社区创建行动、城市居住社区建设补短板行动、既有住宅加装电梯工作。编制《天津津城城市更新指引（2021—2025 年）》，指导各区编制城市更新规划并高水平实施。探索适合天津市城市特点的更新工作机制、实施模式、政策措施、技术方法和管理制度等，争取获得国家政策支持。积极引入社会资金，搭建“政策引导、企业融资共建、居民参与受益”的共赢模式。

【建设工程消防设计审查验收】制定并下发了《市住房和城乡建设委建设工程消防质量监督评查工作方案》和《市住房和城乡建设委关于进一步加强建设工程消防设计审查验收管理工作的通知》。以支撑网上办理为重点，优化网上审批和备案。进一步完善了企业填报数据的准确性，缩短了审批时限。2021 年，共受理消防验收及备案项目 2804 件，均按时限办理。开展对面对面服务企业调研工作。先后深入 16 个区及 7 个功能区住建部门，会同企业代表，开展“面对面”座谈。先后举办了全市建设工程消防验收系统操作培训班、全市消防验收工作人员实操业务培训班和规范联合验收培训会，累计培训消防验收工作人员 700 余人次。2021 年，共办结包括地铁 1 号线东延线刘园停车场改扩建工程、国家会展中心（天津）一期展馆区及能源站工程等 6 个市管项目。做到了边查边改。先后 5 次会同津南区政府、区住房城乡建设委、区发展改革委等部门深入国家会展中心（天津）一期工程进行了消防验收服务指导，顺利完成国家会展中心（天津）一期展馆区及能源站特殊工程消防验收。

城市建设

【地铁建设】2021 年，全市地铁建设在施 10 条线 258.6 公里，完成投资 338 亿元。中心城区在施 7 条线 144.6 公里，完成投资 266 亿元；滨海新区在施 3 条线约 114 公里，完成投资约 72 亿元。全市地铁运营里程达到 265 公里。中心城区、地铁 4 号线南段、地铁 6 号线（梅林路站至咸水沽西站）建成并于 12 月 28 日同步实现初期运营。地铁 10 号线完成车站主体、区间隧道，铺轨和车站主体（除南珠桥站、友谊南路站、丽江道站外）设备安装基本完成，车站装修完成 75%。地铁 7 号线一期围护结构完成 85%，土方开挖完成 71%，主体结构完成 62%，盾构区间完成 23%。地铁 11 号线一期围护结构完成 92%，土方开挖完成 85%，主体结构完成 84%，盾构区间完成 38%。地铁 4 号线北段围护结构完成 74%，土方开挖完成 59%，主体结构完成 41%，盾构区间完成 10%。地铁 8 号线一期围护结构完成 65%，土方开挖完成 23%，主体结构完成 12.8%，盾构区间完成 6.2%。滨海新区：B1 线一期（黄港车辆段至天津大道站）6 座车站主体结构封顶，欣嘉园区域和九云区间盾构完成，围护结构完成 70%，土方开挖完成 67%，主体结构完成 67%。Z4 线一期（汉沽车辆段至盐田停车场）高架段 11 座车站和 8 个区间进场施工，地下段 12 座车站和 1 个区间进场施工，围护结构完成 38%，土方开挖完成 22%，主体结构完成 15%。Z2 线一期（滨海机场站至北塘站）6 个站点完成封围，3 个站点完成进场，围护结构完成 1%。

【城市路网建设】2021 年，建设席厂下坡等 8 条城市市政道路。交通枢纽节点工程建设均按计划实现工期目标，津静立交正在进行入市方向地道施工，津蓟立交已完成全部承台、墩柱、桥台施工，解决了长年制约工程建设的沥青拌合厂拆迁问题，启动了津涞立交桥续建工程。全力做好保配套工作，建设家兴路、丰华道、纬华道、迎华道、冰山道等城市道路工程，完成西青区精武镇迎水南路以东大南河居住地块、金茂天津东丽成湖 C1 和 C2 地块等项目配套任务。

【海绵城市建设】拟定 2021 年海绵城市建设工作任务。函发各区《关于做好 2021 年海绵城市建设工作的函》。指导各区做好海绵城市 3 年工作计划编制。加强地块出让中海绵城市要求管控，通过土地出让联审平台加强对地块出让中海绵城市建设理念落实的审查。推动发布京津冀协同工程建设标准《海绵城市雨水控制与利用工程设计规范》《海绵城市雨水控制与利用工程施工及验收标准》等三部标准。组织各区编制海绵城市自评报告。对海绵城市建设情况进行自评估，核定达标情况，查找存在的问题。组织相关部门参加中国建筑科学大会暨绿色智慧建筑博览会海绵城市分论坛，发表主旨演讲。组织各区住建委有关负责同志40余人到津南区、西青区绿色生态屏障进行调研，学习绿色生态屏障内海绵设计建设情况。配合市河（湖）长办完成2020年海绵城市建设工作考核。考核各区项目建设进度、海绵城市建设管控、连片示范效应、海绵建设效果、组织协调机制等方面建设内容。

【国家会展中心（天津）建设】国家会展中心（天津）项目是商务部和天津市政府合作共建项目，总建筑面积138万平方米，总投资180亿元。最大可承担55.8万平方米的展览任务。国家会展中心（天津）一期工程于2021年5月建成并投入使用，已成功举办展览、会议等17场。2021年，完成投资32.9亿元。

【住房城乡建设行政审批制度改革】房地产开发企业资质、建设工程质量检测机构资质、二级注册建造师、建筑施工特种作业操作资格证书核发4项业务正式实施电子证照。开发完成建筑施工特种作业操作资格证书核发业务无人审批系统，开通“无人审批＋电子证照”服务新模式。在天津网上办事大厅增加118项住建领域的公共查询服务事项，增加事项均为网上信息查询。将天津市住房和城乡建设委员会商品房销售许可事项列为天津市“四免”改革事项，实现企业申办商品房销售许可免于提供营业执照和房地产开发企业资质证书，累计办件1245件。将建筑业企业资质（专业作业）由审批改为备案等改革举措，深化涉企经营许可事项证照分离改革。制定出台《天津市深化工程建设项目审批制度改革优化营商环境若干措施》，从5方面推出20条改革措施。建设项目审批效率提升，社会投资简易低风险项目从获得土地到完成不动产权登记全流程审批时间不超过14个工作日，一般社会投资项目从项目备案到取得施工许可证的审批时间不超过40个工作日。

【城建信息化建设】完善天津市住房和城乡建设委员会政务服务平台功能。实施平台审批流程调整，完成特殊建设工程消防验收、建设工程消防验收备案、特殊建设工程消防设计审查业务事项与市工程建设项目联合审批系统对接。实现二级建造师注册证书等6个电子证照建设应用，上线安管人员证书核发和建筑业企业资质增项、延续无人审批功能。借鉴试点城市建设经验，制定CIM平台建设工作方案，编制天津市城市信息模型（CIM）平台（一期）项目建设需求。开展网络安全知识讲座，对网络安全防护、黑客攻击、计算机木马病毒等内容进行知识普及。升级部署安全防护硬件设备，定期对计算机和信息系统进行病毒扫描、升级杀毒。加强日常信息网络安全管理，开展网络安全专项检查。组织年度网络安全应急演练，提升网络安全防护能力水平。

【建设项目投融资管理】轨道交通PPP项目提速建设。地铁4号线、7号线、8号线和11号线PPP项目全面开工建设。地铁8号线、11号线延伸线两个PPP项目完成社会资本采购，进入执行阶段，两项目总投资约106亿元，引入社会资本投资超60亿元。牵头建立绩效评价指标体系，并组织相关部门对在建地铁PPP项目开展了建设期首次评价。天津海河柳林“设计之都”核心区综合开发PPP项目估算总投资125亿元，完成社会资本采购，引入社会资本约116亿元。设计公园、柳林公园等项目建设前期工作推进。张贵庄污水处理厂PPP项目将一期存量及二期新建打包为整体PPP项目，采取TOT＋BOT模式，引入社会资本参与污水处理设施建设和运营，总投资30亿元。

村镇建设

【农村困难群众危房改造】推进脱贫攻坚同乡村振兴有效衔接，延续农村困难群众危房改造政策体系，研究建立农村低收入群体住房安全保障政策。全年完成全市1048户农村困难群众危房改造。

【农村房屋安全隐患排查】开展农村房屋安全隐患排查整治，共排查农村房屋1092330栋，其中147栋经营性危房完成整治。对初步判定存在安全隐患的非经营性农房进行安全鉴定，鉴定为C、D级危房的及时腾空并纳入分类整治。

【农房抗震改造试点工作】全年实施农房抗震加固改造1344户。组织技术团队深入各区开展巡回指导，加强技术培训。

【技术标准和人才建设】完善农房改造技术标准，组织编制《天津市农村危房修缮加固导则》和《高延性混凝土加固砖砌农房应用技术导则》。指导各区完成近1000名农村建筑工匠培训，建立农村建筑工匠信息管理平台，充实乡村建设队伍。

标准定额

【概况】截至年底，天津市现行工程建设地方标准总计 197 项、标准设计图集总计 44 册（套）。

【京津冀工程建设标准】2021 年，会同北京市、河北省规划和住建行政管理部门共同编制完成《绿色建筑评价标准》等 11 项京津冀协同标准，启动《城市综合管廊工程设计规范》等 5 项协同标准编制。

【地方标准编制】发布《天津市装配式框架结构技术规程》《天津市岩土工程信息模型技术标准》等 12 项天津市地方标准。涉及房屋建筑安全、轨道交通建设、建设工程管理、新技术应用、民生福祉等领域。

【地方标准复审工作】开展对 2015 年发布实施的 17 项地方标准复审，以国家标准体系为基础，逐步精简地方标准数量和规模，继续有效标准 6 项，需修订标准 7 项，废止标准 4 项。

【标准宣贯培训】积极宣传并落实《国家标准化实施纲要》要求，围绕标准化工作“七大任务”，组织开展《天津市人行天桥设计规程》DB/T 29-289-2021 等标准宣贯培训活动。召开宣贯培训视频会议，组织勘察设计、建筑施工等企业千余人次学习《建筑与市政地基基础通用规范》等 22 部规范。

工程质量安全监督

【概况】2021 年，压实建设单位工程质量首要责任和其他参建单位质量安全主体责任，以法定代表人授权书、工程质量终身责任承诺书、永久性标志牌制度为抓手，进一步强化建筑工程责任单位和项目负责人质量责任落实。2021 年，天津市新建工程“两书一牌”覆盖率达到 100%。

【建设单位首要责任】2021 年，印发《天津市住房和城乡建设委员会关于切实落实建设单位工程质量首要责任的通知》，从 16 个方面明确建设单位工程质量首要责任内涵，制定加大监管力度、强化联合惩戒、严格责任追究 3 方面保障措施，确保建设单位工程质量首要责任落到实处。

【推进工程质量安全手册制度】2021 年，组织行业协会研究制定《天津市工程质量安全手册实施细则（试行）》和《天津市工程质量安全手册实施细则检查用表》。实施工程质量安全手册制度，实现了将工程质量安全管理融入企业和项目全过程管理，融入主管部门监督检查执法各环节，实现了质量安全管理要素的落实落细。同时，鼓励企业结合自身特点编制更具针对性、形象化、具体化的指导手册或图集，推进施工企业和施工现场工程质量安全管理标准化。

【工程质量检测机构综合治理】2021 年，对 28 家检测机构开展了巡查，抽取了 634 份检测报告，针对发现的问题，督促检测机构完成整改。开展建设工程质量检测能力比对试验，对 66 家检测机构的防水卷材力学性能检测、31 家检测机构的混凝土外加剂氯离子检测、77 家检测机构的主体结构现场检测进行比对试验，促进各单位检测水平不断提升。推广建设工程质量检测监管平台，利用互联网＋监管、大数据技术提升监管效率。

【监督体制和监管方式建设】2021 年，在工程质量专项抽查中全面推行“双随机、一公开”检查方式，探索建立质量差别化管理。对项目落实建设工程质量安全管理“十个必须”等工程质量安全情况进行评价打分，实行动态和差别化执法监管，质量安全管理较为规范排名在前的 20% 项目为“优者”，积极主动服务；排名在后的 20% 项目为“劣者”，列入监管重点。

【安全生产培训与管理】2021 年，拟制了学习贯彻落实“习近平总书记关于安全生产重要论述精神”培训工作方案，4 月 16 日，组织各区住房城乡建设委、市区两级执法机构、地铁在建项目负责人、各大建筑公司企业安全负责人和项目负责人共 100 余人进行安全生产专题培训。5 月 22 日、5 月 29 日、6 月 5 日，全市地铁 PPP 项目主要管理人员安全管理培训并进行考核。大力开展安全生产宣传教育，不断推动从业人员安全生产知识和技能的提升。3 月 26 日，组织召开全市住房城乡建设质量安全工作视频会议。4 月 28 日，组织召开 2021 年天津城乡建设安全生产视频会。6 月 1 日，组织召开天津市住建领域高质量发展座谈会。研究制定了天津市住房和城乡建设委员会安全生产专项整治三年行动工作任务清单，确保各项工作有序推进、按时完成。城市建设安全专项整治三年行动共计 32 项任务，其中 12 项工作已完成，18 项已取得阶段性成果，2 项正在积极推进。建立制度成果 25 项。开展地下管线保护隐患排查，会同市委网信办、市应急局等 10 个部门，成立六个督导组对各区排查整治情况进行督导，各督导组检查在建项目 32 个，发现 78 处安全隐患，均已完成整改。印发迎百年华诞安全综合整治行动方案和督导推动工作方案。全市住建领域共出动 2957 个检查组，检查项目 11698 个，检查企业 6848 家，共发现安全隐患 3026 处，全部整改完成。从 7 月下旬开始，组织开展两轮为期100天的住建领域安全隐患排查整治行动，围绕住建领域安全风险开展全面排查整治。

【施工管理】2021年，开展房屋建筑和市政基础设施建设工程施工工地扬尘污染防治专项整治行动，对全市房屋建筑和市政基础设施建设工程施工工地实施全覆盖检查，出动11203人次，检查工地6132项次，巡查扬尘监测监控设备1381个，检查非道路移动机械748台，其中夜查94次、检查项目478个。共计发现问题128个，已全部整改完毕。6月，启动实施电子办理建筑施工企业安全生产标准化考评工作，全年完成508家建筑施工企业安全生产标准化考评。开展对建筑施工总包、专业承包、劳务分包企业安全生产许可证核查工作，共计核查企业3016家，发布整改通告2074家，对280家整改不合格的企业撤销安全生产许可证。制定建筑施工安全生产管理九项强化措施，进一步强化建筑施工安全生产管理。推进建筑施工领域安全生产责任保险制，要求新建和在建工程项目投保安全生产责任险，已有1289个项目进行投保。组织5支市级应急救援队伍，专业覆盖房建、市政、轨道交通等基本建设领域。开展《天津市建设工程安全事故应急预案》修编，督促施工现场落实项目应急抢险机制，监督指导开展施工险情处置、防汛宣传、消防教育等培训和应急演练活动。加强防汛应急管理，制定应对极端强降雨房屋建筑和市政工程施工工地、轨道交通工程应急机制，监督指导施工单位做好汛期应急抢险救灾专用物料、器材、装备的储备和维护管理。

建筑业

【概况】2021年，全市实现建筑业总产值4653.05亿元，比上年增长6.0%，增幅低于全国(11.0%)5.0个百分点；增加值总量760.17亿元，下降2.7%；签订合同额14116.37亿元，比上年增长5.9%；在外省（市）完成产值3071.21亿元，比上年增长6.8%，占全市建筑业总产值的66.0%，较上年提高0.5个百分点。产值排在前20位的重点建筑企业合计产值2571.28亿元，占全市建筑业总产值的55.3%。截至年底，天津市建筑业企业14402家。其中，特级资质施工总承包企业17家，一级资质施工总承包企业149家，二级资质施工总承包企业337家，三级资质施工总承包企业3712家；一级资质专业承包企业270家，二级及以下资质专业承包企业5228家；劳务分包企业4689家。全市建筑业企业从业人员107.31万人，同比减少6.5%。其中，一级注册建造师28921人，二级注册建造师26534人，注册监理工程师2283人，注册造价工程师4116人。

【建筑市场】2021年，开展全市建筑市场行为专项检查，各区住房建设委采取“双随机、一公开”的方式，对辖区内在施的房屋建筑和市政基础设施工程围绕施工发包与承包、招投标等方面是否存在违法违规行为开展专项检查。印发《天津市公共资源交易平台工程建设项目招标投标信息工作指引》《天津市工程建设项目招标投标活动投诉处理工作指引（试行）》《天津市工程建设项目招标投标活动异议处理工作指引（试行）》等文件，并在天津市公共资源交易网设立招标投标投诉服务电子专区，及时处理投诉事项。印发《关于进一步加强本市房屋建筑和市政基础设施工程评标专家行为管理的通知》，出台12项措施进一步规范评标现场秩序和评标专家行为。组织开展天津市房屋建筑和市政基础设施工程招投标领域整治工作，对招标人、投标人、评标专家、招标代理机构等四类主体的34项重点内容进行排查，共排查项目2341个。

【劳务用工管理】2021年，天津市严格落实《保障农民工工资支付条例》，维护农民工合法权益。严厉打击拒不支付劳动报酬的违法行为，对恶意拖欠农民工工资的单位及恶意讨薪人员，纳入“黑名单”，强化统计监测预警，建立隐患项目台账，实行销号管理。2021年，共接待处理农民工来访114件，信访36件，退还311家建筑施工企业农民工工资保证金16055万元。研究制定《天津市房屋建筑和市政基础设施建设工程建筑工人实名制管理实施细则(送审稿)》。加强“天津市建筑工人管理服务信息平台”建设，全市纳入平台管理的项目在册工人1035297人，在场工人376602人。对全市313个在建工程项目开展劳务用工管理专项检查，对落实不到位的143家单位责令限期整改。

【工程造价咨询服务】2021年，天津市以京津冀工程造价信息共享平台为依托，为建设市场各方主体提供2020计价依据视频宣贯服务，到重点企业进行专业指导和现场答疑，确保计价新规落地见效。结合天津市计价依据管理现状，进一步简化预算基价咨询解释流程、完善预算基价咨询解释制度并及时向社会公布。全年为基层提供计价依据咨询服务1000余次。配合市发展改革委对18家本市注册登记、通过全国投资项目在线审批监管平台完成告知性备案的工程咨询企业开展联合检查。开展内容包括工程造价咨询企业基本情况、人员情况、业务状况和财务状况的2021年工程造价咨询统计调查。

【建筑市场信用体系建设】2021年，对天津市建筑市场信用管理平台进行了升级改造，开发了企业端、管理端、公示端三个功能模块，为建筑市场信用信息体系提供技术支撑。重新修订印发《天津市房屋建筑和市政基础设施建设工程企业信用评价管理办法》，利用天津市建筑市场信用管理平台从四个方面对建筑业企业进行实时评价，并设定了“零门槛”基础分、放宽了企业首次评价、突出了对发生重大事故的评价约束。4月底正式上线运行开发建筑施工企业资质智能审批管理系统，收集企业基本信息29883条，纳入信用信息库1323条。18家企业通过智能审批模式完成资质延续，2家企业完成资质增项业务。

建筑节能与科技

【建筑节能】2021年，天津市新建民用建筑100%执行节能强制性标准。搭建公共建筑用能信息服务平台，对16个区公共建筑用能基本信息开展调研，新增120万平方米公共建筑实时用能数据纳入平台数据库。深入推动天津市公共建筑能效提升工作，深入节能改造项目现场调研，实地了解项目情况。与企业开展座谈交流，引导社会各界参与能效提升工作。编制完成《天津市建筑节能技术、工艺、材料、设备的推广、限制和禁止使用目录（2021版）》，其中推广151项、限制30项、禁止17项。

【城建科技】2021年，天津市组织开展天津市工程建设工法征集工作，共有131项工法通过专家评审纳入2021年天津市工程建设工法名单，其中房屋建筑工程类68项、土木工程类52项、工业安装类11项。组织开展天津市建筑业新技术应用示范工程征集工作，共有23项建筑业新技术应用示范工程通过立项评审。组织完成12项建筑业新技术示范工程验收，发挥示范引领作用。加强住建领域科学技术项目管理，“十三五”水专项“天津海绵城市与海河干流水环境改善技术研究与示范”项目，2021年已完成全部研究内容，22项示范工程和5项子课题全部通过专家评估、验收。组织10项住房城乡建设部委托验收科技计划项目完成验收。

【装配式建筑】2021年，天津市核发施工许可证的新开工装配式项目150项，建筑规模面积总计949.8万平方米，其中装配式建筑面积438.81万平方米。全市拥有装配式混凝土预制构件生产企业15家，设计产能达到257.5万立方米；拥有装配式钢结构构件生产企业3家，设计产能79万吨；拥有装配式木结构生产企业1家，设计产能达到1.6万立方米，具有装配式建筑设计经验的设计单位47家，具有装配式建筑施工经验的施工单位102家。主办智能建造与新型工业化协同发展高峰论坛和技术交流会。天津市现代建筑产业园和7个国家级装配式产业基地的示范引领作用进一步凸显，一批可复制可推广的新技术新工艺在装配式建筑项目上得到应用，天津市装配式建筑已形成蓬勃发展态势。

【绿色建筑】2021年，印发《天津市绿色建筑发展“十四五”规划》，促进建筑运行“低碳化”、建筑装配“标准化”，推进建筑领域碳减排进程。发布京津冀区域协同工程建设地方标准《绿色建筑评价标准》DB/T 29-204-2021，自6月1日起实施。全市新建民用建筑100%执行《天津市绿色建筑设计标准》，全年通过施工图审查的新建项目累计307项，建筑面积1751.82万平方米。组织推动绿色建筑标识评价向绿色建筑认定转变，建立天津市绿色建筑标识认定专家库，在库专家共计123名。2021年绿色建筑标识项目共计214项，建筑面积共计1902.48万平方米。其中，一星级绿色建筑标识项目15个，建筑面积为217.53万平方米；二星级绿色建筑标识项目185个，建筑面积为1585.25万平方米；三星级绿色建筑标识项目14个，建筑面积为99.70万平方米。

大事记

1月

12日　组织召开住房城乡建设工作企业家座谈会。

20日　召开2021年住房和城乡建设工作会议。

21日　召开向群众汇报工作座谈会，听取群众代表对住房城乡建设工作的意见建议。

2月

18日　市住建委副书记、主任蔡云鹏陪同市政府主要领导参加全市重大项目集中开工活动。

3月

2日　市住建委副书记、主任蔡云鹏参加全市农村工作会议暨巩固拓展脱贫攻坚同乡村振兴有效衔接工作会议。

9日　市住建委副书记、主任蔡云鹏陪同副市长孙文魁赴北京市，开展疏解北京非首都功能央企招商工作。

4月

13日 副市长孙文魁、副市长王旭实地调研国家会展中心建设进度和首展准备情况。

28日 召开全市建设工程安全生产工作视频会议；召开住房城乡建设系统基层监督工作视频会议。

5月

19日 市住建委副书记、主任蔡云鹏赴青凝侯淤泥填埋场实地督导中央环保督察发现问题整改工作，召开现场推动会解决淤泥处置工作。

6月

1日 召开全市各区住房建设委主要负责同志参加的工作座谈会。

7日 市委副书记、市长廖国勋到天津市住房和城乡建设委员会调研。

24日 举办国家会展中心启用仪式暨绿色建筑博览会开幕式。

7月

1日 收听收看中央庆祝中国共产党成立100周年活动和习近平总书记重要讲话。

6日 中央党史学习教育督导组组长沙海林、市委常委、市委组织部长喻云林到天津市住房和城乡建设委员会调研。

7日—13日，市住建委副书记、主任蔡云鹏赴湖南省长沙市、上海市、安徽省合肥市，调研学习住房租赁市场建设、老旧小区更新改造工作，陪同副市长孙文魁调研学习合肥市燃气管线安全管理工作。

26日 召开天津市住房和城乡建设委员会学习习近平总书记“七一”重要讲话精神宣讲会。

8月

6日 市住建委副书记、主任蔡云鹏带队赴国家开发银行天津分行，会同城投集团共同调研城市更新工作。

26日 召开天津市住房和城乡建设委员会巡察工作领导小组会议。

9月

2日 召开市住房城乡建设系统讲担当、促作为、抓落实持续深入治理形式主义、官僚主义不担当不作为问题中期推动会暨警示教育大会。

10月

21日 召开全市质量安全大会。

11月

3日 蔺雪峰参加全国扫黑办督导组座谈会。同日下午，在天津礼堂大剧场参加市级党政机关和事业单位所属国有企业改革工作会议。

11日 召开住建系统驻津央企党组织座谈会。

12月

6日 蔺雪峰参加中办督查室大城市病治理问题座谈会。

20日 蔺雪峰参加市政府根治拖欠农民工工资工作领导小组会。

27日 蔺雪峰在市人大参加《物业管理条例》执法检查工作动员会。

（天津市住房和城乡建设委员会）

城乡规划

国土空间规划

【概况】2021年，天津持续推动《天津市国土空间总体规划（2021—2035年）》编制工作。统筹划定三条控制线，形成规划阶段成果。下一步，市级总规将深化完善规划方案，并履行上报审批程序。

【“津城”“滨城”发展格局】2021年，结合天津市国土空间总体规划编制工作，进一步推动构建双城发展格局。提出优化市域城镇空间结构，形成“一市双城多节点”的市域城镇发展格局；明确了津城、滨城的规划范围和空间结构；细化“双城”的空间布局和功能定位，推动建设紧凑活力津城和创新宜居滨城。形成《优化城镇体系与格局，塑造功能互补、协同高效的主城空间布局》研究成果，并纳入在编的《天津市国土空间总体规划（2021—2035年）》。

规划管理

【详细规划管理】进一步规范控规的编制、审批和管理，强化控规的“钢性”和“刚性”，提高控规管理的时效性和科学性，研究出台《天津市控制性详细规划技术规程》，推动重点地区规划编制和街区层面控制性详细规划编制工作。积极组织推动海河柳林地区、北辰活力区、程林公园及周边地区、劝业场地区等重点地区规划编制。并结合城市设计方案同步开展了控规编制工作，相关控规修编（新编）方案落实城市设计要求，履行相关法定程序。结合天津正在建立的国土空间规划体系，经报请市政府批准，将天津控制性详细规划细分为街区层面（即“街区控规”）和单元层面（即“单元控规”），街区控规侧重对于国土空间总体规划（以下简称“总规”）的承接落实，单元控规侧重对于土地开发、规划实施的指导。同时，按照街区层面控制性详细规划编审程序，开展天津街区层面控制性详细规划编制的前期工作。配合市商务局编制完成《天津市“津城”菜市场规划（2021—2035年）》编制工作。结合中医药大学控规修改开展了中医药大学第一附属医院地块控规修改工作，该控规修改方案于4月经市政府批复；结合天津医科大学第二医院拟启动扩建三期工程需求，开展了该地块控规修改工作，该控规于6月经市政府批复；建设启动了市口腔医院梅江院区、市妇儿中心及市急救中心梅江分院控规修改工作；开展中国医学科技创新体系核心基地天津基地控规修编工作，该规划履行法定程序，并经市政府批复；开展天津师范大学、天津理工大学和天津工业大学控规编制工作，控规编制方案协调市工信局、市教委、市交通运输委、国网天津电力公司等23家单位意见，满足三所大学发展需求，并于7月经市政府批复。

【建筑规划管理】发布了《建筑类建设工程规划许可证设计方案规范》和《建筑工程规划管理技术规范》等地方标准。组织编制的《天津市城镇社区公共服务设施规划设计技术规程（试行）》《建设工程（建筑部分）规划放线测量技术报告编制通则》（修订）已由天津市市场监督管理委员会完成立项。积极推进建设工程规划许可证“规范进、规范管”，将审批时限从15个工作日压缩至10个工作日。编制了《建设工程规划许可证核发事项事中事后监管实施办法》。完成建设工程规划许可证核发工程联审平台线上征求意见相关工作机制并完成实操培训。对于暂未与工程联审平台实现联通的单位，对各分局提出明确要求，规范线下征求意见行为，主动做好规划许可服务工作。通过局微信公众号，将工程建设项目审批制度改革成果和建筑工程规划许可标准化管理体系以视频的形式进行了宣贯和讲解。针对《建筑类建筑工程规划许可证设计方案规范》等地方标准制作了视频动画，在局微信公众号、津云进行宣传。积极推动大运河沿线项目审批。积极推进天津国家会展经济片区规划、海河南道国家会议会展中心段景观规划设计、天津滨海国际机场三期改扩建工程T3航站楼建设及综合交通枢纽“一体化”方案深化等项目。

【交通与市政规划管理】加快推进重大项目规划保障。津潍铁路天津段已核发用地预审与选址意见书，持续推进京唐铁路、京滨铁路规划保障工作；完成中俄东线天然气管道工程、唐山LNG外输管线、天津市南水北调中线工程静海引江供水工程等重点项目规划审批手续办理工作。分层、分段、分部位开展地铁4、6、7、8、10、11号线规划审批工作，支持地铁4号线南段、6号线二期通车试运营有关工作，市域（郊）铁路津静线首开段已核发用地预审与选址意见书。开展了津城轨道交通场站综合开发近期建设规划以及大胡同地铁上盖规划方案编制工作，并形成初步方案。通过制定简化电力空间走廊调整，合并事项办理，对特殊紧急项目分段审批、“以函代证”等措施，圆满完成“1001工程”电网建设任务。印发《关于进一步加快轨道交通项目规划和土地审批的指导意见的通知》、地铁工程建设工程设计方案标准图及制定《中心城区地下管线综合规划动态管理有关实施意见》。会同市水务局等单位共同出台《进一步优化供排水接入配套工程中政务服务实施方案》，牵头政务服务办等单位联合印发了《关于落实市政公用服务设施接入工程并联审批、信息共享机制的通知》。

【村镇规划管理】深化完善市级村庄布局专项规划，结合天津实际，细化村庄分类标准，形成特色村庄分类体系，对不同区域村庄提出差异化引导。加强镇区控制性详细规划管理工作，有序推动各区控规新编、修编、修改项目工作报审程序。开展村庄规划完善提升工作，指导各涉农区在已编制完成村庄规划的基础上，进一步对接上位国土空间规划管控要求，全域统筹高效配置空间资源，因村施策精准完善提升规划方案。北辰区双口镇小五堡片区、武清区河北屯镇李大人庄村、宝坻区牛家牌镇赵家湾村三个村庄规划入选自然资源部村庄规划优秀案例。印发《市规划和自然资源局关于落实全面推进乡村振兴加快农业农村现代化的工作方案》，全面梳理26项涉及规划资源领域乡村振兴重点任务，并统筹推动落实。会同市发展改革委、市农业农村委联合印发《关于保障和规范农村一二三产业融合发展用地有关工作的通知》，提出支持农村产业融合项目发展的具体措施；研究完善乡村建设规划许可管理制度，进一步规范乡村建设规划许可管理工作。组织召开村庄规划完善提升工作推动会，总结全市村庄规划编制情况，从时间要求、规划深度、要素管控、指标预留等方面进行业务指导和培训。组织开展乡村建设规划许可管理工作培训，提升基层审批人员的业务水平。对全市各涉农区村庄规划编制工作和乡村建设规划许可核发工作情况进行集中检查，通报存在问题，要求有关分局及时落实整改。

【名城保护、城市设计与城市更新】组织开展历史文化街区保护规划规程编制工作，有序推进14个历史文化街区保护规划修编工作；以文兴里老旧房屋改造为试点，从区域城市设计入手，探索历史文化街区内微更新政策和技术路径，推行“1＋4”社区规划师团队合作模式；落实大运河国家文化公园建设要求，完成杨柳青历史文化名镇保护规划修改工作；组织完成2021年历史建筑测绘建档工作。组织完成编制津城总体城市设计，提出津城总体空间结构和蓝绿空间生态格局；水西公园周边地区、海河柳林地区、程林公园周边重点地区城市设计已由市政府批复；组织完成编制并公布《天津市新型居住社区城市设计导则（试行）》，已在水西公园周边地区、海河柳林地区等地区试行。研究提出城市更新规划土地支持政策，已纳入天津市人民政府办公厅印发的《天津市老旧房屋老旧小区改造提升和城市更新实施方案》，制定并出台了《天津市老旧房屋老旧小区改造提升和城市更新规划、土地、调查登记管理实施细则（试行）》。

【“放管服”改革】优化规划和自然资源180项政务服务事项操作规程，明确办理时限、要件和流程。全面落实“两减一即”要求，承诺办结时限压减比例达到80%以上，平均承诺办理时限5个工作日，“即办件”占比大幅提升。“网上办”174项、“一次办”175项、“就近办”23项、“零跑动”109项、“承诺审批”35项、“跨省通办”19项、“四免”事项7项。实现“京津冀通办”事项59项。对标国内先进地区，新增网上查询、咨询类政务服务事项85项。推动落实“证照分离”改革工作，直接取消12项审批，3项采取告知承诺制，13项进一步优化审批服务。印发《市规划资源局关于规范审批印章使用有关事项的通知》，自2022年1月1日起，市规划资源局政务服务事项审批成果统一使用审批专用章。持续推进审批电子化，13项高频办理事项实现电子证照。深化工程建设项目审批制度改革，实施“用地清单制”，6月，印发实施《天津市深化工程建设项目审批制度改革优化营商环境建立“用地清单制”实施细则》。针对工业项目简化程序，实行并联审批，实现“拿地即开工”；针对住宅、商业项目，实行“拿地即拿证”“信用承诺制”服务措施，在企业签订土地出让合同当天就能拿到建设用地规划许可证，促进工程建设项目提早开工。

大事记

1月

5日　市规划资源局党委书记、局长陈勇召开全市国土空间专项规划推动会。

7日　市网信办、市政务服务办、市规划资源局联合发布不动产权证书、不动产登记证明服务、乡村建设规划许可证、标准地名证书电子证照服务。

2月

9日　印发《市规划资源局关于建立乡村振兴调研服务联系点的函》。

23日　组织召开局系统优化营商环境推动部署会。

3月

1日　正式启用天津市国土空间基础信息平台。

15日　市规划委员会召开第二次会议，市委书记、市规划委员会主任李鸿忠主持会议并讲话，会议审议并原则同意《“设计之都”核心区——海河柳林地区规划》《天津国家会展经济片区规划》《海河南道国家会议会展中心段景观规划设计》《侯台片区（水西公园周边地区）规划深化方案》《北辰活力区控制性详细规划》等重点地区规划设计方案。

30日　印发《市规划资源局党委关于深入贯彻落实习近平总书记重要指示批示的工作制度》。

4月

1日　天津市规划委员会第一次联络员会召开，通报市规划委员会职能及工作情况，讨论规划委员会联络员工作规则。

29日　天津市首个“交房即交证”活动在万科翡翠大道项目举行。

5月

17日　市网信办、市政务服务办、市规划资源局联合发布建设工程规划验收合格证电子证照服务。

18日　“天津‘设计之都’核心区海河柳林地区城市设计”等6项国土空间规划优秀案例，入选部级国土空间规划优秀案例集。

6月

7日　在北京召开《天津市国空间总体规划（2020—2035年）》专家咨询会。

11日　局党史学习教育领导小组印发《市规划资源系统“我为群众办实事”实践活动工作方案》的通知。

22日　制定《天津市工程建设项目建设用地审批、城乡规划许可阶段“联合测绘”操作规程》。

30日　印发《天津市区级国土空间总体规划编制技术要点（试行）》。

7月

6日　组织开展《天津市工程建设项目建设用地审批、城乡规划许可阶段“联合测绘”操作规程》技术培训会。

13日—16日　市规划资源局总规划师刘荣带队赴青海省黄南藏族自治州和甘肃省甘南藏族自治州对接脱贫攻坚成果同乡村振兴相关工作。

8月

23日　制定《天津市测绘资质复审换证工作方案》。

27日　《大运河核心监控区范围内2019年城市建成区确定标准和有关项目审核意见》经第161次市政府常务会审议通过。

27日　印发《天津市新型居住社区城市设计导则（试行）》。

31日　上报《关于报审天津市第三次国土调查成果发布主要数据的请示》，并首批通过国家审核批准。

9月

27日　组织各涉农区召开镇级国土空间总体规划编制座谈会，就全市镇级国土空间总体规划开展情况和工作思路开展调研。

同日　发布《天津市国土空间总体规划（2021—2035）》（公开征求意见稿）。

28日　印发《市生态环境局　市规划资源局关于印发〈天津市建设用地土壤污染状况调查、风险评估、风险管控及修复效果评估报告评审细则（试行）〉的通知》。

10月

11日—13日　举办第二届"海河工匠杯"技能大赛——第六届天津市测绘地理信息行业职业技能竞赛暨"南方测绘杯"第七届全国测绘地理信息行业职业技能竞赛选拔赛。

11月

19日　经市委市政府同意，市规划资源局、市统计局联合公布《天津市第三次国土调查主要数据公报》。

23日　发布天津市国有建设用地使用权第三批集中出让公告。

12月

8日—13日　天津市区级第三次国土调查主要数据正式发布，并在局网站、微信公众号等媒体发布。

28日　经市政府同意，市规划资源局印发《天津市老旧房屋老旧小区改造提升和城市更新规划、土地、调查登记管理实施细则（试行）》。

31日　印发《天津市控制性详细规划管理规定（试行）》（津规资详发〔2021〕263号）。

（天津市规划和自然资源局）

城市管理

概况

2021年，天津市城市管理秉承"民生办、民心办"功能定位，围绕群众"急难愁盼"问题，开展"我为群众办实事"系列活动，破解一批城市管理难题。坚持供热工作"冬病夏治"，开展"我为群众办实事，供热服务上水平"专项活动，完成与全市177家集中供热养老服务机构台账对接，向111家机构提供相关技术支持服务。

整修老旧沿街建筑外立面、整修道路病害、油饰、维修桥梁、清洗、维护市政设施、维护各类城市"家具"。开展全市环境卫生大清整大清洗。建成并开放梅江公园（二期）。完成体北公交站等社区公园、游园、口袋公园建设任务。出台《天津市城市绿道规划设计导则（试行）》，实施大运河监控区新建提升4个项目绿化。完成《天津市"植物园链"专项规划》编制。开展园林绿化夏季养管会战，组织清理枯枝死苗，松土除草，摘除树挂。

坚持把垃圾分类作为垃圾资源化、减量化的有效手段，无害化处理率达到100%，资源化利用率达到62.5%。完成大韩庄垃圾填埋场雨污分流设施问题整改。完成国家会展中心垃圾转运设施建设和厨余垃圾就近就地设施建设，以及滨海国际机场转运设施建设。印发《关于全面推进生活垃圾分类工作的实施方案》。建成多个垃圾分类示范社区。开展全市垃圾分类执法专项行动。

全年道桥设施专项维修工程完成新红桥等C级桥梁维修改造工程、广东路及长江道等道路、人行天桥专项维修。完成北站、佟楼、绍兴等C级桥梁施工改造。激活停车泊位32030个、共享泊位7888个、新建泊位55515个、挖潜停车场92处。开展城市管理领域所有设施量全覆盖普查，整合完善执法信息系统、"找公厕"小程序、"灯杆亮身份"、供热能耗、道路巡管等既有信息资源。探索建立市燃气城市生命线工程建设，推动城市管理方式从"治已病"向"防未病"转变。全年受理群众反映问题256867件，办理率100%。每月"公仆接待日""政风热线"活动，解决群众反映问题171件；"行风坐标"活动解决群众反映问题18件；"政民零距离"解决问题160件。开展疫情防控专项巡查和市容环境专项巡查，发现各类问题601件，及时反馈并督促整改。

修订出台《天津市燃气管理条例》。办复人大代表建议101件，政协提案78件。健全完善法律顾问制度，规范重大行政决策程序，加强审计监督，落实行政执法“三项制度”，稳步推进行政复议体制改革，持续深化政务公开。完成向中心城区6个区和环城4个区行政审批局委托下放牌匾设施行政许可权限，完成公交候车亭和公交车体户外广告行政许可事项委托市交委实施工作。生活垃圾清运、处理许可（含2个类型项）、国有闲置建设用地临时绿化注销备案的承诺办理时限由5个工作日缩减为4个工作日，完成提速80%目标。完成用气报装系统开发建设，与津心办APP实现对接，免征18家中小微企业占用费，涉及金额569712元。

开展安全隐患排查整治，排除隐患180余个，完成供热、燃气、清融雪等4个市级层面应急预案和园林绿化、城市照明等3个系统应急预案，以及154个机关基层专项预案，推进4支应急队伍建设。加强供热、燃气企业安全生产监管和燃气市场违法行为治理，整改各类问题3458个，燃气安全隐患进一步消除。

行业发展规划

2021年，天津市城市管理坚持规划引领，全面落实城市管理精细化“十四五”规划。印发《天津市城市管理精细化“十四五”规划》，组织市人大代表、市政协委员座谈共谋城市管理未来五年发展。组织各领域专家开展规划环境评价。组织两场规划专题宣贯培训。印发《市城市管理委关于贯彻落实〈天津市城市管理精细化“十四五”规划〉重点任务分工的通知》并推动落实。完善项目前期立项和审核程序，提高服务效能。筹措落实地方政府债券资金，保障20项民心工程建设。多措并举，推动供热、燃气旧管网、道路维修人行天桥、小区照明设施改造等民心工程落地落实。

市容市貌管理

【概况】2021年，天津市开展户外广告设施和LED显示屏专项治理。全面排查LED显示屏，全市排查点位2700余处，突击检查市内六区47块大型LED显示屏。开展教育培训“双减”户外广告专项治理，全市拆除户外广告设施4100余处。加强精细化管理，维护城市“天际线”，治理楼顶违法户外广告15处。完成“世界智能大会”等大型活动宣传道旗设计、制作和布置，利用户外LED显示大屏播放活动宣传片。以“一站一场一域”为重点，完成全市重点道路、重点区域节日气氛布置，悬挂国旗20196面，宣传道旗11442面，制作立体景点造型171余处，利用茂业大厦、假日酒店等载体打造建党百年灯光秀。

【市容建设管理】天津市市容建设完成环卫设施建设、厕所革命和建筑立面整修等工程建设。新建宝坻、宁河、蓟州区3座厨余垃圾处理设施，新增厨余垃圾处理能力450吨/日。新建津南区咸水沽镇300吨/日垃圾转运站、国展会议中心区域140吨/日垃圾转运站、国展会议中心16吨/日生活垃圾收集站和厨余垃圾5吨/日就地处理设施。新建及提升改造城市环卫公厕54座。全年排查、整修维修沿街建筑立面道路231条，维修屋面防水4381.5平方米、首层牌匾5413平方米、檐口线2331延米，维修空调罩215个、粉刷34102平方米。拆除首层牌匾松动脱离753.4平方米、窗套松动脱离70个、线角松动脱离36个、檐口线松动脱离5034.7延米、空调罩锈蚀松动307个，维护维修老虎窗128个，消除了安全隐患。

【路灯照明管理】出台《路灯设施建设运行技术标准》《路灯设施移交管理办法》。建立日常巡查与月度考核相结合管理机制。全年完成69条道路3866基灯杆油饰、620档临时线入地改造，完成23次重大照明保电任务。“1001工程”第二批项目建设有序推进。完成全市8区781个老旧小区13777基汞灯进行改造升级，改善居民小区照明效果和环境。

【夜景灯光设施】发布实施《天津市城市景观照明技术标准》《城市夜景灯光考核办法》《天津市夜景灯光维护管理实施细则》《天津市照明设施有序用电工作方案》。开展全市夜景灯光设施全面普查，统一照册，建档管理。加大夜景灯光开启平台和监控平台19个基站、2093个监控点位管理，强化海河沿线25公里、城市重点道路、重要景观节点的夜景灯光设施日常管理，坚持“日巡夜查”，全年巡查92天（次），出动巡查人员155人次。完成解放桥等景观设施提升改造。完成解放桥和狮子林桥及奥体周边景观照明设施改造。修复三岔河口夜景灯光组团，补齐该地区供配电设施，整改引滦入津纪念碑、思源广场、少年宫景观灯短板。

环境卫生治理

【环境秩序治理】市集中开展环境卫生大清整，清除脏乱死角2.04万余处、清扫道路10.58万次、清理垃圾15.84万余吨、清洁脏污车辆4.36万余次。取缔占路经营1.78万次，规范沿街门店2.44万余处，查处共享单车、三轮车、僵尸车等乱停乱放7.99万余次。完成2.59万个城市“家具”和8584处交通设施维护、清洗、油饰及更新，重新施划标线1.9万平方米；清洗和油饰2.35万余处市政设施、10.92万余平方米道路病害、9.1万余平方米桥梁破损部位。维修沿街建筑立面12.92万余平方米，统一规范建筑围挡1122余处，集中治理各类违法户外广告9863处。组织实施全市7片接壤“插花地”城市管理问题治理，清运生活垃圾840余吨，杂物、房土60车；维修公共设施130余处；拆除各类违建338处，21886平方米；实施未密闭运输行政处罚23起；实施新纳入管辖区域一般案件处罚4起，简易处罚12起。整治人行道951条，治理共享单车350696辆，治理占路经营80884处，整治树池3682处，治理悬挂物16432处，维修人行步道406510.44平方米，维修城市照明21877盏。全市各行业排查窨井盖1689470座次，治理隐患3895座；各区排查2622815座次，治理隐患9420座。对全市32条背街小巷开展环境整治，清除卫生死角284处，清理垃圾108.5吨，整治公厕6座。新建改造城市照明36盏，修复损坏城市照明19盏、破损路面57742平方米，改造人行便道28873平方米、铺设透水面砖1970平方米。绿化补植3978平方米。整修牌匾190处，治理非法小广告910处，规范架空线1150米，整修围墙1904.48平方米，整修街景立面26102.5平方米。

【环境卫生管理】组织开展环境卫生清整，强化日常消杀，深度开展脏乱点位大排查和大清整，集中排查整改473处重点问题点位。完成世界智能大会和国展首展保障各阶段道路扫保、公厕保洁、垃圾清运工作。全年检测全市道路6550条（次），点位4.7万余个，平均达标率86%。全年组织环卫专项检查231次，查出问题2276处，通报12次，整改率100%。全市全部机械作业车辆实施GPS监控考核，利用环卫机扫水洗监控网实现2769道路机扫水洗和2981部环卫作业车辆有效监控。道路清扫保洁作业和可机扫水洗道路机械化作业覆盖率均达100%。全市城市道路4134条，扫保面积13519万平方米，机械化作业率达92%，市场化作业道路占全部道路扫保面积达68%。公厕清洁消杀作业每日不少于2次，加强公厕保洁管理服务督查检查，我市现有4208座公厕，公厕云平台动态更新公厕数量2636座，城市公厕管理实现智能化。2021年冬，多次出现强降雪天气，全市出动环卫工人6.5万余人，出动各类车辆设备1.3万余台次，使用各类融雪剂4.5万余吨，基本做到小雪12小时、中雪24小时、大雪48小时清理完毕。加强施工扬尘综合治理，开展“以克论净”考核和“清洁雨水管网行动”，落实“海上环卫”制度，推动厨余垃圾终端处理设施建设，加强生活垃圾分类督导调度，高标准完成污染防治攻坚任务。

【废弃物管理】天津市全年清运生活垃圾463.13万吨，无害化处理率达100%。全市处理涉疫生活垃圾约9.4万吨。定点治疗医院、发热门诊医院、海鲜市场等重点区域生活垃圾，实现集中投放、定点收集、专车运输、全部焚烧。涉农区现有生活垃圾转运站78座，小型生活垃圾收集站（点）3261处，生活垃圾专业运输车辆951部，生活垃圾实现日产日清和无害化处理。7月21日，召开全面推进生活垃圾分类工作会议，出台《天津市生活垃圾分类指导目录》《天津市厨余垃圾管理办法》《天津市生活垃圾分类投放、收集、运输、处理全流程监督管理办法》《天津市生活垃圾分类工作奖励办法》等8部配套文件。全市建成区居民社区投入约73万个四分类投放容器，提升改造投放站点4000余个，推行撤桶并点、定时定点投放模式，落实专人盯桶值守制度。全市垃圾分类运输车辆达3895辆，较去年增加909辆。全市生活垃圾首次呈现“三增一减”态势：厨余垃圾分出量同比增幅62.3%；有害垃圾日收集量增长3倍；其他垃圾减量明显，人均日产垃圾在0.8千克以下。生活垃圾资源利用率达82%，回收利用率增至36.5%。城管系统1357名干部进社区报到、入小区轮值，全市打造30个整建制街镇，涉及325个社区、1102个小区。研发“津彩分呈”信息管理系统，垃圾分类考核更加精准。

利用主流媒体开展垃圾分类专项宣传，持续开展垃圾分类“进校园、进课堂”活动，全市3931所大中小幼学校将垃圾分类纳入教学体系。组建716支生活垃圾分类志愿服务队伍。建成垃圾分类主题公园9个，宣教基地208处，开展宣传约2万次，敲门入户112万次，发放宣传品927万份，覆盖1133万人。

印发《天津市建筑垃圾运输企业信用评价管理办法》，开展建筑垃圾运输企业信用评价。全面排查整治建筑垃圾临时堆放点，原有157个堆存点位消减到35个，堆存总量减少至305.6万吨，点位全部达到堆存量不小于2000方、苫盖或控尘措施到位、专人负责管理、实施台账管理的治理标准。开展以建筑施工工地、拆迁工地、道路工地建筑垃圾运输专项整治行动，实施建筑垃圾源头治理，查处建筑垃圾装卸和运输过程中抛撒滴漏、车轮带泥、车体不洁、随意倾卸等问题。

【城市管理巡查】制定下发《城市管理委便民服务专线工作管理办法》《城市管理委巡查工作暂行管理办法》《市城市管理委便民热线和群众反映相关问题承办考核办法》。组织开展“温暖到家”供热、“迎七一”市容环境、废弃口罩治理、垃圾分类等专项巡查。全年通过12345政务服务便民热线、公仆接待日、政民零距离、供热监督热线等渠道，受理群众反映城市管理问题266712件，办理率达100%。

园林绿化建设与管理

【城市园林绿化】完成梅江公园（二期）建设，栽植乔灌木约7100株，播种和栽种地被植物约5.87万平方米，铺设草坪约1.07万平方米。梅江公园（二期）9月30日向社会开放。开展全市社区公园、游园、口袋公园改造提升，完成体北公交站等28个社区公园、游园、口袋公园改造提升，绿化面积26.35万平方米。

【园林养护管理】开展全市园林绿化春夏秋季养管会战，完成遮挡交通信号灯、摄像头和遮挡居民楼窗部影响采光行道树修剪，花后剪残花和绿地杂草清除及清理树挂，全市绿地花境、花坛花卉的栽植和花卉景点布置以及“五一”“十一”期间公园景点布置。组织园林专家走访调查全市建成区内130株古树名木，每株古树名木实行挂牌保护，定期监测古树生长立地环境，加固树体不稳或倾斜古树，做好古树名木浇水、施肥、修剪、病虫害防治，生长势减退和濒危古树，及时采取复壮和抢救措施。组织全市园林养管单位通过化学防治、物理防治、生物防治、园艺防治多种防治手段，有效控制春夏病虫害发生旺季病虫害发生。全年发布《园林病虫信息》30期。

【城市公园管理】天津市城市公园161个，占地面积3155公顷。全市封闭式公园61个，定时开闭园，按照最大承载客流量75%标准限流，落实“限流、错峰”要求，入园游客需测温、扫场所码、戴口罩。开放式公园100个，重点加强防疫巡查，24小时向公众开放。2021年，天津市动物园动物存栏180种1700只，其中，哺乳纲88种645只、鸟纲84种1023只、爬行纲8种32只。全年引进小熊猫、大羚羊、薮猫等10种26只。成功繁殖猩猩、紫蕉鹃等珍稀动物24种85只，猩猩为首次繁殖，实现新物种繁殖突破。

城管执法管理与建设

【综合执法管理】全年治理乱摆乱卖13.2万余起，行政处罚49万余元。会同商务、交通运输等部门支持“地铁e站”餐饮便民项目运营。《天津市文明行为促进条例》实施两年来，全市城市管理部门出动执法人员683.1万余人次，开展执法检查164.3万余次，警告劝阻责令改正16.86万余次，行政处罚299万余元。城市管理执法队伍开展垃圾分类专项治理百日行动。建立健全厨余垃圾执法联动机制，加强厨余垃圾违法行为治理。推进生活垃圾管理，建立健全“分工负责、信息互通、资源共享、协调联动”长效工作体系。开展三站一场生活垃圾管理和周边市容环境秩序专项执法检查。开展执法检查24.8万余次，教育劝阻相对人6.6万余起，下达温馨提示单4万余份，下达履行法定义务提示单3500余份，依法查处各类生活垃圾分类案件1300余起，处罚112万元。配合生态环境部门开展污染防治攻坚战、扬尘污染专项行动，对露天烧烤、运输撒漏污染道路、露天焚烧枯枝落叶秸秆等大气污染行为进行治理，开展餐饮油烟联合检查，整治餐饮油烟扰民问题。全年依法治理运输撒漏、露天烧烤、露天焚烧枯草、落叶、秸秆等大气污染违法行为5300余处次，行政处罚274万余元。

印发《关于加强全市城市管理执法专项督办工作的实施意见》。修订《城市管理系统综合行政执法适用行政处罚程序规定》《行政处罚自由裁量基准》等21部城市管理执法配套制度文件。编印行政处罚自由裁量基准和生活垃圾分类执法工作手册。印发《天津市城市管理轻微违法违规行为免罚清单》，并推动落实。

开展“城镇住宅小区违建与相邻关系的界定及处理”“《民法典》与城管综合行政执法衔接典型案例分析”等6期专题线上培训，培训达48课时，培训人员3000余人次。全年办理群众反映城市管理执法问题385件。通报燃气执法、垃圾分类、不文明行为治理等6期执法情况及典型案例。开展校外培训机构户外广告专项治理，出动执法队员1728人次，治理问题756处。加强“双随机、一公开”监管，公示行政许可信息16940条，行政处罚信息972条。

【城市管理法治建设】全力推进《天津市燃气管理条例（修改）》立法调研和修改完善，并顺利提交市人大审议。开展《天津市建筑垃圾管理规定》《天津市户外广告管理规定（修改）》立法调研。研究《天津市户外广告管理规定（修改）》重点与难点。印发《天津市城市管理委员会行政规范性文件和合同法律审核办法》。对《天津市生活垃圾分类收集、贮存、运输、处理的设施场所运行管理规范》等12

个行政规范性文件进行合法性审核。对《2021年春节慰问一线环卫工人慰问品采购合同》《天津海河柳林“设计之都”核心区综合开发PPP项目》等7份合同进行法律审核。印发《关于进一步加强〈中华人民共和国民法典〉学习宣传工作的通知》，开展“美好生活·民法典相伴”主题法治宣传教育活动。制定2021年普法依法治理工作实施方案，组织《法治中国建设规划》《党政主要负责人履行推进法治建设第一责任人职责规定》《中共中央关于全面推进依法治国若干重大问题的决定》和国家安全等法治内容学习。落实领导干部任前法律知识考试。组织旁听庭审活动。

公共事业管理

【燃气发展情况】现有燃气经营企业168家，其中，主营管道气企业45家，主营加气站企业46家，主营区域管道供气企业12家，主营液化石油气企业65家。现有天然气用户660.47万户，其中，工业用户0.37万户，商业用户52.11万户，居民用户607.99万户。全市天然气供气总量67.64亿立方米，液化石油气供气总量8.84万吨。燃气管线总长度51720.8公里，其中，高压，次高压燃气管线7868.6公里，中压燃气管线11128.8公里，低压燃气管线32723.4公里。调压站1381座，其中高调站258座。汽车加气站78座，液化石油气供应场站71座。2021年，市级部门出动检查人员219人次，抽查燃气经营企业168家次，排查200余个重点点位，排查整改各类燃气安全问题及隐患397处，检查点位5703个，整改各类问题3061个。完善燃气经营许可、监督检查等制度，明确市区政府及行政主管部门监督职责，明确燃气经营企业和燃气用户之间权利义务，加大违法行为处罚力度。推进用气报装信息化转型，实现报装工作高效便捷，研发建设“天津用气报装”微信公众号并投入使用，实现线上申请“零跑动”全流程办理。推进燃气“产供储销”体系建设，推动各燃气经营企业完成年度5%储气能力目标，城镇燃气企业完成年度5%储气能力建设目标。

【供热总体情况】2021—2022供暖期，全市集中供热面积5.53亿平方米，集中供热普及率99.9%。其中：燃气2.47亿平方米，热电联产2.22亿平方米，燃煤5090万平方米，地热及其他3341万平方米。热电联产、燃气和地热等可再生能源供热比重达到90.8%，逐步实现以清洁能源为主的集中供热能源结构。2021—2022供暖期继续落实弹性供热机制，2021年11月1日正式供热，2022年3月31日停热，比法定时间延长30天。组织全市供热企业开展燃料购储、设备设施维护，加强供热期安全生产、维修服务，全市供热运行安全稳定。开展供热“冬病夏治”，精准解决群众户内设施老化、故障影响用热质量问题，改造12490户。获得天津市“我为群众办实事”经典案例推选活动十大优秀案例奖。

【道桥养护情况】全市城市道路（快速路、主干路、次干路、支路、境内公路、街坊路）总长度9387公里，面积18000万平方米；桥梁1247座（含境内公路桥梁）。其中，城市建成区道路总长度8065公里，面积15126万平方米，建成区路网密度6.52公里/平方公里。实施新红桥、子牙河桥等8座C级、D级桥梁维修加固消除安全隐患；完成广东路、长江道等6条道路和津美、回生等20座人行天桥整修。开展春融、汛期道路养管专项行动，全市完成维修量逾70万平方米。全面摸排全市209处城市道路限高限宽设施，拆除21处违法设置设施，188处保留设施全部依法设置公示牌，并及时向社会公示。推动完成滨海新区普查试点，滨海新区完成746条道路、125座桥梁调查数据成果汇交。印发《天津市全国第一次自然灾害综合风险普查市政道路桥梁设施调查实施方案》，全面启动调查和数据录入。

城管科技与考核

【城市管理科技发展】开展科研专题研究，研究立项“2022年天津市美国白蛾新药剂防治试验研究”科研课题。组织编制《城镇燃气供气设施运行管理规范》《公共厕所设计规范》《生活垃圾分类收集容器设置要求》。编制完成京津冀区域协同标准《园林绿化有机覆盖物应用技术规程》《古柏树养护与复壮技术规程》等地方标准。加强科普设施能力建设，天津市园林花圃被评为天津市科普基地，天津市动物园成功入选首批全国科普教育基地。

【城市管理信息化建设】完成市级数字化城市管理平台政务云搭建，市数字化城市管理平台和滨海新区、宝坻区、武清区城市综合管理服务平台实现与住房和城乡建设部国家城市综合管理服务平台联网。市城市综合管理服务平台（一期）建设已实施。市城市管理委13个信息化系统运维方案得到市委网信办批复。市数字化城市管理平台运维，全年受理市内六区和环城四区城市管理问题1003718件，立案982198件，立案率97.86%，办结率82.41%。利用“天津市政务服务一网通办”平台和市“津心办”平台，实现政务服务事项、燃气供热服务、公园公厕查找等政务信息开放，全年市信息共享交换平台建立政务数据共享目录22项，更新信息2313003条。全年利用视频会议及城市管理指挥调度系统召开疫情防控、环境整治、行政处罚、专项培训等各类视频会议118次。

【城市管理考核】 2021年，天津市突出城市精细化管理，每月组织考核，考核成绩次月在天津日报刊登，接受社会监督。市城市管理委组织公安、水务等市级城市管理相关部门，每月考核全市各区和市级相关部门，月均检查道路120条，社区30个，发现问题320个，及时督促整改。市数字化城市管理考核中心通过数字化平台对市区两级巡查队伍实施巡查考核；组织群众投诉办理情况考核；市城市管理委组织市公用事业局、机关业务处室及市综合执法总队进行专业考核；国家统计局天津调查总队通过入户发放问卷形式，对全市各区和市级专业部门开展民意调查考核。各区城市管理部门组织对本区专业部门和街镇进行考核，对辖区内承担城市管理职责的市级各专业部门进行考核。

大事记

1月

18日《天津市城市规划区古树名木保护和避让管理规定》出台。

28日《天津市建筑垃圾运输企业信用评价管理办法（试行）》出台。

2月

5日《天津市环卫行业信用评价管理办法（试行）》出台。

3月

13日 经天津市委、市政府批准，天津市2020—2021供暖期延长至2021年3月31日24时。

17日《天津市古树名木认定登记管理办法》出台。

22日《天津市生活垃圾分类投放、收集、运输、处理全流程监督管理办法（试行）》印发。

23日《天津市城市管理轻微违法违规行为免罚清单》出台。

4月

9日 天津市窨井盖安全隐患排查治理工作现场会在天津站召开。

15日《天津市城市管理精细化“十四五”规划》印发。

5月

1日 解放桥实施启闭设施技术改造工程后当晚开启。

25日 天津市城市管理委第35届科技周活动在水上公园水晶广场正式启动。

30日 “提高居民小区照明水平，改造781个（条）小区（道路）路灯13770套”民心工程项目完成。

6月

28日 天津市城市管理委代表队获得天津市党史学习教育知识竞赛团体赛一等奖。

7月

1日 庆祝中国共产党成立100周年，解放桥实施开启。

8月

9日 天津市委副书记、市长廖国勋赴天津市城市管理委调研座谈，副市长孙文魁和市政府秘书长孟庆松参加。

9月

22日《天津市园林绿化工程质量监督管理办法（试行）》出台。

30日 天津市梅江公园（二期）试开园。

10月

27日 经天津市委、市政府批准，天津市2021—2022供暖期于11月1日零时起正式供热。

11月

16日 天津市河北区城市管理委工人徐文华同志被授予“天津楷模”荣誉称号。

29日 天津市十七届人大常委会第三十次会议修订通过《天津市燃气管理条例》，自2022年1月1日起施行。

12月

1日《天津市生活垃圾分类工作奖励办法（试行）》印发。

9日 天津市清雪指挥部召开天津市2021年清雪工作专题会议。

14日 获得中组部、中宣部“最美公务员”的天津市津南区城市管理委市容环境管理科科长刘广超在天津市城市管理委作先进事迹报告。

（天津市城市管理委员会）

河北省

住房和城乡建设工作概况

2021年，河北省全年棚户区改造开工 11.04 万套、建成 13.62 万套，35 万群众居住条件得到改善。完成老旧小区改造 3057 个，惠及居民 52 万户。启动城中村改造 459 个，惠及居民 13.2 万户。新增城市公共停车位 23 万个。完成市政老旧管网改造 288 公里、雨污分流改造 690 公里。新开工生活垃圾焚烧处理设施 22 座、其中建成 5 座，城乡生活垃圾焚烧处理率超过 90%。南水北调受水区城市生活水源全部置换为引江水。全省房地产开发完成投资 5023.9 亿元、同比增长 9.2%；房地产业增加值 2486.3 亿元，同比增长 5.6%，占全省 GDP 的 6.2%。全省建筑业完成产值 6484.6 亿元、同比增长 9.0%，增加值 2303.9 亿元、占全省 GDP 的 6.1%。新开工被动式超低能耗建筑 161.1 万平方米，建设规模继续高居全国第一。城镇竣工绿色建筑占比达到 98.8%，位居全国前列。全省市政设施管理业投资同比增长 7.4%，高出全省固投增速 4.4 个百分点。提请省政府授予省人居环境奖 2 个、进步奖 8 个、范例奖 9 个，创建首批省级生态园林城 4 座，新增园林城镇 1 个、节水型城市 7 座、洁净城市 14 座，创建“精品街道”28 条、“美丽街区”10 个。累计公布历史文化街区 32 片、确定历史建筑 1182 处。城市主要道路机械化清扫率达到 100%。全省设区市 48% 的居民小区具备生活垃圾分类条件。新建改造公园绿地 1025 个，在唐山市成功举办省第五届园林博览会。4846 户新增农村危房动态清零。农村“双代”实现应改尽改，共计 1296.5 万农户用上清洁能源。

法规建设

【强化立法】将《河北省供热用热管理规定》等 4 部地方性法规列入“十四五”时期立法规划。修改地方性法规 3 部、省政府规章 5 部，由 13 部法规和 20 部规章构成的省级地方法规体系日趋完善。废止、宣布失效厅发规范性文件 38 件，住建领域配套制度进一步健全。

【加强普法】制定年度领导干部学法计划，组织对《雄安新区条例》《河北省节约用水条例》等 6 部法律、法规进行专题学习。认真开展“宪法宣传周”活动，组织宪法宣传进单位、进企业、进工地，普法范围涵盖 3 千余家企业、2 千余个工地，受众累计 1.6 万余人次。开展“民法典进机关、进单位”主题活动，先后 4 次组织全系统集中培训，累计培训人员 1.2 万余人次。举办《中华人民共和国行政处罚法》专题讲座，全系统 4000 余名执法人员参加培训。省住房城乡建设厅法规处被命名为全国“七五”普法先进单位。

【科学执法】深入贯彻落实行政执法“三项制度”，扎实开展全省城管执法队伍“强基础、转作风、树形象”专项行动，着力提升执法公信力和行业依法治理水平。制定公布“双随机、一公开”年度抽查计划，累计抽查企业 2340 家。加强信用监管，31 家企业被记入严重失信主体名单。加大典型案件曝光力度，全年分 12 批公开通报 116 个案件。2021 年全省住建领域行政处罚普通程序案件 13428 个，罚款 53022 万元。

房地产业

【推进房地产业平稳健康发展】据河北省统计局数据，1—12 月，全省房地产开发完成投资 5023.9 亿元，同比增长 9.2%，其中商品住房完成投资 4092.7 亿元，同比增长 9.2%。房地产新开工面积 9069.2 万平方米，同比下降 11.4%，其中商品住宅新开工面积 7146.2 万平方米，同比下降 10.4%；房地产施工面积 35681.4 万平方米，同比增长 13.6%，其中商品住宅施工面积 27646.1 万平方米，同比增长 13.9%；房地产竣工面积 2522.5 万平方米，同比增长 6.6%，其中商品住宅竣工面积 1950.4 万平方米，同比增长 4.2%；商品房销售面积 6133.1 万平方米，同比增长 1.7%，其中商品住宅销售面积 5779.6 万平方米，同比增长 3.7%；商品房平均销售价格 8239 元/平方米，同比增长 0.3%，商品住宅平均销售价格 8330 元/平方米，同比增长 1.0%；商品房待售面积 768.8 万平方米，同比下降 15.1%，其中商品住宅待售面积 499.1 万平方米，同比下降16.8%。

【房地产市场调控】坚持“房住不炒”定位，坚持“稳地价、稳房价、稳预期”目标导向，房地产市场运行呈现健康发展状态。全面落实城市主体责任，坚持因城施策、一城一策，分区分时分类完善政策措施。成立省级促进房地产市场平稳健康发展领导小组，加强部门协作配合，明确责任分工，建立月监测、季评价、年考核制度。印发《河北省城镇住房发展“十四五”规划》，合理引导市场预期，引导市场资源合理配置。

【规范房地产市场秩序】印发《关于持续整治规范房地产市场秩序专项行动方案》，聚焦房地产领域人民群众反映强烈的难点和痛点问题，大力整治规范房地产市场乱象。全省各市按照因城施策原则，结合本地实际情况制定印发方案，组织开展专项整治。自8月底至年底，查处违法违规行为150起，其中涉及行政处罚案例63起。印发《关于进一步加强房地产开发项目全流程监管的若干措施》，明确房地产开发项目全流程监管措施。

【房地产市场监测】大力提升房屋网签备案服务效能，实现房屋交易合同网签备案全覆盖，为做好房地产市场运行监测提供有效数据支撑。加强房地产市场运行分析和形势研判，完善监测预警机制，对市场运行出现异常的城市进行预警、提示和约谈。积极引导社会舆论，及时发布权威消息、解答房地产热点问题，稳定市场预期。

【房地产项目排查整治】省住房城乡建设厅会同省直有关部门通力协作、攻坚克难，保质保量完成了各项工作任务，为全省经济社会发展提供了有力保障。5月，再次开展房地产项目大排查、大起底、大整治，共解决问题项目94个。

【住房租赁市场】印发《关于进一步规范住房租赁市场秩序的通知》，严禁企业采取“长收短付”“高进低出”等高风险经营行为。印发《关于明确河北省专业化规模化住房租赁企业标准的通知》扩大住房租赁市场税收优惠惠及面。指导石家庄市开展住房租赁市场发展试点工作，探索可复制、可推广经验做法。

【物业管理】印发《河北省城镇住宅小区物业服务监管办法》《前期物业服务合同示范文本》《物业服务合同示范文本》，结合2020年印发的《河北省物业服务企业信用信息管理办法》，重新构筑了全省以法律法规为基础、以行政监管和信用监管为基本手段的物业服务企业监管体系和优胜劣汰的市场淘汰机制。印发《关于开展“加大物业服务收费信息公开力度，让群众明明白白消费”工作的通知》，提高物业服务收费透明度，维护群众合法权益。指导秦皇岛、邢台市作为河北省承接住房城乡建设部“美好家园”创建的试点城市，开展“加强物业管理　共创美好家园”活动。秦皇岛市2个住宅项目和邢台市1个住宅项目被住房城乡建设部办公厅和中央文明办秘书局评为国家级“美好家园”典型案例。

【国有土地上房屋征收补偿协议】为进一步规范全省国有土地上房屋征收与补偿工作，清晰征收主体与被征收人双方权利边界，切实维护公共利益，保护被征收房屋所有权人的合法权益，2月制发《河北省国有土地上房屋征收与补偿安置协议（示范文本）》，要求各地结合实际情况参照执行。

住房保障

【保障性安居工程】2021年，全省棚改新开工11.04万套、建成13.62万套，筹集保租房1.4万套，筹集公租房5075套，发放租赁补贴1.82万户。石家庄市被评选为全国9个激励支持城市之一，获得中央财政专项补助资金2000万元奖励。印发《2021年河北省城镇保障性安居工程工作要点》，从4月份开始，以省安居办名义每月将保障性安居工程进展情况向各市政府通报。从13个市择优选取住房保障业务骨干，以省级督导核查员身份交叉派驻各地，实地逐项核查。

【国家项目资金】配合省财政厅申请、下达中央财政专项补助资金10亿元，安排、下达省级专项补助资金4.2亿元。会同省发展改革委争取、下达中央预算内投资6.7亿元。会同省发改委、财政厅组织各市向国家发展改革委和财政部争取发行棚改专项债215.4亿元。

【保障性租赁住房】促进解决新市民、青年人等群体住房问题，指导石家庄市筹集保租房1.4万套。推动出台《河北省人民政府办公厅关于加快发展保障性租赁住房的实施意见》，为各地发展保租房提供了政策依据。督促城市政府加快出台实施办法、成立领导小组、确定项目审批流程等。坚持因城施策，指导重点发展城市加快发展保租房，其他城市因地制宜发展。同省发展改革委等四部门印发2021年度监测评价办法，对重点发展城市保障性租赁住房工作进行了监测评价。

【公租房管理】推进公租房服务管理信息化，建设省级公租房联审联查平台，实现了全省社保、婚姻、低保、特困、殡葬、住房交易、法人信息、持证残疾人、税务等信息线上共享、即时查询，全省户籍、居住证、车辆等信息线下共享、定期查询，实现公租房申请、受理、审核等全业务流程网上办理。推进公租房服务管理智能化，出台了公租房小区智能管理标准，明确了建设内容及相关要求，推动公租房小区管理由人防为主转向人防、物防和技防相结合。全省已建成公租房智能化管理小区 45 个，3.2 万户保障对象受益。

公积金管理

【统筹推进公积金制度扩面和降低企业成本】积极探索灵活就业人员自愿缴存住房公积金机制，扩大制度覆盖范围。督导邢台、沧州等市加强灵活就业人员自愿缴存工作，指导各市进一步扩大政策宣传，推进依法建立住房公积金制度。全省自愿缴存人数 3.2 万人，缴存金额 2.06 亿元。贯彻落实“放管服”改革要求，优化营商环境，在全省范围内继续开展降低企业成本工作。2021 年，全省住房公积金缴存 751 亿元，同比增长 6.37%，提取 490 亿元，同比增长 11.62%，发放个人住房贷款 9.65 万笔、431 亿元，同比分别增长 10.29%、12.59%。个贷率 74.84%，同比增加 0.82 个百分点，个贷逾期率 0.1‰，在全国处于较低水平。全省全年缓缴住房公积金企业 43 家，涉及职工 2.4 万人，企业减少缴存金额 2.8 亿元；降低住房公积金缴存比例企业 5200 家，涉及职工约 25 万人，企业减少缴存金额 6.2 亿元。

【着力防范和化解公积金风险】组织各管理中心主任履行第一责任人职责，签订《加强住房公积金管理防范化解风险履责承诺书》。督导各中心运用电子稽查工具进行自查，巡检率达到 100%。对各地进行现场实地抽检，并将稽核工作延伸至县（市、区），印发整改通知要求对存在问题进行整改。唐山市住房公积金管理中心深挖问题根源，2021 年评价疑点率保持在 0.7%左右，位居全省首位。印发《河北省住房城乡建设厅关于进一步加强住房公积金管理、防范和化解风险隐患的通知》，督导各中心开展自查自纠和举一反三，确保住房公积金安全运行。对个贷逾期率较高城市进行督导，要求分不同情况逐笔进行催收，确保资金安全。

【信息化建设】印发《关于做好住房公积金服务“跨省通办”工作的通知》，指导各地制定工作推进方案，及时对“跨省通办”服务事项推进情况进行调研，定期进行调查摸底，召开全省“跨省通办”工作座谈会及集中调研现场观摩会，协调解决推进过程中存在的困难和问题。5 项住房公积金“跨省通办”事项全部提前实现。组织开展“跨省通办”示范窗口创建、管理中心主任体验业务办理过程、讲述“跨省通办”惠民便民小故事等活动，服务效率和水平普遍得到显著提升。住房城乡建设部对河北省石家庄、张家口、唐山、廊坊、沧州 5 个住房公积金管理中心表现突出的“跨省通办”服务窗口予以表扬。明确数据交互方式，开发数据接口，实现与市场监管部门企业开办相关信息的自动推送和共享。梳理完善企业开户登记流程，实现与省政务服务网无缝衔接，及时接收反馈办理结果。先后制定发布了 13 个数据交互规范，实现与民政、人社、市场监管、自然资源、卫健、税务、法院、人民银行、商业银行等部门之间的信息查询共享。截至 5 月底，全省 13 个城市中心和省直中心全国住房公积金小程序如期上线运行。

城市建设管理

【历史文化保护利用】推动历史文化街区、历史建筑划定确定工作，推进历史建筑测绘建档和挂牌保护，累计公布 32 片历史文化街区，确定 1182 处历史建筑。保定、正定国家历史文化名城保护规划完成部级技术审查，承德、秦皇岛、邯郸完成省级技术审查。

【城市设计与风貌管控】会同省自然资源厅印发《关于进一步加强城市设计和风貌管控工作的通知》和《关于加快推进大运河沿线地区城市建筑风貌设计编制和实施工作的通知》，指导各市县结合国土空间总体规划编制，全面开展总体城市设计，有序开展重点地区城市设计，做好城市建筑风貌设计编制工作，指导沧州市等 8 个大运河沿线市县落实大运河风貌管控要求，将运河沿线 2 公里范围内区域作为城市特色片区，提出风貌整体目标和建筑风貌引导和管控要求，建立正负面清单。起草并发布河北省工程建设地方标准《城市与建筑风貌管控设计标准》DB13（J）/T 8454—2021。

【建筑设计管理】指导雄安新区积极推动建筑师负责制试点相关工作，对雄安新区商务服务中心等 6 个项目进行了重点检查调研，总结梳理建筑师负责制试点经验做法，促进提升雄安新区工程建设项目管理水平。指导全省 9 地争创全国无障碍环境市县村镇，全部入选。2 月，张家口市等 5 地获“全国无障碍环境示范市县村镇”表彰。在全省范围内组织开展 BIM 技术交流活动，以视频形式展示 36 个 BIM 应用典型项目，引导工程建设有关企业开展交流学习，促进全省建筑信息化水平不断提升。对全省110家工程勘察设计企业及施工图审查机构的资质资格条件进行了检查，对不符合要求的17家企业进行通报，责令限期整改。

【城市体检】印发《2021年河北省城市体检试点工作方案》《2021年河北省城市体检指标体系》，择优选定唐山、邢台、邯郸、迁安、黄骅、高阳、宁晋、鸡泽8个市、县作为省级试点城市。定期召开动员部署、阶段督导调度会议，指导各地开展自体检，组织开展省级复检、实地督导。委托省城乡规划设计院成立第三方团队，组织赴成都等城市实地调研，并对各地体检进行技术指导和规范。总结试点经验，研究编制一个指南（城市体检技术指南）、两个范本（城市自体检报告范本、第三方核验报告范本），为2022年开展城市体检工作奠定基础。

【城市更新】成立河北省城市更新促进中心，主要承担全省城市更新、城市体检等工作。转发住房城乡建设部《关于在实施城市更新行动中防止大拆大建问题的通知》，并对各地贯彻落实提出具体要求。与国家开发银行签订《开发性金融支持河北省城市更新战略合作协议》，深化城市建设金融合作。指导唐山市成功申报国家城市更新第一批试点。指导各市探索开展城市更新工作，持续加大城市更新项目谋划储备力度。

【实施县城建设提质升级行动】会同省直17个部门研究起草《河北省县城建设提质升级三年行动实施方案》，以省政府新闻办名义召开新闻发布会对实施方案进行解读和全省部署。印发《2021年度全省县城建设提质升级指标体系解读手册》，便于市县区熟悉和掌握具体内容标准。制定印发2021年度县城建设提质升级指标体系，将全省141个县（市、组团区）分为A、B两类，择优选定45项引导指标、24项正负面清单，并按照高、中、低3个档次进行差异化推进，引导各地因地制宜、分类施策。各地积极推进公共服务、基础设施、城市更新、宜居环境、城市管理等7大专项行动，累计实施项目8579个，完成投资1246亿元。

【城市内涝治理】2020年共排查确认城市易积水区域551处，2021年汛期前全部完成整治。2021年9月再次组织各地细化标准排查出68处，年内整治完成42处。持续组织各地开展汛前检查，完成排水管网清淤8933公里，清疏具有排涝功能的城市河道547公里，检修排涝泵站422座，消除涵闸等排水设施安全隐患7443个。组织全省开展应急演练217次，参与人员7665人次。提请省政府办公厅印发《河北省城市内涝治理实施方案》，并组织32个设市城市编制完成内涝治理系统化实施方案。积极申报中央预算内资金支持，配合省发展改革委完成1.12亿元资金下达。

【城市污水处理】持续推进城市污水处理提质增效三年行动（2019—2021年）。启动污水处理厂考核评价，委托第三方机构对全省半数城市污水处理厂进行现场考评。开展城市黑臭水体再排查、再整治行动，指导各地对列入台账的93条城市黑臭水体进行逐一排查。启动城市黑臭水体暗访行动，组织专家不定期进行现场抽查，发现问题及时督办，限期整改。加强白洋淀流域涉及市县污水收集处理设施建设，对项目进展较慢的城市进行专项督办。组织各地对雨污分流改造成效进行“回头看”，重点推进雨污混错接改造，累计完成混错接改造855处。

【节水型城市创建】加强城市节水宣传，重点宣传全省已经获得“国家节水型城市”的典型经验做法，普及节水常识、营造节水气氛。召开节水条例宣贯暨推进节水型城市创建工作会，对各地推进城市节水工作提出要求。推进节水型城市创建，组织修订省级节水型城市考核标准，印发《河北省节水型城市申报与考核办法》《河北省节水型城市考核标准》，将节水型城市创建向县城延伸。保定、张家口2个设区市和正定县、沙河市等5个县（市、区）被命名为“省级节水型城市”。

【市政设施运行安全管控】印发《关于开展城市排水设施运行有限空间作业安全管理“回头看”的通知》，组织各地进一步深入排查，消除安全隐患。制定出台《市政排水设施有限空间作业操作规程》和《城市污水处理应急预案》，加强污水处理设施有限空间作业应急响应，避免因盲目施救造成伤亡人数增加问题。制定印发《关于加强瓶装液化石油气安全管理工作的指导意见》，完善行业管理制度。提请省政府办公厅印发《河北省城镇既有管道燃气用户加装安全装置工作方案》，推进城镇既有住宅、单位燃气用户加装安全装置工作，截至年底，全省已安装277.6万户、安装率为27.1%。持续开展多轮次燃气安全隐患排查整治、“双随机一公开”监督检查等工作，共排查隐患10154项，且均已限期整改完毕。制作《燃气安全警示教育片》，充分利用网络新媒体开展广泛宣传。

【城镇供热保障】2021年共完成新建、改建供热工程138项，热源总供热能力达到18.4亿平方米，用热面积达到15.6亿平方米。省级供热监管信息平台覆盖所有 160 个县级以上集中供热城区，累计安装 17.6 万个典型用户室温采集点，覆盖 99%集中供热居民小区；288 家供热企业与平台并网，占专业供热企业总数的 99%；663 个主要热源和 12215 座主要热力站纳入监管平台监测，占比分别达 96%和 97%。全省县（市、区）全部实现集中供热和清洁能源供热，集中供热和清洁能源供热率达到 99.2%。供热应急保障及时高效，城市居住小区平均室温达标率达 99.6%，群众满意度大幅提高。

【生活垃圾分类】修订并发布《河北省城乡生活垃圾分类管理条例》，印发《关于进一步推进全省生活垃圾分类工作的若干措施》，明确“十四五”期间垃圾分类工作推进时序和主要举措。生活垃圾分类覆盖范围进一步扩大，15680 个居民小区中 7482 个已具备生活垃圾分类条件，7006 个公共机构已全部具备生活垃圾分类条件。

【园林城市创建】首批 4 个省级生态园林城市已报经省政府同意命名后向社会公布。开展省级园林城复查，组织专家组对 19 个县（区）省级园林城进行现场复查，并对复查结果进行通报。成功举办河北省第五届园林博览会和第四届城市规划设计大赛，对采煤塌陷区实施生态修复，建成占地 217.9 公顷的园博园，累计接待游客近 50 万人次，取得显著社会效益、经济效益、生态效益。

村镇规划建设

【农村住房安全】联合省财政厅、省民政厅、省乡村振兴局印发《关于做好农村低收入群体等重点对象住房安全保障工作的实施方案》，巩固拓展脱贫攻坚成果，建立健全农村低收入群体等重点对象住房安全保障长效机制，保障对象由脱贫攻坚时期的建档立卡贫困户、低保户、农村分散供养特困人员、贫困残疾人家庭四类重点对象，调整为易返贫致贫户、低保户、分散供养特困人员、生活突发严重困难户、低保边缘户和其他脱贫户六类农村低收入群体重点对象。组织开展农村住房安全保障“回头看”，省级开展现场督导核查，巩固提升农村住房安全保障成效，全省新发现的 4846 户动态新增农村危房，全部落实帮扶措施，实现了动态清零。在确保农村低收入群体住房安全有保障基础上，利用省以上农村危房改造补助资金统筹推进唐山市等地震高烈度地区农房抗震改造，完成全省 2020—2021 年度农房抗震改造试点任务 3.66 万户，全省 2021—2022 年度 2.66 万户抗震改造任务全部开工。

【农村住房建设】在全省 161 个县（市、区）1001 个村开展农村住房建设试点，建成宜居型示范农村住房 1.16 万户。积极推广应用新型结构体系、绿色环保建设方式和建筑节能技术。编制《河北省村庄房屋改造建筑导则》，与《河北省农村住房建筑导则》一并印制了 200 余套，分发各市、县（市、区）推广使用，为农村住房改造提供技术支持。开展乡村建设工匠培训，加强乡村建设工匠管理，2021 年组织乡村建设工匠培训 6541 人次，为推进乡村建设提供有力支撑。

【农村生活垃圾治理】印发《关于切实做好新冠肺炎疫情防控期间农村生活垃圾收运处置工作的通知》《关于切实加强新冠肺炎疫情高中低风险地区农村生活垃圾分级管控的通知》，对不同风险地区的农村生活垃圾收运处置、医疗废弃物收运处置、从业人员防护等作出详细规定。印发《河北省 2021 年推进农村生活垃圾处理体系全覆盖工作实施方案》，制定 2021 年建设购置计划。开展全省城乡积存垃圾清理专项行动，利用卫星遥感技术对 74 个县（市、区）农村生活垃圾治理工作及非正规垃圾堆放点整治情况进行有效监督。截至年底，全省有农村生活垃圾治理任务村庄总数 47701 个，均建立了日常保洁机制，配备保洁人员 21.69 万名；纳入“村收集、乡镇转运、县集中处理”的村庄 47541 个，占总数的 99.66%，基本实现收集、转运全覆盖。

【建制镇培育壮大工程】印发《建制镇培育壮大工程工作方案的通知》，明确建制镇建设的“十个一”任务目标，增强其综合承载能力。推进建制镇污水处理设施建设，重点对白洋淀流域 2021 年有明确工作任务的镇污水处理设施建设项目进行督促指导，同时对建制镇污水处理设施建设情况进行“回头看”。组织开展重点镇污水处理设施建设及运营情况考核，确保稳定运营，达标排放。截至 12 月底，全省 334 个建制镇已建成集中式污水处理设施，17 个建制镇正在建设，其他建制镇采取多种方式进行管控。

【历史文化名镇名村和传统村落保护】与省文物局联合印发《关于组织申报河北省第五批历史文化名镇名村的通知》，各地共推荐上报 231 个镇村，对拟列入第五批河北省历史文化名镇名村候选名单的 142 个镇村进行公示。加强历史文化名镇名村保护工程实施，协调安排 2021 年省级补助资金 1350 万元，支持石家庄市井陉县、邯郸市涉县共 10 个镇村实施抢救性资源保护工程，推动全省历史文化名镇名村集中连片保护，保护乡村传统建筑和乡村特色风貌。

标准定额

【标准编制】2021年完成超低能耗建筑、绿色建筑、智慧城市、城市更新等32项标准的立项技术论证和12项财政专项标准的开题论证，下达两批计58项标准和标准设计的制（修）订计划。完成59项地方标准编制工作，其中《百年住宅设计标准》《百年公共建筑设计标准》等8项高质量标准，属于创新标准，在全国处于领先地位，填补了国家标准空白。

【京津冀工程建设标准协同】落实《京津冀区域协同工程建设标准框架合作协议》要求，2021年度，完成了15项京津冀协同标准编制，包括绿色建筑评价、民用建筑门窗、海绵城市、装配式建筑等技术标准规范，为京津冀协同发展提供了技术支撑。

【雄安新区工程建设标准编制】帮助雄安新区建立工程建设标准体系，组织专家审核雄安新区标准体系，提出27项意见和建议，向雄安新区推荐36项省高质量地方标准，其中12项被雄安新区纳入高质量标准体系。组织专家审查雄安集团9项市政设施企业标准。参与中国标准设计研究院编制的《高质量宜居住宅设计指南》送审稿审查。组织专家共同审查《海绵城市雨水控制与利用设计规范》等8项京津冀协同标准的初审、中审工作。

【标准宣贯】组织召开全省住建系统标准宣贯会议，对《被动式超低能耗居住建筑节能设计标准》《被动式超低能耗公共建筑节能设计标准》《居住建筑节能设计标准（节能75%）》3项标准进行宣贯，并对《河北省民用建筑外墙外保温工程统一技术措施》进行解读，全省培训10000余人次。

【工程造价管理】根据住房城乡建设部《工程造价改革工作方案》制定了《河北省工程造价改革工作方案》。为规范建设市场秩序，制定《河北省住房城乡建设厅在冀工程造价企业和招标代理机构建筑市场行为信用评价管理办法》。

【京津冀计价体系一体化】按《推进京津冀工程计价体系一体化实施方案》要求，实现人材机造价信息共享，每月将11个设区市常用建安材料等4类5000余条材价信息在“京津冀工程造价信息共享”平台上统一发布。

工程质量安全监督

【质量安全监督】2021年全省共监督房屋建筑单位工程84461个，建筑面积6.87亿平方米，监督市政基础设施工程2221个，造价1015.88亿元。全省日常监督抽查单位工程51729个，共出具日常监督改通知书工程数量6586个，暂停施工通知书工程数量281个，实体抽测82256次、材料抽测组数6911组，竣工验收合格率100%。全年未发生等级以上工程质量事故。

【雄安新区工程质量监管】全年共组织546人次、抽查检查11轮次、1001个单位工程，用时99天，重点检查雄安新区建设项目实体质量和施工现场质量管理体系运转情况，严肃质量问题整改复查，严厉查处违法违规问题，压实参建单位主体责任，科学防范各类质量风险，有力推动雄安工程项目高质量建设。

【冬奥工程质量监管】开展冬奥项目专项质量检查，严格冬奥项目质量安全监管。6月、9月对冬奥及配套项目组织了两次专项质量检查，共检查涉奥项目111个次，检查中所发现的问题同步移交张家口市住房和城乡建设局完成整改。国家跳台滑雪中心“雪如意”被特别授予中国建设工程鲁班奖。

【省级工程质量巡查】全年共开展两次省级工程质量巡查，检查11个设区市102个县（市、区）及定州、辛集市的125个单位工程。75个工程存在质量问题，下发《建设工程质量整改通知书》，其中25个工程质量问题突出，下发《行政处罚建议书》。

【农村气代煤抽查检查】开展全省农村气代煤工程建设质量安全抽查。共抽查7市25县的60个村庄气代煤工程，委托第三方检测机构重点对钢制燃气管道焊接质量进行无损探伤抽测，抽测481道焊口焊接质量。针对抽查抽测发现的问题，下发《气代煤工程建设质量安全问题整改表》58份，责令相关单位限期、彻底整改，确保消除质量安全隐患。

【创建省结构优质工程】修订完善《河北省结构优质工程创建评价管理办法》，规范全省结构优质工程创建活动，积极引导工程建设各方主体树立质量品牌意识，着力提升工程质量品质，推动建筑业高质量发展。按照“申报、评价、审核、公示”四个阶段，确定543项单位工程符合省结构优质工程标准。

【建设工程质量投诉】切实把群众的操心事、烦心事、揪心事作为工作的出发点和落脚点，确保每一件省级工程质量投诉均按时办结反馈。全年共转办交办工程质量投诉168件，其中150件已办结，其余18件按办理期限积极督办。

【推进省级住宅工程业主预验房试点工作】推进承德市省级住宅工程业主预验房试点工作开展。截至12月底，承德市累计共竣工验收住宅单位工程数量505个，实施业主预验房制度的单位工程447个，对外销售的商品房项目100%实施业主预验房制度，业主平均参与比例为69.48%。通过预验房制度累计发现质量问题4491项，发现问题比例为1.37%，所发现问题交付使用前已全部得到解决。实施预验房制度的小区交付使用后投诉总量不超过3%，并有效解决了施工企业撤场后质量维修困难问题。

【运用信息化手段助力质量提升】质量标准手册APP是河北省工程质量管理创新举措，为质量责任主体、监管人员提供房建、市政、轨道交通等工程建设全过程、全专业服务，共收录标准规范341项，政策法规114项。全年APP用户累计总访问量达121万余次。为社会公众关注了解质量政策、纾解困惑提供了高质量服务渠道和平台，对化解矛盾纠纷、减少质量投诉起到了积极作用。

【推进工程建设品质提升】严格执行工程质量“两书两牌一档案”终身责任制制度，实现在监工程承诺书、法人授权书100%，建立信用档案百分率100%，现场公示牌和永久性责任标牌设置率为100%。每季度坚持全省工程质量监督情况统计分析和人才公寓月报制度。持续推进《河北省工程质量安全手册实施细则（试行）》贯彻落实。推进既有建筑玻璃幕墙和外墙高空坠物排查治理“回头看”工作。

【施工安全管理】印发《2021年建筑施工安全生产专项整治方案》，以危大工程、高处作业等为重点，在全省开展建筑施工安全专项整治行动，排查在建项目工程53515个次，限期整改及停工整改项目13190个，罚款609.09万元。抓好关键时段安全生产工作，推动春季开复工、全国“两会”、重要节假日、暑期汛期等特殊时段建筑施工安全生产各项措施落地见效。指导开展安管人员和特种作业人员安全教育培训，应用在线教育学习平台完成124批46167人培训。组织安全监督人员业务知识在线培训，录制课程11门20课时，完成习题题库编制，具备网络培训条件。持续推广应用安全管理信息系统，利用信息化手段督促企业开展“双控”机制建设和安全教育。

【施工扬尘治理】制定印发《河北省2021年建筑施工扬尘污染防治工作方案》，成立工作专班，全面部署全省建筑施工扬尘污染防治工作。印发《关于进一步推进省市建筑工程施工现场视频监控系统对接的通知》，增强利用视频监控加强对工地的巡查检查的能力，提高监管效能。在春季开复工、重要节假日和会议等特殊阶段组织开展专项督导检查，共检查在建工地102378个次，行政处罚2047起，罚款5629.49余万元，施工现场管理水平明显提升。组织各市将518个项目列入河北省建筑施工安全文明标准化工地创建计划，在全省精选17个“云观摩”建筑施工项目，以VR全景形式供企业观摩互鉴，发挥示范引领作用。

【“双随机、一公开”监管】开展“双随机、一公开”监督检查，对93家勘察设计、50家监理企业、17家施工图审查机构资质条件和649家建筑施工企业安全生产许可证条件进行核查，对不满足要求的采取注销资质、暂扣证书等方式依法依规进行处理。

【建设工程消防设计审查验收】印发《河北省建设工程消防设计审查验收管理暂行办法》，编制《河北省房屋建筑和市政基础设施工程施工图设计文件审查要点》（2020年版），建立全省消防技术专家库，为消防设计审查验收提供技术保障力量。先后3次组织全省有关人员同步参加住房城乡建设部、省住房城乡建设厅举办的消防设计审查验收政策宣贯培训，累计2000余人参加，邀请消防行业专家通过视频会议方式进行技术交流，全省各地主管部门工作人员700余人参与。对235个涉及消防的房地产开发项目、344个养老机构消防审验、军队移交资产等遗留问题，建立工作台账，专人盯办解决。

【工程勘察设计管理】在全省范围内组织开展BIM技术应用示范，以视频形式展示BIM应用示范项目在优化设计、提升质量、精确计量、节约资源、管理信息化等方面的积极成果，引导工程建设有关企业开展交流学习，促进全省建筑信息化水平不断提升。

建筑市场

【培育发展优势骨干企业】2021年成功指导服务北旺建设等企业升特级资质。全省特级、一级总承包企业达到457家，从业人员近100余万人。重点骨干企业逐步延伸产业链，逐步由低端业务结构向中高端业务结构转变，以房屋建筑为主的产业结构正逐步转变，房屋建筑占建筑业总产值比例下降到56%，较全国61%平均水平低5个百分点；土木工程占建筑业总产值32%，几乎达到总量的三分之一，基础设施领域建设能力不断提升。

【深化建筑业“放管服”改革】落实住房城乡建设部“证照分离”改革要求，取消工程造价咨询企业资质审批，完善建筑施工企业劳务资质备案制度。

推进电子证照应用，编制竣工验收备案电子证书地方标准，施工许可、竣工验收备案已全部实现电子证照。全省建筑企业资质、人员资格和施工许可等19个证书全部实现电子化，群众办事从“最多跑一次”变“一次不用跑”，部分简易变更事项实现“网上受理当日办”。

【深化工程招投标制度改革】2021年，河北省作为住房城乡建设部2个试点省份之一，积极推行招标“评定分离”改革，落实招标人主体责任，约束评标专家权力，节约交易成本，有效减少围标串标现象。截至年底，全省已有1148个房屋建筑和市政基础设施项目的招标采用了“评定分离”模式。在全省推行招标投标全流程电子化，实行文件资料线上传输，采用“视频＋现场”模式实时监督，实现了评标专家随机抽取和电子交易平台辅助评标，从制度和技术层面防范围标串标行为。

【工程造价改革】贯彻落实住房城乡建设部办公厅《关于印发工程造价改革工作方案的通知》，学习试点省份改革措施，创建工程造价市场形成机制，推行清单计量、市场询价、自主报价、竞争定价的工程计价方式，增强全省企业市场询价和竞争谈判能力，推进建筑业高质量发展。

【工程总承包】会同省发展改革委联合印发《河北省房屋建筑和市政基础设施项目工程总承包管理办法》，推进工程总承包模式的应用和发展，促进房屋建筑和市政基础设施项目设计、施工等各阶段的深度融合，提高工程建设质量和效益，规范房屋建筑和市政基础设施项目工程总承包活动，支持建筑企业加快向工程总承包企业转型发展。

【事中事后监管】研究制定专家评审、业绩公示和社保、业绩核查制度，对存在弄虚作假的企业依法依规予以处理，累计公示1766家企业资质申报业绩52批。制定《河北省建筑业行业监督管理办法》，按“双随机、一公开”方式开展2021年建筑业及工程造价咨询企业核查，随机抽查613家企业资质，对317家企业的510项不合格资质进行了通报，对整改不合格的64家企业90项资质予以撤销。

【建筑市场秩序专项整治】8月9日起在全省范围内开展建筑市场秩序专项整治行动。全省共检查项目数15012个，检查企业10675家，发现查处问题863个，罚款7181.2万元，督导各市按时间要求完成整改处罚。通过多举措、高强度、全方位综合整治，有力打击了违法发包、转包、违法分包等违法违规行为，对违法违规企业和人员形成有力震慑，建筑市场主体的责任意识日益增强，违法发包及转包等问题得到有效遏制，建筑市场秩序得到明显规范。

【开展违规违建清理规范“回头看”】河北省住房城乡建设厅、发展改革委、自然资源厅、生态环境厅、水利厅、政务服务办、林业和草原局等7部门印发《关于建立违规违建项目日常监管长效机制的若干意见》，进一步明确各方参建单位的主体责任、基层政府的属地责任和行业部门监管责任，建立完善违法建设第一时间发现、第一时间响应和第一时间制止机制。对集中清理规范后新发现的违规违建行为，依法顶格裁量、严厉处罚，从源头上严防问题反弹回潮。8月，省违规违建项目清理规范工作领导小组办公室组织各地认真开展“回头看”，将2021年新开工项目纳入排查范围，全省排查新增建设项目1971个，其中18个违规违建项目全部在第一时间处置到位，违规违建项目清理规范长效监管机制发挥了有效作用。

建筑节能与科技

【推动被动式超低能耗建筑高质量发展】2021年，省政府成立被动式超低能耗建筑产业发展领导小组，形成齐抓共管、协同推进工作合力。系统完成设计、施工验收、评价、检测全过程标准修订。开展关键技术攻关，“超低能耗建筑全产业链关键技术与规模化应用”荣获2020年度省科技进步一等奖。被动式超低能耗建筑项目实现设区市全覆盖，并向县区延伸。2021年新开工被动式超低能耗建筑161.06万平方米，累计建设605.71万平方米，建设规模高居全国第一。

【绿色建筑】贯彻落实《河北省促进绿色建筑发展条例》，新建建筑严格执行绿色建筑标准。全省各市、县（区）均编制完成绿色建筑专项规划，推进绿色建筑高质量发展。出台河北省《绿色建筑评价标识管理办法》，引导高星级绿色建筑发展。强化绿色建筑标准京津冀协同，共同颁布实施绿色建筑设计和评价标准。城镇竣工绿色建筑占新建建筑面积的98.76%，处于全国第一梯队。

【装配式建筑】贯彻落实《住房和城乡建设部等部门关于加快新型建筑工业化发展的若干意见》，出台河北省实施意见，印发《河北省新型建筑工业化“十四五”规划》。新增4家省级装配式建筑产业基地。贯彻落实《绿色建造技术导则（试行)》，推动绿色施工建造方式，推广使用绿色建材。2021年新开工装配式建筑2770.37万平方米，占新开工建筑面积的25.85%。

【建设科技创新】以绿色低碳、智能建造等为创新方向开展关键共性技术攻关，完成32项高水平科研成果，其中国际先进水平6项，国内领先水平26项。抓好科技示范工程和住房城乡建设部建筑业10项新技术推广应用，完成33项高质量示范工程建设。积极组织申报省科学技术奖，提名的“低碳机制骨料新工业体系关键技术与产业化应用项目”荣获2021年度河北省科学技术进步奖一等奖。

人事教育

【事业单位试点改革】聚焦主责主业，优化事业单位布局结构，按照“理顺职能、合理高效”的总体原则，将原18个事业单位减少为14个。严格落实《关于确保深化事业单位改革试点顺利实施的若干纪律要求》，确保不出现突击提拔、突击进人、突击聘任专业技术职称等情况。召开撤并整合和转企改制动员会，编制“两清单一章程”，配套印发《关于做好厅属事业单位改革相关工作的通知》，推动各项事项由“物理整合”向“化学融合”深度转变。

【激励干部担当作为】加大年轻干部选任力度，统筹考虑干部能力、专业特长、性格品性等综合因素，切实把契合岗位需求的年轻干部放到合适岗位上，有效激发了年轻干部干事创业活力。通过“清北”定向招录、选调生交流调整、公开遴选等方式，充实机关和事业单位“双一流”高层次人才9名。根据领导干部调整和职数空缺情况，分6批晋升了20余名机关公务员职级，进一步优化了干部成长路径抓牢抓实干部考核，协助省委组织部圆满完成2021年度省管领导班子和领导干部考核暨绩效考核工作，顺利完成了2020年度机关事业单位考核、绩效考核以及厅属两家企业年度综合考核和企业负责人薪酬确定与兑现，有效落实考核优秀减半年职级晋升红利和嘉奖、三等功表彰政策，充分发挥了考核风向标作用。

【提升干部能力素质】培养“实践型”干部，2021年，先后安排7名定向选调生，赴县乡基层锻炼；选派8名优秀干部，到乡村振兴包联村、信访前沿工作；抽调11名综合管理干部和专业技术骨干参与雄安新区筹建、冬奥项目督导、省委大督查及巡视等重点工作。培养“知识型”干部，组织开展了全省城市更新改造和精细管理培训班，受训干部900余人；积极组织参加住建部远程视频业务培训，做好“全国房屋建筑和市政设施调查”培训，培训全省住建领域领导干部和专技人员8150人次；举办“住房公积金统计”“市政设施有限空间作业安全”“房屋建筑和市政设施调查”“住建领域执法”4期业务培训，极大提升了行业干部知识层次和业务水平。

【强化干部日常监督】不折不扣执行领导干部个人有关事项报告制度，分两批组织137名报告对象专题学习和答疑，随机抽查14人，重点查核7人，针对出现的漏报情形，相应给予其批评教育或诫勉处理。全面核查和清理登记备案人员因私出国（境）登记备案、证件集中保管以及因私出国（境）情况，对集中保管的证照实行双人双锁联管，做到人员登记“应备尽备”、证件保管“应交尽交”。全面规范公务员辞职从业行为，以厅党组名义印发《公务员辞去公职后从业行为限制清单》。强化退休领导干部社团兼职工作管理，进一步完善了社团兼职审批程序，组织19名在社团兼职的退休干部向厅党组报告了2020年度兼职履职情况，从严监督社团兼职履职。

【驻村帮扶】指导驻村工作队答好脱贫攻坚“收官卷”，圆满完成史家寨村和下庄村精准脱贫攻坚任务，帮扶村734户贫困户，2136人全部脱贫。

大事记

1月

7日　紧急召开应对极寒天气城市供热保障视频调度会。

2月

3日　全省住房和城乡建设工作会议召开。

5日　组织召开全省住房城乡建设领域安全生产视频会议。

26日　召开全省城市易积水区域整治工作视频调度会，副省长丁绣峰出席会议并讲话。

3月

18日　召开全省建筑外墙外保温材料消防安全工作会议在石家庄举行，副省长丁绣峰出席会议。

19日　召开省被动式超低能耗建筑产业发展领导小组第一次会议，副省长丁绣峰出席会议。

23日　召开省园林博览会组委会第六次会议，副省长丁绣峰出席会议并讲话。

4月

14日　“为美丽河北而规划设计”第四届河北国际城市规划设计大赛新闻发布会在唐山举行。

16日　省高级人民法院、省自然资源厅、省住房城乡建设厅联合举行执行网络查控协作机制备忘录签署仪式。

5月

17日—18日　浙江省住房城乡建设厅副厅长张奕等一行对全省及石家庄市生活垃圾分类工作进行

调研，双方共同签订生活垃圾分类工作“1对1”交流协议书。

26日 省政府新闻办公室举行河北省第五届（唐山）园林博览会新闻发布会。

6月

22日 省委党史学习教育第十二巡回指导组来省住房城乡建设厅开展巡回指导工作，召开首轮见面会。

7月

1日 河北省委决定康彦民同志调任沧州市委书记，不再担任省住房城乡建设厅党组书记。厅党组副书记、副厅长、一级巡视员桑卫京同志临时负责省住房城乡建设厅全面工作。

2日 省住房城乡建设厅组织召开全厅党员干部大会，集中学习、深入领会习近平总书记在庆祝中国共产党成立100周年大会上的重要讲话精神。

21日 省政府新闻办召开河北省住建系统上半年民生工程推进情况新闻发布会。

8月

28日 河北建筑工程学校并入河北省科技工程学校动员大会在保定市河北省科技工程学校召开。

9月

26日 召开全省冬季清洁取暖工作会议，副省长胡启生出席会议并讲话。

10月

7日 省住房城乡建设厅党组书记、厅长于文学主持召开厅党组（扩大）会议，传达学习省领导重要指示精神，传达学习省委民族工作会议、省委冬奥工作专题会议、省委首都“两区”建设专题会议、省应对新冠肺炎疫情工作领导小组会议暨视频调度会议等精神，传达学习省领导检查国庆节假期政府系统值班值守工作时的讲话精神，研究贯彻落实意见。

21日 结合厅机关党组织和在职党员“双报到”活动，于文学到石家庄市新华区革新街道天骄社区、石家庄市供热事务中心检查督导工作，了解革新街道辖区基本情况以及石家庄市供热准备情况。

11月

19日 中共河北省委宣传部召开河北省“我为群众办实事”——20项民生工程推进落实情况新闻发布会。

12月

2日 省住房城乡建设厅召开党组（扩大）会议，传达学习全国城镇燃气安全排查整治动员部署电视电话会议、全省燃气安全排查整治动员部署电视电话会议精神，安排部署有关工作。

10日 省政府新闻办召开“住房城乡建设事业助力河北全面建成小康社会”新闻发布会。

16日 住房和城乡建设部以视频会议形式对河北省第一次全国自然灾害综合风险普查房屋建筑和市政设施调查工作进行远程督导。

（河北省住房和城乡建设厅）

山 西 省

建筑业

【概况】2021年，山西省建筑业企业完成总产值5677.7亿元，较上年同期增加564.1亿元，同比增长11%；实现建筑业增加值1065.37亿元，同比增长4.1%，较全国增速高2个百分点，占全省GDP比重为4.7%。

【建筑市场制度】出台《推动我省建筑业高质量高速度发展》《加快引进外埠优质建筑业企业在我省安家落户》等多项政策，在帮扶企业资质升级、推动企业合并重组、放宽资质核准条件等方面加大支持力度。2021年，新引进9家建筑业企业在山西省安家落户，推动2家企业完成了合并重组。会同省银保监局等五部门修订《建设工程担保实施办法》，制定《关于进一步加强建设工程保证担保工作的通知》，配套更新《保后管理手册》，推动工程担保行业良性发展。印发《开展2021年度建筑业领域入企服务和“进工地、到一线、解难题”主题活动的通知》，印制工作指南和惠企纾困政策汇编，指导全省各级住建部门成立建筑业入企服务专班，深入987家建筑业企业送政策、解难题、答诉求，帮扶企业纾困解忧。

【建筑行业转型】与省发改委等十部门联合印发《关于推动我省智能建造与建筑工业化协同发展实施

方案》，积极推动建筑工业化全链条各环节智能技术应用、研发和模式创新。深入挖掘智能建造领域先进经验，潇河建筑产业有限公司重型H型钢、箱型梁柱两条智能生产线成功入选住房和城乡建设部第一批示范案例。在全国首创招投标活动五方责任主体《承诺书》制度，并通过建立省、市、县三级招投标监管部门责任清单，试点开展标后评估，实施专项集中整治，实现了建筑工程招投标活动监管全覆盖。打造央地企业合作交流平台，召开山西省建筑业企业央地合作签约仪式暨省骨干建筑业企业战略合作交流会。

【智慧建筑管理平台】优化建筑市场监管信息化管理，依托“智慧建筑”平台加快完善系统相关功能，推动监管服务工作向信息化、智能化发展。全面推广施工许可电子证应用范围，实现全省施工许可证电子化全覆盖，建筑市场监管信息化水平持续稳居全国第一方阵。

【建筑节能】全省新开工节能建筑3338.13万平方米，节能强制标准执行率100%，指导大同、朔州、忻州三市成功列入第四批北方地区冬季清洁取暖试点城市，实施既有居住建筑节能改造1043.23万平方米，公共建筑节能改造18.85万平方米。持续推进太阳能建筑应用，因地制宜推广地热能、空气能等供热技术应用，全省新建建筑可再生能源应用比例为76.5%。

【绿色建筑】发布《绿色建筑设计标准》，新建建筑全面按照绿色建筑标准进行设计。印发《关于做好绿色建筑标识管理工作的通知》，指导设计单位开展绿色设计。建成绿色建筑1746.97万平方米，占城镇新建建筑比例85.95%，超过年度目标任务26个百分点。印发《山西省超限高层建筑工程绿色创新技术导则》，累计实施14个绿色建筑创新项目，建筑面积达156.3万平方米。全省首个集装配式、三星级绿色建筑、超低能耗为一体的住宅小区主体结构基本完成。全省首座集AAA级装配式、三星级绿色建筑、近零能耗于一体的绿色智慧办公建筑已投入试运行。

【绿色建材推广】联合山西省市场局、工信厅开展培训宣贯，提高社会对绿色建材产品认证的认知度，指导企业申请绿色建材产品认证。推动政府投资工程率先采用绿色建材，鼓励工程项目建设使用绿色建材采信数据库中的产品。联合省财政厅印发《绿色建筑和绿色建材政府采购基本要求（试行）》，引导支持绿色建材广泛应用。

【建筑市场行政执法】开展“双随机、一公开”执法检查和“整顿规范建筑市场秩序两年行动”，建立行业监管与行政执法联动机制。全年累计查处问题项目247个，涉及不符合事项1097项，处罚1300余万元，累计注销、撤回763家违规企业相关资质，是2020年的1.7倍。2021年，共实地核查申报资质企业1005家，核查结果与实际申报材料不一致的企业为314家，占比较去年下降20%。

【建筑市场诚信建设】印发《关于进一步做好房屋建筑和市政基础设施工程建筑用工实名制信息化管理工作的通知》，建立了信息报送和考评机制，通过每周排名通报、实地定点帮扶等措施，建筑用工考勤更新率等指标在国务院考核中位于全国第11位，较去年排名提升7位。开展2021年度建设工程企业信用评价工作，完成488家企业信用评价，68家评价结果为“D”级的企业被列入重点监管范围。

【施工安全监管】认真贯彻落实国家、省安全生产工作部署和省政府《关于做好2021年安全生产工作的通知》要求，组织召开了4次厅安委会扩大会议，紧盯重点领域，安排部署住建系统安全生产工作，全力抓好安全生产防范工作，6月15日，组织召开太原市轨道交通1号线一期工程安全生产专题工作会议。完善建筑施工安全管理制度，制定《关于实行建筑施工企业安全总监制和项目专职安全生产管理人员委派制的实施意见（试行）》，强化安全管理责任落实；制定《山西省住房和城乡建设系统安全生产约谈办法（试行）》，约谈安全生产责任不落实、安全隐患整改不及时、发生生产安全事故的监管责任部门和企业；制定《山西省建筑施工企业安全生产分类分级监管实施办法》，对建筑施工企业实施分类分级监管。

【安全生产专项整治】开展安全生产专项整治三年行动，严格落实集中攻坚年“四个清单”，制定了《安全生产专项整治三年行动集中攻坚年工作任务分工》《住建领域安全生产专项整治三年行动本质安全措施》《落实建筑施工企业安全生产主体责任集中攻坚年工作方案》，针对重点难点问题，提出具体工作措施。开展春季复工、“五一”期间、“七一”期间安全生产集中检查、建筑施工安全生产和扬尘治理监督检查4次监督执法检查，共检查在建工地90余个，对6个较差的房建市政工程项目进行了通报，将涉及的企业和人员实施信用惩戒，对发生事故的责任单位进行了严肃处理，暂扣了安全生产许可证，向省外事故企业注册地主管部门发出了处罚建议函。

【工程实体质量管控】开展工程实体质量抽测检查，重点对施工现场结构混凝土质量进行检查，根据混凝土强度抽检达标情况，倒查回预拌混凝土企业的混凝土生产质量，以及对应第三方检测机构出具的检测报告符合情况，检查覆盖了全省11个市，共检查了17个在建项目，倒查了23个预拌混凝土供应企业以及出具对应检测报告的18家检测机构。

【建设工程品牌创建】与人社厅联合印发《关于评选山西省优质工程奖的通知》，在全省范围内组织开展山西省优质工程评选。旨在以省级优质工程创建山西省建设工程品牌，激发建筑业企业提高建筑工程质量的内生动力，同时发挥省级优质工程的带动引领作用，推动全省建筑工程品质不断提高。

【工程质量检测监管】加强工程质量检测事中事后监管，从2020年开始开展为期一年半的工程质量检测机构专项整治，对全省11个设区市的291家检测机构逐个进行现场监督检查，覆盖了全省所有工程质量检测机构。2021年在开展全覆盖现场监督检查的基础上，公布了291家机构考核结论，限期停业整改138家；撤回单项资质62家，撤回全部资质39家；取消检测人员岗位证书81人，一年内不予重新核发；公开通报批评检测人员54人。

【工程质量检测机构评价】印发了《关于开展山西省优秀建设工程质量检测机构评价工作的通知》，开展了第一批省示范建设工程质量检测机构评价工作，示范检测机构评价填补了山西省在建设工程质量检测领域选树示范的空白，是山西省在工程质量检测管理方面提出的“两手抓”的一项重要举措。

【装配式建筑发展】印发《关于加快新型建筑工业化发展的实施意见》，山西省人民政府在大同组织召开全省装配式建筑推进现场会。全省新开工装配式建筑776.53万平方米，占新开工建筑面积的23.26%，超过目标任务5.26个百分点。

【建设科技创新】印发《关于推进住房和城乡建设领域企业开展研发活动的通知》，指导山西建筑工程集团有限公司成功入选山西省科技成果转化示范企业，中铁三局集团有限公司成功申报省级研究中心，山西四建集团有限公司等4家企业成立省技术创新中心，山西建投晋东南建筑产业有限公司等3家企业成功认定为第25批省级企业技术中心，列入住房和城乡建设部科技计划项目4项，住建厅科技计划项目30项，全省共获得国家科学技术奖2项，华夏建设科学技术奖4项，山西省科学技术奖30项，准予登记科技成果82项，推广建筑节能产品（技术）201项。

【BIM技术推广应用】印发《关于增加全省建筑信息模型（BIM）技术应用试点企业的通知》等文件，深入开展“城市工程建设BIM数据标准体系”专题研究，相继发布《BIM统一应用标准》《山西省BIM技术应用服务费用计价参考依据》等8部地方标准和1项取费定额，累计指导实施试点项目460项，认定省级优秀应用案例24项，获得国家级BIM大奖28项，立项BIM相关科技计划项目3项，培育重大科技成果1项。

【工程建设标准】组织编制《完整居住社区建设标准》等4项重点地方标准。批准发布《绿色建筑设计标准》等12项工程建设地方标准。深入开展标准宣贯和实施监督工作。

【工程造价咨询】山西省共有工程造价咨询企业393家，其中甲级企业139家，乙级企业254家。从业人数15364人，其中有职称人数9296人，注册造价工程师及其他注册人员2592人。企业营业总收入951893.6万元，造价咨询业务营业收入148387.5万元。完成工程咨询项目投资总额58978868万元。

房地产业

【房地产市场运行】2021年，印发《关于进一步强化全省房地产市场平稳健康发展城市主体责任制落实的通知》，建立省级抓落实工作机制，出台《进一步促进房地产业平稳健康发展的通知》《山西省房地产优服务促稳定专项行动方案》《山西省房屋建筑和市政工程建设项目“拿地即开工”实施方案》。2021年，山西省完成房地产开发投资1945.2亿元，同比增长6.3%；商品房销售面积3204.4万平方米，同比增长19.3%，超额完成全年目标任务（2860万平方米）；房地产业增加值1231.2亿元，同比增长8.3%，超额完成全年目标任务（7%）。

【房地产市场监管】印发《山西省存量房买卖合同示范文本》，开展规范整治房地产市场秩序三年行动和2021年度房地产市场“双随机、一公开”联合执法检查，检查项目（企业）306个，发现问题558条并向各市主管部门移交进行核实查处。加快“山西数字房产”平台建设应用，完成房屋交易网签备案、住房租赁、企业信用评价、城市房屋安全管理等子系统上线运行，基本实现商品房交易数据实时上传和动态监测。

【规范发展住房租赁市场】印发《关于转发〈住房和城乡建设部等部门加强轻资产住房租赁企业监管的意见〉的通知》，持续巩固住房租赁中介机构乱象整治成果，全省筹集租赁住房12.8万套（间），完成全年任务（10万套）的128%。

【防范化解房地产风险】开展全省房地产市场风

险防控专项检查，下发执法建议书和风险提示函 22 份。印发《房地产领域风险防控工作指南》，督促各市推动中央及省信联办交办 763 件涉房信访案件基本化解，化解率 98.9%。加强省级统筹，指导各市督促出险企业做好风险处置工作，基本完成年度保交楼任务。

【配合开展房屋登记确权颁证清零工作】印发《关于做好“房屋产权登记确权颁证清零行动”有关工作的通知》《清零行动房改房相关问题政策解读专刊》。发布《关于对开展房屋确权清零行动中违法失信企业进行惩戒的通知》，督促房地产开发企业配合做好“清零行动”工作。联合省直相关部门对太原市开展督导调研，着力解决历史遗留问题，确保工作落实到位。

【城市房屋安全隐患排查整治】累计排查城市房屋 95.5 万幢、964.2 万套，9.5 亿平方米，基本完成排查任务；存在安全隐患 1.65 万幢，需鉴定 1.01 万幢，已鉴定 3207 幢，鉴定率 31.8%；已整治 4846 幢，整治率 29.3%。

【物业管理创新】报请省政府印发《关于加强和改进住宅物业管理工作三年行动计划（2021—2023 年）》，明确了 6 个方面 22 项具体业务，推动实现物业管理监督权、服务质量评价权、资金使用审核权下沉和与基层党建、社区治理相融合。加大物业收费信息公开力度，公示收费住宅小区覆盖率达 98.8%。组织太原、长治开展“美好家园”小区选树活动，太原“太铁佳苑”小区、长治“御林家园”小区和“东方世家”小区经验做法被住房和城乡建设部转发推广。督促太原、晋中市落实好住宅专项维修资金审计整改工作。

城市建设

【历史文化名城保护】2021 年，召开全省城乡建设历史文化保护传承电视电话会议，各市、县分管领导，保护主管部门负责人共计 339 人参加了会议。印发街区划定和历史建筑确定年度工作方案，完成 11 市 65 县（区）省级历史文化资源普查，各市县新公布历史建筑 194 处，总数达到 1920 处。开展历史建筑测绘工作标准和测绘成果归档工作，高质量完成 1016 处历史建筑测绘建档。指导各名城、街区全面推开规划期至 2035 年保护规划编制工作，积极开展历史文化保护传承专家委员会组建工作，面向全省征集历史建筑保护利用优秀案例，对接新华网、人民网、山西电视台、山西日报等媒体，宣传山西省历史文化保护传承工作成效。

【城镇老旧小区改造】2021 年，全省城镇老旧小区计划改造 1866 个老旧小区，涉及住户 261691 户，建筑面积 2315.21 万平方米，实际已开工改造 1895 个小区，2346 万平方米，263799 户，超额完成改造计划。

【既有住宅加装电梯】3 月印发了既有住宅加装电梯计划，截至 2021 年年底全省共开工建设 492 部电梯，超额完成年度计划开工 300 部的任务。

【城市生活垃圾分类】报请省政府办公厅印发了《关于将山西省改善城市人居环境工作领导小组更名为山西省城市生活垃圾分类和改善城市人居环境工作领导小组并调整有关事项的通知》，进一步强化组织领导。加快设施建设，建立与垃圾分类相匹配的终端处理设施，建成投产无害化处理设施 93 座，总处理能力 29525 吨/日，其中焚烧厂 14 座，总设计处理能力 14360 吨/日；填埋场 79 座，总设计处理能力 15165 吨/日；11 个设区市中 7 个城市实现生活垃圾全焚烧、零填埋。

【城镇污水处理】组织召开全省城镇污水处理厂运行管理（大同）现场推进会。以黄河流域生态保护和高质量发展规划为指导，按照省政府水环境质量巩固提升 2021 年行动计划的要求，下发通知就任务进行了全面安排部署；对各市的污水处理处置设施建设运行情况进行了多次实地督察，提出整改要求，推进项目建设。会同省环保厅起草了《山西省城镇生活污水处理厂提质增效激励办法（试行）》，认真贯彻落实城镇污水处理提质增效三年行动方案要求，全力督导各市加快补齐城镇污水收集和处理设施短板。全省城市生活污水收集率达到 67.9%，提前完成 67%的目标任务；完成城镇排水管网雨污分流改造 1838 公里，实现稳定达标排放，城镇污水处理提质增效三年行动圆满收官，国家目标任务圆满完成。

全省有城镇污水处理厂 139 座，设计处理能力 488.4 万立方米/日，实际处理量 354.8 万立方米/日，平均负荷率为 72.4%，11 座污水处理厂负荷率大于 100%，30 座负荷率大于 80%，污水厂出水水质三项指标全部达地表水Ⅴ类标准，设区城市 75 条黑臭水体全部完成整治。

【海绵城市建设】组织召开全省海绵城市建设工作推进会，对全省海绵城市建设工作提出具体要求。发布《关于加快推进城市易涝点整治工作的通知》，明确了 2021 年年底前全面消除设区城市易涝点，2022 年底前全面消除设市城市易涝点的工作目标，建立了易涝点整治工作进展月报制度。编制了内涝治理系统化实施方案（讨论稿），组织设市城市制定内涝治理系统化实施方案。积极指导长治市获得全国海绵城市建设示范城市，并获得三年共计10亿元的奖补资金，专项用于长治市海绵城市建设工作；10月中旬发布《关于开展2021年度海绵城市建设评估工作的通知》，要求各市对海绵城市建设成效进行自评，同时编制自评估报告。

【城镇供水】组织开展城镇供水规范化管理考核暨二次供水专项检查工作，并对检查结果进行了全省通报，检查中共发现各类问题602个，其中供水规范化管理方面299个，二次供水管理方面303个，对于考核检查中发现的问题和整改建议，按规定向各市、县（市）被考核检查部门（单位）进行了现场反。委托太原市供水设计研究院制定了《山西省民用建筑二次供水建设技术标准》，并于10月20日邀请国内及山西省行业专家召开评审会对标准内容进行把关审查。发布《关于开展2021年度城市供水水质抽样检测工作的通知》，于10月中旬开展了全省2021年度城市供水水质抽样检测工作。

【城镇燃气制度建设】报请省人大出台了《山西省城乡燃气使用安全管理规定》，修订了《山西省燃气管理条例》。出台了《城镇燃气经营许可管理办法》《城镇燃气安全检查管理办法》《城镇燃气管网管理办法》等制度，明确了城镇燃气安全检查标准、方法及流程，强化了燃气管网保护管理和日常巡检机制，加强了批管联动和批后监管。同时，设立了全省统一的12319燃气紧急报警电话，并将服务范围扩大至使用燃气的农村地区。

【城镇燃气安全管理】3—5月，组织开展了为期50天的全省城镇燃气行业安全大检查，累计检查139个燃气经营企业，查出各类安全隐患1010处，整改950处，整改率94%。依法对37个违法企业进行处罚，对4个违法企业责令停业整顿。6月，在全省范围内组织开展了城镇燃气行业大排查大整治，派出6个工作组，深入11个设区市、74个县（市、区），对隐患排查整治工作进行督导，发现各类隐患427个，已整改385个，未整改到位的已责成各市燃气主管部门限期整改。8月底，派出第二批工作组，对燃气安全隐患排查整治工作进行回头看，有效促进隐患整改工作的落实。

【燃气行业安全专项整治】9月，省政府印发了《山西省燃气行业安全专项整治工作方案》，通过在全省开展为期两年的专项整治，基本消除燃气各类安全隐患，有效遏制燃气安全事故发生。为推进专项整治工作，发布《关于深入开展全省城镇燃气行业专项整治工作的通知》。各市均按照省政府要求制定了工作方案，成立了燃气安全专项整治工作专班，为各项任务的推进提供了保障。

【城镇集中供热】9月24日发布《关于做好2021—2022年度采暖期城镇集中供热工作的通知》，为全面做好今冬明春全省城市集中供热工作奠定基础。各市按照冬病夏治原则，对老旧供热管网、换热站等热力设施进行全面排查检修，共计更换供热老旧管网660公里、检修维护换热站1504座、解决各类隐患76550个。9月底开始，组织专门人员赴各市进行实地调研督导，全面了解相关市供热准备情况。同时，要求各市对可能出现的极寒天气制定供热应急保障方案。指导各市建立供热周报制度，对发现的问题及时督促指导，确保稳定供热。

村镇建设

【农房建设管理】以指导各设区市实现县乡两级管理机构全覆盖，全省117个县（市、区）已设立农房建设监理管理服务机构178个，1061个乡镇全部设立了规划建设办公室，有效解决农房建设监管实施难和技术服务不到位的问题。出台了《农村建筑工匠管理办法（试行）》，与省市场监管局联合发文，引导成立农房建设合作社、合伙企业等651个。编制了全省农村住宅优秀案例图集，指导11个市全部编印了市级通用图集；省市县三级联动抓好宣贯培训，累计培训基层工作人员4.2万余人次，向群众发放宣传资料4万余册。强化督导整改，赴11个市开展三轮全覆盖实地调研督导，并针对省政府专项督查报告反馈的实施细则不健全、政策落实不到位等10个方面问题，迅速印发整改方案，逐项提出整改措施，推动“一办法一标准”落实落地。

【农村危房改造】2021年，在圆满完成全省3725户农村危房改造任务的基础上，又超量完成1416户。将农村住房安全保障范围由之前的4类重点对象扩大为农村低收入群体6类重点对象，逐步建立农村低收入群体住房安全保障长效机制。组织对农村低收入群体住房安全情况全面摸底，将住房存在危险的3725户全部列入2021年度“动态保障”改造任务；加强日常工作监管，定期对各市进展情况排名通报，对推进缓慢的市县下发督办函，督促工作落实；召开现场推进会，在晋源区组织9市30县召开全省农房抗震改造工作现场推进会，实地观摩学习“高延性混凝土农房抗震”加固技术，确保改造质量符合标准要求。

【农村房屋安全隐患排查整治】2021年，全省共排查农村房屋584.32万户，排查工作已全面完成。其中，排查两类重点房屋48.43万户，鉴定为C、D级2710户，全部完成整治；排查自建居住房屋535.89万户，鉴定为C、D级4.64万户，预计2022年9月基本完成整治工作。全省各县累计投入排查资金5700余万元、鉴定资金8400余万元，组织150余家专业机构、1.8万余技术人员参与排查工作。组织相关部门开展三次集中督导，共抽查11个市、86个县（区）、193个乡（镇）街道，分别召开工作推进会议，对进度缓慢的县进行了通报，对存在的问题一对一点评，对下一步工作点对点进行指导。

【汛期受损农房重建修缮】10月上旬，山西省出现极端强降水天气，引发山洪和地质灾害。全省共排查出隐患农房17.82万户，经鉴定实际受损13.81万户，其中，无安全住房、符合保障政策的受灾农户为5.8万户。经省、市、县住建部门共同努力，如期完成5.8万户受损农房重建修缮任务。针对汛期农房受灾情况，连续下发三个紧急通知，指导各地提前做好强降雨防范应对，抓紧制定完善汛期农村住房安全应急预案，强化农村住房安全隐患排查整治；迅速开展调研，组织专家在洪水退却后迅速赶赴汛情严重的5市13县（市），现场查看受灾情况，调度排查工作进度，指导做好灾后临时处置，防范次生灾害造成的二次伤害；紧急下发《全省受损农村住房重建修缮实施方案》，督促市县住建部门抽调专业技术人员，深入农村一线做好培训指导，配合乡镇开展摸排，精准摸清底数；编制《山西省洪涝灾区农房安全应急评估（鉴定）技术指南（暂行)》，指导各地在排查中同步开展受损农村住房安全应急评估，明确住房是否可以继续居住使用，提出维护修理或进一步鉴定的意见；指导县级住建部门组织专业机构，对受损农房开展安全性鉴定，科学判定受损等级；指导各地分类施策，精准开展重建修缮，严格落实全省农村房屋建设“四办法一标准”，住建部门加强技术指导，免费提供农房建设监理服务，指导做好冬季施工、灾后施工各项安全防范工作。

【农村生活垃圾治理】2021年，全省农村生活垃圾收运处置体系覆盖的自然村比例达到91.3%，年度目标顺利完成。印发《山西省农村生活垃圾整治百日攻坚专项行动方案》，在全省开展专项整治；组织专家赴11个市83个县（市、区）现场核查，对发现的15个问题向市县下发督办函，限期整改落实，约谈了工作推进缓慢的4个县政府分管领导，赴11个市开展了全覆盖工作调研指导，分别召开晋南、晋东南、晋西、晋北、晋中片区工作推进会，强化工作落实；组织各市全面摸清底数，编制农村生活垃圾收运处置体系图册和设施设备一览表，完善工作台账；指导各地积极推广农村生活垃圾分类“四分法”，开展生活垃圾分类的行政村数量达到3988个。

【建制镇生活污水处理】2021年，21个建制镇生活污水处理设施已完工，50个建制镇生活污水处理设施开工建设。召开全省建制镇生活污水处理设施建设三年攻坚行动动员部署会，印发2021年度工作方案，细化分解任务。分5组赴11个市83个县（市、区），对已建成的153个建制镇生活污水处理厂（站）和纳管处理的建制镇逐镇逐厂开展专项普查，对发现的66个镇建成后不运行、管理不规范的问题进行通报，限期整改；印发《加快全省建制镇生活污水处理设施提标改造工作实施方案》《推进全省建制镇生活污水处理设施规范运营管理实施方案》，推动市场化运营模式，提升设施运营管理水平，确保达标排放；对建设任务进展缓慢的4市10县（市、区）进行了约谈，与当地市住建局对进度严重滞后的7个县（区）进行了联合督办，督促年度任务落实。

【传统村落保护】2021年，配合省人大出台《山西省传统村落保护条例》，并依法抓落实，年度目标全面完成。印发了《山西省传统村落集中连片保护利用五年行动方案》，以晋城市国家试点为引领，确定介休、祁县、平定、平顺、翼城、曲沃6个省级试点县（市），打造“1+6”试点示范；制定了《山西省传统村落集中连片保护利用规划编制要点》，召开三次推进会，指导晋城市和6个试点县（市）科学编制保护规划，对试点县（市）政府实地对接督导；发布《关于做好传统村落数字博物馆建馆工作的通知》，2021年完成249个传统村落资料制作，超额完成149个；开展了“山西省传统村落保护利用模式探索与研究”“山西省传统村落数字性保护研究”“山西省传统村落保护性修复技术指南”课题研究，编制了《山西省传统村落图集》，制作了《山西省传统村落宣传片》。

【县城绿色低碳建设试点】联合科技厅等14个部门印发《县城绿色低碳建设试点工作方案》，明确了建设目标任务和具体措施。综合考虑不同地域，在组织专家实地调研的基础上，确定了灵丘、神池、兴县、沁源、曲沃等5个具有典型代表意义的县开展试点；与各试点县主要领导逐一沟通，召开工作部署培训会，共同研究支持试点建设、推动项目落地的具体措施，各试点县党委、政府将县城绿色低碳建设纳入2021年度和“十四五”期间重点建设任务；建立政府部门牵头、金融机构参与、技术力量保障的“四同步”协同推进机制，出台《开发性金融支持山西省县城绿色低碳发展示范项目融资方案》并有序推进；组建了县城绿色低碳建设省级专家库，成立现场技术指导组，负责与5个试点县一对一开展现场技术帮扶。起草了《绿色低碳县城建设规划编制指南》，避免低水平重复建设。

住房保障

【保障性安居工程】 2021年，山西省计划实施棚户区住房改造开工8526套、基本建成2万套，公共租赁住房筹集358套、基本建成736套，城镇保障性安居工程投资93.31亿元，城镇住房保障家庭租赁补贴发放5.37万户。全年，全省棚户区住房改造开工1.59万套、基本建成4.58万套，公共租赁住房筹集425套、基本建成3029套，城镇保障性安居工程投资156.15亿元，城镇住房保障家庭租赁补贴发放6.16万户，分别完成年度任务的186.2%、227.1%、118.7%、411.5%、167.3%、114.7%，均超额完成年度目标任务。

【住房保障工作专项考核】 印发《山西省住房保障工作2021年度量化考核办法》，明确了建设与管理并重、日常考核与年终考核相结合、自查自评与重点核查相结合的原则，设置了涵盖城镇保障性安居工程建设和管理等方面的15项考核指标，对年度住房保障工作实行百分制与加减分相结合的量化评分考核。根据年度任务完成、日常工作表现、印证资料报送等具体情况对各市年度住房保障工作进行量化考核，最终确定专项考核结果为：优秀等次3名，良好等次6名，一般等次2名。

【城镇保障性安居工程续建项目攻坚行动】 3月，以省保障办文件印发了《关于开展城镇保障性安居工程续建项目攻坚行动的通知》，3—5月组织各市对辖区内所有开工未建成项目进行自查摸底；6—8月省住建厅分6个组，重点对各市2017年年底前开工2020年年底前未建成项目的自查结果、进展情况、推进计划、攻坚方案等进行逐项实地核查，推进攻坚行动；核查结束后形成了全省攻坚行动核查报告，并向各市政府下达督办函。全年，推动城镇保障性安居工程续建项目基本建成4.73万套，其中2017年年底前开工2020年年底前未建成项目基本建成2.96万套。

【公租房信息系统建设】 联合省建设银行发布《关于进一步加快公租房信息系统建设的通知》和《关于推广公租房APP提升公租房管理服务水平的通知》，指导各市逐步启用线上业务和APP业务办理，实现网上查询、申请、缴费、投诉等功能，切实提升全省公租房管理水平。

【保障性租赁住房发展】 保障性租赁住房主要面向符合条件的新市民、青年人等群体供应，帮助其解决阶段性住房困难。起草了《山西省人民政府办公厅关于加快发展保障性租赁住房的实施意见（代拟稿）》，制定了《山西省2021年度发展保障性租赁住房工作监测评价办法》，联合省发改、财政、自然资源、税务5部门赴太原市进行了实地测评，并将评价结果报送住房和城乡建设部等五部委。

【公积金主要业务指标】 2021年，全省新增住房公积金缴存额500.85亿元，同比增长12.35%；提取301.28亿元，同比增加19.64%；发放个人住房贷款346.77亿元，同比增加13.64%。截至12月底，全省住房公积金缴存总额4107.33亿元，提取总额2445.11亿元，发放个人住房贷款总额2102.43亿元，缴存余额1662.22亿元，个贷余额1351.68亿元，个贷率81.32%。

【公积金监管】 完善《住房公积金行政监管实施细则》，积极探索公积金支持老旧小区改造。晋城市已申报为全国公积金系统灵活就业人员缴存公积金储备试点城市。鼓励吕梁和阳泉公积金中心公积金贷款跨区域受理发放业务，积极与太原、晋中公积金中心合作，到太原、晋中等地发放住房公积金贷款。住房公积金“跨省通办”被列入省级工作清单，山西省8项“跨省通办”业务已全部落实，在全国率先实现“全程网办”。制定《住房公积金逾期贷款清收专项行动实施方案》，召开全省住房公积金逾期个贷清收推进会议，从7月份开始，对各公积金中心逾期个贷清收情况进行逐月通报。开展优化住房公积金服务专项督查，个贷逾期率明显下降。取消向房地产开发企业收取公积金贷款保证金，按照省市场监督管理局要求，通过调研，发布了《关于加快清退房地产开发企业住房公积金贷款保证金工作的通知》。指导各市公积金中心完善手机APP、网厅办公等操作，实现与人社部门信息共享，作为首批唯一试点省，通过住房公积金数据互联共享平台，率先接入全国住房公积金小程序。根据审计整改要求，向焦煤集团下达机构移交督办函，召开机构移交督办约谈会，积极推进该集团向太原市住房公积金管理中心移交住房公积金管理机构工作。

（山西省住房和城乡建设厅）

内蒙古自治区

法规建设

【行业立法】2021年，配合开展《内蒙古自治区城乡生活垃圾管理条例》立法工作和《内蒙古自治区燃气管理条例》《内蒙古自治区物业管理条例》修订工作。完成《自治区住房和城乡建设系统行政处罚裁量基准》修订工作，公布《内蒙古自治区住房和城乡建设厅本级权责清单》。

【行政执法】制定"双随机、一公开"抽查检查工作方案，更新国家企业信用信息平台的行业企业数据，不断完善行业领域的"一单两库一细则"。筹备组建技术服务专家库14个，组织开展2021年度行政执法案卷评查。2021年办理行政复议案件2件、行政应诉案件2件，未出现败诉情况。

【普法工作】制定印发《内蒙古自治区住房和城乡建设厅2021年普法宣传工作计划》，开展学法用法及法治宣传教育。制定印发厅系统《法治宣传教育第八个五年规划（2021—2025年）》。编制完成《内蒙古自治区住房和城乡建设行政执法学习手册》，共110余万字。

房地产业

【房地产市场调控】围绕稳地价、稳房价、稳预期目标，落实自治区房地产市场调控评价考核暂行措施要求，坚持月监测、季评价、年考核。推行调研督导、约谈预警工作机制，压实盟市政府主体责任，因城施策，房地产市场保持平稳运行。全区完成房地产开发投资1234.1亿元，约占全区全社会固定资产投资的比重为26.5%，增长4.9%，两年平均增长8.8%；商品房销售面积1858.9万平方米，商品房销售额1214.8亿元。坚决防范化解房地产市场风险，累计解决房地产历史遗留问题项目2947个、139.7万套，占比分别为98.4%、99.4%。"持续开展房地产遗留问题专项整治"获评内蒙古2021年度"十大法治事件"。"出重拳"打击房地产领域侵害群众利益违法违规行为，治理房地产市场乱象。

【物业管理】推动修订物业管理条例，联合14个部门出台加强和改进住宅物业管理的指导意见。探索"红色物业"服务管理新模式，建立党建引领下的社区居民委员会、业主委员会、物业服务企业协调运行机制。呼和浩特市、包头市被确定为全国"共建美好家园"试点城市。

住房保障

实施棚户区改造2.6万套，新建公租房1541套，发放租赁补贴3.3万户。全年建设保障性租赁住房2400套。实施城镇老旧小区改造23.8万户，总体进度位居全国前列。建设17个完善类、提升类示范项目，建成后全部达到完整社区标准。

公积金管理

大力推进"跨省通办""一网通办"。持续推动呼包鄂乌四市住房公积金一体化协同发展。2021年，全区住房公积金发放贷款6.3万笔、239.03亿元，同比下降4.33%；提取337.26亿元，同比增长10.82%；贷款余额1247.85亿元，个贷率73.64%。

城乡历史文化保护传承

推动包头等城市创建国家历史文化名城，认定3个历史文化街区，基本完成369处历史建筑数字化测绘。加强村镇历史风貌传承和延续，完成传统村落挂牌保护及评估。包头市土默特右旗美岱召镇、达尔罕茂明安联合旗百灵庙镇，呼伦贝尔市陈巴尔虎旗呼和诺尔镇、阿拉善盟额济纳旗苏泊淖尔苏木伊布图嘎查被列为第二批自治区历史文化名镇名村。

城市体检

建立城市体检评估机制，完善城市体检指标体系，加快建设城市体检评估信息平台，城市自体检、第三方体检和社会满意度调查相结合的城市体检工作模式初步形成。呼和浩特市、包头市被列为国家样本城市。

城市更新

对全区城市更新工作进行系统谋划、统筹设计，在全国率先出台实施城市更新行动的指导意见，呼和浩特市入选国家首批 21 个城市更新试点城市。

城市精细化管理

印发《2021 年城市精细化管理工作要点》，完成精细化管理绩效评价考核，努力实现精细化管理全覆盖、全过程、全天候。在呼和浩特市召开全区城市精细化管理工作现场会，总结交流经验，强化示范引领，推动任务落实。推动呼和浩特市、包头市、鄂尔多斯市启动城市信息模型（CIM）基础平台建设。

垃圾分类

盟市所在地半数以上街道基本建成垃圾分类示范片区。乌海市被列为国家餐厨废弃物资源化利用和无害化处理试点城市。出台《内蒙古自治区城乡生活垃圾管理条例》，生活垃圾管理步入法治化轨道。

建设工程消防设计审查

开展全区建设工程消防设计审查验收遗留项目问题集中整治专项行动，出台建设工程消防设计审查验收遗留问题整治专项行动方案，有效防范化解建设工程消防安全风险隐患，受理历史遗留项目 2133 个，已办结 1523 个。

村镇建设

选取 22 个嘎查村开展自治区农房和村庄建设现代化试点。呼伦贝尔市阿荣旗、巴彦淖尔市五原县被列为全国乡村建设评价样本县，完成自治区和样本县乡村建设评价工作。动态排查监测农村牧区住房安全，改造 6828 户动态新增的农村牧区危房。完成 289.9 万户农村牧区房屋安全隐患排查和 13.4 万户用作经营自建房排查整治任务。加强乡村建设工匠培训，从业人员技能水平明显提升。全区农村牧区生活垃圾收运处置体系覆盖 43.1%的行政村，其中黄河流域覆盖 65.2%的行政村。出台建制镇生活污水处理设施建设五年攻坚行动方案，在鄂尔多斯市召开全区农村牧区和建制镇生活污水治理现场会，总结交流经验，推广典型做法。全区具备生活污水处理设施的建制镇占比 24.6%，其中黄河流域具备生活污水处理设施的建制镇占比 51.2%。

标准定额

【工程建设标准化】开发试运行“内蒙古工程建设标准管理系统”，2021 年新立项地方标准全部在网上办理，首次实现地方标准从申报到发布各环节全流程实时监控、动态追踪、“一网”通管。批准发布《发泡陶瓷轻质内隔墙板建筑构造图集》《发泡陶瓷轻质内隔墙板应用技术规程》《钢筋机械连接装配式混凝土结构技术规程》《建筑物通信基础设施建设标准》《拉锁式内墙板建筑构造图集》《拉锁式内墙板应用技术规程》《速凝橡胶沥青建筑防水系统构造图集》7 项地方标准。

【工程造价管理】组织修编《内蒙古自治区房屋修缮工程预算定额》《内蒙古自治区房屋建筑加固工程预算定额》《内蒙古自治区市政维修养护工程预算定额》，并完成专家评审。

工程质量安全监督

【工程质量】修订印发《内蒙古自治区“草原杯”工程质量奖评选办法》，评选表彰内蒙古自治区“草原杯”工程质量奖评 42 个。全面推行工程质量信息化监督和质量检测数字化监管，全区 176 家检测机构已按照要求接入监管系统，实时上传检测数据和报告，实现收样到试验全流程进行视频全覆盖。

【建设工程安全生产】开展安全专项整治三年行动，共成立检查组 24 个，排查企业 222 家，在建工程项目 176 个，排查一般隐患 5588 个、重大隐患 26 个，下发执法建议书 29 份，停工整改通知书 25 份，限期隐患整改通知书 59 份。持续推进违法建设和违法违规审批专项清查及未批先建整治工作，共排查既有房屋建筑 207861 栋，面积约 6 亿平方米；排查在建房屋建筑数量 7490 栋，面积 8815.52 万平方米；排查违法建设行为约 4.3 万起。累计整改未批先建问题 614 个。

建筑市场

推动出台并落实《加强建筑节能和绿色建筑发展的实施意见》《促进新型建筑业工业化绿色发展的实施意见》《推动智能建造与新型建筑工业化协同发展实施方案》，加快推动建筑业与信息化、工业化深度融合、转型发展。加快装配式建筑推广应用，培育 2 个国家级装配式建筑产业基地，5 个自治区级基地，包头市、满洲里市被列为国家级装配式建筑示范城市。出台推进 BIM 技术应用工作方案和专家管理办法，选定 54 个项目和 32 个单位开展 BIM 技术应用试点工作，认定 6 个示范单位和 12 个示范项目。

建筑节能与科技

全区新建建筑按照绿色建筑标准设计建造的工程 3162 万平方米，竣工的绿色建筑占比达到 64.5%。新增绿色建材应用面积 242 万平方米。实施既有建筑节能改造 438.3 万平方米。深入开展质量提升行动，完善质量保障体系，监督工作标准化和规范化水平全面提升。

人事教育

【队伍建设】编制《自治区“十四五”住房和城乡建设事业人才发展专项规划》。结合岗位空缺，开展厅系统领导干部选任和公务员职级晋升工作。2021 年，厅机关提任处级干部 6 人，晋升职级公务员 27 人次；事业单位提任处级干部 13 人、科级干部 24 人；参公单位晋升公务员职级 22 人。选派 2 名干部参加乡村振兴包联帮扶工作。统筹做好职工招聘、调动和人才引进工作，不断吸收年轻力量。全年遴选、考录、选调 15 名年轻干部。持续改善干部队伍年龄结构、专业机构构和职务结构，配备“80 后”处级干部 11 名，“90 后”科级干部 4 名。

【教育培训】举办“全区实施城市更新行动、推动城市高质量发展”领导干部专题研讨班和厅系统青年干部能力素质提升培训班。加强网络在线学习，开展干部网络学院专题培训 5 期，培训 330 余人次。

【人才工作】组织青年干部积极申报内蒙古少数民族专业技术人才特培计划和“新世纪 321 人才工程”。开展全区 2021 年度建筑工程系列职称评审工作，评审通过中高级资格 1680 人。组织修订《自治区建设工程系列专业技术资格评审条件》。牵头组织 2021 年全区职工职业技能比赛暨第六届建设行业职业技能大赛。

大事记

1 月

29 日　召开全区住房和城乡建设工作电视电话会议。

2 月

24 日　与中国建设银行内蒙古自治区分行签署发展政策性租赁住房战略合作协议。

3 月

22 日　全区住房和城乡建设系统视频会商平台正式投入使用。

9—26 日　在全区范围内开展住建领域安全生产专项检查。

5 月

11 日　呼和浩特市、包头市、鄂尔多斯市、乌兰察布市签订住房保障工作合作备忘录。

6 月

9 日　和国家开发银行内蒙古自治区分行就进一步深化合作事宜进行座谈交流。

10 日　与包头市人民政府在包头市签署城市建设管理会商协作框架协议。

8 月

9 日　自治区政协副主席其其格一行在自治区住房和城乡建设厅围绕“关于新建小区供热系统设计参数与既有建筑及热源运行参数相匹配”和“关于加快实施我区城市垃圾分类工作，推进再生资源产业发展”两个重点提案进行专题调研。

17 日　与国家开发银行内蒙古自治区分行签署《推动内蒙古自治区住房和城乡建设“十四五”高质量发展合作协议》。

26 日　与自治区生态环境厅签署信息共享合作框架协议。

30 日　组织召开房地产市场调控和城镇供热保障工作座谈会，研究部署进一步做好房地产市场调控和今冬明春城镇供热保障工作。

9 月

24 日　全区住建领域推进以县域为主的新型城镇化建设现场会在额济纳旗召开。

28 日　2021 年内蒙古自治区职工职业技能比赛暨第六届建设行业职业技能大赛在呼和浩特举行。

（内蒙古自治区住房和城乡建设厅）

辽 宁 省

建筑业

【概况】全省完成建筑业总产值 4044.9 亿元，同比增长 6%，建筑业增加值 1646 亿元，同比增长 3.5%。全年为 904 家企业办理了不同等级的资质。截至年末，全省建筑业企业总数达到 18000 余家，其中特级企业13家、一级企业1000余家，全省建筑业从业人员70万。

【工程质量安全】 建立燃气企业、街道社区、物业单位、基层民警“四位一体”网格2.6万个。实施逐企、逐线、逐楼、逐户排查1000余万户，发现隐患1168处、整改1140处，关停整顿企业406家，强制整改用户8.6万户，清理违章占压296处。规范燃气和瓶装液化石油气重点环节管理，提升燃气本质安全。开展全省住建领域安全生产“百日攻坚战”，累计检查项目和企业1.2万余个，发现并整改各类安全隐患2.18万余个。开展城市建设安全专项整治三年行动，23项本年度重点整治任务全部完成。排查房屋建筑违法建设行为和擅自改变结构安全行为，处罚1293万元，下发整改通知单1939份。完成城市桥梁护栏升级改造165座、危桥改造7座，抚顺市、丹东市实现危桥清零。开展全省路面塌陷隐患排查，沈阳市、葫芦岛市率先对城区主要街路实施地下雷达技术探测。

【勘察设计】 全省勘察企业212家，设计企业1136家，工程设计综合资质1家，工程设计建筑行业甲级3家，行业资质915家，专项资质221家；行业甲级及以上资质47家，占5.14%。；工程勘察综合资质12家，甲级及以上资质59家，占27.83%。修编2部有关标准设计图集。编制《辽宁省建筑信息模型施工应用技术标准》和《辽宁省建筑信息模型运维系统交付标准》；充分发挥建筑师主导作用，明晰建筑师在建筑从项目论证、规划设计、施工建设、维护修补、更新改造、辅助拆除全寿命周期内权责。

【消防管理】 印发《辽宁省建设工程消防设计审查验收工作暂行实施细则》，规范工作流程，完善管理制度，保证建设工程消防设计和施工质量。组织选拔了第二批省消防设计审查专家共161名并组建了辽宁省建设工程消防验收专家库，入库专家208名。

【建筑市场秩序专项整治】 印发《全省建筑市场秩序专项整治工作方案》，增加了用工实名制和老旧小区改造两项内容。2021年共检查在建项目4730个，查出存在各类违法违规行为的项目521个，共处罚金7126万元，分别同比增长4%、76.6%、52%，对9家企业予以停业整顿。在省住建厅网站建筑领域不良行为记录公布平台上发布了建筑市场违法违规行为相关案例涉及的企业不良行为记录。

【工程建设行业专项整治】 全省招标投标市场监管力度进一步加大，各市共排查在建房屋建筑和市政工程项目2812个，查处招投标违法违规项目63个，涉及企业123家，处罚金额317.27万元。各市还健全了信息化信用监管体系，完善了动态监管方式，进一步规范了招投标市场环境。

【工程招投标交易平台市场化】 构建统一标准规范化监督管理体系、统一共享综合服务体系、多个市场化交易业务系统（即1＋1＋N）的辽宁省建设工程招标投标模式。

【招标代理机构资质取消后的事中事后监管】 2021年，全省共有计1084家招标代理机构参加了市场行为评价，其中，A级125家；B级224家；C级236家；D级499家。在辽宁省建设工程信息网上发布了工程招标代理机构的市场行为评价结果。

房地产业

【房地产行业监管】 重点整治房地产开发、房屋买卖、住房租赁、物业服务等领域人民群众反映强烈、社会关注度高的突出问题。在新闻媒体、政务热线、门户网站等渠道对整治工作进行广泛宣传报道，并公开了投诉举报电话和邮箱，广泛收集问题线索，形成整治问题清单，按照职责分工转交相关部门依法依规深入查处或联合查处，对实名举报案件，认真核实、逐件处理、及时反馈。要求各地结合整治情况建立完善房地产开发企业、中介机构及从业人员、住房租赁企业、物业服务企业房地产领域信用体系，制定不良记录管理办法和信用评价办法，加大信用评价结果在行业评优、项目招投标、资金监管等工作中的应用，建立企业“红黑榜”，使信用体系成为促进行业自律的推手、遏制违法违规行为的抓手。

【房地产开发】 2021年，全省房地产开发投资总计2900.7亿元，同比下降2.6%，比全国平均增幅（4.4%）低7个百分点，比固投增速（2.6%）低5.2个百分点，房地产开发投资占固投比重41%。其中，6市开发投资同比增长，8市房地产开发投资同比下降。2021年，全省商品房新开工面积总计4598.2万平方米，同比上涨4.4%，超过上年同期。其中，7市新开工面积同比增长，7市新开工面积同比下降。

【房地产交易】 发布《关于进一步做好房屋交易合同网签备案数据联网工作的通知》，要求各县区2021年年底前必须实现新建商品房、二手房交易合同网签备案全覆盖，并对本地区网签备案数据进行质量审核，以保证数据的完整性和准确性。同时，督促各市加强房地产市场监测，严格按照房地产市场监测指标体系对本地区房地产市场核心指标和重要参考指标进行监测。加快部门间信息共享，保证监测预警数据及时、准确、全面；建立常态化信息发布机制，及时发布房地产市场权威信息，公开实际情况和调控措施，增强房地产市场信息透明度；对监测发现波动幅度出现异常的指标，采取针对性措施予以处置，及时化解房地产市场风险。2021年底，全省新建商品房、二手房交易合同网签备案实现联网全覆盖；商品房销售面积总计3433.9万平方米，同比减少8.3%，比全国平均增幅（1.9%）低10.2个百分点；商品房销售额总计3066.4亿元，同比下降8.9%，比全国平均增幅（4.8%）低13.7个百分点。

【物业管理】推进物业企业党建全覆盖。依托住房城乡建设部门及物业行业协会建立物业行业党组织。坚持专业化管理为主，街道社区代管、业主自治为辅的物业管理模式，加强住宅小区物业管理，推进住宅小区物业管理实现全覆盖。开展省政府对各市政府绩效考核，压实责任，推进住宅小区物业管理三年实现全覆盖。全省19523个住宅小区中，已经有16754个小区实施多种模式物业管理，物业管理覆盖率达到85%。鼓励物业服务企业拓展服务范围，在做好物业基础服务的同时，探索智慧“物业服务+生活服务”模式。开展线上线下生活服务标杆项目选树工作，选树“格林玫瑰湾”等25个项目作为“辽宁省首批物业服务企业线上线下生活服务标杆项目”。开展“加大物业服务收费信息公开力度，让群众明明白白消费”工作，规范物业企业收费信息公示行为，引导企业增强服务意识，提高服务质量。组织沈阳、大连、本溪等城市积极开展“美好家园”创建活动。选拔、推荐“美好家园”优秀住宅项目，沈阳市和平区和平之门上和府等5个小区成功入选全国“美好家园”小区案例，入选数量位居全国第二。

【房地产中介服务】与省市场监督管理局联合制定并下发《辽宁省住房租赁合同（示范文本）》。以规范租赁服务中介行为，维护当事人合法权益。成立辽宁省住房租赁中介机构诚信联盟，向社会作出十项承诺。加强对中介市场的规范和整顿，及时调解住房租赁矛盾纠纷，引导中介市场健康发展。开展经济机构备案工作，定期将省市场监督管理局多证合一系统中有房地产经济业务，但未进行机构备案的企业信息，及时导出转各市主管部门进行核查，再将各市反馈的企业撤销和新增信息及时录入至系统。

【房地产租赁经营】积极组织沈阳、大连两市开展第二批发展住房租赁市场试点城市申报工作。7月，沈阳市成为中央财政支持住房租赁市场发展第二批试点城市。建立住房租赁项目库，编制项目台账。截至年底，沈阳市已累计筹集租赁住房项目共计110个，4.4万套（间），对应落实资金约10亿元，盘活存量住房超10万套（间）。共开展三批次遴选工作，共计67个项目，累计已拨付资金6.34亿元。截至年底，沈阳市市内九城区全部组建区属住房租赁企业，用于配建无偿移交政府的住房租赁项目专业运营。万科、龙湖、保利等知名房地产企业纷纷在沈拓展住房租赁业务。上述品牌机构的长租公寓项目整体出租率在95%以上。

城市建设

【概况】印发《关于进一步推进生活垃圾分类工作的实施意见》，全面系统推进城乡生活垃圾分类工作。加强城市轨道交通设施建设，强化道路桥梁安全管理，方便百姓出行。推进城市公园绿地系统建设，支持留白留璞增绿，积极推动城市公园和绿道绿廊建设，实施城市裸露土地绿化覆盖。全省建成并运行焚烧发电项目16个，垃圾日处理能力达到2.13万吨。沈阳等9个市城区原生生活垃圾实现“零填埋”。沈阳、大连市城区基本实现垃圾分类全覆盖，生活垃圾回收利用率达35%以上。全省城市公厕完成新建改造283座，新增内厕开放875座，实现建成区每平方公里4.31座公厕。全省城市轨道交通在建项目9个，计划建设总长度约240公里。人工煤气生产能力179.98万立方米/日，天然气生产能力3142.78万立方米/日，煤气供气总量30895.06万立方米，天然气供气总量419759.85万立方米，供气管道长度37874.59公里，城市燃气普及率98.8%，用气总人口2036.21万人。供水管道长度44251.47公里，供水总量298284.08万立方米，用水普及率99.5%，用水人口2445.33万人。排水管道长度26607.37公里，污水年排放量347037.23万立方米，城镇污水处理厂154座，污水年处理量341628.95万立方米，再生水利用量64944.12万立方米，污水处理率98.44%。供热管道长度76968.87公里，集中供热面积150310.65万平方米。完成新建、改造水厂21座、供水管网1020公里、二次供水设施1527座、DMA分区691处。完成排水管网建设改造879公里，改造城市易涝点52个。完成老旧供热管网改造968公里，确保供热期储煤达标、供热平稳。淘汰35蒸吨以下供热燃煤锅炉28台。完成新建改造燃气管网 804 公里，颁布实施《辽宁省城镇燃气管理条例》，印发《辽宁省加强瓶装液化石油气安全管理实施意见》。加快灰口铸铁管改造，大力清除存量违章占压，提升用户端本质安全。

【城市更新】成立部省共建城市更新先导区工作领导小组和省城市更新先导区建设领导小组，统筹指导、保障推进辽宁省城市更新工作。印发《住房城乡建设部 辽宁省人民政府共建城市更新先导区实施方案》《辽宁省"十四五"期间城市更新项目建设方案》，明确城市更新工作的总体目标、重点任务、责任分工、实施路径和保障措施。出台《辽宁省城市更新条例》，用条例条款框定城市更新行为准则。制定发布关于城市更新的 9 项地方标准。开展全域城市体检，指导各市因地制宜制定城市体检评估工作方案，科学设定城市自体检评估指标体系。举办辽宁省城市更新博览会，32 个城市更新项目成功签约，总意向额度达到 1024 亿元。会后发布《实施城市更新沈阳行动倡议》。编制《辽宁省历史文化保护传承示范项目名录》《辽宁省历史建筑名录（第二卷）》，从技术层面规范明确历史建筑认定标准和保护管理方法。公布历史建筑 74 处（250 栋）历史建筑，完成 219 处历史建筑测绘建档工作，已公布历史建筑测绘建档工作 100%全覆盖。

【城市管理】积极推进城市综合管理服务平台建设，构建国家、省、市三级城市综合管理服务平台，不断推进城市综合管理服务平台建设联网工作。深入开展市容环境整治专项活动，共清扫垃圾 83.7 万吨、背街小巷卫生治理 8490 条、治理垃圾场（站）1367 个、共修复破损和沉陷路面 3.5 万处、安装或修复井盖 4.5 万个、修复人行步道 1.6 万处，共修复灯杆 1.5 万根、平均亮灯率达 98%。大力开展全省户外广告牌匾和违规拆改整治专项行动，共整治户外广告牌匾 2.4 万块，拆除存在安全隐患的广告牌匾 1.8 万块。

村镇规划建设

【农村房屋安全治理】2020 年，辽宁省 4 类重点对象的危房改造任务 18050 户，已竣工 19150 户，竣工率 106.1%。2021 年列入省政府民生实事的 6 类重点对象的危房改造计划共 13353 户，全省开工率 100%；竣工 11297 户，竣工率 84.6%。2019 年财政部、住房和城乡建设部联合下达辽宁省农房抗震改造任务 1.45 万户，全省开工率 99.9%，已竣工 7241 户，竣工率 49.9%。12 月 30 日，完成全省 512.7 万户农村房屋排查任务，完成 402 户 C、D 级用作经营自建房整治。非经营自建房鉴定为 C、D 级 5.67 万户，已整治 1.69 万户。

【农村生活垃圾治理】截至年末，农村生活垃圾处置体系基本实现全覆盖，95%的行政村开展了生活垃圾分类，创建了 5 个农村生活垃圾分类和资源化利用示范县。印发《全省各地农村生活垃圾分类和资源化利用经验》，推广省内先进地区的可复制、可推广的典型经验。会同省农业农村厅在辽阳弓长岭区汤河镇红穆村举办了全省农村垃圾集中整治暨村庄清洁行动启动仪式，集中清理越冬积存垃圾。会同省农业农村厅对全省 41 个县（市）200 多个自然村（组）农村生活垃圾治理情况进行暗访并通报。召开全省农村生活垃圾分类现场会议，提升垃圾分类质量。召开会省农村生活垃圾处置设施建设工作视频会议，部署推进农村生活垃圾处置设施建设。召开全省农村生活垃圾处置体系运行工作视频会议，从组织、资金等各方面推进垃圾处置体系运行。逐县进行梳理农村生活垃圾收运处置设施，依托省市政院专家研究编制全省农村生活垃圾收运处置设施规划指引，每县一图、落实项目。开发"辽宁垃圾随手拍"APP，利用数字化手段，发动群众由下自上推进农村垃圾治理工作。创建了沈阳沈北新区等 5 个省级农村生活垃圾分类和资源化利用示范县，推进全省农村生活垃圾分类质量提升。

建筑节能与科技

【建筑节能】加强能耗"双控"工作部署指导，明确各市建筑能耗"双控"指标并纳入绩效考核。全省"十三五"和 2020 年度城乡建设领域能耗"双控"考核获得国家考核组给出的满分成绩。2021 年年底，辽宁省绿色建筑占比达到 72%，提前完成住房和城乡建设部要求的到 2022 年绿色建筑占比达到 70%的目标要求。举办"建筑节能宣传周"，严格执行居住建筑节能 75%和公共建筑节能 65%的设计标准，全省城镇新建建筑节能强制性标准执行率达到 100%。将碳达峰工作细化为建筑标准提升、市政基础设施节能减碳、可再生能源推广应用等 16 个专题 34 个方面，形成《辽宁省建筑用能及排放现状分析》和《辽宁省建设领域碳达峰实施路径研究报告》，科学谋划编制城乡建设碳达峰行动实施方案，组织宣传培训。

绿色建筑与科技

【建设科技】全年共完成标准立项 33 项、导则 3 项，审查发布 22 项，复审 145 项。在首届城市更新博览会上发布了14项城市更新地方标准。组织开展建筑节能、绿色建筑和无筋钢纤维混凝土管片等应用研究。开展超低能耗建筑等科技示范，促进科技成果转化。8个项目列入部科技计划，获得国家绿色建筑创新奖1项，阜新市入选国家冬季清洁取暖示范城市。

住房救助

2021年，全省为8.3万户城镇住房救助对象提供了公租房保障，其中实物保障5.5万户，租赁补贴2.8万户。指导各市住房救助工作要以解决特殊困难群众住房需求为目标，对符合条件的困难家庭，优先配租公共租赁住房。将符合规定标的住房救助对象纳入到住房保障范围，并在轮候中予以优先分配。实行“六公开、一监督”，确保公租房申请、审核、分配工作公平、公开、公正。针对不同困难群体，采取适当的保障标准，确保住房救助对象的租金水平不高于并轨前廉租住房租金标准，租赁补贴实行阶梯化管理，并根据当地经济社会发展水平和住房价格水平等因素及时调整。建立“一门受理、协同办理”模式，实行常态化申请机制。梳理公租房管理流程，开展工作贯标，简化程序、减少不必要的证明材料。开展公租房APP推广工作，实现公租房申请“掌上办”“指尖办”，为住房困难家庭申请提供便利服务。

住房保障

2021年，计划发放租赁补贴72334户，棚户区改造新开工4968套，保障性租赁住房新开工16267套。截至12月底，发放租赁补贴92467户，完成全年计划的127.8%；棚改开工4974套，完成全年计划的100.1%。保障性租赁住房开工17814套，达到全年计划的110%。

全省计划开工改造老旧小区1246个，涉及居民586007户，4017.65万平方米、10740栋楼。实际开工1246个小区，设计586007万户居民，4017.65万平方米、10740栋楼，全部完成开工计划任务。

（辽宁省住房和城乡建设厅）

吉 林 省

建筑业

【职工技能大赛】9月16日，举办吉林省第一届职工职业技能大赛——省工程建设行业砌筑工、抹灰工职业技能大赛决赛，预赛晋级的前50名砌筑工、前30名抹灰工从初赛的1644名选手中脱颖而出，参加最后决赛。最终评选出明长海等29名选手为大赛优秀砌筑工，钱吉庆等20名选手为大赛优秀抹灰工；两个组各获1～10名的优胜选手，将按照省人社厅相关职业资格晋升和个人奖励办法予以奖励：前3名选手可晋升技师职业资格，获得第一名的选手将荣获吉林省“五一劳动奖章”“吉林省技术能手”称号；吉林市建筑业协会、延边州建筑业协会等17家单位获大赛优秀组织奖。

【省级工法评选】2021年，共受理企业自愿申报的工法190余项，有142项进入答辩环节。共评审出吉林省华兴工程建设集团有限公司申报的“大截面混凝土基础定向拆除的施工工法”等77项为省级工法。

【施工工地安全生产标准】2021年，开展省级建设工程项目施工工地安全生产标准化建设学习交流活动，有34个项目符合可在全省范围内进行学习交流的建设工程项目施工安全生产标准化工地的要求。

【省优质工程奖”评选】根据《吉林省建设工程“省优质工程奖”评选办法》和吉林省建筑业协会《关于开展2021年吉林省建设工程“省优质工程奖”评选工作的通知》（吉建协〔2021〕45号），我会组织专家，严格按照评审程序和标准，对企业自愿申报的72项工程，进行现场复查和会议评审。共评选出“吉林大路快速路工程施工第二标段”等48项吉林省优质工程。

建筑节能与科技

【民用建筑能源资源消耗统计】2021年，吉林省共上报统计建筑5804栋，累计建筑面积5365.3万平方米，其中居住建筑4124栋，中小型公共建筑827栋，大型公共建筑216栋，国家机关办公建筑637栋。

【新型墙体材料】2021 年，吉林省共生产新型墙体材料 55.93 亿块标砖，节约土地 0.92 万亩，节约标准煤 34.67 万吨，减少二氧化碳排放 105.7 万吨，减少二氧化硫排放 0.8 万吨，吉林省新材使用率为 95%。

【利用建筑废弃物生产新型墙体材料】鼓励新型墙体材料生产企业充分利用建筑废弃物为原料生产新型墙体材料，2021 年，吉林省累计利用建筑废弃物生产新型墙体材料量近 20 万吨。

建筑工程质量监督与安全生产

2021 年，紧紧围绕绿色建筑和建筑节能、装配式建筑、城镇老旧小区改造、智慧城市建设、城乡基础设施建设、市政公用设施建设等重点工作，分三批下达全省地方标准年度制（修）定计划 25 项。全年制定并批准发布 15 项地方标准，其中建筑工程 6 项，绿色节能环保 1 项，市政工程 7 项，城市路桥与轨道交通 1 项。完成 2 项现行地方标准《绿色建筑设计标准》《预拌砂浆应用技术标准》的修订。

建筑业消防审验与监管

【概况】2021 年，吉林省房建、市政类特殊建设工程消防设计审查受理 1992 件，已办结 1866 件，办结率 95.59%；其他 29 类特殊建设工程消防设计审查受理 173 件，已办结 154 件，办结率 89.02%。房建、市政类特殊建设工程消防验收受理 759 件，已办结 733 件，办结率 95.13%。其他 29 类特殊建设工程消防验收受理 56 件，已办结 55 件，办结率 98.21%。房建、市政类其他工程消防验收备案受理 1440 件，已办结 1401 件，办结率 97.29%。其他 29 类建设工程消防验收备案受理 29 件，已办结 28 件，办结率 96.55%。

【机构建设】截至 2021 年年底，吉林省住建系统省、市、县三级消防机构经各级编办共批复成立独立机构 20 个、加挂在其他处室内的机构 20 个、机构和职能均未明确的 14 个，其中 10 个省市县核增行政编 28 个。

【技术体系建设】编制了《工程建设消防设计审查手册》（单、多层公共建筑，高层公共建筑，一类高层住宅建筑）三个分册，为各地住建部门、图审机构和设计单位提供消防设计审查参考依据。正在编制《民用建筑设计防火统一技术标准》。

【“监管+专家”模式】组建吉林省消防工程现场检查评定技术专家库，聘任了 55 名专家。年内，抽调相关专家，对 50 个万平以上特殊建设工程项目开展了消防设计审查质量专项检查；分赴全省各地对 32 个在建房屋市政项目开展消防安全隐患排查；参与长春“7.24”重大火灾事故调查，完成了起火建筑合法性核查、结构安全鉴定等技术工作。

【专项整治】组织开展住建行业消防安全三年行动“集中攻坚”和高层建筑消防安全专项整治工作，编制方案、细化措施，定期调度、督促落实，按月上报工作小结，年底形成工作总结，如期完成整治工作。

【消防审验宣传】采取“进机关、进大厅、进工地、进社区”方式，在全省开展消防审验系列宣传活动。编制《施工现场消防安全实用图册》，印刷 5000 册发放至一线管理人员和工人手中。各地共发放宣传手册 1.5 万余册，悬挂条幅 4500 余条，布置展板 120 余块，制作宣传片 1 部，录制宣传视频 3 段。

【业务培训】分批次、分层次、分专业组织开展 5 次全省建设工程消防技术业务培训会议。吉林省各地住建主管部门具体负责人、相关企业安全总监、设计单位及审图机构有关人员等共计 1100 余名参加培训。

房地产业

【概况】2021 年，吉林省房地产开发投资完成 1540.9 亿元，同比增长 5.5%，处于东北三省第一位，居全国第 13 位，全省商品房销售面积 1836.3 万平方米，同比增长 0.3%，处于东北三省第一位，居全国第 19 位；全年商品房销量增速实现“由负转正、触底回升”，为东北三省唯一正增长的省份。

【推动高质量发展】全面开展大调研、大会诊工作，采取直达基层、深入项目现场方式，与重点城市政府及房地产管理部门、房地产开发企业代表座谈调研，组织开展市场抽样调查，主动听计问策、汇聚各方智慧和力量。制定了《关于推动房地产业高质量发展专项行动方案》，加快推动房地产业转型升级。按月向省政府报送房地产市场运行分析报告，及时汇报省政府常务会和省领导批件的落实情况，全面提高工作时效性和工作质量。截至年底，已累计向省领导报送各类报告和汇报 30 余份。

【重点调控】重点指导长春市科学调控，结合全省房地产市场运行分析，及时向长春市做出提示预警，分别与政府分管负责同志、房产部门主要负责同志座谈交流，点对点指导建议长春市采取控制土地供应规模、给予购房财政补贴、住房公积金与商业银行组合贷款等调控措施，积极拉动住房消费。9

月以来，长春市政府陆续实施了上述政策，对全省商品房销量增长发挥增量因素影响。

【**支持农民进城购房**】会同省直相关部门先后制定下发了四个文件，围绕发放购房补贴，家电、汽车、家具消费券，给予金融信贷支持以及就业创业、养老、医疗和子女就学等方面，深入挖潜扶持政策，降低购房成本，鼓励有条件的城市开展农民进城购房补贴工作。省级财政安排1亿元资金，统筹用于各地农民进城购房补贴和贷款贴息工作，加大财政支持力度。截至年底，已有10个城市制定出台了工作方案，共发放新建商品住房补贴3547.6万元，累计销售面积39.3万平方米，累计销售4046套，销售金额24亿元，财政补贴杠杆撬动商品住房消费达67.7倍。

【**加强市场监管**】全面开展房地产市场秩序三年整治行动，发布《关于持续整治规范房地产市场秩序的通知》，严厉打击房地产市场主体各类违法违规行为。同时，畅通投诉举报方式，对违法违规行为发现一起、查处一起，形成严管高压态势。累计检查各类房地产市场主体2346户，发现问题383个，责令限期整改376户，依法给予行政处罚3户。

【**物业服务**】5月27日，吉林省人大常委会正式审议通过了《吉林省物业管理条例》，为实现物业治理长效常治提供有力法律支撑，是当前全国省级层面较为先进的地方性法规之一。同时，赴各地对全省物业行管部门、执法部门、街道、镇有关负责同志实行全覆盖培训，共计培训2867人，并在微信、官方网站、视频平台、报纸等媒体开展宣传活动。印制《吉林省物业管理条例》1200份下发各地。制定了“百问百答”手册。制定物业治理三年工作计划和工作组规则，实施“5+20”物业治理专项行动，建立省市县三级联络员机制。先后召开全省物业治理扩大（视频）会、全省物业行管部门负责人会、全省物业治理工作推进会、部分城市政府约谈会，会同省委组织部强力推动物业治理工作，对50个市县全覆盖实地督导，建立月调度机制，逐月向省委专报进展情况，总结推广好的经验做法；组织开展街道社区代管住宅小区物业管理公示牌上墙工作，印发《全省物业从业人员职业技能培训方案》，开展占用堵塞消防通道集中整治行动。组织开展住宅小区摸底、建立台账，扎实推动消除弃管小区工作。先后三次对存在弃管小区的城市进行暗访，针对发现的问题，及时组织召开约谈会，坚决防止弃管小区“数字清零”问题出现。截至年底，全省19个城市1749个弃管小区（栋）已全部完成“动态清零”目标。

【**棚户区改造**】2021年，全省计划改造城市棚户区1.5799万套。截至12月31日，已开工1.8万套，完成年度计划的114%；基本建成1.32万套，完成年度计划的133.3%。计划完成投资30亿元，实际完成投资95.6亿元。已提前超额完成全年棚户区改造计划任务。4月27日，召开全省住房保障和棚户区改造工作视频会议，各市（州）、县分会场设在当地政府视频会议室，参会人数160人。

住房租赁市场

【**住房租赁房源筹集**】2021年度共筹集租赁住房4.25万套。其中通过将回迁剩余房源、个人闲置房源转化为租赁住房，筹集盘活房源2.93万套；通过将闲置商办用房、产业园区配套职工宿舍等改建为租赁住房，利用国有建设用地配建和集中建设等方式，筹集新建、改建房源1.32万套。

【**住房租赁市场培育**】督促长春市结合实际情况，不断培育壮大住房租赁市场。充分发挥国有企业在提供基本房源保障和稳控市场租金方面的带头作用，满足城市新市民的住房需求，引导国有企业利用自有房屋拓展住房租赁业务的方式，共培育国有住房租赁企业10家。引导房地产开发企业、专营机构利用自有闲置房屋拓展住房租赁业务，鼓励其与国有企业合作开发住房租赁项目，促进企业朝专业化、机构化方向发展。引进万科“泊寓”、龙湖“冠寓”等成熟长租公寓品牌，引导住房租赁市场朝着专业化、机构化方向发展。截至2021年年底，长春市共培育和发展住房租赁企业55家，其中专业化、机构化住房租赁企业13家。

【**住房保障资金筹措**】2021年，全省分解下达保障性安居工程专项补助资金6.19亿元，用于城市棚户区改造和住房租赁补贴发放；下达中央预算内保障性安居工程基础设施建设投资2.88亿元；2021年，全省棚改项目贷款发放23.16亿元；全省发行全省棚改专项债券额度29.03亿元。各地多渠道筹措资金，为棚户区改造提供了资金保障。

城市建设

【**城市燃气**】2021年，吉林省开工建设储气设施3座，续建4座，储气能力6372万立方米。督导未建成储气设施企业抓好租赁代储，已签订代储协议28份，共3352.7万立方米。督促长春、梅河口等地加快建设进度，如期完成建设任务，确保2022年年底前形成储气能力。

【城市供水】全省48个城市已制定城市供水漏损管控实施方案，其中12个城市、5个县城已实施供水管网分区计量管理。德惠市等8个城市供水管网漏损率已降至10%以内。指导各地全面排查使用年限超过30年、老旧劣质供水管线，结合老旧小区改造、海绵城市建设等工程同步设计、同步实施、同步建设。2021年更新改造城市供水管网481公里，其中新建145公里，改造336公里，完成年度计划任务的160%。会同省发改委命名220家节水型企业，303个节水型单位和210个节水型小区。

【城市污水】全省共建成68座城市生活污水处理厂，总处理能力462.2万吨/日，实际日均处理量387.7万吨，平均运行负荷率83.88%，全部达到一级A排放标准。全省城市、县城污水处理率分别达到95%、85%以上，污泥无害化处置率达到90%以上，达到国家要求标准。发布《关于推进城市供排水设施补短板工作的通知》《关于全面加强城镇污水处理建设运行管理的通知》《关于进一步加强城镇污水处理厂污泥处理处置工作的通知》等，指导各地加快推进城市污水处理厂、管网、再生水以及污泥处理处置建设。

【城市排水防涝】全面完成全省在住建部排水防涝系统中的66处易涝点整治销号工作，开展县城排水防涝系统化工程建设。2021年度全省落实城市排水防涝设施补短板工程中央预算内投资项目共2批18项，累计落实中央预算内资金1.2亿元。汛期全省各级城市共出动查险人员人次20905人次、累计排查风险隐患点数量1015个（长春市区占90%左右）；维护和使用泵站数量72台；巡查清淤维护检查井26951座、雨水井42188座；巡查清淤雨水管线、暗渠、明渠长度共约820公里。

【海绵城市建设】发布《关于全域推进海绵城市建设工作的通知》，全覆盖落实海绵城市建设理念和技术方法，组织各地开展海绵城市建设自评估工作。吉林省在2021年国家系统化全域推进海绵城市建设示范省级工作评审中位居第一档第一名，四平市成为2021年度国家系统化全域推进海绵城市建设示范城市，获得中央财政资金10亿元。截至2021年年底，全省设市城市达到海绵城市建设要求的面积1315.2平方公里，占城市建成区面积的比例达25%。

【城市黑臭水体治理】会同省生态环境厅开展城市黑臭水体问题排查及整治工作，指导8个地级城市在原有排查整治基础上，进一步排查问题、解决问题。组织专家团队分别赴长春市、吉林市抽查6处黑臭水体，提出相关整治要求，加快推进水环境质量巩固提升。

【城市园林绿化】继续实施“城市绿化提升行动”，全省新增城市绿地887公顷，新建各类城市公园12个，改造城市公园32个，城市建成区消除裸露地面210公顷，新建城市绿道299公里。2020年1月，通化市、梅河口市、大安市被住房和城乡建设部命名为国家园林城市，东辽县被住建部命名为国家园林县城。

【城市基础设施建设】推进长春市7个轨道交通项目。打通并完善城市路网结构。下发《加强全省城市停车设施建设和管理的意见》，全面加强停车设施规划、建设、经营全过程管理，全省共10个城市上报改造建设停车设施项目12个。整治“景观亮化工程”过度化等“政绩工程”“面子工程”。省委主题教育领导小组与省住房城乡建设厅党组联合印发了《关于整治“景观亮化工程”过度化等“政绩工程”“面子工程”问题的实施方案》。

【生活垃圾处理】全省运行生活垃圾处理场（厂）56座，设计处理规模2.6万吨/日。其中焚烧厂11座，填埋场43座，餐厨垃圾处理厂2座。指导8座生活垃圾焚烧厂开工建设，敦化市焚烧厂完成建设并投入试运营。开展生活垃圾处理场（厂）无害化评价工作，39座生活垃圾处理场（厂）通过无害化等级评定、复核。加强城市环卫行业新冠肺炎疫情防控工作，全省共设置1万多废弃口罩收集容器，每天对3300余辆生活垃圾运输车辆进行消毒，杜绝医疗垃圾混入生活垃圾现象。

【生活垃圾分类】2020年，全省14个生活垃圾分类城市全部建立了生活垃圾分类工作领导机构，制定了《生活垃圾分类实施方案》，完善了垃圾分类工作协调机制。长春、吉林、四平、辽源、珲春等5个城市完成了生活垃圾分类专项规划编制。长春市、延吉市颁布了相关法规和办法，吉林、四平、辽源、松原等4个城市生活垃圾分类管理条例已列入立法计划。设置生活垃圾分类收集设施8.96万个，配置垃圾分类收集、运输车辆1120台。长春市作为国家46个生活垃圾强制分类试点城市，累计投资3.4亿元，在795家公共机构、9家大型企业和50个居民小区共设置生活垃圾分类收集设施8.5万个，其中公共机构设置7.7万个，居民小区设置7688个；配置垃圾分类收集、运输车辆1055台，其中厨余垃圾收集运输车辆198台，其他垃圾收集运输车辆420台，有害垃圾收集运输车辆10台，再生资源收集运输车辆427台。生活垃圾分类投放、分类收集基本实现全覆盖。入户宣传覆盖率达到 90%以上，居民生活垃圾分类知晓率 98%、参与率 80%、投放正确率 30%，回收利用率达到了 37%，在全国 46 个试点城市中排名第 23 位。

【城市风貌管理和历史文化保护】进一步推动全省历史文化街区划定和历史建筑确定工作，截至 12 月 31 日，全省 28 个设市城市完成历史建筑确定工作。

【市容环境整治】下发《吉林省市容环境整治活动评价办法》和《评价标准》，开展市容环境、城市出入口和背街小巷 3 项整治行动。累计清理积陈垃圾 108 万吨，巩固提升城市出入口 265 个，整治背街小巷 12885 条，城市环境持续改善提升。25 条背街小巷整治列为住房和城乡建设部“我为群众办实事”示范项目。

【规范执法行为】完成省市县三级执法培训 9000 余人次，推行“首违不罚”，指导各地包容审慎执法。发布《关于探索推行“首违不罚”制度的通知》，指导各地城市管理部门积极探索包容审慎监管，变执法为服务，减少执法矛盾。制定《吉林省城市管理领域行政处罚流程图（2021 版）》并下发全省城市管理执法部门参考学习。在“强转树”专项行动中，报送工作信息 120 篇，全国排名第一；有 6 个单位和个人受到住房和城乡建设部表彰；10 个典型经验在《中国建设报》刊发。邀请省直相关部门，组织各地城市管理部门负责人及分管领导在白城市召开城市管理执法队伍规范化建设现场会。

【推进智能管理】省级平台建设列入省政数局年度建设计划，完成了建设需求内容编制、硬件安装调试和验收工作。地级城市均实现了与国家平台的联网。县级城市也积极开展平台建设，其中双辽、伊通、公主岭等多个市（县）完成了平台建设，还有一些县级城市建设简易平台。

【新基建“761”城市市政基础设施建设】截至 2021 年 12 月 31 日，全省新基建“761”工程项目总计 1237 项，总投资 4982.30 亿元。其中截止 2020 年底累计完成投资 356.73 亿元，2021 年计划投资 587.46 亿元，“十四五”计划投资 4625.57 亿元。现已开工项目 361 项，已完成投资额 582.96 亿元。重点行业项目中：供水设施项目总数为 98 项，总投资为 167.41 亿元，供水管线长度 2934.85 公里；排水防涝设施建设项目总计 134 项，总投资 218.81 亿元，排水管线长度 1420.80 公里；城市生活污水处理设施及管网建设项目总计 126 项，总投资 143.54 亿元，污水管线总长度 863.29 公里；供热改造项目总计 88 项，总投资 223.80 亿元，供热管线长度 1351.95 公里；天然气供应设施建设项目总计 87 项，总投资 74.99 亿元，燃气管线总长度 1560.19 公里；垃圾处理工程 60 项，总投资 93.90 亿元；城市道路工程 542 项，总投资 2760.33 亿元；城市桥梁工程 47 项，总投资 79.46 亿元；城市轨道交通工程 14 项，总投资 1136.26 亿元；城市数据化平台工程 34 项，总投资 30.81 亿元；城市综合管廊工程总计 7 项，总投资 52.99 亿元。

村镇建设

【农村危房改造】6 月，印发《关于做好农村低收入群体等重点对象住房安全保障工作的实施方案》，进一步扩大危房改造范围，将 4 类对象扩大到 6 类对象，防止因房返贫。积极组织各地排查申报 2021 年农村危房改造计划，严格按照“农户自愿申请、村民评议、乡镇初审、县级审批”的程序，将各地申报动态新增危房全部列入改造计划，应改尽改。7 月，发布《关于做好 2021 年农村危房改造有关工作的通知》，会同财政部门将各地动态新增的 5060 户危房全部纳入改造计划，并全部于 10 月 30 日前提前完成改造和验收。9 月，发布《关于开展巩固脱贫攻坚成果“回头看”的通知》，指导各地开展农村易返贫致贫户和其他脱贫户的住房安全保障情况“回头看”，及时发现并解决问题，进一步巩固脱贫攻坚成果。

【农房建设】开展农房建设专题调研，编制《吉林省乡村振兴“宜居建造”技术手册》，提出“穿棉衣、戴棉帽、系扣子、穿棉鞋”4 项具体措施。印发《关于加快农房和农村建设现代化的实施方案》，制定《吉林省宜居农房建设试点方案》，选定 6 个村庄开展农房和村庄现代化建设试点，逐步提高农房建设现代化水平，改善农民居住条件，提升农民生活品质。印发《吉林省村庄建筑特色建设指引》《吉林省农村建筑工匠管理办法》《吉林省农村住房建设管理办法（试行）》，进一步强化风貌管控，加强农房建设和工匠管理。

（吉林省住房和城乡建设厅）

黑 龙 江 省

法规建设

推动《黑龙江省供热条例》修订，将全省最低供热温度提高到20℃，取消供热质量保证金制度，并对节能降耗、热价成审和设施维护责任等相关规定进行了修改。制定《黑龙江省住房和城乡建设系统行政处罚裁量基准》《黑龙江省住房和城乡建设系统行政处罚裁量基准编制和适用规则》，对全省住建系统593项行政处罚明确了法律依据、处罚种类和裁量幅度。严格实行行政执法人员持证上岗制度，组织全厅行政执法人员169人进行法律知识培训，申领电子执法证件53人，通过考试预备申领24人。组织开展全省住建系统行政执法案卷评查工作，在2020年自评自查的基础上，2021年采取各部门互评互查方式开展评查，全省26家住建系统归口单位对100份行政执法案卷进行了互评，梳理出三大类五方面存在问题并进行通报。制定《省住建厅领导干部2021年会前学法计划》，组织省住建厅机关领导干部开展会前学法。制定普法依法治理工作要点，严格落实"谁执法谁普法"工作制度。全年审理行政复议案件12件，其中驳回复议申请8件，1件部分改变、部分驳回，终止审理3件。

房地产业

编制印发《黑龙江省"十四五"城镇住房发展规划》，阐明"十四五"期间城镇住房发展的指导思想、基本原则和发展目标，明确城镇住房发展的主要任务与实施措施。印发《关于落实城市主体责任制定"一城一策"工作方案的通知》《促进房地产平稳健康发展政策措施工具包》，涵盖12个方面68项措施；印发《关于支持人才和农民进城购房的意见》，推动哈尔滨、大庆、佳木斯、牡丹江、七台河、鹤岗、黑河等城市出台新的购房补贴支持政策。省住建厅会同15个中省直部门印发《关于推进康养旅游度假特色地产发展的指导意见》，指导各地深入挖掘和利用黑龙江景观生态资源禀赋，开发建设适合省外人群来黑龙江夏季避暑养生、冬季赏冰乐雪的住宅项目，满足商品房省内外供给品质新需求。以"自然生态康养、悦居山水龙江"为主题，在伊春市召开首届房地产开发项目招商推介大会，35个市县推介120余个近两年拟开发地块，近百家省内外房地产开发企业及多个省市房地产业协会受邀参会。指导房地产业协会和各地开展"线上线下"房展促销活动，进一步释放住房消费潜力。

2021年，全省完成房地产开发投资936亿元，商品房销售面积1348.1万平方米，商品房销售额858.1亿元，商品房销售平均价格6365元/平方米。

住房保障

2021年，黑龙江省城镇棚户区改造开工5.09万套，开工率100%，争取中央补助资金13.24亿元，省级安排债券资金92.43亿元，年度完成投资160.6亿元。公租房保障工作稳步推进，当年发放租赁补贴18.09万户、4.36亿元。积极发展保障性租赁住房，哈尔滨市当年启动3个项目289套，已全部开工建设。全省城镇老旧小区开工改造1439个项目，年度完成投资66亿元，受益居民46.9万户。

公积金管理

2021年，黑龙江省住房公积金缴存额493.50亿元、提取额345.27亿元，同比增长6.36%、6.68%，发放住房公积金个人贷款4.58万笔、164.28亿元，同比下降8.03%、7.14%。截至年底，全省住房公积金缴存总额4648.88亿元、提取总额2840.98亿元、缴存余额1807.9亿元，同比增长11.88%、13.83%、8.93%，累计发放住房公积金个人贷款102.54万笔、2421.26亿元，同比增长4.68%、7.28%，贷款余额1128.17亿元，同比增长2.09%。

印发《关于进一步加强住房公积金归集扩面工作的通知》，印发《全省住房公积金管理服务考核评价办法（试行）》；建成全省住房公积金监管服务和数据共享平台；持续推进住房公积金"办事不求人"，实现了住房公积金业务跨省通办。

城市设计管理

2021年，黑龙江省住房和城乡建设厅整顿规范施工图审查市场，7—9月开展施工图设计文件审查专项整治行动，印发《黑龙江省岩土勘察报审和施工图设计审查专项整治工作方案》。开展《抗震管理条例》宣贯，印发《关于学习宣传和贯彻落实〈建设工程抗震管理条例〉的通知》。推荐2名同志参与全国工程勘察设计大师评选。加快推进历史文化街区划定和历史建筑确定，截至年底，全省共划定历史文化街区34片，共确定历史建筑514处。印发《关于解决黑龙江省建设工程消防设计安全历史遗留问题专项整治活动方案》《关于进一步优化黑龙江省建设工程消防设计审查验收措施的通知》等，指导哈尔滨新区、佳木斯市积极开展既有建筑改造利用消防设计审查验收试点工作。补充加强省级消防审验专家库，建立评价机制，规范专家库管理。

城市建设

2021年，黑龙江省持续推进城镇二次供水设施和供热老旧管网改造三年行动，全省城镇累计完成改造二次供水泵站1200座，改造庭院内供水管网1811公里、改造供热老旧管网2058公里。全省新增污水处理能力19万吨/日，新建改造排水管网582公里，城市污水集中收集率达到68%以上。

推广智慧供热技术应用，支持17个市县智慧供热示范区项目建设。哈尔滨地铁2号线一期、3号线二期东南环项目相继建成通车，增加运营里程47.89公里，哈尔滨市地铁运营里程达到79.51公里，“十字＋环线”的轨道交通网络骨架初步形成。纳入2021年建设计划的8个生活垃圾焚烧发电项目和2个餐厨垃圾处理项目全部实现开复工，完成年度投资18.46亿元。截至年底，全省13个市地中心城区参与生活垃圾分类的居民达到369万余户，较2020年新增64万余户，超额完成年度工作计划。全省建成区新增绿地1382.36公顷，新植树木766.55万株，新建公园22个，绿道214.4公里，布置绿化立体花坛、绿雕等306处。

村镇规划建设

2021年，黑龙江省实施农村低收入群体等重点对象危房改造工程，争取中央补助资金32397万元和省级补助资金14861.7万元，印发《黑龙江省2021年农村危房改造实施方案》，完成农村低收入群体等重点对象危房改造13561户。印发《黑龙江省乡村建设工匠培训大纲》，通过黑龙江省建设职业培训与就业服务平台线上培训和现场实际操作，培训农村建设工匠3354名。会同乡村振兴等部门印发《关于做好农村低收入群体等重点对象住房安全保障工作的实施方案》，设立脱贫户住房安全维护专项资金1.1亿元，维修队伍970个、4784人，开展鉴定或评定4.1万户。

对农村低收入群体等重点对象住房安全保障情况进行排查，发现2016年、2017年享受危房改造政策建设彩钢房出现问题137户，全部整改到位。核查脱贫户、边缘易致贫户信息数据，发现需要安全保障1275户，已通过改造、租赁等方式全部解决。

印发《黑龙江省农村房屋安全隐患排查技术导则》，组织开展农村房屋安全隐患排查整治工作培训。印发《黑龙江省农村经营性用房与人员聚集场所房屋结构安全告知书》，建立安全管理长效制度。全年共计排查农村集体土地上的行政村8804个、农村房屋347.8万户。其中：排查农村经营性用房和人员聚集的非经营性用房13.2万户，初判存在风险859户，已全部完成鉴定，鉴定为C、D级危房220户，已全部完成整治。排查其他房屋334.6万户，初判存在风险11.2万户，已全部完成鉴定，鉴定为C、D级危房9.6万户，已完成整治9672户，剩余危房力争用3年左右时间完成整治。

推进县域农村生活垃圾治理与《城乡固体废弃物分类治理布局规划（2019—2035)》衔接，统建共用处理设施，彻底解决农村生活垃圾终端无害化处理问题。全面建设完成农村生活垃圾收转运体系，实现全省8967个行政村全覆盖并延伸至3.5万余个自然屯。出台《黑龙江省农村生活垃圾治理评价办法》，明确市县乡村4级责任，全面推进农村生活垃圾治理量化评价考核。实施农村生活垃圾治理“30天集中攻坚行动”等4次专项行动，持续开展农村生活垃圾散乱堆放点全覆盖排查整治，推进收转运体系稳定运行。

开展乡村建设评价，在林甸县、依安县、庆安县3个样本县率先开展乡村建设评价工作，形成省和3个县调研报告并报送住房和城乡建设部。

标准定额

印发《关于妥善应对主要建筑材料价格波动风险的提示函》避免引起工程造价纠纷。印发《关于发布黑龙江省2021年度建筑安装等工程结算参考意见的通知》并进一步明确新冠肺炎疫情防控专项费计取相关规定。全年完成21项地方标准的编制和修订，开展年度标准复审，共废止标准9项，计划修订标准7项，继续有效标准2项。

工程质量安全监督

会同13个部门联合印发《关于完善质量保障体系提升建筑工程品质的若干措施》，编制《黑龙江省工程质量安全手册实施细则（试行）》，印发《房屋市政工程建设单位工程质量安全首要责任管理规定》，深入开展质量安全标准化工地创建活动，推动建筑工程品质不断提升。制定《关于落实住建领域安全稳定风险防范“七保”任务的通知》，压实住建系统“战疫情、防风险、保稳定”责任；持续开展城市安全整治三年行动集中攻坚，同步开展建筑施工“排险治违保平安”靶向行动、“十查十治”以及新一轮安全生产隐患大排查大整治和“回头看”，开展住建系统“安全生产月”活动，组织召开哈尔滨国贸大厦项目安全生产和消防安全现场观摩会，增强企业安全生产意识，提高施工现场安全管控水平。全年各级住建部门排查在建工程项目4204项（次），及时下发整改通知书和执法建议书，共排查并整治各类安全隐患10948项，有效防范化解安全生产风险，建筑施工领域安全生产形势平稳可控，全省建筑施工生产安全事故起数、死亡人数同比分别下降10%、20%，实现一般事故下降，较大事故、重特大事故零发生“一降双零”目标。

建筑市场

2021年，黑龙江省建筑业总产值实现1328.5亿元，同比增长10.1%。14部门联合印发《关于加快培育重点建筑业企业的若干意见》，为企业发展提供政策支持。编制黑龙江省“十四五”建筑业发展规划，安排部署12项重大举措和工作任务。印发《黑龙江省房屋建筑和市政基础设施工程招投标“评定分离”工作指引》《黑龙江省房屋建筑和市政基础设施项目工程总承包招标投标管理办法（试行）》《黑龙江省房屋建筑和市政基础设施项目全过程工程咨询服务招标投标管理办法（试行）》等，工程承发包管理系统上线运行，有效提升全省行业监管效能。开展了城镇房屋违法建设和违法违规审批专项清查，排查既有房屋建筑209916栋、面积83738万平方米，发现违法建设行为11214起，安全隐患房屋建筑2804栋。开展公共资源领域专项整治和工程建设领域专项整治。推动科技创新和绿色发展，组织专家对2020年度申报的新工法、应用建筑业新技术的项目进行审评，共批准192项省级工法，31项金牌示范工程、36项银牌示范工程。

建筑节能与科技

出台《关于推动城乡建设绿色发展的实施意见》《关于推进城乡建设领域碳达峰的意见》《黑龙江省绿色建筑标识管理办法》等，全年推广绿色建筑2283万平方米、实施节能保温改造1620万平方米、推广各类可再生能源建筑应用360万平方米。出台《关于加快推进装配式建筑发展若干政策措施的通知》，制定12项支持政策，全年培育3个装配式建筑产业基地，推广装配式建筑82万平方米。年度完成了国家及省级科技攻关项目8项，获得省科学技术奖8项，其中，一等奖2项，二等奖2项，三等奖4项，获省城乡建设科学技术奖37项；指导4个省级重点实验室建设，组织住房和城乡建设部科技项目验收5项，申报华夏科学技术奖、科学技术计划11项；争取重点研发计划项目申请，3个项目获得财政资金支持282万元；组织科技成果鉴定25项。

人事教育

2021年，黑龙江省征集21家住建行业技能人员培训机构和29家施工现场专业人员培训机构，并与住房城乡建设行业从业人员系统完成对接。培训农村工匠6.1万人，取得培训证书人数为1045人；组织施工现场专业人员培训20789人次，测试12240人次，取得岗位证书7721人。制订出台《省住建厅机关干部能力建设工作方案》。制定10项岗位主要能力标准，完善相应评价标准。选派干部到先进省份跟班学习，选派6批次18名干部赴广东、江苏、上海等先进省份跟班学习。在“龙江建设网”开办黑龙江省住建系统领导干部在线学习平台，全年2500多名住建系统干部参加了培训。组织收听收看14期住房和城乡建设部远程专题培训。开展全省提高领导城市工作能力专题研讨班，各地（市）主管城建的副市长、建设局长等94人参加了培训会议。加强建设工程专业技术人才职称评审评价2021年，全省建设工程正高级职称参评人员255人，通过188人，通过率为73.73%；高级工程师参评人员2639人，通过1979人，通过率为74.99%，工程师参评人员4206人，通过3167人，通过率为75.30%，参加认定工程师97人，通过77人，通过率为79.38%；参加认定助理工程师1469人，通过1009人，通过率68.69%。

大事记

1月

1日　大庆市住建局权限内9项资质类许可事项全面试行告知承诺制审批，审批时限从15个工作日压缩至2个工作日。

6日　哈尔滨市城管局在对现有21项政务服务事项全部实现“一网通办”的基础上，平均压缩办理时限达80%，精减申请材料20%，保持各项指标处于全国先进行列。

14日　成立第一次全国自然灾害综合风险普查工作专班。

28日　副省长徐建国一行对哈尔滨市供热和燃气企业进行调研，哈尔滨市人民政府副市长智大勇陪同调研。

2月

1日　通报全省2020年度《黑龙江省绿色城镇建设评价指标体系》评价情况。

9日　印发《黑龙江省住房和城乡建设厅关于第一次全国自然灾害综合风险房屋建筑和市政基础设施承灾体普查工作进度安排的通知》。

24日　大庆市召开老旧小区改造会议，市城管局、市住建局、市发改委及各区政府等单位参加会议。

3月

1日　省住建厅印发《关于全省住建系统“六个住建”目标体系建设情况通报》。

同日　大庆市城管局联合发改、公安、财政、市场监管等部门共同制定《大庆市机动车停放服务收费管理办法》。《黑龙江省住宅物业管理条例》《大庆市机动车停车场管理条例》实施。

11日　省政府副秘书长李明春赴五常市现场调研污水处理、物业管理和老旧小区改造等工作。

17日　省住建厅召开第一次双违清查工作调度会。

同日　经省住建厅批准，全省首个省级建筑产业工人基地落户绥化。

23日　副省长徐建国调研哈尔滨市装配式建筑有关情况。

29日　召开全省乡村建设暨农村房屋安全隐患排查整治工作推进会议。

30日　大庆市城管局出台《2021年推进城区生活垃圾分类工作实施方案》。

31日　中共黑龙江省委机构编制委员会下发《关于调整省住房和城乡建设厅有关内设机构的通知》。调整后，房地产监管处更名为住房保障和房地产处，撤销住房保障和公积金处，撤销行政审批处，成立物业管理处，成立工程消防和建筑设计处。

4月

6日　哈尔滨市政府召开全市老旧小区改造工作动员大会。

9日　省城镇智慧供暖工作领导小组在富锦市召开全省县级城市智慧供暖示范项目富锦现场会，省政府李明春副秘书长出席会议并讲话。

同日　哈尔滨市城管局出台《哈尔滨市共享单车停放秩序管理规定》。

12日　会同省生态环境厅及污水处理行业专家组组成6个工作组，赴各地开展中央生态环境保护督察反馈重点镇及重点流域乡镇污水处理设施建设等问题“回头看”专项督导及核查验收。

15日　印发《关于开展“垃圾围村”问题治理成效“回头看”工作方案》。

15日—16日　省住建厅组成联合督导核查验收工作组对哈尔滨市依兰县达连河镇、通河县浓河镇、巴彦县兴隆镇、洼兴镇、西集镇进行了现场督导和核查验收。

20日　哈尔滨市住建局组织在哈60余家房地产开发企业召开工作调度会，重点针对网签系统调整、商品房合同注销以及房产销售推介出台新举措。

23日　省住建厅核查验收组在哈尔滨市住房和城乡建设局召开哈尔滨市22个重点镇和1个城镇污水管网向农村延伸试点中央环保督察整改任务现场核查反馈会议。

24日　开展靶向行动、百日攻坚行动和“十查十治”大排查大整治，强化危大工程监管，杜绝较大事故发生。

30日　省住建厅联合14个厅局发布《关于加快推进装配式建筑发展若干政策措施的通知》。

5月

1日　省住建厅会同哈尔滨市住建局组成联合检查组，对哈尔滨市道里区招商·贝肯山、道外区中海·观澜庭、汇龙·玖和琚3个项目进行安全督导检查。

10日　副省长徐建国到哈尔滨市调研房地产领域信访问题专项整治“回头看”工作。

11—12日　黑龙江省根治欠薪工作考核第九组对哈尔滨市2019—2020年度保障农民工工资支付工作进行了实地核查。

17日　省政府在省住建厅召开全省城镇供暖

"冬病夏治"专项行动推进会议，副省长徐建国出席会议并讲话。

25日　副省长徐建国调研哈尔滨市松北新区中央环保督察任务利林污水处理厂升级改扩建项目和利民污水处理厂提标改造及扩建工程项目情况。

6月

1日　印发《关于开展农村生活垃圾治理"集中攻坚行动"的通知》。

2日　哈尔滨市住建局组织开展哈尔滨市农村生活垃圾治理成效"回头看"检查工作。

7日　召开全省中央环保督察整改等重点工作推进会议。

8日　地方标准《黑龙江省公路与城市道路工程绿色施工规程》和《黑龙江省水利工程绿色施工规程》发布。

9日　哈尔滨市首届（2021）冰城口碑磅·物业榜选树活动率先启幕。

10日　会同省财政厅、省民政厅、省乡村振兴局联合印发《关于做好农村低收入群体等重点对象住房安全保障工作的实施方案》；会同15个中省直部门印发《关于推进康养旅游度假特色地产发展的指导意见》；发布地方标准《耐热聚乙烯（PE-RT Ⅱ型）低温供热管道工程技术标准》。

同日　省级建筑产业工人基地揭牌暨开班仪式在绥化职业技术教育中心举行。

16日　发布《黑龙江省城市设计及建筑风貌管理导则（试行）》。

18日　召开全省城镇老旧小区改造佳木斯现场会，副省长徐建国出席会议。

21日　哈尔滨市委书记王兆力深入燃气企业和重点区域调研检查燃气安全管理工作。

23日　国家农村房屋安全隐患排查协调机制领导小组对哈尔滨市农村房屋安全隐患排查整治情况开展调研。

7月

12日　召开促进房地产市场平稳健康发展培训会议。

同日　黑龙江省住房和市政基础设施发展研究中心举行揭牌仪式。

13日　发布《黑龙江省物业管理委员会组建办法》。

14日　发布《黑龙江省城镇老旧小区改造工作导则》。

16日　召开《黑龙江省城市供热条例》立法听证会，省人大城环委、省人大常委会法工委、省司法厅、省发改委、省市场监管局等有关部门出席会议。

22日　局部修订地方标准《钢筋混凝土空间网格结构空腹夹层板技术规程》。

同日　召开全省城镇供热重点工作调度会。

23日　发布地方标准《黑龙江省建筑工程多功能火灾疏散指示信息系统技术规程》《黑龙江省城市生活二次供水管理规程》《人民防空工程防护设备安装技术规程》。

26日　哈尔滨市城管局全面启动2021年道路桥梁检测工作。

28日　大庆市住建局出台《大庆市政府投资房屋建筑和市政基础设施工程质量管理暂行办法》。

8月

2日　印发《关于开展工程建设项目审批"体外循环"和"隐性审批"专项整治的通知》。

3日　局部修订地方标准《钻孔压灌超流态混凝土桩基础技术规程》。

4日　启动"黑龙江省工程项目施工现场质量安全监管服务平台"项目建设工作。

9日　发布《黑龙江省城镇老旧小区改造技术导则》。

同时，副省长徐建国到哈尔滨市调研2021年供热老旧管网改造工作。

12日　印发《黑龙江省住房和城乡建设安全生产委员会关于印发〈城镇老旧小区改造工程监督要点〉的通知》。

13日　印发《关于对各地工程建设项目审批制度改革整体情况阶段性评估情况的函》。

16日　联合省发改委、省财政厅、省自然资源厅、省民政厅、省公安厅、省人社厅、省市场监管局印发《黑龙江省城镇公共租赁住房实物配租和租赁补贴管理办法》。

19日　原省工程造价协会、省监理协会、省招投标协会合并为黑龙江省建设工程咨询行业协会。

20日　印发《黑龙江省住房和城乡建设厅等部门关于印发〈关于完善质量保障体系提升建筑工程品质的若干措施〉的通知》。

30日　大庆市城管局印发《关于深入开展2021年度物业服务信息公开工作的通知》。

9月

3日　发布地方标准《黑龙江省农村居住建筑节能设计标准》。

3日　成立办理建筑许可工作专班，副省长徐建国任组长，厅长杨春青任副组长。

6 日　会同省公安厅、自然资源厅、税务局、市场监管局、银保监局、网信办、营商局等省直 8 家单位联合下发《黑龙江省住房和城乡建设厅等部门关于转发〈住房和城乡建设部等 8 部门关于持续整治规范房地产市场秩序的通知〉的通知》。

11 日　黑龙江省首届房地产开发项目招商推介大会在伊春召开，副省长徐建国出席会议并讲话。

14 日　绥化市住建局印发《绥化市住宅小区物业服务等级标准》《物业企业诚信管理细则》《物业企业红黑榜实施意见》。

24 日　召开城镇重点工作进展缓慢市县约谈会议，对城镇供热老旧管网改造、集中供热储煤、智慧供暖示范区项目建设工作进展缓慢的 29 个市县进行集中调度约谈。

25 日　《黑龙江省城市供热条例（修正案草案）》通过省政府常务会议审议。

27 日　召开全省城镇二次供水设施改造推进暨智慧供水视频会。

28 日　大庆市城管局印发《大庆市 2021 年度供热错时错峰起炉工作方案》。

29 日　出版《黑龙江省志·建设志（1986—2005）》。

同日　召开全省住建领域水污染防治工作视频会。

30 日　大庆市住建局印发《关于优化旅发大会市政基础设施项目施工许可手续办理的通知》。

10 月

8 日　完成乡村建设评价试点工作，林甸县、依安县、庆安县 3 个县报告和省报告通过国家评审验收。

9 日　印发《黑龙江省农村生活垃圾治理成效评价办法》。

10 日　哈尔滨市住建局组织各区住建局召开老旧小区改造工作调度会。

11 日　大庆市住建局印发《关于印发大庆市市区既有住宅楼加装电梯实施办法（试行）的通知》。

20 日　大庆市住建局印发《印发关于政府投资项目建设单位健全内控机制加强投资控制的办法的通知》。

21 日　大庆市住建局印发《关于大庆市农民和人才购房优惠政策的实施意见》。

22 日　印发《全省住建领域〈安全生产法〉宣贯方案》。

23 日　举行齐齐哈尔市环卫职业技能竞赛。

29 日　黑龙江省第十三届人民代表大会常务委员会第二十八次会议通过《黑龙江省人民代表大会常务委员会关于修改〈黑龙江省城市供热条例〉的决定》。

31 日　印发《关于开展全省住建领域新一轮安全生产隐患大排查大整治工作的通知》。

11 月

3 日　哈尔滨市住建局组织召开全市大排查整治工作部署会。

5 日　以省办理建筑许可工作专班名义印发《黑龙江省办理建筑许可工作专班工作方案》。印发《中央环保督察反馈农村“垃圾围村”问题整改情况“回头看”核查工作方案》。

9 日　以省办理建筑许可工作专班名义印发《黑龙江省办理建筑许可指标提升工作实施方案》。

19 日　印发《关于发布黑龙江省 2021 年度建筑安装等工程结算参考意见的通知》。

29 日　印发《关于房屋市政工程实行施工许可告知承诺制的实施意见》。

同日　大庆市住建局印发《大庆市人民政府办公室关于促进大庆市建筑业经济增长的意见》。

30 日　大庆市住建局印发《大庆市工程项目建设指导服务手册》。

同日　印发《关于印发〈全省住建领域新一轮安全生产隐患大排查大整治“回头看”工作方案〉的通知》。

12 月

14 日　鸡西市人民医院门诊、医技、病房综合楼获得 2020—2021 年度中国建设工程鲁班奖。

20 日　黑龙江省寒地建筑科学研究院主持完成的“严寒地区建筑围护结构节能评价技术研究”荣获省科技进步三等奖。

27 日　印发《黑龙江省城镇燃气经营企业信用评价管理暂行办法》及评价细则。

28 日　印发《关于立即开展农村生活垃圾散乱堆放点排查整治专项行动的通知》。

31 日　印发《黑龙江省房屋建筑和市政基础设施工程直接发包管理暂行办法》《黑龙江省房屋建筑和市政基础设施工程总承包招标投标管理办法（试行）》《黑龙江省房屋建筑和市政基础设施项目全过程咨询顾问招标投标管理办法（试行）》

（黑龙江省住房和城乡建设厅）

上 海 市

住房和城乡建设

城乡建设

【重大工程建设】2021年，建设完善市重大工程建设项目计划管理平台，全面推广“三个一”责任制，研究市级政府投资重大工程建设涉及资源性指标统筹使用机制，加快落实渣土处置，协调整合上海市资源推进重大工程建设。组织市、区重大工程5个批次集中开工，全年市重大工程新开工35项、建成26项，投资总额完成“保五、争十”增长目标、创历史新高。

【重点区域建设】印发《“十四五”新城环境品质和新基建专项方案》《“十四五”新城住房发展行动方案》，编写《绿色生态新城专项规划》《五个新城燃气专项规划》《新城绿色低碳试点区建设导则》，启动五个新城绿色低碳试点区建设。完成北外滩贯通和综合改造提升工程，以“世界会客厅”为标志，黄浦江两岸滨水公共空间改造提升取得阶段性成果；苏州河华东政法大学长宁校区“一带十点”滨水空间实现贯通开放，以河滨慢行步道为连线、一河两岸“长藤结瓜”的空间格局初步形成。

【乡村建设】推进村内严重破损路桥达标改建，提前完成406公里村路、309座桥梁改建任务，初步实现路桥日常管护全覆盖。首创乡村建筑师制度，出台《关于建立上海市乡村建筑师名录的实施意见》，遴选近百位乡村建筑师服务乡村建设。出台《关于上海市农房和村庄建设现代化实施方案》，落实宅基地建房审批、施工监管、竣工验收等关键环节管理举措。首次开展乡村建设工匠培训，提升86个涉农镇建设工匠操作技能，降低施工安全隐患。累计完成54个农民相对集中居住平移项目的风貌设计评估，指导解决“乡村性”不足问题。农民相对集中居住完成签约1.4万户，安置房基地整体开工率达到80%以上，2019年以来完成农户安置近1万户。

城市管理

【城市治理数字化转型】编制住房城乡建设管理行业数字化转型实施方案。升级网格化综合管理系统，搭建城市信息模型（CIM）住建领域平台和城市精细化综合管理服务平台，推进临港数字孪生城、嘉定车城网和北外滩区域CIM平台建设。加快城市空间地理库建设，完成网格化部件和建筑房屋专题库建设，推进应急管理、防汛防台、工地安全和房屋安全监管等19个应用场景建设。推动“多格合一”，将人员、责任细化落实到网格，保障问题及时发现、快速处置。开放基础数据，赋能各区开发疫情防控、电梯管理、防台防汛等特色应用，加强市区管理协同。

【城市精细化管理】制定实施绿色社区创建行动方案，共计2637个城市社区达到绿色社区创建要求，占上海市社区58.2%。首轮“美丽街区”建设收尾，新一轮高品质“美丽街区”建设启动，全年建设完成100个“美丽街区”，上海市累计建成452个、面积338平方公里。加强违法建筑治理，创建“无违建示范街镇”，上海市拆除违法建筑约1.6万处、315万平方米。推动路口遮阳设施建设和无障碍环境建设，编制市级层面桥下空间品质提升规划和指导意见，开展社区空间微更新设计大赛。推动内部道路、流浪猫狗、“卫星锅”等专项治理行动，提前完成群租集中整治4.2万条线索“清零”目标。

【城管综合执法】修订《上海市城市管理综合行政执法条例》，配合完成《上海市浦东新区城市管理领域非现场执法规定》立法。印发《关于进一步加强上海市街道乡镇综合行政执法工作的实施意见》《关于进一步加强上海市街道乡镇综合执法队伍建设的实施意见》，全面推广分级分类监管、非现场执法、“双随机、一公开”等模式，提升队伍统筹管理和规范执法水平。加强城市环境秩序管控，开展街面环境、小区环境、生态环境、长三角毗邻区域、“一江一河”、生活垃圾分类等专项执法，完成花博会、进博会执法保障，依法查处各类违法违规案件15.6万起。优化6002家社区工作室运行机制。

【城市运行协调机制】印发住房和城乡建设管理“十四五”系列规划和城市管理精细化、住房发展、“一江一河”发展等三项市级专项规划。基本形成《关于推动上海市城市维护管理工作高质量发展的实施方案》，建立完善城维数据底座和项目管理平台，落实城维资金及各类财政补贴。建设城市体检信息系统，推进市、区两级城市体检。举办2021世界城市日中国主场活动暨首届城市可持续发展全球大会，发布“上海指数”综合指标体系框架、《上海手册（2021版）》《上海自评估报告》和《新时代上海“人民城市”建设的探索与实践》丛书，完成第四届进博会城市运行保障工作。打造“对建筑施工企业安全生产的许可”“购房资格在线自助查询服务”“对二级注册建造师执业资格注册的许可”等一批“一网通办”“好办”“快办”服务。

市政公用事业

【架空线入地和杆箱整治】2021年，上海市架空线入地和杆箱整治竣工207公里，建成综合杆约5500根，超额完成100公里的年度整治任务。聚焦优秀历史建筑、历史风貌道路、历史文化风貌区、苏州河沿线等，打造多个全要素整治示范片区和示范道路，持续推进架空线入地和杆箱整治，呈现“线清、杆合、箱隐、景美”的效果。

【燃料电池汽车加氢站建设】为推进上海车用氢能的应用发展，制定“一规划、两办法”：《上海市车用加氢站布局专项规划》《上海市燃料电池汽车加氢站建设运营管理办法》《上海市燃料电池汽车加氢站建设运营专项扶持办法》。

【地下综合管廊建设】开展新城地下综合管廊规划研究，明确重点建设区域和建设规模。协调推进耀龙路、浦业路地下综合管廊管线入廊。结合架空线入地推进缆线型综合管廊建设。上海市建设地下综合管廊约150公里，其中约100公里管廊投入运行（含缆线型管廊约60公里）。

房地产业

【房地产开发】2021年，上海市房地产开发投资稳步增长，完成投资5035.18亿元，比上年增长7.2%，以2019年为基期，两年平均增长9.1%。从房屋类型看，上海市住宅投资2673.95亿元，比上年增长10.5%；办公楼投资767.63亿元，下降7.9%；商业用房投资511.52亿元，下降8.6%。

【房屋在建规模】2021年，上海市房屋施工面积16627.90万平方米，比上年增长5.6%。其中，房屋新开工面积3845.97万平方米，增长11.8%。房屋竣工面积2739.55万平方米，下降4.8%。

【新建房屋建设】2021年，上海市新建房屋销售面积1880.45万平方米，比上年增长5.1%。其中，住宅销售面积1489.95万平方米，增长3.9%；商办销售面积170.76万平方米，下降7.9%。出台《关于促进本市房地产市场平稳健康发展的意见》《关于进一步加强本市房地产市场管理的通知》等相关文件，全年商品住房成交量趋于稳定，价格指数涨幅整体收窄，新建住宅销售均价40974元/平方米。

住房保障

【保障性安居工程】经市政府同意，上海市纳入国家保障性安居工程计划任务的目标为：棚户区改造新开工1万套（户）、基本建成1.3万套（户）、发放城镇住房保障家庭租赁补贴（廉租住房租金补贴）3.7万户。1—12月，棚户区改造新开工约1.1万套（户）、基本建成约1.4万套（户），发放廉租住房租赁补贴约3.8万户，均已超额完成年度目标任务。

【廉租住房】截至12月底，当年新增廉租住房受理家庭约0.4万户、配租家庭约0.4万户，历年累计受益家庭达13.8万户，扣除因经济或住房状况改善等原因退出保障的家庭，正在保障的家庭约4.0万户（其中租金配租约3.2万户、实物配租约0.8万户）。

【共有产权保障住房】截至12月底，上海市户籍第九批次及非沪籍第三批次共有产权保障住房申请审核、摇号选房工作基本完成。1—12月，共有产权保障住房新增签约7018套、51.2万平方米，超额完成新增签约50万平方米的年度签约任务。截至12月底，历年批次累计完成签约约13.6万套，共有产权保障住房受益规模在全国位居首位。

【公共租赁住房】截至12月底，上海市公租房（含单位租赁房）累计建设筹措20.3万套，累计供应16.1万套，其中已入住13.6万套、23.4万户，累计享受保障（含已退出）约90万户。2021年全年新增供应公租房8198套，全面完成市政府下达的新增供应8000套的年度目标任务；公租房拆套合租和宿舍型房源供应床位10031张，全面完成新增供应1万张床位的年度目标任务。

【保障性租赁住房】制订出台《关于加快发展上海市保障性租赁住房的实施意见》，研究制订保障性租赁住房项目认定、租赁管理、非居住房屋改建等配套细则，初步建立上海市保障性租赁住房政策体系，并将公共租赁住房、单位租赁房和符合条件的各类租赁住房有序纳入保障性租赁住房管理，推动保障性租赁住房建设筹措，全年完成保障性租赁住房建设筹措6.7万套（间）。

【旧区改造】2021年，旧区改造作为市委16项民心工程之首，市旧改办会同市相关部门不断加大工作力度，全力打好旧区改造攻坚战。2021年完成约90.1万平方米、居民4.5万户，分别为年度目标任务的129%、132%，超额完成全年目标任务。

【加装电梯】2021年，市、区相关部门持续完善财政支持、规划管理、方案设计、行政审批、管线迁移、公积金使用等配套措施，合力按下了加梯“快进键”。截至12月，完成签约6056台，完工1579台，提前并超额完成了签约4000台、完工1000台的年度目标任务。2021年加装数量已超过过去十年总数的3倍。

公积金管理

【年度缴存提取管理】2021年，上海公积金新开户单位7.29万家，净增单位4.69万家；新开户职工89.08万人，净增职工40.72万人；实缴单位49.84万家，实缴职工925.05万人，缴存额1943.10亿元，同比分别增长10.39%、4.60%和15.15%。2021年年末，缴存总额14718.10亿元，比上年增长15.21%；缴存余额6068.64亿元，同比增长13.18%。

【贷款发放情况】2021年，发放个人住房贷款16.50万笔、1151.65亿元，同比分别增长9.42%、11.90%，回收个人住房贷款549.53亿元。年末累计发放个人住房贷款299.82万笔10908.78亿元，贷款余额5580.86亿元，分别比上年增长5.82%、11.80%、12.09%。个人住房贷款余额占缴存余额的91.96%，比上年末减少0.9个百分点。发放异地贷款333笔2.83亿元，年末发放异地贷款总额5.33亿元，异地贷款余额5.03亿元。年末个人住房贷款资产支持证券的未偿付贷款笔数为6.64万笔，本金余额为109.82亿元。年末住房公积金存款572.94亿元，住房公积金个人住房贷款余额和项目贷款余额的总和占缴存余额的91.96%，比上年末减少0.9个百分点。

【长三角一体化推进情况】与三省各城市公积金中心密切配合、通力协作，围绕企业和职工需求，不断增强住房公积金长三角区域协调发展对全国的示范引领效应。用好长三角“一网通办”平台。5月实现购房提取公积金成功上线长三角“一网通办”平台，10月长三角住房公积金服务专栏和提前还清公积金贷款、开具公积金个人贷款还清证明、公积金单位登记开户、公积金单位缴存信息变更4个“跨省通办”服务事项也成功于平台上线。上海青浦与嘉兴嘉善、苏州吴江共同探索“进一中心、办三地事”，联合发布《长三角示范区住房公积金“跨省通办”综合受理服务机制》。5月，在一体化示范区内试点提取住房公积金偿还异地购房贷款业务。目前，示范区内住房公积金“通办”业务品种已增加到28项。

建筑业管理

【构建形成4.0版审批制度改革政策体系】扩大一站式改革受益面，优化风险矩阵并拓展应用场景范围，实现消防和质量验收深度融合。升级工程建设项目审批管理系统，涵盖近90项政务服务事项，基本实现主线审批事项在线闭环管理。挂牌成立市级及16个区、2个管委会（临港、化工）工程建设项目审批审查中心，工程建设领域主要政务服务事项基本纳人，实现企业办事统一申报、统一受理、统一出证和统一验收。开展工程建设项目审批“体外循环”和“隐性审批”问题专项整治，公布工程建设项目审批全过程事项清单，完成年度世界银行测评及国家工程建设项目审批制度改革评估。

【开展承发包行为整治】推进《上海市建设工程承发包管理办法》修订工作。发布《关于开展2021年上海市建设市场联合整治的通知》。跨部门开展涉及工程建设项目围标串标、违规分包拆包等市场违法行为的联合整治行动，对上海市80个工地进行现场检查，累计开具执法建议62条，执法关注27条。发布《关于建立上海市建设工程招标投标活动函询制度及风险警示制度的通知》，在上海市建立招标投标活动函询和风险警示制度，此项工作系全国首创。发布《关于对事故工程实行建筑市场行为合规性倒查的通知》。规范财政性资金、住宅修缮工程招投标管理。会同市财政局、市房屋管理局理顺财政性资金建设项目招投标和政府采购管理机制，规范住宅修缮项目招投标管理工作。

【健全建设工程领域信用评价体系】制定并发布《上海市工程建设领域信用信息修复标准》，进一步优化营商环境。出台《上海市建筑市场不良信用信息清单（2021版）》。制定在沪勘察设计企业的信用评价办法和标准，完善信用信息的记录、公开、评价和应用制度。同步开展在沪监理企业信用评价管理办法和标准修订工作，由第三方评价机构评价调整为计算机系统每日一次自动评价，确保评价结果公开、透明。

【二级建造师管理】根据市审改办工作要求，对照《"好办"服务业务标准》，对"二级建造师注册许可"事项的业务环节以及业务内容进行梳理，推进系统改造及相关配套工作的完成。突出"跨域、互认和共享"，在统一合格分数线的基础上，对江浙沪三地的二级建造师在长三角示范区内进行统一互认，完善人才流动机制，打破人才使用壁垒

【建筑信息模型（以下简称 BIM）管理】印发《上海市进一步推进建筑信息模型技术应用三年行动计划（2021—2023）》，明确了三年 BIM 技术推进的五大重点工作任务，并制定了时间表和路线图。明确浦东"金鼎"、"前滩国际商务区"、虹口"北外滩核心区及滨江带"、徐汇"滨江西岸金融城区域"作为试点区域，开展 BIM 技术在项目建设和区域管理中的系统谋划、专业规划和全过程应用的试点示范，探索依托 BIM 技术实现建筑运营和城市管理数字化、智能化和精细化。编制上海市 BIM 施工图和竣工模型交付标准（简称"BIM 交付标准"）并正式施行，形成 BIM 模型交付数据标准，研发 BIM 审查系统。在浦东新区先行先试，细化审查标准和建模指南，研发 BIM 审查系统浦东分平台。梳理现有 BIM 技术的各类标准规范，制定 BIM 标准三年的修编和新编计划，并组织开展编制工作。完善设计招投标示范文本中 BIM 条款内容，并在电子招投标中施行使用。

【升级实名制管理平台】发布《上海市建设工程施工现场人员实名制管理办法》。截至 12 月底，上海市的施工现场人员实名制管理系统已覆盖上海市 3661 个工地，涉及建筑业农民工人数超 45 万人，并已与 7 家银行完成对接。

【建筑节能与科技】编制城乡建设领域碳达峰行动方案。出台《上海市绿色建筑管理办法》，上海市累计通过审图的绿色建筑项目达 2.8 亿平方米。上海市已成功创建 15 个绿色生态城区，总用地规模约 41 平方公里。聚焦五个新城、北外滩、浦东金色中环发展带等区域推进绿色生态城区建设，着力提升重点区域绿色发展能级。提高五个新城绿色低碳建设指标，要求新建大型公共建筑执行三星级绿色建筑标准，新建建筑（含工业建筑）全部使用一种或多种可再生能源，有条件的必须安装太阳能光伏；每个新城须选择至少 1 个适合区域建设超低能耗建筑集中示范区，积极推进近零能耗建筑和零碳建筑技术试点示范。目前，五个新城中松江、奉贤、临港均已创建绿色生态试点城区，其中临港城区规划落实三星级绿色建筑规划占比达 44%，超低能耗建筑规划建设 23 万平方米，应用可再生能源的项目比例达 87%。《居住建筑节能设计标准》已通过审查，提出住宅能耗和碳排放限额指标；另有《办公建筑能耗限额设计标准》《商业建筑能耗限额设计标准》《酒店建筑能耗限额设计标准》在编。发布《上海市超低能耗建筑项目管理规定》《上海市外墙保温系统统一技术规定》，完成超低能耗居住建筑和公共建筑标准立项。2021 年，落实超低能耗建筑项目 300 万平方米，当年落实量占全国 20%以上。全国建筑面积最大的超低能耗建筑项目在临港落地开工。落实既有公共建筑节能改造任务 260 万平方米，其中单位建筑面积能耗下降 15%以上的 65 万平方米。完成国家既有建筑能效提升重点城市建设任务。提升公共建筑节能监管和服务水平，完善建筑能耗监测系统升级方案，启动建筑碳排放监管平台建设。完成建筑能耗监测平台与上海市精细化管理平台对接，建筑能耗监测系统覆盖楼宇达到 2115 栋，覆盖面积 9835 万平方米。

【装配式建筑】推动装配式建筑与外墙保温一体化融合发展，开展市级产业基地创建和评估，全年新开工装配式建筑面积约 3828 万平方米，占新开工建筑比例超过 90%。

（上海市住房和城乡建设管理委员会）

水务建设与管理

概况

【河湖长制持续深化】精简河长层级，进一步规范党政河长设置，市政泵站排水口和入河排污口河长设置有序推进，河长制标准化街镇和村居河长工作站实现全覆盖。开展市级暗访 733 次，集中通报 10 次，约谈河长 117 名（含 2 名区级河长）。制定全市各行政区水质综合评价实施方案，压实河道养护企业责任，完成全市河湖水质调查并建立档案，实现村级河道全覆盖、常态化监测。

【污水治理能力明显提升】全面实施控制污水溢流、污水厂溢流减量、污水治理能力提升三项方案，新增污水处理能力 17 万立方米/日；开展中心城区"四水分析"，强化运行调度管理等手段，长江污水溢流得到进一步控制，溢流比上年减少 18%。同时，持续推进"一区一站"建设，通沟污泥无害化处置目标基本实现。

【河道水质总体稳中有升】完成 350 千米河道整治、2 万户农村生活污水处理设施改造，启动 15 个

生态清洁小流域示范点建设。开展黑臭水体整治“回头看”、餐饮等违法排污综合执法、新一轮雨污混接整治、泵站放江综合治理等专项行动。持续加强河湖水面率管控，河湖水面率达到10.24%。河湖水质年均值如期消除劣Ⅴ类，月度监测出现劣Ⅴ类断面次数同比下降67%。

【落实落细防汛防台措施】针对“重大活动多、保障任务重”年度防汛特点，制定“一大会址”、花博会、进博会等重点区域专项保障预案。滚动排查整改隐患5700余处。开展专项培训演练1000余场，加强各区值班值守、防汛防台指挥系统应用检查，全面压实防汛属地责任。

【防汛设施体系不断完善】推进32座病险水闸除险加固工作，开工4座。完成48.1千米主海塘达标和12.8千米黄浦江、苏州河堤防维修。吴淞江工程新川沙河段有序推进，累计完成总投资的39.5%。航塘港等一批重点河道泵闸工程加快建设。11条道路积水改善工程提前完成，易积水小区防汛能力提升工程全面启动，防汛“四道防线”持续巩固。

【供水保障安全优质】推进9项、完成4项长江水源水厂深度处理工程，水厂深度处理率由60%提升到70%。完成577千米老旧供水管网改造。稳步推进市属区域水价调整工作。持续推进临港、黄浦等高品质饮用水示范建设。供水行业连续第12次获上海夏令热线最满意行业。

【节水工作加大力度】完善节水联席会议工作机制，落实水资源刚性约束制度，修订131个行业用水定额，编制污水资源化利用方案。持续推进节水型社会建设，大力开展“清瓶行动”等宣传活动，建成节水型社会载体428个，强化上海市大用水户和低效益用水户节水管理，节水率较2019年提升5.17%，实际节水约200万立方米。严格地下水开采总量控制，全年开采量97.4万立方米，回灌量1707.5万立方米。

【海洋综合管理持续加强】完成11宗围填海项目竣工海域使用验收，妥善处置15个围填海历史遗留问题。加强海域海岛海岸线巡查、疑点疑区动态监测等基础工作，形成新一轮海岸线修测技术成果。启动国家“双重”规划项目临港滨海生态保护修复工程。认真做好国家海洋专项督察各项工作。

【滩涂资源保护稳步实施】横沙浅滩固沙保滩工程获国务院同意立项。完成滩涂水下地形测量，清理整治19个滩涂历史遗留问题。横沙八期工程顺利完成预验收；南汇东滩区域生态种青1000公顷。

【规划体系更加完善】水系统治理“十四五”规划、中心城雨水调蓄池选址专项规划、城市内涝治理实施方案获市政府批准，长三角示范区供排水规划获示范区理事会审议通过。指导各区加快城市2035总规编制。围绕市重大战略和重大工程，编制完成一批水务海洋规划和方案。

【行政执法效能明显提升】深化执法协同联动机制，加强执法闭环管理，开发专线举报小程序，8月上线以来接收群众举报54件。修订完善行政执法责任制和裁量基准，深入开展打击长江违法采砂、河湖水面率管控、深基坑排水等专项执法行动，全市水务海洋执法立案1319件，同比上升152.68%，罚款9298.32万元，同比上升171.96%。

【安全生产形势总体平稳】强化安全质量监管，全年开展安全生产检查1.6万次，排查整改风险隐患7000余个；首次制定《上海市供水行业应对寒潮灾害专项预案》，及时处置寒潮爆管、金山化工厂火灾次生水污染等多起突发事件。做好重大节日和重要活动安全保障工作，安全生产事故和死亡人数实现双下降。

【关键技术攻关取得积极进展】“放江污染水陆协同精准控制关键技术研究与示范”科研项目获得市级立项，排水流量“铭牌率定”等研究取得初步成果，“十三五”水专项“太浦河金泽水源地水质安全保障综合示范项目”通过住房和城乡建设部综合绩效评价。7月29日，修订局标准化管理办法，发布5项地方标准、14项标准化指导性技术文件。新组建2个局工程技术研究中心，举办6期科技论坛。

防汛防台

【概况】2021年，上海市成功应对台风“烟花”“灿都”和多次暴雨的严峻考验。汛期，市气象部门发布暴雨预警43次、台风预警10次。水务部门发布黄浦江高潮位预警6次，其中发布上海市第一次高潮位红色预警。市防汛指挥部启动防汛防台应急响应行动45次，响应时间368小时，实现“不死人、少伤人、少损失”。

【防汛防台工作】5月7日，市政府常务会议专题研究防汛工作。6—9月，市防汛指挥部多次召开全体会议、防汛办主任会议，研究部署阶段性工作，压实防汛责任。全覆盖检查各区防汛准备工作，抽查各区、街镇防汛值班值守情况2次。开展码头、下立交、地下空间、易积水小区、高空构筑物（包括店招店牌）、建筑工地防汛6个专项检查行动。深化落实各区自查、第三方抽查、市级督察三级隐患排查，开展各区自查5轮、第三方抽查3轮、市级督察3次，编制“一区一图一表”隐患风险图。排查发现问题隐患5704处，全部完成整改。组建抢险队伍2229支10.22万人，市、区、街镇314个防汛物资仓库储备75类防汛物资，确保满足应急需求。全年组织开展防汛防台专项演练512场、1.6万人次参加。5月10日，对80名新任街镇防汛责任人组织专题培训，全年开展其他各类培训495次，参训1.6万人次。在“一网统管”防汛指挥系统上动态更新741个雨量、284个水位、99个风力风速监测站的实时数据。全市各级防汛部门完成值班值守签到12.8万人次，发送预警信息传真6248份、短信45.7万条，通过网站、微信、微博等企业号与公众号内外平台同步发布防汛预警响应指令71次，6月，“灾情直报”模块上线运行，台风“烟花”“灿都”影响期间，完成防御准备、灾情动态等1.8万条数据报送。完成48.1千米主海塘达标和12.8千米黄浦江苏州河堤防维修。制订32座病险水闸“一区一清单”和“一闸一方案”，定期召开病险水闸除险加固推进会并建立月报制度。完成淀浦河西闸和西泗塘水闸改建、11条道路积水点改造等工程建设。推进全市雨水调蓄设施建设，加快推进前期规划、项目审批、方案完善等工作。

【“烟花”“灿都”台风防御】7月、9月上海市两次遭遇超过100小时的台风影响，第6号台风“烟花”影响128小时，第14号台风“灿都”影响103小时。全市出动4716人次检查外围一线水闸925座次，3691名干部职工和应急维护人员24小时值守，排水2107个闸次，总排水量约16.5亿立方米；全市369座防汛泵站排水量约3亿立方米。两次台风影响期间，全市投入34万人次开展检查巡查，检查在建工地14717个、地下空间3.2万处、易积水小区1万个、旅游景点981处、堤防海塘5025千米、泵闸6317座、店招店牌3.1万块、高空构筑物1.4万个、沿海石油化工企业516家、燃气管道792千米、临时建筑5006个。“烟花”台风影响后期，4000名一线党员干部群众彻夜开展巡堤查险，12小时内巡查堤防9000千米，全力保障堤防安全。提前转移安置危险区域群众72万人次，引导3000艘船只进港避风。全市24.3万人次开展应急值守，综合性消防救援队伍组建应急分队。公安部门启动高等级勤务，5.2万名警力，做好早晚高峰交通组织保障和社会面防控工作。绿化、林业、道路保洁应急抢险队伍、88辆移动泵车、100支防汛排水突击队、804台电力抢修车辆全部集结待命。全市29支社会化应急救援队伍加强值守状态。

【开展国家自然灾害风险普查】2020年12月，市水务局（市海洋局）印发《关于开展第一次水旱和海洋灾害风险普查的通知》和《关于成立上海市水务局（上海市海洋局）水旱和海洋灾害风险普查领导小组的通知》，成立局水旱和海洋灾害风险普查领导小组，牵头开展海洋灾害风险普查的组织和实施中重大问题的研究和决策。市水务局赴市气象局，开展水旱和海洋灾害风险普查工作调研。赴徐汇区应急局，召开水旱灾害风险普查试点工作调研推进会，掌握徐汇区试点情况，推进灾害普查成果后续应用。赴青浦区、金山区、宝山区水务局，调研推进水旱和海洋灾害风险普查工作。6月、11月、12月，召开水旱和海洋灾害风险普查工作推进会。4月15—16日，召开上海市水旱和海洋灾害风险普查培训会，市水务局（市海洋局）相关工作部门、各区水务局（海洋局）以及相关技术支撑单位共70余人参加此次培训。8月13日，印发《上海市水旱灾害风险普查实施方案》《上海市海洋灾害风险普查实施方案》（修订版）。8月30日，国家120个调查试点县之一的徐汇区提前完成全部试点任务。选定青浦区和金山区作为水旱和海洋风险普查工作开展的试点区，年底，市级层面普查任务全部完成。9月28日，开展水旱和海洋灾害风险普查专题培训。专题研究和组织编制水旱和海洋灾害风险普查宣传工作方案。

河长制湖长制

【概况】2021年年底，全市累计建成163个河长制标准化街镇和1642个村居河长工作站，基本实现河长制标准化街镇和村居河长工作站全覆盖。全市规范设置党政河长6000余名。设置完成407名企业河长，其中全市477个沿河湖排污口设企业河长179名。制定完善“周暗访、月通报、季约谈、年考核”工作机制，2021年召开通报会6次，通报问题河道239条及相应河长481名，开展问题河道河长集中约谈4次，共约谈河长117名。推进“河长+检察长”工作机制，构建检察机关在河长制工作中的司法介入和助推机制。各级河长履职担责，累计巡河20余万人次。2月25日，市河长办组织召开第一次主任（扩大）会议，研究制定并印发《2021年河长制湖长制工作要点》；3月26日，市委、市政府召开2021年全市河长制湖长制现场推进会，推进河长制湖长制进一步深化落实；8月27日，市河长办组织召开第二次主任（扩大）会议，审议通过《关于进一步规范完善本市党政河湖长设置的指导意见》《关于建立完善本市河长湖长述职制度的意见》《关于设置沿河湖排污口企业河长的指导意见》《关于深化完善周暗访、月通报、季约谈、年考核工作机制的意见》4项制度。

【环保三年行动计划水环境保护专项】2021年是第八轮（2021—2023年）环保三年行动计划水环境保护专项实施的第一年。三年共安排推进实施27个项目。到2021年年底，基本完成6项，在建19项，年底前实现开工条件2项。

【城镇污水处理提质增效三年行动实施方案】2021年是城镇污水处理提质增效三年行动实施方案的最后一年。经过三年持续推进，完成各项目标。其中，建成区黑臭水体治理全面完成。城市生活污水集中收集率由2018年的85.7%提高到2021年的95%，比计划目标88.8%提高6.2个百分点。全市2.9万千米市政排水管网，约2.3万千米录入上海市排水行业数据库管理系统，入库率约82%。同时，滚动推进市政污水管网排查检测与修复，共完成排水主管检测7063千米，完成修复约597千米。实施雨污混接综合整治攻坚战，全市累计完成17037个市政、企事业单位、沿街商户等雨污混接改造和4274个住宅小区雨污混接改造。市河长办牵头在全市范围内开展为期一年的餐饮行业违法排污综合整治，全市共完成沿街餐饮户关停4061户。其他沿街“小散乱”排水户整治8738户。印发《上海市城镇污水处理提质增效“一厂一策”方案编制导则》，组织指导相关区对15座进水生化需氧量（BOD）浓度低于100毫克/升的污水处理厂“一厂一策”系统化整治方案的编制、2021年，15座污水处理厂平均进水BOD浓度为97.35毫克/升，较2018年提高11.14毫克/升；BOD处理量达1.52万吨，比2018年增加4660吨，增长44%。2019—2021年，全市平均每年疏通排水管道2万余千米，养护检查井、进水口约220万座（次），清捞污泥约14万吨（含水率为95%）。制定管道设施外部巡视和内部检查制度，管道外部巡视每周应不少于1次，检查井、雨水口内部检查每年应不少于2次，并做好巡视检查记录，每月进行上报，对发现的问题进行整改；构建排水系统“厂、站、网”一体化运调平台。有22座污水处理厂、54个管网水位监测站点、119个管网水量监测站点、429个下立交监测站点、638座泵站运行信息接入一体化运行调度平台，实现信息的共享。

【河湖管理保护】2021年，各区通过自查共发现长江干流非法渔簖、网箱类点位43处，“四乱”问题61个，发现问题均完成整改。同时，水利部暗访督查反馈的18个“四乱”问题，年底均完成整改。全市范围采砂综合整治行动，开展执法检查3667次，组织夜间打击48次，联合执法138次，出动9216人，查获非法采砂26起，共罚款444.1万元，没收江砂7572吨，没收采砂机具5套，没收涉砂船舶14艘，扣押、拆解“三无”“隐形”采砂船舶5艘，查处无照经营砂石违法行为1件。完成崇明生态岛防汛提标二期工程3个标段3个长江河道采砂行政许可审批，许可采砂总量91.5万立方米，许可采砂船共4艘。11月底，完成《长江中下游干流河道采砂规划（2021—2025年）上海段实施方案》编制。

【长三角一体化水环境治理工作】市水务局配合2021年轮值方江苏省河长办出台《太湖淀山湖湖长协作机制2021年工作方案》。完成国家发展改革委批复的《太湖流域水环境综合治理总体方案（2021—2035年）》征求意见反馈。5月26日，太湖及水环境综合治理领域的青浦元荡堤防达标和岸线生态修复（二期）工程开工，2021年底基本完工；市河长办、市水务局、市绿化市容局联合召开全市2021年度全市水生植物整治打捞工作部署会，全年累计打捞水葫芦4.5万吨。11月12日，淀山湖堤防达标及岸线生态修复工程（一期）项目建议书取得批复。

城市供水

【概况】2021年，上海市自来水供水总量30.08亿立方米，日均供水量823.79万立方米，供水服务压力合格率99.25%，水质综合合格率99.94%（国标考核），最高日供水量903.50万立方米（7月14日，当日最高气温36.6摄氏度）。全市水厂深度处理率达到71%。完成老旧供水管网更新改造577千米，公共供水管网漏损率降至8.6%。地下水开采量达97.4万立方米，回灌量达1707.5万立方米，建设1座具有回灌功能的应急供水深井。成功举办第三十届“全国城市节约用水宣传周”系列活动，组织开展“清瓶行动”系列活动。配合完成市属区域水价改革工作，切实做好第十届花博会、第四届进博会、夏季高峰和冬季寒潮供水保障工作。供水行业在2021年“夏令热线”满意度测评中，所有测评指标均100%满意。对全市开展一网调度运行监管和“从源头到龙头”水质监管。审核全市DN500及以上管网计划阀门操作148项、影响供水水量供水设备检修停役171项。开展全市供水系统水处理剂质量抽查和水质分析质量比对考核，结果均合格。建立高氯酸盐、乙草胺等18项特征水质指标检测方法及原水和饮用水水质评价指数。全市发生DN500以上管损465次，其中DN1000（含）以上管损事故72起，爆管11起；水厂跳失电事件9起。

【节水型社会（城市）建设】截至年底，全市共建成3199个节水型居民小区、398家节水型工业企业、1577个节水型生活服务业单位（包括625个行政机关、346个事业单位、550个学校、18个医院及38个其他单位）、28个节水型工业园区、5个节水型农业灌区［以上数据含示范（标杆）单位］。

城市排水

【概况】2021年，上海有城镇污水处理厂42座，总处理能力857.25万立方米/日，日均处理830.11万立方米，全年处理污水30.30亿立方米。11项市委、市政府为民办实事项目道路积水改善工程如期完成。敷设市政污水管网83.44千米。养护排水管道25485.11千米，养护检查井与进水口291.79万座(次)，清捞污泥10.78万吨，拦截垃圾1.5万立方米。完成2341.80千米排水管道主管及770.04千米支连管结构性检测，修复排水主管241.46千米，支连管51.64千米。更新改造雨水口32995座，安装截污挂篮96962座，检查井防坠设施56585座。完成2座排水管道污泥处理设施建设。

【道路积水改善工程】2021年，完成汶水路、梅川路等11条市政府为民办实事项目道路积水改善工程，涉及6个区，累计新敷设排水主管约4.1千米，总投资9983万元。截至12月底，全市累计实施道路积水改善工程项目334个，排水管道敷设总长度约171千米，累计总投资约23亿元。

【化学需氧量、氨氮、总磷减排工作情况】2021年，全市城镇污水处理厂化学需氧量削减量92.20万吨（2020年同期为78.83万吨），同比增加16.96%；氨氮削减量7.23万吨（2020年同期为6.63万吨），同比增加9.05%；总磷削减量1.31万吨（2020年同期为1.12万吨），同比增加16.96%。

水利建设

【概况】2021年，完成350千米河道整治，2万户农村生活污水处理设施建设，推进4个圩区达标改造项目建设。修订《上海市农村生活污水治理项目管理办法》《上海市农村生活污水治理工作考核办法》；印发《上海市农村生活污水治理技术指南（试行）》。《上海市水生态"十四五"规划》《2021年度水闸设施报告》。《上海市防洪除涝"十四五"规划》。《2021上海市河道（湖泊）报告》《上海市河道疏浚底泥处理处置技术指南（试行）》。黄浦江徐汇滨江水利风景区入围第十九批国家水利风景区名单。青浦区莲湖村、金山区水库村成功创建生态清洁小流域国家水土保持示范工程。上海浦东新区滴水湖水利风景区入围第一批国家水利风景区高质量发展典型案例重点推介名单。

【农村生活污水治理】2021年开展4次水质监督性抽测和运维检查，发现问题均通报各区进行整改。全年水质抽测达标率达81%。4月20日，印发《上海市农村生活污水治理项目管理办法》。7月，开展农村生活污水专项检查，发现问题41个，以"一区一单"形式对各区通报，督促抓好问题整改。9月2日，印发《上海市农村生活污水治理技术指南（试行）》。9月14日，印发《上海市农村生活污水治理工作考核办法》。起草编制"十四五"提标改造方案。

水政管理

【概况】2021年，印发11件规范性文件。出台《上海市全面深化工程建设项目审批制度改革持续优化营商环境工作方案》，推出供排水接入改革"4.0"版改革服务举措。修改《上海市海域使用管理办法》《上海市河道管理条例》《上海市供水管理条例》《上海市环境保护条例》《上海市防汛条例》。

【水质监测】举办2021年上海市水文行业水质监测技能比武。开展"苏四期"、进博会、市区镇管河湖、"三查三访"问题河湖、列入国家整治名录河道的水质监测；组织全市水文行业按照《上海市骨干河湖"十四五"水质监测方案》开展地表水监测工作，其中99个地表水国家重点水质站监测上报水利部和太湖局；围绕长三角一体化示范区建设，开展以藻类为主的淀山湖水生态监测。加强市、区联动，履行行业管理职能，加强实验室质量管理、水质监测第三方监管、水质在线监测管理。聚焦重点目标，深化水质监测分析评价服务，整理汇总全市河湖数据28万余组，上报各类月报、通报和专报40余期。

【黄浦江上游来水状况】2021年，黄浦江上游干流松浦大桥断面实测潮流量706潮，实测年进潮量137.3亿立方米，上游来水量319.3亿立方米，年径流总量181.9亿立方米，年平均流量576立方米/秒，较2020年偏少9.7%。各月上游来水量变幅较小，而潮汐强度差异较大，两者共同影响下，各月平均流量变化较大，最大月平均流量为789立方米/秒，最小月平均流量为446立方米/秒。根据2021年黄浦江上游水文同步调查数据统计，上游三大支流斜塘、圆泄泾、大泖港的汇流占比分别为63%、24%、13%，斜塘来水比例超6成。

【**水务科技**】2021年，组织水专项十三五项目和市科委课题的科研攻关，取得国家级科研成果6项、省部级成果2项和一批局级科研项目成果。复审地方标准11项，颁布地方标准化指导性技术文件11项，同意新组建2个局工程技术研究中心，召开6期水务海洋科技论坛（沙龙），推荐的2个技术推广项目被列入水利部先进实用技术重点推广指导目录，推荐自然资源部高层次科技创新人才工程“青年科技人才”和水利部2021年度水利青年科技英才各1名。开展《暴雨强度公式与设计雨型标准》等3项水务行业地方标准实施情况评估工作。组织完成《净水厂煤质颗粒活性炭选择、使用及更换技术规范》等3项地方标准的制定，出台《上海市农村生活污水治理技术指南》等11项重要的地方标准化指导性技术文件。完成科研项目成果登记19项，组织推荐水利部推广目录6项，成功列入2项。组织开展“携手看海去”“航创·未来”2021海洋与航海科普活动、“关心水务发展·关注饮水健康”市民水务科普活动等。

（上海市水务局）

江 苏 省

住房和城乡建设工作概况

【**坚决贯彻落实习近平总书记重要指示批示精神**】2021年，紧紧围绕习近平总书记对江苏、对住房和城乡建设工作的重要指示批示，坚决把总书记的要求落实到全省住房和城乡建设工作各方面、全过程。围绕总书记大力支持苏北发展，让老区人民过上美好生活的殷殷嘱托，如期高质量完成三年改善30万户农民群众住房条件的任务，建成了一大批承载乡愁记忆、体现现代文明的新型农村社区。围绕总书记关于停车收费管理的重要批示精神，会同相关部门开展公共停车收费管理专项整治行动，摸排公共停车泊位289.1万个，整治停车收费管理问题超过7000个。围绕总书记关注的绿色发展和“双碳”目标，在全国率先印发《关于推进碳达峰目标下绿色城乡建设的指导意见》，江苏绿色建筑规模和占比保持全国第一；扎实推进生态园林城市建设，国家生态园林城市数量全国最多，在全国率先发布《新发展阶段城市园林绿化江苏倡议（2021）》，推动提升城市园林绿化碳汇能力和生物多样性功能。围绕总书记坚持传承文化，发展有历史记忆、地域特色、民族特点的美丽城镇的要求，加大城乡历史文化遗产保护力度，江苏保有全国最多的国家历史文化名城、中国历史文化名镇和中国历史文化街区，累计公布命名五批439个省级传统村落和365个传统建筑组群；开展沿海特色风貌塑造研究，深入挖掘沿海地区特色资源，推动建设“蓝湾百里”“生态百里”“缤纷百里”；八届“紫金奖·建筑及环境设计大赛”参赛人次累计超过4.4万、作品近万件，七期“江苏·建筑文化讲堂”观看人次近千万，两项活动已成为国内具有影响力的建筑文化品牌。围绕总书记关注的安全风险防范和“城市病”消除，深入开展城镇燃气安全排查整治工作，省政府先后印发的《关于进一步加强城镇燃气安全监管工作的意见》《江苏省城镇燃气安全排查整治工作实施方案》，两次被住房和城乡建设部转发至全国借鉴；加强海绵城市建设和城市排水防涝治理，实现城市易淹易涝片区整治动态“清零”，无锡、宿迁入选国家海绵城市示范城市，数量位居全国前列。

【**着力服务经济社会发展**】坚持稳中求进总基调，采取积极举措，实现了房地产业和建筑业的平稳发展，全省建筑业总产值、住宅交易规模保持全国第一，商品住宅库存去化周期处于相对合理区间，成交均价稳定在全国第七位。严格落实城市主体责任和省级监管责任，认真指导各地积极稳妥实施房地产调控“一城一策”工作方案。坚决有力处置个别房地产企业项目逾期交付风险。持续推动行业加快转型步伐，推动建筑业企业从房屋建筑向轨道交通、高速公路等基础设施拓展，13家省内建筑企业参与19个标段轨道交通建设。全省新开工装配式建筑面积占同期新开工建筑面积比例达到32%。动态摸排掌握省内建筑企业发展经营状况，主动对接有关部门，联合出台相关政策，支持建筑业企业纾困解难。进一步强化工程质量监管，切实提升建筑工程品质。全面落实房屋建筑和市政工程建设领域建筑工人实名制管理等基本制度，春节前实现了信访农民工欠薪问题的全部处理办结。

【切实保障和改善民生】省政府明确的城镇保障性安居工程、老旧小区改造年度目标任务，全部超额完成。全省城镇棚户区改造完成任务总量位居全国第一，连续4年获得国务院“真抓实干”表彰；省政府印发《关于加快发展保障性租赁住房的实施意见》。扎实推动党建引领物业管理示范点创建等工作，持续提升物业服务水平。认真抓好住房公积金工作，贷款综合效益位居全国第一，“跨省通办”任务全面完成，省住房公积金系统连续第三次被表彰为省文明行业。深入开展城镇污水处理提质增效精准攻坚行动。扎实推进城市黑臭水体整治，基本消除了县以上城市建成区黑臭水体，提前4年完成国家对县级城市的要求。持续提升供水安全保障水平，全省自来水深度处理比例达到99%，全国最高，太湖流域连续十四年实现饮用水安全度夏。扎实推进垃圾分类和资源化利用，基本实现了新产生渗滤液全量处置、积存渗滤液逐步消除的目标。深入实施停车便利化工程和城市公厕提标便民工程。开展市容环境、背街小巷、户外广告和店招标牌系列专项整治行动。持续推进美丽宜居城市建设，全省新增15个美丽宜居城市建设试点城市（县、区）、199个试点项目，南京、苏州入选国家首批城市更新试点城市。全省新增省生态园林城市3个、新改建便民型公园绿地94个，探索推进古典园林试点免费开放，成功举办南京第十一届江苏省园艺博览会。公布命名省级特色田园乡村122个，实现了所有涉农县（市、区）全覆盖，同时创新优选部分省级特色田园乡村和传统村落，与周边旅游资源串联形成26条美丽田园乡村游赏线路并及时发布，取得了良好的社会反响。

【筑牢安全发展底线】“7·12”吴江区酒店辅房坍塌事故发生后，按照省委省政府“举一反三”的要求，部署在全省开展城乡一体、全域覆盖的既有建筑安全隐患大排查大整治，全省共排查城镇既有建筑579万栋、51.8亿平方米，实现了城镇D级危房住人“清零”。有力推进行政村集体土地上的农村房屋安全隐患排查整治工作，其中用作经营的农村自建房初判存在安全隐患的已全部完成安全性鉴定，鉴定为C、D级的已全部完成整治。推动建立健全城镇燃气安全监管体制机制，推进城镇燃气安全监管信息化，全面推行购气实名制和服务配送制，各市、县（市、区）和瓶装液化气企业全部接入城镇瓶装液化气安全监管信息系统，基本实现了瓶装液化气“来源可查、去向可追、责任可究”；组织开展城镇燃气居民使用安全“七个一”行动。落实建设单位首要责任，压实企业主体责任和属地监管责任，全省房屋市政工程监管范围内发生事故与上年同期相比实现“双下降”。全面开展自然灾害风险普查房屋建筑和市政设施调查、地震易发区房屋设施加固工作，基本实现了所有县（市）应急避难场所建设全覆盖。扎实推进建设工程消防设计审查验收，全省消防审验规范化水平持续提升。

法规建设

【依法全面履行政府职能】对“工程造价咨询企业乙级资质认定”等涉及住建领域的38个事项，分类落实改革措施，动态修订办事指南。持续开展向开发区（自贸区、自贸区联动创新示范区）及乡镇街道的赋权工作。2021年向开发区（自由贸易试验区联动创新发展区）赋权1项，审核涉及10余个县（市、区）的乡镇街道集中行使行政处罚权赋权事项清单，指导地方参照《乡镇（街道）经济社会管理权限指导目录》向乡镇（街道）赋权。分期分批对超过14000个要素的住房城乡建设系统六类政务服务事项的标准化办事指南进行动态调整和更新。依申请权力事项和公共服务事项全部进驻省政务服务大厅，基本实现各类政务服务事项“一网通办”和“应进必进”。持续推进住房公积金“跨省通办”，积极配合省市场监管部门推动实现企业住房公积金缴存登记纳入企业线上开办“一表填报”。印发《关于做好工程建设项目审批制度改革深化工作的通知》，重点推进16项重点任务，完成重点任务研究第一阶段评审。制定公布《江苏省住房和城乡建设厅2021年度“双随机、一公开”抽查事项清单》，开展了“对工程质量检测机构从事检测活动的行政检查”“对工程造价咨询企业及注册造价工程师从事工程造价咨询业务活动的行政检查”等6个事项的“双随机、一公开”检查工作。配合省生态环境厅、省通信管理局和省地方金融监管局完成了对城镇污水处理厂、商务楼宇宽带接入和涉及金融相关字样市场主体的跨部门联合检查。梳理形成《住房城乡建设系统安全生产领域行政权力事项清单》，提请省政府办公厅印发《江苏省既有建筑安全隐患排查整治专项行动方案》《关于进一步加强城镇燃气安全监管工作的意见》《关于进一步加强安全生产事中事后监管有关工作的通知》，牢牢守住安全底线。编制完成“十三五”社会信用体系建设工作总结，探索依法合规的信用分级分类管理和联合惩戒新路径。

【完善立法制规工作体系】印发《江苏省住房城乡建设系统贯彻落实〈法治政府建设实施纲要（2021—2025年）〉实施方案》，明确了新发展阶段江苏省住房城乡建设领域法治政府建设工作的指导思想、基本原则和总体目标。印发《江苏省住房和城乡建设厅2021年法治政府建设年度工作计划》，对法治政府建设年度重点工作和工作要求进行了统一部署。就省住房城乡建设厅起草的《江苏省建筑市场管理条例》等11个地方性法规提出立法修法建议；报送《江苏省城市市容和环境卫生管理条例（修改）》作为2022年地方性法规立法正式项目，《江苏省历史文化名城名镇保护条例（修订）》作为2022年地方性法规立法预备项目；报送《江苏省住房城乡建设领域有关政务服务事项办事条件规定》等5个规章作为2022年政府规章立法预备项目。按照规定对《江苏省建设工程勘察设计管理办法》等11部现行有效省政府规章开展了立法后评估工作。印发《关于印发落实建设单位工程质量首要责任实施意见的通知》等2个规范性文件，并及时进行备案，备案率、合格率、及时率均达100%。提出对《江苏省工程建设管理条例》《江苏省城市房屋拆迁管理条例》2个地方性法规的废止建议；提出对《江苏省建筑市场管理条例》《江苏省绿色建筑发展条例》《江苏省城市绿化管理条例》《江苏省城市市容和环境卫生管理条例》《江苏省城乡供水管理条例》《江苏省历史文化名城名镇保护条例》6个地方性法规的修法建议。提出有关《江苏省建设工程造价管理办法》等11部政府规章的全面清理意见近百条，并组织对《江苏省住房和城乡建设系统行政处罚裁量基准编制和适用规则》（2020版）进行了统一修订，印发了《江苏省住房和城乡建设系统行政处罚裁量基准编制和适用规则（2021版）》。组织对省住建厅现行有效的119件规范性文件进行了全面清理，对违法上位法规定、超越制定权限的规范性文件进行了统一修改，拟废止20件，修订46件，保留53件，清理完成后将及时在厅外网公开发布。

【推进依法科学民主决策】按照规定程序和要求，经征集，2021年江苏省住房和城乡建设厅无重大行政决策项目。印发《江苏省住房和城乡建设厅法律顾问管理办法》，将法律顾问参与决策过程、提出法律意见作为依法决策的重要程序，切实加强合法合规性审查，推进依法科学决策。坚持依法行政工作例会制度，由分管厅长召集，及时研究解决依法履职过程中发现的复杂疑难问题，全年共召开会议10多次，形成会议纪要5份。

【严格规范公正文明执法】印发2021年度厅行政执法工作要点、《关于进一步加强住房城乡建设行政执法工作的若干意见》《省住房和城乡建设厅关于进一步加强行政执法监督工作的意见》，与省司法厅联合组织修订《江苏省住房城乡建设系统行政执法文书示范文本（行政处罚、行政强制）》。建立完善行政执法监督制度，健全执法监督工作机制和考核评价工作体系，实现了住建、城管、公积金、园林、水务五大行业执法监督全覆盖。开展全省行政执法监督检查、重大案件督办、执法案卷评查、全省优秀案卷评查评选活动，推动执法责任落实。指导各设区市对县（市、区）的执法监督工作，推动执法队伍建设和执法责任落地落实。持续开展行政执法队伍能力建设专项行动和集中培训。全面落实行政执法公示、全过程记录、重大执法决定法制审核制度。配合开展了执法人员持证上岗和资格管理。全面应用省住房城乡建设行政执法平台，统一执法工作流程、执法文书和案卷规范。印发《2021年度城市管理工作要点》《关于开展规范城市管理执法行为专项督查的通知》，督促检查各地城管执法队伍规范化建设、城管协管员管理、“强转树”行动开展等情况，进一步加强全省城市管理执法队伍规范化建设，严格规范执法行为。

【加强法制宣传】通过厅门户网站开展厅法规文件和政策的相关解读与普法宣传。在省住建厅网站对《江苏省建设工程消防设计审查验收常见技术难点问题解答》《关于落实建设单位工程质量首要责任的实施意见》等文件进行政策解读。持续开展行政执法队伍能力建设专项行动和集中培训。开展厅内新任正副处职领导干部法律知识考试，组织宪法宣誓和任前集体谈话。开展12.4“宪法宣传日”的普法宣传活动。组织开展厅党组中心组及工作人员学习《中华人民共和国行政处罚法》《中华人民共和国安全生产法》等最新法律法规，邀请了专家深入解读新《中华人民共和国安全生产法》精神和内容，取得了良好的效果。组织开展全省第十届“城管开放日”活动。召开执法宣传工作专题会议，落实“谁执法谁普法”普法责任制，围绕行政执法活动开展法治宣传教育。组织全省开展“强化法治思维，优化营商环境”主题普法月活动，在江苏法治报上开展城市管理宣传专版，展示全系统执法队伍良好面貌。组织线上新安法宣贯公益讲座，多渠道进行宣传活动，讲座累计在线学习人数 35492 人。组织开展《中华人民共和国消防法》《建设工程消防设计审查验收管理暂行规定》以及消防技术标准、消防审验要点、常见技术难点问题解答等开展宣贯培训会，培训人数 1500 余人次。

房地产业

【**房地产开发企业**】2021 年，江苏省共有房地产开发企业 2680 家，其中一级 74 家、二级 484 家、三级 40 家、四级 0 家、暂定二级 1226 家、暂定三级 823 家、暂定四级 33 家。截至年底，全省共有房地产开发企业 7679 家，其中一级 85 家、二级 916 家、三级 56 家、四级 4 家以及暂定级 6618 家。2021 年，对照住房城乡建设部关于房地产开发企业资质管理相关规定，原《江苏省实施〈房地产开发企业资质管理规定〉细则》废止，取消三级、四级和暂定级房地产开发资质。

【**房地产开发投资**】据江苏省统计局数据，2021 年全省房地产开发投资增速放缓，新开工面积同比下降。全年房地产开发共完成投资 13477.5 亿元，同比增长 2.3%，比上年下降 7.4 个百分点，增幅低于固定资产投资增幅 3.5 个百分点。其中商品住宅投资 10786.2 亿元，占房地产开发投资的 80%，同比增长 3.6%，增幅低于固定资产投资增幅 2.2 个百分点。

【**商品房建设**】据省统计局数据，2021 年全省商品房施工面积 68479.6 万平方米、当年新开工面积 16873.3 万平方米，竣工面积 9140.7 万平方米，同比分别增长 0.9%、－4.5%、－18.0%。其中，商品住宅施工面积 51068.7 万平方米、新开工面积 12794.4 万平方米、竣工面积 6693.7 万平方米，同比分别增长 0.1%、－5.5%、－19.1%。

【**商品房销售**】据江苏省统计局数据，2021 年江苏商品房销售面积 16551.8 万平方米，比上年增长 7.3%。其中，住宅销售面积 14361.5 万平方米，增长 3.7%。住房和城乡建设部房地产市场交易信息日报系统数据显示，2021 年江苏商品房和商品住宅成交均价分别为 13791 元/平方米、14659 元/平方米，分别增长 7.8%、10.7%；从销售面积看，商品住宅为销售主力，占比高达 86.3%，办公楼销售面积占比少于商业营业用房销售面积占比。2021 年，江苏新建商品住宅、二手住宅成交总面积达 18521 万平方米。

【**房地产市场秩序整治**】省住建厅、省发展改革委等八部门转发《住房和城乡建设部等 8 部门关于持续整治规范房地产市场秩序的通知》，加大对违法违规企业（机构）及从业人员的惩处力度。13 个设区市先后制订持续整治规范房地产市场秩序工作实施方案，明确整治工作总体要求、基本原则和实施步骤。对房地产市场进行全面排查，对整治过程中查处的违法违规典型案例及时曝光，全年共通报房地产领域违法违规案例 17 例。

【**房地产市场风险防范化解**】联合省发展改革委、省公安厅等部门印发《关于进一步做好全省房地产领域“问题楼盘”化解处置工作的指导意见》，督促指导地方落实属地责任，依法妥善化解处置“问题楼盘”。省住建厅、人行南京分行、江苏银保监局联合转发国家《关于防止经营用途贷款违规流入房地产领域的通知》，配合金融部门开展专项排查、联合惩处相关工作，坚决遏制投机炒房。

【**商品房交付规范**】南京、常州、无锡等城市建立健全成品住房交付标准样板房制度，提出精装修交付做到“所见即所得”，防范精装房的交付矛盾。泰州市对商品房交付使用适用范围、标准要求、验收监管、联合惩戒等予以明确，为房屋交付使用提供制度保障。

【**“群租房”安全隐患治理**】省住建厅、省公安厅、省消防总局等部门深入开展群租房安全隐患排查整治，全年全省共整改住房安全隐患 1.32 万处，责令停租 1280 户、拆除违规隔断 3.7 万平方米。各地妥善处置长租公寓爆雷事件，做好信访维稳和善后处置工作，并针对性开展“长租公寓”乱象专项整治行动，加强社会宣传，提示风险隐患。

【**房地产经纪机构**】截至年底，在全省各级住房城乡建设（房产）部门备案的房地产经纪机构以及门店共计 21151 家。

【**中介服务市场管理**】2021 年，进一步加大对房地产经纪从业人员执业行为的规范管理，促进全省房地产经纪行业从业人员专业化、职业化。组织开展全省房地产经纪人职业技能大赛，提升房地产经纪行业从业人员专业技能和服务品质。泰州市将从业人员管理动态积分计算与日常业务进行融合，实时采集房地产经纪机构和从业人员在存量房交易过程中的业务流程痕迹，实现对房地产经纪机构和从业人员的统一服务和监督管理。苏州市在全国率先启动房地产经纪行业“红色窗口”建设行动，通过培育建设首批 50 家“四亮示范门店”试点，用党建引领进一步规范行业管理、推动诚信经营，促进房地产经纪行业健康发展。

【**房地产估价机构执业“双随机”检查**】将对房

地产估价机构行政检查列入年度“双随机、一公开”监管计划，建立房地产估价机构项目库、专家库和辅助人员库，在全省范围内对房地产估价机构执业情况、内部管理、估价师执业、档案管理等进行“双随机”抽查。2021年，随机抽取30位执法人员和专家，分为6个检查小组，对全省82家房地产估价机构（含分支机构）进行行政检查，督促机构规范执业，净化行业环境。

【物业服务企业】2021年，全省物业服务企业较上年度减少282家、从业人员减少3.6万人、服务面积增加0.79亿平方米。截至年底，全省物业服务企业达10020家、从业人员72.8万人，物业服务项目数2.7万个、服务面积28.8亿平方米，年度企业主营业务收入达487.8亿元。印发《关于做好当前物业管理服务行业疫情防控工作的通知》，全省物业服务企业与当地疫情防控部门、社区紧密配合，织牢物业管理区域疫情防控网。

【党建引领物业】截至年底，全省共成立设区市级物业行业党委13个、县区级物业行业党委108个、物业企业党组织1433个。全省共创建110个省级示范点、276个市级示范点，新建、升级“红色物业”党群服务阵地1175个，培养以党员为骨干的“红色物业”团队824个，推动解决“12345”热线反映的38784件居民关注的生活难点痛点问题。

【老旧小区物业兜底管理】印发《关于推进城镇老旧小区物业管理全覆盖的指导意见》，指导各地结合老旧小区改造工作开展，通过采取业主自治、政府托底、国企进驻、引入市场化专业物业服务企业等多种形式，补齐老旧小区物业服务管理短板，力争用2～3年的时间，实现全省城镇老旧小区物业管理全覆盖。

【物业管理试点创新】部署开展“加强物业管理共建美好家园”活动，构建党委领导、政府组织、居民参与、企业服务的物业管理新格局。2021年，南京市秦淮区瑞金新村、栖霞区怡江苑，连云港市海州区东方瑞园、新海花园4个住宅小区被住房和城乡建设部列为典型案例。组织对专业化管理、业主自治自管、国企托管、政府托底、“共享物业”、街区式管理、智慧物业等方面具有可复制性的创新案例进行征集遴选，编印《江苏省物业管理模式创新案例集》。持续推进全省物业服务收费信息公开，提高物业服务收费透明度，规范物业服务市场秩序，维护群众合法权益。

【《江苏省“十四五”物业服务发展规划》】6月，发布《江苏省“十四五”物业服务发展规划》，从政府主导引领、企业转型升级、市场稳定有序和人才赋能培力等方面，明确了“十四五”期间物业服务发展的主要任务。其中，在企业转型升级，加快建设现代化的物业服务产业链方面，推动物业服务的信息化和数字化进程，依托大数据、云计算、区块链和人工智能等数字技术，运用APP和微信小程序等应用平台，逐步扩大全省物业服务企业和行业信息化平台的覆盖面，推动物业服务线上线下服务的全覆盖。

住房保障

【保障性安居工程建设】2021年，全省城镇棚户区改造新开工31.09万套、基本建成15.51万套，城镇住房保障家庭租赁补贴发放11.57万户，公共租赁住房新开工300套，新开工（筹集）保障性租赁住房9.7万套（间），分别完成年度目标任务的124.34%、155.09%，128.56%，100%和101.46%。全省城镇棚户区改造共完成投资1202亿元，占全省重点项目完成投资的1/5以上。

【国家保障性安居工程政策性资金争取】各地做好中央财政保障性安居工程专项财政资金项目和基础设施配套项目申报工作，相关部门开展核查和审核。2021年度，争取中央财政城镇保障性安居工程补助资金15.99亿元、落实省级财政补助资金2.5亿元，争取国家棚改基础设施配套补助资金18.96亿元、奖励资金0.49亿元，争取国家保障性租赁住房及其配套基础设施补助资金1.5亿元，并及时分解下达。积极争取棚改专项债券，共发行247.15亿元棚改专项债。

【保障性租赁住房供给】12月9日，省政府办公厅印发《关于加快发展保障性租赁住房的实施意见》，明确“十四五”期间全省新增保障性租赁住房供给50万套（间）以上，南京、苏州新增保障性租赁住房占新增住房供应总量的比例力争达到30%。联合省公安厅、省市场监管局等部门转发《住房城乡建设部等部门关于加强轻资产住房租赁企业监管的意见》，并结合江苏实际提出相应工作要求，督促指导地方加强住房租赁市场监管。联合省财政厅、省税务局印发《关于落实住房租赁有关税收政策的通知》，明确全省专业化规模化住房租赁企业减税标准，为减免规模化住房租赁企业税收提供政策支撑。2021年，南京、苏州等人口净流入的城市梳理保障性租赁住房房源，落实具体项目，实现新开工（筹集）保障性租赁住房9.7万套（间）。南京、无锡、常州和南通等市已先后出台具体实施办法，建立起联合审查保障性租赁住房项目建设方案和保障性租赁住房项目认定工作机制，细化住房租赁税收优惠政策、民用水电气价等支持政策的具体工作方案。苏州、南京、南通在加快发展保障性租赁住房方面的经验做法，被列入住房和城乡建设部《发展保障性租赁住房可复制可推广经验清单（第二批）》，向全国推广。

【共有产权住房试点】截至 2021 年，全省已在南京、无锡和淮安等市开展共有产权住房保障试点，对共有产权住房房源来源、保障对象、保障标准、产权配置、使用管理和退出机制等，试点城市出台共有产权住房实施细则作出具体规定。至年底，全省共有产权住房累计分配 1.26 万套。

【住房救助】全省各级住房城乡建设主管部门通过公租房实物配租和租赁补贴发放方式，对符合条件的城镇住房困难群体实施保障。截至年底，全省累计保障实物配租 7.64 万户，租赁补贴 16.06 万户；保障实物配租 5.67 万户，租赁补贴 1.83 万户。

公积金管理

【机构概况】全省共设 13 个设区市住房公积金管理中心，9 个独立的分中心。从业人员 2046 人，其中：在编 1171 人、非在编 875 人。

【业务情况】

2021 年，新开户单位 101725 家，净增单位 93766 家；新开户职工 247.83 万人，净增职工 140.74 万人；实缴单位 465864 家，实缴职工 1542.41 万人，缴存额 2603.33 亿元，分别同比增长 17.22%、9.48%、14.13%。2021 年末，缴存总额 18717.14 亿元，比上年末增加 16.16%；缴存余额 6224.12 亿元，同比增长 13.60%。2021 年，709.05 万名缴存职工提取住房公积金；提取额 1858.19 亿元，同比增长 9.16%；提取额占当年缴存额的 71.38%，比上年减少 3.25 个百分点。年末，提取总额 12493.02 亿元，比上年末增加 17.47%。2021 年，发放个人住房贷款 26.76 万笔、1184.31 亿元，同比下降 4.23%、1.66%。回收个人住房贷款 697.46 亿元。截至 2021 年年末，累计发放个人住房贷款 386.39 万笔、11516.91 亿元，贷款余额 5815.48 亿元，分别比上年末增加 7.44%、11.46%、9.14%。个人住房贷款余额占缴存余额的 93.43%，比上年末减少 3.83 个百分点。支持职工购建房 2646.28 万平方米。年末个人住房贷款市场占有率（含公转商贴息贷款）为 12.38%，比上年末减少 0.03 个百分点。通过申请住房公积金个人住房贷款，可节约职工购房利息支出 3178390 万元。2021 年，发放异地贷款 12986 笔、484246.90 万元。截至 2021 年年末，发放异地贷款总额 1353886.24 万元，异地贷款余额 1112623.64 万元。2021 年，发放公转商贴息贷款 6990 笔、297126.39 万元，支持职工购建房面积 79.23 万平方米。当年贴息额 22583.20 万元。截至 2021 年年末，累计发放公转商贴息贷款 180770 笔、6335013.65 万元，累计贴息 229352.95 万元。截至 2021 年年末，国债余额 0.58 亿元。2021 年，融资 86.74 亿元，归还 212.58 亿元。截至 2021 年年末，融资总额 788.66 亿元，融资余额 83.38 亿元。截至 2021 年年末，住房公积金存款 759.39 亿元。其中，活期 18.48 亿元，1 年（含）以下定期 245.32 亿元，1 年以上定期 136.12 亿元，其他（协定、通知存款等）359.47 亿元。截至 2021 年年末，住房公积金个人住房贷款余额、项目贷款余额和购买国债余额的总和占缴存余额的 93.44%，比上年末减少 3.83 个百分点。

【主要财务数据】2021 年，业务收入 1967458 万元，同比增长 10.65%。其中，存款利息 137610 万元，委托贷款利息 1821856 万元，国债利息 365 万元，其他 7627 万元。业务支出 1102406 万元，同比增长 7.85%。其中，支付职工住房公积金利息 910578 万元，归集手续费 54194 万元，委托贷款手续费 57504 万元，其他 80130 万元。2021 年，增值收益 865052 万元，同比增长 13.75%；增值收益率 1.48%，比上年增加 0.01 个百分点。2021 年，提取贷款风险准备金 346720 万元，提取管理费用 75253 万元，提取城市廉租住房（公共租赁住房）建设补充资金 443808 万元。上交财政管理费用 75988 万元，上缴财政城市廉租住房（公共租赁住房）建设补充资金 347710 万元。截至 2021 年年末，贷款风险准备金余额 3110249 万元，累计提取城市廉租住房（公共租赁住房）建设补充资金 3087205 万元。2021 年，管理费用支出 69173 万元，同比增长 3.14%。其中，人员经费 41765 万元，公用经费 5540 万元，专项经费 21868 万元。

【社会经济效益】缴存职工中，国家机关和事业单位占 16.32%，国有企业占 8.94%，城镇集体企业占 1.50%，外商投资企业占 14.36%，城镇私营企业及其他城镇企业占 53.71%，民办非企业单位和社会团体占 1.33%，灵活就业人员占 0.98%，其他占 2.86%；中、低收入占 97.61%，高收入占 2.39%。新开户职工中，国家机关和事业单位占 6.08%，国有企业占 4.36%，城镇集体企业占 0.91%，外商投资企业占15.83%，城镇私营企业及其他城镇企业占64.95%，民办非企业单位和社会团体占1.37%，灵活就业人员占1.84%，其他占4.66%；中、低收入占98.04%，高收入占1.96%。提取金额中，购买、建造、翻建、大修自住住房占22.66%，偿还购房贷款本息占58.01%，租赁住房占3.92%，支持老旧小区改造提取占0.004%；离休和退休提取占8.86%，完全丧失劳动能力并与单位终止劳动关系提取占1.36%，出境定居占1.12%，其他占4.066%。提取职工中，中、低收入占96.64%，高收入占3.36%。职工贷款笔数中，购房建筑面积90（含）平方米以下占25.88%，90～144（含）平方米占66.75%，144平方米以上占7.37%。职工贷款笔数中，购买新房占62.06%（其中购买保障性住房占0.29%），购买二手房占37.18%，建造、翻建、大修自住住房占0.01%，其他占0.75%。单缴存职工申请贷款占45.17%，双缴存职工申请贷款占54.32%，三人及以上缴存职工共同申请贷款占0.51%。贷款职工中，30岁（含）以下占34.70%，30～40岁（含）占43.45%，40～50岁（含）占17.84%，50岁以上占4.01%；购买首套住房申请贷款占85.21%，购买二套申请贷款占14.79%；中、低收入占97.16%，高收入占2.84%。2021年，个人住房贷款发放额、公转商贴息贷款发放额、住房消费提取额的总和，与年缴存额的比率为106.92%，比上年减少9.8个百分点。

【其他重要事项】开展灵活就业人员参加住房公积金制度试点工作。常州、苏州市作为全国首批开展灵活就业人员参加住房公积金制度试点城市，拓展了住房公积金制度惠及面。盐城市作为灵活就业人员参加住房公积金制度观察员城市，采取财政补贴模式，激发灵活就业人员建制积极性。开展住房公积金管理中心体检评估试评价工作。常州市住房公积金管理中心作为全国首批开展体检评估试评价的单位，进一步提升了单位整体管理水平，也完善了住房公积金管理中心评估评价体系。采取实地检查、调研座谈、电话暗访等形式对全省住房公积金"跨省通办"和长三角"一网通办"等落实执行情况进行检查。通过电子稽查工作和内审稽核机制，有效提升全省住房公积金规范管理、合规管治和风险管控水平。开展住房公积金个人住房贷款逾期清收专项行动，个人住房贷款逾期率明显下降，住房公积金风险管理水平和风险防控能力进一步提升。2021年住房公积金"跨省通办"5个事项，全省共出台47个相关规定，设置"跨省通办"线下业务专窗122个，线上业务专区21个，举办培训167次，对2437人次进行培训，住房公积金管理中心领导干部"走基层真体验"123次。2021年住房公积金"跨省通办"5个事项全部在长三角"一网通办"平台上线，为长三角一体化发展拓宽了服务渠道。牵头组织上海、浙江、安徽住房公积金监管机构及多家住房公积金管理中心联合编写的《长三角地区〈住房公积金资金管理业务标准〉实施指南（试行）》，已印发长三角地区施行。苏州市住房公积金管理中心协同上海、嘉兴中心制定长三角示范区跨省通办综合受理服务机制，从8个事项扩展到28个事项。南京住房公积金管理中心与马鞍山市住房公积金管理中心签订合作协议，成功实现马鞍山市住房公积金管理中心为南京梅山钢铁公司职工在马鞍山购房发放住房公积金贷款。徐州市住房公积金管理中心牵头建设淮海经济区十市住房公积金一体化信息共享平台，召开第三届淮海经济区主任联席会，共同签署《淮海经济区核心城市住房公积金异地贷款资金回补框架协议》。推进含住房公积金业务在内的就业登记"一件事"、退休"一件事"、企业开办"一件事"，实现申请材料"一次提交，多次复用"，数据信息和业务管理共谋共治、共建共享。推进12329热线与12345热线"双号并行"。

13个城市住房公积金管理中心全部出台相关推进措施，积极支持老旧小区改造工作，开通既有住宅增设电梯提取住房公积金办理渠道。实现住房公积金实时共享房产交易、不动产登记、户籍、婚姻、社保、企业开办等信息。组织全省住房公积金管理机构上线全国住房公积金小程序。深化"智慧住房公积金"建设。

2021年，江苏省住房公积金系统再次被评为省文明行业，连续三届获得省文明行业称号。全省住房公积金系统获得13个省部级、17个地市级文明单位（行业、窗口）；5个国家级、20个省部级、1个地市级青年文明号；29个省部级、59个地市级先进集体和个人；7个省部级、5个地市级工人先锋号；9个地市级五一劳动奖章（劳动模范）；1个国家级、2个地市级三八红旗手；11个省部级、44个地市级其他荣誉。

城市建设

【城市供水】截至2021年年底，江苏省共有158座公共供水厂建成投运。2021年，全省新增供水能力135万立方米/日，新增自来水深度处理能力295万立方米/日，自来水深度处理率达98.7%，太湖流域实现深度处理全覆盖。完成二次供水改造约 287 个，完成老旧供水管网改造约 1427 公里，累计完成改造的设施占需改造总数约 99%，基本完成老旧二次供水改造。完成老旧供水管网改造约 1630 公里，城市供水管网漏损率约为 9.1%。全省县以上城市全部建成应急水源或实现水源互备、清水互通。太湖流域连续 14 年实现饮用水安全度夏。印发《省住房城乡建设厅关于防御低温雨雪冰冻天气灾害做好春节期间供水安全工作的通知》，强化供水行业抵御低温雨雪冰冻天气能力。对全省 75 个地区开展原水、出厂水、管网水、二次供水全过程水质监督检测，共检测 126 个原水、163 个出厂水、382 个管网水、364 个二次供水。修订《江苏省住房城乡建设厅城市供水重大事故应急预案》，开展江苏省供水系统重大事故应急演练（水厂网络远程攻击自控系统应急处置演练），切实提升供水安全应急保障能力。各地供水企业做好危险化学品使用及管理，开展城市供水行业废弃自来水厂残存危险化学品排查整治，消除残存危险化学品安全隐患。

【城市供气】 2021 年，全省城市（县城）新建燃气管道 7143 公里、改建 179 公里，天然气供应总量 167.4 亿立方米，液化石油气供应总量约 66.4 万吨，用气人口达 4138.2 万人，燃气普及率 99.93%。截至年底，全省共有天然气门站 121 座，供应能力 563 亿立方米/年，天然气管道总长度 118270 公里。全省共有液化天然气（LNG）加气站 84 座，供应能力 205 万立方米/日；压缩天然气（CNG）加气站 135 座，供应能力 318 万立方米/日；CNG/LNG 合建站 69 座，供应能力 211 万立方米/日。液化石油气储配站 542 座，总储存容积 12 万立方米；液化石油气供应站 942 座，其中Ⅰ级站 34 座，Ⅱ级站 282 座，Ⅲ级站 626 座。

【城镇污水处理】 2021 年，全省新增城镇污水处理设施能力 140 万立方米/日以上，新增污水收集管网超 3400 公里，处理污水约 58 亿立方米，污水处理量居全国第二位。截至年底，全省共建成城镇污水处理设施 908 座，处理能力 2086 万立方米/日，建成污水管网约 7.7 万公里。其中，全省共建成城市污水处理厂 217 座，处理能力 1689 万立方米/日，建成污水管网 5.7 万公里，全年处理污水约 49 亿立方米，城市（县城）污水处理率达 96.62%；全省建制镇污水处理设施实现全覆盖，建成镇级污水处理厂 691 座，处理能力 397 万立方米/日，建成乡镇排水管网约 2 万公里，全年处理污水约 9 亿立方米。按照长江经济带高质量发展要求，持续推进城镇污水垃圾处理、化工污染治理、农业面源污染治理、船舶污染治理和尾矿库污染治理“4＋1”工程建设。开展城镇污水处理提质增效精准攻坚“333”行动。组织推进“城镇污水处理提质增效达标区”建设，截至年底，全省累计建成污水处理提质增效达标区 989 个，面积约 2501 平方公里，占全省城市建成区总面积 40%以上，基本消除建成区污水直排口和管网空白区。严格乡镇污水处理设施全运行监管。加快污水收集管网建设和简易生活污水处理设施升级改造，基本实现乡镇污水处理设施全运行。开展对苏中、苏北地区建制镇污水处理设施全运行资金项目绩效评价，以及乡镇污水处理设施建设和运行管理大排查，督促加强污水处理设施运行管理。

【道路桥梁】 2021 年，全省城市（含县城）道路设施水平稳步提升，新增城市道路 2644.88 公里、2875.5 万平方米，新增路灯 17.84 万盏。截至年底，全省拥有城市道路总长度 5.9 万公里、面积 104598.72 万平方米，人均城市道路面积达 25.26 平方米；拥有城市桥梁 1.4 万余座、路灯 424.05 万盏，安装路灯道路长度 4.44 万公里。印发《城市道路塌陷风险评估技术指南》《城市道路塌陷应急处置技术指南》，修编印发《江苏省城市桥梁重大事故应急预案》。开展全省城市桥梁信息核查工作，促进城市桥梁信息系统与城建统计年报中桥梁数据的一致性。通报全省城市桥梁与地下道路、城市照明养护管理评价工作情况。编制《2020 年江苏省城市照明发展报告》。

【城市地下综合管廊】 印发《江苏省加强城市地下市政基础设施建设工作方案》，推动市政基础设施建设与地下空间开发同步规划、同步设计、同步施工、同步验收，推广地下空间分层使用，提高地下空间使用效率。2021 年，全省新开工建设地下综合管廊 37.6 公里。截至年底，全省累计已建设地下综合管廊 330 公里以上，投入运行 160 公里以上，南京、苏州、徐州等城市地下综合管廊规模效益初步显现。经初步统计，全省地下综合管廊入廊管线包括供水管线 95 公里、污水管线 16 公里、电力管线 412 公里、通信管线 303 公里、广播电视管线 70 公里、燃气管线 8 公里、供热管线 31 公里等，管廊建设区域通过杆（管）线入廊的方式有效解决反复开挖路面、架空线网密集等问题。

【城市黑臭水体治理】 2021 年，全省共整治县级城市建成区黑臭水体 49 个，累计整治 591 条，实现全省县以上城市基本消除黑臭水体。推动完成 58 条整治河道水岸联动环境提升工程，实现从黑臭水体整治向滨水宜人开放空间塑造升级。年度安排省级专项补助资金1.42亿元，支持苏中、苏北县级城市治理黑臭水体。全年争取省级专项资金7200万元，引导各地打造一批“清水绿岸，鱼翔浅底”示范河道，进一步提升水体整治成效。

【海绵城市建设】2021年，全省新建成海绵城市面积达230平方公里，完成建设投资约107亿元。全年完成49个易淹易涝片区整治。无锡市和宿迁市入选国家第一批全域系统化推进海绵城市建设示范城市，江苏省成为有2个城市入选的3个省份之一，中央财政下达江苏省2021年度城市管网及污水处理补助资金（系统化全域推进海绵城市）共计3.6亿元，其中，无锡市1.8亿元、宿迁市1.8亿元。全省获中央资金补助18亿元。2021年，无锡市、宿迁市基本实现在规划建设管理全过程落实海绵城市建设理念，按期完成2021年度系统化全域推进海绵城市建设示范城市建设任务。无锡市、宿迁市完成1项立法，建立9项长效机制，完成雨水资源化利用总量790万吨/年。在国家标准以内的暴雨情况下，内涝积水区段消除比例达100%，城市防洪标准达50年一遇以上，城市黑臭水体消除比例达100%，地表水体水质达标率达96%，再生水利用率约34%，可透水地面面积比例42%以上。无锡市、宿迁市海绵城市示范建设，带动地方财政和社会资本加大投入，共完成投资105亿元。

【城镇生活垃圾处理】截至年底，全省共有生活垃圾处理设施103座，日处理能力从2015年的6.24万吨增长到10万吨，提升60个百分点。其中焚烧厂63座，垃圾焚烧处理能力达8万吨，原生垃圾基本实现全量焚烧，位居全国前列。垃圾处理设施总体运行稳定、达标排放；全省共建成规模化餐厨垃圾处理设施51座，日处理能力从2015年的1035吨增长到2021的7580吨，增长6倍，基本实现县以上城市全覆盖；全省规模化集中式建筑垃圾资源化利用设施数量从2015年的8座增加至2021年的48座，年处理能力从2016年的500万吨提高到3500万吨，增长6倍，实现处理设施设区市全覆盖。徐州、常州、苏州、扬州、镇江市5个城市顺利完成国家餐厨废弃物资源化利用和无害化处理试点，并全部通过国家验收。截至年底，全省累计配备8200余台可回收物和有害垃圾运输车辆，共建成4330个垃圾分类达标小区，并示范带动2.16万个居民小区、3.52万个单位开展垃圾分类，生活垃圾“四分类”小区超过1.5万个，覆盖率达65%，南京、苏州及所辖市、徐州等地实现全覆盖。全省道路清扫保洁总面积近8亿平方米，其中已经实施机械化清扫的面积约7.4亿平方米，道路机械化清扫率达92.5%。2021年，省文明办等17个省级部门组成省城乡生活垃圾分类联席会议，建立垃圾分类省级统筹协调机制。省有关部门联合印发《关于进一步推进城乡生活垃圾分类工作的实施意见》，5个方面提出17项重点任务和政策措施。出台《江苏省环境卫生事业发展“十四五”规划》，明确“十四五”期间全省生活垃圾分类工作总体要求、工作目标和主要措施。启动《江苏省城市市容和环境卫生管理条例》修订工作。全省完成14个创新项目培育，形成一批有害垃圾全过程监管、可回收物“两网融合”、垃圾分类信息化监管等经验做法。开展城乡生活垃圾分类和治理专项行动，统筹推进生活垃圾“大分流”和居民生活垃圾全程“细分类”。印发《江苏省垃圾分类小区评价标准（修订版）》，开展垃圾分类达标小区评价工作。推动各地建立垃圾填埋场“分类分级管理”制度，实施渗滤液“一场一目标”管控。完成对南京轿子山环境污染、盐城城南新区建筑垃圾扬尘污染等5个纳入国家和省级销号管理的环境突出问题的销号验收工作。组织开展垃圾处理设施处理能力和运行情况现场评估和垃圾焚烧处理设施污染物排放监督行监测。研究制定推进环太湖城市有机废弃物处理利用实施方案，有序推进资源化利用项目建设。

【园林绿化建设】截至年底，江苏省新增城市公园绿地2593公顷，新改建94个便民型公园绿地，全省建成区绿化覆盖率43.58%，建成区绿地率40.33%，人均公园绿地面积15.55平方米。新增宜兴市、如皋市、灌云县3个省生态园林城市。南京莫愁湖公园、徐州戏马台、泰州乔园、常熟方塔园、曾赵园、如皋水绘园6个古典园林列为首批古典园林免费开放试点，城市公园免费开放率达96%。成功举办第十一届江苏省（南京）园艺博览会，同期举办江苏名园传承与发展论坛。通过与古为新再现精品江苏园林、工业遗产活化利用、城市山体生态修复，使3.45平方公里荒野泥潭变为生机绿洲。联合省委宣传部、中国风景园林学会、中国建筑学会、中国公园协会发布《新发展阶段城市园林绿化江苏倡议（2021）》，加强园林绿化社会推广。编制印发《江苏省城市园林绿化“十四五”规划》，制定“十四五”发展目标、主要任务和十六项重点实施工程。修订发布《江苏省城市居住区和单位绿化标准》DB32/T 4174—2021，编撰出版《江苏古典园林实录》，促进古典园林保护利用与文化传播。

【公共停车】自 2018 年起，全省推进实施“停车便利化工程”三年行动，联合省发展改革委、省公安厅、省交通运输厅出台《关于推进实施“停车便利化工程”的意见》，明确鼓励机关、企事业单位内部停车泊位对外开放。2021 年，省政府将“停车便利化工程”列为省政府民生实事范畴继续部署推进。据住房城乡建设部门初步统计，2018—2021 年，全省共新增公共泊位 77.08 万个，其中 2021 年新增 18.98 万个，年均超过 19 万个，各地停车难问题得到有力有效缓解。截至年底，全省有 12 个设区市实行开放共享停车，超 1000 个机关和企事业单位实现内部停车场开放共享，开放共享的停车泊位数量超 15 万个。全省 13 个设区市和大部分县（市）建立智慧停车系统，用户数量呈现快速增长，有力促进停车开放共享。南京市智慧停车平台用户达 200 万个，大部分城市开发建设停车 App、公众号、微信小程序等，停车电子支付不断普及。截至年底，全省人防工程累计为社会提供停车位 282 万个。省统计局专报信息显示，2021 年社会公众普遍认为“停车便利化工程”成效明显，对停车服务满意度达到新高，为 78.84%。

【老旧小区改造】城镇老旧小区改造工作连续五年被纳入省政府民生实事。2021 年，省财政厅统筹下达老旧小区改造补助资金 31.3 亿元，比上年增加 25.7 亿元。全年全省完成 1130 个城镇老旧小区改造。截至年底，全省累计改造 2000 年前建成的老旧小区 10042 个，惠及超千万人。

【宜居城市建设】截至年底，江苏累计获“联合国人居奖”城市 5 个、“中国人居环境奖”城市 15 个、国家生态园林城市 9 个，数量均居全国首位。作为全国首个美丽宜居城市建设试点省份，在首批 17 个综合试点城市和 124 个省级试点项目基础上，新增 15 个试点城市和 37 个试点项目。下达省财政资金支持打造排水管网 GIS 信息化系统，支持 14 个城市开展生活垃圾分类和治理创新，全省 51 个市、县（市、区）建设 272 个污水处理提质增效达标区。全省累计建成绿色建筑面积 8.6 亿平方米，绿色建筑规模居全国首位。南京市、苏州市成为全国第一批城市更新试点城市，南京市、徐州市作为住房和城乡建设部样本城市开展城市体检工作。

【全龄友好环境建设】组织各地积极开展“我为群众办实事”活动，引导各地坚持低影响开发，突出整体功能提升和社会公众参与，利用边角地开展社区建设补短板行动，2021 年全省建成 286 个投资少、工期短、小而精的活动场地项目。其中 5 个项目被列为国家示范项目，江苏成为示范项目最多的省份。住房城乡建设部科技司首期“我为群众办实事”工作交流简报整期报道了江苏社区活动场地建设经验，并将江苏优秀案例在中国建设报 11 月 30 日第五版上专栏刊载，向全国推广江苏经验。2021 年，江苏出台了《江苏省无障碍环境建设实施办法》，要求各地全面加强对新建和改扩建无障碍设施的设计、施工、监理、验收各环节的监督管理。修订发布《住宅设计标准》，在全国率先将“新建四层及以上住宅必须设置无障碍电梯”作为强制条文，并对住宅内部、适老户型、公共出入口、景观道路的坡度、宽度、防滑措施进行了明确要求；发布《城市居住区和单位绿化标准》，提出完善无障碍设施建设，集中绿地应设置老年人、儿童活动场地的建设要求。联合省残联召开 2021 年度全省无障碍环境建设现场推进会，部署无障碍环境创建工作。在 2021 年全省工程勘察设计质量及市场行为抽查中，首次对无障碍设施设计进行重点抽查。积极配合省检察院印发《江苏省无障碍环境建设公益诉讼专项监督活动方案》，组织各地开展自查工作，编制并发布《无障碍环境建设公益诉讼典型案例》，持续提升无障碍环境建设水平。

【城乡建设抗震防灾】积极指导城市抗震防灾规划年限到期和地震烈度调整的地区开展城市抗震防灾规划编制（修编）工作，2021 年完成了响水县、泗阳县、宜兴市、盐城市大丰区、泰州市 5 个城市抗震防灾规划专家论证。指导全省各设区市对 90 个项目进行超限高层建筑工程抗震设计专项审查，总建筑面积 884 万平方米。积极指导各地推进应急避难场所建设工作，截至年底全省各地已建成中心避难场所 105 个，固定避难场所 656 个，有效避难面积 5011 万平方米。指导宿迁市建成全省第四个抗震防灾科普教育基地，并在“全国防灾减灾日”期间联合宿迁市举办全省抗震防灾宣传活动，取得很好的社会反响。提请江苏省减灾委办公室印发《江苏省地震易发区房屋设施加固工程协调机制和行业实施方案的通知》《江苏省地震易发区房屋设施加固工程评估工作方案》，组织召开江苏省地震易发区房屋设施加固工程协调工作组全体成员会议，公布江苏省地震易发区房屋设施加固工程第一批技术专家组名单，组织编制《江苏省地震易发区房屋设施加固工程技术导则》，联合相关部门先后赴徐州、连云港、宿迁等地开展重点区域专题调研。开展全省各行业 10 类加固工程实施进展和效果评估。在全省部署开展第一次全国自然灾害综合风险普查房屋建筑和市政设施调查工作，第一时间成立了由厅主要负责同志任组长、相关处室主要负责同志任成员的自然灾害风险普查工作领导小组。率先完成了徐州市铜山区、常州市金坛区、泰州市兴化市三个试点地区的调查任务，并总结先进工作经验向全省推广。成立省级专家组，迅速组织编制了《江苏省房屋建筑和市政设施调查工作细则》，组织省级专家赴各设区市开展巡回培训，组建了13支省级技术指导团队为全省13个设区市提供1对1的全过程指导。坚持专题调度，建立了工作简报制度、月报制度，每月召开全省调度会议，多次开展督导调研。

城市管理

【数字化城市管理】持续推进城市管理智慧化建设，省级城市管理智慧监管平台（城市运行管理平台）建设与联网进展顺利，完成“江苏省城乡生活垃圾分类和治理（城市公共厕所提标便民）信息平台”建设任务，并与国家平台联网；13个设区市全部实现与国家平台联网和单点登陆。印发《关于加快推进数字化城管向智慧化升级的实施意见》《江苏省城市管理智慧化导则》，指导各地开展数字化城管智慧升级。苏州、常州、宿迁三市成为城市综合管理服务平台国家试点城市。

【城市运行安全保障】印发《关于进一步深入做好环卫行业安全生产工作的紧急通知》《关于做好垃圾填埋场等环卫设施受限空间安全生产工作的通知》等文件，开展安全生产隐患专项排查整治。继续组织开展城管领域安全生产排查整治活动，户外广告和店招标牌设施设置、临时搭建、占用消防通道、垃圾处理设施运行、建筑垃圾（渣土消纳场）堆体等一批安全隐患得到有效治理。台风“烟花”登陆期间，全省住房城乡建设领域累计检查各类设施28.55万个，排查隐患问题13418处。市容环卫行业夏季高温汛期、冬季雨雪冰冻等灾害天气安全生产工作总体平稳。新冠肺炎疫情暴发期间，全省城管系统执法人员和环卫人员实现“零感染”。

【市容环境品质】研究制定城市管理示范市（县）创建标准和申报考核管理办法，优化城市长效管理保障机制。启动《城镇户外广告和店招标牌设施设置技术规范》修订工作。摸底排查全省户外广告和店招标牌设施设置情况，截至年底，全省共排查户外广告和店标牌设施1290186个。全面普查现有环卫车辆排放情况，制定年度车辆淘汰和采购计划，建立国三及以下排查标准的柴油环卫车辆清单。全省新增环卫车辆1418辆，其中新能源环卫车辆349辆，占比24.6%。全省道路清扫保洁总面积近8亿平方米，其中实施机械化清扫的面积约7.4亿平方米，道路机械化清扫率达92.5%。通过城市道路“窨井盖”专项检查和整治，全省累计修复窨井盖40593个。全省城管系统共查出涉及“扫黄打非”范畴的各类摊贩400余个，收没并销毁不法刊物2000余本。全省各地共完成新建（改建）城市公厕912座，累计清扫城市道路垃圾299万余吨、整治城乡结合部7607处、背街小巷44165条、老旧小区17384个、垃圾场（站）13667个、公厕91827个、农贸市场等周边环境7816个，修复破损路面47151处、人行道路99570处、灯杆15488个，整改流动摊点类案件19886件次。全省各地通过数字化城管开展贴心行动，共采集各类信息共682371条。

【停车收费管理专项整治】省政府印发《江苏省公共停车收费管理专项整治实施方案》，成立工作推进小组，召开专项整治电视电话会议，开展公共停车收费管理专项整治工作。印发《江苏省公共停车收费管理专项整治工作评估标准》，组织开展专项整治工作成效评估。专项整治期间，全省共摸排公共停车泊位289.1万个，整改各类停车收费管理问题7088个，整改率100%，追缴公共停车收费金额约2348万元；办结群众举报2108个，办结“12345”热线群众诉求纳入整治范围的问题10392个，办结率均为100%。研究编制《江苏省公共停车设施收费管理行为规范》。

【城市管理执法】制定城管系统行政执法类公务员管理规范，召开全省城管综合执法改革推进情况座谈会。联合省委编办开展综合行政执法改革专项督查，各地推动城管综合执法改革工作力量下沉、重心下移。开展全省城管执法队伍规范化执法行为督促检查，加强队伍规范化建设，强化执法监督管理。组织召开3次“三省一市”联络员会议，沟通协作事项并初步达成共识，制定2021年度长三角一体化执法协作机制会议方案、三省一市毗邻区城市管理执法协作协议、长三角一体化城市管理行政执法标准化区域协作备忘录、三省一市城市互派交流合作协议和长三角一体化城市管理领域信用建设倡议书等。

城乡历史文化保护传承

【概况】2021年，江苏省积极开展《江苏省历史文化名城名镇名村保护条例》立法调研，组织开展省历史文化保护评估体系课题研究。指导各地加快推进2035版保护规划编制，召开淮安、镇江、连云港、南通等历史文化名城保护规划专家咨询会及扬州历史文化名城、兴化东门历史文化街区等保护规划专家审查会，无锡、徐州历史文化名城保护规划报住房和城乡建设部审查。修订《江苏省历史文化街区保护规划编制导则》。推进历史文化名城名镇名村保护规划编制，完成《徐州市历史文化名城保护规划》《兴化东门历史文化街区保护规划》论证。加大历史文化保护工作推进力度，将扬州历史文化名城保护规划编制与传统民居修缮等工作列为高质量发展考核个性化指标，在美丽宜居城市建设考核指标中，合理设定历史文化保护相关考核指标。督促指导邳州市等 19 个市县完成历史建筑公布程序，实现全省所有市县历史建筑确定全覆盖。截至 2021 年年底，江苏拥有 13 座国家历史文化名城、4 座省级历史文化名城，31 个中国历史文化名镇、8 个省级历史文化名镇，12 个中国历史文化名村、6 个省级历史文化名村，5 处中国历史文化街区、56 处省级历史文化街区，1938 处历史建筑。

【大运河历史文化遗产保护】2021 年大运河沿线各地持续推进编制 2035 版历史文化名城名镇名村保护规划。加强大运河文化资源的整体保护与传承利用。淮安市、南通市、扬州市等地在历史文化名城保护规划中，就大运河文化资源保护利用专设章节。持续推进大运河沿线城市加强历史文化名城名镇名村申报和历史建筑确定工作。2021 年，指导兴化市申报国家历史文化名城，指导泰州市季市镇申报省级历史文化名镇，指导淮安市等 19 个市县完成历史建筑公布程序，淮安中街石台阶、邳州议堂镇古井、泗阳县泗水阁等大运河沿线历史文化资源被纳入保护范围，大运河沿线所有市县实现历史建筑确定全覆盖。在省级历史文化保护利用与城市特色风貌塑造资金奖补中，对大运河沿线保护利用类和特色风貌塑造类项目予以倾斜和支持。

【沿海地区特色风貌塑造】省住建厅主要领导亲自组织开展沿海特色风貌塑造研究，多次带队赴沿海市县开展调研，多次组织召开专题会议。研究提炼形成“1-1-20”沿海特色风貌塑造空间结构体系，提出沿海特色风貌塑造的组织架构、工作机制和建设时序，研究成果得到省委省政府主要领导的高度肯定。2021 年底，沿海特色风貌塑造工作被列入省第十四次党代会重点任务，要求着力塑造“缤纷百里”“生态百里”“蓝湾百里”滨海特色风貌。9 月，江苏沿海地区高质量发展领导小组办公室印发《关于成立江苏沿海地区特色风貌管理委员会的通知》，成立由副省长储永宏担任主任，由省相关部门和院士、专家参加的特色风貌委员会。研究建立供地方选择的总建筑师团队专家资源库，组织编制《江苏沿海特色风貌塑造设计导则》《江苏沿海地区特色风貌塑造三年行动计划》，为沿海特色风貌塑造提供技术支撑。9 月 28 日，提请省政府召开了江苏沿海地区特色风貌管理委员会电视电话会议，全面部署沿海地区特色风貌塑造。开展省级专项资金奖补，加强对沿海地区特色风貌塑造项目的资金支持，其中，城市特色风貌塑造项目奖补 4 个，历史文化保护利用项目奖补 1 个。开展美丽宜居城市建设省级试点项目增补，推动沿海地区美丽宜居城市建设，沿海三市共增补美丽宜居城市建设省级试点项目 47 个。

建筑设计管理

【紫金奖·建筑及环境设计大赛】联合省委宣传部、中国建筑学会、中国勘察设计协会、中国园林风景学会共同举办第八届“紫金奖”文化创意设计大赛专题赛事“建筑及环境设计大赛”。本届大赛主题为“多维的绿·共享的城”，共收到参赛作品 2592 件，共有 8 个国家、164 个城市、310 个机构、333 所院校，9668 人次参与赛事。大赛组建高规格的评审委员会进行赛事评审。最终产生紫金奖金、银、铜奖 20 项。

【江苏·建筑文化讲堂】“江苏·建筑文化讲堂”是全国省级层面首个“建筑文化讲堂”，是省委省政府文化惠民工程的重要组成。2021 年，联合省委宣传部、中国建筑学会共同主办“江苏·建筑文化讲堂”第六讲和第七讲。4 月 15 日，讲堂第六讲由中国工程院院士崔愷在江苏园博园作“生态·绿色·可续”主题演讲。12 月 9 日，讲堂第七讲由中国工程院院士孟建民在江苏大剧院作“建筑与城市审美及实践”主题演讲，并首次举办对话·院士大师面对面活动。联合我苏网、荔枝教育频道、新华网、新浪微博等 12 个热门网络平台对讲堂活动进行视频直播和图文直播，两期讲堂网络直播点击量累计达 661 万人次。

【建设系统设计行业评优】组织开展 2021 年省城乡建设系统优秀勘察设计评选，共产生优秀项目 663 项。本次评选拓展申报范围，在原有六大项目类别的基础上，新增城市更新类别，鼓励各地积极提升城市更新设计水平。

城市更新

【城市更新综合试点】省委常委会《2021 年工作要点重点任务细化实施方案》明确要求地方把城市

更新纳入城建计划。6月25日，省政府召开全省城镇老旧小区改造暨城市更新现场推进会，聚焦老旧小区改造、城市更新两项重点工作交流经验做法，并对下一步工作进行部署。9月，江苏省美丽宜居城市建设工作领导小组印发《关于贯彻落实城市更新行动要求深入推进美丽宜居城市建设的通知》，确定32个综合试点城市、327个试点项目，推动城市建设重点由增量建设逐步转向存量提质改造。2021年，南京市、苏州市成功申报住房和城乡建设部首批城市更新试点城市，无锡市、徐州市、连云港市、淮安市、盐城市、扬州市、镇江市、泰州市、江阴市9市出台城市更新政策文件。继2020年确定首批17个综合试点城市、124个省级试点项目之后，2021年发布第二批美丽宜居城市建设试点名单，江阴市等15个县（市、区）被确定为试点城市（县、区），南京市秦淮区门西数字生活街区塑造等37个项目被确定为综合类试点项目，南京市"梧桐语"小型城市客厅构建十五分钟文化生活圈等162个项目被确定为专项类试点项目。

【城市更新资源要素支持】2021年起，江苏设立城市特色风貌塑造专项资金。联合省财政厅开展城市特色风貌塑造奖补项目申报工作。省住房城乡建设厅牵头通过竞争性评审方式确定示范项目，省财政对入围项目给予定额补助，引导各地在城市更新中加强城市特色风貌塑造与历史文化保护利用。2021年，全省共有108个项目申报，30个项目获奖补，金额总计3.88亿元。2021年全省城乡建设系统优秀勘察设计奖评选中，3个城市更新设计项目获奖。此外，江苏还与国家开发银行、中国农业发展银行、中国建设银行等金融机构签署合作协议，推进政银合作，探索城市更新金融支持模式。

城市体检评估试点

南京市于2019—2021年连续三年入选住房和城乡建设部城市体检样本城市，徐州市于2021年入选住房和城乡建设部城市体检样本城市。南京市结合特大城市特点和高质量发展任务，增加"老旧小区整治覆盖率、新建项目海绵城市建设达标率、公共交通机动化出行分担率、每万常住人口全科医生数"等特色指标。同时，南京市构建"16（必选指标）＋28（自选指标）＋N（特色指标）"的区级体检指标体系，选取部分区作为试点，将城市体检工作向区级延伸，构建市区两级体检指标体系。徐州市结合实际需求以及政府"十四五"时期工作计划，增加"城区采空区（塌陷区）综合治理修复率、中欧国际物流班列数、两汉文化历史建筑保护利用率、建成区老旧供热主管网更新率"等特色指标。与此同时，各地注重优化完善城市自检、第三方体检和社会满意度调查相结合的城市体检工作方法，多维度、多渠道查找城市建设和发展中的短板与不足，有针对性地提出解决对策和整改措施，将城市体检评估结果应用在城市建设年度计划和各项城市人居环境改善行动当中。

江苏人居环境奖

2021年，获得江苏人居环境范例奖的项目有：江北新区长江岸线湿地保护环境提升工程、南京老城南小西湖街区保护项目、矿坑遗址生态修复与传统园林当代塑造项目——第十一届江苏省园艺博览会博览园、南京国际友谊公园低碳生态建设项目、南京颐和路历史文化街区保护项目、活态运河 七里画廊-伯渎河公园西区建设项目、宜兴市东氿新城省级宜居示范街区项目、水韵晨起 点亮美好生活——新沂市沭河之晨水环境治理项目、"常州新龙生态林"园林绿化建设管理项目、"昆小薇·共享鹿城"城市绿化提升项目、城厢镇万丰村村庄环境整治项目、古镇新韵 美丽凤凰——江南桃源小镇建设项目、张家港湾滨江生态廊道建设项目、韩口滨海特色渔村建设项目、朝阳街道韩李村特色田园宜居乡村建设项目、淮安市淮阴区三树镇联盟村旺梨园新型社区建设项目、扬州中国大运河博物馆与大运河非遗文化园建设项目、昭阳湖城市空间风貌区建设项目。

村镇规划建设

【概况】截至年底，江苏累计有663个建制镇（不包含县城关镇和划入城市统计范围的建制镇，下同）、27个乡、13586个行政村、123480个自然村。村镇户籍人口4687.52万人，常住人口4755.20万人。建制镇建成区面积2720.19平方公里，平均每个建制镇4.10平方公里；乡建成区面积43.61平方公里，平均每个乡建成区面积1.62平方公里。

【村镇建设投资】2021年全省村镇建设投资总额为1865.32亿元，其中住宅建设投资766.36亿元，占投资总额的41.09%；公共建筑投资133.79亿元，占投资总额7.17%；生产性建筑投资534.29亿元，占投资总额28.64%；市政公用设施投资430.88亿元，占投资总额23.10%。

【村镇房屋建设】2021年全省村镇新建住宅竣工面积4292.61万平方米，实有住宅总建筑面积20.58亿平方米，村镇人均住宅建筑面积43.91平方米。

全省村镇新建公共建筑竣工面积709.06万平方米；村镇新建生产性建筑竣工面积2663.58万平方米。

【村镇供水】2021年全省新增乡镇供水管道1336.17公里、排水管道1186.90公里。截至年底，全省乡镇供水管道总长5.38万公里、排水管道总长2.25万公里，乡镇年供水总量12.78亿立方米，用水人口1418.51万人；村庄供水普及率达98.87%；建制镇污水处理率86.53%，污水处理厂集中处理率81.47%。

【村镇道路】截至年底，全省乡镇实有道路4.02万公里、面积2.89亿平方米，乡镇镇区主街道基本达到硬化；村庄内实有道路14.34万公里，其中硬化道路10.91万公里。

【村镇园林绿化】截至年底，全省建制镇绿地面积累计达到6.74万公顷，其中公园绿地面积9795.77公顷，人均公园绿地面积6.95平方米（常住人口，下同），建成区绿化覆盖率30.37%；乡绿地面积1066.17公顷，其中公园绿地面积146.70公顷，人均公园绿地面积6.37平方米，建成区绿化覆盖率31.05%。

【苏北农房改善】省有关部门和单位强化组织领导和工作推动，及时将省定任务分解下达至苏北五市，督促五市及时分解到县（市、区）、落实到项目。以组织蹲点指导、开展第三方技术巡查、召开座谈会等方式，完善年度工作计划和资金平衡方案，保障项目进度。公布第三批30个省级示范创建项目名单，全省省级示范创建项目累计达111个。召开省级示范创建项目建设工作推进会，组织设计大师、优秀中青年设计师开展全过程跟踪指导，提升项目品质。开展“我为群众办实事”实践活动，在农房改善中设置“微菜园”，以“建得好、管得住、长受益”为准则，解决农民群众“急难愁盼”的民生实事。截至年底，苏北农村四类重点对象危房实现动态“清零”，“三年改善30万户”的省定目标任务如期高质量完成，苏北农村基础设施和公共服务设施配套水平明显提升，乡村风貌明显改善、乡村特色得到进一步彰显，新建成一批有品质、有特色、有内涵的新型社区，新增18个新型农村社区被命名为省级特色田园乡村。

【农村危房改造】联合省财政厅、省民政厅、省乡村振兴局印发《关于做好农村低收入群体等重点对象住房安全保障工作的实施意见》，明确全省农村低收入群体住房安全保障对象、保障方式、工作任务、保障措施等具体要求。省住建厅、省财政厅及时下达农村危房改造补助资金6054万元，各地配套资金3372.51万元。督促各地加快农村危房改造实施进度和补助资金拨付进度，保障项目推进。截至年底，全省共实施农村危房改造3729户，全面完成年度目标任务。

【特色田园乡村建设】将特色田园乡村建设作为“十四五”期间美丽江苏建设的重要抓手，推进特色田园乡村建设高质量发展。2021年，完成三批省级特色田园乡村验收评价工作，共命名122个“江苏省特色田园乡村”。截至年底，全省累计命名446个“江苏省特色田园乡村”，实现所有涉农县（市、区）全覆盖。制定印发《江苏省村级公益事业建设一事一议财政奖补专项资金（特色田园乡村建设使用方向）管理办法》，明确面上创建阶段资金奖补范围、标准。举办首届“丹青妙笔绘田园乡村”活动，激发大学生投身乡村建设行动。优选部分省级特色田园乡村和传统村落，与周边旅游资源串联形成26条美丽田园乡村游赏线路，并在黄金周期间发布。编制特色田园乡村典型案例集，启动江苏省特色田园乡村示范区建设指南课题研究，为地方更好地推进面上创建工作提供技术支撑。

【农村房屋安全隐患排查整治】截至年底，全省基本完成行政村集体土地上的农村房屋安全隐患排查，累计排查农村房屋1012.7万户，初判存在安全隐患50928户、占比0.5%，完成安全性评估（鉴定）37011户、占比72.7%，鉴定为C、D级的29447户中完成整治10154户、占比34.5%；其中排查用作经营的农村自建房28.3万户，鉴定为C、D级的726户全部完成整治，实现了国家明确的阶段性目标。国家部级协调机制办公室先后2次赴江苏开展专题督导，对江苏排查整治工作成效给予充分肯定。

【传统村落保护】指导各地做好33个中国传统村落自评，在此基础上完成江苏省自评报告。2021年认定公布了两批共129个江苏省传统村落。截至2021年年底，全省累计命名了439个江苏省传统村落和365组江苏省传统建筑组群，实现了设区市全覆盖。结合传统村落保护发展和省级特色田园乡村建设成果，优选一批资源突出的村庄，精心策划了22条江苏省美丽田园乡村游赏线路，会同省文化旅游厅于“五一”小长假前召开新闻发布会进行推介；在“十一”长假前推出26条适宜秋游的线路，并在江苏乡村建设行动等微信公众号上发布宣传，引导全社会更加关心和深入了解传统村落及其传承的多姿多彩的传统文化。

【农村生活垃圾治理】印发《关于做好全省2021

年度农村生活垃圾治理工作的通知》，全省农村生活垃圾收运处理体系基本实现全覆盖，普遍建立村庄环境维护管理机制。推行农村生活垃圾就地分类和资源化利用工作，加快建立“户分类投放、村分拣收集、镇回收清运、有机垃圾生态处理”的分类收集处理体系，5个县（市、区）被列为全国农村生活垃圾分类和资源化利用示范县，农村生活垃圾分类省级试点乡镇（街道）达到151个。截至年底，全省开展农村生活垃圾分类的乡镇（街道）数量超过300个。

【小城镇建设】遴选11个具有培育潜力的小城镇开展重点及特色镇发展项目示范，强化全过程跟踪指导。遴选95个被撤并乡镇集镇区纳入整治支持范围，省级财政配套下达专项资金4750万元，实施被撤并乡镇集镇区环境整治。优选17个小城镇开展美丽宜居小城镇建设试点。组织开展小城镇专题调研，形成《2021江苏省小城镇调查报告》。编制《江苏省美丽宜居小城镇建设指南》，指导各地高质量推进小城镇建设。截至年底，全省建制镇建成区面积2720.19平方公里，平均每个建制镇4.10平方公里；乡建成区面积43.61平方公里，平均每个乡建成区面积1.62平方公里。

【美好环境与幸福生活共同缔造活动】以盐城市盐都区、苏州市吴中区等全国共同缔造活动试点县（区）和培训基地建设为先导，以特色田园乡村建设、苏北地区农民群众住房条件改善、农村人居环境整治等乡村建设重点工作为主要载体，指导各地以党建为引领，发动群众“共谋、共建、共管、共评、共享”，推动“共同缔造”活动向纵深推进。盐城市盐都区在住房城乡建设部共同缔造视频培训会议上进行了典型经验交流发言。发挥苏州市吴中区培训基地作用，省市县三级先后举办了共同缔造、特色田园乡村建设、传统村落保护发展、农村人居环境整治提升等专题培训近50期，培训学员约5000人次。

建筑业

【主要经济指标】全年实现建筑业总产值41642.0亿元，比上年增长7.5%，增幅较上年提高2.1个百分点。从工程类别来看，房屋建筑工程完成产值22846.1亿元，同比增长8.0%，占总产值比重54.9%；土木工程建筑工程完成产值9765.8亿元，同比增长7.4%；建筑业安装工程完成产值3596.6亿元，同比增长7.7%；建筑装饰、装修工程完成产值2987.1亿元，同比增长6.1%；其他建筑工程完成产值2446.4亿元，同比增长4.7%。从资质等级来看，全省83家特级资质企业共完成产值14995.0亿元，同比增长8.5%，占建筑业总产值的36.0%，占比提升0.3个百分点；一级资质企业共完成产值17347.6亿元，同比增长8.8%，较上年同期提升1.2个百分点，占建筑业总产值的41.7%；二级资质企业共完成产值6207.5亿元，同比增长3.1%，占建筑业总产值的14.9%，较上年同期占比下降0.6个百分点；三级资质企业完成产值3091.9亿元，同比增长4.6%，占建筑业总产值的7.4%，较上年同期占比下降0.2个百分点。

2021年全年实现建筑业增加值7184.1亿元，按不变价计算，同比增长1.6%，占全省地区生产总值（GDP）的6.2%，连续16年保持在全省GDP的6%左右。全年实现建筑业企业营业收入43056.8亿元，同比增长4.4%，增幅较去年下降1个百分点。全年建筑业企业工程结算收入37293.5亿元，同比增长4.2%，增幅较上年下降5.8个百分点。2021年，建筑业签订合同额72045.3亿元，同比增长3.5%，其中，上年结转合同额36070.7亿元，同比增长25.8%，本年新签合同额35974.6亿元，同比下降12.1%。全年建筑业利润总额1683.6亿元，同比增长2.8%，增幅较去年下降5.4个百分点，产值利润率达4.0%。建筑业上缴税金1176.3亿元，同比提高2.1%。实现利税总额2859.9亿元，同比增长2.5%，产值利税率6.9%。

2021年，建筑业从业人员人均劳动报酬达69305.9元，同比增长3.5%。2021年，建筑业劳动生产率达386802.1元/人，同比增长2.2%，其中，省内劳动生产率328144.9元/人，同比增长2.9%；省外劳动生产率为487113.1元/人，同比增长1.8%。

【区域情况】苏中地区共完成建筑业总产值20120.6亿元，占全省建筑业总产值的48.3%，同比增长7.6%，产值规模继续全省领先；苏南地区共完成建筑业总产值13353.1亿元，占全省建筑业总产值的32.1%，同比增长7.4%；苏北地区共完成建筑业总产值8168.2亿元，占全省建筑业总产值的19.6%，与上年持平。

【企业情况】全省一级资质以上企业产值达到32342.6亿元，以一级以上企业完成产值占建筑业总产值比重的方法测算，产业集中度为77.7%，同比提高0.9个百分点；以企业总数前10%的企业完成产值占建筑业总产值比重的方法测算，产业集中度为86.6%，同比增长了1.3个百分点。全省建筑业产值超亿元的企业达到 4570 家，比去年增加 431 家。全省 64 家产值百亿元企业中，超 200 亿元的有 25 家，超 300 亿元的有 15 家，超 400 亿元的有 7 家，超 500 亿元的有 5 家，超过 700 亿元的有 3 家。截至 12 月 31 日，全省共有建筑业企业总数 63954 家，较上年增加了 18275 家，增幅 40.0%；建筑业资质共 140635 项，较上年增加 35355 项，增幅 33.6%。从总承包资质等级数量来看，特级资质共 85 项，占全省施工总资质总数的 2.1‰；一级资质 1480 项，占全省施工总资质总数的 3.6%；二级资质 5239 项，占全省施工总资质总数的 12.7%；三级资质 34615 项，占全省施工总资质总数的 83.6%。

【市场开拓】2021 年，全年固定资产投资比上年增长 5.8%。其中，国有及国有经济控股投资增长 3.1%，外商及港澳台商投资增长 7.2%。民间投资增长 6.3%，占全部投资比重达 69.2%。分类型看，项目投资增长 7.6%，房地产开发投资增长 2.3%。2021 年，全省十亿元以上列统项目 2643 个，较去年同期增加 486 个，比上年增长 22.5%。从项目情况看，2021 年新开工建设的计划总投资排名前十的大项目计划投资额达到 2035.9 亿元，进展顺利，合计完成投资 94.6 亿元。

2021 年，江苏建筑业企业出省施工产值达到 19350.1 亿元，同比增长 6.0%，占全省建筑业总产值的 46.5%，省外市场开拓增长明显。分区域来看，华东地区仍是江苏企业出省施工最大市场，实现产值 6401.1 亿元，同比增长 5.4%，占出省施工产值的 33.1%；华南地区增幅最多，实现产值 2671.2 亿元。分地区来看，在山东、广东、安徽、浙江、河北等省市场实现产值超过千亿元，分别完成 2023.9 亿元、1820.4 亿元、1646.6 亿元、1558.4 亿元、1283.5 亿元，同比增减幅 1.8%、36.1%、−0.2%、13.1%、6.3%；上海、河南、湖北、陕西、内蒙古、四川、北京、天津、辽宁等省（区、市）市场实现产值均超 500 亿元。

2021 年，受全球疫情影响，江苏省对外承包工程新签合同额 55.9 亿美元，同比增长 2.5%，位居全国第七位；完成营业额 59.5 亿美元，同比下降 4.7%，位居全国第七位。大型工程项目对 2021 年全年业绩起到较强支柱作用，新签合同额超过 5000 万美元的大项目有 31 个，累计 31.6 亿美元，全省占比 56.5%；新签合同额超过 1 亿美元的大项目有 11 个，全省占比 30.2%。对外承包工程在"一带一路"沿线国家新签合同额 34 亿美元，完成营业额 34.9 亿美元，分别占同期总额的 60.8%和 58.7%，截至 2021 年 12 月，江苏省对外承包工程覆盖了沿线 50 个国家。新签合同额超过 1 亿美元的大项目有 11 个，全省占比 30.2%，基本分布在"一带一路"沿线国家。

【行业管理】5 月底上线改版升级后的江苏省建筑市场监管与诚信信息一体化平台。做好省一体化平台与各地工改系统对接改造的收尾工作。开展 2021 年度全省建筑市场检查，组成 7 个检查组对全省在建的房屋市政项目进行双随机抽查。完成建筑业数字化监管课题研究。建立建筑业企业资质动态核查机制。发布《关于做好建设工程企业资质审批权限下放试点工作的公告》《省住房城乡建设厅关于进一步做好建设工程企业资质申报业绩管理的通知》；举办建设工程企业资质申报业绩管理工作暨全国建筑市场监管公共服务平台数据治理视频培训会议，全省各级建设主管部门近 500 人参训。完成住房和城乡建设部委托的特级企业业绩核查工作，做好各类投诉举报的处理工作。

2021 年，全省发包登记 13314 个项目，投资总额 34107.67 亿元。发包标段 21590 个，中标价 7848.74 亿元，其中房建面积 14503.89 万平方米，房建造价 6367.59 亿元。招标发包标段 17757 个，中标价 6221.22 亿元，其中公开招标标段 17264 个，中标价 6072.16 亿元；邀请招标标段 493 个，中标价 149.05 亿元。

在南京、苏州、连云港开展改进最高投标限价编制方法试点，组织《江苏省造价指标指数标准》课题研究。发布《市政工程消耗量定额江苏省估价表》《江苏省市政投资估算指标（2021 版）》，印发施工过程结算、智慧工地计价、防范化解材料价格风险等计价政策文件。发布《江苏省工程造价咨询业务指导规程》《关于加强工程造价咨询企业事中事后监管的通知》。截至 2021 年年末，全省共有造价咨询企业 1049 家，比 2020 年末增加 128 家；全省工程造价咨询企业从业人员 71587 人，比 2020 年末增长 27.9%。组织开展 2021 年度"双随机"抽查，抽查的 50 家企业中，执业行为良好 20 家、合格 29 家、不合格 1 家。发布全省人工工资指导价，全年人工工资涨幅为 4.39%。全省各级造价管理机构发布人工、材料、机械台班等信息共 47268 条，发布典型工程造价指标 84 例，城市住宅造价信息 30 例，工程造价实例分析案例 23 例。2021 年共受理电话咨询约 1000 余次，开展"面对面"调解 40 余次，出具书面答复 5 份。建立"省市联合争议调解办公室"，联合调解计价纠纷 17 例。完成《关于进一步加强我省建设工程监理管理的若干意见》修订稿并报批。指导苏州工业园区开展政府购买监理巡查服务试点工作，总结试点经验做法并报送住房和城乡建设部，完成政府购买监理巡查服务课题研究。调研监理相关人员培训及执业资格能力认定、监理企业开展全过程工程咨询服务、苏州市工程监理综合改革情况，加快工程监理行业转型升级。印发《关于进一步强化建筑工人实名制管理工作的通知》。组织申报2021年度江苏省建筑工人实名制管理专项资金奖补项目。印发《关于公布2021年元旦春节期间拖欠农民工工资引发群体性事件被限制市场准入及通报批评企业和人员名单的通知》，对67家企业全省限制市场准入，给予22家企业全省通报批评；全年共发布2次全省房屋建筑和市政基础设施领域拖欠农民工工资预警项目的通报，对24家实名制管理落实整改不到位的施工企业全省限制市场准入。2021年，全省受理拖欠农民工工资投诉6794件，涉及金额15.97亿元；结案6750件，解决拖欠工资15.93亿元。67家建筑施工企业被限制全省市场准入、22家建筑施工企业被全省通报批评、31名施工项目负责人被限制全省建筑市场准入、45名建筑劳务人员被全省通报批评。江苏省已连续3年在国务院根治拖欠农民工工资工作的考核成果为A等，保持全国前列。

【从业人员】全省建筑业年末从业人数886.6万人，较上年同比增长3.4%，其中，省内从业人员数543.5万人，同比增长4.1%；出省从业人员数343.2万人，同比增长2.5%。

2021年，与省有关部门共同组织了8项国家级建设类执业资格考试（一级建造师考试因疫情停考），报考总人数达60.07万余人，较2020年增加1.15万余人，增长率2.0%。截至12月底，江苏省建筑行业职业资格注册人员（以下简称“注册人员”）共计416505人，较2020年增加76535人，同比增长22.51%。2021年，全省其他专业注册人员共计76265人。2021年，全省共组织安全管理人员无纸化考核4198批次，其中，省内4158批次，省外40批次。应考185701人次，其中，省内183908人次，省外1793人次。全年建筑施工特种作业人员考核总计27.57万人次，其中新考20.34万人次，复核7.23万人次。全省建筑技经人员（技术人员和经营管理人员）总人数达到169.1万人，较上年同期增加0.6万人，技经人员（技术人员和经营管理人员）占从业人员比例为19.1%，同比下降0.6%。

工程质量安全监管

【工程奖项】2021年，江苏企业主申报获“中国建设工程鲁班奖”8项，“国家优质工程奖”27项，获奖总数位于全国前列。共465个项目获得2021年度江苏省优质工程奖“扬子杯”。

【工程质量】印发《省住房城乡建设厅关于扩大全省住宅工程质量信息公示试点工作的通知》，着力构建市场、政府、社会三方协同监管工程质量新格局。持续推进住宅工程质量潜在缺陷保险试点工作，截至年底，南京、无锡、江阴、镇江、泰州5市开展试点，试点项目45个，保险金额共计111.36亿，保费累计约1.64亿元。

【工程安全】印发《关于进一步加强安全生产事中事后监管有关工作的通知》，对事故责任企业实施“顶格处罚、一案双查、联合查处”，加强企业安全生产条件动态监管，强化联合惩戒措施，倒逼企业落实主体责任。实行行政处罚不见面，结合安全生产许可证证书电子化要求，不再要求企业上交纸质安全生产许可证。开展2021年建筑施工“安全生产月”“云观摩”，以及建筑施工安全生产公益性网络知识竞赛等活动。开展压茬式专项督查，重点检查企业主体责任落实情况和危大工程安全管控情况。累计抽查项目85个，印发执法建议书8个，并对安全问题隐患较多的项目进行全省通报。出台《省住房城乡建设厅关于智慧工地费用计取方法的公告》，将项目端的费用纳入工程造价。发布《建设工程智慧安监技术标准》DB32/T 4176—2021。对各地建筑施工安全监管信息化工作情况进行通报，督促各地切实运行信息化手段加强危大工程、起重机械设备等安全监管。

建筑节能

【节能建筑规模】2021年，江苏新增节能建筑面积1.9457亿平方米，累计节能建筑规模超24.9亿平方米，占城镇建筑总量的65%；新增既有建筑节能改造面积1445万平方米，既有建筑改造规模总量达8833万平方米；新增可再生能源建筑应用面积8478万平方米，其中太阳能光热建筑应用面积8309万平方米、浅层地热能建筑应用面积169万平方米，累计可再生能源建筑应用规模总量超8亿平方米。全省节能建筑规模继续保持全国最大。组织开展《江苏省建筑节能管理办法》立法后评估。编制《江苏省建筑节能专项引导资金项目成果集（2020）》。

【绿色建筑】2021年，江苏新增绿色建筑面积1.92亿平方米，城镇绿色建筑占新建建筑比例达99%，累计建成绿色建筑面积超9.9亿平方米，高星级绿色建筑的数量和比例持续保持全国领先。修订《江苏省绿色建筑发展条例》，进一步明晰部门权责。印发《关于推进碳达峰目标下绿色城乡建设的指导意见》和《江苏省"十四五"绿色建筑高质量发展规划》，明确发展要求和目标。发布《2021年度全省绿色建筑工作任务分解方案》，各设区市进一步细化分解任务目标。研究制定《江苏省民用建筑施工图绿色设计文件编制深度规定（2021版）》《江苏省民用建筑施工图绿色设计文件技术审查要点（2021版）》，举办培训宣传贯彻，确保施工图审查工作顺利衔接。编撰《江苏省绿色建筑发展报告（2020）》。召开"加快绿色建筑高质量发展推进建筑领域碳达峰"新闻发布会，举办"第十四届江苏省绿色建筑发展大会""名家话绿建"等活动。

【装配式建筑】2021年，江苏新开工装配式建筑项目5381万平方米，占新建建筑面积比达33.1%，超额完成省定目标任务。在省级示范申报类别中新增新型建筑工业化创新基地培育，积极推动装配式建造适宜技术在市政、轨道交通、园林、村镇建设及城市更新等领域的试点示范和推广应用，全省共确定116个2021年度省级示范，包括46个装配式建筑示范工程，4个装配化装修示范工程，16个BIM技术应用示范工程，7个市政、村镇、园林等建设领域示范工程，1个示范园区，26个示范基地，16个新型建筑工业化创新基地。编制《江苏省建筑产业现代化发展报告（2020）》，总结"十三五"期间建筑产业现代化成功经验。出版《装配式建筑丛书》《装配式建筑技术手册（混凝土结构分册）》，发布《成品住房装配化装修构造图集》等，积极推进《木结构建筑案例集》和《民用钢结构建筑案例集》编制。举办省第二期装配式建筑职业技能鉴定考评员培训班、省百万城乡建设职工职业技能竞赛等活动。

【建筑节能交流】2021年，由江苏省外办和加拿大不列颠哥伦比亚省林业创新投资署联合举办的首届江苏—加拿大绿色低碳发展研讨会举行，以"汇聚中加智慧，助力低碳发展"为主题，交流江苏和加拿大在低碳发展领域的治理方案、政策创新、技术研究及案例。由省外办、省住建厅、瑞士驻沪总领馆和瑞士卢塞恩州经济发展局共同主办的江苏省—卢塞恩州结好10周年庆祝仪式暨中瑞可持续建筑与城市更新圆桌会议举行，共同推进双方在绿色低碳和可持续发展领域合作。

建设科技

【建设科技项目】2021年，江苏住房城乡建设领域共立项15个计划类科技项目、79个指导类科技项目。17个科学技术计划项目获住房和城乡建设部批准立项。2021年，全省完成187项省级和10多项部建设科学技术计划项目的验收工作，共有21项建设科技成果获华夏科学技术奖，其中一等奖8项、二等奖8项、三等奖5项。省住建厅绿色建筑与科技处获首届江苏省科技创新发展奖先进单位（集体）称号。

【工程建设标准化】2021年，全省新立项工程建设地方标准26项，发布53项。组织开展《绿色建筑设计标准》《住宅设计标准》《居住建筑热环境和节能设计标准》宣贯培训，全省共有2000余人次参加培训。开展"工程建设地方标准实施后评估"课题研究，对现有工程建设地方标准进行全面梳理，建立地方标准数据库，为地方标准的编制立项提供参考。

【新技术新工法】全年共评选通过省级工法805项，新认定省级建筑业企业技术中心9家，审核通过新技术应用示范工程471项。配合省工信厅组织开展省级建筑业企业技术中心评价工作，应参与评价的149家企业技术中心中共有142家通过。

【勘察设计质量监管及行业发展】组织编制并印发《江苏省"十四五"勘察设计行业发展规划》，完成《江苏省建设工程勘察设计管理办法》立法后评估，为江苏勘察设计行业发展提供政策保障。组织开展《江苏省勘察设计质量事中事后监管研究》《江苏省设计企业设计质量评价指标体系研究》，为完善监管机制提供决策依据。开展2021年度全省工程勘察设计质量及市场行为抽查，组织专家对126个项目的勘察设计质量、施工图审查质量及勘察设计单位的市场行为等进行审查，对违法违规单位及相关人员依法予以处理。组织开展勘察设计单位资质动态核查，对检查中发现的违法违规单位及不符合资质标准的单位依法予以处理。截至2021年年底，全省共有勘察设计企业3377家、从业人员59万多人，全年营业收入7474亿元。

【江苏省设计大师评选】联合省人力资源社会保障厅共同组织开展第三届江苏省设计大师评选，邀请院士、全国工程勘察设计大师、省设计大师、行业知名专家、国家学会和协会负责人组建评选委员会，共评选表彰了16名江苏省设计大师，持续加强建设领域领军设计人才队伍建设，激励全省广大设计师创新创优，提升设计水平，以一流设计引领一流建设。

人事教育

【教育培训】会同省人才工作领导小组办公室制

定下发《江苏省“十四五”住房城乡建设人才发展规划》；落实省委组织部、住房和城乡建设部的年度调训计划，共组织省管干部6人次、处级干部8人次，科级干部12人次，高层次人才2人次参加江苏省委党校、恩来干部学院、苏州干部学院等单位组织的培训，组织18人次参加公务员大讲堂活动；组织厅10名省管干部、121名处级干部参加“学习贯彻党的十九届五中全会精神网上专题班”培训；组织厅机关和设区市住房城乡建设系统主管部门领导干部3100余人参加住房和城乡建设部组织的领导干部视频远程教育培训。举办3批党史教育专题培训班，7期省级机关抽调市县党委管理干部参训班，1期厅系统党外人士培训班，1期全省住房城乡建设系统行政执法培训班，线上线下累计培训近12900人次。

下发《关于公布首批建筑产业工人队伍培育试点企业的通知》，将25家企业列入江苏省首批建筑产业工人队伍培育试点企业；强化建筑施工特种作业人员考核基地建设，同符合条件的30家基地签订了委托协议，全年共组织考评员新考培训班5期、参训人数328人次，继续教育培训班4期、参训人数407人次，有效提升了特种作业人员考核督导员、考评员素质。

【执业注册与考试】 2021年全省共组织60.1万人、146.7万科次的国家级建设类执业资格考试；全省各无纸化考点共组织建筑施工企业“安管人员”无纸化考核3099场次，应考人数16.6万人次；燃气经营企业从业人员无纸化考核181场次，应考人数7406人次；特种作业人员考核人数总计24.7万人次。“安管人员”继续教育基本建立覆盖全省的线上线下并行的继续教育体系。全省“安管人员”继续教育培训21.9万人，其中线上培训19.7万人、线下培训2.2万人。发布《江苏省建筑施工特种作业人员考核督导员管理实施细则（试行）》和《江苏省建筑施工特种作业人员考评员管理实施细则（试行）》，对各考核基地2021年日常考核实施、设备运维、内部管理等工作情况进行了巡查。

11月15日，“江苏省住房和城乡建设厅综合服务平台”人员资格版块正式上线，将二级注册建造师、二级注册造价师、二级注册建筑师、二级注册结构工程师职业资格注册业务纳入平台统一管理，实现了“单点登陆，一次认证，全网通行”。在注册审批中，取消证明事项，实行告知承诺。2021年受理各类执（职）业资格注册申请共49.9万件，同比增长62%；受理“安管人员”申请共42.6万项，同比增长0.47%。

城建档案

【“十四五”城建档案事业发展规划】 对国务院和省政府“十四五”规划以及2035年远景目标纲要精神再行研究，紧扣全省城乡规划建设管理需求和档案管理工作最新要求，对规划文本再行修改完善，确保规划上下衔接、左右衔接，目标合理、任务明确、措施务实。编制过程中，规划文本面向基层共征集3轮意见，于7月完成编制并发布。

【《江苏省城建档案管理办法》（修改）】 组织完成了《江苏省城建档案管理办法》立法后评估。全面梳理国家和省级层面有关档案和城建档案最新法律法规以及改革发展文件中涉及城建档案的内容要求，学习研究先行地区有关法规规章。还组建调研组分赴山东青岛、德州和广东广州、珠海等地调研学习立法工作经验，同时在省内以专题座谈、网络问卷等形式对《江苏省城建档案管理办法》实施效果、具体制度设计等进行重点调研，广泛征集省市档案主管部门以及各级城建档案行政主管部门、城建档案管理机构意见建议，在此基础上审慎起草调研报告并完成《江苏省城建档案管理办法》（修改）文本初稿、起草说明和条文对照表。

【城建档案法治配套制度建设】 结合江苏省深化工程建设项目审批制度改革和“互联网＋监管”工作部署，紧扣“优化联合验收”任务要求，致力推动进一步加强建设工程档案验收各项措施的落地，并将建设工程档案管理监管纳入“双随机、一公开”监督检查事项清单，对相关事项的法规依据、监管内容、监管对象、监管形式、监管流程、监管结果等要素在“省政务服务事项管理系统”中予以明确。同时，根据新修订的《中华人民共和国行政处罚法》和改革工作要求，对城建档案管理相关规范性文件进行梳理和修改。

【城建档案管理业务工作】 指导督促各地城建档案管理机构依法依规抓好第一手档案资源收集。全力抓好农房改善工作档案、项目档案、改善农户“一户一档”的归集管理工作，组织苏北五市城建档案管理机构对在建农房工程项目开展业务指导和巡查，共指导巡查农房建设项目114个，确保档案资料与工程同步。组织开展了两期苏北地区村镇建设档案管理专题培训，5市共126人参加培训；举办了两期《江苏省城建档案馆业务工作规程》和新修订的《中华人民共和国档案法》宣贯培训，全省132名城建档案工作一线人员参加培训。《建设工程声像档案管理标准》发布实施，《江苏省房屋建筑和市政基础设施工程档案资料管理规范》完成修改等待评审。全省 81 个城建档案馆（室）中，省示范馆占比达到 48%；建成的 723 个符合省级标准的村镇建设档案室中，省特级室占比超过 52%。泰州市城建档案馆先进事迹被住房和城乡建设部定为全国住房城乡建设系统“双百先进典型事迹”，苏州、泰州两市城建档案馆工作经验被住房和城乡建设部门户网站刊登报道。

浙江省

住房和城乡建设工作概况

2021 年，浙江省住房城乡建设系统以推动住房城乡建设事业高质量发展为主线，加快完善住房体系建设，建设筹集保障性租赁住房 17.4 万套（间），建成棚改安置住房 10.8 万套；率先实现设区市“一城一策”全覆盖，编制实施 34 个重点县（市）“一县一策”。联动推进城乡风貌整治提升和未来社区建设，启动建设城乡风貌样板区 212 个，新增第四批未来社区创建项目 131 个；建成美丽城镇省级样板 110 个；开展 213 个省级美丽宜居示范村创建、100 个传统村落保护提升和 35 个“浙派民居”建设。全面提升城乡人居环境品质，改造城镇老旧小区 814 个，惠及居民 28.3 万户；住宅加装电梯 2237 台；新增城镇污水处理能力 134 万吨/日，建成“污水零直排”生活小区 1106 个；新建地下综合管廊 43 公里、城市道路和城市快速路 505 公里，省级绿道 1296 公里，新增停车位 17 万个；创建省级高标准垃圾分类示范小区 1301 个、“席地而坐”高品质净化示范区 220 个、街容示范街 75 条；启动实施农村生活污水治理“强基增效双提标”五年行动，建设改造处理设施 3246 个，完成标准化运维 19638 个。大力推进建筑业转型升级，全年完成建筑业总产值 2.3 万亿元，同比增长 9.9%；新开工装配式建筑 1.13 亿平方米、钢结构装配式住宅 160 万平方米。安全形势总体平稳，完成城镇危房治理改造 2339 幢，提前两年完成农房排查整治，整治农村危房 12631 户；开展建设施工领域“遏重大”攻坚整治、建筑施工质量安全标准化、平安工地创建等专项行动，全年未发生重大安全事故。稳步推进全系统数字化改革，构建“1+4”工作体系，6 项重大应用纳入全省数字化改革重大应用“一本账 S1”。

法规建设

【地方立法】组织起草《浙江省建筑业条例》，形成草案征求意见稿并多次修改完善，确定列为 2022 年立法预备项目。

【规范性文件】印发《浙江省住房和城乡建设厅关于调整浙江省住房城乡建设系统部分行政处罚裁量基准的通知》等行政规范性文件 16 件。

【行政复议应诉】办理 38 件行政应诉（行政复议答复）案件，其中 28 件已审结，胜诉 25 件、败诉 3 件，针对每件败诉案件专题分析，规范行政行为；全面落实行政机关负责人出庭应诉制度，5 件开庭审理的单独被告一审案件厅领导全部出庭应诉。对 71 件行政处罚和存在疑难、复杂情况的 2 件撤销行政许可、5 件投诉举报处理、23 件政府信息公开答复进行了法制审核，对 1 件重大行政处罚案件组织了听证，经审核作出的上述行政行为未发生复议或者诉讼情况。

【提升法治能力】制定和实施年度法治宣传教育责任清单，举办全系统法治能力提升培训班。提炼推广全系统法治政府建设经验，申报的《浙江打造房屋“阳光征收”品牌》《舟山市争当工程建设项目审批制度改革领跑者》入选法治浙江“重要窗口”实践 100 例。

【工程审批制度改革】2021 年，全省全面实施施工图分类审查和工程建设全过程图纸数字化管理改革，实现从图审到竣工全过程的工程图纸在线管理，并上线“浙政钉”查图功能。联合省发改委、省自然资源厅、省人防办、省气象局印发《关于开展房屋建筑和市政基础设施工程建设项目监管验收服务集成改革的实施意见》，努力破解验收阶段的难点、堵点。推广“拿地即开工”审批服务改革经验做法。强化工程建设项目审批简化后的事中事后监管，全省统一建设“工程建设现场管控”重大应用。

房地产业

【房地产市场运行概况】2021年，浙江省房地产市场总体呈现一季度平稳、二季度偏热、三季度开始迅速降温的态势。全年房地产开发投资额12389亿元，比上年增长8.5%，其中住宅投资8802亿元，比上年增长8.8%。全年新建商品房销售面积9991万平方米，比上年减少2.5%，其中商品住宅销售面积8424万平方米，比上年减少4.6%。至年末，全省商品房可售面积1.36亿平方米，去化周期14.3个月，其中商品住宅可售面积6526万平方米，去化周期8.7个月。

【房地产行业监管】会同省网信办、省发展改革委、省公安厅、省自然资源厅、省市场监管局、省地方金融监管局、省税务局、人行杭州中心支行以及浙江银保监局等10部门联合印发《浙江省房地产市场秩序整治规范专项行动方案》，重点整治房地产开发、房屋交易、住房租赁、物业服务、房地产估价等五大领域违法违规行为。至2021年年底，全省各地共检查企业（机构）11853家（次），查处违法违规案件383件，共罚没款1252万元，移送公安司法机关10件，公布违法违规行为典型案例34个。省级层面赴温州市开展2021年度房地产领域“双随机”抽查，随机抽取检查10家房地产开发企业和经纪机构，对发现的问题督促整改。各地共开展“双随机、一公开”抽查615次，其中跨部门联合“双随机、一公开”66次，抽查企业或机构数量858家。从2021年7月1日起，浙江省暂停房地产开发三级、四级和暂定级资质审批。印发《浙江省城镇住房发展“十四五”规划》。

【住房租赁市场发展】2021年，中央财政支持住房租赁市场发展试点城市杭州、宁波市新筹集租赁住房15.1万套（间）、716.9万平方米，试点以来全省累计新筹集租赁房源62.8万套（间）、1576.2万平方米。共有1460余家租赁企业、2420余家经纪机构在省住房租赁监管服务平台开业备案，其中专业化规模化租赁企业73家。2021年，杭州市、宁波市新拨付中央财政支持住房租赁试点奖补资金19.23亿元，试点以来累计拨付27.4亿元。会同省财政厅、省税务局联合印发《关于明确专业化规模化住房租赁企业标准及做好有关数据共享工作的通知》，至2021年年底全省共计84户纳税人依法享受房产税、城建税、增值税等税收减免462万元。宁波市于全省率先出台了《关于非住宅改建租赁住房的指导意见（试行）》，宁波市海曙区印发了具体操作办法和审批细则，促进“非改租”项目联合审批落实落地。

【住房民生工程】至2021年年底，全省完成城镇危房治理改造2339幢，占三年总任务的61.7%。全面摸排核查城镇危房人员居住使用情况，组织危房重点人员撤离。全省各地共巡查城镇房屋11238幢（处），重点排查在册的2745幢（处）城镇危房；开展危险房屋人员腾空和转移工作，累计转移人员60553人，排查物业管理住宅小区地下车库7901个。至2021年年底，全省新增完工住宅加装电梯2476台，在建施工738台，方案联审通过568台，三个环节累计（含2021年之前完工）6387台。

【国有土地上房屋征收】2020年，浙江省作出国有土地上房屋征收决定201个，建筑面积710.18万平方米，涉及28606户，其中住宅建筑面积341.72万平方米，涉及23744户；完成征收项目151个，建筑面积615.66万平方米，涉及22748户；作出补偿决定建筑面积56209.36平方米，涉及301户。申请法院强制执行53户，法院裁定准予执行47户，实际执行27户，其中法院执行3户；遗留拆迁项目11个，建筑面积86.47万平方米，涉及3926户。全省房屋征收实施单位167个，从业人员2653人。

【房地产市场调控】2021年，浙江省房地产市场总体稳定，基本实现稳地价、稳房价、稳预期目标。各地结合实际，因城施策出台房地产调控措施，综合运用土地、税收、金融等政策以及必要的行政手段，推进房价地价联动，遏制了地价房价过快上涨势头。杭州市、宁波市实行“两集中”住宅用地出让，即集中发布出让公告、集中组织出让活动、全年供地不得超过3次。

【物业服务管理】印发《关于加强物业领域党建统领全面提升住宅小区居住品质的指导意见》，将物业服务与基层党建、基层治理工作有机融合，健全完善小区议事协调机制。开展“红色物业”项目创建活动，各地共创建“红色物业”项目674个，在各地创建的基础上，核定公布省级“红色物业”项目189个。开展“美好家园”创建、智慧物业试点，杭州市、嘉兴市在全国有关工作座谈会上作交流发言。2021年全省通过信用评价的物业服务企业1129家，其中AAA级物业服务企业140家。2021年全省13480个住宅物业项目公示收费信息，各地开展检查和执法行动6553次，发放政策法规宣传册16.7万本。以共同富裕为主题，结合行业发展、法律法规、科技创新内容开展物业管理业务培训，共150人参加。

住房保障

【概况】 截至2021年年底，全省城镇各类保障性安居工程累计受益困难家庭445万户、1077万人，占城镇常住人口数的比例达到22.6%。

【持续加强公租房保障】 年末，全省公租房在保家庭达到32.7万户，其中公租房实物保障户数15.2万户，公租房租赁补贴发放户数17.5万户。制定印发《公共租赁住房保障基本公共服务导则（试行）》《关于进一步规范公共租赁住房保障家庭经济状况核对工作的通知》，推进公租房保障基本公共服务均等化、标准化水平。完成公租房申请事项政务2.0改造以及嘉兴桐乡市、台州黄岩区、金华义乌市3个公租房保障“一件事”全流程数字化改革“揭榜挂帅”中榜单位试点工作，基本形成公租房保障“一件事”全流程样本，台州黄岩区的公租房场景应用通过路演综合评分纳入了第五批数字社会案例集。

【加快发展保障性租赁住房】 制定《关于加快发展保障性租赁住房的指导意见》，建立了发展保障性租赁住房的基础性制度和土地、财税、金融、项目审批等支持政策，明确了重点发展保障性租赁住房的37个城市，以及“十四五”期间建设筹集保障性租赁住房120万套（间）的目标任务。2021年累计建设筹集保障性租赁住房17.4万套（间）。研究制定《浙江省发展保障性租赁住房情况监测评价办法（试行）》，组织全省37个发展保障性租赁住房的城市开展监测评价工作。

【因地制宜发展共有产权住房】 鼓励人口净流入城市结合实际推动发展共有产权住房。2021年，杭州市出台《杭州市共有产权保障性住房管理办法》，宁波市出台《宁波市共有产权住房管理办法（试行）》，明确共有产权住房的建设、供应对象、价格、权属等内容。

【持续稳妥实施棚户区改造】 2021年，全省实现年度棚改新开工3.6万套、基本建成10.8万套，完成年度目标。制定印发《城镇棚户区改造基本公共服务导则（试行）》，对城镇棚户区改造项目管理提出有关工作规范。坚持“重开工”向“重竣工”“重交付”并重转变，加快历年开工的棚改项目竣工交付，实现2017年底前开工项目竣工率达到100%、交付率达到85%。积极争取中央财政专项补助资金5.06亿元、中央预算内投资4.2亿元，并落实省级财政专项补助资金3亿元。

公积金管理

【扩大覆盖面】 2021年，全省月在缴住房公积金职工平均人数为908万人，超额完成年初确定的目标任务数（862万人）。归集资金保持较快增长。1—12月全省归集公积金2035.66亿元，同比增长12.22%，完成省政府下达年度考核目标（1900亿元）的107.14%。1—12月全省公积金贷款17.78万笔、913.80亿元，个贷率稳定在95%左右。住房公积金提取占比较高。落实公积金支持老旧小区改造、加装电梯等政策，支持形式趋于多样化。1—12月全省提取公积金1550.53亿元，同比增长6.13%，提取率76.17%。1—12月，全省公积金提取和贷款两项合计支持住房等消费2464.33亿元，同比增长5.70%，完成省政府下达年度目标任务（2000亿元）的123.21%。全年资金使用率保持在98%左右，贷款逾期率保持在万分之2以下。

【公积金数字化】 在政务服务中推行公积金“全省通办”，完成证明材料清理调整30项，新增功能配置32项。截至12月底，全省公积金政务服务2.0办理事项达到285万件。出台机关事业单位公积金基数调整“一件事”改革方案，落实提前还贷“一件事”、建造翻建自住住房提取“一件事”，积极参与企业开办等“一件事”。推出“小切口”场景。以衢州、义乌等地为试点，推行贷款“不见面”改革。公积金提取、账户转移、提前还贷3项高频被数字社会系统列为首批“关键小事”，率先推行“智能速办”，该应用自上线以来全省已办理25余万件。五推“一地创新”模式。在义乌中心率先推行公积金“一地创新、全省共享”试点。

【推进长三角“一网通办”】 率先实现全省一次性接入长三角“一网通办”平台，发起购房信息协查1663次，协助核查各类信息2070次。开具异地贷款证明6765份，发布异常动态信息15条。开通一体化服务专栏，首页访问量已超过30万人次。制定《〈住房公积金资金管理业务标准〉实施指南（试行）》。开展共建公积金融通机制等研究。三省一市政府牵头攻坚，各中心自上线以来，已受理10人，提取金额47.2万元。建立长三角一体化发展示范区（青吴嘉）住房公积金合作推进机制。推行提取还贷业务，已受理337人（三地合计700人），提取金额1869万元（三地合计4000万元）。

城乡历史文化保护传承

【贯彻落实《关于在城乡建设中加强历史文化保护传承的意见》】积极开展浙江省实施意见的起草制定工作，召开部分省级部门、市县建设部门和相关专家座谈会。发布《关于在实施城市更新中加强历史文化保护传承防止大拆大建的通知》，各地组织开展自查工作，严格控制大规模拆除，杜绝运动式、盲目实施城市更新。

【积极构建保护体系】已持续开展六批省级历史文化名镇名村街区申报和公布工作，共有历史文化名城名镇名村街区共392处，确定公布历史建筑10328幢，名城名镇名村总数和已公布历史建筑总数均位居全国第一。推进历史文化街区划定和历史建筑确定工作，按照应划尽划、应保尽保的原则查漏补缺，确保具有保护价值的城市片区和建筑及时认定公布。发布了浙江省历史文化保护“十四五”规划，指导各地加快历史文化名城、名镇、名村、街区保护规划编制，会同省文物局进一步加大审查力度，努力推动保护规划全覆盖。组织开展了第七批历史文化名镇名村街区申报认定工作。指导杭州、宁波开展历史建筑保护利用国家试点，推动金华、湖州、龙泉开展历史建筑保护利用省级试点，加强历史建筑保护利用。扎实推进历史建筑确定公布和“一房一档一图则”名录管理制度。完成历史建筑挂牌6463处，完成测绘建档6262处。

城市体检评估

【构建城市体检工作体系】城市体检工作写入2021年浙江省政府工作报告。组织开展了城市体检工作导则研究，努力构建符合浙江城市发展阶段、发展特色、核心问题的城市体检制度。提出“1＋9＋X”的体检工作构架。

【城市体检推动城市更新】制定并下发浙江省城市体检工作实施方案，要求全省各设区市在完成城市综合自体检的基础上，选择至少两项专项体检，并在三年时间完成全部9项专项体检，努力形成“开展体检—发展问题—提出方案—确定项目—实施更新”的一整套滚动的工作机制。7月，组织召开全省城市体检工作推进会议，指导各地切实加强组织领导，完善工作方案，明确目标举措，认真抓好工作落实。各设区市均制定城市体检工作方案，成立了由市政府分管领导为组长的工作小组，组织开展城市体检工作。11个设区市都已经提交城市体检报告，并根据体检发现的问题，梳理提出城市更新的工作重点。组织相关专家，对各市的体检报告进行审查，并提出了相应修改完善建议。

建设工程消防设计审查验收

出台《浙江省建设工程消防设计审查验收管理暂行办法》，在全国首创了交通、水利、电力等专业工程“消防验收行政审批与技术性审查相分离制度”，初步建立了科学合理、高效运行的工作机制。该体制模式在2021年11月省人大审议通过的《浙江省消防条例》修正案中采纳体现。

城市建设

【基础设施建设】2021年，浙江省主城区新（改）建城市道路151公里，建成联网道路28条、推进城市快速路建设354.32公里，新增城市停车位17.7万个。印发《浙江省加强城市地下市政基础设施建设实施方案》，并被住房和城乡建设部向全国转发，开展城市地下市政基础设施普查排查和省级试点建设；持续开展全省D、E级桥梁整治、护栏升级改造、城市道路“两限一高”违规设施拆除；印发《浙江省市政设施养护档案管理标准化导则》，指导各地加强市政设设施档案管理。

【生活垃圾分类收集处置工作】2021年，省分类办印发生活垃圾治理全面决胜两年行动计划，提出到2022年年底，全省生活垃圾治理实现“五个全覆盖”和“打造全国生活垃圾治理先行区”的目标构想。2021年全省处置生活垃圾2535.8万吨，比2019年增长－3.62%，回收利用各类再生资源436.2万吨，高水平完成“零增长”“零填埋”任务目标，第四季度获得住房和城乡建设部东部地区考核第一名。目前，全省共建有焚烧和餐厨垃圾处理设施137座（焚烧设施76座，餐厨设施61座），总处理能力约9.8万吨/日（焚烧能力8.55万吨/日，餐厨处理能力1.25万吨/日），实际处理约7.2万吨/日，基本实现了县域为单元的生活垃圾处置平衡。

【深化“五水共治”】2021年，浙江省完成城镇污水处理厂清洁排放改造68座，新增污水处理能力174万立方米/日；新增城镇污水配套管网1513公里；完成1106个城镇生活小区“污水零直排区”创建。全省城市污水处理率为97.7%（2020年数据），建制镇污水处理率为74.7%。综合整治（含新开河道）50条，新建雨水管网818公里，提标改造管网879公里，雨污分流改造973公里，清淤排水管网43380公里，提升雨水泵站能力20.3万立方米/小时，整治易涝区域115处。削减化学需氧量111.9万吨、氨氮 10.7 万吨。杭州余杭区赭山港、金华婺城区回溪和水电渎、舟山定海区新河、台州椒江区庆丰河、丽水莲都区五一溪 6 条水体被住房和城乡建设部认定为“长治久清”水体，全省实现黑臭水体“零增长”。新建供水管网 720 公里，改造供水管网 564 公里，新增改造供水能力 111 万吨/日，完成改造二次供水设施项目 597 个。实施城区老旧管网改造，推进有条件的县（市、区）实施分区计量管理，控制供水管网漏损率。全省城市供水管网平均漏损率为 5.85%，达到《水污染防治行动计划》中提出的“到 2021 年，全国公共供水管网漏损率控制在 10%以内”的要求。全年全省改造节水器具 2.43 万套，新建改造智能水表 15.9 万只。印发《浙江省农村生活污水治理“强基增效双提标”行动方案(2021—2025)》，明确至 2025 年全省农村生活污水治理行政村覆盖率和处理设施出水达标率达 95%以上。指导各地开展县域农村生活污水处理设施近期建设规划编制工作，至年末，规划已全部通过政府批复。全省新开工处理设施建设改造项目 3246 个、完成处理设施标准化运维 19638 个，实现日处理能力 20 吨以上处理设施标准化运维全覆盖。

【城市园林绿化】发布《关于做好城市公园覆盖扫盲和名录公布有关事项的通知》，明确公园建设和管理职责；发布《关于加强城市园林绿化安全管理工作的通知》和城市公园安全隐患排查整治通知，建立健全城市公园等园林绿化安全管理责任制度。召开城市动物园管理讨论会，推动建立健全安全督查机制，排查整治安全隐患。举办全省城市园林绿化建设管理培训班，宣传贯彻科学绿化理念和技术，强化安全意识。开展红火蚁等外来入侵物种源头阻截和全面普查，加强专业培训和科普宣传，发布《关于加强住房城乡建设领域红火蚁阻截防控工作的通知》《关于开展住房城乡建设领域红火蚁防控培训工作的通知》，制定《浙江省建设领域红火蚁防控工作方案》《浙江省建设领域红火蚁防控手册》。因地制宜推进城市绿化、彩化和提质改造，创建省级园林城市 2 个、省级园林城镇 49 个，建成省级园林式居住区（单位）116 个、优质综合公园 59 个、绿化美化路 78 条。推进“数字园林”建设选取杭州市园文局、平湖市建设局、安吉县城管局等 3 家试点单位。

【“万里绿道网”建设】联合省自然资源厅印发《浙江省省级绿道网规划（2021—2035)》，并将规划纳入交通强省战略。修订《浙江省绿道规划设计导则（2021 修订)》，发布《浙江省省级绿道网标识系统方案设计》，引导绿道科学建设。召开全省绿道建设管理会议，部署“十四五”时期和年度工作。11 月在衢州召开第九次全省绿道网建设暨城市园林绿化工作现场会。组织开展全省绿道现场检查，并对最美绿道建设进行现场指导。联合 8 个省级部门开展第五届最美绿道评选，累计评选出 60 条最美绿道，联合 5 个省级部门开展浙江省第三届“绿道健走大赛”暨“绿道健身月”，共计 80 多万公众参与互动。完成省政府十方面民生实事绿道项目 1296 公里，完成年度任务 129%。同时，完成其他绿道项目 700 多公里。

【城镇燃气安全生产】2021 年，浙江省全面实施第二轮城镇燃气安全生产三年行动计划，开展跨区域经营瓶装液化石油气专项整治、违法销售瓶装燃气案件查处、小餐饮企业安全用气问题督查等工作。编制《城镇燃气设施安全检查标准》《农村管道燃气工程技术导则》等标准规范，健全安全技术防控体系。全省组织消防、反恐怖等应急演练 418 次。完成首轮燃气企业风险普查与隐患整改，改造老旧燃气管线 163.8 公里；开展“脱空”检测约 5 万处，排查城市道路 1.2 万公里，整改地下隐患 6792 个；实现零较大事故、零重大涉险事故的“两个零”事故控制目标。

【海绵城市和地下综合管廊建设】开展 2021 年海绵城市建设评价。新增 140.2 平方公里海绵城市区域，打造示范性工程 26 个；指导杭州市成功申报海绵城市建设国家示范城市试点。印发《浙江省地下综合管廊安全管理导则》，组织杭州市开展地下综合管廊多型化研究试点，新开工管廊 17.6 公里，形成廊体 41.34 公里。

村镇规划建设

【美丽城镇建设】组织召开柯桥现场会，全年已完成投资 3204.59 亿元，实施项目 11661 个，投资超过预期 150%。全年建成省级样板城镇 110 个，加快发展县城样板 4 个，基本达标城镇 299 个，累计 640 个，占总数的 63.4%，经验做法分别被人民日报、新华日报、中国建设报、浙江日报等中央和省级权威媒体刊发。

【农房安全隐患排查整治】全面开展排查整治和“回头看”工作，提前两年多时间完成全省 1010.8 万户农房的排查整治工作，共发现危房 12613 户，其中已用作生产经营危房 911 户，均已全部完成整治。

工程质量安全监管

【工程质量安全监管】2021年，浙江省在全国率先部署开展工程质量安全标准化行动。创县级以上优质工程项目数量占本年度竣工项目数量比例达14%，其中，创鲁班奖、国优工程奖25项，数量持续稳居全国前三位，浙江省二建集团有限公司获得省人民政府质量奖。在全国率先完成了建筑施工安全风险普查，完成了19615个在建项目的风险普查，绘制了全国首张建设施工区域和领域风险“四色图”。本质安全逐步牢固，全省百亿元产值死亡率连续三年实现了下降。

建筑市场

【概况】制定出台《关于推动浙江建筑业改革创新高质量发展的实施意见》，提出了五大目标、六大行动、四大保障等24条措施；编制发布《浙江省建筑业发展“十四五”规划》，并评选公布了77家全省建筑产业现代化示范企业。全省建筑业企业共完成建筑业总产值2.3万亿元，同比增长9.9%，占全国建筑业总产值的7.9%；实现建筑业增加值4225亿元，占全省生产总值（GDP）的5.7%；全省建筑业入库税收760.5亿元，同比增长5.4%，占全省入库税收的5.5%；签订合同金额4.7万亿元，其中新签合同金额2.3万亿元；房屋建筑施工面积18.2亿平方米，占全国房屋建筑施工总面积的11.6%，其中新开工面积5.2亿平方米；建筑业从业人员585万人，占全国建筑业从业人员11%。

【优化结构调整】2021年，全省特级企业共82家，其中基础设施领域特级企业15家（市政7家、公路5家、水利2家、化工石油1家），基础设施类特级资质占比18.3%，数量和占比均居全国各省市前列；全省建筑业产值超100亿元企业有30家，50亿元以上企业84家。15家企业上榜2021全国民营企业500强，占全省上榜民营企业的15.6%。8家钢结构企业入选“全国钢结构50强”，3家企业稳居全国钢结构上市企业前三强。

【坚持转型驱动】联合省发展改革委制定下发《关于进一步推进房屋建筑和市政基础设施项目工程总承包发展的实施意见》，组织编制工程总承包计价规则。2021年，全省共有678家企业承接工程总承包项目704个，合同额1544.96亿元。加快推行全过程工程咨询服务，基本实现从房建市政到交通、水利、能源等行业全过程工程咨询的全领域推广。2021年，全省共有266家企业承接全过程工程咨询项目704个，合同额48.09亿元。

【强化改革创新】制定出台《浙江省工程造价改革实施意见》，在舟山、金华、嘉兴3个设区市开展“取消最高投标限价按定额计价”的造价改革试点，建立改革任务清单并分解为21项具体工作举措。积极推进建筑领域数字化改革，强化实名制监管，下发建筑工人实名制管理数据标准（V2.0）和建筑工人实名制考勤设备技术标准，实现考勤设备“一地接入、全省通用”。开发“建筑工人保障在线”应用并开展区域试点，破解建筑工人流动管理难、技能素质低、合法权益得不到有效保障等制约建筑业发展的难题。继续落实保证金制度改革，截至2021年年底，保函替代率达到90%，为企业直接降本减负和释放现金2182.9亿元。

【推进建筑工业化】制定下发《2021年全省建筑工业化工作要点》，继续落实省财政每年1亿元城乡新型建筑工业化以奖代补专项资。全省新开工装配式建筑面积1.13亿平方米，占新建建筑比例达到30.3%，装配式建筑实施面积和比例均居全国前列；新开工钢结构装配式住宅面积160万平方米，累计达716万平方米。开展第二批国家和省级建筑工业化示范申报，全省共有4个城市和23家企业被认定为国家装配式建筑示范城市和产业基地，9个市县和68家企业被认定为省级建筑工业化示范城市和产业基地。全省已投产装配式混凝土生产基地68个，年产构件806万立方米；已投产钢结构装配式生产基地（30亩以上）68个，年产构件466万吨。积极推进装配化装修，编制发布《装配式内装评价标准》。

【推广绿色建筑】2021年，全省新增二星级及以上绿色建筑标识项目246项，建筑面积3260万平方米；其中，三星级绿色建筑标识46项，建筑面积697万平方米；完成既有公共建筑节能改造建筑面积120万平方米，实施太阳能等可再生能源建筑应用面积2500万平方米。新建民用建筑全面按照一星级以上绿色建筑强制性标准进行建设，全年全省新增城镇绿色建筑面积1.6亿平方米，城镇绿色建筑占新建建筑比重达到98%以上。

【转变监管模式】2021年，浙江省建筑市场公共服务系统已有3.7万家企业、84万入库人员、11万个工程项目、1.1万条进浙备案企业信息。部署开展2021年度发包和承包违法行为专项整治行动，有效打击建筑市场违法发包、转包、违法分包和挂靠等违法违规行为。深化和完善“双随机、一公开”监管方式场景应用，着力打造以“互联网+监管+信用”为基础的监管工作闭环，出台《关于浙江省建筑施工企业信用评价的实施意见》，强化信用体系建设，营造诚实守信的市场环境。加强招标投标规范管理，制定出台《浙江省房屋建筑与市政基础设施施工招标文件示范文本》。

【培育建筑产业工人】联合10部门印发《关于加快培育新时代浙江建筑产业工人队伍的实施意见》；依托浙江建设职业技术学院，成立浙江省建筑业现代化产业学院，推进产业工人培育和技能提升等工作；完成《浙江省建筑产业工人培育改革机制研究》成果，为建筑产业工人培育改革提供支撑。

【实施“走出去”发展】2021年，浙江建筑业深入实施“走出去”发展战略，全年完成对外承包工程营业额79.25亿美元，同比增长23.04%，在全国占比7.84%，居各省区市第4位；其中在“一带一路”沿线国家完成工程营业额49.31亿美元，同比增长47.28%，较上年同期高出10.24个百分点。

建筑节能与科技

【完善绿色标准体系】编制发布《绿色建筑设计标准》《辐射供暖及供冷应用技术规程》《金属面板保温装饰板外墙外保温系统应用技术规程》等相关绿色节能标准。印发《2021年度浙江省建筑节能与绿色建筑及相关工程建设标准制修订计划》，启动修订《居住建筑节能设计标准》《公共建筑节能设计标准》、《民用建筑可再生能源应用核算标准》等标准，进一步提高新建建筑节能标准。

【提升建筑能效水平】结合城镇老旧小区改造、海绵城市建设等重点工作，通过建筑外墙外保温、活动外遮阳、隔热屋面、太阳能、地源热泵等节能技术的应用，稳步推进既有建筑节能改造工作。新建民用建筑全面按照一星级以上绿色建筑强制性标准进行建设，其中国家机关办公建筑和政府投资或者以政府投资为主的其他公共建筑，按照二星级以上绿色建筑强制性标准进行建设。

【推进可再生源建筑应用】以实施民用建筑节能评估和审查制度为主要抓手，大力推进太阳能光伏系统、太阳能光热系统、空气源热泵热水系统和地源热泵系统等可再生能源建筑应用。同时，明确要求可再生能源设施设备应用与建筑一体化设计、施工和安装，确保建筑与环境的美观协调。

人事教育

【优化干部队伍结构】2021年，共选拔任用副处级以上领导干部12人，其中80后干部7人、建设类专业干部6人，40周岁以下厅管处级干部比例从10.4%上升到15.6%，干部队伍结构进一步优化。同时用好各年龄段的干部，晋升职级21人，激励干部担当作为。

【加大干部交流力度】2021年省住建厅机关共交流干部20人次，比上年度（15人次）增加1/3。畅通厅机关公务员与下属事业单位处级干部交流渠道，使用“一进一出”方式提任交流干部2次。开展厅机关和建管总站公务员平时考核，将考核结果与年度考核评优、选拔晋升等挂钩。严格落实干部个人事项报告制度。

【选拔行业人才】围绕建筑工人、施工现场专业人员、建设工程专业高级职称人才，提出建设行业人才管理系统建设方案并申报立项。推荐省“万人计划”科技创新领军人才1名，获评国务院特殊津贴专家1名。推进建设工程高级职称评审制度化、规范化，全面实现无纸化申报，制定了评审专家监督管理办法，做到专家业务培训全覆盖，采取专家背靠背方式促进独立评审。2021年，全省共有611人申报正高工，评审通过292人；共有3888人申报高工，评审通过2663人。目前，全省共有建设工程专业正高工2300人，高工35000人。指导杭州、宁波和绍兴市高评委开展工作，统一建设工程专业职称评审的标准和要求。

【推动从业人员培训】印发2021年度全省建设行业职业技能提升行动文件，推动建筑工人、建筑特种作业人员、农村建筑工匠等职业培训3万人次。印发施工现场专业人员继续教育通知，完成继续教育22.28万人次、职业培训5万人次。指导建设学院印发《建筑工人职业培训实施办法》，完善培训工作体系。

年度其他重要工作

【城乡风貌整治提升】浙江省委、省政府办公厅印发《浙江省城乡风貌整治提升行动实施方案》，省建设厅印发《市县城乡风貌整治提升行动方案编制导则》《城市风貌整治提升技术指引典型问题篇(一)》《县域风貌样板区技术指南》《城乡风貌样板区建设评价办法》等技术文件，形成城乡风貌案例库、问题库、规范库。推动项目落地见效，公布了首批城乡风貌样板区试点建设数量212个，其中城市风貌样板区试点121个，县域风貌样板区试点91个。

大事记

1月

12日　召开全省住房和城乡建设工作会议。

2月

9日　省建设厅党组书记、厅长项永丹在杭州检查指导城市建设领域安全生产工作。

3月

1日　住房和城乡建设部党组成员、副部长倪虹赴全国白蚁防治中心调研指导工作。

4月

15—16日　住房和城乡建设部在嘉兴召开智慧物业试点工作座谈会。

5月

20日　全省美丽城镇建设工作现场会在绍兴市柯桥区召开。

6月

22日　省政府召开全省城镇燃气安全风险隐患排查整治视频会议，副省长徐文光出席会议并讲话。

7月

8日　召开学习习近平总书记“七一”重要讲话专题党课辅导暨“两优一先”表彰大会。

29日　全省城乡风貌整治提升暨未来社区建设工作现场会在桐庐召开，副省长徐文光出席会议并讲话。

8月

9日　副省长徐文光调研数字化改革工作，观看了住房城乡建设“一网智治”平台等。

17—19日　省建设厅党组书记、厅长项永丹随浙江省代表团在新疆考察对口支援工作期间，赴新疆生产建设兵团第一师阿拉尔市慰问建设系统援疆干部并考察调研。

10月

23日　举行首届中国浙江“浙里安居　共享美好”论坛。

26日　召开浙江省第二十五个环卫工人节庆祝大会在绍兴召开，副省长高兴夫出席会议并讲话。

11月

2日　召开全省城镇“污水零直排区”建设和农村生活污水治理工作推进会，副省长高兴夫出席会议并讲话。

10日　全省绿道网建设暨城市园林绿化工作现场会在衢州召开。

12月

17日　召开全省加快发展保障性租赁住房电视电话会议，副省长高兴夫出席会议并讲话。

24日　浙江省首批城乡风貌样板区试点建设名单发布，共计212个，其中城市风貌样板区121个，县域风貌样板区试点91个。

（浙江省住房和城乡建设厅）

安　徽　省

住房和城乡建设工作概况

【城市发展质量持续提升】2021年，安徽省完成16个城市体检，开展首批城市更新单元（片区）试点，滁州、铜陵列为全国城市更新试点。全年新开工棚户区改造15.61万套，基本建成13.64万套，超额完成全年目标，亳州获国务院通报表扬激励。第十四届中国（合肥）国际园林博览会筹备有序开展。加强历史文化保护传承，新增历史文化街区6片，新公布历史建筑711处、总数5820处，位居全国第三，其中歙县2976处，为全国县级第一。黟县、桐城获批国家历史文化名城。

省政府成立房地产市场调控领导小组，督促各市履行主体责任，稳地价、稳房价、稳预期。实施持续整治规范房地产市场秩序三年行动，开展提升物业管理群众满意度专项行动，维护人民群众合法权益。住房保障工作有力推进，年度各项目标任务全面超额完成。进一步发挥住房公积金支持缴存职工解决住房的保障作用。

【城市治理效能有效提升】推广城市生命线安全工程“合肥模式”，发布实施工程技术标准和建设指南。省级监管平台建成运行，城市监测中心一期工程陆续启动。安徽省城市生命线安全工程建设经验推向全国。持续开展“强基础、转作风、树形象”专项行动，加强城市管理执法队伍建设管理，落实行政执法公示、执法全过程记录和重大执法决定法制审核等制度。推动城市管理执法向小区延伸。长三角综合执法协作深入开展。开展市容环境专项整治和“示范道路”“示范街区”“示范小区”试点，发挥典型示范作用。

【安徽建造品牌逐步彰显】印发《关于持续推进建筑业发展的十二条意见》，在优化资质审批管理、规范招投标行为等方面强化支持，赋能增效。新增高等级资质企业 195 家。全面推行工程担保，明确房建和市政工程项目异常低价标准，建立建筑工程材料价格调差制度。《安徽省绿色建筑发展条例》通过省人大审议。新增装配式建筑竣工面积占新竣工建筑 19.20%，新增绿色建筑竣工面积占新竣工民用建筑 87.65%。深化工程建设项目审批制度改革，行政审批服务效能持续提升。

【城乡建设绿色转型扎实推进】持续推进城市污水处理提质增效，加强县城建成区黑臭水体治理，巩固城市黑臭水体治理成果。全面推进城市生活垃圾分类，省政府办公厅印发实施方案，成立省政府主要负责同志任组长的领导小组。省人大常委会审议通过《安徽省生活垃圾分类管理条例》。焚烧垃圾处理能力占比居全国前列。建筑垃圾减量化、资源化、无害化处理有效推进。严格落实建筑施工扬尘污染“六个百分之百”防治措施。坚决抓好“23+80+N”突出生态环境有关问题整改，推进落实“三大一强”专项攻坚行动。

【美丽村镇建设水平持续提升】巩固脱贫攻坚成果同乡村振兴有效衔接，探索建立农村低收入群体住房保障长效机制。完成 7062 户农村危房改造、完成率 116.8%。农村房屋安全隐患排查整治全面开展。农村生活垃圾无害化处理率达 75%。传统村落保护发展力度加大，黄山市传统村落集中连片保护试点深入开展。组织开展小城镇新型城镇化试点。

法规建设

【把握正确政治方向】2021 年，省住房城乡建设厅党组和依法行政暨法治宣传教育领导小组 5 次召开会议，分析研究部署法治工作。印发了《深入学习宣传贯彻习近平法治思想工作方案》《2021 年度法治建设工作要点》和《2021 年度普法依法治理工作要点》，6 次对习近平法治思想进行专题学习研讨，开展，开展了“学习宣传习近平法治思想”主题征文，举办两次“法治培训班”，厅机关 20 余次深入各市住房城乡建设部门、企业、乡村、社区开展法治服务。

【依法全面履行职能】动态调整厅本级权责清单、公共服务清单及行政权力中介服务清单，厅本级行政权力事项由 40 项减少到 28 项。及时更新“行政许可事项、行政权力事项、公共服务事项以及市县两级行政处罚和行政强制事项”等 4 类指导目录。积极协调合肥、阜阳、蚌埠、亳州等市跟踪推进建筑光伏一体化、城市照明能源合同管理等项目，全省住房城乡建设系统有 531 名干部共包保 1190 家建筑企业，走访调研重点企业及项目 716 个，收集企业反映的各类问题和诉求 451 件，办结企业问题 430 件。全面加快厅政务服务一体化网上平台建设，行政许可事项承诺办理时限从 405 天减少到 146 天，全省工程建设项目审批时间由 120 个工作日压缩至 80 个工作日以内，97%的行政许可事项实现全程网办，12 类企业和人员资质资格证照全部实现电子化，2021 年累计制发电子证照 38.9 万多本。积极拓展 7×24 小时不打烊“随时办”等服务，2021 年厅行政服务窗口累计办理 176588 件，按时办结率 100%，群众满意率 100%。

【着力完善制度体系】《安徽省建筑市场管理条例》《安徽省建筑工程招标投标管理办法》《安徽省绿色建筑发展条例》《安徽省生活垃圾分类管理条例》正式施行，《安徽省物业管理条例》《安徽省城市市容和环境卫生管理条例》《安徽省城市房地产开发经营管理办法》《安徽省建设工程勘察设计管理办法》进行了重新修订。扎实开展文件清理，废止了 43 个厅发规范性文件，建立并公布了厅发规范性有效和废止文件目录。研究编制了《安徽省住房城乡建设系统法治政府建设实施方案（2021—2025）》，并将法治建设纳入《安徽省住房和城乡建设事业发展“十四五”规划》和年度工作计划，指导各级抓好法治工作落实。

【依法科学民主决策】修订《安徽省住房和城乡建设厅重大行政决策程序规定》，对 18 个厅发规范性文件、省委省政府代拟稿和重大政策性文件出具合法性审查和公平竞争审查意见书，对所有厅办行政处罚案件和厅长办公会议题进行法制审核。积极发挥法律顾问和公职律师作用，厅机关 4 名公职律师和外聘 15 名法律顾问，认真履行职责。

【严格规范公正文明执法】2021 年，厅本级共受理举报和办理案件 97 件，直接查办 42 件，督办（转办）55 件，对 41 家单位和 55 名个人实施了行政处罚。认真组织开展“全省住房城乡建设系统移交转办案件回头看”和“双随机一公开”执法检查，共抽取检查对象企业（含项目）共 770 个，发现问题 1430 个，下发《执法建议书》54 份。持续推进执法

“三项制度”，出台《行政执法全过程记录制度实施办法》《重大执法决定法制审核目录》等，探索建立《安徽省住房城乡建设领域轻微违法行为免罚清单》，制定了《安徽省住房城乡建设行政处罚自由裁量权实施办法》。先后开展全省住房城乡建设系统执法人员技能大赛、法治政府建设能力提升培训，组织了3500余人的执法人员专门法律知识考试和培训，出台《安徽省住房城乡建设领域行政执法人员继续教育管理办法（试行）》和《安徽省住房城乡建设系统专门法律知识考试大纲》，有效提升了行业执法人员的能力素质。

【有效加强权力监督】认真做好人大代表议案、建议和政协委员提案办理工作，全年承办的人大代表建议共109件（主办47件，协办62件），政协提案共93件（主办39件、分办7件、会办47件），满意率100%。先后对合肥等8个市由厅委托下放事项实施及动态监管情况进行督查，对存在的问题进行认真的梳理，并指导各单位加强整改落实。全年共办理行政复议案29件，有效化解行政纠纷。认真开展行政机关履行给付义务情况清查，2021年厅本级行政应诉案件5起，机关负责人100%出庭应诉，全年无败诉案件。全面推进政务公开，2021年厅门户网站发布政务新闻2790条、转载主流媒体信息25条、公开栏目公开信息数1096条，组织办理依申请政府信息公开88件。

【突出强化普法效能】省住房城乡建设厅法规处获评“2016—2020年全国普法工作先进单位”，研究制定了省住房城乡建设“八五”普法规划，制定并公布《2021年度“谁执法谁普法”普法责任清单》，省住房城乡建设厅主要负责人带头讲法治课，组织开展“全民国家安全教育日普法宣传活动”“民法典宣传民法典宣传月”“美好生活　民法典相伴”“普法江淮行”“宪法宣传周”等普法宣传活动，举办了面向企业的法治培训和“我为群众办实事、送法进基层进企业”等实践活动，制作了《推进无障碍环境建设　实现共享发展》等法治宣传微视频推送至相关媒体和平台。

房地产业

【主要经济指标】2021年，安徽省房地产开发完成投资7263.2亿元，总量居全国第七、中部地区第二、长三角地区第三，同比增长3.1%。积极调整住房供应结构，落实差别化的住房信贷政策，支持居民合理自住购房需求。全年销售商品房面积10460.9万平方米，总量居全国第六、中部地区和长三角地区均居第二，同比增长9.7%。全省商品住宅价格总体平稳。

【房地产市场调控机制】2021年，安徽省完善省级房地产市场调控机制，分类指导督促城市落实主体责任，因城施策。省政府成立省房地产市场调控工作领导小组，分管副省长任组长。召开重点房地产开发企业座谈会、城市房地产工作会商会，听取意见建议，研判市场形势，组织赴合肥、芜湖、宣城等市进行实地调研督导，开展对各市房地产调控工作的季度评价，加强对全省房地产市场调控工作监督指导。编制《安徽省“十四五”城市住房发展规划》，明确了“十四五”时期安徽省住房发展目标。推动房屋网签备案系统建设，实现“省市县全覆盖、一手房二手房全覆盖”。根据系统监测分析向有关城市发工作提示，指导合肥、芜湖等市完善调控政策。全年累计约有120万户家庭通过购买新房或二手房解决居住问题或改善居住条件。

【房地产市场监管】安徽省住房城乡建设、省市场监管等有关部门相继印发《安徽省持续整治规范房地产市场秩序三年行动方案》《关于加强住房租赁管理的通知》，在全省开展持续整治规范房地产市场秩序三年行动，对房地产开发、房屋买卖、住房租赁、物业服务领域人民群众反映强烈、社会关注度高的突出问题进行大力整治。9月16日，《中国建设报》头版对安徽省专项行动进行了报道。同时，坚决有力处置个别房地产企业开发项目逾期交房风险，切实维护群众合法权益，努力减少房地产市场波动。

【物业管理】2021年，安徽省积极推动探索“党建+物业”的治理模式，全面推进党建引领，“红色物业”，完善社区党组织、社区居民委员会、业主委员会和物业服务企业“四位一体”的工作联动机制，破解物业管理难题。开展“提升物业管理群众满意度”专项行动，推动城管、公安、消防等部门进小区执法，发挥人民调解作用，大力化解物业矛盾纠纷。开展“加强物业服务信息公开，让群众明明白白消费”活动，让企业透明服务，业主明白消费。编制《住宅区物业管理安全规范》，落实管理单位责任，强化对物业共用部位、共用设备维修养护。开展物业服务第三方评价，定期公布评价结果，引导企业诚信经营。构建智慧物业管理服务平台，鼓励物业服务企业探索“物业服务+生活服务”模式，促进线上线下服务融合发展。健全物业专项维修资金应急维修使用制度，保证住宅区物业共用部位共用设施设备紧急维修。截至2021年年底，全省登记注册物业服务企业5705家，从业人员33.9万人。在管的各类物业面积 16.6 亿平方米，其中住宅项目 1.27 万个，面积 13.3 亿平方米。

【城镇老旧小区改造】编制《安徽省“十四五”老旧小区改造规划》，细化年度目标任务，统筹科学实施。修订《安徽省城镇老旧小区改造技术导则（2021 年修订版）》，新增改造项目生成指南。印发《关于加强城镇老旧小区改造项目和资金管理的通知》《关于做好专营单位支持城镇老旧小区改造相关工作的通知》《关于加强城镇老旧小区改造配套基础设施建设有关事项的通知》《关于推进全省“智慧安防小区”建设工作的通知》，指导各地做好改造项目方案编制，严格专项资金使用管理，明确专营单位出资方式和改后产权归属及责任，推进老旧小区智慧安防建设。精简改造工程审批事项和环节，加快改造项目施工许可办理，督促落实老旧小区改造工程质量安全管理制度，委托第三方机构开展老旧小区改造现场核实评估。引导市场参与，拓宽多元融资渠道，召开全省城镇老旧小区改造项目签约和项目发布会，推进老旧片区改造，完善老旧小区及周边养老、托育、便利店等公共服务设施配套。2021 年，安徽省完成改造老旧小区 1341 个，完工率 107.5%，改造建筑面积 2590.28 万平方米，惠及居民 28.04 万户。拆除违法建设 12.8 万平方米，改造市政管网 191.71 万米，新增生活垃圾分类小区 708 个、停车位 34062 个、充电桩 6781 个，已建在建电梯 787 部，完善类、提升类改造项目不低于 80%，群众满意度近 90%。

住房保障

【概况】2021 年，安徽省保障性安居工程实现棚户区改造新开工 15.61 万套，开工率达 104.58%；基本建成 13.64 万套，完成率达 107.95%；棚户区改造新增竣工交付 15.6 万套，约 40 万棚户区居民实现安居梦。全省新筹集公租房 2916 套，开工率达 100%；累计竣工公租房 79.6 万套，竣工率 99.74%，分配 78.33 万套，分配率 98.15%，其中政府投资公租房已全部竣工，分配率 99.77%；全年发放租赁补贴 3.43 万户，完成率达 121.58%。

【住房保障体系建设】提请省政府印发《关于加快发展保障性租赁住房的实施方案》，大力推进保障性租赁住房建设。合肥、蚌埠、滁州等地相继出台实施办法，保障性租赁住房建设实现良好开局。推进完善住房保障体系国家试点。将加快发展保障性租赁住房和探索发展共有产权住房作为个性化指标纳入省政府与合肥市政府签订的目标责任书。指导合肥市扎实推进完善住房保障体系国家试点，2021 年，合肥市发展保障性租赁住房 2.2 万套（间），可以解决约 4 万新市民、青年人的住房困难问题，试点工作取得实质性进展。

【保障性租赁住房】将发展保障性租赁住房作为“十四五”时期住房建设的重点任务，指导各市结合市区常住人口和商品住房销售供应状况，存量土地和房屋资源情况，按照“保基本”的原则，做好供需两端测算，科学确定制定“十四五”发展目标和年度计划。加快构建租购并举的住房制度。“十四五”期间安徽省发展保障性租赁住房 30 万套（间）以上，可解决 60 万新市民、青年人的住房困难。

【公共租赁住房】2021 年，政府投资公租房实现全部竣工交付。推进享受优惠政策或政府补贴的企业投资公租房加快建设，企业投资公租房竣工率达 99.08%，较年初增长 0.66 个百分点。到 2021 年年底，通过实物配租和租赁补贴并举，全省累计实施公租房保障 173.73 万户；累计有 60.36 万户城镇低保低收入家庭通过公租房保障解决住房困难。全省城镇低保、低收入住房困难家庭已实现依申请应保尽保，城镇中等偏下收入住房困难家庭在合理轮候期内得到保障，并逐步将新就业无房职工和在城镇稳定就业的外来务工人员纳入保障范围。

加强公租房后期运营管理，印发《关于进一步做好公租房建设管理工作的通知》，规范公租房运营管理服务，促进公租房公平善用。2021 年，全省政府购买公租房运营管理服务的公租房 14.83 万套。

【棚户区改造】突出精准实施。严把棚改范围和标准，重点改造老城区内脏乱差的棚户区和国有工矿区棚户区，特别是需要通过棚改方式消除安全隐患的城市危房，优先纳入计划，做到应改尽改。注重品质提升。促进“住有所居”向“住有宜居”转变，推动工程创优，全省 137 个棚改项目获得市级以上创优奖项 104 个。抓好棚改续建项目竣工交付。按合理工期三年进行调度，继续将棚改续建项目竣工率纳入住房保障目标管理绩效考核指标。坚决防止工程烂尾和工期严重滞后的情况发生。2021 年棚改新开工的项目在实施合同签订时明确竣工时间，并向社会公布。建立应竣工项目台账，实行销号管理。截至 12 月底，全年棚改安置房新增 15.6 万套，已连续三年实现安置房竣工交付 15 万套以上，2018 年及以前年度开工的棚改项目竣工率 98.38%，超额完成年初制定的竣工率 97%的工作目标。继续加大财政资金和土地政策支持。共争取中央和省财政资金 41.46 亿元，其中中央财政保障性安居工程配套基础设施建设资金 24.58 亿元、中央财政保障性安居工程专项资金 13.48 亿元、省级以奖代补资金 3.4 亿元。会同省直有关单位提前预安排棚改用地计划指标 3385 亩。积极通过发行地方政府棚改专项债券支持各地棚改建设，成功发行地方政府棚改专项债券 345.15 亿元。亳州市棚户区改造真抓实干成效显著，获得国务院表扬激励。

公积金管理

【概况】2021 年，安徽省新开户单位 14662 家，新开户职工 89.81 万人，实缴职工 488.05 万人。全年缴存住房公积金 850.50 亿元，提取 630.85 亿元，发放住房公积金贷款 436.86 亿元，分别比上年同期增长了 11.52%、10.40%和 3.75%。截至 12 月底，全省累计缴存住房公积金 7091.03 亿元，累计提取 4879.36 亿元，住房公积金缴存余额 2211.68 亿元。累计发放住房公积金个人住房贷款 4002.66 亿元，贷款余额 2067.20 亿。2021 年，上缴财政公共租赁住房建设补充资金 21.06 亿元；支持职工购建房 1425.55 万平方米。

【数字化转型】实现 8 项住房公积金高频服务事项“跨省通办”，设置业务线下窗口 130 个，线上专区 53 个。深化长三角地区一体化合作，推进区域内购房提取“一网通办”截至年底，全省通过长三角“一网通办”专窗系统核查产证信息、房屋交易信息、名下有房无房、住房公积金信息协查共计 1394 次。全省 21 家住房公积金管理中心、分中心全部建成综合服务平台，实现一个平台管理，8 大渠道服务。加入全国住房公积金小程序，截至 12 月底，全省通过小程序办理转移接续业务 20424 笔，涉及资金 24475.14 万元。组织开展住房公积金制度 30 周年安徽省宣传月活动，推进全省将“我为群众办实事”落到实处。

【公积金监管】截至 12 月底，安徽省个人住房贷款逾期为 0.09‰，远低于全国平均值。通过全国住房公积金监管服务平台，实现对业务办理、数据质量、风险管控一体化管控。每日通报监管服务平台办理情况，督促协调各地及时完成全国各地往来业务。开展电子稽查+外部审计，及时发现全省普遍出现会计档案管理不规范、民法典实施后贷款合同未及时修改、基础数据不健全等问题，为全面提高数据质量和部门管理水平把准方向。

城乡历史文化保护传承、建筑设计管理、城市体检评估、城市更新、建设工程消防设计审查验收

【城乡历史文化保护利用】牵头起草了《关于在城乡建设中加强历史文化保护的实施方案》，积极构建分类科学、保护有力、管理有效的城乡历史文化保护传承体系。完成《安徽省“十四五”历史文化名城名镇名村街区及历史建筑保护利用规划》编制，明确“十四五”全省历史文化保护重点工作任务。大力提升历史文化名城品牌、品质，黟县、桐城市成功申报国家级历史文化名城。全面完成了 15 个历史文化名城省级调研评估，报请省政府批复了 11 个历史名城名镇名村保护规划，做好全国人大常委会办公厅重点督办建议办理。配合住房城乡建设部开展了历史文化名城名镇名村保护条例修订等工作。省政府新增公布老池口等 6 片省级历史文化街区，全省历史文化街区总数达 35 片，全年新公布历史建筑 794 处，2021 年年底历史建筑总数达 5903 处，安徽省及歙县历史文化保护工作在住房城乡建设部组织的全国会议交流。下达 2021 年历史文化保护专项资金 1900 万元，支持 17 个保护项目实施，另争取省级专项资金 946.1 万，支持开展了 1839 处历史建筑测绘建档工作。

【建筑设计管理】完成《安徽省建设工程勘察设计管理办法》修订并经省政府第 310 号令公布，进一步规范勘察设计市场，保证勘察设计质量。组织制定了《安徽省建筑风貌设计导则编制指南》，强化建筑风貌设计及城市公共空间设计引导。开展优秀勘察设计奖和优秀勘察设计企业评选。开展 BIM 技能竞赛，近三年，安徽省应用建筑信息模型（BIM）技术的项目数量连续增长率超过 60%。印发《安徽省建筑市场勘察设计企业信用评价办法和评价标准》，开发了“安徽省勘察设计企业信用信息管理系统”。组织开展了勘察设计企业、施工图审查机构及注册人员“双随机、一公开”监督检查。

【城市体检评估】组织全省“三院一校”骨干技术力量，制定出台了《安徽省城市体检技术导则》。印发《安徽省城市体检试点工作方案》，分批推进全省城市体检工作，完成 16 个城市体检报告，汇编《安徽省 2020 年度城市体检报告》，为城市更新提供政策建议。

【城市更新】举办“实施城市更新行动推进以人为核心的新型城镇化专题培训班”，提升推进城市更新行动的能力；省政府办公厅印发《关于实施城市更新行动推动城市高质量发展实施方案》，指导各地、各部门推进城市更新行动；印发《全省城市更新单元（片区）计划》，指导各地制定城市更新单元实施方案。全省共谋划 16 个城市更新单元，覆盖面积 99.08 平方公里，总投资约 710 亿元；11 月，滁州市、铜陵市成功入选住房和城乡建设部第一批城市更新试点。向住房和城乡建设部推荐亳州市陵西湖水环境综合治理和生态修复项目、宁国市河沥溪历史文化街区保护更新项目作为城市更新示范候选项目。

【建设工程消防设计审查验收】召开全省县级建设工程消防设计审查验收工作推进会，16 个市和 24 个县已成立消防审验专门机构。住房城乡建设部第 44 期工作简报刊发我省做法。制定出台《安徽省建设工程消防设计审查验收档案管理规定》，印发《关于加强房屋建筑和市政基础设施消防工程监管的通知》《关于做好安徽省铁路建设工程项目消防设计审查验收和备案抽查工作的通知》。

城市建设

【城市黑臭水体治理】巩固城市黑臭水体治理成效，落实河长制等长效管控机制，定期组织第三方机构开展水质检测，总体稳定。有序推进县城建成区黑臭水体治理，截至年底，县城黑臭水体治理项目约完成 80%。

【城市生命线安全工程】省级城市生命线安全工程建设取得积极进展，省级平台建成运行，与 16 个地级市的监测中心互联互通、数据实时共享，初步形成全省城市生命线风险感知“一图览”和监督“一网管”。截至年底，省级监管平台已接入 16 个地级市共计 10.3 万公里燃气、供排水管网和 2027 座桥梁的基础数据，270 平方公里城市三维建模数据，以及 3.19 万套智能传感设备的实时监测数据和预警预报信息，自平台运行以来，累计预警 344 次。会同省应急管理厅、清华合肥院联合印发了《安徽省城市生命线安全工程建设指南（试行）》；省市场监管局批准发布了《城市生命线工程安全运行监测技术标准》DB34/T 4021—2021。选聘以中国工程院院士、安徽理工大学袁亮校长领衔的 11 人第一批城市生命线安全工程建设专家智库；通过遴选评审，初选 30 多家涉及管线普查、感知设施勘察设计、工程施工等领域优势企业入围第一批全省城市生命线安全工程建设联合体；与人保财险公司合作，探索开展以保险兜底保障的闭环机制；与国家开发银行签订战略合作框架协议，在“十四五”期间计划融资不低于 100 亿元的信贷资金。有序实施一期工程，16 个市已组建完成本地化公司，各市结合城市体检发现的主要问题、薄弱环节，已全面完成本地区城市生命线风险评估工作。

【燃气安全】制定印发《安徽省城镇燃气安全排查整治实施方案》，联合省发展改革委部署摸查城市燃气管道老化更新改造有关情况，加快推进老旧燃气管网设施更新改造，组织编制改造项目计划。截至年底，全省共检查燃气场站 2731 座，大型综合体、餐饮、集贸市场、居民等用户 1121901 个，燃气管线 147776.2 公里；排查发现问题隐患 3.5 万个、已完成整改 3.4 万个，整改完成率 97%；打击违法违规行为 122 起，取缔经营门点 124 个，罚款 31.16 万元。在全省范围内开展了为期一个月的专项整治，期间全省累计排查液化石油气企业 540 余家。联合省直 7 部门印发《安徽省加强瓶装液化石油气安全管理工作方案》，开展瓶装液化石油气经营、储存、充装、运输、使用等各环节的安全隐患整治，防范和化解瓶装液化石油气安全风险。联合省市场监管局、省气象局分别赴阜阳市、淮南市开展城镇燃气生产质量安全部门“双随机、一公开”联合抽查。

【城市桥梁】开展城市桥梁安全运行调研评估，加强城市桥梁安全运行监管，印发《关于开展城市桥梁基本数据及运行管理现状调查工作的通知》。各市完成桥梁基本数据及相关档案资料填报工作，第三方机构完成了对各市汇总的城市桥梁基本数据完整性、准确性及运行管理体系执行情况现场调研并提出养护维修建议，编制完成了《安徽省城市桥梁基本数据及运行管理现状调查报告》，建立了“安徽省城市桥梁基本信息数据库”。

【城市排水防涝】印发《安徽省城市内涝治理系统化方案》，针对性地指导各城市做好城市内涝防范应对。及时发布城市内涝预警信息，会同省气象局发布城市内涝预警信息 69 次。汛期组织各市上报雨情、水情、灾情和处（置）情信息，汇编汛情快报 110 期。组织各城市编制《系统化全域推进海绵城市建设实施方案》，指导马鞍山市成功申报国家海绵城市建设示范市，组织省内外专家对《马鞍山市海绵城市规划设计导则》《马鞍山市海绵城市设计标准图集》进行技术审查，指导各市全面开展海绵城市建设评估评。

【污水处理】加快污水处理设施建设，新增生活污水日处理能力 44.5 万吨，已完成市政污水管网改造 1003 公里，超额完成年度目标任务。目前全省在线运营生活污水处理厂 143 座、污水日处理能力 933.2 万吨。2021 年，全省在线运营污水处理厂处理生活污水 30.44 亿吨、平均进水 BOD 浓度 78.73mg/L，分别较上年度同期增长 10.91%、7.89%，污水收集处理能力明显提高。截至 2021 年年底，全省设区市建成区已排查市政排水管网长度 23330 公里、占排查任务的 96.77%；累计修复功能性缺陷点 59820 个、结构性缺陷点99589个、错混接10059处，分别占已排查病害点的68.51%、64.55%、76.01%。

【城市停车场建设】 2021年，全省新增城市公共停车泊位8.07万个，超额完成城市停车场建设三年行动目标任务。联合省发展改革委、省公安厅、省自然资源厅印发《关于推动城市停车设施发展的实施意见》。继续开展“停车场建设行动”绩效评价工作，各市依照《“停车场建设行动”实施工作绩效评价标准》开展“停车场建设行动”实施工作绩效自评，委托第三方机构对各市自评材料进行审查，组织现场调研座谈，查找不足，对各市停车场建设管理及奖补资金使用情况提出意见建议。

【城市园林绿化】 2021年全省建成城市绿道628.77公里，超额完成目标任务。下达2021年绿道建设奖补资金1900万元，完成各市2020年度绿道建设奖补资金绩效评价工作；深入推进第十四届中国国际园林博览会筹办工作；指导阜阳市等7个市、县申报国家园林城市（县城）创建工作。开展园林绿化行业信用建设和评优工作，指导全省园林绿化行业积极争创“黄山杯”，10个项目获奖。完成全省“优秀建筑业企业（园林绿化类）”评选工作，共30家企业入选。

【城市供水节水】 积极推动皖北地区城市供水水源置换，亳州市城南地表水厂、固镇县、蒙城县、利辛县、界首市地表水厂已建成运行；宿州市第四水厂、淮南山南水厂、涡阳县地表水厂基本建成。组织开展了覆盖省市县三级的2021年度全省城市公共供水水质抽检工作。积极推进城市公共供水水质信息公开相关要求落实落细。积极推动城市公共供水企业提升水质检测能力，合肥市、亳州市、安庆市、芜湖市、铜陵市已具备106项全指标检测能力。指导马鞍山、芜湖两市通过省级节水型城市现场考核，开展省级节水型单位、小区和企业达标建设。指导各地加强管网分区计量管理，有序推进老旧供水管网更新改造，全省城市供水管网漏损率稳步下降，控制在10%以内。利用“世界水日、中国水周、节水宣传周”活动，广泛开展节水宣传。制定发布《获得用水用气提升行动方案（2021版）》。水气报装服务全面进驻各市、县（市、区）政务服务大厅，实现“一窗办理”。各市均结合实际出台了并联审批、承诺备案制等相关文件，推动并联审批，外线工程审批时限进一步压减。开展了“双随机、一公开”检查，重点对供水企业经营服务、供水服务进窗口等情况进行实地督导。

【城建档案管理】 指导行业协会组织开展《安徽省城市建设档案管理办法》修订调研论证工作。组织召开了全省城建档案馆长座谈会。继续指导推进合肥市城建档案馆、合肥轨道交通5号线土建01标项目、长江东路改造工程项目开展建设项目档案“树标杆、创一流”试点工作，及时总结推广经验做法。指导行业协会开展了建党百年主题影像作品征集活动。

【行业政策标准规划体系】 编制《安徽省“十四五”城市市政公用事业发展规划》《安徽省“十四五”城市排水防涝设施建设规划》。启动《安徽省市政设施管理条例》修订。组织宣贯《〈安徽省城镇燃气管理条例〉释义》《安徽省城镇燃气用户设施安全检查和配送服务规范》。《〈安徽省城镇燃气管理条例〉释义》于4月8日经省人大法工委审查通过，正式出版。《安徽省城镇燃气用户设施安全检查和配送服务规范》于7月5日实施。并委托省建设法制协会在全省范围内组织举办三期宣贯培训班，参训人员总计1000余人。

村镇规划建设

【概况】 积极推进乡村振兴战略，开展农村房屋安全隐患排查整治，累计排查农房1111.1万户，其中排查经营性自建农房37.3万户，经鉴定存在安全隐患的888户房屋全部完成整治。扎实推进农村危房改造，竣工7062户，占年度计划目标的116.8%。农村生活垃圾治理再上新台阶，无害化处理率达到75%。加强传统村落保护发展工作，黄山市传统村落集中连片保护工作取得积极成效。小城镇新型城镇化试点有序推进。

【巩固拓展脱贫攻坚成果同乡村振兴有效衔接】 会同省财政厅、省民政厅、省扶贫办印发《安徽省农村低收入群体等重点对象住房安全保障工作实施方案》，继续实施农村危房改造和地震高烈度设防地区农房抗震改造，实现巩固拓展脱贫攻坚成果同乡村振兴有效衔接，探索建立农村低收入群体住房保障长效机制。多渠道保障农村低收入群体住房安全，对自筹资金和投工投劳能力弱的特殊困难农户，鼓励各地采取统建农村集体公租房、修缮加固现有闲置公房等方式，解决其住房安全问题。加强技术培训，省住房和城乡建设厅先后召开2次视频培训会和5场分片区乡村振兴农房隐患排查和农村危房改造技术培训会，共1600多人参训。开展技术帮扶，在全省抽调196名勘察设计、施工及质量管理等技术人员赴各县（市、区），参与农房安全隐患排查鉴定整治，指导危房修缮加固和房屋重建工作。印发《关于开展农村危房改造专项排查整治工作的通知》，对2019年以来全省91904户农村危房改造进行排查，对发同的危房改造程序不规范、危改资金监管存在的问题等14个排查问题全部整改完毕。

【农村房屋安全隐患排查整治】建立以副省长周喜安为召集人的省农村房屋安全隐患排查整治联席会议制度，省住房和城乡建设厅、省应急厅、省自然资源厅、省农业农村厅、省市场监督管理局等13个部门为成员单位。周喜安先后召开2次联席会议，要求各地各部门细化查改措施，切实保障人民群众生命财产安全。省农房隐患排查整治联席会议办公室先后召开4次全省调度会和2次联席会议成员协调会，加强农房安全隐患排查工作调度。省住房和城乡建设厅制定《安徽省农村房屋安全隐患排查整治实施方案》，以省政府办公厅名义印发，五个牵头单位结合部门职责，形成“1＋5”工作推进机制。印发《关于加强农村房屋安全隐患排查整治工作的通知》，聚焦餐饮饭店、民宿宾馆、超市、仓储物流等经营性自建房作为排查整治重点，及时消除安全隐患。印发《关于加强用作经营的农村自建房安全管理工作的指导意见》，切实抓好农村房屋安全管理，探索建立长效管理机制。

【农村人居环境整治提升】全省“户集中、村收集、乡镇转运、市县处理”为主、“户集中、村收集、直收直运、市县处理”为辅的农村生活垃圾收运处置体系得到完善。印发《关于加强农村生活垃圾中转站建设运行管理工作的通知》，组织各地开展中转站等中转设施存在问题大排查、大整改，补齐生活垃圾中转能力不足、设施落后的短板。维修、提标改造中转站86座，中转能力2237.5吨/日；新建中转站20座，中转能力1461吨/日。已投入运行的中转站727座，中转能力22317.5吨/日。新增80辆压缩式生活垃圾转运车，转运能力为1128.2吨/日。已投入运行的压缩式生活垃圾转运车2801辆，转运能力26113.85吨/日。印发《关于加强农村生活垃圾中转站安全管理的通知》，加强安全生产管理，全省289个非正规垃圾堆放点整治任务全部完成。按照农村人口300～500人配备1名环卫作业服务人员的标准配备了14.4万多人的农村环卫作业队伍，农村清扫保洁和生活垃圾收运基本做到全覆盖。全省有50%的县（市、区）农村生活垃圾治理（保洁、生活垃圾收运作业）采取PPP模式，由专业化的企业提供作业服务，其他县（市、区）多以划片区或以乡镇为单位进行市场化运作。

【传统村落保护发展】印发《关于切实做好传统村落保护发展有关工作的通知》，指导各地编制村落保护发展规划。针对少数地方存在的文化遗产保护不力现象，组织各地开展传统村落保护工作中存在问题排查，针对排查中发现的问题，建立台账，逐一整改落实。加强黄山市集中连片示范市创建工作，指导黄山市制定《黄山传统村落集中连片保护利用示范市建设工作方案》，统筹推进保护发展利用。

【小城镇建设】制定《安徽省小城镇新型城镇化试点实施方案》，因地制宜确定“补建管”重点，补齐小城镇发展短板。协调省城乡规划设计院、省城建设计总院派出专业技术人员，帮助试点镇开展小城镇体检，梳理现状问题、差距问题、趋势问题、要素问题以及潜力问题。指导试点镇制定了《小城镇新型城镇化试点实施方案》《2021年新型城镇化试点工作任务清单》，明确了三年目标任务，确定实施项目和建设内容。会同省财政厅安排小城镇建设专项资金2850万元，支持39个小城镇道路、绿化、路灯、污水垃圾治理等基础设施和公共服务设施建设。

【乡村建设评价】组织开展乡村建设评价，组织合肥工业大学、安徽建筑大学、省城乡规划设计院、省城建设计研究院等组成省级专家团队，选择肥东县、霍邱县、黟县3个样本县开展乡村建设评价，全面掌握乡村建设状况，分析存在的问题，提出工作建议，提高乡村建设水平。

【美好环境与幸福生活共同缔造】指导潜山开展美好环境与幸福生活共同缔造活动，加强6个现场观摩点打造，注重基础软硬件建设，切实发挥培训基地任务。推进万涧村传统村落保护发展试点，完善村落设施建设，提升村落人居环境，加强村落产业培育，增加村民收入。

标准定额

【创新开展工程建设标准化工作】2021年，新立项25项工程建设地方标准和发布44项工程建设地方标准，其中《城市生命线工程安全运行监测技术标准》，为实现全省范围内城市生命线工程的安全运行监测提供有力支撑。组织开展城市更新、历史建筑保护和利用、太阳能光伏一体化等相关标准体系研究。在全省范围内开展第二批工程建设标准化专家库征集工作，并遴选出134人进入专家库。组织对国家已发布的22项全文强制标准开展宣贯培训，全省5000余人参训。推进工程建设标准长三角地区互认、共享，参与《长三角区域工程建设标准一体化机制研究》《长三角区域轨道交通标准一体化研究》

等研究，与上海市、江苏省、浙江省工程建设标准管理机构签署《长三角区域工程建设标准一体化发展合作备忘录》。

【规范工程造价管理工作】发布《市政养护维修工程计价定额》，为“城市生命线”工程提供计价依据。发布《安徽省安装工程计价定额（消防工程修编版）》《安徽省装配式建筑工程计价定额》《安徽省房屋修缮工程计价定额》三本计价依据。印发了《关于调整安徽省建设工程不可竞争费构成及计费标准的通知》《关于规范我省建设工程人工价格信息发布工作的通知》，加强建设工程安全文明施工管理、促进建筑业健康发展。组织开展优秀造价咨询企业评选，30家工程造价咨询企业被评为优秀建筑企业。组织开展工程造价咨询企业及市场行为“双随机、一公开”监督检查。推进长三角区域工程造价咨询业管理共商，召开长三角区域工程造价管理一体化第五次联席会议，牵头制定完成《长三角区域工程造价咨询企业信用信息共享实施方案》。

工程质量安全监管

【工程质量监管】2021年，印发《关于切实落实建设单位工程质量首要责任的通知》《安徽省工程质量安全手册实施细则》《关于开展建筑工程质量评价试点工作的通知》。与省市场监督管理局联合印发《关于加强预拌混凝土质量管理的通知》，从生产、运输、使用多环节进行“全链条”质量管理。组织编制修订安徽省工程建设地方标准《住宅工程质量分户验收规程》《住宅工程质量通病防治技术规程》。

【施工安全监管】出台《安徽省建设项目施工现场安全风险管控标准》《住房和城乡建设领域安全风险防范要点手册》，编制房屋建筑及住宅产业化工程、城市轨道交通工程施工现场安全风险点清单。研发建设项目施工安全风险管控平台——“安全风险红黄蓝”应用程序，在皖事通APP上线。完善住建领域安全生产举报奖励制度，激发社会参与安全生产举报积极性。深刻汲取苏州吴江“7·12”酒店坍塌事故教训，提前省安委办转发省住房城乡建设厅省商务厅《安徽省酒店（宾馆）房屋安全隐患专项整治工作方案》，部署开展酒店（宾馆）房屋安全隐患专项整治活动。严格建筑施工企业“安管人员”和特种作业人员安全生产考核，累计考核18万人次。发布住建领域预防高处坠落、有限空间作业、建筑起重机械作业安全生产警示教育短视频24条。印发《关于汲取事故教训加强城市轨道交通工程安全管理工作的通知》，加强汛期城市轨道交通工程安全管理。

【创优示范】组织修订《安徽省建设工程“黄山杯”评选办法》，激励全行业创新创优，提升建设工程品质。2021年度省级优质工程“黄山杯”奖获奖项目共计185项。开展2021年度省级工法评审工作，2021年安徽省省级工法共计222项。印发《关于开展“红色工地”试点工作的通知》《关于开展“绿色工地”试点工作的通知》《关于开展“智慧工地”试点工作的通知》《关于进一步推进住宅工程质量保险试点工作的通知》，打造“红色”“绿色”“智慧”“安心”四个工地建设。

建筑市场

【主要经济指标】2021年，安徽全省建筑业总产值历史性突破万亿元大关，达到10584亿元，位居全国第11位；同比增长13%，增速位居全国第7位，长三角地区第1位。在外省完成建筑业产值2744.6亿元，占全省建筑业总产值的25.9%，同比增长11.6%。建筑业企业签订合同额22637.6亿元，同比增长10.8%。全年实现建筑业增加值4559.3亿元，占全省国内生产总值（GDP）的10.6%。完成建筑业税收366.4亿元，占全省税收总额的7.8%。

【资质提升行动】2021年，全省新增施工总承包一级及以上资质企195家。截至年底，具有一级及以上资质的建筑施工总承包企业共664家，其中具有特级资质的企业32家（41项）。

【“走出去”战略】2021年，全省在境外承揽业务的建筑业企业共58家，境外工程新签合同额44.37亿美元，同比增长58.1%；对外承包工程完成营业额23.85亿美元。全省建筑业企业参与“一带一路”建设涉及国家26个，新签“一带一路”建设工程合同额18.19亿美元，同比增长64.2%，占境外新签合同额的41.0%。“一带一路”沿线国家承包工程完成营业额16.32亿美元，同比增长27.4%，占全省对外承包工程完成营业额的68.4%。

【企业减负】推行施工预付款制度，要求工程预付款应不低于合同总价（扣除暂列金额）的10%；推行施工过程结算，规定施工进度款支付不应低于期中结算价款的80%，政府投资项目不得由施工企业垫资建设。全面推进工程保函替代现金保证金、降低保证金缴存额度、建立信用与工程保函挂钩机制等保障措施，规定各类保证金能够通过保函、保证保险等方式提供的，相关部门和建设单位一律不得拒绝。2021年，全省工程建设领域用工程保函替代现金形式保证金额437.69亿元，占应缴金额的

64.83%，较去年提高了 9.14 个百分点，节约企业现金流约 240 亿元。

【赋能企业发展】会同省发展改革委等 16 个部门联合印发《关于持续推进建筑业发展的十二条意见》，促进建筑业发展。会同省交通运输、水利两部门联合印发《安徽省优秀建筑业企业认定暂行办法》，开展优秀建筑业企业认定工作，379 家企业被认定为 2020 年度安徽省优秀建筑业企业。

【建筑市场监管】聚焦“建设单位是否依法履行法定建设程序、是否存在违法发包行为，施工单位是否存在转包、违法分包、挂靠等违法行为”等问题，开展全省建筑市场行为检查。共检查项目 11331 个、建设单位 9660 家、施工企业 10100 家，对企业罚款 2537.5 万元，停业整顿 7 家，给予其他处理 83 家；对个人罚款 214.8 万元，给予其他处理 186 人。

【工程报建提升行动】制定《工程建设项目报建提升行动（2021 版）》，持续提升审批效能，将政府投资类项目审批时限压缩至 80 个工作日以内，社会投资类项目压缩至 60 个工作日以内，用水、用气报装压缩至 13 个工作日以内，网络报装压缩至 2 个工作日以内，低压小微企业、高压普通用户用电报装分别压缩至 8 个、17 个工作日以内。立项用地规划、工程建设、施工许可、竣工验收四个阶段全部推行并联审批管理，全面实施“一份办事指南，一张申请表单，一套申报材料，完成多项审批”的运作模式。在自贸区范围内取消低风险工程项目施工图审查，实行告知承诺制。2021 年，省工程建设项目审批监管系统归集各市建设项目 1.5 万个、审批事项 18.4 万件。

【建筑劳务用工】加快发展和壮大专业作业企业队伍，强化政策扶持，实行资质备案管理。建设建成安徽建筑农民工创业孵化园（瑶海），打造立足本省、面向全国的建筑劳务用工市场试点。扎实推进建筑工人管理服务信息平台建设，将实名制、工资专户、维权公示等制度落实纳入建筑市场信用管理范围。开展根治拖欠农民工工资专项行动，全年共查处建筑市政工程领域拖欠农民工工资案件 1018 件，涉及农民工 9541 人，涉案金额 21970.7 万元，结案率 100%。

建筑节能与科技

【概况】2021 年，全省新建建筑节能标准设计、施工执行率均达 100%；新增节能建筑面积 1.15 亿平方米，同比增长 15.12%；新增可再生能源建筑应用面积 7200 万平方米，同比增长 23.11%；新增绿色建筑竣工面积 1 亿平方米，同比增长 31.66%；新增装配式建筑竣工面积 2884.06 万平方米，同比增长 29.59%。

【城乡绿色发展】牵头起草了《关于推动城乡建设绿色发展的实施方案》，并由省委办公厅、省政府办公厅正式印发。组织开展了建设领域碳达峰碳中和目标任务、政策措施、关键技术、标准体系等专题研究，谋划编制《安徽省建设领域碳达峰碳中和实施方案》。系统开展了光伏建筑一体化应用研究，向省政府报送了《全省光伏建筑一体化发展调研情况》的报告。组织编制了《安徽省建筑节能与绿色建筑、装配式建筑、建设科技“十四五”发展规划》。

【绿色建筑】颁布《安徽省绿色建筑发展条例》，督促全省城镇新建民用建筑全面执行绿色建筑标准，支持高星级绿色建筑建设，开展绿色建筑技术集成示范，加强绿色建筑运营管理，鼓励项目积极申报绿色建筑运行评价标识。督促 13 个省级绿色生态综合试点城市落实创建方案，完成示范项目建设任务。会同省市场监管局、省经信厅印发《关于推进绿色建材产品认证及生产应用的通知》，加快绿色建材推广应用。2021 年，全省新增绿色建筑开工面积 1.4 亿平方米，占新开工民用建筑面积的 97.45%；新增绿色建筑竣工面积 1 亿平方米，占新竣工民用建筑面积的 88.25%，超额完成 65%的年度目标任务。会同省财政厅组织评定 2021 年度 9 个绿色建筑示范项目，示范面积 168.5 万平方米。

【装配式建筑】培育认定了第二批 3 个省级装配式建筑示范城市、6 个省级装配式建筑产业园区和 21 个省级装配式建筑产业基地。积极落实长三角产业协同发展支持政策，在阜阳市组织召开了长三角（安徽）装配式建筑现场会，分别与住房和城乡建设部建筑杂志社、住房和城乡建设部科技与产业化发展中心签署了共同推进安徽省城乡建设领域绿色发展战略合作协议。在滁州市举办了全省新型建筑工业化与智能建造协同发展高级研修班和 2021 年安徽省装配式建筑职业技能竞赛。2021 年，全省新增装配式建筑开工面积 3884.64 万平方米，占新开工建筑比例 20.55%；新增装配式建筑竣工面积 2884.06 万平方米，占新竣工建筑比例 19.83%，超额完成 18%的年度目标任务。会同省财政厅组织评定了 2021 年度 7 个装配式建筑示范项目，示范面积 111.8 万平方米。

【建筑节能】开展超低能耗建筑、铜铟镓硒等光伏建筑应用等基础研究，支持安徽建筑大学设立了

"安徽省建设领域碳达峰碳中和战略研究院"。引导既有建筑结合老旧小区改造、公共建筑能效提升重点城市等开展既有建筑节能改造工作。2021 年，全省新建建筑节能标准设计、施工执行率均达 100%；新增节能建筑面积 1.15 亿平方米；新增可再生能源建筑应用面积超 7200 万平方米；开展既有居住建筑节能改造项目 3719 栋，改造面积 725.24 万平方米；开展既有公共建筑节能改造项目 173 栋，改造面积 194.91 万平方米；全省新增公共建筑能耗监管项目 75 栋，新增监测建筑面积 160.15 万平方米。

【科技支撑】修订发布《安徽省住房城乡建设科学技术计划项目管理办法》。组织开展 2021 年度科学技术计划项目申报，全省共有 120 个项目列入 2021 年省住房城乡建设厅建设科学技术计划项目。指导"节能错峰智慧供水系统开发研究"等 7 个项目入选住房城乡建设部科学技术计划项目；3 个项目获得华夏建设科技奖，其中二等奖 1 项，三等奖 2 项；3 个项目获得安徽省科学技术奖，其中二等奖 2 项，三等奖 1 项。

城市管理监督

【城市生活垃圾分类】成立省政府主要负责人任组长的省生活垃圾分类工作领导小组，印发《安徽省生活垃圾分类工作领导小组组成人员和职责分工》。《安徽省生活垃圾分类管理条例》通过省十三届人大常委会第三十次会议审议，自 2022 年 5 月 1 日施行。省政府办公厅印发《关于进一步推进生活垃圾分类工作的实施方案》并组织实施。2021 年，全省新增生活垃圾焚烧处理能力 2300 吨/日；全省共建有分类投放（收集）点 42357 个，投入分类运输车辆 3691 辆，已有 4778 个小区、313.9 万户居民以及 2129 所学校开展垃圾分类工作。

【城市市容环境整治】扎实开展城市街面秩序、环境卫生、人行道净化、户外广告、架空管线"五大整治"，清扫垃圾 208.44 万吨，背街小巷卫生治理 7637 条，公厕卫生治理 4453 个；全省 118 条城市道路、58 个街区、38 个小区，开展了以市容环境卫生整治为主要内容的"示范道路""示范街区""示范小区"试点工作；开展"我为群众办实事"实践活动，合肥、滁州、六安、马鞍山列为全国城管系统背街小巷环境整治重点推进市。

【执法规范化建设】印发《2021 年全省城市管理监督执法工作要点》。《安徽省城市市容和环境卫生条例》经省第十三届人大常委会第二十六次会议审议，进行了第三次修订。召开全省执法工作会议，进一步巩固深化全省城市管理执法队伍"强基础、转作风、树形象"专项行动，4 家单位和 4 名个人受到住房城乡建设部通报表扬。进一步加强城管执法与小区物业监管工作衔接，推进城市管理执法向小区延伸。开展全省城市管理和综合执法工作者先进典型事迹征集活动，挖掘出 42 个新时代"好城管"故事。推进长三角综合执法协作，共同研讨协商《固体废物污染环境防治法》中涉及城市管理行政处罚裁量基准。加入长三角城管综合执法微信矩阵，加强执法宣传。

【城市治理效能提升】开展省级智慧城管平台提升改造，组建部、省、市三级专家"产学研用"专家库。加快城市地下管网地理信息系统和运行安全监测系统建设，推进省级监管平台建设，指导地市开展联合体和信息系统建设。选择宿州市、蚌埠市开展"一网统管"试点工作。组织第三方评估机构，赴 16 市 59 县（市）实地开展城市管理效能评价工作。

人事教育

【干部人事管理】全年完成和启动 3 名二级巡视员、4 名处长、8 名一级调研员、1 名二级调研员、6 名三级调研员、4 名四级调研员及 8 名科级干部提拔或晋升工作；完成 1 名干部调任住建部，做好 1 名军转干部、1 名退役士兵接收安置工作。高质高效做好第八批帮扶干部选派工作，4 名帮扶干部全部按时驻村到位。完成选派 2 名优秀年轻干部到县（区）挂（任）职、2 名年轻干部到战略性新兴产业企业实践锻炼，做好接收 4 名地市年轻干部到省住房城乡建设厅跟班锻炼相关工作，完成 3 名短期援藏干部人才选派工作。组织厅属事业单位开展工作人员公开招聘等工作。落实"五心"行动要求，组织开展处以下年轻干部集中调研谈话，共谈话 33 人次，全面深入了解和掌握年轻干部的思想工作生活状况。《全面开展集中干部调研谈话，关爱激励干部担当作为》的做法和成效被省委组织部《安徽组工信息》第 14 期刊载。

【干部教育培训】选调 5 名厅级干部、15 名处级干部、9 名科级干部和厅直单位有关同志参加省委党校、省直党校等主体班次学习。印发 2021 年厅机关和厅直单位培训计划并跟进指导和有序推进。督导干部网络在线教育，全面完成全厅领导干部学习贯彻党的十九届五中全会精神网络专题培训。组织厅机关及各市、县（市、区）住建主管部门共 7000 余人次参加住房城乡建设部举办的实施城市更新行动等视频远程教育专题培训。举办“实施城市更新行动、推进以人为核心的新型城镇化建设”专题培训班。

【专业技术人才培养】深化建设工程职称制度改革，优化健全建设工程职称评选、评价等机制，研究出台《关于进一步明确建设工程职称申报有关事项的通知》，制定《安徽省建设工程专业技术资格业绩材料申报参考指引》《建设工程项目规模认定参考标准》，完善全省建设工程专业高级职称评委会专家库，组织对近 3000 名申报建设工程系列职称人员开展评审，完成 2020 年前职称评审历史数据采集和整理报送。选拔推荐 13 名同志申报第八批安徽省学术和技术带头人及第十三批后备人选，争取专业技术人才知识更新工程省级高级研修项目 1 个。

【巡视整改】一体推进中央巡视反馈意见整改与十届省委巡视发现问题“大起底、改到位、建机制”专项行动，强化整改调度，连续上报周报 10 期、旬报 16 期和月报 6 期，整改工作取得阶段性成效，得到省委第七督导组充分肯定。

【厅管社团管理】顺利完成第五批 8 家协会脱钩改革任务，指导厅管社团严格按章程自我约束、自我管理、独立自主开展活动。开展打击非法社会组织活动，清理整治省级社会组织违规评选。

【人事档案专项审核】有序开展第二次全国机构编制核查，全面启动新一轮干部人事档案专项审核，基本完成近 200 卷在职干部档案材料整理归档工作，收集补充应归档材料 1200 余份，实现全覆盖审核目标。开展干部人事档案管理、干部挂职、因私出国（境）及社团兼职审批、一人多证专项整治“五合一”自查。

【行业精神文明建设】遴选推荐安徽省城建设计研究总院股份有限公司等 7 家集体、官传敏等 5 名个人作为全国住房和城乡建设系统“双百”先进典型上报，先进事迹刊登于《中国建设报》。结合建党百年，七一期间评选“共产党员先锋岗”集体、个人各 100 名。联合省委宣传部、省文明办和省总工会分别开展“安徽省最美物业人”“文明服务窗口”“文明服务标兵”和“安徽省优秀环卫工人”“安徽省优秀环卫企业”命名评选活动，全系统 410 家单位、583 名个人分别受到省级命名表扬。推报全系统全国青年文明号 5 个，省青年文明号 11 个，省青年文明号标兵 4 个。评选命名 160 个单位为第六批“全省住房城乡建设系统学雷锋活动示范点”，命名 160 名同志为“全省住房城乡建设系统岗位学雷锋标兵”。

大事记

1 月

5 日　印发《关于加强建筑垃圾管理及资源化利用的指导意见》。

15 日　召开全省住房城乡建设工作会议在合肥召开，省住房城乡建设厅党组书记、厅长贺懋燮做工作报告。

同日　印发《关于开展住房和城乡建设部建设工程企业资质审批权限下放试点工作的通知》。

25 日　在全国率先发布安徽省工程建设地方标准《保温板外墙外保温工程技术标准》。

26 日　印发《关于成立实施城市更新行动领导小组的通知》。

28 日　安徽省住房和城乡建设厅“区块链十电子证照”做法被评为安徽省 2020 年度行政执法十大事件、全省政务服务改革创新优秀案例。

29 日　印发《关于加强住房租赁管理的通知》。

2 月

1 日　安徽省滁州市、金寨县被住房城乡建设部等国家五部委授予“创建全国无障碍环境示范市县村镇”并予以表彰。

5 日　印发《关于定期报送区域评估工作进展情况的函》，建立区域评估工作进展情况定期报送制度，推进区域评估工作。

9 日　印发《安徽省住房和城乡建设厅随机抽查事项清单（2021 年版）》及《2021 年度省住房和城乡建设厅“双随机、一公开”抽查工作计划》的通知。发布《安徽省城镇老旧小区改造技术导则（2021 修订版）》。

20 日　印发《安徽省住房和城乡建设厅关于房地产开发企业资质审批权限下放有关事项的通知》《安徽省“十四五”城镇老旧小区改造规划》。

23 日　安徽省亳州市作为 2020 年度棚户区改造工作拟激励城市在住房城乡建设部官网进行公示。

25 日　印发关于宣传贯彻《安徽省建筑工程招标投标管理办法》的通知。

26 日　印发《关于贯彻落实住房和城乡建设部等部门要求加强和改进住宅物业管理工作的通知》。

3 月

1 日　《安徽省住房城乡建设领域开展“证照分离”改革全覆盖试点工作实施方案》施行。同日，印发《安徽省小城镇新型城镇化试点实施方案》的通知。

3 日　安徽省农村危房改造工作得到住房和城乡

建设部、财政部通报表彰，在全国排名第四，被列为2020年农村危房改造工作积极主动、成效明显省。

4日　省住房和城乡建设厅、省文物局印发《关于开展省级历史文化名城调研评估的通知》，在全省启动省级历史文化名城调研评估工作。

24日　省住房城乡建设厅等17个省直部门联合印发《关于持续推进建筑业发展的十二条意见》。

13日　安徽省政府办公厅出台《关于推进延期交房等房地产领域矛盾纠纷化解处置工作的通知》。

15日　印发《关于持续做好强制或变相要求企业设立子（分）公司整治有关工作的通知》。

17日　召开全省农村房屋安全隐患排查整治工作视频会议。

22日　厅党组印发《提升物业管理群众满意度专项行动方案》。

24日　省住房城乡建设厅与陕西省住房城乡建设厅签订加强建筑业合作与发展框架协议。

26日　安徽省第十三届人民代表大会常务委员会第二十六次会议通过《安徽省人民代表大会常务委员会关于修改和废止部分地方性法规的决定》，对《安徽省物业管理条例》和《安徽省城市市容和环境卫生管理条例》作出修改，自公布之日起施行。同日，省住房城乡建设厅印发《关于做好2021年城镇住房保障工作的通知》《关于对2020年〈安徽省住房和城乡建设厅随机抽查工作指引〉进行部分调整的公告》。

29日　印发《安徽省住房城乡建设领域突出生态环境问题整改专项行动方案》。

31日　召开全省住房城乡建设系统行政处罚裁量权基准及其实施办法宣贯会。

4月

1日　召开安徽省住房城乡建设法治工作暨“双随机、一公开”监管工作会议。同日，印发《关于进一步明确建设工程职称申报有关事项的通知》。

16日　派员赴南京参加长三角一体化发展城乡建设示范性劳动和技能竞赛协调会议，起草安徽省长三角一体化发展城乡建设示范性劳动和技能竞赛方案。

17日　举办住房公积金制度30周年安徽省宣传月启动仪式暨“我为群众办实事”上门入企服活动。

20日　印发《关于开展全省物业管理信访事项集中纠治的通知》。

21日　住房和城乡建设部办公厅对安徽省2020年度城市建设统计工作予以通报表扬。

23日　《长三角区域工程建设标准一体化发展合作备忘录》在上海市签署。

26—28日　省住房城乡建设厅会同省委组织部成功举办“实施城市更新行动 推进以人为核心的新型城镇化建设专题培训班”。

28日　省住房城乡建设厅联合省财政厅、省民政厅、省扶贫办印发《安徽省低收入群体等重点对象住房安全保障工作实施方案》。

29日　全省住房保障工作推进会暨保障性租赁住房现场观摩会议在合肥召开。同日，召开建筑业发展工作推进会。

5月

7日　宣城市宣州区2020年度农村危房改造工作、亳州市2020年度棚户区改造工作获得国务院通报表彰。

8日　省住房城乡建设厅联合省发展改革委、省财政厅联合印发《关于加强城镇老旧小区改造项目和资金管理的通知》。

11日　省住房城乡建设厅与安徽建筑大学全面战略合作协议签约仪式暨安徽省建设领域碳达峰碳中和战略研究院揭牌仪式在合肥举行。

13日　印发《关于调整安徽省建设工程不可竞争费构成及计费标准的通知》。

24日　印发《关于开展房屋建筑和市政基础设施工程异常低价投标整治专项检查的通知》。

26日　印发《关于做好建设工程消防设计审查验收数据统计工作的通知》。

27日　印发《关于加强建筑工程材料价格风险控制的指导意见》《安徽省优秀建筑业企业认定暂行办法》。

6月

2日，印发《关于规范我省建设工程人工价格信息发布工作的通知》。同日，国务院批复同意将安徽省黟县列为国家历史文化名城。

24日　印发《关于进一步做好公租房建设管理工作的通知》。

7月

10日　省住房城乡建设厅被评为2020年度全省平安建设优秀单位。

15日　省住房城乡建设厅联合省发展改革委员会、省财政厅、省广播电视局、省通信管理局、国网安徽省电力有限公司印发《关于做好专营单位支持城镇老旧小区改造相关工作的指导意见》。省工程建设项目审批制度改革领导小组办公室印发《关于进一步优化工程建设项目竣工联合验收工作的通知》。

19 日　印发《安徽省建筑市场勘察设计企业信用评价办法和评价标准》《安徽省住房城乡建设科学技术计划项目管理办法》。

22 日　《关于加强房屋建筑和市政基础设施消防工程监管的通知》。

23 日　省住房城乡建设厅联合安徽省铁路建设协调领导小组办公室、上海铁路公安局、中国铁路上海局集团有限公司印发《关于做好安徽省铁路建设工程项目消防设计审查、消防验收和备案抽查工作的通知》。

26 日　印发《关于做好“加大物业管理收费信息公开力度让群众明明白白消费”工作的通知》。

29 日　印发《关于开展全省房屋建筑和市政基础设施工程招标“评定分离”试点工作的通知》。

8 月

6 日　印发《关于进一步做好建筑工地疫情防控工作的紧急通知》。

10 日　印发《关于城市管理系统做好新冠肺炎疫情防控工作的通知》。

12 日　印发《12319 城市管理服务热线、12329 住房公积金服务热线优化归并实施方案的通知》。

16 日　印发《关于进一步加强城市市政公用设施安全运营监管工作的通知》

20 日　印发《安徽省推广城市生命线安全工程“合肥模式”施工方案》的通知。

21 日　印发《安徽省城市生命线安全工程建设联合体组建方案》的通知。

30 日　印发《关于异常低价投标整治专项检查情况的通报》。

9 月

3 日　全省城市生命线安全工程战略合作框架协议签约仪式通过网络视频会议形式举办。同日，印发《关于推荐使用“安全风险红黄蓝”APP 的通知》。

9 日　印发《安徽省建设工程消防设计审查验收档案管理规定》的通知。

10 日　省房地产市场调控联席会议印发《关于调整省房地产市场调控联席会议工作制度的函》。

13—14 日　2021 年第七届全国职工职业技能大赛安徽选拔赛（砌筑工竞赛）在合肥举行。

14 日　经省委、省政府同意，省政府办公厅印发《关于进一步推进生活垃圾分类工作的实施方案》。

同日　在全国率先发布地方标准《城市生命线工程安全运行监测技术标准》。

15 日　安徽省住房和城乡建设厅与国家开发银行安徽省分行在滁州签署城市生命线安全工程战略合作框架协议。

20 日　印发《安徽省房屋建筑和市政基础设施工程施工招标文件示范文本（2021 年版）》。

23 日　省房地产市场调控工作领导小组印发《关于安徽省逾期交房专项治理工作方案的通知》。

28 日　印发《安徽省住房和城乡建设厅 中国银行保险监督管理委员会　安徽监管局关于进一步推进住宅工程质量保险试点工作的通知》。

29 日　省工程建设项目审批制度改革领导小组办公室印发《关于切实做好国务院第八次大督查指出问题整改工作的通知》。同日，《安徽省绿色建筑发展条例》经省十三届人大（常委会）第二十九次会议审议通过，自 2022 年 1 月 1 日起施行。

10 月

9 日　召开全省县级建设工程消防设计审查验收工作推进会。

19 日　召开住房城乡建设系统加快皖北振兴工作调研座谈会。

同日　长三角（安徽）装配式建筑现场会在阜阳召开。

20 日　印发《关于开展建筑工程质量评价试点工作的通知》。

21 日　长三角区域工程造价管理一体化第五次联席会议在合肥召开。

21—22 日　召开全省生活垃圾分类现场推进会暨城管执法工作会。

11 月

4—5 日　举办安徽省职业技能竞赛——2021 年全省装配式建筑职业技能竞赛。

7 日　国务院批复同意将安徽省桐城市列为国家历史文化名城。

18 日　印发《关于开展“红色工地”试点工作的通知》。

19 日　印发《安徽省住房城乡建设行业提高统计数据质量防范统计造假、弄虚作假暂行办法》。

同日　省十三届人民代表大会常务委员会第三十次会议通过《安徽省生活垃圾分类管理条例》，自 2022 年 5 月 1 日起施行。

25 日　召开全省住房城乡建设系统根治欠薪和岁末年初安全生产工作视频会议。

25—26 日　召开全省建筑节能与科技工作推进会。

12月

6日　印发《关于开展“智慧工地”试点工作的通知》《关于开展“绿色工地”试点工作的通知》。

7日　召开全省城镇燃气安全排查整治再动员再部署会议。

11日　省委办公厅　省政府办公厅印发《关于推动城乡建设绿色发展的实施方案》。

28日　安徽省人民政府办公厅印发《关于加快发展保障性租赁住房实施方案的通知》。同日，省住房城乡建设厅印发《关于工程招标代理机构专项检查情况的通报》。

29日　省政府第164次常务会议审议通过《安徽省建设工程勘察设计管理办法》（修订草案），拟于2022年2月1日起正式实施；废止《安徽省城镇公有房屋管理办法》；对《安徽省城市房地产开发经营管理办法》部分条款进行了修订。

30日　省政府新闻办举行安徽省城乡建设绿色发展新闻发布会。

同日　省政府新闻办举行安徽省城市体检报告和城市更新方案有关情况新闻发布会，发布并解读《关于实施城市更新行动推动城市高质量发展的实施方案》《安徽省城市体检报告》。

（安徽省住房和城乡建设厅）

福 建 省

住房和城乡建设工作概况

【住房发展平稳健康】2021年，福建省完成房地产投资6196亿元；商品房销售6976万平方米，增加值2900亿元。物业管理服务进一步加强，住宅专项维修资金归集、使用和管理逐步规范。发展面向新市民、青年人需求的“小户型、低租金、长租期、中心区”的保障性租赁住房，全年计划新增保障性租赁住房1.94万套，全部开工。全年棚改新开工7.2万套、基本建成3.44万套，提前超额完成国家下达任务。全省安排改造老旧小区39万户，整治农村裸房15万栋。

【建筑产业发展壮大】制定实施全省“十四五”发展规划，积极推动行业高质量发展。全省新增特级企业3家，新培育省级施工企业技术中心13家。全年完成总产值1.58万亿元，居全国第七位。实现增加值5141亿元，缴纳税收316亿元，占全省税收的6.5%。全省累计建成装配式建筑工厂7273个，预制混凝土年生产能力达35766万立方米，钢构年生产能力298万吨，全年装配式建筑占新建建筑比例达23%以上。全省确定11个项目开展工程总承包延伸产业链试点，并积极借助BIM技术，有力支撑组织模式的转型。全年公布省级施工工法153项，推广建设领域“四新技术”39项。福建省人大颁布《福建省绿色建筑发展条例》，福建省住建厅会同省发展改革委员会等七部门开展绿色建筑创建行动，全年新建绿色建筑面积约7300万平方米，占新建民用建筑面积的88%。完善工程质量安全监管机制，强化建设单位首要责任、施工单位主体责任和监理单位监理责任。利用网格化管理机制，加强限额以下工程质量安全监管。出台城市轨道交通工程质量安全动态监管办法，规范实施地铁工程量化监管。开展消防设计审验和化工工程监管，全省出台特殊消防设计专家评审和专家库管理办法，建立铁路工程审验机制，已独立设置77个消防审验队伍，开展全国既有建筑改造利用消防审验试点。

【城乡建设品质提升】2021年，全省完成新建和改造提升福道1072千米，公园绿地11.56平方千米，建设郊野公园12.6平方千米，完成口袋公园648处，立体绿化467处。全省创建19个生活垃圾分类示范片区，建成生活垃圾无害化处理设施72座，日处理能力达到4.58万吨，其中生活垃圾焚烧处理厂31座，日处理能力3.9万吨，占总处理能力的85.2%。开展二次供水卫生安全专项整治。建成全省城市供水水质实时在线监测信息系统。推进老旧供水设施改造，新建改造供水管网1173千米，供水管网漏损率控制在10%以内。加强污水收集处理设施建设，新建改造污水管网2220千米，设市城市污水集中收集率65.4%。新建改造雨水管网893千米，完成24个重大易涝点整治，与公安部门建立内涝风险点视频共享共建的长效机制。完成21个设市城市内涝治理系统化实施方案编制。城市精细化管理，62个市县投用数字城管平台，9 个设区市配建城市网格化管理体系。开展城市精细化管理提升专项行动，打造城市精细化管理示范街区。开展无障碍设施品质提升行动，全省重点建设 10 个无障碍典型样板项目，改造完成 981 个项目的无障碍设施。加强村镇建设，全省完成既有裸房整治 15.07 万栋。推动 10 个“崇尚集约建房”县创建、10 个新时代农村社区建设、10 个集镇环境整治。全省新增 14 个县（市、区）以县域为单位实施农村生活垃圾市场化、新增 22 个县（市、区）以县域为单位实施乡镇生活污水处理市场化。83 个乡镇全镇域全面完成垃圾分类机制落实。

【历史文化保护传承】截至 2021 年年底，福建省基本建立了较为完整的历史文化遗产保护名录体系。新公布 14 条省级历史文化街区、156 个省级传统村落、1525 栋历史建筑，认定非世遗、非文物土楼 2593 处。严格执行先普查再征收机制，重点对实施征地拆迁前是否开展普查甄别和认定公布、是否提出保护措施等开展执法检查，对发现的问题苗头，及时介入制止并采取补救措施。推动福建工程学院、黎明职业大学设立相关专业，成立省级历史文化保护与传承专家委员会。公布第一批 22 名省级传统建筑修缮技艺传承人和传统建筑工匠，新增古建筑工程专业承包资质 1022 家。

【建设行业安全提升】2021 年，福建省住建领域共发生各类事故 31 起、死亡 46 人，分别占全省总数的 3.5%和 7.3%，比上年起数下降 17%、人数下降 21%，比前年起数、人数分别下降 28%和 25%。全省既有城乡 902 万栋房屋建立“一楼一档”，纳入房屋安全信息管理平台，排查发现 6.5 万栋重大安全隐患房屋，通过拆除、加固等有效处置，实现“见底清零”。全省开展农村在建房屋安全清查整治行动，排查农村在建房屋 2.6 万栋，全覆盖应急培训建房户、农村工匠、镇村干部 11.8 万人次。加强施工安全监管，有受监项目纳入信息化监管平台在线监管，实施项目量化考评、动态评价。现场质量安全情况与企业信用评价、招投标市场挂钩，倒逼企业落实主体责任、完善自控机制。开展危大工程安全专项整治，重点整治建筑起重机械、深基坑、高大模板等危大工程的安全管控体系建设和现场隐患排查情况。成立地铁专班，紧盯过江、下穿等重大风险点，全年开展 8 次专项督导服务，督促整改质量安全隐患 363 条。严肃事故查处，发生事故的项目一律停工整顿，房地产项目一律暂停预售或房屋交易合同网签备案，国有企业一律通报其国资监管部门。开展 4 轮燃气安全专项整治行动，出动燃气检查人员 3.36 万人次，组织入户安检 360 万户次，打击各类燃气违法行为 560 起，收缴违规液化气气瓶 1.02 万个。提升改造燃气场站 450 个（占比 59%）、瓶装气供应站点 1450 个（占比 60%），完成 550 处管道占压隐患、40 处城市道路隐患路段、20 座 D 级病害城市桥梁整治。开展有限空间作业安全专项整治，全面摸排城镇排水、污水（含乡镇生活污水处理设施）运营维护企业，逐家核实下井作业人员资格、作业程序、器具配备等，全覆盖开展一线作业人员培训。

【行业改革和自身建设】2021 年，福建省住建厅通过参加住房和城乡建设部“学史为民”先进典型事迹报告会，坚持以人民为中心，抓好老旧小区改造、保障性安居工程、市政污水管网等 7 项为民办实事任务，同时抓好公租房租后管理不到位、物业服务企业侵占小区业主公共收益、在建工程拖欠工程款及农民工工资 3 项群众点题整治项目，并在房建市政工程上推行“支部建在项目上”行动。严格执行廉政风险防控手册，加强重要节点、重要部位、重点人员的廉政风险防控。印发实施《深化工程建设项目审批制度改革提升审批服务水平的实施意见》。再梳理再优化审批流程，再比较再核定涉及 13 个审批部门 45 个审批事项的特殊环节。制定出台审批电子文件归档和电子档案管理办法，建成省市两级工程审批可信电子文件库，推动审批数据共享和系统优化。推进数字证书和电子印章全省互认，完成 11 个工程项目审批业务办件系统的电子印章互认应用改造。2021 年全省累计近 2.8 万个工程项目入库全国工程建设项目审批管理系统，项目数量、数据质量、改革进展及成效居全国前列。提升“互联网+政务服务”水平，对企业资质类等高频审批事项实行申请、受理、审批网上办理，实现“无纸化”和“不见面”审批服务。抓好住房和城乡建设部建设工程企业资质审批权限下放试点工作，对部分企业资质实行告知承诺制方式审批，在提高审批效率的同时，确保下放的资质审批事项“接得住、管得好”。修订全省住建系统《行政处罚自由裁量权基准适用规则》和《行政处罚自由裁量权基准》，形成 2800 余项处罚裁量基准；联合省高院下发指导意见，建立健全住建领域矛盾纠纷多元化解机制，明确 4 类诉调对接范围。常态化推进扫黑除恶，开展工程建设领域整治，治理恶意竞标和强揽工程，全年对 6388 个项目 14087 家参与串通投标的企业予以行政处罚。公开曝光两批次 715 个建筑市场违法违规典型案例，将 1824 家申报资质弄虚作假企业建筑市场主体列入建筑市场“黑名单”。

【行业发展面临新挑战】福建省住建行业在发展中依然面临以下突出问题和困难：房地产市场不确定因素较多，冷热不均差异明显。风险项目保交楼任务艰巨等。新市民、青年人阶段性住房困难亟待解决。建筑市场仍不规范，建筑业大而不强，龙头企业综合竞争力还不高，围标串标、转包、违法分包等行业顽疾仍未根除，工程质量安全保障体系还不够健全。城乡建设与高质量发展超越目标、发达地区城市发展水平仍有差距，整体性、系统性推动解决城市突出短板还不足，重建设轻管理现象不同程度存在。历史文化保护资金缺口较大，保护机制有待健全，社会力量发动不够。行业安全基础仍然薄弱，“老弱”房屋存量大。部分低资质等级施工企业、小规模瓶装液化气企业安全生产标准偏低。

法制建设

【立法项目】2021年，推动《福建省传统风貌建筑保护条例》《福建省绿色建筑发展条例》通过省人大审议并颁布实施；《福建省房屋使用安全管理条例》提交省政府审定，配合省司法厅多次修改草案，并赴厦门、龙岩开展立法调研。对住建领域地方性法规进行系统梳理，提出“十四五”期间“立改废”计划，其中《福建省物业管理条例（修订）》列入2022年审议项目，《福建省燃气管理条例（修订）》《福建省建设工程安全生产管理条例》《福建省化工建设工程质量监督管理办法》《福建省建筑装修管理暂行办法（修订）》《福建省住房租赁管理办法》《福建省城市管理条例》等列为调研预备项目。

【规范性文件审查】2021年，上报《福建省建设工程消防设计审查验收技术专家库管理办法》《福建省城市轨道交通工程质量安全动态监管办法》《福建省建设工程特殊消防设计专家评审管理规定》《福建省住房和城乡建设系统行政处罚裁量权基准（2021年版）》《关于加强化工建设工程质量监督管理工作的意见》规范性文件5份；进行省人大、省政府、省司法厅及其他有关省直部门的立法、规范性文件征求意见修改，书面反馈意见120余份，提出修改意见180余条；参与省司法厅、省人大的立法论证会80余场；做好厅机关合同审查，对合同条款提出专业意见，共计审核合同120余份；2021年，结合对各专项规范性文件的清理，对存量规范性文件进行公平竞争审查，共计修订政策文件7份（已完成1份，修订中6份），最大限度减少部门对建筑市场的干预，激发市场主体活力；对法规处自2000年以来制定的1150余份相关政策文件进行系统梳理，为下一步修改完善提供支持。

【行业依法行政指导监督】2021年，推进住建行业“互联网＋监管”、信用体系建设、“双随机”检查等事务，着力在行业内推进守信激励和失信惩戒机制。印发《福建省住房城乡建设行业2021年度法治建设工作要点》；制定并颁布《福建省住房和城乡建设系统行政处罚裁量权适用规则（试行）》《福建省住房和城乡建设系统行政处罚裁量权基准（2021年版）》，保障公平、公正、合理行使行政处罚裁量权，共计梳理房地产类、城市建设类、工程建设与建筑业类法律、法规规章130余部，行政处罚事项865项，形成了2800余项处罚裁量基准；组织修订住建系统实施行政处罚中适用听证程序的较大数额罚款标准，保障行政相对人合法权益；全年接待来访单位和个人90多批次，150多人次；2021年度办理各类案件共计90件。

【住建领域矛盾纠纷化解】与省法院联合出台《关于建立健全住房和城乡建设领域矛盾纠纷多元化解工作机制的指导意见》，明确住建领域4类诉调对接事务范围，探索建立无争议事实记载制度，委托调解和调解协议司法确认、担保等机制。组织相关协会、律所及业务处室召开4次专题推进会研究具体实施细则，包括调解的主体、流程、财务管理及与法院对接的配套制度、法律文书等；召集人员就调解专家组建、调解场地设置、调解规则运行进行研讨与落实。12月13日，推荐福建省物业管理协会、福建省房地产业协会、福建省建筑业协会、福建省工程造价管理协会、福建省建设法制协会进入福建省法院系统特邀调解组织。

【法制宣传教育】2021年，在厅中心组学习会解读《法治政府建设实施纲要（2021—2025年）》《中华人民共和国安全生产法》；组织编印《建设法规政策汇编（2020卷）》《住房和城乡建设领域安全事故案例选编》《住建系统典型案例选编》，作为普法工具书，向厅机关和全系统发放；举办全省住建系统《中华人民共和国行政处罚法》《福建省住房和城乡建设系统行政处罚裁量权适用规则（试行）》《福建省住房和城乡建设系统行政处罚裁量权基准（2021年版）》视频培训班，共计培训近600人；开展“美好生活·民法典相伴”“宪法宣传周”等普法宣传，配合相关处室开展法规宣传和培训；召开全省住建典型案例评析会及法制科长会议，提高行业依法行政水平；配合省司法厅完成福建省住建厅120余名行政执法人员进行换证，并组织厅机关本级及漳州、莆田两个地市的行政执法资格专业考试培训和巡考事务，共计培训 520 余人，460 余人通过专业考试，通过率为 88.5%。被中宣部、司法部、全国普法办评为“2016—2020 年全国普法工作先进单位”。

【建设类社会组织业务指导】 2021 年，开展全省性行业协会与厅机关脱钩改革“回头看”行动，组织对完成脱钩任务的 12 家行业协会开展“回头看”行动，总结脱钩改革经验和成效；根据省民政厅要求，开展建设行业非法社会组织排查整治行动；配合省民政厅开展僵尸型社会组织清理行动，督促指导省镇长协会做好清算注销相关事务，促进社会组织健康有序发展。

房地产业与住房保障

【概况】 2021 年，坚持“房子是用来住的、不是用来炒的”定位，坚决落实国家房地产调控事务部署，实施“一城一策”；建立健全稳定房地产市场长效机制；开展防止经营贷流入房地产领域专项清查；开展房地产市场秩序专项整治行动；协调各方处置在闽风险项目，从而使房地产市场保持平稳健康发展。针对上半年福州、厦门、泉州三市房价较快上涨，出台相应调控政策，使各项稳定市场政策效应显现。配合人行福州中心支行、福建银保监局，成立 3 个检查组，实地抽检银行经营贷资金流向。维护市场稳定。重点开展预售资金监管专项整治，做好房地产领域信访维稳。年内房地产企业金融债务风险陆续爆发，波及各在闽开发项目，福建省住建厅开展风险项目处置，第一时间摸清项目底数、评估风险等级，制定一盘一策，推动协商复工，加强督促指导和部门联动，实行资金封闭运行和资产保全，截至年底风险处置事项有条不紊展开。

【物业服务品质提升】 配合省纪委监委开展“物业服务企业侵占业主公共收益”群众点题整治项目，规范住宅小区物业服务企业经营行为。期间，通报曝光 148 家物业服务企业违规行为，行政处罚 6 家，信用减分处理 124 家，累计存入住宅专项维修资金或业主委员会专户公共收益 1.99 亿元，涉及 3296 个小区、265 万户。深入福州、厦门、南平等地开展商品住宅专项维修资金专题调研，掌握全省商品住宅专项维修资金交存、管理和使用的最新情况。制定《物业小区新冠肺炎疫情防控技术指南》，指导物业服务企业按照属地政府防控要求进行常态化疫情防控。发布《福建省住房和城乡建设厅等 12 部门关于加强和改进住宅物业管理工作 推动物业服务业高质量发展的通知》，推动全省物业服务业健康发展。指导厦门市建设局制定“美好家园”活动实施方案，明确实施步骤和活动节点，细化完善评选小区原则要求。指导福建省物业管理协会组织开展 2021 年度福建省“最美物业人”评选活动，展示物业服务行业良好社会形象。

【房屋项目和谐征收】 开展房屋征收实施单位信用评价，推进房屋和谐征收。持续加强全省国有土地上房屋征收实施单位管理，规范征收实施单位行为，组织开展年度征收实施单位信用评价，对备案企业逐一现场检查打分，52 家单位达到 A 级，158 家 B 级，2 家 C 级。组织各设区市考核推荐符合征收程序、严格依法实施补偿、热情服务群众、项目顺利推进等要求的征收项目，对其中 38 个经公示无异议的征收项目予以通报表彰。

【棚户区改造和安置房建设】 组织各地开展“十四五”存量棚户区改造情况摸底，并逐年分解安排到年度任务，明确责任到各设区市，建立滚动接续的项目储备机制。全年计划新开工棚改项目 7.2 万套、基本建成 2.2 万套，作为省委和省政府年度为民办实事项目之一，对实施进展缓慢的设区市，通过实地查看、约谈、通报、发提醒函等方式督促推进，确保民生实事办实办好。年底基本建成 4 万多套，提前超额完成年度目标任务。推广安置型商品房建设模式，吸引品牌房地产企业参与安置房建设，提高建设效率和住房品质，全年新开工 60 个安置型商品房项目。

【租赁住房发展】 2021 年，新培育发展 5 家机构化、规模化住房租赁企业。全年新增租赁住房供应 1.7 万套。推动福州、厦门、泉州三市率先发展保障性租赁住房，总结福州、厦门利用集体土地建设租赁住房、中央财政支持住房租赁市场发展试点形成的经验做法，指导泉州开展相关探索。其中，福州市主要做法先后在国务院、住房和城乡建设部召开的全国会议做典型经验介绍；厦门市在全国率先出台《关于加快发展保障性租赁住房的意见》《存量非住宅类房屋临时改建为保障性租赁住房实施方案》，主要做法得到住房和城乡建设部推广。在人口流入多、房价高的城市，扩大保障性租赁住房供给，着力解决住房困难群体和新市民住房问题。全年新开工保障性租赁住房 1.74 万套，并组织福州、厦门对原试点建设的租赁住房进行梳理，符合规定的全部纳入保障性租赁住房项目计划清单，一并进行规范管理。

公积金管理

【概况】 2021 年，全省缴存住房公积金 827 亿元，同比增长11.69%；提取住房公积金614亿元，同比增长8.51%；发放公积金个人贷款6.9万笔348亿元，同比下降7%。截至12月底，全省住房公积金实缴人数405万人、实缴单位13.6万个；缴存总额6357亿元，提取总额4231亿元，缴存余额2126亿元；个贷总额3627亿元，个贷余额1924亿元，个贷使用率90.47%，逾期率0.174‰。全省提取住房公积金支付房租额达21亿元。

【服务创新】2021年，完成全省公积金公共服务事项“五级十五同”的细化梳理，全省公积金服务事项由最初的390多项精简到120多项，完成省网上办事大厅公积金公共服务事项录入和绑定，并组织各地中心完成系统绑定和各中心其他渠道相关材料的修改、调整。推进公积金服务事项“跨省通办”，完成5个“跨省通办”事项。截至12月底，全省通过全程网办开立住房公积金单位账户2.16万家，办理单位和个人信息变更32.7万笔，办理提前还清公积金贷款4724笔，开具贷款全部还清证明8.05万笔；通过两地联办办理异地购房提取98笔、613.27万元。组织全省13个公积金中心（分中心）签订《福建省内住房公积金信息共享战略合作协议》，打破各公积金中心数据不互联不共享的信息壁垒。为进一步提升服务、方便群众办事，深化共享数据应用，由福建省住建厅处理牵头项目组和福州、省直、莆田等3个试点中心共同研发跨中心冲还贷业务，并已进入最后测试阶段。莆田作为试点中心与项目组共同研发贷款网上受理功能，正在完善与测试。

【监管力度强化】2021年，在全省开展“提升公积金服务水平，优化营商环境”调研，先后走访了公积金系统项目组、部分承办银行、11个公积金中心，并与公积金中心基层管理部一线人员、部分企业代表等进行了座谈，针对调研情况撰写调研报告，并针对存在问题出台了《关于进一步提升公积金服务水平优化营商环境的指导意见》。配合国家审计署（广州特派办）对福建省住房公积金管理政策落实情况及公积金归集、使用、管理情况开展审计，召开全省审计整改协调会，对审计指出的问题逐一研究整改措施。协调各地将12329热线并入12345热线统一管理，并由当地公积金中心对公积金专用座席客服人员进行培训。协调招商银行免费为12329热线提供智能AI机器人，确保24小时不间断热线服务。持续完善网厅、微信公众号、闽政通App等移动服务渠道业务办理功能，优化各类业务线上办理体验。指导各中心通过多种方式提升服务水平。完成网厅个人用户和法人用户统一身份认证平台对接、界面风格全版改造、服务事项精准跳转等。由福建省住建厅牵头的“个人住房公积金贷款一件事”，已与省金融服务平台实现总对总对接，莆田作为试点已实现直连办理，其他各县市将根据当地不动产部门接入省级平台情况陆续开展联调。

【风险防控和平安建设】2021年，福建省住建厅指导各地加强资金运行情况分析，重点督促个贷使用率较高或增长较快的中心，合理安排资金使用，继续稳控个贷使用率，全省个贷使用率稳步下降，从年初的93.55%下降3.08个百分点至90.47%。与建设银行合作，开展住房公积金融资方式分析调研，形成调研报告。指导各中心加强贷前、贷中和贷后管理，防范个贷违约风险，保持个贷逾期率低于全国平均水平。强化信息安全，要求各地加强涉密人员安全教育，对接触缴存职工个人信息的人员实行严格授权，对缴存职工的信息共享实行脱密管理和白名单管理。各地中心做好疫情常态化防控，加强服务场所和窗口防护，加大力度推行网办和预约办等业务模式，保证在疫情条件下，住房公积金各项业务能够正常办理。

城乡历史文化保护传承

2021年，福建省人大颁布《福建省传统风貌建筑保护条例》，对集中成片传统风貌的老建筑进行法定保护，为全国首个进行立法保护的省份。泉州、漳州出台名城保护条例，4座国家级名城均已立法保护。福建省住建厅在城市建设中关注历史文化保护，推动普查认定，新公布14条省级历史文化街区、156个省级传统村落、1525栋历史建筑，认定非世遗、非文物土楼2593处。省级开展为民办实事专项保护行动，全年投入2.41亿元推进10条街区50个名镇名村改善提升。在全国率先建成传统建筑海峡租养平台，已上线107个传统村落337栋传统建筑。各地以世遗大会在福州召开为契机，带动了167个保护项目实施。全年编制完成8个历史文化名城街区、17个历史文化名镇名村和传统村落保护规划。

城市设计管理

2021年，福建省住建厅积极推进各设区市启动1项城市中心区、滨水地带等重点区域的城市设计，并纳入全省城乡建设品质提升工作，2021年全年共完成36个城市设计项目。

建筑设计管理

2021年，福建省认定343项获奖项目；全年完成勘察项目审查9577项、设计项目审查7730项、专项工程审查4983项，完成审查建筑面积2.2亿平方米，实现二维施工图（PDF格式）全流程存档。加强施工图审查机构管理，开展两年一次换证核查，强化审查队伍建设，全省现有审查机构27家，其中房建25家（一类23家、二类2家）、市政12家（一类7家、二类4家），超限审查5家。按季度公布勘察设计企业信用排名，全省目前有293家勘察设计企业参与信用评价；依托数字化审查系统抽查项目105个，累计通报检查意见1220条，对13个涉及违反强条的项目进行查处；依托三坊七巷全国优秀建筑设计展示馆，发挥闽台合作优势，举办智能建造、城市历史街区保护、城乡绿色低碳发展等多场论坛活动；将抗震纳入施工图设计文件审查重要内容，重点加强超限高层建筑抗震设防审查，完成31项超限审查工作，开展5项防震减灾课题研究。针对城市道路交通事故暴露出的安全设施缺陷，提出严格快速路规划设计，强化安全设施建设引导、规范快速路出入口设置、合理布局交叉通行设施等措施，加强设计服务和管理。

城市体检评估

推荐福州、厦门作为住房和城乡建设部城市体检样本试点城市，在已连续三年开展城市体检取得经验的基础上，学习借鉴广东、江西等地探索省内开展城市体检的做法，2021年在全省其他设区市和平潭综合实验区第一次开展城市体检工作，主要围绕生态宜居、健康舒适、安全韧性、交通便捷、风貌特色、整洁有序、多元包容、创新活力8个方面、66项指标开展。

建设工程消防设计审查验收

【概况】2022年，持续推进审验力量和能力建设，督促各地结合工作实际建立相匹配的审验队伍，增强全省消防审验技术力量。建立省市分级培训制度，开展建设工程消防审验管理人员业务培训，提高消防审验履职效能。省厅组织召开全省建设工程消防设计审查验收工作视频会，全面总结职责承接三年来的履职情况，剖析当前存在的问题与不足，并提出加强和改进工作的重点和要求。印发房屋市政、变配电工程消防技术要点，开展港口码头、石化工程等专业工程消防设计审查验收技术研究，规范专业工程审验办理。增补省级消防审验专家库，建立省级化工建设工程质量监督技术专家库，开展特殊消防设计专家评审，服务重点项目。积极推动既有建筑改造利用消防审验试点工作，成果获住建部全国经验推广。组织开展全省消防审验执法监督检查。会同省电力公司出台变配电工程消防设计审查验收管理工作暂行通知，联合省消防总队印发建立建设工程消防审查验收与监督管理工作协调联动机制。印发消防审验廉政工作通知，加强行业作风建设。组织召开化工建设工程质量监管协调会议，印发加强全省化工建设工程质量监督管理的通知，加强化工质量监管。

【推进全省建设工程消防审验队伍建设】督促各地结合工作实际建立相匹配的审验队伍，2022年新增消防审验队伍17家，事业编制增加59名，市县审验机构覆盖率达80%。

【建立省市分级培训制度，开展全省业务培训】在省厅集中统一培训基础上，制定培训大纲和组织优质师资服务基层培训工作，突出业务和技术实操，2022年省厅和各设区市累计开展培训17场，培训审验人员600多人次。

【全省建设工程消防设计审查验收工作视频会】11月15日，省厅召开全省建设工程消防设计审查验收工作视频会，全面总结职责承接三年来的履职情况，剖析当前存在的问题与不足，并提出各级住建主管部门要强化工作统筹，不断提高标准化、法治化、规范化水平。

【建立增补省级专家库，服务重点项目】建立省级化工建设工程质量监督技术专家库，增补省级建设工程消防设计审查验收技术专家库，开展福州机场二期项目特殊消防设计专家评审，服务省重点项目。

【持续推进技术标准体系建设】印发《福建省房屋建筑和市政基础设施工程消防设计技术审查导则》、变配电工程消防设计、审查、验收三份技术要点，开展港口码头、石化工程、公路工程等专业工程消防设计审查验收技术研究，规范专业工程审验办理。

【指导福州市和鼓楼区试点工作】指导福州市和鼓楼区试点工作，出台既有建筑改造正负面清单和简化小型工程办理消防备案等文件，工作成效获住建部印发工作简报全国推广。

【省内外开展消防审验工作调研】深入开展工作调研，赴江苏省开展消防技术服务机构及人员信用监管机制调研，省内开展港口码头、变配电、石油化工、铁路等专业工程消防审验工作调研。

【加强工作协调联动】会同省电力公司出台《关于加强变配电工程消防设计审查验收管理工作暂行

通知》，联合省消防总队印发《关于建立建设工程消防审查验收与监督管理工作协调联动机制的通知》，明确变配电工程审批类型，建立会商、共享等协作机制。

【开展消防设计审查验收行政执法检查】7月组织开展全省上半年消防审验执法监督检查，并督促设区市对本地区消防设计和施工质量开展督查，梳理总结各地短板和不足，以及项目风险隐患点。

【强化行业作风建设】印发《关于加强建设工程消防审验廉政建设的通知》，严守廉政底线“十不准”，严守廉政底线，推进营造风清气正的行风政风。

【加强化工质量监管工作会商】组织召开化工建设工程质量监督管理联络会议，确定年度工作计划，印发《关于进一步加强全省化工建设工程质量监督管理工作的通知》，加强化工质量监管。

城市建设

【概况】2021年，福建省政府办公厅印发《福建省“十四五”城乡基础设施建设专项规划》，省政府召开全省城市和农村建设工作会议。福建省住建厅加快推进城市更新和城市建设高质量发展，组建城市建设品质提升工作组办公室，制定城乡建设品质提升工作考核办法、正向激励办法、样板工程建设指引。先后在福州、泉州、三明召开新区建设、城市更新暨历史文化保护、城市精细化管理3场现场会。组建省级专家库，对设区市项目的策划生成、建设过程开展多批次指导服务。围绕居住、交通、水环境、城乡风貌、城市管理五大品质提升和十类样板工程，全省共实施各类项目5397项，年度计划投资3443亿元，实际完成投资4089亿元，比2020年增长38.8%。

【城市道路建设】1月5日，印发《福建省推动城市停车设施发展实施办法》。全年全省新改扩建城市道路810千米，新增公共停车泊位4.08万个，完成LED路灯改造3.2万盏。福州地铁5号线一期、6号线长乐段建成，厦门地铁3号线蔡厝段开通试运行，累计建成里程175千米。在提升城市建设品质时重点加快推进城市公共停车设施建设，增加路外公共停车泊位；改进停车楼、地下停车场、机械式立体停车场等集约化停车设施，探索智能化管理，提高车位利用率，全年新增路外公共停车泊位2万个；加快推进福州和厦门地铁建设，优化城市道路功能和路网结构，打通“断头路”，畅通微循环；强化提升重要节点、走廊夜景照明品位，实施城区道路路灯节能化改造工程，提升照明品位，更新主要干道灯杆1万根。

【老旧小区改造】2021年，福建省完成100个老旧小区（街区、片区）改造项目，完成改造2000年以前建成的15.8万户城镇老旧小区。累计争取中央补助资金30.15亿元。制定《全省老旧小区改造负面清单（试行）》，为全国首个制定改造负面清单的省份。发布《关于进一步加强全省老旧小区改造工作的通知》《福建省老旧小区改造工作指南》，进一步强化全省老旧小区改造相关要求。组织专家赴设区市开展8次老旧小区改造培训和技术指导。指导各地建立健全老旧小区改造机制，向住房和城乡建设部推荐福州、厦门改造案例，被住房和城乡建设部列入老旧小区改造可复制政策机制清单予以推广。推进每个设区市开展1个老旧街区片区改造项目试点，年底全部开工建设。

【城市园林绿化】发布《在城市更新中加强城市自然和历史文化保护工作的通知》，制止破坏性“建设”问题。指导各地充分利用城市街头巷尾边角地、空地，见缝插绿，开展福道、郊野公园、植物园、“串珠公园”“口袋公园”、街头绿地等项目建设，扩大公园绿地覆盖面，促进城市用地集约化、生态化利用，持续推进城市立交桥、高架桥、坡岸、墙面、屋顶等立体绿化建设，提高城市绿视率，丰富城市美观度。

村镇规划建设

【概况】2021年，全省推动100个乡建乡创合作项目；公布省级村镇住宅小区建设试点38个；完成既有裸房整治15.07万栋。全省新建乡镇污水管网1260千米。此外，全省新增14个县（市、区）以县域为单位，将村庄保洁、垃圾转运、农村公厕管护等捆绑打包实施市场化运营管理，提高规范化、专业化水平。

【农房安全管理】2021年，为汲取“7·16”永安大湖镇在建村民安息堂垮塌事故教训，福建省住建厅制定为期1个月清查整治方案，组织全省全覆盖排查整治了2.6万栋农村在建房屋。起草并由省政府办公厅发布《关于进一步强化农村建房安全管理的通知》。省级开展5轮暗访督导，福建省住建厅由机关46名处级干部持续进行包片跟踪，推动市县及时完成排查整治、加快健全长效机制。下发5个简易安全警示视频，组织县乡全覆盖应急培训建房户、农村工匠、镇村干部11.8万人次。配合省乡村振兴局制定《关于健全完善防止返贫动态监测和帮扶机制的实施办法》，会同省财政厅、民政厅、乡村振兴局制定《农村低收入群体等重点对象住房安全保障实施方案》，以县级为单位建立常态化住房安全保障机制，巩固拓展脱贫攻坚成果，做好与乡村振兴工作的有效衔接。推动各地完成 892 户危房改造，超年度目标任务 47%。跟踪推进农房抗震改造试点，漳州、泉州按期完成 7500 户试点任务。

【农房风貌管控】发布《关于印发农房建筑风貌和质量安全管控任务清单的通知》，细化明确农村建筑风貌和质量安全管控具体要求；全省 84 个县市区全部公布了建筑立面图集，并纳入乡村建设规划许可管控。出台“崇尚集约建房”、新时代农村社区建设、集镇环境整治 3 项任务建设成效评判标准及建设指引，赴九市一区宣讲解说，组织专家组深入现场调研指导，帮助各地对接高水平设计团队，指导各地开展创建行动；委托第三方开展年终考核，对 3 项任务前 3 名予以正向激励。全省完成既有裸房整治 15.07 万栋，超年度任务（10 万栋）50.7%；“崇尚集约建房”建设完成投资 12.14 亿元，占年度计划投资额的 179.23%；集镇环境整治完成投资 1.37 亿元；新时代农村社区建设样板工程完成投资 1.48 亿元。

【乡村环境治理】2021 年，福建省住建厅赴九市一区现场调研督导乡镇生活污水和农村垃圾治理捆绑打包实施市场化和垃圾分类任务，根据各地进展情况召集市县到福建省住建厅再次进行面对面沟通调度。发布《扎实推进乡镇生活污水、农村生活垃圾治理市场化工作的通知》，指导推动相关事项的市场化运作。全年新建乡镇生活污水管网长 1260 千米，完成率 165.8%，以县域为单位乡镇生活污水处理打捆打包市场化的县（市、区）年度任务数 20 个，全年新增 22 个，完成率 110%；以县域为单位农村垃圾打捆打包市场化的县（市、区）年度任务数 10 个，全年新增 14 个，完成率 140%；83 个乡镇完成全镇域落实垃圾分类机制。出台乡镇生活污水、垃圾转运设施和农村公厕管护指南，健全农村公共基础设施管护机制。

【闽台乡建合作】会同相关部门出台《关于深化闽台乡建乡创融合发展若干措施》，加大省级财政支持力度，每年补助项目数由 10 个增至 100 个，扩大支持项目范围，健全服务网络和机制，全省累计引进台湾建筑师（含文创）团队 95 支、台湾乡建乡创人才 300 多名，乡建乡创陪护式服务 228 个村，覆盖全省近 70%县（市、区）；全年收集对接 275 个项目需求，较上年同期增加 4 倍，促进 120 个项目签约落地；培育出闽清县梅城印记历史文化街区、新罗区培斜村、古田县端上村和涵江区东大村等新一批促进乡村振兴的合作样板项目；拍摄纪录片《回家的路》和多个短视频，通过央视、省电视台、海博 TV 等宣传推广，总点击量超 6 万次，全国观众规模达 5000 万人次。

标准定额

2021 年，福建省编制（修订）绿色建筑评价等重点标准，全年完成编制地方标准 112 项，新编设计图集 2 本，其中新编制 71 项，修订 41 项。完成科技研究开发和科技示范项目共 29 项，公布省级施工工法 153 项，推广全省建设领域“四新技术”39 项，28 项建设科技成果获得省级科技进步奖，新增 13 家省级（建筑施工）企业技术中心。从设计企业正向设计引导、工程总承包全产业链应用、BIM 技能比赛等方面协同推进 BIM 技术应用，全年推广 BIM 技术应用项目 259 个。推动福州市创建全国新城建试点，“新城建行动”列入《城乡基础设施“十四五”专项规划》，推进福州、厦门建设城市信息模型（CIM）基础平台。成功承办第四届数字中国建设峰会新城建论坛、全国新城建工作座谈会、新城建成果展等活动。

工程质量安全监督

【概况】出台《关于进一步加强房建市政工程安全质量工作的若干措施》，建立住宅工程安全事故与房屋预售联动机制、国有企业安全事故通报国资监管部门等联合惩戒制度。全年暂停 8 个房地产项目网签备案，向国资监管部门通报 8 家建设单位、2 家代建单位和 7 家施工单位，对 9 家省内施工单位作出暂扣安全生产许可证的行政处罚。全省房建市政工程质量安全生产总体稳定，4 个项目获鲁班奖、2 个项目获詹天佑奖、12 个项目获国家优质工程奖，建筑施工安全生产事故起数较前两年分别下降 17%和 28%。

【质量安全监管】2021 年，福建省各级工程质量安全监管部门共检查工程项目 18234 个次，发出 19300 份责令整改通知单，对施工、监理等责任主体记 59.21 万分。发布《关于进一步强化房建市政工程疫情防控有关工作的通知》，督促指导各地加强房建市政工程疫情防控。开展房建市政工程预拌混凝土用砂检查，严禁海砂违规用于钢筋混凝土结构。全省住建部门共抽查 1140 家次预拌混凝土企业 895 批次混凝土拌合物和 2283 批次砂，氯离子含量均符合要求。开展全省房建市政工程质量安全监督检查(含地铁工程、检测和预拌混凝土等专项检查),共检查117个项目,并延伸检查15家预拌混凝土企业和14家工程质量检测机构。推行“支部建在项目上”党建行动机制。全省已有537个项目建立党支部。分别会同省自然资源厅、省工信厅印发《关于进一步规范机制砂行业发展有关工作的通知》《福建省机制砂行业企业规范》。至2021年年底,全省机制砂项目累计新增产能年约7367万立方米,完成年度目标任务,有效缓解建设工程用砂供需矛盾,供需基本平衡,机制砂价格有所回落。

【危大工程及行业安全管控】2021年,福建省住建厅开展危大工程安全专项整治,全省各级监管部门共检查项目3883个,检查危大工程7426项,发现问题隐患9181个,已整改8914个,整改率97.09%。组织开展建设工程安全专项施工方案论证专家评审,公布第四届福建省建设工程安全专项施工方案论证专家319名。出台《福建省城市轨道交通工程质量安全动态监管办法》,规范实施地铁工程质量安全监管。联合省应急厅等七部门发布《关于在高危行业领域推行安全生产责任保险的实施意见的通知》,推动房建市政工程施工领域安全生产责任保险实施。联合省人社厅等八部门印发《福建省工伤预防五年行动计划(2021－2025年)实施方案》,深入推进工伤预防培训。加快重大安全隐患房屋有效处置,进一步推进已封房重大隐患房屋加固或拆除,全年新增有效处置房屋2万栋。抓好施工围挡和小区改造工程外立面提升,落实“6个百分百”扬尘防治措施。各地累计发出责令改正通知书5587份,约谈765个在建项目,立案处罚124起。开展全省建设工程项目生态保护修复专项行动,全省共排查项目7314个,发现需修复项目319个,已修复项目237个;制定印发建设工程项目生态保护修复负面清单,围绕策划立项、勘察设计、招投标、施工、验收5个阶段,明确建设单位、工程可行性设计(咨询)单位、勘察设计单位、预算编制单位、施工单位、监理单位6个责任主体共36条生态保护修复负面行为。

建筑市场

【概况】2021年,福建省新增3家特级企业,特级企业总数达25家;开展项目数据等级确认,帮助企业提升市场竞争力;继续组织在政府投资的房屋建筑和市政基础设施工程推行工程总承包,落实安排65个工程总承包项目。在房屋建筑和市政基础设施工过程中开展全过程工程咨询试点,全年落实全过程工程咨询试点项目16个。在全省建筑业企业中,产值超50亿元的企业达23家。

【市场监管】出台《福建省工程建设领域整治实施方案》,严厉打击恶意竞标、强揽工程等违法违规行为。组织开展招标项目“双随机一公开”检查,立案查处电子投标文件软硬件信息雷同案件,对99个项目212家参与串通投标的企业予以行政处罚,并对违法违规的市场主体实施差异化监管。查处违法发包、转包、挂靠、违法分包等违法行为61件,涉及企业89家。公布建筑市场主体“黑名单”5批次24家企业,并依法限制其参与政府项目投标。对人社部门列为欠薪黑名单的5家施工企业,纳入建筑市场主体“黑名单”管理。

【行业信用评价体系完善】2021年,修订印发《福建省建筑施工企业信用综合评价体系企业合同履约行为评价标准(2021年版)》。为44家政府投资项目的施工企业追讨工程款2.62亿元,督促834个项目补办工程款支付担保,督促56个在建工程项目落实农民工工资专用账户制度、63个在建工程项目落实工资保证金制度。调整招标代理机构事中事后监管文件和造价咨询企业信用评价办法部分条款,确保招标代理和造价咨询信用评价事项平稳有序开展。调整建筑施工企业通常行为评价标准部分指标,进行建筑业企业纳税信息采集,调整产值和合同额得分,优化弄虚作假扣分,增加市优项目加分项,取消工法、行业标准、职工技能竞赛加分,完善信用评价指标,鼓励工程项目创优,推动信用评价客观公正开展。优化调整和明确工程监理企业信用综合评价规则,完善工程监理企业信用体系建设,推动行业健康发展。

建筑节能与科技

【概况】2021年,福建省住建厅促进建筑业转型升级,推广新型建造方式,推进装配式建筑发展,全年动工建设装配式建筑面积700万平方米;转变组织管理方式,推动智能建造与新型建筑工业化协同发展。

【装配式建筑和新型组织模式】联合福建省发改委等9部门出台《关于加快推动新型建筑工业化发展的实施意见》,明确“十四五”期间装配式建筑发展目标任务。全年新建投产4家预制混凝土构件生产基地,累计建成装配式建筑工厂73个,预制混凝土年生产能力达366万立方米,钢构年生产能力298万吨。新开工装配式建筑2230万平方米,占新建建筑比例达到 23%以上。福州、泉州市新开工装配式混凝土建筑面积位居前两位，分别为 386 万平方米、373 万平方米，累计占全省的 63%。支持省建工集团合与同济大学国家土建结构预制装配化技术研究中心合作成立福建研究院，开展关键技术研究和应用推广。全省 5 个案例入选住房和城乡建设部智能建造新技术新产品创新服务案例清单。培训考核装配式技术工人 2400 多人，选派选手参加第四届全国装配式建筑职业技能竞赛并荣获 13 个奖项。举办免撑免模装配式技术云观摩，提高公众认知度。

人事教育

【干部教育培训】2021 年，选派 41 名干部参加住房和城乡建设部、省委组织部和省直工委党校等部门组织的各类脱产培训，提升干部政治素养和专业业务素质。

【人才交流服务】通过云易聘平台实行网络视频招聘会，分省内与省外两个专场举办“福建省住房和城乡建设行业企事业单位省外高校人才网络视频招聘会”。省内专场与教育厅、省建筑工程学院联合举办，共 318 家企业参与，提供 7575 个岗位；省外专场与省建筑人才市场、华南理工大学、华南大学、哈尔滨工业大学等联合举办，共 49 家企业参与，提供 623 个岗位。

【人才引进】配合省委组织部，赴同济大学参加“福建人才周”活动，组织开展 2022 届规划建设类引进生宣讲，2022 届报名人数 75 名，审核引进 35 名。组织开展规划建设类引进生职称直评服务，25 人完成职称直评（其中高级工程师 2 名、工程师 23 名）。推动“同行计划”的实施，落实高校学生实习实训，2021 年同济大学选送 11 名在读研究生实行本年度“同行计划”，各类高校共有 51 名学生来闽实习实训。配合对接联系台湾建筑团队参与乡建乡创、美丽乡村建设，2021 年共开展 132 项项目合作，新增引进 27 支台湾建筑团队。

【职称评审】完成 2020 年度土建专业高级、中级职称评审，申报材料收件 1347 份，评审通过高级 865 人、中级 71 人、初级 1 人。

【行业人才培训】配合住房和城乡建设部开展视频远程教育专题培训（两期共 14 讲），培训人数 891 人次。组织厅行业专门业务培训，举办厅财政经费支持班次 12 个，培训 6887 人次。组织全省建设类各类岗位考试 545 场，参考人数 5.64 万名，核发岗位证书 3.85 万本。全年完成相关专业继续教育培训达 16.34 万人，指导建设行业培训机构开展继续教育培训 10 万人次。

【行业执业资格考试】2021 年，部署行业 6 类 17 项职业资格考试报名相关事项，组织二级建造师等执业资格考试 17 场，约 21.95 万人次参加。新增各级各类注册师 9215 名。

大事记

1 月

15 日　召开第一次全省建设工程项目生态保护修复专项行动视频调度会议。

2 月

9 日　省委书记尹力、省长王宁在福州调研生活垃圾分类情况，看望慰问环卫工人。

3 月

3 日　住房和城乡建设部、财政部确定福建省为 2020 年度农村危房改造积极主动、成效明显的激励省份。

5 日　召开第二次全省建设工程项目生态保护修复专项行动视频调度会议。

23—25 日，赴泉州市、莆田市开展建设工程项目生态保护修复专项调研指导。

4 月

13 日　召开 2021 年第一季度全省建筑工程质量安专题会议。

16 日　发布《关于进一步加强房建市政工程文明施工管理有关事项的通知》。

30 日　印发《关于进一步加强房建市政工程安全质量工作的若干措施》。

30 日　国务院办公厅印发通报，对 2020 年农村危房改造积极主动、成效明显的寿宁县予以督查激励。

5 月

8 日　与省高级人民法院联合印发《关于建立健全住房和城乡建设领域矛盾纠纷多元化解工作机制的指导意见》。

18—21 日　赴宁德市、三明市开展建设工程项目生态保护修复专项调研指导。

27 日　福建省第十三届人民代表大会常务委员会第二十七次会议通过《福建省传统风貌建筑保护条例》，自 2021 年 7 月 1 日起施行。

6 月

8—11 日　邀请宁夏回族自治区住建厅来闽开展生活垃圾分类“1 对 1”交流协作，并制定实施《福建省和宁夏回族自治区生活垃圾分类“1 对 1”交流协作工作方案》。

24日　制定并颁布《福建省住房和城乡建设系统行政处罚裁量权适用规则（试行）》《福建省住房和城乡建设系统行政处罚裁量权基准（2021年版）》。

7月

26日　发布《关于建立建设工程项目生态保护修复负面清单（试行）制度的通知》。

28日　召开地铁防汛安全专题会议。

29日　福建省第十三届人民代表大会常务委员会第二十八次会议通过《福建省绿色建筑发展条例》，自2022年1月1日起施行。

29日　发布《关于推行"支部建在项目上"党建引领城乡建设品质提升的通知》。

30日　印发《福建省城市轨道交通工程质量安全动态监管办法》。

8月

24日　会同省工信厅印发《福建省机制砂行业企业规范》。

26日　召开第四届福建省建设工程安全专项施工方案论证专家库人员名单和房屋安全鉴定专家名单审查专题会议。

9月

14日　发布《关于进一步强化房建市政工程疫情防控有关工作的通知》。

18日　发布《关于开展危险性较大的分部分项工程安全专项整治的通知》。

29日　发布《关于公布第四届福建省建设工程安全专项施工方案论证专家名单的通知》。

10月

9日　省委书记、省委全面深化改革委员会主任尹力主持召开省委全面深化改革委员会第十八次会议，审议通过《关于进一步推进生活垃圾分类工作的实施方案》。

19日　召开2021年全省第二次建筑工程质量安全专题视频会。

21日　福建省住建厅等12部门印发实施《关于进一步推进生活垃圾分类工作的实施方案》。

29日　省政府在三明召开全省首次城市精细化管理工作现场会，副省长康涛出席会议并讲话。

11月

4日　转发厦门市关于加强限额以下工程安全监管的通知，指导各地借鉴厦门做法，强化限额以下工程质量安全监管。

12日　举办全省机制砂绿色生产培训班。

22日　举办2021年福建省环境卫生管理培训班。

30日　发布《关于调整工程监理企业信用综合评价有关规则的通知》。

12月

2日　全省城市水环境治理现场会在厦门召开。

13—21日，组织开展全省房建市政工程质量安全监督检查（含地铁工程、检测和预拌混凝土等专项检查）。

23日　福建省生活垃圾分类工作联席会议办公室印发《关于2021年全省生活垃圾分类工作第三方评估情况的通报》。

28日　福建省住建厅法规处被中宣部、司法部、全国普法办评为"2016－2020年全国普法工作先进单位"。

江　西　省

住房和城乡建设工作概况

2021年，江西省住房城乡建设事业实现"十四五"良好开局，连续三年被评为全国农村危房改造工作积极主动、成效明显的省，鄱阳县农村危房改造工作获国务院督查激励。江西省住建厅荣获"全国扫黑除恶专项斗争先进单位""全国脱贫攻坚先进集体""全国首批节约型机关"等称号。

【提升城市功能与品质】建立"部省共建"的协调推进机制。争取住房和城乡建设部与省政府高位推动，签订战略合作框架协议，成立高规格领导小组，印发实施方案，实施"六大工程"、22项重点任务，推进城市高质量发展示范省建设。健全"以城市体检发现问题、以城市更新诊疗问题"的成果转化机制。在抓好全国样本城市试点工作的同时，率先推进城市体检县城及以上城市全覆盖。新增南昌入选全国城市体检样本城市，南昌、景德镇入选全国首批城市更新试点城市。开展"项目大会战"扩大有效投资，共实施城市功能与品质提升项目 6000 余个，完工 2900 余个，在建 3100 余个，完成投资 6730 亿元。城市社区 15 分钟健身圈覆盖率 92%以上。每万人拥有足球场 0.8 块，高于国家规划目标。普惠性幼儿园覆盖率居全国前列。南昌入选全国首批一刻钟便民生活圈试点地区。持续开展公共停车设施提质增量补短板，新增停车泊位 26 万个。启动开展城市地下市政基础设施建设补短板。扎实推进城市居住社区建设补短板。开展高品质智慧社区建设试点，确定首批 12 个试点社区（项目）。新增创建 506 个绿色社区。加强历史文化街区和历史建筑保护，禁止“大拆大建、拆古建新”。公布省级历史文化街区 75 片，总量全国第三；公布历史建筑 3177 处。抚州获批国家历史文化名城。着力打造城市高质量发展“南昌样板”。开展城镇园林绿化提升专项行动和生态园林城市（城镇）建设。新建改建城市公园、小游园等 488 个、1670 公顷，新增城市绿道 584 公里，闲置裸露土覆绿或软覆盖 418 公顷。城市园林绿化覆盖率、绿地率全国第二。达标创建生态园林城市（城镇）8 个。市县累计建成海绵城市建设项目 3379 个、756 平方公里。江西省海绵城市建设工作被国家部委评为“成效第一档”的七个省份之一，鹰潭入选全国系统化全域推进海绵城市建设示范城市。

【开展城乡环境综合整治】推进城郊结合部、城中村、老旧小区、背街小巷、市场和商圈等重点区域环境整治，开展“净水净土净空”“治脏治乱治堵，净化美化序化”“百日攻坚”和线缆“线乱拉”等专项整治行动。开展“三线六边”区域环境整治“回头看”。全面启动美丽乡镇建设五年行动，实施“一深化、三提升”创建活动。抓好中央环保督察反馈和长江经济带警示片曝光问题整改，率先在全国完成县级以上城镇生活污水处理厂一级 A 提标改造。在全国率先开展县级城市黑臭水体排查整治，排查出黑臭水体 46 个，已完成整改措施 29 个。新增生活垃圾焚烧发电设施 9 座，日处理能力 0.64 万吨，总数达 38 座，日处理能力 3.245 万吨，焚烧设计处理能力走在全国前列；新增投入运营厨余垃圾集中式处理设施 4 座，日处理能力 640 吨，总数达 30 座，日处理能力 1683 吨。生活垃圾实现无害化处理，原生生活垃圾实现“零填埋”。开展城区扬尘治理专项行动，强化远程视频监控和“百差工地”评比，落实设区市中心城区建筑工地“六个百分之百”。启动《江西省物业管理条例》执法检查和立法修订，加强住宅专项维修资金管理，开展“加大物业服务收费信息公开力度、共建美好家园”专题活动。南昌、上饶入选全国首批“加强物业管理、共建美好家园”试点城市。出台加快农房和村庄建设现代化实施意见，制定技术导则，加强工匠培训。加强历史文化名镇名村、传统村落和传统建筑保护利用，省级层面在全国率先编制传统村落整体保护规划，新增省级传统村落 100 个，公布传统村落 547 个，传统建筑 2 万余栋，中国传统村落总数全国第八。

【改善人民群众住房】开展城镇老旧小区改造。全年 42.42 万户全部开工、完工 31 万户。江西做法入选全国《城镇老旧小区改造政策机制选编（2021 年）》，先后三次在全国作经验交流发言。

在全国率先整省推进既有住宅加装电梯工作，新增通过审批 2247 台、在建 1298 台、竣工 879 台，惠及群众 10 万人。制定《关于加快发展保障性租赁住房的实施意见》，出台监测评价办法。全年新开工改造各类棚户区 11.6 万套，基本建成 11 万套。加强公租房建设管理。采取实物配租与租赁补贴发放相结合的方式，分配公租房 71.32 万套，分配率 98.7%。发放住房租赁补贴 8.68 万户。符合住房保障条件的城镇困难群众实现“应保尽保”。出台《关于加强住房保障失信行为管理的通知》。推行公租房信息化建设。

巩固拓展农村危房改造成果。抓好农村低收入群体等重点对象住房安全动态监测，开展“送服务”技术下乡行动，推进抗震设防烈度 7 度以上地区农房抗震改造。

解决安置补偿历史遗留问题。完成拖欠过渡安置费、货币补偿款问题整治，涉及金额 1.65 亿元；基本完成未及时办证问题整治，已整治 3.2 万户，整治完成率 99.4%；有效推进逾期交付问题整治，已整治 11.4 万户，整治完成率 86.2%。提升住房公积金管理服务效能。优化公积金贷款担保保证金管理，缴存比例由 10%下降至 5%。住房公积金归集、提取和贷款三大指标呈稳健增长态势。

【推动房地产市场平稳发展】紧扣稳地价、稳房价、稳预期的目标，坚持房子是用来住的、不是用来炒的定位，全省房地产市场供求、销售价格、开发投资、入库税收总体平稳。印发对城市政府落实房地产市场调控主体责任加强监督指导的意见。指导城市制定“一城一策”工作方案，编制“十四五”住房发展规划。发挥房地产市场会商协调机制作用，加强房地产市场形势监测研判。开展房地产领域涉稳矛盾问题化解处置专项行动，化解楼盘烂尾、延期交房、房屋质量等突出问题。出台全装修成品住宅建设管理指导意见，强化全装修住宅项目全生命周期监管。加强轻资产租赁企业监管。会同金融监管部门加强房地产金融监管，有序压降房地产贷款集中度。加强房屋交易网签备案和预售资金监管，实行预售资金全额监管。

【推进建筑业有序发展】出台房地产建筑产业链提升行动计划、加快新型建筑工业化发展等文件，推动建筑工业化、数字化、智能化。加快推动装配式建筑发展。落实碳达峰碳中和目标要求，探索建立绿色建材认证制度，组织开展绿色建筑标识认定，深入推进建筑节能，加快发展绿色建筑。在企业落户、增产创优、资质升级等方面出台相关政策，支持企业做大做强。出台规范房屋建筑和市政基础设施工程建设领域保证金管理、工程款支付担保管理等文件，推行施工过程结算，着力减轻企业负担。在江西住建云上线国外业绩补录功能，鼓励建筑企业“走出去”，参与国内国际“双循环”。提升建筑工程质量。有效落实建设单位工程质量首要责任，扎实推行大数据“智慧监管”，持续开展“标准化示范工地”和“百差工地”认定，探索建立混凝土工程举牌验证、工程质量安全手册等制度，质量保证体系不断完善。出台推进全过程工程咨询服务发展实施意见，工程监理行业加快转型升级。开展标准立项、审批、编制，新增发布地方标准（图集）13项，构建起支撑高品质工程建设标准体系。出台培育新时代建筑产业工人队伍实施方案，新增2.3万余人通过二级建造师考试。建筑工人实名制服务信息平台项目更新率、项目管理人员到岗率均位居全国前列。

法规建设

【法规制度建设】《江西省生活垃圾管理条例》《江西省物业管理条例》列入省政府和省人大常委会2021年立法工作计划。《江西省生活垃圾管理条例》于7月28日经省第十三届人民代表大会常务委员会第三十一次会议通过，自2022年3月1日起施行。《江西省物业管理条例》已经省政府常务会议审议通过，报请省人大审查。组织开展涉及行政处罚法、民法典、长江流域保护、外商投资、不合理罚款规定等地方性法规、省政府规章和行政规范性文件清理，一揽子修订《江西省住房公积金管理办法》《江西省城市绿化管理办法》2部省政府规章。全面落实行政规范性文件合法性审核制度，全年对7件行政规范性文件开展合法性审核。

【依法行政建设】印发省住建厅2021年法治政府工作计划、法治建设工作要点及落实省委全面依法治省工作会议重点任务分工实施方案，落实法治建设工作职责。印发《关于贯彻落实〈法治江西建设规划（2021—2025年）〉及其重要举措分工方案的实施方案》，统筹推进“十四五”时期全省住房城乡建设领域法治建设各项工作。在全省住建系统开展“践行习近平法治思想提升人民群众法治获得感满意度”主题实践。全年提供法律服务17次，审查合同25份，代理行政应诉案件3件。厅公职律师参与规范性文件合法性审查、行政执法案件法制审核等工作。

【规范行政执法】组织梳理修订全省住建系统行政处罚裁量基准及其适用规则，规范行政处罚行为。印发《省厅下放的行政许可等权力事项承接工作成效评价工作情况通报》。向省推进法治政府建设工作领导小组办公室报备2021年度行政检查计划。通过“双随机、一公开”平台，规范开展行政检查。向住房和城乡建设部上报2020年度全省住建系统行政执法数据。组织厅机关工作人员办理行政执法证件。

【普法依法治理】督促落实2021年度全省住建系统普法依法治理工作要点。举办2021年上半年法治讲座暨行政执法培训。向省委依法治省办报送法治建设信息33篇，采用2篇。在法治江西网刊登法治建设信息报道8篇。编制住房和城乡建设领域综合性法律法规政策文件汇编。

【行政复议和行政应诉】收到6件复议申请，均告知向地方政府提出复议申请。对住房和城乡建设部及省政府受理的住房和城乡建设厅作为被申请人的复议案件，依法依规提出答复意见。住房和城乡建设部受理的住建厅作为被申请人的复议案件共4件，其中1件已作出维持决定，另外3件均已作出驳回决定；省政府受理的住建厅作为被申请人的复议案件1件，已决定终止行政复议。对住房和城乡建设部下发的行政复议意见书落实情况已反馈住房和城乡建设部。住建厅作为被告的行政诉讼案件4件，其中原告撤诉1件，法院判决驳回原告诉讼请求3件。

【深化改革】完成省委改革办下达住建厅的改革任务19项，其中牵头任务3项，配合任务16项。制订《江西省住房城乡建设厅全面深化改革领导小组2021年工作要点台账》，定期向省委改革办报送改革进展情况。将改革工作纳入厅机关处室和直属单位绩效考核。

【突出问题整治专项行动】开展行政审批突出问题整治健全完善制度机制专项行动。对2018年1月以来全省住房城乡建设系统行政审批行为中存在的突出问题进行自查。截至年底，省本级自查审批件63.43万件，各市县自查审批件98.86万件。全系统约谈提供虚假材料的企业和人员104家（人），不予批准的企业和人员达888家（人），通报企业和人员29家（人），因业绩不达标撤销许可70家（人），其他处罚198次。印发《关于进一步规范住房城乡建设系统行政审批工作的通知》。

房地产业

【概况】2021年，全省房地产开发完成投资2528.8亿元，同比增长6.3%，投资增速居全国第10位、中部第3位；其中，住宅开发完成投资1994.9亿元，同比增长10.3%，投资增速居全国第8位、中部列第3位。房屋施工、竣工面积同比增长。全省房屋施工面积为25219.9万平方米，同比增长7.0%；房屋竣工面积2517万m^2，同比增长12.5%。商品房销售面积同比增长。全省新建商品房销售面积7676.21万m^2，同比增长14.0%，其中新建商品住房销售面积6681.26万m^2，同比增长14.2%。全省商品房销售均价7437.7元/m^2，同比增长2.3%，其中，商品住宅销售均价7349.1元/m^2，同比增长3.6%。房地产金融运行平稳。截至年底，房地产开发贷款余额3176.9亿元，同比持平；购房贷款余额10919.6亿元，同比增长9%；房地产贷款余额同比增长6.8%，余额占各类贷款余额比重为30%，高于全国平均水平，比上年底收窄了1.8个百分点；2021年房地产新增贷款901.5亿元，同比下降25.7%。商品住宅库存保持稳定。截至12月底，全省商品房库存面积8656.3万m^2，去化周期约18个月；其中商品住宅库存4104.3万m^2，去化时间约10个月，处于合理的库存区间。全省商品房批准预售5459.1万m^2，同比下降11.8%，其中商品住宅批准销售4465.6万m^2，同比下降19%。全省商品房用地供应面积4968.2万m^2，同比下降28.4%，其中，商品住宅用地供应面积3298.3万m^2，同比下降28%。全省商品房用地成交价款1919.8亿元，同比下降31.3%，其中，商品住宅用地成交价款1423.5亿元，同比下降30.3%。全省房地产业税收575.4亿元，同比下降4.4%，占全省税收总额的15.03%。

【“三稳”工作】印发《关于进一步对城市政府落实房地产市场调控主体责任加强监督指导的意见》，落实月度监测、季度自评、年度报告制度。召开全省房地产市场会商协调小组会议，每月定期监测分析房地产市场运行情况，保持房地产市场稳定。个别头部房企停工逾期交付风险化解处置取得阶段性成效，实现全面复工。会同有关部门联合印发《江西省持续整治规范房地产市场秩序三年行动方案》，重点整治市场乱象，通报一批典型案例。

【物业管理服务】开展《江西省物业管理条例》贯彻实施情况执法检查，督促各地对照问题清单全面整改，代省政府起草整改落实情况报告。起草《江西省物业管理条例（修订草案）》提请省政府常务会议讨论通过。发布《关于进一步加强住宅专项维修资金管理工作的通知》，起草了《江西省住宅项目前期物业服务合同（示范文本）》《江西省住宅项目物业服务合同（示范文本）》《江西省物业服务星级标准》《江西省物业服务企业信用信息管理办法》等。编撰《物业管理法规政策宣传册》《物业管理政策法规问答》模板，督促各地印制发放宣传。开展“加大物业服务收费信息公开力度，让群众明明白白消费”和“加强物业管理共建美好家园”两个专题活动，指导物业管理行业协会开展物业管理示范项目创建工作。

【既有住宅加装电梯工作】召开全省既有住宅加装电梯工作推进视频会，印发《关于“我为群众办实事”加快推进城镇老旧小区改造和既有住宅加装电梯工作方案》，推动各级党委将加装电梯列入市级重点民生项目。先后发布《关于落实“我为群众办实事”省级重点民生项目加快推进既有住宅加装电梯工作的通知》《关于进一步做好既有住宅加装电梯工作的通知》，统一简化申请审批流程，推动实现“能加愿加则尽加快加”的目标。召开既有加装电梯新闻发布会，配合中央驻赣和省主流媒体广泛开展宣传报道。指导各地开展进社区、入户宣传。

【化解涉稳问题风险隐患】会同省委政法委、省委网信办等成员单位，联合部署开展房地产领域涉稳矛盾问题化解处置专项行动。召开专题会议做好打响打好打赢“三保”攻坚战。印发《江西省房地产领域重大风险化解处置工作方案》，全力推动项目复工和竣工交付，实现“三保”目标。推进安置住房逾期交付问题专项整治工作，列入厅党组“我为群众办实事”重点民生项目。会同省自然资源厅印发《关于做好安置住房逾期交付等问题专项整治工作的函》。印发《关于加强房地产行业和物业管理行业人民调解工作的通知》，指导各地加强房地产行业、物业管理行业人民调解组织建设，建立健全矛盾纠纷调解长效机制。

【强化行业监督管理】印发《江西省持续整治规

范房地产市场秩序三年行动方案》，重点治理人民群众反映强烈的房地产开发、房屋买卖、住房租赁、物业服务领域市场乱象，通报了一批典型案例。印发《关于加强全装修成品住宅建设管理的指导意见》，强化全装修住宅设计、报建、施工、销售的全生命周期监管。加强轻资产住房租赁企业监管，转发住房和城乡建设部等6部门《关于加强轻资产住房租赁企业监管的意见》。开展房地产估价机构“双随机”检查。督促全省房地产估价机构开展全面自查自纠，部署开展“双随机一公开”执法检查，依法处理部分违法违规企业。

住房保障

【概况】省政府办公厅印发《关于加快发展保障性租赁住房的实施意见》，缓解新市民、青年人阶段性住房困难。城镇低保、低收入住房困难家庭实现依申请应保尽保，改善城镇中低收入家庭、新就业职工和外来务工人员的居住条件。全年棚户区改造开工任务为11.6万套（居全国第5位），提前1个月完成年度目标任务；新建（筹集）公租房目标任务为2419套，12月全部开工；新建（筹集）保障性租赁住房目标任务为5457套，全部开工。

【编制发展规划】12月30日，联合省发展改革委印发《江西省“十四五”城镇住房保障发展规划》。“十四五”期间，基本建立以公租房、保障性租赁住房和共有产权住房为主体的住房保障体系，住房保障对象以户籍家庭为主转向覆盖城镇常住人口，住房保障方式以实物保障和货币补贴相结合。

【夯实工作责任】3月，会同省发展改革委、省财政厅发布《关于下达2021年全省保障性安居工程建设工作计划的通知》，分解下达各市县2021年保障性安居工程计划任务，提请省政府与各设区市政府签订《江西省2021年住房保障工作目标责任书》，压紧压实市县政府工作责任，建立月调度、季通报制度。

【保障性租赁住房】7月，在全省开展住房需求和存量土地、房屋资源情况调查摸底，摸清底数。10月27日，召开住房保障工作座谈会，组织全省行业系统进行培训、座谈，印发系列文件汇编。12月20日，以省政府办公厅名义印发《关于加快发展保障性租赁住房的实施意见》，明确南昌市、赣州市是发展保障性租赁住房的重点城市，城区常住人口100万人以上的大城市或人口净流入的城市以及确有发展保障租赁住房需求的城市（含县城）作为省政府确定的发展城市。南昌市作为全国发展保障性租赁住房的40个重点城市之一，2021年利用产业园区配套用地和集体建设用地建设保障性租赁住房7个项目5457套（间），已全部开工。“十四五”期间，全省计划发展保障性租赁住房19.82万套。

【激励支持】印发《关于对我省2020年度棚户区改造工作积极作为成效明显的地方予以激励支持的通报》，确定吉安市、赣州市、新余市3个设区市和青山湖区、濂溪区、浮梁县、萍乡市经开区、贵溪市、石城县、宜阳新区、广丰区、安福县、东乡区10个县（市、区）为全省2020年度棚户区改造工作积极作为成效明显的地方，予以激励支持。

【多方筹措资金】棚户区改造、公共租赁住房、保障性租赁住房建设全年完成投资485.3亿元，争取棚户区改造、公共租赁住房、保障性租赁住房建设中央补助资金38.4亿元，其中，中央财政专项补助资金12.77亿元，中央预算内投资补助25.63亿元；争取国开行、农发行发放贷款170.5亿元，发行棚改专项债券198.8亿元。

【强化公租房保障】对包括户籍在乡镇的所有城镇特困人员、城镇最低生活保障对象和支出型贫困低收入家庭等进行保障，采取“实物配租”和“租赁补贴”两种方式对符合条件的依申请应保尽保。截至年底，全省已建设公租房77.63万套，分配率达98.7%；发放租赁补贴1.74亿元，支持8.68万户住房困难家庭到市场上租房。

公积金管理

【概况】2021年，江西省住房公积金新开户单位8550家，实缴单位55833家，比上年净增单位5695家；新开户职工42.36万人，实缴职工310.80万人，比上年净增职工25.14万人；当年缴存额556.84亿元，同比增长11.80%，年末缴存总额3862.75亿元；当年共104.68万名缴存职工提取住房公积金348.98亿元，提取额同比增长8.28%，年末提取总额2139.81亿元，缴存余额1722.94亿元；提取额中，住房消费提取占78.55%，非住房消费提取占21.45%；提取职工中，中低收入职工占89.84%，高收入职工占10.16%。2021年末，提取总额2139.81亿元，比上年末增加19.49%。发放个人住房贷款7.19万笔、292.07亿元（其中异地贷款2436笔、8.57亿元），分别同比增长6.99%、10.88%，回收个人住房贷款156.60亿元，支持职工购建房864.72万平方米。2021年末，住房公积金个贷率82.10%，逾期率0.23‰，住房贡献率101.73%。

【政策监管】修订完成《江西省住房公积金管理

办法》，完善住房公积金相关政策法规。联合省高级人民法院出台《关于执行被执行人住房公积金账户余额的若干意见》，完善执行联动协调机制。明确住房公积金政策备案要求，明确备案的内容和程序。抓好住房公积金落实审计整改排查整治工作。完成全省住房公积金年报披露工作，联合省财政厅、人民银行南昌中心支行发布《江西省住房公积金 2020 年年度报告》。

【提升服务】全省住房公积金已实现住房公积金个人账户设立、住房公积金个人账户封存与启封、住房公积金汇、补缴、住房公积金缴存基数调整、住房公积金异地转移接续、住房公积金个人信息变更、住房公积金个人提取信息查询、住房公积金个人贷款信息查询、住房公积金个人贷款还款明细查询 9 项服务事项“省内通办”，实现住房公积金单位登记开户、住房公积金单位及个人缴存信息变更、购房提取住房公积金、开具住房公积金个人住房贷款全部还清证明、提前还清住房公积金贷款 5 项高频服务事项“跨省通办”。运用全国住房公积金监管服务平台、全国住房公积金小程序、赣服通、住房公积金手机 App、微信公众号等为群众办理住房公积金查询、提取等业务提供更便捷服务。

【防范风险】督导个贷率偏高或偏低的公积金中心合理调控，全省住房公积金个贷率为 82.10%，控制在国家要求的 85%左右。全省住房公积金逾期率 0.23%，控制在国家要求的 0.5‰以内。督促各地加大贷款逾期清收工作力度，完善逾期管理制度。巩固“扫黑除恶”专项斗争的成果，防范骗提骗贷现象的发生，切实落实审计整改的要求。

建设工程消防监管

【概况】2021 年，全省各地单独设置消防处（科、室）个数 55 个（地市 10 个，县（市）区 45 个），全省各级住建部门负责此项工作实际在岗人数 600 余人，其中行政编 27 个，事业编 106 个。全省开展建设工程消防设计审查 3091 件、消防验收 2742 件、其他检查工程的消防验收备案 3821 件。

【健全工作机制】印发《江西省建设工程消防设计审查验收管理实施细则（试行）》《关于进一步规范建设工程消防验收（备案）工作的通知》《关于进一步明确我省铁路建设工程和新建变电站工程消防设计审查验收有关工作的通知》。与省教育厅等部门联合印发《关于进一步规范全省校外培训机构审批和管理工作的通知》，规范全省校外培训机构审批和管理。

【强化审批质量】检查 2021 年度全省建设工程消防设计审查验收工作质量，印发《建设工程消防设计审查验收检查执法建议书》，进行点对点督办。开展“双随机”检查，共处罚建设工程消防审批违法单位 20 个，处罚金额 70 余万元。

【推进试点示范】南昌市、贵溪市纳入第一批既有建筑消防审批试点城市。对试点城市确定试点项目、工作基础、试点内容、工作进度安排、保障措施等方面进行指导，督促试点城市创新适应城市更新过程中既有建筑改造利用的建设工程消防设计审查验收工作机制。

【提升业务素质】组建第一批江西省省本级建设工程消防技术专家智库，改革“消防专家终身责任制”管理模式，实行动态调整。推行消防专家意见供主管部门重要参考制度，解决消防专家“不愿管、不会管”的问题。分期分批多次举办全省建设工程消防设计审查验收培训班，组织近 2000 名人员参加全省建设工程消防设计审查验收培训班。

【突出管理重点】梳理超高层建筑报住建部备案材料清单，建立工作台账，起草《关于加强超高层建筑规划建设管理的通知》，与应急、消防等部门建立管理协作机制。邀请国内知名专家参与南昌平安国际金融中心等超高层建设工程项目消防设计论证，强调防火设计加强性措施的研究论证，聚焦超高层建筑防火设计加强性措施的安全性、实用性和有效性。

城市建设

【概况】城镇老旧小区改造任务 1277 个全部开工，完工率达 76.98%，发布《关于进一步加强城镇老旧小区改造工程质量安全监管的通知》。全省建成集中式城镇生活污水处理能力 545 万立方米/日，增加 28 万立方米/日，出水全部执行一级 A 标准。全省城镇生活污水处理厂年处理总量、BOD 削减量和设区市城市污水集中收集率较上年提高 15.12%、16.97%和 6.9%。全省新建城镇生活污水管网约 1700 公里，整改雨污管网混接错接点 2177 个、生活污水直排口 133 个。全省 33 个地级市黑臭水体全部完成整治。江西海绵城市建设工作被国家部委评为成效第一档的 7 个省份之一。景德镇获得全省首个省级节水型城市。鹰潭市成功列入系统化全域推进海绵城市建设示范城市。全省城市园林绿化覆盖率、绿地率持续保持全国先进水平。全省新增供水能力 35.85 万立方米/日，新增城市供水管网约 3660 公里；全省新增城市建成区道路约 874 公里。

【城镇老旧小区改造】城镇老旧小区改造工作列入省委“我为群众办实事”实践活动25件重点民生项目。编制全省“十四五”城镇老旧小区改造专项规划。符合改造对象范围的老旧小区“应入尽入”，开展“处长走流程——蹲点改出新生活”活动。建立政府、专营单位、产权单位、居民出资共担机制，累计争取中央资金54亿，省级财政资金2亿，地方配套49.96亿，产权单位出资3.45亿，专营单位投资6.51亿，并争取国开行江西省分行战略性资金300亿元用于老旧小区改造。发布《关于进一步加强城镇老旧小区改造工程质量安全监管的通知》。江西卫视“美丽江西在行动”栏目，对城镇老旧改造经验做法进行正面宣传报道，对群众满意度低和工程质量不高的项目进行曝光并督促整改。出台江西省高品质智慧社区建设试点工作方案和工作指南。对全省申报的24个社区（项目）进行审查，确定第一批12个试点社区（项目）。发布《关于做好江西省绿色社区创建有关工作的通知》，公布全省首批绿色创建达标小区444个，全省25%以上的城市社区参与并达到绿色社区创建要求。

【城镇水环境】对中央环保督察组反馈问题进行整改，制定整改方案，明确整改措施、整改时限及责任领导。进行暗访调研和“回头看”。对发现的涉及住建领域突出生态环境117个问题下发整改工作提醒函；对媒体曝光的2个典型案例进行现场核查；抽查23个县49个中央环保督察信访件。现场督导南昌、景德镇、鹰潭等中央环保督察反馈问题整改情况。调研萍乡、新余污水处理及黑臭水体整治情况。召开全省城镇生活污水处理提质增效工作推进视频会，对全省污水处理提质增效工作进行通报，组织省内外专家对城镇生活污水管网排查整治和污水处理提质增效工作进行授课培训。制定出台《江西省排水系统无化粪池技术指引》。制定出台县城及县级以上城市建成区黑臭水体大排查整治行动实施方案。组织县市对建成区内971个水体进行排查，确定46个为黑臭水体，已完成整改措施29个。

【城市“内涝病”】编制《关于“我为群众办实事”加快推进城市内涝治理工作方案》，印发《江西省城市内涝治理实施方案》。全省发现203处易涝积水点，109处非系统性易涝积水点全部完成整治，94处系统性易涝积水点全部编制“一点一策”整治方案。开展省级层面推进海绵城市建设工作自查。全省9个城市申报2021年系统化全域推进海绵城市示范城市。组织专家对鹰潭市系统化全域推进海绵城市建设示范城市进行指导。开展对省财政支持南昌市、吉安市和抚州市海绵城市建设试点工作进行绩效评价。编制“十四五”海绵城市建设规划。截至年底，全省设市城市累计建成海绵城市建设项目2133个，建成面积507.75平方公里，完成投资约761.45亿元。其中，2021年建成海绵城市建设项目730个，建成面积128.7平方公里，完成投资约225.54亿元。

【市政公用行业】推进公共停车设施。全省“四个一批”总任务数17.8万个，全年共增加城市有效停车位供给26.07万余个，完成率146.46%。全省排查城市窨井盖277.58万个，发现问题窨井盖8.1万个，完成整改8.1万个。印发《关于加强城市地下市政基础设施建设工作的实施意见》，出台《江西省方便企业获得用水用气报装攻坚行动方案》。连续三次开展全省城镇燃气安全隐患排查整治工作，检查城镇燃气企业589家，发现问题隐患8500个（处），完成整改8230个（处）。开展城市老旧管网更新改造情况调查摸底。印发《关于组织开展全省燃气经营企业从业人员专业培训和考核工作的通知》，起草《关于进一步加强全省城镇燃气安全监管工作的意见（送审稿）》。公布吉安市、抚州市、庐山市、定南县4个市、县为2021年江西省生态园林城市。组织开展2021年度江西省优质建设工程奖（杜鹃花奖）园林绿化项目实地核查。景德镇市成功创建首个省级节水型城市。印发《关于进一步加强全省城镇供水供气保障工作的通知》《关于组织开展城市二次供水设施排查摸底工作的通知》。

城市管理

【概况】2021年，重点开展“强基础、转作风、树形象”“城管进社区，服务面对面”等专项行动。深入开展生活垃圾立法调研工作，加快推进全省生活垃圾分类体系建设。部署开展乡镇驻地“补短板”、城市“攻难点”、城乡“回头看”三大行动，系统开展重点区域整治、专项环境整治、精细化提升整治和长效机制建设四大行动，深入开展“净水、净土、净空”“百日攻坚”“治脏治乱治堵，净化美化序化”“环卫设施清洁”等行动，打造干净、整洁、有序的城乡环境。

【城乡环境综合整治】加强城郊结合部、城中村、老旧小区、背街小巷、农贸市场、老旧商圈和乡镇政府驻地等重点区域管理，高标准、高质量推进城乡环境综合整治。全年全省各地共计清运生活垃圾1500余万吨，清理卫生死角115万处，规范机动车停放229万辆次，整治出店经营行为163万余次。

【城市管理执法】开展“强基础、转作风、树形象”专项行动，组织城市管理执法骨干培训。线上线下全力推进“城管进社区，服务面对面”工作据统计，全省城管已进驻并有固定服务场所的社区572个，没有固定场所但在社区有服务信息标识的883个，采取线上服务进社区的689个。制定省级城市综合管理服务平台工作方案和建设方案，11个设区市平台在全国率先完成与国家平台互联互通，省级平台建设按节点推进。

【市容环境卫生】部署开展市容市貌环境专项整治行动、环卫设施清洁行动，推动文明城市创建再上新台阶。加大对建筑工地周边和路面的巡查力度，依法严厉查处无证运输行为，打击不按指定路线行驶、不使用密闭车辆及超高、超载、沿街撒落等问题。举办2021年全省市容环卫暨城市管理执法业务骨干视频培训班，提升全省市容环卫和城市管理执法业务水平。

【生活垃圾分类】开展生活垃圾管理情况立法调研，先后赴省内外有关地市学习考察。7月28日，《江西省生活垃圾管理条例》由江西省第十三届人民代表大会常务委员会第三十一次会议通过。印发《江西省生活垃圾管理条例》宣贯工作方案，强化宣传引导。编制《江西省“十四五”生活垃圾分类和处理设施发展规划》。至年底，全省已建成生活垃圾焚烧设施38座，设计日处理能力3.245万吨，设计日发电量1100万度，11个设区市城区生活垃圾基本实现“零填埋”；已投入运营集中式厨余垃圾处理设施30座，日处理能力1683吨。

村镇规划管理

【概况】2021年度计划实施农村危房改造3786户，全部开工并已完工。全省农村生活垃圾收运处置体系基本实现行政村全覆盖。江西农村生活垃圾收运处置体系建设和非正规垃圾堆放点整治工作连续2年以100%的合格率通过住房和城乡建设部现场核验。全省547个建制镇具备生活污水处理能力，覆盖率达75%。开展第二批省级传统村落评定，100个村庄被公布为第二批省级传统村落，全省传统村落总数增加至547个。对全省16929个行政村的农村房屋完成了全面排查，并建立信息库。全面启动美丽乡镇建设五年行动，12月召开全省美丽乡镇建设工作现场推进会。

【农村危房改造】4月，江西省被住房和城乡建设部、财政部确定为2020年农村危房改造工作积极主动、成效明显的省。宁都县、于都县、鄱阳县农村危房改造获国务院督查激励表彰。完成农村危房改造3786户。开展住房安全动态监测机制，发现并确认C、D级危房1213户，全部纳入年度改造计划组织实施。推进农房抗震设防烈度7度以上地区农房抗震改造工作，印发《关于开展农房抗震改造工作的通知》，安排4个抗震设防县（区）抗震改造资金2000万元。

【农房安全隐患排查】截至年底，全省16929个行政村的农村房屋完成全面排查。全省共排查农房793万余户，安全隐患危房1.7万余户，危房占比0.21%。按照“C级维修改造、D级拆除重建、因地制宜保护有价值建筑”原则，对排查出的危房进行整治。对四类重点农房进行复核排查，对经鉴定存在安全隐患1206户农房进行全面整治。制定出台《江西省农房设计和建设技术导则》等规范性文件。

【农村生活垃圾】全省农村生活垃圾收运处置体系基本实现行政村全覆盖；82个县落实第三方治理，垃圾治理市场化率达87%。探索农村垃圾分类减量和资源化利用取得阶段性成果，14个试点县（市、区）启动农村生活垃圾分类的乡镇占比达到83%、行政村达到56%；依托美丽乡镇建设行动，各县（市、区）不少于1个乡镇启动生活垃圾分类工作，推动由“试点先行”逐步向“全面推开”转变。

【美丽乡镇建设】印发《江西省开展美丽乡镇建设五年行动方案》，召开全省城乡环境综合整治工作电视电话会议。公布全省美丽乡镇建设分类名单，全省共1300余个乡镇参与美丽乡镇建设五年行动，其中计划建成示范类乡镇372个（2023年前建成158个，2025年前再建成214个），提升类乡镇575个，基础类乡镇383个。出台《江西省美丽乡镇建设技术导则》。12月，在修水县召开全省美丽乡镇建设工作现场推进会。全年从城市建设专项资金和城市配套维护费中共安排7500余万元对示范类美丽乡镇进行补助。

【乡村建设评价】选取浮梁县、寻乌县、泰和县3个样本县开展乡村建设评价，从发展水平、服务体系、居住舒适、生态安全、县城建设等5个方面对乡村建设情况开展调研分析。采取第三方评价方式，委托省级专家团队调研收集数据、研究分析并形成评价报告。

【传统村落保护】建立“市县编制、专家评审、省级备案”的保护规划编制制度。组织专家对66个传统村落保护发展规划完成评审。100个村庄被评为第二批省级传统村落，全省传统村落总数增加到547

个。城建专项资金中拨3990万元对传统村落保护予以支持。各地市级财政投入资金约680万元，县级财政投入资金约2.5亿元，带动社会资本1.8亿元。部分市县通过保护发展基金、旅游收入反哺，用于支持传统村落和传统建筑保护修缮。

【建制镇生活污水处理】印发《江西省建制镇生活污水处理设施建设技术导则（试行）》。截至年底，全省547个建制镇具备生活污水处理能力，覆盖率达75%，比上年提高7个百分点。其中，重点镇及长江鄱阳湖沿线建制镇实现生活污水处理设施全覆盖。

【对口帮扶工作】推动“十三五”帮扶村重点援建项目“民心渠”通水运行，实施中心村片区品质功能提升改造、省级乡村森林公园创建、村民文化生活综合体改造等项目。深入调研新一轮驻村帮扶点、对口帮扶村、苏区振兴帮扶县、乡村振兴定点联系县、少数民族对口支援乡。通过查看现场、多方座谈等方式研究帮扶措施、协调帮扶资金，印发定点帮扶重点村工作方案和对口支援青原区苏区振兴工作方案。

标准定额

【概况】2021年，江西全省共有工程造价咨询企业291家，其中甲级企业107家，乙级企业（包括暂定乙级）184家。全省共有一级注册造价工程师4892人，二级注册造价工程师1853人。

【工程造价监管】完成全省291家工程造价咨询企业统计报表工作。完成7210名一级造价工程师职业资格考试报考资格审核。开展全省“双随机、一公开”行政执法检查，抽查52家企业的205项工程造价咨询成果文件和534名造价工程师。约谈两家涉嫌低价恶性竞争的造价咨询企业，移交有关部门进行处罚。约谈六家涉嫌压低收费恶性竞争的造价咨询企业，移交工程项目所在地建设行政主管部门处理。

【工程计价管理】组织编制《古建筑修缮工程消耗量定额（江西省单位估价表）》、2023版《江西省仿古建筑工程消耗量定额及统一基价表》、2023版《江西省园林绿化工程消耗量定额及统一基价表》、2023版《江西省市政设施养护维修费用指标》四部定额。结合实际起草《关于做好防范和化解建筑材料价格波动风险工作的指导意见》。

【工程造价信息】5月、9月，发布建筑市场材料价格波动风险预警通知，为工程项目建设各方应对建材价格波动、执行工程造价动态调整制度提供参考依据。全年共发布造价指标指数典型案例分析60个，发布《江西省造价信息》《省内装配式建筑材料信息参考价专刊》《江西省海绵城市建筑材料信息价专刊》各12期；发布每季度各地市建筑工程实物量人工成本信息、各地市建筑工种人工成本信息（日工资）及钢材、水泥、砂、碎石等主要建筑材料价格指数走势图；完善建材价格信息目录，扩大发布信息种类和数量至30个大类1244个目录。

工程质量安全监督

【概况】全省现有建设工程质量监督管理机构105个，省市县（区）三级工程质量监管机构设置齐全，其中：省级1个，设区市级12个，县区级92个。截至2021年年底，全省工程质量监管机构共有人员1294人，其中工程质量监督人员1131人，占比87.4%。全省共有独立设置的建筑施工安全生产监督站（以下简称：安监站）26个，与建设工程质量监督站（局）合并设置的建筑施工安全生产监督站（局）105个。建筑安监站共有在职正式职工1129人，共有编制1037人。2021年，全省新办理质量监督手续的工程共4328项，其中已签署法定代表人授权书、工程质量终身责任承诺书的工程有4328项，覆盖率为100%。全省新办理竣工验收备案工程4873项，均设立永久性标牌的工程，建立质量信用档案，覆盖率为100%。2021年，全省有6项工程荣获中国建筑工程鲁班奖、2项工程荣获国家优质工程奖；115项工程荣获江西省优质建设工程奖，其中：杜鹃花奖42项、省优良工程奖73项。

【建章立制】印发《施工现场混凝土工程实行举牌验证制度》《关于落实建设单位工程质量首要责任的通知》《江西省住宅工程开裂渗漏等质量常见问题防治技术指南》等规范性文件，推进手册制度落地和工程质量管理标准化工作。

【安全标准化建设】6月10日，在南昌组织召开“安全生产月”活动暨安全生产标准化示范工地现场观摩会。在全省范围内培育创建建筑安全生产标准化示范工地，公布2021年度江西省建筑工地安全管理标准化工程113项。

【工程质量管理标准化】起草《2021年度省级工程质量管理标准化评价实施方案》，编发《江西省工程质量管理标准化工程申报资料册目录》，公布2021年度江西省建筑工程质量管理标准化工程109项。

【专项整治三年行动】印发《江西省城市建设安全生产专项整治三年行动集中攻坚战实施方案》《江西省建筑施工安全生产专项整治三年行动“十大攻

坚战”工作方案》。截至年底，全省城市建设领域共排查一般隐患 59327 处，整改 55668 处，整改率 93.8%；各级各部门共派出检查组 2541 个，开展督导检查 7879 次，检查企业 14422 家，督导问题 9813 个；实施行政处罚 857 次，责令停产整顿企业 121 个，约谈企业 243 家，罚款 516.58 万元。全省建筑施工领域共排查一般隐患 175775 处，整改 173650 处，整改率 98.7%；排查重大隐患 6 处，整改 6 处，整改率 100%；各级各部门共派出检查组 3594 个，开展督导检查 15621 次，检查施工项目 29713 个，督导问题 55592 个；实施行政处罚 1187 次，责令停工整改项目 1556 个，约谈企业 1203 家，罚款 4034.47 万元。

【“两违”专项清查】制定《江西省违法建设和违法违规审批专项清查工作方案》，成立厅“两违”清查工作领导小组。截至 12 月 31 日，全省设区市建成区、赣江新区共排查既有房屋建筑 318603 栋，排查存在隐患问题的既有房屋 7224 栋，整改 4907 栋，其中排查发现存在重大结构安全隐患可能坍塌的房屋 55 栋。排查在建房屋 19748 栋，排查存在隐患问题的在建房屋 2987 栋，整改 2929 栋，全部完成整改。

【隔离场所安全管理】开展全省疫情隔离场所和已开复工项目复工人员集中居住场所安全隐患排查，建立排查周报制度。截至 12 月 20 日，全省共排查疫情隔离场所 1980 个，房屋市政工程项目 7254 个，工地内集中居住板房 10354 个，工地外集中租居住建筑 1720 个，发现的隐患全部整改。

【“百差工地”】印发《建筑施工安全生产“百差工地”季度通报》，对认定为“百差工地”的 347 个，非法建设项目 41 个，对累计 2 个以上项目的施工、监理企业法人进行约谈。对项目建设、施工、监理单位进行全省通报批评，并要求项目所在地建设行政主管部门督促整改，经验收合格后方可复工。

【违法建设和违规违章作业整治】9 月，对全省范围内在建房屋市政工程开展违法建设和违规违章作业行为专项整治百日行动。截至 12 月底，全省共排查项目 4086 个，其中未办理施工许可证项目 177 个，已处理项目 135 个，待处理项目 42 个，属地住建部门已责令项目停工整改；发现违规违章作业行为等问题的项目 2595 个，已整改到位项目 2414 个，下发限期整改通知单 2313 份、停工整改通知单 200 份，处罚金额 1028.5 万元；收到投诉举报 37 件，办结投诉举报 37 件。未整改到位的项目，要求项目所在地住建行政主管部门督促整改，经验收合格后方可复工。

【扬尘治理】截至 12 月 31 日，全省因扬尘治理问题责令整改 11637 起，挂牌督办 62 起，行政处罚 338 起，共处罚金额 806.687 万元。因扬尘治理问题列入全省建筑施工“百差工地”的项目累计达 52 个。

【质量专项整治】开展混凝土工程施工质量专项整治，共抽查在建工程 6016 项次，下发整改通知单 1966 份。组织全省违规使用海砂排查整治，全省在建 2806 个工程未发现违规使用海砂情况。组织全省问题钢筋大排查行动，全省在建 2732 个工程未发现采购使用“地条钢”“瘦身钢筋”等问题钢筋。组织全省住宅工程质量问题专项治理行动。各级住建主管部门下发整改通知单 5577 份，提请行政处罚 182 起，住宅工程违法开工未批先建行为由 2.2%下降到 2%。组织开展外墙脱落专项排查整治，截至 12 月底，全省共排查既有房屋建筑外墙脱落问题小区 1834 个，排查出安全隐患 11110 处；整改完成小区 1252 个，完成安全隐患整治 4160 处。

【工程质量投诉】截至 12 月底，全省各级住建部门共受理工程质量投诉（含群众来信和网上领导信箱信件）共 10088 件，完结 9814 件，完结率 97.3%。

【监督执法处罚】全省共下发监督执法检查整改单 2.0227 万份、行政处罚书 1542 份、处罚单位 1369 个、处罚人员 212 人次，实施信用惩戒 20 起，处罚单位 111 个、处罚人员 20 人次，曝光违法违规典型案例 104 起。

建筑市场

【概况】2021 年，江西全省完成建筑业总产值 9762.95 亿元，位列全国第 13 位，与去年持平；建筑业总产值增速 12.88%，比全国平均增速高 1.88 个百分点，列全国第 8 位。全年新签合同额 9456.35 亿元，列全国第 14 位，同比增长 7.8%。完成税收入库收入 296.03 亿元，增长 5.1%，占全部税收总额 7.74%。全省对外承包工程完成营业额 41.22 亿美元，同比增长 1.43%，全国排名第 9 位，已连续 6 年保持全国前 10 的排名。6 家对外承包工程企业继续入选 ENR 全球最大国际承包商 250 强榜单，其中江西国际、江西中煤位列前一百名。全省施工总承包企业 10500 家，其中特级企业 23 家，比去年增加 1 家；施工总承包一级企业 473 家，新增 17 家。全省施工总承包企业 10500 家，其中特级企业 23 家，比去年增加 1 家。施工总承包一级企业 473 家，新增 17 家。全省建筑业企业完成产值超过百亿元的企业共8家，比上年增加1家。完成产值在50亿～100亿元之间的企业有18家，比上年减少5家；完成产值为20亿～50亿元之间的企业有42家，比上年减少11家；完成产值为5亿～20亿元之间的企业达到221家，比上年增加16家。江西民营企业100强中建筑企业为26家，与去年持平，总营业收入1654.5亿元，占100强企业总营业收入近20%。全省共有监理企业399家，综合甲级资质6家，甲级资质企业80余家。监理从业人员15000余人，注册监理工程师5330人，较上年增加790人。18个公共建筑装饰类项目、5个幕墙类项目、4个设计类项目荣获中国建筑工程装饰工程奖。

【建筑企业发展】发布《关于加强房屋建筑和市政工程领域工程款支付担保管理工作的通知》，成为全国最早印发工程款支付担保文件的省份。全省实行工程款支付担保项目385个，担保金额65.5亿元。全年以保函形式缴纳四类保证金452.8亿元，占比45.83%。南昌、九江、鹰潭、赣州、宜春、上饶、吉安、抚州出台促进建筑业高质量发展的实施意见。南昌市引进大型建筑企业落户，鼓励建筑企业增产创收做强创优和建筑企业资质升级。会同省教育厅等13部门印发《江西省加快培育新时代建筑产业工人队伍实施方案》。全省4家建筑企业被评为第三届年度功勋企业，2家企业被评为第三届脱贫攻坚贡献企业，1人被评为第三届脱贫攻坚企业家。全省通过二级建造师考试人数2.3万余人，比上年增加70%。

【装配式建筑发展】全省共有装配式建筑产业基地62家，其中装配式混凝土结构产业基地28家，钢结构企业33家，木结构企业1家。装配式建筑产业基地实现各设区市全覆盖。全省装配式混凝土结构企业设计产能248万立方米，钢结构企业生产能力130万吨。全省共开工装配式建筑面积3285万平方米，占新开工总建筑面积的比重达24%。钢结构装配式住宅新开工面积70万平方米，比上年有所下降。

【建筑市场秩序】发布《关于规范房屋建筑和市政基础设施工程施工发包承包行为加强标后人员管理的通知》，对存在质量安全问题、拖欠农民工工资行为的项目实行“一案双查”。检查工程项目11384个，查处违法违规项目370个，处罚金额2989万元。开展建筑企业资质动态核查工作，对254个资质不合格企业限制承揽新的工程，给予三个月的整改期限。开展建筑市场监督执法检查，对存在转包挂靠违法分包的工程项目下发执法建议书。从严查处二级建造师“挂证”行为，撤销其注册许可，对109名二级建造师作出撤销注册资格的行政处罚，三年不得再次申请注册。

【建筑工人管理】全省建筑工人实名制服务信息平台共有在建工程项目3401个，更新率、到岗率均列全国前列。对238家未落实建筑工人实名制的建筑施工企业作出限制市场行为的处理。会同省人社厅对《江西省建筑工人实名制管理实施细则》进行修订。全省各级住房城乡建设主管部门查处拖欠农民工工资案件384件，涉及金额1.06亿元。

建筑节能与科技

【概况】2021年，全省共有勘察设计企业856家，其中建设工程设计甲级及以上130家，乙级203家，丙级及以下318家；建设工程勘察甲级及以下46家，乙级78家，丙级76家；注册建筑师758人(一级451人，二级307人)，各类注册勘察设计工程师2355人。组织1314人参加2021年度全国一、二级注册建筑师考试，4568人参加2021年度全国勘察设计注册工程师考试。推荐1名专家申报2021年全国勘察设计大师，59名专家申报全国勘察设计专家。完成勘察设计企业业绩补录和完善全国勘察设计师的信息填报。

推荐16项课题申报2021年住房和城乡建设部科学技术计划项目，其中4项课题获立项；推荐3项课题申报2021年度江西省科学技术计划项目；指导推荐3项课题申报省“03专项及5G”科学研究计划。开展省、部级新技术应用示范工作，推进建筑业新技术应用。完成“南昌老年人活动中心”等一批省级项目验收，完成“赣州西站站房及相关工程”等住房和城乡建设部科技计划项目验收。“航信大厦”工程获2020年住房和城乡建设部绿色建筑创新三等奖。印发第一批工程建设标准编制项目计划。批准发布11项工程建设地方标准和2本图集。

【“放管服”改革】发布《关于改进房屋建筑和市政基础设施工程施工图设计文件审查工作的通知》。下发《关于同意赣州市开展施工图审查改革试点的函》，指导赣州市实行施工图分类审查制度。完成注册考试报名系统与缴费系统对接工作。增加注册建筑师、勘察设计注册工程师继续教育线上方式。

【绿色建筑发展】核查项目307个，建筑面积1892万平方米。完成全省工程设计监督执法检查和全省建筑节能与绿色建筑“双随机一公开”检查。完成2020年勘察设计行业统计调查工作。开展南昌市老年活动中心等5个项目的优秀设计评审工作。编写《江西省绿色建筑基本级设计专篇》《江西省绿色建筑施工图审查技术要点》。编制完成《江西省绿色建筑标识常见问题答疑》，并在南昌、赣州、萍乡等地市开展绿色建筑宣贯。发布《关于加快国家机关办公建筑和大型公共建筑能耗监测工作的通知》《关于明确我省绿色建筑标识认定相关工作的通知》。对全省绿色建筑标识专家库进行重新认定。

【城镇人居环境】开展国家无障碍环境建设示范市县村镇工作，推进无障碍环境建设，打造宜老宜居环境。南昌市、景德镇市、萍乡市、宁都县小布镇被授予“创建全国无障碍环境示范市县村镇”，赣州市章贡区、南昌县、靖安县、樟树市阁山镇被授予“创建全国无障碍环境达标市县村镇”。

人事教育

【概况】2021 年，江西省住房城乡建设领域施工现场专业人员培训机构有 116 家。全年取得电子培训合格证约 56714 人次。2021 年开展建筑技能人员培训机构有 16 家，建筑企业按照自主培训、自主测试、自主发证原则开展建筑工人职业培训考核工作，全年取得培训合格证约 124373 人次。

【干部培训】12 月 6 日至 12 日，在海南省海口市举办一期“江西省深化改革绿色发展专题研究班”，64 名县（市、区）分管领导参加研究班学习。

【职业培训】推送 110 余万条培训数据至“部管理信息系统”，实现全省住建云数据与“部管理信息系统”互联互通。推动认可“部管理信息系统”中培训合格证书全部数据，协调解决湖南、重庆、山东、新疆 4 省份施工现场专业人员证书数据跨省互认。

【专题讲座】组织全省住房城乡建设系统干部参加 5 期住房和城乡建设部视频远程培训专题讲座，共培训省市县三级住建系统干部 7586 人次。

大事记

1 月

5 日　召开全省住房和城乡建设工作会议。

14 日　召开全省住房城乡建设系统整治行政审批突出问题健全完善制度机制专项行动电视电话会议。

25 日　召开全省住建领域安全生产工作视频会议。

2 月

23 日　召开生态环保视频会议。

22—25 日　江西省建筑技术促进中心、江西省住房保障和公积金管理中心、江西省工程消防技术研究中心、江西省建筑业发展服务中心、江西省人居环境研究院先后挂牌成立。

25 日　中共中央、国务院授予省住建厅村镇建设处为全国脱贫攻坚先进集体称号。

3 月

23 日　副省长吴浩主持召开全省房地产建筑产业链链长制工作推进会。

25 日　住房和城乡建设部、江西省政府以视频会议形式签署《建立城市体检评估机制推进城市高质量发展示范省建设战略合作框架协议》。

4 月

6 日　省政府召开推进城市高质量发展示范省建设暨城市功能与品质提升工作部署会，省长易炼红出席会议并讲话，副省长吴浩主持会议。

16 日　江西省政府、住房和城乡建设部印发《关于成立省部共建城市体检评估机制推进城市高质量发展示范省建设工作领导小组的通知》，成立由部长王蒙徽、省长易炼红任组长的省部共建城市体检评估机制推进城市高质量发展示范省建设工作领导小组。

28 日省长易炼红在南昌市督导检查生态环境问题整改落实情况。

同日　省住建厅会同省生态环境厅召开南昌市生活污水处理工作座谈会。

5 月

28 日省政府第 68 次常务会议审议并原则通过省住建厅起草的《江西省开展美丽乡镇建设五年行动方案》。

6 月

11 日　召开全省住建系统“我为群众办实事”省级重点民生项目推进部署视频会。

7 月

3 日　省委书记刘奇等深入南昌市调研老旧小区改造工作。

20 日　省委宣传部和省住建厅联合召开“百年辉煌红土地感恩奋进谱新篇”系列之住房城乡建设专题新闻发布会。

8 月

23 日　省长易炼红在南昌调研保障和改善民生工作。

9 月

9 日　召开全省房屋建筑和市政基础设施工程招标投标领域突出问题专项整治行动电视电话会议。

13 日　住房和城乡建设部与江西省政府通过视频会议形式，召开建立城市体检评估机制推进城市高质量发展示范省建设工作领导小组第一次全体会议。住房和城乡建设部部长王蒙徽，江西省省长易炼红出席会议并讲话。会议原则通过了《江西省人民政府 住房和城乡建设部建立城市体检评估机制推进城市高质量发展示范省建设实施方案》和《领导小组工作规则及办公室工作职责》。

10月

18日 《江西省住房城乡建设事业“十四五”规划纲要》经厅务会议、厅党组会议审议通过。

26日 召开2021年全省公共机构能源资源节约和生态环境保护工作视频会议。

11月

4日 省委书记易炼红赴南昌市调研城镇老旧小区改造等工作。

9日 副省长张鸿星在南昌调研装配式建筑产业发展情况。

16日 副省长张鸿星主持召开南昌城市高质量发展建设推进工作部署会。

12月

13日 全省城镇生活污水处理提质增效暨中央环保督察反馈问题整改工作现场推进会在九江召开，副省长殷美根出席会议并讲话。

23日 全省美丽乡镇建设工作现场推进会在九江市修水县召开，副省长殷美根出席会议并讲话。

（江西省住房和城乡建设厅）

山 东 省

住房和城乡建设工作概况

2021年，山东省住房和城市建设完成投资11301.5亿元，比上年增长4.2%。房地产业和建筑业实现增加值10619.0亿元，占地区生产总值的12.8%；缴纳税收2350.2亿元，比上年增长8.6%，拉动税收增长2.1个百分点。

全省设市城市和县城市政公用设施建设完成固定资产投资1697.3亿元，比上年增长2.4%。按行业分，供水完成61.4亿元，燃气完成15.6亿元，集中供热完成122.0亿元，轨道交通完成215.6亿元，道路桥梁完成745.8亿元，地下综合管廊完成16.7亿元，排水完成153.1亿元，园林绿化完成155.0亿元，市容环境卫生完成58.5亿元，其他投资完成153.6亿元。

全省设市城市和县城市政公用设施建设本年实际到位资金1672.2亿元，比上年增长35.7%；其中，上年末结余资金82.0亿元，本年资金来源合计1590.3亿元。本年资金来源中，国家预算资金311.8亿元，国内贷款218.0亿元，债券163.4亿元，利用外资4.5亿元，自筹资金627.9亿元，其他资金264.7亿元。

城市建设

【概况】2021年，山东省统筹推进城市更新和品质提升三年行动，对29个试点片区开展中期评估，10个片区获省级奖补1亿元。烟台、潍坊入选首批城市更新样本城市，济南、青岛、东营入选城市体检样本城市，济南、青岛、烟台、济宁入选全国新型城市基础设施建设试点。成功举办第三届山东省城博会。全省城市基础设施日益完善。全年完成城建投资1481.7亿元，比上年增长6.5%。全省新增综合管廊43.9公里、海绵城市109平方公里、城市（县城）集中供热面积7468万平方米，设区市新增公共停车位3.2万个。潍坊获批全国海绵城市建设示范城市。3个市新开工建设高架快速路，建有高架快速路的城市增加到7个。烟台、济宁被住房城乡建设部确定为城市基础设施安全运行监测试点。城市防洪排涝能力不断提升，新建改造雨水管网1350公里、污水管网1593公里，改造合流制管网1042公里，在降雨量创历史新高的情况下，保障城市安全度汛。

【历史文化名城保护】2021年，全省新公布第二批历史文化街区25处，历史建筑900处，新增数量均列各省（直辖市、自治区）第三位。各市县在完成历史建筑数量“清零”的基础上，深入开展历史建筑普查，公布历史建筑数量均达到10处以上。全省1830处历史建筑完成挂牌，挂牌率94.9%；1874处历史建筑完成测绘建档，测绘建档率97.2%，均居全国前列。

【城市更新和品质提升】2021 年，省住房城乡建设厅成立城市更新研究小组，组织住建（城管）局长和县市区长召开座谈会，组织全省相关部门参加住房城乡建设部远程教育“城市更新行动”专题培训会。11 个部门印发 2020 版城市品质提升评价指标体系，委托第三方开展调查评价，对城市品质提升试点片区建设进行中期评估。财政对 10 个片区给予总计 1 亿元补助支持。举办主题为“城市更新，让人民更美好”第三届城市建设博览会，同时还举办一系列新技术产品展览和学术交流活动，展会总面积 25000 平方米，参展企业 105 家，展会合作意向交易金额约 60.8 亿元。

【清洁取暖建设】2021 年，山东省政府与 16 市人民政府签订《2021 年度推进清洁取暖工作责任书》。5 月 12 日，省住房城乡建设厅等 5 部门联合印发《山东省 2021 年清洁取暖建设工作方案》，计划 2021 年全省城市（县城）新增清洁取暖 5634.87 万平方米、农村地区新增清洁取暖 200.17 万户。中央清洁取暖运行补贴 9.5 亿元，省级安排资金 12.82 亿元。烟台、潍坊、泰安 3 市入选中央资金支持清洁取暖项目，每市每年争取中央财政奖补 3 亿元，连续 3 年。6 月 17 日，召开全省 2021 年清洁取暖工作推进视频会议，9 月 24 日，召开全省清洁取暖建设推进暨冬季供热保障和燃气安全工作会议，不断推进工作进展。建立“周调度，月通报”制度，每月对全省进展缓慢的后 10 个县（市、区）通报约谈。2021 年度全省城市（县城）新增清洁取暖 7468 万平方米、农村地区新增清洁取暖 208.4 万户，各市均顺利完成年度建设任务。

【燃气安全监管】6 月 24 日，召开全省城镇燃气和房屋市政施工安全工作视频会议，制定《全省城镇燃气和房屋市政施工安全大排查大整治行动“回头看”工作方案》，部署开展大排查大整治“回头看”工作。12 月 6 日，召开全省城镇燃气安全排查整治视频会议，省委副书记、省长周乃翔出席会议并讲话。省住房城乡建设厅成立了 8 个工作组，开展 4 轮包市帮扶，组织开展异地交叉执法检查。全省各级成立督查检查组 5487 个，检查城镇燃气项目 13992 个（次），排查隐患 45388 个，完成整改 44096 个，整改完成率 97.1%。排查建（构）筑物占压燃气管道 760 处、整改 412 处，完成改造 20 年以上管道 339 条、321.7 公里。大力推广潍坊为居民用户免费更换不锈钢波纹管经验，全省更换 737 万户、更换率 57.58%。充分发挥属地乡镇街道、村居社区等基层管理单位的作用，提前筹划落实“双安全员”制度，组织培训 2300 余人次、开展应急演练 1320 余次，全面开展入户宣传教育。

【城市防汛】4 月 6 日，印发《关于做好 2021 年城市防汛工作的通知》，6 月 7 日召开全省城市防汛抗旱电视会议，对 2021 年城市防汛工作进行安排部署。汛前全省累计开展演练 150 余次，参演人员 9600 余人。6—8 月，组织开展了 3 轮包市帮扶，共派出 16 个包市帮扶组，查看城市防汛应急队伍 72 支，查看城市积水点 92 处，查看物资储备库 95 处，查看排水防涝设施 84 个，发现问题立知立改。台风“烟花”过境后，派出 402 个工作组 1780 人次，发现城市防汛 725 个问题，全部完成整改。汛期，全省累计出动城市防汛人员 31.3 万人次，出动排涝泵 5813 台次，消除城区积水点 1100 余处，停用城乡危房 2533 处、转移群众 4.72 万人，全省城市未发生因暴雨导致的人员死亡事故。

【城市污水处理】2021 年，全省共新建（扩建）完成 27 座污水处理厂，新增污水处理能力 82 万吨/日；全省共处理城市污水 57.22 亿吨，比上年增长 10.63%。结合城中村、老旧城区改造，同步建设污水收集管网，基本消除城市污水管网空白区。新建城市片区同步规划、建设污水收集管网。对城市污水管网采用 CCTV、管道检测机器人或电子潜望镜（QV）等检测技术进行排查，系统掌握排水管网错接漏接、破损等具体情况。2021 年，全省新建改造修复城市污水管网 1593 公里，消除城市排水管网空白区面积 53.5 平方公里，全省城市建成区雨污合流管网改造 1042.4 公里。

【城市黑臭水体治理】截至 2021 年年底，全省设区城市排查出 166 条城市黑臭水体，全部完成工程整治，全部通过“初见成效”和“长制久清”评估验收。全省县城（县级市）建成区共排查出 104 条黑臭水体，全部完成整治，其中 76 条通过“初见成效”评估验收，占比 71.15%；61 条黑臭水体通过“长制久清”评估验收，占比 53.84%。2018 年以来，全省共有济南市、青岛市、临沂市、菏泽市 4 个设区市成功申报黑臭水体示范城市建设。2020 年年底，4 市计划总投资约 105.39 亿元，计划完成项目 97 个，截至 2021 年年底，4 市全部完成 94 个项目和 105.39 亿元投资。

【市政设施养护】加强窨井盖和城市道路上限高限宽设施整治，排查城市窨井盖约 540 万个，发现解决各类安全隐患问题 14 万余处，累计安装防坠网 52.6 万个，建设智慧井盖 7.5 万个，发现无主井盖 3.6 万个，刑侦处罚 1 起。拆除限高限宽设施

321处。

【海绵城市建设】6月2日，潍坊市以全国第3名的成绩通过全国海绵城市建设示范城市竞争性评审，获中央奖补资金9亿元。12月21日，省住房城乡建设厅印发《山东省建设项目海绵城市设计文件编制导则》。全年全省新增海绵城市102.19平方公里，累计1810平方公里。

【综合管廊建设】2021年，全省新建综合管廊40.05公里，累计形成廊体660.05公里。

【绿色社区创建】2021年，省住房城乡建设厅等6部门印发《山东省绿色社区评价办法（试行）》。9月，在济南召开绿色社区创建工作现场会，推广创建先进经验。11月，6部门印发《关于开展2021年度绿色社区创建评价工作的通知》，扎实有序开展2021年度绿色社区创建评价验收工作。

【无障碍设施建设】1月，省住房城乡建设厅等4部门印发《关于进一步加强无障碍环境建设工作的通知》，统筹开展无障碍环境建设与改造。5月，省住房城乡建设厅与省残联联合开展“畅行城市无障碍·共享美好新泉城”活动。

【城市供水节水】5月9—15日，全省举办“贯彻新发展理念，建设节水型城市”2021年全国城市节约用水宣传周活动。省住房城乡建设厅等组织专家开展2021年省级节水型企业（单位）、社区（居住小区）评价工作，经综合评价，济南市气象局等151家企业（单位）、济南市万科麓城社区等133家社区（居住小区）达到省级节水型企业（单位）、社区（居住小区）标准要求。省住房城乡建设厅等对2021年申报城市节水评价的临清市和邹平市进行资料审查和现场评价，经综合评价，两市均达到《城市节水评价标准》GB/T 51803—2015Ⅱ级标准要求。

城市管理

【概况】2021年，山东省城市管理水平不断提高。推进城市管理智能化，16市平台与住房城乡建设部完成对接，省市县三级平台实现互联互通。实施市容环境综合整治，清理背街小巷3万余条，济南、青岛、烟台、临沂4市入选全国背街小巷环境整治试点。全省共排查铁路沿线环境问题6949个，整治完成99%以上。

【建设扬尘治理】制定《山东省住房城乡建设系统深入打好蓝天保卫战行动计划（2021－2025年）实施方案》，对住建领域扬尘污染防治再动员再部署。印发《山东省房屋建筑工地施工扬尘防治导则》《山东省城市道路、地下管线等线性市政工程扬尘防治措施导则》，对工地扬尘防治提出更加明确要求。宣贯《建筑垃圾运输车辆密闭运输智慧应用通用技术条件》。持续开展“城市深度保洁示范路创建”等活动。强化监督检查，将施工现场扬尘防治作为安全文明施工监督管理的重要内容，与施工现场质量安全同步监督，严肃查处工地扬尘防治各类违法违规行为。截至2021年年底，全省各市均建立扬尘管控清单，全省城市和县城规划区内，规模以上房屋建筑工地9165个、工期超过3个月的市政工地1028个，全面落实扬尘治理“六项措施”；规模以上房屋建筑拆除工地101个，全面落实扬尘治理“五项措施”；全省核准建筑垃圾运输企业1987家，建筑垃圾运输车共计35951台，全部实现密闭运输，其中35630台安装卫星定位系统，安装率99%。全省城市及县城快速路、主次干道保洁面积60047万平方米，机扫率、洒水率达到97%以上，深度保洁率达到80%以上；城市及县城支路、慢车道、人行道保洁面积23512万平方米，机扫率、洒水率达到85%以上。

【城乡生活垃圾分类】2021年，健全优化省直12个部门单位联合推进工作机制。9月30日，省十三届人大常委会第三十次会议审议通过《山东省生活垃圾管理条例》，于2022年3月1日起施行。印发《关于进一步推进生活垃圾分类工作的实施意见》《山东省城乡生活垃圾分类技术规范》《关于开展垃圾分类进校园活动的通知》等。10月20日，山东省暨济南市垃圾分类处理科普教育展示基地在长清区揭牌并正式启用。12月在胶州市召开全省城乡生活垃圾分类现场观摩座谈会。济南等3个重点城市基本建成生活垃圾分类系统；博山区等5个省级试点县（市、区）开展垃圾分类的乡镇（街道）、行政村覆盖率分别达100%、93.42%；全省所有设区市和县（市、区）全部启动垃圾分类工作，第二批22个城乡生活垃圾分类示范县（市、区）创建工作进展顺利，全省示范街道（乡镇）达到649个、覆盖率35%。

【餐厨废弃物处理设施日常监管】截至2021年年底，全省建成运行24座厨余废弃物处理设施（规模为50吨/日以上），总设计处理能力4440吨/日。全省全年共处理餐厨废弃物118.71万吨。

【城乡环境卫生】3月，印发《关于建立非正规垃圾堆放点“立体式”监管制度的通知》，建立非正规垃圾堆放点排查整治长效机制。8月，印发《关于进一步规范城乡生活垃圾跨界清运处理的通知》，加强生活垃圾跨界清运管理。9月，印发《2021年度全省城乡环卫一体化实地暗访评估指标》，委托第三方开展实地暗访评估工作。12月，举办全省城乡环卫工作培训班；印发《山东省城市公共厕所提标便民行动方案》，全省计划新建1321座城市公厕，到2023年底，公厕总数基本达到《城市环境卫生设施规划标准》要求。

【建筑垃圾综合处置】制定《建筑垃圾资源化利用管理技术导则》。截至2021年年底，全省在运行的建筑垃圾消纳场（回填场所）64座，总设计库容16201万立方米，2021年累计接收建筑垃圾1226.5万立方米。全省在运行的建筑垃圾资源化利用处理厂90座，总设计处理能力30.6万吨/日，2021年累计接收处置建筑垃圾4423.94万吨。

【园林绿化】2021年，全面实施保护城市“绿水青山”、建设“公园城市”、建设城市“绿廊绿道”、推进老城区“能绿尽绿”、搭建增绿行动“载体平台”五大城市增绿工程，新建综合公园、专类公园40个，新建街角游园、口袋公园975个，绿化城市裸露土地1099.12万平方米。组织研究起草了《山东省城市公园与广场应急管理预案》《山东省园林绿化企业信用管理暂行办法》《山东省城市绿地系统规划编制导则》《山东省城市绿化品质提升评价标准》《山东省城市道路绿化建设标准》等系列标准规范，进一步完善省级城市园林绿化政策标准体系。全省新建城市绿道4168.34公里，累计建成城市绿道5379.20公里，提前完成省政府办公厅《加快推进大规模国土绿化行动方案》确定的“到2022年建成城市绿道5000公里以上”的工作目标。全省新增城市园林绿地面积1.16万公顷，新增公园绿地面积0.32万公顷。截至2021年年底，全省城市（县城）园林绿地面积34.1万公顷，城市建成区绿地率达到38.33%；公园绿地面积9.06万公顷，人均公园绿地面积达到17.61平方米；绿化覆盖面积38.99万公顷，城市建成区绿化覆盖率达到42.48%；全省国家级（生态）园林城市（县城）达到60个，国家园林城市数量居全国第一。

【城市精细化管理】印发《关于组织开展“城市管理进社区”活动的指导意见》，推动城市管理法律、城市管理职责、城市管理服务、城市管理执法进入社区。组织编制环境卫生管理、市容市貌管理、户外广告管理、城市照明管理、智慧城管建设导则标准、执法规范化建设7部城市精细化管理标准。加快推进数字化城市管理平台向智慧化转型升级，16个设区市与住房城乡建设部实现平台实现对接，94个市（县、市）互联互通。建立起城市管理事件部件通报制度，定期对全省各市数字化城市管理平台运行情况进行通报。青岛、临沂市城管平台达到全国领先水平。

【市容市貌整治】2021年，全省围绕环境卫生、道路及附属设施、城市照明设施等群众急难愁盼问题，开展市容环境综合整治。截至2021年年底，全省背街小巷卫生治理3万余条、老旧小区卫生治理9000余个，累计清扫垃圾550余万吨，拆除一批不规范大型户外广告，试点城市整治成效显著，建立起长效监管机制，全省背街小巷市容环境状况实现提质增效。

村镇建设

【概况】2021年，山东省在全国率先发布《小城镇镇区提升建设指引》。49个历史文化名镇全部编制保护规划，90%的名村编制完成保护规划，125个中国传统村落建立村落档案。新增33个镇达到省级园林城镇标准。动态开展农村危房改造1.7万户，完成农村改厕4.26万户，摸排整改问题厕所45万户，实施农村改厕规范升级的县（市、区）达到94.5%。

【农村房屋安全监管】2021年，省政府召开全省城乡房屋整治清查工作推进视频会议，开展排查整治“回头看”抽查。截至年底，全省共排查农村房屋2345.2万户，初判存在安全隐患的31.7万户，对30.5万户开展安全鉴定，占比96.2%；鉴定为C、D级危房的24.1万户，完成整治20.1万户，占比83.4%。用作经营的农村自建房共排查82.6万户，初判存在安全隐患的7716户，全部开展安全鉴定，其中鉴定为C、D级的811户危房，全部完成整治工作。

【农村危房改造】6月28日，印发《关于印发〈2021年山东省农村低收入群体等重点对象住房安全保障工作实施方案〉的通知》，逐步建立健全住房安全保障长效机制，实现巩固拓展脱贫攻坚成果同乡村振兴有效衔接。开展农村住房安全保险试点，推动构建“农户自助、政府补助、保险救助”的农村低收入群体住房安全保障长效机制。截至年底，全省完成农村低收入群体等重点对象危房改造1.7万户。

【农村厕所革命】5月28日，印发《山东省农村厕所革命问题摸排整改工作实施方案》，对2013年以来各级财政支持改造的农村户厕和公厕进行全面摸排，持续提升改厕质量水平。7月19日，发布《关于印发〈山东省农村厕所革命问题摸排整改工作包市指导方案〉的通知》，建立农村厕所革命问题摸排整改工作联合会商督导机制。10月，组织16地市开展交叉指导和第三方暗访，督促各地对整改成效等进行全面复核。据统计，4-12月，全省各级动员摸排力量24万人，累计整改完成问题厕所45万户，整改率70%。2021年，全省完成农村卫生户厕改造4.26万户，累计改造完成1097万户，实施农村改厕规范升级的县（市、区）占比达到90%以上，累计设立农村改厕服务站4726个，配置抽粪车辆7418辆，配备兼职或专职队伍9643人，后续管护机制初步建立。2021年省鲁统市场调查中心在全省开展改厕群众满意度电话调查，满意度水平达到95.35%，连续三年保持在95%以上。12月24日，发布《关于总结推广农村厕所革命典型做法的通知》，及时总结推广章丘市农村厕所革命等20个典型经验做法，助力打造乡村振兴的齐鲁样板。2021年，各地印发张贴农村改厕宣传画474.1万份。

【特色村镇保护】1月29日，省住房城乡建设厅、省文化和旅游厅印发《关于全省历史文化名城名镇名村保护大检查情况的通报》。3月5日，发布《关于建立全省历史文化名城名镇名村保护大检查问题整改督导工作机制的通知》，并召开全省全面加强历史文化名城名镇名村保护工作视频会议，部署整改工作。3月1日，会同省财政厅、省自然资源厅、省文化和旅游厅印发《关于进一步加强历史文化名镇名村保护的通知》，建立健全保护工作机制。截至年底，49个名镇全部编制完成保护规划，约90%的名村编制完成保护规划。7月12日，发布《关于开展传统村落保护发展情况评估和联合调研的通知》，全面建立村落档案，对125个中国传统村落的评估，将《中国传统村落保护发展评估表（村级）》报送住房城乡建设部。

房地产业

【概况】2021年，省人大常委会修订房地产开发经营管理条例、商品房销售条例，省政府办公厅印发《关于保持全省房地产市场平稳健康发展的通知》，妥善化解个别房地产项目风险。据网签数据，2021年全省新建商品住宅网签成交1.56亿平方米，比上年增长5.8%；网签均价8481元，比上年增长3.2%；新建商品住宅库存1.72亿平方米，去化周期16个月，供需基本平衡。据统计数据，2021年全省完成房地产开发投资9819.7亿元，比上年增长3.9%；销售商品房14272.8万平方米，比上年增长7.5%；实现销售额12155.6亿元，比上年增长9.9%。

【房地产市场调控】省政府办公厅印发《关于保持全省房地产市场平稳健康发展的通知》，召开全省房地产调控工作会议，督促各市进一步落实调控主体责任，不将房地产作为短期刺激经济的工具和手段。强化部门配合，省有关部门建立省级房地产市场调控协调机制。加强数据监测分析，坚持“周报告、月分析制度”，向日照、临沂2市制发提示函，指导迅速采取措施、稳定市场；向济南、青岛两市分别印发做好房地产市场调控工作通知，指导两市及时采取措施，坚决遏制房价过快上涨，确保实现稳地价、稳房价、稳预期目标。

【房地产开发管理】修订《山东省城市房地产开发经营管理条例》《山东省商品房销售条例》；发布《关于进一步加强商品房销售环节房屋面积明示和房产测绘成果使用有关工作的通知》《关于进一步规范房屋网签备案错误信息更正有关工作的通知》，规范销售和网签备案有关工作。宣贯《山东省健康住宅开发建设技术导则》。组织有关专家开展房地产开发项目（含老旧小区改造项目）“泰山杯”评选工作，引导房企开发更多高品质房地产项目。整治规范市场秩序，组织开展整治群众身边腐败和不正之风行动，开通商品房销售方面投诉电话及邮箱。组织各市开展“双随机、一公开”检查活动，各市共检查房地产开发企业967家，房地产经纪机构1397家，住房租赁企业70家，其中房地产开发企业发现问题190件，查处146件，其余44件已责令整改；房地产经纪机构发现问题176件，住房租赁企业问题11个，均责令整改。印发《山东省持续整治规范房地产市场秩序三年行动方案》，部署开展整治行动，促进房地产市场平稳健康发展。

【住房租赁市场培育】印发《关于促进和规范长租房市场发展 切实保障租房者基本权益的指导意见》，进一步推动租购住房在享受公共服务上具有同等权利。自10月1日起，税务部门对按规定向住房城乡建设部门进行开业报告或备案的住房租赁企业落实税收优惠政策。截至年底，全省已有361家备案住房租赁机构开展长租业务，其中专业化规模化机构31家。济南市通过新建、改建、盘活等渠道筹集各类租赁住房12.4万套，青岛市累计筹集租赁房源9.64万套（间）。持续规范整治市场秩序，各市共检查住房租赁企业70家，房地产经纪机构1397家，其中房地产经纪机构发现问题176件，住房租赁企业问题11个，均已责令整改。

【老旧小区整治改造】2021年，省委、省政府将老旧小区改造作为党史学习教育活动第一批“我为群众办实事”实践活动重要内容和全省 20 件为民办实事事项之一，全年计划开工改造 1960 个项目，64.96 万户，实际开工 1981 个项目，65.56 万户，居全国首位。省住房城乡建设厅主持编制《山东省城镇老旧小区改造内容清单》，明确包括 15 项基础类改造内容要应改尽改，13 项完善类改造内容要能改则改，8 项提升类改造内容尽量改造。编制《山东省城镇老旧小区智能化改造建设指南》，对小区信息设施系统、公共安全系统、建筑设备管理系统等进行新建或改造。12 月 13 日，全省老旧小区改造现场观摩会在胶州市召开，全力以赴把老旧小区改造工作做细、做实、做好，持续走在全国前列。

住房保障

【概况】2021 年，山东城镇保障性安居工程建设计划为：保障性租赁住房筹集任务 74820 套（间），新开工棚户区住房改造 12.37 万套，基本建成棚户区安置住房 11.42 万套，公租房筹集 1540 套，发放城镇住房保障家庭住房租赁补贴 39017 户。截至 12 月底，全省全年保障性租赁住房筹集 75041 套（间），新开工棚户区住房改造 12.95 万套，基本建成棚户区安置住房 43.6 万套，公租房筹集 1610 套，发放城镇住房保障家庭住房租赁补贴 56408 户，分别完成年度任务的 100.3%、104.7%、381.8%、104.5%和 144.6%。全省累计分配列入国家计划的政府投资公租房 19 万套，分配率 96.4%。

【保障性租赁住房建设】11 月，省政府办公厅印发《关于加快发展保障性租赁住房的实施意见》，从 4 个方面提出 15 条支持措施，有效缓解新市民、青年人住房困难。印发《关于编制城市保障性租赁住房发展规划的通知》，各市科学编制“十四五”发展规划、合理确定年度建设计划，全省“十四五”时期计划筹集保障性租赁住房不少于 45 万套。2021 年全省新开工保障性租赁住房 75041 套（间）。

【城镇棚户区改造】2021 年，国家下达山东省棚户区改造开工任务 12.37 万套，基本建成任务 11.42 万套，实际全省开工 12.95 万套，开工率 104.7%；基本建成 43.62 万套，基本建成率 381.8%，均超额圆满完成任务。2021 年度争取中央财政专项补助资金 6.89 亿元、中央预算内配套基础设施建设投资补助 14 亿元、省级财政奖补资金 3.69 亿元、新增地方政府债券 599.6 亿元，支持棚户区改造建设。3 月 15 日，修订完善《山东省城镇棚户区改造项目认定办法》，重新界定城镇棚户区范围，并明确八个严禁事项。3 月 24 日，印发《山东省棚户区改造安置住房建成交付专项整治行动方案》，在全省范围内组织实施棚改安置住房建成交付专项整治行动，全面兑现对棚改居民承诺。2021 年度全省共有 308 个棚改安置住房项目、173544 套棚改安置住房竣工交付，并予以销号。4 月 30 日，青岛市成为全国九个、山东唯一的“棚户区改造激励支持城市”。

【人才住房建设】联合省财政厅、省人力资源社会保障厅印发《关于加快做好对新就业无房职工发放住房租赁补贴工作的实施意见》，指导 16 市全部出台新就业无房职工住房补贴政策的实施办法。省住房城乡建设厅等 5 部门印发《山东省人才住房工作评价方案（试行）》，指导各地有力有序发展人才住房。12 月，对 2021 年度各市人才住房工作开展监测评价，经各市自评、联合评价组复审，拟对 2021 年度全省人才住房工作成效明显的济南、青岛、淄博、烟台、济宁等 5 个城市，淄博张店区等 10 个县（市、区）进行通报表扬。

物业管理

【概况】2021 年，全省物业服务水平不断提高。“齐鲁红色物业”建设纵深推进，城市社区环境和物业管理委员会、业主委员会成立率分别达到 100%、56%，物业服务整体覆盖率、物业企业党的组织和工作覆盖率分别达到 96%、100%。住房城乡建设部在山东省召开物业管理工作现场会，济南、威海入选全国“加强物业管理，共建美好家园”试点，青岛入选全国“智慧物业”建设试点。

【“齐鲁红色物业”建设】3 月 19 日，联合省委组织部、省民政厅联合印发《2021 年度“齐鲁红色物业”建设重点任务清单》，分解年度目标任务，细化工作清单，按季度通报工作推进情况。年底对各市工作开展综合评价，委托第三方进行问卷调查。第三方调研问卷显示，85%受访业主了解“齐鲁红色物业”，认为工作成效明显。6 月 2 日，发布《关于在社区居民委员会下设环境和物业管理委员会的通知》，截至 12 月底，城市社区全部下设环境和物业管理委员会，在全国率先实现全覆盖。全省市、县（市、区）两级全部设立综合协调机制，660 个有物业管理职能的街道全部建立物业管理联席会议制度或成立物业党建联盟，明确抓物业管理工作的内设机构并配齐配强工作人员。28030 个小区通过市场手段选聘专业化物业服务，覆盖率达到 82.94%；4319 个小区通过街道社区党组织领办公益性物业服务企业、引入国有物业服务企业或专业性社会组织等方式解决“脱管失管”难题，年内完成改造的老旧小区实现物业服务全覆盖，物业服务整体覆盖率达到 95.72%。全省新成立业主委员会 10156 个，成立率 61.5%，11712 个业主委员会成立党组织，12163 个业主委员会成员党员比例不低于 60%。8 月，省物业服务行业党委印发《山东省物业企业党组织工作规范》和《关于将物业企业党建工作要求写入公司章程修改的指引》。全省 7409 家物业企业成立党组织，成立率 86.6%，物业企业党的组织和工作实现全覆盖。各级向暂不具备成立党组织条件的 1146 家物业企业全部选派党建指导员。所有县（市、区）均开展物业服务企业及党组织负责人、业主委员会委员全覆盖培训。住宅小区物业企业负责人全部到社区报到，物业企业党组织全部与社区党组织签订党建联建协议。物业企业党组织认领年度社区党建服务项目 16852 个，4422 个社区党群服务中心为物业企业、业主委员会设立办事窗口，18410 名物业职工担任兼职网格员。

【文明行业创建】2021 年，全省持续开展物业行业文明创建“1266 品牌建设行动计划”。4～9 月，省住房城乡建设厅分两批公布物业服务品牌建设典型示范案例（共 69 个）和“质量标杆”项目（共 596 个）。7 月 31 日，召开全省物业管理工作视频会进行动员部署，发布《关于开展“全面落实‘三公开’制度　让群众明明白白消费”工作的通知》，探索建立物业服务合同履约情况、业委会履职尽责情况和物业服务质量评价结果“三公告”制度。加大物业收费公开检查力度，全省开展执法检查 5000 余次，处罚物业企业 73 家，公开曝光案例 20 多个。截至 12 月底，2.6 万个住宅小区已落实“三公开”制度，占实施专业化物业服务小区的 95%以上。

【物业服务监管】9—11 月，开展“双随机、一公开”检查，对物业企业服务、收费、消防安全职责落实等开展检查。根据企业信用风险等级差异化抽取 328 家企业开展检查，发现问题 39 个，全部责令整改。全省 6031 家物业企业按规定参加信用信息管理。加强部门联动，通过约谈、责令限期整改等措施解决物业企业不按规定提供服务问题，各级共排查整治问题 6164 个，下达责令限期整改通知书 1905 份，约谈物业企业 816 家，信用扣分处理 168 家，物业领域投诉量明显下降，群众满意度明显提升。12 月 21—22 日，在临沂召开全省物业管理领域专项整治现场会，推广临沂市诉调中心、公共收益资金监管、“电梯＋保险”等经验做法。

【物业行业发展】7 月 14 日，省住房城乡建设厅等 12 部门发布《关于加强和改进住宅物业管理推动物业服务行业转型升级的通知》，物业管理纳入全省文明城市创建指标体系。指导物业服务企业发展居家社区养老，公布 15 家试点企业。全面修改《山东省物业管理条例》，12 月 3 日经省人大常委会第三十二次会议审议通过修正。

公积金监管

【概况】2021 年，山东省住房公积金实缴职工人数 1083.22 万人，比上年增加 71.62 万人；全年缴存住房公积金 1590.82 亿元，比上年增长 10.71%；提取住房公积金 1116.87 亿元，发放个人住房公积金贷款 920.15 亿元，分别比上年增长 8.11%、15.15%。截至年底，住房公积金累计缴存总额 12390.7 亿元，缴存余额 4724.59 亿元，个人住房公积金贷款余额 4094.58 亿元，分别比上年增加 14.73%、11.15%、13.06%。

【公积金归集扩面】2021 年，全年新开户单位 48430 家，新开户职工 135.65 万人，净增职工 71.62 万人；实缴单位 231427 家，实缴职工 1083.22 万人，缴存额 1590.82 亿元，分别比上年增长 19.24%、7.08%、10.71%。全省连续五年新增缴存职工突破百万人、新增缴存额突破千亿元。缴存职工中，城镇私营企业及其他城镇企业、外商投资企业、灵活就业人员、民办非企业单位和其他类型单位占 44.68%，比上年增加 2.59 个百分点。新开户职工中，城镇私营企业及其他城镇企业、外商投资企业、灵活就业人员、民办非企业单位和其他类型单位的职工 92.5 万人，占全年新开户职工的 68.19%，其中非本市户籍的缴存职工 52.97 万人，住房公积金帮助新市民解决住房问题的作用更加凸显。

【公积金贷款】2021 年，全年发放个人住房贷款 25.02 万笔、920.15 亿元，分别比上年增长 14.72%、15.15%。共支持职工购建房 3105.39 万平方米，年末个人住房贷款市场占有率（含公转商贴息贷款）为 14.44%。住房公积金个人住房贷款利率比同期商业性个人住房贷款基准利率低 1.1～1.4 个百分点，2021 年发放的住房公积金贷款，偿还期内可为贷款职工节约利息支出 169.62 亿元，平均每笔贷款可节约 6.8 万元，降低职工购房贷款成本。职工首次申请使用住房公积金贷款购买自住住房 21.17 万笔，占当年总发放笔数的 84.61%，满足职工对自住住房的刚性需求。中低收入贷款职工占所有贷款职工的比例为 96.76%，更多的中低收入群体享受了住房公积金制度红利。全面落实住房公积金异地贷款政策，全年发放异地贷款 21278 笔、75.17 亿元，分别比上年增长72.81%、73%，保障缴存职工异地购房权益。

【公积金提取】2021年，全年418.01万名缴存职工提取住房公积金1116.87亿元，分别比上年增长13.65%、8.11%。提取额占当年缴存额的70.21%，比上年减少1.68个百分点。住房消费类提取继续占主导地位，占全年提取额的81.43%。其中，提取871.2亿元用于购买住房和偿还购房贷款本息，比上年增长9.84%。支持建立租购并举的住房制度，全年租房提取38.19亿元，比上年增长20.78%，占当年提取金额的比例逐年上涨，为43.95万无房职工解决住房问题提供资金支持。

【公积金资金运营】2021年，全年实现业务收入149.56亿元，比上年增长10.38%。业务支出76.2亿元，比上年增长6.32%，其中，支付职工住房公积金利息67.96亿元，比上年增长22.05%。实现增值收益73.37亿元，比上年增长14.95%，实现住房公积金保值增值。提取城市廉租住房（公共租赁住房）建设补充资金67.51亿元，比上年增长15.8%，累计提取431.22亿元。

【公积金区域协同发展】在济南召开黄河流域住房公积金高质量发展战略合作会议，黄河流域8省会（首府）城市签署了战略合作协议，建立信息共享应用、异地互认互贷等六大工作机制，打造互联互通、资源共享、各具特色的区域公积金高质量发展标杆。召开省会、胶东、鲁南经济圈住房公积金联席会议，积极推进信息共享、互认互贷等，推动三大经济圈住房公积金事业一体化、高质量发展。

【公积金“放管服”改革】积极参与“双全双百”工程，梳理优化25项公积金服务事项的办事流程和要件材料，最大限度实现“极简办”；将缴存登记信息变更、注销等事项纳入企业开办“一窗通”系统，全力推进“一站办”。推进服务事项“跨域通办”，全年新增“跨省通办”服务事项5项、“全省通办”服务事项20项。畅通服务渠道，线上将8项“跨省通办”、24项“全省通办”服务事项全部纳入综合服务平台，并接入山东省政务服务网、“爱山东”APP等渠道，设置“跨省通办”专区，实现统一身份认证、一站式办理；线下建立联办工作机制，明确联办流程，统一服务事项要素，全省设置205个服务窗口，实现“异地受理、无差别办理”，行业服务水平全面提升。

建筑业

【概况】2021年，山东省政府与中国建筑集团签署战略合作协议。枣庄、烟台、日照3市先后召开全市建筑业大会。青岛、淄博、枣庄、东营、烟台、潍坊、济宁、日照、菏泽9市印发综合性政策文件，全力支持建筑业做大做强。2021年，全省建筑业完成总产值16412亿元，比上年增长9.8%，实现增加值6094.5亿元，占全省地区生产总值的7.3%，缴纳税收700.2亿元、占全省税收比重的6.8%。

【省政府与中建集团战略合作】12月3日，省政府与中国建筑集团在济南签署战略合作协议。双方将在成立区域实体总部、项目投资开发、智能建造与新型工业化协同发展、城乡建设绿色低碳发展、人才培养等方面加强合作，促进高质量发展。

【促进建筑业高质量发展十条措施】6月，省住房城乡建设厅等12部门联合发布《关于促进建筑业高质量发展的十条措施的通知》，激励建筑企业做大做强。对在省内注册的建筑企业首次获得施工综合资质（特级资质）的，给予一次性奖励2000万元，省级财政、企业所在市财政分别负担1000万元。对拥有上市建筑企业的省属国有企业集团，2021年减按10%的比例上缴国有资本经营收益。

【智慧工地建设】7月2日，印发《全省房屋建筑和市政工程智慧工地建设指导意见》，在全省施工许可限额以上的新建、在建房屋建筑和市政工程中全面推行智慧工地建设。按照一年打基础、两年求突破、三年上水平的推进路径，到2023年年底，全面推行三星（AAA）级智慧工地，智能建造技术普遍应用，智慧管理手段成为常态，机械化换人、自动化减人目标基本实现，安全隐患大幅减少，工程质量安全水平显著提升。8月10日，发布《关于推广烟台市智慧工地建设推进做法的通知》。12月10日，在烟台召开全省智慧工地建设观摩暨工程质量安全工作会议，与会人员现场观摩烟台市住建局指挥中心、金滩花园等项目。

【建筑市场秩序整顿】4月12日，印发《全省建筑市场“打非治违、正本清源”专项行动工作方案》，全面整顿规范建筑市场秩序。全省共排查2356个项目、1303家企业，发现存在问题的项目1308个，涉及参建主体636个。对存在违法违规行为的52个项目、108家企业进行查处，罚款471.35万元，记入不良行为记录企业41家，有效遏制建筑市场违法违规行为高发势头。5月21日，印发《全省建筑市场“双随机、一公开”监管工作方案》，委托第三方辅助巡查，抽查16个地市122个项目和208家企业，共发现问题454个，涉及项目91个、企业84家，将经验做法及发现问题进行全省通报。8月3

日，印发《关于在全省房屋建筑和市政工程招标投标领域推行“评定分离”的意见》，落实招标人主体责任，规范招标投标行为。

【建筑业外出发展】3月，省政府印发《落实“六稳”“六保”促进高质量发展政策清单（第二批）》，明确省财政按照不超过单个项目保费支出的70%、每个保费缴纳年不超过150万元、累计不超过300万元的标准给予保费补贴支持。省住房城乡建设厅2月在全省推广肥城市建筑业走出去发展的好经验、好做法，12月在全省推广泰安市索道安装公司走“专精特新”之路、开拓外埠市场的经验做法。全省有16家建筑业企业参与北京冬奥会和冬残奥会22项场馆及配套基础设施建设。全年全省建筑业省外产值3623.98亿元，比上年增长13.3%，外向度达到22.08%，出省企业超过1500家。依托山东海外工程建设发展联盟，企业积极巩固拓展海外市场，2021年度全省107家建筑企业完成出国施工产值678.47亿元，比上年增长6.66%。

【审批手续优化】2021年，全省进一步优化整合施工许可和招投标事项关联手续，上调施工许可办理限额至工程投资额在100万元或者建筑面积在500平方米以上，全面推行施工许可电子证照，统一电子证照标准、规范电子证照信息归集。截至年底，全省全面实现建筑工程施工许可证全程网办，且办理时限较法定时限压减50%以上；向住房城乡建设部平台同步推送施工许可电子证照数据近1000条。

【减轻企业负担】9月1日，省住房城乡建设厅等5部门印发《关于在全省房屋建筑和市政工程领域全面推进保证保险工作的指导意见》，进一步优化营商环境，切实减轻企业负担。全省全年依法依规保留的投标、履约、工程质量、农民工工资等四类保证金累计缴纳466亿万元，其中以保函形式缴纳占比为64.1%。

工程质量监管

【勘察设计监管】2021年，省住房城乡建设厅、省财政厅印发《关于推行施工图设计文件“阳光图审”的意见》，在全省推行施工图审查相关信息“五公示、三报告”，提高勘察设计质量。组织开展2021年度勘察设计行业市场和质量省级“双随机、一公开”监督检查。全省共监督检查勘察设计单位1977家、图审机构58家、勘察设计成果1601项，发现勘察设计成果质量存在问题1685条，责令整改702家，注销、撤回资质单位96家，在履行或已完成处理处罚程序单位10家。

【质量监督机构检查】7月27日，印发《全省房屋市政工程施工安全异地交叉执法检查与质量监督机构业务能力核查工作方案》，16个设区市住房城乡建设部门组建检查团队，成立工作组，互相交叉开展执法检查。9月底，16设区市完成互查。全省共抽查工程质量监督机构63家，其中设区市级实现全覆盖，区、县（市、区）监督机构47家，抽查工程实体128个，发现问题1336个，下达执法建议书16份。

【三函制度】3月12日，发布《关于建立全省住建系统安全生产督办、警示、建议问责制度的通知》，在住建系统安全生产重点行业领域建立工作督办、风险警示、建议问责制度，构建对具体问题及时督办、对面上风险及时警示、对严重后果失责行为建议问责的工作落实机制，压实市、县主管部门监管责任和企业主体责任，确保检查、督查中发现的质量安全问题处罚到位、整改到位。2021年，累计下发各类督办函210份，风险警示函9份。

【质量信息公示】11月8日，印发《关于在住宅工程中推行质量信息公示制度的指导意见》，在全省商品住宅、保障性安居工程中推行以建设单位为主的质量信息公示制度。明确建设单位质量信息公示的内容及方式，并要求建设单位在商品房销售现场、施工现场业主开放区域，及时分阶段向购房业主公示质量信息。2019年以来，山东作为全国住宅工程质量信息公示试点，承担试点任务的青岛、潍坊、威海、日照4市高度重视、积极推进，充分发挥市场机制、社会监督和政府监管三方面的力量，选取1108个住宅项目试行住宅工程质量信息公示，探索形成“先验房后收房”“工地开放日”“码上验收”“VR云观摩”等可复制、可推广的创新经验做法。

【重点材料质量排查】3月18日，发布《关于立即开展房屋市政工程进场重点材料质量排查工作的通知》，要求各市住房城乡建设各有关部门组织专业力量开展拉网式检查，坚决杜绝因使用不合格建筑材料给工程质量留下任何隐患。全省组织排查、巡查36795次，排查混凝土企业8722家，排查项目42730个，抽取混凝土构件26340个，抽测钢筋32134组，保温材料3635件，防水材料4120件，发现质量隐患29131条，下发执法检查整改单13194份，停业整顿混凝土企业231家，停工限期整改项目549个，信用惩戒282起，下发行政处罚意见书158份，处罚单位54个、项目103个、人员9名，处罚金额427.838万元。

【工程质量潜在缺陷保险制度】9月24日，印发

《关于在住宅工程中推行工程质量潜在缺陷保险制度的指导意见（试行）》，要求建设单位按照自愿原则结合实际，在工程项目立项后、委托施工图设计前购买质量保险，将投保信息作为住宅工程质量信息内容进行公示，写入《住宅质量保证书》，在交房时向购房人提供。明确质量保险保费计入住宅开发建设成本，其计算基数为投保项目建筑安装工程总造价。济南、青岛、烟台、淄博等市结合当地实际，先行先试，制定具体实施办法，探索出一批先进经验做法。

【"质量月"活动】8 月 30 日，印发《全省住建系统 2021 年"质量月"活动实施方案》，自 9 月 1～30 日，在全省住建系统开展主题为"强化质量监督，建设宜居家园"、副主题为"提升监督效能，提高住宅品质"的"质量月"活动。质量月期间，全省住建系统各级主管部门、工程建设参建各方责任主体、行业协会通过开展启动仪式、发放宣传材料、张贴宣传标语、组织现场评比、专题讲座、网络课堂等形式，开展丰富多彩、层次鲜明的宣传活动，形成政府重视质量、企业追求质量、社会崇尚质量的良好氛围。

【泰山杯奖工程】2021 年初，省功勋荣誉表彰工作领导小组办公室正式批复 2021 年度表彰项目，同意省住房城乡建设厅在 2021 年度表彰"山东省工程建设泰山杯奖"。11 月 11 日，省住房城乡建设厅发布通知部署启动申报工作。经各市审查把关推荐、形式审查、现场复查，顺利完成 2021 年度"山东省工程建设泰山杯奖"专家审查工作。

【鲁班奖工程】12 月 14 日，中国建筑业协会公布 2020—2021 年度中国建设工程鲁班奖（国家优质工程）获奖名单，在公布的 246 个工程项目中，山东共有 23 个项目获奖（含出省施工项目 3 个）。其中，2021 年度 10 项，2020 年度 13 项，数量均居全国首位。

【国家优质工程奖工程】12 月 6 日，中国施工企业管理协会公布国家优质工程金奖 43 项，国家优质工程奖 687 项。山东有 3 个项目获得国家优质工程金奖，62 个项目获得国家优质工程奖，数量位居全国首位。

施工安全监管

【安全生产工作视频会议】5 月 12 日，召开全省建筑施工安全生产视频会议，部署进一步深化大排查大整治行动。11 月 23 日，召开全省住建系统冬季安全生产和根治拖欠农民工工资工作视频会议，要求结合正在开展的安全生产专项整治三年行动和大排查大整治专项行动，认真排查治理各类事故隐患，全面落实各项风险防控措施，全力以赴推进根治欠薪冬季专项行动。

【驻点监管】2 月 26 日，省住房城乡建设厅安全生产委员会发布《关于开展房屋市政工程施工安全生产驻点监管的通知》，开展为期两年的房屋市政工程施工安全驻点监管工作。派驻人员对 16 市房屋市政工程施工安全生产重点企业进行流动式驻点监管，每市进驻 1 家龙头企业（济南 2 家），以点带面，指导督促各市落实施工安全监管责任。11 月 25 日，省住房城乡建设厅轮换驻点人员、驻点企业和项目，开展第二批驻点监管。全省住建系统累计督促企业完善规章制度 5095 条，开展培训 8093 场次，警示教育 6455 场次，应急演练 3697 次，排查整改隐患 4.9 万处，奖励职工 2920 人次，提出行政处罚或问责建议 48 条。

【塔机安全"十必须"】4 月 9 日，印发《建筑施工塔式起重机安装拆卸安全作业管理"十必须规定"（试行）》，针对建筑施工塔式起重机安装（拆卸）作业活动中关键岗位、关键环节，以及主要责任主体，按照"最重要、最关键、最适用"原则，分别提出十条必须严格执行的安全作业或管理要点。

【"安全生产月"活动】5 月 21 日，省住房城乡建设厅安全生产委员会印发《全省住建系统 2021 年"安全生产月"活动实施方案》，6 月 1 日至 30 日，在全省住建系统开展以"落实安全责任　推动安全发展"为主题的"安全生产月"活动。活动期间，全省住建系统共组织观看警示教育片 3760 场，参观警示教育展览 388 场，开展应急演练 2336 场次、警示教育 6000 余场次，参加人员 36.5 万人次。

【安全生产特色工法】6 月 2 日，印发《关于征集建筑施工安全生产特色工作法的函》，首次在全省建筑施工企业中开展建筑施工安全生产特色工作法征集评价工作。全省共推荐 211 项安全生产特色工作法。经专家评价，最终确定 30 项建筑施工安全生产特色工作法。

【安全生产工作任务清单】8 月 16 日，印发《山东省房屋市政工程施工安全生产工作任务清单（试行）》，明确设区市、县（市、区）级住建主管部门、5 大主要市场主体、工程项目 8 个方面、14 类从业人员的安全生产工作任务清单。

【安全总监制度】10 月 29 日，省住房城乡建设厅安全生产委员会印发《山东省房屋市政施工企业安全总监制度实施方案》，明确在山东省境内从事与房屋市政施工活动相关的工程施工总承包企业及其设立的从业人员300人及以上的区域公司，起重设备安装工程专业承包资质企业及从业人员300人及以上的其他专业承包企业，外省入鲁工程施工总承包企业、起重设备安装工程专业承包企业，以及在山东省境内从业人员300人及以上的其他专业承包企业。明确安全总监的任职条件、任免程序、职责职权、职级待遇、监督管理等事项。据统计，全年全省规模以上房屋市政企业安全总监设置率为90%。

行政许可

【概况】2021年，山东省住房城乡建设厅全年受理26680件行政许可事项，全部按照规定时限和程序完成审批，实现审批零差错。

【“证照分离”改革】8月26日，发布《关于推进住建领域涉企经营事项“证照分离”改革的通知》，取消工程造价企业资质、建筑业等企业最低等级资质等7类事项的审批，将房地产开发二级、建筑业企业资质认定等9类事项在自贸区范围内实行告知承诺制审批，将建筑业企业劳务资质由审批改为备案，对燃气经营许可证核发等13类事项采取优化审批服务的方式进行改革。

【“省下放”督导】2021年，对下放16个设区市、32个功能区共60个承接部门的省级许可事项，持续做好下放实施指导。各承接部门下放事项办件数量约占总量的77%，基本实现了“权力下放、窗口前移、就近办理、贴心服务”。对下放的省级行政许可事项，开展“就近办、贴心办”作风建设提升行动，指导承接部门完善办事指南、规范许可实施，优化审批服务。对下放事项实施情况进行远程抽检，梳理问题清单606项，督促各承接部门限期整改，确保下放事项“接得住、管得好”。对60个承接省级行政许可事项的部门开展调研督导，并委托第三方机构对各部门承接实施情况进行评估，组织座谈会50余次，查阅审批档案1000余件，专家远程抽检办件840余件，满意度调查有效结果350人次，涉及314697项下放办件，实施了“承接部门全覆盖、承接事项全覆盖”的全面评估。

【“智慧审批”试点】对省级实施的8类许可事项全部生成了电子证照，企业可随时随地通过“爱山东”APP亮证使用。将济南市行政审批服务局、烟台市住房和城乡建设局列为住建领域“智慧审批”试点单位，指导其编制完成智慧审批试点方案，细化试点任务和工作目标，率先开展创新探索。济南市行政审批服务局主动上门对接国家、省、市相关单位，对企业库、人员库、项目库和信用库提出数据需求，打通7个部门的22个信息数据端口，将审查要点进行标准化改造、数字化嵌入，搭建智慧审批系统并上线运行，创新推出了“24小时全天候系统自动受理”和“24小时全天候系统自动审批”等模式。济南、青岛、聊城、枣庄市审批部门创新推出远程“刷脸”替代身份证检验，方便企业异地办事、不出门办事。

【压减办理时限】将企业首次申请、增项、升级等事项办理时限，由法定的20个工作日调整为10个工作日内办结；将符合简易程序的企业资质重新核定事项办理时限，由法定的20个工作日压减为5个工作日内办结；将资质证书变更、增补、注销等办理项办理时限由“承诺限时办结”调整为“即时办结”，做到“系统即时受理、审查即刻办结”，省级许可事项即办件率近60%，办理时限压缩达90%以上，实现“减时限”。

建筑节能与建设科技

【概况】2021年，山东省住房城乡建设厅深入贯彻碳达峰碳中和重大决策部署，聚焦城乡建设绿色发展，推动建筑节能与建设科技工作取得新成效。全年全省新增绿色建筑1.79亿平方米，评审公布绿色建筑标识项目165个、2004.7万平方米，新开工装配式建筑5092.1万平方米，完成既有居住建筑改造577.15万平方米，公共建筑节能改造180.77万平方米，推广可再生能源建筑应用1.17亿平方米。

【建筑节能】8月10日，省住房城乡建设厅、省市场监管局印发新版《民用建筑外窗工程技术标准》，于11月1日起正式实施，进一步提高民用建筑外窗性能，将外窗传热系数降至1.5W/(m^2·K)。10月11日，修订发布《公共建筑节能监测系统技术标准》，于2022年1月1日起正式实施，对公共建筑节能监测系统各环节进行修改优化，提出细化要求。开展省级超低能耗建筑示范项目实施情况调研评估。截至2021年年底，全省累计建成超低能耗建筑项目42个、建筑面积81.69万平方米。

【绿色建筑】4月16日，省住房城乡建设厅和省市场监督管理局联合批准发布新修订的《绿色建筑设计标准》DB/T 5043—2021、《绿色建筑评价标准》DB/T 5097—2021明确符合山东特色的绿色建筑技术要求，7月1日起正式实施。同时，配套编制《山东省绿色建筑设计及施工图审查技术要点》。10月19日，联合13部门印发《关于推进我省绿色低碳县城建设的意见》，要求提升县城承载力和公共服务水平，增强县城综合服务能力，以绿色低碳理念引领县城高质量发展，明确5项重点任务，明确“在县城宜建设多层住宅，最高不超过18层，原则上6层及以下住宅面积占比应不低于70%”。代省政府起草完成《关于推动城乡建设绿色发展的若干措施》，明确了5方面重点任务，出台18条工作措施，列出量化指标42个。深入实施绿色建筑创建行动，城镇新建民用建筑全面执行绿色建筑标准，政府投资或以政府投资为主的公共建筑及其他大型公共建筑按照二星级以上标准建设。全省新增绿色建筑1.79亿平方米，比上年增长29.7%，占城镇新竣工民用建筑比例达94.2%。

【标识管理】 11月10日，印发《山东省绿色建筑标识管理办法》，将设计、运行标识统一整合为绿色建筑标识，建立标识分级认定和动态退出机制。12月，结合“我为群众办实事”，遴选12个项目开展“绿色建筑标识进社区（单位）”活动。2021年，全省评审公布绿色建筑标识项目165个、2004.7万平方米，其中二星级及以上项目1940万平方米，占比96.7%。

【装配式建筑】 4月16日，会同省教育厅等部门发布《关于加强新建校舍钢结构建筑推广工作的通知》，11月5日印发《山东省钢结构学校建筑技术导则》。全年新落实钢结构学校建筑162.4万平方米，累计达到236万平方米，当年新落实面积超过之前年份总和。8月26日，发布《关于推广济宁泰安临沂装配式建筑发展经验做法的通知》。全省新落实钢结构住宅试点项目112.12万平方米，累计建设钢结构住宅340万平方米，试点任务目标全面完成。启动省级建筑产业互联网平台建设应用试点编制，实施7项地方标准和技术文件，明确成熟技术体系设计、施工、验收等要求，覆盖建造全过程的装配式建筑标准体系进一步健全。

【建设科技】 推动“绿色智能建造和建筑工业化关键技术与成套设备”纳入省重大关键技术攻关项目指南，推荐系统内项目“工业化装配式建筑关键技术创新及产业化应用”获省科技进步一等奖，推荐获批华夏建设科学技术奖7项。推荐山东省市政基础设施管养技术工程研究中心获批省工程研究中心、智能建造与新型建筑工业化公共实训基地获批省新旧动能转换公共实训基地，推动创建省科技成果转化中试基地2个，分别是混凝土外加剂产业化基地、建筑节能保温材料产业化基地，推荐申报省技术创新中心3个，推荐获批省专利奖1项。面向各市主管部门及高校、行业企业、科研机构的工作联络机制，省建设科技智库入库专家达725人，推荐省专家入选住房城乡建设部科技委、科技计划项目评审专家库、华夏奖专家库、数字强省建设专家库，推荐江亿院士等专家担任省绿色技术银行专家咨询委员会委员。

（山东省住房和城乡建设厅）

河 南 省

住房和城乡建设工作概况

2021年，河南省住房和城乡建设系统积极应对汛情、疫情影响，老旧小区改造和窨井设施整治民生实事、棚户区改造等各项目标圆满完成，百城提质工程深入实施，住房保障体系逐步完善，建筑业加快转型发展，巩固脱贫成果、灾后重建等顺利推进，安全生产形势总体平稳，平安建设全面加强，党史学习教育扎实开展，为全省经济社会发展大局做出积极贡献。

【新型城镇化建设】 12月31日，省政府印发《河南省新型城镇化规划（2021—2035年）》，明确新型城镇化的发展基础、总体要求。同日，省政府印发《关于印发河南省“十四五”城市更新和城乡人居环境建设规划的通知》，对城市更新和城乡人居环境建设的发展环境、总体要求等提出明确规定。扎实推进郑州国家中心城市建设，扩容郑州都市圈，郑州航空港经济综合实验区、郑新产业带、许港产业带加快建设。洛阳中原城市群副中心城市建设提速，获批国家服务外包示范城市。支持南阳建设副中心城市，区域中心城市、重要节点城市建设取得新进展。截至年底，全省常住人口城镇化率为56.45%，比上年末提高1.02个百分点，低于全国平均水平8.27个百分点。

【百城提质工程】 2021年，全省实施百城提质工程项目1.26万个，完成投资5258亿元。新建改造供水污水等管网5100多公里，热力站567座；新增集中供热面积5181万平方米，停车位16.9万个，绿地面积6106公顷。改造城镇老旧小区6065个，71.5万户。各地积极探索老旧小区改造模式，推动无障碍和居住社区活动场地设施建设，开展住宅小区配建养老服务设施专项清理。7月19日，省政府办公厅印发《关于加强城市与建筑风貌管理的实施意见》，强化城市与建筑风貌管理。郑州、洛阳等城市制定配套意见，编制管控导则，实施风貌管控。新公布历史文化街区10处、历史建筑641处。举办首届城市园林绿化花境竞赛，郑州市双秀公园打造“生态林荫+体育文化”多功能运动场地，住房和城乡建设部向全国推广。

【住房保障体系】2021年，省政府成立房地产市场平稳健康发展工作领导小组，建立定期会商制度，加强监测预警。洛阳、平顶山、南阳推进“一城一策”试点。全省房地产开发投资7874亿元，房屋新开工面积13653万平方米，商品房销售面积13277万平方米，销售额8657.7亿元。推动问题楼盘和问题企业项目逾期交付风险处置化解，成立省长任组长、相关部门参与的领导小组，出台政策，“一楼一策”，专班推动，不动产办证类项目化解294个，房地产领域信访积案化解2030件、化解率83.4%。全省新开工棚改安置房12.35万套，基本建成20.84万套，发放租赁补贴2.45万户。争取中央补助资金24.75亿元。洛阳市提前3个月完成3.5万套棚改新开工任务。开展棚改安置房建成交付三年行动，全省交付19.05万套。1月10日，省政府办公厅印发《关于加快发展保障性租赁住房的实施意见》，制定“十四五”发展计划。省辖市全部上线运行公租房信息系统，规范发展住房租赁市场。印发实施加强住房租赁企业监管等文件。郑州市推进中央财政支持住房租赁市场发展试点，累计筹集租赁房源18万套(间)，培育专业化、规模化住房租赁企业40家。发挥住房公积金作用，稳步推进建制扩面，及时出台降缓缴和延后还贷期限等阶段性支持政策。全省缴存982.9亿元、提取587.3亿元、发放贷款589.3亿元，同比分别增长11.5%、3.4%、4.2%，支持14.2万户家庭解决了住房问题。

【城市治理】2021年，河南大力整治背街小巷，洛阳、平顶山、信阳、驻马店等市43条背街小巷整治列入住房和城乡建设部“我为群众办实事”项目。强力推进中央环保督察整改，建成垃圾焚烧设施43座、处理能力4.4万吨。推进扬尘污染防治，加大餐饮油烟治理力度，15.5万家餐饮服务单位安装油烟净化设备、实现达标排放，建成193家在线监控平台，基本实现市、县联网运行。开展公共停车场、城市道路限高限宽、铁路沿线安全环境等专项治理。推进数字城管向智慧城管提升。郑州、洛阳、濮阳等市综合管理服务平台建设方案通过评审，许昌市基本建成城市综合管理服务平台。郑州、洛阳建成智慧停车平台。10个市、县初步建成智慧园林系统。驻马店市成立高规格CIM平台建设领导小组和工作专班，强化各部门信息整合和平台应用。《河南省绿色建筑条例》颁布实施，《河南省物业管理条例》完成修订。省住房城乡建设厅被推荐为全国“七五”普法先进单位，鹤壁市、汝南县城管局和漯河市城管综合执法支队被评为河南省服务型行政执法标兵单位。巩固深化“强转树”专项行动，开展依法行政暨城管执法能力提升培训和规范化建设观摩，举办城管执法职业技能竞赛，选树第二届“最美城管人”。开展房屋建筑和市政工程建设专项整治。

【村镇建设】2021年，全省完成农村危房改造8622户，28名个人和27个集体获全国、全省脱贫攻坚先进称号。持续推进农村垃圾治理和“气化乡村”。121个涉农县（市、区）初步建立农村生活垃圾收运处置体系，济源、兰考、新郑等开展农村生活垃圾分类试点。新增农村天然气管网用户208万户。濮阳市实现管道燃气“村村通”。11月3日，省政府办公厅印发《河南省农村宅基地和村民自建住房管理办法》《河南省农村集体建设用地房屋建筑管理办法（试行)》，省住房城乡建设厅编制发布农房建设技术标准等配套文件，124个县（市、区）编制完成农房设计图册。加强传统村落和历史文化名镇名村保护。224个村获批第六批河南省传统村落，20个单位获得第一批保护发展示范单位称号。加强工匠培训管理。7月7日，省住房城乡建设厅、省人力资源社会保障厅印发《关于规范管理农村建筑工匠的指导意见》，全省8个省辖市、80%县（市、区）制定实施细则，培训工匠1.4万人。

【建筑业转型发展】2021年，全省完成建筑业总产值14192亿元、同比增长8.1%，总量位居全国第8、中部第2位。深入开展“万人助万企”，鼓励发展工程总承包，推动保函替代现金保证163亿元。郑州市完善支持建筑企业做大做强奖励政策，引进多家央企和特级民企入驻，推进国家装配式建筑示范城市建设。聚焦“黑恶乱”“打治建”并举，净化围标串标、强揽工程、恶意阻工等市场乱象。发展智能建造、绿色建造。4项案例入选住房和城乡建设部智能建造新技术新产品创新服务案例。入库新开工装配式建筑 1544 万平方米。推进建筑节能降耗。新增节能建筑 1.12 亿平方米、节能强制性标准实施率 100%，绿色建筑 7714 万平方米、占比达 69%。培育 5 个超低能耗建筑示范工程，6 个清洁取暖试点城市开展既有建筑节能改造 245 万平方米，许昌成功申报国家清洁取暖试点城市。强化科技引领和标准化建设。培育省建筑领域碳中和、智慧建筑工程研究中心，支持企业成立科技创新联合体，由盾构及掘进技术国家重点实验室参与完成的“深部复合地层隧（巷）道 TMB 安全高效掘进控制关键技术”、中铁工程装备集团有限公司参与完成的“轨道交通大型工程机械施工安全关键技术及应用”获得国家科技进步奖二等奖。由中国建筑第七工程局有限公司、北京大学等完成的“河南省黄河流域村镇建设地方性理论、技术及应用”获河南省科技进步奖二等奖，由郑州大学综合设计研究院有限公司等完成的“装备式混凝土结构建造关键技术创新与应用”、中国建筑第七工程局有限公司等完成的“深大基坑工程稳定机理及关键施工技术”获河南省科技进步奖三等奖。成立 6 个专业标准化技术委员会，开展标准复审，完成国家强制性工程建设规范培训。出台施工发承包监管若干措施、建筑市场信用管理和评价办法，初步建立以信用为基础的新型监管体制。打击违法违规行为，开展招投标专项整治，对连续两年无产值的建筑企业开展动态核查，推动根治欠薪。洛阳市规范招投标市场，探索实施评定分离，取得较好成效。

【工程质量安全监管】2021 年，河南建设大厦等 6 项工程获中国建设工程鲁班奖（国家优质工程）、郑州南四环至郑州南站城郊铁路一期工程获中国土木工程詹天佑奖，120 项工程获“中州杯”。全省房屋建筑和市政工程安全生产事故、死亡人数“双下降”。持续强化工程质量安全监管。推动工程质量安全管理标准化，开展“质量月”“安全月”和样板示范活动，697 项工程获质量安全标准化示范工地认定，1595 家二级及以上总承包企业建成运行双重预防体系。开展联合执法检查和危大工程等专项排查整治。开封、焦作、濮阳培育“红色工地”，加强信息化监管，安全生产总体稳定。开展房屋建筑安全隐患排查整治和自然灾害风险普查。排查房屋建筑 50.4 万栋，拆除 1342 栋，加固 708 栋，责令停止使用 122 栋。排查农房 2015 万户，整治存在安全隐患的房屋 3.56 万户。调查完成房屋建筑 2784 万栋、市政道路 10707 条、桥梁 3177 座、供水厂站 572 座，5 个县（区）完成自然灾害风险普查试点。排查整治城镇燃气、窨井设施安全隐患。全省 1847 家燃气企业、370 个管道厂站、11 万公里管网完成自查，消除隐患 1.9 万处，立案处罚 69 家，责令停产停业整顿 123 家。启动新一轮燃气安全排查整治。加强建设工程消防设计审查验收。建立信息化系统，完善规则制度，加强培训指导，开展消防审验“回头看”，检视项目 15886 个，整改问题 1163 个。

【深化“放管服”等改革】2021 年，住房和城乡建设部门牵头的 3 个营商环境评价指标获得“两优一良”的较好成绩。省住房城乡建设厅住建权限内建筑业和工程建设监理企业资质全面下放至省辖市，12 项审批管理权限下放郑州、洛阳和郑州航空港区，取消工程造价咨询企业资质审批，13 项省辖市经济社会管理权限下放到县（市）。水、气、热报装时间均压缩至 3 个工作日以内，获得用水、用气均为优势指标。住房公积金服务事项网上办结 6800 多万件、办结率 88.8%，5 个事项实现“跨省通办”。

【防汛排涝和灾后重建】2021 年，全省住建系统积极应对特大暴雨洪涝灾害，60 多万干部职工和物业人员全力排水除涝、保通保供，1 万多家企业捐款捐物。扎实做好灾后恢复重建。村民住房中需修缮加固的 157878 户、货币化安置的 7255 户全部完成，原址安置的 20765 户基本全部竣工，集中安置的 111 个项目全部开工建设；城镇住房中需修缮加固的 52734 户基本全部完成，分散安置的 4025 户已开工 3443 户、竣工 3245 户；市政设施恢复重建项目 1241 个，已开工 719 个。

【深化工程项目审批制度改革】2021 年，河南基本建成工程建设项目审批管理体系，政府投资房屋建筑类和社会投资小型低风险项目分别压缩至 90、15 个工作日以内，办理建筑许可上升为良好指标。安阳市率先开展分步办理建筑工程施工许可，实行并联审批，推进区域评估，开展帮办代办服务，入选全省经济体制改革十大案例。洛阳市再造审批流程，细分 17 类项目分类制定审批清单，分阶段办理施工许可，实行联合验收。许昌市在 9 个产业集聚区开展区域评估，实施豁免清单和告知承诺制，聚焦城市基础设施配套、防空地下室易地建设、水土保持补偿、城市道路占用及挖掘修复等降低费用，进一步压减办理建筑许可成本。信阳市探索推行“工程风险诚信双矩阵”机制，落实差异化质量安全管控措施，简化验收流程，提升企业满意度。济源示范区实行“拿地即开工”，围绕“万人助万企”，开展“住建系统首席服务员精准服务企业活动”。

【城市管理服务执法】2021 年，河南巩固深化

“强基础、转作风、树形象，打造人民满意城管”行动，选树第二届“最美城管人”。郑州市加强法治培训，严格执法人员资格管理，强化行政执法责任制和“三项制度”落实。许昌市深入推进服务型行政执法，推行引导、示范、提示、容缺承诺等行政指导，在全市服务型行政执法竞赛中获第一名。濮阳市创新“三促一评”活动载体，强化依法行政，优化营商环境，法治政府示范创建取得积极成效。南阳市大力开展行政执法责任制示范点创建，受到省考核组高度评价。商丘市、开封市、驻马店市探索推行行政相对人法律风险防控制度，建立行政相对人违法风险点清单，将行政指导融入执法全过程。漯河市推行“支部在网格、党员在路上”工作法，鹤壁市推行“城管十交警”联合执法模式、高效完成国家和省法治政府建设示范市创建，被评为“河南省服务型行政执法标兵单位”。洛阳市在道路清扫保洁、小游园和共享单车管理、餐饮油烟净化装置清洗、数字化信息采集等领域推行“第三方治理”模式，建立城市综合执法一体化平台，推广“绿黄红”三色执法模式，提升城管执法服务水平。

【全省住房和城乡建设工作会议】1月25日，全省住房和城乡建设工作会议以视频形式召开。会上，省住房城乡建设厅厅长赵庚辰作了《锚定“两个确保”勇于担当作为　奋力推进全省住房和城乡建设高质量发展》的报告。会议要求，要因城施策、多措并举，促进房地产业良性循环和健康发展；推动建筑业转型发展、做优做强，提升发展质量效益；开展宜居韧性智能城市创建，着力打造魅力城市、品质河南；守牢安全生产和防范化解风险底线，以系统之稳定为全省大局之稳定做贡献；统筹城乡融合发展，助力乡村振兴；坚持质量进度两手抓，如期高质量完成灾后重建；深化改革创新，持续优化营商环境；全面加强党的建设和能力作风建设，为住房和城乡建设高质量发展提供坚强保障。会上，洛阳市住房和城乡建设局等8个单位做了经验交流。会议以电视电话会议形式召开，共设1个主会场、49个分会场，全省住建系统1550余人参会。

【住房和城乡建设执法监督管理】2021年，全省开展依法行政暨城管执法能力提升培训和规范化建设观摩，举办城管执法职业技能竞赛。5月，在何家冲学院举办了全省住房和城乡建设系统领导干部依法行政暨城市管理执法能力提升班，近150人参训。印发《全省城市管理执法队伍巩固深化“强基础　转作风　树形象　打造人民满意城管”专项行动实施方案》，省住房城乡建设厅派出4个督导组分赴各地进行指导。9月29日，在郑州市金水区组织召开全省城市管理执法规范化建设观摩会。10月28—29日，省住房城乡建设厅、省建设工会举办了河南省首届城市管理执法职业技能竞赛，各省辖市、济源示范区城市管理执法系统共18支代表队约180人参加竞赛，产生个人奖17名、团体奖9个。在全省城管执法系统组织开展了第二届“最美城管人”选树活动，20名个人被选树为“最美城管人”，编发1期《河南建设》专刊，编印1000册《第二届“最美城管人”》宣传画册，在河南建设、顶端新闻等媒体宣传“最美城管人”事迹，充分展示城管最美形象。到郑州等11个省辖市调研执法体制改革和执法队伍建设情况，形成《关于执法体制改革情况的调研报告》。指导各级城管执法部门与相关管理部门建立监管协作机制，研究起草《关于建立住房和城乡建设系统事中事后监管与行政处罚协作机制的指导意见》。全省住房和城乡建设主管部门立案查处行政处罚案件4.5万余件（不含停车管理90.5万余件），办结4.1万余件，罚款近5.3亿余元，涉及企业8894家，涉及个人3.1万余人次。其中，工程质量安全领域行政处罚828件，罚款0.41亿余元，处罚企业538家，涉及个人245人次。督办重点案件。对焦作东城花园经济适用房项目违规销售问题、洛阳“4·19”地下有限空间窒息事故及上蔡县颐和家园未执行光纤到户问题等重点案件进行现场督办。6月，省住房城乡建设厅领导带队对濮阳市住建领域安全生产零移交、零处罚情况，对商丘昆仑燃气有限公司下穿铁路燃气管道安全隐患问题进行现场督导约谈。9月，对焦作市、济源示范区重点投诉举报件进行督导。参加省住房城乡建设厅第二轮中央生态环境保护督察专班，督促办理群众举报件224件、赴开封直接办理1件，涉及住建系统职能的全部回复整改到位。在全省开展安全生产隐患排查专项检查及房屋市政工程领域联合执法检查。全年接到各类投诉举报线索449件，实际受理165件；全省住房和城乡建设主管部门共受理各类投诉举报线索86.9万余件，办结81.6万余件。印发《河南省住房和城乡建设系统常态化开展扫黑除恶斗争工作实施方案》《常态化开展扫黑除恶斗争重点任务清单》等推动全省房屋建筑和市政基础设施工程建设领域等重点行业专项整治深入开展。省住房城乡建设厅本级移交涉黑涉恶案件线索4件，配合公安机关核查涉黑恶案件1件，全省住建系统共摸排行业乱象线索6080件，办理反馈“三书一函”18份，全系统开展各类专项治理活动20余次，出台加强行业监管长效机制的制度文件200余项。4月，省住房城乡建设厅被省扫黑除恶专项斗争领导小组表彰为“河南省扫黑除恶专项斗争先进单位”，被授予“河南省扫黑除恶专项斗争先进集体”荣誉称号。对安阳等6个省辖市餐饮油烟污染治理情况进行实地调研指导。中央第五生态环境保护督察组对河南省开展生态环境保护督察中发现的95个有关餐饮油烟污染问题按规定要求整改到位。7月，编印《餐饮油烟污染治理简报》，总结推广开封等8个市、县经验做法。9月，印发《城市餐饮业恶臭/异味污染治理工作通知》，推进餐饮油烟污染治理提质升级。截至年底，全省餐饮服务单位15.5万余家，100%安装油烟净化设备，基本实现达标排放；193个在线监控平台全部建成，6000余家大型餐饮服务单位全部安装在线监控，市级监控平台基本与所辖县（市、区）联网运行。

【住房和城乡建设法治建设】 2021年，《河南省绿色建筑条例》《河南省城市生活垃圾分类管理办法》颁布实施。开展《河南省历史文化名城名镇名村和传统村落保护条例》（修订）、《河南省城市绿化条例》《河南省物业专项维修资金管理办法》《河南省城市建设档案管理办法》《河南省公园管理办法》等立法调研项目的调研和集中研讨。出台的规范性文件全部通过省政府备案审查，代省政府起草的3份文件均以省政府办公厅规范性文件名义印发，对30余件其他文件、协议、合同等进行了法制审核。全年对省住房和城乡出台的涉及市场主体经济活动的64件政策措施进行了公平竞争审查。持续优化法治化营商环境。配合省人大对《河南省物业管理条例》的部分条文进行修订，共修改7条、新增4条，新修订的《河南省物业管理条例》于7月30日颁布实施。结合新修订的《中华人民共和国行政处罚法》，提请省政府对《河南省市政设施管理办法》《河南省城市供水管理办法》的有关条款进行了修订。省住房城乡建设厅对行政规范性文件进行全面梳理，决定继续有效139件，宣布修订26件，宣布失效95件，清理结果已于8月16日向社会公布。制定推进服务型行政执法实施方案，开展“结对子、传帮带”活动，在郑州市金水区组织召开全省城市管理执法规范化建设观摩会。开展行政相对人违法风险防控试点。指导开封市城管局、驻马店市城管局开展行政相对人违法风险防控试点工作，制定行政相对人违法风险点及防控措施。全面落实行政执法责任制。推行落实行政执法“三项制度”。对18件行政处罚案件和19件撤销行政许可决定进行了法制审核，提出法制审核意见50余条。严格行政执法证件管理。组织省住房城乡建设厅机关符合条件的人员参加公共法律知识和专业法律知识培训、考核，共申领行政执法证172个、行政执法监督证21个。强化行政执法责任落实。动态调整行政执法权责清单及流程图。开展行政执法案卷集中评查，对郑州等10个省辖市2020年5月至2021年5月期间办结的房地产市场、工程建设、城市管理等方面的22份行政处罚案卷进行集中评查。研究制定包含10项处罚事项的《河南省住房和城乡建设领域市场主体轻微违法行为免于处罚清单》。落实法律顾问制度。聘任6名法律顾问，与2家律师事务所签约提供常年法律服务，省住房城乡建设厅法律顾问共为省住房城乡建设厅各类重大决策提供法律建议300余条，参与审核协议合同20余件，参与审查拟制定规范性文件及有关政策措施50余件，作为委托代理人参与行政诉讼案件4件，参与办理行政复议案件6件，协助起草相关法律文书10余件。共办理各类行政复议、行政诉讼案件16件。全年一审案件共开庭两次，省住房城乡建设厅领导均依法出庭应诉并积极发声。印发《全省住房和城乡建设系统“八五”普法规划》，并成立“八五”普法讲师团和志愿者队伍。严格落实“谁执法谁普法”责任制。梳理完善普法责任清单，督促指导市、县主管部门加强以宪法、民法典和行政处罚法为重点的法治宣传教育工作。省住房城乡建设厅被中央宣传部、司法部、全国普法办评为2016—2020年全国普法工作先进单位，黄坤被评为2016—2020年全国普法工作先进个人。利用省住房城乡建设厅门户网站、《河南建设》、城市广场、公园游园、物业企业等阵地深入开展普法宣传。

【建设人事教育工作】 推进全省施工现场专业人员培训考核试点工作。完成有关培训机构作为住房和城乡建设部试点单位的推荐工作。召开全省住房和城乡建设领域施工现场专业人员职业培训试点工作推进会。全年共办理现场专业人员证书变更补办业务16240人次，完成复检83315人次，新取证597人。印发《“十四五”时期河南省住房和城乡建设行业技能人员职业培训工作实施方案》《河南省住房和城乡建设行业高质量推进“人人持证、技能河南”建设工作方案》，截至年底，全省住建系统共培训技能工人29084人。新增注册用户39000余人。开展年度住房和城乡建设系统技师、高级技师职业资格考评工作。截至年底，全省共有16人取得了技师、高级技师职业资格。加强注册人员管理。自10月15日起，在全省范围启用新版二级建造师电子注册证书。组织开展二级建造师考试和阅卷等工作，全省共16

万多人参加。截至年底，相继完成省直单位监理工程师等考试合格人员资格核查5570人次，有效保障了执业师考试的质量。对597名异常人员进行社保、注册情况核查公示，对214人下发撤销行政许可意见告知书；配合全省30余家纪检、公安部门开展二级建造师公职人员注册信息核查工作，共核查人员92人。5月14日，省住房城乡建设厅同哈密市住房和城乡建设局签署《技术人才交流指导服务协议》，推荐选派了7名专业技术管理人才赴哈密市开展为期3个月技术服务。9月，选派第二批赴哈密市开展技术服务。制定专家库管理办法和年度培训计划。印发《河南省住房和城乡建设厅专家库管理办法》《河南省住房和城乡建设厅2021年度培训计划》。

【职工技能竞赛】2021年，河南省住建系统谋划了10个工种的省级职业技能竞赛活动。完成城市管理执法、燃气管网运行工、管道燃气客服员、热力运行工、热力设备检修工、造价员省级决赛。

城市建设与管理

【城市建设和市政公用基础设施建设】2021年，河南省进一步加快市政公用基础设施建设步伐。城市轨道交通建设有序推进。指导郑州市轨道交通建设实施8条线路，共计211公里、124座车站，完成投资286亿元。城市园林绿化建设全面提升。截至年底，全省城市绿地总面积突破19.7万公顷，其中建成区人均公园绿地面积15.08平方米，绿地率36.55%；全省设市城市本年新增绿地面积5008.63公顷，新增绿地数量656个。组织国家海绵城市试点申报和建设工作，指导鹤壁市高质量完成国家第一批海绵城市试点工作任务，指导信阳市成功申报国家级海绵示范城市，获得补助资金10亿元。截至年底，全省完成海绵城市建设项目1583多个，实际完成达标面积170平方公里。会同省有关部门研究制定河南省城市内涝治理实施方案，由省政府办公厅印发。组织各地编制城市内涝治理系统化实施方案，全省38个城市基本完成实施方案编制。配合省发展改革委争取中央预算内资金2.4亿元，支持28个排水设施项目建设，全省新建雨水管网970多公里，改造雨水管网223多公里。省住房城乡建设厅、省生态环境厅开展县（市）城市黑臭水体专项排查工作，新排查出黑臭水体24处。加快推进燃气与集中供热建设。印发《2021年河南省城镇燃气供热设施建设实施方案》。截至年底，全省共完成新建改造供热管网654公里；完成新建改造热力站567座；完成新增集中供热面积5181万平方米；全省共新增农村天然气管网覆盖用户208万户。督促指导各地积极推进老旧供水管网进行更新改造，有效降低管网漏损。截至年底，全省新建供水管网1280公里，改造老旧管网779多公里。

【城市设计和城市体检管理】7月19日，省政府办公厅印发《关于加强城市与建筑风貌管理的实施意见》。做好国家城市体检试点。督促样本城市郑州市、洛阳市根据完成城市体检的有关要求，引导开封市、安阳市、平顶山市等城市开展城市体检工作。3月，推荐开封市、安阳市、洛阳市、郑州市等4个城市参加国家城市更新试点。

【城市管理概况】2021年，启动修订《河南省城市生活垃圾处理管理办法》配合省司法厅赴江西、安阳林州市、郑州市和洛阳市开展垃圾分类立法调研，召开条例审查会。会同11家省直部门印发《河南省进一步推进生活垃圾分类工作的实施意见》，明确“十四五”期间全省生活垃圾分类工作目标、任务和要求，指导各地加快推进城市垃圾分类工作。截至年底，郑州市生活垃圾分类投放设施覆盖327万户，安阳、洛阳、焦作、开封4个省级试点城市完成生活垃圾分类投放设施覆盖77.5万户，其他12个省辖市和济源示范区完成生活垃圾分类投放设施覆盖72万户。

【城市排水防涝】召开全省城市管理工作会议、排水防涝专题会议等，印发《关于做好2021年城市排水防涝工作的通知》《关于进一步做好强降雨天气排水防涝工作的通知》等文件，做好排水防涝安排部署。全省各地疏浚排水管道1.19万公里，疏挖收水井51.45万座，维护排水泵站400座。督促各地认真排查整治问题隐患，对郑州、周口、安阳等35个市、县进行了现场督导。“7·20”特大暴雨发生后，省住房城乡建设厅安排6个工作组赶赴郑州等地现场指导，全力投入防汛救灾和城市排水防涝工作。建立省住房城乡建设厅领导对口支援郑州抢险工作机制，省住房城乡建设厅领导带领12个工作组下沉郑州市各区，开展“一对一”现场指导支援。住房和城乡建设部协调组织湖北等地5个防汛救灾救援队267名队员、43台大型排水设备、100余台车辆驰援河南。省住房城乡建设厅防指紧急调集平顶山、濮阳、许昌等地抽水泵车、救援车等60多台套支援郑州、新乡排水。调集濮阳、焦作、洛阳等地渣土车、装载机、抽水泵车等69辆，紧急支援卫辉市、浚县城市排涝清淤；动员全省建筑企业就地就近参加排涝救灾。全省共组织3.84万多人，出动5264台挖掘机、吊车、装载机等机械设备支援抢险。全省住建系统共出动城管人员 4.62 万余人次、3 万余名环卫工人、6000 多名水气保供和污水处理职工、21 万名物业人员日夜应急值守，全力推进恢复供水、恢复供气、开展积水抽排。共调动受灾城市环卫工人 32 万余人（次），各类环卫车辆 7.2 万台（次），对所有主次干道进行清理，做到受淹道路水退即冲即扫即清。

【燃气安全排查整治】2021 年，省住房城乡建设厅牵头开展全省燃气安全隐患专项排查整治，省政府组建由应急、发改、市场监管等多部门参与的省级工作专班，建立日报告、督查检查等多部门协调联动工作机制。对安全隐患问题突出的开封、安阳、商丘等地人民政府发出督办函。全省 1073 处管道占压问题全部整改完成，共检查供用气单位和场所 3.3 万处，督促整改消除燃气安全隐患 1.9 万余处，下达执法文书 1000 多份，立案处罚 69 家，责令停产停业整顿 123 家。发布《关于印发燃气安全隐患专项排查整治标准和检查指引的通知》《关于进一步明确燃气安全隐患专项排查整治具体工作任务的通知》，统一排查整改标准。省住房城乡建设厅、省应急厅印发《全省城镇燃气安全排查整治工作方案》，明确了 6 个方面的排查重点，于 12 月 17 日以省安委会名义印发。12 月 8 日，省住房城乡建设厅、省发展改革委组织各地对燃气管道更新改造有关情况进行摸排，开展燃气管网普查、摸清老旧管网底数，建立更新改造工作台账，重点将使用年限超过 30 年的燃气管网（铸铁管、镀锌钢管），以及未超设计使用年限但材质落后、管道老化腐蚀严重、存在安全隐患的燃气管网，纳入改造计划。

【公共停车场运行管理专项整治】2021 年，向开封、濮阳、许昌、焦作、驻马店、三门峡、周口 7 个省辖市政府发了《关于报送公共停车场主管部门及工作职责的函》，理顺管理职责。组织人员赴平顶山、洛阳、郑州 3 地开展工作调研，印发《城市公共停车场运行管理专项整治工作实施方案》，明确了整治工作的总体要求、工作任务、时间节点和工作要求。全省共公布举报电话 314 个、邮箱 198 个、城管热线、市长热线、信函投诉等其他举报方式 177 个，全省共办理完成群众投诉举报各类问题 1040 个。全省共有公共停车场 5509 个、泊位 212631 个，设置路内停车泊位道路 6431 条、泊位 1031137 个，共排查发现整改无照经营、私设停车场违规收费、占用公共资源收费、无停车收费公示牌或公示牌信息不完善、手续不齐全等各类问题 1084 个。对 17 个省辖市、济源示范区和部分县区进行督导检查，检查发现无照经营私设停车场等问题 20 多个，下达问题整改督导函 21 余份。全省市、县共派出检查督导组 458 个，下发督导整改通知 2020 余份。全省共出动宣传车 1.06 万余台次，印制发放宣传单（页）45.86 余万份，制作宣传条幅 4400 余条。全省共开展工作培训 704 场次，培训工作人员 1.56 万余人次。郑州、洛阳等地积极推进城市停车管理与移动互联网的融合发展，基本建成智慧停车系统。印发《关于进一步做好城市公共停车场运行管理专项整治相关工作的通知》《关于进一步加强城市停车场建设管理工作的通知》，加快推动地方停车场建设管理立法和智慧停车信息平台建设。

【道路限高限宽专项整治】2021 年，全省共排查城市道路限高限宽设施和检查卡点 1587 处，其中限高架 1500 处，限宽墩 50 处，检查卡点 37 处。专项整治工作开展以来，共拆除各类不合法限高限宽设施和检查卡点 794 处，其中限高架 723 处，限宽墩 38 处，检查卡点 33 处，依法保留限高限宽设施和检查卡点共 793 处，其中限高架 777 处，限宽墩 12 处，检查卡点 4 处。对于依法保留的限高限宽设施，安装公示牌 786 处。

【市容环境整治】2021 年，省住房城乡建设厅聚焦补齐城市卫生短板、保障群众脚下安全和点亮城市街头巷尾等 3 类群众反映强烈的市容环境突出问题，印发《关于开展市容环境整治专项行动的通知》和《关于报送市容环境整治有关情况的通知》，在全省深入开展市容环境专项整治活动。截至年底，全省共治理垃圾场站、公厕卫生和农贸市场等周边环境卫生 8.6 万处；修复路面破损、深陷等 2.6 万处，修复人行步道 3.9 万处；安装或修复路灯 8.4 万个，修复供变电设施 6287 个，保洁照明设施 5.2 万处，平均亮灯率达 98.7%。印发《关于部分城市重点推进开展背街小巷市容环境整治工作的实施方案》，开展“我为群众办实事”背街小巷环境整治工作。截至年底，4 个市共完成背街小巷整治提升 43 条，清扫卫生死角垃圾 948.1 吨，消除环境卫生死角 1154 处，整治公厕环境卫生 27 个，新装或改造市政照明路灯 167 盏，修复损坏市政照明路灯 339 盏，修复破损路面 621 处。上报住房和城乡建设部典型案例 2 例，4 市地方媒体报道 34 篇，互联网播发转载 5829 篇。“我为群众办实事”背街小巷环境整治工作共惠及 43.2 万余人。

【中央环保督察问题整改】2021 年，河南对全省生活垃圾处理情况进行详细摸底，梳理工作中存在的突出问题，并提出了工作建议。组成 16 个检查组对全省137个在用、停用、封场生活垃圾填埋场进行逐一排查整改。组织开展全省生活垃圾处理设施建设专项行动。经省政府同意，省住房城乡建设厅、省发展改革委发布《关于印发全省生活垃圾处理基础设施建设专项行动方案的通知》。全省所有在用、停用、封场的135座生活垃圾填埋场共排查问题241个，已完成整改85个。省住房城乡建设厅、省发展改革委对全省生活垃圾焚烧发电中长期专项规划执行情况进行中期评估，确定生活垃圾焚烧处置方案，《河南省“十四五”城镇污水和生活垃圾处理及利用发展规划》印发实施。

【公用事业管理】2021年，河南对全省供水、污水、燃气行业开展监督监测，燃气行业已检查105家经营企业，下发告知书83份。供水、污水行业检查企业95家，督促问题整改。发布《关于做好今冬明春供热采暖有关工作的通知》《关于做好城市管理领域寒潮天气应对工作的通知》。推进水气暖报装服务便民化。指导实施全流程优化，压减申请材料，简化办理环节，压缩办理时间。指导各地加强对政务服务大厅水气热窗口工作人员的培训，加强对公用企业事业单位运营的监督管理，提高服务质量和办事效率。在10月公布的2020年度营商环境评价中，用水和用气指标均为全省优势指标（全省一共有6个优势指标）。截至年底，17个省辖市、济源示范区城市供水、供气、供热报装时间压缩至3个工作日以内，供水、供气、供热办事全部进入便民服务大厅实施统一规范管理。

【智慧城管和数字化城市管理】截至年底，全省各市、县数字化城管平台共受理处理各类城市管理问题案件1088万件，结案率达到95.4%。12319城管热线受理处理案件22.77万件，结案率达97.44%。组织各市、县认真贯彻落实《河南智慧城管建设导则（试行）》，79个市、县已开通微信公众平台或“市民通”APP。21个市（县）已初步建成了智慧环节系统，10个市（县）初步建成了智慧园林系统。截至年底，全省已有6市的城市综合管理服务平台建设方案通过省住房城乡建设厅组织、住房和城乡建设部专家参与的评审，其中许昌市作为国家试点，已基本建成城市综合管理服务平台；省级综合管理服务平台正在按程序积极推进。

【园林绿化】发布《关于进一步加强公园（动物园）安全管理工作的通知》，要求各地园林绿化主管部门加强隐患排查。组织编写《河南省公园安全管理规范》，年底前印发全省执行。发布《关于加强城市树木保护管理工作的通知》，要求各地园林绿化主管部门进一步加强对现有城市行道树的保护管理工作。截至年底，全省建成区绿地面积113541.85公顷，建成区绿地率37.45%；建成区绿化覆盖面积128180.71公顷，建成区绿化覆盖率42.28%；城市人均公园绿地面积14.47平方米，公园绿地服务半径覆盖率84.85%。2021年，河南省成功创建国家生态园林城市2个、国家园林城市32个、国家园林县城40个、国家园林城镇14个，总数位居全国第一。

【城市园林绿化建设管理】省住房城乡建设厅、省林业局印发《河南省科学绿化实施意见》，编制《河南省花境建设技术导则》，完成《河南省园林绿化工程预算定额》终审，同时指导各地方人民政府修编《城市绿地系统规划》《城市绿道建设专项规划》，推进老旧城区绿地提质增效，建设口袋公园、街角游园、小微绿地，大力推进立体绿化，增加老旧城区公园绿地服务半径覆盖率，实现“300米见绿、500米见园”。深入开展生态修复，全面推进湿地资源保护和水体修复，初步形成山水林田湖一体化生态网络体系。结合城市建成区塌陷区、城市废弃地和建筑垃圾治理、黑臭水体治理，开展城市绿化生态修复，建设滨河公园绿地、人工湿地，打造城市水系景观和滨水绿道。永城市对采煤沉陷区进行治理，建成占地面积24平方公里的日月湖风景区，被水利部授予国家级水利风景区；鲁山县对沙河景观进行改造，建成了沙河湿地公园，使沙河滩涂全部得以保留，生态系统得到保护。加大“便民基础设施改造提升工程”实施力度，针对公园绿地开展公厕改造提升、增加体育健身设施、完善无障碍通道、直饮水点等。落实推进“体育设施建设工程”，新增步道和自行车专用道长度741.33公里，建成5人制及以上的足球场地设施462处，并建成一批体育公园。郑州市双秀公园以“生态林荫＋体育文化”为核心打造多功能运动场地的做法，被住房和城乡建设部作为典型经验向全国推广。支持郑州“绿满商都　花绘郑州”系列花展活动、开封第39届菊花文化节、洛阳第39届牡丹文化节等地方大型园林花事展会活动举办。举办以“迎百年华诞、展生态花韵”为主题的河南省园林绿化花境竞赛，提升全省花境设计建设水平。

【“智慧园林”平台建设】借助遥感、地理信息系统和全球定位系统技术，构建全省城市绿地空间信息数据库，建立健全城市园林绿化信息管理体系。举办河南省城市园林数字化信息平台建设培训会，提高城市园林绿化管理人员及专业技术人员的业务技能。截至年底，开封市等 9 个市、县已完成平台建设，其他市、县已完成建设方案编制或项目招投标工作。

【城市绿道】2021 年，河南结合全省百城建设提质工程，加快推进城市绿道规划编制工作和提升专项规划的区域统筹能力，引导各地在城市绿道规划建设过程中，全面做好与城区林荫道、郊野绿廊、旅游步道、城区间生态廊道的连通衔接，构建城乡一体、区域互通的城乡绿道网络体系，保障绿地“联网”工程顺利完成。截至年底，各省辖市完成城市绿道专项规划编制或在城市绿地系统规划中增加专章。加快实施城市绿道、生态廊道、林荫道建设和区域连通工程建设，推进现有城市绿道存在的拆迁断点、河流断点、立交断点打通工程，建立标准化、规范化、科学化的城市绿道标识系统。全年全省新建林荫绿道、绿色廊道 985 公里，健康步道及自行车专用道 862 公里，全省共建成城市绿道 6480 公里。

【城镇老旧小区改造提升】2021 年，河南省共完成城镇老旧小区改造 6065 个，惠及居民 71.53 万户。全省老旧小区改造规模连续三年位居全国前列。全省共新建（改建）养老设施 234 个，加装电梯 472 部，改造供水管网 133 公里、排水管网 227 公里，二次供水 2940 套，实现雨污分离小区 4146 个；全力更新改造线路管网，共改造供气管网 83.74 公里、供电线路 92 公里，电力更新及扩容 179929 千伏安，接入管道天然气小区 2353 个，接入供热小区 671 个，建筑节能改造 455.92 万平方米，改造增设文化休闲设施 1166 个，增设安防设施及系统 5900 套，改造物业管理用房 1.39 万平方米，拆除违法建设 75.67 万平方米，实验生活垃圾分类小区 3109 个；新增设置消防设施的小区 1423 个，实现光纤入户的居民 22.77 万户。组织编制《河南省“十四五”城镇老旧小区改造规划》，发布《关于做好河南省 2021 年重点民生实事城镇老旧小区改造工作的通知》，指导各地编制年度计划。开封市金康苑小区被住房和城乡建设部作为典型案例向全国推广。全年共争取到中央财政城镇保障性安居工程补助资金 14.8 亿元，国家发展改革委补助资金 47.8 亿元。开封市获得国家开发银行授信 8 亿元专项用于城镇老旧小区改造。开封市、焦作市的先进做法被住房和城乡建设部城镇老旧小区改造可复制政策机制清单收录印发全国学习借鉴。兰考市玉兰社区改造项目被住房和城乡建设部列为全国金融支持市场力量参与城镇老旧小区改造 6 个典型案例之一。全省 5 个老旧小区改造项目作为住房和城乡建设部 100 个“我为群众办实事”联系点顺利推进。

【城市公共区域窨井盖专项整治】2021 年，通过制定专项整治实施方案、印发相关技术规范、开展普查确权、打造样板路段等系列措施全面推动整治工作落实。通过集中整治，17 个省辖市、济源示范区和直管县（市）全部完成年度整治任务，共整治病害窨井设施 34 万余座，超额完成了 26 万座年度整治任务。

【历史文化名城保护管理】2021 年，河南省新公布历史文化街区 10 处，国家级历史文化名城均划定历史文化街区 2 片以上（包括待审定），省级历史文化名城均划定历史街区 1 片以上（包括待审定），划定完成率为 100%。全省已公布的历史文化街区已全部设置标志牌。全省共确定历史建筑 2274 处（已完成政府公布程序 2128 处），比上年增加 641 处。历史建筑已设置保护标志牌 1685 处、设置率 74%，已完成测绘建档 1231 处、测绘建档率 54%。全省设市城市和名城县已全部完成历史建筑确定、公布工作。76 个非名城县中有 52 个已确定并正式公布了历史建筑，非名城县确定并公布的历史建筑增至 970 处。针对全省部分历史文化名城存在不同程度损害历史文化风貌的问题，特别是洛阳、商丘存在的大肆拆旧建新、拆真建假等现象，督促两市查摆问题，总结教训，立查立改，严格履行历史文化名城保护主体责任。针对郑州、南阳等地在住房和城乡建设部抽查过程中反映出的问题，采取多种督导方式，指导郑州市加快历史建筑挂牌保护和测绘建档工作，指导南阳市完善更新历史街区基础设施和公共服务设施。2021 年，全省共完成了 10 余条街区的更新改造、500 余处历史建筑的保护修缮、400 多处历史建筑的活化利用。

【城市市政公用设施建设及固定资产投资】2021 年，河南省城市市政公用设施建设固定资产投资本年完成投资 9981039 万元，比上年下降 2.94%。其中，供水 249995 万元，燃气 57794 万元，集中供热 244127 万元，轨道交通 3004985 万元，道路桥梁 2857677 万元，地下综合管廊 76185 万元，排水 901686 万元（其中污水处理 270778 万元、污泥处理 7435 万元、再生水利用 105734 万元），园林绿化 1914414 万元，市容环境卫生 606787 万元（其中垃圾处理 480573 万元）。城市市政公用设施建设本年新增生产能力：供水综合生产能力 15 万立方米/日，供水管道长 370.62 公里，天然气供气管道长度 134.23 公里，蒸汽集中供热能力 456 吨/小时，热水集中供热能力 601.5 兆瓦，蒸汽供热管道长度 4.04 公里，热水供热管道长度 50.49 公里，道路桥梁 30 座，道路长度 381.27 公里，道路面积 1077.72 万平方米，公共停车场停车位数 3864 个，排水管道长度 696.81 公里，污水处理厂处理能力 30 万立方米/日，再生水管道长度 10.41 公里，再生水生产能力 8.4 万立方米/日，绿地面积 527.96 公顷，生活垃圾无害化处理能力 13950 吨/日。全省 39 个市（含县级市）的市政公用设施建设固定资产投资资金来源合计 8667740 万元。其中，国家预算资金 3507352 万元（中央预算资金 567224 万元），国内贷款 1694863 万元，债券 438859 万元，利用外资 134133 万元，自筹 1881945 万元，其他资金 1010588 万元。

村镇规划与建设

【概况】截至 2021 年年底，河南省纳入村镇建设统计的建制镇 1065 个、乡 574 个、镇乡级特殊区域 2 个、行政村 41759 个、自然村 183730 个，镇（乡）域建成区及村庄建设用地面积 1377142.01 公顷，村庄常住人口 5712.49 万人。全年全省村镇建设投资合计 10980672.25 万元。其中，住宅建设投资 6860346.36 万元，公共建筑投资 960132.98 万元，生产性建筑投资 957505.24 万元，市政公用设施投资 2202687.67 万元。全省镇（乡）域建成区道路长度 50694.08 公里，道路面积 30913.80 万平方米；污水处理厂 559 个，年污水处理总量 27230.32 万立方米；排水管道长度 15307.02 公里；年生活垃圾清运量 550.42 万吨，年生活垃圾处理量 430.06 万吨；公共厕所 9880 座。村庄内道路长度 203542.86 公里；村庄集中供水行政村 32639 个，供水管道长度 120212.24 公里，年生活用水量 148620.26 万立方米；集中供热面积 884.43 万平方米；排水管道沟渠长度 56637.13 公里；对生活污水进行处理的行政村 8599 个，对生活垃圾进行处理的行政村 27520 个，有生活垃圾收集点的行政村 33000 个，年生活垃圾清运量 15952983.64 吨。

【农村住房建设管理】2021 年，河南印发《关于做好农村房屋安全隐患排查整治工作切实防范农房事故发生的通知》《关于今冬明春应对极寒天气做好农房安全管理工作的通知》等文件，进一步防范农房安全事故发生。省政府印发《河南省农村宅基地和村民自建住房管理办法》，形成了规划管控、宅基地申请审批、建房管理、风貌培育、执法监管等完整的管理体系。印发《河南省农村集体建设用地房屋建筑管理办法（试行）》，进一步厘清各级政府与行业主管部门的职责边界。提出可通过购买服务的方式，为农村自建低层住房建设免费提供设计、监理等服务，为农村房屋建筑活动监督管理提供技术保障，切实提高农村房屋质量。推进乡村建设工匠培训和管理工作。截至年底，已开展培训农村建筑工匠 14823 人。印发《河南省农村住房设计图集编制导则》，指导各地以县为单位编制《农村住房设计图册》，免费提供给建房村民使用。截至年底，全省有 124 个县（市、区）完成农村住房设计图册的编制工作。

【村民住房灾后恢复重建】2021 年，河南制定印发村民住房灾后重建实施方案和补充通知，在补助对象、补助标准、建设方式等方面明确了具体支持政策。省住房城乡建设厅印发《全省村民住房灾后恢复重建工作调研指导实施方案》，成立 8 个调研指导组，到分包县（市、区）实地进行持续检查指导。截至年底，全省村民住房灾后需恢复重建共 201710 户，其他修缮加固 157878 户，货币化安置 7311 户，原址重建 20709 户，已全部完成。全省共有 111 个乡村住房集中安置项目，安置 15812 户，全部开工。其中，33 个项目已竣工（29 个项目已组织分房），57 个项目主体完工，21 个项目加紧进行主体建设。

【农村危房改造管理】2021 年，全省农村危房改造任务 8384 户、投入中央补助资金 14412.8 万元、省财政配套资金 2571.2 万元，实际完成 8622 户；农房抗震改造任务 14665 户，截至年底，已开工 12218 户、开工率 83.3%，已竣工 10923 户、竣工率 74.5%。

【农村生活垃圾治理】截至 2021 年年底，河南省 121 个涉农县（市、区）全部通过省级达标验收，收运处置体系已覆盖所有的行政村，初步建立起了农村生活垃圾治理体系。济源示范区、兰考等 7 个国家级和新郑等 18 个省级农村生活垃圾分类示范试点市、县，有 262 个乡镇、4651 个行政村、22181 个自然村组开展农村生活垃圾分类。全省共清理整治 1341 处非正规垃圾堆放点，排查取缔 20831 个敞开式垃圾池。“7·20”特大暴雨洪涝灾害发生以后，重点排查受灾地区农村生活垃圾治理收运处置体系受损情况，加强转运车辆调度，增加垃圾清运人员，确保受灾地区农村生活垃圾收运处置体系全面恢复正常运行。

【传统村落和历史文化名镇名村保护管理】2021 年，省住房城乡建设厅参与和推动省历史文化名城保护条例修编，补充对传统村落和历史文化名镇名村保护利用的相关要求，为传统村落和历史文化名镇名村保护利用提供法律支撑。组织开展传统村落推荐申报，择优确定郑州市登封市大金店镇袁桥村等 224 个村为第六批河南省传统村落。指导各地开展传统村落和历史文化名镇名村保护发展实践，形成了一批可复制、可推广的成功经验和保护发展模式；择优确定平顶山市郏县冢头镇李渡口村等 20 个村镇县为第一批省级保护发展示范。组织各地开展传统村落保护发展情况评估，并完成电子信息的采集录入。发布《关于推荐传统村落和历史文化名镇名村保护发展示范的通知》，在各地推荐的基础上，省住房城乡建设厅、省文化和旅游厅、省文物局、省财政厅、省自然资源厅、省农业农村厅组织专家审查和公示，并于 11 月 1 日联合发布《关于公布第一批河南省传统村落和历史文化名镇名村保护发展示范的通知》，决定将洛阳市孟津区朝阳镇卫坡村等 20 个村镇县公布为第一批河南省传统村落和历史文化名镇名村保护发展示范村落、示范乡（镇）、示范县（市）。11 月 1 日，省住房城乡建设厅、省文化和旅游厅、省文物局、省财政厅、省自然资源厅、省农业农村厅联合发布《关于公布第六批河南省传统村落名录的通知》，公布登封市大金店镇袁桥村等 224 个村列入第六批河南省传统村落。至此，全省公布六批共有 1031 个村获河南省传统村落。

住房保障与房地产业

【住房保障管理】2021 年，河南省全年新开工棚改安置房 12.35 万套，基本建成 20.84 万套，发放租赁补贴 2.45 万户。1 月 10 日，省政府办公厅印发《关于加快发展保障性租赁住房的实施意见》。组织各省辖市对“十四五”期间保障性租赁住房发展需求进行了预测和论证，并完善相关政策。“十四五”期间，全省计划发展保障性租赁住房 40 万套左右。印发《城市棚户区改造在建项目建成交付三年行动计划》，截至 2021 年，实现交付 19.05 万套，40 多万棚户区居民迁入新居。中央财政下达河南省保障性安居工程专项补助资金 9.32 亿元、配套基础设施中央预算内投资补助 15.43 亿元和省级财政安排专项资金 1 亿元及时分解下达到各市、县。全年成功发行 7 批棚改专项债，合计 709 亿元。各省辖市公租房信息系统新版本均已上线运行。其中，漯河市成为全国已使用公租房 APP 全部 11 项功能的 4 个城市之一。在全省推广平顶山市德馨苑公租房小区党建引领共同缔造经验做法，每个省辖市确定 1 个公租房小区积极开展共同缔造试点工作，住房和城乡建设部专期简报印发河南经验。住房和城乡建设部批转和省政府交办的 2020 年尚未整改到位的问题，至 6 月底，已全部完成整改。

【房地产开发】2021 年 1～12 月，河南省完成房地产开发投资 7874.4 亿元，同比增长 1.2%。其中，12 月完成投资 772.75 亿元，同比下降 11.28%，环比增长 7.54%。全省房地产开发企业到位资金 8212.68 亿元，同比增长 1.9%。其中，国内贷款 547.92 亿元，同比下降 2.1%；企业自筹资金 4632.8 亿元，同比下降 0.2%；定金及预收款 1961.87 亿元，同比增长 3.9%；个人按揭贷款 974.2 亿元，同比增长 8.5%。与全国相比，全省房地产企业国内贷款占到位资金总量的 6.7%，低于全国 6.9 个百分点；自筹资金占 56.4%，高于全国 24.8 个百分点。全省商品房销售面积 13227 万平方米，同比下降 5.8%。1—12 月全省商品房销售金额 8657.7 亿元，位列全国第六、中部第一，同比下降 7.5%。全省商品房销售均价 6799.11 元/平方米，同比下降 0.72%，其中商品住宅成交均价 6698.87 元/平方米、同比增长 0.08%。全省房屋施工面积 6.27 亿平方米，同比增长 7.3%。新开工面积 1.37 亿平方米，同比下降 3.3%。截至年底，全省商品房库存 1.94 亿平方米，较上年同期增加 400 万平方米，去化周期 19.4 个月。其中，商品住宅 1.17 亿平方米，较上年同期增加 300 万平方米，去化周期 13.1 个月；非住宅库存 7708 万平方米，较上年同期增加 83.1 万平方米，去化周期 69.9 个月。

【房地产市场管理】2021 年，省政府批准成立以副省长刘玉江为组长，省政府办公厅、省住房城乡建设厅等 19 个部门分管领导为成员的河南省房地产市场平稳健康发展工作领导小组，办公室设在省住房城乡建设厅，统筹做好房地产市场平稳健康发展长效机制落实工作。发布《关于落实房地产市场平稳健康发展城市主体责任制的通知》，建立房地产市场运行监测评价机制。组织洛阳市、平顶山市、南阳市按照“试点先行、有序推进”原则，指导有关城市做好“一城一策”工作方案编制。搭建全省房地产市场运行监测平台，构建部门监测数据共享和定期座谈会商制度，加强市场运行监测预警，针对部分城市房价地价出现异动情况及时发函提醒。起草《关于做好房地产市场运行监测分析的通知》。全年 6 次组织有关省直部门和城市举行座谈会商。选择郑州、开封、洛阳等城市多次开展市场运行情况调研，摸清存在问题。发布《关于房地产开发资质审批服务的通知》，引导各地精简申报材料，优化审批服务，强化事中事后监管，提升便民服务。印发《关于房地产开发企业二级资质审批有关问题的意见》。指导各地做好二级资质审批权限下放至县级工作，并开展业务培训，解读相关政策，推动各地有序承接。将二级房地产开发资质审批权限下放至各省辖市、省直管县（市）及郑州航空港区，将房地产估价机构备案委托下放至郑州市、洛阳市、郑州航空港区。从下放起，郑州市已办理房地产开发企业资质核定 33 家，延续 217 家，变更 116 家；洛阳市办理核定 4 家，变更 29 家，延续 37 家。房地产估价机构备案郑州市共办理 28 件，洛阳市 1 件。

【人才公寓建设】截至 2021 年年底，省直人才公寓共规划建设 10 个项目，规划建设约 2.58 万套，总建筑面积约 390 万平方米，项目总投资约 220 亿元，10 个项目稳步推进。

【全省国有土地上房屋征收概况】截至 2021 年年底，全省共作出房屋征收决定项目 99 个，同比减少 45%，建筑面积 311.13 万平方米，户数 19154 户；完成征收项目 68 个，建筑面积 167.62 万平方米，户数 10988 户；作出补偿决定面积 34.1 万平方米，户数 7476 户。从各地机构和人员情况来看，截至年底，全省共有房屋征收实施单位 97 家，从业人员 1453 人，机构、人员比较健全。

【公积金缴存】截至 2021 年年底，全省住房公积金累计归集总额 7225.5 亿元，比上年增长 15.7%。其中：当年归集总额 982.9 亿元，比上年增长 11.5%，提取 587.3 亿元，同比增长 3.4%；发放贷款 589.3 亿元，同比增长 4.2%；支持 14.2 万户家庭解决了住房问题。累计归集余额 3237.9 亿元，比上年增长 2.4%；累计提取 3987.6 亿元，比上年增长 17.3%；累计发放个人住房贷款 4235.99 亿元，比上年增长 16.2%，累计支持 159.09 万户职工家庭通过公积金贷款解决了住房问题。截至 2021 年年底，全省住房公积金个人住房贷款平均逾期率为 0.31‰，比上年下降 27.9%，全省住房公积金个人贷款逾期率下降明显。实现住房公积金“全程网办、刷脸秒办、一证通办”。住房公积金接入“豫事办”APP，服务事项实现“掌上办”“随时办”，共上线服务事项 500 多项。全年业务网上办结量 6857.96 万件，同比增长 65.77%；网上办结率 88.77%，同比增加 6.89 个百分点。截至 2021 年年底，全省 17 个省辖市和济源示范区、9 个省直管县（市）住房公积金管理中心以及 11 个行业分中心已经实现住房公积金单位登记开户等 5 项服务事项“跨省通办”。

【公积金管理】9 月 22 日，省住房城乡建设厅印发《关于进一步加强住房公积金管理的通知》面对新冠疫情和洪涝灾害对全省住房公积金行业影响，研究制定相关政策措施。研究制定加强住房公积金管理等 6 项管理制度，为住房公积金管理提供制度保证。完成《河南省住房公积金政策汇编》，为住房公积金监管提供政策依据。省政府网站《豫政问答》发布住房公积金相关政策，扩大政策知晓度，回应社会关切。全年共发布信息 200 多篇。省政府《政府工作快报》第 100 期对省住房城乡建设厅贯彻落实省委、省政府深化“放管服”改革部署、全程网办刷脸秒办一证通办做好住房公积金服务工作情况，予以专期刊发。省委改革办《改革简报》第 69 期对省住房城乡建设厅打造住房公积金服务新模式、持续深化“放管服”改革情况予以刊发。住房和城乡建设部《中央城市工作会议精神落实情况交流》第 155 期刊载省住房城乡建设厅持续深化住房公积金“放管服”改革的经验做法。5 月 18 日，《中国建设报》以“一泓‘金泉’润豫州”为题专题报道，称“住房公积金制度如同一泓清泉，润泽了无数渴望住有所居的缴存职工的心田。”

住宅产业化

【概况】2021 年，河南省全面推进住宅产业转型升级，围绕推动住宅产业化，坚持从政策研究、构建并逐步完善成品住宅标准体系入手，为发展成品住宅提供技术支撑。发布实施《居住建筑装配式内装技术标准》DBJ41/T 248—2021，并组织开展标准宣传贯彻工作。

【成品住宅评价】2021 年，河南省注重推进成品住宅居住品质提升评价体系建设，加强住宅品质等级评定工作开展，落实交付产品质量责任制度，引导开发商不断提升住宅性能与品质。依据《河南省成品住宅评价标准》，全省持续对成品住宅项目开展居住品质评价。协同郑州市住房保障和房地产管理局，落实项目手册管理制度，在项目手册中加入成品住宅及成品住宅评价星级认定等相关内容，为提升成品住宅品质提供了标准依据与技术支撑。

【装配化装修】2021 年，组织建设、设计单位等走出河南，深入装配式发展先进地区项目工地，进行观摩学习；深入全省装配式内装实施重点项目及产业基地调研座谈，全面了解行业企业装配式内装体系构建状况，先进技术、工艺工法、建造方式、精细化管理措施实施状况及装配式内装在商品住房、租赁住房等领域的实施状况，不断加强行业间的交流与协作。

工程建设与建筑业

【建筑业发展概况】 截至2021年年底，河南省完成建筑业总产值14192.01亿元，同比增长8.1%；建筑业增加值5619.03亿元，同比增长8.4%，占全省GDP的9.5%。全省建筑业完成税收500.2亿元，占全省税收总量的9.5%。全省新增特级建筑企业1家，一级资质建筑企业40家；全省建筑业从业人数保持在700万人以上，转移农村就业劳动力超过530万人，全省现有注册建造师等专业技术人员20万人，占全行业从业人员总数的3%左右。

全省建筑企业总量2.9万家，其中施工总承包企业1.6万家，施工总承包特级企业39家，一级企业600多家。截至2021年年底，产值超过100亿元的建筑企业14家，超过50亿元的建筑企38家。全省共有5项工程荣获国家“鲁班奖”，120项工程获得河南省建设工程“中州杯”奖。

全年全省对外承包工程及劳务合作新签合同额39.93亿美元，同比下降19.6%，低于全国20.7个百分点，规模位居全国第11位，中部第3位。对“一带一路”沿线国家对外承包工程及劳务合同新签合同额11.5亿美元，下降49.0%，占全省总额的28.7%。全省新签对外承包工程合同额1亿美元以上项目6个，新签合同额14.55亿美元。

全省对外承包工程及劳务合作，全年完成营业额40.68亿美元，同比增长17.4%，高于全国18个百分点，规模位居全国第10位，中部第3位。对“一带一路”沿线国家对外承包工程及劳务合作完成营业额16.6亿美元，同比增长12.1%，占全省总额的40.8%。全省外派劳务13805人次，同比增长45.8%，高于全国38.6个百分点，规模位居全国第10位。其中，承包工程项下派出4900人，劳务合作项下派出8905人。全省建筑业新签订施工合同额及在建房屋施工面积仍保持正增长。全省纳入统计的7844家建筑业企业本年签订的合同额29706.03亿元，同比增长14.5%。其中，本年新签合同额17164.96亿元，同比增长7.7%，在建房屋施工面积67394万平方米，同比增长2.2%。

全省监管范围内的房屋建筑和市政基础设施建设新建项目7506个，投资总额2766亿元。本省企业中标个数6693个，中标金额合计1610亿元。其中，施工项目中标个数4712个，中标金额1130亿元。设计项目中标个数294个，中标金额16亿元。监理项目中标个数1049个，中标金额15亿元。工程总承包项目中标个数550个，中标金额442亿元。外省企业中标个数813个，中标金额合计1156亿元。其中，施工项目中标个数408个，中标金额411亿元。设计项目中标个数134个，中标金额16亿元。监理项目中标个数52个，中标金额2亿元。

发布《全面开展建设单位工程款支付担保的通知》，推进工程款支付担保实施。持续推动保函替代现金保证。截至年底，全省仍在保保函10488个，全省农民工工资担保金额117.79亿元，工程款支付担保27.15亿元，投标担保金额达1.7亿元，承包商履约担保金额达16.22亿元。

创建智能建造和建筑工业化试点省，培育试点市，建设企业级平台，初步形成建筑业主链图谱清单。鼓励建筑业龙头企业牵头，探索建立装配式建筑产业互联网联盟，提高全省建筑工业化率。推动建筑信息模型（BIM）技术在建筑全生命周期中的应用，试行重大工程建设项目BIM报建审批。

扎实推进建筑业“人人持证、技能河南”建设，制定建筑施工现场技术工人配备标准，支持产教融合、校企合作，支持大型建筑企业自建培训机构，鼓励建筑企业自主开展技能工人培训，开展建筑业基地县创建，加快培育现代建筑产业工人队伍。

在全省征集14个智能建造创新案例报住房和城乡建设部，基于BIM装配式建筑设计协同管控集成系统等4项人选住房和城乡建设部首批智能建造典型案例。

一大批重大工程建设项目建成投产。全年全省亿元及以上固定资产投资在建项目10324个，完成投资比上年增长7.0%。坚持“项目为王”，开展“三个一批”。全省铁路营业里程6518公里，其中高铁1979公里；高速公路通车里程7216公里。全省全社会发电装机容量11113.69万千瓦，比上年末增长9.3%。

【规范招标投标】 2021年，河南省清理有关文件，规范制度规则制定。对全省制定出台的招投标部门规章、规范性文件等进行全面自查清理。对违反竞争性原则、限制或者排斥不同所有制建筑企业招投标、妨碍建立统一大市场的制度规定进行修订、废止。对有关建筑工程招投标制度规则的制定开展公平竞争审查、合法性审核，充分听取建筑市场主体、行业协会商会意见，并向社会公开征求意见，确保符合上位法规定，维护建筑市场制度规则的统一。加强建筑市场信用建设，加强对行政处罚、监督检查、评奖评优等信息的归集和共享，全面记录全省建筑市场各方主体的信用行为。将信用评价结果运用于建筑市场监管、建设工程招投标等环节中，对建筑市场主体实施差异化监管。加强工程建设招标代理管理，建立工程建设招标代理合同备案制、项目负责人制、从业人员实名制、廉洁代理承诺制“四项制度”，全方位规范工程建设招标代理机构和人员的从业行为，从制度上遏制不依法代理、靠行贿代理、从业人员素质不高、工程招标文件编制质量低等突出问题，规定了评标后评估等多项制度。突出抓好从业人员培训，对工程建设招标代理机构新从业人员开展网上培训，并进行严格考试。截至年底，就有2300余名经过严格培训的工程招标代理新从业人员走上工作岗位。完善工程建设招投标投诉处理机制，及时查处纠正违法行为。

【建筑市场监管】2021年，印发《河南省房屋市政工程领域联合执法检查打击安全生产违法违规行为专项行动方案》，将597名执业资格异常人员通过省住房城乡建设厅网站予以公示，对其中214人作出撤销行政许可处理，将381人转由各企业注册地查处执业资格“挂证”行为。对存在弄虚作假行为的省住房城乡建设厅直接审批的7家建筑企业资质依法予以撤销。对2019年、2020年连续两年无产值的6432家建筑业企业，依法清出不合格企业。11月，省住房城乡建设厅组成6个检查组，对12个省辖市开展全省房屋建筑和市政工程领域综合执法检查，共抽查在建工程项目61个，其中公共建筑项目7个、市政基础设施项目11个、棚户区改造项目4个、房地产项目39个，发现需整改问题145个，下发执法建议30条，不良行为记分通知书2份。全年各地上报共查处存在未批先建、转包、挂靠、违法分包等各类问题的工程项目743个，涉及建设单位394家、施工企业512家、从业人员226人，对建筑企业罚款7163.83多万元、没收违法所得174.4万元、吊销建筑企业资质2家，对个人罚款244.83万元，给予其他处理28人。

【构建新型建筑市场监管机制】4月5日，印发《河南省建筑市场信用管理实施办法（暂行）》《河南省建筑市场主体信用评价办法（暂行）》，开发河南省建筑市场信用管理系统，构建以信用为基础的新型建筑市场监管机制。6月17日，印发《加强全省房屋建筑和市政基础设施工程施工发包与承包监管若干措施（试行）》，进一步规范全省房屋建筑和市政基础设施领域市场秩序。

【开展根治欠薪冬季攻坚行动】2021年，印发《房屋建筑和市政基础设施领域根治欠薪冬季攻坚专项行动工作方案》，组织成立根治欠薪冬季攻坚行动工作专班，督促指导各地加强组织领导，健全工作机制，压实责任到人，推动各项工作落实见效。截至年底，全省各级住房和城乡建设主管部门共受理拖欠投诉案件2090起，涉及金额约5.86亿元，已解决1913起，涉及金额约5.18亿元。省住房城乡建设厅获国务院根治欠薪领导小组颁发的“全国根治拖欠农民工工资工作先进集体”荣誉称号。

【建筑业法规建设与体制改革】2021年，印发《河南省建筑市场信用管理实施办法（暂行）》《河南省建筑市场主体信用评价办法（暂行）》。《加强全省房屋建筑和市政基础设施工程施工发包与承包监管若干措施（试行）》《关于加强建筑施工附着式脚手架安全管理的通知》《关于规范管理农村建筑工匠的指导意见》《关于调整房屋建筑和市政基础设施工程施工许可证办理限额好通知》。截至年底，全省17个省辖市和济源示范区及所辖的157个县（市、区）工程建设项目审批管理系统均已实现审批数据共享。加快推进工程建设项目“清单制十告知承诺制”审批改革，并对社会投资小型低风险工程建设项目推行“清单制十告知承诺制”审批。发布《关于进一步做好房屋建筑和市政基础设施项目工程总承包管理的通知》，印发《关于加快推进新型城市基础设施建设的实施意见》。坚持以“双随机、一公开”监管为基本手段，以重点监管为补充、以信用监管为基础的新型监管机制，积极推进建筑企业信用分级分类风险管理。印发《河南省市政基础设施工程竣工验收标准化实施指南（试行）》《河南省房屋建筑和市政基础设施工程危险性较大的分部分项工程安全管理实施细则》《加快农房和村庄建设现代化实施方案》。

【全省工程建设监理企业概况】截至2021年年底，河南省共有工程建设监理企业551家。其中，综合资质工程监理企业37家，占工程监理企业总数的6.7%；甲级工程监理企业193家，占工程监理企业总数的35%；乙级工程监理企业192家，占工程监理企业总数的34.8%。全省工程建设监理从业人员总数为6.8万人，其中注册监理工程师12194人、省专业监理工程师2.3万余人。

【工程建设监理业务】2021年，河南工程建设监理企业全年共承揽业务合同额461亿元，与上年相比增长24%。其中，工程建设监理业务合同额124亿元，占工程建设监理企业总业务量的26.8%，与上年相比增长1.6%；工程项目管理与咨询服务、工程造价咨询及其他业务合同额共200亿元，与上年相比增加120%。工程建设监理企业实现营业收入303亿元，与上年相比减少7.4%。其中，工程监理营业收入 84.6 亿元，与上年相比增加 7%，占总营业收入的 27.9%；工程项目管理与咨询服务、工程造价咨询及其他营业收入 120 亿元，与上年相比增加 44.7%。工程建设监理企业实现营业收入超亿元的企业有 47 家，超 8000 万元的有 55 家，超过 5000 万的有 78 家，超 3000 万元的有 118 家。截至年底，工程监理综合资质企业数量位居全国第 2 位，8 家工程建设监理企业名列全国工程建设监理收入前 100 名榜单。电力、铁路、石油化工专业工程监理走在全国前列，部分工程监理企业走出国门，参与了海外工程咨询服务市场的竞争。

【全省自然灾害综合风险房屋建筑和市政设施调查】2021 年，省住房城乡建设厅积极推动全省住房和城乡建设系统房屋建筑和市政设施调查工作。截至年底，全省 17 个省辖市和济源示范区的 168 个县（市、区）（不包括新郑、邓州、博爱、灵宝、信阳平桥区 5 个试点县、区）已全部加载工作底图，具备调查实施条件；已启动调查工作县（区）128 个，总体启动率 76%。其中，启动房屋建筑调查的县（区）128 个，已调查和调查中的房屋 3486362 栋；启动市政设施调查的县（区）107 个，已调查和调查中的市政道路 6040 条；启动市政桥梁调查的县（区）79 个，已调查和调查中的市政桥梁 1552 座；启动自来水厂及管网调查的县（区）70 个，已调查和调查中的自来水厂 274 座，自来水管网 4410 条。

【建筑施工扬尘污染防治管理】省控尘办印发《2021 年全省住房和城乡建设系统大气污染防治攻坚工作方案》《河南省 2021 年扬尘污染治理提升行动方案》《河南省 2021 年扬尘污染治理智慧化提升方案》，突出精准治污、科学治污、依法治污。省控尘办印发《关于进一步加强全省扬尘污染管控工作的通知》《关于进一步加强扬尘污染防控工作的通知》，全力做好扬尘污染联防联控。全省各省辖市（区）可吸入颗粒物 PM10 平均浓度为 77 微克/立方米，较上年同期下降 7.2%，PM2.5 浓度为 45 微克/立方米，同比下降 13.5%。全年全省检查工作次数 274626 次，全省检查工地 226183 个，发现问题 70142 个，下发整改通知书 23556 份，停工整改 3153 个，行政处罚为 3327.01 万元，约谈曝光 805 个；成立 6 个异地执法检查组先后两次对各地住建领域安全生产和扬尘治理工作进行执法检查，共发现扬尘污染隐患问题 140 条。建筑面积 5000 平方米以上，长度 200 米以上的市政等线性工程安装扬尘在线监测监控设备并与当地主管部门监控平台联网。定期开展建筑领域施工工地非道路移动机械摸底排查及扬尘专项检查，规范非道路移动机械使用。开展各类项目待建场地摸排工作，严控裸露地面扬尘污染，严格落实地面绿化、硬化、苫盖等抑尘措施。12 月，排查取得施工许可长期未开发建设裸地 171 个。推动全省扬尘污染防治监管平台智慧化提升。截至年底，全省 17 个省辖市、济源示范区市已经全部实现智慧化平台升级工作。印发《河南省房屋建筑和市政基础设施工程扬尘治理智慧化提升、监控平台数据接入指导意见》，全面提升全省精准控尘的水平。推进城市道路机械化清扫保洁作业，省辖市城区基本实施道路机械化清扫全覆盖。督促各地按时组织对城市公共场所、公共服务设施、生活垃圾设施及场所进行全面消杀。各市、县配备机械化清扫保洁作业车辆 16494 台，每天对 7.3 亿平方米的城市主次干道和 8117 万平方米的背街小巷实施机械化清扫；大扫除活动共出动作业 1000 多万人次，出动作业车辆近 400 万车次，清理卫生死角 57 万处，共清理积存垃圾 13.4 万吨。截至年底，全省餐饮服务单位 155485 家，100% 安装油烟净化设备；达标排放 154089 家，达标排放率为 99%；在线监控平台已建成 193 家，安装在线监控 13868 家。6000 余家大型餐饮服务单位实现了在线监控，基本实现市级监控平台与所辖县（市、区）联网运行。开展全省扬尘污染治理提升行动。全省各地控尘办共检查 71720 次，检查工地 66477 个，发现问题 20117 个，下发整改通知书 6097 份，停工整改 726 个，行政处罚 797.5 万元，约谈曝光 189 个。成立扬尘污染联防联控工作督导组，6 月 26 日—7 月 2 日，全省共检查扬尘污染源 10676 处，发现存在扬尘问题项目 2250 个，完成整改项目 1458 个。

【住房和城乡建设执业资格注册管理】2021 年，全省建筑施工企业安全生产管理人员 13 个子项、二级注册建造师 9 个子项、二级注册建筑师 9 个子项、二级注册结构工程师 9 个子项全部实行“一网通办”，实现“零跑腿”，部分子项实现“零材料”，证书补办实现“即时办”。保质保量完成对 2 市 1 区审批权力下放、人员跟班培训、系统改进对接等。配合住房和城乡建设部完成一级建造师个人实名认证 14430 人，企业实名认证 8542 家；协助做好一级建造师、一级注册建筑师电子证书启用换发工作，截至年底，共换发 26978 人；完成建造师、监理工程师等各类建设执业师注册 170595 人次，其中二级建造师 146350 人次。全年共完成网上安管人员考核 252639 人次。做好建筑市场整顿工作，搜集整理被处罚或被通报企业 63 家，完善安管人员黑名单数据库；开展二级建造师注册异常人员核查工作，对597名异常人员进行社保、注册情况核查公示，对214人下发撤销行政许可意见告知书；配合全省30余家纪检、公安部门开展二级建造师公职人员注册信息核查工作，共核查人员92人。做好执业师考试资格审查工作，共完成省直单位监理工程师、造价工程师、一、二级建筑师、一、二级建造师考试合格人员资格核查5570人次。

【建设工程质量管理】2月，开展系列调研活动，深入了解全省房屋建设和市政基础设施工程质量监督机构情况，以及在机构改革过程中的工作状况、发展需求，先后召开中部、北部、南部、东部4个片区监督机构座谈会，对郑州市等11家省辖市工程质量监督站、2家市政（园林）专业站及巩义市等6家省直管县站进行了实地调研。5月，成立专题调研组，深入5个试点城市和7家试点建筑业企业，督促编制完成企业版《工程质量手册》，并《工程质量手册》宣传力度，统筹推进全省“示范工地”和工程质量手册落实。修订《河南省房屋建筑工程质量投诉管理办法》。组织开展2021年度“中州杯”工程的培育和申报评选，共有120项工程、764家参建单位和2026人参建人员获得表彰。开展2021年河南省建筑工程“质量标准化示范工地”认定工作，至6月，共申报181项，其中房建工程163项、市政园林和轨道交通工程18项。印发河南省建设工程质量检测机构防水卷材检测能力比对的通知和结果通报，严格落实检测机构主体责任。截至6月底，取得资质审批合格并有独立法人资格的检测机构373家，其中专业技术人员共有约10980人、执业注册人员427人、高级职称人员817人、中级职称人员2869人。参与修订《河南省建设工程质量检测管理办法》，发布《关于规范全省建设工程质量检测机构管理的通知》，完成4批检测机构的资质核查，取消多个场所与分支机构。

【民生工程监管】2021年，省住房城乡建设厅积极参与滩区迁建工程质监，对“封丘县陈桥镇黄河滩区居民迁建工程F区11号楼质量问题”“长垣市黄河滩区居民迁建工程竣工验收的申请”等，开展了严肃的警示整改和细致的技术指导。对省直青年人才公寓工程使用的装配式建造模式中的重点、难点进行调查研究，会同参建各方解决问题。做好重点工程收尾，加强天河华侨龙城、天河大厦等项目的质量监督及技术服务，多次进行现场技术指导，为省直管项目的顺利完成提供强有力的技术保障。

【住建领域专班、专项工作】2021年，省住房城乡建设厅抽派专业技术人员参加安全生产督查、燃气安全专项治理、问题楼盘、扬尘治理、企业资质业绩核查、“井盖办”以及“质量强国”“质量强省”等专班、专项工作。全省房屋建筑安全隐患排查，协调13个厅、局分别赴包干地市开展督导抽查；针对郑州、南阳、三门峡存在的工作进度滞后问题，分类指导督办，分别发函予以提醒警示。认真总结全省第一次全国自然灾害综合风险普查房屋建筑和市政设施调查5个试点县试点工作经验，制定实施方案和省级工作预算，筹备做好全省动员部署会议。开展特大暴雨洪涝灾后安全隐患排查，省质监总站快速响应组建专家队伍，6小时内第一批灾后房屋建筑风险评估专家919名检测技术人员全部到位，10小时内第二批8900余人专家队伍到位，无偿开展房屋受损检测技术指导服务；积极搭建隐患排查工作平台，会同技术支持单位开发上线了“河南省房屋安全灾后隐患排查系统”，实时报送房屋受灾有关信息、图文，7月28日上线后汇集全省2697个受灾房屋建筑安全隐患排查信息，其中重大安全隐患919处、一般安全隐患1126处；参与城乡房屋洪涝灾害损失核查统计，派专人参加第三督导组，经核实确认，平顶山市、洛阳市2个省辖市受灾房屋建筑既有城镇房屋倒塌44户、严重损坏79户、一般损坏1286户；农村房屋倒塌2741户、严重损坏6041户、一般损坏13443户；截至年底，全省共派出6247名专业技术人员对城镇房屋和在建工地进行排查，已排查受灾既有城镇房屋94.4万余栋、在建房屋市政工程8720个，发现受损既有城镇房屋1.37万栋、在建房屋市政工程1401个，已整治完成既有城镇房屋558栋、在建房屋市政工程1083个。派出技术人员参与郑州、新乡、鹤壁等地市的排水防涝督导工作，对各类沿河道口、下穿隧道、铁路立交等重点区域的防汛物资、硬隔离设施准备、积水点值守值班情况进行了抽查，对发现的问题督促进行整改。抽调技术人员分别驻守南阳、许昌、郑州、新乡、漯河、驻马店等地市，开展为期2个月的燃气安全隐患排查整治督导检查，共督查了近40个县、区，召开各类会议700余次，发现安全隐患问题2981个。参与违法建设和违法违规审批专项清查，至7月底，全省共排查设区省辖市建成区既有建筑47万余栋、在建建筑2.8万余栋，查出违法建设及违法违规审批6637起，整改2811起、拆除1175栋、加固561栋、责令停止使用153栋，停工整改462栋。

【建筑劳务管理】2021年，协调外出建筑务工人员安全有序返岗，协助驻地豫企破解难题顺利开工，

12月省劳务办获得河南省就业创业工作领导小组颁发的"就业创业工作表现突出单位"称号。省劳务办承接的建筑施工特种作业人员资格认定审核工作各项审批流程已实现网上申请、网上受理、网上审批、网上签发电子证照、网上下载打印纸质证照等"一站式"办理，实现了"零跑腿"，截至年底，共完成49515人次的资格审批认定。制定了塔式起重机安装拆卸工、施工升降机安装拆卸工、吊篮安装拆卸工实操考核方案，解决安拆工取证问题。参加国务院督导组异地督导保障农民工工资支付工作，赴洛阳、巩义、三门峡等地，对农民工工资支付情况、河南省农民工工资支付监管系统推广应用情况和工资支付保障支付机制落实情况等进行抽查，切实保障农民工合法权益。成立保障农民工工资支付工作专班，协调地市调配人员及时化解纠纷。

【工程建设项目审批制度改革】2021年，全省工程项目审批制度改革已建成省、市两级审批管理系统和全省统一的审批管理体系，审批时限大幅压缩，截至年底，全省审批时间全面压减至90个工作日以内，多数地市压减至70个工作日以内，社会投资小型低风险项目已压减至15个工作日以内。全省办理建筑许可营商环境评价指标由劣势提升为良好。截至年底，全省共通过工程建设项目审批管理系统办理各类项目15897个，办理各类审批服务事项58771件，其中并联审批44577件，并联审批率75.84%，通过系统实行告知承诺制审批6261件，联合审图项目1894个，联合验收项目1962个，落实区域评估项目2649个。发布《关于开展工程建设项目审批"体外循环"和"隐性审批"问题专项整治的通知》《关于开展工程建设项目审批"体外循环"和"隐性审批"问题建议征集工作的通知》，在全省范围内基本遏制了"体外循环"和"隐性审批"问题。8月26日，发布《关于调整房屋建筑和市政基础设施施工许可证办理限额的通知》，将全省办理施工许可的房屋建筑和市政基础设施工程限额作出调整。8月18日，省人民防空办公室、省发展改革委、省财政厅发布《关于规范物流仓储用地建设项目配建防空地下室的通知》，将总建筑面积2000平方米以下的物流仓储用地建设项目的防空地下室易地建设费收费标准降为零。省住房城乡建设厅、省自然资源厅等印发《关于全面推进河南省工程建设项目"多测合一"改革的指导意见》，将工程建设项目审批全流程涉及的测绘事项划分为三个阶段，每个阶段中的测绘业务整合为一个测绘事项，委托一家测绘单位承担，并做好与行政审批环节的有效衔接。

【建筑施工安全管理】起草《全省2021年持续深化房屋建筑和市政工程施工安全生产风险隐患双重预防体系建设工作方案》和《关于进一步深化建筑施工企业双重预防体系建设工作的通知》，按月统计汇总各地市双重预防体系建设推进情况。在开封召开全省建筑施工安全生产标准化和双重预防体系建设现场观摩会。先后组织双重预防体系建设现场视频培训、实操式培训等各类培训场次339次，参训人员2.7万余人。全省1585家二级以上总承包施工企业中，建筑施工双重预防体系建设已完成1335家，总体达标率为84%；单项合同额1亿元以上的房屋建筑工程在建项目已建成运行2697项，总体达标率为85%。起草《全省房屋市政工程施工现场易燃可燃夹芯材料彩钢板综合整治工作方案》，收集汇总整治活动相关数据报表，持续推进综合整治工作各项任务落实。完成全省建筑施工安全文明标准化示范工地认定工作。印发《开展全省建筑工程平安工地创建活动通知》《河南省房屋建筑和市政基础设施工程危险性较大的分部分项工作安全管理实施细则》《关于加强建筑施工附着式升降脚手架安全管理的通知》，强化安全管理。截至年底，全省共检查建筑施工涉及危大工程在建项目6958个，开展执法检查10702次，查处一般隐患20611处，下发整改通知书6119份，经济处罚34起、罚金66.75万元，暂扣安全生产许可证5家，责令停工整改206家。开展《建筑施工企业安全检查规定》《关于建筑施工企业监理企业法定代表人组织开展企业安全讲课活动的通知》《关于加强房屋建筑工地食堂食品安全管理工作的通知》等7份规范性文件修订工作。印发《建筑施工工地消防工作落实情况报告》《关于加强建筑施工工地消防安全管理的通知》等。强化事故在企业资质评审、安全生产许可证延期中的否决作用，全年共审查建筑施工企业安全生产条件12批次，涉及企业近万家。推进"互联网+"监管，编制《河南省工程质量安全监管平台使用手册》，发布《关于进一步推进全省质量安全监管信息平台建设的通知》，初步实现了监管平台系统应用与日常监管工作的有机结合。成立市政施工调研工作组，先后赴郑州、洛阳、开封、安阳、驻马店等市进行专题调研，形成了《全省市政工程安全生产管理监督机构调研报告》。开展安全生产综合督查、燃气安全检查、城市防汛督查以及灾后重建检查、节假日安全督查、安全夜查夜访等专项行动，督导地市加强现场督查检查和专项治理，及时排查和消除一大批安全隐患，有效防范各类生产安全事故的发生。

【勘察设计业管理】2021年，河南省勘察设计企业1382家，其中甲级280家，乙级894家；从业人员137152人，其中专业技术人员75402人，注册工程师28409人。利用“河南省勘察设计质量监管平台”，基本实现了勘察设计成果数字化交付，数字化审查和审查意见线上推送。开发“河南省设计交付云平台”作为“河南省勘察设计质量监管平台”的支撑和延伸系统并上线试运行。2021年度全省审查合格证上线10635个，数字化审查比例达到45%。开展勘察设计市场的监督检查。对2个省辖市12个工程项目进行了随机抽查，对存在的116个问题进行了整改。对68家123项资质不达标的企业责令限期整改。2021年，全省15个省辖市的80余项目实行全过程工程咨询，项目合同额预计达到600亿元左右。推动编制《绿色建筑设计标准》，推动绿色建筑和装配式建筑发展。参加“7·20”特大洪涝灾害的安全评估和灾后重建工作，组织153家设计院所4147人次参加灾后房屋安全普查工作。组织省规划院等4家高校院所，开展“应对重大洪涝灾害城市建设防灾减灾集成技术研究与示范”研究。通过“双随机、一公开”对勘察设计抗震设防有关法律法规和工程建设强制性标准执行情况进行检查，全年未发现抗震设防不达标的项目。

【勘察设计质量管理】截至2021年年底，全省共有施工图审查机构35家，一类审查机构24家，二类审查机构11家，从业人员845人。各地探索取消社会投资小型低风险产业类项目施工图审查，进一步强化勘察设计单位和项目设计负责人执业责任，勘察设计单位和项目设计负责人提交书面承诺后，不再进行施工图审查。缩小施工图审查范围的同时加强勘察设计质量事中事后监管，由省辖市住房和城乡建设行政主管部门委托具有相应资格的审查机构对设计图纸质量进行全覆盖抽查。发布《关于印发工程建设勘察设计审查成果文件数字化实施方案的通知》，推进施工图设计文件数字化交付和审查工作。17个省辖市、济源示范区初步具备数字化审查能力，全年全省审查合格证上线10635个，数字化审查比例达到45%。全省17个省辖市、济源示范区15个市落实了本年施工图审查经费。认真落实质量终身责任，着力创新工程质量管理方式，完善监管体制机制，全面治理和规范勘察市场，运用互联网等信息化手段开展工程勘察质量监管，提升监管的精准化、智能化水平，促进工程勘察设计行业持续健康发展。开展“双随机、一公开”工程建设勘察设计审查、市场质量监督检查，重点抽检了郑州、新乡市项目12项，对相关项目下发了整改通知书，针对检查中发现的问题及时督促施工图审查机构和勘察设计企业落实整改，消除安全隐患，确保勘察设计质量。

【建设工程抗震设防管理】截至2021年年底，全省有专职建设工程抗震专职管理机构3家，从业人员16人；兼职管理机构15家，从业人员20人。将“超限高层抗震设防专项审查”的行政审批权限以委托的方式进行下放郑州、洛阳、郑州航空港经济综合实验区3个地市的住房和城乡建设部门。严格依法行政，进一步加强对设计单位和施工图审查机构的检查督导力度，对超限高层建筑工程，要求建设单位在初步设计阶段按规定申报，施工图审查中的抗震专项审查，实行抗震审查一票否决制度。对地震重点监视防御区、高烈度区的建设工程，采取更加严格的监管措施，确保抗震设防质量。强化对新建、改建、扩建工程的抗震设防管理，严格按照抗震设防标准进行施工图设计审查，确保施工图设计文件中各项抗震措施落到实处。督促指导全省各地市积极开展编制抗震减灾专项规划。督促指导各级住房和城乡建设主管部门要进一步强化防灾减灾知识宣传工作，大力宣传抗震防灾工作，广泛普及抗震知识。结合新颁布的《建设工程抗震管理条例》，开展住房和城乡建设系统各级领导干部和管理人员的培训。发布《全省建设系统地震应急预案有关组织及应急措施的通知》，并督促各省辖市特别是地震易发城市出台“地震灾害响应应急预案”，建立省、市两级震后房屋建筑和市政基础设施评估、咨询省级专家管理办法和专家库。

【建设工程消防设计审查验收管理】2021年，河南省建立建设工程消防设计审查验收信息化工作系统，利用信息化技术和大数据平台管理支撑消防审查验收工作。系统包含建设工程消防设计审查验收平台、消防设施检测及消防验收现场评定全过程监管平台、建设工程消防技术服务机构阳光服务平台3个子平台，并配套研发了建设工程消防设计审查验收APP、消防设施检测APP、消防验收现场评定APP 3个手机APP。自11月上线后，共线上办理消防审验业务1122件，补录项目信息15070件，基本建立健全自2019年省住房城乡建设厅职责承接以来的消防审验信息库。发布《全省建设工程消防设计审查验收工作“回头看”执法检查的通知》，截至年底，全省共自查、检查特殊建设工程消防设计审查项目6895个，发现问题252处，整改问题209处；特殊建设工程消防验收项目4805个，发现问题676

处，整改问题 566 处；其他建设工程消防验收备案抽查项目 4186 个，发现问题 451 处，整改问题 388 处。组织有关行业专家参与编制了《河南省工程建设项目联合测绘技术导则（试行）》，将消防测量纳入联合测绘。启动《河南省建设工程消防设计审查验收疑难问题技术指南》编制工作，已完成初稿。印发《河南省建设工程消防设计审查验收工作实施细则》《河南省建设工程消防设计审查验收技术服务机构管理办法》等规范性文件。截至年底，全省共新增消防审验专职人员 30 余名。组织各类消防设计审查验收培训 8 场次，受训 2120 余人。组织召开 3 次全省建设工程消防设计审查验收工作座谈会。全省各级住房和城乡建设主管部门全年共办理消防设计审查 3424 件、消防验收 2875 件、消防验收备案 3149 件。除房屋建筑和市政基础设施工程外，还办理其他 29 类特殊行业建设工程消防设计审查 250 件，消防验收 195 件，消防验收备案 83 件。

【工程建设标准定额和工程造价管理】开展地方标准复审和标准体系优化工作，组织有关专家近 30 人对全省现行有效 156 项工程建设标准进行了全面复审。确认继续有效的 99 项，予以修订 39 项，废止 18 项。列入工程建设地方标准计划近 60 项。发布实施《呼吸类传染疾病医院设计标准》《河南省医院性能改造提升设计标准》等，促进了医院智能提升的全面发展；出台《装配式混凝土建筑施工安全标准》等装配式建筑标准，进一步丰富装配式建筑结构技术体系。在标准执行中开展“试点示范”推动标准应用工作，逐步推动标准实施落地。完成《河南省园林绿化工程预算定额》的编制、测算工作。测算、发布 2 期全省现行定额 2021 年度人工费指数、实物工程量价格及各工种信息价格。对全省计价软件企业进行了 2021 年度建设工程计价软件动态考核。以《河南省工程造价信息网刊》和《河南省建筑材料价格信息管理系统》两种方式，发布 6 期河南省建筑材料价格信息，各种材料共计 60714 条。完成《河南省工程建设材料及设备价格信息数据采集与应用标准》编制工作。做好建设工程造价数据监测平台基础信息收集，组织提供监测基础数据的企业为 375 家，造价监测文件 580 个，利用监测数据和材料价格信息平台组成大数据网络。持续开展全省工程造价行业技能大赛。

【新型墙体材料和绿色建筑】截至 2021 年底，全省共有 133 个乡镇通过了“禁实”验收。将新型墙体材料应用检查列入年度“双随、一公开”抽查计划，与建筑节能、绿色建筑工作一并进行检查，并对检查情况进行了通报。将省级新型墙体材料认定权限（蒸压加气混凝土砌块产品、板材类产品）下放至各省辖市、济源示范区、省直管县（市）住房和城乡建设部门，对《河南省新型墙体材料认定工作手册（试行）》等进行培训。12 月 28 日，《河南省绿色建筑条例》通过省人大常委会审议，于 2022 年 3 月 1 日起施行。发布《关于贯彻落实〈绿色建筑标识管理办法〉的通知》，指导各地开展星级绿色建筑认定工作；组织编制《河南省绿色建筑设计标准》《河南省绿色建筑工程验收技术标准》。截至年底，全省新增绿色建筑面积 7714 万平方米，占新建建筑面积比例达到 65%。完成《河南省建筑领域低碳化发展研究报告》，起草《河南省城乡建设领域碳达峰实施方案》。

【装配式建筑发展概况】截至 2021 年年底，全省入库新开工装配式建筑项目总面积 1500 余万平方米。争取省财政资金 5400 万元，对郑州豫盐大厦等 34 个装配式建筑项目进行奖补。组织编制《装配式混凝土建筑施工与验收技术标准》《装配式混凝土工人职业技能标准》《装配式钢结构住宅技术导则》。发布《关于组织申报 2021 年度省级装配式建筑示范城市和产业基地的通知》，新认定省级装配式建筑示范城市 1 个、产业基地 11 个。截至年底，全省新开工装配式建筑项目总面积 1513.63 万平方米。落实有关政策，争取奖励资金 4477.39 万元，对省直青年人才公寓等 34 个符合条件的装配式建筑项目进行奖励。

【建筑垃圾管理和资源化利用】2021 年，河南省积极推进建筑垃圾规范化管理和资源化利用，逐步构建起“政策制度、全过程管控、多渠道利用、标准规范”四大体系，取得较好成效。截至年底，全省已核准建筑垃圾清运公司 618 家，清运车辆 16533 辆，规范管理的消纳场 54 个，资源化年处置能力超过 6500 万吨，省辖市建筑垃圾资源化利用率达 70%。

（河南省住房和城乡建设厅）

湖 北 省

住房和城乡建设工作概况

【住建经济为全省高质量发展作出了新贡献】2021年，湖北省房地产业保持平稳健康发展，建筑业继续呈现恢复性发展态势。全年全省完成房地产开发投资6122亿元，同比增长25.2%，创历史新高；全省新建商品房销售面积7940万平方米，同比增长20.5%；新增归集住房公积金1040.17亿元，同比增长12.16%；全省新开工装配式建筑面积2508万平方米，同比增长77%；全年全省完成建筑业总产值1.903万亿元，同比增长17.94%，为全省经济发展贡献了住建力量。

【住房保障工作迈出了新步伐】加快构建以公租房、保障性租赁住房、共有产权住房为主体的住房保障体系，稳步推进棚户区改造，全省棚户区改造开工4.2万套、基本建成7.71万套，发放公租房租赁补贴2.58万户，均提前超额完成省政府目标。持续加强全省政府投资公租房分配管理，政府投资公租房分配38.25万户，分配率达96.8%。深入开展全省公租房小区规范管理第三方评价。

【城市更新行动取得了新进展】研究制定城镇体系建设方案，推进优化道路、桥梁、给排水工程、垃圾污水处理等基础设施建设布局。制定发布《湖北省数字住建行动计划（2021-2025）》，积极推进CIM平台建设，扎实开展城市体检国家和省级试点。2021年纳入中央补助支持的城镇老旧小区共2601个，已全部开工，开工率达100%；全省26个城市地下综合管廊建设规模52.808公里，完成投资31.9亿元；全省城市新增污水收集管网1700余公里，减少雨污合流管网约285公里，污水集中收集达到60%。

【城乡人居环境展现了新面貌】印发《湖北省县城品质提升三年行动方案》，系统推进补齐县城建设短板。持续深入开展“擦亮小城镇”建设美丽城镇行动，拆除破旧雨棚、遮掩棚和违法建筑物近8万处，清理陈年垃圾11.4万吨，河道清淤1825公里，全省小城镇基本达到“干净、整洁、有序”标准。全省乡镇污水处理管网普及率达到90%以上，污水收集率达到80%以上，污水处理率达到75%以上，基本达到省政府明确的目标任务。全力推动柳林镇灾后恢复重建。开展全省农村房屋安全隐患排查整治百日攻坚行动，共排查农村房屋969万户，实现所有农村房屋排查、所有预判的危房鉴定和经营性农村自建房安全隐患整治“三清零”。截至年底，全省共建成焚烧发电厂24座，水泥窑协同处理厂15座，焚烧处理（含水泥窑协同）占比达63%；建成餐厨垃圾处理厂48座、建筑垃圾资源化利用厂25座，餐厨垃圾和建筑垃圾资源化利用体系基本形成。

【优化营商环境激发新活力】聚焦住建系统27类“小切口”“高频事”，推行“一直两零三改四办”，“高效办成一件事”成效明显。公积金类8个事项实现“两地联办”，申请公租房、树木修剪、移植两个“一事联办”事项完成阶段性任务。持续深化工建改革，细化项目分类，压缩常见工程建设项目审批时限。落实“清、减、降”专项行动要求，清理省级层面法规文件199项；实现以银行保函、担保公司保函等替代投标保证金、履约保证金2829万元。

【统筹疫情防控和安全生产取得了新成效】8月，出台建筑工地、物业、隔离场所、供排水、燃气、环卫等住建领域疫情防控的具体工作举措。全力开展十堰“6·13”事故救援、善后和调查工作，以最快速度全面恢复当地受影响居民的供水供气和房屋安全鉴定修复。制定《关于进一步加强全省住建领域安全工作的指导意见》和《住建领域安全生产风险排查整治工作方案》，对住建领域6个方面的风险隐患部署开展排查整治。会同省气象局联合发布《湖北省房屋市政工程施工现场不良气候和极端天气预警应急响应指南（试行）》。

法规建设

【切实履行主体责任】1月18日，湖北省住房城乡建设厅党组书记李昌海主持召开厅法治建设领导小组（扩大）会议，要求以法治思维和法治方式推进行政执法各项工作。6月29日，针对“十堰6.13”燃爆事故，全厅开展《深入学习贯彻安全生产法强化住房和城乡建设领域法律风险应对》专题学习，组织厅机关和厅直各单位全体干部进行《湖北省安全生产条例》专题考试。7月22日，邀请武汉大学法学院教授江国华作《行政处罚法修订与行政处罚法适用》专题讲座。2021年，湖北省住房和城乡建设厅研究年度立法计划，动员部署法治政府建设示范创建活动。领导班子和领导干部学法用法常态化，法治思维和法治意识明显增强，以"关键少数"引领带动"绝大多数"。2021年，湖北省住房和城乡建设厅党组坚持把全面贯彻实施宪法作为首要任务，把宪法法律学习列为党组理论学习中心组学习重要内容，纳入厅机关党和国家工作人员培训教育体系。为厅机关全体干部配发辅导读物《习近平法治思想学习纲要》《领导干部法治思维十讲》《中华人民共和国行政处罚法释义》等书籍，利用展板、海报、自媒体丰富创新宪法学习宣传活动，不断提高住建系统党员干部运用法治思维和法治方式深化改革、推动发展、化解矛盾、维护稳定、应对风险的能力。

【打造住建领域法治化营商环境】 2022年申报省人大常委会年度立法工作计划项目2件，分别是《湖北省历史文化名城名镇名村保护条例》《湖北省绿色建筑发展条例》，其中《湖北省历史文化名城名镇名村保护条例》为省人大常委会2021年度立法调研项目，现申报为省人大常委会2022年度审议法规项目；《湖北省绿色建筑发展条例》申报省人大常委会2022年度立法调研项目。申报省人民政府年度立法计划1件，即《湖北省发展散装水泥管理办法(修订)》，立法计划报告已提交省司法厅审议。

制定出台《省住建厅重大行政决策程序规定》，强化了决策法定程序的刚性约束。建立了重大行政决策集体讨论记录备查制度，对集体讨论情况及作出的决定，由专人负责全过程如实记录，并按文书档案保存要求完整存档备查。对与优化营商环境不一致的地方性法规、政府规章和规范性文件进行清理，包括涉及省住建厅厅地方性法规8部、政府规章22部、以省政府或省政府办公厅名义下发的规范文件41件、厅本级现行有效的规范性文件127件。对涉及省住建厅8部地方性法规进行清理。协调厅行政审批办申报"优化法治化营商环境"单项示范创建项目，并获评第一批"全省法治政府建设示范项目"。研究制定全省工程建设项目审批服务标准，并将审批服务标准融入AI式智能服务，逐步实现"机器换人"。对标全国优化营商环境评价标准，优化全省评价指标。加快与省自然资源厅项目策划生成系统对接，优化工程建设项目在立项用地规划许可阶段的审批流程、审批材料、审批时限，与相关部门共同推进工业用地"标准地"出让、拿地即开工五证同发、单体竣工提前验收等政策，将小型工业项目审批时限压缩至25个工作日。将施工、勘察、设计、监理企业乙级资质下放至市州，将施工劳务、房地产估价、房地产开发等7个事项下放到区县。分类深化"证照分离"改革，取消5天公示环节。进一步压减审批时限。继续做好全省住建系统"下沉企业、助企纾困"牵头组织工作，切实协调解决一批难点、堵点问题。进一步规范外省进鄂施工企业信息登记和管理工作，优化统一开放的公平竞争市场环境，及时公开外省进鄂施工企业的行政处罚和其他不良信用信息。配合落实建筑工人实名制管理，加强施工项目负责人到岗履职监督。指导市州住建部门落实扫黑除恶斗争常态化工作。

【规范行政执法工作】 修订完成2021版《湖北省住建领域行政处罚自由裁量基准》；修订《湖北省房屋建筑和市政基础设施工程质量监督管理暂行办法》《湖北省房屋建筑和市政基础设施工程安全监督办法》，构建与发展相适应的监督模式、工作机制。对涉及省住建厅厅的重大行政决策、信访、投诉举报、政府信息公开等行政行为均按照法定程序进行实质性审查，2021年共办理各类法律咨询指导案件43件，进行法律论证并出具意见书7件，完成各类政策措施合法性审查及征求意见45件。开展行政执法单位和行政执法人员资格清理，共填报委托行政执法文书4份，清理执法人员资格84人。组织开展省住建厅执法人员换证考试，42名参考人员全部合格并取得执法资格。制定《关于进一步加强全省住建领域安全工作的指导意见》和《住建领域安全生产风险排查整治工作方案》，对住建领域6个方面的风险隐患部署开展排查整治，全省住建系统共查找出问题14件，针对查找的问题，要求相关执法部门深入剖析原因，逐一建立台账，采取销号管理制度，截至年末，所有问题已整改到位。

【扎实开展复议应诉工作】 对重大、疑难、复杂行政复议案件采用决议制进行审理，并邀请相关专家、学者、律师参与审查。截至年末，共办结处理各类行政复议案件45件（含武汉市保障性住房案件20件）。2021年共处理行政应诉案件8件，均取得胜诉。

【推进普法依法治理】 制定出台《省住房和城乡建设厅2021年普法责任清单》，将共性普法内容、行业重点普法内容细化为12项责任清单，逐项明确责任单位、完成时限等。全省城管队伍巩固深化

"强基础、转作风、树形象"专项行动，展示队伍良好形象。推进执法人员信息化管理，建立执法人员教育培训体系，分批分期组织开展全员培训，严格协管人员管理。牵头负责牵头"万个城市住宅小区物业管理全覆盖、万个城镇老旧小区改造、八万个城市机动车停车泊位建设"3个省领导领办事项。目前，3个事项的实施方案已经制定并下发，相关工作正按照计划有力有序推进，部分已经取得阶段性成效。

【加强法治建设数字化水平】全面梳理省住建厅部门职责范围的监管事项，其中目录实施清单119项，检查实施清单57项，"双随机、一公开"抽查事项16项，全部纳入湖北省"互联网＋监管"系统统一管理。分别于6月22日和11月12日召开省住建厅"双随机、一公开"监管、"互联网＋监管"推进工作会议，依法依规调整监管层级，确保监管权责统一。推进"双随机、一公开"新平台上线对接，联合发改、市场监管、消防救援等部门在工程咨询、房地产市场和建筑业市场领域开展联合抽查并制定了联合监督检查工作方案。在标准定额、消防设计审查、物业企业检查领域，统筹制定抽查计划，推进抽查检查结果公开公示。

【完善公平竞争审查制度】印发《省住房和城乡建设厅在市场体系建设中建立公平竞争审查制度实施方案》，对省住建厅厅公平竞争审查工作进行了规定，对各业务处室（单位）起草的以住建厅名义制定的行政规范性文件和其他存量政策措施进行公平竞争审查，对违反公平竞争审查标准的文件，不予通过合法性审查。

【推进政务诚信建设】成立省住建厅信用体系工作调研组，起草完成《湖北省住房和城乡建设领域信用信息管理暂行办法》《湖北省住房和城乡建设领域失信联合惩戒对象名单管理暂行办法》《湖北省住房和城乡建设领域失信联合激励对象名单管理暂行办法（初稿）》。每个月通过湖北省社会信用信息服务平台报送行政许可、行政处罚信息近两千条，在省信用办情况通报中，评定为"双公示"报送情况较好的单位（省直单位排名第5），合规率达到99.74%，综合迟报率在3%左右。

房地产业

【概况】2021年，湖北省新建商品房销售面积7940万平方米，同比增长20.5%；商品房销售额7250亿元，同比增长19.1%。其中，武汉市新建商品房销售面积2759万平方米，同比增长4.3%；销售额4157亿元，同比增长10.3%。新建商品住房销售价格指数回落，从国家统计局公布的房价指数看，12月武汉市新建商品住房价格同比增长3.7%，已连续7个月增幅收窄，完成国家调控目标。截至12月底，全省新建商品住房库存面积7563万平方米，库存平均消化周期13.3个月，处于总体可控范围。

【房地产市场】报请省政府建立省房地产市场平稳健康发展联席会议制度，明确17个省直有关部门职责，加强统筹协调，强化政策协调。落实房地产市场动态检测预警机制，向部分市州下达了预警提示函。督导武汉市采取措施稳定房价。发布实施《湖北省城镇住房发展"十四五"规划》。会同发改、公安等8部门在全省开展房地产市场秩序整治，集中公布了各地查处的15家房地产开发、中介、租赁、物业企业名单，不断规范市场秩序。

【物业管理】推进全省物业管理全覆盖，完善社区党组织领导下的社区居委会、业主委员会、物业服务企业三方联动机制，提高城市住宅小区治理水平。各地上报城市住宅小区32711个，其中有专业化管理、单位自管、业主自治、街道社区托管等的小区32491个，基本实现全覆盖。《关于深化新时代党建引领加强基层社会治理的意见》实施以来，9731个失管小区实现物业管理。各地2875个社区成立环境和物业管理委员会，26267个城市住宅小区成立党组织，16180个建立"三方联动"机制。

【住房租赁市场】2021年度武汉市新建改建租赁住房3.01万套、盘活市场存量租赁住房7.5万套，合计10.51万套。试点期间三年累计筹集租赁住房24.2万套。新增专业化规模化企业18家，累计达到40家。已备案的住房租赁企业404家，其中运营规模达到1000套（间）或3万平方米以上企业43家。推进实现承租权享受医疗、教育、住房保障等基本公共服务。年度办理非本市户籍承租人居住登记1146065人，发放居住证165349人，办理社区公共户落户66407人。累计对60个租赁住房项目拨付中央财补资金16亿元。

【行业管理】印发《关于开展房地产领域信访突出问题排查化解工作的通知》。推进武汉市城区改造逾期未建问题整改。建立53个未建项目台账，开展现场督办检查320多次，下发各类督办函40多次，发简报23期。已完成封顶图纸分房和交付34个项目，化解4个项目，剩余13个项目正在进行主体工程建设。开展湖北省国有土地上房屋征收与补偿管理信息系统建设维护工作，建立完善国有土地上房屋征收与补偿监测制度，督促各地填报工作系统信息。印发《关于开展全省房地产领域金融风险排查的通知》《关于开展2021年房地产领域防范非法集资宣传月活动的通知》，安排部署宣传月具体工作任务及排查工作，严肃查处房地产领域非法集资等违法违规行为，促进房地产市场持续健康发展。

住房保障

【保障性租赁住房】9月2日，省政府召开全省保障性租赁住房建设和房地产市场调控工作视频会议，明确将武汉、襄阳、宜昌、十堰、鄂州、荆州6个人口净流入且市辖区常住人口超过100万人的城市确定为湖北省发展保障性租赁住房的重点城市。11月5日，经省政府批准同意，印发了《湖北省关于加快发展保障性租赁住房的通知》，并起草了相关政策解读。10月13日组织6个重点城市召开视频调度会，分析问题，提出推进要求。12月9日，联合省发改委、财政厅、自然资源厅、税务局印发《关于做好2021年度发展保障性租赁住房情况监测评价工作的通知》，2021年12月27日至2022年1月6日，组成联合监测评价组，对武汉、襄阳、宜昌、荆州、十堰、鄂州6个重点城市发展保障性租赁住房情况开展现场监测评价工作。以省住房保障领导小组办公室名义，向6个重点城市政府分别下发了反馈情况函。

【棚户区改造工作】加强对棚改项目进度督办，重点对孝感、荆州、黄石等城市进行分析调度，督促加快开工进度。完成2020年安居工程专项资金绩效评价，财政部武汉监管局对湖北省2020年保障性安居工程专项资金绩效评价结果良好。9月13日，发布《关于提前做好2022年住房保障项目谋划和计划申报工作的通知》，要求各地谋划确定本地区2022年保障性租赁住房、公租房保障和城镇棚户区改造等计划任务。11月5日，联合省发改委、财政厅、自然资源厅、林业厅，组织各市州住房保障部门对2022年棚改和保障性租赁住房计划项目进行了评审。

【公租房建设和管理】开展全省公租房小区规范管理第三方评价工作。推进信息系统贯标和联网接入工作。截至年底，全省录入系统房源47.54万套，在全国位居前列，得到住房和城乡建设部肯定。开展全省公租房管理标准规范研究，包括《湖北省公租房购买服务价格指标标准》《湖北省公租房廉政风险防控规范》和《湖北省公租房信用管理及失信惩戒制度规范》3个标准规范，已完成课题研究。

【“我为群众办实事”实践活动】将住房保障便民服务端口延伸设在城市社区党群服务中心，截至年底，全省各市州已有3735个社区实现了住房保障便民服务端口设在城市社区党群服务中心，占社区总数的100%。8月10日，会同省政务办、省民政厅，召集天门、仙桃两市住保部门召开申请公租房“一事联办”主题定标视频会。8月27日，联合发布《全省申请公租房业务流程优化再造方案和事项标准规范的通知》。全省实现“一事联办”事项全覆盖。

公积金管理

【概况】2021年，湖北省新增归集住房公积金1040.17亿元，同比增长12.16%，超额完成省政府新增归集850亿元年度目标任务，全省累计缴存总额7617.56亿元，缴存余额3405.65亿元；新增住房公积金提取额656.69亿元，同比增长18.89%，累计提取总额4211.91亿元；新增个人住房公积金贷款额604.23亿元，同比下降9.68%，累计贷款总额4814.19亿元，贷款余额2798.33亿元，个贷率82.17%；全年实现住房公积金增值收益55.55亿元，同比增长20.19%。

【支持住房消费】引导各地因城施策，调整住房公积金贷款政策，不断优化贷款流程，加快放款速度，重点支持首套刚需和改善型住房需求。印发《关于落实“楚才卡”A卡高层次人才住房公积金支持政策的通知》，支持人才强省战略实施。截至12月底，全省住房公积金支持住房消费总额1107.25亿元，其中，全年发放个人住房公积金贷款12.87万笔、604.23亿元。

【制度缴存扩面】推动新市民等灵活就业人员自愿缴存公积金，督促企业为职工缴存公积金，切实维护职工合法权益。深入企业、单位、楼盘开展政策宣传，增强制度吸引力。研究制订《2021年全省住房公积金管理工作要点》，印发《2021年度全省住房公积金归集和使用计划表》，将目标任务分解到各市州，推动制度扩面。指导武汉中心成功将缴纳住房公积金纳入劳动合同示范文本。1-12月全省住房公积金新开户单位1.93万家，新开户职工72.88万人；截至12月底，全省实缴单位95503家，实缴职工538.42万人。

【“跨省通办”公积金】将“跨省通办”公积金作为全省住建系统“我为群众办实事”实践活动的重要内容。建立“跨省通办”联系人制度，使公积金高频服务事项“跨省通办”能办、好办、快办，努力实现工作成效可量化、可感知、可评价。8月中旬，全省17个市州公积金中心全部实现规定的8个服务事项“跨省通办”。截至12月底，全省累计办理“跨省通办”业务近25万笔。

【支持老旧小区改造和租赁住房发展】 将住房公积金支持老旧小区改造和租赁住房发展作为全省住建系统克难攻坚重点工作，积极开展老旧小区住户缴存住房公积金情况典型样本调研，印发《关于进一步加大住房公积金支持城镇老旧小区改造力度的通知》，督促各地落实加装电梯提取政策，逐步放开代际互助政策，稳妥拓展支持居家适老化改造。全省大部分城市中心均已出台老旧小区加装电梯提取住房公积金政策，1-12月，全省支持加装电梯提取住房公积金456笔、1787.76万元。引导各地不断优化提取公积金支付租金业务办理流程，提高提取上限，简化提取要件，部分地区实现租房提取全程网办，业务办理效率逐步提高。2021年全省共为29.14万人办理租房提取公积金26.26亿元。

【区域合作工作】 召开武汉城市圈住房公积金同城化发展联席会第一次会议，9个城市住房公积金中心共同签署《武汉城市圈住房公积金中心关于推进住房公积金同城化发展的合作协议》，武汉城市圈同城化发展合作机制初步建成，“襄十随神”区域合作协议签订实施，“宜荆荆恩”区域合作达成共识，全省住房公积金区域合作机制初步形成。2021年，城市圈其他8个城市职工在武汉市申请公积金异地个人贷款共666笔、25974万元；同期武汉市缴存职工在城市圈其他8个城市申请异地个人贷款1586笔、47580万元。双向合计申请异地贷款2252笔，金额达73554万元。

【风险防控工作】 充分发挥全国住房公积金监管服务平台作用，督促各中心及时处理风险预警，确保资金安全稳健运行。及时对贷款逾期率偏高的城市进行约谈，严控贷款逾期风险。截至12月底，贷款逾期率为0.45‰，低于住房和城乡建设部1.5‰的标准。指导鄂州中心开展区块链试点，加强数据风险防控。印发《关于部分城市住房公积金贷款保证金清退工作方案》，督促各地严格按照“能退尽退、应退快退”原则，加快退付公积金贷款保证金。前期清理发现的8个市州均已停止收取公积金贷款保证金，贷款保证金清退工作基本完成。

【信息化服务能力建设】 积极指导各地不断推进“数字公积金”建设，提高信息化服务能力。完成全省17个市州综合服务平台验收。全省17个市州全部接入全国住房公积金小程序。联合省政务办印发《积极推进住房公积金“一网通办”高效办成一件事实施方案》，实现12个服务事项“一网通办”。指导随州中心开展“零材料”试点，随州市与住房公积金业务办理相关的数据信息基本实现共享，大部分业务实现了网上办理。

城市建设

【城建项目谋划管理】 2021年，湖北省市政基础设施建设累计完成投资2634亿元，比2020年同比增长24.5%，比2019年同比增长11.6%。截至年底，城市补短板工程谋划入库项目2067个，总投资3128.6亿元。组织各地报送新型城市基础设施建设储备项目，共谋划项目106个，总投资671.95亿元。会同省农业厅编制《湖北省城乡人居环境建设“十四五”规划》，10月11日，省政府正式印发。成立工作专班，研究推进新城建工作的具体措施。组织各地报送新城建示范项目，引导各地推进城市市政基础设施智能化改造。武汉市被纳入全国首批城市基础设施与智能网联汽车协同发展第一批试点城市。孝感市列为国家海绵城市试点。黄石市列为国家城市更新试点。武汉市被纳入全国首批城市基础设施与智能网联汽车协同发展试点城市。

【城镇老旧小区改造】 截至12月底，湖北省2020纳入中央补助支持的城镇老旧小区共2532个，已完工小区2526个，完工率99.76%；2021年纳入中央补助支持的城镇老旧小区共2601个，已全部开工，完工小区2370个，完工率91.12%。省委、省政府“我为群众办实事”2021年计划目标任务3000个小区、45万户，已完成改造4171个小区、68.85万户，目标完成率139.03%。2019年以来，全省累计获得中央资金157.33亿元。2021年发放贷款金额13.07亿元。搭建国开行、省长投集团与各地合作平台，全省12个市州申报126个老旧小区改造统贷项目，估算投资506.4亿元，其中，计划争取银行贷款198.4亿元，地方自筹308亿元。该统贷模式被纳入住房和城乡建设部第一批可复制政策机制清单。

会同省财政厅制定《湖北省城镇老旧小区改造财政奖补资金管理办法》，省级财政每年安排1亿元奖补资金，对城镇老旧小区改造绩效工作突出的地区予以奖补。会同省财政厅、省发改委对全省城镇老旧小区改造情况开展督查，先后3次抽查全省17个市州、68个县市区、164个老旧小区，排查出八大类典型问题，并向全省通报，要求限期整改。适时启动工作约谈程序，对十堰、荆州、孝感等14个近三年改造进展缓慢地区进行集中约谈。搭建全省城镇老旧小区改造信息系统平台，实现省、市、县联通，各参与部门信息共享，加强改造全过程管理，提高老旧小区后期运营管理的智慧化水平。发布

《关于做好城建领域安全生产大检查有关工作的紧急通知》《关于进一步加强城镇老旧小区改造项目燃气管线安全管理工作的通知》，会同省消防救援总队指导各地加强城镇老旧小区消防设施建设管理。深入开展“面对面·办实事”活动，开展全覆盖调研，共1921位群众代表参加，收集城镇老旧小区改意见共1222条。多种形式开展宣传，截至12月，在人民日报、新华网等中央媒体平台推广宣传老旧小区改造新闻及视频100余篇。编印6期《湖北省城镇老旧小区改造小故事》及《社区同志谈“我为群众办实事”》合集。制作城镇老旧小区改造宣传片《改出幸福生活》，编制《湖北省老旧小区改造宣传图集》。老旧小区改造经验做法获住房和城乡建设部肯定。

【生态环境建设管理】 组织编制城镇污水处理提质增效及黑臭水体治理提升攻坚专项行动方案。两次召开污水处理提质增效工作调度分析会。组织各设市城市开展污水处理提质增效评估工作。组织开展县级市建成区黑臭水体排查与方案编制工作，截至年底，各地已基本完成建成区黑臭水体排查。组织开展污水收集问题排查整治，优先排查进水污染物浓度偏低的污水处理厂所服务片区，各设市城市累计已排查检测城市建成区污水收集管网约10000公里，约占总量的55%。结合老旧小区改造工作，排查城镇小区、单位大院等内部排水管网约11600公里。推进城市污水收集处理设施建设，指导各地谋划实施污水收集处理设施补短板项目，争取中央预算内投资2亿元、中央财政管网专项补助资金约1.5亿元，用于支持各地进一步完善污水收集处理设施。

【市政基础设施建设管理】 全年城市地下综合管廊开工建设52.808公里，完成投资319412.3万元，占年度任务的105.6%。同时，督导各市州开展城市地下综合管廊隐患大排查大整治，排查整治安全隐患166处。印发《关于加强城市桥梁隧道（涵）管理工作的通知》等文件，进一步摸清城市桥涵隧基本信息。发布《关于开展全省城市桥涵隧隐患大排查大整治工作的紧急通知》，全省共排查城市危桥63座。发布《关于开展城市桥梁安全隐患排查及危桥加固改造的通知》，给涉及23座重点危桥印发《湖北省城市桥涵隧安全管理隐患督查执法建议书》，督导危桥加固改造工作落实。为检验质量效果，12月发布《关于开展全省城市桥梁安全隐患排查整治交叉调研评估的通知》，开展危桥整治交叉评估检查验收。2021年完成省安委会挂牌督办鄂州市鄂钢跨线桥、“我为群众办实事”12座城市危桥和排查危桥安全整治共38座。组织开展全省道桥涵隧监管护工作业务培训，培训人员622人。

印发《关于建立开展坚决整治违规设置妨碍货车通行的城市道路限高限宽设施和检查卡点的五项工作机制的通知》，督导各市州开展设置妨碍货车通行的道路限高限宽设施和卡点的整治，全省共保留城市道路限高设施388处，限宽设施44处，检查卡点设施20处。全年全省人行道净化和自行车专用道建设开工项目共有39个，其中已完工19个，在建12个，总投资50283.9万元。印发《关于深入开展城市道路塌陷隐患排查整治专项行动的通知》，督导各市州组织开展城市道路防塌陷隐患排查整治工作，对新发现或完成改造道路隐患每月定期更新上报数据。2021年，17个市州共排查出城市道路供水管网隐患点18个，排水管网隐患点19个，在建工程隐患点2个，明渠、暗渠隐患点12个，其他道路风险隐患点150个，燃气风险隐患点20个。排查供水管网10348.95公里、排水管网10705.58公里、燃气管网17501.83公里、排水明渠459.883公里、排水暗渠1107.718公里、地下管廊398.375公里、轨道交通217公里、在建明挖工程103.735公里、暗挖工程14.3公里、主干道4284.398公里、次干道3136.356公里、支路2594.128公里、背街小巷1148.604公里。督导武汉市组织开展智慧城市基础设施与智能网联汽车协同发展试点工作。

【城镇供水节水管理】 实施42项水质检测月报和18个重点城市水质信息公开制度；完成国家供水应急救援中心华中基地建设任务；完善全省城镇二次供水管理，组织开展全省城镇二次供水专项评估，起草《湖北省城镇二次供水工程施工图审要点》；组织全省城镇供水高质量发展座谈会，起草《关于推进全省城镇供水高质量发展的指导意见》；十堰市通过国家节水型城市创建省级考审，达到创建节水型城市省级评审要求。截至年底，全省地级以上单一水源城市的备用水源或应急水源建设项目全部完工，城市公共管网漏损率控制在10%以下。

【城镇燃气安全管理】 截至2021年年底，全省天然气供气量60亿立方米、液化石油气供气总量33万吨，城市燃气普及率为98.40%。6月13日，全省召开安全生产紧急视频会议进行整治行动部署安排；组织召开安全生产委员会全体会议、视频会、督导会、汇报会等，强化工作推进措施；建立定期调度制度，及时掌握进展情况；抓好隐患分级分类治理。全年共进行各类工作调度223次，共组织39个工作组、206人次，共检查17个市州816家燃气企业，对发现问题，建立台账，督促整改落实。2021年，各地组织检查组12114个（次），参与检查人员45810人（次），检查燃气场站10659座（次），大型商业综合体、学校、医院、餐饮、集贸市场等人员密集场所47385家（处），老旧小区10875个、居民用户49.76万户，出具责令整改通知书2662份，关闭非法违法企业68家，责令停产整顿217家。组成13个督查组，由厅级干部带队，分三轮进行全覆盖督查、"回头看"督查和年度督查，确保行动落实到位。督促各地燃气主管部门压实企业主体责任，对排查出的安全隐患和问题实行清单管理，分级分类建立台账，制定整改方案，严格按程序验收销号，做实安全隐患闭环管理。督促燃气企业加大安全生产投入，把燃气安全纳入社区网格化管理范畴，实行层级管理。督促各地落实燃气安全管理机构和力量配置，补充专业监管力量。组织摸底调查，建立了全省城镇燃气企业、场站重点目标监管名录。规范燃气市场秩序，督促各地严格依专项规划审查燃气设施建设项目、审批燃气经营许可。强化特许经营和经营许可管理，推进特许经营中期评估。督促各地加强燃气行业信用体系建设，积极推动企业规模化整合。组织修订《湖北省燃气管理条例》，研究制定新的燃气地方标准。加强全链条监管和跨区域打击力度，开展多部门联合执法。加强宣传和应急建设，督促各地采取多种方式加强燃气使用安全知识宣传培训；倡导居民依法用气、科学用气、安全用气。督促各地修订完善城镇燃气各类应急预案，健全应急队伍，配齐各类物资、器材，完善人防、物防、技防措施，开展综合演练，不断提升应急处突能力。

【获得用水用气营商环境】指导各地制定符合地方实际的"321、310"流程和办事指南；收集报送全省供水供气企业相关信息。开展窗口受理人员和相关人员业务培训，提高服务质量与工作水平。开展先行区试点探索，推动水气报装"一窗受理"、"一网通办"、"一事联办"先行先试。遴选宜都、沙洋为水电气网联动报装先行先试单位，两个试点单位经验收合格，被命名为先行区。

【城市排水防涝】2021年，各地在汛前共排查出重要易渍水点490多处，逐项建账，整改落实；组织疏浚排水管渠5200公里，提高城市排水管网过水能力；汛前共调试检修重要城排泵站180多座，更换检查井、雨水井井盖5500多套，安装防坠网3500多个。全省住建系统配备应急队伍3500多人，强化排水防涝抢险应急实战演练，加强抢险防涝物资设备储备。组成6个督查组，分赴各市州开展了上半年住建领域综合督查考核。2021年汛期，全省排水部门共出动巡查、值守人员4.9万余人次，出动抽排设备、车辆7000余台次。组织完成《湖北省建设系统城市排水防涝应急预案（试行）》编制，加强抢险防涝物资设备储备。2021年汛前组织各城市开展了排水防涝应急演练，发现问题和薄弱环节并及时整改。7月20日，郑州遭遇特大暴雨灾害，湖北省共派出两批排水应急救援队伍150余人次，抽排设备及相关车辆30余台，第一时间赶赴灾区，圆满完成郑州、安阳两地共22个积水点位抽排任务，累计抽排积水275万立方米。

村镇建设

【农村住房安全保障】截至2021年年底，湖北省22788个行政村共排查农村房屋969万户，其中经营性农村自建房29万户，非经营性自建房及非自建房共940万户。对排查出的农村危房，采用"七个一批"的方式，分类施策开展整治。对暂时无法拆除的危房，设立安全警示标志和隔离围栏，同时加强日常监管和巡查，确保不发生安全事故。截至年底，全省所有经营性自建房均完成隐患整治，其他房屋整治率达到69%。按照乡村振兴、民政部门提供的农村低收入群体名单，逐户开展住房安全排查认定，对唯一住房鉴定为C、D级且符合政策要求的，发现一户、改造一户。2021年，全省共完成农村危房改造7418户。先后印发《湖北省农村房屋安全隐患排查技术导则》《湖北省农村危房修缮加固技术导则》，编制《湖北省农村自建房建设质量安全技术导则》，开展视频培训，加强技术指导。联合省自然资源厅等六部门印发《关于加快农房和村庄建设现代化的实施方案》，将在建房屋纳入安全隐患排查整治范围。在汛期前后的4月和10月开展一次全面逐户排查，确保农房安全隐患及时发现及时处置，不留监管死角。按鄂西北、鄂西南、江汉平原、鄂东北、鄂东南五个片区出台工作导则和图集，组织全省所有县（市、区）已完成农房建设图集编制并通过"二维码"推广，为农房建筑风貌引导奠定了基础。

【美丽城镇建设】2021年，全省17个市州均成立领导小组或联席会议，88个县（市、区）980个建制乡镇（功能区）列入行动范围，确定331个乡镇为示范镇，708个乡镇完成了规划（方案）编制。省、市、县、乡四级协同推动的工作局面基本形成。3月，全省组织开展"擦亮小城镇"百日综合整治，累计发动人员15万余人次，投入资金近8亿元，拆除破旧雨棚、遮阳棚等近5万个，拆除建筑物、搭建物近3万处，整治违规占道行为1万余起，清理存量垃圾11万多吨，清理河道近2000公里。全年全省共谋划2702个项目，计划总投资841亿元，已完成投资280亿元，相继建成了一批道路交通、市政管网等基础设施项目和广场公园、老年活动中心等民生项目，累计建成乡镇口袋公园2446座。着力打造一批“产城融合、宜居宜业”的特色小镇。立足常态长效，探索乡镇环境综合治理新模式。

【乡镇污水治理】 截至2021年年底，全省乡镇污水处理管网普及率达到90%以上，污水收集率达到80%以上，污水处理率达到75%以上，污水厂负荷率达到74%、出水水质综合达标率为93%，基本达到预期目标。将800座乡镇生活污水处理厂纳入日常监管，其他乡镇生活污水纳入城区污水处理厂或工业污水处理厂处理，总设计规模114.7万吨/天，新建主支管网11368公里，接户218万户。联合省生态环境厅对全省93个县市区开展年度考核，将考核结果与付费挂钩。印发《湖北省乡镇生活污水治理设施运营维护管理工作指南（试行）》。开展“优秀运营商”评选活动，推广运营工作经验。推行污水处理费征收，截至年底，全省已征收近1亿元。潜江市、仙桃市、天门市、广水市等地住建部门成立专业科室（机构），负责乡镇污水运维管理。联合省财政厅对全省乡镇生活污水运营管理工作开展专题调研。

【村镇建设工作】 建立乡村建设评价机制，省级组织三个专家团队，选取远安、孝昌、罗田三个样本县开展乡村建设评价工作。以麻城市共同缔造培训基地为依托，开展美好环境与幸福生活共同缔造培训活动，培训市、镇、村干部1300名。以红安县、钟祥市、枝江市为共同缔造示范县（市）开展试点示范，各示范村建立“共同缔造”工作制度，通过多种途径提高资金保障能力。鼓励各村（社区）进一步完善村规民约，推动形成共谋、共建、共管、共评、共享的长效机制。广泛开展民主监督共管，发挥群众监督作用，培育乡村文明新风尚。钟祥市客店镇南庄村在全国美好环境与幸福生活共同缔造培训会议中作经验交流。印发《关于加快农房和村庄建设现代化的实施方案》，要求各地开展农村建筑工匠参加技能和安全生产培训，确保每个行政村有1～2名具有建筑专业技能、身体素质好、组织能力强、有责任心的村民作为农房建设工匠，通过培训考核合格后，可组建农村建房专业施工队伍，负责农村住房建设和农村危房改造。全省全年共完成乡村建设工匠培训1.2万人次。2021年，随县柳林镇遭遇极端强降雨天气，造成人员财产损失。省住建厅会同省水利厅抽调水利、防洪、规划等方面专家组成联合调研组，赴现场调研，指导随州市、随县形成《随县柳林镇灾后恢复重建规划方案》。召开省直部分相关部门协商会，两次发函争取省直部门支持政策资金。协调省地质局专家赴柳林勘察地质灾害影响。同时，省住建厅村镇处在污水奖补资金、危改资金、小城镇建设奖补资金等予以倾斜，支持随县共计2246万元。4次赴随县柳林镇调研，紧盯春节前全面完成危房改造、下一年汛期前基本完成镇区水患治理主体工程两个时间节点，衔接随州市加强督导，督促随县举全县之力投入灾后恢复重建。进一步完善乡镇生活污水信息平台，实施进水水质在线监测，月度运营考核，定期通报运营情况。搭建“擦亮小城镇”信息系统，加强村镇建设监督管理。将现有的全省农村房屋信息导入湖北省房屋建筑和市政设施调查系统，完善全省农村房屋基本情况及安全信息，逐步建立农村房屋安全动态监控长效机制。探索建立乡村建设工匠信息库，将其培训情况、取证情况、业绩情况、信用情况、农户评价情况等纳入信息系统进行动态监管。

全年共安排村镇建设项目奖补资金8600万元。安排部分有农村房屋安全隐患排查整治任务的县（市、区）农村房屋安全信息系统录入补助资金90个，开展“擦亮小城镇”建设美丽城镇年度试点乡镇评选，给予激励。

城市管理

【停车泊位建设】 开发停车泊位建设信息采集小程序，实现监管、统计、分析一张表。各地加快建立健全停车泊位管理制度，固化建设成果。推广“闲置地建永久停车场、收储待用地建临时停车场”“待建空地深挖潜力、边角空地见缝插针、景观区域有机融合”等经验，破解土地建设瓶颈。引导各地定期开展存量普查、建设智慧平台等，联合多部门建立协作机制，出台行业规范性文件，为实现长效管理奠定坚实基础。全年累计建成停车泊位10.58万个，超额完成8万个停车泊位的年度建设目标任务。

【口袋公园建设】 制定《湖北省城市口袋公园设计指引》，指导各地综合利用城市“金边银角”插缝建园，突出城市街景打造，切实推进“口袋公园处处见”。督促抓好口袋公园建设方案审查和调度推进。截至年底，全省共计新建口袋公园 404 个。

【开展背街小巷整治】建立问题清单，制定整治方案。在武汉、襄阳、宜昌和黄冈 4 个重点城市的 39 条背街小巷现场树立公示牌，接受群众监督。全年累计完成整治街巷 373 条。

【开展窨井盖隐患整治】印发《湖北省城镇道路窨井盖病害整治工作指南》。建立日常巡查、应急处置和案件移交机制，提高窨井盖安全隐患整治效率。将窨井盖统一纳入平台进行管理，进一步提高窨井盖安全管理效率和水平。宣传普及窨井盖安全避险常识，将市民投诉举报的问题井盖，第一时间向维护单位交办，在最短时间内及时排除安全隐患。全省各地累计排查各类窨井盖 104.65 万个，整治问题井盖 3.7 万个。

【垃圾分类工作】提请省政府将城乡生活垃圾分类工作联席会制度调整为生活垃圾分类工作领导小组，由省长任组长。组织编制《湖北省城乡生活垃圾分类专项规划》。研究制定《湖北省城乡生活垃圾分类技术导则》《湖北省城乡厨余垃圾分类收运和分类处理技术指引》等系列技术规范，召开全省生活垃圾分类工作培训。与重庆市全面开展生活垃圾分类“1 对 1”交流协作。省财政统筹安排 1 亿元作为城乡生活垃圾分类以奖代补资金，研究制定《城乡生活垃圾分类以奖代补资金分配办法》，组织对各地垃圾分类工作情况进行了考核打分。2021 年，新建成焚烧发电厂 4 座，新增焚烧处理能力 2600 吨/天，在建焚烧发电厂 11 座。截至年末，全省共建成焚烧发电厂 24 座，水泥窑协同处理厂 15 座，焚烧处理（含水泥窑协同）占比达 63%。建成餐厨垃圾处理厂 48 座、建筑垃圾资源化利用厂 25 座，餐厨垃圾和建筑垃圾资源化利用体系基本形成。6.9 万家公共机构和相关企业、1906 个社区和 5233 个行政村开展了垃圾分类，覆盖城乡居民 790 多万户。全面开展生活垃圾分类示范社区、示范村创建工作，建成省级示范社区 40 个、示范村 200 个。共配备城市环卫工人 8.7 万人，农村保洁员 14.1 万人，设置分类收集容器 149 万组，配备厨余垃圾运输车 1060 辆、其他垃圾运输车 5927 辆、可回收物回收车 375 辆、有害垃圾运输车 102 辆，建成生活垃圾中转站 1987 座。组织党员干部到社区报到，宣传引导推动垃圾分类。联合省教育厅印发《关于开展生活垃圾分类示范学校创建工作的通知》，夯实学校教育基础。

【园林绿化建设】组织实施“增绿提质”行动，将绿道体系与公园、绿地、水系、山体等要素有机衔接，城市绿地面积增加明显。截至年底，全省城市建成区绿地面积达 12.9 万公顷，建成区公园绿地面积 3.7 公顷，建城区绿地率 35.9%，人均公园绿地达 13.57 平方米。先后开展鄂州市国家园林城市复查和浠水县省级园林县城创建。9 月 24 日，住房和城乡建设部正式批复鄂州市复查通过，10 月 29 日，完成了对浠水县省级县城专家验收。统筹省第三届园博会筹备建设，于 6 月 25 日召开省第三届（荆门）园博会调度推进视频会议，加速推进各地展园建设。

【城市精细化管理】安排部署全省市容环境专项整治工作，将“补齐城市卫生短板”“保障群众脚下安全”“点亮城市街头巷尾”市容环境突出问题作为整治重点内容，明确各地专项整治责任人，建立月度报送机制。印发《关于开展“共建美丽街区，共管美好家园”活动的通知》，出台《湖北省“美丽街区”评价标准（试行）》，明确“美丽街区”创建范围、类别、标准和具体指标。稳步推进全省 51 个美丽街区创建工作。会同省政务办制发《“树木修剪、移植”业务流程优化再造方案和事项标准规范》的通知。督促市州城管部门推进户外广告审批减材料、减时限，将审批时限由 5 个工作日压缩至 1 个工作日。推进门店招牌审批服务备案制；优化从事生活垃圾（含粪便）经营性清扫、收集、运输、处理服务审批和城市建筑垃圾处置核准等事项审批流程和材料。

【城市管理工作体系建设】制定下发《2021 年全省城市管理工作检查考评方案》。调整“城市管理工作成效”考核项目，加快推进“一网统管”，压实市州党委政府责任。加强城管队伍建设，全省共有 3023 名城管队员下沉至街道，组织、人事、工资等关系转隶到位。建立市、县（市区）、街道权责清单，新的城市管理工作格局初步形成。推进执法人员信息化管理，建立执法人员教育培训体系，分批分期组织开展全员培训。开展城管执法下沉街道专题调研，联合省委编办开展街道赋权运行评估，加强赋权事项运行监管。制定《关于城市管理工作体系建设试点方案》，进行座谈调研，研究试点工作方案，确定任务清单，指导试点城市开展试点工作。提升省级城市综合运行管理服务平台功能，增加城市管理暗访、数字城管评价、垃圾处理设施、行政执法台账等应用场景。住房和城乡建设部同意在湖北省开展省级城市运行管理服务平台建设试点，并指定 2 家企业作为湖北省技术支持单位。推进省级平台和市州平台数据对接，完成 12 个市州第三方暗访和数字城管数据信息接入省级平台。

建筑业

【概况】2021年，湖北省完成建筑业总产值1.903万亿元，同比增长17.94%，签订合同总额4.89万亿元，同比增长12.2%。建筑业增加值3324.73亿元，同比增长17.57%，占全省GDP的6.65%；缴纳税收416.39亿元，同比增长17.51%，占全省税收总额的8.1%；从业人数达250万人，恢复到疫情前规模。截至年底，全省共有特级企业40家、特级资质60项；施工总承包和专业承包一级企业930家，竞争力进一步增强。

【建筑业"十四五"规划】印发《湖北建筑业发展"十四五"规划》，重点任务为深化建筑业运行机制改革、深化建筑业"放管服"改革、推进建筑业转型升级、完善工程质量安全体系、推进建筑节能和绿色建筑发展、着力提升科技创新能力、加强建筑产业队伍建设、积极开拓省外境外市场8个方面。

【勘察设计行业发展】印发《关于促进全省工程勘察设计行业高质量发展的若干措施》，从优化发展环境、深化体制机制改革、促进设计与施工融合发展、推进全过程工程咨询、探索建立建筑师负责制、支持科技创新、推动绿色低碳发展、支持数字化转型、鼓励发展总部经济、激励企业做大做强、强化人才队伍建设、打造"湖北设计"品牌12个方面全方位推进湖北工程勘察设计行业的高质量发展。

【新型建筑工业化与智能建造】会同发改委、经信厅等14部门出台《关于推动新型建筑工业化与智能建造发展的实施意见》，明确了湖北省未来5年的发展目标和重点工作。全省新开工装配式建筑面积2508万平方米，超额完成省政府下达的1500万平方米的目标任务，同比增长77%，装配式建筑面积占全省新建建筑面积20%。全年培育建设新型建筑工业化与智能建造骨干企业97家，建成3个建筑工业化产业集群，建成84个装配式生产基地。

【住建领域根治欠薪】制定实施全省住建领域根治欠薪实施方案，召开4次全省住建系统动员推进会，实行周调度周报告制，每周向分管省长汇报工作进展。全省累计解决欠薪项目343个、支付拖欠工资35.27亿元，惠及农民工8万余人，实现"两清零、四确保"目标。

【工程建设组织方式改革】成立工程总承包和全过程工程咨询专家组，为工程建设组织方式改革提供宏观决策咨询、科学管理服务、技术指导支撑。开展工程总承包向全产业链延伸试点，选择各具特色的9个项目，从2021年10月至2023年10月，分三阶段推进。联合省发改委印发《关于加强全过程工程咨询工作指导的通知》，就进一步推进全省全过程工程咨询服务高质量发展提出指导意见。

【"三包一挂"专项整治】印发《湖北省建筑市场"三包一挂"专项整治工作方案》，分三步推进整治工作。全面自查。全省17个市州共检查房建和市政工程项目4630个，存在"三包一挂"问题的工程项目141个。督导检查组织5个督查组，对全省17个市州"三包一挂"问题整治工作情况进行专项督查。各督查组共随机抽查85个房建和市政工程项目，检查发现的问题均以书面形式反馈当地住建部门，下达了执法建议书13份，责令改正通知书12份，下达文书率约30%。巩固成果。总结专项整治成果，形成专题报告，并规划下步工作打算。

【优化"互联网+监管"】充分运用湖北省建筑市场监管与诚信一体化工作平台形成的大数据资源，优化"互联网+监管"方式。2021年，省住建厅将一体化平台升级改造工作列入克难攻坚任务，2022年初新版平台已完成升级并上线运行。

【构建工程建设领域"1+N"制度体系】联合省公管局、省交易（采购）中心印发通知，对全省17个市州组织开展专题调查研究，在2-3月组成联合调研组，赴6市与招标人、投标人和相关管理部门（机构）进行面对面座谈，其他11个市州提供了书面材料。编制了《工程建设领域招投标问题调查思考》，并形成1+N的制度体系设想。多部门联合推进"1+N"制度体系建设，其中，《关于进一步加强监管提升招标投标活动质量的若干措施》及10项配套措施已全部印发实施。

【助企纾困】2021年在全省住建系统开展了三轮"下沉企业、助企纾困"活动。12个工作组从不同角度、分重点对17个市州、24家建筑业企业、12家房地产企业和近200家地方企业开展包片定点帮扶。三轮下沉企业助企纾困活动共收集带回办理企业反映问题259项，全部得到妥善处理。

【国内国际双循环格局】2021年完成省外产值7992.96亿元、占比42%，同比增长16.33%，外向度全国排名第3。做好上合组织民间友好合作论坛高质量互联互通分论坛的有关工作，组织24家企业参加论坛、3家企业现场签约。探索搭建建筑业共建"一带一路"信息化平台。收集建立湖北省建筑业企业境外项目库，首次入库153个项目。全省对外承包工程完成营业额67.1亿美元、同比增长4.6%，排名全国第5；新签合同额198.13亿美元、同比增长10.7%，排名全国第1；业务范围覆盖150多个国家和地区。

【工程质量安全】2021年，湖北省共监督工程31689项，受监工程面积4.2亿平方米，监督覆盖率100%。全省房屋市政工程创建省级建筑结构优质工程460项、省建设优质工程“楚天杯”108项，创建国家优质工程16项，鲁班奖工程6项。全年共接各地上报房屋市政工程生产安全事故29起、死亡33人，其中较大事故1起，死亡3人，建筑业百亿元产值亡人数为0.17，控制在与省政府签订的0.30责任目标之内。全省建筑施工企业安管人员网上申报取证130541人次，参考120486人次，合格人数92911人，通过率77%；特种作业人员网上申报取证59794人次，参考53707人次，合格人数48448人，通过率90%。全省工程质量稳步提升，安全生产形势总体可控。编制实施《关于进一步加强全省住建领域安全工作的指导意见》《住建领域安全生产风险排查整治工作方案》，以及《加强城镇燃气安全整治工作实施方案》《房屋市政工程建设安全整治工作实施方案》《城市供排水安全整治工作实施方案》《城市道桥涵隧安全整治工作实施方案》《城镇农村房屋安全整治工作实施方案》《城市管理领域安全整治工作实施方案》6个具体实施方案。发布《关于在全省新建住宅工程中全面实施“一证两书”制度的通知》。截至2021年年底，全省17个市（州、林区）、103个县（市、区）已实现“一证两书”制度全覆盖，已发放“一证两书”43万余份。开发湖北省施工图数字化联合审查系统，建立数字化工程建设标准库、施工图设计文件数据中心、业务中心、监管中心、基础支撑系统和移动应用。截至11月13日，全省系统内受理单体项目数共14867个，其中完成审查的项目7117个，审查合格7073个，整体审查合格率99.38%。完成图审机构遴选功能的开发、图审机构遴选规则介绍及功能操作培训工作。开展省级勘察设计大师评选工作的调研，全省3名专家获评第十批全国工程勘察设计大师。出台《湖北省建设工程消防设计审查验收管理暂行办法》，制定发布《湖北省建设工程特殊消防设计专家评审工作流程》《湖北省建设工程消防设计审查验收专家库管理办法》，开展针对性的培训释义等工作；起草《湖北省房屋建筑和市政基础设施工程消防设计文件审查要点》；启动《湖北省房屋建筑和市政基础设施消防设计难点问题答疑汇编》编制；起草《湖北省建设工程消防相关历史遗留问题化解方案》。湖北省消防设计审查验收备案审批系统自6月1日上线以来，全省住建部门共受理消防设计审查项目3290项，合格办结2585项；受理消防验收项目3959项，合格办结2702项；受理验收备案项目5308项，合格办结4520项。组织编制《高效办成消防设计审查验收备案业务流程再优化建议方案》，精简消防审验业务办理的材料、流程及时间；协助省卫健委、省市场监督管理局、省教育厅、省民政厅等部门开展“一事联办”主题上线发布运行和应用实施工作，分项目制定实施方案。与省消防救援总队联合发布《关于落实消防领域改革措施优化营商环境有关工作的通知》《关于进一步加强消防产品质量监督工作的函》《关于在城镇老旧小区改造中切实统筹落实好消防设施建设管理工作的通知》，推动全省消防相关工作协同开展。

【建筑产业工人队伍建设】2021年，积极促成大别山（麻城）建筑产业工人基地取得了“七大员”和部分特殊工种的培训考核主体资格，协调将麻城市职教集团纳入省应急管理厅的安全培训考核机构名录。印发《关于加强建筑产业工人队伍建设工作方案》，赴襄阳、十堰、宜昌、恩施开展建筑工人培育调研，探索以三峡电力职业学院为依托，建立鄂西南片区建筑产业工人培育示范基地。

建筑节能与科技

【建筑节能和绿色建筑发展】2021年，全省新建建筑严格执行新的设计验收标准，施工图审查率达到100%；截至12月底，全省城镇新建民用建筑执行国家原《绿色建筑评价标准》的项目共有187个项目获得绿色建筑标识，新增绿色建筑面积2186.11万平方米。其中，获得一星级标识项目75个，二星级标识项目108个，三星级标识项目4个。6—12月共有9790个项目完成新标准审查，通过施工图审查项目为8517个，通过率达到85%以上。编制印发《湖北省“十四五”建筑节能与绿色建筑发展实施意见》，制定完善了目标责任考核方案。印发《超低能耗建筑试点工作实施方案》，明确在武汉、襄阳、宜昌三个地区认真开展超低能耗建筑试点工作。开展城乡建设领域碳达峰碳中和路径研究，拟定了全省城乡建设领域碳达峰行动实施方案。

【建设科技工作】11月26日，发布《湖北省“十四五”建设科技发展指导意见》。引导企业、高校等组建智能建造、绿色建造、品质建造科技创新联合体，搭建科技创新平台。绿色建造创新联合体已发布设计施工手册。开发建设科技信息平台，优化项目申报流程，提高工作效率。引导企业、高校参与建设科技研究，年度申报建设科技计划项目136

项，建筑节能示范工程24项，经专家审议通过110项、11项，远超上年的43项、6项。持续举办建设科技大讲堂，开展城市安全、智能建造等相关知识培训。

人事教育

【干部教育培养锻炼】制订《2021年人事教育工作计划》，组织了7场专题讲座，参与住房和城乡建设部视频培训12次；组织兴山县扶贫挂职干部轮换，认真选派驻村扶贫工作队；安排1名厅级、13名处级干部参加了省委党校培训班学习。积极推进“楚才卡”实施，为全省吸纳高层次人才提供了强有力的保障。

【干部选拔、管理和监督工作】2021年，完成厅机关4名处长和厅直事业单位5名副职选配工作，组织进行了厅机关2名二级巡视员、厅机关和建筑业中心、住保中心共50名其他公务员职级晋升工作；组织完成公务员前三季度公务员平时考核工作；组织全厅106名处以上干部完成了个人有关事项年度集中填报，开展个人有关事项随机抽查和重点核查，完成11名拟提拔对象、11名随机抽查对象的核查比对；组织开展干部人事档案专审和信息化录入工作，解决档案历史遗留问题5人次。组织厅机关、建筑业中心招录公务员1人、参照管理工作人员2人；完成4个直属事业单位10个岗位10个职位11名工作人员招聘工作。

【人事和外事等工作】完成了厅机关和厅直单位200余人的调资及养老保险接续、办结等工作。组织专人对全厅备案人员因私证件持有情况进行了年度核查，备案556人（含新增报备机关及参公单位科级退休人员人），因私出国（境）证件503本。组织完成了对全厅备案人员持有因私证件信息比对及清理工作。

【职称评审和行业教育培训工作】制定印发《湖北省工程系列建筑工程专业技术职务任职资格申报评审条件》；制定《湖北省建筑工程专业技术职务任职资格评审委员会工作规程》，组织专家完成了燃气工程、建筑材料、装饰装修等新增5个专业的题库组建工作，题库量增至41600道题。完成2021年度建筑工程专业高（含正高）、中级职务水平能力工作，全省共计有736人参加考试，合格527人。积极推进建筑工人和现场专业人员职业培训工作；已完成“七大员”培训考核取证73902人，换证119521人，全省持证人员共193423人。组织对施工现场专业人员和技能工人配备标准进行了专题调研，完成了年度调研课题。

大事记

1月

6日　召开湖北省工程建设项目审批管理系统施工图数字化审查子系统合同签约暨开工动员会。

7日　湖北省政府新闻办召开“深入优化营商环境专题”首场新闻发布会，介绍贯彻落实《关于以市场主体需求为目标打造一流营商环境的若干措施》相关情况。

14日　召开湖北省城乡生活垃圾分类工作联席会议，副省长万勇出席会议并作安排部署。

15日　湖北省住房和城乡建设厅召开优化营商环境专题会议。

22日　召开湖北省住房和城乡建设厅科学技术委员会智慧住建专业委员会第一次会议。

28日　湖北省住房和城乡建设厅、湖北省发展和改革委员会、湖北省公共资源交易监督管理局制定《湖北省房屋建筑和市政基础设施项目工程总承包管理实施办法》。

2月

4日　出台《关于防范城镇老旧小区改造工作腐败和作风问题的八条措施》。

25日　8项工程上榜2020～2021年度第一批中国建设工程鲁班奖（国家优质工程）。

同日　在全国脱贫攻坚总结表彰大会上，远安县住房和城乡建设局党组书记、局长高建平获脱贫攻坚先进个人，大悟县住房和城乡建设局、通山县住房和城乡建设局获脱贫攻坚先进集体。

3月

1日　与省市场监管局联合发布《湖北省历史文化街区划定及历史建筑确定标准》。

4日　召开湖北省房建与市政工程绿色建造科技创新联合体组建暨工作启动会。

9日　发布《湖北省人民政府办公厅关于加快推进城镇老旧小区改造工作的实施意见》。

15日起　在全省开展擦亮小城镇百日综合整治行动。

18日　召开湖北省深入推进农村房屋安全隐患排查整治和“擦亮小城镇”建设美丽城镇工作视频会议。

同日　印发《聚焦高效办成一件事优化住建领域营商环境工作方案》。

30日　修订完善《商品住宅质量保证书示范文本（试行）》和《商品住宅使用说明书示范文本（试

行)》。

4月

1日　联合省人力资源和社会保障厅发布全省建筑工程专业职称申报评审新标准。

6日　湖北“四个三重大生态工程”目标任务超额完成。

8日　组织开展湖北乡村建筑风貌研究。

13日　召开湖北省建筑工程品质建造科技创新联合体组建暨工作启动会。

15日　发布《湖北省装配式建筑标准体系》(2020年版)。

21—22日　鄂西南片区建设工程质量安全观摩交流活动在宜昌举办。

5月

1日　新修订的《湖北省城镇生活垃圾处理收费管理办法》实施。

13日　湖北省智能建造科技创新联合体组建暨工作交流会在中建三局鄂旅投光谷总部中心项目召开。

27日　发布新修订的湖北省地方标准《绿色建筑设计与工程验收标准》,自6月1日起施行。

30日　湖北省住建系统2021年“安全生产月”和“安全生产楚天行”活动启动。

6月

9日　联合省发展和改革委员会、省民政厅、省公安厅、省生态环境厅、省市场监督管理局印发《湖北省绿色社区创建行动实施方案》。

同日　联合省财政厅、省人力资源和社会保障厅等部门印发《关于进一步加强住宅小区物业管理工作的通知》。

14日起　在全省范围内启动城镇燃气行业专项整治。

29日　印发《湖北省加强城市地下市政基础设施建设实施方案》。

7月

6日　湖北省鄂东南片区“智领施工·创赢未来”暨建筑工程质量安全现场观摩活动在红安县经济开发区觅金花园六期项目举办。

14日　全省城镇老旧小区改造工作现场推进会在黄石召开。

23日　召开2021年湖北省建设工程BIM大赛成果公布和交流会议。

24日　印发《关于进一步加强全省住建领域安全工作的指导意见》。

8月

6日　发布《湖北省房屋市政工程施工现场不良气候和极端天气预警应急响应指南(试行)》。

10日起　湖北省所有新建住宅工程(主要指商品住宅、保障性住房)在交房时,每套新房将标配“一证两书”,即《住宅质量合格证》《住宅质量保证书》和《住宅使用说明书》。

11日　省住建厅、省发改委、省公安厅、省市场监管局、省网信办和省银保监局等六部门联合发布《关于整顿规范住房租赁市场秩序的通知》。

12日　远安县、孝昌县、罗田县三地入选国家乡村建设评价样本。

20日　省住建厅、省自然资源厅、省生态环境厅、省水利厅、省农业农村厅和省乡村振兴局六部门联合发布《关于加快农房和村庄建设现代化的实施方案》。

23日　发布《关于进一步加强房屋市政工程施工现场管理的通知》。

31日　印发《湖北省县城品质提升三年行动方案》。

9月

2日　召开湖北省保障性租赁住房建设和房地产市场调控工作视频会议,副省长柯俊出席会议并讲话。

24日　召开贯彻落实《湖北建筑业发展“十四五”规划》和湖北省住房和城乡建设厅等15部门《关于推动新型建筑工业化与智能建造发展的实施意见》专题会议。

28日　湖北省住宅工程品质提升培训暨现场观摩交流活动在武汉市举办。

10月

11日　出台《湖北省城乡人居环境建设“十四五”规划》。

13日　全省新型建筑工业化与智能建造宣贯培训暨现场观摩交流活动在宜昌市举办。

19日　召开全省住建系统数字住建工作推进暨视频培训会。

20日　省物业行业党委在武汉举办了“全省物业行业2021年度两新组织党组织负责人集中教育培训班”。

11月

5日　印发《关于加快发展保障性租赁住房的通知》。

同日　召开湖北省工程建设项目审批管理系统集成实施服务项目启动会。

17日　召开湖北省农村房屋安全隐患排查整治第五次联席会议暨农房安全管理视频培训会议。

19日　召开全省住建系统重点工作推进视频会，安排部署全省房地产市场平稳健康发展、建筑业高质量发展、加快城市基础设施建设投资等重点工作。

26日　印发《湖北省“十四五”建设科技发展指导意见》。

12月

7日　印发《全省住房和城乡建设领域进一步深化“证照分离”改革工作方案》。

10日　举行全省住建领域政银企战略合作集中签约仪式。

15日　绿色建造科技创新联合体举办《绿色建造设计施工技术手册（1.0版）》（简称《手册》）发布会。

28日　印发《关于在全省住房和城乡建设系统开展法治宣传教育的第八个五年规划（2021—2025年）》。

（湖北省住房和城乡建设厅）

湖　南　省

住房和城乡建设工作概况

【新型城镇化建设】2021年，湖南省常住人口城镇化率预计达到59.8%、增长1.04个百分点。统筹实施城市更新行动。出台长株潭融城示范区风貌管控政策，率先实现长株潭公积金一体化。制订城市更新指导意见，开展项目试点示范，长沙入选国家首批试点城市。推进城市体检试点，长沙、常德获批为国家城市体检样本城市。打造绿色完整居住社区，3529个城镇老旧小区全部开工，片区化改造率达44.5%。实施既有住宅加装电梯三年行动并新加装3852台，工作全国领先。开展城乡历史文化保护传承体系普调，划定历史文化街区53片。保障城市运行安全。推动内涝治理系统化，排查治理地级城市易涝点。整治城市道路顽疾、公园安全隐患以及城镇“厕位”“车位”问题，加强窨井盖和户外广告安全管理。完善管道燃气安全管理政策，开展3次燃气隐患排查和整治。提升城市管理和执法水平。构建城市住宅小区协同治理机制，开展物业维修资金增值收益使用改革。完善园林城市管理办法和标准，新增3个省级园林县城。建立城管领域事中事后监管与行政处罚衔接机制，完成城管执法进小区试点。

【城乡建设】2021年，湖南省新扩改建城市自来水厂9座，新建改造供水管网1624公里，开展城市二次供水设施建设和管道直饮水改造试点。加快普及天然气，除芷江县外所有县市均开通天然气，天然气总用量达39.2亿立方米。启动城市污水处理厂提标改造18座、新扩建污水处理厂20座，新建改造排水管网1902公里，完成12座污水处理厂等级试评价、163座污水处理厂运营评估。城市生活污水集中收集率达到国家考核要求。建成280个乡镇污水处理设施，乡镇污水处理设施覆盖率达77%，规范和加强设施运营管理。推动城乡一体化垃圾治理，新建乡镇垃圾中转站103座。全面排查黑臭水体，市县开工50个整治项目，竣工30个。在5个市县开展海绵城市建设试点，全省海绵城市建设面积占建成区29.07%，岳阳市入选国家示范城市。成立全省城市生活垃圾分类工作领导小组并召开会议，制定推进生活垃圾分类工作的实施意见等文件，打造50个省级示范街道。新建成餐厨垃圾处理设施5座、垃圾焚烧发电项目14个，焚烧处理能力占比68.3%。整治垃圾填埋场，完成72座无害化等级评价，渗沥液处理能力提升。推进“新城建”试点。建设城市市政排水管网GIS系统，8个城市上线。开展智慧社区建设、城市信息模型CIM试点，搭建省级CIM平台。启动城市综合管理服务平台建设，城市网格化管理荣获“华夏建设科学技术奖”一等奖。

【房地产市场稳控】2021年，建立房地产市场平稳健康发展城市主体责任制，整治市场秩序，加强信贷管理。建立全省房地产工作协调机制，防范化解项目风险。非住宅商品房去库存工作获《经济日报》推介。建立全省统一的住房领域信息化“一网通办”平台，上线9个城市商品房网签备案系统。全省房地产市场总体平稳，新建商品住宅均价6481元/平方米，全国排名第25位。住房公积金“跨省通办”“一网通办”全面落实。全省归集住房公积金821.71亿元、提取480.95亿元，同比分别增长9.7%、6.8%，圆了392.7万人购房梦。完善城镇住房保障体系。稳步推进棚改、公租房管理服务提质增效，扩大保障性租赁住房供给。开工城镇棚改3.56万套、公租房1万套，新筹集租赁住房9.3万套，开工保障性租赁住房4.35万套。强化农村建房管理和危房改造。出台加强农村住房质量安全监管政策，构建农房全生命周期监管“1＋N”政策体系。农村房屋建筑调查和隐患排查进度全国第一，2.1万户C、D级危房已整治1.05万户，完成农村危房改造2.8万户，658个传统村落全部规划保护，打造湘西州传统村落集中连片示范。

【建筑业转型升级】2021年，全省建筑业总产值达1.32万亿元，同比增长11.9%。开展施工安全、混凝土质量、违法建设和违法违规审批清查等专项整治，打击“三包一挂”等行为。推行安全生产标准化考评，健全工程质量保险、绿色施工管理等政策，建立建筑市场不良行为记录公布制度。深化招投标问题整治，完善施工监理、工程总承包等体制，招投标全过程实现“监管一张网，交易一平台”。《湖南省绿色建筑发展条例》出台。抓好全国唯一省级绿色建造试点，试点建筑面积达180.85万平方米。5个浅层地热能建筑规模化应用项目开工，14个县市深化开展建筑垃圾资源化利用试点。完成国家级装配式钢结构住宅试点，全省新增绿色建筑、装配式建筑分别占新建建筑总面积77.4%、33.7%，均超额完成考核任务。推广装配式建筑全产业链智能建造平台、施工图审查BIM技术。评选20家“建筑强企”，推动建筑业“走出去”联盟深化交流，扩大粤港澳大湾区和国际合作，筑博会升格冠名中国并圆满举办。

【改革创新】2021年，打造工程建设项目审批制度改革2.0版。推行“用地清单制＋告知承诺制”改革，推广“交房即交证”，整治“体外循环”，推进全流程在线合规审批，改革经验连续三年获国家工改办重点推介。深化“放管服”改革。向自贸试验区赋权11项事项。实施优化营商环境攻坚行动，推进政务服务“三化”和“四减”，服务事项压缩时限76.7%，网办深度达87.6%。信访事项及时受理、按期办结，未发生重大群体性事件。扫黑除恶工作顺利通过全国督导检查。推进企业资质改革。实施建筑企业证照分离和资质审批改革，取消8项资质，实行告知承诺制、备案制。

城市建设管理

【城市环境基础设施建设】2021年，发布《湖南省城市管道直饮水系统技术标准》，印发推进城市管道直饮水系统建设和改造的通知，召开全省城市二次供水暨直饮水建设现场推进会。全省新（扩、改）建城市自来水厂完工9座；新建城市供水管网建设完工799公里，改造供水管网完工825公里。株洲市、张家界市、益阳市成功创建省级节水型城市。污水处理提质增效。截至年底，地级市、县级市生活污水集中收集率较2018年分别提高18.66个、13.85个百分点。组织召开全省城市污水治理提质增效暨海绵城市建设现场推进会；指导常德市、益阳市、醴陵市、汨罗市完成污水处理提质增效试点工作；联合印发加强城镇房屋建筑室外排水管网工程建设质量管理的通知，起草城市污水管网建设改造五年攻坚行动实施方案，加快补齐污水管网短板；指导设市城市全面推进市政排水管网GIS系统建设，有8个城市完成系统建设；组织对长沙市、株洲市、岳阳市12座污水处理厂开展等级试评价，对163座污水处理厂运营管理情况开展调研评估。经省委、省政府同意，成立全省城市生活垃圾分类工作领导小组，召开领导小组全体成员会议及办公室会议，制订领导小组成员单位工作规则和职责分工；出台推进生活垃圾分类工作的实施意见等文件，组织开展垃圾分类评估工作；编制《关于进一步推进生活垃圾分类工作的若干措施（送审稿）》。印发《2021年城市生活垃圾分类工作评估办法》。发布《生活垃圾卫生填埋场建设和运行评价标准》《生活垃圾焚烧厂建设和运行评价标准》，在编《生活垃圾分类示范创建与评价》《生活垃圾分类投放和收集设施设备配置标准》。联合省委宣传部、教育厅等八部门举办全省生活垃圾分类创意创新比赛，启动湖南省垃圾分类“百千万工程”活动。举办全省生活垃圾分类宣讲师、督导员培训。组织邵阳市、益阳市生活垃圾分类工作培训班。筹备全省2021年生活垃圾分类现场推进会，指导邵阳、永州、郴州、常德、衡阳市等市州开展垃圾分类宣传活动。编制培训教材《生活垃圾分类全链条全过程管理500问》。组织14个市州到浙江省开展垃圾分类“1对1”交流协作。指导全省13条街道继续巩固示范创建成果，69条街道积极创建生活垃圾分类示范片区。建成投产长沙二期等10个垃圾焚烧项目。建成娄底市等6座餐厨垃圾处理设施。开展全省垃圾填埋场整改销号、回头看和安全生产调研，投入近5亿元促进填埋场问题整改，提升渗沥液处理能力约 3000 吨/日。引导各市州进行撤桶并点、桶边督导，全省完成 4000 个垃圾分类投放收集点改造。开展垃圾填埋场渗沥液处理导则和生活垃圾中转站建设和运行规范 2 个课题。开展 95 座生活垃圾填埋场、生活垃圾焚烧厂建设和运行督导和评价将填埋场、焚烧厂无害化等级评价工作制度化、常态化，以评促管。进行填埋场问题整改“回头看”。督促 95 座填埋场线监控联网工作，规范处理渗沥液处理。初步建立湖南省生活垃圾分类信息平台建设，省市县三级的生活垃圾分类全过程信息化管理系统平台框架形成。印发厕位、车位集中整治方案，加强城市公厕精细化管理和问题监督。开展全省垃圾填埋场专业培训 2 次，编制培训教材《生活垃圾填埋场运营管理 300 问》，提升基层管理能力。举行第三届全省环卫技能竞赛，提高行业凝聚力和技能水平。将黑臭水体整治纳入河长制、污染防治攻坚战考核内容，提请省河长办公布黑臭水体河湖长名单，督促各地加快整治。截至年底，湖南省地级城市建成区黑臭水体完成整治 182 个，全省平均消除比达到 98.9%，各地级城市消除比例均已达到 90%以上。

【城镇燃气】2021 年，湖南省长输天然气管道供应区域覆盖 11 个市州，形成以忠武线潜湘支线、新粤浙湖南段以及西二线樟湘支线、西三线长沙支线为支撑的“两纵两横”天然气输送管道骨干管网。全省累计建成城镇天然气管网 3.6 万公里，天然气使用总量达到 39.2 亿立方米，液化石油气年使用量达到 44.2 万吨，分别较 2020 年同期增加 2000 公里、增加 3.2 亿立方米、减少 3.6 万吨。燃气用户达到 1050 万户（其中天然气用户 694 万户，液化石油气用户 356 万户），较 2020 年同期增加 31 万户，全省 99 个市县开通使用天然气，燃气普及率达 94.5%，提高 0.3%。联合公安等 6 部门发布《关于加强全省瓶装液化石油气安全管理的通知》，督促企业落实主体责任，强化监管部门协调配合，形成长效监管机制。重新修订《湖南省管道燃气燃烧器具气源适配性目录管理办法》，保障管道燃气燃烧器具使用安全，防止燃气安全事故发生。多次赴长沙市、株洲市、湘潭市、衡阳市、岳阳市等地开展城镇燃气安全生产检查，共计检查 35 家燃气企业和 182 个使用场所，排查各类安全隐患 379 处，并现场交办；6 月 13 日湖北省十堰市发生燃气爆炸事故，当日发布《湖南省住房和城乡建设厅关于深刻汲取湖北十堰市“6.13”燃气爆炸事故教训立即开展城镇燃气安全隐患大排查大整治的通知》，全省累计排查燃气场站 683 座，充装站 735 座，燃气经营网点 4647 个，大型综合体、餐饮、集贸市场等非居民用户约 7.5 万户，排查隐患 1.2 万个；8 月印发《城镇燃气安全隐患大排查大整治工作情况的通报》，督促各地主管部门及时归纳总结发现的突出问题和薄弱环节，落实监管责任和整改措施。10 月发布《关于立即组织开展全省城镇燃气安全生产大排查大整治的通知》，要求从 10 月 22 日起在全省城镇燃气领域集中组织开展安全生产自查自纠和交叉检查；11 月以省安委办的名义印发《城镇燃气安全生产排查整治工作联合督导检查方案》，对全省定点定量开展排查整治联合督导工作。指导行业协会开展湖南省燃气从业人员继续教育培训教材编制工作，已编制完成全省燃气从业人员继续教育培训教材丛书；组织人员赴上海参加燃气管理法律法规政策制度等内容培训，提升行业管理工作能力和水平；9 月召开全省城镇燃气管理系统干部培训会，提升管理人员知识结构，提高行业安全管理水平；12 月拟对全省燃气经营企业主要负责人、安全生产管理人员以及运行、维护和抢修人员三类岗位人员组织考试，共计 2900 余名从业人员报名参加考核。建立城镇燃气企业及从业人员监管信息平台，已完成调试即将试运行。加快乡村燃气建设发展，厅领导带队赴衡阳市、祁东县等地实地调研乡镇管道燃气项目建设情况。委托中国燃气公司开展湖南省乡村燃气发展调研和规划编制。组织召开农村智能微管网燃气工程示范项目建设座谈会，支持建设安全可靠的乡村储气罐站和微管网供气系统。将开展管道燃气下乡试点纳入省住房城乡建设厅“我为群众办实事”任务清单。

【城市园林绿化】截至 2021 年年底，湖南新增省级园林县城 3 个，全省共有国家园林城市 10 个，国家园林县城 6 个，省级园林城市 16 个，省级园林县城 27 个，园林城市（县城）共计 59 个，占全省县以上城市总数的 59%；全省已有省级园林式单位 1315 个，省级园林式小区 268 个。印发《湖南省园林城市园林县城管理办法》《湖南省园林城市园林县城标准》，修订印发《园林式单位和园林式居住区评选办法》。完成绥宁县、衡南县、凤凰县省级园林县城申报评审工作。印发《关于做好 2021 年园林城市园林县城复查工作的通知》，印发复查通报。完成《湖南省园林绿化植物木本苗标准》《湖南省园林绿化工程质量综合评价管理办法》《湖南省园林绿化工程质量综合评价标准》《湖南省园林绿化施工企业信用信息和评价管理办法》及配套标准，制定《湖南省园林绿化行业“十四五”发展规划》，强化事中事后监管和行业安全生产监管。组织各市州开展城市公园安全隐患排查整治，截至10月中旬，共排查出2020处安全隐患、完成整改2004处。对列入住房和城乡建设部城市公园安全隐患的岳阳王家河安全隐患和郴州郴江河风光带苏仙桥头安全隐患整改情况根据全处综合调研工作安排进行重点督查督办，实时调度整改进展。印发《湖南省住房和城乡建设厅关于做好红火蚁阻截防控工作的通知》，并组织专家赴郴州、湘潭、长沙、永州等地对城市公园安全隐患排查整治和红火蚁阻截防控情况进行检查指导。发布《湖南省住房和城乡建设厅关于做好生态环境损害赔偿相关工作的通知》，印发全省住房城乡建设（城市管理类）生态环境损害赔偿案件线索清单，要求各地依法依规开展生态环境损害赔偿相关工作，确保完成年内考核任务。发布《关于做好“城市绿化周”工作的通知》，组织各地开展线上线下相结合的义务植树、园林花卉展览、园林文化讲座等形式多样的活动。

村镇建设管理

【概况】2021年，湖南省共有乡镇1522个，其中建制镇1133个、乡389个（民族乡83个）。全年湖南省争取国家危房改造补助资金5.085亿元，完成农村危房改造2.8万户；完成乡镇污水处理设施建设280个，累计日处理规模达74.7万吨；新建乡镇垃圾中转设施103个，全省对垃圾进行处理的行政村比例达到93.8%；全省共有658个村落列入中国传统村落名录。湖南省住建厅村镇建设处被评为湖南省脱贫攻坚工作先进单位。

【农村危房改造】发布《关于做好农村低收入群体等重点对象住房安全保障工作的通知》，将农村危房改造对象从支持4类重点对象调整为6类对象；加强同省乡村振兴局、民政厅数据共享、互联互通，依据全省防返贫监测与帮扶管理平台，对民政、乡村振兴部门认定的低收入群体的房屋安全性进行鉴定，及时将居住在C、D级危房且有改造意愿的低收入群体纳入危房改造计划，开展针对性帮扶。对已消除住房风险的监测户在省防返贫监测与帮扶管理平台上及时销号。发布《关于加强汛期农村住房安全工作的紧急通知》、印发《洪涝灾害农村住房安全应急评估指南》，组织对灾损房屋开展安全性鉴定，当年有改造意愿的低收入群体等重点对象1480户因灾新增危房全部改造完成。

【农房质量安全】代省人民政府办公厅起草《关于进一步加强农村住房质量安全监管的通知》，将《农村住房“全生命周期管理”流程图》《村民建房质量安全责任承诺书》《乡村建设工匠管理工作责任清单》三个文件作为附件，形成农村住房质量安全监管“1＋N”政策体系，进一步理顺各级各部门以及建房村民、乡村建设工匠等工作职责，健全农村建房全生命周期质量安全监管机制。在全省范围内开展农村房屋安全隐患排查整治工作和自然灾害综合风险普查，印发《农村房屋安全隐患排查整治导则》《农村房屋建筑调查技术导则》等，全省累积排查农村房屋1168万户，对初判存在安全隐患的房屋开展鉴定，并进行整治。

【农村人居环境整治】2021年，湖南省914个建成（接入）污水处理设施，较2018年底翻了两番，全省建制镇污水处理设施覆盖率达到77%。长沙、岳阳、益阳、常德、张家界5市实现100%全覆盖，59个县市区的建制镇污水处理设施提前全覆盖。会同省发改委等四部门发布《关于规范和加强全省乡镇生活污水处理设施运营管理的通知》，进一步规范乡镇污水处理设施运营管理。截至年底，全省建成乡镇生活垃圾收转运设施1182座，有力增强全省农村垃圾收转能力。全力推进全省小型生活垃圾焚烧设施整改，取缔拆除小型垃圾焚烧设施260余座。积极探索推进村民付费机制建设，全省约40%的村庄实施农村垃圾治理村民付费制度，株洲市、湘潭市实现村民付费100%全覆盖，《人民日报》对此进行专题报道推介。

【美丽宜居，共同缔造】2021年，印发《湖南省美丽宜居共同缔造试点示范工作实施方案》，为全省共同缔造活动开展指明方向和实施路径，专题开展“实施乡村建设行动，共同缔造美丽宜居村镇”和“湖南省特色村镇基因图谱及风貌塑造指南”课题研究。选取汝城县、凤凰县、宁远县、浏阳市为试点，因地制宜探索差异化、特色化共同缔造工作机制和推广模式。通过政府部门和群众共谋共建共管不断提升村镇管理水平。湖南省美丽宜居共同缔造经验获得新华社推荐报道。

【传统村落保护发展】2021年，湖南省建成传统数字博物馆75个，湖南传统村落系列丛书获评湖南省社会科学一等奖，出版《传统村落第二卷》。

【村镇人才队伍建设】举办全省住建系统村镇建设干部能力提升培训班，培训各市州住房和城乡建设局村镇干部150余人。下发培训工作方案和通知，全省共培训乡村建设工匠8000余名，乡村建设工匠队伍不断壮大、技能水平不断提升。

住房保障

【概况】2021 年，湖南省全年争取棚改及公租房保障中央和省级资金共 27.15 亿元。开工城镇棚改 3.56 万套，公租房 1 万套，保障性租赁住房 4.35 万套，发放公租房租赁补贴 11.96 万户。全省近 118 万户住房困难家庭正在享受公租房保障。在财政部湖南监管局对全省 2020 年棚改及公租房专项资金使用绩效评价中获评优秀等次。湘潭市被国务院表彰为 2020 年棚改工作积极主动、成效明显地方，湖南省连续 5 年获此殊荣。

【督查住房保障】2021 年，省政府将住房保障工作纳入真抓实干督查激励范围，省住房城乡和建设厅将其列入厅 10 项重点工作任务。每季度根据任务进展情况有针对性地赴进展慢的市州和县市区现场督查；进行项目调整。对确实无法落地项目开展项目调整工作；开展交叉调研评估。11 月底，组织抽调市州 100 余名住房保障业务骨干分成 14 个组，并由厅住保处派员督导，开展交叉调研评估。

【公租房管理】2021 年，经省政府同意修订出台《湖南省公共租赁住房管理办法》，进一步规范对公租房全流程管理。组织市州盘活处置部分公租房，将租赁期满无保障需求的公租房、原通过改建方式筹集现鉴定为 C、D 级危房的公租房退出公租房管理，将短期内无保障需求的公租房调整用作保障性租赁住房。由省纪委组织开展惠民惠农财政补贴资金“一卡通”问题专项监督检查，确保公租房租赁补贴通过“一卡通”直接足额发放到保障对象；聘请会计师事务所，选取存量公租房规模较大的 4 个市州开展为期一个月的公租房运营管理情况第三方评估，促进规范管理；与省建行合作基本建成省级公租房监管平台。组织市州开展公租房示范小区创建，在临澧县召开现场会部署推进。

【试点工作】2021 年，积极指导市州申报住房和城乡建设部相关试点，长沙市被列入 2021 年全国保障性租赁住房 40 个试点城市之一，湘潭市被列入住房和城乡建设部推广公租房 APP 的 19 个试点城市之一。指导长沙市积极发展保障性租赁住房，154 个项目 1.6 万套实现分配入住。湖南省保障性租赁住房工作在住房和城乡建设部视频培训会议上被表扬，长沙市被列入保障性租赁住房第 1 批试点工作经验城市。指导湘潭市推进公租房 APP 试点工作，优化业务流程，缩短审批时限，通过 APP 实现业务线上全过程办理。湘潭市工作经验被《中国建设报》在头版刊发报道。

【保障性租赁住房】组织召开全省住房保障工作现场推进会，对发展保障性租赁住房工作进行安排部署，压实责任，明确工作措施。各市州建立健全保障性租赁住房领导机构统筹推进。两次组织市州开展调研。在摸清需求和存量土地、房屋资源，统筹考虑住房租赁市场供需状况及全省发展实际的基础上，将长沙市、株洲市、湘潭市和岳阳市确定为发展保障性租赁住房的重点城市，确定“十四五”期间全省保障性租赁住房计划 30 万套。研究起草《关于加快发展保障性租赁住房的通知》。长沙市人民政府印发《关于加快发展保障性租赁住房的实施意见》。12 月底，省住房城乡建设厅牵头财政、发改、自然资源和税务等相关部门对 4 个重点发展城市开展保障性租赁住房监测评价工作，重点评价城市发展保障性租赁住房在解决新市民、青年人等群体住房问题的成效。

勘察设计管理

【概况】2021 年，湖南省全年工程勘察设计企业约 960 家，营业收入预计达 3808 亿元，同比增长 12%；新签订合同额约 1830 亿元，同比增长 12%。率先在岳阳经开区、临港新区开展规划、住建“两审合一”试点，推动规划技术审查纳入住建部门“多图联审”。举办第三届湖南省 BIM 技术应用大赛，推动全省 BIM 技术应用再上新台阶。全省共划定历史文化街区 53 片，全省所有设市城市和历史文化名城县均确定历史建筑，共计 1611 处。

【施工图审查制度改革】2021 年，湖南省率先在岳阳经开区、临港新区开展规划、住建“两审合一”试点，推动规划技术审查纳入住建部门“多图联审”。联合省人防办发布《关于做好全省施工图审查争议问题处理工作的通知》，形成审图监管的环形闭合。联合省财政厅发布《关于进一步落实政府购买施工图审查服务政策的通知》，保障全省施工图审查正常高效运转。2021 年，湖南省施工图审查全流程办理用时 13.3 天，同比节省 3.4 天，审查时效继续领跑全国。

【BIM 技术应用】发布《关于开展市政基础设施工程施工图 BIM 审查功能上线运行的通知》，湖南省 BIM 审查系统同时具备房屋建筑和市政道路管线审查功能。探索引入 AI 人工智能技术实现对标准规范条文智能化拆解，施工图 BIM 智能化审查条文达 758 条，大幅提升审查质量和效率。开展施工图 BIM 审查试点以来，申报试点项目 196 个，送审面积 1426 万平方米。

【全过程咨询】2021 年，湖南省住房和城乡建设厅成立湖南省全过程工程咨询发展战略联盟，发布工作章程。印发《全过程工程咨询招标投标管理暂行办法》，《整治政府投资项目初步设计审批“体外循环”和“隐性审批”问题的通知》，促进工程建设节约投资、缩短周期、提高质量。

【城市更新工作】起草《湖南省人民政府关于统筹推进城市更新行动的指导意见》。研究起草《湖南省城市体检工作实施方案》，指导样本城市长沙、常德市完成《2021 年城市自体检报告》，配合住房和城乡建设部完成第三方体检，指导长沙、常德制定并发布城市体检报告，为城市更新提供路径。培育长沙成为 2021 年全国城市体检先进单位，入选国家首批城市更新试点。编制《湖南省绿色完整居住社区创建标准》，制定《绿色完整居住社区创建行动方案》，推进绿色社区和完整社区一体化创建。

【历史文化保护工作】开展全省城乡历史文化保护传承体系普查调研，完成《全省城乡历史文化保护传承工作调查报告》。起草《湖南省委办公厅湖南省政府办公厅关于在城乡建设中加强历史文化保护传承的实施方案（代拟稿）》。印发《湖南省住房和城乡建设厅关于历史文化街区划定和历史建筑确定工作情况的通报》，持续推进历史文化街区划定和历史建筑确定工作，全省共划定历史文化街区 53 片，全部完成统一公布程序；共确定历史建筑 2097 处。推荐芷江县、宁远县等 5 个市县进入住房和城乡建设部国家历史文化名城后备名单，会同省文物局启动第六批省级历史文化名镇名村申报工作。协调省自然资源厅推进凤凰县、江永县历史文化名城名镇名村保护规划审批工作。完成《长株潭融合引导区建设规划研究及融城示范社区建设方案》，编制《长株潭融合引导区风貌管控指引（试行）》《长株潭融城示范社区建设导则（试行）》，呈报省政府及领导小组办公室。协调长株潭三市政府按照绩效考核要求明确建设方案、建设主体和建设时序，完成考核任务。

建筑业管理

【概况】2021 年，湖南省建筑业完成产值 1.32 万亿元，同比增长 11.9%，高于全国 0.9 个百分点；上缴税收 385.64 亿元，同比增长 11.52%，上缴税收在主要行业排名第四位。实现增加值 3973.36 亿，同比增长 2.0%，占全省 GDP 比重为 8.6%，年均吸纳就业人数 301 万人。

【质量安全监管】组织召开省建安专委会安全生产特护期工作部署会议和省建安专委会 2021 年第一次全体成员会议，持续深入开展建筑施工安全风险隐患“大排查大管控大整治”行动，严格“打非治违”，坚决杜绝不履行法定建设程序的行为，坚决制止随意压缩建设工期的行为。会同省国资委专题研究大型国有企业工程建设项目施工安全监管问题，明确厂区内工程建设项目施工安全监管责任。开展“施工安全专项治理”“混凝土质量专项整治”“强执法防事故”“强监督、遏事故，百日攻坚”“打非治违三年行动”等行动，组织召开视频动员会，组织召开各级住建部门及所属质量安全监督机构和相关施工、监理企业负责人参加的规范性文件视频宣贯培训会，进一步推动相关行动深入开展。定期将执法评价排名情况在全省进行通报，相关工作情况和信息及时报送省安委办。持续深化“违法建设和违法违规审批专项清查”，推动在建建筑按规定 100%排查完毕，排查出存在隐患问题的房屋建筑 7708 栋，完成整改 6617 栋。修订建筑施工安全生产标准化考评实施细则，将实名制管理、监理报告制度等工作纳入考评；公布质量管理考评不合格项目 238 个，不合格企业 12 家；公布安全生产考评不合格项目 391 个，不合格企业 13 家。坚持开展季度质量安全督查和年度目标管理，强化特护时期和重点地区的专项检查，对存在重大问题的地区实行专函督办。出台监督人员监督规范化动态考核记分管理暂行规定，定期开展监督人员培训。全面深入开展安全生产整治三年行动的集中攻坚年有关工作。持续抓好建筑施工质量安全、消防设计审查验收监管、严厉打击建筑市场违法违规行为等，严防各类安全事故发生。发布《关于对城市建设安全专项整治突出问题和重大隐患实施挂图作战的通知》，共向省安委办报送挂图作战重大问题隐患 27 条。全年共检查 168 个在建项目，发现质量安全隐患 3782 条、市场不规范行为 261 项，责令限期整改项目 54 个，全面或局部停工项目 140 个。扎实开展考评符合性抽查，质量安全监管更加规范化、信息化；组织质量月、安全生产月、质量安全服务三进等活动，出台工程质量潜在缺陷保险、绿色施工管理等文件，修订关键岗位人员配备管理、监理报告制度等文件，进一步完善质量安全保障体系。进一步加强消防工程施工质量监管，将消防工程纳入建筑工程施工质量日常监督和标准化考评范畴；升级消防验收备案抽查管理系统，严格消防验收和执法。组织起草房屋建筑和市政工程消防设计审查要点，发布《关于提高工业建筑消防设计及技术审查质量的通知》。推动建立交通、水利、能源、工业等领域消防安全协同监管工作机制。开展既有建筑改造利用消防设计审查验收改革试点，化解历史遗留项目“办证难”问题。全年组织7期新进监督人员培训共计1006人次，4期继续教育共计751人次，监督队伍能力稳步提升；对132家监督机构开展资格动态考核，完成2家新申报监督资格审核，出台制度开展监督人员动态计分管理；成功承办湖南省第一届职业技能大赛·住房和城乡建设行业质量安全监督职业技能竞赛。

【建筑市场监管】督促市州采集施工企业和监理企业信用信息，加强信用评价结果在招投标活动中进行应用，出台《湖南省建筑市场不良行为记录公布制度》。持续开展“三包一挂”专项整治，严厉打击建筑工程施工转包违法分包等违法行为，2021年前三季度，全省共查处有违法行为的建设单位279家，有违法行为的施工企业262家，罚款总额达1541.55万元。推进建筑工人和关键岗位人员实名制管理，大力查处欠薪行为，全年厅本级解决欠薪案件11个，解决欠薪金额2416.76万元，全省保函替代保证金72.6亿元，有效减轻企业负担。发布《关于开展2021年度湖南省建筑业企业、建设工程监理企业、建设工程质量检测机构“双随机一公开”资质动态核查的通知》，部署各地开展动态核查工作。全省各市州共核查887家企业，对不符合资质标准且未按期整改的企业依法依规撤回资质证书，共撤回20家企业资质证书。结合建设工程项目质量安全检查，全年共定向抽查检测机构22家，共发现质量检测不规范行为92条，对检查发现的问题均向属地交办。

【行业发展】出台《2021年湖南省“建筑强企”命名活动方案》，组织开展“建筑强企”评选，发布《关于2021年湖南省“建筑强企”评审结果的公示》。承办湖南-粤港澳大湾区建筑业合作交流推介会，邀请湖南省40余家建筑企业、广东省30余家开发投资企业参加，现场签订7份战略合作协议。组织召开2021年湖南省建筑业高质量发展座谈会、湖南省建筑业“走出去”战略合作联盟2021年工作会、对外经济合作重点项目推介会、国际产业合作项目交流会、建筑业助推乡村振兴项目交流会等。组织开展国际市场经营管理人才培训，累计培训300余人。协调省税务局、厅计财处，做好建筑业财源建设相关工作，湖南省建筑业圆满完成省财源办下达的目标任务。

房地产业

【概况】2021年，湖南省完成房地产开发投资5427.83亿元，同比增长11.2%，较1—11月回落1.5个百分点，已连续10个月回落，高于全国平均增速6.8个百分点，两年平均增长10.5%，总量、增速在全国分别排名第10位、第4位，在中部排名第4位和第2位。全省新建商品房销售面积9188.79万平方米，同比减少2.6%，较上年同期回落6.3个百分点，两年平均增长0.5%，总量、增速分别在全国排名第8位、第21位，在中部排名第3位、第5位。全省新建商品住宅均价6481元/平方米，中部排名第6位，全国排名第25位。全省房地产施工面积42660.89万平方米，同比增长4.7%。房屋新开工面积10168.21万平方米，同比减少6.9%，已连续三个月下降，降幅较1—11月扩大1.9个百分点。1—12月，全省房地产用地供应7956.0公顷，同比减少10.6%，增速较上年同期回落46.1个百分点，两年平均增长10.1%。截至12月末，全省房地产贷款余额16341.44亿元，占全部贷款余额的29.3%，同比增长8.5%，较上年同期回落4.8个百分点，增速已经连续三年放缓。全省房地产贷款新增1276.7亿元，同比少增484.4亿元。从贷款投向来看，房地产开发贷款余额3956.16亿元，同比增长0.6%，增速较上年同期回落3.7个百分点；个人住房贷款余额11671.46亿元，同比增长12.2%，增速较上年同期回落6个百分点。全省全年完成房地产税收收入1216.06亿元，同比增长3%，增速较上年同期提高3.31个百分点，两年平均增长1.34%；占税收总收入比重为26.98%。房地产税收地方部分1025.49亿元，同比增长4.88%；占地方一般公共预算收入比重为31.55%，占比较上年同期回落0.95个百分点；占地方税收收入比重为45.66%，占比较上年同期回落1.85个百分点。

【房地产调控】报请省委办公厅、省政府办公厅印发《关于建立房地产市场平稳健康发展城市主体责任制的通知》，坚持一城一策、因城施策，进一步压实城市政府主体责任，做好城市间政策联动和统筹协调，初步建立符合全省实际的房地产市场平稳健康发展长效机制。湖南及长沙房地产调控成为全国标杆。全省房地产市场进入调整期，房地产开发投资增速持续回落，商品房销售和房地产用地供应均出现下降，房价平稳可控。

【房地产监管】报请省政府成立房地产工作协调机制及防范化解房地产项目风险工作专班，出台

“一省一策”等处置方案，推动落实地方党委政府属地管控责任，压实企业自救主体责任，协调相关部门加强金融支持和司法保障。印发商品房风险提示，要求在所有开发项目销售现场予以公示。会同省发改委等六部门印发文件，积极推动全省化解住宅商品房库存，在全国引起强烈反响。发布《关于贯彻落实〈住房和城乡建设部等部门关于加强轻资产住房租赁企业监管的意见〉的通知》、印发《湖南省持续整治房地产市场秩序工作实施方案》，共抽查11个市州55个县市区在建房地产开发项目34个、商品房销售项目31个、住房租赁项目4个和物业管理服务项目36个，现场发现并责令整改176个问题。会同银保监等部门印发文件，开展房贷相关业务排查检查，督促全省银行业金融机构严格落实房地产贷款集中度限额管理和个人住房信贷合规管理要求，严禁资金以经营贷款等形式违规流入房地产市场。出台《关于加强城市住宅小区协同治理的指导意见》，积极发挥党建引领作用，加强业主自治和物业管理，超过6000个住宅小区成立党组织，过半数县级以上物业管理主管部门牵头成立物业管理行业党委。超过2000个物业管理区域使用省物业管理监管平台、200多次业主大会会议在省投票平台召开。指导株洲开展物业专项维修资金增值收益使用改革，指导长沙、湘潭开展美好家园建设试点工作。扩大租赁住房供给，指导长沙培育发展住房租赁市场，新增筹集备案租赁住房9.3万套。结合全国自然灾害综合风险普查工作，统一推动城镇房屋建筑普查及物业管理区域消防安全隐患排查，截至12月底，普查完成率达到95.9%。将居住小区物业管理区域消防安全管理列入市州平安建设考核指标，压实物业管理区域消防安全管理责任。督促市州加强物业管理区域消防安全隐患排查整改，全省排查物业管理区域隐患2880余项。开展全省物业服务项目安全督查，对消防部门反馈的76个重大火灾隐患项目重点督办整改。

建筑节能与科技及标准化

【概况】截至12月底，湖南省绿色建筑累计开工面积约2.83亿平方米。其中，城镇新增绿色建筑竣工总面积7084.6496万平方米，同比增长19.37%；市州中心城市绿色建筑新增竣工总面积4246.303万平方米，同比增长20.28%；市州中心城市新开工绿色建筑总面积6171.4222万平方米，同比下降0.79%。全省城镇新增民用建筑竣工面积9150.6164万平方米，新增绿色建筑占比77.4%。其中长沙市完成率高达95.42%，衡阳市超过80%。全省累计取得绿色建筑标识1000项，建筑面积约11146.88万平方米。其中，2021年1月至6月获得绿色建筑标识的项目147个，建筑面积约为1669.63万平方米。

【出台《湖南省绿色建筑发展条例》】7月30日，湖南省第十三届人民代表大会常务委员会第二十五次会议通过《湖南省绿色建筑发展条例》，并于10月1日起施行。该条例将“双碳”目标、装配式建筑纳入法制内容，提出国土空间规划内新建民用建筑应当按照绿色建筑基本级以上标准进行建设，将绿色建筑等级和绿色建造方式纳入详细规划等。

【开展《湖南省绿色建筑发展条例》宣贯活动】印刷《湖南省绿色建筑发展条例》100本，分发给14个市州组织学习与宣贯，组织各市州绿色建筑管理部门用横幅、电子屏等多形式多地区开展宣传；9月14日，邀请省人大、省政府、省司法厅共同主办《湖南省绿色建筑发展条例》线下宣贯会，同时启动《湖南省绿色建筑发展条例》宣贯潇湘行活动，近400人出席现场会议，现场直播观看人数达到4.8万人。9月至11月，在长沙市17个小区粘贴《湖南省绿色建筑发展条例》宣贯会的相关海报，其中电梯门贴100块、电梯门禁100块、特别制作了动画《“小满哥说绿建”系列科普片》，用长沙方言rap，以轻松欢快、简单易懂的形式进行表达，呈现出集动画、实景于一体的长沙特色绿色建筑系列科普片，在长沙地铁上轮流播出后获得一致好评。

【开展绿色建筑宣贯培训】9月14日至15日，开展“湖南省绿色建筑信息管理系统”实操暨《绿色建造技术导则（试点）》培训会。全国绿色建造专家库的专家、绿色建造试点项目相关负责人及技术人员来到现场，对绿色建筑相关专业知识及应用平台操作技巧等进行全方位的讲解与培训。全省相关行业协会（学会），开发建设、设计、施工、物业服务等企事业相关人员等共计400余人参加此次培训。

【推进可再生能源应用试点】联合省发改委、省财政厅、省自然资源厅开展为期三年的全省浅层地热能建筑规模化应用试点，启动长沙望城区滨水新城（片区）等5个项目作为全省浅层地热能建筑规模化应用试点，5个项目均已开工。

【成功举办“筑博会”】2021年，经中国贸促会批准，“筑博会”成功升格为“中国（长沙）国际装配式建筑与工程技术博览会”，本届展会主题为“践行三高四新，绿色建造未来”，吸引近500家企业携最新研发成果同台“比拼”。展会达成120亿元成交额，90多家媒体宣传报道，32572人次线下参观参会，2436682人次线上观看视频直播，117323人次线上观看图片直播。

【科技创新工作】2021年，印发《湖南省工程建设标准化“十四五”发展规划（2021—2025年）》，认定建筑业企业技术中心41家，发布全省工程建设地方标准立项45项，完成575项“省级工法”立项，科研课题立项16项，建筑业新技术应用示范工程立项52项。

城市管理和执法监督

【城市管理执法体制改革】2021年，与湖南大学法学院共同拟制完成《加强和完善湖南省住建领域行政执法监督研究报告》，印发《湖南省住房城乡建设领域行政执法监督暂行办法》。印发《关于加强和规范全省住房城乡建设领域事中事后监管实施方案》。印发《行政执法文书示范文本（试行）》和《行政执法案卷管理规定（试行）》。开展年度住房城乡领域行政执法案卷评查。转发邵阳市和郴州市汝城县关于城市管理领域事中事后监管与行政处罚衔接机制的相关文件，供市州、县市区学习借鉴。联合省生态环境厅开展社会生活噪声污染治理等8个环境保护管理方面行政处罚及其行政监督管理权情况调研摸底。

【队伍建设】2021年，在全省城管执法队伍中开展巩固深化“强基础、转作风、树形象”专项行动，全面提升城市管理执法和服务水平。组织开展两期全省城市管理执法科级干部培训，共培训469人。积极推进全省城市管理综合执法创建文明行业工作，全省城市管理执法队伍共成功创建18个省级文明单位和62个市级文明单位，全年创建目标分别完成90%和92.5%。5—7月，采取暗访形式，对13个设区市和15个县级城市开展城市管理执法工作督导检查，制作了督导检查纪实片，向市州交办问题清单并下发通报。

【城市综合管理服务平台建设】拟制完成《湖南省加快推进城市综合管理服务平台建设实施方案》《湖南省城市综合管理服务平台建设指南》和《湖南省城市综合管理服务平台数据库数据规范》，拟报请省人民政府同意印发。对株洲市、张家界市的平台建设方案组织专家研讨，提出意见建议，指导张家界市搭建城市综合管理服务平台。赴杭州考察学习“城市大脑”。

【城市精细化管理】2021年，在张家界市开展“城管执法服务进小区”试点，转发《张家界市“城管执法服务进小区”工作方案》。对全省城市窨井盖安全管理工作进行调研摸底，拟制《湖南省加强窨井盖安全管理工作方案》（征求意见稿），分别向省检察院等8家省直单位和14个市州人民政府征求意见。联合省自然资源厅开展小区顶楼平台“圈地占用”集中整治和督导检查。指导各地认真开展市容环境整治，切实解决人民群众“急难愁盼”的市容市貌问题。积极开展“我为群众办实事”实践活动，在衡阳市、湘潭市、郴州市、浏阳市重点推进36条背街小巷整治工作。发布《关于深入推进铁路沿线安全环境治理工作的通知》，积极推进铁路沿线安全环境整治工作。

【行政处罚】2021年，省住房和城乡建设厅共接受相关业务处室移交行政处罚案件15件，向相关企业和个人下达行政处罚决定书33份，暂扣8家企业安全生产许可证，16名个人安全生产考核合格证书，撤销8家企业相关建筑业企业资质，对相关违法违规企业共处罚金26万元。提请雨花区法院对2家未履行缴纳罚款义务的企业强制执行。

公积金管理

【概况】2021年，湖南省累计归集住房公积金6052.24亿元，提取住房公积金3265.74亿元，缴存余额2786.50亿元，缴存人数392.71万人，发放住房公积金贷款3880.36亿元，贷款余额2302.09亿元，住房公积金个贷逾期金额2333.66万元，贷款逾期率为0.01%。归集住房公积金821.71亿元，比上年增长9.70%；提取住房公积金480.95亿元，比上年增长6.84%；发放个人贷款399.23亿元，比上年增长5.41%。全年实现住房公积金增值收益45.71亿元。

【信息化建设】2021年，湖南省住房和城乡建设厅全面打造“智慧公积金”。落实“一件事一次办”改革提升，5月出台《湖南省住房公积金业务规程》。完成12329综合服务平台功能开发。省住房公积金监管和风险防控信息平台正式上线运行，打破监管盲区，全省开展住房公积金数据治理工作，提升行业管理水平。推进高频服务事项“跨省通办”。全年5项“跨省通办”服务事项工作全部完成，组织开展“三个一百”活动，实现成效“可量化、可感知、可评价”。

【资金使用管理】探索建立行业资金融通使用新机制。指导省直分中心与益阳中心开展异地贷款合作发放试点工作，完成调研方案制定，进入业务流程细则阶段。鼓励引导资金富裕的中心积极参与住房公积金支持保障性租赁住房试点工作，组织部分市州中心赴上海、青岛、新疆等地调研学习构建保障性租赁住房和资金拆借经验做法，探索湖南省住房公积金行业支持保障性租赁住房建设的模式。推进长株潭住房公积金一体化发展合作。组织长沙、省直、株洲、湘潭4家住房公积金管理中心多次磋商，签订8个合作事项发展合作公约。

【资金安全】与省高院联合下发《关于建立住房公积金执行联动机制的若干意见》，切实维护缴存职工和申请执行人的合法权益。严格落实季度抽查和中心每月自行巡查的电子稽查工作制度，每季度向住房和城乡建设部汇报情况。建立完善新市民缴存制度，扩大缴存覆盖面，增强住房公积金制度惠普性。截至12月，全省新市民缴存人数21.06万人，金额64778.14万元。全国推动体检评估首批试点单位，复评工作经验在全国推介。

建设监督

【概况】2021年，湖南省共完成34个省管工程项目招标文件备案，其中房建项目23个，市政项目11个，总中标金额90.95亿元；按时处理并办结招投标投诉265件；组织开展两次全省招标文件核查和标后稽查，对核查、稽查发现的问题及时进行处理；完成专项整治交办案件、大数据分析问题线索处置工作，对查实的违法违规行为依法依规进行查处。

【政策体系建设】2021年，持续对湖南省招投标系列文件进行修订完善，从制度层面遏制资质挂靠、围标串标等违法违规行为。重构招标投标信用体系，出台施工监理招标投标信用评价办法，实现全省信用统一，优化营商环境。根据修订的信用评价办法，及时调整与之配套的施工、监理、工程总承包评标办法及标准招标文件。新修订的评标办法，按投资额度划分三个区间，引导大企业做大项目，小企业做小项目，并赋予业主在招投标方面充分的自主权，努力实现同质企业充分竞争，大中小企业协调发展，现场与市场两场联动，从制度层面降低资质挂靠行为。通过在施工、工程总承包评标办法中设置α、β随机值，以及在施工组织设计（技术方案）评审的分值区间设置上下限，一定程度上防范围标串标和评委随意打分的现象的发生，进一步规范湖南省工程招标投标活动，确保评标的公平公正。

【电子化招投标】2021年，湖南省实现工程建设项目从招标方案报送到中标通知书发放全程线上监管。规范全省招投标行政监管流程，方便从监管平台随时调取、核查招标文件，提高事中事后监管效率，实现全省住建领域的招投标“监管一张网，交易一平台，评标一办法”。全省房建和市政工程招投标活动全面实现电子化交易，共招标项目4363宗，其中施工2037宗，监理350宗，工程总承包1390宗，其他（含货物、服务类等）586宗，总金额约2592.7亿元。完善“湖南招标代理监管平台”。健全招标代理机构及项目负责人和从业人员信息登记和考评系统，通过信息化手段将招标代理机构及从业人员纳入信用管理，强化考核评价和违规处罚。运用招标代理监管平台组织开展4次人员信息核查，共核查专职人员5965人次，核查出不合格专职人员3420人，规范化考评项目5125个，发布四批信用评价结果。

【监管工作】发布《关于进一步明确房屋建筑和市政基础设施工程招标文件核查内容的通知》，做实招标备案核准工作。每季度开展招标文件核查，对有关问题予以通报，加强对全省各市州招标文件核查工作的监督指导，形成常态化机制。开展两次招标文件核查，抽取62个项目（其中施工项目33个，监理项目7个，工程总承包项目22个，招标金额共69.18亿元），发现37个项目存在不同程度的问题，对这些问题予以公开通报并督促落实整改。强化事中事后监管力度。不断突出标后稽查震慑性，将标后稽查工作纳入常态化机制，实现标后稽查清单化、表格化、规范化。组织对全省各市州开展两次标后稽查工作，共随机抽查68个项目，发现问题148条，下发执法建议书39份并督促依法依规进行处理，整治效果较好。

【住建领域整治工作】2021年，上报住房和城乡建设部和省扫黑办工程建设领域线索81条、核查落实“三书一函”16份、建章立制31项。各市州住建主管部门对全省4798个在建工程项目进行排查，排查率达100%，依法实施处罚219起，未发现涉黑涉恶情形。全面部署开展全省住建领域招投标专项整治大数据分析问题线索处置工作，完成省专治办移交住建厅中标次数过高18条线索处置，查实15条问题线索，涉及60个项目，对存在违法违规行为7个项目涉及的企业和个人罚款263.0392万元。全力查办省纪委监委交办的串通投标司法判决案件，处理两批住建领域司法判决案件45起，对存在违法违规行为且在行政追诉期内13个项目涉及的企业和个人罚款932.745万元。组织对专项整治工作开展以来发生建筑施工生产安全事故工程建设项目进行专项稽查，对存在未按照法定招标程序发包、未按要求编制招标文件、关键岗位人员履职不到位等问题按程序进行处理。发布全省房屋建筑和市政基础设施工程建设项目招投标严重失信行为第三批名单。全年共办理投诉举报265件。

（湖南省住房和城乡建设厅）

广　东　省

住房和城乡建设工作概况

2021 年，广东省住房和城乡建设厅扎实开展集中隔离场所建筑安全隐患排查整治，抓好物业管理区域、城市公园疫情防控，积极降低实体经济企业房屋租金成本。

促进房地产市场平稳健康发展，积极防范化解市场风险，积极稳妥推进个别头部房地产企业风险处置，持续开展行业专项整治，推动化解“问题楼盘”。大力发展住房租赁市场，形成一批示范项目。提升涉房服务效能，加快“数字住房（粤安居）”建设，在汕头等 14 个城市部署运行。提前超额完成保障性安居工程任务，公租房轮候监测系统实现全国数据对接。在全国率先印发加快发展保障性租赁住房实施意见。住房公积金管理服务效能稳步提升，实现 9 个高频服务事项“跨省通办、省内通办、全程网办”，主要业务指标保持全国前列。启动省级 CIM 基础平台建设，在全国示范创建中位列第一档，广州、汕头被评为全国示范城市。城市水务工作水平全面提升，生活垃圾处理继续领跑先行，因地制宜推进生活垃圾分类，开展省级评估，加快全程分类体系建设。加快推进建设城市天然气管网、保障安全等各项工作。省政府成立加强城市地下市政基础设施建设工作领导小组，印发全省工作方案，启动普查工作。开工改造超过 1500 个老旧小区，提前超额完成任务。1500 个城市社区达到绿色社区创建标准。违法建设治理完成攻坚，提前超额完成违法建设治理三年攻坚行动。编制城乡建设领域碳达峰行动实施方案，发布建筑碳排放计算导则。印发实施美丽圩镇建设攻坚行动方案，韶关、云浮试点工作顺利推进。完善乡村风貌政策体系机制，大力推进乡村建筑工匠培训。印发实施促进建筑业高质量发展的若干措施。智能建造与建筑工业化协同发展稳步推进，建设科技创新扎实推进，绿色建造水平显著提升。开展城镇房屋建筑安全风险排查整治行动和城镇燃气、建筑垃圾处置场安全隐患排查整治，印发城市内涝治理五年实施方案。开展落实施工企业安全生产主体责任专项行动。开展系列安全隐患排查整治专项行动。开展建材打假专项行动，出台结建式人防工程质量监督工作指引，上线广东省建设工程检测监管服务平台，消防审验质量不断提升。助力“双区”和横琴、前海两个合作区建设，帮扶枫江、练江、小东江等重污染流域整治工作，顺利完成赣深高铁（广东段）路外环境整治。编制印发省住房城乡建设系统“1＋8”“十四五”规划。推进承接住房和城乡建设部资质审批权限下放试点，实现“全程网办”“零跑动”和电子化办理。制定立法工作规划，印发实施重大行政决策程序规定。建立厅机关首问闭环工作责任制，持续抓好正风肃纪。全系统开展“我为群众办实事”系列活动，切实转变工作作风。

法规建设

【概况】2021 年，组织召开全省住房城乡建设系统法治工作会议，完成法治政府督查年度整改任务。编制“十四五”立法规划。组织召开省住房城乡建设厅立法工作推进会议。印发《2021 年全省住房城乡建设系统普法依法治理工作要点》，落实“谁执法谁普法”普法责任制成效显著。“民法为民 粤建越美”专题系列普法宣传活动获 2020—2021 年广东省国家机关“谁执法谁普法”优秀普法项目，省住建厅获第三届“广东省法治文化节优秀组织奖”。印发《广东省住房和城乡建设厅重大行政决策程序规定》，规范重大行政决策程序。

【住房城乡建设立法】2021 年，省政府第 160 次常务会议审议通过修改《广东省建设工程造价管理规定》，第十三届省人大常务委员会第三十五次会议审议通过修改《广东省城镇房屋租赁条例》《广东省建设工程质量管理条例》《广东省建设工程监理条例》。印发《广东省住房和城乡建设厅立法工作规划（2021—2025 年）》。配合省人大常委会审核《揭阳市红色资源保护条例》《河源市扬尘污染防治条例》《阳江市扬尘污染防治条例》等多部地方性法规草案。落实《中华人民共和国固体废物污染环境防治法》，推动解决全省建筑垃圾管理问题。起草《广东省建筑垃圾管理条例》。启动《广东省发展应用新型墙体材料管理规定》《广东省促进散装水泥发展和应用规定》2个政府规章的合并修订工作。起草《广东省散装水泥和新型墙体材料发展应用管理规定（送审稿）》。

【行政复议与行政应诉】发布《关于落实行政复议体制改革工作有关事项的通告》，自6月1日起，省住建厅机关不再受理新行政复议案件。截至5月31日，收到行政复议申请案件36件，比上年上升71.4%。全年办理行政应诉案件24件，比上年上升45.83%，负责人出庭应诉1件。组织机关工作人员在线旁听行政诉讼案件，规范行政行为，推动法治政府建设。

【法治宣传教育】印发《2021年全省住房城乡建设系统普法依法治理工作要点》，抓好重点任务和新法普法。提前谋划全省住房和城乡建设系统法治宣传教育第八个五年规划（2021—2025年）。制订实施2021年度普法计划和普法责任清单，开展法治宣传。开展《广东省城乡生活垃圾管理条例》《广东省绿色建筑条例》等新法宣传，开展保障性租赁住房和共有产权住房政策宣传，围绕房地产市场秩序专项整治开展普法活动。组织领导干部旁听法院庭审。举办两期以上法治讲座和年度学法考试，开展“12·4”国家宪法日、“宪法宣传周”活动。在全省住房城乡建设系统开展“民法为民 粤建越美”专题系列普法宣传活动，举办“民法为民 粤建越美”公益普法宣讲人大赛，全省18个地级以上市住房城乡建设系统和4个省级行业协会参与，报送参赛作品68件，近13万人次参与初赛网络投票，总投票数28万张，20件优秀代表作品入选决赛，评选出70位公益普法宣讲人、10件“十佳公益普法宣讲大使”作品、6家“优秀组织单位”和2位“最美公益普法人”。分别在中山、阳江、汕头开展“民法为民 粤建越美”普法大篷车送法进基层活动。活动被省普法办评定为2020—2021年广东省国家机关“谁执法谁普法”优秀普法项目。

房地产业

【房地产市场运行】2021年，广东省新建商品房销售面积14011万平方米，同比下降6%；新建商品房销售金额22320亿元，同比下降1.1%；新建商品房销售均价15930元/平方米，同比增长5.2%。截至年底，全省商品住宅可售面积14209万平方米，消化周期为15.8个月，整体处于12～18个月的合理区间。

【房屋交易管理】8月6日，印发《广东省住房和城乡建设厅关于进一步规范商品房销售信息公示的通知》，依法保障购房人知情权、选择权和监督权。10月13日，印发《广东省住房和城乡建设厅关于进一步做好商品房交易风险提示的通知》，切实维护购房者的合法权益。11月8日，会同省自然资源厅转发住房和城乡建设部、自然资源部印发的《房地产估价师职业资格制度规定》《房地产估价师职业资格考试实施办法》。印发《关于进一步强化预售资金管理依法查处违法违规行为的通知》《广东省商品房预售资金监管专项整治工作方案》，深入开展商品房预售资金监管专项整治行动。

【交房即发证工作】会同省自然资源厅、省税务局印发《广东省“交房即发证”工作指引（试行）》。佛山市自然资源局、佛山市政务服务数据管理局、佛山市住房和城乡建设局、国家税务总局佛山市税务局联合印发《佛山市不动产登记“交付即交证”工作实施方案》。全年全省共有801个楼盘实现“交房即发证”，惠及纳税人10.3万户。

【房地产市场秩序专项整治】会同省发展改革委等部门印发《2021年广东省房地产市场秩序专项整治工作方案》，并转发《住房和城乡建设部等8部门关于持续整治规范房地产市场秩序的通知》，将房地产市场秩序整治规范工作列入“我为群众办实事”重要事项。多次召开专题会议，强化部门联合工作机制，指导督促各地抓实抓细房地产市场秩序专项整治工作。2021年，全省各地检查项目7808个，检查企业13008家，约谈企业1087家，发出责令改正违法行为通知书1285份。先后公开曝光5批违法违规房地产开发企业、中介机构和物业服务企业406家，营造监管有力、公平竞争的房地产市场环境。

【住房租赁市场发展】截至2021年年底，全省成立51家国有住房租赁企业；全省国有住房租赁企业累计筹集房源18万套以上。全省共有专业化规模化住房租赁企业近700家，经营房源近100万套，形成一批典型项目示范点。会同省发展改革委、省财政厅、省国资委、省市场监管局等部门印发《广东省住房和城乡建设厅等部门关于做好2021年降低房屋租金成本工作的通知》，优化企业发展环境。

【住房租赁市场监管】7月16日，会同省发展改革委等部门向各地级以上市人民政府印发《转发住房和城乡建设部等部门关于加强轻资产住房租赁企业监管的意见》，促进住房租赁市场健康发展。督促广州、深圳等市加快中央财政补助资金发展住房租赁，进一步落实专项资金社会效益。

【国有土地上房屋征收】2021年，作出房屋征收决定项目 136 个，完成征收项目 116 个。全省作出国有土地上房屋征收补偿决定建筑面积 41.7 万平方米，户数 427 户；申请法院强制执行户数 16 户，实际执行 3 户。截至年末，全省遗留拆迁项目仍有 76 个未完成拆迁，建筑面积 2848 万平方米，总户数 33823 户。

【物业管理行业秩序】会同省委政法委、省文明办、省发展改革委等部门联合转发《住房和城乡建设部等部门关于加强和改进住宅物业管理工作的通知》，不断加强和改进物业管理工作。会同省有关部门转发《住房和城乡建设部等部门关于推动物业服务企业加快发展线上线下生活服务的意见》，要求各市加快制定智慧物业管理服务平台建设工作规划，构建智慧物业管理系统。印发实施《2021 年广东省物业管理专项整治工作方案》，组织各地住房城乡建设主管部门严肃查处违法违规行为。组织开展全省“100 个红色物业小区”评选活动，推动广州、深圳、珠海、佛山等市加大力度开展“共建美好家园”活动。组织广州、深圳等市评选出一批“美好家园”项目 177 个，并择优选取 7 个项目推荐到住房和城乡建设部。

【物业收费信息公开】印发《广东省住房和城乡建设厅关于开展“加大物业服务收费信息公开力度，让群众明明白白消费”工作的通知》，宣传物业管理法规政策。2021 年，全省 19659 个项目开展了物业服务收费信息公开，各市共开展检查执法 8229 次，发放物业政策宣传册近 18 万份，指导物业服务企业签订承诺书 4307 份。

【物业管理区域房屋使用安全防范】印发《广东省住房和城乡建设厅关于做好物业管理区域疫情防控、房屋使用安全等有关工作的通知》，指导物业服务企业配合相关主管部门做好物业管理区域房屋使用安全防范等工作。指导督促各地开展城市危险房屋和老楼危楼使用安全排查，确保人民群众生命财产安全。

住房保障

【概况】2021 年，广东省下发中央及省专项补助资金 7.64 亿元、中央预算内资金 1.67 亿元，拉动地方政府和社会资金投入 524.2 亿元，新供应保障性安居工程用地 237.86 万平方米。超额完成国家下达的棚户区改造及租赁补贴发放等目标任务，截至年底，全省新筹集建设各类保障性安居工程 26.38 万套，实施发放租赁补贴 4.56 万户，基本建成各类保障性安居工程住房 4.77 万套，全省公租房实物和租赁补贴新增保障 6.56 万户，累计落实保障公租房（含租赁补贴）85.9 万户。虽然全省住房保障提前保额完成国家下达的年度任务，但是全省住房保障仍存在问题是：公租房管理机制不够完善，因银行存款、证券、保险等金融资产无法核查，导致违规享受住房保障待遇的现象无法从源头杜绝；征收拆迁难，协调时间长。个别城中村棚户区改造项目的征收对象对于房地征收的期望值过高，提出的要求远高于补偿政策，经过多次协商仍拒绝签订协议，加大征收难度，延缓征收进度。

【保障性安居工程建设】2 月，印发《关于印发 2021 年我省保障性安居工程计划任务的通知》，明确保障性安居工程年度目标任务为新筹集建设棚户区改造安置住房 11538 套、公租房 5839 套、保障性租赁住房 222340 套、共有产权住房 12802 套，基本建成棚户区改造安置住房 23581 套、公租房 13584 套，实施发放租赁补贴 37882 户，压实地方政府主体责任，明确各地任务清单，保障项目顺利推进。2021 年，广东省下达中央和省保障性安居工程补助资金 9.31 亿元，实现投资 524.2 亿元。截至年底，全省新筹集建设棚改住房 14249 套、公租房 10274 套、保障性租赁住房 225699 套、共有产权住房 13641 套，基本建成棚改住房 28030 套、公租房 19699 套，实施发放租赁补贴 45609 户，超额完成国家下达给广东省的住房保障各项目标任务。

【住房保障体系建设】印发《关于加快发展保障性租赁住房的实施意见》，正式确立以公租房、保障性租赁住房和共有产权住房为主的住房保障体系。截至年底，全省通过实物和补贴对低保低收入住房困难家庭保障 11.8 万户，累计实施保障 24.6 万户；全省对环卫工人、公交司机、农民工等特定群体实施保障分别为 2618 户、5093 户、17558 户，有效解决公共服务领域重点人群的住房问题。

【保障性租赁住房政策出台】3 月，在全国率先印发《广东省发展保障性租赁住房试点工作方案》，明确珠海、佛山、东莞 3 市作为省内试点发展保障性租赁住房。在全国率先印发《广东省人民政府办公厅关于加快发展保障性租赁住房的实施意见》。印发《关于加快发展保障性租赁住房的实施意见》，明确广州、深圳、珠海、汕头、佛山、惠州、东莞、中山、江门和湛江 10 个城市为发展保障性租赁住房重点城市。

【保障性租赁住房联席会议制度建立】12 月，建立广东省推进保障性租赁住房工作联席会议制度，由分管副省长担任省级联席会议召集人、省住房城乡建设厅、发展改革委、财政厅、自然资源厅等16个部门单位参与，广州、深圳、珠海、汕头、佛山、惠州、东莞、中山、江门市等多个重点城市及韶关市先后成立市级保障性租赁住房领导小组或联席会议，系统谋划推动全省发展保障性租赁住房工作。

【公租房运营管理服务】 2月22日，印发《推行政府购买公租房运营管理服务的试点方案》，明确中山和佛山两市先行先试探索利用专业机构来供应公租房小区的物业管理等服务，进一步规范公租房管理，提高公租房管理和服务水平；提高公租房小区服务水平。

【公租房信息化建设】 开展全省公租房系统应用推广调研。印发《关于建立公租房轮候监测体系的通知》，建设公租房轮候监测系统，实时监控全省公租房轮候数据，缩减公租房轮候周期。圆满完成住房和城乡建设部党史学习教育领导小组“我为群众办实事”实践活动——推广应用公租房APP。印发《公租房APP应用推广试点工作方案》，加快推广应用公租房APP。江门市作为全国10个公租房APP推广应用示范城市之一，于6月30日在全国率先正式上线APP。

【住房保障政策理论研究】 联合国家税务总局广东省税务局印发《关于做好住房租赁相关信息传递工作的通知》，明确享受税收优惠项目相关信息传递数据标准，建立涉税信息共享机制；印发《广东省保障性租赁住房案例简介》，组织召开全省保障性租赁住房工作现场会议，部署加快发展保障性租赁住房工作；编制《广东省保障性租赁住房政策汇编》。委托广东省住房政策研究中心、广州大学等有关政策研究机构开展《十三五以来保障性安居工程政策回顾研究》《广东省加快推进人才住房工作政策研究》《广东省共有产权住房管理机制规范与创新研究》《广东省企事业单位利用自有用地建设保障性租赁住房政策措施研究》《国外发展住房租赁案例研究》等课题研究，为构建新型住房保障体系夯实基础。

【“十四五”住房保障规划】 出台《关于印发广东省城镇住房发展“十四五”规划的通知》。在全国率先印发《保障性租赁住房“十四五”及三年(2021—2023年)专项行动目标任务》，提出“十四五”全省计划筹集建设保障性租赁住房129.7万套，体量排全国第一。组织实施三年专项行动，2021—2023年计划筹建保障性租赁住房86万套(间)，体量也是全国第一。三年专项行动计划任务占全省“十四五”规划比例超过65%。2021年，全省加快发展保障性租赁住房，新筹集建设保障性租赁住房225699套(间)，完成量占全国的四分之一。

公积金管理

【概况】 2021年，全省实缴单位531905家、实缴职工2144.15万人，当年缴存额3276.16亿元，比2020年增长12.8%。截至年底，全省累计缴存总额24033.25亿元，比2020末增长15.78%。全年共支持980.93万名职工提取住房公积金2341.37亿元，比2020年增长1.57%和6.99%，提取率71.47%，以住房消费为主，占提取总额的87.96%。全年发放个人住房贷款25.4万笔、1331.06亿元(其中异地贷款1.48万笔56.03亿元)，同比增长2.96%、4.57%。截至2021年年底，全省累计发放贷款总额250.37万笔9，820.16亿元。

对接“全国住房公积金”小程序，实现小程序快速链接办理异地转移接续业务。推动群众关注度较高、需求量较大、线上办理业务难度较大的住房公积金8个高频服务事项，实现“省内通办”“跨省通办”“全程网办”。2021年贷款发放再创新高，上半年发放704.16亿元，下半年发放626.55亿元。广州、汕头和湛江贷款发放增幅明显，佛山、江门和肇庆存贷比(个贷率)居于高位，有较大的资金运行压力。

【广州、深圳开展灵活就业人员参加公积金制度试点】 1月和6月，住房城乡建设部分别印发了《关于同意开展灵活就业人员参加住房公积金制度试点的函》、《关于同意广州市、常州市开展灵活就业人员参加住房公积金制度试点的函》，批复同意深圳、广州成为开展灵活就业人员参加住房公积金制度试点，是全国6个试点城市之二。两市由市政府组织开展试点工作，深圳在7月印发实施《深圳市灵活就业人员缴存使用住房公积金管理暂行规定》，广州在11月印发实施《广州市灵活就业人员参加住房公积金制度试点管理办法》。截至12月末，两市合计灵活就业缴存个人1.2万人，累计缴存额2285万元。

【年度信息披露】 3月，全省各地级以上市住房公积金管理中心完成市级住房公积金2020年年度报告，做好年度报告的解读，在多个媒体平台宣传住房公积金制度及成效。4月，联合省财政厅和中国人民银行广州分行披露《广东省住房公积金2020年年度报告》，在广东省住房城乡建设厅官网、微信公众号、报纸、新闻网站、电台、微博等媒介解读年度报告文章，主动接受社会监督。

【风险防控】 加强贷款管理，严控资金运行风险。提醒住房公积金个人住房贷款逾期率偏高的城市采取有效措施加强贷款管理，提醒存贷比（个贷率）偏高的城市分级分类采取措施，严控资金运行风险。截至 12 月末，全省存贷比（个贷率）超 90％的城市 6 个，比 2020 年末下降 5 个；个贷逾期率 0.27‰，比 2020 年末下降 0.1‰。

【公积金高频服务事项实现跨省通办及省内通办】 建立“全程网办”“代收代办”和“两地联办”3 种业务模式，精准全面覆盖职工办理异地业务需求。各市将多个高频服务事项上线“粤省事”政务服务小程序，为缴存职工提供高效便捷服务。在各个住房公积金业务办理大厅、政务服务大厅等场所张贴宣传海报，推广“全国住房公积金”小程序。各市通过微信公众号、云讲台、直播等网络交流平台广泛宣传“跨省通办”业务。举办全省住房公积金“跨省通办”专题培训。每月统计全省“跨省通办”业务办理量，分析全市住房公积金高频服务事项“跨省通办”工作动态，不定期对各市“跨省通办”服务进行电话暗访。至年底，全省共设置“跨省通办”业务线下窗口 147 个。

【信息化建设】 组织各地住房公积金管理中心加强省级动态监管平台基础数据核准，提高平台数据质量；利用省级动态监管平台新增数据校对功能，核验各中心报送住房和城乡建设部统计数据，进一步提升信息化监管效能。制定“全国住房公积金”小程序对接技术方案，实现异地转移接续业务快速链接“全国住房公积金”手机小程序全面应用。在“广东公积金”微信小程序以及广东省住房公积金信息共享平台，组织开发个人信息授权功能，各城市在办理住房公积金业务使用个人信息时须经过用户本人授权，将授权过程加入区块链，有效防控个人信息泄露隐患。

城乡历史文化保护传承

省政府常务会议、专题会议传达学习中共中央办公厅、国务院办公厅印发的《关于在城乡建设中加强历史文化保护传承的意见》，研究推动我省历史文化保护工作。全省全年新增公布省级历史文化街区 39 处（累计公布 104 处），新增历史建筑 320 处（累计公布 4027 处），与省文化旅游厅联合印发《广东省历史文化街区保护标志牌制作要求及挂牌指引手册（试行）》，指导各市规范新增设置历史文化街区保护标志牌 36 处，历史建筑保护标志牌 692 处。印发《关于进一步加强历史文化街区和历史建筑保护工作方案》《广东省历史建筑和传统风貌建筑保护利用工作指引（试行）》，制定保护规划编制成果要求等文件，召开视频培训会，推动广东省历史文化资源普查、认定、挂牌、测绘建档、保护规划编制、保护修缮等工作；组织对全省历史文化保护工作进行调研评估，系统摸排各市工作情况；举办广东历史建筑数据采集与展示平台上线仪式暨历史文化保护传承政策宣讲培训活动，发布《历史的记忆——广东经典历史文化街区与历史建筑图册》，举办“赓续文脉 守护历史文化根与魂——广东城乡历史文化保护传承主题展”；安排省级财政资金 1200 万元支持韶关、梅州、潮州等市历史建筑保护修缮等工作。

城市与建筑风貌管理

2021 年，统计了全省大型城市雕塑 2021 年建设计划，摸查了全省超高层建筑建设情况，开展了广东省城市与建筑风貌专项调研，探索符合广东省实际的城市与建筑风貌管理顶层设计，研究起草《广东省城市与建筑风貌管控技术导则及图册》《广东省城市与建筑风貌管理研究报告》。2021 年各市无新建大型城市雕塑计划；全省共有已建、在建、拟建 250 米以上超高层建筑 89 处，其中 500 米以上超高层建筑 2 处。

城市体检评估

2021 年，广东省成为全国少数几个在所辖地市全面开展城市体检的省份之一。广州、深圳市作为国家样本城市，按照国家统一部署开展全指标自体检、第三方体检和社会满意度调查。广州建立“以区为主、市区联动”的工作机制，出台城市体检评估工作规定，将体检结果作为城市建设计划和推动城市更新行动的依据，建立城市治理项目清单，形成“体检—提升—再体检—再提升”的工作闭环；深圳以指标体系构建与指标分析评价为核心开展具体工作，对生态宜居等 8 个方面及 82 项体检指标进行体检诊断，挖掘“城市病”、分析城市问题与成因，全方位提高城市品质和城市魅力，推动提升深圳超大型现代城市治理水平；珠江三角洲其他地级市和汕头、湛江、肇庆四会市按照省统一部署开展全指标城市自体检；其他地市围绕“安全韧性”的 7 项指标开展专项体检评估。

建设工程消防设计审查验收

2021 年，受理建设工程消防设计审查 18150 件，办结 17869 件，办结率 98.45％；受理消防验收 15446 件，办结 15018 件，办结率 97.23％；受理消防验收备案14021件，办结13759件，办结率98.13%。组织开展全省建设工程消防验收质量抽查，在建工程建筑材料防火性能抽检，组织编制广东省地方标准《建筑工程消防施工质量验收规范》。6月11日，广东省政务服务数据管理局正式批复立项信息化项目“广东省建设工程消防验收备案抽查管理信息系统”，并启动开发建设。

城市建设

【概况】2021年，广东省住房和城乡建设厅聚焦推动城市高质量发展，编制印发《广东省城镇燃气发展“十四五”规划》《广东省生活垃圾处理“十四五”规划》《广东省城镇生活污水处理“十四五”规划》，印发《广东省城市内涝治理五年实施方案（2021—2025年）》，研究制定《广东省系统化全域推进海绵城市建设工作方案（2021—2025年）》，科学谋划“十四五”期间重点建设任务。印发《广东省加快推进城市天然气事业高质量发展实施方案》。按照高质量发展要求，抓好中央生态环境保护督察整改落实，全力推进园林绿化、轨道交通、道路桥梁、供水、节水、燃气供应、生活污水处理、黑臭水体治理、地下综合管廊建设、海绵城市建设、生活垃圾处理、建筑垃圾管理等市政基础设施建设和管理。截至年底，全省建成区绿化覆盖率42.92%。年供水总量104.47亿立方米。全省建成城市（县城）污水处理设施410座，建成城市污水管网7.34万千米，处理能力达2947.28万吨/日。全省建成生活垃圾无害化处理场（厂）153座，无害化处理能力15.25万吨/日，居全国首位，全省焚烧处理能力占比75%。全省生活污水处理能力、生活垃圾处理能力、海绵城市建设示范城市示范数均居全国首位。

【城市轨道交通规划建设】2021年，广东省按照“量力而行，有序推进”原则，以城市财力和建设运营管理能力为实施条件，合理确定建设标准，着力提高综合效益，优化以轨道交通为主骨架的城市公共交通系统。广州、深圳、佛山、东莞4市建成并开通运营地铁线路35条，运营里程1051千米。广州、深圳、佛山3市建成并开通运营有轨电车线路3条，运营里程26千米。在建（立项）地铁线路32条。

【城市道路桥梁建设】2021年，广东省积极构建城市快速路、主干路和次支路级配合理的路网体系，打通断头路、丁字路，疏通微循环，改造交通拥堵节点。深化道路设施精细化、信息化养护，加强城市道路日常巡查和安全检查，提升管养水平。开展城市桥梁安全防范及专项整治行动，保障城市桥梁运行安全。广东省累计建成城市道路62414公里，道路面积107654万平方米，城市桥梁10203座。其中，大桥特大桥2139座，立交桥965座。2021年度城市道路网密度监测显示，深圳、广州分别位列全国第一、第八。

【城市地下综合管廊建设与管理】广东省累计建设综合管廊883公里，其中已建成741公里，投入运营321公里，完成投资743亿元。积极创新投融资模式，搭建管廊建设融资平台，采用政府和社会资本合作（PPP）方式，引进社会资本参与公共基础设施建设。积极推行综合管廊新工艺、新技术的应用，着力打造“智慧管廊”，为智慧城市框架下的综合管廊管理与运营奠定基础。

【燃气基础设施建设】2021年，全省建成市政燃气管道6.1万公里，城市燃气接收门站53座，调压站118座，储配站447座，加气站119座，其他场站4784座。完成2个“市市通”接驳工程项目和4个“县县通”接驳工程项目。全省城市燃气普及率达98.26%，城镇天然气年消费量约170亿立方米，液化石油气年销售量为375万吨，燃气消费呈现管道气和瓶装气互补、天然气和液化石油气并存的供气格局。

【生活垃圾处理设施建设】2021年，广东省现有生活垃圾处理设施153个，总处理能力15.25万吨/日。其中，焚烧发电项目77个，总处理能力10.84万吨/日，卫生填埋项目76个，总处理能力4.41万吨/日。此外，建成日处理量大于50吨的厨余垃圾处理设施58座，日总处理能力1.35万吨。全省生活垃圾焚烧占比为75%。焚烧占比达100%的城市有10个，焚烧占比在60%～100%之间城市有7个，焚烧占比在60%以下的城市有4个。

【省级城市生活垃圾分类评估】广东省生活垃圾分类工作领导小组办公室印发《广东省城市生活垃圾分类工作评估办法（2021－2022年）》，分区域、分层次开展生活垃圾分类评估工作，每季度采取地市自评、资料审核、现场抽查相结合的方式进行，对各地生活垃圾分类工作体制机制建设、分类体系建设、示范片区建设等情况进行评估，梳理形成各地级以上市分报告和片区分报告，客观反映各地区城市生活垃圾分类工作进展和成效。定期向各地通报评估情况，指出存在的问题困难，提出针对性解决措施，加强分类督促指导。各地垃圾分类体制机制逐步完善，示范片区覆盖范围稳步扩大，垃圾分类工作取得阶段性成效。

【生活垃圾全程分类体系建设】截至年底，广东省累计配置分类收运车1.2万辆，共有生活垃圾无害化处理厂（场）153座，处理能力15.25万吨/日；共有规模化集中式厨余垃圾处理项目58座和一批小型厨余垃圾处理机，处理能力1.5万吨/日，14个地市已有规模化集中式厨余垃圾处理项目。全省地级以上市城区2.07万个居民小区已配置分类投放设施，居民小区共设置分类投放点6.9万个，升级改造5.1万个，配套设施不断完善。广州、深圳市基本建成生活垃圾分类处理系统，其他城市生活垃圾分类示范片区建设稳步推进。

【生活垃圾处理设施运营管理】先后发布《关于加强生活垃圾处理设施渗沥液处理工作的通知》《关于进一步加强全省生活垃圾处理设施建设运营管理工作的通知》《关于印发深入开展生活垃圾处理设施安全隐患排查整治工作方案的通知》《2021年生活垃圾处理设施"邻避"问题专项治理工作实施方案》等系列文件，不断提升提高运营管理水平。连续三年组织相关行业专家组成技术指导工作组，对全省每座生活垃圾处理设施每两年全覆盖，开展技术指导，现场反馈指导意见，并以"一市一单"反馈给各地市主管部门，督促落实整改。对达到无害化等级评价要求的填埋场及焚烧厂，定期组织开展无害化等级评价工作，提高生活垃圾处理设施建设和运营管理水平。

【城市排水防涝】2021年，全省新增城市排水管网1.6万公里，其中新增建成雨水管网0.6万公里。截至年底，全省累计建成城市排水管网约13.8万公里，其中累计建成雨水管网4.7万公里，管网数量位于全国前列。全省41个设市城市均落实副市长及以上担任城市排水防涝安全负责人，48个重要易涝点全部落实整治责任人。成立由省发展和改革委员会、省住房和城乡建设厅、省自然资源厅、省水利厅等单位组成的城市内涝治理省级工作专班，指导各地编制城市内涝治理系统化实施方案，编制完善《广东省城市内涝治理实施方案（2021－2025）》，明确广东省"十四五"期间城市内涝治理工作的三个阶段目标，部署五大重点任务。指导全省各级城市排水主管部门全面开展自查，整治排水防涝隐患，严格落实城市排水防涝应急制度，实行城市涝情"一日一报"机制，全力保障全省安全度汛。

【城市供水】对全省城镇供水规范化管理和二次供水进行专项调研，将发现的问题通报各地市并要求进行整改。截至年底，全省共有城市供水企业约211家，城市供水厂约296家（比2020年新增36家），设计供水总规模约3709.61万吨/日，年供水总量约128.69亿吨（居民生活用水63.82亿吨，非居民生活用水64.87亿吨），供水服务面积约2.69万平方公里，服务人口约7801.76万人，供水管网总长约13万公里，主要水源为江河水和湖库水。

【城市生活污水处理】推进城市生活污水处理设施建设，加快消除管网空白区，管网建设总量快速增长，生活污水处理能力持续保持高位。截至2021年年底，广东省建成城市（县城）生活污水处理设施410座，处理能力2947.28万吨/日。全年全省城市（县城）新增生活污水处理设施39座，新增处理能力179.27万吨/日，建设通水污水管网5343公里，年度建设通水里程再创新高。

【城市黑臭水体治理】加快补齐城镇污水收集和处理设施短板，不断夯实地级市城市黑臭水体治理成效，推动黑臭水体治理向县级市拓展。加强统筹部署和督办指导，每季度开展城市黑臭水体治理"一对一"明察暗访。各地落实主体责任，持续加大要素投入，建立完善防止返黑返臭的长效管理机制。经整治，城市黑臭水体水质明显改善并得到有效巩固，群众满意度大幅提升，并带动沿河人居环境品质不断提高。

【海绵城市建设】鼓励各城市积极申报国家海绵城市建设示范城市，广州、汕头成功获评第一批国家级海绵城市建设示范市，累计将获得中央财政补助18亿元。联合省财政厅、省水利厅开展省级海绵城市建设示范城市创建，积极争取省级财政资金9000万元，选取东莞、梅州、中山3城市开展省级海绵城市示范创建。组织城市开展海绵城市建设2021年自评估工作，指导推动全省各地推进海绵城市建设。截至年底，全省41个设市城市完成海绵城市建设自评估工作并提交报告，根据各地自评估报告，全省建成符合海绵城市建设标准面积约1468.91平方公里，占建成区面积比例达27.30%。

【城市园林绿化建设】截至年底，全省城市建成区绿地率38.35%，城市建成区绿化覆盖率42.27%，人均公园绿地面积17.49平方米，公园绿地服务半径覆盖率82.11%，绿地综合效应和环境品质显著提升。截至年底，广东省有国家生态园林城市1个，国家园林城市19个，国家园林城镇4个，广东省园林城市6个，广东省园林城镇、县城9个。

村镇规划建设

【概况】2021年，广东省住房和城乡建设厅以美丽圩镇建设攻坚行动、乡镇生活污水处理设施运维管理、乡村生活垃圾治理、农村住房安全和乡村建筑风貌提升为重点，致力提升圩镇辐射带动能力，提升镇级生活污水、乡村生活垃圾治理水平，持续改善乡村居民生产生活环境，显著提高农民安居宜居保障水平，推进镇村同建同治同美。4月，广东省住房和城乡建设厅被中共广东省委实施乡村振兴战略领导小组评为“广东省乡村振兴先进集体”；6月，被中共广东省委、广东省人民政府评为“广东省脱贫攻坚先进集体”。

【美丽圩镇建设攻坚行动】2021年，美丽圩镇建设攻坚行动取得良好开局，顺利召开全省现场推进会，印发实施《广东省美丽圩镇建设攻坚行动方案》。全面摸查19167个行政村农村既有房屋1325.1万栋，摸清全省农村既有房屋底数，消除用作经营的农村自建房安全隐患，深入推进3137户国家农村危房改造和37562户全省存量农村削坡建房风险点整治，农民“安居宜居”保障成效显著。编制印发《岭南新风貌·广东省农房设计方案图集（第二册）》，组织推动地市开展乡村建筑工匠培训，指导韶关翁源县和武江区、梅州蕉岭县、江门开平市、广州从化区等地建立乡村建设培训基地，累计培训合格乡村建筑工匠约11000人，年内培训合格人数约3110人。对全省中国传统村落保护发展情况开展评估，指导各地编制实施传统村落保护发展规划，持续开展村落调查，建立市级传统村落名录，完善保护体系。

【乡镇生活污水处理】2021年，全省1123个乡镇已基本实现生活污水处理设施全覆盖。全省在运行的镇级转运站1538座，“村收集、镇转运、县处理”的乡村生活垃圾收运处置体系不断优化提升。练江治理成效得到中央环保督察组肯定，普宁市练江流域生活污水处理日能力52.05万吨，全年新增20.7万吨；建成生活污水处理设施配套管网1750.16公里，全年新增516.76公里。

【共同缔造试点】2021年，指导推动“全国开展美好环境与幸福生活共同缔造活动”第一批3个精选试点村、4个连片推进村和1个试点县建设，印发《广东省建设生态宜居美丽乡村共同缔造实施指引》。云浮市新兴县作为试点县，通过建设共同缔造培训基地，构建“纵向到底、横向到边、协商共治”城乡治理体系、探索“共谋、共建、共管、共评、共享”工作路径。2021年，新兴县举办开展共同缔造活动及有关培训6次，现场观摩17次，培训人数共计683人次。2021年遴选推荐阳江阳西县、韶关翁源县、河源连平县入选“全国2021年乡村建设评价试点县”。

工程质量安全监督

【工程质量监管】2021年，全省房屋市政工程竣工验收合格工程共12133项，一次通过验收合格率达99.58%；新办理质量监督手续并签署授权书、承诺书比例达100%，新办理竣工验收备案项目设立永久性标牌比例达100%；纳入监督的在建房屋市政工程未发生质量事故。全省11项工程获得中国建筑工程鲁班奖（获奖数量创历史新高）；28项工程获得国家优质工程奖；112项工程获得省建设工程优质奖；67项工程获得省建设工程金匠奖；工程建设优秀质量管理小组成果906项，其中一类成果200项，二类成果262项，三类成果444项。

【施工安全监管】2021年，组织召开6次厅安委会专题会议、7次全省住建系统安全生产工作视频会议，专题研究部署安全生产各项工作。编制印发“落实施工企业安全生产主体责任专项行动”工作方案和全省住建系统安全隐患大排查大整治工作方案，联合广东省安全生产委员会办公室出台了全面推行安全风险主动报告制度，健全安全制度体系。与21个地级以上市住建部门签订了房屋市政工程安全生产管理目标责任书；召开针对房屋市政工程事故多发地区住建部门和涉事企业的安全生产约谈提醒电视电话会议，构建质量安全责任体系。通过政府采购服务方式组织开展全省建筑起重机械监督抽检、施工安全专项巡查、城市轨道交通工程安全交叉检查等。督促各地严格落实重大时节“提级管控”，重点督促落实施工企业负责人带班指挥、项目负责人施工全时段在岗管理和危大工程非必要不施工等措施，重大时节房屋市政工程未发生群死群伤事故。

【工程质量安全管理制度建设】相继印发《关于推进房屋市政工程质量安全手册信息化的通知》《关于联合印发结建式人防工程质量监督工作指引的函》《关于在结建式人防工程质量安全监督竣工验收备案阶段落实5项人民防空标准规范的通知》等政策文件，不断规范工程质量监督管理。印发《关于进一步加强建筑材料、建筑构配件质量管理工作的通知》，全面加强建材、构配件采购、进场检验检测、使用登记全链条管理、监督抽检抽测。据统计，全省各地各级主管部门开展预拌混凝土、建筑用砂检查21855次，对建筑材料监督抽测86194组，合格率98.82%。严肃查处建材、构配件质量违法违规行为。委托广东省建设工程质量安全检测总站有限公司开展在建房屋市政工程实体质量抽查检测工作，抽检 67 个房屋市政工程（含城市轨道交通工程），抽查检测项目合格率超过 97%。印发《广东省住房和城乡建设厅关于推广部分施工企业住宅工程防渗漏经验做法的通知》和《广东省住房和城乡建设厅关于推广省级优秀施工工法和优秀质量管理小组活动成果的通知》切实提升住宅工程质量水平。

建筑市场

【概况】2021 年，广东省抢抓建筑业发展机遇，全年建筑业成绩显著。全省总承包和专业分包建筑业企业完成总产值首次突破 2 万亿元，达到 21346.12 亿元，总产值比上年增长 15.8%，总产值占全国的 7.3%，比上年提高 0.3 个百分点。广东省完成建筑业增加值 5170.1 亿元，比上年增长 3.2%。全省建筑业期末就业人员 355.4 万人。全年实现人均产值 54.19 万元，比上年增长 10.05%；年度人均产值首次突破 50 万元，其中国有及国有控股企业年度人均产值 62.98 万元。全省纳统的总承包和专业分包企业继续保持快速增长，总数量 9674 家，比上年增长 16.32%。其中，国有及国有控股建筑业企业 536 家，占全部总承包和专业分包建筑业企业数比重 5.5%，完成建筑业总产值 9865.35 亿元，比上年增长 25.6%；签订合同额 34981.04 亿元，增长 20.7%；从事建筑业活动的平均人数 156.64 万人，增长 20.1%；完成房屋施工面积 5.1 亿平方米，增长 22.9%。

【促进建筑业高质量发展若干措施出台】5 月，广东省人民政府办公厅印发《广东省促进建筑业高质量发展若干措施》，从 6 个方面提出 18 项具体政策措施，重点突出高起点引领发展、提升建筑产品和服务质量、培育竞争力强的产业队伍、营造更优的发展环境 4 个特点，着力巩固广东省建筑业支柱产业和绿色产业地位，加快建设建筑强省，全面提升工程品质和产业现代化水平。

【智能建造与建筑工业化协同发展】会同省发展和改革委员会等 15 个部门出台《广东省住房和城乡建设厅等部门关于推动智能建造与建筑工业化协同发展的实施意见》，推动智能建造技术在城乡建设各环节应用，提出发展数字设计、推广智能生产、推行智慧绿色施工、发展建筑产业互联网、加强科技和人才支撑、创新行业监管服务 6 个方面的重点任务。2021 年，全省智能建造发展取得成效，3 个项目被列入“全国智能建造项目试点”，10 条经验做法被列入《全国智能建造与新型建筑工业化协同发展可复制经验做法清单》，17 项智能建造技术成果被列为“全国智能建造新技术新产品创新服务典型案例”，数量居全国前列。

【建筑市场监管】强化房屋市政工程关键岗位管理人员到岗履职监督，依托建筑市场与质量安全监督网格化监管体系开展核查，建立定期通报机制，完善广东省建筑工人管理服务信息平台，提升房屋市政工程项目用工实名制管理覆盖率，持续运用实名制系统大数据开展建筑工地疫情防控，构建工地防疫安全保护屏障。通过试点带动，在全省 9860 个房屋市政工程项目开展建筑工人施工现场生产生活环境品质提升行动，落实建筑工人施工现场生活环境、劳动保护、作业环境基本配置指南，改造施工现场生活区、居住区，落实劳保用品和防护用品，提升安全生产标志、临边安全防护等标准，项目落实标准的总体符合率达到 86%。建立工程招标投标领域“双随机、一公开”监管机制，规范招标投标行为，组织开展全省首次招投标领域“双随机、一公开”检查。开展房屋市政工程在建项目发承包违法行为专项整治行动，全省各级住房和城乡主管部门累计检查在建项目 32516 项次，查处转包、违法分包、超越资质承接工程等各类违法违规行为 208 宗，罚没 4734.6 万元。组织以实地、书面和网络监测相结合的方式，对整治范围内的招标项目开展多轮次、滚动式检查，全面排查招投标活动中存在违法违规行为。

【首届建筑文化宣传周】2021 年，广东省首次设立建筑文化宣传周。首届宣传周以“粤有文化 · 建筑粤美”为主题，弘扬和传承岭南建筑文化，激励为美好生活繁荣建筑创作，普及建筑艺术和建筑技术知识，展示建筑发展成就。宣传周活动启动仪式于 12 月 28 日在广州举行。宣传周活动期间还举办了广东省建筑文化展览，宣传广东省建筑设计理念，惠州、江门、肇庆等多个地市同步举办创作分享、优秀作品交流、历史文化风貌实地考察、地域文化展览等宣传活动。

建筑科技

【概况】2021 年，广东省列入住房和城乡建设部 2021 年科学技术计划项目 13 个，列入省住房城乡建设科技创新计划项目 55 个，获“华夏建设科学技术奖”15 项，列入年度制修订计划标准 30 项，新发布工程建设标准 36 项。全省新开工装配式建筑 7346.64 万平方米，比上年增长 29%，占新建建筑面积的 18.88%。

将 30 项标准列入年度制修订计划，启动《广东省城市建设项目停车设施配建标准》等行业亟需的标准编制，新发布工程建设标准36项，一批标准达到国际水平和国内领先水平，1项标准获2021年度“标准科技创新奖”一等奖。组织举办和指导行业协会开展地方标准宣贯培训，开展22本国家全文强制性工程建设规范的培训。加强大湾区标准化协同，支持深圳前海和珠海横琴加强与港澳地区标准化合作。但是也存在重点领域工程建设标准还有缺口，团体标准发展还比较粗放、标准的综合水平不高等问题。

2021年广东省21个地级以上市全部出台本地区推进装配式建筑的实施意见，广州、深圳等16个城市出台本地区推进装配式建筑发展的专项规划。新发布2项装配式建筑地方标准。全省新开工装配式建筑7346.64万平方米，比上年增长29%，占新建建筑面积的18.88%，新开工装配式建筑面积位居全国第二。全省政府投资工程新开工装配式建筑面积793.99万平方米，比上年增长15%，占新开工政府投资工程面积的25.68%。但是全省装配式建筑发展存在制度机制有待逐健全、装配式建筑技术标准体系和产业配套不完善、区域发展不均衡等问题。

【工程建设标准制（修）订】2021年，广东省将30项标准列入年度制修订计划，其中轨道交通工程3项、市政基础设施管理6项、信息化项目3项、节能与绿色建筑3项、环境保护3项，其他技术规程12项。探索引进人大代表和政协委员参与标准编制和审查工作机制，提升标准编制水平。全年发布地方标准36项标准，涵盖房屋和市政基础设施工程设计、施工、检测、验收、评价、改造等工程建设全过程。

【工程建设标准宣贯培训】组织举办《既有建筑改造技术管理规范》《既有建筑混凝土结构改造设计规范》《装配式钢结构建筑技术规程》和《装配式建筑混凝土结构耐久性技术标准》4项广东省工程建设标准宣贯培训班，组织开展22本国家全文强制性工程建设规范的培训，省建设工程绿色与装配式发展协会举办广东省建筑标准《装配式混凝土结构检测技术标准》宣贯会，省建设科技与标准化协会联合广东省建设工程质量安全检测和鉴定协会等举办广东省标准《建筑节能与绿色建筑工程施工质量验收规范》宣贯会。

【工程建设团体标准培育发展】支持和引导有条件的社会团体和企业根据市场需要，制定高于推荐性标准水平的团体标准。新立项《不粘轮乳化沥青施工技术规程》等23项工程建设团体标准，拓宽标准供给渠道。省建设科技与标准化协会发布团体标准《智能随动混凝土布料机》，填补地方标准空白，促进全省智能建造技术应用。

【粤港澳大湾区标准共建】支持广东、香港、澳门三地行业协会和企业在不改变三地既有管理习惯的前提下，开展工程建设领域抗风、绿色发展、园林绿化等共性领域标准协同研究，探索联合编制地方标准和团体标准。支持深圳前海和珠海横琴加强与港澳地区标准化合作，推动粤港澳大湾区标准融合发展。2月28日，由广东省建筑科学研究院集团股份有限公司、香港理工大学、国家钢结构工程技术研究中心香港分中心等粤港两地研究机构联合编制的广东省标准《高层建筑风振舒适度评价标准及控制技术规程》经广东省住房和城乡建设厅批准发布实施。

【建设科技创新】加快推进《广东省住房和城乡建设科技创新发展三年（2022—2024年）行动方案》制订，谋划开展住房城乡建设领域科技创新智库、平台和基地建设，进一步提升建设科技支撑能力；印发《广东省住房和城乡建设厅关于做好科技创新计划项目实施和验收管理工作的通知》，加强科技项目管理。加强城乡建设领域关键技术研发，支持关键技术申报省级住房城乡建设科技项目，推荐申报部科技项目，全年有13个科技项目列入住房城乡建设部2021年科学技术计划，55个科技项目列入省住房城乡建设科技创新计划，6个科技项目通过验收。

【建设科技奖项推荐】推荐本行业关键技术申报部科技项目和华夏科学技术奖、中国专利奖、广东省科技进步奖、广东省专利奖各类科技奖项，支持行业企业建立省级工程技术中心、重点实验室等研发平台。全年共推荐81个项目申报华夏科学技术奖，其中15项科技项目荣获华夏建设科学技术奖，其中一等奖1项，二等奖3项，三等奖11项。推荐2个项目申报第十二届中国专利奖、1个项目申报第九届广东专利奖、1个项目申报省科学技术奖、1家企业申报广东省城市安全智能监测与智慧城市规划企业重点实验室并获批。

【装配式建筑发展】2021年，广东省加快完善装配式建筑全产业链，市场主体和产业队伍不断壮大，装配式建筑规模不断提高。全省21个地级以上市全部出台了本地区推进装配式建筑的实施意见，广州、深圳等16个城市出台了本地区推进装配式建筑发展的专项规划，新发布装配式建筑地方标准2项。全省新开工装配式建筑7346.64万平方米，比上年增长29%，占新建建筑面积的18.88%，新开工装配式建筑面积位居全国第二。政府投资工程新开工装配式建筑方面，全省政府投资工程新开工装配式建筑面积 793.99 万平方米，比上年增长 15%，占新开工政府投资工程面积的 25.68%。从结构形式看，全省新开工装配式混凝土结构建筑 5682.77 万平方米，占开工装配式建筑的 77.32%；钢结构建筑 1559.46 万平方米，占新开工装配式建筑的 21.2%。商品住房仍然是装配式建筑主要应用领域，全年新开工装配式商品住房 3344.76 万平方米，占新开工装配式建筑的 45.5%。

【装配式建筑政策体系建设】制定《广东省住房和城乡建设厅等部门关于加快推进新型建筑工业化的实施意见》，完成广东省装配式建筑示范城市（县、区）、产业基地和示范项目管理办法实施评估并开展修订工作。开展装配式住宅设计选型标准和主要构件尺寸指南编制。开展新型建筑工业化项目评价指南编制，推动《建筑装配化装修技术规程》等装配式建筑地方标准制订，发布《装配整体式叠合剪力墙结构技术规程》等 3 项装配式建筑地方标准。全省 21 个地级以上市全部出台本地区推进装配式建筑的实施意见，广州、深圳等 16 个城市出台本地区推进装配式建筑发展的专项规划。

【装配式建筑产业链发展】2021 年，全省有装配式混凝土预制构配件生产企业 59 家，生产线 286 条，设计产能 831.1 万立方米，实际产量 449.3 万立方米；装配式钢结构构件生产企业 36 家，生产线 112.5 条，设计产能 290.16 万吨，实际产量 195.48 万吨；木结构生产企业 1 家，生产线 1 条，设计产能和实际产量为 0.16 万立方米；具有装配式建筑设计经验的设计单位 114 家，具有装配式建筑施工经验的施工单位 281 家。

【装配式建筑产业队伍培养】加强装配式建筑从业继续教育，开展装配式建筑职业技能大赛，开展装配式建筑产业工人实训基地建设、教材编写和专业技术职称评审等，为行业输送一批高素质的产业人才队伍。将装配式建筑列入 2021 年度住房城乡建设领域专业技术人员继续教育专业科目学习指南；支持省建设工程绿色与装配式发展协会主办 2021 年广东省职业技能大赛——住房城乡建设行业“中建四局杯”装配式建筑混凝土构件制作工竞赛。广州市组织编写《装配式建筑施工实训教程》，在全市房屋建筑工程实施现场装配式技能工人配置试点工作。深圳市在国内面向建设、设计、施工、生产等全产业链技术人才开展员级、助理、中、高和正高级职称评审，支持有条件的装配式建筑企业与行业协会，建立装配式建筑实训基地，推进企业新型学徒制，构建装配式建筑产业工人职业教育及管培体系。

【装配式建筑宣传推广】结合全省建筑节能月活动开展装配式建筑宣传、全省住房城乡建设科技与绿色发展工作座谈会开展装配式建筑典型项目线上观摩会。广州市编制《装配式建筑在你我身边》的宣传画册、宣传动漫，制作上线装配式建筑微信表情包，利用微信、动漫短视频等新媒体，创新宣传方式、扩大宣传受众。东莞市全年共举办装配式建筑政策解读培训班 7 次，对全市建筑行业各参建单位进行政策宣贯培训，参训人员 1000 余人。行业协会先后组织举办广东省（湛江）钢结构装配式住宅建设项目现场观摩会、中国绿色建材与装配式建筑展、第十届广东新型建筑工业化展、2021 粤港澳大湾区“双碳”目标下的绿色建材及装配式建筑装修产业发展高峰论坛等各种形式的交流活动。

【举办省住房城乡建设行业职业技能竞赛】9—12月，广东省住房和城乡建设工会组织举办砌筑工、工程测量员、土工实验员、混凝土构件制作工、室内装饰设计师、防水工、智能楼宇管理员、燃气用户安装检修工、预拌混凝土质量检测员、人行道清洗保洁工 10 个工种的职工职业技能竞赛。共有 308 支参赛队伍，717 名选手参加竞赛。7 名选手由广东省总工会核准后授予“广东省五一劳动奖章”，50 名选手由广东省人力资源和社会保障厅授予“广东省技术能手”，492 名选手可以获得高级工资格或晋升为技师。

人事教育

2021 年度我省建筑工程技术人才职称评审工作深入贯彻党中央、国务院和省委、省政府关于深化职称制度改革的决策部署，根据《关于做好 2021 年度职称评审工作的通知》（粤人社发〔2021〕38 号）安排，完成建筑工程技术人才职称评价工作，在省人力资源社会保障厅统筹指导和厅职称评审工作领导小组正确领导下，严格评审制度，完善评审标准，创新评审方式，评审全过程坚持公平公正公开，强化管理监督，实现了平稳有序、精细高效。是年，申报正高级工程师 228 人、高级工程师 4653 人、工程师 979 人、助理级工程师 833 人、技术员 102 人，通过人数分别为 118 人、2776 人、774 人、793 人、94 人，通过率分别为 51.75%、59.66%、79.06%、95.2%、92.16%。

城市更新与建筑节能

【城市更新】2021 年，省住房城乡建设厅积极落实住房和城乡建设部工作部署，推荐城市更新试点城市和试点项目，探索城市更新实施路径、政策体系和工作机制。组织召开城市更新专题研讨会，研究制定城市更新支持政策，组织起草贯彻落实《住房和城乡建设部关于在实施城市更新行动中防止大拆大建问题的通知》政策文件。开展城市更新项目核查工作，全面核查各市 2018 年以来城市更新项目实施情况。印发《广东省住房和城乡建设厅关于明确近期国家有关文件约束要求的函》，提醒各地抓好刚性要求落实落地。会同省有关部门推进创造型引领型改革任务，制定新发展阶段推进城市更新改革任务工作方案。出台《城中村微改造工作指引》，有效指导各地加快补齐城中村设施短板，提升城中村居住环境品质。

【城镇老旧小区改造】2021 年，城镇老旧小区改造被列入省委、省政府和住房城乡建设部“我为群众办实事”实践活动重点民生项目及省十件民生实事。全省全年开工改造超过 1500 个老旧小区，惠及超过 31 万户居民，超额提前实现年度任务底数目标。省本级、广州、珠海的 4 项政策入选住房和城乡建设部可复制政策机制清单向全国推广，广州市三眼井社区、佛山市桂一社区、江门市良化南社区炮台新村小区 3 个项目入选住房和城乡建设部“我为群众办实事”城镇老旧小区重点项目联系点。出台《广东省人民政府办公厅关于全面推进城镇老旧小区改造工作的实施意见》《广东省城镇老旧小区改造技术导则》《广东省城镇老旧小区实施计划(2021—2025 年)》，编制《广东省城镇老旧小区改造工作指引》；梳理印发《城镇居住社区人居环境品质提升政策机制推荐清单（第一批）》《城镇老旧小区改造可复制体制机制（第一批）》，总结提炼广州、珠海、佛山、江门、梅州等市在电梯加装、连片改造协调联动、发动居民群众“共同缔造”、完善小区日常管养、与专营单位协调联动、党建引领城镇老旧小区改造等方面的政策经验供全省学习借鉴；联合国开行广东省分行、中国电信广东省分公司出台专项支持政策，推动城镇老旧小区改造工作制度化、规范化。

【绿色社区创建及完整居住社区建设】联合省发展改革委等 6 部门出台《广东省绿色社区创建行动实施方案》，创新将原有“绿色社区”和“宜居社区”进行资源整合，优化细化创建内容，形成 5 大创建内容、17 个创建标准、42 项创建要求，指导各地分类推进绿色社区创建行动。截至 12 月底，21 个地级以上市共 1500 个城市社区达到绿色社区创建标准，占全省城市社区总数的 30%。积极报送 97 个城市居住社区活动场地设施项目，作为住房和城乡建设部“我为群众办实事”实践活动重点工作；广州、珠海市工作经验做法被住房和城乡建设部《“我为群众办实事”实践活动简报》刊载；广州、深圳、珠海、韶关市共 5 个项目入选住房和城乡建设部《城市居住社区活动场地设施建设示范案例集》；广州市越秀区旧南海县社区建设做法入选住房和城乡建设部《完整居住社区建设指南》典型案例。

城市管理综合执法监督

【违法建设治理】2021 年，全省计划治理违法建设 1.62 亿平方米，实际治理 2.62 亿平方米，完成比例为 161.73%。《广东省人民政府关于打好违法建设治理攻坚仗的指导意见》提出 2019—2021 年治理违法建设 4.26 亿平方米的三年攻坚目标。截至 2021 年年底，实际完成治理 6.4 亿平方米，完成比例达到 150.26%，违法建设治理数量位居全国前列并受到住房和城乡建设部的肯定。截至年底，已有 11 个城市出台新增违法建设快速查处政策，14 个城市出台存量违法建设分类认定处置政策，4 个城市出台违法建设治理方面的法规规章，长效推进治理工作的政策体系更加完善。通过与高铁沿线安全环境整治、城中村治理、城乡人居环境整治等群众关注的重点热点工作相结合，消除全省高铁沿线 10012 处安全隐患，拆除高速公路沿线 27 万平方米违法建设，拆除了“过去拆不了”的违建，办成了“过去办不成”的实事，群众生活环境更加安全、生态环境更加美丽，安全感、幸福感、获得感更加充实。

【城市管理综合执法】组织开展赣深高铁沿线安全环境整治、市容环境专项整治、户外广告设施治理等工作。全省消除赣深铁路 2688 处问题隐患、治理背街小巷 261976 条、整治存在安全隐患的户外广告设施 12471 个。

【户外广告设施治理】1 月，印发《关于做好户外广告设施风险隐患排查整治有关工作的函》，组织各地做好辖区内易受自然灾害影响的户外广告设施的灾害风险调查和重点隐患排查。指导各地加强户外广告设施规范管理，建立完善户外广告设施底数台账，加强日常巡查监管，清查整治存在安全隐患的户外广告设施，全年共整治存在安全隐患的户外广告设施 12471 个，拆除违法户外广告设施 16940 个。根据全省应急管理工作要求，组织 1.19 万人次巡查户外广告设施 20748 个，整治存在安全隐患的户外广告设施 610 个，有效保障人民群众生命财产安全。

【"强转树"专项行动和宣传工作】持续开展巩固深化"强基础、转作风、树形象"专项行动，持续加强城市管理执法队伍建设，创新城市管理执法手段，加大宣传报道力度，努力打造共建共治共享城市管理格局。全年召开了全省城市管理综合执法工作现场会和全省严格规范城市管理执法行为工作电视电话会议两个重要会议，对各地城管执法部门330余名业务骨干进行培训，发挥"广东人民城管"温馨公众号作用，推送文章430多篇，推动构建了国家、省、市三级数字化城市管理体制，不断提升城市管理执法服务水平。

【数字城管建设】组织开展数字化城市管理业务基础信息支撑服务（2022年）项目立项。11月，广东省政务服务数据管理局印发《关于同意省住房城乡建设厅数字化城市管理业务基础信息支撑服务平台定制软件租赁和运营（2022年）项目立项方案备案的函》，顺利完成新一轮数字化城市管理业务基础信息支撑服务立项工作。指导各地对数字化城市管理平台进行建设升级，约谈数字化城市管理平台建设进展缓慢的阳江市城市管理和综合执法局，完成了国家、省、市三级数字化城市管理平台联网对接。

【城管执法队伍建设】9月26～30日，组织举办全省城市管理执法规范化专题培训班，对各地城管执法部门330余名业务骨干进行培训。9月28日，召开全省严格规范城市管理执法行为工作电视电话会议，部署全省严格规范城市管理执法工作。11月25～26日，在东莞召开省城市管理综合执法工作现场会，总结"十三五"以来我省城市管理综合执法情况，研究部署"十四五"时期城市管理执法工作。

【建章立制规范执法】6月21日，印发《关于全力以赴做好当前城市管理执法工作的通知》，建立城管执法信息日报制度，建立快速有效的突发事件响应处置机制。全面修订住房城乡建设领域行政处罚自由裁量权基准，实现工程建设与建筑业、城乡规划建设、房地产与住房保障3类裁量基准同步更新，进一步推动住房城乡建设领域行政处罚合法合理。

【深入开展建材打假专项行动】针对"央视3·15"曝光的瘦身钢筋和珠三角流域非法洗砂洗泥事件暴露的问题，按照省委、省政府工作部署，迅速组织开展全省房屋市政工程和混凝土生产企业钢筋、建筑用砂质量专项排查行动，共计派出执法人员7万人次，抽检房屋市政工程17763项次、混凝土生产企业1511家次，抽检建筑材料和混凝土生产原材料49328组，及时清退抽检发现的劣质建材，保障工程质量。精准开展省级建材打假专项行动，瞄准被群众举报、媒体曝光、曾被行政处罚的房屋市政工程项目和混凝土生产企业有针对性地开展专项检查，依法查处使用不合格建筑材料或混凝土生产原材料的违法行为。经统计，2021年度对全省21个地级以上市40个房屋市政工程项目和21个商品混凝土生产企业开展建材执法抽检，共计抽检建筑材料和混凝土生产原材料338组，直接查处有关单位使用不合格建筑材料或混凝土生产原材料案件4宗，罚款180万元。

大事记

1月

12日　印发《广东省住房和城乡建设厅关于严格落实房屋市政工程预防高处坠落事故"六不施工"要求的通知》。

20日　广东省建设工地疫情防控专班印发《元旦、春节假期加上你和工地人员流动管控指引》的通知。

23日　印发《广东省住房和城乡建设厅关于迅速做好农村地区集中隔离场所建设相关准备工作的紧急通知》。

2月

2日　制作"疫情防控倡议春节版工地八条"动画、"一图看懂欢度春节"漫画，用于媒体和建设工地广泛宣传。

3日　派出3个检查组，分赴佛山、东莞、中山、江门、肇庆、清远6市，对26个建筑工地和4个隔离场所开展了疫情防控工作专项检查。

4—5日　召开城市黑臭水体治理明察暗访汇报会暨生活污水处理提质增效培训会。

8日　组织召开全省住建系统疫情防控电视电话会议。

3月

5日　联合广东省安全生产委员会办公室印发《关于建筑施工领域推行风险主动报告制度的通知》。

29日　组织召开2021年全省住房和城乡建设领域水务工作电视电话推进会议。

4月

6日　印发《广东省住房和城乡建设厅转发住房和城乡建设部办公厅关于加快推进住房和城乡建设系统新冠病毒疫苗接种工作的通知》。

7日　广东省生活垃圾分类工作领导小组办公室印发《广东省城市生活垃圾分类工作评估办法（2021—2022年）》的通知。

20 日　广东省建设工地疫情防控专班召开 2021 年第 4 次建设工地疫情防控工作专班会议，讨论修改《广东省建设工地疫情防控工作专班关于做好 2021 年“五一”假期全省建设工地疫情防控工作的通知》。

26 日　召开城市生活污水处理提质增效工作推进会。

5 月

5 月　住房和城乡建设部、财政部、水利部通过“省级评审＋城市评审”方式在全国范围内开展国家系统化全域推进海绵城市建设示范城市竞争性选拔工作。省住房城乡建设厅联合省财政厅、水利厅充分展示广东省海绵城市建设工作，在前期省级评审中评为第一档，获得两个城市推荐名额。择优推荐广州、汕头市参加全国范围的竞争性评审。广州、汕头市被评选为第一批系统化全域推进海绵城市建设示范城市，共获得中央财政补助 18 亿元。

8 日　组织召开城市黑臭水体“一对一”明察暗访全覆盖汇报会。

13 日　在东莞举行广东省 2021 年城市体检研讨培训暨城乡建设重点工作观摩推进活动。

17 日　印发《关于贯彻落实全省防旱抗旱工作视频调度会议精神做好重点缺水地区城市抗旱保供水工作的通知》。

25 日　召开 2021 年城乡建设重点工作综合检查培训会。

27 日　印发《“落实施工企业安全生产主体责任专项行动”工作方案》。

6 月

6～7 月　省住房城乡建设厅负责同志带队赴广州、佛山、中山、珠海、清远、江门市随机抽查保障性安居、城市黑臭水体治理及生活垃圾分类社区（公共机构）设施进行重点核查。

6 日　广东省人民政府成立广东省城镇居住社区人居环境品质提升工作领导小组，由分管副省长任组长，省发展改革委等 33 个部门及专营单位参与，领导小组办公室设在广东省住房和城乡建设厅。全年共召开 2 次领导小组会议，审议印发《广东省城镇老旧小区实施计划（2021－2025 年）》《城镇居住社区人居环境品质提升政策机制推荐清单（第一批）》等文件。

7 日　召开 2021 年全省建筑施工“安全生产月”和“安全宣传南粤行”启动仪式视频会议。

10 日　印发《关于进一步加强新冠肺炎集中隔离医学观察点建筑安全风险隐患排查整治的通知》。

13 日　印发《关于在全省市政工地实施“六个 100％”疫情防控措施的紧急通知》。

16 日　印发《关于开展建设工地疫情防控风险再排查再整改工作的紧急通知》。

18 日　召开全省住建系统疫情防控和安全生产工作电视电话会议。

21 日　印发《广东省住房城乡建设领域“全力防风险、坚决除隐患、平安迎大庆”安全隐患大排查大整治工作方案》。

7 月

8 日　联合省生态环境厅、发展改革委印发《广东省城市生活污水处理“双转变、双提升”提质增效工作评估办法（试行）》。

11 日　召开 2021 年第二季度城市黑臭水体治理明察暗访汇报会。

12 日　成立城市内涝治理省级工作专班，由广东省发展和改革委员会牵头，广东省住房和城乡建设厅、广东省自然资源厅、广东省水利厅组成，省政协副主席、住房城乡建设厅厅长张少康任专班组组长。

14 日　组织召开开展中央生态环境保护督察整改举一反三自查自纠工作反馈会，全省 21 个地级以上市相关同志参加。

8 月

1 日　召开全省住房城乡建设系统疫情防控和安全生产工作电视电话会议。

3 日　印发《广东省住房和城乡建设厅关于从严做好房屋市政工程工地疫情防控工作的紧急通知》。

3—5 日　组织检查组赴广州、深圳、东莞等市开展了暗查暗访、隔离场所“三个一批”的调研督导。

10 日　印发《广东省住房和城乡建设厅关于切实加强参建人员流动和工地出入管理的紧急通知》。

23 日起　组织全省房屋市政工程疫情防控专项检查，采取省厅和地市交叉检查相结合方式，对全省 21 个地市开展专项检查。

26 日　组织召开建筑垃圾跨区域平衡处置座谈会。

9 月

7 日　印发《广东省住房和城乡建设厅关于进一步加强集中隔离场所建筑安全管理的紧急通知》。

18 日　召开全省住房城乡建设系统中秋国庆假期安全生产、疫情防控工作电视电话会议。

27 日　副省长孙志洋主持召开全省城乡建设工作专题会议，研究部署推动我省城市建设高质量发展工作。

10月

15日　省政府召开生活垃圾分类专题工作会议，省政府副秘书长杨鹏飞主持会议并讲话。

22日　印发《关于切实做好房屋市政工程工地疫情防控工作的紧急通知》。

11月

7日　广东省建设工地疫情防控专班印发《广东省建设工地新冠肺炎疫情应急处置方案（第二版）》。

9日　召开省建设工地疫情防控专班总第22次工作会议。

17日　省住房城乡建设厅党组成员、副厅长刘玮主持召开城市生活污水处理提质增效“双转变、双提升”专题工作会议。

23日至25日　刘玮带队赴茂名市，督导中央生态环境保护督察通报的茂名市典型案例整改落实情况，并结合全省城市生活污水处理“双转变、双提升”提质增效评估情况，重点督导城市生活污水处理、供节水及内涝治理工作。

12月

联合省财政厅、水利厅印发《关于开展省级系统化全域推进海绵城市建设示范工作评审的通知》。

1日　举办广东历史建筑数据采集与展示平台上线仪式暨历史文化保护传承政策宣讲培训活动，发布《历史的记忆——广东经典历史文化街区与历史建筑图册》，举办“赓续文脉 守护历史文化根与魂——广东城乡历史文化保护传承主题展”。

10日　召开省建设工地专班会议暨全省住房城乡建设系统疫情防控工作电视电话会议。

27日　联合省发展改革委印发《广东省生活垃圾处理“十四五”规划》。

29～30日　通过线上线下结合方式召开广东省城市生活污水处理提质增效现场会暨水务工作培训班。

30日　印发《2022年元旦春节期间全省建设工地新冠肺炎疫情防控工作方案》。

（广东省住房和城乡建设厅）

广西壮族自治区

住房和城乡建设工作概况

2021年，广西住房城乡建设行业有序编制广西住房城乡建设领域“十四五”规划编制工作方案和任务清单，以《广西城乡人居环境建设“十四五”规划》等14个专项规划分解落实中央和自治区“十四五”至2035年的远景目标，有6个专项规划印发实施，其余专项规划加快编制。

2021年，广西住房城乡建设行业实现增加值4112亿元，占全区GDP的16.60%；实现税收691亿元，占全区税收的27%；完成固定资产投资占全区总投资的43%。其中，建筑业完成产值6700亿元，同比增长14.50%，增速高于全国平均水平3.50个百分点，排名全国第5；新型城镇化建设完成投资6000亿元。

2021年，全区计划新开工公租房5570套，截至12月25日，已开工5845套；保障性租赁住房开工任务为1.32万套，截至12月25日，已开工1.35万套；棚户区改造新开工任务为3.18万套，截至12月25日，已开工4.4万套；全区城镇住房保障家庭住房租赁补贴发放任务为2.28万户，截至12月25日，已发放3万户。

截至2021年年底，广西共计有48.13万户住房困难家庭入住公租房，其中城镇中低收入家庭34.35万户，占比71.37%；新就业无房职工、稳定就业外来务工人员等新市民13.78万户，占比28.63%。全区基本实现了城镇低保低收入住房困难家庭应保尽保、中等偏下收入住房困难家庭在合理轮候期内（一般不超过3年）得到保障。

5月，广西将南宁、百色、梧州、贺州及钦州作为国家历史文化名城后备名单报送住房和城乡建设部，12月，建议住房和城乡建设部将兴安县补列入后备名单。完成对柳州市历史文化名城保护规划审查，并按程序报住房和城乡建设部审查，同时支持和指导柳州市出台全区首部历史文化名城地方立法——《柳州市历史文化名城保护条例》。支持和指导桂林市、北海市提高国家历史文化名城保护规划质量，加快推进国家历史文化名城保护规划编制工作。

2021年，广西城镇老旧小区改造累计开工3377个小区、38.44万户；已竣工1442个小区、14万户，其中，2021年国家下达老旧小区改造任务为17.09万户，涉及小区1572个，全区已开工1689个小区共18.13万户，争取中央转移支付资金26.37亿元，自治区财政配套5.98亿元。

南宁市积极探索以PPP模式推进城镇老旧小区，被国家发展改革委列为全国城镇老旧小区改造融资典型案例并向全国推广；柳州市、桂林市、贵港市、防城港市在推进城镇老旧小区改造中积极创新工作方法，推进无障碍设施建设、提升社区服务设施建设、解决老旧管网问题、建立长效管理机制被住房和城乡建设部作为“我为群众办实事”实践活动典型案例向全国推广。

2021年，广西实施农村低收入群体等重点对象农村危房改造10448户，其中，中央财政补助6类重点对象9512户，自治区财政补助其他农户936户。下达中央农村危房改造补助资金25852万元，自治区财政项目补助资金和工作经费6324万元。截至11月30日，全区年度任务竣工率达到100%。完成1001万栋农村房屋的排查，经评估鉴定为C、D级房屋的通过管理措施或工程措施基本完成安全隐患整治。

法规建设

【概况】2021年，广西壮族自治区住房和城乡建设厅法制处荣获“2016—2020年广西法治建设先进集体”“2016—2020年全国普法工作先进单位”。根据自治区党委依法治区办、自治区司法厅《2021年区直机关法治建设绩效考评指标及评分细则》要求，法治建设绩效考评指标获满分。全年共梳理700多项行政处罚事项，办理行政诉讼案件10件，审核涉及安全事故的行政处罚案件29件。

【相关立法】2021年，完成《中华人民共和国安全生产法》《广西农村供水用水条例》《广西社会信用条例》等70多部法律法规草案的征求意见答复。参加全国人大社会建设委《中华人民共和国消防法》实施情况等调研座谈会。推动《广西壮族自治区物业管理条例》(修订)于1月1日与《中华人民共和国民法典》同步施行；《广西壮族自治区城市管理综合执法条例》通过自治区人大常委会审议并于2021年9月1日施行；完成《广西壮族自治区绿色建筑发展条例》(修改)区内外立法调研。配合自治区人大对《南宁市燃气管理条例》等20多部设区市地方性法规草案进行论证，推动设区市出台《南宁市停车场管理条例》《桂林市城市绿化条例》《钦州市传统村落保护与利用条例》等7部地方性法规。

【法治建设规划】根据《法治广西建设规划(2021—2025年)》《广西法治社会建设实施方案(2021—2025年)》《全区2021年法治政府建设工作要点》，制定广西住房和城乡建设厅法治建设工作方案和工作计划。

【“三项制度”长效机制】2021年，持续推进行政执法公示、执法全过程记录、重大执法决定法制审核“三项制度”，完善官网行政执法信息公示专栏及公示事项，向住房和城乡建设部和自治区司法厅报送行政执法统计年报数据。

【规范行政执法事项】2021年，广西住房和城乡建设厅梳理700多项行政处罚事项，编制广西住房城乡建设系统轻微违法行为免罚清单和不予采取行政强制措施清单。举办全区住房城乡建设系统法规科长培训班；常态化开展执法和典型案例研究，答复各市涉法请示；审查行业执法检查通报；审核出台《广西城市管理执法标准(修订)》；结合新修订的《中华人民共和国行政处罚法》，规范广西住房和城乡建设厅行政处罚和行政处理事项。

【规范性文件和重大行政决策】2021年，继续强化政策文件公众参与、专家论证、合法性审核、集体讨论等法定程序“七步骤”的全过程管控，落实公平竞争审查。完成促进广西建筑业高质量发展的若干措施、关于加强大板结构住房安全监管工作的通知、进一步加强工程招标投标监管的指导意见、城管执法标准等20余部规范性文件和重大行政决策合法性审查。

【文件清理】开展涉及民法典、行政处罚法、信用惩戒措施等法规规章及规范性文件清理，并按程序废止《广西壮族自治区建筑市场主体“黑名单”管理办法(试行)》，提出《广西壮族自治区实施〈城市供水条例〉办法》罚款规定清理意见。

【规范行政权力事项】对全区住房城乡建设系统市、县、乡三级权责清单规范化通用目录进行调整，审查住房城乡建系统政务服务事项全区通办指导目录。配合审批处及相关业务处室统筹授权或者委托中国(广西)自贸试验区、百色试验区、南宁市、贺州市实施的部分自治区级行政许可事项，依法下放审批权限，营造法治化营商环境。

房地产业

【概况】2021年，广西房地产开发投资3733.93亿元，房地产业实现税收421.23亿元。创建87个

"美好家园"小区，推进物业管理与社区基层治理共建共治共享。广西新增房地产开发一级资质企业7家，截至年底，广西共有房地产开发一级资质企业27家（含外省入桂执业分支机构）。

【房地产开发】2021年，广西房地产开发投资3733.93亿元，同比下降2.90%，增速低于2020年3.70个百分点；全区房地产业实现税收421.23亿元，同比下降9.40%，占全区税收收入的16.40%。防城港、来宾、崇左、北海、桂林、钦州、柳州、南宁8个设区市的房地产开发投资同比下降，其余6个设区市的房地产开发投资同比增长态势。其中，房地产开发投资增速最低的是防城港市（同比下降23.50%），增速最高的是百色市（同比增长23.60%）。

【商品房销售】2021年，广西商品房销售面积为6178.26万平方米，同比下降8.20%；其中，商品住房销售面积为5281.50万平方米，同比下降12.10%。全区有4个设区市商品房销售面积同比增长，有10个设区市同比下降。商品房销售均价为5944元/平方米，同比下降5.90%；商品住房销售均价为5992元/平方米，同比下降5.40%。其中，河池市商品住房销售均价增幅超过5%；梧州、北海、贵港市3个设区市降幅超过5%。

【房地产市场调控及监管】印发《关于明确住房租赁有关税收政策的通知》，支持住房租赁市场发展。积极推动南宁市开展住房租赁试点工作，2021年南宁市共筹集房源5.84万套（间），其中新建、改建类等房源2.42万套（间），盘活类租赁房源3.42万套（间）；培育专业化、规模化住房租赁企业5家。实施房地产贷款集中度管理，推动房地产贷款合理增长，广西房地产贷款增速连续21个月向合理水平回归。

【物业管理政策研究与制定】《广西壮族自治区物业管理条例》（以下简称"《条例》"）自2021年1月1日起施行，组织、指导在全区14个地级城市开展物业管理政策宣贯、培训活动63场次。11月，印发《广西壮族自治区住宅物业临时管理规约》（示范文本），并联合广西壮族自治区市场监督管理局印发《广西壮族自治区前期物业服务合同》（示范文本）等两个《条例》配套管理文件。组织指导1639家物业服务企业签订了"合法经营、规范收费"物业服务承诺书，5275个住宅项目公示物业服务收费信息，发放物业服务收费有关政策法规宣传册数39975份。

【住宅专项维修资金管理】2021年，广西各市共归集住宅专项维修资金约220.44亿元，使用6.26亿元，增值23.02亿元，余额237.20亿元。广西14个城市建立健全住宅专项维修资金管理制度，均出台住宅专项维修资金管理相关法规政策，建立规范住宅专项维修资金使用流程。

【白蚁防治】2021年，广西14个设区市共承接新建房屋白蚁预防工程1379个，建筑总面积为5607.05万平方米；承接新建房屋白蚁灭治工程2722个，施工3605次；完成回访复查项目6595个。各白蚁防治单位对南宁市红色基地进行白蚁危害情况实地勘察并开展防治工作，对10个古村落及5个文物保护单位进行白蚁检查和综合治理。协助举办中国技能大赛"功成杯"2020年全国白蚁防治工职业技能竞赛总决赛。南宁市被全国白蚁防治中心授予"优秀协作单位"荣誉称号。广西有4名技术能手在本次赛事中分别荣获"全国住房和城乡建设行业技术能手""白蚁防治工优胜奖"荣誉称号。

住房保障

【概况】2021年，广西公租房开工5845套，开工量位居全国第四位；公租房基本建成5696套，基本建成交付量位居全国第六位。全区累计开工建设公租房49.06万套，共计有48.13万户住房困难家庭入住公租房。

【公租房保障】2021年，广西低保、低收入住房困难家庭实现依申请应保尽保，建设完成支持全区248个公租房小区、4.90万套公租房建设"人、证、房"三位一体的公租房智慧云监管平台。桂林市被列为全国10个公租房APP试点城市之一。7月，桂林市正式上线公租房APP，全年桂林市公租房APP累计注册用户6000多户，访问量5.14万次，累计发布房源信息2.49万套，申请公租房受理审核时间由原来的28个工作日压缩至10个工作日。除桂林市以外，全区其他13个设区城市已完成公租房APP上线测试工作。

【保障性租赁住房建设】2021年，全区按照供需匹配、职住平衡的原则，制定了"十四五"时期保障性租赁住房22.35万套（间）的发展目标，其中2021年已实施1.35万套，2022年计划实施6.10万套。12月8日，自治区政府办公厅印发了《关于进一步加强公租房和保障性租赁住房工作完善住房保障体系的实施意见》进一步完善公租房和保障性租赁住房在规划用地、税费、金融等方面的政策支持。

【城镇棚户区改造】2021年，全区积极推进棚户区改造基本建成10.05万套，是2020年全区基本建成任务的2倍多，基本建成量居全国第八位。广西棚户区改造工作再次获国务院“真抓实干、成效明显”工作督查激励。

【资金管理机制】1月，印发《关于加强城镇保障性安居工程财政补助资金管理的通知》，重点对南宁、梧州、钦州、贵港、玉林、百色等地部分项目进展和资金使用情况进行了实地核查。争取保障性住房补助资金20.37亿元，其中中央和自治区财政补助资金8.95亿元，中央预算内配套基础设施建设补助资金11.42亿元。

【住房改革管理】2021年，广西开展危旧房改住房改造政策、住房改革信息系统业务等业务培训，共举办培训班三期，培训人员达940多人次。为全区781个单位20269户职工家庭提供市场运作方式建设住房备案查询，完成37个单位的市场运作方式建设住房项目共7335户住户的分户确认和审核工作。共接待来访106批（次）、192人（次）；办理20件信访案件的答复、复查、复核工作，参加自治区信访局召开的信访案件协商会、听证会5次。

【危旧房改住房改造】2021年，广西危旧房改住房改造新审批17个项目，计划拆除危旧住房2856套、建筑面积共20.84万平方米，计划新建住房6953套，建筑面积共123.10万平方米，计划总投资约46.11亿元。新开工建设住房29个项目8712套住房，基本建成26个项目10643套住房，完成投资38.42亿元，超额完成了全年的目标任务。批复申请调整规模的危旧房改住房改造项目14个、延长开工时间的危旧房改住房改造项目23个，完成区直单位首个确认办证——广西税务局危旧房改住房改造项目152套住房确认办证工作。全区累计审批危旧房改住房改造项目684个，拟拆除旧房7.60万套，拆除总面积585万平方米，其中拆除住房面积516万平方米；计划新建住房21.97万套，新建总面积3303万平方米，新建住房面积2660万平方米，投资997亿元。累计开工项目545个，总面积2659.77万平方米，14.90万套住房；累计建成项目426个，总面积1717.55万平方米，10.58万套住房。

公积金管理

【公积金归集】2021年，广西新开户职工44.37万人，同比增长16.58%；新增缴存597.71亿元，同比增长13.04%。截至年底，全区住房公积金缴存职工411.18万人，同比增长6.88%；累计缴存4529.46亿元，缴存余额1545.75亿元，同比分别增长15.20%和13.87%。

【公积金使用】2021年，广西住房公积金共提取409.38亿元，同比增长2.27%。提取率（本期提取额占本期缴存额的比率）为68.49%，同比减少7.21个百分点。全区发放个人住房贷款6.79万笔、252.79亿元，同比分别下降7.61%和8.19%；回收个人住房贷款113.36亿元，同比增长6.54%。截至年底，全区住房公积金累计提取2983.70亿元，同比增长15.90%，累计提取率68.49%，同比减少7.21个百分点。累计发放个人住房贷款2182.74亿元，同比增长13.10%；个人住房贷款余额1379.73亿元，同比增长11.24%，占缴存余额的89.26%，同比减少2.11个百分点。个人住房贷款逾期0.61亿元，同比下降40.77%，逾期率为0.44‰，同比下降0.40个分点。

【资金运作】2021年，广西住房公积金业务收入48.45亿元，同比增长13.04%；业务支出24.90亿元，同比增长7.79%；实现增值收益24.03亿元，同比增长21.55%。

【公积金政策】2021年，广西灵活就业人员自愿缴存住房公积金人数累计突破4.90万人，累计归集金额突破7.70亿元，共为4932户灵活就业人员（家庭）发放贷款17.08亿元。1月，全区灵活就业人员参加住房公积金制度工作获得住房和城乡建设部通报表扬。2月，住房和城乡建设部办公厅建设工作简报中刊登文章，以《广西六项改革创新举措助推灵活就业人员参加住房公积金制度》为题，对全区的做法和经验进行了专刊报道。提前一个月完成住房和城乡建设部部署的8项住房公积金“跨省通办”目标任务。截至年底，全区通过全程网办受理“跨省通办”业务588415笔，通过两地联办受理“跨省通办”业务165笔。累计支持271人提取住房公积金963.97万元用于自住住房加装电梯。

【公积金监督管理】2021年，个人住房贷款逾期额0.61亿元，同比下降40.77%，逾期率为0.44‰，同比下降0.40个千分点，降至5年来最低水平。

【公积金平台建设】2021年，根据住房城乡建设部安排，全国住房公积金小程序正式上线运行，全年办理了跨城市住房公积金转移接续1.45万笔，划转资金累计2.40亿元。

城乡历史文化保护传承

【概况】2021年，广西新增历史建筑公布数量137处，历史建筑累计公布数量668处。其中完成保护标志牌设置628处，完成测绘建档364处。

【历史文化街区划定】2021年，自治区人民政府公布历史文化街区1片，完成全区36片历史文化街区保护标志牌设立。广西 36 片历史文化街区编制率达到100%，有2片街区保护规划已获批复，10片街区保护规划已上报自治区，10片街区保护规划已上报市政府审查，其他14片街区保护规划已通过市县一级的专家评审。

城市与建筑风貌管理

【概况】2021年，广西持续推进老旧小区改造，全区已开工1689个小区共18.13万户。开展城市背街小巷调查摸底工作，印发《广西城市背街小巷整治改造提升三年行动方案（2022—2024年）》。组织专家团队完成对平果市、柳城县、蒙山县、德保县、柳州市、梧州市、防城港市、北流市8个试点市、县一对一、点对点的公园城市建设实地指导推进工作，并启动了有关试点项目的建设。同时，积极打造人民群众喜爱的城市公园、绿道和活动场地，组织开展园林城市申报。

【老旧小区改造】2021年，出台《广西壮族自治区城镇老旧小区改造技术导则》《广西壮族自治区城镇老旧小区改造“十四五”专项规划》《关于进一步加强城镇老旧小区管线改造工作的通知》等政策文件。广西老旧小区已累计建成加装电梯73部、无障碍设施2207处，新增车位4767个，电动自行车及汽车充电设施4767个，文体休闲设施新增505处，社区综合服务设施27个等配套设施。

【背街小巷改造】9月，全面摸排全区城市背街小巷的数量、分布及现状，对城市背街小巷整治改造提升项目分为达标类和精品类，通过实施“一清二拆三改四补”整治改造提升。其中，“一清”主要是清理城市背街小巷卫生死角和公共厕所。“二拆”主要是拆除违法建筑和逾期临时构筑物；拆除城市背街小巷内违规设置的广告牌和私设的地锁、地桩、石墩等。“三改”主要是实施地下管网改造、实施道路路面改造、实施空中线网改造。“四补”主要是补齐安全设施短板、补齐社区宣传短板、补齐绿色宜居短板、补齐文化建设短板。

【公园城市建设】2021年，先后推动公园城市建设规划编制、试点项目建设等试点工作。年内完成公园城市建设规划编制，8个试点市县共开展了37个试点项目的建设，其中已建成的试点项目有13个。

【城市绿地建设】2021年，推行“十公园”和“公园＋”模式。在城市公园建设提升中探索“公园＋惠民服务”“公园＋运动健身”“公园＋文化艺术”“公园＋园事花事”“公园＋科普教育”等模式。新建城市绿道约150千米，丰富绿道功能，助推健身道、风景道建设，多措并举推进各市新建社区活动场地93块。

【园林城市创建】2021年，持续推进园林城市创建工作，发布《自治区住房城乡建设厅关于开展2021—2022年度广西园林城市申报及创建工作的通知》。

建设工程消防设计审查验收

【概况】2021年，广西累计受理消防设计审查3799项，办结3676项，办结率达96.76%；受理消防验收4650项，办结4455项，办结率达95.81%；受理验收备案2283项，抽查2139项。消防设计审查平均办理时限3.59天，消防验收平均办理时限6.38天，消防备案抽查平均办理时限5.34天，较上年同期相比，分别缩短了1.68天、3.80天和1.01天。

【消防审验工作模式】4月21日，发布《关于进一步做好建设工程消防设计审查验收重点工作的通知》，成为全国首个推行消防查验机制的省份。住房和城乡建设部工作简报上表扬广西“出台建设工程消防设计审查验收工作指导细则，明确建设工程消防技术审查与行政审批分离，推行建设工程消防质量终身制，压实建设单位主体责任”的做法。

【工程消防技术标准】12月31日，发布广西建设工程建设地方标准《建设工程消防设计审查验收技术规程》，进一步细化全区建设工程消防设计审查验收的内容、程序和技术要求，加强建设工程消防设计审查验收工作的科学性、公正性和统一性。

【消防安全专项整治】10—12月，分别组织高层建筑电缆管井封堵专项整治工作、电动车停放充电场所火灾隐患专项整治工作及文博单位文物古建筑和博物馆火灾隐患摸底排查和整治工作，并于11月22日发布《关于印发全区住房城乡建设系统开展消防安全隐患专项整治实施方案的通知》，于12月6日与自治区自然资源厅、应急管理厅、广西消防救援总队和广西电网有限公司联合发布了《关于全区住房城乡建设领域开展电动车停放充电场所火灾隐患专项整治工作方案的通知》。

城市建设

【概况】2021年，广西城市道路总长度已达21369.09千米，地下管网及管廊建设总长度已达76984千米。全社会用水普及率达到99.70%，燃气普及率达99.36%。城镇污水处理率达到98.73%。累计建成并投入使用的城镇生活垃圾处理设施有74

座，垃圾无害化处理率达到100%，厨余垃圾日处理能力达到2105吨。全区70段166.10千米城市黑臭水体全部消除，南宁市竹排江流域黑臭水体治理经验入选生态环境部通报表扬典型案例。累计建成海绵城市面积达到357.64平方千米以上。城镇老旧小区改造累计开工3377个小区，竣工1442个小区。南宁市、柳州市作为全国城市体检样本城市，形成城市自体检报告并上报住房和城乡建设部。

【城市体检评估】2021年，南宁、柳州两市作为全国城市体检样本，按照住房和城乡建设部《关于开展2021年城市体检工作的通知》及全国2021年城市体检工作部署暨培训会议要求，有序开展了各项工作；在住房和城乡建设部65项指标体系的基础上，南宁、柳州市结合自身情况，分别建立了特色指标体系；完成指标数据采集。

【城市道路建设】2021年，城市（县城）道路长度21369.09千米，同比增加406.30千米；道路面积42479.64万平方米，同比增加1081.80万平方米；人均城市道路面积23.32平方米，同比增加0.38平方米；建成区平均路网密度8.52千米/平方千米，同比增加0.15千米/平方千米。

【地下管网及管廊建设】2021年，广西地下管网及管廊建设总长度76984千米，同比增长5809.47千米。累计建成排水管道30681.50千米（含污水、雨水及雨污合流制管道），同比增长3121.50千米；供水管道33178.16千米，同比增长1216.16千米；燃气管网12868.15千米，同比增长1365.15千米；地下综合管廊256.66千米，同比增长106.66千米。

【海绵城市建设】2021年，累计建成海绵城市面积达到357.64平方千米，占全区城市建成区面积的22.81%以上。全区排查并消除城市易涝点87个。全区14个设区市、10个县级市均编制完成《2021年度海绵城市建设自评估报告和内涝治理系统化实施方案》。

【城市供水】2021年，全社会（公共供水+自建供水）供水综合生产能力达到986.82万立方米/日，全年供水量约24.32亿立方米，累计有水厂164座（其中地下水水厂21座），年末供水管道长度34763.48千米，用水人口1825.70万人，用水普及率达到99.70%。

【城市供水水质监察】2021年，城市饮用水市政供水水质综合达标率为97.15%，基本与上年（97.67%）持平。城市二次供水水质综合达标率为92.34%，较上年（91.48%）提高0.86个百分点。

【城市节水】2021年，城市（县城）计划用水户数8966户，计划用水户实际用水量446716.24万立方米，重复利用水量352919万立方米，重复利用率79%，节水措施投资总额2488.30万元。

【城市供气】2021年，广西天然气供气管道长度11503.08千米，同比增长12.89%；天然气供气能力170941.06万立方米，同比增长17.01%；储气能力1191.15万立方米，同比增长45.20%；天然气用气人口779.44万人，同比增长31.22%；全区液化石油气供气450641.24立方米，同比降低1.54%；液化石油气用气人口976.04万人，同比减少3.42%。全区14个设区市已实现市政天然气管道供气，12个设区市完成城市门站建设并实现长输管道供气，北海实现中石化LNG外输管道供气；有53个县实现管道天然气利用，全区燃气普及率达99.36%。

【城市燃气管理】2021年，完成2021年度规划储气目标。自治区、设区市两级政府管理部门已基本实现通过监测系统，监督企业的日常安全运行。南宁、桂林、北海、钦州、防城港、贵港等13个设区市先后建成市级燃气监控平台，初步实现了钢瓶跟踪管理。开展行业安全宣传教育，组织广西城市建设协会开展全区城市运行安全管理（燃气安全）培训班，培训学员163人（其中，燃气管理部门人员150人，专家学员13人）。

村镇规划建设

【概况】2021年，广西有建制镇702个（不含103个纳入城市规划区内的建制镇，下同），乡政府驻地集镇306个（不含6个纳入城市规划区内的乡，下同），村庄（自然村）约16.90万个（不含城中村，下同），村民委员会所在村约1.42万个。村镇户籍人口约4614万人（包含镇乡级特殊区域户籍人口1万人），常住人口约3435万人，户籍户数1255.56万户。建制镇建成区面积997.91平方千米，比上年增加11.41平方千米，户籍人口553万人，常住人口517万人，人均建设用地面积192.93平方米/人。乡政府驻地集镇建成区面积123.48平方千米，户籍人口78万人，常住人口70万人，人均建设用地面积176.32平方米/人。村庄现状建设用地面积合计4822.16平方千米，户籍人口3982万人，常住人口2846万人，人均建设用地169.42平方米/人。村镇建设投资总额510.67亿元，其中住宅建设投资275.86亿元，公共建筑投资36.28亿元，生产性建筑投资47.31亿元，市政公用设施投资1151.22亿元；村镇房屋竣工总面积3684.33万平方米（建制镇875.74万平方米，乡119.86万平方米，村2688.69万平方米），其中，住宅竣工2793.36万平方米，占竣工总面积的75.82%；公共建筑竣工417.82万平方米，占11.34%；生产性建筑竣工面积473.15万平方米，占12.84%。村镇住宅建筑总面积167502.19万平方米，人均住宅建筑面积36.30平方米/人。村镇公共建筑总面积23788.15万平方米，生产性建筑总面积18130.15万平方米。

【村镇用水设施建设】2021年，广西村镇供水设施投入17.58亿元，建制镇用水普及率88.89%（按常住人口计算，下同），人均日生活用水量约0.11立方米/人；乡用水普及率为89.28%，人均日生活用水量约0.11立方米/人；村庄用水普及率86.04%，人均日生活用水量约0.10立方米/人。

【乡镇基础设施建设】2021年道路桥梁投入71.49亿元，建制镇实有道路长度14029.65千米，道路面积9888.74万平方米；乡实有道路长度2961.15千米，道路面积1695.43万平方米；村庄内部道路长度119007.57千米，2021年新增2558.96千米，更新改造2498.71千米，村庄道路面积136687.01万平方米，新增1887.57万平方米，更新改造1550.94万平方米，组织实施121个屯内道路硬化、1730个村屯公共照明等项目建设，截至12月底，已全部完工。全区乡镇拥有桥梁2069座，供水管道长度15548.46千米，排水管道6767.76千米。建制镇建成区绿化覆盖率16.20%，绿地率10.18%，生活垃圾处理率97.39%，燃气普及率75.30%；乡建成区绿化覆盖率16.14%，绿地率11.4%，生活垃圾处理率97.35%，燃气普及率63.05%。

【农村人居环境整治】2021年，广西筹措资金1.395亿元，组织实施59个乡镇垃圾中转处理设施、102个村级垃圾处理（转运）设施项目建设，截至12月底，项目已全部开工建设。广西乡镇全年生活垃圾清运量236.73万吨（镇、乡建成区，不包括村），生活垃圾处理量230.56万吨（镇、乡建成区，不包括村），生活垃圾处理率97.39%；拥有环卫专用车辆5035辆，公共厕所2624座。已有生活垃圾收集点的行政村13144个，占行政村总数的99.77%；对生活垃圾进行处理的行政村13027个，占97.89%；对污水进行处理的行政村3583个，占26.92%。截至12月底，广西计划新开工的700千米镇级污水处理厂配套污水收集管网，已完工584千米，完工率约为83.4%，已完成年度建设任务(80%以上)。

【村容村貌提升】2021年，共建设3532个风貌示范村屯，改造农房约23万栋，完成7.57万个村屯基本整治，形成了2000千米以上村容村貌连片示范带。2021年，广西群众投工投劳超过416万人次，自愿腾让土地500.33公顷用于道路等基础设施建设，自愿筹资3.56亿元，社会各界捐款超过3.60亿元。

【农房管控】2021年，先后发布《关于进一步明确我区农房管控相关职责分工的通知》《关于进一步加强农房审批管理工作的通知》《关于加强带图报建和按图验收工作的通知》等文件，使用规划综合审批系统开展乡村建设规划许可审批3.39万宗，农村乱占耕地建房问题整治完成率达97.04%。

【新型城镇化和特色小镇】2021年，常住人口城镇化率达55.08%（按全国第七次人口普查公布数据计算），较2020年增长0.88%。广西百镇、少数民族乡建设示范工程项目均符合建设要求并通过验收，截至12月底，34个乡改镇项目已完成建设，累计完成投资5.56亿元。全区共有50个特色小镇进入广西特色小镇清单，其中有47个为广西住房和城乡建设厅培育的特色小镇。截至12月底，首批44个广西特色小镇累计引进企业1322家，其中，行业龙头企业或全国500强企业138家。

【历史文化名镇名村和传统村落保护】2021年，组织开展第四批自治区级传统村落申报评选，117个村落列入名录，自治区级以上传统村落数量达到770个。落实自治区财政补助资金1620万元，专项用于编制全区3个历史文化名镇和100个传统村落保护发展规划。加快推进2020年度列入自治区本级财政支持范围的191个中国传统村落项目建设计划，截至12月底，累计完成投资39360.34万元。

【农村低收入群体住房保障政策】印发《2021年度广西农村危房改造实施方案》，明确危房改造对象由原来的4类重点对象调整为农村低收入群体等6类重点对象，对7度及以上抗震设防地区抗震不达标且农户符合条件的农房实施改造。

标准定额

【概况】12月，广西印发《“十四五”工程建设标准化发展规划》。共征集到71项工程建设地方标准立项申请，共批准21项工程建设地方标准立项申请，其中修订项目4项。组织专家对历年获批并已完成编制的31项地方标准进行评审，全年批准发布19项广西工程建设地方标准。联合自治区党委军民融合办提出的《海岸工程混凝土结构技术标准》成功获批国家标准立项，成为广西首部牵头编制的军民融合国家标准。由全区工程建设地方标准《RCA复配双改性沥青路面标准》转化的CECS团体标准《复配岩改性沥青路面技术规程》中英文版正式批准发布，成为我国工程建设领域首部有国外单位和专家参与编制的技术标准，该标准荣获2021年度科技部批准设立的全国“标准科技创新奖”一等奖。

【工程建设定额管理】完成并发布《广西壮族自治区房屋建筑和市政基础设施建设项目调整概算编制办法》《广西壮族自治区园林绿化及仿古建筑工程消耗量定额》及配套费用定额。发布《关于建设工程造价改革试点项目招投标及计价规定调整的通知》和《关于确定广西建设工程造价改革试点项目的通知》，全区共确定5个试点城市及9个试点项目。

【建筑信息模型（BIM）技术推广应用】搭建BIM部品部件模型库，正式上线“广西BIM云构件库”。组织开展“十四五”广西建筑信息模型（BIM）技术应用示范项目征集遴选工作，在全区范围内征集到74个应用项目，评选出50个项目列入“十四五”建筑信息模型（BIM）示范项目立项名单，涵盖房建、公共建筑、桥梁和轨道等专业。

工程质量安全监督

【概况】2021年，住房城乡建设领域获得鲁班奖3项、国家优质工程奖15项、中国安装之星10项、中国建筑工程钢结构金奖7项，全区住宅工程质量用户满意度达到87.10%，较2020年提高1.70个百分点。房屋市政工程一次竣工验收合格率保持100%，未发生一般及以上等级质量事故。

【建筑工程质量评价试点】2021年，成为全国建筑工程质量评价试点省份。制定了《广西建筑工程质量评价实施办法》（2021年版）和《广西建筑工程质量评价指标体系》（2021年版），经向全区各级住房城乡建设主管部门征求意见后印发。

【工程质量监督执法】2021年，开展4次全区建筑市场暨建筑工程质量安全层级监督检查，覆盖14个设区市和84个县（市、区）。组织开展2021年全区建设工程质量检测市场暨检测机构检测行为专项检查，覆盖117家检测机构，共下发检测工作质量整改建议书114份。

【预拌混凝土质量监管】2021年，组织开展了全区在建房屋市政工程项目混凝土实体质量抽测工作，共随机抽查了42个在建工程项目，其中37个项目预拌混凝土质量满足设计要求。住房和城乡建设部对广西开展的预拌混凝土和违规使用海砂专项检查中，予以高度肯定。

建筑市场

【概况】2021年，广西给予企业3个百分点的贷款贴息补贴，降低企业融资成本。统筹5000万元建安劳保费结余资金，对建筑业企业在“走出去”和“做大做强”方面予以奖励。广西成为全国建设工程企业资质审批权限下放试点，发布《自治区住房和城乡建设厅关于开展住房城乡建设部下放建设工程企业资质审批权限试点工作的通知》，对住房和城乡建设部下放的13项建筑业企业施工总承包、专业承包一级资质，实行完全承诺制和部分承诺制审批。全区新增工程总承包特级资质1项，一级总承包资质30项。

【建筑市场监管】2021年，开展4次全区建筑市场层级监督检查，2次建筑业企业和监理企业动态核查暨项目实地核查工作，对未达到资质标准要求的23家企业予以责令整改，13家企业予以全区通报批评。开展工程建设领域腐败问题专项治理工作，全区共排查项目数13563个，查处违法转包项目2个、违法发包项目4个、违法分包项目6个、挂靠行为项目1个，对违法的建设单位和施工单位罚款共1309.95万元。

【建筑业转型升级】2021年，广西共投产装配式建筑产业基地41家，投产的PC构件年产能达到260万立方米，钢构件年产能达到108.41万吨。装配式建筑新建建筑面积同比增长37.74%。上线运行广西建筑市场监管云平台，已累计完成试点项目104个，实现建筑工地24小时全天候数字化监管。实施工程总承包项目844个，投资额超过3222亿元，实施全过程工程咨询项目52个，投资额超过6.69亿元。全区共组织开展产业工人培训29693余人次，挂牌装配式产业工人培育基地5个。

【农民工权益保障】2021年，“桂建通”平台全年累计发放农民工工资295亿元，连续4年实现50人以上群体性事件和极端性事件零报告。在平台累计签订电子劳动合同12.2万份。全区14个市在确保不拖欠农民工工资的前提下共计清退保证金64.54亿元，清退率100%。

【装配式建筑推广】2021年，发布《自治区住房和城乡建设厅等15部门印发广西新型建筑工业化发展实施方案的通知》，明确在上林县白圩镇、上思县思阳镇等6个镇建设装配式农房示范村镇，并对装配式农房给予补贴。培育装配式建筑示范基地和示范项目，评选出5个自治区级装配式示范基地及2个自治区级装配式建筑示范项目。

建筑节能与科技

【概况】 2021 年，广西城镇新建民用建筑全面执行节能强制性标准，全区新建节能建筑面积 7684.68 万平方米，折合节能量 126.58 万吨标准煤，节能量同比增加 27%；城镇竣工绿色建筑面积 6021.54 万平方米，城镇新建建筑中绿色建筑面积的比重达到 78.33%，提前一年超额完成住房和城乡建设部确定的 70%的目标任务。

【建筑节能标准】 2021 年，《居住建筑节能设计标准》《公共建筑节能设计标准》两项广西工程建设地方标准已按标准审查程序完成专家审查工作。修订后的居住建筑与公共建筑的节能标准将分别提升至 65%、72%，待住房和城乡建设部备案通过后发布实施。

【公共建筑节能改造】 2021 年，安排自治区本级财政节能减排（建筑节能）专项资金 1500 万元用于支持 5 个县（市、区）开展既有公共建筑节能改造示范县建设；安排专项资金 600 万元用于支持 10 所学校（卫生院）开展节能绿色化改造示范建设。实施既有公共建筑节能改造面积约 146.71 万平方米；新增公共建筑能耗监测 146 栋，覆盖建筑面积约 82.62 万平方米。

【可再生能源建筑应用】 2021 年，新增太阳能光热建筑应用面积 1512.51 万平方米、太阳能光热集热器面积 9.75 万平方米、浅层地能建筑应用面积 19.68 万平方米、太阳能光电建筑应用装机容量 9.65 兆瓦。安排自治区本级财政节能减排（建筑节能）专项资金 600 万元用于支持 4 个可再生能源建筑应用示范县建设。

【建筑节能监督】 7 月，组织检查组对全区 14 个设区市及其所辖县（市、区）执行建筑节能与绿色建筑标准情况进行专项检查，共随机选取 80 个在建项目，其中公共建筑项目 32 个、商品住宅工程项目 48 个；发出建筑节能工程整改建议书 64 份、绿色建筑工程整改建议书 73 份，并对检查情况进行通报。

【绿色建筑】 起草《关于推动广西城乡建设绿色发展的实施意见》，于 2022 年 1 月 16 日印发全区各地各部门实施。发布实施《广西绿色建筑标识管理办法》，建立了广西绿色建筑标识申报、审查、公示制度。发布《广西住房城乡建设领域技术、工艺、材料、设备和产品推广应用目录（2021 年版）》，推进绿色建材和新技术、新工艺的落地与实施。

【建设科技】 2021 年，主要开展“广西可再生能源建筑应用现状调查与研究”“广西绿色建筑推广的制约因素及对策研究”“广西建筑节能领域合同能源管理模式的探索与实践研究”等课题研究。验收住房城乡建设科学技术计划项目 38 项，核发 10 个建设科技成果推荐证书，“超大面值异形斜板防渗漏施工技术研究”等 26 个项目列为 2021 年广西住房城乡建设科学技术计划项目。

【墙体材料改革】 2021 年，广西新型墙材生产企业数量达 779 家，新型墙材产量占墙材总量比例达 89%以上，城市新型墙材应用比例超过 96%，农村新型墙材应用比例超过 31%。受理 186 家企业认定、备案申请，其中 177 家取得新型墙体材料认定证，完成 5 家外省企业备案。全年共完成 200 家墙材生产企业和 42 个在建工程项目生产应用新型墙材产品质量抽查。编制出台《广西墙材革新“十四五”发展规划》《关于进一步提升广西新型墙材品质　加快推动墙材行业高质量发展的若干意见》等政策文件，组织修订《广西壮族自治区墙体材料产业结构调整指导目录》。对 19 家墙材企业进行现场督察并要求立整立改，印发《关于加强墙材生产企业监管的通知》。共组织开展 2 项课题研究和 3 项技术研究。按照建筑节能设计要求，编制《自保温填充型混凝土复合砌块热工性能及块型孔型标准图集》。

人事教育

【机构改革】 2021 年，推动厅属事业单位改革，完成广西建设职业技术学院建科资产经营有限公司组建及有关人事配备工作。申请核准广西住房和城乡建设信息中心增设六级职员岗位 2 个。申请重新核定并获批广西建设职业技术学院内设机构设置和内设机构领导职数。申请下达广西建设职业技术学院第三批非实名人员控制数 161 名，用于 2021 年度公开招聘工作人员。指导广西城市建设学校做好 2021 年公开招聘工作，同意使用实名编制 6 名用于引进专业技术人员和管理人员。

【干部选拔与任用】 2021 年，配合自治区党委组织部完成 3 名厅级干部的提拔或进一步使用工作，提拔 4 名处级干部，9 名干部晋升职级，18 名试用期内的处级干部考察合格正式任用。使用 1 个厅机关一级调研员职数，用于厅属单位干部晋升职级。通过转任引进公务员 4 名。

【干部日常监督管理】 2021 年，扎实开展领导干部个人有关事项报告集中填报、重点抽查、随机抽查等工作，全年共组织 103 人填报，先后对 24 人次进行随机抽查或重点抽查，其中，经比对认定，如实报告或基本一致 22 人，漏报较重 1 人、漏报较轻

1人，报告一致率为91.67%。

【交流学习】2021年，积极推进筹办2021年"一带一路"与建筑业发展论坛、2021年中国—东盟建筑业暨高品质人居环境博览会。留学6个月，推荐广西建设职业技术学院6名教师申报自治区教育厅组织的面向全区"双高计划"建设高职院校选派骨干教师以访问学者身份赴国外（欧美、日本等职业教育发达国家）留学项目。

【行业教育培训】2021年，开展职业能力培训及继续教育19.92万人次，主要包括开展执业资格注册人员继续教育5.26万人次，建筑施工特种作业人员培训考试及继续教育5.36万人次，检测人员培训考核3.02万人次，住房城乡建设系统干部4100人次，三类人员继续教育、见证取样员等从业人员培训4.73万人次、建筑工人培训1.12万人次。核查全区住房城乡建设领域培训机构113家，清退28家、新增6家。

【资格考试与注册管理】2021年，组织开展住房城乡建设领域各类考试16.29万人（其中计算机考试8.16万人）、施工现场专业人员测试7.79万人。开展执业资格注册人员注册1.43万人次，其中一级建造师4177人次、全国注册监理工程师7250人次、造价工程师1446人次、勘察设计注册工程师1441人次，代发执业资格证书4968本，完成70家企业及26名一级建造师个人实名认证。在全国住房城乡建设系统第一个开发培训考试"云平台"系统，推行网上资格审核、电子化证书，让群众"少跑腿""零跑腿"；开发应用"人脸识别＋体温监测＋健康码筛查＋大数据统计"考试防疫智能筛查系统。

【职称评审】2021年，评审通过102人取得正高级职称，454人取得副高级职称，430人取得中初级职称。向条件较成熟的广西现代物流集团有限责任公司下放工程系列中、初级职称评审权限。

大事记

1月

1日 《广西壮族自治区物业管理条例》施行。

12日 全区镇级污水处理厂建设运营工作现场推进会在南宁市西乡塘区双定镇污水处理厂项目现场召开。

13日 召开2021年全区城镇老旧小区改造和地下管网建设第一季度视频工作会议。

18日 联合自治区机关事务管理局印发《广西壮族自治区房屋建筑和市政基础设施工程远程异地评标管理办法（试行）》，明确从9月1日起，在全区房建市政工程全面推行远程异地评标。

26日 自治区乡村风貌提升三年行动指挥部办公室组织召开全区乡村风貌提升工作视频培训会。

2月

3日 自治区乡村风貌提升三年行动指挥部办公室组织召开全区乡村风貌提升工作座谈会。同日，发布《关于命名2020年"广西园林城市"的通知》，公布平南县、藤县、钟山县、扶绥县为"广西园林城市"。

9日 自治区党委组织部副部长曾凯出席会议并宣布自治区党委决定：唐标文任广西住房和城乡建设厅党组书记，免去周家斌的广西住房和城乡建设厅党组书记职务。

23日 住房和城乡建设部公示10个2020年度棚户区改造工作拟激励城市名单，广西柳州市位列其中。

24日 召开全区住房城乡建设工作电视电话会议。

25日 广西住房和城乡建设厅村镇建设处获"全国脱贫攻坚先进集体"荣誉称号。

3月

2日 广西成为全国建设工程企业资质审批权限下放试点地区之一。

15日 召开2021年度农村人居环境整治和乡村风貌提升第一次督导工作总结会，8个督导组对赴各地开展农村人居环境整治和乡村风貌提升工作督导成果进行总结交流。

26日 自治区十三届人大常委会第二十二次会议决定任命唐标文为广西住房和城乡建设厅厅长，免去周家斌的广西住房和城乡建设厅厅长职务。

4月

6日 发布《关于印发住房城乡建设系统政务服务全区通办事项目录的通知》。

7日 发布《关于做好中央生态环境保护督察组指出问题边督边改的通知》。

22日 发布《关于做好全区城市桥梁管理工作的通知》和《关于加强城市道路管理工作的通知》。

23日 全国首届建筑防火创新发展大会（2021）在南宁市召开。同日，召开柳州市历史文化名城保护规划和柳州市曙光西路历史文化街区保护规划审查会，《柳州市历史文化名城保护规划》和《柳州市曙光西路历史文化街区保护规划》通过审查。

5月

11日 自治区人民政府在贵港市召开全区乡村风貌提升初期评估总结暨现场推进会。

13日 向住房和城乡建设部推荐南宁市、百色市、梧州市、贺州市及钦州市列入国家历史文化名城后备名单。

25日　印发《关于反馈2021年第一季度全区镇级污水处理设施运行等级评分结果的函》。

6月

1日　印发《关于促进广西建筑业高质量发展的若干措施》同日，召开2021年全区墙材革新工作会议。

18日　召开全区住房城乡建设系统安全防范工作视频会议。

18—20日　住房城乡建设部住房保障司调研组来桂，就公租房APP应用推进、城市公租房信息化管理、公租房小区管理现状等开展调研，广西桂林市被确定为全国19个推广公租房APP试点城市之一。

23日　联合自治区发展改革委、生态环境厅等部门发布《关于印发进一步推进生活垃圾分类工作的实施方案的通知》。

7月

6日　邀请各市、县（市、区）住房城乡建设局、城管局（城管委）、市政局等在南宁市召开全区镇级污水处理设施建设运营工作推进视频会。

20日　在南宁市召开全区城市道路沥青路面工程质量专项治理现场观摩会暨广西工程建设地方标准《RCA复配双改性沥青路面标准》宣传贯彻会。

21日　2021年全区年中工作暨重大项目建设现场会议在北海市举行。

23日　开展2021年全区农村危房改造、房屋安全隐患排查整治和乡村风貌提升等村镇建设工作培训。

28日　自治区十三届人大常委会第二十四次会议第二次全体会议表决通过《广西壮族自治区城市管理综合执法条例》。

8月

6日　发布《关于建筑施工企业安全生产许可证业务实行告知承诺制的通知》。

13日　与自治区通信管理局、发展改革委、工业和信息化厅、公安厅、交通运输厅、广播电视局联合发布《关于印发全区城市窨井盖安全治理专项行动方案的通知》。

20日　自治区人民政府新闻办在南宁市召开广西推动住房城乡建设事业高质量发展新闻发布会。

9月

1日　《广西壮族自治区城市管理综合执法条例》实施。

9日　广西实施乡村振兴战略指挥部住保风貌专责小组召开第一次会议，研究审议《自治区实施乡村振兴战略指挥部住保风貌专责小组2021年工作要点》和《自治区实施乡村振兴战略指挥部住保风貌专责小组工作规则》。

14日　印发《关于开展城市背街小巷专项调查工作的函》。

25—27日　由国务院办公厅秘书二局、国家发展改革委固定资产投资司、住房城乡建设部住房保障司组成的国家调研组到南宁市调研了解广西发展小户型公租房解决新市民、青年人住房困难的经验做法，并形成书面报告。

10月

9日　自治区副主席黄世勇主持召开专题会，研究《关于进一步加强公租房和保障性租赁住房工作完善全区住房保障体系的实施方案》修改工作。

13日　全区乡村振兴暨乡村风貌提升工作现场推进会在桂林市召开。

26日　自治区党委、自治区人民政府在北海市召开2021年广西文化旅游发展大会，对广西建设世界级旅游目的地作出部署安排。同日，在钦州市浦北县召开2021年全区乡村风貌提升全域基本2021年全国大众创业万众创新活动周广西分会场活动启动仪式整治工作现场推进会。

28日　2021年广西城乡风貌提升人居环境整治暨推动绿色发展专题培训班（高级研修班）开班。

11月

15日　全区首个行业工匠学院“广西建筑工匠学院”在广西城市建设学校挂牌成立。

12月

8日　自治区人民政府召开促进建筑业持续健康发展厅际联席会议2021年第二次会议，通报了2021年前三季度全区建筑业产值增长情况及《关于促进广西建筑业高质量发展的若干措施》落实情况。

14日　在桂林市全州县举办首期广西乡村传统建筑工匠专题培训班，30余名乡村传统建筑工匠接受专业培训。

25日　自治区新冠肺炎疫情防控工作领导小组指挥部部署开展东兴市应急防疫隔离房建设工作。

（广西壮族自治区住房和城乡建设厅）

海南省

住房和城乡建设工作概况

2021年，海南省住房城乡建设事业呈现出环境更优、市场平稳、设施趋全、管理提升的高质量发展态势，取得良好的政治、经济和社会效益，有力助推海南自由贸易港建设。房地产市场实现平稳发展，实现房地产业增加值589.04亿元；建筑业转型升级步伐加快，完成建筑业增加值560.67亿元；行业改革创新不断深化；保障性安居工程有序推进，群众居住条件稳步提升；装配式建筑面积持续翻番，绿色建筑发展质量明显提升，城乡环境面貌明显改善。海南省住房与城乡建设厅（以下简称“海南省住建厅”）在全国率先实现工程建设项目审批100%电子证书，“工程建设项目审批全省统一化、标准化、信息化”制度创新入选自贸港制度创新发布推广案例。

法规建设

【法治宣传教育】开展“美好生活·民法典相伴”主题普法宣传月活动，组织民法典专题讲座1场、公开课视频3场，组织厅机关全体干部专题学习《海南自由贸易港法》，开设专题讲座2场。利用海南省智慧普法云平台，组织干部常态化开展学法活动；结合重要时间节点，每年开展国家安全教育日、国家宪法日普法宣传活动。

【完善行业法规体系】配合完成《海南省生活垃圾管理条例》的修订，《海南自由贸易港安居房建设和管理若干规定》的制定，推进《海南省绿色建筑条例》等立法进程，出台了一批推进落实重点工作的规范性文件。常态化开展4轮法规文件清理工作，对2部地方性法规、2部经济特区法规、7份海南省政府部门制定的行政规范性文件提出“废止或修订”建议，有效地规范抽象行政行为。

【规范行政管理行为】修订实施《海南住房城乡建设行政处罚自由裁量基准表》，公布《海南省住房城乡建设领域免责清单》等，进一步规范行政处罚行为。全面梳理法律法规，形成本部门本行业现行有效法律法规名目，并汇编成册印发各市县。进一步完善行政诉讼应诉机制，配合完成行政复议体制改革。继续落实厅机关内部法制机构审查和法律顾问单位审查相结合的工作机制，并积极设立公职律师制度。严把合法性审查关口，全年完成法律审核件约1000余件；制定印发《关于进一步建立健全行政规范性文件制定与备案机制的通知》，全年审核并指导报备规范性文件10件。

房地产业

【商品房建设】2021年，海南省完成房地产开发投资1379.62亿元，增长2.8%；全省房地产开发投资占固定资产投资的36.1%，比重比上年末下降2.6个百分点。全省商品房施工面积8938.51万平方米，增长3.9%。其中，本年商品房新开工面积1341.14万平方米，增长25.9%。分类型看，住宅新开工面积812.03万平方米，增长19.9%；办公楼新开工面积121.41万平方米，增长31.4%；商业营业用房新开工面积216.89万平方米，增长60.8%；其他房屋新开工面积190.81万平方米，增长18.9%。住宅新开工面积占商品房新开工面积的60.5%，比重比上年末下降3.1个百分点。

【商品房销售】2021年，全省商品房销售面积888.92万平方米，增长18.3%。其中，住宅销售面积672.14万平方米，增长7.3%；办公楼销售面积65.75万平方米，增长45.2%；商业营业用房销售面积86.62万平方米，增长128.1%；其他房屋销售面积64.41万平方米，增长53.0%。全省商品房销售金额1559.24亿元，增长26.6%。其中，住宅销售金额1179.59亿元，增长12.5%；办公楼销售金额114.44亿元，增长54.7%；商业营业用房销售金额189.05亿元，增长158.0%；其他房屋销售金额76.15亿元，增长112.0%。海南省商品房销售面积、销售金额实现双增长。

【房地产市场管理】2021年，海南省住建厅等12部门印发《关于进一步规范和发展住房租赁市场的通知》。开展全省租赁市场专项治理，全省共约谈机构企业771家，停业整顿83家，取消备案44家，处罚金额104.94万元，并对违规经营的5家租赁企业立案查处。在全省开展为期 3 个月的房地产市场专项整治，全省共检查房地产项目 711 个、房地产开发企业 552 家、中介机构 752 家，责令整改 205 家，约谈 222 家，停业整顿 59 家，通报 40 家，取消备案 7 家，已处罚金额 1418.40 万元。开展网络虚假宣传广告专项治理，共清理查删违规广告信息 26237 条，虚假销售（租赁）房源信息 15433 条，注销违规账号 1355 个，对 7 家企业进行查处，共处罚 286.54 万元。

【物业管理】开展《海南经济特区物业管理条例》修订工作，并于 6 月 1 日经海南省六届人大常委会第二十八次会议审通过，自 2021 年 11 月 1 日起施行。新增充电桩（枪）共 3100 个，提前超额完成 2021 年小区 2000 个建桩任务。对全省新建、在建小区，建设供配电设施并实现电力抄表到户；对存量小区，2015 年至 2020 年竣工验收的存量小区由电网公司出资改造，纳入改造计划的小区 695 个，至年底已改造 539 个小区。

住房保障

【公租房保障和棚户区改造】强化对各市县保障性安居工程项目的监督指导，建立棚户区改造和公租房筹集项目开工台账，每月调度各市县工作进展情况，督促市县加快项目实施进度。2021 年全省城镇保障性安居工程年度计划任务全面完成，其中棚户区改造开工 3045 套，开工率 100%；公租房开工建设 243 套，开工率 100%；发放住房租赁补贴 1.4 万户，计划完成率 173.8%。

【安居房建设】12 月，海南省人大出台《海南自由贸易港安居房建设和管理若干规定》，通过地方性法规形式固化了安居房的共有产权性质和保障性住房身份属性，确立了安居房建设和管理的基础性制度，在全国各地共有产权住房立法领域首开先河；填补了海南省住房保障立法方面的历史空白，解决了住房保障工作长期以来缺乏法制支撑的难题。全省共开工建设安居房 3.9 万套，超额完成 3.5 万套年度开工任务。

【城镇老旧小区改造】2021 年，印发《海南省城镇老旧小区改造工作实施方案（2021—2025 年）》《海南省既有住宅加装电梯实施意见（试行）》《关于做好城镇老旧小区电力抄表到户改造工作的通知》《关于做好城镇老旧小区通信设施改造工作的通知》、《海南省城镇老旧小区改造工作考核办法》等文件，指导市县有序开展城镇老旧小区改造。全省 17 个市县 450 个城镇老旧小区开工改造，涉及 884 栋楼、惠及居民 5.2 万户、改造面积 542.65 万平方米。申请下达中央财政资金 28024 万元、中央预算内资金 1593 万元，海南省级财政配套资金 36635 万元、市县配套 60854 万元。

公积金管理

顺利召开海南住房公积金管理委员会四届一次全体会议，选举产生第四届管委会委员及机构组成人员，审议通过了 2020 年年度报告、2020 年归集使用执行情况和 2021 年归集使用计划、增值收益分配方案、“十四五”规划、信用等级评价管理办法、“存贷挂钩”机制等住房公积金相关事项。按照住房和城乡建设部的统一部署，协调督促海南省住房公积金管理局开展住房公积金高频服务事项“跨省通办”工作，全省实现 8 个“跨省通办”服务事项全程网办，并开展抽查暗访工作，对 12329 服务热线工作人员进行电话暗访，了解其服务情况；以办事群众（职工）身份，针对“跨省通办”八项服务事项到住房公积金“跨省通办”服务窗口咨询工作人员，了解其对政策要求和业务流程熟悉程度。协调指导海南省住房公积金管理局开展了 2020 年住房公积金年度报告披露工作，出台纳入海南省城镇老旧小区改造范围的既有住宅加装电梯提取住房公积金政策，简化死亡、退休提取住房公积金手续，配合国家审计署完成了住房公积金专项审计。督促指导海南省住房公积金管理局开展巡视发现问题整改工作。

消防设计审查

2021 年，海南省审查受理房屋建筑、市政工程施工图 1640 件，其中建设工程消防设计审查项目 887 件。及时增补调整建设工程消防专家 159 名。组织开展消防业务培训。

城市建设

【城市管理】2021 年，海南省住房和城乡建设系统在提升城市建设水平上下功夫，推动城市高质量发展。海南城市信息模型（CIM）平台建设前期工作稳步推进，全省城市运行管理服务平台与国家平台成功联网。

【城市道路建设】2021 年，海南省扎实开展“比学赶超”百日攻坚战活动。重点加强城市次干路、支路建设，完善城市道路网络，实施立体交通系统，构建城乡统筹、区域一体的交通网络，科学有序开展市政路网建设及改造。海口市完成龙昆南立体过街设施项目等8个项目建设。加快推进港澳开发区4条路、博巷路项目、新琼棚改片区琼山大道1.7公里路、城市公共空间照明项目等7个项目。同时，全省积极开展市政交通设施维护，及时修复城市主城区市政道路破损路面，加强城市夜景灯光维护。至年底，全省城市（含县城）建成区平均路网密度9.82公里/平方公里，建成区道路面积率14.3%，建成区装灯率达100%，建成区城市主干道亮灯率达98%。

【城市地下综合管廊建设】至年底，已建综合管廊114公里，综合管廊实际入廊管线305.51公里，其中供水管线59.625公里，污水管线2.044公里，电力管线109.92公里，通信管线127.41公里，燃气管线3.98公里。海口共有11个管廊项目获海南省优质结构工程奖，5个项目获海南省安全文明“标准化”工地奖。

【园林绿化】2021年，海南省园林绿化指标数据信息逐步完善；三沙市因地制宜打造富有热带岛屿特色的园林绿化体系，积极推进海南省园林城市创建并于12月通过专家组评审。定安等10个市县（含洋浦）完成17个综合公园共2981个外语标识牌设置，较大地提升了综合公园对外服务功能。海口市代表全省参加第十三届园博会（徐州）建设海南园。截至2021年年底，全省建成区绿化覆盖面积22758公顷、建成区绿化覆盖率40.72%，全省建成公园185个、公园绿地面积4711公顷。

【海绵城市建设】2021年，海口、三亚等8个设市城市开展海绵城市建设评估工作，住房城乡建设部建筑杂志社出版的《海南自由贸易港背景下城乡建设绿色发展报告专刊》介绍海口、三亚的海绵城市建设成就。

【燃气工程建设】2021年，海南省加强燃气安全管理，开展“安全生产月”市政设施安全检查、城镇燃气安全隐患排查整治等相关整治活动；督促市县认真开展城镇燃气安全隐患排查整治，压实属地监管主体责任。截至2021年年底，全省城市（县城）燃气普及率为98.98%，累计建成城镇燃气管道12032.90公里，其中市政管道3197.10公里，庭院管道3572.30公里，立管5263.50公里。各市县按照“市场主导、政府推动、农户自愿、科学规划、因地制宜”和“宜管则管、宜罐则罐”推进燃气下乡“气代柴薪”工作，全省农村燃气管道累计建设约1249公里，覆盖约918个自然村，累计入户挂表4.75万户，全省农村地区燃气普及率95.13%。

【市容环卫】2021年，海南省指导各市县购置新能源环卫车辆，减少环卫车辆尾气排放污染环境。修订《海南省城乡环境卫生质量标准》，各市县加大城市主次干道洒水次数，主次干道每天洒水不少于2次。推进环卫作业机械化，开展机械化清扫作业，全省城市机械清扫率达93%。

【垃圾处理设施建设】截至年底，海口三期、三亚三期、文昌二期、琼海二期、儋州、东方、陵水和屯昌等8座生活垃圾焚烧发电厂新扩建项目全部建设并投入使用，全省生活垃圾焚烧处理能力达11575吨/天。全省生活垃圾全部运往8座生活垃圾焚烧发电厂处理，16座生活垃圾填埋场全部停止使用并做好简易封场，生活垃圾进入“全焚烧”时代。截至年底，全省建成生活垃圾收集转运站285座，转运能力达13654吨/天。

村镇建设

【农村厕所革命】全年完成厕所防渗漏改造5.05万座，超额完成年度5万座任务目标，其中完成33处供水工程水源点100米范围内渗漏厕所改造634座，涉及0.85万人饮水安全问题已得到有效解决。全省累计建成农村卫生厕所125.29万座（不含镇墟），农村卫生厕所普及率达到98.8%，高于全国68%的平均水平。

【农村危房改造】2021年，海南省加强农村低收入群体等重点对象住房安全保障工作。将农村危房改造对象由建档立卡贫困户、农村低保户、农村分散供养特困人员、贫困残疾人家庭4类重点对象扩大至边缘易致贫户、农村低保户、农村分散供养特困人员、突发严重困难家庭、农村低收入家庭、其他脱贫户6类农村低收入群体。全年完成农村低收入群体等重点对象危房改造529户。

【农房安全隐患排查整治】2021年，海南省累计排查录入农村房屋121.8万户，其中用作经营自建房5.2万户，未用作经营自建房114.5万户、非自建房2.1万户。初判存在安全隐患的房屋3.3万户，开展鉴定1.7万户，鉴定为C、D级危房1.27万户，整治413户，用作经营自建房262户已全部完成整治。

【乡村民宿】牵头对《海南省乡村民宿管理办法》进行全面修订，实行承诺即入的备案登记制度，乡村民宿经营者只要作出一次有关承诺，提供一套包括房屋、治安、卫生、食品、消防等涉及公共安全相关的材料，即给予登记备案。全年全省累计新建乡村民宿322家，建成乡村民宿集群7个，乡村民宿发展初具规模。

【中国传统村落】归纳整理海南省《中国传统村落保护发展评估表》等资料，进一步夯实传统村落“一村一档”基础工作，及时准确将 64 个中国传统村落录入传统村落数字博物馆。将传统村落保护工作列入海南省“十四五”专项规划。琼海市留客村及澄迈县龙吉村祠堂修复项目被《中国日报》报道，《海南日报》《南海网》等省内主流媒体以及《建日筑文》等新媒体也对传统村落进行了宣传报道。

工程质量安全监督

【建筑工程质量安全】2021 年，海口市、儋州市和洋浦经济开发区管理委员会、博鳌乐城国际医疗旅游先行区管理局、海口江东新区管理局、三亚崖州湾科技城管理局开展房屋建筑工程质量潜在缺陷保险试点工作。全面推行“双随机、一公开”“互联网+监管”等监管模式，加强建设工程全过程质量监管。2021 年，海南省有 1 个建设项目获鲁班奖，2 项工程获得国家优质工程奖，24 个项目荣获海南省建设工程“绿岛杯”，62 项工法荣获海南省建设工程优秀工法称号，16 个建设项目荣获海南省新技术应用示范工程。10 项工程获得“2021 年建设工程项目施工工地安全生产标准化学习交流项目”，99 项工程获得“2021 年度海南省建筑安全文明施工标准化工地”，139 个项目被评为海南省“2021 年建筑施工优质结构工程”（见附表）。推进自然灾害普查房屋建筑和市政设施调查、地震易发区房屋设施加固工程、违法建设和违法违规审批清查专项工作。

建筑市场

【建筑业改革创新】2021 年，印发《海南省工程建设领域实施工程款支付担保暂行办法》《关于加快推进房屋建筑和市政基础设施工程实行工程担保制度的实施意见》，推进工程建设领域工程担保制度落实。印发《海南省住房和城乡建设厅　海南省人民防空办公室关于施工许可阶段主要事项合并办理的通知》，将建筑工程施工许可、人民防空地下室施工许可、特殊建设工程消防设计审查、质量安全监督手续办理等事项合并办理。

【建筑市场监管】2021 年，推行建筑工地人员实名制管理，完善实名制及关键岗位人员管理制度。开展建筑市场转包、挂靠等违法行为专项执法检查，共检查项目 3277 个，存在违法发包行为项目 3 个，转包、挂靠违法分包行为项目 12 个，其他违法行为项目 225 个；查处存在违法行为的建设单位 46 家，施工单位 194 家。参与根治欠薪行动，督导市县解决了一批农民工工资疑难问题。

【建筑市场诚信管理】2021 年，房屋建筑工程全过程监管信息平台二期建设已完成初步验收，达到预期进度。启动《海南省建筑市场诚信评价管理办法（试行）》修订。全省共采集记录企业良好记录 2904 条，人员良好记录 638 条，企业不良记录 2390 条，人员不良记录 851 条，列入黑名单企业 96 个。

建筑节能与科技

【建筑节能】结合城镇老旧小区改造等工作，推动既有居住建筑绿色改造以及公共机构节能改造。积极开展近零能耗建筑和零能耗（零碳）建筑试点示范，海南中兴生态智慧总部基地近零能耗项目成为中国最南端的近零能耗建筑。

【绿色建筑】2021 年，全省新建绿色建筑项目 547 个，建筑面积 2605.07 万平方米，获得绿色建筑一星级设计标识 1 个，二星级设计标识 6 个；累计绿色建筑项目 1452 个，其中获得绿色建筑一星级设计标识 53 个，二星级设计标识 63 个，三星设计标识 14 个。绿色建筑占新建建筑比例为 79%。组建海南省绿色建筑专家库，确定 50 名海南省绿色建筑专家。

【装配式建筑推广】2021 年，明确装配式建筑实施负面清单管理，延续容积率奖励扶持等政策。鼓励政策性住房优先采用《海南省装配式安居型住房标准图集》设计。组织开展全省装配式建筑专家增补工作，遴选出 80 名专业水平高、业务能力强的专家。加快推进临高金牌港装配式建筑产业园建设，着力推进以装配式建筑、绿色建筑、绿色建材等为重点方向的园区建设和发展，推动装配式建筑研发、设计、制造、运维等全产业链发展。全省确定采用装配式方式建造的建筑面积 2280 万平方米，实现连续四年逐年翻番。已投产装配式建筑构件部品产业基地 24 家，设计年产能为混凝土预制构件约 157 万立方米、钢构件约 34 万吨。

工程建设项目审批制度改革

2021 年，海南省工程建设项目审批制度改革工作领导小组办公室（以下简称海南省工改办）坚持目标导向问题导向，对标对表先进地区，统筹协调各成员单位齐心协力推动全省工程建设项目审批制度改革工作（以下简称工改工作）向更深层次挺进。

海南省工改办牵头组织各有关单位起草了三年工作方案，并经海南省政府常务会议审议通过后，海南省人民政府办公厅于12月9日印发《海南省深化工程建设项目审批制度改革三年工作方案（2021—2023年）》。印发《海南省工程建设项目“清单制＋告知承诺制”审批改革实施方案（1.0版）》。3月26日，海南省工改办统筹省资规厅、省政务中心等10部门联合印发《海南省工程建设项目“清单制＋告知承诺制”审批改革实施方案（1.0版）》，规定小型社会投资工业类项目全流程审批时间不超过8个工作日；带方案出让土地简易项目全流程审批时间不超过22个工作日；既有建筑改造项目全流程审批时间不超过20个工作日。5月28日，海南省工改办印发《关于做好推广应用第一批电子证照有关工作的通知》。截至年底，施工许可、防空地下室建设审批意见书等21类电子证照已部署应用。依托“码上办事”APP，实现了移动端办事功能，首批上线了企业投资备案等40余项高频工程建设项目审批服务事项。

10月19日，省人力资源和社会保障厅、省住房和城乡建设厅、省交通运输厅、省水务厅、省发展和改革委员会、中国银行保险监督管理委员会海南监管局联合印发了《海南省关于〈工程建设领域农民工工资保证金规定〉的实施细则》。省发展和改革委员会、省财政厅联合省水务厅、省人民防空办分别于9月22日、9月26日印发了《关于降低水土保持补偿费收费标准及有关问题的通知》《关于降低部分市县防空地下室易地建设费收费标准及有关问题的通知》。目前，全省农民工工资支付保证金已不再作为施工许可证申领条件；海口、三亚（国家人民防空重点城市）人防易地建设费已由2200元/平方米降至1800元/平方米，文昌市、琼海市、儋州市、东方市（省人民防空重点城市）人防易地建设费收费标准由1800元/平方米调整为1600元/平方米；水土保持补偿费在现有基础上降低了10%以上。

2月5日，省住房和城乡建设厅、省大数据管理局、省自然资源和规划厅、省交通运输厅、省水务厅、省政府政务服务中心联合申报的制度创新案例“工程建设项目审批全省统一化、标准化、信息化”被中共海南省委全面深化改革委员会办公室评为海南自由贸易港第十一批制度创新案例。

首创三级工程编码＋单位工程编码管理。建立三级工程编码管理机制，对应立项用地规划许可、建设许可和施工许可三个阶段，实行不同层级工程码信息化管理。将单位工程（一般为一幢建筑）融入工程规划许可、图审、施工许可、竣工验收备案等核心业务，按照管理权限对单位工程数据进行锁定或变更，对项目实现了最小颗粒度到单位工程的全周期精准管理，减少了企业重复提交材料，进一步提升项目审批报建服务体验。

优化全省住建领域审批服务

以海南省政务服务网为载体，推进完善政务服务事项标准化，按照应减尽减、应免尽免的原则开展政务服务事项“四减两免”梳理工作。通过开展证照分离“告知承诺制审批”等方式，进一步缩短审批时限，提高行政审批效率，实现最大限度便民服务。1月6日，印发《海南省住房和城乡建设厅关于开展住房城乡建设部审批权限建设工程企业资质下放我省审批工作的通知》，确保资质下放试点工作落到实处。将原由省级实施勘察企业资质核准（乙级）等8个事项以及超限高层建筑工程抗震设防核准等2个事项调整给海口江东新区等9个园区管理机构实施。7月7日，印发《海南省住房和城乡建设厅关于将勘察企业资质核准等8项省级管理权限调整由省重点园区实施的通知》，确保委托（下放）事项“接得住、管得好”。

人事教育

【干部队伍建设和人事管理工作】严格按规定做好干部选拔任用、职务与职级并行、干部交流轮岗等工作，逐步释放改革红利，激发干部干事创业的热忱。积极协调推进干部调动、挂职等工作，多渠道培养干部成长。加强干部能力建设，提高干部教育培训实效。制定印发海南省住建厅2021年教育培训计划，部署开展2021年度网络培训学习并圆满完成；组织省管干部及其他干部参加海南自贸港大讲堂学习；组织全省住建系统120人次分赴浙江大学、北京大学参加专题培训；组织开展“领导干部上讲台”活动；通过设立《每日一读》英语专栏、“趣英语”小视频、聘请外教老师现场授课等多种形式，营造英语学习氛围，获得海南省委组织部高度认可，并将海南省住建厅外语学习经验推荐至南海先锋网进一步宣传。认真做好干部考核、考察、评议和表彰工作，激励干部担当作为。

【产业人才工作】印发《关于建筑行业境外职业资格申请备案有关问题的通知》《境外及港澳台人员参加二级建造师、二级造价工程师职业资格考试指引》，为境外人员报考海南省职业资格疏通了堵点，为境外注册职业资格来自贸港执业提供了法制保障。

11月完成了从线下向线上申请的转变，实现了流动人员专业技术资格确认“最多跑一次”的工作目标，全年共完成流动人员专业技术资格确认 141 名。完成了 2020 年度二级建造师 5991 名考生的资格审查，制发了 2881 本二级建造师职业资格证书。组织完成 21503 人参加 2021 年度二级建造师职业考试，组织近 7000 人参加二级造价工程师职业资格考试，全程组织命审题、评阅卷、制发证等工作。完成了对本地区、本行业工程专业技术人才职称信息核查、修改、添加、删除，共核实海南省专业技术人员信息 4000 多人次。对历年来海南省职称评审数据进行统计梳理，共梳理了约 3 万人次的职称数据并报海南省委人才发展局。组织完成建筑领域专业技术资格评审工作，通过高级工程师 340 名、正高级工程师 11 名，为自贸港建设持续提供专业技术人才支撑。

大事记

1月

6 日　印发《关于开展住房城乡建设部审批权限建设工程企业资质下放我省审批工作的通知》。

12 日　联合省财政厅等单位印发《关于推进燃气下乡“气代柴薪”工作的指导意见》的通知。

15 日　印发《关于调整建筑工人定额人工单价的通知》。

21 日　省住房和城乡建设厅被评为 2020 年度法治政府建设优秀单位。

22 日　发布《海南省建筑机电工程抗震技术标准》。

2月

5 日　省住房和城乡建设厅、省大数据管理局、省自然资源和规划厅、省交通运输厅、省水务厅、省政府政务服务中心联合申报的制度创新案例“工程建设项目审批全省统一化、标准化、信息化”被中共海南省委全面深化改革委员会办公室评为海南自由贸易港第十一批制度创新案例。

24 日　省住房和城乡建设厅被评为 2020 年度平安建设优秀等级单位。

26 日　联合省旅游和文化广电体育厅、省自然资源和规划厅、省农业农村厅、省市场监督管理局、省卫生健康委、省公安厅、省消防救援总队印发《海南省乡村民宿管理办法》，对原乡村民宿管理办法进行全面修订，实行承诺即入的备案登记制度。

3月

22 日　印发《关于做好实名制管理与评奖评优挂钩工作的通知》。

26 日　省住房和城乡建设厅等 11 部门联合印发《关于印发〈海南省工程建设项目“清单制＋告知承诺制”审批改革实施方案（1.0 版）〉的通知》。

4月

26 日　印发《海南省基层教育卫生人员住房专项保障行动方案》。

29 日　海南省农村厕所革命推进工作小组办公室印发《海南省农村户厕问题摸排工作方案》。

5月

10 日　省住房和城乡建设厅　省人力资源和社会保障厅　省财政厅联合发布《关于印发〈海南省建设工程产业工人技能提升计划培训工作实施方案〉的函》。

27 日　省住房和城乡建设厅等 4 部门印发《海南省 2021 年农村危房改造和农房抗震改造实施方案》。

6月

1 日　发布《海南经济特区物业管理条例》。

7 日　印发《海南省绿色建筑专家管理办法的通知》。

24 日　印发《海南省绿色建筑（装配式建筑）“十四五”规划（2021—2025）》。

7月

1 日　省住房和城乡建设厅表彰 2021 年度海南省建设工程“绿岛杯”奖获奖单位。

21 日　省人民政府办公厅印发《海南省城镇老旧小区改造工作实施方案（2021—2025 年）》。

23 日　联合省发改委等部门印发《关于进一步加强建筑垃圾管理和资源化利用的意见》。

27 日　省农村厕所革命推进工作小组办公室印发《海南省 2021 年农村户用厕所化粪池防渗漏改造实施方案》。

8月

4 日　联合省资规厅印发《关于加强海南省城市地下市政基础设施建设管理工作的实施意见》。

16 日　省住房和城乡建设厅、省发展和改革委员会、省自然和资源规划厅、省市场监督管理局、省工业和信息化厅印发《关于进一步稳步推进装配式建筑有关事项的通知》。

20 日　国家税务总局海南省税务局、海南省住房和城乡建设厅《关于发布 2008—2018 年海南省房地产项目工程造价参考指标的公告》。

9月

14 日　省住房和城乡建设厅、省财政厅、省民政厅、省乡村振兴局、省残疾人联合会印发《海南省低收入群体等重点对象住房安全保障工作实施方案》。

26日 印发《海南省住房和城乡建设厅关于取消农民工工资保证金作为施工许可证申领条件的通知》。

10月

20日 印发《关于推行工程建设涉及城市绿地事项和城市桥梁上架设各类市政管线事项审批许可证电子证书的通知》。

29日 省住房和城乡建设厅、省交通运输厅、省水务厅、省人力资源和社会保障厅联合印发《海南省工程建设领域实施工程款支付担保暂行办法》。

29日 省住房和城乡建设厅、省交通运输厅、省水务厅、省人力资源和社会保障厅联合印发《海南省工程建设领域施工现场人员实名制监督管理办法》。

11月

3日 发布《海南省装配式安居房标准设计图集》。

9日 省城乡环境综合整治领导小组办公室印发《海南省海上环卫考核评价办法（暂行）》。

9日 联合省交通运输厅、省水务厅、省人力资源和社会保障厅、省发改委印发《海南省工程建设领域施工过程结算管理暂行办法》。

11日 海南省生活垃圾分类工作领导小组办公室印发《海南省农村生活垃圾分类和资源化利用工作考核评价办法（暂行）》。

11日 印发《关于建筑材料市场价格波动风险防控的指导意见》。

18日 联合省发展改革委等部门印发《关于进一步规范和发展住房租赁市场的通知》。

25日 海南省城市综合管理服务平台实现与国家城市运行管理服务平台联网互通。

12月

1日 省人民代表大会常务委员会发布《海南自由贸易港安居房建设和管理若干规定》。

6日 发布《海南省农房报建方案图集》。

9日 省人民政府办公厅印发《海南省深化工程建设项目审批制度改革三年工作方案（2021—2023年）》。

15日 发布《海南省螺杆灌注桩技术标准》。

16日 发布《2021海南省装饰装修工程综合定额》。

16日 印发《海南省建设工程检测合同（示范文本）》《海南省蒸压加气混凝土砌块购销合同（示范文本）》《海南省预拌混凝土买卖合同（示范文本）》。

27日 省住房和城乡建设厅、省人民防空办公室联合印发《关于施工许可阶段主要事项合并办理的通知》。

29日 印发《海南省装配式建筑装配率计算规则（2021年修订版）》。

30日 发布《海南省装配式混凝土预制构件生产和安装技术标准的通知》。

31日 发布《海南省装配式建筑标准化设计技术标准》。

（海南省住房和城乡建设厅）

水务建设与管理

城市供水保障

【概况】2021年，海南省23家城市（县城）供水企业，供水能力为244.4万立方米/日，城市（县城）DN75（含）以上供水管道总长6197.85公里，2021年供水量为5.94亿立方米，供水管网漏损率为8.86%，供水普及率达到98.03%，供水水质合格率为99.67%。

【立法规范城市供水】编制印发《海南城乡供水管理条例》，并于3月24日经省六届人大常务委员会第二十七次会议审议通过，成为我省第一部供水领域的法规。

【系统部署规划方案】印发《海南省“十四五”城镇供水设施建设规划》，加快推进城镇供水设施改造与建设，确保供水水质，让群众喝上放心水。

【强化水质检测建设】组织完善水质检测体系，规范城市供水水质数据报送，由国家城市供水水质检测网海口监测站开展城市供水水质抽检，并同步进行水质规范化管理指导工作。

【提升“用水报装”便利度】将原供水报装办理环节从3个减少至2个以下，申请材料从2份精简至1份，报装时限从4个工作日缩短至2个工作日以内（不包含外线工程行政审批及其施工时间）。依托海南省政务服务网，整合优化用水外线接入工程行政审批环节，形成“容缺受理＋并联办理”机制。

【全力保障重要活动供水安全】针对文昌卫星发射、博鳌亚洲论坛等重要活动期间的供水保障工作早安排、早布置、早落实，确保水质达标、供水正常、饮水安全。

黑臭水体治理

截至年底，列入住房和城乡建设部、生态环境部重点监控的29条城市黑臭水体全部消除黑臭，无返黑返臭现象发生。11月，水利部科技推广中心和珠江委将鸭尾溪水环境综合治理工程作为典型案例向全国推介城市黑臭水体综合治理经验。

城市内涝治理

2021年，全省共清理排水管道913249米，清理明沟及盲沟共36827米，清理淤泥192立方米，累计人工清理雨水检查井及雨水篦子12412座。

积极指导各地市编制城市内涝治理实施方案，并在此基础上编制《海南省城市内涝治理实施方案》。持续推进易涝积水点整治，2021年共实施海口龙昆沟北雨水排涝泵站项目等8个排涝项目治理，总投资39064万元。

城镇污水治理

2021年海南省新增城镇污水处理能力12万立方米/日，新增污水配套管网722公里，10座城镇污水处理厂完成提标改造任务，累计完成投资31.32亿元。2021年城市（县城）污水处理厂共59座，年处理水量4.68亿立方米，累计削减化学需氧量7.5万吨，削减氨氮0.84万吨，削减总磷0.14万吨，平均城市生活污水集中收集率为50.9%。海南省共175个建制镇（不含城关镇），截至年底，建制镇污水处理设施累计开工165座，年度新增完工50座，建制镇污水处理设施覆盖率达到58%。

印发《2021年城乡水务重点工作任务清单》《海南省建制镇生活污水处理设施建设三年实施计划（2021—2023）》《海南省城镇污水处理提质增效集中攻坚工作方案》，明确年度工作任务，加大指导力度，压实市县主体责任。

召开城镇污水处理工作政企对接会，搭建政企沟通桥梁，助力水务行业高质量发展。组织召开全省城镇污水处理工作现场培训会，总结工作成效。

联合省发展改革委印发《“十四五”城镇污水处理及资源化利用发展规划》，明确总体要求，推进设施建设，强化运行维护。

联合省生态环境厅开展全省城镇生活污水处理设施专项调研和指导服务，确保城镇生活污水处理工作行之有效。

（海南省水务厅）

重 庆 市

住房和城乡建设

住房和城乡建设工作概况

2021年，重庆市住房和城乡建设委员会党组坚持以习近平新时代中国特色社会主义思想为指导，全面贯彻习近平总书记对重庆提出的系列重要指示要求和关于住房城乡建设工作的重要指示精神，认真落实党中央、国务院决策部署和市委、市政府工作要求，深入推进全面从严治党，统筹城市提升和乡村振兴，统筹住房保障和住房市场，统筹行业转型升级与绿色低碳发展，深化川渝两地住建合作，坚决打好疫情防控阻击战，团结奋进、守正创新，圆满完成各项工作任务，为推动成渝地区双城经济圈建设和全市“一区两群”协调发展提供坚实支撑。

法规建设

2021年，重庆市住房和城乡建设委员会紧紧围绕中心工作，继续深入推进住房城乡建设领域重点立法。出台勘察设计、建筑管理、房地产开发等9部地方性法规和城镇房屋使用安全、造价、综合管廊等10部政府规章，形成较为完备的法规体系。在全国省级层面率先出台的《重庆市城市管线条例》，对管线建设实行计划管理，从立法层面解决“九龙治水”和“马路拉链”等问题。

房地产业

【概况】2021年，重庆市坚持房子是用来住的、不是用来炒的定位，稳步实施《重庆市建立和完善房地产市场平稳健康发展长效机制工作方案》，着力完善调控政策，不断健全长效机制，全面落实主体责任，统筹住房市场体系和住房保障体系，加快构建租购并举的住房制度，加强市场秩序管理，房地产市场运行总体平稳健康，供需基本平衡，结构基本合理，房价稳中有升，风险总体可控，较好地实现了调控目标。2021年底，全市共有房地产开发企业2642家，其中一级资质68家，二级资质791家，一、二级资质企业占比超过31%。2021年，重庆市房地产开发投资总体平稳，开发建设规模有所下降。全年全市房地产开发投资4355亿元，同比增长0.1%。按区域分：中心城区2727亿元，同比下降6.3%，主城新区1006亿元，同比增长11.3%，渝东北476亿元，同比增长14.3%，渝东南146亿元，同比增长19.1%；按工程用途分：商品住宅3288亿元，同比增长3.1%，办公楼81亿元，同比下降9.7%，商业营业用房413亿元，同比下降7.4%，其他用房573亿元，同比下降8.7%。

【房地产市场调控】2021年，组织部门联席会3次和房地产开发企业座谈会8次，统筹疫情防控促进房地产市场平稳健康发展，出台25条精准的政策措施。配合相关部门优化土地供应，提前调度商品房上市规模，持续清理中心城区“应售未售”项目46个、处置20个，保障市场供应充足、结构合理；坚持保障刚需和遏制炒房并举，支持合理住房消费，实施差别化信贷和税收政策，优化公积金政策，释放健康购房需求。优化中心城区商品住房预售价格备案会商机制，防止房价大起大落。编制《关于进一步解决中心城区住房问题的实施方案》。

【商品房和二手房销售】2021年，重庆市商品房上市6021万平方米、同比下降7.6%，销售6198万平方米、同比增长0.9%。根据国家统计局数据，中心城区新建商品住宅销售价格指数平均同比上涨7.4%。从产品类型看，普通高层住房成交占比62.9%，低密度住房、多层商品住房成交占比37.1%、同比提高11.8个百分点；从户型结构看，90平方米以下的住房成交套数占29.5%，90～120平方米的占43.3%，120平方米以上的占27.2%；从购房人员结构看，市内人员购房占比为84.8%，市外人员购房占比为15.2%，处在合理区间。

【住房租赁市场发展】加快培育发展住房租赁市场，基本形成“供给主体多元、经营服务规范、租赁关系稳定、租金价格平稳”的住房租赁市场体系，着力解决新市民、青年人住房问题。发布全国首部“商改租”建设标准；上线住房租赁服务平台，多维度培育市场主体；以盘活存量为主、新改建为辅，多渠道筹集房源。截至2021年年底，累计筹集房源19.2万套，培育专业化规模化企业26家，其中，2021年度筹集房源7万套，培育专业化规模化企业5家，年度绩效目标全面完成。根据国家统计局数据，中心城区住宅租赁价格指数同比上涨0.7%。

【规范房地产市场秩序】认真组织开展房地产市场秩序整治工作，坚决制止、整改和查处房地产市场违法违规行为。编制印发《重庆市持续整治规范房地产市场秩序专项工作方案》，加强房地产市场巡查、检查、暗访，全年共检查开发企业和中介机构1997家（次），纠正、整改违法违规行为401个，依法立案查处67件、罚款820余万元，房地产市场秩序总体规范有序。

【房地产市场风险防范化解】认真贯彻落实党中央、国务院关于防范化解重大风险的决策部署和住房城乡建设部有关工作要求，坚持问题导向，及时排查处置化解辖区房地产领域可能影响社会稳定的矛盾纠纷和风险隐患。妥善化解晋渝、金阳等风险项目36个。全力推进“恒大系”企业在建项目处置工作，推动复工在建项目32个，复工率达97%，交付已逾期房屋3474套，统筹推进“类恒大”项目复工9个。全市房地产领域风险总体可控。

【商品房开发】2021年，重庆市商品房施工面积2.69亿平方米，同比下降1.7%；商品房竣工面积4196万平方米，同比增长11.2%；商品房新开工面积4873万平方米，同比下降18.1%。商品房新开工面积按区域分：中心城区1961万平方米，同比下降33.0%，主城新区1888万平方米，同比增长0.3%，渝东北601万平方米，同比下降31.6%，渝东南424万平方米，同比增长61.8%；按工程用途分：住宅3231万平方米，同比下降21.3%；办公楼105万平方米，同比下降5.6%；商业营业用房471万平方米，同比增长3.8%，其他用房1067万平方米，同比下降16.5%。

建筑业

2021年，重庆市完成建筑业总产值9943.01亿元，同比增长10.8%。实现建筑业增加值3296.26亿元，同比增长1.9%。建筑业增加值对重庆市地区生产总值的贡献率为10.2%，拉动重庆市经济增长0.8个百分点。2021年重庆市建筑业总产值占全国的3.4%，同比增长0.1个百分点；增速低于全国0.2个百分点。在西部地区占比15.7%，排名第2名，占比和排名与上年度持平。

从全市各区县看，一区两群呈现“一稳两加快”态势。2021 年，主城都市区完成建筑业总产值 7210.54 亿元，同比增长 9.1%，占比为 72.5%。其中，中心城区完成建筑业产值 3697.8 亿元，同比增长 9.5%。渝东北三峡库区完成建筑业产值 2484.3 亿元，同比增长 15.4%，较上年提高 3.7 个百分点。渝东南武陵山区完成建筑业产值 248.4 亿元，同比增长 16.0%，较上年提高 8.3 个百分点。两群地区建筑业产值增速较快。

全市建筑业排名前十名区县共完成建筑业总产值 5204.67 亿元，占全市的比重为 52.3%。全市共有 24 个区县建筑业总产值实现两位数增长。其中，中心城区、主城新区、渝东北三峡库区、渝东南武陵山区分别有 4 个、8 个、8 个、4 个区县产值实现两位数增长。

从专业类别看，房屋建筑业仍为“主业板块”。房屋建筑业实现产值 6914.09 亿元，比上年增长 9.8%，增速虽低于平均水平 1.0 个百分点，但占全市建筑业总产值比重高达 69.5%，拉动全市建筑业总产值增长 6.9 个百分点，仍是全市建筑业的主业板块。土木工程建筑业（公路、铁路、轨道交通等）实现总产值 2236.15 亿元，占全市产值比重 22.5%，同比增长 14.6%，高于全市平均水平 3.8 个百分点，拉动全市建筑业总产值增长 3.2 个百分点。建筑安装业实现产值 335.88 亿元，占比 3.4%，同比增长 1.5%，较上年降低 13.1 个百分点；建筑装饰和其他建筑业实现产值 456.89 亿元，占比 4.6%，同比增长 15%，较上年降低 15.5 个百分点。

勘察设计业

【概况】2021 年重庆市勘察设计行业营业收入完成 602.01 亿元，占年度目标 400 亿元的 150.5%，超额完成年度目标任务。新增甲级企业 12 家和甲级资质 27 项，截至 12 月底，全市共有勘察设计企业 637 家（含勘察劳务企业），其中甲级企业占比 30.46%。截至 12 月底，全市勘察设计类注册人员 4437 人，勘察设计行业从业人员 48879 人，其中专业技术人员 35888 人，占比达 73.42%。1～12 月，全市共有 129 家市内企业对外开拓市场，承接项目 7472 个，新签合同金额 631.45 亿元；截止目前，市外入渝企业达到 1834 家，全国百强中有 80 家，十强中有 9 家已入渝承接业务。截至 12 月底，全市累计实施工程总承包项目 533 个，合同金额 1254 亿元；推动开展全过程工程咨询试点，实施全过程工程咨询项目 117 个，投资额达 595.72 亿元。

【勘察设计行业监管】截至 2021 年年底，共开展工程勘察设计资质审查 226 家、295 项，并在资质证书内容变更中加强资质动态核实。加强对企业资质和注册人员资格动态核查，约谈违规市内勘察设计企业 7 家、16 人次。严格人员业绩、从业行为、诚信行为核查，严肃查处注册执业人员“挂证”行为，把注册人员变动与企业资质进行有效联动管理，对扰乱行业秩序、涉嫌违反注册管理规定的注册人员及其所在企业进行约谈和口头警告。全年共约谈注册人员 6 人，相关企业 5 家。约谈违规市内外勘察设计企业 65 家、220 人次。抽查各类建设工程项目勘察外业 340 个。召开 3 个片区会，强化了区县的监管责任。

【勘察设计质量管理】2021 年，全市完成初步设计审批 669 项，施工图审查备案 14622 个，抽查各类建设工程项目勘察外业 340 个。完成超限高层建筑工程抗震设防专项审查 44 项。组织编制《重庆市市政工程品质提升设计导则》并通过专家审查。下达标准设计制修订计划 16 项，发布标准设计 10 项。牵头编写了《重庆市无障碍环境建设与管理规定》。发布《历史建筑修复建设技术导则》，加强历史建筑、传统风貌建筑修复建设指导。

配套费征收

【主要经济指标完成情况】2021 年，重庆市房地产和城市基础设施投资共计完成 5486 亿元，占全市固定资产投资的 44.3%，实现“十四五”良好开局。其中，房地产投资完成 4355 亿元、同比增长 0.1%；住建领域基础设施投资完成 1131 亿元、同比增长 6.4%。2021 年，建筑业发展稳中向好。全年实现建筑业总产值 9943.01 亿元、同比增长 10.8%，实现建筑业增加值 3296.26 亿元、同比增长 1.9%。

【城市基础设施配套费征收情况】2021 年，全市累计办理配套费征收面积 8609.57 万 m^2，征收配套费 161.58 亿元。其中，中心城区办理面积 3894.43 万 m^2，征收配套费 85.98 亿元；中心城区外区县办理面积 4715.14 万 m^2，征收配套费 75.6 亿元。

住房保障

【公租房建设】全年新分配公租房 2.76 万套，惠及 7 万余住房困难对象，累计分配 55.4 万套，保障约 140 万住房困难对象。累计帮助 9 万余名居民实现就业创业，建成养老服务中心 7 个、社区养老服务站 26 个，投用小学、幼儿园 74 所，5 万余名承租户子女应读就读，保障对象从住有所居向安居宜居迈进。2021年，国家下达重庆市公租房新开工任务490套，全年实际新开工490套，完成率100%。极推动成渝双城经济圈建设公租房保障常住人口全覆盖，实现公租房网上申请通办，川渝两地互保两地居民4.4万户。国家下达发放住房保障家庭租赁补贴任务7276户，全年实际发放9523户。与市财政局联合出台《重庆市城镇住房保障家庭租赁补贴暂行办法》，中心城区租赁补贴范围从城镇低保、低收入住房困难家庭扩大到城镇中低收入住房困难家庭和公交司机、环卫工人，进一步加大了对困难群众的保障力度。

【保障性租赁住房建设】细化土地、金融、财税等支持政策，重点在轨道交通站点和商业商务区、产业园区、校区、院区（医院）及周边筹集保障性租赁住房，有效缓解新市民、青年人等群体住房困难问题。全年筹集保障性租赁住房4.9万余套(间)，满足保障对象多样化居住需求。争取中央预算内投资下达5.7亿元，支持保障性租赁住房配套基础设施建设，引导银行金融机构支持我市保障性租赁住房发展，发放贷款40.6亿元，加速推进项目实施。

【人才安居保障工程】2021年，全市新增筹集人才公寓1万套，累计筹集人才公寓4万套，持续滚动提供定向配租住房6.02万套面向青年人才定向配租。指导重庆市房地产业协会发出倡议，鼓励开发企业为人才购买首套商品住房设立绿色通道、优先选房机制。出台严格规范高校职工住房管理意见，对公办高校享受经济适用住房政策建设的住房等全部存量住房转为人才住房进行管理，助推高校双一流建设。

公积金管理

【概况】2021年度归集526.67亿元，同比增长14.47%，完成住房公积金管委会下达的年度计划(400亿元）的131.67%。截至2021年底，全市缴存单位6.27万个，同比增长8.78%，缴存403.83万人，同比增长17.49%。累计缴存额3914.99亿元，缴存余额1396.86亿元。全年共有96.58万名缴存人提取341.09亿元，提取额同比下降1.50%；占当年缴存额的64.76%，比上年减少8.05个百分点。累计提取使用2518.14亿元。全年发放个人住房贷款7.42万笔 292.01亿元，同比分别增长6.84%、8.11%。贷款余额1535.22亿元（含贴息贷款余额182.21亿元），同比增长10.40%。截至2021年底，累计发放个人住房贷款80.33万笔2425.59亿元（含贴息贷款261.89亿元）。截至2021年年底，全市个贷逾期额共计1571.67万元，个贷逾期率0.12‰。住房公积金贷款风险准备金余额34.55万元。全年实现增值收益18.28亿元，同比增长9.07%。

【公积金固基扩面】实现住房公积金缴存额增速两位数增长，缴存额首次突破500亿元大关。开展点对点服务或上门服务等主动扩面、依托课题研究成果和大数据分析技术，探索利用精准扩面智能辅助系统促进扩面工作、积极争取地方政府及相关部门的支持，将住房公积金权益纳入《劳动合同》等格式文本及政府工作规划。

【“租购并举”支持职工基本住房需求】重点支持职工租赁住房提取，全年有134.29万人次提取341.09亿元（含灵活就业人员提取)；支持职工提取住房公积金用于支付城镇老旧小区加装电梯费用，全年共为209人办理提取621万元；全力保障贷款资金供应，同时按照“保一限二禁三、全市同城同策”的原则，全年惠及7.42万户家庭，住房公积金个人住房贷款市场占有率在11.18%，为贷款职工节约利息支出约90亿元，超额完成重庆市保障和改善民生行动计划中全年投入住房公积金贷款资金200亿元的目标任务；放宽了英才在中心城区二套房贷款条件，目前已受理30位人才住房公积金贷款，发放贷款金额2269.9万元。

【优化营商环境】累计开通线上服务50项，率先实现企业开办环节同步设立公积金账户，全面推广应用电子营业执照；全年为540家企业办理降比或缓缴手续，业务合作银行共向354家缴存企业发放定向授信贷款1.95亿元；住房公积金日常缴存业务全部实现自助在线办结，服务渠道不断拓展，在“渝快办”上线业务数排名市级部门前列；窗口服务持续规范，服务满意度调查达96%；参与的重庆开办企业指标和纳税指标被评为全国标杆，其中纳税指标在重庆市18个评价指标中名列第一。

【风险防控】强化银行存款、个贷率等核心指标的日常监控及预警，按日监测、按月开展资金运行情况分析；开展灵活就业人员资金测算，探索利用资产证券化解决资金流动性问题；加强住房公积金贷款风险管控，从贷前、贷中、贷后严格防范风险。

【信息化工作】牵头完成国家《住房公积金信息化“十四五”发展规划》编制，“公积金信息共享联盟链”成功入选“2021年重庆市区块链十大典型应用案例”并居首位。

【成渝地区双城经济圈公积金一体化】制定2021年川渝住房公积金一体化发展工作要点，完善与成德眉资同城化区域沟通机制，实现两地信息“秒级”在线查询、50余项住房公积金数据全量在线互查、异地贷款缴存证明和贷款还清证明“双无纸化”，推动10项“川渝通办”事项实现全程网办、代收代办、两地联办，在全国率先实现资金跨区域融通使用，推动渝绵两地首批融通资金2000万元落地生效，全年川渝两地间异地转移接续0.78万人次，涉及资金1.44亿元；发放异地贷款0.22万笔、8.22亿元。

【灵活就业人员参加公积金制度试点】全力推进灵活就业人员参加住房公积金制度试点，先后开展灵活就业人员参加住房公积金制度专项调查、初步建立灵活就业人员“先租后购”保障路径、创新设计缴存使用产品、开展试点专项课题研究、广泛开展试点工作宣传。2021年全市灵活就业人员累计开户4.59万人，实缴2.99万人，实缴金额1.60亿元（含在职转灵活），实缴人数、实缴金额在全国首批6个试点城市中暂居第一。

房屋建设与管理

【物业行业监管】组织区县督促指导物业服务行业在属地街道、社区的领导下落实物业小区常态化联防联控，做好2021年物业小区疫情防控工作。同市委组织部等13个部门联合印发《强化党建引领加强和改进物业管理工作的实施意见》，创新“党建+物业”模式。截至目前，全市已成立1567个社区环境和物业管理委员会，同时，在老旧社区推动成立社区党组织主导的社区物业服务中心。会同市司法局修订《重庆市物业专项维修资金管理办法》，规范维修资金交存、管理、使用程序，并于11月10日经市第五届人民政府第166次常务会议审议通过，自2022年5月1日起施行。渝中区双钢路小区、白象街小区，荣昌区拓新红城小区3个小区入选住房和城乡建设部、中央文明办公布的全国“加强物业管理 共建美好家园”典型案例。

【棚户区改造】2021年，国家下达重庆市棚户区改造目标任务20017户，实际完成改造20100户，其中城镇零星D级危房完成改造1000户，惠及棚户区和危房困难群众约7万人，占目标任务的100%，完成改造面积258.13万平方米，完成投资155.94亿元。争取并落实国家棚户区改造专项资金5.18亿元，其中中央棚户区改造补助资金1.65亿元，中央预算内投资3.53亿元，申请并发行棚户区改造专项债券47.5亿元。渝中区获得国务院2021年棚户区改造工作督查激励。

【城镇老旧小区改造】2021年，重庆市新开工改造城镇老旧小区831个、2662万平方米，29万户。截至年底，已累计启动实施改造城镇老旧小区2673个、6085万平方米，惠及居民68万户，同步改造提升养老托幼等配套设施384处，加装电梯3374部，新增停车位1.9万个，改造水电气信22万户。在全国住房和城乡建设工作会议上，重庆市就城镇老旧小区改造工作做经验交流，播放了“心怀国之大者，做细民生之小事——重庆城镇老旧小区改造实践”的视频。

【智慧物业建设】积极推进智慧物业试点工作，迅速组建试点工作专班，通过政府引导、企业参与、市场运作，形成试点工作方案，进行重庆市智慧物业综合管理服务平台建设。对《智能物业小区评价指标体系》进行进一步修订完善，细化评价指标和内容。截至2021年年底，全市共创建智慧物业小区912个。

工程质量安全监督

【建筑质量】2021年，全市建筑业获得中国建设工程鲁班奖5项，中国土木工程詹天佑奖2项，国家优质工程奖13项，“三峡杯”优质结构工程奖106项，“巴渝杯”优质工程奖54项。全市竣工备案工程3828项，较上年增加13.72%；面积9563.44万平方米，较上年增加8.32%。全年监管工程共8248项，同比减少5.39%。其中，房屋建筑工程6557项，同比减少4.29%，面积26769.25万平方米，同比减少5.19%；市政工程1788项，同比减少4.23%，造价2678.99亿元，同比增加80.86%。

【工程监理】2021年，重庆市本地工程监理企业共211家，其中综合类5家，专业甲级87家，专业乙级100家，专业丙级19家；市外入渝工程监理企业823家。全市共有监理从业人员37788人，其中注册类人员18163人，占总数48%（本地企业6056人，市外企业12107人）；专业监理工程师8642人，占总数23%（本地企业7353人，市外企业1289人）；监理员10983人，占总数29%（本地企业8581人，市外企业2402人）。

【建筑行业安全生产】2021年，全市住房和城乡建设领域共发生生产安全事故合计124起，死亡135人。其中，房屋和市政基础设施建设工程（含轨道）共发生生产安全事故77起，死亡84人；另有村镇建设（含农村危房改造、自建房等）、建筑安装、装饰、装修（含个人装修）活动、城镇房屋拆除等本行业其他类别事故36起，死亡38人。

建筑节能与科技

【绿色建筑】2021年新建绿色建筑在城镇新建建筑中比例达到65.71%；全年新增绿色生态住宅小区1221.46万平方米，二星级及以上绿色建筑项目231.74万平方米。引导既有公共建筑由节能改造向绿色化改造转变，全年新增既有公共建筑改造面积85万平方米。市住房城乡建委以区域集中供冷供热为重点，着力推动可再生能源区域集中供能项目建设，全年新增可再生能源建筑应用面积91.33万平方米。

【建筑产业现代化】全年新开工装配式建筑1600余万平方米，同比增长76%，112宗土地在出让阶段明确装配式建筑实施要求，计容建筑面积约1600万平方米，同比增长54%。累计建成产业基地29家，60余家部品部件生产企业进入首批产业目录，现代建筑产业产值接近1500亿，整体发展水平跻身西部前列。建成智慧工地管理平台等14个业务系统以及AI能力支撑服务等17个共性支撑组件，实现数据资源整合和业务系统交互共享。推动实施工程数字化建造项目121个，新增"轻链"平台等30余项智能建造产品。其中，3个项目入选全国智能建造试点计划，数字化设计、智能生产等10项工作举措入选住房和城乡建设部经验做法清单，建筑工业化与智能建造协同发展水平位居全国前列。印发新城建试点工作方案，稳步推进CIM平台建设等试点工作。对309项地方标准进行全面复审，废止57项、修订80余项，标准体系进一步优化。出台川渝两地标准互认管理办法，推进区域标准一体化发展。组织建设科技研究项目127项，认定推广20项新技术，其中"环境敏感区长大隧道绿色修筑与运营技术"等8项研究成果荣获重庆市科技进步奖。

城市建设

【城市道路桥梁隧道】2021年，中心城区推进城市道路建设里程约1086公里，其中市级重大城市路桥隧项目共38项，涉及跨江大桥9座、穿山隧道11座。中心城区城市道路实际完成投资约323亿元，超额完成320亿元的年度投资计划；新增城市道路约336公里，总里程达6026公里，基本形成"1环6纵5横3联络"快速路网结构；穿山过江瓶颈持续打通，历史性同期建成礼嘉嘉陵江大桥、蔡家嘉陵江大桥、土主隧道、龙兴隧道等"4桥2隧"，累计建成"35桥22隧"，新开工黄桷沱长江大桥、白市驿隧道等"3桥2隧"，累计在建"6桥7隧"；城市路网"毛细血管"进一步畅通，打通未贯通道路35条，完成堵乱点改造62个。级配合理的城市路网不断完善，主城都市区内畅外联速度进一步加快。

【慢行系统】建设集"街巷步道、滨江步道、山林步道"为一体的山城步道网络，截至2021年年底，建成南山步道、花溪步道等约130公里的山城步道，特色山城步道累计建成约300公里。2021年，中心城区新建和改造提升25座人行天桥和地通道，并同步配建垂直电梯、自动扶梯、人行坡道等无障碍设施。截至年底，完成辅仁中学人行天桥等12座人行天桥和地通道建设。立体过街设施建设有序推进，人行过街环境安全性更高、步行更舒适、体验更温暖。

【公共停车场】2021年，围绕学校、医院及商圈等周边区域停车难问题，中心城区计划新、续建公共停车场共44个、停车泊位总数约2.02万个。截至年底，建成渝中区鹅岭正街停车楼等17个停车场、0.65万个停车泊位，公共停车设施供给持续加强，公共停车泊位供给短板进一步改善。

【轨道交通】2021年，持续推进中心城区轨道交通4号线二期、10号线二期和璧铜线等13条（段）、308公里线路建设，第四期建设规划中的5条、154公里线路陆续开工建设，全市轨道交通建设完成投资328亿元，实现连续8年正增长。建成通车9号线一期线路32公里，运营线路总里程增加至417公里（含璧山云巴15公里）。日均客运量340万乘次，日最高客运量417万乘次，占全市公共交通出行总量的40%。同时，持续实施运营轨道提质增效工程，完成105处公交站点、16处公交首末站、17处人行过街设施建设任务，同步优化208条公交线路，逐步构建"轨道到站、公交到家"的公共交通出行方式。TOD综合开发项目梯次落地，有效促进了城市品质提升。国家发展改革委印发《成渝地区双城经济圈多层次轨道交通规划》，同意重庆市至2025年新建中心城区至永川、大足、南川、綦江（万盛）共4条、278公里城轨快线。

【主城区清水绿岸治理提升】2021年，主城区清水绿岸治理提升项目共26个，计划完成投资45亿元，建成"水清岸绿"河段173.1公里。截至12月，中央公园镜湖等18个河段已全部完工，全年完成投资约51.8亿元，累计建成河段约258.7公里。

【"两江四岸"治理提升成效】近期109公里岸线治理提升持续推进，2021年实施项目20个，完成投资16亿元。长嘉汇大景区加快打造，2021年实施项目83个，完工项目30个，完成投资54亿元。艺术湾区建设有序开展，2021 年实施项目 37 个，完成投资 54 亿元。

【城市综合管廊建设】截至 2021 年年底，重庆市累计开工管廊 258.8 公里、建成廊体 207.4 公里、完成投资 72.1 亿元，已建成管廊中 116.5 公里已投入运营，已入廊管线总长度 1705 公里。其中，2021 年全市新开工管廊 52.4 公里，新建成廊体 33.7 公里，新完成投资 13.3 亿元，全年综合管廊建设持续稳步推进，有效缓解了“马路拉链”“空中蜘蛛网”等问题，增强了城市韧性，提升了城市品质，保障了城市“生命线”安全。

【城市体检】2021 年，重庆再次入选全国 59 个城市体检样本城市，通过“建机制、强保障、筑体系、扩影响、查病灶、抓应用”六步举措，构建 8 个维度“65 项基本指标＋18 项特色指标＋28 项补充指标”自体检指标体系，将体检范围扩展到主城都市区，创新开展都市圈建设比较分析，围绕“一表三单”开展中心城区年度监测，探索开展分区体检与城市更新专项体检，最终形成了《重庆市城市体检综合报告》等“1＋2＋13”共 16 项城市体检成果。

【海绵城市建设】牵头编制《重庆市“十四五”海绵城市建设专项规划》，印发《关于规范房屋建筑和市政基础设施项目海绵城市建设管理的意见》，正式实施海绵城市绩效评价细则、项目评价标准及技术指南，进一步明确工作目标和任务，规范建设管理流程。截至 12 月，重庆市海绵城市已建成 521 平方公里，占建成区面积 29.8％。

【排水设施建设】2021 年，新建城市排水管网 885.23 公里，完成城市排水管网更新改造 540.56 公里，新建乡镇污水管网 892.55 公里。完成新改扩建城市污水处理厂 10 座，完成乡镇污水处理厂新（扩）建 4 座、技术改造 25 座、达标改造 243 座。

【排水与污水处理】2021 年，共处理城市生活污水约 15.35 亿吨，城市生活污水集中处理率 98％以上、集中收集率 69％以上，削减化学需氧量（COD）36.49 万吨，生化需氧量（BOD）19.46 万吨，有效保护了三峡库区水环境。全年无害化处置污泥约 121.77 万吨，全市污泥综合无害化处置率达 98％以上。

村镇建设

【重点镇建设】推进以“两加强三完善”（加强规划引领、加强风貌整治，完善城镇功能、完善园林绿化、完善人居环境）为主要内容的重点镇环境综合整治，累计下达专项补助资金 3.22 亿元，对 34 个重点镇实施环境综合整治项目 126 个。

【传统村落保护发展】完成 53 个重庆市传统村落调查认定，并列入重庆市传统村落名录进行挂牌保护。截至年底，全市共有中国传统村落 110 个，重庆市传统村落 75 个。引导支持 20 余名“三师一家”参与传统村落保护发展，编制传统村落保护发展规划设计方案 18 个。落实市级补助资金 6000 万元，支持万州区燕山乡泉水村等 10 个传统村落实施保护发展。完成 110 个中国传统村落保护发展情况评估。

【美丽庭院建设】修订《重庆市美丽庭院创建评价表（试行）》，印发《关于下达 2021 年美丽庭院创建评比目标任务的通知》《关于进一步做好美丽庭院创建评比工作的通知》等文件，完成“功能美、风貌美、文明美”美丽庭院创建 1.06 万个。

【农村危房改造】印发《关于做好农村低收入群体等重点对象住房安全保障工作的通知》，对农村危房改造补助对象、改造方式、建设标准、住房安全等级鉴定、审核审批程序、全过程管理等进行了细化明确，持续巩固脱贫攻坚住房安全保障成果。2021 年，争取中央财政补助资金 6132 万元，落实市级财政补助资金 2904 万元，实施农村危房改造 5097 户。

【设计下乡】印发《重庆市设计下乡人才管理办法（试行）》和《重庆市设计下乡市级补助资金管理办法》，为引导支持设计人才开展下乡服务提供保障。新征集设计下乡人才 20 名，设计下乡人才储备达 500 余名。建立设计下乡工作室 37 个（市级 13 个、区县级 24 个），引导支持 135 名规划师、建筑师、工程师和艺术家“三师一家”下乡服务乡村建设 7178 人次。指导 37 个涉农区县依托设计下乡工作室编制传统村落保护发展规划 40 个、特色小城镇设计方案 126 个、农房建设图集 39 套并推广使用。举办首届“巴山渝水·美丽村居”设计大赛，征集作品 326 件。

（重庆市住房和城乡建设委员会）

四 川 省

住房和城乡建设工作概况

【房地产市场运行平稳】2021年，四川省坚持“房住不炒”定位不动摇，出台加强预售资金监管等措施，全面完成“一城一策”方案编制，省级监督指导责任和城市主体责任有效落实。全省房地产开发投资增长7.10%；商品房销售面积增长3.30%，与全国平均增速差距逐月缩小并反超1.40个百分点，总体实现“三稳”目标。报请省政府成立调控协调工作机制和风险化解领导小组，接续开展两年攻坚行动，累计化解“问题楼盘”579个。积极推进中央和省级财政支持住房租赁市场发展示范工作，全省专业化、规模化住房租赁企业达到52家。启动规范整治房地产市场秩序三年行动，房地产开发销售、住房租赁、物业服务等市场行为不断规范。修订《四川省物业管理条例》，评选基层治理百佳示范小区100个。开展灵活就业人员参加住房公积金制度试点，指导成、德、眉、资联合施行住房公积金提取贷款政策；新增开户职工172.50万人，全省缴存总额突破万亿元大关。如期实现川渝公积金缴存和贷款结清两项证明“无纸化”，两地办理异地转移接续1万余人次，发放异地贷款14.80亿元。

【住房保障体系不断完善】全面推行公租房申请告知承诺制，简化手续，成都、泸州市实现“零证明”；出台租赁补贴发放指导意见，实现包括新市民在内的住房困难群体全覆盖；开展公租房“两清单、两机制”专项行动，清退违规占用房源近6000套。加快发展保障性租赁住房。开展新市民、青年人住房现状和租赁需求调查，制定全省实施意见，明确基础性制度和“十四五”目标；争取中央资金2.45亿元，获得建设银行1000亿额度信贷支持；指导成都等6个重点城市开工筹集保障性租赁住房6.34万套（间）。稳步推进城镇棚户区改造，遂宁市棚改工作获国务院督查激励。深化川渝住房保障便捷行动。创新搭建“川渝安居·助梦启航”平台，实现川渝住房保障政策“一键查询”。

【城市人居环境持续改善】成都市成功申报全国首批城市更新试点，开展省级城市体检试点9个。新开工改造城镇老旧小区6245个、55.90万户，争取中央资金75.41亿元，居全国第一位，累计改造完成5769个小区，惠及69.10万户群众。制定既有住宅增设电梯新政策和技术标准，补助电梯1362部。完成市政工程建设投资1902亿元，超年度目标任务26.80%；累计建成城市轨道交通558公里，在建215公里；新、改建供、排水管网7154公里，污水处理提质增效三年行动圆满收官，新一轮污水垃圾处理设施建设项目已开工1317个、完工455个，城市（县城）生活污水、生活垃圾处理率分别达到96.20%、99.50%，地级以上城市生活垃圾回收利用率达到33%、居民小区覆盖率达到63%。成都市公园城市建设不断深入，泸州市成功申报国家海绵城市建设示范，第二批城市生态环境建设试点有序开展，新创建省级生态园林城市（县城）7个、绿色社区594个，全省公园绿地面积达到5.90万公顷，绿道超过8000公里，人均公园绿地面积达到14.26平方米。累计划定历史文化街区103片，确定历史建筑1225处，基本实施挂牌保护，历史建筑测绘建档完成率达到73%。出台《四川省无障碍环境建设管理办法》，创建全国无障碍环境示范（达标）市、县、村、镇9个。

【村镇建设提质增效】制定省级百强中心镇考核办法、激励措施等配套文件，召开全省现场会，确定省级百强中心镇入库候选镇306个，有序开展首批考核命名工作。将农村危房改造政策保障对象范围由四类调整为六类，三台县农村危房改造工作获国务院督查激励。探索农房建设管理新模式，成都市温江区通过资金扶持强化农房风貌管控，绵阳市游仙区加强农房现代夯土技术应用，眉山市丹棱县创新“数字农房”建设，为全省积累了经验。突出抓好建制镇生活污水和农村生活垃圾治理。扎实抓好《四川省传统村落保护条例》学习、宣贯，举办“川渝古镇古村落保护发展论坛”，为推进实施乡村建设行动找准靶标。

【建筑业发展基础更加牢固】修正《四川省建筑管理条例》，报请省政府审定建筑强省工作方案，出台智能建造与建筑工业化协同发展实施意见，建筑产业互联网平台建设等4项经验和华西集团智能建造系统等11个案例入选全国推广清单。启动提升装配式建筑发展质量五年行动。完善工程总承包项目招、投标等配套政策，125个示范项目有序推进。完善绿色建筑标识管理制度，城镇民用建筑全面执行绿色建筑标准。加强建筑领域专业人才和产业工人队伍培育。召开“携手京津冀·唱响川建工”大型推介会，积极推动川渝工程建设地方标准和从业人员职称互认，助推企业“走出去”发展。深化工程质量安全提升行动，项目监督到位率、工程质量合格率、重大工程一次验收合格率均达100%。深化招、投标领域系统治理，曝光典型案例101个。查处“三包、一挂”等违法、违规项目1259个、企业1331家。办理欠薪投诉举报线索800余件（条），为1.40万名农民工解决欠薪3.10亿元。荣获“鲁班奖”6个、国家优质工程奖7个、“天府杯”124个，通过省级工法521个、新技术应用示范项目66个，发布工程建设地方标准26项。全年完成建筑业总产值1.73万亿元，同比增长11.10%，省外建筑业产值占比首次突破20%，成都建工集团成为四川省首个产值突破千亿元的建筑企业。

【住建领域活力加速释放】政务服务“一网通办”综合指标排名省直部门第一，21个“一件事一次办”事项全部上线运行，施工企业安全生产许可证办理等16个事项实现智能审批，8个住房公积金事项实现跨区域和跨省通办，启用二级执业资格等10类电子证照。深化工程建设项目审批制度改革。施工和设计资质全流程办结时间平均提速15%，施工劳务资质由审批改为备案。开展建筑领域营商环境专项治理，废止和修订相关政策文件51个，委托下放房地产开发企业二级资质核定等行政权力6项，省厅被省政府评为深化放管服改革优化营商环境工作先进集体。率先出台推动行业科技创新指导意见，举办科技创新大讲堂，获国家科技进步奖2项、省科技进步奖13项，通过省级行业科技创新课题50个。开展消防审验“大会战”，制定11项制度和4个技术文件，初步建立以制度规则、标准规范、信息平台、廉政防控为框架的消防审验体系，经验做法被住房和城乡建设部推广，南充市和自贡市贡井区入选全国既有建筑改造利用消防审验试点。加强城管执法监管，深化“强、转、树”专项行动，全面推行“721”工作法，首次开展川渝跨区域联合执法，省级和部分市（州）建成城市综合管理服务平台。高质量完成年度立法计划，制定住房城乡建设领域地方性法规规章草案起草程序规定、立法起草技术指引，被列入全省法治示范先进经验成果。联合重庆成功举办首届川渝住博会，被国家发改委列为新型城镇化试点示范典型做法。建立行业主要经济指标调度、分析、通报工作机制，出台专项资金管理暂行规定，开展专项资金绩效评。

法规建设

【坚持会前学法】坚持厅长办公会会前学法制度，厅长亲自审定年度学习计划，先后安排《中华人民共和国安全生产法》《历史文化名城名镇名村保护条例》等6次会前学法。系统学习习近平总书记关于住房和房地产工作、城市工作、乡村建设、建筑业等住房城乡建设领域的重要论述和指示、批示精神，严格对标中央、省委重大战略部署，全力推动全省住房城乡建设事业高质量发展。

【优化营商环境】制定《四川省房屋建筑和市政基础设施工程建设项目审批事项清单（2021年版）》，将审批事项从改革初期82项压减至62项；印发《关于进一步深化工程建设项目审批制度改革优化建筑许可营商环境的通知》，全省房屋建筑和市政设施工程建设项目审批时间平均压减至90个工作日。推进“一网通办”，全省住房城乡建设领域93项依申请政务服务事项全面完成系统对接任务；启用“建设工程质量监督备案证”等10类电子证照亮证和共享。实施21项“一件事一次办”；实现“住房公积金单位登记开户”等8个事项“跨省通办”“川渝通办”“省内通办”。完成全省住房城乡建设系统行政权力和公共服务事项动态调整，制定并公布厅行政权力责任清单，向成都及7个区域中心城市下放或委托省级行政权力事项6项。用好“四川建设发布”微信公众号，在厅门户网站开设“政策解读”专栏，按规定公开信息、解释说明、征求公众意见，及时反馈意见采纳情况。

【强化成渝协同】签署《推进成渝地区双城经济圈住房公积金一体化发展合作协议》，印发《成渝地区双城经济圈住房公积金一体化便捷服务专项行动方案》，申请异地贷款由“两地跑”变为“一地办”，发放异地贷款4053笔、14.60亿元。共同创建“川渝安居·助梦启航”服务平台，增加公租房、人才房“一键网上申请”功能，实现群众异地网上申请受理，川渝公租房互保达到4.40万户。协同推进房地产市场平稳健康发展，实现两地房地产项目和房源信息共享。四川省建筑政务服务窗口前移至建筑业发展中心重庆分中心，入川企业可在当地办理入川手续，推动川渝建筑企业抱团发展。落实《川渝城管领域合作框架协议》，协同成都市城市管理委与重庆市城市管理局推进成渝城市管理执法合作细化协议，在广安市举行川渝两地城管执法合作交流会，签订《深化川渝城市管理执法合作备忘录》，在荣昌、隆昌开展川渝两地城管联合执法行动。

【规范性文件审查】对行政规范性文件制定、备案、清理进行规范化管理，实行统一编号、统一发布、统一备案。认真落实公平竞争审查制度，按要求对所有涉及市场主体经济活动政策文件进行公平竞争审查；严格落实重大行政决策、行政规范性文件合法性审查制度，全年依法对25件重要政策文件提出合法性审查意见，并对其中19件行政规范性文件按要求报送备案审查，未出现被确认违法或撤销的情况。

【提高立法质效】组织对全省住房城乡建设立法情况进行全面调研，形成示范工作专题研究报告；制定《四川省住房和城乡建设领域起草地方性法规和规章草案程序规定》《四川省住房和城乡建设领域立法起草技术指引》，提高住房城乡建设系统立法起草水平；组建四川省住房城乡建设法治专家库，为住房城乡建设系统法治建设提供智力支持。《四川省建筑管理条例》（修正）《四川省物业管理条例》（修订）于2021年9月29日经省人大常委会审议通过；《四川省无障碍环境建设管理办法》于2021年11月18日经省政府第89次常务会审议通过；列入年度计划的6个立法调研论证项目，全部按要求完成立法调研论证报告。

【规范执法行为】全面推行“三项制度”，做到执法行为过程信息全程记载、执法全过程可回溯、重大执法决定法制审核全覆盖。强化重点领域执法，加大对建筑市场、房地产市场等重点领域执法力度，全省立案查处31438起。规范行政检查执法行为，健全“双随机、一公开”监管制度，纳入清单的25项随机抽查事项，逐一制定了抽查工作指引，完善监管平台基础数据和“一单、两库”信息数据录入；积极运用“双随机、一公开”市场监管平台开展抽查，全年完成部门联合抽查事项9个、单部门抽查事项8个。组织开展全省住房城乡建设系统行政执法案卷评查，各市（州）自评案卷8042件，住房城乡建设厅对市（州）、区（市、县）两级部分行政执法案卷进行集中评查，并将案卷评查结果在全省通报。

【“八五”普法规划】研究制定《四川省住房城乡建设系统法治宣传教育第八个五年规划》，明确全省住房城乡建设系统“八五”普法工作目标、重点内容和主要任务，对《中华人民共和国民法典》以及新制定和修订的《四川省物业管理条例》等法律、法规进行重点宣传，营造住房城乡建设行业良好法治氛围。加强全省住房城乡建设系统法治教育，举办市（州）住房城乡建设和城市管理部门行政立法和以案释法专题培训班，指派法制工作人员到基层城管执法队伍进行法治能力提升指导。

房地产业

【房地产开发】2021年，四川省房地产开发投资7831.88亿元，同比增长7.10%（比2019年增长19.10%，两年平均增长9.20%），比全国4.40%的平均增速多增2.70个百分点，总量居全国第6位，其中住宅投资5767.25亿元，占总投资的73.60%，同比增长8.20%；非住宅投资2064.63亿元，同比增长4%。全省房地产开发用地供应面积8024.59公顷，同比下降19.10%（比2019年增长1.40%，两年平均增长0.80%）。房地产用地供应中，商服用地供应面积2169.90公顷，占总面积的27%，同比下降13%；住宅用地供应面积5854.69公顷，占总面积的73%，同比下降21.20%。全省房屋新开工面积11493.57万平方米，同比下降17.50%（比2019年下降25%，两年平均下降13.40%），比全国11.40%的平均降幅多降6.10个百分点，总量居全国第6位，其中住宅新开工面积7959.91万平方米，同比下降17.40%；非住宅新开工面积3533.66万平方米，同比下降18%。

【房产交易】全省批准预售商品房面积12179.84万平方米，同比下降12.30%（比2019年下降12.40%，两年平均下降6.40%），其中批准预售商品住宅面积8705.99万平方米，同比下降14.60%；批准预售非住宅面积3473.85万平方米，同比下降5.90%。全省商品房销售面积13692.92万平方米，同比增长3.30%（比2019年增长5.50%，两年平均增长2.70%），比全国1.90%的平均增速多增1.40个百分点，总量居全国第4位，其中商品住宅销售面积10912.14万平方米，同比增长0.10%；非住宅销售面积2780.78万平方米，同比增长18.10%。全省二手房成交面积4050.69万平方米，同比下降4.40%（比2019年下降7.60%，两年平均下降3.90%），其中二手住宅成交面积3370.78万平方米，同比下降8%；二手非住宅成交面积679.91万平方米，同比增长19.10%。全省房地产开发企业实际到位资金 10142.91 亿元，同比下降 0.30%（比 2019 年增长 11%，两年平均增长 5.40%），其中国内贷款 960.77 亿元，同比下降 16%，占总到位资金的 9.50%；自筹资金 3174.23 亿元，同比下降 3.60%，占总到位资金的 31.30%；定金及预收款 4197.69 亿元，同比增长 8.30%，占总到位资金的 41.40%；个人按揭贷款 1748.70 亿元，同比下降 0.70%，占总到位资金的 17.20%；其他资金 61.52 亿元，占总到位资金的 0.60%。

【市场监管】以省政府办公厅名义印发通知，建立由副省长担任召集人，省法院等 16 个部门参加的房地产市场调控协调工作机制。指导成都市出台《关于进一步促进房地产市场平稳健康发展的通知》，将司法拍卖纳入限购政策。叫停雅安和达州两个城市不符合国家调控精神的政策措施，发布《关于坚决纠正不符合调控要求政策措施的紧急通知》。会同有关部门 3 次对恒大进行约谈，分别向重点城市党委、政府主要负责同志致信提示。对成都市未完成上半年调控目标进行约谈。指导各设区城市全部完成“一城一策”工作方案编制，并报省政府备案。启动两年攻坚行动，召开全省“问题楼盘”化解处置攻坚行动电视电话动员部署会，印发重点案件挂牌督办文件。分两批、7 个督导组对各地化解处置工作进行调研督导。截至 12 月底，全省 582 个“问题楼盘”已化解 579 个，占比 99.50%，帮助 24.10 万户居民、8.20 万户商家解决了急、难、愁、盼问题。会同省发展改革委、省公安厅等 8 个部门联合印发《全省持续整治规范房地产市场秩序工作方案》。全省排查房地产企业 441 家、693 个项目，发现问题 239 个，已整改完成 253 个；房产中介机构 452 家，发现问题 23 个，已整改完成 12 个。

【物业管理】配合省人大开展《四川省物业管理条例》修订工作，9 月经省人大审议通过，2022 年 5 月 1 日起施行。积极探索党建引领物业服务。全省 21 个市（州），有 14 个市（州）成立物业行业综合党委，共建设物业服务企业党组织 1812 个，全省物业企业 8891 家，其中成立党组织的物业企业 1303 个，占总数的 15%。会同省委组织部开展 2021 年四川省基层治理百佳示范小区推荐评选，产生组织体系健全、治理机制完善、服务水平较高、治理成效显著、物业服务企业守法诚信的百佳示范小区。评选工作已完成初审，进入公示阶段。会同省发展改革委、省公安厅等 8 部门联合印发《全省持续整治规范房地产市场秩序工作方案》，全省排查物业企业 2243 家，发现问题 53 个，整改合格 46 个。会同省消防救援总队制定《城镇房屋建筑火灾隐患消防安全排查工作指导手册（1.0 版）》。印发《物业管理区域电动车消防安全治理工作实施方案》。全省发现物业管理区域隐患问题 4616 个，完成整改问题 4530 个，整改率 98.10%。印发《关于加强全省物业管理区域防汛减灾工作的通知》，会同省消防救援总队组织开展“安全第一、生命至上——2021 年四川省物业服务行业消防安全暨防汛应急处置联合演练”。截至 2021 年年底，全省已累计增设电梯 3710 部，惠及 4 万余户家庭；安排以奖代补专项资金 4.90 亿元，平均每部电梯 8 万元至 15 万元。2021 年全省实施专业化物业服务的住宅项目 21463 个，公示物业服务收费信息的住宅项目 20580 个，未公示物业服务收费信息的住宅项目 883 个，公示率 95.89%。累计新增公示物业服务收费信息的住宅项目 2254 个，查处未公示物业服务收费信息的住宅项目 221 个，处罚物业服务企业 41 家，签订信息公开承诺书企业 2290 家，为群众办实事 6265 件。

住房保障

【保障性租赁住房】2021 年，建立住房保障诚信体系。开展新市民、青年人住房现状和租赁需求调查，发放调查问卷 1 万余份；联合 8 个省级部门，制定并印发《关于加快发展保障性租赁住房的实施意见》。争取中央资金 2.45 亿元，获得建设银行 1000 亿额度信贷支持；明确 2022 年全省筹集 7.80 万套（间）计划任务，指导成都等 6 个重点城市 2021 年开工筹集保障性租赁住房 6.34 万套（间）。

【公租房】全年新开工公租房 1860 套，实物在保 59.90 万户。截至 2021 年底，全省累计筹集公租房 63.90 万套，在保 60.70 万户，全省城镇低保、低收入困难家庭实现应保、尽保。深化“农民工住房保障行动”，实施“家在四川”安居工程，累计将 30 多万农民工等新市民纳入保障范围。出台租赁补贴发放指导意见，实现包括新市民在内的住房困难群体全覆盖，全年发放租赁补贴 6.60 万户、1.80 亿元，同比增长 7.70%、16.10%；累计向 37.50 万户困难家庭发放租赁补贴 5.70 亿元。印发《关于推行公租房申请证明事项告知承诺制简化审核手续的指导意见》，简化手续、减少证明 10 余项。

【人才公寓】成都市新增筹集建设人才公寓 2.30 万套、供应人才公寓 1 万套，累计为 2.20 万名人才提供购房支持，发放租赁补贴 1.10 万户。金牛区人才公寓建设全年新增 16.92 万平方米、1379 套，超额完成市级年度目标任务。达州市首个试点示范项目 600 套人才公寓已开工建设。

【棚户区老旧小区改造】全省稳步推进城镇棚户区改造，全年新开工 4.50 万套的目标任务全面完成，实际完成投资 270 亿元；化解风险项目 48 个，占总数的 39.30%，建立、健全棚户区改造全生命周期工作。2021 年遂宁市棚户区改造新开工完成 2015 套，《国务院办公厅关于对 2020 年落实有关重大政策措施真抓实干成效明显地方予以督查激励的通报》，对遂宁市棚户区改造工作积极主动、成效明显通报表扬，并获得 2000 万元激励资金。《四川日报》整版以遂宁市棚户改造工作经验做法为重点，专题报道了遂宁市住房保障工作，并被学习强国四川学习平台全文转载。遂宁市将城镇老旧小区改造纳入 2021 年度“我为群众办实事”实践活动以及市住房城乡建设局“10 件大事”，新开工城镇老旧小区 236 个，涉及户数 23750 户、楼栋 818 栋、建筑面积 250.18 万平方米。遂宁市城镇老旧小区改造工作经验做法入选住房和城乡建设部《城镇老旧小区改造可复制政策机制清单（第三批）》，在“四川党建”公众号发布，并多次被中国建设报、省人民政府网站等主流媒体、官网正面报道宣传。自贡市印发《自贡市支持城镇老旧小区改造十二条措施》，2021 年 50 个老旧小区改造项目全部开工建设，对上争取项目资金 5.57 亿元；完成 41 个小区、3.70 万户环境综合提升改造。巴中市出台《关于全面推进城镇老旧小区改造工作的实施意见》，争取获批 2021 年度老旧小区改造补助资金 8.02 亿元。累计实施改造项目 475 个、10.15 万户，2019－2020 年 190 个改造项目全部完工，2021 年 285 个改造项目全部开工，已完工 28 个。巴中市南江县老旧小区改造经验做法入选全国新型城镇化建设典型案例。

【残疾人优先】出台公租房管理政策，同批次内优先向符合条件的残疾人分配公租房，并根据残疾人身体状况适当调整居住楼层。截至年底，全省残疾人家庭实物在保 15317 户，租赁补贴在保 3698 户。

【川渝住房保障一体化】5 月 13 日，川渝住房保障一体化发展 2021 年第一次联席会暨毗邻地区住房保障工作联席会议在达州市大竹县召开。大竹县作主题发言，介绍大竹经验。会议明确 2021 年深化川渝住房保障合作的五项重点工作。川渝联合印发《公租房退出程序指导手册》，开展公租房“两清单、两机制”专项行动，清退违规占用房源近 6000 套。共同创新搭建“川渝安居·助梦启航”服务平台，增加公租房、人才房“一键网上申请”功能，实现川渝群众异地网上申请受理和住房保障政策“一键查询”，两地公租房互保已达 4.40 万户。

公积金管理

【公积金运行】2021 年，四川全省新增缴存 1337.39 亿元，完成年度目标任务的 106.99%。全省住房公积金累计缴存总额突破万亿元大关，达到 10043.60 亿元，缴存余额 4020.75 亿元。全年缴存、回收贷款资金 1693.27 亿元，使用资金（提取、贷款）1657.65 亿元，其中新增发放个人住房贷款 747.06 亿元，同比增长 11.20%，个贷率由年初的 80.99%增长到 82.12%，增加 1.13 个百分点。新增提取 910.59 亿元，同比增长 17.87%，提取总额 6022.85 亿元。贷款总额 5529.72 亿元，贷款余额 3302.00 亿元，结余资金 718.75 亿元，较 2020 年末增加 35.62 亿元。全省住房公积金共 533 人提取公积金用于老旧小区改造，提取金额 2207.25 万元。

【灵活就业人员试点】年初，住房城乡建设部批准同意成都市灵活就业人员参加住房公积金制度试点（全国 6 个试点城市之一），成都市公积金管理中心认真组织开展试点工作，印发《成都市灵活就业人员参加住房公积金制度试点方案》《成都市灵活就业人员参加住房公积金制度管理办法》。6 月，住房城乡建设厅同意德阳、眉山、资阳 3 个城市协同推进灵活就业人员参加住房公积金制度试点工作。8 月 16 日，成都市灵活就业人员住房公积金制度试点工作正式实施，试点共开户 54754 人，实缴 25461 人，缴存 9523.37 万元，开户人数和缴存金额分别位居全国第一位和第二位。9 月底，住房和城乡建设部住房公积金监管司在成都组织召开全国试点城市会商会，将成都经验做法纳入全国《灵活就业人员参加住房公积金制度试点可参考借鉴做法清单》。

【川渝公积金一体化】4 月 27 日通过《成渝地区双城经济圈住房公积金一体化便捷服务专项行动方案》；9 月底全面完成异地贷款缴存证明和贷款全部还清证明“两个无纸化”接口修改、测试工作，川渝异地公积金贷款真正由“两地跑”变为“一地办”；绵渝两地公积金中心正式签订《住房公积金异地贷款资金融通借款合同（渝绵第 1 期）》，首期 2000 万资金专项用于绵阳缴存职工在重庆购买自住住房个人住房公积金贷款发放。扎实推进川渝住房公积金信息共享和互认互贷。截至年底，川渝两地信息共享 33737 人次，互认互贷 21176 人次，涉及资金 11.65 亿元，其中办理四川职工到重庆购房回川提取 5156 件、4 亿元；四川办理重庆职工来川购房异地公积金贷款 1674 笔，办结 1516 笔，发放贷款

5.51亿元；为缴存职工出具缴存证明3190件。主要做法被住房和城乡建设部第53期简报刊载转发并以专报形式上报中共中央和国务院办公厅。在由四川省人民政府办公厅和重庆市人民政府办公厅组织开展的首次企业群众最满意的“川渝通办”事项评选活动中，川渝住房公积金参评的9个事项有7个事项进入前10名，其中购房提取住房公积金和住房公积金单位及个人缴存信息变更事项，分别荣获“川渝通办”个人事项和法人事项第一名。

【成德眉资公积金同城化】紧扣省委成、德、眉、资同城化发展决策部署，住房公积金创新引领、政策对接、服务共享的局面基本形成。成都市系统修订完善并印发出台缴存、提取、贷款业务新政；德阳市缴存政策与成都基本协同，提取政策与成都一致，取消4市购房提取户籍地限制；眉山市实施单、双职工不同的最高贷款额度，下调房地产开发企业的保证金比例，修订完善归集、提取、贷款3个办法；资阳市开展4市政策对比差异研究，开展优化修订，共同探索异地贷款政策创新，为公积金跨城市资金融通提供解决路径。该政策被省同城化办公室作为创新案例纳入《成都都市圈建设蓝皮书(2021)》。12月，成都和绵阳两市公积金管理中心签订《双向协同推动住房公积金一体化发展合作协议》，双方达成探索改革创新、推进政策协同、深化信息共享、推动队伍共建4项、12条战略合作事项，并联合制定28项重点工作任务，标志着全省住房公积金同城化发展范围进一步扩大。

【信息技术应用】认真梳理“一网通办”住房公积金任务清单，21个市（州）按时接入四川省政务服务网工作任务，实现业务办理；开展全省24个中心接入全国住房公积金小程序工作，按时完成转移、接续接口的开发、测试和上线工作；完成住房城乡建设厅住房公积金管理服务平台和省市场监督管理局“一窗通”平台对接，实现了数据交换；完成住房城乡建设厅住房公积金管理服务平台和省税务局系统对接，为缴存职工个税抵扣提供了数据支撑；开展“跨省通办”“川渝通办”“省内通办”，全省24个中心（分中心）按要求实现了8个“通办”事项；配合省人力资源社会保障厅推进“退休一件事”联办工作，联合印发文件，确定“退休一件事”联办工作方案；推进银、政通工作，10月，住房城乡建设厅与人民银行成都分行营管部联合印发对接工作方案，年底同城化地区实现数据共享。积极对接全国住房公积金共享平台，为用户提供全国范围内住房公积金行业信息。

【优化营商环境】全面推进“非接触式”缴存业务。基本实现缴存时间压缩至规定目标和60%以上建制企业缴存业务网上办，“非接触式”缴存比例达到90%以上的目标任务。持续推进好、差评，线上主要是推进中心网厅、手机APP等网上服务渠道实现好、差评，线下主要是推进进驻市（州）、区（市、县）政府的政务服务大厅和中心自己的业务大厅实现好、差评。深化川渝住房公积金信息共享和互认、互贷。重点推进两个“无纸化”，从10月1日开始川渝两地缴存职工实现缴存使用证明和住房贷款还清证明无纸化。支持困难企业降比、缓缴，全年办理降低缴存比例、缓缴住房公积金的企业292个，涉及企业职工7.16万人，少缴住房公积金5662.22万元。实现“跨省通办”“川渝通办”“省内通办”8个事项业务办理。

城乡历史文化保护传承

【立法调研】继续开展《四川省历史文化名城名镇名村保护条例》立法调研工作。对眉山、蓬安、资中、松潘等地进行现场调研，针对性地了解地方历史文化保护工作实际存在的困难，进一步完善调研报告。

【历史文化资源普查】组织开展四川省第四批历史文化街区申报工作。督促各市（州）完善名城保护规划已划定但尚未公布的历史文化街区公布程序，鼓励非历史文化名城的市（州）、区（市、县）将符合标准的老厂区、老校区、老居住区等划定为历史文化街区。截至2021年年底，已有13条历史文化街区通过专家评审会，待申报资料修改完善后报省政府完善公布程序。

【历史文化保护】制定《四川省2021年度历史文化街区划定和历史建筑确定工作方案》。并在省级财政城乡建设专项资金中争取到2000万元，作为全省历史建筑测绘建档和活化利用工作专项补助资金。全省共划定历史文化街区103片，确定历史建筑1225处，已完成所有历史文化街区和1193处历史建筑挂牌保护工作，其余各处挂牌工作正在积极开展。已完成确定的历史建筑测绘建档896处。成都市出台《成都市历史文化名城保护规划（2019－2035)》。南充新增历史建筑70处，新增量居全省第3位，新增龙门古镇、川北行署、六合丝厂3处省级史文化街区。

城市与建筑风貌管理

【公园城市建设示范】召集成都市相关部门及天

府新区管委会专题研究成都公园城市示范区建设，支持成都建设践行新发展理念的公园城市示范区，指导成都市出台《成都市美丽宜居公园城市建设条例》，开展《公园城市理论与应用研究》课题研究。成都市累计建成天府绿道2607公里，通过绿道体系串联了1113.79平方公里的五级绿化体系；全面完成锦江干流和重要支流截污、清淤，成都的公园城市建设已初具雏形。

【生态园林城市创建】充分发挥园林城市系列创建工作对城市绿地系统建设的促进作用，促进城市绿地系统建设，实现全省城市（县城）建成区人均公园绿地面积、公园绿地服务半径覆盖率等绿地指标稳步提升。报省政府认定公布了江油市、高县、荥经县、大竹县、梓潼县、马边县、渠县7个市（县）为第二批省级生态园林城市（县城）。四川省国家和省级园林城市（县城、镇）分别达到28个和74个，城市（县城）建成区人均公园绿地面积达到14.44平方米，绿化覆盖率达到42.51%，绿地率达到37.41%，全省城市绿道建设累计已超过8000公里。

【绿色建筑与绿色社区创建】印发《四川省绿色建筑创建行动方案》《四川省绿色社区创建行动实施方案》，加强绿色建筑全过程管理，完善绿色建筑专项验收制度。落实《四川省绿色社区创建行动实施方案》，成功创建第一批102个绿色社区，启动第二批绿色社区验收申报工作。

【古树名木保护】指导各地完成新一轮城区古树、名木调查认定工作，联合省林业草原局将新增117株一级古树和6株名木、名录上报省政府，指导各地完成城区新增古树、名木“一树一档”建档挂牌工作，协同省人大常委会开展《四川省古树名木保护条例》执法检查。

城市体检评估与城市更新

【城市体检】指导成都、遂宁市2个国家样本城市持续开展城市体检工作，制定出台《四川省城市体检工作方案》《四川省城市体检指标体系》《关于组织申报全省2021年城市体检试点工作的通知》等，确定自贡市等9个地级市作为第一批城市体检工作试点城市。召开城市体检专题会，建立全省“城市体检发现问题，城市更新诊疗问题”工作机制。成都城市体检工作被国务院新闻发布会作为全国唯一优秀案例进行了介绍。遂宁市连续3年被住房和城乡建设部确定为59个样本城市中设区城市之一。9月，泸州市被认定为四川省城市体检试点城市，建立“城市体检发现问题、城市更新诊疗问题”的“体检+治病”工作机制，加强城市体检工作全生命周期管理。南充市成功入选省级城市体检试点城市，构建了“基础65+特色14”的城市体检指标体系。

【城市更新】截至2021年年底，全省累计开工改造城镇老旧小区119万户，增设电梯3710部。起草并向省领导报送《关于我省实施城市更新行动 推动城市高质量发展总体考虑的报告》；指导阆中市先行、先试，为实施城市更新行动探索经验；启动四川省城市更新《指导意见》的研究起草工作。向住房和城乡建设部推荐成都市作为国家城市更新试点，已被纳入第一批试点名单；联合省委组织部共同举办城市更新专题培训研讨班，对各市（州）党委或政府分管领导、住房城乡建设部门主要负责人、省直有关部门负责人进行系统培训。成都市50个片区有机更新，完成投融资500亿元。加快天府锦城等87个项目建设，街、巷游线体系全面建成，呈现30个街坊文旅消费场景。市井生活圈建成19个重点片区、25条街巷。完成“大运会”场馆和保障线路周边54个片区既有建筑风貌提升，打造特色街区21条。完成老旧小区改造313个、棚户区改造3972户、城中村改造1923户和既有住宅增设电梯1200台。“北改”重点项目完成投资400亿元。

建设工程消防设计审查验收

【制度建设】在全国率先制定出台《关于加强建设工程消防设计审查验收廉政建设的通知》《四川省城镇老旧小区改造消防设计指南》《关于明确城镇老旧小区改造消防设计审查验收工作的通知》等政策文件，有效破解老旧小区改造中存在的新、老消防技术标准适用难题。出台全省消防设计审查验收工作实施细则、消防验收现场评定工作规则等6个重要制度文件，拟定房屋建筑工程、市政工程、铁路工程消防设计技术审查要点、消防验收技术导则等5项标准规范。

【监督管理】在全国率先召开全省建设工程消防监管大会，启动实施消防监管“大会战”行动。会同省应急管理厅、省消防救援总队、省教育厅等单位，先后制定全省超高层建筑规划建设管理、消防监督管理工作协同机制、校外培训机构消防审验规范等制度文件。召开全省住房城乡建设系统消防安全风险形势研判会，印发全省住房城乡建设系统2021年冬春火灾防控工作方案，配合省消防救援总队完成《四川省“十四五”消防事业发展规划》编制工作。

【消防审验】指导南充市和自贡市贡井区成功入选全国既有建筑改造利用消防设计审查验收试点市、县。开发建设消防设计审查验收审批系统，实现消防审验“一窗进出，一网通办”。顺利完成亚洲最大单体建筑——环球中心消防安全及基本建设程序整改。2021 年，全省共受理消防设计审查验收项目 11732 件，较 2020 年增加 2%，其中消防设计审查 4690 件、消防验收 3443 件、验收备案 3599 件。全省消防审验工作成效获得住房和城乡建设部高度肯定，经验做法被住房和城乡建设部在全国推广宣传。

【人才培养】成立四川省建设工程消防分会，组建省级消防审验专家智库，与西南交通大学、省建筑科学研究院等 13 家高校、企业及科研院所探索设置消防工程专业和消防研究中心，切实加强消防人才培养和技术创新。全年举行消防审验能力培训 5 期共 2800 余人次，有效提升基层消防审验人员政策水平和业务能力。

城市建设

【城市路网】2021 年，四川省新建城市道路 2850 公里，累计达到 36941 公里。印发《关于加强城市地下市政基础设施建设的实施意见》，在试点的基础上全面启动城市地下市政基础设施普查工作。印发《四川省道路隧道安全风险防控专项行动工作方案》。成都市累计建成地下综合管廊廊体约 230 公里。打通市域“断头路”30 条，完善中心城区自行车道约 300 公里。南充市新、改建城市干道 53 条，城市道路长度达到 1872.47 公里。绵阳市长虹大道、临园干道等 70 余条城市主干道和背街、小巷道路完成改造，超目标任务的 34.32%。

【城市桥梁】全省新建桥梁 263 座。对 26 座隐患城市桥梁进行整治。泸州市长江二桥及连接线西连接线竣工通车，东、西锚碇主体结构全部完成，正式进入上部结构施工，完成投资 5.50 亿元。长江六桥及连接线工程南、北连接线基本完工，正桥主塔、北引桥有序施工，完成投资 3.30 亿元。长江五桥及连接线工程完成方案设计、地灾报告、压覆矿查询、通航论证、用地预审与选址意见书、稳评、地震安评等，可研报告已通过审查待批，环评、初步设计等正有序推进。龙透关大桥及连接线工程已完成两岸连接线方案优化设计调整。

【轨道交通】成都市累计开通运营轨道交通 557 公里，在建 9 条、215 公里，公交分担率超过 60%。成都市青羊区 5 条线路全部 18 个站点主体结构维护桩施工、管线迁改和车站半盖挖盖板施工顺利进行；完成 13 号线一期 4 处征拆交地任务。成都市成华区 3 个地铁项目正加快建设，其中 10 个地铁站点均进入主体结构施工阶段，6 个站点实现主体结构封顶。成都市新都区地铁 8 号线二期（龙潭寺停车场）、27 号线一期（3 座车站）已列入成都市第四期建设规划（2019—2024 年）。地铁 8 号线二期龙潭寺停车场已完成全部 11 万平方米拆迁交地工作；27 号线车辆段已完成 27 万平方米交地任务，高架段已完成 66.67 万平方米拆迁交地任务。

【地下综合管廊】全省新建地下综合管廊 127 公里。遂宁市充分依托城市地下管网信息系统，持续更新城市地下管网信息 1347.96 公里，为统筹施工等各项工作推动提供基础支撑。广安市因地制宜建设地下综合管廊，平安、中桥和西溪片区道路管网综合整治工程完成初步设计，莲花桥和西溪河下游两岸截污干渠（管）复线项目完成招标。

【公共服务设施】全省新建城市公共停车场（站）停车位 226196 个。成都全面建成 13 处新建、36 处改建“大运会”场馆，成都自然博物馆、成都乐团驻场项目总体效果已基本呈现；建成基本公共服务项目 734 个，近郊区（市、县）基本公共服务项目新开工 217 个，提供 11736 个停车泊位。成都市郫都区持续推进 8 大类、18 项基本公共服务设施项目建设，五粮社区综合体等 163 个项目已完成建设，完成 2021 年市级目标考核要求。邛崃市启动公共服务设施项目建设，着力补齐学校、医疗、文化等领域短板。

【城市供水】全省 11 个城市基本形成“多水源供给、互为备用”的城镇供水水源格局。推进供水管网更新改造，供水管网漏损率 8.30%，稳定控制在 10%的国家目标内。修订《四川省二次供水管理办法》，制定《四川省城市供水突发事件应急预案》《城市内涝突发事件应急预案》，开展汛期水源污染应急演练，对 55 个供水企业开展运行评估考核，完成 7 个市、69 个节水型小区申报复核工作。

【城市供气】下发《关于进一步加强全省城镇燃气安全监管工作的意见》，出台《四川省燃气经营企业从业人员培训考核管理办法（试行）》，修订《四川省城镇燃气突发事件应急预案》。在全省范围分批次开展城镇燃气安全隐患专项整治行动，累计检查燃气企业 3775 家次，发现隐患 5900 余处；开展无证经营问题拉网整治，先后 3 次向城镇燃气经营企业、燃气用户等印发规范加强燃气安全管理提醒函。开展“住建安全在行动”燃气安全隐患排查暗访，开展全省燃气从业人员安全生产培训及上岗资格考试。

【"三推"项目】大力实施污水垃圾处理设施"新三推"。三年计划实施污水、垃圾处理设施建设项目2059个，已开工1025个，已完工182个；计划完成投资346.70亿元，已完成投资342.80亿元，完成率98.88%，其中2021年计划开工项目1595个，已开工984个，开工率61.70%；计划完工468个，已完工151个，完工率32.30%。对16座生活垃圾处理设施进行无害化省级评定。打好污水处理提质、增效三年行动"收官之战"。2021年，全省设市城市累计新、改建污水管网约1002公里，排查小区、市政污水管网共1.37万公里，基本完成"三个基本消除"目标。内江市新一轮"污水处理设施三推"项目63个，已开工59个，已完工7个；累计建成城镇生活污水处理厂（站）137个，污水处理能力达到38.60万立方米/日。

【海绵城市建设】指导遂宁市巩固国家试点成果，完成海绵城市建设地方立法。对15个省级海绵试点城市开展总体评估，指导泸州市申报海绵城市国家试点。启动新一轮省级海绵城市建设示范。编制《四川省海绵城市建设管理办法》，拟与省直相关部门联合发布实施。泸州市成功申报为全国首批系统化全域推进海绵城市建设示范城市，是西南地区唯一一个获批城市。全年建成海绵城市6.15平方公里，全市累计建成海绵城市41.70平方公里，占建成区面积的23.60%。截至2021年年底，南充市中心城区海绵城市面积占比达到29.93%，完成年度目标任务的119.70%。遂宁市全域推进海绵城市建设，中心城区海绵城市建设面积占比达到37.10%。

【内涝治理】制定出台《进一步加强城市内涝治理的实施方案》组建省级城市排水防涝应急抢险专家库和应急队伍358支，开展汛前演练161次。及时制发《四川省应对城市内涝工作指引》；编制了《四川省城市内涝治理三年攻坚行动（2021—2024年）》，完成165个城市（县城）重要易涝点位整治工作。广元市编制《广元市中心城区内涝治理三年攻坚行动方案》，启动实施中心城区城市排水防涝设施提升改造工程、万缘片区排水沟渠整治工程，整治易涝点28个，成功应对"10·5"特大暴雨。广元市城市排水防涝"1234"工作经验在全省城市排水防涝推进会上作经验交流发言。

村镇规划建设

【小城镇建设】印发省级百强中心镇考核办法、建设技术指南、激励办法、建设专项规划编制导则等配套文件，进一步完善政策体系。成立中心镇专家库，制定工作要点，评选出306个"省级百强中心镇"入库候选镇。通过省政府网站、四川发布等重要媒体对中心镇政策、建设重点内容等进行全面解读和技术讲解，为推进中心镇改革发展提供有力支撑。在阆中和罗江先后开展两期乡村建设管理人员培训，实现对入库候选镇培训全覆盖。在宜宾召开全省做大做强中心镇现场推进会。宜宾市每年统筹2亿元资金奖补中心镇，泸州市每年安排3000万元用于支持中心镇建设，遂宁市明确给予每镇每年1000万～2000万元资金支持；内江市给予入选省级百强中心镇每年不少于4公顷（60亩）新增建设用地年度计划指标（单列管理）；广安市、遂宁市提出城乡建设用地增减挂钩项目拆旧复垦获得的指标30%优先用于中心镇建设。牵头20个省级部门完成首批"省级百强中心镇"考核审查工作，并完成意见征求、网上公示程序。首批拟命名镇平均常住人口超过5万人、GDP均值超过30亿元，在全省建制镇中排名前列。

【传统村落保护】颁布实施《四川省传统村落保护条例》，是全国少数几个保护传统村落的省级立法，被省人大常委会列为立法样板。指导甘孜州等地开展传统村落保护立法工作，为地方传统村落保护提供立法借鉴。制定出台省传统村落保护利用评价标准、发展规划、技术指南等政策文件，推进分区保护、分类提升、分主题示范的保护利用工作体系。全面梳理国家和省级传统村落保护发展规划编制情况，组织10批次规划评审，国家级传统村落保护发展规划覆盖率从62%提高到96%。积极参与黄河国家文化公园、长征文化公园四川段政策制定和规划编制工作。组织评选5个省级传统村落集中连片保护利用县（市、区），推动传统村落集中连片保护传承，建立传统村落保护利用长效机制，探索传统村落集中连片保护利用的四川路径。举办首届"川渝古镇古村落保护发展论坛"，深入践行"四川古镇古村落保护发展倡议"和"四川古镇古村落保护发展宣言"。召开《四川省传统村落保护条例》法规解读宣传会。在四川电视台滚动播放《乡村·印象》系列栏目，使古镇古村落成为四川乡村振兴的靓丽名片之一。

【农村房屋建设】开展"四类房屋"排查整治，累计开展农房隐患排查整治暗访30余次，联合媒体曝光安全隐患问题6个。全省共排查农村房屋1409万户，其中用作经营的农村自建房35.83万户，初判存在安全隐患的农村自建房48.35万户，已开展评估鉴定 48.32 万户，评估鉴定率 99.90%，评估鉴定为 C、D 级危房 41.46 万户，已完成整治 40.95 万户，整治率 98.80%。编印《农村房屋建筑普查系统各级主管部门用户行动指南》，对各地工作落实情况开展“日跟踪、周调度”，不断提高普查数据质量。全省累计完成农房调查 2486.06 万栋，总体进度达到 98.21%。各地坚持将住房安全有保障作为巩固拓展脱贫攻坚成果同乡村振兴有效衔接的重要任务，继续实施农村危房改造和农房抗震改造，将改造补助对象范围由原来的 4 类调整为“4+2”类农村低收入群体等重点对象，进一步扩大政策覆盖面，并适度提高补助标准。努力争取中央和省级财政 20.70 亿元。全省农村危房改造开工 6.79 万户，竣工 4.60 万户，开工率达到 90.60%；抗震改造开工 5877 户，竣工 3412 户，开工率达到 99.60%。“一卡通”阳光审批系统全面推行，持续开展“一卡通”农村危房改造阳光审批系统培训，全面完成阳光审批和阳光发放系统贯通工作。农村危房改造申报录入 8.74 万户，申报录入率 116%，全过程审核 2.61 万户。抗震改造申报录入农户 7574 户，申报录入率 128%，全过程审核 5546 户。实现改造补助资金阳光审批、阳光发放、阳光监管。全面开展“回头看”排查，确保脱贫群众不因住房问题返贫、致贫。从企、事业单位选派 15 名干部组成村镇建设专班，重点帮扶凉山州巩固农村住房安全保障成果。凉山州危房改造开工率 95.16%、竣工率 60.65%，农房抗震改造开工率 100%、竣工率 82.82%，“一卡通”系统全过程审核率 64.45%，高于全省平均水平。印发《四川省农房抗震鉴定与加固技术导则（试行）》，推广高延性混凝土在农房抗震加固中的运用，结合《四川省农房风貌指引导则（试行）》，泸州、宜宾等地制定了适合地方实际的农房建设图集。通过全省宜居型新农房建设现场会，积极推广农房建设新技术，在绵阳、遂宁、广安等地建成一批轻钢结构和现代夯土农房，起到了良好的示范效应。省级层面研发了农村住房建设信息平台，录入农房建设典型图集和案例 230 余套。鼓励各地探索农房建设管理数字化手段，支持有条件的地区开展试点示范。

【工匠培训与建设评价】通过分组、分片区的方式，对乡村建设工匠在建筑技术、施工图集、安全文明施工等农房建设重点方面进行培训解读。各地累计开展培训 50 余场次，培训工匠 3000 余名。仪陇县、荣县、汉源县、米易县作为全国乡村建设评价四川样本县，通过省级评价报告和 4 个样本县报告提出的问题和建议，研究整改措施，强化成果运用，把乡村建设评价成果运用作为指导乡村建设行动的重要指南。

标准定额

【标准编制】2021 年，共立项编制地方标准及标准设计 50 项（包括标准修编 5 项），评审通过 33 项，发布 33 项，废止 4 项工程建设地方标准。组织四川省建筑设计研究院有限公司、成都中建材光电材料有限公司，对四川省碲化镉发电玻璃建筑一体化系统技术工作开展了项目现场调研工作。认真梳理了全省外墙保温系统的现状、问题以及国内外外墙保温的发展趋势，提出了四川省外墙保温的发展思路。完成申请、拨付标准及标准设计编制项目财政补助资金 189 万元。

【标准体系】进一步完善四川省工程建设标准体系，促进四川工程建设地方标准制订、修订工作高质量发展，确保科学、有序地推进全省工程建设标准化工作，开展《四川省工程建设标准体系》修编工作。

【宣传贯彻】帮助行业管理和技术人员准确理解住房城乡建设行业政策，掌握相关标准的主要条文和技术规定，熟悉建筑领域新技术、新产品发展方向和主要技术特性，提升技术水平和从业能力，开展《四川省住宅设计标准》《四川省附着式脚手架安全技术标准》等标准的宣贯培训工作。

【川渝标准互认】充分发挥工程建设地方标准引领作用，有力促进两地工程建设地方标准“体系兼容性、信息交互性、资源共享性”。11 月 30 日，与重庆市住房城乡建设委联合印发了《川渝两地工程建设地方标准互认管理办法》。

【无障碍环境建设】11 月 18 日，代省政府起草的《四川省无障碍环境建设管理办法》通过省政府第 89 次常务会审议，并于 12 月 2 日以省政府令第 350 号公布。先后编制发布《四川省住宅设计标准》《四川省既有建筑增设电梯工程技术标准》等技术标准。截至 2021 年年底，全省城镇环卫公厕累计配建第三卫生间 8503 个。积极指导各地开展无障碍市、县、村、镇创建工作。2 月，住房和城乡建设部等五部门联合发文，授予广安市、成都市新都区新繁街道“创建全国无障碍环境示范市县村镇”称号，南充市、自贡市、都江堰市、阆中市、成都市温江区、大英县、遂宁市安居区拦江镇 7 个地区被授予“创建全国无障碍环境达标市县村镇”称号，数量位居全国第三位、中西部第一位。

工程质量安全监管

【质量监管与检测行业管理】出台《落实建设单位工程质量首要责任若干措施》，组织开展省结构优质工程评审、省安全生产文明施工标准化工地考评。在成都、宜宾、雅安市开展住宅工程质量信息公示试点，发挥社会舆论和公众监督作用。试点推进住宅工程潜在缺陷保险，强化检测行业管理（抽查34家检测机构，出具17份执法建议书并通报）、规范预拌混凝土管理。修订出台《四川省建设工程质量检测机构和检测人员信用管理办法》。全年全省房屋市政建筑受监项目14230个、6亿平方米，其中新报监项目5900项、竣工验收备案5676项。项目监督到位率、工程质量合格率、重大工程一次验收合格率均达100%。2021年，四川省6项建筑工程项目荣获国家“鲁班奖”、20项建筑工程项目荣获“国家优质工程奖”。省级安全生产文明施工标准化工地达到203个，“天府杯奖”达到167个，启动实施省级结构优质工程评审工作。

【施工安全生产与监理行业管理】印发《全省建筑施工安全生产专项整治两年行动工作方案》《“创安2021”监管执法专项行动》《预防高处坠落事故专项行动》，开发建设建筑施工质量安全智慧监管平台，深入推进建筑施工安全生产工作。联合四川日报、四川广播电视台，自7月23日启动“住建安全在行动”，聚焦重点领域、重大项目、重要环节暗访检查。持续开展建筑起重机械安全生产专项整治，对全省21个市（州）抽查起重机械91台，责令停用或拆除38台，查摆问题隐患398项。启动建筑施工安全生产百日攻坚战，全省累计检查项目22021个次，督促整改项目7713个，执法处罚352个。全年全省共发生房屋建筑和市政工程生产安全事故160起、死亡154人，其中发生1起较大生产安全事故，死亡4人。与2020年相比，事故起数减少13起、死亡人数减少1人，同比分别下降7.50%和0.60%。编制2.0版清单模板，与房屋智慧监管平台对接。协同开展安管人员、特种作业人员25万余人考试考核，全年共组织全省建筑施工企业“安管人员”安全生产知识考试2次，共有162452人报名，实际参考151666人，参考率93.36%，考试合格120132人，参考合格率79.21%；组织全省建筑施工“特种作业人员”安全技术理论考试2次，共有96316人报名，实际参考82551人，参考率85.71%，考试合格60373人，参考合格率为73.13%。

【房屋建筑安全】扎实开展全省房屋建筑安全风险排查整治，以省政府办公厅名义转发工作方案，建立省、市、县、乡镇、村五级工作网格，联合20个厅、局组成厅际协调工作机制。及时搭建全省房屋建筑质量安全智慧监管平台及开发APP，推动建立房屋安全隐患动态管控长效机制。指导各地、各部门精心组织，发挥行业监管作用，聚焦重点行业，以及13个地震高风险区房屋建筑，加快安全隐患排查整治，确保房屋建筑使用安全，得到住房和城乡建设部肯定，在全国推进会上交流经验。截至12月底，全省共排查农村房屋1410万户、城镇房屋166.50万栋。及时有效管控风险。

【“住建安全在行动”】7月23日，启动“住建安全在行动”暗访，聚焦城镇燃气、房屋建筑、建筑施工三大重点领域，严查、严控、严打重大安全风险和违法、违规行为，及时消除隐患。累计检查34批次、55个点位、78家企业，发现问题335个。四川日报、四川广播电视台跟踪报道暗访检查情况，省、内外各大主流媒体跟进转载150余篇，总阅读量2472万次，单条最大点击量达到28万次。得到住房和城乡建设部肯定，向全国住房城乡建设部门印发四川做法。

建筑市场

【行业发展】2021年，四川省建筑业完成总产值17351.20亿元，同比增长11.10%，较全国平均水平高出0.10个百分点。四川占全国建筑业总产值293079亿元的5.92%，较2020年度提升0.01个百分点，排名保持全国第五位、西部第一位。从施工类别来看，房屋建筑工程完成产值11439.80亿元，同比增长6.70%，占总产值的65.90%，占比较2020年度下降1.10个百分点；土木工程完成产值4966.60亿元，同比增长22.70%，占总产值的28.60%，占比较2020年度上升0.90个百分点；建筑安装工程完成产值546亿元，同比增长6.30%；建筑装饰、装修和其他建筑工程完成产值398.70亿元，同比增长19.30%。建筑产业结构调整效益进一步显现。从资质等级来看，全省30家特级资质企业完成产值3007.20亿元，同比增长39.10%，占建筑业总产值的17.30%，占比提升2.90个百分点；一级总承包、专业承包资质企业完成产值6374.30亿元，同比增长16.70%，占建筑业总产值的36.70%，占比提升1.20个百分点；二级资质企业完成产值4833.60亿元，同比下降10.10%，占建筑业总产值的33.70%，占比下降5.90个百分点；三级资质企业完成产值3136亿元，同比增长20.10%，占建筑业总产值的18.10%，占比上升1.80%。全省建筑业完成竣工产值7573.70亿元，同比增长13.20%，竣工率43.60%，较2020年度上升0.80个百分点。全年实现建筑业增加值4662亿元，按可比价计算同比增长1.70%，占全省GDP的8.70%，占比较2020年度回落0.10个百分点，仍保持在近几年高位。经济贡献率为6.72%，较2020年度提高0.22个百分点。签订合同额43506.40亿元，同比增长18.60%，其中2020年结转合同额22289.80亿元，2021年新签合同额21216.60亿元，较2020年度同期分别增长35%和5.20%。2021年，全国建筑业劳动生产率为473191元/人，同比增长11.90%；四川建筑业劳动生产率为420179元/人，同比增长22.80%，增速高于全国平均水平10.90个百分点。全国建筑业平均利润率为2.97%，四川建筑业平均利润率为3.20%，高于全国平均利润水平0.23个百分点。

【区域发展】成都经济区建筑业完成总产值8570.50亿元，同比增长11.80%，占全省建筑业总产值的49.39%，占比上升0.31个百分点；川南经济区建筑业完成总产值3702.5亿元，同比增长12.10%，占全省的21.34%，占比上升0.18个百分点；川东北经济区建筑业完成总产值4327.20亿元，同比增长8.60%，占全省的24.94%，占比下降0.57个百分点；攀西经济区建筑业完成总产值654.30亿元，同比增长14.60%，占全省的3.77%，占比上升0.11个百分点；川西北经济区建筑业完成总产值96.70亿元，同比增长5.50%，占全省的0.56%，占比下降0.03个百分点。2021年，成都市建筑业完成总产值6498.10亿元，同比增长11.60%，增速高出全省平均水平0.50个百分点，占全省比重上升0.15个百分点至37.45%，连续两年上升。泸州市（1670.40亿元）和南充市（1604.30亿元）分别排名全省第二、第三位。绵阳市（922.10亿元）、宜宾市（798.20亿元）、达州市（697.70亿元）、巴中市（617亿元）、遂宁市（587.90亿元）、广安市（555.90亿元）、自贡市（531.30亿元）建筑业完成总产值超过500亿元，较2020年增加2个城市（广安市和自贡市）。20个市（州）实现产值正增长，增速最高的地区是雅安市（25.40%）。

【企业经营】特级资质企业完成总产值3007.20亿元，同比增长39.10%；一级总承包资质企业完成总产值5870.70亿元，同比增长17.90%；特级和一级施工总承包资质企业完成总产值8877.90亿元，产业集中度为51.10%，较2020年度上升4.10个百分点。全省有2606家建筑业企业完成产值超过亿元，共完成总产值15666.09亿元，占全省总产值的90.30%；共签订合同额40127.28亿元，占全省签订合同额的92.20%；共完成竣工产值6785.54亿元，占全省竣工产值的89.60%。产值1亿～10亿元企业2344家、10亿～50亿元企业218家、50亿～100亿元企业44家。产值超百亿元企业有12家，成都建工集团产值首次突破千亿元。截至2021年年底，全省特级施工总承包企业达到30家，其中双特企业3家、三特企业3家。特级资质数量达到40项。新增一级施工总承包企业31家，达到844家。总承包一级资质1194项。二级施工总承包企业3821家，一级施工专业承包企业1534家。另有监理企业1037家（含综合甲级49家、专业甲级222家）、勘察企业1302家（含综合甲级17家、专业甲级68家）、设计企业3682家（含综合甲级5家、行业甲级54家、专业甲级187家、专项甲级137家）、工程质量检测机构486家。2021年，四川建筑业企业省外完成产值3632.20亿元，同比增长26.40%，占总产值的20.90%，外向度较2020年提高2.50个百分点，比全国平均值34.40%低13.40个百分点，差距较2020年度缩小2.60个百分点。外向度自2017年以来首次突破20%。分市（州）看，攀枝花市（42.20%）、泸州市（35.50%）和成都市（32.70%）外向度较高，另有绵阳市（18%）、广安市（16.70%）、德阳市（16.10%）和自贡市（11.20%），其余市（州）外向度低于10%。分资质看，施工总承包资质企业省外完成产值3323亿元，占全部省外产值的91.50%，其中特级企业省外完成产值1135亿元，同比增长39.90%，高出各市州平均值13.50个百分点。全年四川境外承包工程完成营业额64.70亿美元，同比增长25%；境外承包工程新签合同额90.40亿美元，同比增长45%。

【建造方式改革】印发《提升装配式建筑发展质量五年行动方案》，启动实施装配式建筑质量提升五年行动。发布年度装配式建筑示范项目22项。组织召开川渝装配式建筑发展论坛暨装配式建筑项目观摩会。开展全省装配式建筑产业基地申报和评审工作，7家企业通过评审。全省共建成装配式建筑产业基地39个，年生产能力580余万立方米；四川华西集团等12家企业被评为全国装配式建筑示范基地。新开工装配式建筑5600万平方米，排名全国第三位，占新建建筑的31%，比2020年度提高9个百分点。成都市新开工装配式建筑4286万平方米，占新建建筑的63.50%；乐山市新开工装配式建筑506万平方米，占新建建筑的30.30%。联合省发展改革委等12个部门印发《关于推进智能建造与建筑工业化协同发展的实施意见》。印发《四川省建筑产业互联网建设指南》。4项做法和经验成功入选住房和城乡建设部《智能建造与新型工业化协同发展可复制经验做法清单》，在全国推广；11个案例入选住房和城乡建设部《智能建造新技术新产品创新服务典型案例清单（第一批）》，数量排名全国第四位。印发《关于进一步加强全省房屋建筑和市政基础设施工程总承包监督管理的通知》，强化工程总承包项目监管。草拟完成《四川省房屋建筑和市政基础设施项目工程总承包合同计价指导意见（征求意见稿）》。加强对125个省级工程总承包示范项目跟踪督导，推进试点示范工作，加快工程总承包专业人才培育，培育工程总承包骨干企业。

【技术创新推广】全年共立项编制标准62项（含修编3项）、标准设计2项，其中装配式建筑方面8项、强化安全生产管理方面3项、技术创新方面20项、行业精细化管理方面28项和建筑节能环保方面5项。评审通过《四川省碲化镉发电玻璃建筑一体化系统应用技术标准》《四川省预成孔植桩技术标准》等35项；发布《四川省住宅设计标准》《四川省微晶发泡陶瓷保温装饰一体板系统技术标准》等28项；印发《四川省方舱式集中收治临时医院技术导则》等3项应急医疗设施建设技术导则。加强川渝地区建筑市场一体化建设，制定出台《川渝两地工程建设地方标准互认管理办法》。全年共受理省级工法申请1844项，评审通过521项，通过率28.30%。鼓励企业申报“四川省建筑业新技术应用示范工程”，全年共评审立项四川省建筑业新技术应用示范项目69项，完成成果验收66项。依托首届川渝住房城乡建设博览会促进BIM技术交流和应用，制定省本级城市信息模型（CIM）平台建设目标、建设内容与技术方案，积极推进CIM平台建设。

【建筑人才培养】全年共办理人员执业资格注册事项审查49.49万件，发放注册证书29.46万本，注册人员较2020年增加3.04万人。全省现有一级注册建造师3.90万人、二级注册建造师21.86万人和注册建筑师0.40万人、注册勘察设计工程师1.12万人、注册监理工程师2.19万人、注册造价工程师2.24万人。开展建筑工人职业培训10.30万人次，发放培训合格证书9.99万本；开展施工现场专业人员职业培训7.32万人次，发放培训合格证书6.24万本。组织建筑施工企业“安管人员”和“特种作业人员”统一考试4次，报名参加考试23.42万人次，考试合格18.05万人。联合人力资源社会保障厅印发《四川省加快培育新时代建筑产业工人队伍的实施方案》，提升“川建工”品牌劳务影响力，全省组织开展建筑工人培训10.30万人次，培训考核合格9.99万人次。“岳池输变电工”“川筑劳务”“富顺建工”“华蓥建工”“川科发建工”五个品牌入选四川首批“川字号”特色劳务品牌。召开全省培育新时代建筑产业工人队伍推进会，推进建筑产业工人培育基地建设。

【建筑市场管理】推进《四川省房屋建筑和市政工程标准招标文件（2021年版）》实施，全省已基本完成新版电子招标文件上线运行，实现电子招标、投标。修订《四川省工程建设项目招标代理操作规程》，引导招标代理机构提升服务能力水平，制定《四川省工程建设项目招标代理机构信用记录管理办法（试行）》，推动招标代理行业信用体系建设。启动工程建设项目招标代理行业规范管理专项行动，全省招标代理机构主动自查、自纠2052家，主管部门录入不良行为记录48条。全省项目检查和信访举报问题线索370条，移送公安、纪检部门调查处理29条，63件受行政处罚，77件作不良行为记录扣分，曝光典型案件101个。《2020年四川省建设工程工程量清单计价定额》（共计14个专业、18个分册）出版发行，4月1日起在全省贯彻执行。印发《四川省房屋建筑和市政工程工程量清单招标投标报价评审办法》，制定《四川省住房和城乡建设厅关于建设工程合同中价格风险约定和价格调整的指导意见》。完成招标控制价网上备案809条，工程竣工结算网上备案1969条。办理《施工企业规费计取标准》证书共2846家。在“四川省工程造价监管与信用一体化工作平台”共收集备案业绩13万余条。发布材料信息价格32万余条。全年处理信访共170余件，计价依据解释、造价争议调解共2000余件。完成了省政务服务一体化平台、“互联网＋监管”平台中涉及造价工作事项的梳理和完善，印发《四川省住房城乡建设厅关于开展2021年度工程造价咨询企业“双随机”检查工作的通知》，并组织完成了2021年度工程造价咨询企业“双随机”检查工作。持续完善建筑工人实名制管理制度，严格对企业、项目实名制认证录入、管理，强化实名制考勤，农民工工资保障工作顺利通过国务院考核并得到A级评价。组织开展根治欠薪攻坚行动，加大“恶意欠薪”“违法讨薪”企业信用惩戒。加强房地产业涉险项目重点监控，积极处置“问题楼盘”欠薪案件。全省住房城乡建设系统受理解决欠薪投诉举报线索800余件

(条)，为1.40万名农民工解决欠薪3.10亿元，有力维护了建筑农民工合法权益。开发平台手机APP客户端，加强对“走出去”企业指导、服务和信息交流，累计发布工程招标、劳务用工信息1.30万余条。在北京举办“携手京津冀·唱响川建工”大型推介会，促成签订施工项目51个，合同额7.80亿元。推动出川企业以质量品牌拓市场、树形象，将省外承建项目纳入“天府杯”“省结构优质工程”参评范围。充分发挥建筑业发展中心驻外分中心沟通协调作用，组织开展务工人员工资结算支付隐患排查及“送安全到工地”活动500余次，先后为企业解决300余件急、难、愁、盼问题。制定《四川省建筑领域营商环境专项治理工作方案》，清理住房城乡建设领域涉及违反公平竞争原则、不合理限制或者排斥、妨碍建立统一开放竞争市场的规范性文件、标准招标文件及其他政策文件242个，其中废止39个、修订20个。编制《四川省2021年建筑工地扬尘专项整治行动方案》并由省政府统一印发实施，首次提出联合交通、水利、铁路、民航等主管部门，开展建筑施工扬尘综合整治，推进各行业建筑施工扬尘防控，形成工作合力。制定《四川省建筑市场“三包一挂”专项整治两年行动工作方案》，启动实施建筑市场“三包、一挂”专项整治，累计排查项目17783个次，查处违法、违规项目1007个，涉及企业1097家。组织开展2021年度建筑业企业“双随机”检查和资质动态核查，依法注销598家“空壳”企业资质，对2195家建筑业企业下发责令限期整改通知书。开展2021年度注册建造师执业资格“双随机”检查，对4530名检查不合格建造师限制执业。全面开展补录业绩核查，共核查业绩65170条，其中虚假业绩17436条、存疑业绩22580条，报请住建部删除11373条。

建筑节能与科技

【科技创新】组建以厅主要领导为组长的住房城乡建设领域创新领导小组，统筹谋划行业科技创新工作。会同省科学技术厅印发《关于推动住房城乡建设领域科技创新工作的指导意见》，印发《关于征集住房城乡建设领域科技创新课题的通知》，收集到各类课题83份。聚焦城乡建设绿色发展方向，邀请行业院士、专家，组织召开四川省住房城乡建设领域科技创新大讲堂。

【获奖与科技计划】全年全省住房城乡建设行业共申报科学技术进步奖项目40个，获奖项目13个，其中一等奖2个、二等奖4个、三等奖7个。通过住房城乡建设部科技计划立项项目21个，申报科技厅科技计划项目13个；申报省级行业重点实验室3个、工程技术研究中心12个。

【绿色建筑(社区)创建】印发《四川省绿色建筑创建行动方案》《四川省绿色社区创建行动实施方案》，加强绿色建筑全过程管理，完善建筑节能和绿色建筑专项验收制度，城镇民用建筑全面执行绿色建筑标准，全省城镇绿色建筑发展加速推进。为确保创建工作落实到位，指导各市(州)结合地方实际编制完成绿色建筑创建行动实施计划。

【绿色建筑评价】启动《四川省绿色建筑评价标准》修订工作，完成《四川省绿色建筑标识管理实施细则》合法性审查，并通过厅长办公会审议。推动全省城镇新建民用建筑全面执行绿色建筑评价标准，鼓励高星级绿色建筑发展，不断提升星级绿色建筑比例，绿色建筑占新建建筑的比例为68%。

【碳达峰行动】编制《四川省城乡建设领域碳达峰行动方案》，扎实开展城乡建设碳达峰行动，启动城乡建设领域碳排放现状、达峰目标、实施路径和保障措施研究。

【建筑垃圾资源化利用】印发《关于加强城市建筑垃圾管理与资源化利用的指导意见》，明确建筑垃圾排放量和资源化利用“双控”管理目标，建立建筑垃圾季调度机制，推动建筑垃圾减量化、资源化利用和行业循环经济发展。

人事教育

【干部监管体系建设】制定《住房城乡建设厅请假制度》《住房城乡建设厅日常考核办法》。实行个人事项报告“三到位”。随机抽查和重点查核60人，一致率达到90%。制定人事档案专项审核工作方案，把档案审核范围扩大到事业单位全体干部。组建档案审核工作专班，审核干部人事档案294份，收集补充档案资料4200余份；对50名干部的“三龄、两历”进行了认定；对256份离、退休干部档案进行电子化扫描，实现人事档案审核和电子化全覆盖。

【选人用人体系建设】出台《四川省住房和城乡建设厅处级领导干部选拔任用办法》。形成《住房城乡建设厅处级干部情况分析报告》，综合分析处室局(单位)干部培养情况。全年全厅提拔领导职务干部10名，轮岗干部10名(其中高风险岗位1名)，向市州推荐副厅级干部1名，向省委组织部推荐职级晋升干部3名，晋升职级干部46名。积极与省委组织部、人力资源社会保障厅沟通，开展急需紧缺专业人才选调、事业单位公招，并创新面向全省行政机关、事业单位考调工作人员。全年招录干部55人、接收军转干部4名。选派多名干部参加省委党校、干部学校专题培训。选派45名干部参加挂职、下派，其中1人到住房和城乡建设部学习、8人对口帮扶3州、3人对口帮扶得荣县，组建30名凉山州乡村振兴工作专班，互派成渝双城经济圈干部1名。坚持开展“三个一批”干部培训，举办凉山州脱贫攻坚综合帮扶住房城乡建设工作队总结培训班及住房城乡建设系统帮扶两周工作队动员培训班，召开“八一”军转干部座谈会（30多名干部在会上进行经验交流）。多名干部在防疫抗疫、乡村振兴、招商引资、食品安全等各项工作中获国家和省级部门表彰奖励，其中1名同志获得全国脱贫攻坚先进个人，2名同志获得省级脱贫攻坚表彰。

【机构职能体系建设】 作为四川省深化事业单位改革试点单位，将原来的30家事业单位减为13家。加快推进省政府投资非经营性项目代建中心职能划转。制定《住房城乡建设厅事业单位改革后续工作方案》，指导完成事业单位职能职责和权限清单制定、清产核资、法人注销工作，完成注销16家事业单位，占比94%。指导四川建筑职业学院完成绩效试点改革工作方案。进一步梳理明确各处室局职能、职责，制定全厅“小三定”方案，已报经厅党组会审议通过。

【人才培训体系建设】 新入选第十三批四川省学术和技术带头人1名，申报入选2021年“天府学者”特聘专家1名（全省共40名）。完善行业职业资格考试、注册管理制度，继续提高全省二级建造师考试合格标准。持续推进行业职业资格成渝互认，基本商定二级造价工程师注册实行成渝互认。成功举行四川省首次二级造价工程师职业资格考试，报考人数超5万人，并联合人力资源社会保障厅等3个部门确定了考试合格标准。联合自然资源厅做好房地产估价师考试报名工作。出台《关于全面开展住房和城乡建设领域施工现场专业人员职业培训工作的通知》，首批遴选发布53家施工现场专业人员职业培训机构，全省累计培训测试合格8万人次。基本建成施工现场专业人员职业培训管理平台，实现与部管理平台对接。加快研究制定全省施工现场专业人员继续教育工作方案，报请住房城乡建设部延长原有证书换发截止时间。厅主办的2项技能竞赛全部列为四川技能大赛。主办的技能大赛项目一等奖6人被认定为“四川省技术能手”。联合人力资源社会保障厅研究住房城乡建设领域职业技能提升政策措施，指导四川建筑职业学院研究制定未纳入国家职业标准的其他工种职业标准。出台燃气经营企业从业人员培训考核管理办法，确保城镇燃气安全生产。完成2020年度建设工程职称申报，受理1100余人，评审通过800余人。加强职称申报评审信息化建设，实现职称申报、评审全程网上操作办理，年度职称申报受理1298人。落实成渝地区建设工程职称互认政策，减少人才重复评价。深化全省建筑企业资质审批突出问题系统治理，持续建设完善全省建设工程职称评审信息查询系统，新录入2015—2019年建设工程职称信息3.07万条，累计录入建设工程职称信息达到5万条，将2012年以来住房城乡建设部门评审通过的建设工程专业技术职务任职资格人员纳入信息系统管理，实现网上查询。出台《关于支持四川建筑职业技术学院高质量发展的意见》，会同德阳市人民政府签署战略协议，全力支持四川建筑职业技术学院升本入规。不断优化川渝建设职业教育联盟理事会成员结构，吸纳成员单位100余家。

大事记

1月

14日　召开全省住房城乡建设工作会议。

22日　召开四川省房屋建筑和人员聚集场所安全风险及火灾隐患排查整治工作推进视频会。

2月

7日　印发《四川省工程建设项目招标代理机构信用记录管理办法（试行）》。

10日　印发《四川省建设工程消防设计审查验收工作实施细则（试行）》和《四川省特殊建设工程特殊消防设计专家评审管理规定（试行）》。

3月

18—19日　召开川欧生态住房城乡建设专题研讨会和首届川渝住房城乡建设博览会筹备工作会议。

22日　与省发展改革委联合印发《四川省房屋建筑和市政工程工程量清单招标投标报价评审办法》。

23日　印发《关于推行公租房申请证明事项告知承诺制简化审核手续的指导意见》。

4月

9日　印发《四川省结构优质工程评审办法》《四川省安全生产文明施工标准化工地考核办法》。

23日　组织召开深化全省建筑企业资质审批突出问题系统治理动员部署电视电话会议。

同日　“点亮幸福美好生活——成都市物业行业党建示范建设启动仪式”（四川省首个物业行业党建示范建设项目）在成都市举行。

26 日　印发《关于深化房屋建筑和市政工程招投标领域突出问题系统治理工作的通知》。

29 日　召开《四川省"十四五"住房城乡建设事业规划纲要》专家论证会。

5 月

13 日　川渝住房保障一体化发展 2021 年第一次联席会暨毗邻地区住房保障工作联席会议在达州市大竹县召开。

19 日　召开四川省房屋建筑和人员聚集场所安全风险排查整治工作推进视频会。

25 日　由四川省政府驻京办、住房城乡建设厅联合主办的"四川建筑企业走进京津冀（雄安）展示推介会"在北京召开。

27 日　住房城乡建设部副部长黄艳到川调研成都市公园城市建设、城市更新、老旧小区改造、城市体检等工作。

6 月

1 日　印发《四川省特殊建设工程消防验收现场评定工作规则（试行）》。

2 日　由四川省委组织部、住房城乡建设厅主办，全国市长研修学院、四川建筑职业技术学院承办的四川省城市更新专题研讨班在成都市举行开班仪式。

4 日　深化全省建筑企业资质审批突出问题系统治理警示教育电视电话会议召开。

18 日　召开全省住房城乡建设领域生态环境突出问题整改工作推进电视电话会议。

23—25 日　首届川渝住房城乡建设博览会在成都市世纪城新国际会展中心开幕。四川省政府副省长曹立军、重庆市人大常委会副主任陈元春、住房城乡建设部总工程师李如生出席开幕式并致辞。

29 日　印发《四川省建筑垃圾减量化和资源化指导手册（试行）》。

7 月

5 日　会省同发展改革委和科技、经济信息化厅等 13 个单位联合印发《关于推动智能建造与建筑工业化协同发展的实施意见》。

6 日　住房城乡建设厅党组书记、厅长何树平主持召开四川省"十四五"住房城乡建设事业规划编制工作领导小组全体会议。

7 日　全国建设工程消防设计审查验收政策宣传贯彻及能力建设培训班（第一期）开班仪式在成都举行。

15 日　召开"一网通办"能力巩固提升专项工作推进会，贯彻落实全省推进"一网通办"前提下的"最多跑一次"改革电视电话会议精神，宣布成立厅"一网通办"专项工作领导小组。

8 月

12 日　全省城市建设管理工作暨第二轮中央环境保护督察迎检工作视频会议召开。

19 日　召开全省住房城乡建设系统自然灾害综合风险普查工作视频会议召开。

30 日　印发《四川省"智慧工地"建设工作方案》。

9 月

7 日　召开深化全省建筑企业资质审批突出问题系统治理推进工作电视电话会。

16 日　四川省泸州市泸县 6.0 级地震发生后，住房城乡建设厅党组书记、厅长何树平立即召集厅抗震救灾指挥部全体会议，迅速启动地震二级应急响应，安排部署应急处置工作。

27 日　在成都召开以"绿色共建·智能创新"为主题的 2021 年四川省建设工程"质量月"活动现场观摩会。

29 日　四川省第十三届人民代表大会常务委员会第三十次会议通过《四川物业管理条例》。

10 月

11 日　会同省科技厅印发《关于推动住房城乡建设领域科技创新工作的指导意见》。

14 日　四川省做大做强中心镇现场推进会在宜宾市召开。副省长曹立军出席会议并讲话。

19 日　印发《四川省建设工程质量检测机构及检测人员信用管理办法》。

11 月

18 日　召开重点城市发展保障性租赁住房视频会，通报全省保障性租赁住房发展进展情况，明确重点城市要率先开展示范工作。

30 日　与重庆市住房城乡建设委员会联合印发《川渝两地工程建设地方标准互认管理办法》。

12 月

22 日　举行成都、绵阳市双向协同推动住房公积金一体化发展合作协议签约仪式。

30 日　印发《四川省住房城乡建设系统法治宣传教育第八个五年规划（2021—2025 年）》。

31 日　会同省自然资源厅、省农业农村厅印发《四川省"十四五"城乡人居环境规划》。

（四川省住房和城乡建设厅）

贵 州 省

住房和城乡建设工作概况

2021年，贵州省认真贯彻落实全省推进新型城镇化暨“强省会”工作大会精神，印发《贵州省城市更新行动实施方案》及城镇棚户区改造、老旧小区改造、背街小巷改造、地下管网建设改造四个子方案和城市更新行动工作指南、规划编制导则，“1＋4＋2”政策体系基本构建完成。

制定《贵州省农村住房安全保障动态监测管理实施细则》，印发《宜居农房建设试点工作方案》，争取省级财政资金2.65亿元，支持农村生活垃圾收运体系建设和运营。全省累计建成1096座乡镇生活垃圾转运站，农村生活垃圾收运处置体系行政村覆盖率达100%，基本建成垃圾收转运处置体系。

印发《关于加快发展保障性租赁住房的实施意见》，强化规划引领，制定保障性租赁住房建设规划，“十四五”期间全省规划建设12.5万套。坚持市场运作，利用存量闲置用房、商品房配建、园区厂房改造等方式筹集保障性租赁住房。

加强生活垃圾分类，成立以省政府主要领导为组长的贵州省生活垃圾分类工作领导小组。印发实施《关于进一步推进全省城市生活垃圾分类工作方案》。启动县级城市建成区黑臭水体排查整治工作，进一步摸清县级市建成区黑臭水体底数，督促相关城市加快编制实施整治方案。深入学习中央和国家部委有关文件精神，多次与相关领域专家座谈，研究住建领域碳达峰碳中和目标以及下步工作方向，目前已启动《贵州省城乡建设领域碳达峰实施方案》编制工作。

深入推进“六网会战”地下管网建设专项行动，全年建成地下管网3500公里。编制实施《贵州省城市内涝治理实施方案》，谋划启动省级系统化全域推进海绵城市建设示范相关工作。深化城市管理执法体制改革，完成城市综合管理服务平台基础搭建和数据采集基础组件建设。加强城市户外广告设施、建筑垃圾消纳场安全管理，全面启动市容环境整治专项行动，开展城市窨井盖安全治理专项行动，开展人行道净化专项整治行动。

2021年完成建筑业总产值4578亿元，增速12.2%，争取国家级资质审批试点政策。落实建设单位工程质量首要责任，狠抓预拌混凝土质量提升。扎实推进安全生产专项整治三年行动，认真开展建筑起重机械安全等专项整治。

坚持将党建工作与业务工作同安排、同部署、同推进、同考核，扎实开展好党史学习教育，组织干部职工深入学习贯彻习近平总书记视察贵州重要讲话精神。深入推进全面从严治党向纵深发展，各级领导干部有针对性地开展个别谈话，及时有效防范化解各类隐患苗头。全盘谋划干部队伍建设，注重选拔干部年龄和知识结构的合理性，努力打造高素质专业化干部队伍。扎实推进行业重点人才倍增计划行动，进一步壮大住建行业专业技术人才队伍。

法规建设

【严格执行重大行政决策程序】修订《贵州省住房和城乡建设厅重大决策程序规定》。印发《贵州省住房和城乡建设厅推进公职律师发展工作方案》，从公职律师的主要职责、申请和审核程序、权利义务、日常管理等方面作出具体规定。

【提高制度建设质量】对《贵州省优化营商环境条例》等45项立法项目草案进行研究并提出专业立法建议。对《省人民政府关于印发贵州省传统村落高质量发展五年行动计划（2021—2025年）的通知》《省人民政府办公厅关于印发贵州省城市更新行动实施方案的通知》《贵州省住房和城乡建设厅关于落实建设单位工程质量首要责任的实施意见》等13件规范性文件进行前置合法性审核。落实规范性文件备案审查制度，报备率、及时率、合格率均为100%。

【依法全面履行政府职能】制定发布《贵州省工程建设行政处罚裁量基准》，明确工程建设处罚事项、处罚依据、处罚标准等。组织开展行政执法案卷评查。开展落实行政执法“三项制度”情况专项监督。推进“双随机、一公开”监管全覆盖。2021年，全省住建系统184家单位共派出执法人员8167人次，对11947家监管对象进行了“双随机、一公开”抽查。

【落实普法责任制】印发《贵州省住房和城乡建设系统法治宣传教育第八个五年规划（2021—2025年)》。组织厅机关各处室（单位）主要负责人开展平时学法测试，坚持抓住“关键少数”以考促学、以学促用。组织全厅干部职工参加2021年度全省国家工作人员统一在线学法考试，平均成绩在全省84家省直单位中名列第一，被评为贵州省普法工作先进单位。

城市更新

【老旧小区改造】全省2021年度计划改造761个城镇老旧小区，涉及16.83万户。截至12月底，实际开工766个项目，涉及17.04万户，累计完成投资约32.42亿元。争取中央各类补助资金19.81亿元，省级安排资金1.36亿元，发行地方政府专项债8.52亿元，争取新型城镇化发展基金5.95亿元。

印发《关于全面推进城镇老旧小区改造工作的实施方案》《贵州省城镇老旧小区改造工作三年行动计划（2021－2023）年》《关于做好全省2021年城镇老旧小区改造有关事宜的通知》等文件指导各地城镇老旧小区改造。会同省体育局出台《关于申报社区健身路径或3人制篮球场项目的通知》，会同省通信管理局出台《贵州省推进城镇老旧小区通信基础设施改造助力新型城镇化实施方案》。

依托“贵州省城镇老旧小区管理系统”，指导各地完善数据台账，实行网上年度计划申报和改造项目情况监管。召开全省城镇老旧小区改造调度会，开展城镇老旧小区业务培训，结合月报制度赴各地开展项目实地督导。

会同省发展改革委、省财政厅召开2021年度城镇老旧小区改造情况新闻发布会，详细介绍了全省老旧小区改造工作取得的成效。

【背街小巷改造】制作摸底调查表格，先后两次对全省背街小巷数量、情况进行摸底。在摸清底数的基础上，及时下达我省2021年1250条背街小巷改造计划。研究起草《贵州省城镇背街小巷改造实施方案》，建成“贵州省背街小巷改造业务管理平台”，已全省试运行。争取背街小巷资金资金5.76亿，指导各地积极申报专项债，全省5个背街小巷改造项目申请专项债、2个背街小巷改造项目均打包进入城市更新项目申请城镇化基金。组织召开全省背街小巷改造现场观摩和推进会、贵州省背街小巷改造业务管理系统培训会，在黔南、黔西南州开展专题培训。对全省9个市（州）进行调研督导，发布《关于进一步加强背街小巷改造管理工作的通知》，明确全过程管理要求。全省完成背街小巷改造1273条，占年度目标任务的101.84%；累计完成投资8.63亿元，占年度目标任务的143.83%。

【棚户区改造】建立“双签字”制度。县级层面由县委书记、县长签字，市级层面由政府市长、副市长签字，明确年度计划，严格落实一项目一专班一方案，已制定655个项目实施方案。

印发《关于建立城镇棚户区改造动态管理制度的通知》，目前，通过动态调整，优化改造布局52个项目，优化改造方式156个项目。印发《关于推动高质量发展对在棚户区改造中真抓实干成效明显地方加大激励支持力度的实施办法》，将棚户区改造工作纳入新型城镇化高质量发展考核指标，以及市县高质量发展绩效考核指标进行监测。印发《关于建立城镇棚户区改造预警制度的通知》。省级启动3个红色预警、6个市州对20个县级政府启动了黄色预警；23个县区对130个项目责任单位启动了蓝色预警。采取全覆盖核查的方式，对8个县区262个棚改项目进行实地核查，采取随机抽查的方式，对6个县区85个棚改项目进行实地核查，对发现的问题全省通报，并抄送市州党委和政府主要负责人。对各地棚改任务开工率、存量棚改任务完成率、审计问题整改进度、各类信访办结进度、未开工和停工棚改项目情况等实行一月一通报，并按完成情况分项对市（州）进行排名，督促各地加快推进项目进度。2021年共争取棚改专项债项目87个、债券资金111.75亿元，覆盖9个市州48个县区。协调国开行省分行采取PPP市场化方式，对断贷棚改项目进行打捆融资转型。已完成26个棚改项目贷款转型，已发放20.75亿元。协调农发行省分行通过市场化方式，对116个断贷棚改项目进行融资转型，已发放73.4亿元。积极向社会企业推介优质项目，引入社会资本直接实施棚改项目16个，涉及棚改安置总投资约25亿元。引入社会资本与地方平台合作，盘活存量棚改项目45个，涉及棚改安置部分总投资约78亿元。新型城镇化投资基金重点支持棚改项目，已投决通过10个棚改项目，获批基金34.75亿元，涉及棚户区改造6341套（户），已投放22.29亿元。

住房保障

【城镇保障性安居工程建设】2021年，印发《关于加快发展保障性租赁住房的实施意见》，全面启动以贵阳市为重点的保障性租赁住房建设工作。会同省相关部门印发《关于切实做好易地扶贫搬迁人口新增住房需求保障工作的实施意见》《关于建立城镇棚户区改造预警制度的通知》《关于建立全省城镇棚户区改造项目动态管理制度的通知》《关于推动高质量发展对在棚户区改造中真抓实干成效明显地方加大激励支持力度的实施办法》。2021年，全省共争取棚改专项债资金111.75亿元、争取新型城镇化基金34.75亿元。全省开工复工棚户区改造43万套（户），完成改造9万套（户），新开工公共租赁住房2736套、保障性租赁住房3452套（间），发放租赁补贴4.73万户，完成投资360亿元。

【开展农村房屋安全排查整治工作】全省共排查农村房屋581.1万栋，基本完成全省农村房屋排查工作，鉴定为危房6362栋，已整治6065栋，整治率95.3%。扎实推进农房安全信息采集助手新增模块排查录入工作。自"在建房屋""灾损上报""乡村建设工匠"模块开通以来，采取不定期调度方式，督促各地加快录入进度。8月以来，共排查录入在建房屋2466栋，灾损上报206条，农村建筑工匠4205名。督促各地针对在建房屋修建完成后要及时补充完善房屋信息。对因灾受损房屋分类处置，符合农村危房改造条件的要纳入危房改造，及时消除安全隐患，守牢农村房屋安全底线。印发《关于进一步做好农村房屋安全隐患排查整治工作的通知》，开展农村房屋抽检复核工作，全省共抽查农房213995栋，发现问题农房257栋，全部完成整改。

房地产市场监管

【房地产开发】2021年，贵州省房地产开发完成投资3383.06亿元，比上年下降1%，其中，住宅开发投资比上年增长2.0%，办公楼开发投资比上年下降45.8%。商业营业用房开发投资比上年下降13.3%。房屋施工面积28749.89万平方米，比上年增长6.8%。房屋竣工面积916.35万平方米，比上年增长6.3%。商品房销售面积5585.99万平方米，比上年增长0.6%。商品房销售额3243.93亿元，比上年增长0.6%。

【房地产市场调控】印发《贵州省"十四五"住房发展规划》《关于做好全省房地产领域重大风险隐患防范化解工作的通知》，从加强商品房销售监管、规范商品房交付行为、规范物业服务行为、加强房地产中介管理、强化国有土地上房屋征收监管、做好"问题楼盘"化解处置工作等方面提出工作要求和意见。要求各市、县（市、区、特区）切实承担起房地产调控和防范房地产风险的主体责任，按照因城施策、一城一策的原则，把稳地价、稳房价、稳预期责任落到实处。印发《关于加快推进成品住宅建设有关工作的通知》，对成品住宅建设工作推进做进一步安排部署。

【物业服务与市场监管】积极组织相关城市参加住房和城乡建设部举办的"加强物业管理，共建美好家园"活动，并成功推荐贵阳市中天星园、兴隆·誉峰小区和六盘水市113地质队家属区获得2021年"美好家园"称号。会同贵州省物业管理协会等单位举办贵州省物业管理行业"最美物业人""红色物业"选树宣传活动。认真组织开展"加大物业服务收费信息公开力度，让群众明明白白消费"行动，加强物业服务公开透明度效。截至2021年年底，贵州省实施专业化物业服务的住宅项目为4226个，公示物业服务收费信息的住宅项目3518个，未公示物业服务收费信息的住宅项目708个，新增公示物业服务收费信息的住宅项目786个，查处的未公示物业服务收费信息的住宅项目135个，开展检查和执法行动1615次，出动检查和执法人员2903人次，处罚物业服务企业18家，受理群众投诉举报659件。

建筑市场监管

【建筑市场招标投标监管】强化招标投标环节监管，加大招标投标事中事后查处力度，严厉打击串通投标、弄虚作假等违法违规行为，对问题易发多发环节以及发生过违法违规行为的主体，采取增加抽查频次、开展专项检查等方式进行重点监管。制定出台《工程建设领域常态化整治工作实施方案》，加大投诉举报查处力度。会同省相关部门，发挥公共资源交易监督平台作用，畅通招标投标异议、投诉在线受理渠道，指导督促招标人依法及时答复接收的异议。

【建筑市场勘察设计监管】印发《贵州省勘察设计行业发展"十四五"规划》，扎实推进勘察设计企业甲级资质审批权限下放试点，完成工程勘察企业甲级审批6家。全力做好省外入黔设计企业登记，完成省外入黔设计企业登记174家、勘察企业39家。

【建筑市场安全监管】扎实推进安全生产专项整治三年行动，认真开展建筑起重机械安全等专项整治。2021年，全省各级住房城乡建设主管部门检查项目17867个次，排查一般安全隐患74906条，重大安全隐患33条，对在建项目要求限期整改7122个次，停工整改1102个次，实施行政处罚607起，处以罚款2737.57万元。会同有关部门加大事故处罚，分别对今年以来发生事故的贵阳市、遵义市主管部门及相关事故责任单位进行了严肃约谈和通报。

【建筑企业资质审查审批】争取国家级资质审批

试点政策。扶持新增建筑业特级资质企业 2 家、一级资质企业 28 家，二级资质企业 200 余家。新增勘察设计甲级资质企业 9 家、监理甲级资质企业 3 家。

【"两拖欠"清理】 扎实开展清理"两欠"行动，顺利完成三阶段目标任务，全省 31693 个项目已偿还工程款 1141.7 亿元。其中，全省房屋市政领域已偿还 525.55 亿元，占比 46%，涉及政府性项目拖欠工程款问题已全部制定偿还方案。配合牵头部门共清欠 1112 个项目 56485 名农民工工资 152551.12 万元，有力维护企业及务工人员合法权益。省住建厅建筑业管理处作为全国根治拖欠薪农民工工资工作先进集体向国家推荐。

城市建设

【概况】 2021 年，全省城市（县城）市政基础设施不断完善，"六网"会战地下管网建设行动深入推进，城市（县城）生活污水垃圾治理取得积极进展，市政道路和无障碍人行设施建设加快推进，全省城市（县城）完成新型城镇化城建投资 1573.53 亿元。

【地下管网建设专项行动】 截至 2021 年年底，全省城市（县城）累计新增地下管网 3500 公里，超额完成年度目标任务。地下管网建设年度完成投资约 104.9 亿元。稳步推进城市地下综合管廊建设，制定印发《贵州省城市地下综合管廊管理办法（暂行）》。

【城市社会公共停车场建设】 截至 2021 年年底，全省累计建成城市社会公共停车位 4.05 万个，占年度目标任务的 135%。

【城市（县城）污水收集处理】 积极推进城市污水处理提质增效，会同省财政厅督促各地梳理排查污水处理服务费拖欠情况并制定还款计划。组织对城市（县城）生活污水处理厂运营情况开展第三方评估，争取到中央城市管网及污水处理补助资金 3.01 亿元。全年城市（县城）累计新建污水收集管网 1044.5 公里，超额完成年度目标任务。

【城市（县城）生活垃圾收运处置】 组织开展"百日会战"专项行动，强力推进问题整改。邀请国内知名专家组织召开全省城市生活垃圾处理设施建设及运营管理视频培训会，召开生活垃圾处理设施运行问题整改工作提醒谈话会。在安顺市开展生活垃圾分类"广州模式"移植试点。印发实施《进一步推进全省地级以上城市生活垃圾分类工作方案》，全省新增生活垃圾处理规模 5100 吨/日。

【市政道路建设管理】 加快推进全省城市（县城）市政道路建设改造，2021 年全省城市（县城）新增市政道路 431.03 公里。督促各地认真做好城市道路（桥梁、隧道）安全隐患排查整治和护栏升级改造，组织召开城市道路交通安全整治工作专题会。加快推进无障碍人行通道、人行天桥、人行地下通道建设组织开展"断头路，瓶颈路"摸排整治工作。

【园林绿化】 编制完成《贵州省小微公园设计与建设管理标准》《贵州省城镇园林绿化工程施工及验收规范》《贵州省城镇园林绿化管护规范》。全省建成区绿地率 36.82%，人均公园绿地面积 15.61 平方米。2021 年全省有 8 个市（县、镇）获贵州省人民政府批准为贵州省园林城市（县城、城镇）。2021 年全省新增公园绿地 359.01 公顷，改造公园绿地 163.58 公顷，新增城市绿道 151.99 公里，地级市（州府所在地）新增林荫路 117.30 公里。

村镇建设

【人居环境整治】 开展农村生活垃圾治理专项行动，截至年底，全省 1148 个乡镇已建成转运站 1096 座，49 个乡镇采取共建共享模式、23 个乡镇采取直收直运模式、2 个乡镇建有小型焚烧处理设施，全部乡镇均具备生活垃圾转运能力；配置农村生活垃圾收集点（桶、箱、斗）12 万个、垃圾清运车 5993 辆、乡镇转运车 1008 辆，全省农村生活垃圾收运处置体系行政村覆盖率已达到 100%，基本建成"村收集、镇转运、县处理"的收转运处置体系。印发《省住房城乡建设厅关于开展农村生活垃圾治理"回头看"的通知》，以县区自查，市州核查，省级抽查的方式对全省 2018 年和 2019 年采取整县推进方式实施农村生活垃圾收运体系建设的 60 个县（市、区）进行垃圾转运设施建设、运行和非正规生活垃圾堆放点的"回头看"工作。印发《关于进一步加强农村生活垃圾治理问题整改工作的通知》，明确整改目标、时限、措施和责任人。常态化开展督查调度。

2021 年，累计召开全省农村生活垃圾治理工作业务科长视频调度会 4 次，开展暗访、调研共计 12 次，涉及 65 个县（市、区），对农村生活垃圾治理重点目标任务、转运站建设、省级下达资金使用情况、示范点培育建设、行政村设施配备等工作进行统筹调度并全省通报。

【传统村落保护】 组织编制《贵州传统村落保护改造指引之风貌篇》《贵州传统村落保护改造指引之共同缔造篇》技术图册，为传统村落风貌保护和传统民居改造提升提供技术支撑。印发实施《贵州省传统村落高质量发展五年行动计划（2021—2025 年）》，指导贵州省传统村落保护发展工作。公布荔波县等10个省级传统村落集中连片保护利用示范集聚区进行示范打造。

【小城镇建设】印发《省住房城乡建设厅等四部门关于整县推进乡镇生活污水处理设施及配套管网提升工程的通知》《关于开展全省乡镇生活污水处理设施建设运营“回头看”的通知》，编制《贵州省乡镇污水接户管及支管建设技术指南》，组织专家进行技术指导，实行月调度、月通报制度，2021年开展实地暗访10次，涉及14县50个乡镇，印发9期《关于全省乡镇生活污水治理工作情况通报》，并召开6次视频调度会，面对面、一对一调度9个市（州）工作进展情况。全省1148个乡镇，已有910个乡镇具备生活污水收集处理能力，建设处理规模84万吨/日，建成管网约7600公里。其中，833个镇已有832个镇建成，315个乡有78个乡建成生活污水处理设施。

人居环境建设

【概况】会同省农业农村厅、省发展改革委印发《贵州省“十四五”城乡人居环境建设规划》。与13家省直部门和单位建立了工作协同机制，统筹做好社区基础设施改造建设、城镇老旧小区改造、社区无障碍设施建设、社区配建足球场和体育设施、绿色社区创建、社区卫生整治、小区配建幼儿园、社区养老、十五分钟社区商业圈等各板块工作。

【城乡历史文化保护传承】组织省规划院开展省级城乡历史文化保护传承体系课题研究工作，加快推进保护规划编制审查报批工作。2021年完成6个保护规划批复，9个保护规划修改认定，12个保护规划省级审查，8个保护规划待修改完善后召开省级审查会。加快历史文化街区划定和历史建筑确定（“两定”）工作，历史文化街区已累计公布20片，且均已完成详表填写、信息平台填报，19片完成挂牌保护，6片完成保护规划批复。历史建筑累计公布1323处，较2020年底公布的1051处历史建筑新增272处，1323处历史建筑均已完成详表填写、信息平台填报，996处完成挂牌保护，457处完成测绘建档。

【城市体检评估】督导贵阳市、安顺市两个列入住房和城乡建设部2021年城市体检样本城市做好城市体检相关工作。截至年底，贵阳、安顺已完成2021年城市自体检报告、社会满意度调查报告和第三方城市体检报告。

住房公积金监管

【住房公积金运行】截至12月底，全省住房公积金缴存总额3428.20亿元，个人提取总额1987.78亿元，缴存余额1440.41亿元。累计向88.28万户职工家庭发放个人住房贷款2336.29亿元贷款余额1414.56亿元，个人住房贷款率98.21%。逾期贷款3476.58万元，逾期率0.246‰。试点项目贷款余额3122.00万元。1—12月，全省住房公积金共归集418.30亿元，比上年同期增长9.94%。个人提取283.53亿元，比上年同期增长12.75%。向6.04万户职工家庭发放个人住房贷款239.69亿元，比上年同期降低11.01%。

【住房公积金监管】督促各地及时召开管委会，对住房公积金重大事项、日常管理进行规范和决策。对各地住房公积金管委会会议资料进行了合规性审查，指导各市州住房公积金管理中心进一步加强住房公积金流动性风险管控工作。印发《关于进一步加强住房公积金流动性风险管控工作的通知》，指导各市州住房公积金管委会研究制定具体的政策措施，加强住房公积金流动性风险管控，保障资金安全。持续优化住房公积金数据平台，开展了职工缴存信息、贷款信息、个人信息清理和全国住房公积金小程序上线使用工作。督促指导各地建设住房公积金综合服务平台，全面提升住房公积金服务效率和服务水平。指导各市州住房公积金管理中心进一步加强政策宣传工作。印发《关于加强住房公积金政策宣传的通知》，指导各市州住房公积金管理中心加强政策宣传工作，制定工作方案，创新宣传方式，拓宽宣传渠道，不断提升住房公积金制度的知晓率、认可度。

城市管理监督

【城市运行管理服务平台建设】印发《贵州省住房和城乡建设厅关于全面加快建设城市运行管理服务平台的通知》，编制省级平台建设（改造）工作方案，指导各市编制市级平台建设方案。

【城市管理执法】印发《贵州省城市管理执法（综合行政执法）队伍“执法水平巩固提升”两年行动方案》《贵州省城市管理执法规范化建设指南》，开展城市管理执法相关工作培训，切实推进“强基础、转作风、树形象”专项行动不断深入。全省各级城市管理主管部门建立、完善各项管理制度、监督制度、协调机制718项，开展法律法规政策宣传1750次，签订“文明执法承诺书”14138份，聘请义务监督员1482人，发放并回收满意度调查问卷18036份。全年各地城市管理（综合行政执法）部门行政案件立案100386件，办结95105件。

【市容环境整治】印发《省住房城乡建设厅关于开展全省市容环境整治专项活动的通知》，制定工作方案，开展市容环境整治专项活动。印发《贵州省城市窨井盖安全治理专项行动工作方案》《关于进一步加强城市建筑垃圾治理工作方案》《关于进一步加强城市户外广告设施安全管理工作的通知》等文件，持续指导调度各地开展窨井盖整治、建筑垃圾治理、城市户外广告设施安全治理等相关工作。推进城市道路扬尘治理工作，提升城市建成区道路机械化清扫率，全省平均城市建成区道路机械化清扫率达92.42%。加强环卫系统应对冰冻雨雪天气等自然灾害的处置工作及疫情防控工作，建立完善相关预案，做好环卫工人疫苗接种组织动员及统计调度，保障疫情期间城市卫生安全。

标准定额

【概况】2021年，参与并完成全国《市政工程消耗量标准》第一册土石方工程和第十册拆除工程定额编制工作。全年发布《贵州省建设工程造价信息》共12期，开展磷石膏建材产品和预制装配式部品部件信息的发布工作。根据"双随机、一公开"工作要求，按照随机抽查、事项全覆盖的原则，抽取17家工程造价咨询企业行专项检查。开展工程造价咨询统计调查数据报送工作，242家企业参加统计报送。接待定额解释及工程计价咨询涉及建设项目551个，累计解答各专业问题1722个。

【绿色建筑与装配式建筑】印发《关于明确2021年全省建筑节能与科技领域相关工作安排计划的通知》，明确各市（州）住建局及贵安新区城乡建设局绿色建筑、装配式建筑年度计划任务，对1月1日起取得《建设工程规划许可证》的全省城镇新建民用建筑项目，要求全部按照绿色建筑标准进行设计和建设。按季度调度各地绿色建筑及装配式建筑工作进展情况，2021年全省绿色建筑占新建建筑的比例为68.48%，全省装配式建筑占新建建筑的比例为20.44%。印发《关于做好绿色建筑标识管理工作的通知》，建立省级评价二星级绿色建筑，各市州、贵安新区评价一星级绿色建筑的评价制度，不断完善绿色建筑标识管理。修编并发布《绿色生态小区评价标准》，将磷石膏建材应用、装配式建筑发展与绿色建筑融合发展。发布《贵州省"十四五"建设科技与绿色建筑发展规划》，为"十四五"期间建筑领域科技发展、绿色建筑和装配式建筑工作指明了发展方向和实现路径。

【磷石膏建材推广应用】2021年，全省磷石膏建材消纳磷石膏305.49万吨，比2020年增长86.84%（2020年全省磷石膏建材消纳磷石膏163.5万吨）。会同省市场监督管理局、省工业和信息化厅、省财政厅发布《关于进一步加强磷石膏建材产品及施工质量管理的通知》，加大对磷石膏建材产品推广应用贯穿到项目建设全过程的监管。修编并印发《关于工程建设地方标准〈贵州省绿色生态小区评价标准〉局部修订的通知》，将磷石膏建材应用纳入绿色生态小区评价体系，推动磷石膏建材与绿色生态小区融合发展。会同省财政厅、省工业和信息化厅印发《贵州省磷石膏资源综合利用资金管理办法》，对在贵州省应用磷石膏建材建设工程项目的单位，根据磷石膏建材中磷石膏利用量给予奖补。

【新型墙体材料革新】会同省市场监管局等部门下发《关于开展2021年新型墙体材料产品质量专项检查的通知》，抽检138家企业的168个批次产品，抽检70个项目的84个产品批次，促进新型墙体材料产品质量进一步提升。印发《关于做好2021年度贵州省磷石膏新型墙体材料应用示范项目申报准备工作的通知》《关于开展2021年贵州省新型墙体材料示范企业申报工作的通知》，组织开展贵州省磷石膏新型墙体材料示范项目、贵州省新型墙体材料示范企业申报评审工作。共评选出省级示范企业12家，市州级示范企业13家，10个磷石膏新型墙体材料应用示范项目，共给予500万元新型墙体材料专项基金补助。全省新增资源综合利用新型墙体材料认定企业20家、23个产品，全省新型墙体材料认定企业达243家。

人事教育

【人才培养】进一步完善人才工作机制，调整充实厅人才工作领导小组成员及单位。编制《贵州省住房城乡建设行业"十四五"人才发展专项规划》。扎实推进新型城镇化领域重点人才倍增计划行动，2021年指导相关企业（单位）完成培养9名重点人才。认真开展工程系列建筑专业全省正高和省直副高职称的社会化评审工作，2021年共有479人申报，通过评审，最终共有295人取得任职资格。组织建造师、建筑师等职业资格考试，2021年参考人数共计9.3万余人。

【干部教育培训】制定《贵州省住房和城乡建设厅2021年度教育培训计划》，举办各业务培训班26个，参加培训人员达8000余人次，不断提高全省住房和城乡建设系统干部职工的政治能力和专业素养。组织全省各市（州）和县（区）参加住房和城乡建设部举办的住房和城乡建设系统领导干部专题视频远程教育专题培训，全省参加学习人员共1000余人次。举办省住房城乡建设厅学党史、铸忠诚、强担当处级干部集中轮训班，全厅90余名处级干部参加培训。

（贵州省住房和城乡建设厅）

云 南 省

法规建设

【推进立法】2021年，云南省住房和城乡建设厅制订《云南省燃气管理条例》《云南省物业管理规定》，修订《云南省城市房地产开发交易管理条例》等5部住房城乡建设领域地方性法规。对已制订的502件行政规范性及政策文件开展清理，废止94件；对6件行政规范性文件、9件其他政策性文件进行修订。

【普法宣传教育】印发《云南省住房城乡建设系统法治宣传教育第八个五年规划（2021—2025年）》《2021年全省住房城乡建设领域普法依法治理工作要点》《2021年普法责任清单》；开展4.15全民国家安全教育日活动、“美好生活 民法典相伴”主题宣传活动、《建设工程抗震管理条例》宣贯活动、12·4宪法宣传活动；订购并发放法律书籍600余册。

【依法行政】公示行政执法信息41932条，法制审核重大行政执法决定61件、行政规范性文件3件、重大行政决策20件；从33468件行政许可、14件行政复议案卷中抽取行政许可案卷30件、行政复议案卷5件进行评查，均达优秀等次。

【行政复议应诉】2021年共受（办）理行政复议案件4件，行政应诉案件3件。

【规范性文件】出台《云南省市政公用行业运营安全管理办法》《云南省建筑工人实名制管理实施细则（试行）》等5件规范性文件。废止31件规范性文件和63件其他政策性文件，修订6件规范性文件和9件其他政策性文件。

【建议提案办理】办理人大代表建议24件、政协提案42件，其中主办（含独办、分办）17件建议和18件提案，办理协商率、满意率均达到100%。

房地产业

【概况】截至年底，全省房地产开发企业有3734家，其中：一级资质15家，二级资质249家，三级资质223家，四级资质1746家，暂定资质1501家。

【房地产开发投资】2021年，全省房地产开发投资完成4309.93亿元，同比下降4.3%。开发投资总量占全省固定资产投资的比重为25.1%，其中，商品住宅投资3175.11亿元，同比下降4.3%。

【商品房销售】2021年，全省商品房销售面积3880.84万平方米，同比下降20.1%；商品房销售额2962.52亿元，同比下降25.4%。

【商品房存量】2021年，全省商品房累计可售面积9927.44万平方米，同比增长6.5%；商品住宅累计可售面积4993.58万平方米，同比增长7.8%。

【重点城市房价】12月，昆明市新建商品住宅价格环比下降0.2%、同比下降0.6%，大理市环比下降0.4%、同比下降4.3%。二手住宅方面，昆明市环比上涨0.5%、同比上涨0.5%，大理市环比下降0.8%、同比下降2.4%。

【房地产用地供应】2021年，全省供应房地产用地4119宗，用地面积4.07万亩，同比下降44.8%；土地成交价款494.35亿元，同比下降61.3%。

【房地产信贷】截至年底，全省房地产贷款余额9344.04亿元，同比增长6.5%，较年初新增569.85亿元，占各项贷款新增额的14.5%；其中，个人住房贷款余额6884.08亿元，同比增长12.2%。云南省房地产不良贷款率1.07%，较年初上升0.21个百分点，低于同期各项贷款不良率0.38个百分点。

【房地产税收】2021年，完成房地产业（直接）税收收入386.73亿元，同比增长3.12%，占云南省税收收入（不含海关代征）的10.6%。

【创新物业管理模式】完成2020年物业服务企业信用评价和等级评定及公示，推动《云南省物业管理规定》的修订，促进全省物业管理服务规范健康发展。

【加强商品房预售资金监管】出台《云南省住房和城乡建设厅等3部门关于进一步加强商品房预售资金监管工作的通知》，强化预售资金监管，保障购房人合法权益；建立省级房地产市场调控协调机制，成立工作专班，积极防范化解头部房企项目风险；开展全省房地产风险摸排，指导州市做好房地产市场监测和预警，防止房价大起大落。

【烂尾楼清理整治】大力推动全省烂尾楼清理整治工作，截至年底，全省 334 个烂尾楼，已基本盘活 248 个，化解率 74.25%，有效化解了近 29 万户、85 万人烂尾楼业主的操心事、烦心事。

住房保障

【公共租赁住房分配管理】2021 年，云南省累计建成和在建公租房 91.19 万套，已分配入住公租房 87.26 万套；发放租赁补贴 4.47 万户，超额完成年度发放城镇住房保障家庭租赁补贴 4.21 万户的任务。

【公共租赁住房信息化建设】实施公租房信息系统建设三年行动计划，分类实施、分步推进全国公租房信息系统建设工作。2021 年全省 129 个县（市、区）全部实现公租房信息上线联网。

【保障性租赁住房建设】2021 年，全省保障性租赁住房项目开工建设 1610 套，基本建成 110 套，完成投资 5508 万元。

公积金管理

【经济指标】截至年底，云南省住房公积金归集总额 5211.31 亿元，同比增长 13.69%；归集余额 1793.60 亿元，同比增长 8.23%；个人住房贷款总额 3057.92 亿元，同比增长 8.17%；个人住房贷款余额 1378.88 亿元，同比增长 2.65%；住房公积金个人提取总额 3417.70 亿元，同比增长 16.78%；住房公积金个人住房贷款率达 76.88%。2021 年缴存住房公积金 627.42 亿元；提取住房公积金 491.06 亿元；发放住房公积金个人住房贷款 230.91 亿元。

【扩大公积金制度覆盖面及使用范围】督促各地出台支持扩面的实施方案，扩大住房公积金制度覆盖面。2021 年新开立住房公积金单位账户 6724 个，职工个人住房公积金账户 30.77 万户。探索住房公积金支持城市更新、老旧小区改造的措施和办法。楚雄州、昭通市、曲靖市、大理州、丽江市、怒江州、昆明市、文山州制定了提取住房公积金用于老旧小区改造加装电梯的实施办法，昆明市探索使用住房公积金发展租赁住房的试点政策。

【公积金放管服改革】继续推动“一部手机办事通——我的住房公积金”主题事项上线开通工作。截至 2021 年底，全省 17 家中心已完成查询事项上线工作，16 家住房公积金中心已上线办理事项。按照住房和城乡建设部要求完成各州（市）住房公积金管理中心综合服务平台验收工作。

【开展电子稽查】每月开展电子稽查，并根据稽查结果逐项抓好整改和防控。全省各州（市）住房公积金管理中心电子稽查得分在全国名列前茅。

【逾期贷款监管】认真开展逾期贷款自查及督查，完善催收方案和贷款逾期风险防控方案。截至年底，全国住房公积金个贷逾期率为 0.3‰，全省个贷逾期率由年初 0.46‰降至年末 0.26‰，逾期贷款监管工作成绩突出。

【公积金业务“跨省通办”】全省设 151 个“跨省通办”线下办理窗口，完成线上办理单位登记开户 78 户，线上办理单位及个人缴存信息变更 43910 次，线上办理提前还清住房公积金贷款 15989 笔，通过两地联办方式办理异地购房提取住房公积金 39 笔，提取金额 232.53 万元，实现 8 项高频服务事项全国“跨省通办”。

【公积金小程序上线】积极推进小程序上线工作，为缴存职工提供住房公积金缴存和使用情况查询，以及异地转移接续服务。2021 年办结异地转移业务 7122 笔，其中：转入 4431 笔，转入金额 11655.56 万元；转出 2691 笔，转出金额 9371.89 万元。

城市建设

【概况】2021 年，云南省围绕城市基础设施补“短板”完善城市功能、改善人居环境的工作要求，积极做好重大项目储备，累计争取到位国家资金 6.066 亿元；全省完成城市基础设施建设投资 588.61 亿元，开工建设海绵城市 73.08 平方公里，新建城市燃气管网 704.93 公里，新建改造污水配套管网 844.92 公里、消除污水直排口 3681 个、消除管网空白区 76.44 平方公里，全省建成并投入运行城镇污水处理厂 171 座，处理能力 489.4 万吨/日，出水达一级 A 标 115 座，一级 B 标 56 座，全省城市（县城）污水处理厂集中处理率达到 96.87%。平均 COD 进水浓度 233.41mg/L，运行负荷率 86.87%，城镇污水处理率达到 91.87%；新建、改建洗手设施 11.7 万座，接入“一部手机游云南”6.6 万座，整治防汛排涝易涝点位 413 处，全省城市基础设施建设目标任务圆满完成。

【市政道路交通建设】全省实施城市道路修复 1756 条，加固市政桥梁 112 座，建设停车场设施 1233 座，完成州（市）政府智慧停车的升级改造工作，实现扫码收费，积极推动各城市人民政府制定或修编停车设施配建地方标准、停车设施建设管理要求，有效缓解“停车难”问题。

【城市供水节水】2021年，全省累计建成供水水厂300座，综合生产能力713.49万立方米/日，累计建成供水管网16743.77公里，公共供水普及率达96.63%。着力降低云南省城市供水管网漏损控制，城市公共供水管网漏损率9.42%。完成全省43个县市的51个公共供水厂的供水水质抽样检测。昆明市完成37家企业，41家单位，37家住宅小区完成节水型企业（单位）、小区创建工作并对成果进行了验收。

【城市防汛排涝】编制《云南省城市内涝治理实施方案》，统筹城市防洪和排水防涝工作。2021年争取中央预算内排水防涝专项资金2.27亿元，以奖代补25个县（市、区）25个排水防涝项目；全省排查梳理城市易涝点位622处，开工整治209处，累计完成整治413处；新配备应急抢险泵车32辆，管道清淤436条、1139公里，清淤河道376条，更换雨水篦子1636个；昆明市排查易涝点位71处，开工整治40处，完成进度71%，其他城市（县城）易涝点较2020年统计下降17.3%，全省未发生较重城市内涝问题。

【污水处理提质增效】贯彻《云南省城镇污水处理提质增效三年行动实施方案（2019—2021年）》，深刻汲取中央生态环境保护督察曝光典型案例的教训，举一反三深入排查整治污水管网空白区、破损漏损、污水直排、雨污混流等问题，进一步提升污水处理效能；专题研究城市生活污水处理厂出水水质提标技术，拟将实施城市生活污水处理厂出水水质提标技术路线作为未来15年的发展方向，远景目标谋划到2035年。编制《云南省“湖泊革命”污水垃圾治理工程三年行动方案》。

【黑臭水体整治】巩固8个地级以上城市33条黑臭水体整治成果，积极配合省生态环境厅开展县级城市黑臭水体排查整治，深入排查沿岸排污口、入河湖排污口并统一编码和管理，摸清底数，明确责任主体，逐一登记建档，开展集中整治，全省17个县级城市申报均无黑臭水体。

【海绵城市建设】云南省昆明市、大理市等9个城市强化城市降雨径流滞蓄利用，涵养城市水资源，改善城市水环境，完成《系统化全域推进海绵城市建设示范工作实施方案》编制，积极争创全国海绵城市示范城市，2021年全省新开工建设海绵城市73.08平方公里。

【城市燃气发展利用】全省完成704.93公里燃气管网建设，积极配合省发展改革委推进城镇燃气储气设施建设，认真推进云南省政务服务平台线上审批相关工作。推进《云南省燃气管理条例》立法工作。2月，联合省公安厅、省应急管理厅等7厅局印发《瓶装燃气经营管控工作方案》，建立信息系统规范并严格落实瓶装液化石油气经营实名制溯源管理。先后印发《关于进一步加强城镇燃气安全管理工作的通知》《关于进一步加强城镇燃气安全管理工作的补充通知》，深入16个州（市）开展安全生产大排查、大整治，督促指导各地深入排查城镇燃气安全隐患。积极配合省应急管理厅修订并印发《云南省城镇燃气安全排查整治工作实施方案》的基础上，编制印发《云南省城镇燃气安全排查整治细则（试行）》《云南省城镇燃气安全排查整治手册（试行）》。

【城市更新】印发《云南省加快推进城镇老旧小区改造工作的指导意见》，配套出台《云南省城镇老旧小区改造技术导则》《云南省关于高质量推进城镇老旧小区和城中村改造升级若干政策措施》《云南省城市更新项目（老旧小区改造）入库审查指引》《云南省城市更新项目（老旧小区改造）策划与融资思路指引》等，进一步健全完善全省城镇老旧小区改造政策标准体系，推动工作制度化、制度标准化、标准规范化。

【城市体检】按照住房城乡建设部“一年一体检，五年一评估”的工作部署，以“生态宜居、健康舒适、安全韧性、交通便捷、风貌特色、整洁有序、多元包容、创新活力”等8个方面65+N项指标为基础，完成全省128个县（市、区）（德钦县涉及整体搬迁，不开展此项工作）城市体检，昆明市、临沧市被住房城乡建设部列为2021年度城市体检样本城市。

【城镇棚户区改造】2021年国家下达5.8万套的棚户区改造开工任务，全年开工6.1万套，开工率105.7%；基本建成4.3万套，基本建成率166.3%，完成投资140.9亿元；全年争取各类资金98.58亿元，其中，中央财政补助5.89亿元、中央预算内投资7.31亿元、专项债券82.47亿元、省级补助资金2.9亿元。

【城镇老旧小区改造】2021年计划改造2963个小区、19.98万户，实际开工改造3014个小区、21.9万户，开工率为101.72%。全年争取到位中央财政补助资金10.89亿元、中央预算内投资21.86亿元、专项债券资金29.68亿元，完成投资54.89

亿元。

【历史文化保护管理】3月3日，玉溪市通海县获国务院批准成为云南省第七个国家历史文化名城；1月14日，大理州剑川县古城街区等13片街区被列为省级历史文化街区；11月29日，大理州南涧县公郎镇回营村被列为省级历史文化名村；昆明市五华区南强街街区等14片街区被列为省级历史文化街区。全省确定公布历史建筑2199处，较2021年新增250处，已划定历史文化街区35片。编制完成《云南省"十四五"城乡建设与历史文化保护传承规划》、《历史文化名城（镇村街）消防专项规划编制与审查导则》。构建"云南省历史文化信息综合管理平台"，加强宣传、展示、监督和管理。

【城市生活垃圾治理及分类】全省累计清除裸露垃圾34万个点位，清除垃圾164万吨；编制完成《全省城镇生活垃圾分类和处理设施建设"十四五"规划》，会同发展改革、自然资源、生态环境部门大力推进垃圾焚烧发电厂建设，全省同比新增垃圾焚烧处理能力达到4000吨/日；开展各州市城市生活垃圾处理设施无害化评价，65个非卫生县城通过城市生活垃圾处理设施无害化评价，县城生活垃圾无害化处理率大于80%，城市生活垃圾无害化处理率大于90%，全省城市生活垃圾基本实现无害化处理。

【"扫厕所"专项行动】印发《关于扎实推进2021年"扫厕所"专项行动有关工作的通知（函）》《关于进一步扎实推进公共厕所全达标行动的通知》，消除乡镇公共旱厕257座，消除城（乡镇）郊结合部村组公共旱厕2054座、户厕旱厕39593座，全省城镇建成区公共旱厕全面消除，取消收费，行政村村委会所在地1座以上卫生公厕全覆盖。建立了公共厕所长效管理机制，省级成员单位出台行业部门公共厕所管理办法，16个州（市）、129个县（市、区）住房城乡建设（城市管理）局出台城镇公共厕所管理办法，8.51万座公厕实现管理达标，分别达到"三无三有""四净三无两通一明""三净两无一明"标准。

【"勤洗手"专项行动】统筹推进洗手设施打点上线"游云南"APP，全省累计新建、改建洗手设施11.7万座，接入"一部手机游云南"6.6万座。

【园林城市创建】统筹城市周边"山、水、林、田、湖、草"等协调发展，充分利用自然山体、河湖水系、交通和公用设施廊道等布置绿地，扩大城市绿地面积和绿量；编制《云南省高原湖泊生态廊道建设导则》和《云南省城乡绿道规划建设导则》。全省城市（县城）建成区绿地率37.64%，建成区绿化覆盖率41.78%，人均公园绿地面积达11.67平方米，公园绿地服务半径覆盖率82.35%。完成2020年度第二批省级园林县城现场考核工作；编制《云南省公园体系建设规划（2020－2035年）》；搭建并试运行"云南省园林城市信息综合管理平台"；探索开展园林城市（县城）遥感动态监测及建立复查机制。

【城乡特色风貌提升】编制《城市与建筑风貌专项调研情况报告》《云南省县城特色风貌设计指引》《云南省乡村建设设计指引》《云南省特色民居设计指引》等，启动《云南省城市设计导则》《云南省城市设计典型案例汇编》编制及《云南省城乡风貌管理办法》立法前期工作；开展全省36个县（市）"美丽县城"建设现场打分；开展昆明市翠湖周边环境整治提升指导工作、保山市潞江坝糖厂老建筑改造调研，关注提升城乡建筑风貌的方法和传统建筑现代化展示的成效。

【城市管理执法体制改革】截至年底，云南省129个县（市区）中单独设置作为政府组成部门的城管机构有71个，全省建成具备专项或部分城市管理功能的数字化城市管理系统的县（市、区）48个。

【城市管理精细化】巩固深化全国城市管理执法队伍"强基础、转作风、树形象"专项行动，提高执法队伍能力水平，推广柔性执法、零接触执法。加强窨井盖安全管理，组织排查窨井盖约137万余个，整治不同类型的病害窨井盖约10万余个。

村镇规划建设

【农村房屋安全隐患排查整治】截至年底，全省1.14万个行政村完成农村房屋安全隐患排查整治工作，录入"农村房屋安全信息采集助手"系统731.5万户，初判存在安全隐患71914户（占全省排查农户的0.98%）。其中，经营性自建房29.15万户，初判存在风险7881户，鉴定为C、D级危房4732户，整治4732户，整治率100%。同时全覆盖开展农村房屋安全隐患排查整治"回头看"工作，抽查复核91776户农房，发现存在安全隐患876户，全部完成整改。

【农村危房改造和农房抗震改造】全省完成农房抗震改造14.95万户，争取2021年中央农村危房改造补助资金20.09亿元，支持各地开展农村危房改造和农房抗震改造。

【乡村建设工匠培训管理】印发《云南省乡村建设工匠培训工作实施方案》，编制《云南省乡村建设工匠培训教材（试用）》，开展乡村建设工匠培训，提升乡村建设工匠的专业技术水平。截至年底，在农村房屋安全信息系统助手“乡村建设工匠”录入已培训工匠5075人。

【乡村建设评价】昆明市嵩明县、曲靖市罗平县和红河州建水县被评为全国乡村建设评价样本县，2021年完成3个样本县乡村建设评价，住房城乡建设部召开的乡村建设评价工作推进视频会通报云南省是乡村建设评价工作28个省份中“质量较好”的10个省份之一。

【乡村建设风貌引导管控】编制《云南省乡村宜居农房风貌引导图集（乡村振兴版）》，图集共五册，18种民居地域建筑类型，全面强化乡村建设风貌引导管控。

【乡村建设规划】起草《云南省“十四五”乡村建设规划》，明确“十四五”期间乡村建设总体要求、主要任务、重点工作、重大工程和保障措施。

【农村生活垃圾治理】会同省生态环境厅编制印发《云南省农村生活垃圾处理技术指南》。召开全省乡镇镇区生活垃圾污水和农村生活垃圾治理推进调度培训视频会议。积极推行城乡一体化、镇村一体化和就地就近治理三种模式，建立健全农村生活垃圾收运处置体系。截至年底，全省71%的乡镇镇区和48%的村庄采取城乡一体化模式（纳入城市终端处置设施处理）以及自建有防渗的填埋场、热解站等方式，对收集的生活垃圾实现有效处理（33%的乡镇镇区和25%的村庄采取城乡一体化模式实现无害化处理）。

【传统村落保护发展】印发《记忆乡愁—走进云南传统村落》《唤醒—云南传统村落撷英》《重生—云南传统村落保护发展10大范例》云南省传统村落系列丛书；组织编制《云南省传统村落保护发展规划（2020—2035年）》；组织各州（市）建成中国传统村落数字博物馆106个，数量居全国第一；推动“一部手机游云南”“历史古迹”版块上线，首批上线历史文化名城（镇、村）58处，中国传统村落79个；开展708个传统村落短板摸底调查，形成传统村落体检报告、补短板项目库等；起草《云南省传统村落消防管理办法》，配合消防部门开展“四名一文一传”消防安全大检查和专项整治。

工程质量安全监督

【制度建设】2021年，修订印发《云南省房屋建筑和市政基础设施工程质量监督机构及人员管理和考核办法》《云南省房屋建筑和市政基础设施工程安全监督机构及人员管理和考核办法》，进一步规范施工质量安全监督工作程序和安全监督行为。印发《云南省住房和城乡建设厅安全生产工作职责任务清单》《云南省工程质量安全手册实施细则检查标准》，进一步明确安全生产工作任务和工作责任。

【监管队伍建设】完成1410家建筑施工企业新申办安全生产许可证审批及5779家复核工作，11960名专职安全生产管理人员安全生产考核工作；完成242个质量安全监督机构及1907名监管人员考核，提升监管队伍本质水平。

【普法教育活动】开展《中华人民共和国安全生产法》宣贯工作，全省1500余名监管人员参加。同时采取线上线下相结合的方式，开展法规及质量安全管理技能学习培训活动，全省30余万人次参加线上培训学习活动。

【三年行动集中攻坚】按照安全生产专项整治三年行动计划实施细则，对标3大任务，对表41项具体工作，推进安全生产专项整治三年行动计划各项工作落实，动态管理问题隐患和制度措施“两个清单”，实行挂图作战，消除各类重大安全隐患。

【“两类”场所隐患排查】开展“两类场所”专项排查治理，对全省疫情隔离观察场所和已开复工项目人员集中居住场所开展安全风险隐患专项排查，共排查1858栋疫情隔离观察场所、在建项目7055个、活动板房2724栋、集中居住场所1031栋，整改362栋、撤离7栋。

【“两违”专项治理】开展违法建设和违法违规审批专项治理活动，共排查既有房屋建筑262293栋、建筑面积40377万平方米，整改既有房屋建筑47986栋、建筑面积431万平方米；排查在建房屋建筑19225栋、建筑面积20324万平方米，整改在建房屋建筑3680栋、建筑面积1063万平方米。2021年下发问题隐患整改通知书1264份，拆除房屋建筑1403栋、建筑面积186万平方米，加固处理房屋建筑532栋、建筑面积141万平方米，责令停止使用房屋建筑106栋、建筑面积50万平方米，责令停工整改房屋建筑307栋、建筑面积208万平方米，处罚企业154家、罚款1421万元。

【在建项目督查】开展质量安全隐患排查治理，派出31个工作组开展7次综合督查和专项督查检查，下发《隐患整改通知书》116份、《执法建议书》15份，对发生质量安全事故或在建筑活动中有违法违规行为的企业进行约谈，并在政府门户网站曝光，对有重大质量安全隐患的实行挂牌督办，及时整改各类问题和安全隐患1614条。

【标准化建设】出台《云南省工程质量安全手册

实施细则检查标准》，完善质量安全保障体系，质量安全标准化建设进一步加强。全省 4127 个在建项目完成安全生产标准化考核工作，考评率 98.4%；创建 101 个云南省工程质量管理标准化示范项目和 152 个云南省安全文明标准化工地，15 个项目获得全国建设工程施工安全生产标准化交流学习工地。

建筑市场

【建筑业概况】2021 年，全省完成建筑业总产值 7336.6 亿元，同比增长 9.1%；完成建筑业增加值 3040.43 亿元（占全省 GDP 的 11.2%），同比增长 2.8%（全国建筑业增加值同比增长 2.1%）；全省建筑业税收 297.86 亿元（占全省税收的 8.17%），同比下降 13.3%；全省建筑业直接从业平均人数 162 万，同比下降 13.6%。

【勘察设计审查】截至年底，完成初步设计审查 94 项，施工图审查 12742.43 万平方米/5371 项。

【勘察设计资质管理】全省共有勘察设计企业 972 家，其中勘察甲级 31 家，设计甲级 104 家。全年完成 14 批次 404 项勘察设计企业资质审批工作，新增住房城乡建设部审批资质 15 项。出台《云南省住房和城乡建设厅关于建设工程勘察设计资质申请等事项实行无纸化受理的通知》《云南省住房和城乡建设厅关于实行建设工程勘察设计企业资质电子证书的通知》，实现勘察设计资质审批全程网办；出台《云南省住房和城乡建设厅关于下放部分建设工程企业资质审批权的通知》，将部分勘察设计乙级资质下放各州市，并指导各州市做好承接资质审批工作。

【勘察设计信息化监管】升级完善勘察设计行业信息化管理平台，实现审批事项全程电子申报审批；数字化审图系统和云勘探管理系统协助智能监管，为“数字住建”、CIM 应用平台建设以及 BIM 应用推广提供技术保障；按照“互联网＋政务”和“数字住建”工作要求构建勘察设计行业大数据，采集形成企业资质、施工图设计文件、建设单位等 210 余万条数据。

【施工图联合审查】进一步落实施工图审查改革要求，巩固施工图审查多审合一成果，并完成 2021 年施工图审查资格申报认定工作。

【资格考试】组织完成云南省全国一、二级注册建筑师考试，组织 2499 人 9335 科次人员报名应考；完成云南省全国勘察设计注册工程师考试，组织 6513 人 15672 科次人员报名应考。截至年底，全省共有全国一级注册建筑师 589 人、二级注册建筑师 630 人、勘察设计注册工程师 2448 人。

【教育培训】组织注册建筑师 472 人、注册结构工程师 439 人、注册岩土工程师 302 人进行继续教育工作，分别对装配式建筑系统集成与设计建造方法、减隔震建筑结构设计指南与工程应用、岩土工程典型案例述评等内容进行网络培训。

【建设工程消防】推动全省各地健全建设工程消防机构，消防设计审查验收工作从有人接逐步过渡到接得住。截至 12 月底，全省已有 4 个州（市）设立了专门机构；有 10 个州（市）级批准行政编制专职人员 12 名、事业编制 30 名。印发《建设工程消防设计审查业务手册》《建设工程消防验收业务手册》《建设工程竣工验收消防备案（消防验收备案）业务手册》及其相应的办事指南，进一步明确工作流程、办事程序、前置条件、申报资料等。编制《云南省建设工程消防技术导则（建筑篇）试行》，为消防设计审查验收工作提供技术保障。视频组织对全省 16 个州（市）129 个县（市、区）811 人开展法律法规宣贯和业务能力提升培训。全年共受理建设工程消防设计审查项目 2746 个，办结 2683 个，办结率 97.7%；受理建设工程消防验收项目 2024 个，办结 2024 个，办结率 100%；受理建设工程消防验收备案项目 1803 个，办结 1735 个，办结率 96.2%。

【招投标监管】2021 年，完成现场监督 366 场次，省级办理招标文件备案 336 个，招投标情况报告书备案 334 个、中标合同金额 174 亿元。按照《投诉举报信访案件办理处置规程》规范受理并处置投诉举报信访件 26 件。

【施工许可管理】施工许可证核发行政审批事项纳入工建系统网上审批办理、实现施工许可证电子证照网上核发。省级共核发施工许可证 11 个。

【落实工程建设领域保证金收缴制度】2021 年，办理投标保证金保险业务 74758 笔，工程履约保证金保险业务 675 笔，为 5411 家企业提供了总保额 124.12 亿元的保证金担保，降低节约企业财务成本费用约 4.42 亿元。

【农民工工资清欠】2021 年，查处拖欠农民工工资案件 457 件，涉及企业 318 家，涉及人员 15100 人，解决农民工工资 2.9 亿元，举报必查、欠薪违法的高压态势不断加强。

【建筑企业资质管理】2021 年，全省新增住房城乡建设部核发特级资质 1 项、一级（甲级）资质 16 项；省级核准二级总承包企业资质 2409 家次、专业承包企业资质 5991 家次、监理企业资质 64 家次、检测机构 35 家次。截至 12 月，全省建筑施工企业达到 1.3 万余家，其中特级 11 家；监理企业达到 202 家，其中综合 2 家、专业甲级 51 家；检测企业 294 家。

【建筑从业人员管理】 2021 年，组织 8.3 万余名考生参加二级建造师考试，截至年底，全省共有注册建造师及监理工程师 8.2 万人，其中，一级建造师 1.5 万人，二级建造师 6.2 万人，监理工程师 0.45 万人；非注册类人员证书保有量约 57 万本。

【建筑业“放管服”改革】 印发《云南省“十四五”建筑业发展规划》，保障行业发展持续健康发展。联合 10 部门印发《云南省加快培育新时代建筑产业工人队伍实施方案》，为行业人才培育提供有力保障。开展“双随机、一公开”和“动态核查”检查，2021 年检查建设单位 7554 户、施工企业 8342 户，工程项目 8889 个，发现违法行为建设单位 36 户、施工企业 57 户、工程项目 80 个，对上述有违法违规行为的单位和个人依法依规进行了查处。印发《云南省住房和城乡建设厅关于实行建筑业企业资质和部分从业人员资格全程网办的通知》，实现省住房城乡建设厅审批的建筑业企业资质 6 类许可事项“零接触”“不见面”“全程网上办理”。

【建筑工人实名制管理】 印发《云南省建筑工人实名制管理办法实施细则》，建成并推广应用云南省建筑工人实名制管理及工资代发平台，实现工资发放过程监管，有效保障农民工工资支付。

【建筑业企业信用评价】 出台《云南省建筑行业企业信用综合评价标准（试行）》，健全信用评价平台，全面推行诚信评价工作，进一步优化建筑市场营商环境。

【精减优化审批流程】 进一步优化政府投资房屋建筑项目、社会投资一般性建设项目等 17 个类型的项目审批流程，审批时限最长 35 个工作日，最短 17 个工作日；71 个审批事项申报材料由 987 件减为 524 件，减少 47%；依托云南省政务服务网统一投资项目、工程建设项目申报入口，实现投资项目赋码信息、工程建设项目报件基本信息一次填报，数据共享，避免二次录入；推动工程建设项目审批管理系统对接投资项目在线审批监管平台等 13 个信息平台，加强信息共享；优化用水、用气、用电报装营商环境，推行报装工作“3010”服务流程，报装环节不超过 3 个。市政公用外线开挖并联审批流程，外线接入工程 10 个工作日并联审批。

【提升网上审批服务效能】 工程建设项目服务实现由单一窗口到综合窗口、由各个部门串联式审批到跨部门、跨层级并联审批的变革，部分行政审批事项由线下转向线上办理，施工许可实行电子证照，实现全程网办不见面审批，核发时间控制在 3 个工作日内。联合验收工作自受理之日起 10 个工作日以内完成项目验收并出具验收意见。工程建设项目全流程审批时间由 2020 年的 90 个工作日压减至 2021 年的 70 个工作日。

【证照分离改革】 直接取消“工程造价咨询企业乙级资质认定”等 7 项审批；取消“施工企业资质认定（专业作业）”审批，改为备案；简化“从事生活垃圾（含粪便）经营性清扫、收集、运输、处理服务审批”流程，实行告知承诺制办理；对“建筑施工企业安全生产许可证核发”等 12 个事项优化审批服务，采取电子化申报、加强部门间信息共享、精简申报材料等措施，提高审批的透明度和可预期性。同时，加大中国（云南）自由贸易区改革力度，对“从事生活垃圾（含粪便）经营性清扫、收集、运输、处理服务审批”直接取消审批，对“房地产开发企业二级资质核定”等 9 个事项简化审批，实行告知承诺制。

【开展“体外循环”和“隐性审批”专项整治】 印发《云南省整治工程建设项目审批“体外循环”和“隐性审批”专项工作方案》，对全省 5 个省级部门、7 个州市调研督导，收集问题 4 个方面共 28 条，研究制定举措 11 条。

建筑节能与科技

【节能建筑】 2021 年，云南省城镇新增建筑面积 6363.5 万平方米，全面执行建筑节能强制性标准，设计和施工阶段执行建筑节能强制性标准比例均达到 100%；完成既有居住建筑节能改造面积 1004.2 万平方米、公共建筑面积 73.3 万平方米。新增建筑太阳能光电装机容量 20.6 兆瓦。云南省公共建筑能耗监测平台完成预验收，平台建设的 4 个数据中心完成 340 栋建筑能耗在线监测。对楚雄州和大理州 30 个工程建设项目开展了建筑节能“双随机、一公开”检查。

【绿色建筑】 制定云南省绿色装配式建筑产业发展“十四五”规划。拟定云南省贯彻落实《中共中央办公厅、国务院办公厅印发〈关于推动城乡建设绿色发展的意见〉的通知》的实施意见。起草云南省城乡建设碳达峰行动方案。2021 年，全省城镇新建绿色建筑 4290.4 万平方米，占同口径建筑面积比重 77.3%，超额完成年度目标任务（占比 60%）。全省 2 个项目获得绿色建筑评价标识，申报建筑面积 51.2 万平方米。

【绿色建材】 2021 年，全省新增绿色建材标识企业 22 家。发布绿色装配式建筑“四新”与建材推广目录，共计 2 类 24 项绿色装配式建筑“四新”与建材入库。引导安宁祥丰综合楼项目（磷建筑石膏建材综合利用）开展工程应用试点示范。

【装配式建筑】全省新开工装配式建筑和采用装配式技术体系的建筑面积超过 780 万平方米，培育国家装配式建筑产业基地 7 个，省级产业基地 16 个、示范城市 1 个。现有装配式混凝土构件生产企业 22 家，钢结构生产企业 24 家。

【建设科技】在全国率先启动省级平台（云南省城市信息模型基础平台）建设预可研，并指导昆明市启动城市级平台建设。通过住房城乡建设部科技计划项目立项 1 个，完成住房城乡建设部委托验收 1 个。批准立项省级科学技术计划项目 49 个，完成验收 3 个。

【标准定额】2021 年，批准立项工程建设地方标准 30 项，发布实施 25 部，组织复审 20 部。上半年新增工程造价咨询企业 57 家（2021 年 7 月 1 日起取消工程造价企业资质许可）。发布实施《云南省建设工程造价计价标准（2020 版）》，发布《关于进一步推进建设工程施工过程结算的通知》。联合省委网信办、省工业和信息化厅等 17 部门发布《关于贯彻〈住房和城乡建设部等部门关于加快发展数字家庭 提高居住品质的指导意见〉的通知》。普洱市等 5 个市（县）被表彰为创建全国无障碍环境示范市县，怒江州泸水市被表彰为达标市县。

防震减灾与恢复重建

【抗震设防审查审批管理】2021 年，受理抗震设防审查 605 个项目 1150 个单体 1454.85 万平方米，全面实现网上审批，提速率达 43%。

【健全完善建设工程抗震设防标准体系】印发《云南省建筑消能减震应用技术规程》《建筑隔震构造详图》等技术规范文件，不断健全完善我省建筑工程抗震技术规范标准体系。

【推进城市抗震防灾规划的编制和实施】2021 年，组织陆良县等 11 个县城完成编制工作并通过省级技术审查。全省累计完成 86 个（覆盖 91 个县、市、区）抗震防灾专项规划编制，实现了高烈度区和地震重点危险区抗震防灾专项规划全覆盖，覆盖率居全国之首。

【隔震减震技术研发应用】加强减隔震装置产品质量及设计、审查、检测、施工、验收及使用维护等关键环节的监督管理，实现全省新建医院、学校、幼儿园等公共建筑全部采用隔震减震技术。2021 年，全省应用减隔震技术建筑工程（设计阶段）537 个项目 945 个单体 1073.88 万平方米。

【自然灾害防治工程】完成建水、双柏、盈江 3 个国家试点县房屋建筑和市政设施承灾体调查以及质检核查工作。制定印发自然灾害综合风险普查实施方案、技术标准以及质量管控指南等系列文件，组织近 7000 人次开展房屋建筑和市政设施承灾体普查技术培训。完成 385 万栋房屋建筑、653 条市政道路、139 座桥梁、47 座供水厂、630 条供水管线调查。

【地震应急处置】认真总结历次地震应急处置经验，及时修订地震应急预案和应急处置工作手册，编制印发《震后房屋建筑安全应急评估工作指南》，开发震后应急评估软件。2021 年，高效有序完成漾濞、双柏、盈江地震应急处置工作，累计组织省、州、县住房城乡建设系统应急队伍 500 多人，共完成 36929 户民房、1553 栋公共建筑应急评估以及市政基础设施排查抢修、应急活动板房搭建等工作。积极参与漾濞地震灾后恢复重建工作，指导编制灾后恢复重建规划，积极协调争取国家部委补助资金，组织专家为恢复重建工作提供技术保障。

人事教育

【机构编制管理】2021 年 6 月，下达安置 2019 年军队师团职转业干部行政编制 2 名，专项用于安置师团职军队转业干部。调整后，省住房城乡建设厅机关行政编制 127 名。

【干部培养】2021 年度，配合省委组织部提拔正厅级领导 1 名；根据省委组织部统一安排，提拔 1 名正处级领导干部交流到怒江州，接收 1 名怒江州交流使用的正处级领导干部；选拔任用处级领导干部 3 名；选派 1 名干部到上海挂职锻炼；选派 1 名干部到怒江州福贡县挂职副县长；完成 14 名干部职级晋升工作，完成 28 名干部轮岗交流；接收 2 名军转干部；选派 4 名同志到大理州祥云县驻村锻炼；选派 10 名同志到昭通市大关县驻村锻炼。

【教育培训】共选派厅级领导干部参训 14 人次，处级干部参训 17 人次，科级干部参训 1 人次；选派 20 名人员参加干部专题研修；组织 142 名干部参加干部在线网络培训。举办 1 期深入学习贯彻党的十九届五中全会和党史学习教育专题研讨班，对全厅 107 名处级干部进行了集中培训；分 3 期举办深入学习贯彻党的十九届五中全会精神和党史学习教育暨“万名党员进党校”专题研讨班（第二轮），完成全厅系统在职党员干部集中培训全覆盖。

【职称评审】组织开展建筑工程系列职称评审工

作。2021年，圆满完成初级2批次，中级2批次，高级5批次，正高级2批次，共计11批次的职称评审工作，共2333人申报，共1501人评审通过。

【劳动保障管理】确定新录用人员工资及职务变动人员、工作调动人员晋升工资事宜；完成厅机关及厅属事业单位，接收军队转业干部和退役士兵2人、调入（出）7人、退休3人、死亡1人，工资确定、转移，养老金、一次性丧葬抚恤金的核定、清理整治“吃空饷”问题自查和清理规范津贴补贴自查等工作。

【事业单位改革】推进厅属云南省城乡规划设计研究院、云南省工程建设标准设计研究院、云南建筑技术发展中心3家生产经营类事业单位转企改制工作。

【疫情防控】健全常态化疫情防控制度，全省住建系统新冠肺炎疫苗累计接种49.1万人，接种率94.4%；物业服务、城管、环卫等行业近30万从业人员奋战在抗疫一线，成为疫情防控的中坚力量；印发《关于建设临时安置点的指导意见》，强化建筑工地、售楼中心、公积金业务办理营业厅等场所疫情防控；为7000余家建筑施工企业资质证书和安全许可延长使用期，推广工程款支付担保和综合保险保证保函，帮助企业降低成本约4.4亿元。

大事记

1月

14日　召开历史文化保护与传承工作专题座谈会。

21日　召开全省城市更新暨城镇老旧小区改造工作调度会议。

25日　召开安全生产专题工作会议。

2月

2日　召开全省住房城乡建设工作电视电话会议。

5日　副省长王显刚到云南省住房和城乡建设厅调研城市建设管理、“数字住建”建设、康养小镇创建等工作。

23日　召开云南省2021年城镇燃气安全生产工作视频会议。

25日　云南省住房和城乡建设厅荣获“全国脱贫攻坚先进集体称号”，云南省住房和城乡建设厅名城处四级主任科员娄煜荣获“全国脱贫攻坚先进个人”称号。

3月

2日　召开地震易发区房屋设施加固改造工作省级协调推进会议。

3日　云南省通海县列为国家历史文化名城。

18日　召开全省2021年度建筑业发展暨质量安全工作电视电话会议。

23日　召开抗震防灾工作部署推进会议。

24日　云南省住房和城乡建设厅设立城市更新处。

30日　召开全省城市更新工作调度会议。

4月

21日　全省“城市病”治理工作现场会议在昭通市召开。

22日　云南省住房和城乡建设厅村镇建设处荣获“云南省脱贫攻坚先进集体”称号；云南省住房和城乡建设厅村镇建设处四级调研员曾云胜荣获“云南省脱贫攻坚先进个人”称号。

26日　召开全省住房城乡建设系统中央环保督察交办问题督促整改电视电话会议。

28日　召开全省乡镇镇区生活垃圾污水村庄生活垃圾治理工作培训会。

29日　召开全省工程建设项目审批制度改革工作联席会议。

5月

6日—22日　委托浙江大学举办“浙江大学—云南省工程建设项目审批制度改革干部综合能力提升培训班”，全省5个省直部门和16个州（市）共70人参加。

9日—15日　全省全面开展以“贯彻新发展理念，建设节水型城市”为主题的节水宣传周活动。

18日　联合省公安厅、省自然资源厅、省交通运输厅、省能源局等部门，印发《关于做好云南省建设项目用水用气用电报装“一件事一次办”工作的通知》，实现网上报装“零跑腿”。

21日　大理州漾濞县（北纬25.67度，东经99.87度）发生6.4级地震，震源深度8千米，云南省住房和城乡建设厅根据地震应急预案，立即启动地震应急Ⅱ级响应，迅速开展应急处置有关工作。

24日　召开省、市、县住房城乡建设系统漾濞地震抗震救灾现场工作会议。

25日　组织昆明市相关单位开展燃气安全事故应急演练，进一步提高燃气事故应急救治的实战能力和处置能力。

26日　召开平安建设暨信访工作专题会议。

6月

4日　召开全省城市更新工作调度会议，通报城市体检和实施方案编制工作进展、全省重大项目库储备和棚户区老旧小区改造中央补助资金预算执行情况，并对年度下半年工作任务进行安排调度。

10 日　召开全省 2021 年度住房城乡建设领域安全生产月活动启动视频会议。

同日　云南省楚雄州双柏县发生 5.1 级地震，震源深度 8 公里，云南省住房和城乡建设厅按照地震应急预案，立即启动响应，开展应急处置工作。

12 日　云南省德宏州盈江县发生 5.0 级地震，云南省住房和城乡建设厅按照地震应急预案，立即启动应急响应，开展应急处置工作。

17 日　召开全省垃圾分类终端无害化焚烧处置建设工作推进会。

23 日　召开全省爱国卫生“清垃圾、扫厕所、勤洗手”专项行动暨迎“七一”创建干净整洁有序市容环境卫生视频调度会。

28 日　召开全省农村房屋安全隐患排查整治和违法建设违法审批专项清查工作视频会。

7 月

1 日　组织集中收看庆祝中国共产党成立 100 周年大会盛况直播。

21 日　云南省住房和城乡建设厅举办全省建设工程消防设计审查验收法规宣贯和能力提升视频培训。

24 日　召开全省住房城乡建设领域安全生产工作推进电视电话会议。

28 日　召开昆明市烂尾楼清理整治工作会商会议。

28—30 日　举办全省燃气监管政策标准宣贯培训并组织标准执行现场观摩教学，全省 126 个县（市、区）燃气管理部门、燃气行业代表约 160 余人参加培训。

30 日　召开全省下放建设工程企业资质审批培训会。

8 月

19 日　召开漾濞 6.4 级地震灾后恢复重建工作协调会议，研究部署下一步灾后恢复重建工作。

9 月

1 日　召开漾濞 6.4 级地震灾后恢复重建第二次工作协调会议，就下一步恢复重建工作进行安排部署。

9 日　召开房地产业建筑业及重点项目推进工作专题会议。

15 日　联合省人力资源社会保障厅召开全省建筑工人实名制管理及工资代发平台启动电视电话会议。

23 日　召开《建设工程抗震管理条例》及相关技术标准宣贯培训视频会议。

24 日　召开全省住房城乡建设领域“十四五”规划编制工作专题会议。

同日　召开全省住房城乡建设领域自然灾害综合风险普查培训视频会议，省、州（市）、县住房城乡建设部门以及普查协助单位 960 余人参加培训会议。

27—28 日　云南省住房和城乡建设厅邀请国内、省内污水处理学术界资深专家、高等院校教授、污水处理企业专业技术人员等召开座谈研讨会，研究探讨滇池保护治理暨“湖泊革命”污水处理提质增效相关工作。

28 日　云南省住房和城乡建设厅召开云南省烂尾楼清理整治工作第七次省级协调机制会议暨第五次全省清理整治工作部署电视电话会议。

10 月

8 日　云南省住房和城乡建设厅召开部署 COP15 期间城市安全保障工作会议。

9 日—12 日　住房城乡建设部副部长黄艳到昆明参加联合国《生物多样性公约》缔约方大会第十五次会议（COP15）第一阶段会议，调研老旧小区改造、污水垃圾治理、滇池绿道建设、历史文化保护等工作。

28 日　召开全省烂尾楼清理整治工作第七次省级协调机制会议暨第五次全省清理整治工作部署电视电话会议。

11 月

3 日　组织“省、市、县”三级住房和城乡建设系统、派驻纪检监察机构及内设纪检机构、省级发展保障性租赁住房试点企业共 800 人参加住房和城乡建设部举办的《加快发展保障性租赁住房专题》视频远程教育培训会。

8 日　召开中央环保督察涉及问题整改暨“湖泊革命”污水垃圾治理工作部署电视电话会议。

19 日　召开云南省城镇生活垃圾分类和处理设施建设十四五规划宣贯会议。

25 日　召开 2021 年全省建筑业重点工作推进电视电话会议，对全省住房城乡建设领域根治欠薪冬季专项行动、建筑业稳增长、建筑行业企业信用评价、工程质量安全等重点工作进行安排部署。

12 月

6 日　召开 2021 年全省保障性安居工程暨城市更新工作调度电视电话会议，通报全省保障性安居工程（棚户区老旧小区改造）任务完成情况和城市更新工作总体进展情况，2021年保障性安居工程中央省级专项资金使用管理情况，并对全省保障性安居工程及城市更新工作提出工作要求。

10日 厅党组书记、厅长尹勇率队深入昆明市开展烂尾楼清理整治工作情况调研，督促昆明市加快烂尾楼清理整治工作化解进度。

22日 召开全省根治欠薪冬季专项行动宣传工作视频部署会议。

31日 召开全省“保交楼”专题工作会议。

（云南省住房和城乡建设厅）

西藏自治区

住房和城乡建设工作概况

2021年，西藏自治区住房和城乡建设厅坚持以习近平新时代中国特色社会主义思想为指导，认真贯彻落实习近平总书记关于西藏工作、住房城乡建设工作重要论述和新时代党的治藏方略，全面贯彻落实党的十九大和十九届历次全会以及中央经济工作会议、第七次西藏工作座谈会精神，贯彻落实自治区第十次党代会、区党委经济工作会议、自治区“两会”部署要求，立足新发展阶段，完整准确全面贯彻新发展理念，服务融入构建新发展格局，紧扣“四件大事”和“四个确保”，紧盯“四个创建”“四个走在前列”总体目标，着力加强城乡基础设施建设，加大住房保障力度，推动房地产业平稳健康发展，促进建筑业转型升级，强化城市治理能力建设，各项工作取得了新的成效。2021年住房城乡建设领域重点项目年度计划投资185亿元，实际完成投资242.8亿元，占年度投资计划的131%，超额完成任务。

城镇基础设施建设

【提高城镇供排水能力】2021年，西藏投资12.74亿元，开工建设24个城镇供排水防涝设施项目。目前全区共有93座供水厂，配套供水管网长度3166.7公里，县城及以上城镇日供水量达到135.5万立方米，全区城市公共供水普及率达到98.68%，县城及以上城镇公共供水普及率达到89.34%。

【推进城镇供暖工程】投资10.7亿元，新建4个高寒高海拔县城供暖项目。全区4个地市所在地和20个县城建成城镇供暖工程，供暖面积达3200万平方米。全区32个海拔4000米以上的县城中18个县城实施了集中供暖项目。

【优化城镇路网布局】资18.22亿元，实施37个城镇道路项目。全区城镇内初步形成了快速路、主干路、次干路和支路组成的道路网络系统，全区市政道路里程达到3500公里。

【开展历史街区划定和历史建筑确定】积极开展全区历史街区划定和历史建筑确定工作。全区共申报2个历史街区和98座历史建筑。

【加快西藏文化广电艺术中心项目建设】严格履行广电艺术中心项目建设单位职责，积极协调推动项目建设，累计完成投资13.3亿元，完成主体结构、建筑外观与场区总坪建设。

住房供应体系

【加大保障性住房供给】完成改造棚户区5432套（户），实施公租房2406套、周转房1万套。发放4016户城镇住房保障家庭租赁补贴2000余万元。

【强化房地产市场调控】建立省级房地产市场调控机制，因城施策实施调控，落实稳地价、稳房价、稳预期各项措施，启动房地产市场秩序整治，防范化解房地产风险，房地产业实现平稳健康发展，全年房地产开发项目193个，完成投资169亿元，为全年计划的169%。

【提高公积金服务效率】住房公积金使用提标扩面，提高公积金服务效率，住房公积金使用率达111.2%，住房公积金个人贷款率达71.19%，近10万户家庭通过住房公积金贷款解决住房问题、改善了住房条件。

乡村建设行动

【加强农房质量安全保障】开展农村房屋安全隐患排查整治，完成48.2万户农村房屋安全隐患排查整治，完成动态新增危房改造和抗震改造1万余户。制定西藏自治区生态补偿岗位村庄保洁员管理办法，协调落实全区村庄保洁员岗位90251个，引导农牧民群众参与人居环境整治共治。

【积极促进就业增收】加强技能培训，加大政策支持，鼓励企业吸纳农牧民转移就业。2021年全区住房城乡建设领域共转移农牧民就业18.25万人，劳务创收35.1亿元；住房城乡建设领域西藏籍高校毕业生就业419人。

城乡绿色发展

【完善垃圾污水设施】投资8.9亿元，实施日喀则市、色尼区污水处理厂改扩建和墨脱县等8个县城污水处理设施建设，实施2座垃圾处理设施建设。城市和县城及以上城镇污水处理率分别为96.28%和78.06%、生活垃圾无害化处理率分别为99.63%和97.34%，全区污水垃圾处理能力明显提升。

【推进垃圾分类工作】制定西藏自治区城镇生活垃圾处理、污水处理技术导则，建立4地市与广东省4城市“一对一”垃圾分类工作交流协作机制。按减量化、资源化、无害化原则，重点推动拉萨、日喀则市试点城市垃圾分类工作。

【推动绿色建筑发展】制定了《西藏自治区绿色建筑推广和管理办法》《西藏自治区推进建筑信息模型（BIM）应用工作的指导意见》。积极推动自治区装配式建筑发展，在日喀则市、林芝市、阿里地区抵边搬迁项目和拉萨、山南市易地搬迁项目积极推广应用装配式钢结构建筑。在那曲比如县“3.19”地震灾后重建的500套安置房推广使用装配式建筑。2021年，全区新增装配式钢结构建筑面积达180万平方米，占同年新建建筑面积比重为15%。

边境城镇建设

【加快边境地区建设】落实1.32亿元，实施洛扎县、朗县、日土县等边境县城供排水设施建设；落实9.01亿元，实施仲巴、吉隆、萨嘎、隆子、日土等14个边境县城市政道路建设。协助住房城乡建设部推动对口支援康马县建设工作。

【强化边境地区住房保障】落实4107.97万元，实施4个边境县232套公租房项目建设，落实3.1亿元，实施16个边境县1524套周转房项目建设。

【加强农房安全保障】完成边境小康村住房建设任务，新建、改建住房面积601.2万平方米。落实5090万元，实施4个边境地市农村危房改造和农房抗震改造，提升农房质量。

行业治理能力建设

【工程审批制度改革】制定实施配套文件，精减各类申报材料40项，上线运行工程建设项目审批管理系统，有1523个项目在工程建设项目审批管理系统进行审批，完成2940个审批事项。

【“互联网＋政务服务”建设】以取消、下放、合并等方式，压减政务服务事项至82项，进一步压缩办理时限24项，76项事项办理时限全国最短；所有行政许可、公共服务类事项全部纳入自治区政务服务网，实现一网通办，行政服务效率大幅提升。

【规范建筑市场秩序】深入开展建筑市场秩序和招投标领域专项整治，持续深化扫黑除恶专项斗争，全区各级住建部门共开展执法检查1600余次，做出各类行政处罚650余次，发出整改通知书648份，停工通知书17份，行政执法建议书13份、罚款520余万元。

【深入开展督查检查】厅领导带队分赴地市、县、乡，重点围绕重点项目建设、工程质量安全管理等开展督查检查考核，共检查项目340余个，排查整改问题隐患2300余处，全年住建领域未发生较大及以上生产安全事故。

强化党的全面领导

【加强理论武装】全年召开14次党组会、13次党组理论学习中心组学习会，部署贯彻措施，统筹推进住房城乡建设领域经济发展、脱贫攻坚、生态环保、边境建设等工作，确保党中央和区党委的决策部署扎扎实实贯彻到位。

【强化政治建设】深入贯彻落实新时代党的建设总要求，增强“四个意识”、坚定“四个自信”、做到“两个维护”，深入开展党史学习教育和“三更”专题教育。坚决落实好区党委“三个牢固树立”要求，严格执行中央八项规定及其实施细则精神和自治区党委实施办法，公用经费同比下降2%，精文减会控制在年初目标以内，进一步规范督察检查考核，切实做到为基层减负。

【加强干部队伍建设】深入贯彻落实新时代党的组织路线，坚持凭能力用干部、以实绩论英雄的用人导向，选拔任用和职级晋升科级干部23人、县处级干部29人，营造风清气正、凝心聚力干事创业的环境。

存在的困难和问题

【城乡发展不平衡不充分】城乡基础设施和公共服务设施建设布局不科学，城镇的集聚辐射和带动能力不强，城乡公共服务差别明显、发展不协调。城市管理粗放，城市治理能力较弱，为新型城镇化加快推进支撑不足。自治区常住人口城镇化率为35.73%，远低于全国平均水平。

【基础设施短板依然突出】自治区城乡基础设施建设资金绝大部分通过申请中央预算内资金、中央财政资金解决，住房城乡建设领域创新投融资机制未健全，市场化水平较低，造成城乡基础设施建设相对滞后。县城和乡镇垃圾污水处理设施建设还未实现全覆盖，部分高海拔县城和边境城镇供暖还需要加大建设力度。社区基础设施建设短板仍然突出，应对突发事件和公共卫生安全的能力还不足。

【住房供应需进一步加强】新市民和青年人等住房保障力度仍需加强。因自治区地方财力薄弱，地市配套资金有限，公租房推进难度大。推动长租房、保障性租赁住房等租赁市场发展相对滞后。

（西藏自治区住房和城乡建设厅）

陕 西 省

法规建设

【法治政府建设】2021年，陕西省住房和城乡建设系统深入学习贯彻习近平法治思想，梳理形成陕西省住房和城乡建设厅关于落实习近平法治思想和省委全面依法治省工作会议精神情况报告和陕西省住房和城乡建设厅关于2020年度法治政府建设情况报告。制定《陕西省住房和城乡建设厅2021年法治政府建设工作要点》。2021年“陕西修订出台物业服务管理条例，党建引领纾解物业服务管理困局”被评为陕西省第二届“十大法治事件”。

【行业立法】配合省人大完成《陕西省物业服务管理条例（修订草案修改稿）》征求意见、集中审改、专家论证及立法听证会工作。省十三届人大常委会第二十六会议表决通过《陕西省物业服务管理条例》。配合开展《陕西省建设工程质量和安全生产管理条例》和《陕西省乡村规划建设条例》打包修订工作，其中《陕西省建设工程质量和安全生产管理条例》修订出台。全年累计完成45件（次）有关规章制度征求意见情况反馈工作。

【依法行政】完成《陕西省工程建设标准化管理办法》的起草、合法性审查、发布、报备工作。合法性审查质量安全领域28份行政处罚和建筑市场领域4项投诉查处事项。全年受理行政复议案46起，办结45起。妥善应对行政诉讼案3起、劳动仲裁案1起、民事诉讼案1起。开展涉及行政处罚内容的行政法规、规章和行政规范性文件及住建领域政府规章不合理罚款规定的清理工作。印发《关于做好行政执法“三项制度”评估的通知》《陕西省住房和城乡建设厅重大行政执法决定法制审核实施细则》。厅法律顾问提供法律咨询100余次、出具书面审查意见22份、参与各类论证近20次。

【普法宣传教育】梳理形成“七·五”普法宣传工作经验。省住建厅法规处被省委普法工作领导小组、省委宣传部、省司法厅表彰为“2016－2020年全省法治宣传教育先进单位”。印发《陕西省住房和城乡建设厅第八个五年规划（2021－2025年）的通知》《陕西省住房和城乡建设厅法治宣传教育工作指南》。组织开展国家安全专题普法宣传活动，厅系统国家安全专题学法考试成绩优异。组织开展“12·4”宪法宣传周及美好生活民法典相伴主题宣传活动。编印《民法典与住房城乡建设》300册，购买《中华人民共和国行政处罚法》单行本130本、释义35本，以及《陕西省预算审查监督条例》单行本320册，供机关单位学习使用。

【推进“放管服”改革】对行政许可目录和地方层面设定的行政许可事项“证照分离”改革措施集中进行梳理，印发《关于全面推行证明事项告知承诺制的通知》，对自贸试验区改革政策诉求和对地方设定的行政许可事项进行清理，完成全省政务服务事项标准化梳理第二阶段任务。积极开展强制登报公告事项清理和行政审批事项“证照分离”改革。

房地产业

【加强房地产调控监督指导】印发《关于调整省房地产市场调控工作协调小组的通知》，由省政府分管负责同志担任协调小组组长，增加土地供应及房地产金融调控方面的职责，加强房地产市场监测分析，对销量、库存、房价、地价等各项指标异常变动情况及时预警提示。2月、10月两次向西安市政府去函，切实落实“限房价、竞地价、定品质”土地政策，8月向商洛、安康、延安、榆林、铜川、汉中、咸阳7个地市下发预警函。9月25日，召开省房地产市场调控工作协调小组会议，深入分析全省房地产市场调控和风险防范化解工作。督导西安市出台《关于建立二手住房成交参考价格发布机制的通知》《关于建立房地联动机制促进房地产市场平稳健康发展的通知》《关于进一步促进房地产市场平稳健康发展的通知》，建立了二手住房价格成交参考价格发布机制，先后发布了两批次共205个热点住宅小区的二手住房成交参考价格。针对咸阳新建商品住房、二手住房价格上涨过快等有关情况，第一时间约谈咸阳市政府分管负责同志，通过综合运用行政、土地、金融等房地产调控政策工具，确保实现稳地价、稳房价、稳预期目标。

【加快推动住房租赁市场发展】 5月底，配合省政协赴西安市、宝鸡市开展住房租赁市场调研。指导西安市发布《关于规范住房租赁房源发布行为的通知》，规范住房租赁房源发布行为，营造良好的市场环境。7月23日，会同省银保监局就银行业支持住房租赁市场工作进行座谈。11月11日，会同省财政厅指导西安市进一步完善住房租赁市场体系机制，完善住房租赁信息服务监管平台，建立“市级统筹、区县落实、各部门分工协作”的联动机制。11月15日，联合省财政厅向西安市政府印发《关于通报西安市加快推进住房租赁市场试点工作情况的函》，督导西安市及时研究解决工作中存在的突出问题，加快推进住房租赁市场试点工作。2021年，西安市共筹集新改建租赁住房项目56个，房源41916套/间，盘活房源55732套（间）。培育规模化、专业化住房租赁企业12家，成立12个区级国有住房租赁企业，住房租赁市场试点工作正在加快推进。

【开展房地产专项整治】 按照省纪委的安排，省住建厅聚焦住房领域群众反映强烈的问题，大力整治房地产企业、物业服务企业、中介机构等违法违规市场乱象，成立了以厅主要负责同志为组长的专项整治领导小组，建立了厅领导包抓地市工作机制，印发了《2021年整治房地产领域问题专项工作实施方案》。全省共通报典型案例201件，并于5月12日、6月16日分两批公布41起房地产、物业、中介机构违法违规典型案例。5月27日至6月27日，省委第三巡视组对陕西省住房领域作风建设情况进行巡视，8月27日反馈巡视整改意见。为此，省住建厅专门印发《落实省委第三巡视组反馈意见整改工作的方案》及《省委第三巡视组巡视反馈意见整改台账》，明确责任领导、责任科室、整改措施和完成时限，确保专项整治工作圆满完成。

【强化房地产市场秩序监管】 2月，与省自然资源厅、省市场监管局联合印发《关于下发〈房地产领域信访突出问题解决化解工作方案〉的通知》，合力解决房地产领域信访突出问题。成立了以厅主要领导为组长的工作领导小组，制定印发《房地产领域信访突出问题解决化解专项整治工作方案》。5月31日，召开全省房地产领域问题专项整治工作推进会，确保整治工作取得实效。为了加大房地产市场整治力度，各地加大对商品房销售项目的检查，对前置条件不符的坚决不得发放商品房预售许可证；严格执行商品房销售信息公示制度，充分保障购房人的公平交易权；加强商品房预售资金监管，确保预售资金优先用于工程建设，防止开发企业将预售资金挪作他用而产生项目停工、“烂尾”的风险。与发改、公安、自然资源、税务、市场监管、银保监、网信等部门联合行动，重点对房地产开发、房屋买卖、住房租赁、物业服务等领域人民群众反映强烈，社会关注度高的突出问题进行整治规范，从源头上规范房地产市场秩序。

【及时开展化解房地产烂尾风险工作】 会同人民银行西安分行向各市下发《关于排查全省房地产在建项目逾期烂尾风险的函》，制定了《关于落实省级政府房地产市场调控责任工作方案》和《防范化解房地产项目烂尾风险工作方案》，以保民生、保交楼、保稳定作为首要目标，确保项目按时竣工、房屋按时交付。11月12日，会同人民银行西安分行、省自然资源厅、陕西银保监局约谈相关地产公司主要负责人，会商研判风险化解处置措施，督促企业切实履行主体责任、法律责任、道德责任，限定时间盘活资产，多渠道筹措资金，加快推动停工、半停工项目复工交房。

【提升物业服务管理水平】 配合省人大修订《陕西省物业服务管理条例》，增加“物业管理委员会”专门章节。配合省人大法工委举行新闻发布会，对《条例》进行全面解读。各市区住建部门组织相关部门、社区、物业企业培训46场次，培训6000多人次。共发放《陕西省物业服务管理条例》单行本8000册、宣传海报9700套。省委组织部会同省住建厅对西安、咸阳等市落实《省委组织部等4部门关于印发〈关于加强社区物业党建联建提升物业管理服务水平的指导意见〉的通知》的情况进行了调研指导，组织各市开展“加大物业服务收费信息公开力度，让群众明明白白消费”活动。2021年，完成公示物业服务收费信息的住宅项目 7705 个，确保全面实施收费公示。成立了物业服务标准化技术委员会，主动回应人民群众对美好生活的新期待、新需求、新要求，满足广大业主的获得感、幸福感。

住房保障

【概况】2021 年，陕西省城市棚户区改造新开工 10239 套，新开工套数占年度计划 7519 套的 136.18%。基本建成 29815 套，基本建成套数占年度计划 13093 套的 227.72%。公租房新开工 5068 套，新开工套数占年度计划 5000 套的 101.36%。发放城镇住房保障家庭租赁补贴 42687 户，占年度计划 39463 套的 108.17%。全省保障性安居工程完成投资 229.64 亿元。

【公租房保障】提请省政府印发《陕西省人民政府办公厅关于加快发展保障性租赁住房的实施意见》，研究起草了《陕西省住房保障“十四五”规划》《2021 年度发展保障性租赁住房监测评价工作方案（征求意见稿）》，建立健全陕西省发展保障性租赁住房政策框架。组织各市对存量房、存量地和新市民、青年人住房困难情况进行摸底梳理。重点加强对西安市工作督促指导，指导西安市进一步健全住房保障体系，完善保障性租赁住房项目审批制度，加快保障性租赁住房项目筹集与实施进度，西安市开工保障性租赁住房 22421 套，完成投资 53 亿元。全省提交建设保障性租赁住房申请 41615 套（间），发放了全国首个项目认定书，受到住房和城乡建设部的高度肯定。

【防范化解棚改债务风险】加强省级部门的横向联动，监测各城市贷款偿还进度，积极防范逾期风险。通过向部分欠款的市政府发函、主要领导写信、厅分管负责同志会同省级有关部门与贷款逾期城市进行座谈厅等方式，督促相关城市及时履行棚改债务还款责任。

【提升公租房运营管理水平】会同省发改委、省教育厅等 13 个厅局联合印发了《关于在全省保障性住房小区共同缔造“和谐社区·幸福家园”的通知》，在全省保障性住房小区共同缔造“和谐社区·幸福家园”，切实提高保障性住房小区后续管理水平。会同财政厅联合下发了《关于进一步推行政府购买公租房运营管理服务工作的通知》，对 33 个项目 44311 套下达 3000 万保障性安居工程专项资金进行支持。指导全省公租房小区按照“美好生活共同缔造”理念，深入推进创建活动，全面加快推进公租房综合服务平台应用，进一步完善系统数据，并实时进行更新维护，进一步提升综合服务效能。

【持续做好问题项目整改】制定住房保障方面的“四清一责任”工作机制，建立问题整改台账，明确了整改措施、责任单位、责任人、完成时限，夯实地方主体责任。稳步开展棚户区改造项目三年攻坚行动、公租房问题项目清零行动。组织调研组赴各市（区）开展住房保障工作调研，就各地工作情况下发季度通报 2 次，督促各市加快项目建设进度。经省政府同意下发《陕西省保障性安居工程监督检查办法》，明确对各城市保障性安居工程工作监督检查的内容、形式等。下发文件开展公租房管理存在问题集中整治专项工作，采取“四不两直”的方式对地市公租房管理使用问题开展暗访。坚持“四清一责任”工作机制，重点针对审计、巡视发现的各项问题，指导各地按照既定的工作时间表、路线图压茬推进、一项一策，扎实做好上阶段工作中问题项目化解清零，进一步强化底线思维，扎实检视政策规定、工作流程、制度落实各个环节，及时查漏补缺，建立完善长效机制

公积金管理

【概况】2021 年，全省住房公积金缴存额 666.28 亿元，同比增长 12.38%；提取额 399.82 亿元，同比增长 12.85%；贷款额 386.19 亿元，同比增长 7.66%。全省累计缴存总额 5047.13 亿元，同比增长 15.21%；累计提取总额 2951.72 亿元，同比增长 15.67%。累计个人住房贷款发放 2660.03 亿元，同比增长 16.98%；缴存总额突破 5000 亿元大关，个贷率达到 80%。

【列入省上民生工程】2021 年，住房公积金首次写入 2021 年省政府工作报告，纳入省委对厅局年度目标考核任务。研究提出住房公积金服务管理“12345＋”工作法，实施“月统计、季通报、半年交流、年度考核”机制；下发了《关于全面做好 2021 年住房公积金管理服务工作的通知》，得到住房和城乡建设部住房公积金监管司充分肯定，在全国住房公积金监管服务平台转载刊登，并向全国推广。会同省高法制定下发《关于建立住房公积金执行联动机制的实施办法》，有效规范住房公积金案件的执行程序。会同中国人民银行西安分行下发了《关于加快推进住房公积金信息接入人民银行征信系统有关事项的通知》，进一步加快推进信用体系建设。

【防控贷款风险】发布《关于建立住房公积金逾期贷款“四清一责任”工作机制的通知》，进一步加强住房公积金个人住房贷款管理，保障资金运行安

全，维护缴存职工合法权益，实现逾期贷款底数清责任明的催收闭环体系，全省住房公积金个人住房贷款逾期率由0.24‰降至0.12‰。该项经验在住房和城乡建设部住房公积金会议上作了经验介绍，并被转发全国推广。

【规范统一服务标识】为各城市管理中心细化设计多种场景下使用的7种服务标识模型，确保全省14个管理中心（分中心）及所属116个管理部于9月底全部启用全国住房公积金服务标志标识，推动陕西住房公积金服务管理标准化、规范化和便利化，传递服务理念和文化精神，增强社会公信力和影响力。

【体检评估试点启动】西安、铜川管理中心（6个城市管理中心）分别作为省级、省会城市和中小城市代表参加全国住房公积金管理中心体检评估试评价工作。

【大力开展政策宣传】通过“秦住建”、省住建厅网站设立“住房公积金”专栏，开展政策宣传、行业信息报道和意见建议征集。在学习强国、人民日报、新华财经等十多个渠道，全方位、多角度宣传住房公积金服务管理工作，累计报道398余篇，使更多的群众了解、掌握和使用住房公积金政策。

【积极推进实事办实】积极推进8项业务办理，全省14个管理中心已全部实现“全程网办”、“代收代办”和“两地联办”，开设145个线下服务窗口，44个线上专区。为缴存职工办理用于城镇老旧小区加装电梯提取住房公积金731笔、2716.06万元。

建设工程消防设计审查验收

【政策制度体系日趋完善】调整《〈建设工程消防设计审查验收暂行规定〉实施细则》部分条款，扩大县级审批权限。编制出台《陕西省建筑防火设计审查验收疑难问题技术指南》，针对防火规范盲点、难点、空白点，做出解释。印发《陕西省“十四五”住房和城乡建设事业发展规划》消防子规划，从源头推动落实消防设计、施工质量。会同省消防救援部门起草《陕西省消防条例》（修正草案），经省人大常委会通过施行。陕西省消防审验法制建设的做法，刊发在11月22日《中国建设报》头版。

【技术审查和专家评审有序开展】组织专家对29类行业建设工程进行技术审查，贯通部门政策，消除工作空白，为公路铁路、变配电、能源化工等审验承接做了制度准备。建立完善专家库管理制度，遴选第一届省建设工程消防技术专家，共205名。全年组织特殊行业建设工程技术审查项目122个，特殊消防设计评审项目8个，特殊消防设计论证项目5个，省级专家技术支撑作用得到有效发挥。

【审批服务平台功能不断优化】搭建运行“陕西省消防设计审查验收备案服务管理平台”，省市县三级平台共用、标准统一、网上办理、可查可溯。平台同省政务服务平台、工改平台互通对接，加载了建设、设计、施工、监理、服务机构五方责任主体信息库，大幅减少申报纸质资料。为消防救援部门开设查询账号，凡经消防验收（验收备案）的项目，全天候做到验收技术资料等信息共享。

【多层次业务培训成效明显】与西安科技大学合作，分级分批组织开展业务培训，全省市县住建部门消防审验工作人员243人参加了培训。7月，在西安国际港务区采购中心开展建设工程消防验收政策宣贯暨现场观摩会，全省350余人参会。

【部课题研究高质量结题】2021年，承担住房和城乡建设部《建设工程消防设计审查验收信息化监管机制研究》课题，该课题已顺利通过结题验收，取得了《项目研究报告》《建设工程消防设计审查验收信息化平台建设建议》《建设工程消防设计审查与验收信息化监管办法》三项研究成果。课题研究对提高建设工程消防安全“事中事后”及全生命周期管理具有十分重要的意义，得到了住房和城乡建设部建筑节能与科技司的充分肯定。

【检查调研提升市县监管水平】印发《关于印发2021年陕西省建设工程消防设计审查验收抽查工作方案的通知》，开展两次半年度审验抽查检查。充分运用检查结果，下发督办单，指导各方整改问题，依法全面履责，形成工作闭环。赴西安、安康等地开展调研，形成《推动消防技术服务高质量发展的对策及建议的调研报告》。

【地方技术标准不断完善】牵头主编《建设工程消防验收文件归档标准》《城市建设工程消防远程监控系统技术规程》两部地方标准，参与编制《消防应急照明和疏散指示系统设计、施工和验收标准》。《建设工程消防验收文件归档标准》填补了行业技术标准空白。拟定了《会展及体育建筑消防技术标准》编制计划，已通过立项审查。

城市建设

【概况】2021年，西安市入选全国第一批城市更新试点城市；西安市、延安市被列入2021年全国城市体检样本城市名单；宝鸡市荣获2021年联合国人居奖，成为亚洲和我国唯一获奖城市；铜川市被列为2021年国家海绵城市建设示范市。全年创建省级文明工地347个，授予省优质工程“长安杯”奖47项；4项民生工程创建成为国家“鲁班奖”，获得国家优质工程奖22项。

【推动住房和城乡建设行业科技成果推广应用服务】深入宣传《陕西省建设科技成果推广应用办法》，引导地方政府和相关企业共同推进陕西省建设科技成果的推广应用；统筹疫情防控工作的同时积极开展节能宣传周有关活动，制作宣传展板，发放相关宣传资料100余份，组织职工观看“红色传承 绿色发展”宣传教育片。全年累计为34家企业的43个项目办理了推广证书。通过“陕西省住房和城乡建设建设科技发展中心信息平台”对外发布各门类产品信息1741条，涉及产品宣传推广50项。

【完善城市生态系统】推动西安建立完善城市更新制度机制，实施老菜场等微更新项目。印发《关于加快推进绿色社区创建行动的通知》，编印《绿色社区创建行动知识问答》，制定《绿色社区创建行动申报示例》，推进绿色社区创建行动。制定印发了《关于加强城市停车场建设管理有关事项的通知》《陕西省城市停车设施数据库建设要求》《陕西省城市停车设施专项规划编制导引》等文件，会同省发改委印发《关于加快推进城市停车设施规划编制工作的通知》，推动市县加快年度公共停车场建设，加快编制停车设施发展规划。会同省发改委印发《关于深入开展2021年陕西省国家节水型城市创建工作的函》，推动年度节水城市创建工作，组织全省各城市通过各种形式开展2021年城市节约用水宣传周活动。会同省发改委公布节水型企业2家、单位38家、居民小区53家。会同省水利厅等7部门公布节水型居民小区150家。

【历史文化名城保护】2021年，开展第四批历史文化名镇名村街区认定工作和沿黄城乡人居环境高质量发展和历史文化传承研究。起草了《陕西省关于在城乡建设中加强历史文化保护传承的若干措施》，印发《2021年历史文化街区划定和历史建筑确定工作方案》。开展沿黄城乡人居环境高质量发展和历史文化传承研究，对黄河流域9市、沿黄11县城进行分类评估，形成“一市一策”“一城一案”及举措。2021年，全省共有国家级历史文化名城6个、名镇7个、名村3个，省级历史文化名城11个、名镇19个、名村18个、划定街区64片、公布55片，确定历史建筑784个、公布698个，新增历史文化街区划定数量居全国第2位。新确定历史建筑191个，完成历史文化街区挂牌18片，历史建筑挂牌544处，历史建筑测绘建档359处。提请省政府公布30片省级历史文化街区（第四批）。

【持续推进城镇老旧小区改造】完善“省级统筹、市县落实、街道社区全程参与”工作机制，在加装电梯、增加活动场所、公共停车等事项上加力，提升群众的获得感、认同度。印发《关于印发〈进一步优化城镇老旧小区改造项目审批的指导意见（试行）〉的通知》《关于加强全省城镇老旧小区改造工程质量安全管理工作的通知》《关于印发全省城镇老旧小区改造负面行为清单（试行）的通知》等政策性文件，为各地市开展改造工作提供针对性指导。2021年，全省城镇老旧小区改造新开工3622个、惠及39.23万户，改造小区数居全国第3位。陕西省城镇老旧小区改造3项政策机制创新做法和宝鸡市金台区、渭南市临渭区、商洛市商州区、安康市石泉县等“我为群众办实事”的典型案例和经验，被住房和城乡建设部在全国推广。

【全面推动县城建设】对照“十四五”各项规划指标要求，重点加强县城雨污分流管网改造、公共停车场等市政基础设施建设，加快完善县城公共服务体系，健全完善城市功能，全面提升县城建设水平。开展“县城建设示范县”创建活动，提请省政府命名蓝田县10个县城为“2020年度全省县城建设示范县”，发挥示范引领作用，带动推进全省县城建设高质量发展。

【加大城市体检工作力度】印发《陕西省2021年城市体检工作实施方案》，西安、延安被列为国家样本城市。汉中、渭南、柞水、石泉列为城市体检省级试点，进一步查找城市建设发展的突出问题。承办住房和城乡建设部西北片区城市体检工作推进会，进行业务指导培训。全省范围内全面建立城市体检评估制度，建立城市体检评价体系、实施监督体系、法规政策体系和技术标准体系。深入推进《关于加强城市地下市政基础设施建设的指导意见》《陕西省加强城市地下市政基础设施建设工作方案》落实，全面开展地下基础设施普查和综合管理信息平台建设。

村镇规划建设

【概况】2021年，陕西，大力实施“百千万”工程，在35个重点示范镇、31个文化旅游名镇（街区）的建设基础上，率先在全国实施乡村振兴示范镇创建。100个乡村振兴示范镇全年完成投资110.42亿元，占全年任务的110.42%。创建美丽宜居示范村216个，建成宜居型示范农房2123户，农村危房改造6543户，农房抗震改造2.79万户。完成农房安全隐患排查 613.3 万户。启动 32 个垃圾治理试点镇建设，创新使用卫星技术监测农村生活垃圾非正规堆放点，农村人居环境明显改善。对省级 429 个传统村落挂牌保护，完成了渭南市传统村落集中连片保护利用系列规划。

【全力推进乡村振兴示范镇建设】印发《关于做好省级乡村振兴示范镇调查摸底工作的通知》《关于做好省级重点示范镇和文化旅游名镇建设与乡村振兴示范镇建设有效衔接工作的通知》，会同省财政厅印发《关于推进乡村振兴示范镇建设的实施方案》和《乡村振兴示范镇建设评价指标体系》，上报《关于实施乡村振兴示范镇建设有关情况的报告》，会同省财政厅将 5 亿元小城镇建设专项补助资金下达到各市，按照 100 个示范镇每镇每年 500 万元的专项资金予以补助，主要用于镇区基础设施建设。会同省自然资源厅下发了《关于做好乡村振兴示范镇建设规划的通知》，会同省文化旅游厅下发《关于推动乡村振兴示范镇旅游发展措施的通知》，印发《关于推进乡村振兴示范镇海绵城镇建设的通知》，率先在全国开展海绵城镇建设。与省委农办、省乡村振兴局联合印发《2021－2022 年乡村振兴示范镇建设工作要点》，召开全省乡村振兴示范镇建设工作推进视频会议，全面推进示范镇建设工作。

【巩固脱贫攻坚成效】印发《巩固拓展脱贫攻坚住房安全有保障成果同乡村振兴有效衔接工作实施方案》，倾斜支持乡村振兴重点帮扶县农户提升农房建设品质。2021 年度危房改造计划完成 6543 户，占年度任务的 197.49%。印发《关于调研低收入群体等重点对象住房安全保障有关情况的通知》《关于进一步做好农村低收入群体等重点对象住房安全有保障工作的通知》和《关于落实低收入群体等重点对象住房安全保障“四清一责任”工作机制的通知》，完善农村低收入人口住房安全保障长效机制。

【超前预判汛期安全】年初预留动态监测补助资金 5000 万元用于做好因灾房屋受损的低收入群体等重点对象住房安全保障工作。制定《洪涝灾害农房安全应急预案》和《洪涝灾区农房安全应急评估指南》，第一时间指导全省应急评估和过渡安置，上述预案和指南被住房和城乡建设部直接用于指导全国工作。

【共同缔造成效斐然】陕西省省委、省政府把“开展美好环境与幸福生活共同缔造活动”写入 2021 年省委一号文件，在大力实施城市更新和乡村建设行动中共同缔造活动，为加强基层社会治理提供了创新载体。先后印发了《住房和城乡建设部 陕西省人民政府关于在城乡人居环境建设中开展美好环境与幸福生活共同缔造活动实施方案》《关于全面推动城镇老旧小区改造暨“美好环境与幸福生活共同缔造”活动的实施方案》，依托全国市长研修学院在线学习平台“陕西频道”，先后组织各级干部 1100 余人参加共同缔造网络专题培训。在陕西省确定的 2 个全国共同缔造活动培训基地，共接待省内县区以及甘肃、宁夏、山西、山东、广西、西藏等干部现场观摩和培训 93 批，培训 9500 人次。借助广播、电视、网络等媒体，加大宣传力度，及时发现、总结和宣传优秀典型，推广城镇老旧小区改造、保障房小区和乡村振兴示范镇建设等工作中开展共同缔造的经验做法，并通过《中国建设》、“秦住建”微信公众号等进行宣传报道，取得了良好的社会效果。

【科学处置农村生活垃圾】印发《关于做好农村生活垃圾治理巩固提升工作的通知》和《关于建立农村生活垃圾治理“四清一责任”工作机制的通知》，提出工作路径，夯实责任主体。会同省财政厅印发《关于镇域生活垃圾治理试点镇创建工作的通知》，在黄河流域秦岭沿线、汉丹江流域率先开展整镇农村生活垃圾治理，培育首批 32 个全链条垃圾治理试点镇，逐步串点成线。印发《关于切实加强黄河流域、汉丹江流域及秦岭区域农村生活垃圾治理的通知》，推进黄河流域生态保护修复。印发《关于利用卫星遥感技术监测农村生活垃圾治理工作的通知》，创新使用卫星遥感技术监测，对全省农村生活垃圾非正规堆放现象，进行常态化监测。召开镇域生活垃圾治理试点镇创建暨全省农村生活垃圾治理遥感监测核查整治工作推进视频会，通报试点镇工作开展和各地非正规垃圾堆放点核查整治情况，安排部署下一步工作。起草并经由省人居办印发《关于在全省开展“农村生活垃圾清理月”行动的通知》，加大对农村生活垃圾治理力度。2021 年，全省农村生活垃圾进行收运处理的自然村比例稳定保持在 90%以上。

【渭南市传统村落保护利用】指导渭南市编制完成《陕西省渭南市传统村落集中连片保护利用规划》，并通过专家评审；依据规划启动实施 6 个重点村、23 个联动村、9 个特色村共 38 个重点支持村落的策划包抓重点项目 39 个，项目总投资 3 亿元。委托省城乡规划设计研究院搭建了传统村落数字化平台，平台已具备上线运行条件。委托西安建筑科技大学建筑学院设计了陕西省传统村落保护标牌，全年对全省 429 个省级传统村落实施了挂牌保护。

【乡村建设稳步推进】会同省生态环境厅、省财政厅、省农业农村厅印发《陕西省"美丽宜居示范村"创建工作实施方案》。印发《陕西省住房和城乡建设厅关于美丽宜居示范村开展"三图一集"编制及推广应用工作的通知》《陕西省村庄内部道路建设技术导则》(该导则也是目前国内首个为村庄内部道路建设制定的技术文件，填补了农村道路体系组成中最末端道路无建设标准和技术要求的空缺)。全省完成创建美丽宜居示范村 216 个。2021 年，会同省农业农村厅、省乡村振兴局印发《陕西省宜居型示范农房建设工作实施方案》，建设改造宜居农房 2123 套，超额完成目标任务。

【农房抗震试点及自建房排查】会同省财政厅印发《2021 年陕西省农房抗震改造试点工作实施方案》，在抗震设防烈度 7 度及以上地区，通过新建、加固等方式，完成 27900 户农房抗震改造。印发《关于加快农村房屋安全隐患排查整治工作进度的通知》。2021 年，共排查农村房屋 6133627 户，其中用作经营的自建房 247165 户全部完成排查任务。陕西省农村危房改造工作 2020 年在全国脱贫攻坚农村危房改造绩效评价中排名第一，受到国务院办公厅通报表彰。6 月 4 日，省委、省政府召开全省脱贫攻坚总结表彰大会，陕西省住房和城乡建设厅派驻榆林市靖边县席麻湾镇东高峁村扶贫工作队、省农村危房改造脱贫办公室双双获得全省脱贫攻坚先进集体；6 月 20 日，省委、省政府印发《关于表扬全省农村人居环境整治工作先进集体和先进个人的通报》，将陕西省住房和城乡建设厅村镇建设处表彰为先进集体。

标准定额

【加强勘察设计行业质量和市场行为监管】全省勘察设计企业预计完成产值 780 亿元，同比增长 10.01%。2021 年，组织开展工程勘察设计企业和施工图审查机构动态监督检查工作，共抽查项目 17 个，250 家勘察设计企业、9 家施工图审查机构，对 7 家单位计入不良信用档案或给予通报批评，对 85 家勘察设计企业提出整改要求。采用网络教学，对 614 名勘察单位和施工图审查机构技术人员进行专题培训，推荐 50 名专家列入全国勘察设计专家库。先后指导督促 1256 家勘察设计单位进行 2020 年工程勘察统计调查报送工作，确保企业上报统计数据的完整性和准确性。

【优化工程建设项目审批信息化建设】指导机械工业勘察设计研究院有限公司建立工程勘察信息化系统，平台已经初步构建。指导西安、渭南进一步优化数字化图审系统，汉中数字化图审系统已建成投入使用。推进西咸新区建筑师负责制试点筹备工作，积极探索推进西咸新区"建筑师负责制"试点。

【完善勘察设计市场诚信制度】起草完成《陕西省工程勘察设计企业和施工图审查机构信用评价管理暂行办法》《陕西省工程勘察设计企业和施工图审查机构信用评价标准（征求意见稿）》，强化对勘察设计企业和从业人员的信用约束。

【继续做好超限高层项目审查等抗震工作】将项目抗震设防专项审查正式纳入行政审批事项，规范工作流程。通过远程视频和现场会议等方式对长安书院等 27 个项目进行超限审查。下发《关于做好建设工程抗震管理条例贯彻落实工作的通知》，就宣贯工作全面部署。《陕西省城市轨道交通上盖结构隔震设计指南》等 3 项标准列入 2021 年度工程建设标准立项计划，《建筑滑移隔震技术规范》等 2 项标准通过复审，《建筑结构隔震技术规程》等 5 项标准完成初稿正在征求意见，抗震设防标准体系逐步完善。

【建立健全工程建设标准体系】印发《陕西省工程建设标准管理办法》，规范工程建设标准管理。紧扣绿色建筑、装配式建筑、抗震安全等重点领域推进标准复审、编制、发布，建立健全我省工程建设标准专家库。92 项工程建设标准立项，实施 5 年以上的 117 项工程建设标准通过复审，发布 36 项工程建设标准。按照"保证质量、兼顾数量、完善体系"的原则，推进 16 项团体标准立项。

工程质量安全监管

【加强建设工程质量监管】落实工程质量安全手册制度，加强预拌混凝土质量管理，开展建设工程检测整治，提升工程质量保障水平。2021 年创建省级文明工地 347 个；授予省优质工程"长安杯"奖 47 项，推荐"十四运会场馆"等 4 项民生工程为国家"鲁班奖"，获得国家优质工程奖 22 项。

【完善安全生产管理机制】提请省人大审议修订《陕西省建设工程质量安全条例》，明确建设单位的首要责任，对危大工程进行法律约束。指导编制《附着悬挑式脚手架安全技术标准》等标准规范，制订下发建筑施工高处坠落预防工作指南、汛期建筑施工安全指南和行业部门监督要点。建立厅级领导包抓机制，每名厅级领导负责包抓 1 个设区市住建领域安全生产工作，全面构建安全生产网格化监管体系，落实市、县行业部门两级领导包抓，夯实四级（市、县、县片区、基础网格）网格监管责任，织密横向到边、纵向到底的监管网络。

【强化安全风险防控】深入推进安全生产专项整治三年行动集中攻坚，及时印发 2021 年度工作要点，多次召开全省安全生产部署会、调度会，组织全省“大排查、大检查、大整治”，开展多轮省级督导调研，对发现存在较大安全隐患的 27 个项目、81 家企业实施信用惩戒，对发生安全事故的 30 家企业实施暂扣安全生产许可证上限处罚。推进建设工程安全生产责任保险。

【圆满完成“十四运会”相关工作】承担“十四运会”安全保卫、污染防治、交通保障三个专项工作的牵头任务后，我们强化与十四运组委会沟通协调，会前、会期把场馆周边建筑工地作为重点，组织开展专项督导检查，确保盛会期间全省建筑施工安全事故零发生，省公安厅发函表示感谢。指导各市（区）强化对十四运会场馆建设质量安全监管，场馆建设得到国家体育总局“场馆建设一流”的高度评价。

【推进施工扬尘综合管控】印发建筑施工扬尘整治 2021 年工作方案，对秋冬季和重污染天气情况下的扬尘防治工作科学部署，对中央环保督查和省委环保督查反馈意见涉及的重点城市进行现场督导。召开关中市（区）扬尘防治督导提醒会议，加强对预拌混凝土和预拌砂浆厂扬尘防治整治工作，开展省级督导工作。

【切实履行牵头抓总职责】提请省政府召开全省建设工程安全生产和文明工地创建视频会，牵头完成省住建厅负责的省政府分管领导包抓延安市防范化解重大风险工作，坚持定期联络员会议制度，建立信息互通机制，按照行业类别及时向成员单位移交问题形成监管合力；以事故多发地区为重点，向市级政府发函提示，夯实政府属地管理责任。

【开展自然灾害风险普查】制定印发房屋建筑和市政基础设施普查工作方案，制定相关指南措施文件 9 份，形成普查顶层文件体系，开展省级培训 2 次，对工作进展落后市（区）及时下发函督办。

【积极防控疫情确保安全生产】印发《关于进一步做好建筑施工工地新冠肺炎疫情防控的通知》等系列文件，指导各市（区）在当地疫情防控的统一调度下，严格落实疫情防控措施，压紧压实企业主体责任。召开专项会议部署隔离点建设质量安全工作，牵头组织施工企业按时完成对公租房隔离点改造任务。指导各市（区）加强疫情隔离场所安全风险排查整治，做到疫情防控和安全生产工作两手抓、两不误，努力把疫情带来的不利影响降到最低，助力稳增长。

建筑市场

【概况】2021 年，全省完成建筑业总产值 9176.40 亿元，同比增长 7.9%，建筑业增加值 2674.17 亿元，占 GDP 比重 8.97%。大力推进工程建设项目审批制度改革。

【政策措施】编制出台“十四五”建筑业发展规划，先后印发《关于推动智能建造与新型建筑工业化协同发展的实施意见》《陕西省住房和城乡建设厅赴上海、无锡两地考察转变城乡建设模式调研报告》，引导建筑企业积极参与新型城镇化、城市更新和乡村振兴建设。针对国际国内市场多因素影响，陕西省钢材等主要材料市场价格和人工费波动较大的现状，及时印发《关于建筑材料价格风险管控指导意见的通知》，调整房屋建筑和市政基础设施工程工程量清单计价综合人工单价，指导承发包双方合理确定和有效控制工程造价，切实保证发承包双方合法权益。印发《陕西省预拌混凝土企业试验室基本条件》，为提高商品混凝土质量、确保施工质量安全打下基础。自 3 月 15 日起，对全省行政区域内房屋建筑和市政基础设施建设项目，停止统一收缴建筑业劳保费用。

【助力农民工合法维权】加强建筑工人实名制信息化管理工作，优化升级省级建筑工人实名制管理系统。印发《关于房屋建筑与市政基础设施工程实行施工过程结算的通知》，妥善化解农民工欠薪矛盾。印发《关于开展建筑劳务专业作业企业信用等级评定的通知》，推进劳务企业信用体系建设。严格落实《保证农民工工资支付条例》，畅通投诉举报渠道，密切配合人社等部门协同发力，持续开展住房和城乡建设领域根治拖欠农民工工资专项行动。配合省清欠办做好房建和市政工程领域农民工工资拖欠根治工作“回头看”，抓好住房和城乡建设领域根治薪欠冬季专项行动，切实维护农民工合法权益。

【强化招投标监管】加强对省本级房建市政建设项目施工、监理等招投标监管，消除招标文件中出现不同所有制企业设置各类不合理限制和壁垒现象。简化办事流程，着力提升招投标活动办事效率和市场各方主体的满意率。全年受理进场备案招标项目 384 个，容缺办理招标进场备案项目 5 个；对房屋建筑工程金额 3000 万元以下的施工项目招标文件以承诺制办理招标项目 22 个。聚焦工程建设领域扫黑除恶的重点工作，严厉打击围标串标、恶意竞标、强揽工程等违法违规行为，对依法必须招标建设工程项目，实施一标一清，加大对串通投标行为的预防和监测。查处围标串标案件2起，依法对其5家串通投标违法违规行为的企业做出处理。全年受理招投标投诉举报案件4起全部办结。对存在违反规定的23名专家予以暂停评标资格，对2名串通围标评标涉案人员清出专家库。

【提升企业综合实力】贯彻落实省委、省政府减轻企业负担、稳增长相关要求，帮助企业纾困解难，指导企业加快转型发展。持续加强本省优势企业培育，吸引外省央企和省属企业落地陕西，2021年，帮扶28家建筑企业提升资质等级。

【推进建筑市场整治】联合省人社厅印发《关于对外省入陕建筑施工企业开展“双随机、一公开”联合抽查的通知》，先后对64家工程业绩弄虚作假企业、2家施工企业欠薪案件等予以全省通报。组织开展全省工程建设领域督查工作，持续强化房建和市政工程建设领域监管。

【加强区域合作】分别与安徽省、青海省住房和城乡建设厅签署建筑业合作与发展框架协议，共同推进企业、从业人员、信用评价、行政审批、评先评优、行政处罚等信息共享。

【持续深化工程建设项目审批制度改革】积极会同省级有关部门共同抓好《陕西省优化营商环境三年行动计划（2021－2023年）》有关办理建筑许可任务的落地，推动多规合一项目前期策划生成等重点任务落实。会同省级六部门出台《关于进一步优化城镇老旧小区改造项目审批的指导意见》，提出24条改革措施。出台《社会投资小型低风险工程建设项目实行告知承诺制的指导意见》，并经住房和城乡建设部同意调整施工许可证办理限额，持续简化小型项目审批。印发《陕西省工程建设项目审批“体外循环”和“隐性审批”专项整治工作方案》，进一步优化审批事项、申报材料和审批环节。向各市印发“一市一清单”，对各地存在问题实行清单化管理，并印发多期简报，总结各市经验做法，指导市县破解堵点问题。2021年全省在线办理工程项目1.53万个，办件量2.96万件。

【加快培育建筑产业工人队伍】支持大型建筑企业与建筑工人输出地区建立合作关系，引导劳务企业向具有地域特色、行业特征、技能特点的专业作业企业转型发展。贯彻落实施工现场技能工人基本配备标准，引导建筑企业将薪酬与建筑工人技能等级挂钩，进一步提升建筑产业工人培育水平。

建筑节能与科技

【概述】2021年，陕西省建筑节能科技工作紧扣城乡建设绿色低碳高质量发展主题和“双碳”目标，完整、准确、全面贯彻新发展理念，提请省政府常务会议审议通过《关于推动城乡建设绿色发展的实施意见》。2021年，榆林市、延安市成功纳入第四批全国北方地区清洁取暖试点城市。

【碳达峰碳中和工作积极推进】成立“陕西省城乡建设领域碳达峰碳中和工作领导小组”，在全省范围内调研摸底，汇总数据，编制资料，印发领导小组《工作规则》《办公室工作细则》《“1+3”政策体系编制工作方案》等实操文件。建立健全工作机制，细化任务目标，确保碳达峰碳中和工作顺利开展。

【建筑节能水平稳步提升】印发《关于2020年度绿色建筑创建行动进展情况的通报》，要求从2021年起，设区市新建建筑必须全面按照绿色建筑标准设计、建设，全面落实绿色建筑占比55%的目标任务。编制印发陕西省《建筑节能与绿色建筑“十四五”专项规划》，并会同省财政厅编制2021年建筑节能专项资金预算，下发了《关于组织申报2022年度城镇化发展专项资金（建筑节能）项目的通知》。印发《关于转发〈住房和城乡建设部关于印发绿色建筑标识管理办法的通知〉》。组织编制了《建筑节能适用技术目录》《陕西省民用建筑能耗监测系统技术指南》等6部标准，启动《居住建筑绿色设计标准》等7部技术规范的编制工作。全省绿色建筑开工面积5159.16万平方米，占新建建筑开工面积的比例达到74.66%；绿色建筑竣工面积3419.71万平方米，占新建建筑竣工面积的比例达到63.43%。结合城市更新、老旧小区改造等工作，积极开展城市、农村等地区的既有建筑节能改造，完成改造面积453.33万平方米。

【装配式建筑发展】确定装配式建筑占比22%的年度目标，完善了省级装配式建筑统计制度，对建设项目进行动态管理。起草了《省促进装配式建筑发展联席会议议事规则》《省促进装配式建筑发展联席会议办公室工作细则》，明确了职责和要求。全年新开工装配式建筑面积达1790.3万平方米，占新建建筑的26.6%。

【地热能供热利用成效显著】印发《关于下达2021年度地热能建筑供热目标任务的通知》，确定全年550万平方米地热能建筑供热的目标责任，建立《2021年关中各市区地热能建筑供热项目台账》。印发《大力发展地热能建筑供热 推动住建行业绿色低碳高质量发展》《面向“碳达峰、碳中和”目标做好顶层设计 科学充分高效合理发展地热能建筑供热》工作简报，并在《陕西经济研究》刊发“聚焦‘双碳目标’推动清洁采暖”，着重介绍西咸新区中深层地热能建筑供热发展经验做法，供各地市学习借鉴。全年地热能建筑供热共组织开工建设 723.61 万平方米，其中，中深层地热能建筑供热面积 409.06 万平方米。推动相关单位编制了《陕西省地热能标准体系建设规划（2021－2025）》和《浅层地热能勘查与评价技术规程》等标准规范。陕西省规模化开发利用中深层地热能清洁供热的做法获得住房和城乡建设部的高度肯定，并以《住房和城乡建设部信息专报（第 83 期）》刊发了“陕西省认真落实碳达峰、碳中和要求 规模化开发利用中深层地热能清洁供热”的做法。

【行业科技创新加速推进】编制了《陕西省住房和城乡建设科技创新与推广应用“十四五”规划》。印发《关于组织申报 2021 年陕西省建设科技计划项目的通知》，面向“双碳”目标需求和年度重点任务，征集科学技术计划项目。共征集建设科技计划项目 118 个，立项 48 个，其中软科学类 2 个，科研开发类 26 个，绿色施工科技示范项目类 20 个。

【绿色建材和新型墙材推广应用逐步提升】与省市场监督管理局、省工业和信息化厅联合发布《关于印发〈陕西省绿色建材产品认证实施方案〉的通知》，组织开展绿色建材采信应用数据库产品采信入库，全年有 44 家企业的 86 个获证产品纳入绿色建材产品采信应用数据库。积极开展新型墙体材料产品认定工作，发布 3 批，共 68 个产品。

【建筑科技项目获奖情况】中国建筑西北设计研究院共获得省部级设计项目奖 29 项，省部级科学技术奖 2 项，其他科学技术奖 3 项。其中，《民用建筑设计统一标准》GB 50352—2019 获得华夏建设科学技术奖一等，“传统风格建筑现代结构设计关键技术及其工程应用”项目获陕西省土木建筑科学技术奖一等奖。西安建筑科技大学《绿色建筑标准体系构建和性能提升技术研究及应用》《城市污水处理系统运行特性与调控机制》《箱板钢结构装配式建筑体系关键技术研究及应用》获华夏建设科学技术奖一等奖；《西北村镇建筑热环境提升与能源高效利用关键技术》《近零能耗建筑技术标准》《农村危房改造与宜居型农房建设技术研究及应用》获省部级二等奖。长安大学邢国华教授团队“混凝土结构强震灾变机理及性能改善与提升技术”获 2021 年度陕西省科学技术进步奖二等奖。

人事教育

【坚定“两个维护”】深刻领会“两个确立”的决定性意义，把“两个维护”贯穿到组织人事工作全过程各方面。举办学习贯彻党的十九届五中全会专题培训班、党史学习教育专题培训班，引导党员干部进一步坚定理想信念，把牢政治方向，站稳政治立场，强化政治自觉。全年组织党员学习活动 24 次、讲党课 4 次、研讨交流 16 次。

【加强干部队伍建设】做深做实干部政治素质考察，严格把好政治关。全年推荐 1 名干部任副厅级领导职务、1 名干部晋升一级巡视员、2 名干部晋升二级巡视员、选调 2 名厅直单位干部到厅机关任职，选拔 7 名处级领导干部，完成 34 名公务员职级晋升。制定《厅专业技术类公务员分类改革试点工作方案》《厅专业技术类公务员专业技术任职资格评定实施细则》，全力推进公务员分类改革试点工作。

【提高干部队伍专业化能力】组织机关干部和厅属单位负责同志参加 14 期住房城乡建设系统领导干部视频远程教育培训，切实提升推动住房城乡建设事业高质量发展的专业本领。协调省委组织部在陕西干部网络学院开设“推进新型城镇化”学习专栏，推送两批 14 门精品课程；借助全国市长研修学院优势资源，开设网络学习“陕西频道”，为全省住建系统干部提供优质培训渠道。累计选调 160 余名干部参加住房和城乡建设部、省委组织部和其他部门组织的各类专题培训、调训，230 余名干部参加省干部网络学院培训。同时，选派 4 名干部到乡村振兴第一线、服务群众最前沿“淬火”，2 名干部到住房和城乡建设部学习锻炼，抽调 13 人（次）参加巡视巡察、信访督查、省上各类专班等岗位接受锻炼。

【做好目标责任考核工作】2021 年，省住建厅被省委、省政府表彰为“2021 年度目标责任考核优秀单位”，连续 11 年获得优秀等次。印发《机关处室和厅直单位 2021 年度目标责任考核指标的通知》，完善“考核台账管理制度”和跟踪督办管理机制。细化分解处室指标，落实月督办、季巡考、半年小结、年终考核，按时保质完成考核资料的上传工作。修订厅《公务员平时考核实施办法》，完善日常考核、分类考核、近距离考核的知事识人体系。《关于优化公务员平时考核的对策建议》荣获 2021 年度全省组织工作优秀调研成果一等奖。

【加强行业技能人才培养】调整优化建筑工人职业培训管理系统，增加办事指南模块，完善机构与证书查询功能，方便企业和建筑工人办事。印发《关于进一步规范建设行业技能人员职业培训考核工作的通知》，加强对培训考核机构动态监管。建立职业培训工作台账，加强跟踪问效，研究制定改进措施，确保职业培训工作取得实效。截至9月底，全省培训建筑工人3542人，考核取证2691人，享受财政补贴321人。出台《陕西省住房和城乡建设领域施工现场专业人员配备标准》，全省累计培训施工现场专业人员13970人，测试15423人，取证10821人。

【提升离退休人员服务管理水平】为在党50周年的21名老同志举行隆重的奖章颁发仪式，组织老同志积极参加全省纪念建党百年书法、绘画、征文和摄影活动。持续开展好“六联六送六必看”活动，完成离退休人员新增护理费和128名厅级干部和离退休人员的体检工作，为离休人员报销医疗费和住院费68.36万元，为91老同志申请和发放了冬季采暖补贴差额和降温费，为19名困难离退休干部申请了帮扶资金。全年看望慰问老干部50余次，接待来访90余次，帮助80余名老干部完成社保卡认证，做好3名去世老同志的丧葬事宜。完善“三秦夕阳红”网站建设和厅系统离退休人员信息录入工作。加强离退休人员政治理论学习和思想建设，为老同志发放了学习辅导资料，指导做好党支部书记培训工作。

大事记

1月

5日　会同省发改委、省财政厅印发《关于全面推动城镇老旧小区改造暨“美好环境与幸福生活共同缔造”活动的实施方案》。

6日　省住建厅荣获全省行政复议先进集体。

13日　陕西出台全国首部“省级城市管理综合执法地方性法规”，成功入选全省“十大法治事件”。

18日　印发《陕西省餐厨废弃物整治工作实施方案》。

25日　全省首家综合性省级城市生活垃圾分类示范区宣教基地揭牌仪式在西安市莲湖区举行。

26日　与中国电信陕西分公司在陕西电信云基地签订“5G+新城建”战略合作协议，助力陕西省智慧城市建设的战略落地。

29日　发布《关于修订住房公积金个人住房贷款所使用借款合同及其附属合同窗口指导意见的通知》，并提出具体要求。

2月

7日　省住建厅政策法规处荣获“全省法治建设先进集体”荣誉称号。

同日　联合省自然资源厅、省市场监管局联合印发了《关于下发〈房地产领域信访突出问题解决化解工作方案〉的通知》。

8日　印发《关于2020年全省城镇污水处理提质增效工作进展情况的通报》。

24日　省住建厅党组书记、厅长韩一兵主持召开厅“十四五”规划专题会议。

3月

5日　陕西省被住房和城乡建设部、财政部确定为2020年农村危房改造工作积极主动、成效明显的省份，省级评价结果位居全国第一。

12日　《陕西省建筑防火设计、审查、验收疑难问题技术指南》正式印发。

15日　副省长魏增军在西安市调研检查住房租赁试点工作。

23日　韩一兵赴宝鸡市麟游县调研县城建设、重点镇建设工作。

4月

6日　印发《关于做好2021年全省城市排水防涝保障城市安全度汛的通知》。

9日　住房和城乡建设部向全国推广2021年陕西住房公积金管理服务工作做法。

5月

7日　会同省发展改革委、自然资源厅、生态环境厅、市场监管局、文物局等部门，联合出台《关于进一步优化城镇老旧小区改造项目审批的指导意见（试行）》。

12日　发布《关于公布房地产领域违法违规典型案例的通报》，对全省20家房地产企业、7家房地产经纪机构、8家物业服务企业违法违规行为进行了通报。

22日　住房和城乡建设部城市体检西北片区工作座谈会在西安召开。

26日　《新华财经》以“创新驱动引领高质量发展陕西建筑业朝着绿色智慧方向转型”为题，对陕西建筑业高质量发展成效进行专题报道。

6月

7日　陕西省住建系统4个集体、12名个人获省脱贫攻坚先进集体和个人称号。

11日　副省长郭永红出席全省城市生活垃圾分类工作现场推进会。

14日　《转变服务方式提升服务质量——陕西推行“互联网+公积金”便民服务模式的调研》获得2021年度全省党政领导干部优秀调研成果一等奖。

16日　发布《关于公布房地产领域违法违规典型案例的通报》，对10家房地产企业违法违规行为进行通报。

30 日　印发《第十四届全国运动会 第十一届残运会暨第八届特奥会扬尘污染防治总体保障方案》。

7 月

13 日　印发《2021 年陕西省建设工程消防设计审查验收抽查工作方案》。

同日　住房和城乡建设部向全国转发陕西省“四清一责任”工作机制防控化解贷款逾期风险有关做法，推广陕西经验。

20 日　住房和城乡建设部科技与产业化发展中心和省住建厅签署《开展美好环境与幸福生活共同缔造、推动城乡绿色低碳发展》战略合作协议。

23 日　会同银保监局就银行支持住房租赁市场工作进行座谈，分析银行业支持租赁企业发展的堵点和解决的办法。

同日　印发《2021 年工程勘察设计企业和施工图审查机构动态监督检查工作方案》。

8 月

6 日　印发《住建领域十四运和残特奥会场馆安保工作方案》。

13 日　召开黄河流域生态环境突出问题整改专题会。

22 日　编制印发《洪涝灾害农村住房安全应急预案（暂行）》《洪涝灾区农村住房安全应急评估指南（暂行）》。

9 月

2 日　住房和城乡建设部管理中心体检评估试评价工作选取厅住房公积金监管处，西安、铜川管理中心分别作为省级、省会城市和中小城市代表参加全国体检评估工作。

3 日　印发《陕西省第一次全国自然灾害综合风险普查房屋建筑和市政工程调查质量控制细则》《陕西省第一次全国自然灾害综合风险普查房屋建筑和市政设施调查业务流程指南》《陕西省第一次全国自然灾害综合风险普查房屋建筑和市政设施调查数据处理方案》。

7 日　印发《关于积极引导市场力量和社会资本参与城镇老旧小区改造工作的通知》。

10 日　陕西省人民政府命名蓝田县、太白县、三原县、宜君县、富平县、洛川县、靖边县、洋县、紫阳县、山阳县等 10 个县为“2020 年度全省县城建设示范县”。

同日　召开全省第一次自然灾害综合风险普查房屋建筑和市政设施调查工作培训会。

16 日　宝鸡市荣获 2021 年联合国人居环境奖，成为亚洲和我国唯一获奖城市。

17 日　组织召开全省农村生活垃圾治理卫星遥感监测核查整治暨培训视频会。

18 日　与省发展改革委联合印发《陕西省“十四五”住房和城乡建设事业发展规划》。

23 日　渭南市、汉中市、紫阳县、柞水县列为省级城市体检试点城市。

同日　西安市建筑业劳动保险基金管理中心、陕西省铜川市住房公积金管理中心获得“第 20 届全国青年文明号”荣誉称号。

25 日　召开全省房地产工作座谈会。

同日　组织召开《陕西省物业服务管理条例》宣贯培训会。

28 日　联合省财政厅印发《关于开展生活垃圾治理试点镇创建工作的通知》。

10 月

15 日　印发《关于做好 2021—2022 年采暖期城镇供热采暖工作的通知》。

11 月

3 日　旬阳市下城街等 30 个历史文化街区被省政府核定为第四批省级历史文化街区。

15 日　联合省财政厅向西安市政府印发《关于通报西安市加快推进住房租赁市场试点工作情况的函》。

22 日　《中国建设报》头版刊发《陕西持续推进消防审验工作法制化》。

同日　对 2021 年排水防涝治理示范试点县（区）系统化治理方案进行评审。

29 日　召开 2021 年度目标责任考核工作推进会。

12 月

1 日　联合国网陕西省电力有限公司印发《关于进一步明确变配电工程消防设计审查验收有关事项的通知》。

3 日　住房和城乡建设部在西安召开城乡历史文化保护传承立法工作研讨会，修订《历史文化名城名镇名村保护条例》。

10 日　省住建厅政策法规处被评为“2016—2020 年全省普法工作先进单位”。

16 日　印发《陕西省村庄内部道路建设技术导则》。

（陕西省住房和城乡建设厅）

甘 肃 省

城镇基础设施建设

【概况】2021年，甘肃省督促指导各地因地制宜、分类施策，积极推进城市（县城）生活污水、垃圾处理、排水防涝设施等设施建设，指导各地围绕系统化全域推进海绵城市建设，推动城市生活垃圾分类工作，加快老旧管网及雨污合流管网改造，进一步巩固城市黑臭水体治理成果。

【海绵城市建设】全面总结推广庆阳市海绵城市建设经验，有序推进全省系统化全域海绵城市建设，全省17个设市城市建成区20%以上面积达到海绵化建设要求，并委托第三方技术机构完成了2021年度海绵城市建设评估工作。5月，经省内评审，推荐天水市申报全国示范城市，天水市获得11亿元专项资金支持。

【城市污水处理设施建设】2021年，全省建成污水管网666.39公里，完成目标任务的127.9%。重点推进渭河、马莲河、蒲河等流域城镇污水处理设施提标改造工程建设，全省城市（县城）实现污水处理设施全覆盖，共建成污水处理厂93座，其中已有79座完成一级A提标改造工程，7座正在开工实施提标改造工程，7座正在开展提标改造工程前期工作。积极推进污泥处置设施建设，全省城市污泥无害化处置率达到93%以上，实现污泥处理处置稳定化、无害化、资源化；全省以缺水城市为重点，拓宽再生水使用范围，缺水城市再生水利用率平均达到20%以上。

【城市黑臭水体整治】指导兰州市、张掖市、天水市、平凉市持续做好城市黑臭水体治理工作，全省18条黑臭水体完成整治并达到长制久清的目标。张掖市、平凉市黑臭水体试点建设稳步推进。

【城市（县城）排水防涝设施建设】实施10个城市排水防涝设施建设，累计完成投资35055万元，其中中央预算内投资7454万元，地方投资27601万元。实施10个县城排水防涝设施建设，总投资22345万元，其中中央预算内投资8327万元，地方投资14018万元。

【城市生活垃圾分类处理】印发《关于进一步推进全省生活垃圾分类工作的若干措施》，争取并下达省级财政奖补资金0.3亿元，各地级城市已设置城区居民小区投放点27，218个，生活垃圾“四分类”收集、运输体系逐步完善。各城市已建成投运生活垃圾焚烧发电设施8座（其中2021年内建成投运2座），已建成厨余垃圾资源化处置设施5座（其中2021年内建成2座）。同时，定西市、庆阳市（二期）、兰州市（二期）生活垃圾焚烧处理设施，金昌市、平凉市、天水市、兰州市厨余垃圾资源化处理设施施工在建。全省城市生活垃圾资源化、能源处处理水平大幅提升，武威市静脉产业园处理模式基本形成。兰州市作为国家“46个重点城市”之一，城区全覆盖推行生活垃圾分类，城市生活垃圾回收利用率已达到41%以上。

【停车场及充电桩等设施建设】到2021年年底，全省建成停车场约5000处，停车泊位约97万个。2021年，依托城镇老旧小区改造，全省新建汽车、自行车充电桩2000多个，增设停车位2.7万个。

【城镇老旧小区改造】2021年开工改造老旧小区2126个、17.7万户，共整合为128个项目推进实施，争取到位中央补助资金8.258亿元、中央预算内投资补助资金18.7687亿元、落实省级配套资金1.1836亿元，争取落实政府专项债券资金9.32亿元。

【历史文化保护】制定印发《关于加强历史文化名城名镇名村保护工作的指导意见》《甘肃省2021年度历史文化街区划定和历史建筑确定工作方案》《关于持续抓好历史建筑确定工作的通知》等文件，持续推进历史文化街区划定和历史建筑确定工作。到2021年年底，甘肃省已发文公布历史文化街区26片，完成标志牌设置的16片；确定历史建筑134处，已发文公布129处，完成标志牌设置的75处，完成测绘建档的31处；摸排历史建筑潜在对象45处。

【供水保障】组织全省各地按照县区自查、市州复核、省级抽查的方式开展城市（县城）供水规范化管理考核工作，重点对各地供水厂、二次供水、管网等供水设施运行状况和相关制度落实情况进行检查，确保供水设施安全运行。甘肃省城市供水水质监测中心（国家城市供水水质监测网兰州站）于5月、8月对平凉市、庆阳市、定西市、陇南市、临夏州、甘南州等地区城市（县城）供水厂出厂水水质进行检测。10月中下旬，疫情发生后，及时指导兰州市等地区加强城市供水安全保障工作，确保疫情期间城市供水设施运行稳定，水质水压符合国家规范要求。

【供气保障】全面开展燃气、液化石油气安全专项检查。组织各地严厉查处瓶装液化石油气经营、储存、充装、运输、使用等环节中各类违法违规行为，督促各地全面加强安全隐患排查治理，消除安全隐患，有效防范遏制安全事故发生。先后组织3次全省城镇燃气安全生产全覆盖专项检查，共派出专项检查组611（次），检查人员2275（人次），检查企业1556（家次）、居民小区513个、住户45171户、商业用户2008个，排查消除各类安全隐患4462项，下发整改通知单、检查建议书共303份。

【供暖保障】7月，按照“冬病夏治”的原则，对集中供热设施和管网进行全面维护检修，各地共维护检修供热管网5823公里，热源厂、换热站等4189座。自10月启动供暖工作以来，4次召开专题会议，多次开展实地调研督查，建立并落实日调度、周报告制度以及预警机制，督促各地认真分析研判能源紧缺以及疫情防控对供暖工作带来的困难和压力，想方设法保障燃煤储备，加强设施设备检修维护，强化24小时值班值守，加强应急队伍建设，畅通投诉渠道，开展访民温暖，走访供暖用户91927户，全力以赴提升供暖服务质量。2021年供暖季，全省82个县区及兰州新区普遍实现提前3～15天供暖，有力保障了群众温暖过冬。特别是面对疫情，全省各级供热主管部门、供热企业进一步提高政治站位，在保证安全生产运行的情况下，对封闭小区、隔离场所、救治医院等供暖保障工作建立台账、靶向调度，加强对上述场所的供暖管网、设施设备的检修维护等工作，千方百计将温暖尽早送入群众家中，让广大群众切实感受到来自党和政府的温暖。

住房保障

【农村危房（抗震）改造】全面做好巩固拓展脱贫攻坚同乡村振兴有效衔接，持续做好农村低收入群体等重点对象住房安全动态监测改造，发现一户、鉴定一户、改造一户，验收一户，实现动态清零，全省共排查改造完成动态新增危房148户，持续巩固拓展脱贫攻坚住房安全保障成果，坚决守住不发生住房安全规模性返贫这一底线。统筹推进地震高烈度地区农房抗震改造，将7.59亿元中央农村危房改造补助资金优化调整下达各地，鼓励支持地方创新财政投入方式，因地制宜推动农房抗震改造，对农户建房质量安全、抗震结构、建筑风貌、完善功能等进行科学引导和管控，配套完善基础设施和公共服务设施，全省完成农房抗震改造2.7万户。甘州区、永昌县、镇原县等地探索出“政府引导、财政奖补、以点带面、整村推进”的农房抗震改造路径，有效保障了农村低收入群体住房安全改善了农村住房条件和居住环境，脱贫攻坚住房安全保障成果得到巩固拓展。

【保障性住房】2021年，全省棚改计划新开工6.73万套，棚改基本建成3.16万套，发放住房保障家庭租赁补贴3.86万户。截至12月底，全省棚户区改造新开工6.73万套，开工率为100%；全省棚改基本建成3.69万套，完成率为116.8%；发放城镇住房保障家庭租赁补贴3.9万户，完成率为101.1%；棚户区改造和保障性住房项目完成投资223.01亿元。全省历年累计建设公租房43.3万套，完成分配42.76万套，分配率为98.8%。兰州市作为中央补助支持新建筹集公租房的71个重点城市之一，2021年计划新筹集公租房3000套，已全部开工建设。2021年，全省共争取中央财政专项资金9.71亿元（排名全国第8位，西部地区第2位）、中央预算内投资配套设施资金17.98亿元（排名全国第4位，西部地区第1位），落实省级财政配套资金2.48亿元，共发行棚改专项债券108.07亿元。

房地产市场监管

【落实房地产调控政策】2021年，会同省发展改革委、省自然资源厅、省银保监局、人民银行兰州中心支行等部门落实金融、土地、税收等政策，指导各地科学合理确定新建商品房和存量房销售价格涨幅控制、商品房去化周期、年度住宅用地价格涨幅控制、年度商品房贷款占比等具体指标，细化房地产市场调控评价考核工作，切实把国家房地产调控政策落到实处。

【防范化解重大金融风险】指导各地认真落实分类调控长效机制、监控市场发展动态、加强预售资金监管、加强住房信贷管理、落实差别化信贷政策、加强住房融资管理六项任务并纳入年度考核工作，有效防范化解房地产泡沫引发的金融风险。全省未发生房地产领域重大金融风险问题，也没有需要纳入“三线四档”融资管理的房地产企业。

【房地产市场平稳运行】全省房地产开发投资

1525.88亿元、增长12.6%，高于全国增速8.2个百分点；商品房销售面积2224.09万平方米，增长13%，高于全国增速11.1个百分点；商品住宅去化周期17.21个月，处于正常合理区间。

建筑市场监管

【建筑业发展】截至目前，全省累计监督房屋市政工程施工项目13658个，同比增长11.6%；房屋建筑面积2.9亿平方米，同比增长32.6%；工程总造价7598亿元，同比增长24.7%。前三季度，完成建筑业总产值1513.46亿元，同比增长15.89%；完成建筑业增加值415.31亿元，同比增长5.9%，建筑业呈现出稳升向好的发展态势，预计到第四季度能够完成目标任务。

【工程招投标】制定出台房屋建筑和市政基础设施项目工程总承包招标评标定标办法、评标专家管理办法、招标代理机构管理办法和勘察招标评标定标办法，进一步规范招投标领域秩序。探索推进评定分离，落实招标人首要责任，实现了招标投标过程的规范透明，结果的合法公正，依法依规接受监督。开发“甘肃省房屋建筑和市政基础设施工程招标投标大数据系统”，实现了监管项目所有流程全网通办，线上受理、线上核验、线上办结。

【工程质量安全监管】进一步规范全省工程质量安全监管工作，落实建设单位工程质量首要责任。在房屋市政工程关键部位等环节全面实施举牌验收制度，实现质量责任可追溯；开展预拌混凝土质量和工程质量检测专项整治提升行动，切实保障工程质量安全；举办全省工程质量安全标准化观摩交流会，推广建筑施工四新技术，提升施工质量安全标准化水平；组织开展建筑施工生产安全事故应急救援演练，提高企业安全生产意识；推行施工项目专职安全员企业委派制度，促进建筑施工企业本质安全体系建设。全面开展建设工程消防审验工作，做好消防安全源头管控。

【行业安全隐患大排查大整治】制定住建领域安全隐患大排查大整治等工作方案，在全省范围内开展系统性隐患排查整治。深入推进违法违规建设审批和城市房屋安全隐患排查整治，全省共排查既有房屋建筑240301栋，整改安全隐患1131栋；排查在建建筑12135栋，整改安全隐患932栋；整改查处违法建设行为729起。同时，稳步开展农村房屋安全隐患排查整治，6月底全面完成了经营性自建房的排查、鉴定和整治，基本完成了全省农村房屋安全隐患排查。截至11月7日，全省共排查农房458.11万户，对农户居住房屋的现状情况全部建立了电子信息档案，其中，用作经营自建房21.37万户，其他农村房屋436.74万户。对鉴定为危房的未用作经营自建房，符合条件的六类低收入群体，及时纳入农村危房改造或农房抗震改造支持范围予以解决；不符合条件的，按照谁拥有谁负责、谁使用谁负责、谁主管谁负责的原则，落实产权人（使用人）主体责任，由产权人（使用人）对危房进行整治，及时消除房屋安全隐患。

建筑节能与科技

【装配式建筑】印发《甘肃省住房和城乡建设厅关于加快新型建筑工业化发展的通知》《甘肃省住房和城乡建设厅关于进一步加大力度做好装配式建筑工作的通知》等文件，编制印发《甘肃省新型建筑工业化专项规划》，积极探索推动新型建筑工业化。组织召开全省装配式建筑工作会议。2021年新开工装配式建筑面积162万平方米。有经认定的国家装配式产业基地4个、省级产业基地12个，省级示范项目3个。

【建筑节能和绿色建筑】印发《关于进一步贯彻落实甘肃省绿色建筑创建行动实施方案的通知》《关于进一步做好我省既有建筑节能改造及相关工作的通知》，持续加强建筑节能监管。指导督促各市州做好新建建筑执行节能强制性标准和数据统计工作，从统计结果分析，全省城镇新建建筑节能强制性标准执行率达到100%；到2021年年底，城镇绿色建筑竣工面积占新建建筑竣工面积比重达到70.58%。甘肃省级公共建筑能耗监测平台顺利通过验收，为强化我省公共建筑能耗动态监测工作和建筑节能管理发挥积极的作用。筹划绿色建筑标识认定工作。

住建领域“放管服”改革

【行政审批制度改革】落实“证照分离”改革，坚持“应放尽放”的原则，累计取消、下放、调整政务服务事项16项，调整办理施工许可的房屋市政工程限额，降低企业制度性交易成本。提升行政审批效率，优化政务服务事项办理，共减承诺时限161天、减办事材料146份、减跑动次数61次，48项行政许可事项全部实现“零跑动”、全程网办率达100%，11项政务服务事项优化为即办件。依托省“互联网+监管”系统，开展“双随机、一公开”监管、跨部门联合监管，推行智慧监管、柔性监管，为市场主体营造“无事不扰”营商环境。推动22项政务服务事项在“甘快办”APP移动端办理，住建领域9类企业资质证书、许可证和6类人员注册资格证书全部实现电子化。推行"互联网＋政务服务"，房建市政工程招投标实现全流程网上办理，施工图审查实行全流程网上数字化联合审查，建筑工程施工许可证实行网上"一站式"申请、受理、审核、发证。持续加强制度建设和公平竞争审查，从源头杜绝行政对市场的干预，为市场主体减负解困。

【工程建设项目审批制度改革】建成覆盖项目生成、立项用地许可、工程建设许可、施工许可、竣工验收等工程建设项目审批全过程的省市两级系统，实现了工程建设项目审批"统一审批流程、统一信息数据平台、统一审批管理体系、统一监管方式"，实现了省市县工程建设项目审批服务全流程、全覆盖，实现了工程建设项目审批服务"在线办""并联办""透明办"，将工程审批时限全部压减至90个工作日内。全面推进工程建设项目审批标准化、规范化、便利化，企业和群众办事的便利度满意度获得感显著增强。

【提升政务服务精细化水平】不断优化办理流程，简化审批环节，强化窗口与处室联动，按时办结率为100%。采取线上为主、线上线下融合，辅以窗口代办的方式开展工作。实现了政务大厅窗口一次受理，按期办结、"最多跑一次"；实现了网上提交、即申请即办理，证照实行电子化管理，交通、水利、通信等建筑业企业资质全部在线审批，为企业和群众提供"零出行、非接触"便利服务，即"一次都不跑"。

特色和亮点工作

【纵深推进工程建设项目审批制度改革】组织市州政府和有关部门深入推进工程建设项目审批制度改革，审批时限由改革前的240个工作日以上压减至90个工作日以内（国务院要求120个工作日），审批事项由79项精简为53项，多项重要考核指标连续排名全国前十，总体情况位居全国中上水平。形成的健全考评体系、畅通监督渠道等改革经验得到住房和城乡建设部充分肯定，并在全国复制推广。

省长任振鹤分别于6月、12月对工程建设项目审批制度改革工作作出重要批示，并亲自主持召开省工程建设项目审批制度改革工作领导小组会议，将成员单位扩充至22家。目前，共制定42项省级配套制度、311项市级配套制度。提请省政府先后印发了《甘肃省人民政府办公厅关于进一步推进工程建设项目全流程在线审批的通知》和《甘肃省人民政府办公厅关于深化投资建设领域"放管服"改革持续优化营商环境的若干措施》，以制度建设推进改革工作稳步迈向标准化、规范化、便利化。积极推动发改、自然资源、水利、交通、环保等相关部门的业务系统与工程审批系统深度融合、互联互通，努力实现跨部门、跨地域、跨层级业务协同，"一网通办""全流程在线审批"。制定《关于优化新建社会投资简易低风险工程建设项目审批服务的若干意见》，对标对表办理建筑许可评价指标，提出了精简审批环节、减少申报材料、压缩审批时限等一系列改革举措，审批时限将着力压减至18个工作日。分别与省通信管理局、省电力公司、中石油昆仑燃气甘肃分公司、甘肃中石油昆仑燃气公司联合发文，规范优化燃气、电力、通信报装服务，将市政公用服务事项办理时限压缩达50%以上。群众申请办理二手房过户登记时，可同步提交水、电、气、暖、有线电视、有线宽带过户申请。联合省自然资源厅和省人防办印发《甘肃省工程建设项目联合测绘技术标准》，在推进项目验收涉及测绘内容实行一次委托、统一测绘、成果共享的基础上，形成了全省统一、完备且适用的联合测绘技术标准；出台《关于印发〈甘肃省建筑工程施工图设计文件联合审查要点（2021版）〉〈甘肃省市政工程施工图设计文件联合审查要点（2021版）〉的通知》，明确审查内容，统一审查尺度。联合省通信管理局和省工信厅印发《关于加强建筑工程电信设施设计及验收相关工作的通知》，将建筑工程电信设施设计审查并入施工图设计文件审查，电信设施分部分项工程验收并入工程竣工验收。省生态环境厅印发《环境影响区域评估技术要点》，统一全省环评事项区域评估实施标准，深入推进区域评估工作，推进园区项目环评审批便利化。

【积极推进保障性住房建设】2021年确定的为民办实事保障性住房建设目标任务全面完成。研究制定《启动建设保障性租赁住房和共有产权住房的实施方案》，建立了《项目清单》《目标清单》《责任清单》，通过门户网站向社会发布为民办实事实施方案政策解读。督促市县区逐项制定具体工作方案，落细落实具体指标和重点任务，明确目标责任和完成时限，建立了省厅牵头抓总、省直相关部门配合、市县区政府具体负责实施的层级负责机制。严格落实市县政府主体责任，坚持目标导向和结果导向，紧盯目标任务、时间节点，实行清单化推进、台账式管理，全面落实目标、责任和推进措施，切实从严从细从实抓好目标任务落实。8月3日，兰州市成立了省政府为民实事保障性住房雁儿湾项目协调推进工作领导小组，制定了推进工作计划表，在省政府为民办实事实施方案确定的实施阶段内，进一步明确了各阶段工作的完成时间节点，进行全程跟踪督办。下发《关于扎实做好2021年为民办实事工作的通知》，明确了任务书和路线图，建立了周调度、月报告和季督查制度，每周进行跟踪调度，每月进行专题报告，每季度联合相关部门进行实地调研督查。对重点项目提高督查频度，实行项目开工前重要节点工作周计划调度制度。省政府领导多次召集相关部门，研究项目推进工作。省住建厅主要领导和分管领导多次进行实地督导调研，组织召开专题会议，协调项目建设手续办理工作，压缩办理时限，明确时间表和路线图，有效加快了为民办实事项目的实施进度。

【争取中央资金支持成效显著】2021年以来，省住建厅认真贯彻落实省委省政府的工作部署和要求，积极对接国家“十四五”规划、“黄河战略”、西部大开发、“双碳”战略等，主动谋划住建领域高质量发展路径。

2021年，全省住建领域共争取中央资金122.13亿元，发行棚改专项债券筹集资金108.07亿元。其中：争取2021年度项目资金95.89亿元，包括：城镇保障性安居工程27.69亿元（中央财政专项资金9.71亿元、资金争取额度在全国排名第8位、西部地区第2位；中央预算配套资金17.98亿元、资金争取额度在全国排名第4位、西部地区第1位），城镇老旧小区改造27.03亿元（中央补助资金8.26亿元、中央预算内投资补助资金18.77亿元，分别占全国总量的2.8%、2.6%）；农村危房改造（抗震农房加固）7.59亿元，城市、县城排水防涝设施建设资金1.58亿元；兰州和天水分别取得北方地区冬季清洁取暖项目支持城市和2021年度系统化全域推进海绵城市建设示范城市资格，分别获批21亿元、11亿元的中央资金支持。争取2022年度项目预拨资金26.24亿元，包括：棚改中央财政补助资金5.89亿元、公租房租赁补贴补助资金2.15亿元，老旧小区改造中央财政补助资金7.33亿元、第一批中央预算内投资补助资金8.6亿元，农村危房改造中央财政补助资金2.27亿元。通过中央资金支持重点民生项目建设，有效缓解了市县资金筹集压力，推动了市政基础设施和民生项目实施，为全省经济社会发展和民生改善发挥了重要作用。

【全省全域无垃圾专项治理及农村“垃圾革命”行动】省委省政府统筹安排部署，成立了由24家省直单位为成员的联席会议制度，研究解决垃圾治理重大问题，加强督促检查，统筹协调各市州、县市区和有关职能部门开展治理工作。省住建厅先后制定了《督查检查制度》《目标责任清单》《验收办法》《成效考核评价方案》《农村生活垃圾管理条例》等配套措施，各市州及所属县市区、乡镇逐级制定了工作规范、督查评测方案、城乡环境卫生管理办法、村庄保洁管理制度、垃圾收运处置制度等，明确了垃圾治理的条块责任。分别组织在甘南州、嘉峪关市、酒泉市、金昌市、兰州市、张掖市、武威市6次召开现场推进观摩会，推进治理工作不断向纵深开展。省级制定量化考核指标，支持和引导县市区建立垃圾收运处置体系。市县积极筹措资金合理配置保洁人员和垃圾收运车辆，加快推进无害化垃圾处理设施建设。全省共配备了村庄保洁人员17.6万名，配备各式农村垃圾收运车辆4.1万辆，共建设无害化垃圾处理设施318座，全省所有乡镇垃圾转运场（站）、村庄垃圾收集点、收集车辆、无害化处理设施全覆盖，各县市区、乡镇、村基本建立了符合本地实际的城乡垃圾收集、转运和处理设施网络，初步形成了可行、有效、稳定的长效管理机制。先后组织开展全省专项督查和年度考核7次，联合省电视台开展明察暗访35次，实现了全省86个县市区督查检查全覆盖，开展问题整改落实“回头看”28次；聘请第三方独立机构对全省86个县市区开展实地考核评价排名5次，对存在的问题及短板弱项反馈各地进行全面整改；运用无人机航拍技术分四组对全省86个县市区不间断覆盖排查，全省累计清理整治省级无人机航拍排查出的垃圾堆积点170306处。各地累计清理整治城乡各类垃圾1600万余吨。各地环境面貌由往昔的“脏乱差”向“整洁美”转变迈出重大一步，城乡环境面貌发生了巨大变化。

【加快推进城镇老旧小区改造】2019—2021年，全省申报中央财政支持老旧小区改造计划任务为改造老旧小区3454个、43.07万户，累计争取到位中央补助资金64.48亿元，落实省级配套资金1.18亿元，争取政府专项债券资金11.68亿元，地方财政配套资金2.04亿元，鼓励引导电力、通信、供热、燃气、供排水等专业经营单位累计出资0.89亿元，全省3454个小区全面开工建设，累计完成投资111.6亿元。先后制定印发《甘肃省城镇老旧小区改造工作领导小组办公室及成员单位工作职责》《甘肃省城镇老旧小区改造巡查考核工作细则（试行）》，推动形成工作合力。制定印发了《甘肃省城镇老旧小区改造建设项目全流程在线审批工作方案（试行)》，精简老旧小区改造工程审批事项和环节，提高审批效率。会同相关部门及时下发了《关于做好城镇旧小区改造中央预算内投资项目申报管理等有关工作的通知》《关于严肃抓好老旧小区改造项目现场管理的通知》《关于进一步加快推进智慧安防小区建设工作的通知》等，指导各地在实践工作中完善工作措施，提升改造效果。加强工作调度，落实旬调度、日常巡查和重点督查工作机制，召开全省老旧小区改造工作现场推进会，总结通报工作进展，学习交流工作经验。加大宣传力度，在甘肃新闻、视听甘肃、甘肃经济报、甘肃建设报等新闻媒体刊登老旧小区改造成效，编印 4 期老旧小区改造工作简报，宣传改造成效，营造良好的社会氛围。因地制宜推进老旧小区连片改造，有效盘活改造小区及周边闲置房屋资源和空闲用地等存量资源，注重补齐小区基础设施和公共活动空间建设短板，高度重视保障"一老一小"、残疾人等群体的生活便利需求，同步完善小区长效管理机制，不断改善小区居民的生活环境。近年来，通过实施城镇老旧小区改造，改造更换供水管网 935.21 公里，排水管网 747.24 公里，供气管网 95.40 公里，供热管网 789.07 公里，改造道路面积 210 万平方米，建筑节能改造 786 万平方米，新增生活垃圾分类小区 1270 个，新增设置安防设施的小区 1123 个，安装安防智能感知设施及系统 10472 套，新接入集中供热 1.6 万户，新增实现光纤入户的居民户 3.46 万户，新增单元门口坡道和扶手、人行道坡化等无障碍设施 5966 处，增设停车位 26941 个，新建公共绿地（口袋公园、袖珍公园等）6.4 万平方米，有 33 个小区结合改造成立党组织、有 380 个小区成立业主委员会、有 367 个小区新引入专业化物业管理。

【积极推进公积金贷款逾期治理】在全省住房公积金领域开展了防范和治理个人贷款逾期攻坚行动，有效减少了个人住房公积金贷款逾期。截至 12 月底，全省住房公积金个人逾期贷款由去年同期的 777 笔下降至 436 笔，下降了 43.89%；逾期金额由去年同期的 4526.88 万元减少至 3526.96 万元，下降了 22.09%；个人住房公积金贷款逾期率由去年同期的 0.052%下降至 0.037%，降低了 0.015 个百分点，得到了住房和城乡建设部的充分肯定和表扬，在 12 月 15 日召开的全国公积金个人住房贷款逾期管理工作视频会上做了经验交流，并将甘肃省经验材料印发全国推广。省住建厅将防范化解住房公积金逾期贷款风险作为全年住房公积金监管工作的重中之重，印发了《关于加强个贷逾期监管的通知》，全省所有住房公积金管理中心均建立了贷款逾期治理包抓机制，构建了"中心班子、相关科室、管理部"协调联动的工作机制，充分利用住房公积金高频服务事项"跨省通办"核查的时机，将逾期攻坚成效纳入检查范围，对逾期率较高的甘南、天水、临夏、张掖、兰州等市州进行调研督导，通报核查情况，传导工作压力，明确工作要求。按照"总体把控、区别定值"的原则，分三个时间节点有针对性的向各市州下达降低逾期目标任务，即：12 月底前确保取得初步成效并建立工作机制；2022 年 6 月底前确保取得明显成效并进一步完善工作机制；2022 年 12 月底前工作机制得到进一步巩固提升，力争实现个贷逾期率控制在 0.03%以内的目标。制定了《住房公积金个人住房贷款逾期台账》和《住房公积金个人住房贷款逾期催收进度表》，各中心每月按时上报台账和进度表，做到底数清、情况明；每月初汇总上月数据，对各地治理逾期情况及时进行调度、排名和通报，督促各地采取有力措施切实治理贷款逾期、降低贷款逾期率。建立与银行、法院、纪委和金融办等部门工作联动机制，共同推进贷款逾期治理工作。张掖市住房公积金管理中心针对长期欠款不还、多次催收无效的贷款，加强与人民法院的沟通衔接，建立执行联动机制，开辟逾期贷款诉讼案件绿色通道，累计起诉逾期贷款诉讼案件 51 件，通过法律诉讼一次性结清贷款 11 件，收回逾期且正常还款的 13 件，占所有贷款诉讼案件的 47%。同时，将逾期贷款纳入全市公职人员逃废债务打击范围，联合市政府金融办共同督促借款人所在单位协助清收，已清收 11 笔。截至 12 月底，该中心 6 期以上逾期贷款已减少至 10 笔，较于上年同期减少 8 笔，逾期率较于上年同期下降 39%。及时总结攻坚行动中各地的做法和经验，培育了 3 个住房公积金管理中心为防范和治理逾期贷款机制完善、成效显著的先进典型。召开全省防范和治理住房公积金贷款逾期专题工作推进会，通过观摩学习、示范引领、相互借鉴，促进了逾期贷款治理攻坚行动的有效开展，为进一步深入推进个人住房公积金逾期贷款治理工作奠定了良好基础。

（甘肃省住房和城乡建设厅）

青 海 省

住房改革与保障

【房地产】2021年，青海省房地产开发完成投资442.51亿元，同比增长5.0%。其中，商品住宅投资350.57亿元，同比增长19.9%；商业营业用房投资50.06亿元，同比下降9.7%；办公楼投资9.44亿元，同比下降14.8%。房地产开发完成投资占全社会固定资产投资的比重为23.4%。青海省房屋施工面积3398.79万平方米，同比增长15.5%。其中，住宅施工面积2418.69万平方米，同比增长19.6%；商业营业用房施工面积412.04万平方米，同比下降1.9%；办公用房施工面积73.32万平方米，同比增长8.7%；其他房屋施工面积494.74万平方米，同比增长14.0%。组织成立青海省级城镇住房建设发展领导小组，全面负责部署并组织实施青海省房地产市场调控工作，并建立工作专班，开展全省房地产市场风险防控调研和整治规范房地产市场秩序检查。深入分析房地产交易、价格、库存、土地供应等情况，切实提升青海省房地产市场监测预警和宏观调控能力。编制完成《青海省“十四五”城乡住房发展规划》，合理确定住房建设总量、供应结构、空间布局和开发建设进度。出台《青海省持续整治规范房地产市场秩序工作方案》《关于加强轻资产住房租赁企业监管的通知》，开展房地产市场秩序专项检查，持续整治房地产开发、房屋买卖、住房租赁等方面乱点乱象。优化升级改造青海省房屋交易监管服务系统，为建立健全“一城一策”长效管理机制提供有力支撑。积极搭建政府与企业合作共赢平台，分两次组织召开试点地区人民政府与万科等10余家房地产企业投资开发建设项目对接会，促进房地产开发与城镇建设融合发展、转型升级。组织召开住宅全装修项目现场观摩会，推动商品住宅建设绿色发展，制定《关于加强和改进物业管理工作促进高质量发展的实施意见》，健全完善共建共治共享的基层治理制度体系，着力破解物业服务管理中的难题和“瓶颈”问题。2021年，组织开展检查执法319次，受理群众投诉举报828件，查处住宅小区物业管理项目125个，进一步规范了物业服务市场秩序。

【保障性住房】2021年，青海省实施城镇棚户区改造新开工2654套，开工率100.19%；实施城镇老旧小区改造改造51494套、涉及小区484个，开工率100%；发放住房租赁补贴7548户，发放率111.77%；保障性安居工程项目完成投资21.5亿元。2021年下达城镇保障性安居工程中央和省级补助资金13.75亿元，其中：城镇棚户区改造中央财政补助资金和基础配套2.88亿元（中央财政补助资金1.01亿元，基础设施配套资金1.87亿元），租赁补贴0.18亿元，城镇老旧小区改造中央和省级财政补助资金10.69亿元（中央补助资金9.13亿，省级财政补助资金1.56亿元）。报请省政府办公厅印发《青海省全面推进城镇老旧小区改造工作实施方案》，为全省推进老旧小区改造工作提供了依据遵循。举办青海省城镇老旧小区改造暨公租房运营管理工作培训会。以青海省人民政府办公厅名义制定《青海省加快发展保障性租赁住房实施方案》，明确发展保障性租赁住房范围、土地、税费、金融等支持政策和简化审批流程等内容。编制完成《青海省“十四五”老旧小区改造建设规划》，进一步完善城镇老旧小区改造动态项目库。

【公积金管理】2021年，青海省住房公积金缴存额138.21亿元，提取额104.44亿元，发放个人贷款80.66亿元，同比分别增长8.76%、降低6.26%、降低6.42%。完成住房公积金单位登记开户、住房公积金单位及个人缴存信息变更、购房提取住房公积金、开具住房公积金个人住房贷款全部还清证明、提前还清住房公积金贷款5项服务“跨省通办”。会同青海省财政厅、中国人民银行西宁中心支行联合印发《关于进一步加强全省住房公积金平稳健康发展有关工作的通知》，大力推进住房公积金制度扩面工作。按照时间节点组织各中心及时、全面、准确地向社会披露了2020年年报信息，完成住房公积金数据年度披露工作。组成检查验收组，完成青海住房公积金12329综合服务平台检查验收工作。印发《关于做好城镇老旧住宅加装电梯提取住房公积金工作的通知》，明确符合条件的职工可申请提取住房公积金用于支付城镇老旧住宅加装电梯费用。组织各中心积极开展全国住房公积金小程序前期接口开发、测试等工作，如期完成了系统对接。

乡村建设

【高原美丽乡村】2021年，青海省共实施300个高原美丽乡村建设。各地按照省级财政投人、地方财政配套、整合涉农项目资金以及帮建援建和农民自筹等方式，完成投资12.3亿元，省级财政投入4亿元。统筹整合各类建设项目777个，安排省、市州、县党政军企结对共建单位894个，配套太阳能路灯16120盏、文体设施88套，建设村民活动广场223个、村庄道路264公里、村级服务中心54个，34个村实施了电网升级改造，25个村实施了饮水安全提升工程。发布《青海省高原美丽乡村建设标准》。通过重点开展基础设施和公共服务设施建设，加强村庄人居环境和生态治理，提升村庄特色风貌和住房品质，建立健全长效管护机制，不断改善农村牧区人居环境质量和水平。

【农牧民居住改善工作】实施4万户农牧民居住条件改善工程，完成投资12亿元。涉及青海省33个县（市、区）387个村。其中，实施外墙节能保温27542户，屋顶保温防水13872户，被动式太阳能暖廊14077户，更换住房外窗11112户，水冲式厕所改造4109户，排水管网铺设3627户，三格式化粪池改造1509户，天然气入户3988户，庭院美化绿化11504户，老旧房屋、乱搭乱建等拆除5887户，住房及院墙风貌提升18293户。不断完善住房居住功能和设施配套，农牧民群众生活品质得到明显改善。

【农村人居环境】通过统筹整合各行业各部门涉农项目资金，重点补齐基础和公共服务设施短板，大力推进乡村环境综合治理，不断改善农牧区人居环境。督促指导各地因地制宜加快建立农牧区生活垃圾分类、收集、转运、处置体系并建立长效机制。开展青海省乡镇生活垃圾污水处理设施建设运营情况专项督察，针对部分乡镇生活垃圾处理设施建设运行管理中存在的运行不规范、处理不达标等问题，督促各地制定措施加快问题整改。按照国务院“水十条”任务目标要求，积极协调省发改、财政、生态环境等部门，加快推进重点镇污水收集处理设施建设，青海省65个重点镇已有58个完成污水处理设施建设，7个正在建设中。

城市建设与管理

【高原美丽城镇示范省建设】组织召开第二次省部共建工作领导小组会议，听取2020年高原美丽城镇示范省建设和试点工作开展情况，审议了“5+1”试点地区行动计划、《2021年高原美丽城镇示范省建设工作要点》等，研究部署2021年重点工作。制定《青海高原美丽城镇建设促进条例宣贯工作方案》《关于开展高原美丽城镇示范省建设提升行动、重大工程的通知》《2021年高原美丽城镇示范省建设工作要点》等重要文件，积极谋划年度重点工作。指导“5+1”试点地区编制完成《西宁市高原美丽城市行动纲要》《格尔木市城市战略定位及高原美丽城市行动计划》《环湖地区城镇人居环境提升行动计划（战略研究）》《同仁市中心城区总体城市设计》《祁连县高原美丽城镇行动计划》。制定印发了专家咨询论证度、试点工作制度、信息工作办法等制度。起草制定了《青海省城镇体检评估办法》《青海省城镇体检指标体系》。10月15日，组织举办新时代高原美丽城镇建设部省论坛。组织开展了《高原美丽城镇建设指标体系研究》《环湖地区城镇风貌特色研究》等课题研究。协调青海湖景区管理局建立起合作机制，成立联系协调工作领导小组，建立联席会议制度、工作通报制度和信息互通互联制度，协同推进高原美丽城镇示范省、国家公园示范省建设。与青海省发展和改革委加强系统研究，形成了《促进环湖地区新型城镇化发展，推动旅游业发展提质升级的建议》。深入开展资源普查、划定确定、平台填报、交叉验收和公布挂牌等工作，青海省83处历史建筑完成测绘建档工作。出台《关于在城乡建设中加强历史文化保护传承的意见》，历史文化的保护进入到保护与传承并重、以保护为基础强调传承的阶段。指导黄南州加快推进传统村落集中连片保护利用示范工作。印发《青海省2021年美丽城镇建设实施方案》，安排下达西宁市湟中区共和镇等10个美丽城镇建设任务，下达专项补助资金4.7亿元。海西州大柴旦行委锡铁山镇等7个镇（乡）被评为美丽城镇建设优秀和良好等次，共奖励补助资金3000万元。

【城镇基础设施建设】编制《青海省加强城市地下市政基础设施建设工作实施方案》《青海省城市内涝治理实施方案》，不断解决城市发展中面临的实际问题。出台《青海省城市县城生活垃圾填埋场运行监督管理办法》，进一步规范生活垃圾、污水处置行为，提升运营管理能力，保障设施安全运行。系统化全域推进海绵城市建设，梳理了青海省出台的法规、政策、制度等。建立水质监管的长效机制，形成了城镇公共供水厂水质在线监测监管系统项目可行性研究报告。城市综合管理服务平台项目列入省级重大项目库，开展了项目前期可研、初步设计经费的申报工作，省级城市综合管理服务平台建设方案完成修订。编制完成《青海省城镇市政基础设施发展“十四五”专项规划》《青海省城镇管理“十四五”专项规划》《青海省城镇生活污水处理设施建设“十四五”规划》以及《青海省城镇生活垃圾分类和处理设施建设“十四五”规划》等。持续推进城市生活污水处理提质增效行动，争取中央专项资金9527万元，指导西宁市、海东市、格尔木市进行建成区排水管网补短板。加强供水水质抽样检测，加快节水型城市创建。2021年末，青海省城市（县城）建成并投入使用生活污水处理厂50座，处理能力达85.31万立方米/日，污水处理率达94.49%。城市（县城）建成并投入使用无害化处理生活垃圾填埋场55座，处理能力达4879.98吨/日，生活垃圾无害化处理率为97.45%。城市（县城）供水普及率、建成区绿地率、建成区路网密度分别达到98.06%、29.7%、6.71公里/平方公里。

【城镇燃气】青海省取得燃气经营许可证的城镇燃气经营企业131家，其中管道天然气企业29家、汽车加气站51座、液化石油气储配站51座，从业人员3000余人。城镇天然气管道3989公里。印发《关于做好2021年度春季开复工时期燃气安全管理工作的通知》，指导各地对重点地区开展开复工时段燃气安全检查，对检查中发现的化隆县城管道天然气重大安全隐患，及时报告青海省安全生产委员会办公室进行督办。印发《青海省瓶装液化石油气安全管理规定》，细化瓶装液化石油气企业、从业人员、运行管理等要求。印发《进一步做好燃气安全的紧急通知》，指导青海省各地区开展燃气安全隐患再排查、“回头看”，委托第三方专业机构开展青海省城镇燃气设施现状调查和安全隐患普查。截至2021年年底，青海省共排查城镇燃气场站422次、燃气管线2.5万公里、非居民用户1.43万户、小区庭院6361处、调压箱1.7万个，查出安全隐患2800处，整改完成率99.3%。组织青海省燃气行业管理人员及燃气企业主要负责人200余人，举办2021年青海省城镇燃气管理人员能力提升培训班，邀请专家授课和现场参观教学。组织编制《青海省液化石油气微管网供气工程技术标准》，完成西宁市大通县、海东市互助县9个村、4400户农村液化石油气微管网供气工程建设。

【城市管理】加快城市管理执法体制改革，青海省各市州级城市管理执法机构已全部建立。制定出台《青海省城市管理执法行为规范》《青海省城市管理综合行政执法文书（试行）》和《青海省城市管理执法监督办法》，填补了青海省城市管理综合行政执法相关制度空白。制定印发了《青海省住房和城乡建设厅关于做好城市管理执法工作的通知》和《青海省住房和城乡建设厅关于巩固深化城市管理执法队伍“强基础、转作风、树形象”专项行动的通知》，组织全省城市管理执法部门开展“规范执法行为年”活动。2021年，青海省共有3个基层执法部门和3个人被住房和城乡建设部评为“强基础、转作风、树形象”专项行动先进单位和先进个人。开展城市治理“一网统管”工作，青海省级城市综合管理服务平台进入可研报告编制阶段，西宁市、海东市依托现有信息平台率先完成与国家平台联网工作，12个试点地区在管理体制机制、搭建城市运行管理平台等方面进行了有益探索，玉树市城市信息模型（CIM）基础平台等8个住房和城乡建设部试点援建项目取得阶段性成效，智慧城市建设进展顺利。

法治政府建设

【政务公开】制定《厅2021年度法治政府建设工作要点》《厅2021年度普法依法治理工作要点》，提高依法行政水平。颁发实施《青海省高原美丽城镇建设促进条例》《青海省国有土地上房屋征收与补偿条例》，扎实开展《青海省建筑市场管理条例》《青海省物业管理条例》的重点调研及修订工作。及时更新本系统权力清单及岗位责任清单。青海省住房城乡建设系统权责事项共279项，其中行政许可9项、行政处罚253项、行政监督4项、其他权力事项2项、公共服务事项11项。组织行政执法人员资格培训及考试，完成执法证件的制发和换发工作。开展全省住建系统行政处罚案卷抽查，抽取行政处罚案卷近40卷，依法依规梳理评查发现的问题，制定《青海省住房和城乡建设厅2021年度行政处罚案卷评查通报》及行政执法建议书，督导下级行政主管部门纠正不当行政行为，促进严格规范公正文明执法。2021年审查行政处罚案件36件，对厅属执法部门拟作出的行政处罚实行全流程审查，确保案件实体和程序合法合规、合情合理印发《关于进一步规范行政规范性文件制定和审查备案工作程序的通知》，确保文件符合法律法规及上级政策文件内容，2021年，审查、报备党内规范性文件2件、行政规范性文件6件。持续做好行业管理规章制度的定期清理和立法后评估工作，保留地方性法规7部、政府规章3部，保留各类制度文件160件，其中党内规范性文件共17件，内部管理制度20件，行政管理类文件129件。印发《青海省住房和城乡建设厅关于印发2021年度政务公开工作要点的通知》，主动公开上级政策文件、“三公”经费计划、行业管理法律法规、政策措施及政策解读、业务管理动态、行政许可及行政处罚“双公示”内容、“双随机、一公开”检查清单及计划、行政复议决定书等内容。持续深化工程建设项目审批制度改革，实现青海省工程建设监管和信用管理平台与省投资在线审批监管平台、青海省建设项目审批管理系统、青海省政务服务事项管理系统等的互联互通，实现工程建设项目土地、规划、施工许可、联合竣工验收、竣工验收备案等信息数据的交互共享，推动“一网通办”“一事通办”。

【依法行政】编制《青海省房屋建筑和市政设施风险普查系统安装部署实施方案》，完成普查数据底图的导入与下发。积极做好“青海省工程建设监管和信息管理平台”“青海省农村危房改造信息检索系统”的升级和数据迁移。继续推进住房保障、新型城镇化、市场监管、农村危房改造、住房公积金等领域信息公开工作。严格执行行政许可和行政处罚“双公示”工作制度，对企业进行有效监督和规范。2021年在厅门户网站公示行政许可决定共计504件，行政处罚决定共计36件。编印《网络舆情信息参考》73期。加强政策解读回应工作，坚持以公开为常态，不公开为例外，将制定的政策、文件，除依法须保密的全部在厅门户网站公开。建立建筑市场、房地产市场信用信息公示及查询平台，建筑业企业及房地产企业资质均在信息用信息管理平台统一申报管理。加强政府网站建设和改版升级。通过“青海省住房和城乡建设厅”“青海省房地产”“青海住房公积金12329”等微信公众平台，及时公开最新法律法规、政策文件及行业主管部门工作动态信息。

【行业人才队伍建设】继续开展住房城乡建设行业职业技能提升行动，恢复住房城乡建设领域施工现场专业人员培训和继续教育工作，遴选新增2家培训机构，全年完成各类职业技能培训33828人次。积极推进职业资格注册管理“放管服”改革，进一步减少审批环节、缩短审批时限，推行在线业务办理模式。全年完成建筑行业职业资格考试资格审查2万余人次，办理各类注册业务1万余人次。制定印发《关于做好2020年度建设工程专业技术人员继续教育的通知》和《关于开展2020年度建设工程系列职称评审工作的通知》，完成406名申报人员资格审查，经组织评委会评审，280名申报人员取得相应层级职称。

建筑业

【概况】2021年，青海省住房城乡建设行业始终以习近平新时代中国特色社会主义思想为指导，全面落实习近平总书记指示批示精神和中央、省委省政府决策部署，继续深化“放管服”改革，不断优化营商环境，加强建筑市场监管，强化工程质量安全管理，促进建筑业转型升级，推动建筑业高质量发展。2021年青海省完成建筑业增加值379.53亿元，同比增长8.1%。建筑业总产值达到587亿元，同比增长14.7%。

【加强建筑业经济运行监测】印发《青海省经济调度服务工作机制建筑业专项组工作方案》和《关于进一步做好建筑业统计管理工作的通知》，建立健全全省建筑业经济运行统计监测和调度评估体系，督促企业按要求及时、准确进行数据上报，做到应统尽统。

【发展全过程咨询服务】印发《青海省住房和城乡建设厅关于推进全过程工程咨询服务发展的通知》，在工程建设环节重点推进全过程工程咨询，积极推进全过程咨询服务发展。

【深化“放管服”改革】大力推动政务数据交互共享，推进“互联网+政务服务”，实现数据共享、精简材料，有效实现“最多跑一次”，累计向其他政务系统推送信息871万条，累计共享其他部门信息18万条。实现房屋建筑和市政基础设施工程项目施工许可全程网上办理，在全省范围内全面实行施工许可电子证照，目前已为1800多个项目核发了施工许可电子证照。实现建筑施工企业安全生产许可全程网上办理和电子证照，2021年，为881家企业办理了建筑施工企业安全生产许可证电子证照。3月1日起，建设企业6类资质办理事项均实现网上办理，实现了“不见面”审批，实行工程施工、监理及勘察等5类建设工程企业资质证书电子证照，2021年共计核发电子证照4485本。推动智慧化审批，建设工程企业资质、安全生产许可证简单变更均由系统自动审核，自动出证，全面压缩了审批流程、大幅节约时间及成本，提高了审批和服务效率。

【开展扫黑除恶斗争】修订《青海省建筑市场信用管理办法》，将围标串标、虚假骗标等严重违法行为纳入信用“黑名单”，1年内禁止在青海省从事建筑活动。利用“互联网+惩戒”，共查处出借资质、虚假骗标、围标串标等违法企业76家，累计罚款1234.94万元，将10家企业纳入信用“黑名单”。制定《关于开展房屋建筑和市政基础设施建设项目施工现场关键岗位人员在岗信息化考勤工作的通知》，规范参建单位关键人员到岗履职行为，从源头遏制转包及挂靠等违法行为。截至12月31日，共有811个工地实现实名制信息化管理，对未履行人员到岗职责的20家企业及69名个人予以信用惩戒。搭建"青海省房屋建筑和市政基础设施工程围串标分析平台"，通过主体关系分析、投标价格分析、雷同性分析、异常中标率分析、专家评标分析、招标流程异常分析等手段，发现围标、串标、陪标等异常情况，推动招投标监管向智能化、大数据化转型。

【发展新型建筑工业化和智能建造】 会同省发展改革委等17个部门印发《关于推动智能建造与新型建筑工业化协同发展的实施意见》，大力推行智能建造在工程建设各环节应用，推动智能建造与新型建筑工业化协同发展，实现建筑业转型升级和高质量发展。

【加快工程建设组织实施方式改革】 印发《青海省住房和城乡建设厅关于规范房屋建筑和市政基础设施项目工程总承包管理的通知》，推动工程总承包方式从试点到示范过程转变。完善建筑市场信用建设体系，修订了《青海省建筑市场信用管理办法》。

【推行建设工程保证保险】 2021年建设工程保证保险共计为企业释放保证金13.62亿元，通过"保险+服务"的形式，建立提供优质服务和增强监管力度相结合的监管机制，全省共计投保安全生产责任险项目178个，保费555.38万元。

勘察设计业

【勘察设计质量监督管理】 加强事前施工图审查质量管控，全年数字化审查系统共报审施工图设计文件2517项，其中，免予事前审查登记1627项，占全部项目数的64.6%，图审机构审查1019项，纠正违反工程建设标准强制性条文问题1740条。组织开展工程勘察行业"双随机、一公开"监督检查工作，对36个工程项目的勘察设计质量及审查质量进行了抽查，涉及勘察企业20家、设计企业34家，图审机构12家。反馈抗震安全、消防安全等方面意见283条，下发整改通知书48份，对违反法律法规、强制性标准和存在质量安全隐患的24家勘察、设计企业及图审机构及负责人进行了行政处罚，共140万元。

【消防设计审查监督管理】 会同省司法厅、省消防救援总队开展《青海省消防条例》修订工作。印发《青海省建设工程消防设计审查验收管理实施细则（暂行）》，明确消防审验和备案抽查权限、专业建设工程消防审验管理、施工过程监管、消防验收备案抽查比例等事项。制定《关于妥善解决全省房屋建筑竣工验收备案历史遗留问题的通知》，进一步细化明确消防验收遗留问题处理办法，着力解决全省消防验收遗留问题。完成西宁曹家堡机场三期建设工程特殊消防设计评审工作。

【抗震设防管理和加固工程安排部署】 发布《关于加强超限高层建筑工程抗震设防审查管理工作的通知》，调整了省超限高层建筑工程抗震设防审查专家委员会人员。全年共完成西宁新城吾悦广场项目（二期）T1号、T2号楼及裙房、西宁天桥中心2个项目超限审查。开展《建设工程抗震管理条例》宣贯培训。制定了《青海省地震易发区房屋建筑与市政基础设施加固工程实施方案（试行）》，明确了总体工作目标，确定阶段性目标任务。

【第一次全国自然灾害综合风险普查工作】 按期高质量完成海西州试点地区普查任务的调查工作，共计调查完成本次普查标准时点内房屋建筑13.639万栋，建筑面积4669.8万平方米（城镇住宅0.7199万栋、1123.79万平方米，城镇非住宅2.4194万栋、2320.7万平方米，农村住宅9.8336万栋、843.96万平方米，农村非住宅0.8931万栋、381.37万平方米）；市政道路291条、795.07公里；市政桥梁34座、2495.22米；供水厂站27座、供水管线865.24公里。调查任务完成率100%，县级自检通过率100%，州级、省级数据抽样审核工作完成率100%，通过率100%。

【对外承接工程勘察试验单位开放日活动】 组织6家可对外承接工程勘察试验的单位面向社会公众开放，充分展现了对外承接工程勘察试验单位试验室建设成果和质量水平，交流探讨了试验测试工作经验，进一步提高了质量意识、服务水平和专业能力，打造了阳光透明工程勘察试验室形象。各级住房城乡建设行政主管部门、省内外工程勘察设计企业等40余家单位的相关技术负责人、专业技术人员、施工图审查专家及社会公众共724人次参加活动。

【勘察设计行业培训和标准化建设】 组织开展工程勘察设计行业培训，邀请专家就施工图审查常见问题进行授课，通报青海省工程勘察设计行业监督检查情况，对行业管理政策进行了宣贯，全省勘察设计企业、图审机构和各住房城乡建设主管部门400多人参加了培训。召开专题研讨会开展工程总承包、全过程工程咨询服务经验总结、交流和研讨。编制审查完成《西宁市海绵城市建设标准图集》。

工程安全质量监督

【安全生产专项整治三年行动】深入开展安全生产专项整治三年行动，全省房屋建筑、市政公用工程和工业建设项目发生事故 14 起，死亡 14 人，死亡人数控制在青海省安委会确定的考核目标之内。

【信息化监管】为深入推进建筑施工安全专项整治三年行动，加大全省房屋建筑和市政基础设施危大工程和起重机械设备监管力度，下发《关于在青海省工程建设监管和信用管理平台启用危大工程模块的通知》，正式上线建筑起重机械管理系统和危大工程管理系统，实现建筑起重机械的规范化、标准化和信息化监管，预防和避免安全事故。通过企业项目识别危大工程流程化，编制危大工程实施方案标准化，超大规模危大工程专家论证规范化和监督部门管理工作动态化，实现建设单位、施工单位、监理单位和监管部门的四方联动，对危大工程各环节实施有效的动态监管。

【工程安全质量监管】印发《关于进一步落实建筑施工企业安全生产主体责任的通知》和《关于开展全省建筑施工岗前安全教育专项行动的通知》，落实“一会三卡”制度，防范因人的不安全行为造成的生产安全事故。印发《青海省住房和城乡建设厅关于进一步加强全省预拌混凝土质量管理的通知》，保障房屋市政工程质量安全。开展春季开复工检查、建筑市场和工程质量安全“双随机”检查、安全生产专项整治三年行动、预拌混凝土质量等专项检查。共计检查 119 项在建工程、26 家预拌混凝土企业，提出整改意见 2417 条，下发执法建议书 72 份，整改通知书 50 份，停工通知书 5 份，通报典型案例 22 起，处罚企业 144 家，处罚个人 46 人，罚款金额 604.1 万元。

造价咨询管理

【工程造价改革】完成 2020 版《青海省市政工程计价定额》《青海省通用安装工程计价定额》《青海省园林绿化工程计价定额》修编工作。会同省财政厅制定、印发了相配套的《青海省建筑安装工程费用项目组成及计算规则》。启动《青海省市政工程概算定额》编制工作，完成定额初稿。对全省建设工程造价编审委员会成员进行调整，印发《青海省住房和城乡建设厅关于公布青海省建设工程造价编审委员会专家委员的通知》，强化专业技术支撑。

【工程造价信息服务】通过“青海建设工程材料指导价格信息报送系统”，结合《青海工程造价管理信息》使用情况调研工作，强化各地报送信息的审核精准度，确保信息发布质量。发布 6 期《青海省工程造价管理信息》和 12 期《青海建设工程市场价格信息》。对工程造价成果文件进行收集、测算、分析，按时发布 6 期建设工程材料价格指数、典型工程造价指标指数及上、下半年房屋建筑工程造价指标指数。完成 2021 年每月砂石料价格信息、一至四季度建筑工程实物工程量与建筑工种人工成本信息及上半年、下半年城市住宅成本收集、整理、上报工作，并通过住房和城乡建设部标准定额司信息网站发布，实现全国工程造价信息共享。通过资料查阅、电话询访、实地走访等方式对建设工程造价信息服务现状进行了专题调研，了解我省建设工程造价信息服务现状，分析当前造价信息服务存在的问题，结合住房和城乡建设部工程造价改革工作要求，对今后建设工程造价信息服务发展提出了合理的建议，起草了《青海省工程造价信息服务现状与改革发展趋势调研报告》。

【工程造价治理体系建设】贯彻落实工程造价咨询企业证照分离改革要求，7 月 1 日起，停止工程造价咨询企业乙级资质审批，通过应用“青海省工程建设监管和信用管理平台”，加强工程造价咨询业事中事后监管。对省内 52 家工程造价咨询企业，省外进青的 107 家工程造价咨询企业开展了 2020 年度信用评价工作。随机抽取 27 家工程造价咨询企业开展 2021 年度工程造价咨询企业成果文件质量“双随机”检查，并通报“双随机”检查情况。

【计价依据线上宣贯】组织定额参编专家编写各专业定额交底资料，制作课件、录制交底宣贯视频，供工程建设各方学习，帮助青海省相关专业技术人员进一步熟悉、掌握和应用新版计价定额，确保建设各方能够正确使用和执行定额。

【完善工程价款结算制度】青海省建设工程造价站向全国 20 个省（区、市）发函调研，学习和借鉴先进省（区、市）编制工程价款结算制度的工作经验。会同省发改委、财政厅印发《青海省关于在房屋建筑和市政基础设施工程中推行过程结算的实施意见》。

【抗震救灾工作】结合采集到的果洛州各县震前部分房屋建筑工程造价数据，会同果洛州开展了住宅用房和非住宅用房建筑工程造价指标的测算，制定《果洛玛多危房拆除及废料运输指标》《玛多县住宅用房、非住宅用房参考造价指标》，参与制定《玛多“5·22”地震灾后恢复重建住房建设标准和单价指导标准》。

建筑节能与科技

【概况】强化治理制度创新和治理能力建设，强化依法推动绿色建筑发展的工作的意识，完善贯彻落实绿色建筑发展政策，制定发布了《青海省绿色建筑创建行动实施方案》。2021 年发布 5 批 36 个项目绿色建筑价标识，建筑面积 254.4 万平方米。其中，设计阶段标识 26 个项目，运行阶段标识 10 个项目，海东市“丽水湾·馨城”项目成为全省首个获得运行阶段三星级标识。城镇绿色建筑占新建建筑比重达 60%。

【工程建设地方标准建设】研究提出《青海省住宅设计标准》《青海省民用建筑信息模型（BIM）应用标准》等 6 项标准列入 2021 年度地方标准制修计划，各项前期工作基本完成，标准编制工作正在有序推进。全面完成 2020 年度立项项目的报批发布、标准公开等收尾工作。对现行工程建设标准进行了系统梳理和评估，拟对 6 项实施期限超过 5 年或国家（行业）或政策、技术发生重大变化工程建设把地方标准开展复审，研究提出修废建议。

【建设科技研究】指导各市州开展全国清洁采暖示范城市申报工作，海西州被列为“全国清洁采暖示范市”。积极推进科技示范项目建设，组织青海建筑职业技术学院等单位开展“青海省太阳能建筑关键技术研究与标准体系构建”课题青海省科学技术奖申报工作。

【“四新”技术推广应用工作】组织相关专家对申报的建设领域先进适用技术与产品和绿色建材产品进行了技术把关，编制发布了《青海省绿色建材评价标识产品目录（第七批）》，涉及 9 家企业的 11 个产品；编制发布了《青海省建设领域先进适用技术与产品目录（第八批）》，涉及 10 家企业的 3 大类技术产品。进一步规范绿色建材评价标识工作。完成了《青海省绿色建材评价标识产品目录（第七批）》的编制发布工作，累计有 52 家企业的 7 类 74 个产品获得绿色建材评价标识。

【建设科技创新】加快促进青海省建筑业产业转型升级，增强企业建造创新能力，组织完成了 3 项建筑业十项新技术示范工程立项和示范工程验收工作。积极开展建筑“碳达峰、碳中和”目标实现路径探索研究，为后续开展建筑节能降碳和实现青海省建筑双碳目标奠定基础。

【建筑领域“碳达峰、碳中和”工作】落实习近平总书记“青海在实现碳达峰方面先行先试”重大要求和青海省建筑领域实现“碳达峰、碳中和”目标要求，积极开展建筑领域实现双碳目标技术路径研究工作。邀请住房和城乡建设部专家对全省从业人员开展建筑领域碳达峰碳中和实施路径专题培训。协调中国建筑节能协会开展“建筑领域碳达峰碳中和”专题研讨和讲座，扎实开展全省建筑领域碳达峰碳中和实施路径研究。向全省各级建设主管部门进行建筑领域“双碳”目标、理念、思路等的宣贯培训，筑牢实现建筑领域“碳达峰、碳中和”目标思想基础。启动《青海省建筑领域“碳达峰”实施方案》编制工作，为按期高质量实现全省建筑领域“碳达峰”目标奠定基础。

行业协会发展

由青海省住房和城乡建设厅、中共青海省住房和城乡建设行业社会组织委员会指导，青海省房地产业协会、青海省建筑业协会、青海省建设监理协会、青海省建筑节能协会，在青海大剧院联合举办了以“携手筑广厦·同心跟党走”为主题的庆祝建党 100 周年文艺汇演。青海省勘察设计协会认真组织、精心筹划，按时完成了青海省勘察设计行业 2021 年工程勘察设计优秀项目的申报、评定和推荐工作。本次评选共有 24 家单位申报的 78 个项目，有 59 个项目被评为 2021 年度青海省优秀工程勘察设计项目，在此基础上推荐的七个项目，被中国勘察设计协会评为 2021 年度行业优秀勘察设计奖。青海省建筑业协会、青海省勘察设计协会共同举办“青海省第三届建设工程 BIM 技术应用大赛”。青海省建筑业协会、青海省房地产业协会、青海省建设监理协会、青海省建筑节能协会与北京筑业志远软件开发有限公司联合举办《危险性较大的分部分项工程安全管理规定》线上培训。青海省建筑业协会举办“青海省第二届工程建设质量管理小组活动成果交流会”。评出质量管理小组Ⅰ类成果 30 个、Ⅱ类成果 75 个、Ⅱ类成果 43 个。青海省建筑业协会组织会员单位参加“2021 年度青海省建筑工程安全生产标准化暨应急救援演练现场观摩会”。青海省建筑业协会与北京中城建业技术培训中心举办《2021 新安全生产法解读》线上培训，近 800 余人参加了培训学习。青海省房地产业协会共有 9 家会员单位参加中房协组织的全国房地产行业信用评价工作，其中 3 家企业获评“AAA”，5 家企业获评“AA”，1 家企业获评“A”。青海省房地产业协会与泰和泰（西宁）律师事务所联合设立了法律咨询服务室。青海省房地产业协会与西宁华盛房地产开发有限公司、杭州海康威视数字技术股份有限公司、陕西利剑堵漏加固建筑工程有限公司共同举办了《“智慧社区”及“微创堵漏”公益讲座》。青海省建设监理协会举办了工程监理技术人员监理业务培训。青海省住房和城乡建设厅主办，青海省建筑节能协会协办，组织召开了青海省清洁采暖高峰论坛。青海省建筑节能协会与青海省房地产业协会联合发出倡议书，倡议房地产开发商在建筑领域自觉禁用 HBCD。

大事记

1月

4日　联合青海省市场监督管理局联合印发《关于执行新版建设项目工程总承包合同（示范文本）的通知》，自1月1日起执行《建设项目工程总承包合同（示范文本）》(GF—2020—0216)。

同日　印发《关于建筑业企业资质动态核查结果的通报》。对2020年9月部分建筑业企业资质动态核查结果进行通报。

13日　召开青海省住房城乡建设工作会议。

19日　印发《青海省住房和城乡建设厅关于启用建筑工程施工许可证电子证照的通知》，从2月1日起，正式在青海省全省范围内全面实行施工许可证电子证照。

20日　印发《青海省住房和城乡建设厅关于青海乔泰建设工程有限公司等三家企业在建筑业企业资质申报中弄虚作假行为的通报》。

25日　确定2021年实施城镇棚户区改造2649套；实施公租房租赁补贴6753户。

29日　为印发《青海省住房和城乡建设厅关于启用建筑施工企业安全生产许可证电子证书的通知》，决定自3月1日起正式启用建筑施工企业安全生产许可证电子证书。

同日　组织召开全国第一次自然灾害综合风险普查海西州住建领域工作推进会。

2月

23日　青海省人民政府办公厅印发《青海省全面推进城镇老旧小区改造工作实施方案》。

25日　配合省财政厅完成2020年度城镇保障性安居工程财政资金绩效自评工作，并向财政部驻青海省监管局报送《2020年度城镇保障性安居工程财政资金绩效自评情况的报告》。

同日　印发《青海省住房和城乡建设厅关于做好建设工程企业资质网上办理实行“不见面”审批的通知》，自2021年3月1日起建设工程企业资质审批全面实行网上申报和全流程网上审批。

3月

1日　《青海省高原美丽城镇建设促进条例》正式施行。

2日　印发《青海省住房和城乡建设厅关于开展2020年度省级工法申报工作的通知》。

同日　印发《青海省住房和城乡建设厅关于推进建筑垃圾减量化项目试点工作的通知》。

15日　印发《关于加强超限高层建筑工程抗震设防审查管理工作的通知》《关于青海省超限高层建筑工程抗震设防专家委员会人员调整的通知》。

18日　会同省财政厅、省发展和改革委员会下达2021年城镇老旧小区改造计划，明确各地改造任务。

22日　研究确定了2021年实施农牧民居住条件改善工程4万户任务。

4月

1日　印发《青海省住房和城乡建设厅关于同意门源县开展房屋建筑和市政基础设施工程招投标“评定分离”试点工作的批复》。

2日　印发《青海省住房和城乡建设厅关于进一步落实建筑施工企业安全生产主体责任的通知》。

6日　印发《青海省住房和城乡建设厅安全生产委员会及成员单位安全生产工作职责和工作制度》，对青海省住房和城乡建设厅安全生产委员会及成员单位安全生产工作职责作相应调整。

7日　印发《青海省工程建设监管和信用管理平台关于建设单位启用统一身份认证系统注册的通知》，5月10日起将建设单位注册登录页面统一改为“青海省统一身份认证平台”的注册登录页面。

12日　青海省政府召开高原美丽城镇示范省试点地区建设规划汇报会，省委副书记、省长信长星出席会议并讲话，副省长匡湧主持。

13日　印发《青海省住房和城乡建设厅关于开展2021年度房屋建筑和市政基础设施项目春季开复工检查的通知》。

21日　联合青海省财政厅、中国人民银行西宁中心支行向社会公布《青海省住房公积金2020年年度报告》。

28日　举办青海省第一次全国自然灾害综合风险普查（房屋建筑和市政设施调查）普查员培训班。

30日　印发《青海省地震易发区房屋建筑与市政基础设施加固工程实施方案（试行）》。

5月

8日　召开全省2020年度保障性安居工程资金投入和使用绩效情况审计发现问题整改工作。

9日　组织开展主题为“贯彻新发展理念，建设节水型城市”第30个全国城市节约用水宣传周活动。

20日　青海省政协将城镇老旧小区改造作为“创新体制机制”的一项重要调研内容，省政协副主席马海瑛赴西宁市开展“创新体制机制　推进全省城镇老旧小区改造”主席民主监督督导调研工作。

21日　制定印发《青海省城市地下市政基础设施建设实施方案》。

22日　果洛州玛多县7.4级地震发生后，第一时间启动《青海省住房和城乡建设系统地震应急预案》，启动重大地震灾害Ⅱ级应急响应，成立青海省住房和城乡建设厅抗震救灾指挥部。

25日　制定印发《青海省住房和城乡建设厅关于妥善解决全省房屋建筑竣工验收备案历史遗留问题的通知》。

26日　省十三届人大常委会第二十五次会议通过《青海省国有土地上房屋征收与补偿条例》，自8月1日起施行。

6月

9日　联合青海省财政厅、中国人民银行西宁中心支行印发《关于进一步加强全省住房公积金平稳健康发展有关工作的通知》。

10日　组织修编2020版《青海省通用安装工程计价定额》《青海省市政工程计价定额》，印发《青海省住房和城乡建设厅关于发布〈青海省通用安装工程计价定额〉〈青海省市政工程计价定额〉的通知》。

15日　制定印发《青海省住房和城乡建设厅关于全面深入开展燃气安全隐患排查整治工作的紧急通知》。

25日　开展夜间“联合清源”液化石油气专项整治行动。

30日　会同省发展改革委指导各设市城市组织编制了本行政区域内城市内涝治理系统化实施方案。在此基础上，编制印发了《青海省城市内涝治理实施方案》。

7月

1日　停止工程造价咨询企业乙级资质审批。

5日　印发《青海省城市管理执法监督办法》。

7日　印发《青海省住房和城乡建设厅关于公布2020年度青海省省级工法的通知》，将148项工法评定为2020年度青海省省级工法。

同日　印发《青海省住房和城乡建设厅　青海省财政厅关于发布〈青海省建筑安装工程费用项目组成及计算规则〉的通知》。

16日　住房和城乡建设部、青海省人民政府以视频会议方式，召开省部共建高原美丽城镇示范省工作领导小组第二次全体会议。住房和城乡建设部部长王蒙徽、青海省省长信长星出席会议并讲话。

19日　印发《关于开展“加大物业服务收费信息公开力度让群众明明白白消费”工作的通知》。

21日　举办2021年全省城镇燃气管理人员能力提升培训班。

21日　印发《关于开展2021年度城镇供水水质抽样检测工作的通知》。

22日　印发《青海省住房和城乡建设厅关于印发〈青海省经济调度服务工作机制建筑业专项组工作方案〉的通知》。

23日　联合省财政厅、省乡村振兴局、省民政厅、省残联印发《关于建立健全青海省农牧民住房安全长效机制的实施意见》。

26日　印发《关于加强住房公积金缴存管理工作的通知》。

30日　印发《关于开展2021年工程勘察设计行业监督检查的通知》。

30日　组织开展工程勘察设计企业资质动态核查工作，印发《关于2021年工程勘察设计企业资质动态核查处理结果的通报》。

8月

12日　印发《青海省住房和城乡建设厅关于开展2021年度建筑市场和工程质量安全双随机检查的通知》。

16日，印发《青海省2021年美丽城镇建设实施方案》，安排下达西宁市湟中区共和镇等10个美丽城镇建设任务，下达专项补助资金4.7亿元。

17日　印发《青海省住房和城乡建设厅关于公布2020年度青海省建筑施工监理企业和项目经理项目总监理工程师信用评价结果的通知》。

17日　通报青海房屋建筑和市政基础设施工程建设项目施工现场建筑工人实名制信息化管理工作和关键岗位人员在岗信息化考勤工作。

同日　印发《青海省住房和城乡建设厅关于开展2021年度工程造价咨询成果文件质量“双随机”检查的通知》。

18日　召开青海省第一次自然灾害综合风险普查房屋建筑和市政设施普查工作部署电视电话会议。

23日　印发《青海省住房和城乡建设厅关于进一步加强全省预拌混凝土质量管理的通知》。

同日　印发《关于做好2021－2022年度城镇供

热保障工作的通知》。

26 日　印发《青海省住房和城乡建设厅关于进一步加强全省建筑施工安全风险隐患管控的通知》《青海省住房和城乡建设厅关于调整房屋建筑和市政基础设施工程施工许可证办理限额的通知》《青海省住房和城乡建设厅关于进一步优化省外施工、监理、勘察、设计、造价咨询企业进青登记的通知》。

27 日　组织对青海省城市管理执法部门就《青海省城市管理执法行为规范》的执行情况和《青海省城市管理执法文书》的使用情况进行了专项监督检查。

9 月

2 日　印发《关于加强住房公积金从业人员管理的通知》。

8 日　印发《青海省住房和城乡建设厅关于印发〈建筑施工工地扬尘防治检查标准（试行）〉和〈建筑施工现场扬尘治理考核评分标准〉的通知》。

18 日　组织召开第三组督导检查地区涉及住建领域无法办理不动产权证问题整改工作检查推进会。

29 日　召开建筑工程质量标准化暨建筑垃圾减量化观摩会。

10 月

15 日　由青海省人民政府与住房和城乡建设部共同主办的新时代高原美丽城镇建设省部论坛在青海西宁举行。

15 日　青海省住房和城乡建设厅与全国市长研修学院签订《高原美丽城镇建设能力提升培训合作协议》。

14—15 日　第二届黄河流域城镇供水安全和高质量发展研讨会在青海西宁召开。

15 日　组织召开高原美丽城镇示范省试点地区人民政府与房地产企业投资开发建设项目对接会。

25 日　青海省住房和城乡建设厅系统普查工作领导小组召开了厅系统第一次自然灾害综合风险普查房屋建筑和市政设施普查工作推进会暨业务培训会。

同日　印发《青海省住房和城乡建设厅　青海省财政厅　青海省发展和改革委员会关于在房屋建筑和市政基础设施工程中推行施工过程结算的实施意见》。

26 日　完成《生活垃圾处理现状及对策建议》并专题报送省政府。同日，印发《关于进一步加强城乡生活垃圾治理行动方案（2021—2025 年）》。

27 日　印发《关于印发〈青海省持续整治规范房地产市场秩序工作方案〉的通知》。

11 月

1 日　印发《青海省住房和城乡建设厅关于公布青海省建设工程造价编审委员会专家委员的通知》《青海省住房和城乡建设厅关于 2021 年度工程造价咨询成果文件质量“双随机”检查情况的通报》。

15 日　发布《青海省园林绿化工程计价定额》。

同日　联合 13 家部门联合制定出台《关于加强和改进物业管理工作促进高质量发展的实施意见》。

23 日　全省 10 家中心（分中心）全部实现 5 项住房公积金服务“跨省通办”任务。

12 月

1 日　印发《关于推动智能建造与新型建筑工业化协同发展的实施意见》。

2 日　印发《青海省住房和城乡建设厅关于建设工程企业资质有效期继续延期的通知》。

3 日　印发《青海省建设工程消防设计审查验收管理实施细则（暂行）》。

9 日　青海省房地产市场调控和住房保障工作领导小组办公室印发《关于开展 2021 年度保障性租赁住房发展情况监测评价的通知》。

16 日　印发《关于加强勘察设计质量管理有关工作的通知》。

17 日　印发《青海省住房和城乡建设厅关于规范房屋建筑和市政基础设施项目工程总承包管理的通知》。

20 日　印发《青海省住房和城乡建设厅关于在青海省工程建设监管和信用管理平台启用危大工程模块的通知》，青海省工程建设监管和信用管理平台危大工程模块正式上线。

22 日　青海省人民政府办公厅印发《青海省加快发展保障性租赁住房实施方案》。

24 日　授予青海省 30 个建筑施工项目“省级建筑施工安全标准化示范工地”称号并予以公布。

30 日　中共青海省委办公厅 青海省人民政府办公厅印发《关于进一步加强城乡生活垃圾治理行动方案（2021—2025 年）》。

（青海省住房和城乡建设厅）

宁夏回族自治区

法规建设

【推进法治政府建设】2021 年，宁夏住房和城乡建设厅认真落实党政主要负责人履行推进法治建设第一责任人职责，充分发挥党组领导关键作用。调整充实厅党组法治建设工作领导小组，党组书记任组长，其他厅领导任副组长，将法治政府建设纳入“十四五”规划和年度工作要点，与业务工作同安排、同部署、同落实、同考核。下发 2021 年法治建设、普法依法治理工作要点及责任落实分工，全力推进住房城乡法治建设工作。厅工程建设项目“审管一体化”改革被命名为全区法治政府建设示范项目并授牌。

【行业立法】深入开展地方性法规、政府规章和行政规范性文件全面集中清理工作，提请自治区修订《自治区建筑管理条例》《自治区绿色建筑发展条例》《自治区城市绿化管理条例》3 件地方性法规，开展《自治区物业管理条例》《自治区城市综合管理条例》立法调研。修订《自治区房屋建筑抗震设防管理办法》等 5 件政府规章，废止《宁夏回族自治区城市建设监察规定》《宁夏回族自治区城市建设档案管理办法》2 件政府规章。提请废止 6 件、修订 4 件自治区政府规范性文件。自治区住房和城乡建设厅开展清理工作成效显著，被自治区人民政府办公厅通报表扬并作经验交流。

【强化规范性文件审查】严格落实规范性文件“三统一”及合法性审核制度，对 345 件厅发规范性文件开展集中清理，公开发布有效、失效和废止规范性文件目录，实现规范性文件目录和文本规范化管理。

【行政复议和行政诉讼】依法规范行政复议案件的受理、审理工作，积极运用和解、调解等方式化解矛盾。自治区住房和城乡建设厅全年共收到行政复议申请 2 件，在受理期限前调解处理；被住房和城乡建设部复议案件 1 件，维持原决定；收到行政应诉案件 1 件，经调解申请人庭前撤诉。

【法治培训和法治宣传】印发法治政府建设应知应会“口袋书”，发放《习近平法治思想概论》。将法治宣传教育内容纳入各类学习培训计划同步安排，组织新提拔任用的处级干部进行宪法宣誓，开展习近平法治思想和宪法、民法典知识测试。厅法规处被评为全国“七五”普法先进集体和自治区“七五”普法工作先进单位。

房地产业

【概况】2021 年，认真贯彻落实中央和自治区房地产市场调控各项政策，继续保持调控政策的连续性和稳定性，全面实省级政府监督指导责任、城市政府主体责任，因城施策，分类指导，推动全区房地产市场保持平稳发展态势。2021 年，完成房地产开发投资 466.9 亿元，同比增长 7.8%；房屋施工面积 5606.9 万平方米，同比增长 0.8%；商品房销售面积 1014.4 万平方米，其中住宅销售面积 845.8 万平方米；商品房待售面积 1027.4 万平方米，同比增长 3.5%，去库存周期 12.2 个月，其中，住宅 310 万平方米，同比下降 6.3%，去库存周期 4.4 个月。

【房地产市场调控】提请自治区政府建立省级房地产市场调控部门联席会议制度，设立处置化解房地产问题项目领导小组，充分发挥对全区房地产市场调控监管的高位推动、顶层设计、分类指导、监控预警等作用。制定出台《宁夏房地产开发企业信用信息管理办法》《房地产开发企业良好、不良行为认定标准》及《宁夏商品房预售资金监管实施意见》等，搭建“宁夏互联网＋智慧房产”服务平台，推动各市县全面接入平台，实现全区新建商品房网签备案、预售资金监管、房地产企业信用信息管理等业务“一张网”，进一步健全风险防控长效机制，促进房地产市场平稳健康发展。

【房地产市场秩序整治】持续开展房地产市场专项整治。联合自治区发展改革委、公安厅、自然资源厅、市场监管厅、国家税务总局宁夏税务局、银保监会宁夏监管局、自治区党委网信办等 7 部门出台《整治规范房地产市场秩序三年行动方案》，聚焦房地产开发、房屋买卖、住房租赁、物业服务、房地产估价、非法集资等领域人民群众反映强烈、社会关注度高的问题，聚焦 6 类 33 项违法违规行为深入摸排潜在隐患、组织开展整治行动。督促各市县加强房地产开发、中介机构等从业人员的监管，对违法违规行为严查重罚，不断规范企业经营。2021年检查房地产企业及中介机构2195家，物业企业975家，下发限期整改通知书495份，化解各类房地产信访矛盾纠纷4232件。

【物业服务管理】出台《宁夏回族自治区物业服务企业及物业服务人员信用信息管理办法》《物业服务企业良好、不良行为认定标准》和《宁夏回族自治区住宅物业服务导则》，完成《宁夏回族自治区物业管理条例》修订立法调研。银川市和吴忠市被列为“加强物业管理，创建美好家园”试点城市，银川市被列为“加快发展线上线下生活服务”试点城市。印发《关于开展加大物业服务收费信息公开力度让群众明明白白消费工作的通知》，要求物业服务企业在住宅小区内显著位置，公布物业服务、停车及其他有偿服务的收费项目、收费标准、收费方式和投诉电话等信息，让群众明明白白消费，享受“质价相符”的物业服务。全区已公示物业服务收费信息的住宅项目1984个，开展检查和执法行动检查504次，出动检查和执法人员数324人次，物业服务企业签订承诺书322家，发放政策法规宣传册数12411份。

住房保障

【概况】2021年，围绕实现“住有所居”目标，坚持把高质量发展要求贯穿到住房保障工作全过程，持续加大城镇低收入住房困难家庭保障力度，稳步推进“脏乱差”棚户区改造步伐。依托技术创新、数字赋能开展公租房小区智能化、智慧化建设，银川市被住房和城乡建设部纳入全国推广应有公租房APP项目10个试点城市之一；率先全国在县级城市全面实现公共租赁住房信息化管理，实现与全国公租房信息系统贯标应用。指导银川市因城施策发展保障性租赁住房，让新市民、青年人等群体融入城市更加便利快捷。全区计划改造城镇棚户区住房3857套、基本建成2100套、发放住房租赁补贴7535户。实际开工建设棚户区住房4002套，基本建成3880套，发放住房租赁补贴7366户，持续为16.52万户城镇住房困难家庭提供公租房保障，约50万城镇住房困难群众得到有效保障。

【住房保障规范化管理】会同自治区财政厅对全区18.58万套公租房资产管理情况开展检查抽查，指导督促各地按照“一房一档、一物一卡”要求，加强对国有资产管理。加强公租房运营安全管理，组织各地全面排查公租房小区应急疏散通道、安全出口、消火栓、灭火器等重点部位和私装充电桩等重点安全隐患；在公租房领域开展违规转借转租专项整治，重点整治公租房使用中转借转租、恶意欠租、拒不清退等乱象，加大对公租房保障领域失信行为约束，确保城镇住房困难家庭“住得进、退得出、有尊严”。

【保障性租赁住房建设】组织相关部门和城市开展专题调研，研究宁夏城镇公租房现有保障能力或存在的问题，对城市发展保障性租赁住房作出安排部署，针对宁夏回族自治区城市人口净流入量不大、现有公租房保障基本满足需求的现状，确定“十四五”时期计划筹集保障性租赁住房20727套，2021年筹集2977套，2022年计划筹集7858套。银川市根据新市民、青年人等群体需求状况，引导企业将闲置房屋改造作为保障性租赁住房，适时根据供需情况在新建商品住房小区中，按照不低于住宅面积5%的比例配建保障性租赁住房。全区其他城市利用非居住房屋和土地按需发展保障性租赁住房。研究出台《对城市政府发展保障性租赁住房监测评价实施方案》，从“确定发展目标、落实支持政策、建立工作机制、严格监督管理、取得工作成效”五个方面12个内容开展监测评价。

【公租房管理信息化建设】率先全国在县级全面推行“全国公租房信息系统”建设。全区5个地级市8月底前实现与全国公租房信息系统贯标应用，顺利完成公租房贯标版系统上线工作。全力推进全国住房保障信息化统一标准建设，实现让群众“少跑路”，全区按照“一张网”工作，“一盘棋”要求，正按计划推进运用公租房信息系统建设。

公积金管理

【概况】2021年，以有力支持缴存职工合理购房租房需求、助力房地产健康平稳发展为目标，狠抓规范政策执行、加强动态监管、管控行业风险、提升服务效能，推动全区住房公积金事业高质量发展。全区归集住房公积金126.78亿元，同比增长9.49%，提取住房公积金96.28亿元，同比增长9.01%，发放住房公积金个人贷款1.35万笔，同比下降18.67%、发放住房公积金个人贷款60.31亿元，同比下降13.56%，支持职工购房174.42万平方米，为职工节约利息支出约7.31亿元。截至年底，全区住房公积金实缴人数达72.19万人，累计归集1135.50亿元，累计提取751.07亿元，累计发放个人住房贷款31.32万笔、715.24亿元，个贷率达 76.53%，使用率达 92.05%。

【规范调整公积金使用政策】组织修编《宁夏回族自治区住房公积金业务操作规范（试行）》，对全区住房公积金业务事项名称、要件、流程、时限、表单及监督考核等作出统一规范和优化，涵盖六大业务板块，进一步提升了全区住房公积金管理标准化、服务规范化、办件高效化、数据精准化、风险可控化水平。

【推进信息化建设开展跨省通办业务】实现与自治区公安、民政、市场监管、机构编制、统计等部门信息共享协查，各项业务线上办理率超过 50%。推进住房公积金业务"一网通办、就近能办、异地可办、部门联办"，全区 6 个住房公积金管理中心全部接入全国住房公积金数据交换平台。依托商业银行，持续增加公积金业务办理网点。

城乡历史文化保护传承

认真贯彻落实中共中央办公厅、国务院办公厅印发的《关于在城乡建设中加强历史文化保护传承的意见》，组织制定《关于在城乡建设中加强历史文化保护传承的实施意见（初稿）》。按照应划尽划、应保尽保原则，开展历史文化街区和历史建筑普查认定，全区划定 1 处历史文化街区（银川市），确定挂牌公布历史建筑 44 处，其中银川市 22 处，石嘴山市 13 处，吴忠市 1 处，固原市 5 处，灵武市 1 处、青铜峡市 2 处。推荐吴忠市红寺堡区宁夏扶贫扬黄灌溉工程指挥部旧址、红三泵站及渡槽、新庄集一泵站及渡槽三处建筑（构筑物）列为历史建筑潜在对象。完成历史建筑测绘建档 27 处，启动剩余 17 处历史建筑测绘建档和保护图则制定工作。组织市县完成 1 次历史文化街区和历史建筑数据信息平台数据报送工作。会同自治区文化旅游厅完成自治区历史文化名城名镇名村街区评选筹备工作。

城市与建筑风貌管理

全区共有 390 个小区、1452 栋楼、4.74 万户（套）、总建筑面积 413.34 万平方米的城镇老旧小区列入国家改造计划。截至 2021 年年底，开工改造老旧小区 393 个、1452 栋楼、47475 户（套）、建筑面积 414.92 万平方米［其中：已完成改造小区 258 个、684 栋楼、23262 户（套）、建筑面积 210.8 万平方米］，开工率分别占计划任务的 100.7%、100%、100.2%、100.4%。全年共计争取中央和自治区各类资金 8.87 亿元，其中：中央补助资金 7.9898 亿元（中央财政补助资金 2.8138 亿元，中央预算内资金 5.176 亿元），自治区财政补助资金 0.8887 亿元（财政资金 0.5 亿元，预算内资金 0.3887 亿元）。3 月，财政部宁夏监管局对全区 2020 年度老旧小区改造绩效评价审核，最终得分为 90.30 分，评定为优秀等次。2019—2021 年，已改造完成近 8 万户，惠及群众 25 万多人，群众的居住水平和生活品质得到有力提升，成效显著。起草完成并报请自治区人民政府办公厅印发了《关于推进城镇老旧小区改造工作的实施意见》，为全区各地老旧小区改造工作提供政策指导。宁夏银川市兴庆区、西夏区、青铜峡市 3 个老旧小区改造典型工作经验做法在全国城镇老旧小区改造经验交流会议上汇报交流。

城市体检评估

接续实施区域中心城市带动、黄河流域生态保护和高质量发展先行区建设等一系列重大战略，初步形成以沿黄城市群为主体、以中心城市为龙头、以县城为平台、以重点小城镇为节点的城镇发展格局。截至年底，全区常住人口城镇化率达到 66.04%，高于全国水平（64.72%）1.32 个百分点，位列西北五省区第二、沿黄九省区第三；沿黄城市群常住人口和城镇人口占全区比重分别为 70.08%和 80.28%，成为全区主要人口承载地；固原市城区城镇人口较 2015 年增加 8.82 万人，城市集聚吸引作用增强。印发《自治区住房和城乡建设厅关于开展 2021 年城市体检工作的通知》，银川市、吴忠市入选 2021 年全国城市体检样本城市。大力实施城市更新行动，银川市入选全国城市更新试点城市。

建设工程消防设计审查验收

【概况】全区共有勘察设计企业 167 家，其中甲级资质企业 17 家，施工图审查机构 6 家，其中一类 5 家，二类 1 家；行业从业人员 5623 人，其中各类专业注册人员 839 人。2021 年，完成外省进宁勘察设计企业诚信登记 105 家；受理建设工程消防设计审查 694 件，办结 688 件；受理建设工程消防验收 781 件，办结 744 件；受理建设工程消防验收备案 870 件，办结 854 件；办结率分别达到 99.14%、95.26%和 98.16%。

【勘察设计行业监管】修订《宁夏回族自治区房屋建筑和市政基础设施工程施工图设计文件审查管理实施细则》，强化了房屋建筑和市政基础设施工程施工图设计文件审查管理。6 月 1 日，数字化图审系统正式上线，全区范围内房屋建筑和市政基础设施工程施工图设计文件均须通过图审系统进行审查。

印发《关于调整施工图设计文件免审企业申报条件的通知》《关于进一步扩大施工图设计文件免审范围的通知》，进一步扩大施工图设计文件免审范围，有序放宽乙级及以上勘察设计企业施工图设计文件免审申报条件，营商环境持续优化，开展年度勘察设计企业市场质量执法检查，共检查企业44家，其中区内25家，外省进宁19家，抽检建筑、市政、电力等行业项目62个，对存在问题的勘察设计企业给予诚信扣分。

【建设工程消防设计审查验收】印发《宁夏回族自治区建设工程消防设计审查验收管理实施细则(暂行)》，明确主管部门、建设单位在办理消防审查验收的规范流程、文书样式和消防技术服务机构责任义务及管理规则。开展年度建设工程消防设计审查、验收执法检查。抽取全区26个建设工程消防审验主管部门的建设工程消防设计审查、消防验收、消防验收备案及消防行政处罚等4类执法案卷132份，抽取建设工程项目54项，重点检查建设工程消防设计文件编制深度及设计质量、消防设计文件技术审查质量、建设工程消防设施检测质量、建设工程消防验收质量和第三方建设工程消防技术服务机构服务质量，进一步规范了全区建设工程消防设计审查验收管理工作。

城市建设

【概况】2021年，组织编制自治区新型城镇化“十四五”规划、城市市政公用事业发展“十四五”规划、城镇老旧小区改造“十四五”规划等，深入推进新型城镇化，大力实施城市更新行动，人口和经济加快向以银川为中心的沿黄城市群集聚，固原区域中心城市辐射带动作用进一步增强。2021年，宁夏常住人口城镇化率达到66.04%，比2020年提高1.08个百分点；户籍人口城镇化率为47.11%，比2020年提高0.02个百分点。全区人均城市道路面积达到26.08平方米，设市城市污水处理率达到98.37%，县城污水处理率达到95.83%，公共供水普及率达到99.7%，城市燃气普及率达到97.75%。

【城市园林绿化】加强小微公园、绿道等建设，围绕城市生态修复做好老旧公园、绿地改造，统筹做好城市公园、绿地防灾避险功能建设，提高公园绿地均衡性。指导银川市积极创建国家生态园林城市，同心县、中宁县创建国家园林县城。开展城市园林绿化项目负责人培训，做好园林绿化企业诚信管理，推动园林绿化行业健康发展。全区共建成城市公园204个，人均公园绿地面积达到20.01平方米，位居全国前列。

【燃气安全隐患排查整治】印发《关于组织开展全区城镇燃气和瓶装液化石油气安全隐患专项排查整治的紧急通知》，转发《住房和城乡建设部办公厅关于深入开展城市燃气安全隐患再排查再整治工作的紧急通知》，落实属地监管责任，压实企业主体责任，建立排查整治台账，明确隐患整改时限、整改责任人、整改举措等内容，开展“地毯式”“拉网式”排查，全区累计排查发现燃气安全隐患2157处。组织行业专家对各地燃气排查整治情况进行督查，下发执法建议书2份，纳入重大隐患挂牌督办。

【海绵城市】组织编制《宁夏回族自治区海绵城市建设标准图集》，委托第三方开展全区海绵城市建设评估工作，指导固原市总结海绵城市建设试点经验做法，推广各地借鉴应用。全面提升水污染防治水平，增强城市内涝治理，提升城市“弹性”和“韧性”。全区设市城市建成区海绵城市面积达到20%以上。

【城市供水供气供热安全】制定印发《自治区住房和城乡建设厅关于开展2021年度城市公共供水水质监测工作的通知》《宁夏城镇生活饮用水二次供水专项排查整治工作方案》，分阶段对全区各市县、各水厂进厂原水、出厂水、管网水、二次供水进行采样检测，开展二次供水设施整治。会同自治区发展改革委等部门制定《关于清理规范城镇供水供电供气供暖行业收费促进行业高质量发展实施方案》，大力推行水气暖线上报装。

【城市排水防涝】制定印发《自治区住房和城乡建设厅关于做好2021年城市排水防涝工作的通知》，及时印发《关于加强汛期安全管理防范城市内涝的紧急通知》，在组织各市县编制城市内涝治理系统化实施方案的基础上，编制全区城市内涝治理系统化实施方案。会同自治区发展改革委争取中央排水防涝设施建设资金5000万元，支持兴庆区、原州区、中宁县、隆德县等地区建设排水防涝设施。

【城镇生活污水处理】深入开展城镇生活污水处理提质增效三年行动（2019—2021年），争取中央城镇污水处理提质增效财政补助资金8213万元，大力实施配套设施建设，开展三年行动自评估及复核工作，全区建成城镇生活污水处理厂33座，全部实现一级A排放标准，处理率达到98.37%。2021年全区再生水利用率达到27.1%。全区城市建成区13条黑臭水体全部消除。全区近年累计排查封堵黑臭水体排污口62个，建成污水管道826公里，雨水管道

628公里、雨污合流管道2713公里，系统治理城市黑臭水体。

村镇建设

【概况】2021年，围绕自治区建设黄河流域生态保护和高质量发展先行区、巩固拓展脱贫攻坚成果与乡村振兴有效衔接，按照协调推进以县城为重要载体的就地城镇化建设、以重点集镇为服务农民区域中心的小城镇建设、以中心村为农民就近生产和幸福生活主要空间的美丽村庄建设的总体思路，大力实施乡村建设行动，全年开工建设重点小城镇20个、高质量美丽宜居村庄50个、自治区传统村落10个，生活垃圾得到治理的村庄达到95%。

【重点小城镇】重点把握县域内城乡融合发展方向，准确理解和定位连接城市、服务乡村职能作用，围绕推动就地新型城镇化和区域农业农村现代化，突出产镇融合、人镇和谐，科学规划小城镇建设规模、空间布局、功能形态、特色风貌，推动镇域乡村一体设计、联动建设，统筹实施规划布局、基础设施、公共服务、产业发展、生态环保、社会治理“六个一体化”，建设区域各类生产要素、产品、服务集合创新、集中供应、集聚流通的城乡工农综合体，打造融合一二三产、汇集人财物的区域发展小高地，畅通城乡生产要素和经济循环，推动城镇村衔接互补，成为服务农民的区域中心。安排自治区财政奖补资金0.8亿元，完成投资69.4亿元，占计划总投资的115%。

【美丽宜居村庄】制定《宁夏美丽宜居村庄建设实施方案》，区分“集聚提升、城郊融合、特色保护、整治改善、搬迁撤并”五种村庄类型，大力实施规划设计引领、宜居农房改造、基础设施配套、人居环境整治提升、生态保护建设、产村融合发展、公共服务提升、乡风文明建设、基层综合治理“九大工程”，重点建设中心村，巩固改善一般村，分级分类梯次推进美丽宜居村庄建设整治。支持建设高质量美丽宜居村庄50个，安排自治区财政奖补资金1亿元，完成投资17.7亿元，占计划总投资的177%。

【传统村落】在保护好6个国家级传统村落基础上，启动实施自治区级传统村落保护项目，组织全面深入开展全区传统资源调查，建立自治区级传统村落保护名录，认定公布第一批10个自治区级传统村落，自治区财政拨付专项资金0.2亿元，加快实施保护发展规划编制、传统建筑保护修缮、人居环境整治等工程。

【农村危窑危房和抗震宜居农房改造】自治区住房和城乡建设厅、民政厅、财政厅等7部门联合印发《宁夏农村低收入群体等重点对象住房安全保障工作实施方案》，进一步确定危窑危房、抗震宜居农房改造对象主要支持“六类低收入群体”，确保危窑危房改造对象、抗震宜居农房改造对象补助标准与中央政策一致。如期完成用作经营的农村自建房排查整治和其他农村房屋排查，共排查农村房屋95.02万户，对初判存在安全隐患的1.61万户全部进行鉴定，最终鉴定为C、D级危房共0.9525万户（C级0.5606万户、D级的0.3919万户），并对用作经营的和低收入群体的1267户危房按期实施改造整治，对其他非低收入群体和闲置危房等采取相应措施按计划推进整治。结合实际制定《宁夏抗震宜居农房加固改造建设技术导则》，提高农村住房安全防控能力及建设质量安全、建设品质等。全年新增低收入群体危窑危房和抗震宜居农房改造共计1.37万户，下达补助资金2.40亿元。其中，中央补助资金1.29亿元，各县（市、区）配套整合补助资金0.77亿元，截至2021年年底，改造任务全部完成，补助资金由自治区财政厅全部兑现到县（市、区），由县（市、区）按标准兑现到农户。

【农村人居环境整治】认真总结农村人居环境三年整治生活垃圾治理成果，按照生活垃圾“两次六分、四级联动”分类治理模式，压实垃圾基本治理，全区共配置户用分类垃圾桶25万多个、室外定点投放垃圾箱20万多个、小型垃圾收集车1.2万多辆，中大型垃圾转运车1600多台，改造建设乡村垃圾中转站191个、填埋场124个，配备保洁人员1.8万多名，55个非正规垃圾堆放点全部整治销号且无反弹情况，生活垃圾得到治理村庄比例达到95%。开展疫情防控农村生活垃圾专项治理，防止垃圾传播扩散疫情。因地因时推进垃圾分类，完善垃圾收运处置体系。依托宁夏大学开展“农村生活垃圾分类和资源化利用无害化处理”课题研究，强化科研成果运用。搭建“政产学研用”平台，召开自治区政协对口协商研讨会，探索农村生活垃圾分类治理新路径新方法，组织县（区）开展垃圾源头上门收集、分类转运、分类处置实操培训，全区共建设改造垃圾分类分拣示范点493个，与112家物资回收企业、10家制作生物颗粒企业、28家有机堆肥企业合作开展可回收垃圾回收利用与有机垃圾协同资源化处置，永宁县、利通区、隆德县先后被评为全国农村生活垃圾分类资源化利用示范县（区），创建自治区一二三级示范县17个、示范乡镇52个、示范村462个，垃圾分类和资源化利用覆盖面达到20%以上。“宁夏因地制宜推进农村生活垃圾分类治理”成就，被住房和城乡建设部选入徐州（国际）园林博览会参展作品。

标准定额

【建设标准管理】2021年，完成《宁夏回族自治区工程建设标准化管理办法》修订工作，修改内容于2021年12月31日自治区人民政府第109次常务会议审议通过。此次修订工作剔除不适应标准化工作新形势发展要求的相关条款，对规定不够严谨的条款进行补充，进一步提高标准化法制水平。

【建设标准制定】将宁夏地区居住建筑的设计供暖能耗降低30%为目标，对宁夏地方标准《居住建筑节能设计标准（65%）》进行修编，发布《居住建筑节能设计标准（75%）》，为深入推进建筑能效提升和绿色建筑发展，降低居住建筑能源消耗、减少环境污染提供了有力的技术支撑，对发展绿色城市，实现可持续发展具有重要意义。

【工程造价改革】为贯彻落实国务院、住房和城乡建设部深化“证照分离”改革工作要求，开展了“双随机 一公开”抽查工作。随机抽取119家工程造价咨询企业，对企业主体责任落实、从业行为合法合规性等情况进行了督查，规范了企业和从业人员市场行为，促进行业持续健康发展。

【建设定额管理】为发挥工程造价服务保障能力，提升工程造价从业人员专业素养，完成《宁夏回族自治区建设工程造价计价依据（2019版）解释汇编》《宁夏安装工程材料价格（2021版）》编制工作。

【造价信息发布】为稳定建筑市场秩序，加强建筑市场各方主体的风险意识和履约能力，起草《关于加强建设工程材料价格风险管控的指导意见》，撰写《我区大宗建材及建筑劳务人工价格上涨对建筑市场影响调研报告》，及时增加钢材、水泥及预拌混凝土价格信息发布频次，确保建材价格信息发布及时准确；发布了6期《宁夏工程造价》（双月刊）。

【造价咨询行业发展】工程造价咨询资质取消后，截至2021年年底，全区本地工程造价咨询企业147家，较上年增加29家，增长率25%；外省进宁工程造价咨询分支机构209家，较上年增加14家，增长率7%；2021年服务建设工程项目总投资1482.5亿元。

工程质量安全监督

【质量安全标准化工地】不断完善建立企业质量安全行为标准化、项目质量标准化、项目安全标准化、绿色施工工地“四位一体”的完整考评体系，推荐自治区级安全标准化工地206个，绿色施工工地6个。626家企业参加质量安全标准化企业考评，属地考评合格以上企业352家，较往年均有涨幅。2021年，认定自治区级质量标准化工地142项、安全标准化工地187项、绿色施工工地5项。

【工程质量监管】稳步推进住宅工程质量信息公示试点，认定24个第一批住宅工程质量信息公示试点项目为合格项目给予诚信加分，试点范围由市级向县级延伸确定第二批试点项目57个。进一步指导各市县有序开展房屋建筑与市政基础设施工程联合验收工作，对中卫、固原等部分市县进行联合验收政策解读和系统操作培训。举办全区住建领域“质量月”线上观摩活动、工程建设强制性规范知识网络答题竞赛和全区建筑业安全生产公益直播讲座，4万余名人员参与线上观摩学习，1500余家企业参与观摩，1万余人参与了网络答题。

【建筑施工安全监管】共组织工程质量安全消防检测各类调研督查检查或暗查暗访8次，累计检查在建工地1012项、企业51家，确保建设领域安全生产形势总体稳定受控。举办全区建筑施工安全生产标准化示范工地暨应急救援演练线上观摩会，开展“筑牢安全文化、促进建筑安全”建筑安全文化微视频宣传活动，评选优秀单位30家，引导企业，全面提升安全意识。2021年，全区房屋建筑及市政基础设施工程发生生产安全事故14起，死亡14人，未发生较大及以上生产安全事故，安全生产形势总体稳定受控。

【质量安全工作机制】组织制定《宁夏绿色施工专项提升行动实施方案》《宁夏房屋建筑与市政基础设施工程建设单位首要责任管理规定》等，修订《宁夏建筑施工项目质量安全标准化考评实施方案》《建设工程质量检测试验费用在工程建设其他费用中进行概算的指导价（试行）》《宁夏回族自治区建筑施工企业项目经理及关键岗位人员管理若干规定》等。组织编写《宁夏回族自治区建筑垃圾减量化技术标准》《宁夏绿色施工技术》《宁夏住宅工程渗漏、裂缝常见问题防治技术标准》，参与国家房屋建筑与市政基础设施工程质量检测技术管理规范标准的编制，不断夯实工程质量安全制度体系保障。

建筑市场

【建筑市场规范】印发《关于进一步规范自治区房屋建筑和市政工程业绩管理工作的通知》，规范业绩审核。制定建筑市场监管服务工作管理制度、全区记分满12分关键岗位人员继续教育考核工作方案等，不断规范优化服务流程。印发《宁夏工程建设项目中介服务机构“红黑名单”管理办法（试行）》和《宁夏工程建设项目中介服务机构信息公示公告管理办法（试行）》，进一步加强工程建设项目中介服务机构诚信体系建设，构建守信联合激励、失信联合惩戒机制，促进工程建设项目中介服务业健康发展。

【建筑市场管理】加强关键岗位人员管理，加强标后履约监管，严格控制进场人员变更，确保监督平台和施工现场人员一致。编制建筑工人实名制百问百答手册和平台用户使用手册，安排技术服务人员利用监督平台开展“开放式”培训。落实建筑工人实名制管理，所有建筑工人实名入库、刷脸上班、线上考勤、银行代发工资，从根本上杜绝了恶意欠薪行为的发生，切实维护了建筑工人合法权益。

【建设工程招投标管理】推进房屋建筑和市政基础设施建设工程领域全流程电子化招标投标，试点推进“评定分离”。新修订编制“施工、工程总承包、监理、勘察、设计、施工资格预审、材料采购、设备采购、园林绿化”等9套招标文件范本，同时配套制作了电子培训课件对招标人、代理机构进行线上培训，实现了100%项目的全流程电子化交易，有效打破了行业壁垒和地域分割，提高了竞标质量，促进了市场的活跃度提升，维护了招标投标市场健康发展。

建筑节能与科技

【概况】2021年，全区新建建筑节能标准执行率达到100%，城镇新增节能建筑1398万平方米，全区新建建筑项目绿色建筑占比69.6%，面积973万平方米。新开工装配式建筑面积238.21万平方米，竣工装配式建筑面积37.18万平方米，装配式建筑占新建建筑比例12.84%，拥有国家级装配式建筑产业化基地1家，自治区级建筑产业化基地22家。已完成《宁夏回族自治区绿色生态居住区评价标准》《绿色建筑工程施工质量验收规程》送审稿，编制完成《装配式建筑施工现场安全技术规程》《装配式混凝土结构技术规程》《装配式钢结构工程施工工艺标准》三项装配式建筑地方标准。鼓励已开展绿色建材标识评价业务的检测机构积极申请绿色建材产品认证资质，指导绿色建材生产企业向具备资质的认证机构申请绿色建材产品认证。

【建筑节能】严格落实住房城乡建设部和自治区党委、政府节能减排工作的总体部署，牢固树立绿色、低碳理念，聚焦建设领域“双碳”目标任务。加强日常督查和服务指导，开展了全区建筑节能、绿色建筑、装配式建筑实施情况专项检查，督促指导各地严格执行建筑节能、绿色建筑等工程建设标准，全区新建建筑节能整体水平进一步提高，节能标准执行率达到100%。各地完成既有居住建筑节能改造共56万平方米。

【绿色建筑】深入实施自治区生态立区发展战略，把绿色建筑、装配式建筑作为推进建筑业绿色发展的重要举措。完成建发·枫林湾（二、三期）项目的一星级绿色建筑运行标识评审工作；组织专家对中房西悦府16栋楼进行了二星级绿色建筑标识预评价。宁夏中房实业集团股份有限公司玺云台小区一期7号楼项目获得2020年全国绿色建筑创新奖二等奖。

【建筑产业现代化】建立宁夏绿色建筑和装配式建筑专家库，加强装配式建筑产业基地建设，培育专业化企业，提高建筑工程全产业链装配化能力。建成2家自治区建筑产业化基地，培育的有5家企业，技术与产品涵盖装配式钢结构、混凝土结构、墙体复合板材等领域。全区新开工装配式建筑208.85万平方米，竣工76.19万平方米。

【建筑科技】评审立项建设科技计划项目28个，开展了“基于BIM实现勘察成果可视化应用应用研究”“超高延性混凝土的研究及在宁夏地区的应用”“太阳能光电热水器项目”“粉煤灰与建筑固废混合料道路化的关键技术研究与示范”等课题研究和技术攻关。

人事教育

【干部教育培训】印发《2021年全区住房城乡建设系统教育培训计划》，确定培训项目31个，计划培训人数约7000人。组织全厅80名县处级以上干部，参加党的十九届五中全会精神专题网络轮训，参训率、完成率和考试合格率均达到100%。先后选派20名干部参加上级组织举办的各类培训班。

【高层次人才培养】培养1名自治区“基层之星”人才，1名同志入选“自治区青年拔尖人才培养工程”，2名同志入选“自治区青年科技人才托举工程”。

【建筑行业人员培训】全面启用2021版全区建筑施工企业“安管人员”安全生产和建筑施工特种作业人员考核题库。全区组织开展3批14373名“安管人员”和特种作业人员考试，考核合格9560人。

印发《宁夏住房和城乡建设领域施工现场专业人员职业培训实施细则》，遴选21家培训机构，培训“七大员”16942人，考试合格6964人。2021年办理执业注册类业务21196件，办理建筑从业人员各类岗位证书事项39204件。全区总计注册各类建设执业人员22885人。

大事记

1月

29日　印发《2021年全区住房城乡建设工作要点》。

2月

23日　召开2021年全区住房城乡建设工作会议。

3月

26日　宁夏回族自治区第十二届人民代表大会常务委员会第二十五次会议决定，对《宁夏回族自治区绿色建筑发展条例》进行修订。

31日　新启动实施重点小城镇8个、高质量美丽宜居村庄18个。

4月

15日　银川市、吴忠市成功入选2021年全国城市体检样本城市。

5月

6日　评选认定2020年度全区农村生活垃圾分类和资源化利用一级示范县（区）4个、二级示范县（区）5个、三级示范县（区）6个、试点县（区）7个。

10日　印发《宁夏回族自治区建设工程质量检测管理实施细则（试行）》。

31日　印发《宁夏回族自治区住房和城乡建设厅2021年安全生产工作要点》。

6月

10日　10个村庄入选自治区传统村落名录。

21日　印发《宁夏回族自治区商品房预售资金监管实施意见（试行）》。

同日　印发《宁夏住房和城乡建设领域施工现场专业人员职业培训实施细则》。

7月

1日　建发·枫林湾（二、三期）项目获得一星级绿色建筑运行评价标识。

8月

2日　印发《宁夏回族自治区房屋建筑和市政工程设计招标文件示范文本（2021年版）》和《宁夏回族自治区房屋建筑和市政工程勘察招标文件示范文本（2021年版）》。

10日　会同自治区发改委等9部门印发《宁夏回族自治区物业服务企业及物业服务人员信用信息管理办法》和《物业服务企业良好、不良行为认定标准》。

20日　联合自治区自然资源厅等7部门印发《整治规范房地产市场秩序三年行动方案》。

9月

10日　印发《宁夏回族自治区房屋建筑和市政工程设备采购招标文件示范文本（2021年版）》和《宁夏回族自治区房屋建筑和市政工程材料采购招标文件示范文本（2021年版）》。

同日　按照住房和城乡建设部乡村建设评价工作安排部署，选取平罗县、同心县、隆德县开展乡村建设评价工作。

17日　印发《宁夏回族自治区房屋建筑和市政工程施工招标文件示范文本（2021年版）》。

28日　印发《工程建设项目招标代理机构良好行为和不良行为记录认定标准》。

10月

从省级层面搭建了业务全面覆盖、数据标准统一、部门信息共享的“宁夏互联网＋智慧房产服务平台”，加快全国、全区房地产市场监测“一张网”建设，推进房屋网签备案系统建设规范化、标准化、便民化。

11月

4日　银川市入选全国城市更新试点城市。

12月

27日　“宁夏浩生德装配式混凝土部品部件生产基地”“石嘴山市润鑫达装配式墙板生产基地”两个项目获评自治区级建筑产业化基地。

（宁夏回族自治区住房和城乡建设厅）

新疆维吾尔自治区

住房和城乡建设工作概况

2021年是中国共产党成立100周年，新疆维吾尔自治区住房城乡建设系统扎实开展党史学习教育，用党的奋斗历程和伟大成就鼓舞斗志、指引方向，用党的光荣传统和优良作风坚定信念、凝聚力量，圆满完成2021年各项任务，住房城乡建设事业取得新突破、实现新跨越，迈出更加坚定有力的步伐，向党和人民交出一份满意答卷。

【社会稳定、疫情防控和安全生产阵地进一步筑牢】常态化开展扫黑除恶斗争和矛盾纠纷排查化解，工程建设领域专项整治成效明显，“访惠聚”驻村工作扎实推进，行业发展环境更加安全稳定。建筑工地、城镇市政基础设施、物业服务区域等重点场所和人员实现依法科学精准防控，城市供排水、供气、供热正常运行保障，累计排查疫情隔离观察场所建筑1100余栋。在全国率先出台建设单位质量安全首要责任、工程建设各方安全生产主体责任相关规定，房屋市政工程生产安全事故起数和死亡人数实现“双下降”。城镇房屋违法建设和违法违规审批专项清查、农村房屋安全隐患排查全面完成、整治同步推进，燃气等市政公用行业安全排查整治成效明显，安全生产依法治理能力不断提高。房屋建筑和市政设施风险普查与抗震加固全面推进，新建广场公园绿地应急避难场所100余座，城市应对风险能力不断增强。

【城市更新行动扎实有序推进】组织开展乌鲁木齐都市圈城镇基础设施专项规划、百万人口中心城市发展战略等课题研究，制定县城（市、区）和小城镇建设管理导则，统筹完善城镇地上地下基础设施，促进大中小城市和小城镇协调发展。建立“65＋N”城市体检指标体系和评估机制，87个市县城市体检全覆盖，发布2020年度城市体检报告。开展城市居民满意度调查，编制“城市病”治理技术标准。实施美丽城镇建设行动五年计划，出台新型基础设施、生活垃圾分类、地下基础设施建设等一系列政策措施，发布智慧社区（小区）建设、智慧市政建设、绿道规划设计、既有住宅加装电梯等一批标准规范。制定在城乡建设中加强历史文化保护传承的实施意见，批准实施塔城市和乌恰县康苏镇历史文化名城名镇保护规划。在阿克苏市成功召开自治区城市精细化建设管理和生态文明建设现场推进会，启动建设集智慧城管、智慧市政、智慧社区（小区）等功能于一体的城市运行管理服务平台，推动水气热等场景化应用，城市治理向智慧化、科学化跨出了坚实一步。

【村镇建设迈出坚实步伐】实施美丽宜居乡村建设三年行动，建立农房建设全流程监管机制，发布农村既有居住房屋抗震鉴定与加固技术标准、农村非正规垃圾堆放点整治技术指南，昌吉州吉木萨尔县和巴州若羌县国家乡村建设评价试点工作顺利完成，18个传统村落全部完成挂牌保护。出台推进县城绿色低碳建设实施方案，发布小城镇建设指南，制定城乡基础设施一体化建设导则，统筹推进以县城为重要载体的就地城镇化和以县域为单元的城乡发展，建制镇生活垃圾处理率和污水处理率分别达90.17％、35.52％。农村低收入群体等重点对象住房安全保障监测机制进一步完善，住房安全有保障成效持续巩固和加强。

【房地产市场保持总体平稳】成立自治区房地产市场调控工作协调小组，21个城市建立并实施“一城一策”工作方案，存量房网签备案全面实施，监测预警机制不断健全，基本实现稳地价稳房价稳预期。住房租赁税收优惠政策进一步落实，轻资产住房租赁企业监管机制得到加强。坚持“一项目一方案”“一栋楼一策略”处置原则，房地产市场风险总体可控。实施整治规范房地产市场秩序三年行动。开展物业服务质量提升三年行动。

【住房保障体系进一步健全】出台加快发展保障性租赁住房的实施意见，重点解决新市民、青年人等群体阶段性住房困难问题，加快完善以公租房、保障性租赁住房、共有产权住房为主体的住房保障体系，推动实现各族群众住有所居。充分尊重群众意愿，因地制宜合理改造棚户区，成功推进克拉玛依市、库车市公租房APP上线使用并纳入全国19个先行试点城市，有效解决群众“办事难”“跑路多”

问题。乌鲁木齐市纳入全国自愿缴存试点城市，试点灵活就业人员参加住房公积金制度。

【建筑业改革发展深化推进】出台促进建筑业、工程勘察设计行业高质量发展的政策措施，推行工程总承包管理，改革工程担保制度，加快推动建筑业转型升级。成功召开“践行文化润疆·繁荣建筑创作”学术研讨会，举办首届全区“美丽乡村农房设计竞赛”。77个县（市）基本完成实训基地建设任务并开展培训实训，成功举办首届自治区建筑领域技术工种职业技能大赛，一批优秀建筑工匠脱颖而出。出台推进装配式建筑发展和绿色金融支持政策，发布建筑保温、防水材料“推限禁用”技术和产品目录，加快推动建造方式绿色化、集约化、产业化。探索运用信息化手段完善监管体系，和田地区等7个远程异地、克拉玛依市等7个评定分离、阿勒泰地区等4个工程总承包招标投标试点地区。

【推动行业高质量发展体系初步形成】《自治区住房和城乡建设事业高质量发展“十四五”规划》经自治区党委批准实施，27项行业专项规划全部编制完成并发布，全区共编制三级三类“十四五”规划68项，基本覆盖了行业各领域。初步梳理现有的205件行业法律法规和行政规范性文件，发布2021年权责清单，实现行业领域全覆盖。实施住建领域信用体系建设三年行动，发布实施建筑市场、房地产开发、物业服务等11个专项信用评价管理办法。建设行业指挥调度（培训）中心，集成工程建设云平台、智慧工地服务一体化平台、工程建设项目审批系统、消防建设综合监管系统等14个业务系统，初步实现住建数据全闭环管理。发布住宅设计标准等19项地方标准、住宅排气道系统等4项团体标准。

【党的建设全面加强】扎实开展党史学习教育，以实际行动捍卫“两个确立”、践行“两个维护”，党建引领推动住建事业高质量发展的机制更加健全、作用更加凸显。党风廉政建设和反腐败斗争深入推进，监督执纪和警示教育不断深化，中央第六巡视组反馈意见整改按期完成并建立长效机制，涉农惠民“一卡通”、供热领域漠视侵害群众利益等10个方面专项整治取得阶段性成效。坚持正向激励和靶向治疗相结合，充分调动干部的积极性、主动性、创造性，着力抵制“内卷式”忙碌、“躺平式”干活，让干部人才队伍既能唱好“独角戏”、更能合奏“交响乐”。兵地住建领域全方位、深层次合作机制进一步健全，实现共同出台行业政策，联合开展调研、培训和执法检查。

2021年，全区住建系统始终坚持高质量发展这一主题，围绕实施新时代城市更新和乡村建设示范样板工作，打造了一批引领高质量发展的自治区级示范样板，形成了一批可复制可推广的经验模式。27个小城镇环境整治、33个新时代美丽宜居村庄、12个老旧小区改造更新、15个县城品质提升、25个城市主干道整治、17个污水处理及再生利用建设、15个特色文化街区、10个城市精细化管理街区、13个完整（智慧）社区、18个标准化工地示范引领作用显著。

法规建设

【立法工作】《自治区建筑市场管理条例（修改）》《自治区城镇生活垃圾管理条例》已形成草案。《自治区物业管理条例（修改）》《自治区农村住房建设管理办法》已完成资料收集及论证调研的起草工作；做好现有地方性法规、政府规章、行政规范性文件清理工作。已梳理行业法律12部、行政法规23部、建设部规章71件、地方性法规6件、自治区人民政府规章9件、厅发文件844件，初步完成现有行业法规政策体系框架梳理。审查了《自治区二级注册建造师管理实施办法》《自治区工程建设单位质量安全首要责任管理办法》等11个行政规范性文件，并结合要求出具合法性审查意见11份。

【政策法规】2021年，自治区住房和城乡建设厅对照法律法规及单位职责对权责清单进行了动态调整并在新疆建设网上公告发布，完善了厅本级行政权力清单和责任清单283项，其中：行政许可3项、行政处罚255项、行政检查13项，行政确认2项，行政其他类事项10项。编制《自治区住房和城乡建设系统权责清单》，完成自治区、地、县三级四同的权责清单编制工作。

【行政复议和行政诉讼工作】2021年收到行政复议申请2件，其中，经调解由申请人主动撤回复议申请1件，维持原行政处罚决定1件；申请行政强制执行1件；办理行政应诉案件10件，其中，规划类9件，投诉举报类1件，胜诉率100%。

【行政执法监督工作】印发《自治区住房和城乡建设厅“双随机、一公开”检查工作指引》《关于加强自治区住房和城乡建设行业“双随机、一公开”监管工作的通知》《自治区住房和城乡建设厅关于印发2021年行政执法检查工作计划的通知》，完善了执法检查人员名录库，不断加大住房城乡建设领域违法违规行为打击力度，加强住房城乡建设领域监管。2021年，自治区本级立案65件，下达《行政处罚决定书》73份。对62家单位11个单位责任人共处 2061.48 万元罚款。

【普法工作】按季度制定学法计划下发各单位组织学习，确保季度普法学习计划落实到实处。组织厅相关处室参加旁听庭审 1 次。组织全厅党员干部通过新疆干部网络学院、学习强国和“智慧普法依法治理”云平台，参加学法达人月月赛，积极学法用法。

【执法体制改革】研究制定《关于开展新疆城市管理执法改革课题研究的报告》《关于开展新疆城市管理执法改革课题研究工作方案》，起草形成《关于自治区城市管理执法力量下沉街道研究报告（初稿）》，对 11 地（州、市）15 县（市、区）城市管理执法体制改革及城市管理执法工作进行服务指导，进一步推进全区城市管理执法改革水平。

【深化“放管服”改革】 印发《关于贯彻落实深化“放管服”改革优化营商环境重大任务分工的实施方案》《自治区住房和城乡建设厅关于深化“证照分离”改革实施方案》，统筹推进行政审批制度改革。配合机关党委研究起草了《自治区住房和城乡建设领域深化作风建设开展优化营商环境专项治理实施方案》，坚决纠治影响企业发展的隐形障碍和“潜规则”。按照《自治区人民政府授予新疆生产建设兵团行政职能和行政权力的决定》要求，自治区住房和城乡建设厅向兵团住房和城乡建设局移交行政职能和行政权力 239 项。

【信访举报】印发《2021 年自治区住房和城乡建设厅信访工作要点》。建立信访事项及时受理、转送交办跟踪督办、归口管理和反馈备案等制度，严格按照问题线索“统一受理、分类处置、跟踪督办”的处置流程，建立专门工作台账，做到迅速请示、转办、移送，及时组织力量，专人动态跟踪办理进度，实时掌握办理情况，努力推动“案结事了”。持续抓好网上信访平台的规范化管理，及时纠正受理办理中不规范问题，以业务规范化推动信访问题及时就地解决。截至目前未发生因受理办理不及时、化解责任不落实导致初次信访转为重复信访，来信、网上投诉转为越级走访，个体访串联抱团形成集体访；未发生因简单粗暴或推诿拖延而激化矛盾。截至目前，共收到信访事项 171 件、办结 158 件、正在办理 13 件、办结率 92.3%，信访事项及时受理率、按期办结率、群众满意率均达到 100%。

房地产业

【房地产市场政策、协调与指导】召开落实房地产长效机制加强房地产金融管理专题会议和促进房地产市场平稳健康发展专题会议，认真落实联席会议确定的任务和议定事项。指导各地实施好一城一策方案，召开 10 个重点城市房地产座谈会，压实城市主体责任。印发《关于防止经营用途贷款违规流入房地产领域的通知》，做好对经营用途贷款违规行为的监管。印发《关于做好涉嫌非法集资风险常态化排查工作的通知》《关于开展自治区 2021 年防范非法集资宣传月活动的通知》《关于开展 6·15 防范房地产行业非法集资集中宣传日活动的通知》。认真贯彻落实房地产调控座谈会和防范化解房地产项目烂尾风险推进会精神，报请自治区政府成立自治区房地产市场调控工作协调领导小组和工作专班，印发工作方案，压实企业自救主体责任、城市政府属地责任，保交楼、保民生、保稳定。

【信息化建设与管理】印发《关于进一步加强全区房屋网签备案工作的通知》《关于自治区房屋网签备案工作进展情况的通报》，在全区 87 个县市新建商品房已按标准实现联网报送基础上，着力推进存量房网签备案业务，提升网签备案数据质量和信息共享。

【房地产市场体系建设】会同自治区党委网信办、自治区发展改革委、公安厅等 8 部门印发《关于开展整治规范房地产市场秩序三年行动方案》。印发《关于开展房地产开发企业资质审批告知承诺制实地核查的公告》，加强资质审批后事中事后监管。印发《关于开展自治区房地产行业信用评价工作的通知》，全面开展信用评价。下发提醒函，督促各地落实责任，不断完善评价系统。印发《关于建立全区商品房销售风险提示制度的通知》，建立商品房销售风险提示制度。

【房地产市场监测】建立健全房屋网签备案系统建设，推进房屋网签备案信息共享。加强对各地的督促指导，推进网签备案业务全覆盖（买卖、租赁、抵押），实现与全国房地产市场监测系统全面联网、数据实时监测。加强房地产市场运行分析，进一步完善监测指标体系，加强与科研院所、房地产咨询机构等沟通协作，以政府购买服务方式，深度开展房地产研究分析，提出有价值的政策性建议、意见，供自治区党委、政府参考决策。

【房地产开发与征收、房地产经纪】取消三级以下房地产开发企业资质审批和备案，严格资质审批管理，做好改革后续衔接，确保不因资质审批制度改革影响项目正常建设、销售。

【物业服务与市场监督】召开物业管理专题研讨座谈会、物业管理视频会，印发了《关于报送加强和改进物业管理工作要点的通知》《关于加强和改进自治区住宅物业管理工作的实施意见》《关于加强和改进自治区住宅专项维修资金管理的意见》《关于开展“加大物业服务收费信息公开力度，让群众明明白白消费”工作的通知》；开展自治区物业服务质量提升三年行动。会同工信、商务等6部门印发《关于推动自治区物业服务企业加快发展线上线下生活服务的实施意见》，建设智慧物业管理服务平台；会同发改、民政、卫生健康等12部门印发《关于推动自治区物业服务企业发展居家社区养老服务的实施意见》，发展居家社区养老服务；深入开展《自治区物业管理条例》执法检查，分三组赴乌鲁木齐市、昌吉州、克拉玛依市、塔城地区、巴州、阿克苏地区对实施情况进行执法检查。协助自治区人民政府做好自治区物业管理情况专题询问，主动接受人大监督和意见建议。全面梳理执法检查报告反映的问题意见和代表审议及询问意见，牵头制定整改方案，推动印发《对自治区人大关于〈自治区物业管理条例〉实施情况反馈问题意见的整改方案》，对7个方面28条问题，制定了39条整改措施，经过3个多月的努力，问题已全部完成整改，报送了《〈自治区物业管理条例〉实施情况反馈意见整改落实情况的报告》；向自治区纪委监委报送了《关于报送自治区物业服务行业专项整治工作经验交流材料的函》《关于报送巩固拓展物业服务行业专项整治成果的报告》。印发《关于进一步加强〈新疆维吾尔自治区物业管理条例〉宣贯培训工作的通知》，积极引导群众树立正确的物业服务消费意识，依法维护自身合法权益。印发了《关于开展“加强物业管理，共建美好家园”活动的通知》。开展住宅专项维修资金管理调查和自查，印发《关于开展住宅专项维修资金管理工作调查的函》《关于开展住宅专项维修资金管理自查工作的紧急通知》，规范维修资金归集、使用、管理、增值。积极配合审计署兰州特派办开展维修资金审计，向伊犁州、吐鲁番市、昌吉州、塔城地区、喀什地区下发督办函，对发现的问题及时督促整改。

【年度房地产业信息分析】2021年，全区房地产开发投资累计1501.43亿元，同比增长19.1%，其中：住宅投资1067.67亿元，同比增长21.5%。商品房销售面积2398.61万平方米、销售额1376.91亿元，同比分别增长22.1%、20.2%，其中：住宅销售面积2199.49万平方米、销售额1220.27亿元，同比分别增长24%、23.1%，全区商品房销售均价5740元/平方米，同比下降1.7%。

【重点工作、新举措】完成住房发展“十四五”规划编制。组织召开三次专题会议讨论研究，完成规划编制并报送自治区政府。印发《关于深化巩固住房城乡建设领域违建别墅问题清查整治成果的通知》《关于印发〈自治区住房和城乡建设厅落实长效机制深化巩固违建别墅问题清查整治专项行动工作方案〉的通知》。形成《〈新疆维吾尔自治区物业管理条例（修改）〉立法后评估工作方案》，报送了立法后评估报告、草案和起草说明。印发《关于进一步做好领导干部个人有关事项报告房产信息查询工作的通知》《关于领导干部个人有关事项报告房产信息查询工作存在问题整改情况的报告》《关于做好房产信息查询工作加快建设房产信息数据库的通知》，完成建设自治区房产信息查询报送系统。

住房保障

【概况】2021年，新疆城镇棚户区改造目标任务63930套。截至12月底，全区实施城镇棚户区改造63930套，开工率100%，完成投资约199.54亿元。计划新筹集公租房26106套；截至12月底，全区新筹集公租房26106套，开工率100%，完成投资约23.45亿元。

【政策措施及工作成效】研究起草《自治区关于加快发展保障性租赁住房的实施意见》，经自治区人民政府办公厅正式印发各地实施，明确了我区以公租房、保障性租赁住房和共有产住房为主的住房保障体系，为各地开展保障性租赁住房建设，做好新市民、青年人住房保障工作提供依据；督促指导各地按照《自治区公租房管理办法（试行）》《关于进一步加强自治区城镇租赁补贴工作的意见》要求，修订了当地公租房管理办法和租赁补贴意见，为各地进一步规范做好公租房工作奠定基础。

【成效及主要做法】印发《自治区城镇住房保障2021年工作要点》，对各地实施城镇保障性安居工程，推进项目顺利实施和落实质量安全主体责任提出了工作要求；积极配合自治区财政厅、自治区发改委做好2021年城镇保障性安居工程中央补助资金分解下达工作。累计下达中央补助资金26.13亿元。其中，中央专项补助资金12.41亿元，中央预算内补助资金13.71亿元，争取自治区财政区本级补助资金0.8亿元；积极探索运营管理新模式，将已建成公租房统一交由第三方机构，不断提高公租房运营管理专业化、规范化水平，有效解决了公租房管理人员不足、服务水平不高等问题；在部分公租房小区安装了智能锁，通过网络远程管理，提升了公租房管理水平；12月上旬，组织各地住房和城乡建设局业务骨干，组成14个交叉考核组开展自查互检工作，提升住房保障工作水平；以棚户区改造、公租房项目建设为抓手，在完成年度棚户区改造任务的基础上，鼓励提前实施后续年度项目，增加有效投资，形成《城镇保障性住房工作分析报告》《城镇棚户区改造工作分析报告》，经厅审核汇总后报自治区人民政府。

公积金管理

【概况】截至12月末，全区住房公积金实缴职工231.18万人，缴存总额4109.58亿元，同比增长13.64%；累计办理提取2640.14亿元，占缴存总额的64.24%；累计为110.23万家庭发放个人住房贷款2317.16亿元，同比增长19.49%，住房公积金已经成为缴存职工改善住房条件，解决住房问题的重要资金来源。

【机构及人员情况】自治区住房公积金监管机构：自治区住房公积金行政监管部门有自治区住房和城乡建设厅、自治区财政厅、人民银行乌鲁木齐中心支行3个部门。截至2021年12月末，全区住房公积金从业人员共计1185人，其中：在编人员848人，聘用人员337人，聘用人员占28.44%。

【公积金政策落实及监管】全年归集住房公积金493.38亿元，较上年增长9.45%，提取401.89亿元，较去年增长28.93%，发放住房公积金贷款348.1亿元，较上年增长33.95%，支持9.32万户家庭解决住房面积1112.2万平方米，占全疆住房信贷市场的三分之一，有力支持了缴存职工解决基本住房问题。编制自治区住房公积金事业改革发展“十四五”规划，进一步突出帮助新市民、年轻人解决住房问题。吐哈油田住房公积金完成属地化移交，新疆成为全国首个全面完成“四统一”工作任务的省区，利用赴基层调研、召开会议之机，对全区统一业务规范进行培训、解读，提高各地规范化管理水平。针对部分地区财政供养单位缴存不及时问题，发文要求将住房公积金纳入财政“保基本、保运转”范围。组织各中心开展交叉互查工作，指导各中心做好自查自改。积极配合国家审计署专项审计工作，按要求提供各项数据，督促各中心对发现的问题立查立改，补齐工作短板。向住房和城乡建设部争取将乌鲁木齐市纳入全国第二批灵活就业人员参加住房公积金制度试点城市，鼓励“新市民”“在校大学生”群体自愿缴存住房公积金。指导博州将“新市民”纳入制度覆盖范围。截至2021年年底，全区自愿缴存住房公积金人数已达162人，缴存余额17.18万元。

【信息化建设】全力指导各地落实国务院“跨省通办”工作任务，规定在年底前完成的8项工作任务在3月底提前完成。在“7月1日”前实现全量业务“全疆通办、即来即办”。指导乌鲁木齐、昌吉、阿勒泰、阿克苏等地打造“房产交易＋住房公积金＋不动产登记”的“融合受理”新模式，进一步简化办理流程。加强与自治区政务一体化平台整合对接，实现业务“一网通办”和12329服务热线、12345热线双线并行。指导各地加强与兵团住房公积金管理部门的沟通协调，就缴存证明互认、楼盘准入、不动产抵押登记、数据共享等事项开展深度合作；开展信息安全等级保护测评和国产密码应用安全性评估，不断完善网络安全防护体系。组织各中心技术力量成立信息系统运维管理团队，提高信息系统自主管理能力，得到了住房和城乡建设部的肯定和支持。

【宣传工作】举办全区住房公积金行业宣传培训班，提高行业宣传水平。及时公布2020年全区住房公积金年度报告，并对2020年运行情况进行深入分析。通过报送专题政务信息、在省部级媒体开展专题宣传、制作30年大事记、向住房和城乡建设部报送“服务小故事”等方式，展示住房公积金制度在保障民生中发挥的积极作用。全年通过微信公众号发布消息48期200篇，阅读量超过120万次、转发量超过5万次。积极向住房和城乡建设部申请，会同有关省市共同编制全国《住房公积金缴存管理办法》，参与行业信息化建设“十四五”发展规划评审工作。

城市（县城）建设概况

【概况】2021年年末，全区设市城市21个（不含兵团），其中：地级市4个，县级市17个。城市建成区面积1329.54平方公里。

【城市（城区）建设】2021年完成城市市政公用设施固定资产投资190.63亿元，其中：道路桥梁、排水、市容环境卫生投资分别占城市市政公用设施固定资产投资的31.23%、4.66%和4.9%。截至年末，城市供水综合生产能力达到541.67万立方米/日，其中：公共供水能力514.03万立方米/日。供水管道长度12110.21公里，同比增加625.72公里。2021年，年供水总量96661.02万立方米，用水人口844.86万人，人均日生活用水量159.03升，供水普及率99.65%。全年天然气供气总量546556.86万立方米，液化石油气供气总量55520.56吨，同比分别增加9.3%、1.56%。天然气供气管道长度15718.11公里，液化石油气供气管道长度2.18公里。燃气普及率98.81%。2021年，城市集中供热能力（热水）38071.58兆瓦，供热管道14488.74公里，比上年增长1498.75公里，城市建成区集中供热面积43994.12万平方米，比上年增长5396.58万平方米。年末，城市道路长度9070.06公里，道路面积17720.25万平方米，其中人行道面积3273.13万平方米。建成区路网密度6.12公里/平方公里，人均城市道路面积20.9平方米。截至年末，全区城市共有污水处理厂39座，污水厂日处理能力242.3万立方米，排水管道长度9428.12公里，比上年增长918.42公里。城市年污水处理总量63487.56万立方米，城市污水处理率97.4%，其中污水处理厂集中处理率97.4%。城市再生水日生产能力170.58万立方米，再生水利用量29112.28万立方米，同比增加29.24%。年末，城市建成区绿化覆盖面积54133.12公顷，比上年增长1576.69公顷，建成区绿化覆盖率40.72%，比上年增加0.3个百分点；建成区绿地面积49654.93公顷，比上年增长2369.3公顷，建成区绿地率37.35%，比上年增加0.98个百分点；公园绿地面积12261.69公顷，人均公园绿地面积14.46平方米，比上年增加1.27平方米。年末，全区城市道路清扫保洁面积21290.27万平方米，其中机械清扫面积15813.02万平方米，机械清扫率74.27%，比上年提高6.09个百分点。全年生活垃圾清运量362.97万吨，生活垃圾无害化处理量362.97万吨，城市生活垃圾无害化处理率100%，比上年增加0.88个百分点。

【县城建设】2021年，完成县城市政公用设施固定资产投资107.87亿元，同比增长27.61%。其中：道路桥梁、排水、市容环境卫生投资分别占县城市政公用设施固定资产投资的14.84%、16.44%和3.94%。截至2021年年末，县城供水综合生产能力达到154.38万立方米/日，其中公共供水能力148.88万立方米/日。供水管道长度8254.22公里。2021年，全社会供水总量29980.08万立方米，比上年减少60.98万立方米。用水人口381.32万人，用水普及率98.42%，比上年增加0.05个百分点，人均日生活用水量139.77升。2021年，天然气供气总量144331.73万立方米，液化石油气供气总量27719.22吨，分别比上年增长12.46%、16.3%。天然气供气管道长度5730.91公里，液化石油气供气管道长度2.92公里。燃气普及率95.94%，比上年增加1.31百分点。县城供热能力（热水）12613.54兆瓦，供热管道5405公里，比上年增长294.36公里，集中供热面积12776.14万平方米。县城道路长度5451.23公里，比上年增加6.6%，道路面积8733.02万平方米，其中人行道面积1754.68万平方米。人均城市道路面积22.54平方米，比上年减少0.51平方米。建成区路网密度6.71公里/平方公里。全区县城共有污水处理厂65座，比上年减少2座，污水厂日处理能力83.5万立方米，比上年降低1.89万立方米，排水管道长度5424.69公里，比上年增长3.98公里。县城全年污水处理总量21844万立方米，污水处理率97.34%，比上年增加1.47个百分点，其中污水处理厂集中处理率97.32%，比上年增加1.45个百分点。县城建成区绿化覆盖面积28842.26公顷，比上年增长2185.04公顷，建成区绿化覆盖率40.4%，比上年增加1.25个百分点；建成区绿地面积26066.99公顷，比上年增长2162.84公顷，建成区绿地率36.51%，比上年增长1.4个百分点；公园绿地面积6380.85公顷，比上年增长609.62公顷，人均公园绿地面积16.47平方米，比上年增加1.35平方米。全区县城道路清扫保洁面积9159.07万平方米，其中机械清扫面积5863.15万平方米，机械清扫率64.01%，比上年提高1.26个百分点。全年生活垃圾清运量159.74万吨，生活垃圾无害化处理量159.21万吨，县城生活垃圾无害化处理率99.67%，比上年增加1.97个百分点。

村镇建设

【巩固拓展脱贫攻坚成果同乡村振兴有效衔接】制定印发《2021年自治区住房和城乡建设行业乡村振兴工作要点》《自治区住房和城乡建设厅关于做好巩固拓展脱贫攻坚成果同乡村振兴有效衔接的实施意见》《关于成立自治区住房和城乡建设厅乡村振兴工作领导小组的通知》确保住房城乡建设领域乡村振兴各项任务顺利推进。

【农村住房安全保障工作】聚焦农村低收入群体和地震高烈度设防地区农村住房，会同自治区财政厅、自治区民政厅、自治区乡村振兴局联合印发《关于做好自治区农村低收入群体等重点对象住房安全保障工作的实施意见》，明确了农村低收入群体住房安全有保障对象和3种保障方式，提出7条工作任务、5条保障措施，做到困难群众住房安全应保尽保。

【农村房屋安全隐患排查整治】推广使用农村房屋安全信息采集手机APP系统，开展每日“点对点”调度。印发《自治区农村房屋安全隐患排查技术导则》《自治区农村房屋安全隐患排查指导手册》，有力消除农房安全隐患。截至目前，全区累计排查农村房屋354.6万座，基本实现了不漏一户、不落一人、应查尽查。其中，对759座存在安全隐患用作经营的农村自建房、2088座存在安全隐患的农村其他类型房屋进行整治。

【有序实施农房抗震防灾工程】启动实施农房抗震防灾工程。确定2021年自治区农房抗震防灾工程建设任务30056户。2021年全区计划开工建设30056户抗震防灾工程，建成24000户。工程建设任务全部开工，建成25738户，完成率107%，全面完成年度目标任务。

【农村住房建设管理制度和法规建设】会同自治区党委编办等13个部门联合印发《关于推进乡村振兴战略加强自治区农村住房建设管理的实施意见》，制定《自治区农村住房建设管理办法》立法项目调研论证实施方案，形成《自治区农村住房建设管理办法（草案）》。

【农村生活垃圾治理】2021年，全区农村生活垃圾收集、转运和处置体系覆盖的行政村比例达90%以上。会同农业农村等部门下发《自治区农村非正规垃圾堆放点整治技术指南（试行）》，明确整治实施中设计、整治作业、验收、后期管理维护等要求，印发《2021年自治区非正规垃圾堆放点排查整治工作方案》，在已完成全区145处非正规垃圾堆放点整治任务基础上，指导各地持续开展非正规垃圾堆放点及农村垃圾随意堆放、随意倾倒现象全面排查工作。

【美丽宜居村镇建设】编制印发《自治区村镇建设发展“十四五”规划》，明确“十四五”时期全区村镇建设工作总体目标和各项重点任务。制定《自治区小城镇建设指南》，完成厅“14+X”之“美丽乡村建设行动”课题研究，形成《自治区美丽宜居村庄建设路径研究报告》，并会同自治区农业农村厅、乡村振兴局联合印发《自治区美丽宜居乡村建设三年行动实施方案》。

【小城镇环境整治示范和美丽宜居村庄示范创建】制定印发《关于做好自治区小城镇环境整治示范、美丽宜居村庄示范工作的通知》，明确小城镇环境整治示范、美丽宜居村庄示范的指导性要求。2021年全区共打造县市级小城镇样板112个，地州级小城镇样板43个，自治区级小城镇样板27个；打造乡镇级村庄样板1082个，县市级村庄样板177个，地州级村庄样板68个，自治区级村庄样板33个。

【乡村建设评价工作】制定印发《2021年自治区乡村建设评价工作实施方案》《关于下发〈2021年自治区乡村建设评价工作任务安排〉的通知》，以昌吉州吉木萨尔县和巴州若羌县为样本县，委托中科院新疆生地所和新疆建筑设计研究院规划分院为乡村建设评价专家团队，实施乡村建设评价。

【传统村落保护】加大全区现有的18个入选中国传统村落名录的村庄保护与发展力度，指导各地加快推进传统村落保护规划编制（修编）工作。完成中国传统村落保护发展情况全面评估。全区18个传统村落已全部完成挂牌保护，上年度累计投入村落保护利用资金1.27亿元，累计接待游客近60万人次。

【村镇建设统计】截至年底，建制镇供水普及率为95.71%，燃气普及率为30.23%，污水处理率为30.74%，生活垃圾处理率为87.45%（无害化处理率为46.31%）；乡供水普及率为91.11%，燃气普及率为13.25%，污水处理率为8.47%，生活垃圾处理率71.44%（无害化处理率为39.85%）；镇乡级特殊区域供水普及率为88.89%，燃气普及率为37.50%，污水处理率为81.35%，生活垃圾处理率为65.60%（无害化处理率为31.00%）；村庄供水普及率为93.25%，燃气普及率为6.83%，对生活污水进行处理的行政村有1764个，占比21.60%，对生活垃圾进行处理的行政村有6687个，占比81.89%（无害化处理的有3227个，占比39.52%）。

标准定额

【住房和城乡建设标准管理】2021年，下达标准编制计划6批，批准发布工程建设地方标准、图集19项，指导新疆工程建设标准化协会制定团体标准（设计）4项；编制完成《新疆维吾尔自治区住房和城乡建设领域工程建设标准化“十四五”发展规划》，组织开展自治区住房城乡建设行业标准体系课题研究以及地方标准复审工作，调整自治区工程建设标准技术专家委员会专家组成员，进一步加强标准化在助推住房城乡建设事业高质量发展的基础性、支撑性作用。印发《关于加强行业标准学习强化标准执行的通知》，并将相关标准在自治区住建厅官网、建设云平台、工改系统上进行全文公开，推进标准实施应用。按照“双随机、一公开”的要求，开展强制性标准实施情况的监督检查，依法依规严肃查处违反强标行为。

【住房和城乡建设工程造价管理】编制完成《自治区工程造价事业发展“十四五”规划》。持续深化“放管服”改革，严格落实工程造价资质审批告知承诸制，上半年共受理乙级造价咨询企业行政许可业务 94 件（其中企业资质延续 19 家，新设立企业 75 家），资质变更业务 28 件，并对相关企业进行实地核查。自 7 月 1 日起停止受理乙级工程造价咨询企业资质审批。组织开展 2020 年度造价咨询企业及从业人员信用评价工作，归集、审核企业填报的信用信息，向社会公布信用评价结果，共计有 180 家造价咨询企业、701 名从业人员参与，其中 AAA 级企业 15 家，AA 级企业 68 家；组织开展了自治区首次二级造价师职业资格考试，共计 20000 余人参加考试，印发《新疆维吾尔自治区二级造价工程师注册管理办法（试行）》，建立新疆维吾尔自治区二级造价工程师注册管理系统。

【实施指导监督工作】组织开展工程建设强制性标准执行情况以及工程造价成果文件质量情况“双随机、一公开”监督检查，共抽查 14 个地州 70 家设计单位、79 家造价咨询企业，依法依规查处违反强标行为。通过视频会议、现场宣贯等形式组织标准、造价管理培训会议 7 场，参加人数 500 余人次。指导督促各地工程造价服务单位及时采集建筑市场人工费和主要材料价格信息，按月发布建设工程综合价格信息，为建设各方做好信息服务；针对建筑材料价格出现异常波动的现象，及时发布价格预警，提醒建设各方引起关注。

【无障碍、养老设施建设】通过对《住宅设计标准》等标准的宣贯培训、监督执行，进一步加强各地对住宅小区无障碍、养老服务设施的建设管理。将无障碍设施改造纳入自治区城镇老旧小区改造范围，并督促各地认真做好改造需求摸底排查，积极申报改造计划。建立自治区地级市新建居住区配套建设养老服务设施达标率指标数据收集、统计、报送机制，推动新建居住区同步配套建设养老服务设施。利用多媒体宣传手段，对 2020 年评为全国无障碍环境示范市县的阿克苏市、伊宁市及达标市县库尔勒市进行广泛宣传，强化无障碍环境建设的社会意识，形成人人关心老年人、残疾人事业发展的良好氛围。

【各类工程造价计价实施情况】组织开展建设工程总承包计价工作试点，印发《自治区房屋建筑和市政基础设施项目工程总承包计价指导意见（试行）》，在和田、阿勒泰、克拉玛依等地进行试点，为进一步规范自治区工程总承包计价活动提供经验；编制完成《自治区建筑、安装、市政工程费用定额（2020 版）》、《自治区安装工程补充消耗量定额（2020 版）》《全国房屋建筑与装饰装修消耗量定额》第九章屋面及防水工程；编制《新疆典型工程造价技术经济指标》，逐步建立满足建筑市场应用需求的建设工程造价指标指数体系；编印《新疆工程造价管理》期刊 6 期，与各地住房城乡建设主管部门、建设各方从事工程造价工作人员作经验交流。

工程质量安全监管

【工程质量监管】起草并联合自治区自然资源厅、自治区人防办印发《关于印发〈自治区房屋建筑和市政基础设施工程竣工联合验收工作指引和办事指南 1.0〉的通知》，建立联合验收月通报机制，督促各地落实联合验收审批制度。报请自治区人民政府同意，发布《关于印发〈自治区建设单位工程质量安全首要责任管理办法（试行）〉的通知》；组织编制《自治区工程质量安全手册实施细则（试行）》《住宅工程质量通病控制标准》《住宅工程质量分户验收技术规程》。

【质量投诉处理】结合党史学习教育活动，把工程质量提升作为“我为群众办实事”的具体内容，解决人民群众关心、社会关切的质量问题。聚焦住宅工程质量投诉集中、群众关注的质量难点和热点问题，发布《关于印发〈自治区住宅工程质量分户验收管理办法〉的通知》，同时制定《宣贯活动实施方案》。全区共受理质量投诉 1039 起，较 2020 年下降 15.4%，结案 984 起，结案率 94.71%。

【综合执法检查】深刻汲取丰源煤矿“4·10”透水事故，起草印发《关于印发〈自治区住房和城乡建设领域全覆盖、拉网式安全生产大排查、大整治实施方案〉的通知》《关于开展自治区住房和城乡建设领域 2021 年上半年安全生产自查督查工作的通知》《自治区城市建设安全专项督查实施方案》，共发现各类问题隐患 1622 条，共下发建设工程限期整改通知书 94 份，局部停工整改通知书 7 份、停工整改通知书 23 份，并起草印发督查情况通报和整改督办函，切实把风险隐患消除在萌芽状态。印发《关于开展自治区房屋建筑和市政工程冬季安全生产督查检查的通知》《关于做好灾害性融雪防洪和大风天气火灾防控确保全区城市安全运行的通知》《关于进一步做好住房和城乡建设领域局地暴雨、山区局地洪水及衍生灾害防范工作的紧急通知》《关于做好 2021 年两节及极端天气期间城市建设安全生产工作的通知》《关于做好中秋国庆期间房屋市政工程安全生产及市政公用行业运行安全和服务保障工作的通知》《关于持续强化自治区房屋市政工程及市政公用行业安全生产工作的紧急通知》等，督促指导各地住建部门以关键时间节点为重点，严管严控住建领域安全生产问题隐患。同时，成立检查组赴乌鲁木齐市、昌吉州等重点区域开展房建市政工程质量安全明察暗访，督促各地住建部门落实属地监管责任和建筑企业安全生产主体责任。

【建筑施工安全监管】印发《关于建立自治区建设工程质量安全专家库的通知》《关于建立自治区建设工程质量安全资深专家库的通知》，遴选对行业发展贡献突出、专业造诣高、社会影响大的专家，不断提升工程质量安全工作科学决策水平。2021年，共有1199人报名，满足条件1126人，资深专家报名33人，满足条件24人。

【城市建设安全专项整治三年行动】坚决打赢城市建设安全专项整治三年行动集中攻坚战。根据住房和城乡建设部以及自治区安委会2021年工作部署，提出城市建设安全的7个方面共31项具体工作，并印发《自治区城市建设安全专项整治三年行动2021年工作要点》，编制实施《城市建设安全专项整治挂图作战任务清单2.0》；坚持每月动态更新和报送城市建设安全专项整治“一情况三清单”；督促有关处室单位围绕从根本上消除事故隐患，集中攻坚短板弱项，印发了一批细化行业安全生产监管空白的政策制度和地方行业标准；具体承办政府分管领导带队对巴州3轮、克拉玛依市1轮的全覆盖、拉网式安全生产大排查、大整治督导检查的组织协调工作，及时呈报了每轮督查的日报以及督查工作总报告。

【“双信工程”建设】建立了全区工程质量检测机构及预拌混凝土生产企业信用评价体系，制定了两个评价标准，指导各地开展了第一批信用评价工作，共有201家工程质量检测机构，400家预拌混凝土生产企业参与信用评价，参评率达到88.9%，第一批信用评价结果待厅信用评价委员会审议后进行公告。结合第一批评价结果，通过与企业座谈、赴实地调研，对两个评价进行了修订完善。

【违法建设和违法违规专项清查工作】扎实推进“两违”清查整治工作，定期召开联席会议，并在自治区住建厅官网建立专栏，定期发布相关文件及政策解读、工作动态，发布两期工作简报，对各地“两违”清查整治工作推进情况总结排名，通报昌吉州、阿勒泰地区、伊犁州、阿克苏地区好的经验做法。共清查城镇房屋建筑40.44万栋、建筑面积10.76亿平方米，已全面摸清全区既有建筑和在建项目底数，认定违法建设行为3296起，已整改439起。

【建筑工地扬尘污染治理】制定专项方案，明确管理职责，落实“六个百分之百”扬尘治理措施，常态化开展扬尘治理专项检查、整改和验收，严格落实扬尘治理公示制度，完善大气污染预警应急处置体系，持续提升扬尘治理能力，切实做好施工过程中的生态环境保护。

【工程质量安全日常监管】报请自治区人民政府同意，印发《关于全面落实自治区房屋建筑和市政基础设施建设各方安全生产主体责任的实施意见》；及时发布《关于严格落实“七不施工”要求 预防房屋市政工程高处坠落事故的通知》《关于进一步做好施工现场起重机械等重大安全隐患排查整治工作的紧急通知》等，不断细化行业安全生产监管制度；组织编制地方行业标准《自治区智慧工地建设技术标准》《自治区房屋市政工程施工安全风险分级管控和隐患排查治理双重预防机制工作导则》，切实提升安全生产管理规范化、标准化管理水平。完成1194家以告知承诺制方式申领安全生产许可证企业的核查工作，对548家符合核查条件的企业予以通过，对445家不符合条件的企业予以撤销安全生产许可证，对201家企业要求限期整改，并向社会进行了公示。

【智慧工地建设】发布《关于印发〈自治区智慧工地一体化服务平台推广使用工作方案（试行）〉的通知》《关于进一步加强房屋建筑工程智慧工地建设管理的通知》，配合自治区造价总站完成《智慧工地建设基础配置费用计取事项（试行）》，组织开展智慧工地培训工作，引导企业、工程项目开展智慧工地建设工作，不断提升企业质量安全现代化治理能力。截至2021年年底，智慧工地一体化服务平台共接入1100余个建设工程项目，整体建设运行情况良好。

【城市轨道交通工程质量安全监管】印发《关于转发〈住房和城乡建设部安委会办公室关于加强城市轨道交通建设安全风险管控的通知〉的通知》共组织开展轨道交通专项监督检查40余次，下发《施工安全监督抽查记录》40余份，《局部停工通知书》2份，《限期整改通知书》30余份；组织召开安全生产专项约谈会2次；行政处罚立案4起，处罚施工单位2家，监理单位2家。将城市轨道交通建设工程纳入自治区智慧工地一体化服务平台进行监管，利用信息化手段加强城市轨道交通风险管控、风险辨识、风险评估，实现轨道交通施工全过程可视化管理，有效预防各类事故发生。

【勘察设计质量监管与行业技术进步】印发《关于对建设工程质量检测机构告知承诺制资质审批开

展复核的通知》，对2021年3月至8月期间办理工程质量检测资质业务的66家采用告知承诺制方式申报检测资质业务的工程质量检测机构进行了核查。经核查，58家符合资质要求并予以通过，对8家检测机构要求限期整改，并对核查结果进行公示。

【工程质量监督机构复核复查】印发《关于开展2021年自治区建设工程质量安全监督机构考核和工程质量检测、预拌混凝土行业专项治理检查的通知》对6个地（州、市）45个县（市、区、园区）51家监督机构进行了考核，下发整改通知书75份、质量安全执法建议书1份；对涉嫌存在违法违规行为的4家检测机构移交属地立案查办。同时，撰写《2021年自治区建设工程质量安全监督机构考核、工程质量检测和预拌混凝土行业专项治理情况调研报告》提交自治区住建厅党组审议。

【建筑施工安全专项整治】发布《自治区住房和城乡建设厅关于安全生产委员会成员单位安全生产工作任务分工的通知》《关于印发〈自治区住房和城乡建设厅安全生产监管权力和责任清单〉的通知》，厅主要领导与各分管厅领导以及厅安委会成员单位负责人签订了《2021年安全生产目标管理责任书》，切实压紧压实安全生产责任。牵头做好自治区建筑施工安全生产专业委员会工作，及时发布了《关于印发〈自治区建筑施工安全生产专业委员会工作方案〉的通知》，先后召开三次建筑施工专委会成员单位联席会议，统筹谋划全区建筑施工领域安全生产工作。研究制定了《自治区住房和城乡建设厅贯彻落实习近平总书记关于安全生产的重要论述 推进新时代安全生产高质量发展的意见重点工作任务分工实施方案》全面推进住建领域新时代安全生产高质量发展工作。组织协调地县两级住建部门，牵头建成厅安全生产监管指挥部；印发《自治区安全生产重点房屋市政工程项目和市政公用设施运营企业纳入维稳指挥监管平台统一监管工作的实施方案》《关于进一步加强房屋市政工程和市政公用基础设施安全生产调度指挥工作的通知》等，不断完善安全生产指挥调度机制。同时，积极主动赴自治区维稳指挥中心调度住建领域企业、工程项目安全生产情况，印发6期《全区房屋市政工程及市政基础公用设施安全生产专项调度情况通报》。2021年，共有82项房屋市政重点项目，856家市政公用设施运营企业纳入自治区维稳指挥平台统一调度监管。同时，持续强化值班值守和信息报告制度，做到24小时值班值守和领导带班制度，畅通信息报送渠道，遇到突发情况时，确保指导各地妥善处置。首次研究编制了《新疆维吾尔自治区住房城乡建设领域安全发展“十四五”规划》，提出“十四五”时期住房城乡建设领域安全发展目标、重点任务、保障措施，指导全区城乡建设领域安全发展工作高水平开展。

【安全文明工地】经各建筑施工企业积极申报，各地、州、市建设主管部门初验，新建天一建工投资集团有限责任公司承建的乌鲁木齐财政会计职业学校新建室内综合体育馆等218项工程被评为2021年度自治区级建设工程安全生产标准化工地。

【城建档案】制定并印发了《关于进一步加强工程建设项目竣工验收中工程建设档案验收移交工作的指导意见》。在工程建设项目联合验收中，充分发挥各级城乡建设档案主管部门和城乡建设档案管理部门的职责作用，履行工程项目档案验收归档智能，逐步形成全区统一的建设工程档案竣工验收信息化管理模式和管理体系。编制《自治区住房城乡建设档案事业“十四五”发展规划》，科学谋划全区城乡建设档案事业发展新思路；成立了全区城建档案专家库，吸纳业界档案管理、信息化、施工管理等多层次专家入库，实现人才共享，借智提档。

【获奖工程】

荣获2020—2021年度中国建设工程“鲁班奖”（国家优质工程）。

乌鲁木齐奥林匹克体育中心（体育馆及地下建筑）、新疆医科大学新校区建设项目（一期）七标段教学楼及图文信息中心、新疆艺术中心、华源·尚源贝阁小区。

抗震和应急保障

【城乡建设抗震防灾】编制完成《自治区住房和城乡建设系统抗震防灾“十四五”规划》；以“防灾减灾日”为契机做好防灾减灾知识的宣贯，提高社会防灾减灾意识和救灾能力。成立自治区住房和城乡建设系统防灾减灾救灾工作委员，建立了会议议事制度、定期报告制度、救灾信息报送制度和联络员制度。定期召开防灾减灾救灾专题会议，分析住房和城乡建设领域防灾减灾救灾工作风险灾害形势、安排部署阶段性防灾减灾救灾工作。2021年，新疆共发生3.0级及以上地震灾害203次，5级以上地震3次，地震发生后第一时间掌握震区房屋受损情况，报送地震速报，组织自治区房屋建筑震后评估队伍、市政抢险救援队伍等减灾救灾力量，24小时做好应急准备，对灾损严重的拜城县等地及时组织专家赴灾区指导开展评估工作。开展全区房屋建筑和市政设施风险普查工作，编制工作实施方案，部署省级硬件系统，开展技术培训，共享“农房隐患排查系统”和“两违清查系统”数据成果，指导全区开展外业调查，完成3个试点县市外业调查任务；编制《新疆维吾尔自治区农村既有居住房屋抗震鉴定与加固技术标准》《既有建筑隔震减震技术规程》；对吐鲁番市、伊宁市喀赞其、乌鲁木齐市房屋安全进行调研，向自治区领导专题报告，组织技术力量编制《吐鲁番市城乡传统土木（生土）结构房屋及附属构筑物抗震鉴定与加固技术导则》《伊宁市喀赞其民俗区民房抗震鉴定与加固技术导则》。印发《关于进一步规范减隔震技术应用管理的若干意见》。

【应急管理】编制完成《自治区住房和城乡建设系统突发事件应急体系建设“十四五”规划》。成立自治区住房和城乡建设系统应急管理工作委员会，明确职责分工及考核办法，建立自治区震后房屋设施应急评估专家库，现有专家150名，成立了自治区住建厅应急工作队，队员100名。修订完善地震等突发事件应急预案。督促各地开展应急演练共计690余次；为加强对公园、广场、绿地等应急避难场所建设与管理，印发《关于进一步加强自治区住房和城乡建设领域应急避难场所建设与管理工作的通知》。开发住建系统应急管理指挥平台，实现突发应急事件触发、信息推送、指挥部署、现场处置评估、灾情信息报送、总结等信息调度指挥管理功能。

建设工程消防监管

【勘察设计质量监管与行业技术进步】印发《关于促进建筑工程勘察设计行业高质量健康发展的意见》，就推动工程勘察设计行业技术创新，传承和弘扬中华文化，提升城乡建筑设计水平提出工作部署。建立运行施工图审查行为诚信体系建设，全面实行多图联审，完善施工图审查信息管理系统，组织专家对19家施工图审查机构2020年施工图审查质量进行检查，梳理汇总存在的问题，形成《自治区施工图审查机构2020年执法检查情况的通报》。完成对全区96家勘察企业、230家设计企业、19家施工图审查机构及1352名审图专家的信用信息采集和评价工作。召开“‘践行文化润疆·繁荣建筑创作’——新疆地域特色建筑学术研讨会”，共同探讨分析繁荣新疆建筑研究发展工作。组织编制《自治区农房设计图集》，为新疆特色建筑设计提供指引，提升城乡建筑设计水平。

【建设工程消防设计审查验收】开发上线新疆消防建设综合管理系统，构建全区统一、区地县三级于一体的建设工程消防设计审查验收备案工作信息化服务管理体系，企业全年共申请施工图审查52063个，施工图审查初审平均用时3.49天，业务效率大幅提升。在哈密市和昌吉市开展既有建筑改造利用消防设计审查验收试点工作，指导试点地区制定试点工作实施方案，确定技术标准，组建专家库，确保试点工作平稳运行。召开自治区建设工程消防设计审查验收工作会议暨消防政策法规技术培训，逐步健全相关制度和技术标准，加强制度标准的宣贯和执行，进一步强化各地工作业务水平，规范消防业务工作。持续推动建筑工程消防设计审查验收专项整治，指导各地全面消除20667栋问题建筑的火灾安全隐患。根据问题线索，组织昌吉州开展专项工作“回头看”再检查，确保不发生消防安全事故。印发《自治区住房和城乡建设系统消防安全专项整治三年行动2021年工作计划》，就深入推进打通消防生命通道、消防车通道划线、停车管理、高层建筑外保温材料综合治理、配建电动自行车停放充电场所、违规搭建、违规采用易燃可燃材料的彩钢板房等突出问题提出要求，指导各地做好行业领域消防安全工作。

建筑市场

【概 况】2021年，全区建筑业完成总产值3124.77亿元（含疆内企业在疆外完成建筑业总产值465.15亿元），同比增长16.03%。实现建筑业增加值1371.57亿元，同比增长14.6%，对全区GDP的贡献率为8.6%。建筑业吸纳就业作用明显，年从业人员60余万人。进一步深化建筑业体制机制改革，加强制度建设，优化产业结构，引导建筑业企业转型升级，大力发展装配式建筑，加快信息化建设步伐，推动诚信体系建设，持续推进建筑领域技术工种3年20万人职业技能培训就业行动，深入开展工程建设行业专项整治，建筑业发展质量和效益显著提升。

【建筑业体制机制改革】推行工程总承包管理，支持和引导工程总承包企业打造综合服务能力，开展工程总承包招投标试点工作，全区共有1519个项目通过总承包模式发包。改革工程担保制度，推行以银行保函和保证保险代替现金担保，完善工程担保方式，培育工程担保市场。全区工程建设领域以银行保函缴纳保证金共15.38亿元，切实减轻了企业负担。

【建筑市场监管】全面推行资质审批告知承诺制，规范受理和核查工作流程，加强事中事后监管。累计核查建筑业企业136家，163项资质；工程设计企业 26 家，51 项资质；工程勘察企业 22 家，29 项资质；工程监理企业 29 家，50 项资质。稳步推进工程建设项目审批制度改革，优化审批管理系统功能，统一审批流程和事项清单，推行并联审批，合并审批事项，精简审批环节，提高审批效率，创新审批机制，实行区域评估、多图联审、多测合一、联合验收，将审批时限压缩至 85 个工作日内。全区通过审批管理系统审批项目共 1.7 万余个、办理审批服务 7 万余件，并联审批办件 3.7 万余个，并联审批率达到 54%。会同自治区工信、人社等部门，指导各地做好清理拖欠民营企业中小企业账款和农民工工资工作。全区住房部门共清理拖欠民营企业中小企业账款 18.12 亿元，查处拖欠农民工工资案件 440 起，涉及欠薪金额 23987.38 万元，涉及农民工人数 10551 人。

【建设工程招标投标】印发《自治区房屋建筑和市政基础设施项目工程总承包招标投标暂行规定》及招标文件示范文本、评标办法、资格审查办法等政策文件。持续推进远程异地评标、“不见面”开标和“评定分离”制度的应用，进一步优化招标投标条件设置，明确要求不得设置不合理的招标条件、取消没有法律依据的投标报名环节等。以“事中事后”“双随机一公开”为监管手段，进一步规范招投标各方主体行为。以落实建设工程招标人项目法人负责制为核心，强化主体责任，实现招标人权责统一和招标项目“评优择优”目标，制定“评定分离”试点工作实施方案和操作指导规程，开展“评定分离”试点工作。强化评标专家管理，推动优质专家资源跨地区共享。全区共完成建筑工程项目招标投标 7245 个，中标金额共计 1818.26 亿元。

【信用体系建设】通过信用监管实现建筑市场和施工现场管理的两场联动，进一步规范建筑市场秩序。组织做好建筑业企业信用评价工作，及时发布信用评价结果，推动评价结果在资质审批、市场准入、招标投标、从事建筑活动等环节的综合运用。2021 年共发布 2 批施工企业和监理企业信用评价结果，涉及 5026 家施工企业，269 家监理企业。

【信息化建设】推进新疆工程建设云平台升级改造工作，与自治区工程建设项目审批管理系统、智慧工地、消防云等系统实现互联互通。全面推行电子化审批，实现资质资格全流程网上申报审批和电子证照核发。推进数据入库工作，提升信息化监管水平。全区共 6619 个工程建设项目在新疆工程建设云平台办理了施工许可。与自治区市场监管局、社保系统完成数据对接，企业在行政审批系统中申报工商登记变更、资质变更、安全生产许可证变更等业务实现一键办理。2021 年共完成 28083 家工程建设企业入库，区内企业基本信息实现与工商信息联动。其中企业资质变更、外省企业进疆信息登记、注册人员执业注册实行系统自动办理，审批事项自动办理率达 42%。加快建筑工人实名制管理系统建设，实现国家和自治区、自治区和各地州市实名制管理平台的互联互通和数据动态更新。截至 2021 年年底，全区 7.7 万余名建筑工人已实名录入系统。

【装配式建筑】会同自治区发改、财政等部门印发《关于进一步推进自治区装配式建筑发展的若干意见》《关于绿色金融支持自治区装配式建筑发展的实施意见》，确定“十四五”期间全区装配式建筑发展目标、重点任务及工作措施，进一步明确各项优惠支持政策。召开全区装配式建筑现场观摩会，加强政策宣传，促进行业交流。研发自治区装配式建筑评价系统，提升信息化监管水平。全区新建装配式建筑 627.44 万 m²，占新建建筑面积的比例为 10.2%。

【建筑领域 3 年 20 万人培训就业】持续推进自治区建筑领域技术工种 3 年 20 万人职业技能培训就业工作，加强培训基地和师资力量建设，优化培训资源，完善培训课程设置，培育建筑劳务经纪人，推动校企合作，搭建培训就业平台，召开建筑业企业用工招聘会，推动培训和就业的有效衔接。截至年底，全区累计培训建筑领域各类技术工种 31.87 万人次，取证 26.61 万人次，完成总计划（25 万人次）的 106.5%；实现新增就业 23 万人，完成总计划（20 万人）的 115%。

【建筑业企业】截至年底，全区建筑业企业（施工企业）共 7901 家，其中特级企业 10 家，总承包一级企业 101 家，总承包二级企业 952 家，专业承包一级企业 187 家，专业承包二级企业 1839 家。监理企业 207 家，其中综合资质 4 家，甲级 47 家。勘察企业 161 家，其中综合资质 8 家，专业甲级 28 家。设计企业 349 家，其中甲级 52 家。

【注册类人员】截至年底，全区共有各类注册人员 57966 人，其中注册建造师 50809 人（一级 5144 人，二级 45665 人），注册监理工程师 3317 人，一级注册造价工程师 2419 人，注册建筑师 503 人（一级 242 人，二级 261 人），注册结构工程师 433（一级 277 人，二级 156 人），注册土木工程师（岩土）215 人，注册电气工程师（供配电）75 人，注册公用设备工程师（给水排水）72 人，注册公用设备工程师（暖通空调）59 人，注册电气工程师（发输变电）26

人，注册公用设备工程师（动力）21人，注册化工工程师17人。

【建筑节能与绿色建筑】2021年，新疆城镇新建民用建筑全面执行建筑节能强制性标准（居住建筑执行75%节能标准，公共建筑执行65%节能标准）。编制印发《自治区建筑节能和绿色建筑发展“十四五”规划》，启动课题“新疆建筑领域碳达峰、碳中和发展路径”研究，提请自治区党委、人民政府印发《关于推动自治区城乡建设绿色发展的实施方案》，深入推进绿色城镇化，落实碳达峰、碳中和目标任务；修订完善现行居住建筑节能设计地方标准，编制发布《绿色建筑评价标准》；联合11部门制定印发《自治区绿色建筑创建行动实施方案》，印发《自治区绿色建筑创建行动实施方案任务分工方案》。2021年，全区城镇新建民用建筑中绿色建筑面积占比已达100%，130个项目取得绿色建筑评价标识，建筑面积242万平方米。其中，4个项目为三星级运营标识，建筑面积141.23万平方米；5个项目为二星级设计标识，建筑面积6万平方米；2个项目为二星级运营标识，建筑面积25.62万平方米；其余项目均为一星级设计标识；推广“建筑保温与结构一体化”技术。3月召开“建筑结构保温一体化技术应用视频会议”，各地（州、市）住建局负责人及相关科室人员、施工图审查机构和建筑设计单位相关管理和技术人员共100余人参会。4月，组织开展3期建筑保温与结构一体化技术标准的宣贯培训，参加人员共675人。先后印发《关于明确自治区建筑保温与结构一体化技术推广应用有关事宜的通知》《关于进一步规范自治区建筑保温与结构一体化有关事宜的通知》，进一步明确规范了建筑保温与结构一体化技术在项目设计、施工图审查、技术选用等方面的规定。同时要求严格执行建筑保温与结构一体化技术标准，如需引用非新疆地方标准的，需报自治区住房和城乡建设厅，经专家论证通过后使用。

【新型墙体材料认定】通过新型墙体材料认定，推广新型、优质的建材产品，有效规范建筑材料市场秩序，对提高建筑物的节能效果及综合性能起到积极作用。2021年共办理109家企业186种产品的新型墙体材料认定。其中，乌鲁木齐市72家、昌吉州22家、伊犁州5家、塔城1家、拉玛依市2家、哈密2家，巴州1家、阿克苏4家。产品包括建筑隔墙轻质条板、普通干混砂浆、普通湿拌砂浆、聚合物砂浆、保温装饰一体板、外墙保温材料、岩棉条、铝合金窗、塑料窗、蒸压加气混凝土砌块等。

【清洁能源供暖】截至年底，全区集中供暖普及率达到91.3%，建成供热管网总长度24325公里，其中一级供热管网约6951公里，二级供热管网约17374公里。全区总供热面积约7.2亿平方米，其中集中供热面积约6.4亿平方米。按照供热能源分类，热电联产面积约2.5亿平方米，燃气集中供热面积约1.9亿平方米，燃煤集中供热面积约1.8亿平方米，电供暖面积约1488万平方米，地源热泵供暖面积约370万平方米，分散式供热燃气壁挂炉采暖面积约8643万平方米。

【农村煤改电】组织专家对三地州地、县、乡三级管理人员和技术人员等业务骨干开展宣贯培训，发放宣传手册和使用说明等材料7000余份，培训相关管理、技术人员1.5万余人，现场宣传讲解覆盖约2万余人。截至2021年年底，圆满完成南疆煤改电（一期）工程，涉及喀什地区、和田地区、克州24个县市、289个乡镇、3058个村，惠及农民群众89.2万户，电供暖改造4460万平方米。

【建设科技成果推广】组织对2家单位申报的4项科技成果推广项目颁发了自治区住房和城乡建设行业科技成果推广证书。制定发布《新疆建筑保温材料推广、限制及禁止使用技术和产品目录》和《新疆维吾尔自治区2021年第一批建筑防水材料推广限制和禁止使用目录》，组织专家召开3次技术交流座谈会，加强新技术、新材料的推广应用。

【建筑领域培训就业】合力推进建筑领域培训就业工作，建筑领域培训就业行动取得阶段性成效，超额完成2021年目标任务。截至年底，全区累计培训建筑领域各类技术工种137872人，培训取证人数109132人，培训取证人数占全年培训指标（93927人）的116.19%；累计就业人数88036人，占全年就业指标（71922人）的122.40%，其中疆内就业人数62605人。

【建筑领域教育培训管理】制定印发《关于印发2021年度自治区住房和城乡建设厅教育培训计划的通知》和《关于明确自治区住房和城乡建设行业培训机构申报工作有关事宜的通知》，进一步规范自治区住房城乡建设行业培训机构申报工作，提升行业培训机构整体质量和水平，推进住房城乡建设领域人才队伍建设。通过考核评定，公布2021年住建行业培训机构名单（申报增项9家、新申报15家），截至年底共有35家住建行业培训机构。2021年度，全区共培训169735人次；其中，安管人员继续教育6858人次；二级建造师继续教育14997人次；特种作业人员新取证13295人，特种作业人员复审8373人次；施工现场专业人员新取证34282人，继续教育 37220 人次；工人技能鉴定新取证 32477 人；检测试验员新取证 11591 人次，检测试验员继续教育 2378 人次，燃气从业人员新取证 6485 人次，燃气从业人员继续教育 1779 人次。指导新疆建筑设计研究院开展了 2021 年度一级建造师、二级结构师、二级建筑师、职称继续教育培训工作，共计培训 1645 人。其中一级建造师 685 人，二级结构师 52 人，二级建筑师 30 人，职称培训 878 人。

【新技术应用示范工程】 组织对 12 家单位申报的 31 项自治区建筑业新技术应用示范工程进行了验收评审，其中 5 项工程应用新技术的整体水平达到国内领先水平，14 项工程达到国内先进水平，11 项工程达到自治区领先水平，1 项工程达到自治区先进水平。

【建筑领域大气污染防治】 印发《2021 年推进建筑节能做好应对气候变化和大气污染防治工作要点》和《住房城乡建设领域 2021 年“乌一昌”“奎-独-乌”区域及伊犁地区大气污染防治工作要点》，要求强化技术指导和宣传培训，建立健全监督检查长效机制，督促指导“乌-昌”“奎-独-乌”区域及伊犁地区扎实做好住房和城乡建设领域大气污染防治各项工作。

城市管理监督

【城管执法政策法规】 出台《自治区户外广告设施及户外招牌设置技术标准（修订）》《自治区网格化综合管理技术导则（试行）》，印发《自治区住房和城乡建设行政处罚案件办理指引》《自治区住房和城乡建设厅实施行政处罚若干规定（修订）》，编制《自治区城市管理执法领域建设“十四五”规划》《自治区住房城乡建设行政处罚案卷整理指南》《自治区城市管理执法法律法规选编（2016—2020 年）》《自治区户外广告及招牌设置管理办法》《城市管理综合执法部门职责清单（2021 年）》，印发《关于转发住房和城乡建设部办公厅 工业和信息化部办公厅 公安部办公厅 交通运输部办公厅 广电总局办公厅 能源局综合司关于加强窨井盖安全管理的指导意见》《关于转发〈住房和城乡建设部城市管理监督局关于城市管理系统做好新冠肺炎疫情防控工作的通知〉的通知》，推进城市管理执法工作更加规范化、标准化。印发《自治区住房城乡建设领域常态化开展扫黑除恶斗争巩固专项斗争成果的实施方案》《自治区住房和城乡建设厅常态化扫黑除恶斗争 2021 年工作要点》《关于贯彻落实自治区推进四大行业领域整治工作实施方案的通知》《自治区住房和城乡建设厅扫黑除斗争领导小组工作规则》《自治区住房和城乡建设厅扫黑除斗争领导小组办公室工作规则》等系列文件，不断优化营商环境。

【城市管理执法指导服务】 联合兵团住房和城乡建设局举办 6 期城市管理执法人员视频培训，邀请区内外资深专家解读新修订《中华人民共和国行政处罚法》及工程建设领域新标准规范，讲授城管执法典型案例，分享先进经验，全区累计 3000 余人次干部参训。

【全区城管执法指导】 8—11 月，分三组两批次组织开展“双随机、一公开”综合执法检查工作，首次实现在国家企业信用信息公示系统中随机抽取检查对象，共检查 14 个地（州、市）49 个县（市、区）495 个项目（企业），下发整改通知书 280 份，执法建议书 13 份，协助调查函 6 份；加强信息公开，及时录入部门联合抽查 286 个项目（企业）检查结果，将 2021 年 1658 条行政许可、64 条行政处罚信息归集至公示系统，全面推进双随机抽查监管全覆盖。以办理政协提案为契机，着力做好疫情防控常态化下“六稳”“六保”工作，统筹兼顾各方利益；加强工作指导，为乌鲁木齐市、库车市、昌吉市等地就城市管理执法工作中存在的问题答疑解惑，委派 1 名干部为兵团十二师城管执法工作者讲授住房城乡建设行政执法实务。12 月 24 日至 31 日，由自治区城市管理执法监督局一行 4 人组成服务指导组对乌鲁木齐市、昌吉州等 11 地（州、市）15 县（市、区）开展城市管理执法工作技术服务指导。

【住房和城乡建设领域重大案件查处】 2021 年，共收到举报投诉 38 件，转属地办理 29 件，转处室办理 4 件，转其他厅局件 1 件，不予受理 4 件，已办结 27 件。送达《行政处罚决定书》24 份，《建设行政处罚权利告知书》16 份，《履行行政处罚决定催告书》4 份，《分期缴纳罚款决定书》2 份，没收企业违法所得 1771.63 万元，收缴企业行政处罚罚款 334.85 万元。

【获奖情况】 克拉玛依区城市管理局、奎屯市城市管理局、库尔勒市城市管理综合执法局被评为全国巩固深化“强基础、转作风、树形象”专项行动表现突出单位。伊吾县城市管理行政执法局一级科员阿里木江·阿不都热合曼、喀什市城市管理局法制办主任武占荣、霍尔果斯市城市管理局工业园区街道执法中队中队长张磊被评为全国巩固深化“强基础、转作风、树形象”专项行动表现突出个人。自治区城市管理执法监督局（建设行政执法局）荣获扫黑除恶专项斗争（2018—2020 年）先进集体，自治区城市管理执法监督局（建设行政执法局）苗家伟荣获扫黑除恶专项斗争（2018—2020 年）先进个人，治区城市管理执法监督局（建设行政执法局）钱晓华荣获自治区（2016—2020 年）普法工作先进个人。

人事教育

【机构变化】将自治区建设标准服务中心的经费形式由自收自支调整为全额预算管理。将自治区建设信息中心（自治区建设科技发展促进中心）的经费形式由自收自支调整为全额预算管理，不再保留“自治区建设科技发展促进中心”牌子，不再承担建设行业科技成果的评审、转化和推广工作。将自治区住房和城乡建设厅机关服务中心现有 18 名自收自支事业编制人员纳入该中心全额预算事业编制管理，原岗位等级、职称维持不变，超岗位结构比例予以聘用，人员只出不进、退一减一。调整后，收回自治区住房和城乡建设厅机关服务中心 13 名自收自支事业编制，其他机构编制事宜维持不变。

【干部教育培训】按计划做好各级党校、行政学院常规班次的学员调训工作和网络培训工作，共选派 26 名干部参加住房和城乡建设部、自治区党委组织部的各类培训，组织厅系统干部 2 次参加住房和城乡建设部视频培训，130 名干部参加新疆干部网络学院远程教育培训。75 名干部参加实践锻炼，其中 61 名干部参加“访惠聚”驻村工作和深度扶贫工作，14 名干部参加南疆学前双语支教工作。

【“访惠聚”驻村工作】坚持将驻村工作作为锻炼干部、识别干部、检验干部的一个重要平台，树立在驻村一线培养选拔干部的用人导向，提拔使用干部 15 人均有驻村工作经历，其中提拔重用正在驻村或连续驻村表现突出的干部 6 名。召开“访惠聚”驻村工作专题会议 4 次，厅领导 21 次深入驻村工作一线蹲点调研。发放南疆生活补助 98.8 万元、南疆工作津贴 28.3 万元，办理请休假手续共计 164 次，购买报销往返机票 300 余张，累计开展慰问驻村干部家属活动 3 次，开展“访惠聚·我们在一起”亲情慰问活动 1 次，组织看望慰问驻村干部 7 次。针对农民夜校作用发挥、农村劳动力转移有效途径、农房及居住环境建设等方面拟定 10 项课题研究计划，目前已取得 6 个大纲、4 个征求意见稿，为驻村干部提供更精准便捷、优质高效的保障。指导驻村工作总队召开 12 次工作队和第一书记集体会议，1 次第一书记集体会议，13 次重点工作会议，累计为群众办实事近 3 万余件，投入资金 1004 万元。19 个村累计入户走访 42300 余人次，全力解决群众困难诉求 220 余件。认真落实值班备勤制度和国家干部带班制度，做到“五个讲清楚”，加强“八支队伍”建设。会同乡党委印制 15000 份《感党恩、听党话、跟党走群众宣传读本》，协调新疆人民出版社向 19 个村捐赠党史学习教育书籍 70 套共计 560 本，组织完成 3 次党史学习专题辅导，18 村、30 村创建成功伽师县民族团结进步模范集体，19 村创建成功伽师县民族团结进步示范村。发挥行业优势，紧贴民生做好农民建筑职业技能培训就业工作，共举办 3 期培训班，累计培训 270 余人次，已输出 118 名建筑产业工人至铁门关市、图木舒克市等地转移就业，协调帮助克孜勒苏乡大帮建筑劳务公司 100 名技术工人 8 月下旬赴喀什市参与中建新疆建工集团项目建设，13 名务工人员赴新疆建设学院从事各类工种就业。扎实推进农村人居环境整治，完成 185 盏损坏高杆路灯维修和 110 盏太阳能庭院灯免费更换工作。按照要求新设立党群服务中心、维稳综治中心、农村发展中心，初步形成“一总（党总支），两翼（村党支部、‘访惠聚’工作队党支部）、三中心”村级治理体系框架。针对一段时间以来涉疆涉华问题集中的问题，及时组织“六位一体”成员发声亮剑；严格落实“三会一课”要求，严肃党内政治生活，定期开展党的理论知识测试学习；积极发展党员团员，目前 19 个村共有党员 838 名、团员 681 名。2 个村获得自治区级先进基层党组织称号，5 个村获得乡级先进基层党组织称号。

【定点帮扶】履行好对口帮扶伽师县牵头单位职责，对照工作任务、研究工作方法，细化工作方案、抓好贯彻落实，提出五项贯彻落实措施。组织召开伽师县定点帮扶工作座谈会，共同学习党中央关于巩固拓展脱贫攻坚成果、全面推进乡村振兴的决策部署以及自治区党委的工作安排，了解掌握各单位定点帮扶工作情况，宣传先进典型、交流经验做法，受到伽师县定点帮扶省级领导的肯定批示。自治区住建厅人事处荣获自治区脱贫攻坚先进集体称号。

【“民族团结一家亲”活动】将“民族团结一家亲”活动纳入重要议事日程，按照“整体推进、分布开展、注重实效”原则，统筹安排，精心组织，扎实组织好结亲走访活动。截至目前，共组织 140 名干部职工开展“民族团结一家亲”活动 3 轮 14 批次，为群众现场解决困难诉求或办理实事好事 198 件；新疆建设职业技术学院全体干部职工结合开展“三进两联一交友”活动，315 名教职工联系学生、家长 2722 人，捐款捐物折算约 12 万余元，举办各类联谊活动 2856 余场。

【获得国家、自治区先进工作情况】 2021 年，自治区住建厅村镇建设处荣获“全国脱贫攻坚先进集体”称号；自治区住建厅办公室荣获“自治区党委办公厅信息工作突出单位”和“自治区党委办公厅信息工作突出单位”；自治区工程造价总站荣获自治区“民族团结一家亲活动”先进集体；张少艾荣获自治区优秀共产党员；冶华亮荣获自治区“访惠聚”驻村工作先进工作者；郑德顺荣获自治区人大建议、批评、意见办理工作先进个人；陈龙荣获自治区党委办公厅信息工作突出个人。

【党风廉政建设】 2021 年，召开全面从严治党和党风廉政建设工作会议 3 次，落实与驻厅纪检监察组会商机制，每半年开展 1 次政治生态分析研判、研究 1 次全面从严治党情况，分管厅领导每半年汇报 1 次落实“一岗双责”情况，着力查短板、堵漏洞、强弱项。印发《厅党组全面从严治党责任清单》《2021 年厅党风廉政建设和反腐败工作要点》等文件，层层签订党风廉政建设责任书，推动全面从严治党任务更明确、内容更具体、责任更清晰、追责更严格。制定《自治区住房和城乡建设厅党组 2021 年巡察工作方案》《关于进一步加强巡察整改和成果运用工作的意见》，建立健全巡察整改和成果运用工作机制。抽调 15 名干部组成巡察组，对自治区建设标准服务中心、自治区建设信息中心、机关服务中心，开展了为期一个月的巡察工作，发现各类问题 34 个，督促被巡察单位制定整改方案，立行立改、应改尽改。及时召开巡视和巡察整改“回头看”工作专题会议，扎实做好“后半篇文章”；对自治区城市管理执法监督局和新疆建设职业技术学院巡察整改情况进行监督检查，确保问题整改落到实处、见到实效；对自治区第六轮脱贫攻坚专项巡视反馈问题整改开展自查，逐项对照梳理，逐个巩固深化。研究制定《自治区住房和城乡建设厅党组关于加强和改进同级监督工作的实施办法》，督促分管厅领导认真履行“一岗双责”；厅主要领导每季度与班子成员谈心谈话，交流思想，提出廉政要求；其他厅领导每季度听取分管处室（单位）主要负责人的工作汇报，强调廉洁从政规定，督促党员领导干部更好地遵章守纪、履职尽责、干事创业。制定印发《厅党组关于贯彻落实习近平总书记重要批示精神深入落实中央八项规定精神的若干规定》，坚定坚决落实中央八项规定及其实施细则精神，每月组织开展监督检查。

【精神文明建设】 2021 年，将培育和践行社会主义核心价值观作为文明机关创建的重要内容，不断加强干部职工政治理论水平和思想道德素质。持续做好推荐选树道德模范、最美人物、身边好人等先进典型工作，发现和培育具有先进性、代表性的先进集体和个人。把学习宣传先进典型的感人事迹、崇高精神和宣传实施《新时代公民道德建设实施纲要》《新时代爱国主义教育实施纲要》结合起来，邀请“光荣在党 50 年”的老党员、老模范给全体党员干部讲党课；组织召开表彰大会，共表彰优秀共产党员 43 名、优秀党务工作者 20 名、先进党支部 8 个；组织召开先进事迹报告会，邀请荣获“中共中央、国务院全国脱贫攻坚先进集体”“自治区先进基层党组织”等称号的集体和个人代表开展交流发言。结合党史学习教育，督促指导党员干部制定为民办实事清单，为各族群众做好事、办实事 500 余件。巩固和发扬在抗击疫情斗争中形成的佩戴口罩、讲究卫生、保持社交距离、使用公筷公勺等文明行动和良好风尚，深入开展爱国卫生运动、大力普及健康知识，全面推进垃圾分类。扎实开展“反对浪费、崇尚节俭”文明行动，通过在机关食堂醒目位置张贴“光盘行动”提示牌、宣传画等形式，营造宣传勤俭节约的良好风尚。配合自治区文明办，认真修订自治区文明城市、文明镇村、文明社区测评体系相关指标和评价办法细则，从 9 个方面提出了修改意见，被自治区精神文明建设指导委员会采纳吸收到《新疆维吾尔自治区文明城市测评体系》中。

信息化建设

【规划编制】 大力推进住建行业信息化建设顶层设计和项目实施工作，启动《自治区住房和城乡建设领域信息化发展“十四五”规划》编制工作。经编制资料收集、厅局单位对接、思路框架讨论、实地调研、邀请具有相关建设经验的内地专家进行交流等过程，形成了《自治区住房城乡建设领域信息化发展“十四五”规划》。

【自治区住建行业指挥调度（培训）中心建设】 以顶层设计为指引，打造基于全生命周期的自治区住建行业指挥调度（培训）中心。将现有业务系统数据接入指挥调度（培训）系统，目前已完成现有 14 个业务系统统一接入，初步实现自治区、地州、区县三级业务监管协同和工地现场实时调度，可针对不同监管需求进行跨业务的数据逻辑比对分析，实现问题识别的智能化。同时，对发现的问题可以通过邮件、短信及视频等三种方式进行闭环处置。

【数字化城市平台建设】 积极整合乌鲁木齐市等

12个地（县）市现有城市管理平台资源，构建了自治区数字化城市平台。启动自治区城市综合管理服务平台建设工作，印发《关于印发〈新疆维吾尔自治区城市综合管理服务平台建设导则（试行)〉的通知》，编制发布《自治区智慧社区（小区）建设技术导则》《自治区智慧市政建设技术导则》。目前，自治区城市综合管理服务平台完成总体进度的90%，基本完成自治区、地州、县市（区）三级平台的研发工作，完成与国家城市运行管理服务平台的互联互通。

【自治区智慧工地服务一体化平台】加强各级建设行政主管部门、施工企业、施工现场的联动性，对人、机、料、法、环、场实行全方位实时监控，达到绿色建造和安全建造的目的，推动人员、工程、环境的和谐高质量发展，形成具有信息化、数字化、网络化、协同化的智能建造工地。目前智慧工地服务一体化平台已建设完成，正在组织相关技术人员赴各地做好技术层面服务保障工作，推进各地州智慧工地平台与自治区平台数据互联互通。

【工程建设云平台升级改造】工程建设云是全区工程建设项目审批制度改革系统的数据支撑，在智慧住建的体系下，通过提升基础四库数据共享对接，审批结果证照电子化，整合建立全区统一建筑市场信用管理平台，加强事中事后监管和现场人员在岗履职监管、升级，实现工程建设云平台与“工改系统”的有效衔接。已完成完成总体进度的99%，完成初步验收。

【新疆消防建设综合管理云平台升级】为提升勘察设计质量和联合审图效率，做好抗震防灾和应急管理工作，实现更深层次地业务互通，通过升级新疆消防建设综合管理云平台，融合施工图设计审查、抗震加固、诚信机制等内容，打通数据信息链和业务服务链，加强信息共享和业务协同，加快BIM应用与推广，完成与“工改系统”的有效对接，实现设计、施工、检测、验收、复查、处罚全流程管控。目前系统建设完毕，已完成终验，可在网上办事大厅为社会公众提供消防设计审查、消防验收、验收备案和抽查等相关业务办理信息的查询以及业务办理入口，实现建设单位进行项目的24小时在线申报和办理信息查询等功能。

大事记

1月

14—16日　赴阿克苏库车市、喀什巴楚县开展房屋建筑和市政设施普查工作调研。

20日　请示自治区人民政府征求开展自治区城镇房屋建筑违法建设和违法违规审批专项清查整治工作相关厅局意见。

25日　开展自治区房屋建筑和市政工程冬季安全生产督查检查。

2月

8日　请示自治区人民政府印发开展自治区城镇房屋建筑违法建设和违法违规审批专项清查整治工作实施方案。

3月

1日　《住宅设计标准》XJJ 131—2021施行。

22日　制定印发《南疆三地州煤改电运行维护质量管理意见》。

23日　发布自治区抗震防灾、勘察设计、消防技术专家库（第一批）名单。

24日　新疆阿克苏地区拜城县发生5.4级地震，立即协调专家组成工作组，由分管厅长带队赴灾区一线，协助开展救灾的同时，组织摸排、统计受损倒塌的房屋。

同日　制定印发《关于明确自治区住房和城乡建设行业培训机构申报工作有关事宜的通知》。

4月

1日　开发上线新疆消防建设综合管理系统，实现数字化管理、网上审批功能。

同日　制定发布《新疆建筑保温材料推广、限制及禁止使用技术和产品目录》。

8日　印发《自治区住房和城乡建设系统应急管理委员会职责分工》《自治区住房和城乡建设系统防灾减灾救灾工作委员会职责分工》。

12日　印发《自治区住房和城乡建设系统应急管理工作考核办法（试行)》。

14日　印发《自治区城市建设安全专项整治三年行动2021年工作要点》。

15日　印发《自治区房屋建筑和市政设施风险普查工作实施方案》。

20日　制定完成《自治区住房和城乡建设领域全覆盖、拉网式安全生产大排查、大整治实施方案》。

22日　对建设工程质量检测机构告知承诺制资质审批开展复核。

5月

17日　印发《2021年建筑施工安全生产专项治理行动方案》。

17日　在昌吉市召开自治区清洁能源供暖技术选型研讨会。

25 日　启动“新疆建筑领域碳达峰、碳中和发展路径研究”课题研究。

27 日　制定《2021 年自治区住房城乡建设系统“安全生产月”活动方案》。

6 月

9 日　召开全区应急管理委员会、防灾减灾救灾委员会电视电话会议。

11 日　组织专家对全区施工图审查机构从业行为及建筑、结构、设备、电气、消防等各专业开展施工图审查质量检查。

18 日　印发《自治区城市建设安全专项督查实施方案》。

22—23 日　厅党组书记甘昶春带队对吐鲁番市房屋抗震加固工作开展调研，组织专家编制《吐鲁番市生土结构房屋及附属构筑物抗震鉴定及加固技术导则》。

7 月

5 日　印发《关于加快发展数字家庭提高居住品质的实施意见》。

16 日　召开“‘践行文化润疆·繁荣建筑创作’——新疆地域特色建筑学术研讨会”。

27—29 日　在喀什地区伽师县举办新疆首届建筑领域技术工种职业技能大赛（自治区决赛）。

8 月

1 日　《严寒和寒冷地区居住建筑节能设计标准》XJJ 001—2021 施行。

同日　召开自治区住房和城乡建设领域防汛救灾视频会议。

2 日　组织全区使用自治区住房和城乡建设系统应急管理指挥平台。

9 日　组织召开房屋建筑和市政设施风险普查工作全面铺开工作部署会暨技术培训会议。

11 日　决定建立自治区建设工程质量安全专家库。

20 日　制定印发《自治区建筑节能和绿色建筑发展“十四五”规划》。

26 日　制定发布《新疆维吾尔自治区 2021 年第一批建筑防水材料推广限制和禁止使用目录》。

9 月

8 日　印发《关于进一步规范减隔震技术应用管理的若干意见》。

9 日　印发《关于促进建筑工程勘察设计行业高质量健康发展的意见》。

13 日　印发《关于进一步加强住房和城乡建设领域应急避难场所建设与管理工作意见的通知》。

16 日　决定组织开展 2021 年自治区建筑工程质量安全“云观摩”暨“质量月”活动。

26 日　印发《关于规范消防产品见证取样检测有关工作的通知》。

28 日　组织编制《自治区工程质量安全手册实施细则（试行）》。

10 月

10 月底　完成南疆三地州 2021 年 28.7 万户的煤改电居民供暖入户改造工程，并完成通电调试和县、乡镇两级验收，标志着煤改电（一期）工程（2019—2021 年）圆满收官。

11 月

5 日　修订印发《自治区住房和城乡建设厅地震应急预案》。

8 日　副厅长吕辉斌组织召开全区房屋建筑和市政设施风险普查工作视频调度会议。

9 日　印发《新疆维吾尔自治区房屋建筑和市政基础设施项目工程总承包计价指导意见（试行）》。

17 日　印发《新疆维吾尔自治区安装工程补充消耗量定额（2020 版）》。

25 日　召开自治区建设工程消防设计审查验收工作会议暨消防政策法规技术培训。

12 月

24 日　印发《新疆维吾尔自治区二级造价工程师注册管理办法（试行）》。

25 日　举办自治区首次二级造价师职业资格考试。

同日　会同自治区总工会设立建筑领域技术工种职业技能培训就业奖励制度。

31 日　党组副书记、厅长李宏斌组织召开全区房屋建筑和市政设施风险普查工作电视电话会议。

12 月底　摸排自治区建筑领域技术工种 3 年 20 万人职业技能培训就业行动实施以来各地建筑劳务经纪人发展情况。

（新疆维吾尔自治区住房和城乡建设厅）

新疆生产建设兵团

乡村振兴

【美丽宜居连队建设】2021年，按照《关于兵团连队新建抗震安居住房的指导意见》《兵团抗震安居工程标准图集》要求，采取“民建公助”方式，实施农村危房改造2500户，中央财政补助资金7000万元，完善连队低收入群体等重点对象住房安全保障长效机制。加强连队房屋建设使用管理，广泛宣传《“农村自建房安全常识”一张图》，加大工匠培训规模，提高连队房屋设计水平和建设质量，实现巩固拓展脱贫攻坚成果同乡村振兴有效衔接。

【房屋安全隐患排查整治】深入贯彻落实《兵团连队房屋安全隐患排查整治实施方案》，通过定期调度、实地督导、部门联动等方式扎实推进兵团连队房屋安全隐患排查整治工作。兵团连队29.9万户房屋中初判存在风险的有7015户，已全部完成评估鉴定工作，鉴定为C级的4085户已整治3987户，鉴定为D级的2142户全部完成整治。预计2022年可提前完成国家要求的全面整治任务，及时消除连队住房重大安全风险隐患，切实保障职工群众生命财产安全。

产业结构

截至2021年，兵团现有建筑业企业821家，其中建筑施工企业689家，特级资质企业3家，一级32家，二级108家；监理企业27家，综合资质企业1家，甲级8家，乙级13家；勘察设计企业27家，甲级6家，乙级15家；审图机构12家。

产业发展

【建筑业】2021年，兵团等级以上建筑业法人企业完成建筑业总产值1079.6亿元，同比增长6.8%。等级以上建筑业法人企业签订合同额2147.4亿元，同比增长13.6%，其中，新签订合同额1315.5亿元，同比增长2.9%。等级以上建筑施工企业房屋建筑施工面积3803.4万平方米，同比增长30.1%。兵团各师建筑业产值排名前三位的是：第十一师358.4亿元，第七师145.6亿元，第八师89.8亿元。

【建筑市场监管】进一步规范兵团房屋建筑和市政基础设施工程评标专家库管理工作，组织兵团本级及各师市对原有在库评标专家进行梳理和更新，清查原有评标专家3496人，清除已不具备相关条件1199人，并将梳理结果发公共资源交易分中心对专家库进行更新。联合自治区住建厅下发《关于做好房建和市政工程评标专家库资源互联共享推进兵地融合的通知》，与自治区住建厅统一评标专家入库标准，建立评标专家资源互联共享机制，按照就地就近原则，兵团各师市与自治区地、州、市交换评标专家资源名录，吸纳自治区各地区专家1798人，现有在库评标专家3773人。

【建筑市场秩序】强化建筑市场和施工现场两场联动，严厉查处建筑市场违法违规行为。2021年，兵团住建系统共处罚单位225家、处罚个人52人、罚金1846.75万元。加强投诉举报事项“闭环管理”工作，切实提升建筑市场监管维权执法效能。全年受理投诉举报事项26件，已全部办结，办结率100%。

【建筑工程质量安全管理】2021年，建筑业监管信息化工作平台累计注册各类企业6203家，登记注册人员77468人，办理各项行政许可审批业务共计14583件，累计各类培训考核从业人员14600人次。先后组织房屋市政工程施工安全生产隐患大排查大整治，“安全生产月”、巡查暗访、专项排查整治等行动。全年共检查工程3076项次，下发整改通知书1333份，处罚190家企业，罚款1058万元，信用惩戒11起，曝光典型案例76起。

房地产业

【概况】截至2021年年底，兵团共有房地产开发企业367家，各师市行业主管部门均能认真贯彻落实国家一系列房地产调控政策、促进供求平衡，着力防范化解重大风险，保持房地产市场平稳健康发展，严格落实用地供应规模管理、差别化住房信贷、税收等政策，坚守“房子是用来住的、不是用来炒的”定位，重点保障本地居民和引进人才的住房刚需。稳妥实施房地产市场平稳健康发展长效机制方案。兵团房地产市场总体上运行平稳，开发规模、销售规模、价格比较稳定。

【房地产市场调控及监管】4月，会同兵团发展改革委等部门印发有关文件，指导各师市切实加强房地产金融管理，扎实抓好房地产工作各项任务措施落实落地，推进兵团房地产市场平稳健康发展。6月，印发《兵团房地产开发企业信用评价管理办法（试行）》，为建立以信用为基础的市场监管机制，规范开发企业经营行为创造了条件。7月，印发《关于成立兵团房地产价格评估专家委员会的通知》，兵团房地产价格评估专家委员会负责对兵团国有土地上房屋征收评估报告进行鉴定，有力保障了兵团各城市、团场城镇房屋征收补偿活动中房地产价格评估结果的客观公正。8月，会同兵团发展改革、新疆税务局等部门印发《关于持续整治规范兵团房地产市场秩序的通知》，聚焦职工群众反映强烈的未批先建、项目烂尾不能交房、未经批准预售4个方面的69项难点和痛点问题，加大力度持续整治规范房地产市场秩序。11月，会同发改、自然资源等部门印发《关于进一步加强房地产市场监管完善商品住房预售制度有关问题的通知》为防范房地产市场风险夯实了基础。

【物业管理】1月，印发《关于兵团物业服务行业专项整治实施情况的通报》，梳理物业服务行业专项整治工作取得的成果，查找制约兵团物业服务行业发展的问题，提出了解决问题的具体措施。6月，联合兵团党委政法委、发展改革委等8部门，制定了《贯彻住房和城乡建设部等部门〈加强和改进住宅物业管理工作的通知〉的实施意见》，建立了物业企业重大事项报告、物业服务企业负责人报到、物业服务企业信用管理等制度，为持续提升兵团物业服务水平奠定了坚实基础。加强物业服务信息公开，督促各师市认真开展“加大物业服务收费信息公开力度让群众明明白白消费”活动。全年发放政策法规宣传册20余万份，公示物业服务收费信息的项目占全部项目的97.10%。经住房和城乡建设部评选，第三师图木舒克市和顺花园小区、万和佳苑小区和第十师北屯市和谐二期小区入围全国“加强物业管理共建美好家园”典型案例名单。

城镇建设与管理

【城镇排水和污水处理】2021年，兵团争取中央财政资金1682万元，用于第四师可克达拉市61团城镇污水管网和处理设施提标改造。各师市通过积极争取中央资金、援疆资金、自筹资金等方式加快推进城镇污水处理设施建设。2021年，第七师胡杨河市建成一座处理能力0.8万立方米/日污水处理厂，第十三师新星市开工建设一座处理能力1.5万立方米/日污水处理厂。兵团城镇新增排水管网约102公里。印发《关于加快推进兵团海绵城市建设的实施意见》，为兵团海绵城市建设明确工作目标和重点任务。制定印发《新疆生产建设兵团海绵城市建设技术导则（试行）》，为兵团海绵城市建设奠定技术基础。

【城市生活垃圾处理】稳步推进4个城市、2个园区城市生活垃圾分类试点工作，建成生活垃圾分类示范片区7处，涵盖街道11条、居民小区156个、党政机关139个、企（事）业单位208个、社会团体16个、公共场所95处、学校61座。各城市新增道路清扫保洁面积约358万平方米，其中新增机械化清扫面积约186万平方米；新增公共厕所69座。年末，兵团城市道路清扫保洁面积约4233万平方米，其中机械化清扫面积约2925万平方米，公共厕所356座。

【城市道路桥梁建设】2021年，兵团城市建成区新增道路长度约133公里，新增道路面积约435万平方米，新增桥梁5座。年末，兵团城市建成区道路长度约1601公里，道路面积3036万平方米，桥梁56座，人均城市道路面积28.3平方米，建成区道路面积率12.48%。

【城市园林绿化建设】2021年，兵团城市新增绿地面积约1427公顷，新增公园绿地面积约333公顷。年末，兵团城市人均公园绿地面积约23平方米，建成区绿地率40.83%，建成区绿化覆盖率42.61%。有国家园林城市4个。印发《兵团园林城市系列申报评审管理办法（试行）》，正式启动兵团园林城市系列创建评选。

【历史建筑确定】2021年，全面推进历史建筑确定工作，全兵团共摸排统计出历史建筑197处，公布52处，挂牌27处，测绘建档31处。制定印发《新疆生产建设兵团历史建筑普查、认定、保护与利用技术指南（试行）》，科学推进历史建筑保护利用。

【城市管理监督】印发兵团城镇管理执法工作方案、城市管理行政执法手册、执法文书示范文本，规范师市城镇管理执法工作。兵团（省级）城市综合管理服务平台建设完成项目可研。

连队（农村）建设

印发《关于加快兵团连队住房和连队建设现代化的实施方案》，加快推进兵团连队住房和连队建设现代化，提高连队住房品质，提升连队建设水平。组织一师十一团、六师代管五十团、兵团专家团队开展2021年乡村建设评价工作，编制完成兵团及分团场评价报告。统筹推进城市、团场、连队生活垃圾治理，连队生活垃圾收运处置体系覆盖率达到99%。

建筑节能

积极开展绿色建筑创建行动，联合兵团发改、财政等十部门印发《兵团绿色建筑创建行动实施方案》，明确创建对象、创建目标、重点任务以及保障措施，厘清各部门职责分工，形成合力促进工作开展。强化新建建筑绿色标准执行，按照自治区居住建筑节能75%地方标准，城镇新建民用建筑全面执行绿色建筑标准。2021年，兵团城镇新建民用建筑中绿色建筑面积占比达到80%。会同兵团发改委、财政局争取到城镇老旧小区改造中央补助资金5.62亿元，实际开工率106%，惠及居民4.5万户。将民用建筑执行绿色建筑标准纳入工程建设管理程序，加强全过程监管。从工程项目可研、初设等前期阶段，到设计、审图、施工、验收和运行环节加强监督管理，保证工程建设各方主体切实履行责任。

住房保障

建立健全兵团住房保障体系。兵团办公厅印发了《兵团贯彻落实〈国务院办公厅关于加快发展保障性租赁住房的意见〉的实施意见》，明确加快发展保障性租赁住房的有关政策，明确兵团要加快构建以公租房、保障性租赁住房和共有产权住房为主体的住房保障体系，建立“多主体供给、多渠道保障、租购并举”的住房制度。2021年新建公租房12983套，100%开工；城镇棚户区改造2467户，100%完成；租赁补贴2023户，100%发放完毕；农村危房改造2500户，100%竣工，进一步改善了职工群众住房条件和居住环境。

（新疆生产建设兵团住房和城乡建设局）

大 连 市

住房和城乡建设工作概况

2021年，大连市住房和城乡建设系统坚持以习近平新时代中国特色社会主义思想为指导，以高质量发展为中心，贯彻完成各项任务指标和谋划好“十四五”工作两条主线，加快构建统筹格局，各项指标任务圆满完成，难点工作取得精准突破，问题矛盾得以有效化解，实现“十四五”良好开局。房地产和建筑业实现平稳健康发展。重点民生工程取得预期成效。市民居住环境不断改善提升。居住小区物业服务管理水平不断提升，天然气置换持续推进，农村垃圾治理成效显著，农村生活垃圾处置体系实现全覆盖，生活垃圾分类辐射到每个农户。巩固拓展脱贫攻坚向乡村振兴有效衔接，163户农村低收入群体等重点对象危房改造工程按期保质完成。系统化全域推进海绵城市建设，积极将海绵城市理念融入城市建设和更新改造项目中，海绵城市达标面积达到建城区的25%以上。加强市政基础设施建设，新建改造排水管网84公里。实施城市更新行动。

法规建设

【市政府办公室文件】《大连市人民政府关于印发大连市城市房屋专项维修资金管理办法的通知》《大连市人民政府办公室关于公布2020年大连市特色乡镇的通知》《大连市人民政府办公室关于印发大连市物业管理区域管理办法的通知》《大连市人民政府办公室关于进一步加强房地产市场调控和监管工作的通知》《大连市人民政府办公室关于印发大连市城市更新管理暂行办法的通知》等。

【依法行政】印发《2021年市住建局深入推进法治政府建设工作要点》《大连市住房和城乡建设局贯彻法治中国建设规划实施方案（2021—2025年）》《大连市住房和城乡建设局贯彻落实大连市法治社会建设具体举措（2020—2025年）》。把习近平法治思想纳入市住建局普法责任清单，纳入党组中心组学习内容。2021年，市住建局被住房和城乡建设部确认为辽宁省唯一一家住房和城乡建设系统法治政府建设重点联系单位。工程建设行政审批制度改革入围省级法治政府建设单项示范项目。推进政务服务

“三统一”，住建系统市县两级申请材料示范文本、空白表格和审核准则做到标准全市统一。推出住建系统政务服务“容缺受理”“全程网办”“秒批秒办”“即来即办”“全市通办”事项清单。强化电子证照和电子印章在工程建设项目审批中的推广应用。根据市人大立法计划，组织开展修订《大连市建筑市场管理条例》《大连市燃气管理条例》立法调研论证工作。对《大连市物业管理条例》《大连市供热用热条例》中与《中华人民共和国民法典》不符部分进行了修改。印发《市住建局 2021 年地方性法规政府规章和规范性文件清理工作方案》，本年度纳入清理范围的地方性法规 5 件，政府规章 9 件，市政府（办公室）规范性文件 33 件，市住建局规范性文件 47 件，并将清理结果在局网站公示。印发《市住建局行政规范性文件管理办法》，制发的规范性文件严格按规定履行合法性审核、集体讨论、征求意见、公平竞争审查、报送备案等程序。2021 年经合法性审核并报送市政府备案局规范性文件 11 件。编制了 2021 年市住建局重大行政决策事项目录。建设了全市统一的住房和城乡建设系统“双随机、一公开”监管工作平台，编制了“双随机一公开”监管工作手册。印发了《市住建局 2021 年度普法责任清单》，为各处室发放《建设法律法规（2020 年版）》。举办“习近平法治思想”《中华人民共和国行政处罚法》《中华人民共和国行政许可法》《中华人民共和国国家赔偿法》《中华人民共和国行政复议法》《中华人民共和国行政诉讼法》和新修订《中华人民共和国安全生产法》专题辅导讲座。

房地产业

【概况】2021 年，强调控、严监管、稳房价；勤调度、促销售、稳投资；出政策、定规划、稳预期，多措并举，积极应对，促进房地产市场平稳健康发展，总体保持平稳运行态势，房地产投资和销售稳定在合理水平。统计数据显示，2021 年全市实现房地产投资 729 亿元，同比下降 3.2%，占固定资产投资比重约为 50%。2021 年全市实现商品房销售面积 688 万平方米，同比下降 3.8%；销售额 945.3 亿元，同比下降 0.6%。至年末，商品住房待售面积 763 万平方米，去化周期 14 个月，总体处于 12～18 个月合理去化周期水平。

【房地产市场调控】2021 年，积极建立稳地价、稳房价、稳预期的长效管理机制，坚持因地制宜、综合施策。认真落实城市主体责任，调整了保持房地产市场平稳健康发展领导小组，进一步明确部门职责，全市一盘棋统筹做好房地产调控工作根据市场走势，调整完善房地产市场调控政策，全力稳定新建商品住宅价格指数。

【房地产去库存】2021 年，认真贯彻落实国家和省政府关于化解房地产库存的决策部署，按照《全市推进房地产去库存工作方案》确定的去库存工作目标持续推进，坚持因城施策、分类调控，加大土地市场调控力度，实施土地差别化供应，定期举办全市房交会，满足居民合理购房需求，指导区县加快推进房地产去库存，促进区域房地供需平衡，全市商品住房库存整体处于合理水平。

【房地产市场秩序监管】建立房地产预售项目公示制度，出台《房地产预售项目公示工作机制》，建立房地产预售线上、线下公示厅，将商品房项目有关的土地、规划、建设、销售、抵押、教育、市政配套等 21 项信息纳入公示厅进行公示，进一步加强商品房预售管理，提升预售项目相关信息的公开透明度。构建完善交易管理制度，指导各地区全面建立了商品房、存量房交易网签备案制度，构建以房屋网签备案制度为基础的房地产市场监测预警体系。开展房地产市场秩序专项整治，联合市市场监管局、市城管局等 11 个部门印发《大连市持续整治规范房地产市场秩序实施方案》，开展为期三年的专项整治工作，形成部门齐抓共管工作格局，构建房地产市场平稳健康发展的长效机制。继续提升房地产经纪行业服务水平，依据房地产经纪机构诚信状况和专业服务水平等指标，开展房地产经纪行业“星级评定”工作，对其进行综合评定。截至 12 月，“星级评定”系统平台已注册机构 1165 家，已注册人员 11668 人（其中测评通过人数 9628 人），获得 4 星以上机构、从业人员分别为 87 家、1559 人。

【住房租赁市场】印发《大连市培育和发展住房租赁市场三年工作计划（2021—2023 年）》，明确了 2021—2023 年工作目标。发布《关于加强住房租赁企业监管的通知》，提出了建立住房租赁企业注册登记、开业信息报送、登记备案、租赁资金监管及信息公示制度等十项措施，进一步完善对住房租赁企业的事前、事中、事后监管，加强了对存在“高进低出”“长租短付”等高风险经营行为的实时监测及风险预判，有效维护租赁各方合法权益。2021 年通过租赁平台报送开业信息并开立租赁资金监管账户的住房租赁企业共 49 家，经营租赁住房 18346 间。

【国有土地上房屋征收管理】继续加强国有土地上房屋征收项目监督指导及协调处理房屋拆迁历史遗留信访问题。共受理核查房屋拆迁延期许可申请

10件、现场勘察复核批复地铁3号线新建梭鱼湾站、大连地铁4号线一期工程建设项目、金柳路区域配套小学房屋征收项目3件。

住房保障

【概况】2021年，大连市细化住房供给结构，增加配建房源种类，试点共有产权住房保障模式，发展保障性租赁住房。公共租赁住房货币补贴保障首次采取网上申报方式，新增保障家庭3239户；新增高层次及城市发展急需紧缺人才保障1127人；新受理并审核合格高校毕业生13480人，将自2022年1月给予住房补贴保障。全年发放符合条件的公共租赁住房保障家庭补贴3.6万户、1.64亿元，发放高校毕业生类人才家庭住房补贴2万户、1.91亿元，发放引进人才住房补贴2493名、1.46亿元。在6个新建商品住房项目中配建各类政策性住房378套，配建面积3万平方米。完成首批绿清南园326套共有产权住房销售，通过盘活存量房方式筹集共有产权住房97套。继续推进经济适用住房上市交易办理，885户经济适用住房保障家庭办理完善产权。完成1295户保障对象配租公共租赁住房，办理退房及腾退942户（套）。

【保障性租赁住房】4月20日，首次被国家列入支持保障性租赁住房建设城市。12月14日，印发了《大连市加快发展保障性租赁住房工作实施方案》（大房稳〔2021〕2号），为发展保障性租赁住房解决新市民、青年人的住房需求提供体制机制保障。全年通过盘活存量闲置房屋和利用产业园区配套用地建设，落实5个项目2536套14万平方米保障性租赁住房，运营796套（间），进一步推进住房供给侧结构性改革，推动建立多主体供给、多渠道保障、租购并举的住房制度。

【人才住房保障】2021年，发放各类人才住房补贴22658名、3.37亿元。其中，按2015年政策发放产业发展急需紧缺人才住房补贴548名、879.5万元，发放高校毕业生住房补贴6075名、2291.7万元；按2019年政策发放高层次人才安家费734名、1.17亿元，发放城市发展紧缺人才租房补贴1211名、2073.9万元，发放高校毕业生补贴14090名、1.68亿元。

【政策性住房配建】2021年，6宗成交地块按管理办法签订配建政策性住房协议。其中，配建共有产权住房2宗地块共0.99万平方米（118套）、配建市场租赁住房3宗地块共0.49万平方米（90套）、配建大学生优惠住房1地块1.52万平方米（约170套）。在金地城新建商品住房开发项目中配建首批新毕业大学生优惠住房360套，销售均价10750元/平方米，大幅低于市场价格。11月，金地城新毕业大学生优惠住房项目受理工作启动。截至年底，实现销售345套。

【房改审批备案】出台政策继续推进公房出售工作，全年共计为19家产权清晰的售房单位的5235套、246757.24平方米住房办理公有住房出售备案手续；为94家接收（管理）售房单位的32479套、1711462.04平方米住房办理公有住房出售备案手续；1.4万余户取得产权证。为8家单位、770名职工办理1472.7万元补贴资金批复手续。

城市体检评估、建设工程消防设计审查验收

【城市体检评估】大连市作为住房和城乡建设部59个城市体检样本城市之一，继续开展城市体检工作。对照住房和城乡建设部关于城市体检工作的具体要求，聚焦“城市病”，从8个方面、70项指标，扎实开展城市体检工作。利用信息技术与大数据，搭建城市体检信息管理智能平台，为实现“一年一体检、五年一评估”提供强有力的智能支撑。目前，城市体检信息平台具备指标管理、可视化展示及平台管理等功能。城市体检结果显示，大连城市整体发展情况在59个样本城市中表现良好，在东北六城市（大连、长春、沈阳、哈尔滨、大庆、四平）中表现突出。大部分体检指标表现良好，并且有多个指标在59个样本城市中位居前列，没有明显的城市发展短板。

【建设工程消防设计审查验收】2021年，制定出台《大连市既有建筑装修改造消防设计审查技术导则（试行）》，从技术层面打通既有建筑改造中消防审验难点和堵点问题。通过提前介入、集中调度、项目秘书等方式完成金州至普兰店湾城际铁路等一批支撑全市发展的重大项目消防验收工作，积极推进城镇小区配套幼儿园消防验收，全年完成市级消防设计审查105件，消防验收83件，消防备案32件；指导各区市县消防审验部们共办理消防设计审查224件，消防验收项目156件，消防备案459件。全年先后组织4次消防审验业务培训，针对《大连市既有建筑装修改造消防设计审查技术导则（试行）》《中华人民共和国消防法》、住房和城乡建设部51号令和建筑识图分别进行专题培训，累计培训人员1200余人次。金普新区凯旋国际“8・27”火灾事故发生后，下发《关于进一步加强建设工程消防审验管理的工作通知》，严格消防审验工作程序，建

立房屋建筑质量安全融合监管工作机制，将消防工程纳入工程质量安全监管范围，对日常监管中发现的问题，做到早发现、早督促、早整改，切实从源头上防范化解建设工程消防安全风险。协调各地区开展外墙保温材料排查整治，按照属地化管理和“查治并重”原则，保证建筑物外墙保温材料燃烧性能符合现行防火设计要求。积极推进解决融通公司、泉水公租房A区、市纪委北办案基地、行政事业性国有资产管理体制改革等工作，妥善处理历史遗留问题。

城市建设

【概况】 2021年，大连市城市功能品质显著提升，基础设施短板进一步补齐；“两新一重”项目快速实施，大连湾海底隧道和光明路延伸工程、地铁5号线、4号线一期工程、13号线一期工程等一批基础设施快速推进；改造老旧小区157个，惠及居民4.26万户，全面完成中山区、西岗区、沙河口区棚户房区域整治，共82处、7.6万平方米，惠及居民1792户。

【城市更新行动】 2021年，成立以市长为组长的城市更新工作领导小组，统筹推进城市更新。逐条逐项对照部省《共建协议》和共建先导区实施方案，编制《大连市城市更新实施方案》，形成了任务清单和项目清单。制定《大连市城市更新管理暂行办法》，研究资金、土地等相关配套政策文件，加快形成城市更新“2+N”政策文件体系。正在加快编制《城市更新专项规划》，以高水平规划引领高质量建设。由分管副市长牵头组建城市更新项目谋划专班，按照政策性银行资金支持范围，按片区模式谋划项目。确定“政府主导、部门支持、社会参与、企业主体、市场运行”的多元化投融资建设模式，采取积极争取国家资金、整合城建项目资金、用好地方政府专项债、加大市县投入力度、引入社会资本、金融机构等各方力量的方式合力推进城市更新建设。金普新区南部城区城市更新项目、光中街道国防路片区项目、旅顺口区医养产业提升一期工程相继落地，共获得国开行授信贷款200亿元。

【城市道路桥梁建设、维护与管理】 2021年，市政公用事业服务中心实施道路桥梁交通基础设施建设工程6项。全年维修城市道路57.07万平方米（车行道34.83万平方米，人行方砖步道22.24万平方米）。其中，大修城市道路18条，面积18.28万平方米（车行道8.62万平方米，人行步道9.66万平方米）；日常维修城市道路38.79万平方米（车行道26.21万平方米，方砖步道12.58万平方米）；维修边石12.45公里；调整检查井2097座。维修城市桥梁、隧道和地下通道等设施，完成维修桥面3.8万平方米；更换格栅网2149平方米，栏杆1945米；栏杆除锈粉刷3266平方米；清理桥梁伸缩缝1798米；疏通桥梁雨水井289个；更换声屏障玻璃921块。城市桥梁清洗日保障清洗队伍4组，全年清洗面积1170万平方米；协助市城市管理局审批道路挖掘许可557件，道路挖掘维修总长度14.5万平方米，维修面积25.2万平方米。答复、解决市民反映的城市道路桥梁设施问题1583件。城市道路桥梁设施完好率97.1%。

【停车场建设】 完成中山区东港中学停车场、西岗区香海街临时停车场等停车场建设，全力推动沙河口区中心医院机械立体停车场、甘井子区旧机动车交易市场立体停车楼项目和高新园区腾飞园区E区半地下敞开式机动车库等项目建设，完善区域停车基础配套。

【老旧小区改造工程】 2021年，组织中山区、西岗区、沙河口区、甘井子区、旅顺口区、金普新区、普兰店区、瓦房店市、庄河市、长海县完成226万平方米老旧小区改造任务。其中，西岗区金海花园小区、沙河口区兴新社区被评为省示范项目，西岗区香炉礁街道金海花园老旧小区、沙河口区西安路街道兴新社区老旧小区和长海县大长山岛老旧小区3个改造项目入选了住房和城乡建设部“为民办实事”项目。出台《关于市内四区既有住宅加装电梯工程财政补贴有关事宜的通知》和《关于明确既有住宅加装电梯审批和验收程序的通知》，下发既有住宅加装电梯施工许可69部。

【城市供气】 2021年，大连市有城镇燃气企业（场站）97家，其中市内四区21家、其他区市县（开放先导区）76家。按经营类别区分，全市有管道燃气企业22家、瓶装液化石油气企业50家、汽车加气企业25家。全市各类燃气管网7214公里，其中市内四区3079公里、其他区市县（开放先导区）4135公里。全市有各类燃气用户250万户，其中人工煤气用户27万户、天然气用户151万户、液化石油气用户72万户。人工煤气年用气量1.3亿标准立方米、天然气年用气量5.7亿标准立方米、液化石油气用气量21.8万吨。

【天然气入连建设工程】 2021年，大连华润燃气有限公司完成新建市政燃气管网工程36.27公里，完成铸铁管改造35.33公里。中山区、西岗区、沙河口区、甘井子区、高新技术产业园区19个小区

1.82万户新开通管道燃气，267个小区22.65万户实现天然气取代工煤气。

【城市供热】2021年，中山区、西岗区、沙河口区、甘井子区及高新技术产业园区有供热单位71家，供热建筑面积17070万平方米，其中热电联产供热面积8240万平方米、区域锅炉房供热面积8830万平方米。市内有供热厂（站）71座，其中热电厂7座、区域锅炉房64座；供热主次管网长5012公里。城市集中供热普及率99%，城市住宅供热普及率99.9%。

2021年，城市供热设施新建改造供热管网44.2公里，维修锅炉146台。印发《大连市冬季清洁取暖工作实施方案（2021—2023)》；开展红沿河镇核能供热试点；优化热电厂供热布局，热电厂进行高背压、抽气系统等改造；扩大热电厂供热能力，协调电厂和锅炉房企业开展合作；开展华能大连电厂与泉水供热有限公司转供热合作，供热面积约1000万平方米。印发《大连市城市供热应急接管规定》，建立了供热应急管理机制。市政府提供供热保供应急资金1.29亿元用于企业储煤贷款贴息；帮助企业落实保供煤91万吨。指导供热企业安装热用户远传固定室温监测点，要求热电联产企业布点数量不少于300块，区域锅炉房按照面积比例布点。指导供热行业优化服务流程，推行“互联网+便民缴费”。开展未诉先办工作。在供热准备期，培训供热企业客服、维修“两类人员”共计1592人。督导供热企业10月25日前完成供热设施维修改造，做好供热准备。成立督查组，专项督导检查供热管理工作及供热企业准备工作进展情况，确保全市供热企业11月1日开始热态调试运行。

针对强降温天气，9次下发供暖预警调度令，利用可视化监管平台检查热源站点供回水温度，抽查用户室温监测点情况，发现问题及时解决。坚持每日督查制度，发布《供热每日专报》152期。供热期应急接管供热企业12家，有效避免了断供、停供。组织开展行业从业人员供热经验交流会，就做好深入基层社区、切实提升服务质量做经验交流。进入供热期后，每天调度供热诉求处理工作，在大连日报开辟专栏，向公众公开诉求办理情况。加强供热诉求办理，投诉100%24小时办结并100%回访。开展行业明察暗访，出动检查人员756人次，暗访锅炉房、换热站385座，实地走访入户1980户，发现问题立即通报整改。开展供热末期督查，指导区市县供热管理部门、辖区街道、社区供热专干分片包干检查供热企业热源、换热站供热运行时间、固定用户室温监测点室温情况及各投诉平台用户诉求问题解决落实情况等。适应新型冠状病毒肺炎疫情防控常态化需求，发挥供热信息管理平台作用，全链条监管供热单位生产运行情况和用户室温反馈情况。采取抽查回访和随机检查相结合的方式，共计出动29172人次，开展“访民问暖”活动；利用网络、远程测温点等信息化手段重点保障各类卫生系统单位及疫情防控安置点供暖需求。区市县供热管理部门充分发挥属地化管理优势，金普新区、普兰店、瓦房店市对封控区内的群众延长供热2天。

【物业管理】修改《大连市城市房屋专项维修资金管理办法》《大连市物业管理区域管理办法》，配合市人大修改完善《大连市物业管理条例》。制定出台《大连市物业服务第三方评估管理暂行办法》，建立物业服务第三方评估市场，培育物业服务评估机构，厘清政府行政边界，解决物业服务矛盾纠纷，规范物业服务市场主体行为。与市城市管理局联合印发了《关于加强物业管理区域违法违规行为监管工作的通知》，有效遏制物业小区违法建设、侵占共用部位的行为，提升城市管理精细化水平和治理能力。《大连市物业服务企业和项目经理信用信息管理办法》出台以后，组织对物业服务企业基础信息、业绩信息、不良行为及物业服务质量考评情况按照记分规则予以记分，完成首次2020年度市内五区467家在管住宅项目物业服务企业信用等级评定并在新闻媒体等媒介予以公布。开展物业管理区域公共收益公示、收费公示专项整治行动，对全市有实施专业化物业服务的1963个住宅项目进行全面排查，促进物业服务企业经营行为透明化。通过公开招标选聘第三方专业机构对中山、西岗、沙河口、甘井子、高新园区1000余个居住小区开展物业服务质量考评工作，全方位、多角度摸底我市居住小区物业服务质量。针对目前基层困惑的业主委员会监督指导及社会关注的消防安全工作，邀请省物业管理专家及市消防安全专家，对区物业主管部门工作人员、街道社区专干、物业服务企业相关工作人员近2500人，开展了两期培训工作，大连市高新园区大华锦绣华城博雅园和甘井子区沿海鉴筑小区，入选全国“美好家园”典型案例。

村镇规划建设

【农村生活垃圾治理】2021年，建立8300余人的农村保洁队伍，按需配置收集设施和转运车辆，推进终端处理设施建设，哈仙岛低温热解项目投入运行，农村生活垃圾处置体系实现全覆盖；加快生活垃圾分类减量，落实“三级包保责任制”，推广“五指分类法”，生活垃圾分类辐射到每个农户；完成全部166处非正规垃圾堆放点整治。

【农村危房改造】2021年，实施农村危房工程163户，其中C级47户、D级116户，总投资768.465万元，使用中央财政农村危房补助资金213万元、市级财政配套补助资金413.465万元、县级财政配套补助资金142万元。

【农房抗震改造】2021年，在地震高烈度设防地区的普兰店区、瓦房店市实施农房抗震改造工程4569户，累计下达补助资金8087.295万元，其中：中央资金3267万元、市级资金4820.295万元，户均补助1.715万元。6月，赴陕西、山西、河南等省调研学习经验，探索“高延性混凝土条带加固技术方案”应用于农房抗震改造领域成果，8月，改造方案顺利通过国家、省、市级专家评审，改造工程全面开工建设。

标准定额

2021年，大连市有工程造价咨询企业71家，其中甲级企业37家、乙级（含暂定级）企业34家。全年完成营业收入9.45亿元，比上年增长2.72%。其中，工程造价咨询营业收入4.72亿元，增长7.27%。涉及工程造价总额1737.1亿元，工程结（决）算阶段审减工程造价总额102.77亿元。至年末，从业人员2882人，其中一级注册造价工程师611人、高级职称548人。加强工程造价信息管理，向辽宁省住房和城乡建设厅上报工程造价信息2.6万条。

工程质量安全监督

【建设工程质量监督管理】2021年，市各级住建部门监督在建项目建筑面积2996万平方米；组织联合验收426项，建筑面积1115万平方米。监督在建地铁单位工程85项。监督在建市政燃气管道及附属设施工程11项，共计228.7公里。开展全市房屋建筑冬期施工工程质量专项检查，抽查6个区市县、开放先导区的8项工程。开展在建房屋建筑工程质量大检查，抽查11个区市县、开放先导区的26项工程，存在较多质量问题4项工程，向所在地建设主管部门下发督办整改通知单4份。开展在建地铁工程质量大检查，检查工程16项次，发现问题10项，下达责令整改通知书2份。

【建设工程监理行业管理】2021年，全市有建设工程监理企业54家，其中综合资质企业2家。按专业分类，房屋建筑工程甲级32家、乙级15家、丙级3家；市政公用工程甲级22家、乙级23家、丙级4家；机电安装工程甲级1家、乙级5家；公路工程甲级1家；电力工程甲级3家、乙级10家；化工石油工程甲级2家、乙级3家；水利水电工程乙级2家、丙级2家；港口与航道工程乙级2家；冶炼工程甲级2家；矿山工程甲级1家；通信工程乙级1家；铁路乙级1家。注册监理工程师1085人，注册造价工程师156人，各类注册人员合计1640人次。企业从业人数4582人。

【建筑施工安全监督】2021年，以安全生产专项整治三年行动为工作主线，针对重要时期、关键环节、关键部位，开展多项专项检查和综合性排查整治工作。累计开展了“两会”期间安全生产专项检查、一季度联合督查、建筑起重机械专项检查、汛期安全生产专项检查、大排查大整治、冬期大检查共计6次全市房建市政工程安全生产专项检查工作，督导检查直管项目和各地区项目263项次，发现安全隐患1124处，均已整改完成。重点开展全市房建市政工程安全生产大排查大整治行动，市、区两级住建部门累计出动监督检查人员2584人次，检查在建工程1245项次，排查隐患1273处，均已整改完成。全年全市建筑施工领域未发生较大及以上安全生产事故。建筑施工现场扬尘治理方面，先后印发了多份指导性文件，提出新开工工地全部采用仿真绿植围挡、顶部安装喷淋装置等要求，并组织召开现场观摩会，明确工地扬尘防治标准，同时结合日常监管、专项检查、重污染应急响应、保良减污行动等工作，持续强化扬尘监管。安全生产宣传指导方面，以深入学习贯彻习近平总书记关于安全生产重要论述为工作主线，先后开展安全生产月、四项机制培训、燃气工程质量安全监督培训等业务指导和宣传教育活动，指导各地区住建部门和各参建企业强化安全生产意识，扎实做好安全生产工作。做好疫情期间的建筑施工企业安管人员、特种作业人员考核工作，制定《大连市建筑行业安管人员、特种作业人员疫情期间考核工作方案及防控应急预案》。组织8722人参加考核，6980人通过安全管理人员考核。830人通过特种作业人员考核。

建筑市场

【概况】年末，大连市有建筑业企业5774家，其中特级企业5家、一级企业492家、二级企业2372家、三级及其以下企业2904家。资质以上建筑业总产值946.9亿元，比上年增长15.2%；施工面积4230.6万平，新开工面积1281.5万平，从事建筑活动的平均人数15.8万人。2021年，甘井子区体育中心配套三期宗地A区工程被中国施工企业管理协会评为2020—2021年度国家优质工程，“轮扣式脚手架支撑体系施工工法”等67项工法被确定为辽宁省工程建设工法。“大连北站综合交通枢纽工程”等2项工程荣获中建协安全交流活动3A级文明工地，“光明路延伸工程二标段”等18项工程荣获省建协安标化文明工地。“大连市公安局警务技能训练基地及大连市禁毒教育基地建设项目”等10个项目顺利通过2021辽宁省年建筑业绿色施工示范工程过程验收。2021年大连市优质工程“星海杯”单位工程31项。辽宁省优质工程“世纪杯”单体11项、水工1项、市政2项；省优质结构单体94项、市政4项。

【建设市场监管机制改革】印发《大连市全面推进工程建设项目审批制度改革落实提升工作通知》和《大连市进一步优化房屋建筑和市政基础设施工程建设项目施工许可审批的实施意见》。通过简化办理基坑和土方工程施工许可条件，实现“拿地即开工”，为项目单位平均节约3～6个月的建设时间。目前，全市已有133个项目享受到这项改革的实惠。对非特殊建设工程，全面实行施工图审查告知承诺制，可压缩至少8个工作日审批时限。实视全市工程建设项目审批时限可压缩至40个工作日以内完善信息数据平台，推行工程建设项目“一口申报”和全流网办。完成坐标统一和图斑比对分析消除相关工作，146个项目完成项目前期策划生成。全面开展区域评估和“多测合一”，全市3个国家级和6个省级经济开发区均开展了区域评估工作，41个项目享受到区域评估成果。共有281个项目开展了竣工验收阶段“多测合一”，实现了“一次委托、联合测绘、成果共享”。优化市政公用服务，实现报装接入提速。推进全市市政公用服务100%进厅、100%网上办理。全年共有199个项目在线办理了市政公用设施报装与接入。制定了《大连市施工图设计文件审查定点服务机构招标项目实施方案》，并印发了《关于开展房屋建筑和市政基础设施工程施工图设计文件审查政府购买服务的通知》，自5月起市内四区正式启动施工图审查政府购买服务工作，由政府聘请审查机构作为第三方独立开展审查业务，建设单位不再需要支付审图费用。推行全流程网上办理。调整市级工程建设项目审批专区，将原先四个审批阶段压缩为三个审批阶段，将水、电、气、通信等市政公用服务纳入审批专区，提供集统一收件、出件、咨询、辅导、协调和代办一条龙服务。编制了《大连市工程建设项目审批制度改革文件汇编》，收录了自改革以来仍然有效的77个文件，其中国家级文件14个，省级文件20个，市级文件43个。在行政服务大厅设置工程建设项目审批制度改革宣传看板；建立工改宣传专栏，重点宣传全面推进审批制度改革落实提升、优化工程建设项目施工许可审批等改革重要政策，填补了改革宣传方面的空白。

【建设市场管理】2021年上、下半年分别开展了建筑市场违法承发包行为专项检查。全市共抽查房屋在建项目、老旧小区综合改造项目、市直管项目71个，发现问题195个，其中：涉嫌未批先建12个，涉嫌违法发包2个，涉嫌转包3个，涉嫌违法分包11个，项目管理人员（含监理人员）涉嫌未在岗履职或履职不到位34人，专业监理超范围监管项目2人；普遍存在内业资料准备不齐全、监理单位履职不到位、实名制系统运行不规范等问题。对市内燃气管线11个标段的未批先建和违法承发包情况进行检查。对检查中发现的问题向区市县住建局和相关建设单位反馈，要求限期处理整改，规范建筑市场秩序。

【建设工程招标投标管理】2021年，建筑工程领域完成建设工程招标项目1215个，比上年下降5%；招标总额125亿元，比上年下降39%。全市完成电子化招标投标项目1354项，网上招标项目备案1226项，发布招标公告1279条，招标文件备案1552项，发布中标候选人公示1341条，中标结果公示1344项，招标人发出中标通知书543项。至年末，大连市建设工程招标代理机构有229家，比上年增加32家，增长16.2%。5月28日，印发《进一步规范大连市房屋建筑和市政基础设施工程招投标工作的有关规定》；10月28日，印发《大连市工程建设领域整治工作方案》，开展工程建设领域专项整治工作；11月26日，印发《进一步加强市住建局招标采购监管的工作方案》，规范招标采购主体行为；12月28日，发布《关于2021年度大连市建设工程招标代理机构专项检查的通报》，规范招标代理从业行为。

建筑节能与科技

【建筑节能】2021年，居住建筑执行《严寒和寒冷地区居住建筑节能设计标准》，公共建筑节能设计继续执行辽宁省《公共建筑节能设计标准》。印发《大连市2021年装配式建筑建设工作要求》和《大连市2021年度装配式建筑工作绩效考评办法》，确定全市2021年装配式建筑占比为40%。分上、下半年开展2次装配式建筑在建项目专项检查，落实各区市县、先导区装配式建筑考核要求，促进装配式建筑高质量发展。全年新增装配式建筑面积 350 万平方米，新开工装配式建筑面积 401 万平方米，竣工装配式建筑面积 141 万平方米。装配式建筑占比 40%以上。

【绿色建筑发展】组织编制《大连市绿色建筑发展“十四五”专项规划》。印发《大连市 2021 年绿色建筑工作要点》和《大连市 2021 年度绿色建筑工作绩效考评办法》，确定全市 2021 年绿色建筑发展任务指标。全年分上、下半年开展 2 次绿色建筑绩效考核专项检查，落实各区市县、先导区绿色建筑考核要求。全年新增绿色建筑面积 980.34 万平方米，占新开工建筑面积 100%，超额完成省政府提出 90%考核指标。年度竣工绿色建筑面积 624.23 万平方米，占竣工建筑面积的比例为 62%。2021 年度梭鱼湾专业足球场项目获绿色建筑二星级设计评价标识；东港区 I09—02 地块项目 A 区住宅等 2 个项目获绿色建筑一星级设计评价标识。

【建设科技项目推广利用】2021 年，东港区 C05 地块等 5 个工程项目被评为辽宁省建筑业新技术应用示范工程。

人事教育

深入学习新时代中国特色社会主义思想，坚持集体学习和个人学习相结合，引导党员干部形成良好学习习惯，全面提升理论素养和工作能力。加强干部队伍建设，严格按照新修订的《党政领导干部选拔任用工作条例》和中共辽宁省委组织部干部管理“4+10”文件要求，开展机关及事业单位领导干部选拔任用。2022 年，以“谋事干事履职责担事成事求突破”主题活动为载体，通过处长讲坛、年轻干部座谈会、大学习大讨论、主题演讲等活动形式，引导年轻干部统筹思维、主动谋事，算着干、精准干，坚定信心、靠前担事，创新突破、协同成事。座谈会上不同年龄层次和职务职级的年轻干部代表交流发言，党组书记亲自点评；大学习大讨论以支部为单位，深入交流思考，逐人畅谈对主题的理解；主题演讲以讲好住建故事为内容，讲住建事、颂住建人。通过主题活动，加强年轻干部思想淬炼，逐步提升会谋事、能干事、敢担事、能成事能力。坚持实践锻炼培育人。大力实施素质工程，着力提高年轻干部的理论素养和业务能力，将年轻干部选派到住建系统改革攻坚、重大项目、综合协调等吃劲负重岗位经受历练，使年轻干部在实践中锤炼实战本领，全面提升干部队伍综合素质。

大事记

1月

1日 《大连市存量房交易合同网签备案管理办法实施细则》正式施行。

12日 市委、市政府下发《关于建立房地产市场平稳健康发展城市主体责任制的实施意见》。

2月

1日 市住建局被辽宁省信访工作领导小组授予“辽宁省‘五级书记抓信访’推动信访矛盾减存控增三年攻坚工作先进集体”荣誉称号。

同日 庄河市步云山镇、光明山镇，长海县大(小)长山岛镇、獐子岛镇被市政府命名为大连市特色乡镇。

8日 发布《房地产预售项目公示工作机制》。

3月

4日 印发《大连市 2021 年老旧小区改造工作实施方案》。

10日 印发《大连市住房和城乡建设局“构建治理体系狠抓工作落实年实施方案”》。

16日 大连市 2020 年老旧小区改造工作获得辽宁省政府 2020 年落实有关重大政策措施真抓实干成效明显地区部门和单位表扬激励通报。

22日 市政府研究通过石门山经济适用住房项目 326 套存量房源转为共有产权住房销售环节涉税事宜。

24日 市长陈绍旺召开市长办公会议，研究我市全域燃气发展情况及我市燃气行业“气化乡村”工作。

25日 召开全市住房城乡建设和城市管理工作电视电话会议。

30日 联合市公管办印发《关于实行代理机构从业人员不进入评标现场有关规定的通知》。

31日 成立以市长任组长的大连市城市更新工作领导小组。

同日 印发《关于进一步规范大连市建设工程投标保证金管理的通知》。

4月

1日 召开老旧住宅加装电梯工作调度会议。

9日 副市长方铁林专题研究城市更新、棚户房区域整治、老旧小区改造、既有住宅加装电梯、600 套人才公寓盘活、发展保障性租赁住房工作。

同月 印发《促进大连市建筑业高质量发展的实施意见》。

20日 印发《建设工程消防验收现场评定（检

查）表》《消防审验法律法规文件汇编》《消防审验检查要点规范汇编》。

25日 印发《进一步促进建筑业减负增效的措施》。

27日 印发《进一步优化消防验收程序的通知》和《关于简化建设工程消防设计审查验收及备案项目图纸报送事宜的通知》。

28日 发布《大连市既有建筑装修改造消防设计审查技术导则（试行）》。

5月

13日 组织大连市参展辽宁省城市更新暨第九届中国（沈阳）国际现代建筑产业博览会。

28日 印发《进一步规范大连市房屋建筑和市政基础设置工程招投标工作的有关规定》。

31日 印发《大连市进一步优化房屋建筑和市政基础设施工程建设项目施工许可审批的实施意见（试行）》。

6月

7日 副市长方铁林组织召开天然气高压管道专题会议。

8日 市长陈绍旺组织会议专题研究老旧小区改造工作方案。

16日 市政府召开燃气安全专题会议，副市长方铁林出席。

30日 完成全市农村房屋排查鉴定。

同日 首次开展市内五区在管住宅项目物业服务企业信用等级评定。

7月

16日 市政府印发《大连市城市更新实施方案》。

28日 副市长骆东升组织召开燃气安全紧急工作部署会议。

30日 市安委办印发《关于大连市城镇燃气安全管理工作职责分工若干意见》。

8月

5日 印发《大连市全面推进工程建设项目审批制度改革落实提升工作通知》。

7日 市长陈绍旺、副市长方铁林以及城市更新各相关委办局在金普新区召开现场会，推动城市更新行动。

10日 发布《关于加强大连市存量房交易资金监管的通知》。

16日 市政府办公室印发《关于进一步加强房地产市场调控和监管的通知》。

26日 “高延性混凝土条带加固方案”应用农房抗震改造工程设计，通过国家级、省级、市级专家评审，标志着我市探索农房建设新材料、新技术成果取得突破。

9月

1日 副市长方铁林调研燃气行业安全生产、燃气管道铺设施工及道路回填工作。

2日 市委常委会听取市住建局关于燃气安全工作情况汇报，研究部署下一步工作。

11日 召开全市燃气安全生产暨排查整治专项行动部署电视电话会议，市长陈绍旺出席会议。即日起，在全市范围内开展燃气安全隐患大排查大整治专项行动。

15日 大连市首个既有住宅加装电梯项目——中山区中南苑5号楼加装电梯工程建成投入使用。

25日 市政府召开燃气旅大线工程建设工作推进会议，副市长方铁林出席会议。

29日 联合市发改委、市公安局、市市场监管局、市城管局、市金融局、市委网信办、大连银保监局等部门发布《关于加强住房租赁企业监管的通知》。

同日 成立推进化解相关房地产项目风险工作专班，市政府主要领导任总协调人，设专班办公室和7个专项工作组。

同日 召开全市供热会议。

10月

4日 召开全市供热储煤专题调度会议。

同日 副市长方铁林组织召开了全市燃气安全生产大排查大整治专题调度会议，决定在前期大排查的基础上，立即开展大排查大整治“回头看”。

8日 市长陈绍旺调研检查稳电保供、供热准备工作。

15日 市人才办印发《关于我市人才政策落实需要把握的几个具体问题的通知》。

24日 市政府决定对大连市大排查大整治专项行动进行再督导再检查。

同日 市政府办公室印发《关于进一步夯实燃气安全管理责任的通知》。

27日 大连市金普新区南部城区城市更新项目获国家开发银行授信承诺，承诺金额160亿元，成为我市首个获融资支持的城市更新项目，也是东北地区“首单”城市更新项目。

11月

1日 市长陈绍旺组织召开城市供热储煤和燃气隐患专项整治工作电视电话会议。

2日 联合市委组织部和市民政局共同发布《关

于加快推进业主自治组织建设工作的通知》。

9日 印发《关于进一步加强建设工程消防审验管理工作的通知》。

17日 市政府召开研究房地产金融化险工作会议。

20日 出台《大连市物业服务第三方评估管理暂行办法》。

12月

1日 市政府召开全市燃气行业企业整合工作推进会。

7日 庄河市、长海县被评为2021年辽宁省农村生活垃圾分类和资源化利用示范县。

13日 印发《大连市培育和发展住房租赁市场三年工作计划（2021—2023年）》。

14日 大连市首批360套新毕业大学生优惠住房进行公开摇号。

同日 大连市保持房地产市场平稳健康发展工作领导小组印发《大连市加快发展保障性租赁住房工作实施方案》。

23日 《大连市城市更新管理暂行办法》通过市政府常委会审议，正式印发。

31日 联合市发改委、市公安局、市自然资源局、市税务局、市市场监管局、大连银保监局、市委网信办、市城管局、市公积金中心、市质安中心、市通信管理局等部门印发《大连市持续整治规范房地产市场秩序实施方案》。

（大连市住房和城乡建设局）

青 岛 市

法规建设

【普法教育】2021年，青岛住建局党组会研究部署法治工作10余次，全年开展党组理论中心组法治学习4次。制定年度普法计划，开展习近平法治思想学习，开展党内法规、宪法、民法典、行政处罚法学习。开展青岛干部网络学院年度学习等520人次，通过局网站、微信公众号等开展以案释法、普法宣传24次，通过多种途径加强对行政机关工作人员的法律知识学习和培训，提高工作人员的法律意识、法律知识和业务技能。

【立法工作】完成《青岛市城镇老旧小区改造管理办法》政府规章的起草送审工作，完成《青岛胶州湾隧道管理办法》政府规章的修订和《青岛市公有住房出售暂行办法》调研工作，完成68件法律法规制修订征求意见，组织开展6轮地方性法规、政府规章、市政府规范性文件清理工作。

【文件管理】印发《青岛市住房和城乡建设局部门规范性文件合法性审查工作制度》等。完善法规规章规范性文件立改废释相关制度，并根据上位法调整进行动态管理，严格落实起草、征求意见、集体决策程序，确保规范性文件统一登记、统一编号、统一发布。2021年审查部门规范性文件32件次、市政府规范性文件18件次。

【健全决策审查机制】制定《青岛市住房和城乡建设局代拟市政府重大行政决策合法性初审工作制度》《青岛市住房和城乡建设局提报市政府常务会议题合法性初审工作制度》。2021年完成市政府常务会议题64件次，部门规章、规范性文件制定时均通过局官网等渠道广泛征求社会各界意见建议。

【建立法律顾问制度】建立法律顾问制度，对推进依法行政、加强对法律顾问的监督管理形成制度保障。法律顾问参与重大决定的合法性进行研究、规章草案及其他规范性文章草案起草、重大行政执法开展，2021年审查合同280件次，充分发挥政府法律顾问在重大行政决策中的作用。

【提升执法能力】推进“互联网+监管”“双随机、一公开”监管工作，制定年度执法检查计划，开展行业内和跨部门联合抽查检查。梳理行政处罚自由裁量基准491项。对全局所有一线执法单位、各区（市）住房城乡建设部门开展行政执法调研。落实执法人员持证上岗和资格管理制度，开展执法人员公共法律知识、专业法律知识和职业素养培训考试，组织59名新增执法人员培训考试、171名执法人员年审。对执法人员的执法行为和专业能力进行考核，对400余名持执法人员开展了业务培训，对全市住建系统近50名执法业务骨干进行了培训。

【规范行政处罚】开展行政处罚案卷评查，制定

《关于印发青岛市住房和城乡建设系统轻微违法行为不予行政处罚事项清单的通知》《关于印发青岛市住房和城乡建设局执法责任制规定的通知》《关于印发〈青岛市住房和城乡建设局行政执法人员培训考核管理办法〉的通知》《青岛市住房和城乡建设局关于进一步规范行政执法流程的通知》等。2021年行政处罚立案260起，完成上级交办案件79件，完成行政处罚信用修复41项次，为23家企业出具合法合规证明，核查“两代表、一委员”合法合规情况1200余人次。

【纠纷化解】做好行政应诉工作，办理诉讼案件46件，行政机关负责人出庭应诉率100%。办理行政复议案件36件，均严格按照法定期限提交书面答复意见。搭建专业化调解平台对接司法体系，为行业内市场主体提供公益调解，多元化解行业内纠纷。组织城乡建设调解中心成功调解纠纷750余起。

【公平竞争审查】积极落实“谁起草、谁审查”的公平竞争审查机制，在制定涉及市场准入、产业发展、招商引资、招标投标、政府采购、经营行为规范、资质标准等市场主体经济活动的法规规章、规范性文件和其他政策措施过程中，均按照“谁起草、谁审查、谁承担责任”的原则严格评估对市场竞争的影响，防止排除、限制市场竞争。按要求开展定期评估清理和备案评查工作。

【优化营商环境】成立由主要领导任组长的优化营商环境工作专班，设4个工作组和12个专题组统筹推进营商环境工作。完成高效青岛、省市创新突破方案、“双全双百”、工程项目审批制度改革、自贸区改革创新等十余项改革任务的统筹分工、调度落实。动态调整权责清单511项和政务服务45项，政务服务事项“应进必进”率95.7%，“网上可办”率100%、“一次办好”率100%。承诺事项压缩68.2%，即办件占比50%，零跑腿占比71.7%。

房地产业

【概况】2021年，青岛市全年住宅用地供应面积1124.4公顷，减少6.23%。新建商品房批准预售1428.25万平方米，下降16.91%。新建商品房销售量价回调。全年全市新建商品房销售14.98万套，减少2.42%；面积1717.9万平方米，减少3.68%；成交金额2339.2亿元，增长3.23%。“二手房”销售量升价稳。全年全市“二手房”成交6.78万套，增长7.44%；面积632.05万平方米，增长8.54%；成交金额768.2亿元，增长8.17%。库存去化周期增长。截至年底，全市新建住房库存19.29万套，增长4.46%；面积2257.69万平方米，增长2.96%；去化周期18.1个月。

【规范房地产市场经营秩序】制定并落实《青岛市持续整治规范房地产市场秩序三年行动方案的通知》，成立市整治规范房地产市场秩序工作专班，建立完善监测管控约束机制，加大风险防范和处置力度，持续整治房地产市场秩序，维护房地产市场平稳健康发展。

【加强新建商品住宅交易监管】印发《青岛市新建商品住宅交易监管政策及示范文本汇编》，深化房屋交付改革，对房屋交付的条件、流程等进行全面梳理和改革。将精装修房屋销售和样板间展示与保留、装修建材公示、先验房后交房、物业承接查验、交房即可办证等惠民举措进行制度化和规范化，完善《商品房买卖合同》《房屋验收交付单》等示范文本，切实维护广大购房者的合法权益。商品房全装修交付新模式被住房和建设部建设工作简报专题报道。

【创新房地产中介服务行业发展新模式】2021年，发布《关于支持物业服务企业开展房地产中介服务有关意见的通知》，实施“鼓励物业服务企业开展房地产中介服务、支持物业服务企业实现线上交易服务、规范物业服务企业从事房地产中介活动”三项举措。推出“鼓励服务拓展升级、鼓励服务合作创新、鼓励服务领域延伸、拓宽线上服务内容和渠道、推行交易合同线上签约、实现网签信息共享便民”等十条措施。鼓励物业开展中介服务，发展物业中介新业态和新模式。

【强化群租房管理】印发《关于强化群租市场监管有关工作的通知》《关于进一步严密流动人口出租房屋登记管理的通知》《关于加强流动人口服务管理的实施意见》等解决群租问题制度文件。多措并举整治住宅小区群租扰民等民生问题，召开信访维稳专题会议5次，针对投诉较多和信访隐患较大的地下室群租问题进行专项治理，对投诉量大的租赁企业进行专题约谈。

【深入开展市场乱象整治】印发《深入整治住房物业领域群众身边腐败和不正之风的工作方案》，开展房地产中介机构、房屋租赁企业侵吞租金等中介和租赁市场乱象整治行动以及房地产开发企业“一房两卖”、违规收取预收款等问题整治行动。全市累计开展检查790批（家）次，累计检查房地产经纪机构、租赁企业和房地产开发企业售楼处1000余家次，通过检查发现问题271个，全部完成整改。约谈企业负责人近30余人次，宣传专项整治政策，督导市场主体规范服务，合法经营。

住房保障

【**住房发展规划**】编制《青岛市“十四五”住房发展规划》，提出“十四五”时期的发展目标，明确住房发展的主要任务和政策措施。“十四五”期间，青岛市将新增城镇住房70万套左右，根据各类群体住房需求，保障住房与商品住房新增供给套数占比原则上按4∶6控制。

【**提升住房保障水平**】连续十五年将住房保障工作纳入市办实事，全市新增住房租赁补贴4715户，在保1.3万户，新开工建设公租房项目7个。房源1062套，全市公租房保有量突破7万套，建设和筹集保障性租赁住房3.8万套，纾解新市民、青年人等群体住房难题，在全国率先印发实施《保障性租赁住房项目认定书核发管理规则》，举行全市保障性租赁住房项目认定书颁发仪式，共涉及项目25个、房源1.8万套。住房保障工作被《建设工作简报》和《中国建设报》专题报道，面向全国推广“青岛经验”。

【**人才住房建设**】青岛市建立“政府出政策，市场来配置，人才得实惠”的良性循环机制，2021年，全市启动人才住房销售5000余套，建设筹集房源6.01万套，人才住房建设筹集总量超过26万套，为打造“人才高地”，吸引集聚人才、积蓄人才提供了有力支撑。

【**住房租赁市场发展**】作为中央财政支持住房租赁市场发展试点城市，先后组织开展四批次试点项目申报审核工作，确定符合奖补条件的项目93个，发放奖补资金约14.06亿元。通过新建、改建等方式筹集租赁住房2.2万套。新增住房租赁企业53家，总量增加至160余家，培育一批专业化、规模化租赁企业，“租购并举”的住房体系进一步完善。在财政部2020年度试点绩效评价工作中，青岛市以98分的优异成绩列全国同批试点城市首位。

【**住宅小区智慧化基础设施建设**】发布《关于进一步明确和落实住宅小区智慧化基础设施配置条件的通知》，着力促进住房建设和消费高质量发展。要求智慧化基础设施配置纳入新建住宅项目土地出让和老旧小区改造常规条件，推行“套餐式”配建。根据智慧化基础设施配置的内容和定性定量指标等不同条件，将住宅小区分为基础、舒适、品质三个类别，其中新建住宅项目应选定舒适及以上配置类别，老旧小区改造项目可选定基础及以上配置类别。同时也对在建尚未预售的住宅项目和在售的新建住宅项目提出了要求。

【**老旧小区改造**】2021年，青岛市共实施改造老旧小区216个、7.3万户，完成投资24.5亿元。先后出台《青岛市推进城镇老旧小区改造实施意见》《青岛市老旧小区专营设施设备协同改造工作指导意见》《青岛市城镇老旧小区改造示范项目创建活动实施方案》等文件，为提高改造质量提供了政策保障。在区、市财政资金的基础上，先后通过多种渠道积极筹措资金20多亿元，有效缓解资金压力。人民日报、新华社、中央广播电视总台对工作做法进行了广泛宣传。

【**棚户区改造**】2021年，全市共启动14116套（户），占年计划的110%，超额完成目标任务，完成投资112.45亿元。共发行棚改专项债券101.4亿元，争取中央财政补助资金2.85亿元，为加快棚改项目建设提供了资金保障。4月30日，国务院办公厅通报青岛市棚户区改造工作积极主动、成效明显。

【**既有住宅加装电梯**】发布实施《青岛市既有住宅加装电梯暂行办法》，成为加快推进既有住宅加装电梯工作的“关键一招”。修订发布《青岛市既有住宅加装电梯设计技术导则》，进一步加强加装电梯工作技术指导。探索成片加装电梯工作机制，将既有住宅加装电梯工作作为老旧小区改造试点的重点内容统筹推进，在胶州市先行先试的基础上，予以复制推广。同时，针对基层组织建设较好、居民加装意见较为统一、加装意愿较为强烈的小区，进行统一连片加装。2021年新增组织实施加装电梯782部，全市累计组织实施加装电梯1135部，其中交付使用352部。

【**直管公房管理**】接管直管住宅房屋32套，约2152.5平方米，接管公共租赁住房699套，建筑面积3.77万平方米。对城发集团上报的9批39处、建筑面积35714.67平方米房屋进行了确权登记。针对公房存在的承租人去世或者户籍迁出本市后空户的公有住房出售历史遗留难题，完善补全政策彻底解决此类问题。优化直管公房出售有关流程。开通青岛市不动产权籍调查系统，辖区公有住房管理部门可线上申请下载、上传公有住房测绘成果数据，无需多次现场办理。创新性采取“三合三破”工作法，化解各类信访案件。

公积金管理

【**公积金归集**】出台新政将乡村医生、退役军人纳入制度保障范围，赋予乡村医生与城镇职工同等的提取、贷款权利，在开户缴存、转移接续、贷款申请方面为退役军人提供更大支持，调研灵活就业人员缴存新模式，推进制度普惠共享。依托社保共享数据，持续加大扩面征缴工作力度。与法院建立线索共享机制，推进相关性高的执法案件集中办理、集中联审，全年为2989名职工追缴公积金2406.9万元。

【公积金使用】优化再造贷款流程，合并申贷材料，压减7个贷款签字事项。建立防范房地产开发企业拒贷限贷常态化工作机制，全年新增合作楼盘项目316个。加大对租房、老旧小区改造和既有住宅加装电梯等提取支持力度，创新开通13家银行异地商贷自助提取业务，本地商贷自助提取合作银行扩至23家，支持职工改善居住环境。落实企业人才共有产权贷款优惠政策，全年发放人才共有产权贷款10.14亿元。

【公积金资金运作】加强市场形势分析和资金计划管理，修订定期存款管理制度，动态编制资金调配和存储计划，保证流动性合理充裕。完善业务承办银行考核体系，助力财富管理金融综合改革试验区建设。开展银行存储利率报价磋商，提升住房公积金保值增值效果。

【公积金风险防控】落实提取双人审核、三级稽查、集中审批模式，利用跨部门共享信息，加强业务真实性核查校验，有效遏制骗提套取行为。开展逾期贷款清收专项行动，对涉诉款项实行全流程系统化控制，住房公积金贷款损失率为零。强化内审监督，将业务风险点嵌入大数据平台管理，及时解析隐患疑点和异常数据，开展全链条电子化稽查，实现风险隐患即查即改。

【公积金服务】省内率先接入“全国住房公积金”小程序，实现46项业务全面入驻。“公积金‘全网办’服务”获评省级大数据创新应用典型场景。做好12329热线双号并行归并，全年接听办理市民咨询33.49万个。为老年人等特殊群体开通绿色通道，提供帮办代办服务，推进身份证、营业执照等6类电子证照应用落地，全年窗口服务评价量28.22万、好评率100%。开设“异地通办”专窗，实现8项业务“跨省通办”、27项业务“全省通办”。在住房公积金网上营业厅推出“云缴费”服务。持续扩容基于住房公积金缴存数据的信用贷款平台，累计联合4家银行为3200余家小微企业提供信用贷款7.13亿元、联合20家银行为近22万职工提供个人消费信用贷款274.1亿元。深入推进胶东经济圈住房公积金一体化发展，办理异地转移1.79万笔、发放异地贷款5.45亿元。

历史城区保护更新

【城市更新】2021年，青岛市成立历史城区保护更新指挥部推进城市更新工作，老城复兴被写入青岛市政府工作报告，指挥部及各相关单位坚持市、区联动，以建筑修缮和产业导入赋能老城复兴，探索老城复兴的青岛模式。完成约22.4万平方米保护修缮工程，建成3个停车场、停车位650余个，完成11条道路整治，建成1个街心广场，完成5.2万平方米业态引入。举办历史城区招商推介会，发布历史城区招商成果，促进企业、项目进驻历史城区。

【历史建筑和传统风貌建筑保护】组织开展《青岛市历史建筑和传统风貌建筑保护利用条例》立法研究，制定《青岛市历史建筑修缮监督管理与补助办法（草案）》，启动《青岛市历史城区及历史文化街区防灾减灾工作方案》《青岛市历史风貌道路街景设计导则》编制工作，印发《关于进一步加强历史建筑和传统风貌建筑价值要素保护工作的通知》，不断强化历史风貌建筑价值要素保护。完善历史风貌建筑档案信息，304处已公布历史建筑全部完成测绘建档，并填报住房和城乡建设部信息平台，补充完善档案信息成果库，实现基础数据资料的统一集成化管理，胶州、平度、莱西三市首次公布历史建筑33处。

【历史建筑保护更新方案评审】按照应保尽保、方案先行原则，有序推进历史建筑保护更新分级评估和方案论证。2021年，共组织召开17批次96处历史建筑保护更新方案专家评审会，参加监督11批次66处历史建筑及传统风貌建筑保护分级评估。更新充实“青岛市历史城区保护更新专家库”，充分发挥专家智库作用。组织开展地铁1号线、4号线有关站点保护更新方案专家咨询，推动现代基础设施与传统风貌街区有机融合。

【历史建筑挂牌项目评审验收】完成历史建筑挂牌保护全覆盖，300多处历史建筑正式领到市级“身份证”，标识牌二维码实现“建筑可阅读”，“扫一扫”就可以了解历史建筑的前世今生，让历史建筑真正成为城市变迁过程中“看得见的历史”。

【名城保护】充实优化32处非文保单位历史建筑“一栋一策”保护图则内容和质量，开展“一栋一策”保护图则宣传和满意度调查，大力协调相关业主和职能部门依照保护图则开展保护修缮、更新利用。组织开展第三届山东省城博会历史文化名城保护分论坛、首届历史建筑价值要素保护及施工管理交流培训会、首届青岛历史建筑价值要素保护工匠技能比武大赛等活动，强化名城保护。

城市基础设施建设

【城市道路建设】谋划“快速成网、节点立体、主干改善、次支贯通”为核心的“15515＋N”工程，串联当前和今后一段时间全市道路建设计划。落实市委、市政府“项目落地年”及城市更新和城市建设三年攻坚行动工作部署，持续优化项目储备和建设时序。有序推进重点项目年度建设。胶州湾第二隧道工程方案优化经市政府常务会议和市委常委会研究并原则通过；提前一年建成仙山高架路，争创国家专利50余项；建成太原路东延段工程，火车北客站周边交通疏解体系初步成型；环湾路-长沙路立交桥工程如期建成通车；全年打通云岭路等35条未贯通道路。持续推进市政道路整治提升。全年总计完成53条道路整治提升工作，整治道路面积202.95万平方米，整治道路长度64.62公里，消除了道路病害，提升了道路运行水平。

【停车设施建设】筹建市停车设施建设指挥部，市政府主要领导担任指挥。出台《关于进一步加强停车设施规划建设管理工作的实施意见》《停车设施建设管理实施方案》以及建设联网奖补、机械式立体停车、停车场技术导则等一系列配套文件；积极配合市公安局做好《青岛市停车场管理条例》修订工作。2021年开工建设37个公共停车场，完成主体施工32个、新增泊位1.7万个。2019—2021年，青岛市连续三年新增公共停车场泊位数量全省第一。7月，以率先开放机关事业单位停车场为引领，打响停车资源共享的第一枪。截至12月20日，全市具备开放条件的机关事业单位停车场共计361个、泊位19677个，全部面向社会大众开放共享。对青大附院、市立医院等重点医院周边交通组织进行优化；对市实验小学等重点学校开展综合治理；开展经营性停车场价格执法检查，完成辖区道路泊位及经营性停车场公示；持续加大违章停车执法力度，严厉打击乱停车，清理整治“僵尸车”，及时清理整治地桩地锁，避免公共停车资源浪费。

【市政公用设施建设】2021年，青岛市超额完成集中供热和天然气管网建设。城市供热配套面积建设年度累计完工684万平方米，完成计划136.8%；工业余热和清洁能源供热能力累计完工760万平方米，完成计划190%；城市天然气管网建设累计完工173公里，完成计划115.3%。通过工程建设、租赁等形式累计完成储气能力7832.8万立方米，超额完成国家确定的“2021年底前城镇燃气企业要形成年用气量5%的储气能力”目标。建成固定式加氢站2座、撬装式加氢站1座，在建固定式加氢站4座。新增加氢能力4650kg/日。5月，成立以市政府主要领导为组长的青岛市清洁取暖“煤改气”工作领导小组，并完成徐家东山2台70兆瓦天然气锅炉和滨海能源岛2台116兆瓦天然气锅炉建设，同步配套建成20公里管网，实现了南京路热电关停。完成城阳区大型生活垃圾中转站（1200吨/日）、即墨区餐厨垃圾处理项目（100吨/日）建设。全市生活垃圾焚烧能力达到8700吨/日。持续推进城市建成区公厕建设改造，完成新增改造73座。2021年，将路灯整治提升工作列为市办实事，全市完成整治提升5793处，占年度指标的193.1%。2021年，青岛市新建海绵城市面积29平方公里，累计完成海绵城市面积252平方公里，城市建成区30.7%面积达到海绵城市建设要求，通过住房和城乡建设部2021年度海绵城市建设绩效评估。完成青岛市海绵城市及排水监测评估考核系统开发，对建成区范围内的源头减排项目、排水分区及建成区整体的海绵效应进行评价，推动海绵城市建设规划、建设、绩效评估智慧化管理。选取李村河流域作为市级海绵城市监测评估示范区，对流域内源头设施、排水管网、受纳水体、排水分区排口等进行持续在线监测。印发《青岛市地下综合管廊规划建设管理办法》。截至2021年年底，累计建成干线、支线、缆线管廊160余公里，总长度近1000公里。

村镇建设

【农村生活垃圾治理】出台《青岛市深入推进农村生活垃圾治理实施方案》，建立“天上拍、地上巡、群众报、联动控”的非正规垃圾堆放点立体式监管制度，农村生活垃圾无害化处理率100%。全年创建完成200个农村生活垃圾分类示范村，不断完善分类投放定点、分类收集定时、分类运输定车、分类处理定位的“四分四定”垃圾分类体系。建成11处镇级处理终端并投入使用，超额完成市办实事目标任务。全年召开市级现场观摩会2次，省级现场观摩会1次，15个地市300余人、各类省级媒体20余人来青观摩学习，青岛农村生活垃圾分类模式得到省住房和城乡建设厅的高度评价和肯定。

【农村改厕“五有”管护机制】分类推进农村改厕规范升级，将具备条件的农村厕所粪污纳入城镇管网或农村生活污水处理站。第1类209个村庄完成改造将厕所粪污纳入城镇管网，完成率111%；第2类和第3类有序推进；第4类村庄累计建成二次发酵池69个，实现就地就近处理厕所粪污，全部超额完成目标任务。将农村改厕每户每年30元，公厕每座每年6000元奖补政策纳入市落实“六稳”“六保”促进高质量发展政策清单，全市改厕管护奖补从800万元提高到2930万元。实现农村改厕管护“有制度、有标准、有队伍、有资金、有监督”的“五有”管护长效机制，启动农村改厕后续智能管护系统，实现对粪污抽运处理情况全程监控。全市累计建成农村改厕服务站332个，配备抽粪车349辆、抽粪队伍498人，统筹做好厕具维修、粪污抽取等日常管护工作；配置农村公厕保洁人员899人，保障厕所整洁干净、方便实用。

【农村清洁取暖】完成12万户清洁取暖改造任务，年度考核排名列全省第一档次。印发《青岛市2021年度冬季清洁取暖建设实施方案》《青岛市农村地区电代煤清洁取暖实施细则》《青岛市农村生物质综合能源服务清洁取暖施细则》《关于规范全市农村地区清洁取暖验收工作的通知》《青岛市既有农房能效提升技术导则（试行）》《清洁取暖建设信息管理系统使用要求》等文件，促进清洁取暖建设规范化、程序化、信息化。组织开展定期调度、专项督查、抽查核查，严格落实“双安全员”制度和问题整改，加大清洁取暖宣传教育培训，确保工程建设质量和运行安全稳定。

【美丽村居试点示范】在进一步提升即墨区台子村、莱西市产芝村等前两批十个省级试点建设水平基础上，重点打造胶州市玉皇庙村、平度市响山潘家村等第一批十个市级试点。启动新一轮《青岛市农村住宅推荐设计通用图集》编制工作，不断探索打造“村嵌山海间、乡融田园里”的“鲁派民居”青岛样板。完成1处国家级历史文化名村雄崖所村和1处省级历史文化名镇金口镇的保护规划报批工作。开展14个传统村落保护发展调研工作。

【农村困难群众住房安全保障】制定出台《青岛市农村低收入群体等重点对象住房安全保障工作实施方案》，以农村“四类”困难群体危房改造为重要抓手，通过深入组织开展农村房屋安全隐患排查整治，确保农村住房安全有保障。2021年，完成农村困难群体危房改造604户，竣工率达到100%，中央补助资金1431万元已全部下拨到位。全年完成142万户农村房屋安全隐患排查整治工作，进一步消除农村房屋安全隐患，切实保障人民群众生命财产安全。

安全生产

【专项整治三年行动集中攻坚】创新性提出“集中攻坚年”重点目标任务2个板块23项，动态增加至3个板块41项并全部完成。组织开展专题调研，制发《“四位一体”推进城市建设安全专项整治三年行动巩固提升实施方案》。

【安全生产执法检查】开展拉网式起底式大排查大整治及“回头看”、全市住建领域督导检查、防范遏制房屋市政施工较大事故整治、安全生产执法百日攻坚、质量安全大检查、异地交叉检查、安全生产月、安全生产大诊断8大专项行动。2021年，全市房屋市政工程共检查12594个次，责令停工444处，立案处罚4825项，立案处罚率38.31%。

【省市各项创新举措落实】组织2批次、36人次深入18家房屋市政工程施工企业扎实开展驻点监管。严格按照程序落实安全总监任职和备案手续，349家施工企业制定或修改全员安全生产责任清单及考核标准。

【安全文明标准化示范工地创建】制定工作方案，完善考核标准，优化评价程序，发挥示范引领作用。2021年，全市共375个项目获评“安全文明标准化示范工地”。

【建筑施工领域应急管理工作】制定《2021年防汛防台工作方案》，积极做好极端天气应对工作。加强“七一”“国庆节”等重要节点应急准备和工作调度，不断完善应急预案修订，摸排应急救援队伍人员、物资储备情况，适时推进开展应急演练，2021年组织开展市级及以上层面应急演练8次。

建筑业

【建筑业改革发展】2021年，青岛市制定建筑业高质量发展十六条措施，发布《青岛市促进建筑业高质量发展十六条措施》，提出了优化建筑市场环境、提高行业技术能级等一系列政策措施，在住房和城乡建设部《中央城市工作会议精神落实情况交流》刊发有关情况。跟进印发“十六条措施”重点任务分工，建立月调度制度，推进政策落地。印发《关于加强建筑业纳统工作的通知》，切实提升纳统工作质量，2021年新增纳统企业86家。持续深化建筑业保证保险试点，进一步激发建筑企业和保险机构积极性，持续扩大试点政策覆盖面，推动保证保险均衡发展，2021年各类保证保险签单1.9万笔，减少企业应缴保证资金59亿元。

【建筑业企业转型】2021年，扶持31家企业晋升一级资质，53家企业实现资质增项。积极开展招商引资，充分利用政策和市场优势，服务引进优质企业来青设立区域总部，中建八局等7家央企子公司在青岛落地。21家企业入选全市企业收入百强和综合实力百强，25家入选全市民营企业百强，4家企业入选全省民营百强，入选数量创历史新高，支持建筑业高质量发展的相关举措被住房和城乡建设部、省住建厅交流推广。支持全市建筑业企业完成出省及出国产值1247.8亿元，同比增长13.3%。

【建筑业市场监管和人才队伍建设】组织修订《青岛市建筑市场信用考核管理办法》，进一步优化营商环境，保障市场主体公平竞争。青岛市建筑市场信用评价工作坚持全市统筹，对建筑市场主体良好和不良行为予以综合考核。2021年度评价出建筑工程施工总承包AAA级企业33家、AA级企业68家、A级企业236家、B级企业995家、C级企业63家、D级企业12家；房屋建筑工程监理AAA级企业7家、AA级企业14家、A级企业51家、B级企业173家、C级企业2家。培育建筑业“大国工匠”，为青岛建设业发展培养专业技术人才队伍，2人在第七届全国职工职业技能大赛上获得个人前三名、团体第一名的好成绩。

【保障农民工合法权益】全面推进农民工工资支付制度落实和工资支付监管平台推广应用。截至年底，工资支付监管平台共采集项目信息2479个，实名制信息94.50万余人次，实现银行代发工资135.32亿元，涉及农民工210.70万余人次。开展市场秩序整治及根治欠薪冬季专项行动，检查项目1681个，下达隐患整改通知单1304份，扣除市场主体考核3586分，查处工程房屋建筑领域违法分包、转包、挂靠案件9起，罚款176.09万元。选取优秀项目开展“云观摩”交流活动，以视频和360全景形式对项目保障农民工工资支付各项制度的落实情况进行直观展示。

【工程质量监管】2021年，在全省率先实行“先验房后收房”，累计22个住宅项目9881余户实施“业主开放”，承办全省住建系统“质量月”活动先验房后收房“青岛模式”现场观摩会，相关经验受到省住建厅发文推广。深入开展“硬核”“天平”行动，对全市199家预拌混凝土生产企业的222个搅拌站和130个检测站点进行了全覆盖拉网检查。在全省率先发布实施《青岛市建筑工程智慧化工地建设实施方案（试行）》，在全省观摩会上作典型发言。省内率先试行IDI保险，印发《青岛市住宅工程质量潜在缺陷保险试点工作实施方案》。持续深入推进住宅工程质量信息公示试点工作，累计公示住宅项目778个，惠及居民11万户。开展美丽宜居乡村督导检查，完成边界外已建成安置区10个工程，边界内已建成安置区143个工程的排查工作，涉及居民住房15.62万套。

【精品工程创建】青岛市申报的青岛市轨道交通辽阳东路应急指挥中心工程、黄岛区静脉产业园项目（一期）2个工程获中国建设工程“鲁班奖”，青岛新机场旅客过夜用房等8项工程获国家优质工程奖，青岛新机场空管工程（业务区工程）等16项工程获“山东省工程建设泰山杯奖”质量方向奖，国家级质量奖项数量居全省首位。

【扬尘治理】组织开展系列日常检查、区市巡查、专项督导。发起建设工地冬季扬尘治理专项提升集中行动，实施大气环境保障重点攻坚。大力推行绿色施工，举办青岛市绿色施工和智慧化建造现场观摩会，推广大跨度“天幕”扬尘综合治理系统、环保型抑尘剂等新工艺、新材料应用。深化信息化技术应用，优化建设工地渣土车AI智能识别管控系统功能。该系统入选住房和城乡建设部发布的智能建造新技术新产品创新服务典型案例（第一批），相关工作经验在全国推广学习。

【施工安全监管】持续做好房屋建筑工程疫情防控，组织开展防控项目检查1300余个次，累计核酸筛查20958人次，发现并督促整改疫情防控问题1430余个。印发《青岛市房屋建筑施工企业安全管理制度指导文本》，指导全市建筑施工企业建立健全全员安全生产责任制，完成市内三区69家建筑施工企业安全总监审核任命及295家建筑施工企业全员安全生产责任清单审核。印发《关于规范建筑工程项目施工安全监督工作程序的通知》，推动施工安全监督透明化、规范化和制度化。扎实开展安全生产专项整治三年行动、安全生产大排查大整治、安全生产大诊断行动，共检查工地1114个次，发现督促整改安全隐患4600余处，行政处罚152.5万元，信用处罚扣分3200余分。建立深基坑安全监管系统，实现深基坑检测数据信息化“互联网+监管”。组织创建全国施工安全生产标准化工地（全国3A）7个、全省施工安全文明标准化工地37个，省绿色施工科技项目立项99个，均位居全省首位。

【工程建设标准造价管理】全国首创建立全市国有资金投资建设工程标准清单库及清单综合单价、人材机耗量统计分析制度，引导企业利用大数据进行造价成果文件的编制及审核。完成建设工程数字造价智慧管理平台一期建设，探索利用大数据技术提升行业监管与服务效能。试点推行建设工程施工过程结算，为全省全面推行施工过程结算提供了实践样板，获省住建厅批示推广。在全省率先发布

《关于建设工程材料价格预警和应对价格异常波动的通知》，推出主要建材价格监测旬发布机制。加强工程建设标准管理，在全省率先推进团体标准工作。持续开展标准组织实施情况双随机检查，共抽查项目39个，提出整改意见156条，助力企业切实提升标准化管理工作水平。

绿色城市

2021年，青岛市积极推进全国唯一绿色城市建设发展试点工作，成立由市政府主要领导任组长的工作领导小组，出台《关于加快推进绿色城市建设发展试点的实施意见》《关于金融支持绿色城市建设发展试点的指导意见》，编制了2021年行动计划，提出了四大类27项具体任务，布局5个试点片区。7月23日，成功举办绿色城市建设发展试点推进会暨第一届中国（青岛）"绿色城市"高端研讨会。

试点积极探索绿色金融与绿色城市相结合的新途径。促成市政府与建设银行等6家金融企业（机构）达成战略合作意向，获得意向性绿色金融支持额度3500亿元。创新绿色金融产品，开出全国首张"减碳保"建筑节能保险保单，发放全省首批2000万元"碳中和"贷款和首笔5亿元"碳中和"债券。试点有关做法入选《中央城市会议精神落实情况交流》材料，并在全省住房城乡建设工作会议上作典型发言。相关创新举措获得了新华社、人民网、中国建设报等20余家媒体头版报道。

智慧住建

【BIM技术应用】印发《青岛市房屋建筑工程建筑信息模型（BIM）设计交付要点》等五项要点，有效指导BIM技术在各阶段的应用。启动施工图数字化（BIM辅助）审查系统、BIM档案收储系统建设，为BIM技术应用提供支撑。评选出"康复大学项目BIM技术综合应用案例"等24个项目列入青岛市BIM技术应用典型案例。2021年，全市200余个项目在不同阶段应用了BIM技术，应用广度和深度显著提升。

【CIM基础平台建设】青岛市CIM基础平台建设项目一期总投资2992.3万元，作为新型城市基础设施建设的核心环节，该平台将具备数据汇聚与管理、分析等功能，支撑城市精准治理和科学决策，全面提升城市建设水平、运行效率和服务效能，引领城市转型升级，推动城市高质量发展。

【住房全生命周期信息平台建设】打破各部门间的"业务壁垒"和"信息孤岛"，开发建设住房全生命周期管理服务信息平台，通过九大业务环节、围绕五大维度，采集和更新五大类数据，关联三维地理空间信息，为六大空间层级管理主体和权利主体提供业务支持和数据服务。全用户、全流程、全方位的"95536"全周期功能框架基本形成，信息化水平和管理水平得到全面提升。

【建设行业智能建造】开展试点示范，全面跟踪2020年青岛市智能建造试点项目建设情况，总结试点经验，进行结题验收，7月，10个试点项目全部顺利结题。印发《青岛市住房和城乡建设局推动智能建造三年行动计划》，明确智能建造发展任务与目标。

【数字机关建设】开展顶层设计，编制青岛市智能建造监管服务平台建设方案，形成一体化数字住建建设思路。完成建设市场监管与信用信息综合平台的政务服务事项"四级网办"和深基坑安全监管子系统项目建设。启动山东通平台"一人一号"前期统计录入工作，构建全省统一的用户体系。强化全局网络信息安全管理，2021年组织住房和城乡建设部网络信息安全专项培训3次、网络信息安全保护工作专题会议2次，组织开展网络和关键基础设施保护自查、网络安全和软件正版化工作自查4次，共化解处置网络隐患22件。

【住建行业科技创新】围绕实现碳达峰、碳中和任务目标，积极培育推动"超低碳社区建设示范项目""建筑固体废弃物超低碳园区建设示范项目"2个课题列入青岛市重大科技专项，为企业争取专项资金支持400万元；推动"既有居住建筑绿色改造关键技术研究与集成示范"列入青岛市产业领军人才（团队）一类，为企业争取团队奖励500万元。积极组织建设领域企业开展科技创新，2021年有4个项目获评住房和城乡建设部智能建造新技术新产品创新服务案例，5个项目荣获华夏建设科学技术奖，12个项目入选省建设科技计划项目，38个项目获山东省建设科技创新成果竞赛奖项，数量全省第一。

行业文明

【加强党建引领，凝聚文明创建合力】坚持党对文明单位创建的统一领导，把文明创建与党建工作紧密结合，不断提高文明创建的整体水平。制定《青岛市住房和城乡建设局创建全国文明单位工作三年规划》和精神文明建设年度工作思路，把文明创建与党建工作同研究、同部署、同落实、同检查，荣获青岛市2018—2020年度精神文明建设工作先进单位，6人被评为全市精神文明建设工作先进个人。扎实开展党史学习教育，局党组书记带头为全局党员干部讲专题党课，组织开展“学党史、知党情、跟党走”读书会、“学习党史 缅怀英烈 传承红色基因”主题祭扫、“党史故事会”等特色活动，组织全市施工、造价咨询企业从业人员开展党史知识竞赛，进一步增强了党史学习教育实效。

【聚焦立德铸魂，提升文明创建内力】将弘扬社会主义核心价值观作为文明建设的基础工程，不断提高党员干部的思想觉悟和文明素养。结合庆祝中国共产党成立100周年，组织开展“两优一先”推荐表彰，1人被推荐为全市优秀党务工作者表彰对象，3名党员和1个基层党组织被推荐为市直机关“两优一先”表彰对象。以弘扬社会主义核心价值观、倡导良好家风、加强诚信宣传等为主题，坚持“道德讲堂”每季开讲，干部轮流上讲台，讲身边好事，讲自身感悟，汇聚道德正能量。大力深化“先锋住建”党建品牌和“住建为民、情满城乡”机关品牌建设，打造“青岛市住房和城乡建设成就展”主题文化走廊，系统总结青岛住房城乡建设事业在党领导下取得的瞩目成就。

【履行社会责任，激发文明创建活力】坚决执行好青岛市委、市政府关于创建全国文明典范城市的重大决策部署，局领导带队成立10个督查组分区包片督查，组织3个专项考核组，实现周调度、月汇总，并发挥“市政道路建设”青年突击队等先锋作用，不断提升城市功能品质。持续壮大志愿服务队伍，在职党员注册比例达100%，定期开展植树护绿、义务劳动、无偿献血、慈善一日捐等志愿服务。扎实推进局机关、党员干部到社区“双报到”，帮助共建社区解决实际问题，共建工作被青岛市评为“优秀”等次。持续开展好第五届“建设工地小候鸟驿站”爱心暑托班活动，全市共有23家建筑施工企业和29个工程项目的141名“小候鸟”参加。

（青岛市住房和城乡建设局）

宁波市

住房和城乡建设工作概况

【致力服务大局，基建引擎更加强劲】2021年，全年实施市本级城建项目53个、完成投资84.4亿元，城建基础设施对城市发展的基础支撑力和引导驱动力更加强劲。双快交通闭环成网。新增快速路22公里，总里程已达129公里。轨道交通第三轮建设全面启动，全省首条全自动驾驶线路5号线一期开通运营，总运营里程达183公里。干支路网持续完善。建成新典桥主体结构并实现全桥贯通。新增学院路二期、香雪路等主次干道60余公里，贯通庆元大道等12条“断头路”。完成兴宁路等道路综合整治，新增配建停车位28092个、公共停车位3952个。启动“净空”行动，推动市区电力、通信等架空线路下地入廊。完成雨污分流改造101.1公里，加快推进北区污水处理厂三期2号主干管工程，新增雨水管86.5公里，雨水提标改造90.1公里，新建（改造）污水管195公里。

【致力提升品质，城乡风貌更具颜值】力推老城复兴新活力，入选国家城市更新试点、国家城市体检样板城市，完成海绵城市专项规划修编，新增海绵城市面积35平方公里，累计达150平方公里。完成绿道建设规划编制，建成新典路以南（奉化江）滨江绿道等67条、260公里绿道，总里程超过1700公里，全市域“沿山、沿江、沿湖、沿海”的绿道格局初步成形。全面融入“精特亮”工程，启动开展城乡风貌整治提升行动，完成镇海蛟川等12个高速公路出入口环境整治。镇海科创策源等首批22个风貌样板区创建全面铺开。覆盖全市域106个乡镇（街道）的875个美丽城镇建设项目扎实推进，完成年度投资475亿元，象山县、江北区和海曙区获评优秀县（市、区），13个乡镇（街道）获评省级样板。累计启动建设农房改建示范村107个，完成农房新建改造1065万平方米，惠及6.8万户。在全国率先开展农村“安居示范村”创建，并成功创建615个村，完成率达153%。启动农村生活污水“强基增效双提标”行动，新建改造农村生活污水处理设施372个，完成日处理能力20吨以上设施标准化运维1326个，完成195公里镇级污水管网建设。提前完成农村房屋安全排查整治，共排查建档134万户，危房安全鉴定6.7万户、治理改造323户，鉴定率和治理改造完成率均达100%。

【致力共同富裕，住房福祉更趋普惠】全面启动“甬有安居”行动，新市民住房保障改革入选省共同富裕示范区首批试点，出台《关于加快发展保障性租赁住房的实施意见》，结合国家住房租赁市场试点，拨付奖补资金10.2亿元，累计筹集租赁住房12.6万套（间），总量居第二批试点城市首位。其中2.3万套（间）房源纳入保障性租赁住房，并在全省率先将符合条件一线环卫工人全部纳入住房保障范围。全年公租房实物配租在保2.8万户，租赁补贴在保2.5万户，城镇住房保障受益覆盖率达21.8%。研究出台《宁波市共有产权住房管理办法》，成功出让全省首宗7.4公顷共有产权住房用地。在全市33个商品住房项目配建人才安居专用房，总建筑面积22.1万平方米，选定房源1715套。全年实施改造项目239个，完成改造1133万平方米，惠及居民13万户，完成投资24.9亿元。四项机制入选住房和城乡建设部老旧小区改造政策机制清单，文昌花园项目入选住房和城乡建设部“我为群众办实事”重点项目联系点，文昌花园、东海小区、东裕小区3个改造项目入选住房和城乡建设部“我为群众办实事”城镇老旧小区改造项目纪实。前三批省级项目全力全速推进，35个项目入选第四批创建名单，数量位居全省第一。前四批共49个项目，占全省总量17.4%，其中新建类19个、旧改类30个。鄞州和丰、镇海湖滨未来社区建成并投入运营，相关经验做法得到省政府充分肯定。

【致力改革赋能，行业发展更上层楼】紧扣“稳地价、稳房价、稳预期”目标，完成房地产开发投资2075.6亿元，同比增长14.1%；销售商品房1606.2万平方米，同比下降13.6%；新建商品住宅价格指数涨幅3.3%，在全国21个重点城市中排名第16位。“保交楼”项目全部复工，1032套住宅实现交付，完成496个房地产项目预售资金监管专项整治。打造17个物业党建示范点，建立753个业委会党组织，物业企业和项目部党组织和工作覆盖率达40%。《宁波市住宅小区物业管理条例》完成修订，物业服务达标创优提质三年行动全面启动，59个“洁美小区”和146个特色物业服务项目部脱颖而出，物业管理常态化检查和物业服务“红黑榜”制度深入推进。完成建筑业总产值3299亿元，同比增长8%，其中省内建筑业产值2590.9亿元，同比增长11.4%。宁波市连续六年获省新型建筑工业化考核优秀称号，鄞州区荣获全省第二批建筑工业化示范城市。全国首创建筑起重机械安全“保险＋服务＋科技”模式，淘汰（注销）老旧、问题建筑起重机械近3000台。全省率先系统推进新型高大模板支撑体系和脚手架体系建设，省级安全标准化管理优良工地创出数量全省第二、创出率全省第一，省级以上优质工程奖项数量位居全省前列。全年事故起数、死亡人数较前两年平均数分别下降57.9%、52.4%，未发生较大以上事故。新建城镇民用建筑绿色建筑覆盖率达100%，建筑垃圾综合利用率达85%，其中建筑垃圾再生建材利用1390.8万吨，总量全省领先。新增民用建筑屋顶光伏装机容量1.7万千峰瓦、同比增长17.9%。“高压气溶胶排水固结”“现状建筑顶推平移”“辐射制冷超材料”等低碳新技术新工艺加快应用。

建筑业

【概况】2021年，宁波市完成建筑业总产值3299亿元，同比增长8%，建筑业总产值位居全省第3位，占全省建筑业总产值的比重为14.3%，比2020年同期下降0.3个百分点。全市建筑业新签订合同额3100.6亿元，同比下降6.7%。全市建筑业实现增加值707.8亿元，占全市GDP的比重为4.9%，比2020年下降0.4个百分点；建筑业在全市经济产业中的地位继续巩固。

2021年，全市建筑业企业在省外完成建筑业产值708.1亿元，同比下降2.8%；省外完成产值占全市建筑业总产值的比重为21.5%，比2020年同期下降2.4个百分点。

全市新开工装配式建筑304个，面积1547万平方米（包括工业建筑和民用建筑），同比增长3.2%；其中装配式住宅和公共建筑（不含场馆）224个，面积1364万平方米，同比增长4%。装配式建筑发展工作连续第六年在全省建筑工业化考核中被评为优秀。

截至年底，宁波市共有建筑业企业2827家，其中特级企业18家（双特级资质企业1家），一级企业320家，二级企业1298家；全市共有勘察设计企业195家，其中甲级企业87家；全市共工程监理企业168家，其中综合资质5家，甲级企业62家；目前，全市建筑业有上市企业12家（其中主板上市5家，中小板上市1家，新三板挂牌6家），企业综合竞争力进一步提升。

宁波市企业承建（含参建）的8个工程项目荣获国家优质工程鲁班奖，其中主承建项目6项（在市外主承建4项），参建项目2项（均为在省外参建)。此外,宁波市建筑业企业还获得国家优质工程奖 20 项(含参建),浙江省"钱江杯"优质工程奖 29 项。

【推进建筑业改革创新】代市政府起草并报市政府印发《宁波市人民政府办公厅关于促进建筑业高质量发展的实施意见》,提出了宁波市"十四五"建筑业高质量发展的工作目标、主要任务和工作要求。协助市政府于 1 月 13 日组织召开全市建筑业发展大会,研究部署"十四五"建筑业发展工作和 2021 年建筑业发展重点任务。全力以赴推动工程项目尽快复工复产。支持、鼓励企业通过注册地变更、外地企业在宁波设立全资子公司进行资质重组分立等方式,积极引进包括铁路、水利水电、公路工程等资质在内的外地企业。配合省审计厅做好宁波市工程总承包模式及项目审计调查工作,对近年来宁波市工程总承包项目进行了全面梳理,查找发展过程中存在的问题,健全完善工程总承包发展的制度措施,加快推进工程总承包发展。组织开展银企对接活动、企业调研活动,全力帮助建筑业企业纾困解难。起草宁波市建筑业发展专项扶助奖励资金管理办法,扶持企业做优做强。2021 年全市共签出保险单 67988 单,比 2020 年增长 40.4%,为 4890 多家次企业释放保证金 163.06 亿元,比 2020 年增长 12.6%,为企业减负约 7.1 亿元。

【加强建筑市场监管】发布《关于公布全市工程建设项目建筑市场联合监督执法检查暨建设工程监理专项检查情况的通知》,印发《关于印发 2021 年全市建筑市场行为专项整治行动方案的通知》,在全市开展涵盖工程承发包行为、合同履约、监理执业行为、人员到岗履职等市场行为的专项整治行动。共检查项目 5022 个次,涉及建设单位 1784 家,施工单位 1816 家,下发整改通知书 1255 份,实施信用惩戒 517 条,查处违法违规市场行为 73 起,违法违规行为个人 65 人。印发《关于印发 2021 年全市工程造价咨询企业执业行为专项整治检查工作方案的通知》,排查造价咨询企业 139 家,抽查项目 133 个。印发《关于开展 2021 年度建筑业、勘察设计企业及注册人员"双随机"检查工作的通知》,分市、区县两级依次抽取企业开展核查,重点清理建筑业产值为零的"僵尸"企业。完善施工、监理企业代表工程业绩入库审核流程,编制《企业代表工程业绩入库审核流程》及《企业代表工程业绩入库要点事项告知书》,建立审查人员交叉互审机制、实地核查程序及审查差异例会讨论制度。开展护航建党百年"安薪在甬"根治欠薪专项行动,印发《关于纵深推进建筑业务工人员工资拖欠常态化长效化治理的通知》。印发《关于做好项目管理人员实名制考勤工作的通知》,加强对项目管理人员的实名考勤管理。实现市建筑工人管理信息平台与市信用平台数据互联互通,实现源头取数、动态监管的管理模式。印发《关于规范使用实名制 APP 考勤的通知》,坚决打击使用照片、视频或通过第三方平台篡改数据"中转"上传等弄虚作假的考勤行为。在防汛抗台、疫情防控等时期,有效发挥市建筑工人管理信息平台筛查及统计功能,确保全员转移及全员管控。印发《关于宁波市住房城乡建设领域常态化开展扫黑除恶斗争的实施意见》,健全完善工作机制,推进住房城乡建设领域扫黑除恶斗争常态化。

【推进装配式建筑发展】完成《宁波市钢结构装配式住宅体系指引》《宁波市装配式混凝土预制构件设计细则》《宁波市装配式混凝土预制构件构造图集》《宁波市建筑业产业工人培育体系指引》等标准图集及政策研究的组织编制工作。组织申报省第二批建筑工业化示范城市、产业基地,鄞州区荣获示范城市,龙元建设、浙江波威、海达建设三家企业荣获示范产业基地。推荐 6 家企业申报住房和城乡建设部第一批智能建造新技术新产品创新服务案例。开展装配式建筑预制构件生产企业质量管理体系及预制构件质量检查;加强装配式建筑项目事中事后监管。初步搭建完成基于 BIM 技术的全市装配式建筑区块链监管平台,并落实试点项目开展试运行。该平台已入选住房和城乡建设部第一批智能建造新技术新产品创新服务案例及 2021 年度宁波市区块链应用场景试点示范项目。申报 2021 年度宁波市职业能力提升项目制培训,开展 BIM 建模应用技术技能、装配式建筑生产技能、装配式建筑安装技能,累计培训 900 余人。指导协会组织开展装配式建筑相关培训,累计培训 500 余人。

【提升行业治理水平】组织召开优化建筑业营商环境落实中央巡视反馈问题整改工作动员会,督促各地建设主管部门成立工作领导小组,制定整改工作方案并进行全面自查。印发《关于开展全市建筑市场设置不合理条件限制企业参与公平竞争专项整治的通知》,对全市涉及限制企业参与市场公平竞争的政策措施进行全面梳理和清理。印发《关于举一反三落实中央巡视反馈问题整改切实减轻企业负担的通知》。对《宁波市住房和城乡建设委员会宁波市城管局关于修改部分建筑市场信用评价相关文件的通知》进行修订,删除 3 条涉及市外企业不公平竞争条款。印发《宁波市建筑市场主体专项信用评价实施细则》，同时调整完善宁波市建筑市场信用信息管理系统，构建以信用为基础的新型监管机制。继续推进建设工程综合保险扩面提质，进一步为企业降本减负。2021年共为4000多家次企业释放保证金约117.3亿元，为企业减负8.7亿元。印发《关于在我市房屋建筑和市政基础设施工程中深入推行施工过程结算的指导意见》，解决企业"结算难"问题。开发宁波市建设工程数字造价平台升级运维项目，完善造价咨询数字化平台建设。印发《关于进一步加强宁波市建设工程市场要素价格动态管理工作的通知》，推进要素价格管理市场化。建立调解专家库和数字造价平台的计价依据解释调解网络模块，优化计价业务服务流程。推进建筑业培训数字化建设，建立"宁波市建筑业从业人员教育考试网"，同时与用工实名制平台数据共享。印发《宁波市建筑业特种作业人员实训基地认定及管理办法》《宁波市特种作业人员实训基地管理及考评细则》《建筑施工特种作业人员考试考核组织实施委托制度》，鼓励支持符合标准的企业、职业院校和机构申报建立实训基地。完善职业技能培训体系。开展智能建造相关的应用及各类安全培训讲座12场、1.1万人次，组织智能化的各类比武竞赛9场，组织龙头骨干企业开展自主评价的试点和推广工作。开展"六有一好"红色工地创建活动，组建60余人的红色工地创建工作指导员队伍和200支具有建筑行业特色的志愿者队伍。组织开展"留工优工春节系列慰问"、临时支部支部书记轮训班、党史学习教育宣讲和惠民惠企政策宣讲进工地、红色工地讲师团等一系列活动，得到市委组织部和市直机关工委的高度肯定。目前全市共有101家建筑业企业、298个项目工地创建283个临时党支部，涉及党员1522名，3个项目被评为2021年度"红色工地"省示范项目。

房地产业

【**概况**】2021年，全市完成房地产开发投资2075.6亿元，同比增长14.1%；全市销售商品房1606.2万平方米，同比下降13.6%；全市新建商品住宅价格指数同比上涨3.3%，涨幅在70个大中城市中排名27位，在21个试点城市中排名第15位；截至年底，全市商品住宅存量834万平方米，消化周期为7.5个月，其中市区为7个月，五个县（市）为8.2个月。

【**强化长效机制主体责任落实**】扎实推进"一县一策"试点。根据省委省政府工作部署，于5月份完成11个地区房地产市场长效机制工作方案备案工作，形成全市上下"一盘棋"工作格局。同时，按照"月监测、季评价、年考核"的原则，每月监测各地考核指标，对偏离指标区间的地区给予预警。

【**房地产市场调控**】4月16日，针对房地产市场新情况、新问题，住建等六部门联合出台了房地产调控"新政"，主要包括扩大限购区域；完善二手房交易规则，建立热点学区二手住房交易参考价格发布机制；加大住宅用地供应，优化房价地价联动机制；加强金融和税收管理；强化市场秩序监管，严厉打击投机炒房行为；完善房地产长效机制等六方面、十条内容。

【**防范化解房地产市场风险**】认真贯彻信访维稳工作的各项决策部署，信访维稳形势整体平稳有序。共办理浙江省统一政务咨询投诉举报平台（浙里访）各类网上信访件727件，接待群众来访92批次420人次。3月，针对房地产领域反映强烈的捆绑销售等问题，通过明察暗访、突击检查等形式对19个商品房项目进行了集中整治，对4个项目采取责令整改、延长认筹时间等方式进行处理。6月，联合市市场监管局等七部门印发《关于开展全市房地产市场专项整治工作的通知》，专项整治开展以来，共受理1308项整治问题，其中房地产开发类357个，房屋买卖类147个，住房租赁类197个，物业服务类607个。针对发现的问题，进行责令整改100次，警示约谈45次，行政处罚10次。金融风险防控工作有序开展，8月以来，副市长沈敏多次召开会议专题研究，市住建局积极会同属地政府、有关部门及房地产开发企业商议解决措施，指导属地政府设立"一项目一方案"和项目共管账户，确保现有资金往来可控，最大限度保全现有资金，尽早复工复产。

【**全面推进住房租赁市场建设**】开展租赁住房专项规划和设计建设导则编制工作，着力优化租赁住房供应规模结构、空间布局，适应租赁人群多样化居住需求，进一步提升租赁住房规划、设计和建设精细化管理水平。全年出让租赁用地8宗，租赁住房面积41.66万平方米。筹集新建、改建类租赁住房6万余套，盘活租赁住房5万余套。持续培育住房租赁企业向专业化、规模化方向发展。截至2021年年底，全市共有开业申报租赁企业161家，其中专业化规模化住房租赁企业20家。对市住房租赁监管服务平台持续升级优化，结合数改工作不断提升平台的赋能效果。9月上线租赁服务"码上办"，11月上线租赁凭证申请功能，实现个人租赁房源线上挂牌、租赁合同网签备案等功能。

【**监管服务平台建设**】完成与地税联网数据共

享、人行银保监普惠金融平台数据共享接口、省厅数据共享、鄞州区“省心验”商品房交房一件事数据共享、不动产登记部门数据共享接口、法人电子印章共享接口的工作。4月1日，房产市场监管服务平台下架居间合同签订，经纪人员可以直接在平台办理存量房买卖合同网签业务，合同网签完成即锁定房源。9月26日，房源挂牌码上办应用上线。10月23日，上线非改租项目信息登记业务，第一批已登记全市存量非改租项目569个，共计68995套(间)。2月1日，房产市场监管服务平台商品房模块完全启用省统一合同编号。5月13日，存量房网签合同全部启用省统一合同编号。

【举办第26届住博会】10月29日—11月1日，宁波市举办第26届中国宁波国际住宅产品博览会，住房和城乡建设部科学技术委员会常务副主任、中国国际城市化发展战略研究委员会主任李秉仁，浙江大学地产运营研究所所长、原复旦大学房地产研究中心地产运营所所长蔡为民，宁波市住房和城乡建设局副局长黄毓琳等出席展会。本届博览会展出面积3.5万平方米，共13大展区，近千个品牌参展。本届住博会以“庆宁波建城1200年，建宜居宜业之城”为主题，积极推动未来小城市集中开发、未来社区建设，不断提升城市居民的生活品质，打造美好生活家园。同时，展会展示了国内外住宅产业产品最新成果和发展趋势，引导宁波住宅产业向节能环保、绿色健康发展，为建设宁波全面小康社会作出更大贡献。

住房保障与棚户区改造

【狠抓住房保障量化目标任务】按照“属地为主、上下联动”的住房保障工作机制，将目标任务分解并纳入对区（县、市）政府年度考核内容。同时，积极开展按月定期跟踪，及时掌握各地进展情况。截至12月底，全市新增保障住房困难家庭11203户（其中实物配租3474户、租赁补贴7729户），发放公租房租赁补贴25997户，公租房在保家庭27806户。

【完善住房保障顶层设计】进一步建立完善公租房、保障性租赁住房和共有产权住房政策，三种形式的保障房相互补充、相互支撑，共同构建完善的住房保障“三房”体系。公租房定位“保基本”，以城镇中低收入住房困难家庭为主，租补并举，适度扩大保障范围；保障性租赁住房定位“促发展”，充分发挥市场机制作用，面向新市民、青年人切实解决职住平衡问题；共有产权住房定位“保刚需”，满足城镇中低收入家庭和无房新市民、青年人拥有产权住房的愿望。目前，宁波市已制定出台《关于加快发展保障性租赁住房的实施意见》和《共有产权住房管理办法（试行）》；公租房管理相关政策正在做调整完善。在省内较早完成了新型住房保障体系的初步构建。

【大力推进保障性租赁住房建设】2021年，梳理摸排了8个项目15412套（间）房源作为保障性租赁住房，建成4799套（间）、开工10613套（间）。同时，建立了联络制度，对各项目的进展情况进行动态跟踪，抓紧完善土地、财政、金融等配套政策，切实加大政策支持力度。

【试点启动共有产权住房建设】积极推进共有产权住房项目试点项目。拟定向供应中科院材料所的2幢全钢结构共有产权住房完成主体结项。做好全省首宗共有产权住房出让用地——应家2号地块摘牌前的相关准备工作。

【实现一线环卫工人住房保障全覆盖】7月，发布实施《关于解决一线环卫工人住房困难的通知》，明确到2023年底，对1万余名符合条件的“无房环卫工人”实现住房保障应保尽保，在全省率先取消了一线环卫工人纳入公租房保障的户籍、社保、年龄、积分评价等限制条件，并采取“货币+实物”方式，破解一线环卫工人住房难题，实现一线环卫工人保障政策全覆盖。

【积极做好人才安居专用房源筹集工作】会同市委组织部完成《关于进一步加强宁波市人才安居的实施办法》的研究起草，会同市住房保障中心完成《2021年度市级人才安居专用房销售方案》起草。截至12月底，全市有32个商品住房项目配建人才安居专用房，建筑面积共计20.1万平方米；其中已批准预售的22个商品住房项目已全部完成房源选定工作，共选定人才安居专用房995套，建筑面积11.4万平方米，配套车位999个。

城建工程

【确保重大城建项目完成年度投资任务】按照2021年城建计划，全年计划完成年度投资84亿元。截至12月底，市本级城建项目累计完成投资84.4亿元，占年度完成投资比例的100.5%。

【探索前期标准化统筹新模式】2021年，引入标准化理念，构建前期储备工作新体系，推动项目储备和技术前期持续深化。按照事权财权改革调整要求，将前期工作的范围从绕城圈内扩大到中心城区；做好市本级快速路、过江通道、主次干路、三江六岸、公园绿地等城建项目的储备研究工作，全年完成了55个城建项目的概念性方案研究工作。编制了《城市基础设施建设项目方案设计指引》，对项目方案设计明确研究内容、研究方式和研究深度，形成方案质量控制标准体系。编制了《重大城建项目信访维稳工作手册》，进一步指导重大城建项目科学应对社会维稳工作。同时，结合数字化改革的新趋势和新方向，通过多年的自主研发，基本完成了前期储备平台的搭建。坚持以“早开工、早建成、早见效”为目标，全力全速推进鄞州大道、环城南路东延—梅山快速路、鄞州大道—福庆路快速路二期工程等项目前期工作，为一批批项目能够落地实施奠定坚实基础。

【加快推进城市排水管网建设】研究制订《宁波市中心城区市政道路雨污合流管改造五年实施计划(2019—2023年)》。会同财政部门研究制定了《宁波市城镇污水处理设施建设项目专项补助资金管理办法》，污水管网按20万元/公里补助，2021年通过转移支付的方式共下达市级专项补助资金3400万元。2017年以来，污水管网建成里程1451公里，完成合流管改造15公里，其他管网已全部完成截污处置，市政道路雨污合流管基本实现分流。

【鄞州大道快速路开工建设】12月22日，鄞州大道快速路正式开工建设。鄞州大道快速路工程是宁波市中心城区快速路网的重要组成部分，对进一步完善区域路网结构、促进海曙与鄞州快速交通联系具有重要意义，按照项目整体计划安排，计划2022年春节前后全面推进全线桩基和保通道路施工；2022年年底前基本完成鄞州段高架主线下部结构施工；2024年年底力争具备通车条件，充分发挥快速路网效率。

【兴宁路综合整治工程全面完工】11月5日，兴宁路综合整治工程全面完工。工程西起兴宁桥，东至福明路，道路全长约3660米，是联系海曙核心区域、东部新城等东西向的重要交通通道。道路工程按照城市干道标准改建，主车道设计车速50公里/小时。兴宁路综合整治工程全面完工既提升了市民出行品质，又创造了具有特色和品质的城市空间结构，为区域社会经济发展打下坚实基础。

【世纪大道快速路（东明路—永乐路）顺利通车】7月1日，世纪大道快速路（东明路—永乐路）顺利通车。世纪大道快速路是宁波市中心城区快速路网体系中内联城区路网、外达城际高速的最主要南北向轴线。项目建成后，将打通快速路节点，实现现状道路与快速路网的高效衔接，同时强化与宁波绕城高速之间的沟通，为“甬舟一体化”推进提供助力，方便沿线市民交通出行。

安全生产监督管理

【概况】2021年，市住建局持续推进“建设主体尽责履职、政府监管保障有力、保险风控有效补充、行业自律规范有序”的工程安全保障体系建设。通过“数智平台+险企风控”模式提升监管效能，有力扭转建筑起重机械事故高发被动局面，全市房建市政工程发生安全生产事故2起，死亡人数3人，未发生建筑起重机械相关事故，未发生较大及以上事故。全市163个项目评选为市标准化优良工地，59个项目评选为省标准化优良工地，省级优良工地创出率位列第一，实现了省市双量齐升。全省率先系统性推行新型高大模板支撑体系和脚手架体系，有效防范群死群伤事故发生；立足“专”字提升建设施工安全专委会工作能力，全面完成24项建设施工领域“遏重大”风险防控任务，风险普查覆盖率和普查审核完成率实现两个100%，为城乡建设领域高质量发展提供了坚实安全保障。

【进一步健全安全管理长效机制】进一步完善落实建设单位工程安全首要责任实施机制，以建设单位信用管理为引领推动工程参建各方主动履责。出台《关于加强建设工程安全质量层级巡查的通知》，市级工程监督机构加强对区县监督机构业务指导和绩效考核，实施重大隐患问题挂牌督办制度，制订了全市统一执行的《宁波市建设工程施工现场安全管理标准化工作手册》《宁波市建设工程安全监督管理标准化工作手册》。发布《关于进一步加强〈危险性较大的分部分项工程安全管理规定〉明确相关工作要求的通知》，启用“宁波市房建和市政工程建设专家库管理和论证系统”，从源头上治理痼疾。对一起超过一定规模危大工程未组织专家论证擅自施工的案件，提请省建设厅对涉事企业暂扣安全生产许可证30日。出台《关于进一步加强自行走式桩机安全关键环节管理的通知》，加强施工场地设备运行、移位旁站监理和地基承载力检测管理，及时消除类似事故隐患。建立全市统筹的桩工机械设备数据库，对大型桩工机械的主要结构部件实施唯一身份标定，杜绝非标准构建违规组装，实现桩工机械产权备案、使用登记、进场核验管理数据实时掌握，精准管理。制定《宁波市房屋建筑工程安全文明施工提升标准》，进一步提升建筑工程外围形象和本质安全水平。目前中心城区首批138个提升样板工地已出形象。发布《关于进一步加强建筑施工承插型盘扣式钢管支架构配件管理工作的通知》和《关于进一步规范房屋建筑工程附着式升降脚手架安全管理的通知》，在全省率先规模化推广新型工具式支模架，严格规范市场源头和使用监管，进一步提升危大工程风险防范能力。迭代升级“宁波市建筑起重机械信息管理系统”，通过建筑起重机械“保险+服务”与数字化改革相融合，实现对机械设备进入宁波市场后的“全生命周期”管理。750 家企业，9949 台设备，17865 人接入数据库。系统运行以来，通过大数据比对发现问题和行业专项治理，累计淘汰“套牌”“翻新”建筑起重机械 1600 余台。修订《宁波市房建市政工程生产安全事故应急预案》并经市政府办公厅印发，完善应急救援机制和流程，着重补充事故预防和风险防控内容，进一步完善了建设施工领域应急管理体系。

【开展系列安全整治专项行动】 1 月和 4 月先后两次开展建设工程防范路面塌陷安全专项检查，累计排查工地 1161 个（次），责令停工整改工地 359 个，予以信用扣分惩戒 43 家。开展建筑起重机械和脚手架、模板工程专项治理。先后发布四批建筑起重机械“黑榜”，共对 28 个工程项目，121 家相关责任主体予以全市通报，并在信用系统中进行扣分。发布建设施工领域“遏重大”攻坚战监督执法检查情况的通报。对建筑起重机械、建筑基坑等危大工程安全隐患突出、安全主体责任落实不到位的项目及相关责任主体，在信用扣分、行政处罚基础上予以公开曝光通报批评和信用扣分，共计 12 个工程项目，38 家责任主体。开展建设施工安全风险普查工作。先后开展 2 次业务培训，共计培训 300 余人。截至 6 月底，整体普查率达到 100%，累计管控重大风险 269 个，治理安全隐患数 2903 处。7 月起进入“常普常新”阶段。开展“平安护航建党百年”安全隐患大排查大整治行动。建设施工领域共组织开展 1383 次检查，检查工程项目（市场主体）1547 个，发现并整改隐患 7668 个，责令停产停业 117 家，立案 39 起，处罚 29 起，罚没款 58.705 万元。针对岁末年初和冬期施工特点，组织开展全市建筑施工安全大排查大整治。共对各地下发挂牌督办通知书 5 份，督促相关地区有效消除重大安全隐患；全市建筑施工领域各项安全生产检查共开展 11882（人）次，处罚 8796 次（包含整改、警告、通报、罚款等），处罚率 74.03%，罚没金额 362.91 万元。

【组织全市建筑工程安全质量执法检查】 在各类专项整治和“双随机、一公开”检查工作基础上，覆盖全市开展年度建筑工程安全质量监督执法大检查，共抽查 26 个在建工程项目，下发 26 份问题隐患整改督办通知书，责令停工整改工程项目 4 个，停用塔吊 1 台、施工升降机 1 台，对 3 家施工单位建议属地建设行政主管部门实施行政处罚，对 7 个工程所涉相关责任主体进行公开批评，拟将 11 家相关责任主体列入重点监管企业名单，对工程质量安全违法违规行为形成有力震慑。

（宁波市住房和城乡建设局）

厦 门 市

住房和城乡建设工作概况

2021 年，厦门市深入开展党史学习教育和“再学习、再调研、再落实”活动，105 个“我为群众办实事”项目全部完成。深入开展“党旗飘扬践初心，疫情防控当先锋”活动，圆满完成 9 项抗疫任务超 1 万套应急用房建设，国务院副总理孙春兰在厦调研时对新店、洋塘保障房异地封控点建设予以肯定。435 个市重点项目投资完成额首次突破 2000 亿元，比上年增长 29.2%。全市建筑业总产值突破 3000 亿元，产值总量、增幅均居全省第三。“招投标”指标居全省第一、全国第十三，厦门市进入国家营商环境标杆城市行列，多家大型建筑企业在厦设立子公司。

国家优质工程获奖量连续两年占全省 50%。城乡建设品质提升专项工作在全省考核中排名第二，获评 2021 年城乡建设品质提升综合绩效优异的设区市，5 个样板项目入选成效明显的全省典型样板项目。完成农村既有裸房整治 4653 栋，超额完成省下达的 4500 栋任务。

2021 年，竣工保障性住房 1.29 万套，提前超额完成全市为民办实事竣工 1 万套任务，新开工安置型商品房项目10个。完成老旧小区改造2.61万户，新开工1.7万户，居民满意度超90%。新增路外公共停车泊位1.08万个，超额完成省下达的3000个建设任务。完成无障碍改造项目182个。

2021年，厦门市推行勘察设计计费体系分类分档模式，扩大招投标“评定分离”试点，开展住宅小区物业服务质量星级评定和物业企业、项目经理信用评价，试点住宅小区公共收益统一代理记账制度，实施代建企业信用评价，构建“1+1+4”清欠体系，《厦门市小散工程和零星作业安全生产纳管办法》及6个配套指引获省住建厅转发至省内住建系统学习，施工围挡整治做法获市委主要领导书面肯定，扬尘污染防治工作获市环委办通报表扬，消防审验服务工作获市人大肯定。大力推广绿色建筑及建筑废土资源化利用，试点居住区全电气化减碳新路径，装配式建筑项目总体规模大幅增长。“建筑许可”指标在全国营商环境评价工作中排名第五，工程建设项目审批制度改革案例获评“厦门市全面深化改革优秀案例”。

重点项目建设

【概况】2021年，厦门市安排重点在建项目435个，年度计划投资1351.2亿元。全年开工项目89个，竣工项目55个，实际完成投资2283.3亿元，完成年度计划的169.0%，市重点项目投资完成额连续7年破千亿元，2021年首次突破2000亿元，有效促进厦门市固投稳定增长和经济社会发展。

【产业类重点项目建设】2021年，134个产业项目完成投资553.30亿元，完成率达158.52%，同比增长24.64%。中航锂电二期等26个项目开工。京东电子商务产业园等19个项目竣工。厦钨新能源、玉晶光电等一批龙头企业增资扩产，有效夯实厦门市产业基础。

【社会事业类重点项目建设】2021年，134个社会事业项目完成投资323.92亿元，完成率达138.25%，同比增长6.84%。海沧新阳居住区保障性安居工程三期等26个项目开工。新店保障房地铁社区林前综合体等26个项目竣工。其中：保障性住房新竣工1.3万套（近5年累计竣工近6万套），超额完成保障性住房建设任务。包括重点教育项目在内，全市累计新建成45所中小学幼儿园项目（25所中小学、20所幼儿园），新增学位4.8万个（义务教育学位3.8万个）；闽南戏曲艺术中心已建成，四川大学华西医院等医院全面进入装修施工阶段，岛外文化医疗配套水平不断提升。

【城乡基础设施类重点项目建设】2021年，152个城乡基础设施项目完成投资689.33亿元，完成率达166.18%，同比增长44.54%。新机场航站区桩基工程等37个项目开工，杏林湾排涝泵站等10个项目竣工。

【新城基地建设】2021年，15个新城配套项目完成投资716.72亿元，完成率达203.02%，同比增长31.79%。马銮湾新城推动智能制造产业集聚，金柏超精密集成电路项目竣工建成。同翔高新城继续加快新材料、新能源、信息技术优势产业集聚，环东海域新城以智能、智慧为代表的“三谷三园”建设和产业招商协同推进。新机场片区快速路网框架基本形成；对标承办2023年亚洲杯足球赛主场馆的新体育中心钢结构已基本建成，12月29日完成南北巨拱合龙。

【代建管理】会同市发改委、市财政局和市国资委印发施行《关于推动市级财政投融资重点项目代建工作全方位高质量发展的若干措施》，修订印发《建设项目代建招标文件示范文本（2021年版）》。年初，公布了43家代建企业2020年度信用综合评价结果（A等级10个、BB+等级15个、BB-等级13个、不定等级5个）。会同市重点办对43家代建企业的96个项目开展季度指导服务，及时公布指导结果（优秀43个、良好39个、合格13个，不合格1个），督促参建单位履约履责。建立政企业务交流平台，建设、发改、财政、国资等部门联合持续开展季度指导讲评会，组织轻骑兵前往市政集团等5家企业开展代建政策培训宣贯。落实机场片区工作专班机制，服务片区项目建设。协调推进软件园三期1号污水处理站规划及人防验收手续办理，于3月底前完成全部验收手续。加强对复旦大学附属中山医院厦门医院科研教学楼等项目指导服务，加快推进前期工作。全力协调推进厦门国际健康驿站建设，确保按期完成建设任务。组织改造团队克服施工环境防疫风险高等不利因素，深入第一医院杏林分院负压病区开展施工改造（增设7个隔离防护门，搭建长9米、高2米核酸检测隔离墙，修建长26米、高4米病区转运通道隔离墙和长85米病区防护围挡），按时保质完成应急突击任务。

城市管理

【概况】2021年，厦门市建设局推进街区立面整治、夜景照明提升等工作，积极推进停车设施建设，全年新增公共停车泊位10757个，开展无障碍设施排查，完成182个无障碍设施改造项目。

【街区立面综合整治】2021年，牵头组织开展南北向健康步道沿线景观提升改造、湖里区海堤路沿线建筑外立面提升改造，会同市资源规划局编制《建筑外立面装饰装修、改造、维护技术导则（试行)》，配合推进中山路片区“一路五街”立面改造、总商会旧址、高崎渔港片区东侧组团外立面墙绘等立面更新改造工作。

【夜景照明提升】会同市财政局、市资源规划局联合印发《厦门市城市夜景照明管理办法》，明确厦门市夜景照明管理的责任主体和管理机制。开展以鹭江道为主要区域的灯光亮化补充完善，进一步提升夜景照明品质。策划制作以纪念建党100周年、第21届中国国际投资贸易洽谈会和厦门经济特区建设40周年庆祝活动等专题灯光秀，取得良好社会效果。依托集中控制平台，强化夜景照明设施运行维护监管，有序做好元旦、春节、投洽会、海峡论坛及金鸡百花电影节等重要节日、重大活动期间的亮灯保障。

【公共停车设施建设管理】2021年，厦门市实际新增路外公共停车泊位10757个，超额完成福建省城乡建设品质提升“新增3000个路外公共停车泊位”的计划目标，自2016年以来累计新增57011个公共停车泊位。开展城区公共空间经营性停车场专项整治，进一步规范经营行为。组织停车信息联网，截至年底，已有170个停车场实现实时信息联网。

【无障碍设施品质提升】2021年，厦门市建设局牵头组织开展厦门市无障碍设施品质提升工作，制定《厦门市无障碍设施品质提升三年行动方案》，按照“行业十属地”管理机制开展无障碍设施排查，完成182个无障碍设施改造项目。

物业管理

【概况】2021年，厦门市备案物业服务企业545家，实施物业管理的项目2488个，物业管理总建筑面积1.74亿平方米。其中，住宅小区项目数1399个，物业管理面积1.17亿平方米；其他类型物业管理项目1089个，物业管理面积0.57亿平方米。

【老旧小区改造】2015年，旧小区改造试点，截至2021年年底，累计完成613个小区改造，涉及居民65969户、房屋3337栋、建筑面积515.76万平方米，完成投资13.33亿元。编制老旧小区改造专项规划和技术导则，全面梳理厦门市老旧小区底数，改造后的小区市政设施及周边环境得到提升、居民满意度达90%以上。2021年，槟榔深田片区改造提升工程在2021年全省老城更新样板项目考核中排名第三。

【物业管理】2021年，对全市1297个物业服务管理项目开展物业服务质量星级评定，根据物业企业的服务水平由高到低将小区划分为五星级到一星级。经评定，五星级项目172个，占比13.26%；四星级项目60个，占比4.63%；三星级项目475个，占比36.62%；二星级项目450个，占比34.7%；一星级项目110个，占比8.48%；不达标项目30个，占比2.31%。2021年，市建设局开展层级督查及专项检查5次，涉及物业管理项目118个。

【房屋专项维修资金】2021年，厦门市专项维修资金专户缴交专项维修资金及公共收益7.79亿元，划拨3009.66万元，产生增值收益1.81亿元，全年存款合计增加10.41亿元。截至年底，厦门市专项维修资金专户累计缴交专项维修资金及公共收益71.41亿元，划拨2.46亿元，产生增值收益12.90亿元，账户存款合计81.84亿元。

勘察设计

【概况】2021年，在厦承接勘察设计业务企业206家，其中勘察单位77家、建筑设计单位129家(不含装修等其他专项)。全年完成厦门市勘察设计工程项目2717个，其中工程勘察项目505个、设计项目1826个（含装修工程)、市政工程设计386个。

【施工图审查管理】2021年，组织开展施工图审查购买服务绩效水平考核工作，对列入厦门市施工图审查机构采购名录的审查机构的良好行为、不良行为、服务评价等方面进行考核，发布考核评价结果，调整审查机构承接业务的随机抽定代表权重。发布《厦门市建设局关于进一步缩小施工图审查范围的通知》，进一步扩大原有小区用地范围内未新改扩建建筑等4类项目免审范围。同时，对部分因工期紧、规模大、技术要求高等因素无法按既定流程开展施工图审查的项目，对部分尚未立项批复文件或工程规划批准文件的重点项目容缺相关批准文件，先行开展施工图设计文件审查工作。

【工程勘察监管】2021年，厦门市建设局强化土工实验室及勘察现场管理，以文件形式公布符合规定条件的37家土工试验室名单，重点监管涉及安全的周边及地下工程原始资料收集工作。

【工程设计】深化厦门市勘察设计行业信用体系建设，推广勘察设计招投标“评定分离”模式，出台进一步强化勘察设计事中事后监管工作方案，优化厦门市财政投资项目勘察设计计费体系，会同多部门联合出台优化厦门市财政投融资建设项目勘察设计计费体系的举措，通过科学合理的计费激发勘察设计单位积极性，提升项目品质。同时，做好重点文化企业服务工作，推荐厦门市4家工程设计企业成功入选厦门市文化企业30强。

【消防设计管理】2021年，厦门市消防审验中心抽查消防设计技术审查文件55件，完成建设工程消防验收项目256个，实现市、区消防审验机构全覆盖。初步建立消防救援部门信息共享机制，首次将消防分部纳入建筑市场主体信用行为认定范围，在全省率先针对部分火灾危险性小、技术简单的房屋建筑和既有建筑的室内装饰装修工程建立消防设计技术审查豁免清单，组织会议中心和天马－6项目等重点项目的消防设计专家评审论证会，配合省住建厅完成厦门新机场项目特殊消防设计专家评审。

村镇建设

【概况】2021年，厦门市建设局通过政策规范、服务指导、宣传引导等方式，组织开展农村在建房屋安全清查整治专项行动，提高农村建房质量安全水平，防范发生各类建房安全事故，提升农村建设品质。

【农村建房安全管理】开展农村在建房屋安全清查整治专项工作，累计排查农村各类在建房屋2668栋，完成核查整改并复工2668栋，复工率100%，按时完成清查整治任务。推广村民建房通用图集，为农村建房户型选择提供“菜单式”服务；宣传《厦门市农房建设质量安全管控手册》《厦门市农房建设质量安全管控要点一张图》《农村建房安全常识》《农村自建房五提醒》等，供广大建房户和工匠队伍借鉴和参考；发布农房质量安全警示片，增强农村建房相关各方的安全意识；持续开展村镇建设管理干部、农村建筑工匠培训，启动农村建筑工匠网络培训工作，组织全市农村建筑工匠自主在线学习，提升相关人员的安全意识、业务水平；组织专家到各区开展农村自建房施工安全质量服务指导，掌握农村在建房屋安全状况，提出建议措施。

【农村建设品质提升】2021年，厦门市建设局策划生成“崇尚集约建房”示范区、集镇环境整治样板、新时代农村社区样板三个省级样板项目，均超额完成年度目标。2021年，完成4875栋农村既有裸房整治，完工率108.5%，完成投资额35128万元，完成投资率167.28%。强化农村建筑风貌管控，集美区、海沧区、同安区、翔安区均完成建筑立面图集编制，建成一栋示范房。开展乡建乡创闽台合作，树立提升具有地方产业特色、可持续发展的农、文、旅结合的示范品牌，实施乡村产业振兴“陪护式”服务。

建筑业

【概况】2021年，注册地在厦门的企业完成建筑业总产值首次突破3000亿元，达到3189.71亿元，比去年同期增长12.8%，高于全省平均增幅0.8个百分点。“厦门开展围标串标等违法违规行为专项整治”“厦门怎样做好招标投标活动异议和投诉处理工作”两个案例入选国家发展改革委《优化营商环境百问百答（2021年）》。建筑业改革发展、建筑市场违法行为案件查处、根治欠薪联动机制、保障农民工工资支付工作等先进做法经验得到国家发展改革委、省住建厅及市的表扬和推广。

【建筑行业发展】2021年，全年推动11个项目直接委托设计施工，项目合同总金额达28.29亿元，有效激发厦门市建筑市场活力。

【招商引企】出台《关于建筑业招商引进企业营收和业绩促进措施的通知》，促进企业更多产值和税收落地。厦门市全年累计引进中建五局、北京建工、上海建工等建筑施工企业在厦成立子公司35家（含总承包一级企业29家），累计新增入统企业136家，带来197.66亿元的新增产值，拉动全市增幅7.0个百分点，对建筑业产值贡献率达54.7%。

【招投标改革】2021年，厦门市进入全国营商环境招投标指标标杆城市行列，“招投标”指标在全国营商环境评价中居全省第一、全国第十三，多家大型建筑企业在厦设立子公司。出台《厦门市建设工程招投标后评估暂行办法》《厦门市建设局关于进一步完善〈标准设备采购招标文件〉评标办法（综合评分法）的通知》《厦门市建设局关于应用在线监督平台大数据分析结果强化招投标监管的通知》《厦门市建设局关于建设工程招标代理机构实行差异化监管的通知》等文件，对参与招投标活动的各方主体进行标后评估，打击围标串标等行业乱象。出台《厦门市建设工程电子投标保函管理办法》《厦门市建设局关于规范采用BIM技术工程建设项目招标活动有关事项的通知》，完善招标制度。12月30日，厦门市首个“远程异地”评标项目招投标在厦门市和泉州市两地公共资源交易平台远程协同完成。

【“评定分离”试点】出台《建筑工程和市政公用工程标准施工招标文件（“评定分离”版）》及《建设工程招投标“评定分离”定标工作指引》，进一步引导和规范“评定分离”试点项目招投标工作。2021年，29个项目通过审批采用“评定分离”办法招投标，其中 27 个项目顺利定标，中标总金额 44.65 亿，2 个项目有序推进。

【建筑施工企业信用评价】2021 年，全市共有 1290 家施工总承包企业参加建筑施工企业信用综合评价和补充评价，其中 233 家 A 等级，669 家 BB+等级；共有 438 家施工专业承包企业参评，其中 36 家 A 等级，232 家 BB+等级。修订发布《厦门市建筑施工企业信用综合评价实施办法》，配套出台《厦门市建筑市场主体信用监管行为认定范围和档次操作标准》，进一步健全建筑市场诚信体系。

【建筑市场监管】为加强建筑市场整顿，严厉打击招投标市场乱象、转包挂靠和评标专家违法违规等行为，将 4 家企业列入“黑名单”，对 5 家企业和 1 名评标专家作出行政处罚，对 39 家企业记录不良行为记录，对工程建设项目招投标活动中存在违法违规行为的 16 名专家进行公开曝光。开展招标代理机构、造价咨询企业行风整顿和建设工程合同履约检查，依法依规对一批从业主体作出处理。2021 年共核查建筑企业资质 14 家企业、对应资质 16 项，核查通过 12 项、企业主动撤销 4 项。为进一步规范和提升房建市政领域施工合同履约管理水平，出台《厦门市房屋建筑和市政基础设施工程施工合同履约行为评价办法》《厦门市房屋建筑和市政基础设施工程领域施工合同履约验收指导意见》。

【清欠工作】在福建省治欠领导小组组织的 2020 年度保障农民工工资支付考评中，厦门市在全省考核等级为 A 级第一名。“摸排拖欠问题　维护群众合法权益”案例在全市“我为群众办实事”实践活动中获得“十佳优秀案例”。厦门市建设局、市造价站构建“1+1+4”清欠工作机制，立足源头化解拖欠隐患，出台《关于加强厦门市建设工程主要材料和设备价格风险管控的通知》《关于完善财政投融资建设项目主要材料价格调整机制的通知》《关于进一步明确市级政府投资项目支付担保有关事项的通知》《关于规范财政投融资建设项目进度款拨付管理的通知》等文件，将工程主材的风险包干幅度调整为±5%，财务项目原则上施工单位从申请款项拨付至其账户时限不超过 45 天，财政投资项目开工前必须提供支付担保等。2021 年度，主动排查厦门市房建市政在建工程项目 779 个，51 个项目存在拖欠问题项目经协调督促后全部得到解决，清欠拖欠工程款金额首次破亿，达 6.66 亿元，清欠拖欠农民工工资 7512 万元，维护了建筑市场主体的合法权益。

【建筑工程计价】2021 年，厦门市建设局编制发布《盘扣式钢管支撑架模板补充定额》《厦门市城镇生活排水设施养护维修年度经费定额》《厦门市城镇排水管道检测与非开挖修复定额》等定额及《市场计价参考》，编制出版《厦门建设工程信息》和《厦门市建设工程材料价格》，完善综合价格发布机制，每日发布大宗商品信息价 45 条，每周发布地材信息价 35 条，混凝土信息价 100 余条，每月发布市场材料综合价格，苗木参考价格，为建筑市场公平交易提供保障。

【建筑材料管理】2021 年，办理建设工程材料备案 82 件。全年办结返退墙改项目 29 件，返退墙改基金总金额 2099.76 万元。继续开展混凝土绿色生产管理，除 5 个环保型新建站外，全市其余 30 个既有预拌混凝土搅拌站均通过质量管理体系、环境管理体系和职业健康安全管理体系 3 体系认证，厦门市混凝土搅拌站均获得绿色建材评价标识三星级。

【绿色建筑推广】2021 年，厦门市建设局等五部门联合发布《厦门市绿色建筑创建行动实施计划》，开展全市绿色建筑创建行动。全年累计推广绿色建筑 873.63 万平方米，绿色建筑占比 92.45%。4 月，厦门中航紫金广场 A、B 栋办公塔楼工程项目获得全国绿色建筑创新奖二等奖。

【资源化利用】2021 年，厦门市建设局把建筑废土资源化利用企业纳入消纳场管理，推动建筑废土资源化利用行业规范发展。2021 年，厦门市已有 19 家建筑废土资源化利用企业投入生产，全年资源化利用建筑废土约 312.4 万吨。

【疫情防控】2021 年 9 月，厦门市新冠肺炎疫情发生后，厦门市建设局发动全市 120 多家建筑业企业、2.5 万人次参与 9 个异地封控场所（约 2 万套）的改造工作，积极发动 1200 多家企业、10 万多人在 1 天内 100%完成第六轮核酸检测。为解决厦门市应急抢险工程的计价需要，规范厦门市应急抢险工程的计价办法，起草发布《厦门市建设局关于规范应急抢险工程计价办法的通知》《厦门市建设局关于发布应急工程人工费动态指数调整的通知》《厦门市建设局关于颁布吊装集装箱整体式活动房补充定额的通知》，填补了厦门市应急工程计价办法的空白，为厦门市应急工程的成本控制提供可靠依据，为参建企业的结算工作带来便利，也是厦门市工程造价管理适应市场变革的创新之举。

建设工程管理

【概况】2021 年，厦门市有 2 个项目获得“中国建设工程鲁班奖（国家优质工程）”，5 个项目获得“国家优质工程奖”，1 个项目获得中国公路学会“世界人行桥奖”银奖，推荐房建项目17项44个单位工程和市政园林工程项目4项参评“闽江杯”，101项工程通过“市建设工程评优活动”评审。截至年底，厦门市监管的在建工程项目1792个，全年在建工程质量安全生产形势平稳，没有发生较大及以上等级安全生产事故。

【工程质量安全监管】2021年，厦门市建设局加强建设工程质量安全生产工作，提高施工现场安全防护能力和文明施工水平。坚持建设工程质量安全“双随机”检查、监管警示和约谈制度。巩固并推广质量安全巡查模式，开展各类质量安全生产专项整治活动。全年召开4次全市建设工程质量安全生产形势分析会议，部署各阶段建设系统质量安全生产主要工作，累计巡查工程项目2124个，出动监督巡查人员1.1万人次，发现一般事故隐患1.19万条（一般安全隐患均整改到位），发出责令整改通知书2061份、局部停工通知34份、全面停工通知7份，通报批评单位475家，记录信用监管行为P类单位581家，约谈504家（次）责任主体，施工企业违规记分14353分，监理企业违规记分10845分，对7家施工单位做出暂扣安全生产许可证的行政处罚。

【完善监管工作机制】出台《关于加强建设工程质量检测管理工作的通知》，压实建设单位首要责任。严格落实监理单位进场材料检测旁站制度，构建“企业负责、行业自律、政府监管、社会监督、齐抓共管”工作局面。按照“全覆盖、季检查、年总结”模式推进检查工作，守好工程质量防线。厦门市建设工程质量安全站发布《关于进一步加强基桩施工质量管理的若干规定（暂行）》《关于规范基桩验收检测选桩及验收会议纪要有关内容的通知》《关于印发〈厦门市建设工程质量安全和文明施工监管巡查实施办法〉的通知》《关于加强建筑起重机械安拆作业和起重吊装作业危大工程监管的通知》《关于加强建筑起重机械购置租赁备案告知检测环节管理的通知》《关于加强建筑材料质量管理工作的通知》《关于印发〈水域清淤工程质量安全管理的若干规定〉（试行）的通知》等文件，修订完善《关于进一步完善建筑起重机械监管机制的通知》《关于修订〈厦门市建设工程质量安全站新冠肺炎疫情防控应急预案〉的通知》，不断完善监管制度体系，实施科学有效监管。

【轨道工程监督管理】2021年，顺利实现轨道3号线厦门火车站至蔡厝段全面开通，轨道4号线（后溪至翔安机场段）11个车站主体结构完成，轨道6号线（林埭西至华侨大学段）11个车站主体结构完成、5个区间实现双线贯通。会同市地铁办组织防台防汛、防隧道涌水涌泥、道路预防坍塌、消防安全、脱轨复轨等应急演练，其中轨道交通6号线杏滨站应急演练作为中央广播电视总台全国安全月的亮点报道。会同参建各方研究地铁防淹措施，加高U型槽挡墙高度，抬升联络通道底板高度使其疏散平台平齐，并在工程中得以落实。

【编制科研技术标准】2021年，厦门市建设工程质量安全站完成《建筑工程附着式升降脚手架应用技术标准》《城市轨道交通盾构隧道工程施工质量验收标准》《城市轨道交通轨道工程施工质量验收标准》省级地方标准的编写、修订工作，并积极参与《福建省LED夜景照明工程安装与质量验收规程》的编制。在全省范围内率先规范水域清淤工程监管，并编制印发《〈水域清淤工程质量安全管理的若干规定〉（试行）的通知》。

【建筑行业行风整治】2021年，厦门市建设工程质量安全站组织开展建设工程实体质量监督检测行动，全年参与监督抽检337次，出动检查1011人次，抽检主要原材料、构件等2970组，发出《检测不合格项（异常报告）的通知及处理反馈单》151份。对全市37家预拌混凝土企业、18家检测机构进行全覆盖监督检查，全年抽检预拌混凝土试块及其原材料528组，发出65份责令改正（整改）通知单，累计计分515分，约谈17家次企业，保障全市预拌混凝土质量整体稳定可控。

【靠前服务重点工程】2021年，厦门市建设工程质量安全站有效保障厦门大学百年校庆、中国电影金鸡奖活动场馆等17个重大活动临建设施安全。采取设立项目服务专班、主动梳理提请协调跨部门的问题、畅通与指挥部的协调对接等服务举措，高质量推进天马第6代柔性AMOLED生产线项目等一大批项目重点项目建设。创新推行审批资料移交电子化，精简验收申报材料，推行不见面审批，及时办结率100%，提前办结率达到80%。

【建筑废土处置监管】2021年，办理建筑废土处置外运许可证536件，申报外运量约4641万立方米；备案《建筑垃圾处置核准》75件，消纳量1131万立方米。核准《城市建筑垃圾处置核准》4件，申报年处理量约856万立方米。审批数据同步推送至市渣土管控平台。2021年共检查工地约483个次，对未及时办理建筑废土处置许可、文明施工管理措施不到位的141家施工企业进行约谈，对116家施工企业发出责令整改通知书，对12家违反规定的在建工地的建设、施工、监理单位记录不良行为记录。

【渣土运输安全监管】2021年，全市纳入平台管理渣土车2617辆，全部按规定安装车载智能终端、对接入库，全部按要求安装车载智能终端，渣土车入网率100%。全年办理建筑废土处置外运许可证525件。厦门市建筑废土站每月开展消纳场安全管理情况检查巡查，督促运营单位及时消除安全隐患，及时处理未按要求落实扬尘防治措施造成污染等行为。

【废土消纳场地管理】2021年，厦门市开展建筑废土消纳场检查115家/次，确保消纳场安全有序运营。结合汛期、重要节假日，不定期组织建筑行业专家开展“安全隐患拉网式大排查专项行动”，组织检查36家/次，对5个未按规定落实相关管理措施且经约谈仍未及时整改的消纳场，采取暂停回填权限的措施。对3个已回填到位的消纳场及时注销建筑废土处置许可证，并发函属地街道办，协调加强场地的监管。

保障性住房建设

【概况】2021年，厦门市建设局推进新阳三期约2900套保障房开工建设，全市保障性住房竣工1.29万套，完成市委、市政府为民办实事“计划竣工保障性住房1万套”任务。2017年以来累计推进开工10.3万套、竣工6.5万套，约为22.7万人提供居住保障。2021年涉及的各项建设投资任务中，市重点项目投资任务完成40.9亿元，占年度计划的145.5%，双千亿投资工程保障房项目建设投资任务完成35.8亿元，占年度计划的120.1%。根据城市品质提升工作要求，顺利完成“2021年需新开工安置型商品房10个”任务。

【保障性住房建设】2021年，厦门市建设局通过引入知名专家组成保障性住房方案评审小组、提高建设标准、健全质量提升制度、鼓励采用先进的技术及工艺、不断完善住宅通病防治手段、加强质量管控等多种措施，促进厦门市保障性住房建设质量稳步提高。近年来，厦门市竣工的保障性住房项目分别获得国家、省、市级优质工程等各类质量奖项。

行政审批

【概况】2021年，厦门市建设局机关驻市行政服务中心审批服务事项办结30388件，接听各类电话及现场咨询近3万余人次。

【深化工程建设项目审批制度改革】2021年，厦门市建设局推进“放管服”改革。在办理施工许可证时，经公开招标中标的厦门市施工企业无需提供安全生产许可证。对符合条件的社会投资简易低风险工程项目，推行一站式申请施工许可证，相关项目工程建设许可阶段和施工许可阶段合并办理，一并发放工程规划许可证和施工许可证。社会投资简易低风险工程项目，采用告知承诺的方式办理施工许可证。

【放管服改革】2021年，取消交通、水利工程项目报建事项；将小型社会投资工业项目竣工质量安全监督申报、新型墙改基金返退两个事项转变为部门内部管理服务工作；将“建设工程施工自行招标备案”“设计招标备案”“房屋建筑和市政基础设施工程施工招投标备案”三个事项合并为“房屋建筑和市政基础设施工程招标条件备案”；梳理公布厦门建设建设工程档案验收豁免清单；进一步扩大施工图免审查范围。

【审批服务高效化便民化】承诺时限压缩至法定时限的16.65%，“即办件”事项占比提升至54.69%；推进“一件事套餐”工作，牵头开展“联合验收”“社会投资简易低风险建筑许可事项”一件事工作，并与资源规划局联合开展“验登合一”一件事工作；深化“一趟不用跑”和“最多跑一趟”改革，“一趟不用跑”办件量超过办件总量的99%。

技术综合管理

【概况】2021年，厦门市建设局推进装配建造发展、开展技术综合服务、促进新兴技术应用、统筹多项综合业务等。首次践行经营性商品房装配建造要求，截至年底，厦门市实施装配建造项目24个，总建筑面积263.8万平方米。

【装配建造规模发展】专函敦促装配式供地、建立实施市对区考核，参谋供地定品质指标，促成放宽商品房预售。开展一系列装配建造政策指导，引导企业比对分析其各地项目，宣讲中央部署及省市政策。全年生成8个装配式商品房项目；认定10个项目总建筑面积141.4万平方米，同比增长21%。

【技术综合协调服务】开展技术—政策的综合指导与建造辅导。调研典型企业技术中心运行情况，敦促统筹技术创新和经济效益，保障提速、增效、降耗。规范建管实施，明确装配项目的总体策划、评价认定和设计管控、招标要约、施工管理等关键实施要求。开展技术协调，督导项目装配设计融洽结构安全，推动混凝土结构常见问题研究，探索提供项目技术咨询。实行建造辅导，开展多场次的建造技术专题辅导，邀约专家们点评项目技术工艺，互动形成多方技术共识。探索推进模式，调研装配建造总包/装配装修实践，探索工程总包/精益施工/信息技术/装配装修模式。

【促进新兴技术应用】2021年，指导6家企业申报省级技术中心，推进项目策划实施的专业交流。举办2场装配建造技术问题研讨，督促问题防治技术课题协作。勉励敦促建发地产/土木学会、锻造企业/团体的装配建造标准。完成BIM应用交付、分类编码、数据储存及海绵城市图集等标准编制及修订。促成技术应用配套。推动BIM应用的分档服务取费，促成制订招投标鼓励BIM措施。

【统筹多项综合业务】组织完成厦门建设事业“十四五”规划编制和城市建设“十三五”规划终期评估。组织开展市住宅工程质量常见问题专项督促落实行动。筹谋城市体检工作。筹划协调所涉及工作。组织业务办件处理，无超期/未返库协调办理“多规合一”平台来件325件。

（厦门市建设局）

深 圳 市

住房和城乡建设工作

住房和城乡建设工作概况

11月，国家发展改革委同意深圳市开展基础设施高质量发展试点，抢抓建设粤港澳大湾区和中国特色社会主义先行示范区、实施综合改革试点的重大机遇，尽快形成可复制可推广经验，发挥先行示范作用。2021年，全市本地生产总值30664.85亿元。全年完成投资3013亿元，坚持房地产市场调控不放松，统筹推进房地产开发投资；市住房保障及市政项目指挥部完成投资2944亿元，公共住房完成投资368.5亿元，超额完成市下达目标任务。全年完成建筑业总产值5421亿元，比上年增长13.5%，增速较2020年提高4个百分点。全市9个工程荣获国家优质工程奖，6个工程获中国建筑工程鲁班奖，10个工程获国家、省和市科学技术奖。开工改造老旧小区65个，惠及居民3万户，超额完成省政府民生实事任务。棚户区改造工作获国务院督查激励。全年建设筹集公共住房9.65万套、供应4.23万套，建设筹集租赁住房11.7万套（间），新开工住房1528万平方米，正式发布实施《公共住房建设标准》《公共住房收购操作规程》等。

发布实施深圳市住房发展“十四五”规划，提出“保基本、广覆盖、促宜居”总体目标，规划在2025年前供应居住用地不少于15平方公里，建设筹集住房89万套（间），供应分配住房65万套（间）。全面对接国家住房供应和保障体系，相关做法被列入住建部第一批发展保租房可复制可推广经验清单。

法规建设

2021年，继续深化建设项目审批制度改革，试行“拿地即开工”的审批服务模式，推行工程建设项目“清单制＋告知承诺制”审批试点改革。创新招标投标机制体制，经备案的香港专业机构和专业人士可在深圳市范围内参与招投标，推行招标公告备案“秒批”模式，积极推进建筑师负责制试点工作，允许经备案且符合一定条件的境外建筑师团队在深圳市承接建筑工程项目。建立全市统一的建设工程承包商履约评价机制，健全完善以信用为核心的建筑市场监管体系，建立健全招标投标领域“双随机、一公开”监管机制，完善建设工程招标投标情况后评估制度，推行AI智能审图试点，率先在全国建筑工程领域上线人工智能审图系统。

2021年，共有6项法规纳入市人大年度立法计划，4项法规、4项规章纳入市司法局年度立法计划。制定公布2021年度重大行政决策目录，《深圳市建设工程承包履约评价管理办法》出台，《深圳市业主大会和业主委员会指导规则》呈请市政府审议，《深圳市规范项目经理和项目总监任职行为的若干规定》按程序办理。

房地产业

【房地产调控】2021年，持续推进房地产调控，细化调控执行标准，加强新建商品住宅和商务公寓的价格指导，建立完善二手住房成交参考价格发布机制，强化一、二手房联动调控，并与金融监管部门联合开展防止经营用途贷款违规流入房地产领域专项排查，严查经营贷违规流入楼市。

【房地产市场监管】 组织开展房地产企业年报并跟踪管理，组织开展7期“双随机、一公开”检查，对发现的违规企业（机构）暂停业务并限期整改。全面梳理权责清单，已实现房地产开发企业资质证书、经纪机构备案证书电子证照基础上，实现房地产经纪机构及分支机构备案“秒批”。

【房地产开发经营】 2021年，深圳市全年房地产完成开发投资3014亿元，同比下降1.5%；其中，完成年度住房保障及市政项目指挥部2711亿元投资任务的109%（2944亿元）；完成住房新开工1500万平方米任务的102%（1528万平方米）。商品房批准预售面积838万平方米，同比增长8.96%；其中，商品住宅批准预售592万平方米，同比增长28.69%。新建商品房销售面积821万平方米，同比增长51.55%。

【行业发展】 2021年，全市共有房地产开发企业1603家，新增231家；其中一级资质27家，新增7家。全市备案房地产经纪机构共2682家，新增626家；分支机构3481家，新增37家，从业人员近6万人。全市备案房地产估价机构共61家，新增4家。

【物业管理】 2021年，全市纳入统计的物业服务企业1533个家，纳管项目8330个项目，在管面积约6.76亿平方米，从业人员约22.4万人。全面推行“小区党组织+业主委员会+物业服务企业”治理模式，着力构建党建引领、多元协同、居民自治、法制保障、专业支撑的居民小区治理格局。坪山区朗悦花园小区、长城二花园小区被住房和城乡建设部办公厅、中央文明办秘书局评为“加强物业管理，共建美好家园”活动典型案例。推动绿色社区、绿色物业、智慧物业管理，构建和谐宜居的小区治理体系。截至年底，全市642个社区创建“广东省四星级宜居社区”，其中49个社区完成“广东省五星级宜居社区”创建。全市共有80个项目获得了“深圳市绿色物业管理项目星级评价标识”。

住房保障

【公共住房建设筹集】 2021年，实际建设筹集公共住房9.65万套，完成率120.6%，超额完成8万套的任务目标；完成投资368.5亿元。2021年广东省住建厅下达深圳市新开工棚户区改造计划6154套，全年实际新开工棚户区改造套数6530套，圆满完成改造年度计划。5月，国务院办公厅发布通报，深圳市被评选为2020年度“棚户区改造工作积极主动、成效明显的地方”，并予以督查激励，这是深圳市首次，也是广东省首次获得此项激励。7月，印发《深圳市公共住房建设标准》，对建造技术、居住环境、套型空间、公共配套等方面作出了高品质要求。

【公共住房供应】 2021年，深圳市供应保障性住房和人才住房4.23万套，任务完成率120.86%。全年推出约1000套公共租赁住房面向特殊困难家庭配租，实现户籍低保、低保边缘住房困难家庭“应保尽保”，其他特殊困难家庭优先保障。

【住房保障制度改革】 全面对接国家住房保障体系，大力发展保障性租赁住房。12月21日印发《深圳市政府办公厅关于成立深圳市保障性租赁住房发展工作领导小组的通知》，统筹保障性租赁住房发展工作。有序推进公共租赁住房、保障性租赁住房和共有产权住房相关政府规章修订工作，将深圳市住房保障体系与国家保障体系的衔接方案以立法形式固定下来，为制定下一层级的配套政策提供指引，使住房保障工作沿着法制轨道推进。

公积金管理

2021年，深圳新增开户职工117.31万人、新增开户单位3.93万家、新增归集资金949.04亿元、提取资金613.39亿元，其中租房提取226.61亿元、发放住房公积金低息贷款394.70亿元。作为国家级试点，深圳市在公积金立法取得重大突破，研究拟订《深圳经济特区住房公积金管理条例》；通过制定出台《深圳市灵活就业人员缴存使用住房公积金管理暂行规定》，实现新增灵活就业人员实缴人数约1.7万人，新增缴存额近1700万元，并成功发放我国首笔灵活就业人员住房公积金贷款，率先实现了住房公积金缴存群体全覆盖。在全国率先推出25项住房公积金业务无纸化办理、上线新版网上办事平台，实现20余项单位业务“刷脸”办结、在全省率先接入并启用省公积金信息共享平台个人授权功能等，全年线上业务办理近1500万笔，占业务办理总量的95%；创新推出购房意向登记、房屋交易资格审核等业务的线上办理渠道，全年完成购房资格审查业务4.6万笔、商品房买卖合同备案3万笔。在执法维稳经验中创新推出事前预防、事中联防、多渠道分流、多层面化解的矛盾纠纷排查机制，并在住房和城乡建设部《建设工作简报》刊登，相关经验获全国推广。

建设工程消防设计审查验收

【概述】 2021年，深圳市住房和建设局共办理消防设计审查业务 732 宗，建设工程消防验收 275 宗、竣工消防验收备案 50 宗，办理行政处罚 1 宗。出台《深圳市建设工程消防设计审查指引》；加大监管力度；引入第三方审图开展技术审查工作；起草《建设工程消防验收全过程管理工作指引》，提升审批首次合格率。

【标准制定】积极推动《深圳特区消防条例》的修订，解决消防行政审批与日常消防监督职责边界不清晰的问题；组织制定《附建式变电站设计防火技术标准》《深圳市地下空间消防设计技术标准》等符合深圳实际的地方标准，其中《附建式变电站设计防火技术标准》将着力解决集约化城市发展用地难题，出台后将成为全国首创；会同消防救援部门联合印发《密室逃脱场所建设工程消防安全技术要点及管理措施（试行）》，为场所经营单位开展消防安全隐患自查自改和日常管理提供了标准规范。

【业务监管】针对部分工程主体责任落实不到位，规范标准执行不严格，消防设计质量不达标等突出问题，约谈相关建设单位和设计单位 9 次。针对工程项目在消防工程及产品在建设、设计、监理、施工等工作中存在施工质量等问题，先后对 13 个项目建设、设计、监理、施工单位相关负责人实施约谈，督促企业全面抓好工程安全质量，认真落实整改。

【业务试点】通过引入第三方专业审图机构提供技术审查服务，提升了设计质量，提高了审批效能。组织各区开展建设工程消防产品抽样检测专项行动，并委托第三方检测机构配合做好抽样检测服务工作。2021 年，共委托第三方审查项目 91 宗，审查面积 1352 万平方米，合格率 100%；开展消防设施检测项目 74 宗、消防产品检测 83 宗，抽检样品 294 项。

城市建设

【新城建试点】经深圳市政府同意，印发“新城建”试点工作方案，成立“新城建”试点工作领导小组，成功申报智慧城市基础设施与智能网联汽车协同发展试点城市。“新城建”项目库初步纳入项目 298 个、涉及投资总额 209 亿元，其中完成项目 81 个、涉及投资 26 亿元。深圳市“新城建”试点工作获得住房和城乡建设部的认可，长圳项目构件智能化生产施工技术、大疆航测无人机工程应用等经验入选住房和城乡建设部智能建造新技术新产品创新服务典型案例。

【燃气供应】全年燃气行业实现主营业务收入 255 亿元，比上年增长 41.7%。年末燃气行业从业人员 0.81 万人，比上年增加 0.07 万人。全年新增城市燃气管道 1136 公里，累计长度 8481 公里，液化石油气钢瓶减少 60 万只。年末燃气管网覆盖率 88.75%，比上年末提高 3.6 个百分点。年末管道天然气普及率 74.4%，比上年末提高 22 个百分点。全年新增用户 113 万户，超过“十三五”时期新增用户总量，年末用户总数 373 万户。城市天然气消费量 21.1 亿立方米，比上年增长 10%。

【信访维稳】2021 年，有效受理 13958 件信访事项。住建领域行业专项整治中共出动检查人员 16318 余人次、发出责令改正通知书 1107 份、作出行政处罚 105 宗、处以罚款 821.25 万元；追回建筑工人工资 677.385 万元、工程款 1072.661 万元；为 32.7 万余人提供实名制安全教育线上培训；全市 819 个城中村管道天然气入户安装工程竣工验收率 99.88%、户数安装率 98.95%、户数平均点火率 62.97%；先后印发《关于开展住房租赁资金监管的通知》《深圳市问题楼盘专项治理工作方案》等 10 余部长效常治措施。深圳市住房和建设局获评“全国根治拖欠农民工工资工作先进集体”“2021 年度深圳市扫黑除恶专项斗争表现突出集体”。

标准定额

深圳市率先提出构建与建设项目实施各阶段相适应的多层级工程量清单，研究成果获得国家级奖项，并在项目中试点应用。9 月，广东省住房和城乡建设厅批准《深圳市工程造价改革试点实施工作方案》，深圳报送的 11 个项目均列入广东省工程造价改革第一批试点项目名单。深圳市建设工程造价管理站多项成果获得国家级荣誉。

工程质量安全监管

【工程质量监管】开展违规使用海砂检查 468 项次，未发现氯离子超标情况；检查预拌混凝土生产企业 76 家，工程项目 429 个，混凝土强度符合设计标准；开展钢筋专项检查 738 项次，抽检钢筋 1150 组，合格率 99.5%。强化混凝土施工过程管控。印发《关于进一步加强建设工程混凝土质量管理的通知》，规范混凝土进场验收、试块送检以及泵送、浇筑、养护等各环节的管理行为。开展两次结构质量专项检查。

【安全生产监管】对全市 6051 项危大工程实施台账化分级管控，分类落实针对性措施，全面实现深基坑（高边坡）、地下暗挖、起重机械信息化预警监测。先后组织百日攻坚、年终岁末大排查大整治、层级督查等行动，深圳市累计共检查项目 3.9 万项次，发出整改 2.4 万余份，停工 1862 份，红色警示（停标）36 家，立案查处 247 起，罚款 788 万元。牵头开展城市建设安全专项整治三年行动，协调市、区 40 个责任单位，落实 3 个专题 75 项重点任务。针对事故暴露出的短板和薄弱环节，印发了规范夜间施工、工作面安全条件核查、班前教育、溶洞等复杂地质条件施工等文件，研究制定了场内机动车辆管理办法。

建筑市场

【概况】2021 年，深圳市建筑业总产值达 5420 亿元，同比增长 13.5%（较 2020 年提高 4 个百分点），建筑业总产值增速高于建安工程投资增速（9.5%）。建筑业增加值首次突破 1000 亿元，同比增长 5.8%，占全市 GDP 比重 3.3%。制定印发《深圳市工程建设行业产业工人职业训练管理办法》，初步构建了线上和线下、场内和场外、岗前和岗内相结合的多层次产业工人培育培训体系；指导深圳建筑业协会等单位开展产业工人训练试点工作，完成 2000 余人培训；持续开展“送教进工地”劳务工安全教育系列活动，2021 年累计免费为 2.9 万余名一线工人提供培训；普及实名制安全教育线上教育，进行实名制安全教育线上培训 32.7 万余人。

【建筑市场监管】针对建筑市场领域围标串标、对投标人设置各类不合理限制和壁垒、转包挂靠、违法分包、申请资质弄虚作假、人员“挂证”等突出问题，扎实开展行业专项治理行动。2021 年累计出动 440 人次，检查项目 74 个，核查企业 36 家. 共作出行政处罚 29 宗，涉及被处罚企业 4 家，人员 4 个，处罚金额共计 764 万元，取得了阶段性成果。全年合计受理欠薪投诉 104 宗，涉及 78 个项目，工人 337 人，工资 643.849 万元，工程款 1051.502（含机械费、材料款），已全部协调解决。

【建设工程招标投标情况】2021 年，深圳市建设工程招标项目总数量约 4882 个，招标项目总金额约 3809 亿元。全年作出公开招标改直接发包行政许可 20 项，处理招投标信访件 30 宗，投诉件 20 宗。出台《深圳市建设工程标后评估工作规则》和《深圳市建设工程承包商履约评价管理办法》等政策文件，进一步完善基于招标人负责制的“评定分离”机制。在 2021 年公布的“2020 年全国优化营商环境评价”和“2020 年广东省优化营商环境评价”成绩中，深圳招标投标分别取得该指标全国第一名和全省第一名的好成绩。

【招标投标制度改革】推行招标备案“秒批”模式和全过程信息公开，由注重事前核查转变为事中抽查、事后评估，规范市场秩序的同时助推项目加快落地实施。率先打破隐形壁垒，推动粤港澳大湾区一体化，通过备案方式授予香港专业机构、专业人士内地企业资质和执业资格，使香港企业享有与内地企业相同权利参与投标和承接项目。

【招标投标电子化建设】作为国家发展改革委批准的全国首个创新试点城市，深圳招投标系统电子化程度居国内领先水平，探索建成全国首个基于 BIM 电子招投标系统。

建筑节能与科技

【绿色建筑发展】2021 年，深圳市新增绿色建筑评价标识项 162 个，建筑面积 1886.56 万平方米，其中获得高星级绿色建筑标识项目 153 个，建筑面积 1749.88 万平方米，占新增绿色建筑项目总数的 92.8%。积极推进公共建筑能效提升重点城市建设，全年完成 46 个项目节能改造以及核验测评，完成既有公共建筑节能改造面积 106.25 万平方米。组织开展“节能宣传月”活动，大力宣传绿色建筑发展成果；组团参加“第十七届国际绿色建筑和建筑节能博览会”，为行业发展搭建平台；参与主办“第一届全国建筑绿色低碳发展论坛”，面向全球充分展示深圳在绿色低碳建筑发展领域的经验和探索，促进粤港澳大湾区科技创新交流，提升国际影响力。

【装配式建筑】截至 12 月底，全市建设总规模达到 5172 万平方米。2021 年发布实施省内首部装配式装修标准《居住建筑室内装配式装修技术规程》SJG 96—2021，填补了深圳市装修标准规范领域空白；模块化建筑总建筑面积超过 60 万平方米；积极推进市政基础设施、轨道交通等采用装配式技术。累计培育了 13 个国家级装配式建筑产业基地、29 个省级基地及 31 个市级基地，国家基地数量在大中城市中位居第二，总体数量在全国和省内领先。2021 年累计开展 17 场装配式建筑相关培训，指导行业协会完成装配式建筑专业技术资格评审，将装配式建筑施工员正式纳入市一级技能竞赛目录，探索打通职业教育与一体化人才培育新机制。

【科技推广】2021 年，深圳市新增市工程建设领域科技计划项目 80 个，列入广东省住房和城乡建设厅科技计划项目 9 个，列入住房和城乡建设部科技计划项目 6 个。建设科技计划项目累计 266 个；新立项广东省建筑业新技术示范工程 90 个。累计建成省建筑业新技术示范工程 174 个，总建筑面积超过

2800万平方米，其中130个项目达到国内领先水平；全市工程建设领域高新技术企业累计384家。组建成立涵盖院士20名，全国勘察设计大师8名、其他知名专家39名，下设10个专业委员会的新一届市建设科学技术委员会。连续10余年在全国绿色建筑博览会、住宅产业化博览会参展，并牵头出版《新营造》专业期刊累计达58期。积极推进国家试点示范城市建设，为全国先试示范探索一套可复制可推广的行业高质量发展新模式和实施经验。

人事教育

2021年，深圳市住房和建设局党组开展第一议题学习21次，理论中心组集体学习研讨13次。抓在经常。全局开展党史学习专题讲座和主题党课157场次，各党支部组织现场红色教育、党史故事会、读书会等活动共1000余场次。积极配合市委组织部在全市3450多个小区成立党支部或联合党支部，深圳市全市共有8家小区党支部、10家物业服务中心党支部被确定为广东省"红色物业"试点单位，数量为全省最多。"党建廉建共建、质量安全共管"试点工作从最初的36个提质扩面到749个，实现全市在建市管工地100%覆盖。形成了疫情零感染，廉政少投诉、效能共提高的局面，在全省形成了可复制可推广的经验。组织开展"百件实事惠民生"活动。"着力解决困难群体住房难题"获评市"十佳为民服务实事"，"实施'瓶改管'攻坚计划"获得提名奖。从住建系统筛选出政治素质高、工作作风好、相对年轻的科级干部25名，进行重点关注、跟进培养。这也是近年来住建系统党组首次对年轻公务员队伍建设工作进行专门研究，形成了机关年轻干部蓄水池。2021年，组织各单位开展日常廉政谈心谈话共262次；开展提醒谈话共16次，其中"咬耳扯袖"谈话13次，"红脸出汗"谈话3次。

大事记

2月

发布《深圳市住房和建设局关于建立二手住房成交参考价格发布机制的通知》。

5月

发布《深圳市住房和建设局关于进一步规范新建商品住房和商务公寓销售价格指导工作的通知》。

国务院办公厅发布通报，深圳市被评选为2020年度"棚户区改造工作积极主动、成效明显的地方"，并予以督查激励，这是深圳市首次、也是广东省首次获得此项激励。

6月

协调院士专家组和16家专业技术机构，组织开展调查摸排、检测监测及结构安全复核，分析振动原因；组建"损伤修复工程组"，开展内部累积损伤修复工程，精心组织、扎实推进，按时按质完成累积损伤修复工程。

8月

完成与省工程建设项目"一网通办"主题集成服务系统的对接改造工作，实现与省"一网通办"主题系统的同平台申办，相关办理数据实时对接。在各区开展审批制度改革专项调研工作形成问题清单。

10月

以市政府办公厅名义印发实施《关于印发加快推进建筑信息模型（BIM）技术应用的实施意见（试行）的通知》，大力推广BIM技术应用。

12月

发布《深圳市房地产市场秩序专项整治工作方案》的通知。

（深圳市住房和建设局）

规划和城市更新

规划编制

不断深化完善《深圳市国土空间总体规划（2020—2035年）》规划成果，4月，深圳市政府六届二百六十一次常务会议审议并原则通过规划成果（草案）；6月，开展为期1个月的规划成果（草案）公示。8月，该规划经深圳市七届人大常委会第三次审议通过。按照自然资源部、广东省自然资源厅关于"三区三线"试划工作要求，形成两轮试划成果上报广东省自然资源厅。同步统筹推进各区分区规划编制工作，坚持市区联动，深化优化规划二级分区划定、各区重要规划指标分配方案等研究。制订《深圳市国土空间分区规划成果符合性审查标准及空间要素入库规则（试行）》，促进分区规划成果编制及审查报批工作规范化。

规划管理

【概况】修订完善《深圳市规划和自然资源局跨省域增减挂钩节余指标使用操作指引》，统筹做好3000亩跨省域调剂规模和新一轮国土空间规划预下达规模的使用，共完成82项、634公顷土地利用总体规划调整。高效开展过渡期生态保护红线不可避让论证工作，推动珠三角水资源配置工程、赣深铁路、深汕西高速改扩建、机荷高速改扩建、穗莞深城际等国家和省重大项目的报批工作。

【重点片区规划】开展河套深港科技创新合作区深方园区、国际会展城、海洋新城、东部高铁新城、电子信息产业承载区、深圳火车站及罗湖口岸片区、大望梧桐片区等重点片区规划编制。

【法定图则】加快推进法定图则管理制度改革，制定关于加强和改进法定图则管理的实施意见，建立健全适应超大型城市、存量土地发展的法定图则管理体系。2021 年，共开展法定图则修编和深汕特别合作区控制性详细规划新编等 30 余项，其中八卦岭地区、水径地区、西丽中心地区、坪山中心（老城）地区 4 项法定图则已审批通过。

【城市和建筑设计】开展城市设计工作管理研究，积极探索城市设计与城市规划管理的融合方式。完成福田香蜜湖片区等重点片区城市设计，实现对重点片区城市格局、风貌和各类公共空间的精细化管理。编制《深圳“山海连城计划”概念城市设计》，整合深圳千园万径蓝绿空间，构建“一脊一带二十廊”生态游憩骨架。编制《深圳市无障碍城市专项规划》《儿童友好型城市公共空间和公共设施规划标准、建设指引和实施行动研究》《深圳市美丽街区设计指引研究》，推动深圳进一步建成全龄全民友好城市。

【历史文化保护】全力推进《深圳市城市紫线规划（修编）》工作；出台《深圳市历史风貌区和历史建筑评估标准》和《深圳市历史风貌区和历史建筑保护规划编制技术指引》；完成深圳市已公布 73 处历史建筑的挂牌和建筑测绘工作。

【市政交通规划】2021 年，完成穗莞深城际等国家铁路方面的前期工作；推进西丽枢纽等重大交通枢纽的前期工作；与香港方面共同推动深港跨界轨道交通项目的规划建设；开展城市轨道交通第五期建设规划编制工作，同步开展相关轨道线路和枢纽交通详细规划编制工作。结合国土空间总体规划（2020—2035）进行《深圳市轨道交通线网规划（2016—2035）》优化研究。完成《深圳市干线道路网规划（2020—2035）》，同步推进机荷高速改扩建等重大道路工程的前期及规划手续工作。开展光明、龙华能源生态园项目的前期规划工作以及《深圳市消防设施空间利用规划（2020—2035）》的编制工作；开展全市性的水、电、气各个专项规划的编制工作，为各区、各行业的详规及建设提供上层次规划保障；开展全市地下管线管理的现状调研工作，为后续全市地下管线管理办法的编制工作做好充分准备。

【地名管理】推进各区地名志、地名标准词典的编纂工作，推进第二次全国地名普查成果归档和 2015 年—2019 年区划地名信息补录工作；协助推进深圳市地名学会成立工作，加强深圳地名研究能力；在广东省民政厅的指导下完成清理整治第一批不规范地名（深圳 3 个），并积极开展第二批整治工作；开展深圳市轨道四期调整站名规划。推广地名文化，建立深圳地名文化一张图；拍摄《深圳地名》纪录片，并在深圳都市频道第一现场播出；开展“记住红色地名赓续红色基因”地名文化宣传活动；在深圳商报“读创文化广场”APP 启动“发现深圳（音频）-党史中的深圳地名”栏目，迄今发表了 10 多篇地名故事，并在“深圳市规划和自然资源局”微信号同时发布；向广东省民政厅报送《中国地名大会》第三季地名节目地名事例，宣传和弘扬深圳地名文化。

土地二次开发

【城市更新】组织印发《关于在城市更新和土地整备中进一步加强历史文化资源和古树名木保护的通知》，推进南头古城等 7 个城中村有机更新试点工作，入围住房和城乡建设部“老街区和老城区更新改造”城市更新第一批示范项目。及时完善行政执法自由裁量标准、重点城市更新单元报批程序和规范历史违建物业权利人核实的通知等《深圳经济特区城市更新条例》配套政策；初步形成《城市更新单元规划容积校核技术指引》《城市更新基础数据调查和管理办法》政策草案；起草《关于进一步加大居住用地供应的若干措施》，从调整城市更新结构、促进城中村和旧住宅区改造、盘活存量用房潜力等方面提出具体措施。开展面向 2035 年的低效用地再开发专项规划编制、城市更新和土地整备“十四五”规划编制等工作；编制印发《深圳市 2021 年度城市更新和土地整备计划》。全力推进重点房地产企业城市更新项目的风险防范化解工作。2021 年，全市通过城市更新供应土地 320 公顷，完成高品质产业空间保留提升 21.1 平方公里。

【土地整备】研究形成《深圳市土地整备利益统筹办法（草案）》；形成《深圳市房屋征收与补偿实施办法（征求意见稿）》和《深圳经济特区土地收回条例（送审稿）》，正按程序开展后续工作。为保障 20 大先进制造业园区整备形成连片产业空间，重点对 20 大先进制造业园区的启动区、拓展区用地进行分析甄别，全力推进启动区、拓展区内低效产业空间整备。居住潜力用地整备方面，深挖全市居住用地潜力空间，印发《关于推进居住潜力用地整备有关事项的通知》，指导各区有序开展居住潜力用地整备工作。安排亟待实施的民生设施项目 104 项，对民生设施规划建设工作起到了较好的促进作用。研究形成《深圳市综合功能整备区专项行动工作方案（草案）》，为深圳市 2035 年居住、产业、民生等领域长远发展提供用地支撑。2021 年土地整备任务为 10 平方公里，实际完成 18.8 平方公里，完成全年任务的 188%，其中产业用地、民生用地和居住潜力用地整备任务分别为 5 平方公里、2 平方公里和 2 平方公里，实际分别完成 504.74 公顷、250.42 公顷和 205.37 公顷，完成率分别为 101%、125% 和 102.7%。

大事记

3 月

1 日 《深圳经济特区城市更新条例》正式实施，为全国范围内首部城市更新相关地方性法规。

22 日 深圳市不动产登记业务全面实现“全城通办”。

30 日 召开《罗湖区国土空间分区规划（2020—2035）》专家咨询会。

4 月

20 日 启动深圳市“详细规划一张图”公众版试运行。

5 月

1 日 《深圳市危房重建规划管理规定》施行。

12 日 召开《南山区国土空间分区规划（2020—2035）》专家咨询会

6 月

3 日 深圳市规划和自然资源局将 12 项规划和自然资源领域的省级管理权限，调整为由中国（广东）自由贸易试验区深圳前海蛇口片区管理委员会办理。

7 月

10 日 深圳市规划和自然资源局举行公众论坛，围绕《深圳市国土空间总体规划（2020—2035 年）》草案，邀请总规编制团队与市民面对面，宣讲规划主要内容，解读重点版块。

14 日 深圳市政府公报印发《深圳市地下空间开发利用管理办法》。

8 月

27 日 召开《深圳市福田区国土空间分区规划（2020—2035 年）》专家咨询会。

9 月

30 日 《深圳市“多规合一”信息平台运行管理规则（征求意见稿）》《深圳市可视化城市空间数字平台管理暂行办法（征求意见稿）》公开征求社会公众意见。

10 月

27 日 公示《深圳市消防设施空间利用规划（2020—2035）（草案）》。

28 日 公示新编制的《深圳市城市紫线规划（修编）》。

11 月

18 日 《深圳市 2021 年度城市更新和土地整备计划》经市政府七届 14 次常务会议审议同意，修改完善并经市政府同意，予以印发。

19 日 公示《深圳市地下空间资源利用规划（2020—2035 年）》的成果草案。

12 月

9 日 召开《盐田区国土空间分区规划（2020—2035 年）》专家咨询会。

10 日 召开《宝安区国土空间分区规划（2020—2035 年）》专家评审会。

（深圳市规划和自然资源局）

政策法规文件

国务院关于同意将云南省通海县列为国家历史文化名城的批复

国函〔2021〕30号

云南省人民政府：

你省关于申报通海县为国家历史文化名城的请示收悉。现批复如下：

一、同意将通海县列为国家历史文化名城。通海县历史悠久，传统格局和历史风貌特色鲜明，文化遗存丰富，民族风情浓郁，具有重要的历史文化价值。

二、你省及通海县人民政府要以习近平新时代中国特色社会主义思想为指导，全面贯彻党的十九大和十九届二中、三中、四中、五中全会精神，按照党中央、国务院决策部署，牢固树立保护历史文化遗产责任重大的观念，落实《中华人民共和国文物保护法》《历史文化名城名镇名村保护条例》要求，深入研究发掘历史文化资源的内涵与价值，明确保护的原则和重点，强化历史文化资源的保护利用，传承弘扬中华优秀传统文化，讲好中国故事。编制好历史文化名城保护规划和各级文物保护单位保护规划，制定并严格实施保护管理规定，明确各类保护对象的清单以及保护内容、要求和责任。正确处理城市建设与历史文化资源保护的关系，重视保护城市格局和风貌管控，加强整体性保护、系统性保护；保护修复历史文化街区，补足配套基础设施和公共服务设施短板，不断提升人居环境品质；加强文物和历史建筑修缮保护，推动文物保护单位开放利用，充分发挥历史建筑的使用价值。不得改变与名城相互依存的自然景观和环境，不得进行任何与名城环境和风貌不相协调的建设活动，不得损坏或者擅自迁移、拆除历史建筑。进一步强化责任落实，对不履职尽责、保护不力，造成名城历史文化价值受到严重影响的行为，依法依规加大监督问责力度。

三、你省与住房城乡建设部、国家文物局要加强对通海县国家历史文化名城保护工作的指导、监督和检查。

国务院

2021年3月3日

国务院办公厅关于印发新时代中央国家机关及有关单位对口支援赣南等原中央苏区工作方案的通知

国办发〔2021〕15号

各省、自治区、直辖市人民政府，国务院各部委、各直属机构：

《新时代中央国家机关及有关单位对口支援赣南等原中央苏区工作方案》已经国务院同意，现印发给你们，请认真贯彻执行。

国务院办公厅

2021年4月21日

（此件公开发布）

新时代中央国家机关及有关单位对口支援赣南等原中央苏区工作方案

按照党中央、国务院决策部署，2013年以来中央国家机关及有关单位与赣南等原中央苏区加强工作对接，积极推进对口支援工作，助力受援地如期打赢脱贫攻坚战，振兴发展取得重大成效。为贯彻落实《国务院关于新时代支持革命老区振兴发展的意见》（国发〔2021〕3号）有关部署，扎实推进新时代中央国家机关及有关单位对口支援赣南等原中央苏区工作，现制定以下工作方案。

一、总体要求

以习近平新时代中国特色社会主义思想为指导，全面贯彻党的十九大和十九届二中、三中、四中、五中全会精神，认真落实党中央、国务院关于新时代支持革命老区振兴发展的战略部署，立足新发展阶段、贯彻新发展理念、构建新发展格局，充分发挥中央国家机关及有关单位职能作用，激发赣南等原中央苏区内生发展动力，努力构建人才、产业、项目、创新等相结合的对口支援工作格局，探索新时代推动革命老区高质量发展、逐步实现共同富裕的有效途径。

二、工作安排

对口支援赣南等原中央苏区工作，对口支援单位包括63个中央国家机关及有关单位，受援地包括江西省赣州市、吉安市、抚州市和福建省龙岩市、三明市所辖共43个县（市、区）。工作期限为2021年至2030年。其中，国家发展改革委、中央组织部作为牵头部门，负责对口支援工作的组织协调和统筹指导，并结合自身职能全面开展对口支援相关工作，不安排具体对口支援关系；其他61个对口支援单位与受援地具体结对安排如下：

（一）赣州市18个县（市、区）。

国务院国资委、国家药监局——章贡区（含赣州经济技术开发区）

证监会、中国民航局——南康区

科技部、自然资源部——赣县区

财政部、新华社——瑞金市

工业和信息化部、海关总署——龙南市

农业农村部、国家能源局——信丰县

广电总局、中科院——大余县

教育部、全国工商联——上犹县

生态环境部、体育总局——崇义县

交通运输部、供销合作总社——安远县

银保监会、进出口银行——定南县

商务部、开发银行——全南县

人力资源社会保障部、水利部——宁都县

国家卫生健康委、国家粮食和储备局——于都县

民政部、国家烟草局——兴国县

审计署、市场监管总局——会昌县

中央宣传部、国家统计局——寻乌县

司法部、国家乡村振兴局——石城县

（二）吉安市8个县（区）。

税务总局——吉州区

招商局集团有限公司——青原区

中国人民保险集团股份有限公司——吉安县

国家国防科工局——吉水县

人民银行——新干县

国家铁路局——永丰县

社科院——泰和县

国家林草局——万安县

（三）抚州市5个县。

中国旅游集团有限公司——黎川县

农业发展银行——南丰县

国家民委——乐安县

国家文物局——宜黄县

中央统战部——广昌县

（四）龙岩市7个县（市、区）。

国家电网有限公司——新罗区

文化和旅游部——永定区

国务院台办——漳平市

中国建筑集团有限公司——长汀县

退役军人部——上杭县

国家开发投资集团有限公司——武平县

住房城乡建设部——连城县

（五）三明市5个县。

国家中医药局——明溪县

华润（集团）有限公司——清流县

应急部——宁化县

中国国家铁路集团有限公司——泰宁县

中粮集团有限公司——建宁县

三、工作要求

（一）完善工作机制。国家发展改革委、中央组织部要加强统筹协调，会同各对口支援单位和受援地明确工作总体目标和重点任务，扎实推进落实对口支援各项工作任务。各对口支援单位要加强与受援地沟通协商，健全领导有力、联系紧密、运转高效的工作推进机制。江西、福建等有关省份和受援地要落实主体责任，明确任务分工，加强沟通衔接，参照本方案推进省级部门和企事业单位对口支援革命老区，确保对口支援工作取得实效。

（二）落实重点任务。各对口支援单位要结合自身职能和优势，充分考虑受援地比较优势和发展需要，以干部挂职、人才培训、营商环境营造、产业和创新平台建设等为重点，科学编制并推动落实对口支援实施方案。要把红色资源作为坚定理想信念、加强党性修养的生动教材，选派优秀干部到赣南等原中央苏区和其他革命老区挂职锻炼。要聚焦提升内生发展动力，支持受援地培训一批专业技术人才，推广一批改革创新举措，实施一批有利于推动高质量发展的政策与项目。支持其他革命老区重点市县学习借鉴赣南等原中央苏区经验做法，结合中央国家机关及有关单位选派干部挂职锻炼，探索建立合作机制。

（三）加强督促评估。国家发展改革委、中央组织部要及时跟踪对口支援工作进展情况，加大督促检查力度，定期组织工作成效评估，并将评估结果纳入地方政府绩效评价考核体系。重大问题及时向国务院报告。

国务院办公厅关于加快发展保障性租赁住房的意见

国办发〔2021〕22号

各省、自治区、直辖市人民政府，国务院各部委、各直属机构：

近年来，各地区、各有关部门认真贯彻落实党中央、国务院决策部署，扎实推进住房保障工作，有效改善了城镇户籍困难群众住房条件，但新市民、青年人等群体住房困难问题仍然比较突出，需加快完善以公租房、保障性租赁住房和共有产权住房为主体的住房保障体系。经国务院同意，现就加快发展保障性租赁住房，促进解决好大城市住房突出问题，提出以下意见。

一、指导思想

以习近平新时代中国特色社会主义思想为指导，全面贯彻党的十九大和十九届二中、三中、四中、五中全会精神，立足新发展阶段、贯彻新发展理念、构建新发展格局，坚持以人民为中心，坚持房子是用来住的、不是用来炒的定位，突出住房的民生属性，扩大保障性租赁住房供给，缓解住房租赁市场结构性供给不足，推动建立多主体供给、多渠道保障、租购并举的住房制度，推进以人为核心的新型城镇化，促进实现全体人民住有所居。

二、基础制度

（一）明确对象标准。保障性租赁住房主要解决符合条件的新市民、青年人等群体的住房困难问题，以建筑面积不超过70平方米的小户型为主，租金低于同地段同品质市场租赁住房租金，准入和退出的具体条件、小户型的具体面积由城市人民政府按照保基本的原则合理确定。

（二）引导多方参与。保障性租赁住房由政府给予土地、财税、金融等政策支持，充分发挥市场机制作用，引导多主体投资、多渠道供给，坚持“谁投资、谁所有”，主要利用集体经营性建设用地、企事业单位自有闲置土地、产业园区配套用地和存量闲置房屋建设，适当利用新供应国有建设用地建设，并合理配套商业服务设施。支持专业化规模化住房租赁企业建设和运营管理保障性租赁住房。

（三）坚持供需匹配。城市人民政府要摸清保障性租赁住房需求和存量土地、房屋资源情况，结合现有租赁住房供求和品质状况，从实际出发，因城施策，采取新建、改建、改造、租赁补贴和将政府的闲置住房用作保障性租赁住房等多种方式，切实增加供给，科学确定“十四五”保障性租赁住房建设目标和政策措施，制定年度建设计划，并向社会公布。

（四）严格监督管理。城市人民政府要建立健全住房租赁管理服务平台，加强对保障性租赁住房建设、出租和运营管理的全过程监督，强化工程质量安全监管。保障性租赁住房不得上市销售或变相销售，严禁以保障性租赁住房为名违规经营或骗取优惠政策。

（五）落实地方责任。城市人民政府对本地区发展保障性租赁住房，促进解决新市民、青年人等群体住房困难问题负主体责任。省级人民政府对本地区发展保障性租赁住房工作负总责，要加强组织领导和监督检查，对城市发展保障性租赁住房情况实施监测评价。

三、支持政策

（一）进一步完善土地支持政策。

1. 人口净流入的大城市和省级人民政府确定的城市，在尊重农民集体意愿的基础上，经城市人民政府同意，可探索利用集体经营性建设用地建设保障性租赁住房；应支持利用城区、靠近产业园区或交通便利区域的集体经营性建设用地建设保障性租赁住房；农村集体经济组织可通过自建或联营、入股等方式建设运营保障性租赁住房；建设保障性租赁住房的集体经营性建设用地使用权可以办理抵押贷款。

2. 人口净流入的大城市和省级人民政府确定的城市，对企事业单位依法取得使用权的土地，经城市人民政府同意，在符合规划、权属不变、满足安全要求、尊重群众意愿的前提下，允许用于建设保障性租赁住房，并变更土地用途，不补缴土地价款，原划拨的土地可继续保留划拨方式；允许土地使用权人自建或与其他市场主体合作建设运营保障性租赁住房。

3. 人口净流入的大城市和省级人民政府确定的城市，经城市人民政府同意，在确保安全的前提下，可将产业园区中工业项目配套建设行政办公及生活服务设施的用地面积占项目总用地面积的比例上限由7%提高到15%，建筑面积占比上限相应提高，提高部分主要用于建设宿舍型保障性租赁住房，严禁建设成套商品住宅；鼓励将产业园区中各工业项目的配套比例对应的用地面积或建筑面积集中起来，统一建设宿舍型保障性租赁住房。

4. 对闲置和低效利用的商业办公、旅馆、厂房、仓储、科研教育等非居住存量房屋，经城市人民政府同意，在符合规划原则、权属不变、满足安全要求、尊重群众意愿的前提下，允许改建为保障性租赁住房；用作保障性租赁住房期间，不变更土地使用性质，不补缴土地价款。

5. 人口净流入的大城市和省级人民政府确定的城市，应按照职住平衡原则，提高住宅用地中保障性租赁住房用地供应比例，在编制年度住宅用地供应计划时，单列租赁住房用地计划、优先安排、应保尽保，主要安排在产业园区及周边、轨道交通站点附近和城市建设重点片区等区域，引导产城人融合、人地房联动；保障性租赁住房用地可采取出让、租赁或划拨等方式供应，其中以出让或租赁方式供应的，可将保障性租赁住房租赁价格及调整方式作为出让或租赁的前置条件，允许出让价款分期收取。新建普通商品住房项目，可配建一定比例的保障性租赁住房，具体配建比例和管理方式由市县人民政府确定。鼓励在地铁上盖物业中建设一定比例的保障性租赁住房。

（二）简化审批流程。各地要精简保障性租赁住房项目审批事项和环节，构建快速审批流程，提高项目审批效率。利用非居住存量土地和非居住存量房屋建设保障性租赁住房，可由市县人民政府组织有关部门联合审查建设方案，出具保障性租赁住房项目认定书后，由相关部门办理立项、用地、规划、施工、消防等手续。不涉及土地权属变化的项目，可用已有用地手续等材料作为土地证明文件，不再办理用地手续。探索将工程建设许可和施工许可合并为一个阶段。实行相关各方联合验收。

（三）给予中央补助资金支持。中央通过现有经费渠道，对符合规定的保障性租赁住房建设任务予以补助。

（四）降低税费负担。综合利用税费手段，加大对发展保障性租赁住房的支持力度。利用非居住存量土地和非居住存量房屋建设保障性租赁住房，取得保障性租赁住房项目认定书后，比照适用住房租赁增值税、房产税等税收优惠政策。对保障性租赁住房项目免收城市基础设施配套费。

（五）执行民用水电气价格。利用非居住存量土地和非居住存量房屋建设保障性租赁住房，取得保障性租赁住房项目认定书后，用水、用电、用气价格按照居民标准执行。

（六）进一步加强金融支持。

1. 加大对保障性租赁住房建设运营的信贷支持力度，支持银行业金融机构以市场化方式向保障性租赁住房自持主体提供长期贷款；按照依法合规、风险可控、商业可持续原则，向改建、改造存量房屋形成非自有产权保障性租赁住房的住房租赁企业提供贷款。完善与保障性租赁住房相适应的贷款统计，在实施房地产信贷管理时予以差别化对待。

2. 支持银行业金融机构发行金融债券，募集资金用于保障性租赁住房贷款投放。支持企业发行企业债券、公司债券、非金融企业债务融资工具等公司信用类债券，用于保障性租赁住房建设运营。企业持有运营的保障性租赁住房具有持续稳定现金流的，可将物业抵押作为信用增进，发行住房租赁担保债券。支持商业保险资金按照市场化原则参与保障性租赁住房建设。

四、组织实施

（一）做好政策衔接。各地要把解决新市民、青年人等群体住房困难问题摆上重要议事日程，高度重视保障性租赁住房建设。要对现有各类政策支持租赁住房进行梳理，包括通过利用集体建设用地建设租赁住房试点、中央财政支持住房租赁市场发展试点、非房地产企业利用自有土地建设租赁住房试点、发展政策性租赁住房试点建设的租赁住房等，符合规定的均纳入保障性租赁住房规范管理，不纳入的不得享受利用非居住存量土地和非居住存量房屋建设保障性租赁住房不补缴土地价款等国家对保障性租赁住房的专门支持政策。

（二）强化部门协作。住房城乡建设部要加强对发展保障性租赁住房工作的组织协调和督促指导，会同有关部门组织做好发展保障性租赁住房情况监测评价，及时总结宣传经验做法。国家发展改革委、财政部、自然资源部、人民银行、税务总局、银保监会、证监会等部门和单位要加强政策协调、工作衔接，强化业务指导、调研督促。各有关部门和单位要按职责分工，加强协作、形成合力，确保各项政策落实到位。

国务院办公厅

2021 年 6 月 24 日

（此件公开发布）

住房和城乡建设部关于印发绿色建筑标识管理办法的通知

建标规〔2021〕1 号

各省、自治区、直辖市住房和城乡建设厅（委、管委），新疆生产建设兵团住房和城乡建设局：

为规范绿色建筑标识管理，推动绿色建筑高质量发展，我部制定了《绿色建筑标识管理办法》。现印发给你们，请结合实际认真贯彻执行。

住房和城乡建设部

2021 年 1 月 8 日

（此件公开发布）

绿色建筑标识管理办法

第一章 总 则

第一条 为规范绿色建筑标识管理，促进绿色建筑高质量发展，根据《中共中央 国务院关于进一步加强城市规划建设管理工作的若干意见》和《国民经济和社会发展第十三个五年（2016—2020 年）规划纲要》《中共中央关于制定国民经济和社会发展第十四个五年规划和二〇三五年远景目标的建议》要求，制定本办法。

第二条 本办法所称绿色建筑标识，是指表示绿色建筑星级并载有性能指标的信息标志，包括标牌和证书。绿色建筑标识由住房和城乡建设部统一式样，证书由授予部门制作，标牌由申请单位根据不同应用场景按照制作指南自行制作。

第三条 绿色建筑标识授予范围为符合绿色建筑星级标准的工业与民用建筑。

第四条 绿色建筑标识星级由低至高分为一星级、二星级和三星级3个级别。

第五条 住房和城乡建设部负责制定完善绿色建筑标识制度，指导监督地方绿色建筑标识工作，认定三星级绿色建筑并授予标识。省级住房和城乡建设部门负责本地区绿色建筑标识工作，认定二星级绿色建筑并授予标识，组织地市级住房和城乡建设部门开展本地区一星级绿色建筑认定和标识授予工作。

第六条 绿色建筑三星级标识认定统一采用国家标准，二星级、一星级标识认定可采用国家标准或与国家标准相对应的地方标准。

新建民用建筑采用《绿色建筑评价标准》GB/T 50378，工业建筑采用《绿色工业建筑评价标准》GB/T 50878，既有建筑改造采用《既有建筑绿色改造评价标准》GB/T 51141。

第七条 省级住房和城乡建设部门制定的绿色建筑评价标准，可细化国家标准要求，补充国家标准中创新项的开放性条款，不应调整国家标准评价要素和指标权重。

第八条 住房和城乡建设部门应建立绿色建筑专家库。专家应熟悉绿色建筑标准，了解掌握工程规划、设计、施工等相关技术要求，具有良好的职业道德，具有副高级及以上技术职称或取得相关专业执业资格。

第二章 申报和审查程序

第九条 申报绿色建筑标识遵循自愿原则，绿色建筑标识认定应科学、公开、公平、公正。

第十条 绿色建筑标识认定需经申报、推荐、审查、公示、公布等环节，审查包括形式审查和专家审查。

第十一条 绿色建筑标识申报应由项目建设单位、运营单位或业主单位提出，鼓励设计、施工和咨询等相关单位共同参与申报。申报绿色建筑标识的项目应具备以下条件：

（一）按照《绿色建筑评价标准》等相关国家标准或相应的地方标准进行设计、施工、运营、改造；

（二）已通过建设工程竣工验收并完成备案。

第十二条 申报单位应按下列要求，提供申报材料，并对材料的真实性、准确性和完整性负责。申报材料应包括以下内容：

（一）绿色建筑标识申报书和自评估报告；

（二）项目立项审批等相关文件；

（三）申报单位简介、资质证书、统一社会信用代码证等；

（四）与标识认定相关的图纸、报告、计算书、图片、视频等技术文件；

（五）每年上报主要绿色性能指标运行数据的承诺函。

第十三条 三星级绿色建筑项目应由省级住房和城乡建设部门负责组织推荐，并报住房和城乡建设部。二星级和一星级绿色建筑推荐规则由省级住房和城乡建设部门制定。

第十四条 住房和城乡建设部门应对申报推荐绿色建筑标识项目进行形式审查，主要审查以下内容：

（一）申报单位和项目是否具备申报条件；

（二）申报材料是否齐全、完整、有效。

形式审查期间可要求申报单位补充一次材料。

第十五条 住房和城乡建设部门在形式审查后，应组织专家审查，按照绿色建筑评价标准审查绿色建筑性能，确定绿色建筑等级。对于审查中无法确定的项目技术内容，可组织专家进行现场核查。

第十六条 审查结束后，住房和城乡建设部门应在门户网站进行公示。公示内容包括项目所在地、类型、名称、申报单位、绿色建筑星级和关键技术指标等。公示期不少于7个工作日。对公示项目的署名书面意见必须核实情况并处理异议。

第十七条 对于公示无异议的项目，住房和城乡建设部门应印发公告，并授予证书。

第十八条 绿色建筑标识证书编号由地区编号、星级、建筑类型、年份和当年认定项目序号组成，中间用“-”连接。地区编号按照行政区划排序，从北京01编号到新疆31，新疆生产建设兵团编号32。建筑类型代号分别为公共建筑P、住宅建筑R、工业建筑I、混合功能建筑M。例如，北京2020年认定的第1个3星级公共建筑项目，证书编号为NO.01-3-P-2020-1。

第十九条 住房和城乡建设部负责建立完善绿色建筑标识管理信息系统，三星级绿色建筑项目应通过系统申报、推荐、审查。省级和地级市住房和城乡建设部门可依据管理权限登录绿色建筑标识管理信息系统并开展绿色建筑标识认定工作，不通过系统认定的二星级、一星级项目应及时将认定信息上报至系统。

第三章 标识管理

第二十条 住房和城乡建设部门应加强绿色建筑标识认定工作权力运行制约监督机制建设，科学设计工作流程和监管方式，明确管理责任事项和监督措施，切实防控廉政风险。

第二十一条 获得绿色建筑标识的项目运营单位或业主，应强化绿色建筑运行管理，加强运行指标与申报绿色建筑星级指标比对，每年将年度运行主要指标上报绿色建筑标识管理信息系统。

第二十二条 住房和城乡建设部门发现获得绿色建筑标识项目存在以下任一问题，应提出限期整改要求，整改期限不超过 2 年：

（一）项目低于已认定绿色建筑星级；

（二）项目主要性能低于绿色建筑标识证书的指标；

（三）利用绿色建筑标识进行虚假宣传；

（四）连续两年以上不如实上报主要指标数据。

第二十三条 住房和城乡建设部门发现获得绿色建筑标识项目存在以下任一问题，应撤销绿色建筑标识，并收回标牌和证书：

（一）整改期限内未完成整改；

（二）伪造技术资料和数据获得绿色建筑标识；

（三）发生重大安全事故。

第二十四条 地方住房和城乡建设部门采用不符合本办法第六条要求的地方标准开展认定的，住房和城乡建设部将责令限期整改。到期整改不到位的，将通报批评并撤销以该地方标准认定的全部绿色建筑标识。

第二十五条 参与绿色建筑标识认定的专家应坚持公平公正，回避与自己有连带关系的申报项目。对违反评审规定和评审标准的，视情节计入个人信用记录，并从专家库中清除。

第二十六条 项目建设单位或使用者对认定结果有异议的，可依法申请行政复议或者提起行政诉讼。

第四章　附　　则

第二十七条 本办法由住房和城乡建设部负责解释。

第二十八条 本办法自 2021 年 6 月 1 日起施行。《建设部关于印发〈绿色建筑评价标识管理办法〉（试行）的通知》（建科〔2007〕206 号）、《住房城乡建设部关于推进一二星级绿色建筑评价标识工作的通知》（建科〔2009〕109 号）、《住房城乡建设部办公厅关于绿色建筑评价标识管理有关工作的通知》（建办科〔2015〕53 号）、《住房城乡建设部关于进一步规范绿色建筑评价管理工作的通知》（建科〔2017〕238 号）同时废止。

住房和城乡建设部　自然资源部关于印发《房地产估价师职业资格制度规定》《房地产估价师职业资格考试实施办法》的通知

建房规〔2021〕3 号

各省、自治区、直辖市及新疆生产建设兵团住房和城乡建设厅（委、管委、局）、自然资源主管部门，各有关单位：

为落实国家职业资格制度改革要求，根据国务院领导批示精神，住房和城乡建设部、自然资源部制定了《房地产估价师职业资格制度规定》《房地产估价师职业资格考试实施办法》，现印发给你们，请遵照执行。原建设部、人事部《关于印发〈房地产估价师执业资格制度暂行规定〉和〈房地产估价师执业资格考试实施办法〉的通知》（建房〔1995〕147 号）同时废止。

住房和城乡建设部

自然资源部

2021 年 10 月 15 日

（此件主动公开）

房地产估价师职业资格制度规定

第一条 为了加强房地产估价专业人员队伍建设，提升房地产估价、土地估价行业管理水平，维护房地产估价当事人合法权益和公共利益，根据《中华人民共和国城市房地产管理法》《中华人民共和国资产评估法》和国家职业资格制度有关规定，制定本规定。

第二条 本规定所称房地产估价师，是指通过国家职业资格考试取得中华人民共和国房地产估价师职业资格证书（以下简称房地产估价师职业资格证书），并经注册后从事房地产估价（含土地估价）业务的专业技术人员。

第三条 国家设置房地产估价师准入类职业资格，纳入国家职业资格目录，实行统一考试、统一注册、分工监管。

房地产估价师英文译为 Real Estate Appraiser。

第四条 住房和城乡建设部会同自然资源部按照本规定确定的职责分工负责房地产估价师职业资格制度的实施。

第五条 房地产估价师职业资格考试实行全国统一大纲、统一试题、统一组织。

第六条 住房和城乡建设部会同自然资源部负责审定房地产估价师职业资格考试科目，对考试工作进行指导、监督、检查。

第七条 房地产估价师职业资格考试设置4个科目，原则上每年举行1次。

第八条 住房和城乡建设部会同自然资源部负责《房地产制度法规政策》《房地产估价原理与方法》科目的考试大纲编制、命审题、阅卷等工作。

住房和城乡建设部、自然资源部分别负责《房地产估价基础与实务》《土地估价基础与实务》科目的考试大纲编制、命审题、阅卷等工作。

考试大纲编写、命审题、阅卷等具体考务工作委托有关行业组织承担。

第九条 全国房地产估价师职业资格考试办公室（以下简称考试办公室）由住房和城乡建设部会同自然资源部组建，负责考试的组织实施工作，考试办公室设在住房和城乡建设部房地产市场监管司，工作规则另行制定。

第十条 具备下列考试报名条件的公民，可以申请参加房地产估价师职业资格考试：

（一）拥护中国共产党领导和社会主义制度；

（二）遵守中华人民共和国宪法、法律、法规，具有良好的业务素质和道德品行；

（三）具有高等院校专科以上学历。

第十一条 房地产估价师职业资格考试合格人员，由各省、自治区、直辖市考试管理机构颁发房地产估价师职业资格证书。该证书由住房和城乡建设部统一印制，住房和城乡建设部、自然资源部共同用印，在全国范围内有效。

第十二条 各省、自治区、直辖市考试管理机构应当加强对报考人员的学历等房地产估价师职业资格考试报名条件的审核。对提供虚假证明材料或者以其他不正当手段取得房地产估价师职业资格证书的，按照国家专业技术人员资格考试违纪违规行为处理规定进行处理。

第十三条 国家对房地产估价师职业资格实行执业注册管理制度。

第十四条 房地产估价师从事房地产估价或者土地估价业务应当遵纪守法，诚信执业，恪守职业道德和执业准则、标准，主动接受有关主管部门的监督检查，自觉接受行业自律管理。

第十五条 住房和城乡建设部负责制定房地产估价的准则和标准，自然资源部负责制定土地估价的准则和标准。

第十六条 本规定实施后取得房地产估价师职业资格并经注册的，可以依法从事房地产估价业务和土地估价业务，签署房地产估价报告和土地估价报告。

第十七条 房地产估价师应当按照国家专业技术人员继续教育的有关规定接受相应行业组织的继续教育，更新专业知识，提高业务水平。

第十八条 本规定实施之前，取得的房地产估价师资格证书、土地估价师资格证书效力不变；同时取得房地产估价师资格证书和土地估价师资格证书的人员，可以换领本规定的房地产估价师职业资格证书。

第十九条 取得房地产估价师职业资格，可以根据《经济专业人员职称评价基本标准条件》规定的学历资历条件对应初级或者中级职称，并可以作为申报高一级职称的条件。

第二十条 本规定自印发之日起施行。

房地产估价师职业资格考试实施办法

第一条 住房和城乡建设部会同自然资源部按照本办法确定的职责分工负责指导、监督和检查房地产估价师职业资格考试的实施工作。

第二条 全国房地产估价师职业资格考试办公室负责公布考试大纲，发布考试通知，确定考试合格标准，公布考试成绩、合格人员名单等房地产估价师职业资格考试的组织实施和日常管理工作。

第三条 住房和城乡建设部会同自然资源部，委托中国房地产估价师与房地产经纪人学会会同中国土地估价师与土地登记代理人协会承担《房地产制度法规政策》《房地产估价原理与方法》科目的考试大纲编写、命审题、阅卷等工作。

住房和城乡建设部委托中国房地产估价师与房地产经纪人学会承担《房地产估价基础与实务》科目的考试大纲编写、命审题、阅卷等工作。

自然资源部委托中国土地估价师与土地登记代理人协会承担《土地估价基础与实务》科目的考试大纲编写、命审题、阅卷等工作。

第四条 各省、自治区、直辖市考试管理机构承担本行政区域内房地产估价师职业资格考试的报名、组织，以及职业资格证书发放等具体考务工作。

第五条 房地产估价师职业资格考试分4个半天进行。每个考试科目的考试时间为2.5小时。

第六条 房地产估价师职业资格考试成绩实行4年为一个周期的滚动管理办法，在连续的4个考试年度内通过全部4个考试科目，方可取得中华人民共和国房地产估价师职业资格证书（以下简称房地产估价师职业资格证书）。

第七条 具备下列条件之一的，参加房地产估价师职业资格考试可免予部分科目的考试：

（一）本办法实施之前取得房地产估价师资格证书的人员，可免试《房地产估价基础与实务》科目，只参加《房地产制度法规政策》《房地产估价原理与方法》《土地估价基础与实务》3个科目的考试；

（二）本办法实施之前取得土地估价师资格证书的人员，可免试《土地估价基础与实务》科目，只参加《房地产制度法规政策》《房地产估价原理与方法》《房地产估价基础与实务》3个科目的考试。

参加3个科目考试的人员，须在连续的3个考试年度内通过应试科目的考试，方可换领房地产估价师职业资格证书。

第八条 符合房地产估价师职业资格考试报名条件的人员，应当按照当地考试管理机构规定的程序和要求完成报名。参加考试的人员凭本人有效身份证件和准考证在指定的日期、时间和地点参加考试。

中央和国务院各部门及所属单位、中央管理企业的人员按照属地原则报名参加考试。

第九条 考点原则上设在直辖市、自治区首府和省会城市的大、中专院校或者高考定点学校。

第十条 坚持考试与培训分开的原则。凡参与考试工作（包括命审题、组织管理等）的人员，不得参加考试，也不得参加或者举办与考试内容相关的培训工作。报考人员参加培训坚持自愿原则。

第十一条 考试组织实施机构及其工作人员，应当严格执行国家人事考试工作人员纪律规定和考试工作的各项规章制度，遵守考试工作纪律，切实做好从考试试题的命制到使用等各环节的安全保密工作，严防泄密。

第十二条 对违反考试工作纪律和有关规定的人员，按照国家专业技术人员资格考试违纪违规行为处理规定处理。

第十三条 本办法自印发之日起施行。

住房和城乡建设部关于印发《供水、供气、供热等公共企事业单位信息公开实施办法》的通知

建城规〔2021〕4号

各省、自治区住房和城乡建设厅，直辖市住房和城乡建设（管）委、城市管理委（局），北京市、天津市、上海市水务局，重庆市经信委，海南省水务厅，新疆生产建设兵团住房和城乡建设局：

现将修订后的《供水、供气、供热等公共企事业单位信息公开实施办法》印发给你们，请遵照执行。

住房和城乡建设部

2021年12月31日

（此件公开发布）

供水、供气、供热等公共企事业单位信息公开实施办法

第一条 为了规范城市供水、供气、供热等公共企事业单位信息公开（以下简称信息公开）工作，保障公民、法人和其他组织依法获取与自身利益密切相关的信息，根据《中华人民共和国政府信息公开条例》《公共企事业单位信息公开规定制定办法》等有关规定，结合城市供水、供气、供热等行业特点，制定本办法。

第二条 本办法所称信息，是指城市供水、供气、供热等公共企事业单位在提供社会公共服务过程中制作、获取的，以一定形式记录、保存的信息。

第三条 住房和城乡建设部负责全国城市供水、供气、供热等公共企事业单位信息公开的监督管理工作。

县级以上地方人民政府城市供水、供气、供热等主管部门负责本行政区域内供水、供气、供热等公共企事业单位信息公开监督管理工作。

第四条 城市供水、供气、供热等公共企事业单位是信息公开的责任主体，负责本单位具体的信息公开工作。

第五条 信息公开工作，应当坚持公开为常态、不公开为例外，遵循真实、准确、及时、公正、公平、合法和便民的原则。

除涉及国家秘密以及依法受到保护的商业秘密、个人隐私等事项外，凡在提供社会公共服务过程中与人民群众利益密切相关的信息，均应当予以公开。

第六条 信息公开依照国家有关规定需要批准的，未经批准不得发布。

城市供水、供气、供热等公共企事业单位公开的信息不得危及国家安全、公共安全、经济安全和社会稳定。

企业属于上市公司的，其公开的信息还应当遵守上市公司信息披露、企业信息公示等相关规定。

第七条 城市供水、供气、供热等公共企事业单位公开信息，应当以清单方式细化并明确列出信息内容及时限要求，并根据实际情况动态调整。在确定公开信息时，重点包含下列内容：

（一）与人民群众生产生活密切相关的用水、用气、用热等办事服务信息；

（二）对营商环境影响较大的信息；

（三）直接关系服务对象切身利益的信息；

（四）事关生产安全和消费者人身财产安全的信息；

（五）社会舆论关注度高、反映问题较多的信息；

（六）其他应当公开的重要信息。

公开内容原则上以长期公开为主，如果涉及公示等阶段性公开的内容，应当予以区分并作出专门规定。

第八条 城市供水、供气、供热等公共企事业单位应当依照本办法第七条的规定，在各自职责范围内确定主动公开的信息目录、信息公开指南和信息公开具体内容，并重点公开下列信息：

（一）企事业单位概况

主要包括：企事业单位性质、规模、经营范围、

注册资本、办公地址、营业场所、联系方式、相关服务等信息，企事业单位领导姓名，企事业单位组织机构设置及职能等。

（二）服务信息

1. 城市供水行业

（1）供水销售价格，维修及相关服务价格标准，有关收费依据；

（2）供水申请报装工作程序；

（3）供水服务范围，供水缴费、维修及相关服务办理程序、时限、网点设置、服务标准、服务承诺和便民措施；

（4）计划类施工停水及恢复供水信息、抄表计划信息；

（5）供水厂出厂水和管网水水质信息；

（6）供水设施安全使用常识和安全提示；

（7）咨询服务电话、报修和监督投诉电话。

2. 城市供气行业

（1）燃气销售价格，维修及相关服务价格标准，有关收费依据；

（2）用气申请、过户、销户等服务项目办事指南；

（3）供气服务范围，燃气缴费、维修及相关服务办理程序、线上线下办理渠道、时限、网点设置、服务标准、服务承诺和便民措施；

（4）计划类施工停气及恢复供气信息、安全检查计划及抄表计划信息；

（5）燃气质量、燃气及燃气设施使用常识和安全风险、隐患信息；

（6）咨询服务电话、报修和监督投诉电话。

3. 城市供热行业

（1）热力销售价格，维修及相关服务价格标准，有关收费依据；

（2）用热申请及用户入网接暖流程；

（3）法定供热时间，供热收费的起止日期；

（4）热费收缴、供热维修及相关服务办理程序、时限、网点设置、服务标准、服务承诺和便民措施；

（5）计划类施工停热及恢复供热信息及抄表计划信息；

（6）供热及供热设施安全使用规定、常识和安全提示；

（7）咨询服务电话、报修和监督投诉电话。

（三）与城市供水、供气、供热服务有关的规定、标准。

第九条 城市供水、供气、供热等公共企事业单位信息公开的方式，以主动公开为主，原则上不采取依申请公开的方式。

第十条 城市供水、供气、供热等公共企事业单位应当建立健全信息公开审查机制，明确审查程序和责任，应当依照《中华人民共和国保守国家秘密法》以及其他法律、法规和国家有关规定对拟公开的信息进行审查。

城市供水、供气、供热等公共企事业单位不得公开涉及国家秘密、依法受到保护的商业秘密、个人隐私及有可能影响公共安全和利益的信息。涉及商业秘密、个人隐私的信息，经权利人同意公开的，可以予以公开。

第十一条 城市供水、供气、供热等公共企事业单位应当将有关信息及时通过多种形式在用户所在地公开，便于公众知晓。

发生停水、停气、停热等紧急情况时，应当将有关信息及时在用户所在地传统媒介和新媒体平台公开。

第十二条 城市供水、供气、供热等公共企事业单位应当设置信息公开咨询窗口，建立健全相应工作机制，加强沟通协调，限时回应服务对象以及社会公众关切的问题，优化咨询服务，满足服务对象以及社会公众的信息需求。

信息公开咨询窗口应以热线电话或网站互动交流平台、现场咨询等为主，注重与公共企事业单位客户服务热线、移动客户端等融合。

第十三条 属于主动公开范围的信息，县级以上地方人民政府城市供水、供气、供热等主管部门应当督促公共企事业单位以清单方式明确列出公开内容及时限要求，原则上自信息形成或者变更之日起20个工作日内予以公开，并根据实际情况动态调整。紧急信息应当即时公开，法律、法规和有关规定对信息公开的期限另有规定的，从其规定。

第十四条 县级以上地方人民政府城市供水、供气、供热等主管部门应当加强对公共企事业单位信息公开的指导，规范信息公开行为。

第十五条 公民、法人或者其他组织认为公共企事业单位不依法履行信息公开义务的，可以向县级以上人民政府城市供水、供气、供热等主管部门申诉。收到申诉的机关应当予以调查处理。

县级以上地方人民政府城市供水、供气、供热等主管部门应当建立专门工作制度，明确处理期限，依法及时处理对有关公共企事业单位信息公开的申诉。

第十六条 城市供水、供气、供热等公共企事业单位违反本办法的规定，未建立健全信息公开有关制度、机制的，由县级以上地方人民政府城市供水、供气、供热等主管部门责令改正；情节严重的，对负有责任的领导人员和直接责任人员依法给予处分。

第十七条 城市供水、供气、供热等公共企事业单位违反本办法的规定，有下列情形之一的，由县级以上地方人民政府城市供水、供气、供热等主管部门责令改正；情节严重的，对负有责任的领导人员和直接责任人员依法给予处分；涉嫌犯罪的，及时将案件移送司法机关，依法追究刑事责任。

（一）不依法履行信息公开义务的；

（二）不及时更新公开的信息内容的；

（三）违反规定收取费用的；

（四）违反法律、行政法规等相关规定不当公开信息的；

（五）违反本办法规定的其他行为。

第十八条 本办法自2022年2月1日起施行。《供水、供气、供热等公用事业单位信息公开实施办法》（建城〔2008〕213号）同时废止。

住房和城乡建设部 国家发展改革委关于批准发布综合医院建设标准的通知

建标〔2021〕36号

各省、自治区住房和城乡建设厅、发展改革委，海南省自然资源和规划厅，直辖市住房和城乡建设（管）委、规划和自然资源局（委）、发展改革委，新疆生产建设兵团住房和城乡建设局、发展改革委，国务院有关部门：

根据《住房和城乡建设部关于下达2014年建设标准编制项目计划的通知》（建标〔2014〕125号），由国家卫生健康委组织编制的《综合医院建设标准》已经有关部门会审，现批准发布，编号为建标110-2021，自2021年7月1日起施行。原《综合医院建设标准》（建标110-2008）同时废止。

在综合医院工程项目的审批、核准、设计和建设过程中，要严格遵守国家相关规定，认真执行本建设标准，坚决控制工程造价。

本建设标准的管理由住房和城乡建设部、国家发展改革委负责，具体解释工作由国家卫生健康委负责。

住房和城乡建设部

国家发展改革委

2021年4月20日

住房和城乡建设部关于巩固深化全国城市管理执法队伍“强基础、转作风、树形象”专项行动的通知

建督〔2021〕37号

各省、自治区住房和城乡建设厅，北京市城市管理委员会，天津市城市管理委员会，上海市住房和城乡建设管理委员会，重庆市城市管理局，新疆生产建设兵团住房和城乡建设局：

全国城市管理执法队伍“强基础、转作风、树形象”专项行动开展以来，队伍建设持续加强，作风明显改善，形象不断提升。为巩固深化“强基础、转作风、树形象”专项行动，进一步加强城市管理

执法队伍建设，全面提升城市管理执法和服务水平，现就有关事项通知如下：

一、总体要求

以习近平新时代中国特色社会主义思想为指导，全面贯彻党的十九大和十九届二中、三中、四中、五中全会精神，坚持以人民为中心，以党的政治建设为统领，以队伍建设标准化、执法行为规范化、为民服务精准化为重点，补短板、强弱项、促提升，全面提升政治素质、管理水平、执法能力和服务质量，努力打造一支政治坚定、作风优良、纪律严明、廉洁务实的新时代城市管理执法队伍，不断提升人民群众获得感、幸福感、安全感。

二、主要任务

（一）提升政治素质。

一是加强思想政治建设。加强思想理论武装，持续深入学习贯彻习近平新时代中国特色社会主义思想，自觉做到“两个维护”。牢固树立执法为民理念，建立健全“不忘初心、牢记使命”主题教育长效机制，抓紧抓实党史学习教育等党内集中教育。加强思想政治工作，教育引导广大党员干部严守政治纪律和政治规矩，不断提高政治判断力、政治领悟力、政治执行力。注重融会贯通、学以致用，切实把学习成果转化为推动城市管理执法工作高质量发展的强大动力。

二是夯实基层党建基础。加强城市管理执法队伍基层党组织建设，推动党的基层组织在执法队伍中全覆盖。深入推进执法队伍基层党组织标准化规范化建设，严格落实“三会一课”等党的组织生活制度，创新基层党建工作，推动与社区、企业、社会组织党组织互联互动、联建共建。充分发挥基层党组织战斗堡垒和党员先锋模范作用，组织开展“争先创优”“学习身边榜样”等活动，通过典型引路、示范引领，创建一批基层党建示范点，打造一批基层示范执法队，树立一批先进模范典型，激励广大执法队员担当新使命、展现新作为。

（二）提升队伍管理水平。

一是推进执法人员信息化管理。省级城市管理部门要加强组织统筹，利用信息化手段，加强城市管理执法人员统一管理，准确掌握执法人员基本情况。2022 年底前，地级及以上城市要在城市运行管理服务平台上建立城市管理执法人员管理信息子系统，实现人员基本信息、执法证件、案件信息、岗位状态、装备配置等信息的采集录入并及时更新，夯实队伍精细化管理基础。

二是规范执法着装和装备管理。省级城市管理部门要建立城市管理执法制式服装和标志标识备案制度。市、县城市管理执法部门要加强执法着装管理，不得擅自扩大着装范围。各地要认真落实《城市管理执法装备配备指导标准（试行）》，加大执法车辆、执法记录仪、执法手持终端等装备资金投入力度，制定完善装备管理制度。推进执法办公执勤用房规范化建设，满足实际执法工作需要。

三是加强干部人才培养。建立执法人员教育培训体系，制定全国城市管理执法队伍培训大纲，建立常态化干部培训和轮训制度。省级城市管理部门负责本地区处级以上干部培训，处级以上干部每 3 年至少参加一次省级城市管理部门组织的培训。地级及以上城市的城市管理执法部门要分批分期组织开展全员培训。市、县城市管理执法部门要严格落实新招录执法人员初任培训制度，县（区）、乡镇（街道）执法队伍负责人应接受上一级城市管理执法部门组织的任职培训。各地要加强与党校、行政学院、高等学校合作，建立定点培训基地，定期开展业务知识、执法技能培训和岗位练兵活动，全面提高执法能力。

四是严格协管人员管理。2021 年底前，市、县城市管理执法部门要制定本地区协管人员管理制度并指导实施，按照“谁使用、谁负责”原则，建立协管人员准入管理、岗位责任、教育培训、考核奖惩、岗位激励等制度，加强日常教育、管理和监督。协管人员只能配合执法人员从事宣传教育、巡查、信息收集、违法行为劝阻等辅助性事务，不得从事具体行政执法工作。

五是强化指导监督。省级城市管理部门要加强本地区城市管理执法队伍建设的指导、协调、监督和考核工作，建立健全业务指导、监督检查、评价考核和责任追究等机制。地级及以上城市的城市管理执法部门要加强对县（区）、乡镇（街道）城市管理执法队伍建设的指导、监督、考核，2022 年底前出台监督考核办法和有关标准，明确专门的处（科）室负责实施，考核结果定期向县（区）人民政府通报。

（三）提升执法能力。

一是理清权责边界。各地要全面清理和优化执法事项，凡是没有法律法规规章依据的执法事项一律取消。健全权责清单制度，依法动态调整并及时向社会公布城市管理执法权力和责任清单，公开职能职责、执法依据、处罚标准、执法程序、监督途径和追责机制。地级及以上城市的城市管理执法部门要明确市、区执法权责边界，明确跨区域执法事项，避免交叉执法、重复执法。

二是推进执法规范化。各地要认真落实《城市管理执法行为规范》，制定城市管理执法规程，推进严格规范公正文明执法。规范执法资格管理，严格执行执法人员持证上岗制度，认真落实行政执法公示制度、执法全过程记录制度、重大执法决定法制审核制度。市、县城市管理执法部门要制定行政处罚自由裁量权基准，统一执法文书格式文本。加强现场执法管理，严禁随意采取强制执法措施，杜绝粗暴执法、过激执法，让执法既有力度，又有温度。规范执法信息公开，提高执法透明度和公信力。

三是改进执法方式。全面实施“721工作法”，即70%的问题用服务手段解决，20%的问题用管理手段解决，10%的问题用执法手段解决。推广“非现场执法”等模式，充分利用视频监控设备、大数据共享等信息化手段发现违法问题，探索建立“前端及时发现+后端依法处置”的衔接机制，提高执法效率。加强城市管理执法领域信用监管，建立守信激励和失信惩戒机制。

四是强化源头治理。各地城市管理执法部门要与相关职能部门建立沟通协作机制，发挥执法工作在一线的优势，分析研判城市管理问题，及时以执法建议函、监管通知单等形式，向职能部门、责任单位和属地街道反馈，推动城市管理问题源头治理。加强与公安机关、检察机关、审判机关等部门衔接，建立信息共享、案情通报、案件移送等工作联动机制。

（四）提升服务质量。

一是积极推进“共同缔造”活动。充分发挥与群众紧密联系的优势，持续深入开展美好环境与幸福生活共同缔造活动。拓宽与群众交流渠道，通过微信公众号、市民服务热线、便民服务移动终端（App）、开展“城管体验日”活动等多种方式，及时了解群众对城市管理执法工作的意见建议。深入开展“美丽小区”“美丽街区”创建和“商户自治”等活动，激发群众参与城市管理工作的热情，共享城市人居环境建设成果。

二是推进“城管进社区”。建立城管进社区工作机制，依托城市运行管理服务平台，促进城市管理服务下沉。市、县城市管理执法部门要出台具体办法，推动城市管理执法和社区工作协同联动，建立社区居委会、城管队员、物业服务企业、居民代表四方共同参与的协调议事工作机制，统筹协调各有关部门，及时解决社区内城市管理领域违法违规问题。

三是开展“我为群众办实事”实践活动。贯彻执法为民理念，坚持民意导向、问题导向，持续开展“我为群众办实事”实践活动，每年都要聚焦人民群众反映强烈的城市管理领域突出问题和关键小事，研究提出具体举措。落实《城市市容市貌干净整洁有序安全标准（试行）》有关要求，有序开展市容环境专项整治，以“小切口”推动“大变化”，实现城市环境干净、整洁、有序、安全，让人民群众在城市生活得更方便、更舒心、更美好。

三、工作要求

（一）加强组织领导。各地要充分认识巩固深化“强基础、转作风、树形象”专项行动的重要意义，深刻认识到城市管理执法工作面广量大，一头连着政府，一头连着群众，直接关系到群众对党和政府的信任、对法治的信心。省级城市管理部门要对专项行动作出部署安排。市、县城市管理执法部门要制定具体实施方案，明确时间节点、具体任务、工作要求，狠抓落实。各地城市管理执法部门要主动向当地政府汇报，积极争取精神文明、司法、财政等部门支持，确保各项工作任务落地见效。

（二）健全工作机制。我部将加强专项行动的调研、指导和监督，及时总结推广地方经验，对表现突出的单位和个人予以表扬，对工作推动不力的予以通报批评，并将行动开展情况报中央精神文明建设指导委员会办公室。省级城市管理部门要加强专项行动的统筹、协调，强化督导落实，建立信息报送制度。省级城市管理部门要将本部门和所辖地级及以上城市专项行动的负责人和联络员名单于2021年5月底前报我部城市管理监督局。

（三）加强宣传引导。部城市管理监督局要及时搜集地方经验做法，宣传报道活动成效。中国建设报要切实发挥全国住房和城乡建设系统新闻宣传主阵地作用，设立专版，大力宣传。地方各级城市管理执法部门要全面落实“谁执法谁普法”普法责任制，深入挖掘推广基层经验，充分利用报刊、电视、广播、网络等媒体平台，加强舆情引导，加大对城市管理执法工作和先进典型的宣传力度，讲好城管故事，充分展现新时代城市管理执法队伍良好精神风貌。

住房和城乡建设部

2021年4月28日

（此件主动公开）

住房和城乡建设部等 8 部门关于持续整治规范房地产市场秩序的通知

建房〔2021〕55 号

各省、自治区、直辖市及新疆生产建设兵团住房和城乡建设厅（委、管委、局）、发展改革委、公安厅（局）、自然资源主管部门、市场监管局（厅、委）、银保监局、网信办，国家税务总局各省、自治区、直辖市和计划单列市税务局，国家税务总局驻各地特派员办事处：

整治规范房地产市场秩序是促进房地产市场平稳健康发展的重要举措，事关人民群众切身利益，事关经济社会发展大局。2019 年，住房和城乡建设部等 6 部门联合开展住房租赁中介机构乱象专项整治工作，取得了明显成效。但房地产领域违法违规行为仍时有发生，整治规范房地产市场秩序还存在不少薄弱环节。为深入贯彻落实党中央、国务院关于促进房地产市场平稳健康发展的决策部署，聚焦人民群众反映强烈的难点和痛点问题，加大房地产市场秩序整治力度，切实维护人民群众合法权益，住房和城乡建设部、国家发展改革委、公安部、自然资源部、税务总局、市场监管总局、银保监会、国家网信办决定，持续开展整治规范房地产市场秩序工作（以下简称整治工作）。现就有关事项通知如下。

一、总体要求

（一）指导思想。以习近平新时代中国特色社会主义思想为指导，始终坚持以人民为中心的发展思想，坚持房子是用来住的、不是用来炒的定位，进一步提高政治站位，增强“四个意识”、坚定“四个自信”、做到“两个维护”，紧紧围绕稳地价、稳房价、稳预期目标，充分运用法治思维和法治方式，科学谋划、精心组织，加强市场监管、净化市场环境、改进政务服务、增进民生福祉，确保整治工作取得实效，促进房地产市场平稳健康发展，增强人民群众的获得感、幸福感、安全感。

（二）基本原则

——坚持聚焦问题、重点整治。以问题为导向，重点整治房地产开发、房屋买卖、住房租赁、物业服务等领域人民群众反映强烈、社会关注度高的突出问题。

——坚持群众参与、开门整治。以维护人民群众切身利益为出发点和落脚点，充分调动群众广泛参与的积极性，定期公布整治工作阶段性成果，不断提升群众满意度。

——坚持齐抓共管、综合整治。充分发挥部门职能作用，加强协同配合，整合资源力量，建立部门联动机制，提高房地产市场秩序综合整治能力。

——坚持标本兼治、长效整治。综合运用法律、经济、行政和信息化等多种手段，既解决当前房地产市场突出问题，又注重完善体制机制，从源头上规范房地产市场秩序。

（三）主要目标。力争用 3 年左右时间，实现房地产市场秩序明显好转。违法违规行为得到有效遏制，监管制度不断健全，监管信息系统基本建立，部门齐抓共管工作格局逐步形成，群众信访投诉量显著下降。

二、因城施策突出整治重点

（一）房地产开发。房地产开发企业违法违规开工建设；未按施工图设计文件开发建设；未按房屋买卖合同约定如期交付；房屋渗漏、开裂、空鼓等质量问题突出；未按完整居住社区建设标准建设配套设施。

（二）房屋买卖。发布虚假违法房地产广告，发布虚假房源信息；捂盘惜售，囤积房源；挪用交易监管资金；套取或协助套取“经营贷”“消费贷”等非个人住房贷款用于购房；协助购房人非法规避房屋交易税费；违规收取预付款、“茶水费”等费用，变相涨价；利用不公平格式条款侵害消费者权益；捆绑销售车位、储藏室；捏造、散布不实信息，扰乱市场秩序。

（三）住房租赁。未提交开业报告即开展经营；

未按规定如实完整报送相关租赁信息；网络信息平台未履行信息发布主体资格核验责任；克扣租金押金；采取暴力、威胁等手段强制驱赶租户；违规开展住房租赁消费贷款业务；存在“高进低出”“长收短付”等高风险经营行为；未按规定办理租金监管。

（四）物业服务。未按照物业服务合同约定内容和标准提供服务；未按规定公示物业服务收费项目标准、业主共有部分的经营与收益情况、维修资金使用情况等相关信息；超出合同约定或公示收费项目标准收取费用；擅自利用业主共有部分开展经营活动，侵占、挪用业主共有部分经营收益；物业服务合同依法解除或者终止后，无正当理由拒不退出物业服务项目。

三、依法有效开展整治工作

（一）全面排查问题线索。各城市要对房地产开发、房屋买卖、住房租赁、物业服务等领域进行全面排查，充分利用媒体、12345热线、电子信箱、门户网站，结合“双随机、一公开”抽查与专项检查，多渠道收集问题线索，逐条分析研判，形成整治问题清单。

（二）建立整治工作台账。各城市要将整治问题清单分类建档，建立工作台账，明确责任部门，制定整治措施，确定整改时限。建立转办和督办机制，实施销号管理。对实名举报的案件，要认真核实、逐件处理、及时反馈。

（三）发挥部门协同作用。住房和城乡建设部门负责牵头组织实施整治工作，制订实施方案，开展摸底调查，移交问题线索，汇总处理结果，总结通报情况，会同有关部门依职责对房地产领域违法违规行为进行查处。发展改革部门负责协调汇总房地产领域违法违规信息，并纳入全国信用信息共享平台，推动各部门依法依规对相关企业及从业人员实施失信联合惩戒。公安部门负责查处房地产领域合同诈骗、非法集资等涉嫌犯罪行为。自然资源部门负责查处未依法依规取得土地即开工等问题。税务部门负责查处非法规避房屋交易税费行为。市场监管部门负责查处虚假违法房地产广告、价格违法、利用不公平格式条款侵害消费者权益等问题。金融监管部门负责查处信贷资金违规流入房地产市场等问题。网信部门负责查处通过网络发布虚假房地产信息等问题。

（四）持续加大惩处力度。各地要根据实际情况，创新思路，多措并举，依法依规开展整治。对本行政区域内违法违规的房地产开发企业、中介机构、住房租赁企业、物业服务企业、金融机构、网络媒体及从业人员，依法依规采取警示约谈、停业整顿、吊销营业执照和资质资格证书等措施，并予以公开曝光；涉嫌犯罪的，移交公安司法部门依法查处。对逾期不能偿还债务、大规模延期交房、负面舆情较多等存在重大经营风险的企业，实施重点监管，提升风险防范化解能力。

四、建立制度化常态化整治机制

（一）切实加强组织领导。充分发挥部省市纵向联动和部门横向协同作用。住房和城乡建设部会同国家发展改革委、公安部、自然资源部、税务总局、市场监管总局、银保监会、国家网信办，通过加强信息共享、联动查处、齐抓共管等方式，共同推动整治工作。省级住房和城乡建设部门要会同相关部门指导监督各城市整治工作。各城市要认真制定整治方案，可针对本地突出问题增加整治项目，及时动员部署，依法依规查处违法违规行为，督促整改落实，完善相关制度，建立长效管理机制。

（二）强化监督评价考核。省级住房和城乡建设部门每季度向住房和城乡建设部报送工作进展情况、典型案例和经验做法。住房和城乡建设部每半年对各地工作进展情况进行通报，同时抄送省、自治区、直辖市人民政府及新疆生产建设兵团。落实房地产市场调控评价考核措施，对整治工作得力、成效明显的城市，予以表扬；对房地产市场秩序问题突出，未履行监管责任及时妥善处置的城市，进行约谈问责。

（三）正确引导社会舆情。各地要综合运用报纸、电视、广播、网络等新闻媒体，加强正面宣传，正确引导舆论，及时总结推广整治工作做法、经验和成效，公开曝光典型违法违规违纪案例，发挥警示震慑作用。中国建设报、中国建设新闻网要开辟专栏进行宣传报道，形成浓厚整治氛围，为整治工作创造良好舆论环境。

住房和城乡建设部
国家发展和改革委员会
公安部
自然资源部
国家税务总局
国家市场监督管理总局
中国银行保险监督管理委员会
国家互联网信息办公室
2021年7月13日

（此件公开发布）

住房和城乡建设部　财政部　中国人民银行关于印发《全国住房公积金 2020 年年度报告》的通知

建金〔2021〕56 号

各省、自治区住房和城乡建设厅、财政厅，中国人民银行上海总部，各分行、营业管理部，各省会（首府）城市中心支行、副省级城市中心支行，直辖市、新疆生产建设兵团住房公积金管理委员会、住房公积金管理中心：

根据《住房公积金管理条例》和《住房和城乡建设部　财政部　中国人民银行关于健全住房公积金信息披露制度的通知》（建金〔2015〕26 号），现将《全国住房公积金 2020 年年度报告》印发给你们，并在住房和城乡建设部、财政部、中国人民银行门户网站公开披露。

住房和城乡建设部

财政部

中国人民银行

2021 年 7 月 12 日

住房和城乡建设部关于开展 2021 年乡村建设评价工作的通知

建村〔2021〕60 号

各省、自治区住房和城乡建设厅，重庆市住房和城乡建设委，新疆生产建设兵团住房和城乡建设局：

为深入贯彻习近平总书记关于乡村建设工作的重要指示精神，贯彻落实党中央、国务院关于推动城乡建设绿色发展的决策部署，建立乡村建设评价机制，推进实施乡村建设行动，根据地方推荐，决定选取河北省平山县等 81 个县（名单见附件 1，以下简称样本县）开展 2021 年乡村建设评价工作。现将有关事项通知如下：

一、总体要求

以习近平新时代中国特色社会主义思想为指导，深入贯彻党的十九大和十九届二中、三中、四中、五中全会精神，坚持以人民为中心的发展思想，立足新发展阶段，贯彻新发展理念，构建新发展格局，把乡村建设评价作为推进实施乡村建设行动的重要抓手，以县域为单元开展评价，全面掌握乡村建设状况和水平，深入查找乡村建设中存在的问题和短板，提出有针对性的建议，帮助各地顺应乡村发展规律推进乡村建设，提高乡村建设水平，缩小城乡差距，不断增强人民群众获得感、幸福感、安全感。

二、评价内容和工作方式

（一）评价内容。聚焦与农民群众生产生活密切相关的内容，从发展水平、农房建设、村庄建设、县城建设等 4 方面对县域乡村建设进行分析评价（指标体系见附件 2）。各省（区、市）和样本县可结合实际，适当增加评价内容。

（二）工作方式。乡村建设评价采取第三方评价方式开展。

第三方评价机构由部级和省级专家团队构成。部级专家团队负责完善评价指标体系，完成全国评价报告，并分片区进行培训和技术指导。省级专家团队负责赴样本县调研收集数据并进行研究分析，撰写本省和样本县的评价报告。

省级住房和城乡建设部门协调样本县及所在地级市配合省级专家团队开展评价工作，负责审核本省和样本县的评价报告，并对省级专家团队给予必要的经费等支持。

市级住房和城乡建设部门协调提供样本县所在地级市相关指标数据，指导样本县用好评价结果推进乡村建设。

样本县成立工作领导小组，建立工作机制，制定工作方案，确定部门分工，配合做好各项工作。

（三）工作步骤。乡村建设评价包括数据采集、问卷调查、现场调研、分析评估、形成评价报告等步骤。

1. 数据采集。省级专家团队通过座谈、大数据分析等多种方式采集数据。样本县及样本县所在地级市在我部乡村建设评价信息系统填报乡村建设评价指标相关数据，有关统计数据截止时点为 2020 年 12 月 31 日。

2. 问卷调查。省级专家团队在样本县开展问卷调查，全面了解农民群众对乡村建设的满意度，查找农民群众普遍关心的突出问题和短板。

3. 现场调研。省级专家团队在样本县选择乡镇和村庄开展实地调研，进村入户对农民群众、村干部进行访谈，深入了解农房和村庄建设管理、乡村风貌等情况。

4. 分析评估。省级专家团队基于多渠道采集的数据和调研了解的情况，从城乡差距、农民满意度等方面进行综合研判，分析评估乡村建设水平和存在的问题。

5. 形成评价报告。按全国、省和县三个层面梳理评价结果，形成乡村建设评价报告。省级专家团队负责完成省和样本县的评价报告，于 2021 年 9 月 30 日前报送我部；部级专家团队负责完成全国评价报告，于 2021 年 10 月 31 日前报送我部。

（四）成果应用。各省（区、市）和样本县要充分运用评价成果，采取有针对性的措施解决乡村建设存在的问题和短板，并将评价成果作为编制“十四五”乡村建设相关规划、制定有关政策、确定乡村建设年度计划和项目库的重要依据，不断提高乡村建设水平。

三、组织实施

（一）加强组织领导。各地要高度重视乡村建设评价工作，因地制宜制定实施方案并精心组织实施，确保评价工作顺利进行。鼓励有条件的省份扩大评价范围，全面开展乡村建设评价工作，建立省级乡村建设评价信息系统并与我部信息系统对接。

（二）确保数据质量。各地要认真开展数据采集填报工作，与有关统计、公报数据进行比对校核，确保数据真实准确。各样本县及所在地级市数据采集、问卷调查、现场调研等工作在 2021 年 8 月 31 日前完成。

（三）强化培训指导。我部将组织培训交流活动，指导各省（区、市）、样本县和省级专家团队掌握评价内容和方法，高质量开展评价工作，并将组织部级专家团队分片区开展座谈、调研、培训等，对评价工作给予技术指导和支持。

（四）引导群众参与。各地要把群众满意度作为衡量县域乡村建设水平的重要依据，扩大村民问卷调查覆盖范围，广泛收集对乡村建设的建议，引导群众积极参与乡村建设评价工作。

附件：1. 2021 年乡村建设评价样本县名单
2. 2021 年乡村建设评价指标体系

住房和城乡建设部
2021 年 7 月 23 日

（此件主动公开）

住房和城乡建设部关于在实施城市更新行动中防止大拆大建问题的通知

建科〔2021〕63 号

各省、自治区住房和城乡建设厅，北京市住房和城乡建设委、规划和自然资源委、城市管理委、水务局、交通委、园林绿化局、城市管理综合行政执法局，天津市住房和城乡建设委、规划和自然资源局、城市管理委、水务局，上海市住房和城乡建设管理委、规划和自然资源局、绿化和市容管理局、水务局，重庆市住房和城乡建设委、规划和自然资源局、城市管理局，新疆生产建设兵团住房和城乡建设局，海南省自然资源和规划厅、水务厅：

实施城市更新行动是党的十九届五中全会作出的重要决策部署，是国家“十四五”规划《纲要》明确的重大工程项目。实施城市更新行动要顺应城市发展规律，尊重人民群众意愿，以内涵集约、绿色低碳发展为路径，转变城市开发建设方式，坚持“留改拆”并举、以保留利用提升为主，加强修缮改造，补齐城市短板，注重提升功能，增强城市活力。近期，各地积极推动实施城市更新行动，但有些地方出现继续沿用过度房地产化的开发建设方式、大拆大建、急功近利的倾向，随意拆除老建筑、搬迁居民、砍伐老树，变相抬高房价，增加生活成本，产生了新的城市问题。为积极稳妥实施城市更新行动，防止大拆大建问题，现将有关要求通知如下：

一、坚持划定底线，防止城市更新变形走样

（一）严格控制大规模拆除。除违法建筑和经专业机构鉴定为危房且无修缮保留价值的建筑外，不大规模、成片集中拆除现状建筑，原则上城市更新单元（片区）或项目内拆除建筑面积不应大于现状总建筑面积的 20%。提倡分类审慎处置既有建筑，推行小规模、渐进式有机更新和微改造。倡导利用存量资源，鼓励对既有建筑保留修缮加固，改善设施设备，提高安全性、适用性和节能水平。对拟拆除的建筑，应按照相关规定，加强评估论证，公开征求意见，严格履行报批程序。

（二）严格控制大规模增建。除增建必要的公共服务设施外，不大规模新增老城区建设规模，不突破原有密度强度，不增加资源环境承载压力，原则上城市更新单元（片区）或项目内拆建比不应大于 2。在确保安全的前提下，允许适当增加建筑面积用于住房成套化改造、建设保障性租赁住房、完善公共服务设施和基础设施等。鼓励探索区域建设规模统筹，加强过密地区功能疏解，积极拓展公共空间、公园绿地，提高城市宜居度。

（三）严格控制大规模搬迁。不大规模、强制性搬迁居民，不改变社会结构，不割断人、地和文化的关系。要尊重居民安置意愿，鼓励以就地、就近安置为主，改善居住条件，保持邻里关系和社会结构，城市更新单元（片区）或项目居民就地、就近安置率不宜低于 50%。践行美好环境与幸福生活共同缔造理念，同步推动城市更新与社区治理，鼓励房屋所有者、使用人参与城市更新，共建共治共享美好家园。

（四）确保住房租赁市场供需平稳。不短时间、大规模拆迁城中村等城市连片旧区，防止出现住房租赁市场供需失衡加剧新市民、低收入困难群众租房困难。注重稳步实施城中村改造，完善公共服务和基础设施，改善公共环境，消除安全隐患，同步做好保障性租赁住房建设，统筹解决新市民、低收入困难群众等重点群体租赁住房问题，城市住房租金年度涨幅不超过 5%。

二、坚持应留尽留，全力保留城市记忆

（一）保留利用既有建筑。不随意迁移、拆除历史建筑和具有保护价值的老建筑，不脱管失修、修而不用、长期闲置。对拟实施城市更新的区域，要及时开展调查评估，梳理评测既有建筑状况，明确应保留保护的建筑清单，未开展调查评估、未完成历史文化街区划定和历史建筑确定工作的区域，不应实施城市更新。鼓励在不变更土地使用性质和权属、不降低消防等安全水平的条件下，加强厂房、商场、办公楼等既有建筑改造、修缮和利用。

（二）保持老城格局尺度。不破坏老城区传统格局和街巷肌理，不随意拉直拓宽道路，不修大马路、建大广场。鼓励采用“绣花”功夫，对旧厂区、旧商业区、旧居住区等进行修补、织补式更新，严格控制建筑高度，最大限度保留老城区具有特色的格局和肌理。

（三）延续城市特色风貌。不破坏地形地貌，不伐移老树和有乡土特点的现有树木，不挖山填湖，不随意改变或侵占河湖水系，不随意改建具有历史价值的公园，不随意改老地名，杜绝“贪大、媚洋、求怪”乱象，严禁建筑抄袭、模仿、山寨行为。坚持低影响的更新建设模式，保持老城区自然山水环境，保护古树、古桥、古井等历史遗存。鼓励采用当地建筑材料和形式，建设体现地域特征、民族特色和时代风貌的城市建筑。加强城市生态修复，留白增绿，保留城市特有的地域环境、文化特色、建筑风格等“基因”。

三、坚持量力而行，稳妥推进改造提升

（一）加强统筹谋划。不脱离地方实际，不头痛医头、脚痛医脚，杜绝运动式、盲目实施城市更新。加强工作统筹，坚持城市体检评估先行，因地制宜、分类施策，合理确定城市更新重点、划定城市更新单元。与相关规划充分衔接，科学编制城市更新规划和计划，建立项目库，明确实施时序，量力而行、久久为功。探索适用于城市更新的规划、土地、财政、金融等政策，完善审批流程和标准规范，拓宽融资渠道，有效防范地方政府债务风险，坚决遏制新增隐性债务。严格执行棚户区改造政策，不得以棚户区改造名义开展城市更新。

（二）探索可持续更新模式。不沿用过度房地产化的开发建设方式，不片面追求规模扩张带来的短期效益和经济利益。鼓励推动由“开发方式”向“经营模式”转变，探索政府引导、市场运作、公众参与的城市更新可持续模式，政府注重协调各类存量资源，加大财政支持力度，吸引社会专业企业参与运营，以长期运营收入平衡改造投入，鼓励现有资源所有者、居民出资参与微改造。支持项目策划、规划设计、建设运营一体化推进，鼓励功能混合和用途兼容，推行混合用地类型，采用疏解、腾挪、置换、租赁等方式，发展新业态、新场景、新功能。

（三）加快补足功能短板。不做穿衣戴帽、涂脂抹粉的表面功夫，不搞脱离实际、劳民伤财的政绩工程、形象工程和面子工程。以补短板、惠民生为更新重点，聚焦居民急难愁盼的问题诉求，鼓励腾退出的空间资源优先用于建设公共服务设施、市政基础设施、防灾安全设施、防洪排涝设施、公共绿地、公共活动场地等，完善城市功能。鼓励建设完整居住社区，完善社区配套设施，拓展共享办公、公共教室、公共食堂等社区服务，营造无障碍环境，建设全龄友好型社区。

（四）提高城市安全韧性。不“重地上轻地下”，不过度景观化、亮化，不增加城市安全风险。开展城市市政基础设施摸底调查，排查整治安全隐患，推动地面设施和地下市政基础设施更新改造统一谋划、协同建设。在城市绿化和环境营造中，鼓励近自然、本地化、易维护、可持续的生态建设方式，优化竖向空间，加强蓝绿灰一体化海绵城市建设。

各地要不断加强实践总结，坚持底线思维，结合实际深化细化城市更新制度机制政策，积极探索推进城市更新，切实防止大拆大建问题。加强对各市（县）工作的指导，督促对正在建设和已批待建的城市更新项目进行再评估，对涉及推倒重来、大拆大建的项目要彻底整改；督促试点城市进一步完善城市更新工作方案。我部将定期对各地城市更新工作情况和试点情况进行调研指导，及时研究协调解决难点问题，不断完善相关政策，积极稳妥有序推进实施城市更新行动。

住房和城乡建设部

2021年8月30日

（此件公开发布）

住房和城乡建设部关于印发《住房公积金统计管理办法》的通知

建金〔2021〕64号

各省、自治区住房和城乡建设厅，直辖市、新疆生产建设兵团住房公积金管理委员会、住房公积金管理中心：

为进一步规范住房公积金统计管理，提升统计工作质量，我部对2015年9月17日印发的《住房公积金统计管理办法》进行了修订，现印发给你们，请遵照执行。

住房和城乡建设部

2021年9月2日

住房公积金统计管理办法

第一章 总 则

第一条 为加强住房公积金统计管理，规范统计行为，提高统计质量，有效组织实施住房公积金统计工作，发挥统计在住房公积金管理工作中的重要作用，根据《中华人民共和国统计法》《中华人民共和国统计法实施条例》《住房公积金管理条例》等有关法律、法规，制定本办法。

第二条 住房公积金统计是指对住房公积金管理和业务运行的基本情况进行统计调查、统计分析，提供统计信息，实行信息交流与共享，进行统计管理和监督活动的总称。

第三条 本办法适用于住房和城乡建设部、省（自治区）住房和城乡建设厅和设区城市住房公积金管理中心组织实施的住房公积金统计工作。

第四条 住房公积金统计工作实行统一管理、分级负责。住房和城乡建设部负责全国住房公积金统计工作。省（自治区）住房和城乡建设厅负责本行政区域住房公积金统计工作。设区城市住房公积金管理中心负责组织实施本行政区域住房公积金统计工作。

第五条 住房公积金统计工作遵循真实、准确、完整、及时的原则。

第二章 机构职责和统计人员

第六条 住房和城乡建设部、省（自治区）住房和城乡建设厅、设区城市住房公积金管理中心应当明确承担住房公积金统计工作职责的部门，设置统计岗位，指定统计工作负责人，保障统计工作经费。

第七条 住房和城乡建设部履行以下住房公积金统计职责：

（一）建立住房公积金统计工作制度，组织、协调、管理和监督全国住房公积金统计工作。

（二）建立全国住房公积金统计指标体系和统计报表制度。

（三）提出住房公积金统计数据质量控制要求。

（四）采集、审核、汇总、管理全国住房公积金统计资料，开展统计分析和预测，提供统计信息和咨询。

（五）编制、公布全国住房公积金年度报告等统计资料。

（六）推进现代化信息技术在住房公积金统计工作中的应用，建立并管理全国住房公积金统计信息系统。

（七）组织全国住房公积金统计业务培训。

第八条 省（自治区）住房和城乡建设厅履行以下住房公积金统计职责：

（一）执行全国住房公积金统计工作制度，落实住房公积金统计数据质量控制要求，组织、协调、管理和监督本行政区域住房公积金统计工作。

（二）采集、审核、汇总、报送、管理本行政区域住房公积金统计资料，开展统计分析和预测，提供统计信息和咨询。

（三）编制、公布本行政区域住房公积金年度报告等统计资料。

（四）组织开展本行政区域住房公积金统计业务培训。

第九条 设区城市住房公积金管理中心履行以下住房公积金统计职责：

（一）执行全国住房公积金统计工作制度，组织实施住房公积金统计工作。

（二）采集、汇总、报送住房公积金决策和管理机构设置、人员状况、政策规定、业务运行等统计资料。

（三）编制、公布本行政区域住房公积金年度报告等统计资料。

第十条 设区城市住房公积金管理中心应当加强统计基础工作，为履行法定的统计资料报送提供人员和工作保障。

第十一条 设区城市住房公积金管理中心主要负责人是住房公积金统计工作第一责任人，按照住房公积金统计数据质量控制要求，对统计资料的真实性、准确性、完整性和及时性负责。住房和城乡建设部、省（自治区）住房和城乡建设厅住房公积金监管部门对统计工作负有审查、监督责任。

第十二条 住房公积金统计人员应当优先从具备相关专业的人员中选调，上岗前必须参加岗前培训。统计人员发生变化时，应做好工作交接。

第十三条 住房公积金统计人员应当坚持实事求是，恪守职业道德，对其负责采集、审核、汇总、录入的统计资料和报送的统计资料的一致性负责。

第十四条 住房公积金统计人员进行统计调查时，有权就与统计有关的问题询问有关人员，要求如实提供有关情况和资料。

第三章 统计调查内容

第十五条 住房公积金统计内容包括住房公积金政策规定、业务运行、机构设置和人员状况、住房公积金管理中心资产和费用支出等。

第十六条 住房公积金政策规定统计调查包括国家、省（自治区）、设区城市有关住房公积金缴存、提取、贷款、核算、受托银行等政策规定和实际执行情况。

第十七条 住房公积金业务运行统计包括住房公积金缴存、提取、贷款、服务、增值收益分配、风险资产、结余资金存款结构和存款银行。

第十八条 机构设置和人员状况统计包括住房公积金管理委员会人员组成、住房公积金管理中心机构及人员编制、住房公积金监管机构及人员编制等情况。

第十九条 住房公积金管理中心资产和费用支出统计是指经同级财政部门批准的住房公积金管理中心资产和费用支出。

第四章 统计信息报送和管理

第二十条 住房公积金统计信息通过住房公积金统计信息系统逐级报送，按照分级负责原则进行审核管理。住房公积金统计信息系统迁移至全国住房公积金监管服务平台后，统计人员通过该平台统计报表模块报送。

第二十一条 省（自治区）住房和城乡建设厅审核确认本行政区域内住房公积金统计信息系统用户，对用户进行备案管理，协助住房和城乡建设部分配系统权限和系统密钥。

第二十二条 设区城市住房公积金管理中心应当将经本单位主要负责人审定后的统计资料按时报送省（自治区）住房和城乡建设厅。

第二十三条 省（自治区）住房和城乡建设厅应当对本行政区域住房公积金管理中心报送的统计资料进行审查，确认无误后，按时报送住房和城乡建设部。

第二十四条 省（自治区）住房和城乡建设厅和设区城市住房公积金管理中心应做好对统计结果的分析与运用工作。

第二十五条 住房公积金统计报表分为月报、季报、年报等，应按规定时限报送，如遇法定节假日可顺延。

设区城市住房公积金管理中心应在每月10日前将上月月报报省（自治区）住房和城乡建设厅。省（自治区）住房和城乡建设厅审核汇总后，应在每月15日前报住房和城乡建设部。

设区城市住房公积金管理中心应在每季度首月10日前将上季度季报报省（自治区）住房和城乡建设厅。省（自治区）住房和城乡建设厅审核汇总后，应在每季度首月15日前报住房和城乡建设部。

设区城市住房公积金管理中心应在每年3月15日前将上年年报报省（自治区）住房和城乡建设厅。省（自治区）住房和城乡建设厅审核汇总后，应在每年3月20日前报住房和城乡建设部。

直辖市、新疆生产建设兵团住房公积金管理中心按照省（自治区）住房和城乡建设厅上报时限，直接报送住房和城乡建设部。

第二十六条 设区城市住房公积金管理中心对统计资料逐年分类整理，依法立卷存档。对电子资料进行备份。

第二十七条 涉及国家秘密和缴存职工个人信息的统计资料应当保密。

第二十八条 有虚假填报、迟报住房公积金统计资料等情形的，依法依纪追究责任。

第五章 附 则

第二十九条 本办法由住房和城乡建设部负责解释。

第三十条 本办法自2021年9月6日起施行。2015年9月17日印发的《住房公积金统计管理办法》同时废止。

住房和城乡建设部 应急管理部关于加强超高层建筑规划建设管理的通知

建科〔2021〕76号

各省、自治区住房和城乡建设厅、应急管理厅，直辖市住房和城乡建设（管）委、规划和自然资源局（委）、应急管理局，海南省自然资源和规划厅，新疆生产建设兵团住房和城乡建设局、应急管理局，各省级消防救援总队：

超高层建筑在集约利用土地资源、推动建筑工程技术进步、促进城市经济社会发展等方面发挥积极作用。但近年来，一些城市脱离实际需求，攀比建设超高层建筑，盲目追求建筑高度第一、形式奇特，抬高建设成本，加剧能源消耗，加大安全管理难度。为贯彻落实新发展理念，统筹发展和安全，科学规划建设管理超高层建筑，促进城市高质量发展，现就有关事项通知如下：

一、严格管控新建超高层建筑

（一）从严控制建筑高度。各地要严格控制新建超高层建筑。一般不得新建超高层住宅。城区常住人口300万人口以下城市严格限制新建150米以上超高层建筑，不得新建250米以上超高层建筑。城区常住人口300万以上城市严格限制新建250米以上超高层建筑，不得新建500米以上超高层建筑。各地相关部门审批80米以上住宅建筑、100米以上公共建筑建设项目时，应征求同级消防救援机构意见，以确保与当地消防救援能力相匹配。城区常住人口300万以下城市确需新建150米以上超高层建筑的，应报省级住房和城乡建设主管部门审查，并报住房和城乡建设部备案。城区常住人口300万以上城市确需新建250米以上超高层建筑的，省级住房和城乡建设主管部门应结合抗震、消防等专题严格论证审查，并报住房和城乡建设部备案复核。

（二）合理确定建筑布局。各地要结合城市空间格局、功能布局，统筹谋划高层和超高层建筑建设，相对集中布局。严格控制生态敏感、自然景观等重点地段的高层建筑建设，不在对历史文化街区、历史地段、世界文化遗产及重要文物保护单位有影响的地方新建高层建筑，不在山边水边以及老城旧城开发强度较高、人口密集、交通拥堵地段新建超高层建筑，不在城市通风廊道上新建超高层建筑群。

（三）深化细化评估论证。各地要充分评估论证超高层建筑建设风险问题和负面影响。尤其是超高层建筑集中的地区，要加强超高层建筑建设项目交通影响评价，避免加剧交通拥堵；加强超高层建筑建设项目环境影响评价，防止加剧城市热岛效应，避免形成光污染、高楼峡谷风。强化超高层建筑人员疏散和应急处置预案评估。超高层建筑防灾避难场地应集中就近布置，人均面积不低于1.5平方米。加强超高层建筑节能管理，标准层平面利用率一般不低于80%，绿色建筑水平不得低于三星级标准。

（四）强化公共投资管理。各地应严格落实政府投资有关规定，一般不得批准使用公共资金投资建设超高层建筑，严格控制城区常住人口300万以下城市国有企事业单位投资建设150米以上超高层建筑，严格控制城区常住人口300万以上城市国有企事业单位投资建设250米以上超高层建筑。

（五）压紧夯实决策责任。实行超高层建筑决策责任终身制。城区常住人口300万以下城市新建150米以上超高层建筑，城区常住人口300万以上城市新建250米以上超高层建筑，应按照《重大行政决策程序暂行条例》（国务院令第713号），作为重大公共建设项目报城市党委政府审定，实行责任终身追究。

二、强化既有超高层建筑安全管理

（六）全面排查安全隐患。各地要结合安全生产专项整治三年行动，加强对超高层建筑隐患排查的指导监督，摸清超高层建筑基本情况，建立隐患排查信息系统。组织指导超高层建筑业主或其委托的管理单位全面排查超高层建筑地基、结构、供电、供水、供气、材料、电梯、抗震、消防等方面安全隐患，分析易燃可燃建筑外墙外保温材料、电动自行车进楼入户、外墙脱落、传染病防疫、消防救援等方面安全风险，并建立台账。

（七）系统推进隐患整治。各地要加强对超高层建筑隐患整治的监管，对重大安全隐患实行挂牌督办。超高层建筑业主或其委托的管理单位要制定隐患整治路线图、时间表，落实责任单位和责任人。重大安全隐患整治到位前，超高层建筑不得继续使用。超高层建筑业主或其委托的管理单位应组建消防安全专业管理团队，鼓励聘用符合相关规定的专业技术人员担任消防安全管理人，补齐应急救援设施设备，制定人员疏散和应急处置预案、分类分级风险防控方案，组织开展预案演练，提高预防和自救能力。

（八）提升安全保障能力。各地要加强与超高层建筑消防救援需求相匹配的消防救援能力建设，属地消防救援机构要加强对超高层建筑的调研熟悉，定期组织实战演练。指导超高层建筑业主或其委托的管理单位逐栋按标准要求补建微型消防站，组织物业服务人员、保安人员、使用单位人员、志愿者等力量，建立专职消防队、志愿消防队等消防组织。超高层建筑业主或其委托的管理单位应完善供电供水、电梯运维、消防维保等人员的协同工作机制，组建技术处置队，强化与辖区消防救援站的联勤联训联动，提高协同处置效能。

（九）完善运行管理机制。各地要建立健全超高层建筑运行维护管理机制，切实提高监管能力。开展超高层建筑运行维护能耗监测，定期组织能耗监测分析，结果及时公开。指导超高层建筑业主或其委托的管理单位建立超高层建筑运行维护平台，接入物联网城市消防远程监控系统，并与城市运行管理服务平台连通。具备条件的，超高层建筑业主或其委托的管理单位应充分利用超高层建筑信息模型（BIM），完善运行维护平台，与城市信息模型（CIM）基础平台加强对接。超高层建筑业主或其委托的管理单位应结合超高层建筑设计使用年限，制定超高层建筑运行维护检查方案，委托专业机构定期检测评估超高层建筑设施设备状况，对发现的问题及时修缮维护。

各地要抓紧完善超高层建筑规划建设管理协作机制，严格落实相关标准和管控要求，探索建立超高层建筑安全险。建立专家库，定期开展既有超高层建筑使用和管理情况专项排查，有关情况要及时报告住房和城乡建设部。住房和城乡建设部将定期调研评估工作落实情况。

住房和城乡建设部
应急管理部
2021年10月22日

（此件公开发布）

住房和城乡建设部印发《关于在住房和城乡建设系统开展法治宣传教育的第八个五年规划（2021—2025年）》的通知

建法〔2021〕82号

各省、自治区住房和城乡建设厅，北京市住房和城乡建设委、规划和自然资源委、城市管理委、水务局、交通委、园林绿化局，天津市住房和城乡建设委、规划和自然资源局、城市管理委、水务局，上海市住房和城乡建设管委、规划和自然资源局、绿化和市容管理局、水务局，重庆市住房和城乡建设委、规划和自然资源局、城市管理局，新疆生产建设兵团住房和城乡建设局，海南省自然资源和规划厅、水务厅，部机关各单位、直属各单位：

为深入学习贯彻习近平法治思想，根据《中共中央 国务院转发〈中央宣传部、司法部关于开展法治宣传教育的第八个五年规划（2021—2025年）〉的通知》，结合住房和城乡建设工作实际，我部制定了《关于在住房和城乡建设系统开展法治宣传教育的第八个五年规划（2021—2025年）》。现印发给你们，请结合实际认真贯彻执行。

住房和城乡建设部
2021年11月17日

（此件公开发布）

住房和城乡建设部　国家文物局关于加强国家历史文化名城保护专项评估工作的通知

建科〔2021〕83号

各省（自治区）住房和城乡建设厅、文物局（文化和旅游厅/局），海南省自然资源和规划厅，直辖市规划和自然资源委（局）、住房和城乡建设（管）委、文物局，新疆生产建设兵团住房和城乡建设局、文物局：

为进一步加强国家历史文化名城（以下简称名城）保护专项评估工作，现就有关事项通知如下：

一、总体要求

贯彻落实中共中央办公厅、国务院办公厅印发的《关于在城乡建设中加强历史文化保护传承的意见》精神，依据文物保护、历史文化名城名镇名村保护等法律法规和部门规章，坚持目标导向、问题导向和结果导向，全面准确评估名城保护工作情况、保护对象的保护状况，及时发现和解决历史文化遗产屡遭破坏、拆除等突出问题，充分运用评估成果，推进落实保护责任，推动经验推广、问责问效、问题整改，切实提高名城保护能力和水平。

二、评估内容

（一）历史文化资源调查评估和认定情况。对各时期历史文化资源开展普查、调查和评估，推进空间全覆盖、要素全囊括等情况。名城内的名镇、名村（传统村落）、街区和历史地段、历史建筑等认定公布、设立标志牌、开展数字化信息采集和测绘建档，推进应保尽保、应挂尽挂等情况；文物保护单位核定公布情况，尚未核定公布为文物保护单位的不可移动文物登记公布、挂牌保护、建立并动态更新记录档案情况，地下文物埋藏区划定情况；工业遗产、农业文化遗产、灌溉工程遗产、非物质文化遗产、地名文化遗产等认定公布情况。

（二）保护管理责任落实情况。名城保护管理地方性法规、管理规定和保护规则、技术标准等制定和执行情况。名城保护日常巡查管理制度建立和执行情况。名城、名镇、名村、街区等相关保护规划编制审批备案情况，保护名录建立、各类保护对象的保护范围和必要的建设控制地带划定，以及保护要求落实、保护责任划分等情况。

文物具体保护措施依法公告施行并纳入相关规划情况；文物保护单位“四有”工作完成及动态更新情况，文物保护单位保护规划和市（县）域文物保护专项规划编制、审批、公布和实施情况；市域范围内，特别是历史城区考古工作开展情况，以及基本建设工程考古前置制度的落实情况。

（三）保护利用工作成效。历史建筑保护利用情况，包括留而不修、修后未用等空置状况。具有保护价值的老建筑、古民居加固修缮、消除安全隐患、活化利用等情况。历史文化街区和历史地段的保护修缮进展以及环境整治、公共服务设施提升、基础设施改造等情况。城镇格局、自然景观、人文环境和非物质文化遗产等保护情况，包括历史风貌破坏问题及整改情况。

文物本体保存状况，文物保护单位保护范围和建设控制地带内影响文物保护单位安全及其环境的活动情况，以及已有的污染文物保护单位及其环境的设施情况；文物保护修缮工程（含安防消防防雷）情况；尚未核定公布为文物保护单位的不可移动文物日常保养情况；文物安全责任落实和安全管理情况；文物使用和开放利用的整体情况，文物对公众开放及开放状态情况。

三、评估组织

（一）年度自评估。自2022年开始，各名城每年应开展一次自评估工作，对历史文化保护工作情况进行总结，实事求是梳理经验、查找问题，形成数据翔实、直面问题的年度自评估报告，并附相关证明材料。自评估报告应于每年12月底前报送省级住房和城乡建设（名城保护）、文物部门，北京、上海、天津、重庆4市的自评估报告报送住房和城乡建设部、国家文物局。

（二）定期评估。住房和城乡建设部、国家文物局每五年组织第三方机构对所有名城开展全覆盖调研评估，全面了解制度政策落实、保护工作成效、典型经验做法、存在问题等情况。各省级住房和城乡建设（名城保护）部门应会同文物部门结合名城自评估工作，每年对本省（自治区）所有名城开展一轮评估，形成省级评估报告。省级评估报告应提出名城保护的基本情况、主要经验和问题清单。省级评估情况应及时报送住房和城乡建设部、国家文物局。

（三）重点评估。对特定区域、流域的名城保护情况，名城内特定时期历史文化资源保护工作开展情况，或者问题频发的名城保护管理情况，住房和城乡建设部、国家文物局以及相关省级住房和城乡建设（名城保护）部门、文物部门，及时组织开展重点评估。

四、成果运用

（一）总结推广经验。对专项评估发现的可复制、可推广的好经验、好案例、好做法，各省级住房和城乡建设（名城保护）部门、文物部门应采取调研、专家评价、群众满意度调查等方式进行核实评估，予以肯定并宣传推广；对保护工作成效显著、群众普遍反映良好的名城，住房和城乡建设部将会同国家文物局进行通报表扬。对在保护工作中作出突出贡献的组织和个人，可报请有关部门按照相关规定给予表彰、奖励。

（二）开展处罚问责。对专项评估或群众举报发现突出问题的名城，住房和城乡建设部将会同国家文物局约谈名城所在地方人民政府。对问题严重的名城，住房和城乡建设部将会同国家文物局在进行必要复核论证的基础上，根据相关法律法规和部门规章，对照《国家历史文化名城保护不力处理标准（试行）》（详见附件），按规定要求和程序作出处理。需通报批评的，由住房和城乡建设部会同国家文物局给予通报批评；需列入濒危名单或撤销其名城称号的，由住房和城乡建设部会同国家文物局报请国务院将其列入濒危名单或撤销其名城称号。各省级住房和城乡建设（名城保护）部门、文物部门应积极配合纪检监察、检察机关对负有责任的领导干部依规依纪依法作出处理。

（三）推进问题整改。对专项评估发现的问题，相关名城应制定整改方案，及时进行整改。整改方案要具有针对性，明确时间表、路线图、责任人。省级住房和城乡建设（名城保护）部门应会同文物部门对整改工作进行跟踪督导，特别是督促被约谈和处理的名城所在地方人民政府做好后续整改落实工作，并根据评估结果，指导各地统筹谋划名城保护中长期工作安排，及时修订名城保护管理规定，修编保护规划，按要求向住房和城乡建设部、国家文物局报告整改落实情况。

五、工作保障

（一）加强组织领导。各省级住房和城乡建设（名城保护）部门应会同文物部门认真抓好本省（自治区、直辖市）名城专项评估工作的组织实施，推动实现名城保护评估工作常态化、制度化。名城所在市（县）应依法落实保护工作属地责任，发挥组织领导和综合协调作用，加强工作保障，做好宣传引导。

（二）创新技术手段。各地应积极采用云计算、大数据、“互联网＋”等新信息技术手段，加强对名城工作的动态管理，提高名城评估的效率和质量。鼓励有条件的地区结合专项评估工作需要，推动历史文化保护数据库、中华文化数据库建设，并做好与城市信息模型（CIM）基础平台和城市体检评估信息平台的衔接。

（三）鼓励公众参与。各地在名城评估工作中，要深入社区、街区调研，加强与群众沟通，广泛征求和听取专家学者、社会团体的意见。鼓励各地专业机构和专业人士参与名城评估工作。加强舆情监测，及时解决在历史文化保护中社会关注的热点问题以及群众集中反映的突出问题。

省级历史文化名城保护专项评估工作可参照本通知执行。

附件：国家历史文化名城保护不力处理标准（试行）

住房和城乡建设部

国家文物局

2021年11月16日

（此件公开发布）

住房和城乡建设部　国家发展改革委关于批准发布中医医院建设标准的通知

建标〔2021〕84号

各省、自治区住房和城乡建设厅、发展改革委，直辖市住房和城乡建设（管）委、发展改革委，新疆生产建设兵团住房和城乡建设局、发展改革委，国务院有关部门：

根据《住房和城乡建设部关于下达2012年建设标准编制项目计划的通知》（建标〔2012〕192号），由国家中医药管理局组织编制的《中医医院建设标准》已经有关部门会审，现批准发布，编号为建标106-2021，自2021年12月1日起施行。原《中医医院建设标准》（建标106-2008）同时废止。

在中医医院工程项目的审批、核准、设计和建设过程中，要严格遵守国家相关规定，认真执行本建设标准，坚决控制工程造价。

本建设标准的管理由住房和城乡建设部、国家发展改革委负责，具体解释工作由国家中医药管理局负责。

住房和城乡建设部

国家发展改革委

2021年11月17日

（此件主动公开）

住房和城乡建设部关于发布《房屋建筑和市政基础设施工程危及生产安全施工工艺、设备和材料淘汰目录（第一批）》的公告

中华人民共和国住房和城乡建设部公告2021年第214号

为防范化解房屋建筑和市政基础设施工程重大事故隐患，降低施工安全风险，推动住房和城乡建设行业淘汰落后工艺、设备和材料，提升房屋建筑和市政基础设施工程安全生产水平，根据《建设工程安全生产管理条例》等有关法规，我部组织制定了《房屋建筑和市政基础设施工程危及生产安全施工工艺、设备和材料淘汰目录（第一批）》（以下简称《目录》），现予发布。

房屋建筑和市政基础设施工程从业单位要在本公告发布之日起9个月后，全面停止在新开工项目中使用本《目录》所列禁止类施工工艺、设备和材料；本公告发布之日起6个月后，新开工项目不得在限制条件和范围内使用本《目录》所列限制类施工工艺、设备和材料。负有安全生产监督管理职责的各级住房和城乡建设主管部门依据《建设工程安全生产管理条例》有关规定，开展对本《目录》执行情况的监督检查工作。

特此公告。

住房和城乡建设部

2021年12月14日

国家发展改革委　住房城乡建设部关于印发《“十四五”城镇污水处理及资源化利用发展规划》的通知

发改环资〔2021〕827号

各省、自治区、直辖市及计划单列市、新疆生产建设兵团发展改革委、住房城乡建设厅（建设局、建委、水务局）、海南省水务厅：

为深入贯彻习近平生态文明思想，加强生态环境保护，积极推进城镇污水处理领域补短板、强弱项工作，全面提升污水收集处理及资源化利用能力水平，国家发展改革委、住房城乡建设部商生态环境部研究编制了《“十四五”城镇污水处理及资源化利用发展规划》，现印发给你们，请认真贯彻执行。

国家发展改革委
住房城乡建设部
2021年6月6日

住房和城乡建设部关于印发高等教育职业教育住房和城乡建设领域学科专业“十四五”规划教材选题的通知

建人函〔2021〕36号

有关学校、有关单位：

为进一步加强高等教育、职业教育住房和城乡建设领域学科专业教材建设工作，提高住房和城乡建设行业人才培养质量，我部组织开展了住房和城乡建设领域学科专业“十四五”规划教材选题申报和评选工作。经过单位申报、专家评审，确定《中国建筑史》等512项住房和城乡建设领域学科专业“十四五”规划教材（以下简称规划教材）选题，现予以发布（详见附件），并就有关事项通知如下。

一、规划教材编著者要根据《住房和城乡建设领域学科专业“十四五”规划教材申请书》中的立项目标、申报依据、工作安排及进度，高质量完成教材编写工作。

二、规划教材编著者所在单位要落实《住房和城乡建设领域学科专业“十四五”规划教材申请书》中的学校保证计划实施的主要条件，支持编著者按计划完成教材编写工作。

三、高等学校土建类专业课程教材与教学资源专家委员会（以下简称教材委）、全国住房和城乡建设职业教育教学指导委员会（以下简称行指委）、住房和城乡建设部中等职业教育专业指导委员会要做好“十四五”规划教材编写的指导、协调和审稿等工作，保证编写质量。

四、对新工科、新课程、高职本科等教学急需的新专业和新课程教材选题，住房和城乡建设部“十四五”规划教材办公室可会同行指委和教材委在“十四五”期间按程序审核后列入住房和城乡建设领域学科专业“十四五”规划教材。

五、规划教材出版单位要积极配合做好教材编辑、出版、发行等工作。规划教材封面和书脊可标注“住房和城乡建设部‘十四五’规划教材”字样和统一标识。

六、规划教材编著者或其所在单位会同出版单位从规划教材公布第 2 年起，每年 10 月底前将教材编写进展情况或已出版教材样书 2 套报送住房和城乡建设部“十四五”规划教材办公室。

七、规划教材原则上应在“十四五”期间完成出版，规划教材编著者应在 2025 年 6 月底前完成书稿并提交相关出版单位。逾期未完成的，不再作为住房和城乡建设领域学科专业“十四五”规划教材。

各有关学校、有关单位要高度重视住房和城乡建设领域学科专业教材建设工作，做好规划教材的编写、出版和过程管理，为提高住房和城乡建设领域高等教育、职业教育教学质量和人才培养质量作出贡献。

住房和城乡建设部“十四五”规划教材办公室

联系地址：北京市海淀区三里河路九号建设部大院西北角，邮编：100037。

联系人：胡秀梅　吉万旺

电话：010-58337239

电子邮箱：jiwanwang@163.com

附件：1. 高等教育住房和城乡建设领域学科专业“十四五”规划教材选题

2. 高等职业教育住房和城乡建设领域学科专业“十四五”规划教材选题

3. 中等职业教育住房和城乡建设领域学科专业“十四五”规划教材选题

住房和城乡建设部

2021 年 9 月 8 日

住房和城乡建设部关于开展市容环境整治专项活动的通知

建督函〔2021〕43 号

各省、自治区住房和城乡建设厅，北京市城市管理委员会，天津市城市管理委员会，上海市住房和城乡建设管理委员会、绿化和市容管理局，重庆市城市管理局，新疆生产建设兵团住房和城乡建设局：

为认真贯彻党的十九届五中全会精神，落实以人民为中心的发展思想，进一步优化城市人居环境，结合在党史学习教育中开展“我为群众办实事”实践活动要求，我部决定开展市容环境整治专项活动。现将有关事项通知如下：

一、总体要求

以习近平新时代中国特色社会主义思想为指导，贯彻落实党的十九届五中全会精神，紧扣“我为群众办实事”实践活动部署要求，聚焦人民群众反映强烈的市容环境突出问题和关键小事，有序开展市容环境专项整治，以“小切口”推动“大变化”，实现城市环境干净、整洁、有序、安全，以新的城市面貌迎接中国共产党成立 100 周年，让人民群众在城市生活得更方便、更舒心、更美好。

二、重点任务

贯彻落实《城市市容市貌干净整洁有序安全标准（试行）》等文件要求，重点整治解决 3 类群众反映强烈的市容环境突出问题：

（一）补齐城市卫生短板。加强背街小巷、老旧小区、城中村、城乡结合部等区域环境治理，解决垃圾乱扔、污水乱倒等问题；排查整治垃圾场（站）、公厕，以及农贸市场、养殖场、屠宰场等周边环境卫生问题，消除病毒细菌滋生、交叉污染等隐患，提高城市公共卫生水平。

（二）保障群众脚下安全。加强城市道路及附属设施安全隐患排查，限期限时解决路面破损、坑洼不平、井盖缺失、污水满溢等问题，保持城市道路无缺损、无沉陷，人行步道铺砌平整、无松动、无破损，切实消除道路设施安全隐患。

（三）点亮城市街头巷尾。加强对城市照明设施巡查维护，及时修复灯杆倾斜、路灯损坏、灯泡缺失、配电箱损坏等问题，加大对极端天气导致路灯短路、破损等的巡查维修力度，提高道路照明设施亮灯率，保障群众夜间出行安全。

三、实施步骤

（一）集中整治阶段（2021年4月—2021年7月）。各省级城市管理主管部门迅速动员部署，全面启动专项活动。指导市县城市管理部门结合本地实际，明确工作目标和职责分工，摸清问题底数，突出重点区域和重点任务，制定具体工作方案，统筹推进相关工作，在中国共产党成立100周年之际取得明显的整治效果，让人民群众切实感受到身边环境的改善。

（二）巩固提升阶段（2021年8月—2021年10月）。各省级城市管理主管部门和市县城市管理部门汇总梳理集中整治阶段发现的重难点问题，尤其是长期积压、未得到有效解决的难题顽症，逐项分析原因，采取有效措施，加强源头治理，确保取得实实在在的效果。研究建立长效机制，持续巩固专项活动成果。

（三）总结评估阶段（2021年11月）。各省级城市管理主管部门依据《城市市容市貌干净整洁有序安全标准（试行）》，制定评价办法和标准，对专项活动进行总结评价。对评价结果进行通报，对专项活动开展得好、成效突出的地区进行表扬，对工作措施不力、效果不明显的地区进行批评。

四、具体要求

（一）加强组织领导，强化统筹协调。各省级城市管理主管部门要加强对此次活动的指导监督。各级城市管理部门要切实发挥组织、协调、督办作用，建立部门协作机制，细化责任分工，统筹推进专项活动。要坚持问题导向，结合实际，确定重点，不贪大求全，不搞形象工程。要坚持党建引领，动员党员干部发挥先锋模范作用，积极投身专项活动，践行初心使命，体现为群众办实事的责任担当。

（二）组织社会参与，共建共治共享。各级城市管理部门要结合开展美好环境与幸福生活共同缔造活动，建立党员领导干部联系点，畅通群众参与渠道，推进城管进社区，广泛听取群众意见，发动群众共谋共建共管共评共享，把党密切联系群众的优势体现到专项活动中。要督促各部门、各单位落实“门前三包”责任制，集中开展卫生责任区清扫保洁活动，营造“人民城市人民建，人民城市为人民”的良好氛围。

（三）加强宣传引导，优化舆论环境。各级城市管理部门要充分运用新闻报道、公益广告、新媒体等多种方式，广泛开展市容环境整治宣传工作，及时报道本次活动中形成的好的经验做法、取得的突出效果和先进人物事迹。各地可结合本地实际，选择一批主题鲜明、亮点突出、朗朗上口的宣传标语口号，在公共场所进行公益宣传。要密切关注群众呼声，及时回应社会关切，通过开展微视频、微电影作品征集展示等活动，主动发声，正确引导社会舆论。

住房和城乡建设部
2021年4月13日

（此件主动公开）

住房和城乡建设部关于开展2021年城市体检工作的通知

建科函〔2021〕44号

各省、自治区住房和城乡建设厅，直辖市住房和城乡建设（管）委，北京市规划和自然资源委：

为深入贯彻习近平总书记关于城市体检工作重要指示精神，落实中央全面深化改革委员会关于建立城市体检评估机制的改革任务要求，经协商研究，决定在直辖市、计划单列市、省会城市和部分设区城市（见附件1，以下简称样本城市）开展2021年城市体检工作。现将有关事项通知如下：

一、总体要求

以习近平新时代中国特色社会主义思想为指导，全面贯彻落实党的十九大和十九届二中、三中、四中、五中全会精神，立足新发展阶段，坚持新发展理念，构建新发展格局，牢固树立以人民为中心的发展思想，统筹发展与安全，以推动城市高质量发展为主题，以绿色低碳发展为路径，建设宜居、绿色、韧性、智慧、人文城市，把城市体检作为统筹城市规划建设管理，推进实施城市更新行动，促进城市开发建设方式转型的重要抓手，建立发现问题、整改问题、巩固提升的联动工作机制，精准查找城市建设和发展中的短板与不足，及时采取有针对性措施加以解决，努力建设没有“城市病”的城市。

二、城市体检主要内容与工作方式

（一）主要内容。由生态宜居、健康舒适、安全韧性、交通便捷、风貌特色、整洁有序、多元包容、创新活力 8 个方面、65 项指标构成城市体检指标体系（见附件 2）。样本城市可结合实际，适当增加城市体检内容。

（二）工作方式。围绕城市体检各项指标，采取城市自体检、第三方体检和社会满意度调查相结合的方式开展。

1. 城市自体检。由样本城市人民政府组织开展，以官方统计数据为主要依据，对城市体检各项指标测算分析，查找城市人居环境质量及存在的问题，提出对策建议。

2. 第三方体检。由我部组织第三方机构开展，对城市体检各项指标测算分析，综合评价样本城市人居环境质量，查找存在的问题。

3. 社会满意度调查。由我部组织第三方机构开展，全面了解群众对城市人居环境质量的满意度，查找群众感受到的突出问题和短板。

（三）工作步骤。城市体检工作包括数据采集、分析论证、问题诊断、形成体检报告等环节。

1. 数据采集。以公开发布的统计数据为基础，结合现场采集数据和互联网大数据等，建立城市体检基础数据库。采用数据截止时点为 2020 年 12 月 31 日。

2. 分析论证。针对城市体检各项指标，根据采集的各类数据，按照定性与定量、主观与客观相结合的原则分析论证，综合评价城市人居环境质量，查找城市建设发展存在的问题。

3. 问题诊断。对于底线指标，不达标的列为严重城市问题。对于导向指标，根据指标测算结果与目标值的差异，确定城市问题的严重程度。

4. 形成体检报告。城市自体检报告由样本城市组织编制，经省级住房和城乡建设主管部门汇总后，于 2021 年 10 月 31 日前报送我部。第三方体检报告由第三方机构编制，经评审验收后，于 2021 年 10 月 31 日前报送我部，由我部反馈省级住房和城乡建设主管部门和样本城市人民政府。

三、成果应用

城市体检结果反映样本城市的人居环境质量状况，也在一定程度上反映所在省（区）的人居环境质量状况。各地要根据查找出的城市问题提出有关对策建议和整改措施，作为编制“十四五”城市建设相关规划、城市建设年度计划和建设项目清单的重要依据，加强整改工作，确保城市体检成果落地见效。

各地要按照建立国家、省、市三级城市体检评估信息平台要求，充分利用现有城市规划建设管理信息化基础，加快建设省级和市级城市体检评估信息平台，与国家级城市体检评估信息平台做好对接，加强城市体检数据管理、综合评价和监测预警。

我部将定期督促指导城市体检工作进展情况，及时总结推广好经验、好做法。组织第三方机构综合评价我国城市发展状况和水平，梳理当前存在的主要问题，发布年度城市体检报告。

四、组织领导

各省、自治区住房和城乡建设厅要指导样本城市人民政府做好城市体检工作的综合协调和督促指导，有序推进各项任务落实。各样本城市有关主管部门要为第三方体检和社会满意度调查提供必要的技术和信息支持。有条件的省（区）可参照相关要求，组织本省（区）其他设市城市全面开展城市体检工作。

请各省、自治区住房和城乡建设厅及直辖市有关主管部门，确定本省（区）及样本城市工作联系人，于 2021 年 4 月 30 日前报我部建筑节能与科技司。组织各样本城市按照本通知要求制定城市体检工作方案，汇总后于 2021 年 5 月 15 日前报我部。

附件：1. 城市体检样本城市名单

2. 2021 年城市体检指标体系

住房和城乡建设部

2021 年 4 月 15 日

（此件主动公开）

住房和城乡建设部 工业和信息化部关于确定智慧城市基础设施与智能网联汽车协同发展第一批试点城市的通知

建城函〔2021〕51号

各省、自治区、直辖市及新疆生产建设兵团住房和城乡建设厅（委、管委、局）、工业和信息化主管部门：

按照《住房和城乡建设部办公厅 工业和信息化部办公厅关于组织开展智慧城市基础设施与智能网联汽车协同发展试点工作的通知》（建办城函〔2020〕594号）有关工作安排，在各城市申报和省级主管部门审核基础上，经组织专家评审和实地调研，确定北京、上海、广州、武汉、长沙、无锡等6个城市为智慧城市基础设施与智能网联汽车协同发展第一批试点城市。

请试点城市按照建办城函〔2020〕594号文件要求，制定完善试点工作方案，经专家评审通过后报住房和城乡建设部、工业和信息化部备案。试点城市要建立健全统筹协调机制，落实资金等保障措施，确保试点工作取得成效，形成可复制可推广的经验。有关省级住房和城乡建设、工业和信息化部门要加大对试点城市的指导支持力度。请试点城市确定1名工作联系人并报两部门，试点中有关情况和问题，及时沟通联系。

联系人：住房和城乡建设部城市建设司 张旭亮

电 话：010-58933961

联系人：工业和信息化部装备工业一司 陈春梅

电 话：010-68205629

住房和城乡建设部

工业和信息化部

2021年4月28日

住房和城乡建设部 工业和信息化部关于确定智慧城市基础设施与智能网联汽车协同发展第二批试点城市的通知

建城函〔2021〕114号

各省、自治区、直辖市及新疆生产建设兵团住房和城乡建设厅（委、管委、局）、工业和信息化主管部门：

按照有关工作安排，在各城市自愿申报基础上，经组织专家评审和实地调研，住房和城乡建设部、工业和信息化部研究确定重庆、深圳、厦门、南京、济南、成都、合肥、沧州、芜湖、淄博等10个城市为智慧城市基础设施与智能网联汽车协同发展第二批试点城市。

请试点城市按照《住房和城乡建设部办公厅 工业和信息化部办公厅关于组织开展智慧城市基础设施与智能网联汽车协同发展试点工作的通知》（建办城函〔2020〕594号）要求，制定完善试点工作方案，经专家评审通过后报住房和城乡建设部、工业和信息化部备案。试点城市要建立健全统筹协调机制，落实资金等保障措施，确保试点工作取得成效，形成可复制可推广的经验。有关省级住房和城乡建设、工业和信息化部门要加大对试点城市的指导支持力度。

为加强对试点城市督促指导，切实做好提供咨询服务、跟踪掌握试点工作进展情况、总结形成可复制可推广工作经验等工作，住房和城乡建设部、工业和信息化部联合组建智慧城市基础设施与智能网联汽车协同发展试点工作办公室（以下简称双智试点办）。请各试点城市分别确定 1 名工作联系人，并报双智试点办，试点中有关情况和问题，及时与双智试点办沟通联系。

联系人：住房和城乡建设部城市建设司　张旭亮
电　话：010-58933961
联系人：工业和信息化部装备工业一司　陈春梅
电　话：010-68205629

住房和城乡建设部
工业和信息化部
2021 年 12 月 1 日

（此件主动公开）

抄送：重庆市、深圳市、厦门市、南京市、济南市、成都市、合肥市、沧州市、芜湖市、淄博市人民政府。

住房和城乡建设部办公厅关于进一步加强历史文化街区和历史建筑保护工作的通知

建办科〔2021〕2 号

各省、自治区住房和城乡建设厅，直辖市规划和自然资源委（局）、住房和城乡建设（管）委，海南省自然资源和规划厅，新疆生产建设兵团住房和城乡建设局：

2016 年以来，各地贯彻落实中央城市工作会议要求，积极推动历史文化街区划定和历史建筑确定工作，取得明显成效。但一些地方工作进展缓慢、存在漏查漏报等情况，拆除破坏历史文化街区和历史建筑、盗卖历史建筑构件和异地迁建等问题时有发生，对城镇风貌和文化遗产保护造成不可挽回的损失。为深入贯彻落实习近平新时代中国特色社会主义思想和党的十九届五中全会精神，强化历史文化保护，现就进一步加强历史文化街区和历史建筑保护工作通知如下：

一、充分认识历史文化街区和历史建筑保护工作的重要意义

党中央、国务院高度重视历史文化保护工作。习近平总书记多次强调，要更多采用“微改造”的“绣花”功夫，对历史文化街区进行修复，像对待“老人”一样尊重和善待城市中的老建筑，保留城市历史文化记忆。历史文化街区和历史建筑是城乡记忆的物质留存，是人民群众乡愁的见证，是城乡深厚历史底蕴和特色风貌的体现，具有不可再生的宝贵价值。在城乡建设中做好历史文化街区和历史建筑的保护工作，对于坚定文化自信、弘扬中华优秀传统文化、塑造城镇风貌特色、推动城乡高质量发展具有重要意义。各地应充分认识保护历史文化街区和历史建筑的重要性与紧迫性，加大保护力度，坚决制止各类破坏历史文化街区和历史建筑的行为。

二、加强普查认定，尽快完善保护名录

各地要进一步加强历史文化街区和历史建筑普查认定工作，按照应保尽保的原则，对照《历史文化街区划定和历史建筑确定标准（参考）》（见附件 1），查漏补缺，及时认定公布符合标准的街区和建筑，纳入保护名录。扩大普查地域空间范围，重点加强对历史悠久和历史建筑数量偏少的市县的普查认定力度，确保所有市县符合标准的建筑均纳入保护名录。延展普查年代区间，全面梳理和发掘不同历史时期的历史文化遗存，尤其是将近现代、新中国成立以后、改革开放以来有代表性的建设成果纳入保护名录。丰富历史文化街区和历史建筑的内涵和类型，及时将符合标准的老厂区、老港区、老校区、老居住区等划定为历史文化街区，将符合标准的公共建筑、工业建筑、居住建筑和交通、水利等工程设施等确定为历史建筑。创新工作方法，广泛动员公众参与普查认定工作，采取多种形式、发动多方力量征集历史建筑线索。各地应于2021年底前基本完成现存历史文化街区和历史建筑普查认定工作，由省级住房和城乡建设（规划）主管部门对保护名录进行更新、汇总、校核后报我部。同时，建立长效机制，定期开展普查认定工作并补充保护名录。

三、推进挂牌建档，留存保护对象身份信息

各地要加快完成历史文化街区和历史建筑挂牌保护工作。历史文化街区和历史建筑应分别以省（自治区、直辖市）和城市（县）为单位，根据《历史文化街区和历史建筑保护标志牌参考样式》（见附件2），结合地域文化特色，统一设计制定保护标志牌。标志牌应设置在历史文化街区主要出入口和历史建筑外部醒目位置。已经设立的标志牌可继续使用，破损或已到使用寿命的及时更新替换。加快推进历史建筑测绘建档工作，开展历史建筑数字化信息采集，建立数字档案，鼓励有条件的地区探索历史建筑数据库与城市信息模型（CIM）平台的互联互通。各地应于2021年底前完成所有已公布历史文化街区和历史建筑的标志牌设立工作，完成所有已公布历史建筑的测绘建档工作。省级住房和城乡建设（规划）主管部门应做好历史建筑测绘建档成果质量把关和验收工作。

四、加强修复修缮，充分发挥历史文化街区和历史建筑使用价值

各地要加大投入，开展历史文化街区保护修复工作。结合老旧小区改造，重点围绕建筑加固修缮，沿街立面风貌整治，路面整修改造，以及配套完善水电热气、通讯照明、垃圾收集中转、消防安防设施等方面，修复和更新历史文化街区，持续提升历史文化街区的宜居性。加强历史建筑安全评估，对存在安全风险的历史建筑进行抢救性修缮。支持和鼓励在保持外观风貌、典型构件基础上，赋予历史建筑当代功能，与城市和城区生活有机融合，以用促保。禁止在历史文化街区内大拆大建，对文物建筑、历史建筑以外的其他建筑，可依照相关法律法规，在尊重街区整体格局和风貌的前提下进行创新性的更新改造、持续利用，改造后的建筑应与街区历史建筑可以辨别。

五、严格拆除管理，充分听取社会公众意见

各地应严格历史文化街区和历史建筑拆除管理。任何单位和个人不得损坏或者擅自迁移、拆除经认定公布的历史建筑，不得随意拆除和损坏历史文化街区中具有保护价值的老建筑。不得假借“必要的基础设施和公共服务设施”的名义，在历史文化街区内新建、扩建与街区保护无关的项目。对历史文化街区、历史地段内建筑物或构筑物的更新改造和拆除，要充分听取社会公众意见，保障公众的知情权、参与权和监督权。对不得不拆除的，应坚持先评估、后公示、再决策的程序，组织专家对拟拆除的建筑进行评估论证，广泛听取公众意见，并符合《历史文化名城名镇名村保护条例》等相关规定。

各省级住房和城乡建设（规划）主管部门要加强指导和监督检查，定期更新、汇总、上报本地区历史文化街区和历史建筑台账。建立专家组定期巡回督导、社会公众监督等机制，加大历史文化街区和历史建筑保护力度。对于违反有关法律法规政策，破坏历史文化街区格局风貌、拆除或异地迁建历史建筑、盗卖历史建筑构件的，要依法依规及时通报处理并严肃追究相关责任。

附件：1. 历史文化街区划定和历史建筑确定标准（参考）

2. 历史文化街区和历史建筑保护标志牌参考样式

住房和城乡建设部办公厅

2021年1月18日

（此件公开发布）

附件1

历史文化街区划定和历史建筑确定标准
（参考）

一、历史文化街区划定标准

城镇中具备下列条件的传统居住区、商贸区、工业区、办公区等地区可以划定为历史文化街区：

（一）具有下列历史文化价值之一。

1. 在城镇形成和发展过程中起到重要作用，与历史名人和重大历史事件相关，能够体现城镇古代悠久历史、近现代变革发展、中国共产党诞生与发展、新中国建设发展、改革开放伟大进程等某一特定时期的建设成就。

2. 空间格局、肌理和风貌等体现传统文化、民族特色、地域特征或时代风格。

3. 保留丰富的非物质文化遗产和优秀传统文化，保持传统生活延续性，承载了历史记忆和情感。

（二）具有一定的规模和真实的物质载体，并满足以下条件。

1. 传统格局基本完整，且构成街区格局和历史风貌的历史街巷和历史环境要素是历史存留的原物，核心保护范围面积不小于1公顷。

2. 保存文物特别丰富，历史建筑集中成片，核心保护范围内文物建筑、历史建筑等保护类建筑的总用地面积不小于核心保护范围内建筑总用地面积的60%。

二、历史建筑确定标准

具备下列条件之一，未公布为文物保护单位，也未登记为不可移动文物的居住、公共、工业、农业等各类建筑物、构筑物，可以确定为历史建筑：

（一）具有突出的历史文化价值。

1. 能够体现其所在城镇古代悠久历史、近现代变革发展、中国共产党诞生与发展、新中国建设发展、改革开放伟大进程等某一特定时期的建设成就。

2. 与重要历史事件、历史名人相关联，具有纪念、教育等历史文化意义。

3. 体现了传统文化、民族特色、地域特征或时代风格。

（二）具有较高的建筑艺术特征。

1. 代表一定时期建筑设计风格。

2. 建筑样式或细部具有一定的艺术特色。

3. 著名建筑师的代表作品。

（三）具有一定的科学文化价值。

1. 建筑材料、结构、施工工艺代表了一定时期的建造科学与技术。

2. 代表了传统建造技艺的传承。

3. 在一定地域内具有标志性或象征性，具有群体心理认同感。

（四）具有其他价值特色。

附件2

历史文化街区和历史建筑保护标志牌
参考样式

一、历史文化街区保护标志牌

（一）标志牌内容。

历史文化街区保护标志牌内容分为基本内容和附加内容。基本内容为标志牌必须包含的要素。附加内容为各地根据当地历史文化价值特色可酌情增加的要素。

1. 基本内容包括街区名称、街区简介、保护范围图、公布时间、公布单位等5个要素，并根据每片历史文化街区实际情况确定具体内容。其中，街区名称、公布时间以省、自治区、直辖市人民政府公布文件为准。

2. 附加内容包括但不限于徽标、符号、构件等具有地域特色的要素，以及二维码、街区编号等。其中，二维码为链接到当地历史文化街区数据库的标记，可通过扫描二维码查看到其信息。

（二）标志牌样式。

标志牌主体形状应为矩形，其体量、尺度、色彩、设计风格等应与历史文化街区风貌、特色、环境相协调，标识用字应以国家通用语言文字为基础，在准确翻译的前提下可以同时附注外文、民族文字等信息，一般情况下不得使用繁体字或异体字。参考样式见附图1。

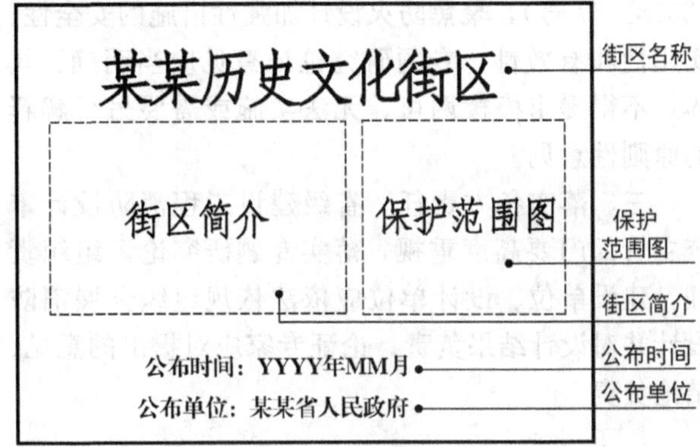

横版

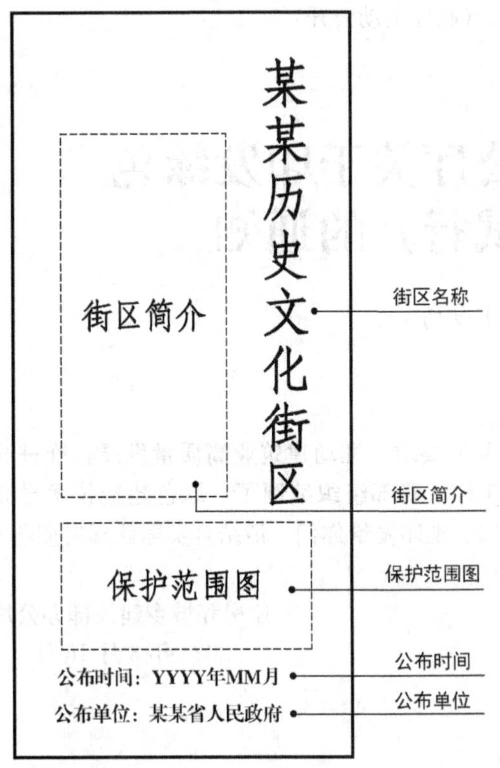

竖版

附图1　历史文化街区保护标志牌参考样式

二、历史建筑保护标志牌

（一）标志牌内容。

历史建筑保护标志牌内容分为基本内容和附加内容。基本内容为标志牌必须包含的要素。附加内容为各地根据当地历史文化价值特色可酌情增加的要素。

1. 基本内容包括主题词、建筑名称、建筑编号、公布时间、公布单位等5个要素，并根据每处历史建筑实际情况确定具体内容。其中，建筑名称、公布时间以城市、县人民政府公布文件为准，建筑编号由各地自定。

2. 附加内容包括但不限于徽标、符号、构件等具有地域特色的要素，以及建筑简介、二维码、保护范围图等。其中，建筑简介可结合二维码等现代化、智能化形式进行表达；二维码为链接到当地历史建筑数据库的标记，可通过扫描二维码查看到其信息。

（二）标志牌样式。

标志牌主体形状应为矩形，标识用字应以国家通用语言文字为基础，在准确翻译的前提下可以同时附注外文、民族文字等信息，一般情况下不得使用繁体字或异体字。参考样式见附图2。

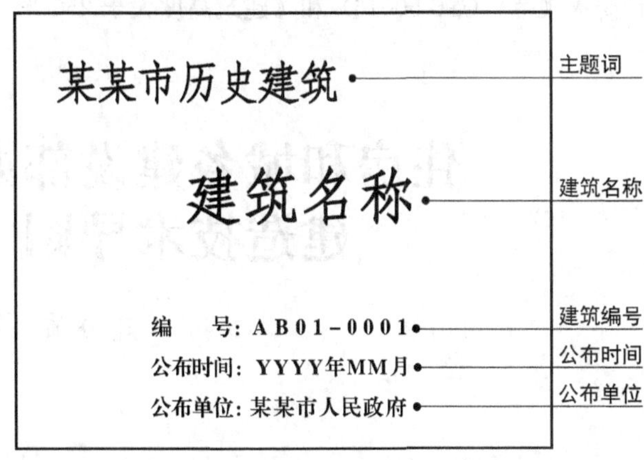

附图2　历史建筑保护标志牌参考样式

住房和城乡建设部办公厅关于做好建筑高度大于250米民用建筑防火设计研究论证的通知

建办科〔2021〕3号

各省、自治区住房和城乡建设厅，直辖市住房和城乡建设（管）委，北京市规划和自然资源委，新疆生产建设兵团住房和城乡建设局：

为切实做好建筑高度大于250米民用建筑消防设计审查工作，现就有关事项通知如下：

一、强化属地管理。建筑高度大于250米民用建筑的防火设计加强性措施的研究论证，由省级建设工程消防设计审查主管部门负责组织。研究论证意见作为出具消防设计审查意见的依据之一。

二、科学开展论证。省级建设工程消防设计审查主管部门应选择不少于7位专家组成专家组，对建筑高度大于250米民用建筑的防火设计加强性措施进行专题研究论证。专题研究论证依据《建筑设计防火规范》（GB 50016）和《建筑高度大于250米民用建筑防火设计加强性技术要求（试行）》（公消〔2018〕57号），聚焦防火设计加强性措施的安全性、实用性和有效性。专题研究论证意见应当明确、具体，不得提出模棱两可、无法实施或需要另行解释的原则性意见。

三、落实各方责任。省级建设工程消防设计审查主管部门要高度重视，落实专题研究论证组织责任。建设单位、设计单位应依法依规组织开展消防设计并对设计结果负责。论证专家应对提出的意见、结论负责。

住房和城乡建设部办公厅

2021年1月21日

（此件主动公开）

住房和城乡建设部办公厅关于印发绿色建造技术导则（试行）的通知

建办质〔2021〕9号

各省、自治区住房和城乡建设厅，直辖市住房和城乡建设（管）委，北京市规划和自然资源委，新疆生产建设兵团住房和城乡建设局：

为落实《国务院办公厅关于促进建筑业持续健康发展的意见》（国办发〔2017〕19号）、《国务院办公厅转发住房城乡建设部关于完善质量保障体系提升建筑工程品质指导意见的通知》（国办函〔2019〕92号）要求，推动建筑业高质量发展，推进绿色建造工作，我部组织编制了《绿色建造技术导则（试行）》。现印发给你们，请结合实际认真贯彻落实。

住房和城乡建设部办公厅

2021年3月16日

住房和城乡建设部办公厅关于集中式租赁住房建设适用标准的通知

建办标〔2021〕19号

各省、自治区住房和城乡建设厅，直辖市住房和城乡建设（管）委、新疆生产建设兵团住房和城乡建设局：

集中式租赁住房是指具备一定规模、实行整体运营并集中管理、用于出租的居住性用房。为支持各地发展集中式租赁住房，现就适用标准等有关事项通知如下。

一、集中式租赁住房类型和适用标准

按照使用对象和使用功能，集中式租赁住房可分为宿舍型和住宅型2类。

新建宿舍型租赁住房应执行《宿舍建筑设计规范》及相关标准；改建宿舍型租赁住房应执行《宿舍建筑设计规范》或《旅馆建筑设计规范》及相关标准。

新建或改建住宅型租赁住房应执行《住宅建筑规范》及相关标准。

二、合理增加服务功能

集中式租赁住房可根据市场需求和建筑周边商业服务网点配置等实际情况，增加相应服务功能。

（一）宿舍型租赁住房建筑内公共区域可增加公用厨房、文体活动、商务、网络宽带、日用品零售、快递收取等服务空间。房间内应加大储物空间，增加用餐、会客、晾衣空间，应设置信息网络接入点；可设置卫生间、洗浴间和起居室。

新建宿舍型租赁住房应设置机动车停车位，并预留电动汽车、电动自行车充电设施空间。

按《旅馆建筑设计规范》及相关标准进行改建的宿舍型租赁住房，采光、通风应满足《宿舍建筑设计规范》的相关要求。

（二）住宅型租赁住房按《城市居住区规划设计标准》和《完整居住社区建设标准（试行）》建设配套设施。当项目规模未达到标准规定应配建配套设施的最小规模时，宜与相邻居住区共享教育、社区卫生服务站等公共服务设施。

三、做好适用标准的实施指导

严格把握非居住类建筑改建为集中式租赁住房的条件。非居住类建筑改建前应对房屋安全性能进行鉴定，保证满足安全使用的要求；土地性质为三类工业用地和三类物流仓储用地的非居住建筑，不得改建为集中式租赁住房。

加强运营安全管理。集中式租赁住房的运营主体应确保租赁住房符合运营维护管理相关要求，建立完善各项突发事件应急预警及处置制度；落实消防安全责任制，配备符合规定的消防设施、器材，保持疏散通道、安全出口、消防车通道畅通，定期开展消防安全检查。

省级住房和城乡建设部门应加强对本地区集中式租赁住房建设适用标准实施指导。指导本地区有关城市结合实际，制定实施细则或租赁住房建设指南等，及时总结集中式租赁住房建设标准适用相关经验和问题，并报住房和城乡建设部住房保障司、标准定额司。

住房和城乡建设部办公厅
2021年5月27日

（此件主动公开）

住房和城乡建设部办公厅关于做好三星级绿色建筑标识申报工作的通知

建办标〔2021〕23 号

各省、自治区住房和城乡建设厅，直辖市住房和城乡建设（管）委，新疆生产建设兵团住房和城乡建设局：

按照《绿色建筑标识管理办法》（建标规〔2021〕1 号），为做好三星级绿色建筑标识申报工作，现将有关事项通知如下：

一、项目申报

三星级绿色建筑标识由项目建设单位、运营单位或业主单位（以下简称申报单位）自愿进行申报。除特殊情况外，申报单位可随时申报。

申报单位注册登录绿色建筑标识管理信息系统（网址：http：//lsjz.jzjn.mohurd.gov.cn，以下简称标识管理信息系统）进行申报。《绿色建筑标识管理信息系统用户操作手册》可在标识管理信息系统下载。

申报单位应在标识管理信息系统中填写项目基本情况和主要技术指标信息，按照绿色建筑评价标准逐条对项目达标和得分情况进行自评，提交相关证明材料，并报项目所在地省级住房和城乡建设部门初审。

二、初审推荐

三星级绿色建筑项目应由省级住房和城乡建设部门负责组织推荐，并报住房和城乡建设部。省级住房和城乡建设部门登录标识管理信息系统，及时对本地区申报项目进行初审，主要审查以下内容：

（一）申报单位和项目是否满足《绿色建筑标识管理办法》规定的申报条件；

（二）申报项目是否符合国家和地方基本建设程序；

（三）申报项目是否有知识产权纠纷，是否存在项目成果归属争议；

（四）申报项目是否发生过重大质量安全事故；

（五）申报项目是否符合国家和地方绿色建筑相关政策规定；

（六）申报材料是否齐全、完整、有效。

具备条件的地区可对照绿色建筑评价标准逐条审查项目达标和得分情况，初步审查项目是否满足三星级标准要求。初审结束后，省级住房和城乡建设部门应在标识管理信息系统中填写初审意见，将初审合格的项目推荐至住房和城乡建设部。

三、受理审查

住房和城乡建设部负责受理并审查各省级住房和城乡建设部门推荐项目，分批集中组织专家开展审查工作，并向社会公示、公告审查结果。

联系人：刘宁琳、宫玮、张川

电　话：010-58934548、58934972

住房和城乡建设部办公厅

2021 年 6 月 10 日

（此件主动公开）

住房和城乡建设部办公厅关于印发部 2021 年政务公开工作要点的通知

建办厅〔2021〕24 号

部机关各单位、直属各单位：

《住房和城乡建设部 2021 年政务公开工作要点》

已经部领导同意，现印发给你们，请结合实际认真贯彻落实。

住房和城乡建设部办公厅
2021年6月24日

（此件主动公开）

住房和城乡建设部2021年政务公开工作要点

2021年是实施“十四五”规划、开启全面建设社会主义现代化国家新征程的第一年。做好住房和城乡建设部政务公开工作，要以习近平新时代中国特色社会主义思想为指导，深入贯彻党的十九大和十九届二中、三中、四中、五中全会精神，立足新发展阶段、贯彻新发展理念、构建新发展格局，坚持以人民为中心，深化政务公开工作，推动住房和城乡建设事业高质量发展，以优异成绩庆祝中国共产党成立100周年。

一、紧扣“十四五”开局深化政务公开

（一）主动公开住房和城乡建设领域有关规划。做好“十四五”城乡人居环境建设、城乡历史文化保护传承、建筑业和勘察设计行业发展、建筑节能和绿色建筑等有关规划的公开。做好农村危房改造等历史资料的整理和主动公开工作。（建筑市场监管司、村镇建设司、工程质量安全监管司、建筑节能与科技司负责）

（二）做好监管执法信息公开。按照“谁执法谁公示”的原则，加强执法信息公开工作，一视同仁公正监管，营造诚信守法的市场环境，有效维护人民群众利益。严格执行行政执法公示制度，对行政处罚、行政检查、行政许可等执法行为的基本信息、结果信息进行公示，规范信息公示内容的标准、格式，保障行政相对人和社会公众知情权、参与权、表达权和监督权。（各有关司局负责）

（三）做好财政信息公开。稳步扩大预决算公开范围，推进部本级及部属单位预算、决算及相关报表公开。做好部集中采购实施情况公开。（计划财务与外事司负责）

（四）做好常态化疫情防控信息公开。准确把握常态化疫情防控的阶段性特征和要求，统筹推进常态化疫情防控与住房和城乡建设工作，严格落实住房和城乡建设领域新冠肺炎疫情常态化防控各项工作要求。（各有关司局负责）

二、紧扣住房和城乡建设领域重点任务深化政务公开

（一）继续加强重要政策发布解读。

1. 围绕实施城市更新行动，做好政策发布解读。

积极做好城市更新相关政策措施解读，推动人居环境质量提升。强化历史文化保护，塑造城市风貌，通报有关情况。加强居住社区建设，督促指导各地做好城镇老旧小区改造相关任务完成情况的公开。做好新型城市基础设施建设、系统化全域推进海绵城市建设示范和城市内涝治理相关政策解读，宣传可复制可推广的经验做法。不断加强城市公共卫生和环境综合治理，做好垃圾分类和减量化、资源化政务信息公开。（建筑节能与科技司、城市建设司负责）

2. 围绕稳妥实施房地产长效机制方案、完善住房保障体系，做好政策发布解读。

坚持房子是用来住的、不是用来炒的定位，因城施策，落实城市主体责任，稳地价、稳房价、稳预期，加强房地产市场监管信息公开，促进房地产市场平稳健康发展。加快构建以公租房、保障性租赁住房和共有产权住房为主体的住房保障体系。加强保障性租赁住房政策文件解读，宣传可复制可推广经验。深化住房保障相关政策措施执行情况公开。及时发布住房公积金年度报告，全面披露住房公积金业务运行情况，主动回应社会关注的热点、焦点问题。（房地产市场监管司、住房保障司、住房公积金监管司负责）

3. 围绕推进韧性城市建设，做好政策发布解读。

加快建设城市运行管理服务平台，及时公布相关技术标准，做好政策解读，推进城市治理“一网统管”。完善城市综合管理服务评价体系，指导各地加强城市网格化管理，推动城市管理进社区。开展市容环境整治专项活动，指导各地及时做好舆论宣传引导，回应群众关切。深入实施城市建设安全整治三年行动，及时通报各地整治行动进展情况，提升城市安全韧性。（城市管理监督局、工程质量安全监管司负责）

4. 围绕实施乡村建设行动，做好政策发布解读。

加强县城绿色低碳建设，加快农房和村庄建设现代化，做好政策解读。加强宣传引导，推广装配式钢结构等农房建设方式。因地制宜推进水冲式厕所入室，提升农房现代化水平。继续实施农村危房改造，推进农村房屋安全隐患排查整治工作，及时回应社会关切。加大农村垃圾污水治理力度，及时

总结推广地方经验，持续改善农村人居环境。（村镇建设司负责）

5. 围绕建筑产业转型升级，做好政策发布解读。

做好推动智能建造与新型建筑工业化协同发展政策信息发布，及时公布智能建造创新服务案例。多渠道做好装配式建筑标准体系政策解读，大力推广钢结构建筑。深入实施绿色建筑创建行动。落实建设单位工程质量首要责任，持续开展建筑施工安全专项整治，提高政策解读针对性和传播力，坚决遏制重特大事故。（建筑市场监管司、标准定额司、工程质量安全监管司负责）

（二）不断改进政策解读工作方式。认真落实政策解读方案、解读材料与政策文件同步组织、同步审签、同步部署工作机制，更加注重对政策背景、出台目的、重要举措等方面的实质性解读，全面提升解读工作质量。充分运用新闻发布会、吹风会、简明问答、图表图解、案例说明等多种方式，对涉及群众切身利益、影响市场预期等重要政策，及时准确传递政策意图，减少误解猜疑，稳定预期。要加强政策咨询服务，积极解答地方住房和城乡建设部门和企业、群众的咨询，助力营商环境持续改善。做好与国务院政策问答平台协同联动、对接共享，增强政策解读效果。（各有关司局负责）

（三）切实增强回应关切效果。紧紧围绕住房和城乡建设政务舆情背后的实际问题，以解决问题的具体措施实质性回应社会关切。加强舆情回应台账管理，认真核查已作出的承诺落实及公开情况，切实维护政府公信力。密切关注涉及疫情防控、房地产金融、农民工工资拖欠、房屋质量、住房安全等方面的舆情并及时作出回应，助力防范化解重大风险。制定网上建议留言办理规范，明确办理职责，规范工作流程，促进网上建议留言及时有效办理。（办公厅、住房保障司、房地产市场监管司、建筑市场监管司、工程质量安全监管司、村镇建设司等负责）

三、紧扣强基础抓基层深化政务公开

（一）做好政务信息管理工作。对照中国政府法制信息网行政法规库公布的行政法规国家正式版本，更新部门户网站行政法规文本。全面推进规章集中统一公开，2021 年底前将我部现行有效规章在部门户网站政府信息公开专栏集中公开，方便公众查询使用。（法规司负责）

（二）完善政务公开平台。加快部门户网站改版有关工作，推进部门户网站集约化建设，推动公开、互动、服务融合发展，逐步实现一网通查、一网通答、一网通办、一网通管。稳步推进部门户网站政府信息公开专栏与中国政府网政府信息公开专栏数据联通。（各有关司局、信息中心负责）

（三）推进基层政务公开标准化规范化。按照《住房和城乡建设部办公厅关于印发保障性住房等基层政务公开标准目录的通知》要求，对保障性住房、国有土地上房屋征收与补偿、市政服务、农村危房改造、城市综合执法等领域基层政务公开落实情况进行跟踪评估，以基层群众实际需求为导向及时调整完善，增强操作性、实效性，最大限度方便企业和群众办事，更好打通住房和城乡建设部门及公共企业事业单位服务人民群众的“最后一公里”。（办公厅、住房保障司、房地产市场监管司、城市建设司、村镇建设司、城市管理监督局等负责）

四、紧扣政府信息公开条例实施深化政务公开

（一）提高依申请公开工作质量。切实转变观念，强化服务理念，把依申请公开工作作为服务人民群众生产生活、支持市场主体创业创新的重要方式，更好满足申请人对政府信息的个性化合理需求。正确适用《政府信息公开信息处理费管理办法》，严格依照规定的标准、程序、方式计收信息处理费。（各有关司局负责）

（二）规范政府信息公开行政复议案件审理标准。部行政复议机构要按照法律法规和国务院行政复议机构制定的政府信息公开行政复议案件审理规范，统一案件审理标准，进一步依法规范政府信息公开。充分发挥行政复议制度优势，加大监督力度，强化责任追究，不断增强部机关工作人员法治意识、公开意识、服务意识，更好保障人民群众合法权益。（法规司负责）

（三）加强配套制度建设。2021 年底前出台供水、供气、供热领域的公共企事业单位信息公开规定，进一步加强监管，优化公共服务。（城市建设司负责）

五、紧扣抓保障促落实深化政务公开

加强日常业务指导和监督检查，对本要点提出的住房和城乡建设领域重点任务，及时跟进推动，确保各项工作落实到位。及时总结推广住房和城乡建设领域政务公开的好经验好做法。加强文件类政府信息公开督促检查，做到“应公开尽公开”、依法及时公开，对部印发文件公开情况进行通报。加强队伍建设，组织开展政府信息公开工作培训和研讨交流，不断提升机关政务公开业务能力。加强政务

公开工作经费保障，确保政策解读、公开专栏建设等政务公开工作顺利开展。（办公厅负责）

请各有关单位将本要点落实情况于2021年年底前报部公开办。

抄送：国务院办公厅政府信息与政务公开办公室，各省、自治区住房和城乡建设厅，直辖市住房和城乡建设（管）委及有关部门，新疆生产建设兵团住房和城乡建设局。

住房和城乡建设部办公厅关于取消工程造价咨询企业资质审批加强事中事后监管的通知

建办标〔2021〕26号

各省、自治区住房和城乡建设厅，直辖市住房和城乡建设（管）委，新疆生产建设兵团住房和城乡建设局，国务院有关部门建设工程造价管理机构，各有关单位：

为贯彻落实《国务院关于深化“证照分离”改革进一步激发市场主体发展活力的通知》（国发〔2021〕7号），持续深入推进“放管服”改革，取消工程造价咨询企业资质审批，创新和完善工程造价咨询监管方式，加强事中事后监管，现就有关事项通知如下：

一、取消工程造价咨询企业资质审批。按照国发〔2021〕7号文件要求，自2021年7月1日起，住房和城乡建设主管部门停止工程造价咨询企业资质审批，工程造价咨询企业按照其营业执照经营范围开展业务，行政机关、企事业单位、行业组织不得要求企业提供工程造价咨询企业资质证明。2021年6月3日起，住房和城乡建设主管部门不再办理工程造价咨询企业资质延续手续，到期需延续的企业，有效期自动延续至2021年6月30日。

二、健全企业信息管理制度。各级住房和城乡建设主管部门要加强与市场监管等有关部门沟通协调，结合工程造价咨询统计调查数据，健全工程造价咨询企业名录，积极做好行政区域内企业信息的归集、共享和公开工作。鼓励企业自愿在全国工程造价咨询管理系统完善并及时更新相关信息，供委托方根据工程项目实际情况选择参考。企业对所填写信息的真实性和准确性负责，并接受社会监督。对于提供虚假信息的工程造价咨询企业，不良行为记入企业社会信用档案。

三、推进信用体系建设。各级住房和城乡建设主管部门要进一步完善工程造价咨询企业诚信长效机制，加强信用管理，及时将行政处罚、生效的司法判决等信息归集至全国工程造价咨询管理系统，充分运用信息化手段实行动态监管。依法实施失信惩戒，提高工程造价咨询企业诚信意识，努力营造诚实守信的市场环境。

四、构建协同监管新格局。健全政府主导、企业自治、行业自律、社会监督的协同监管格局。探索建立企业信用与执业人员信用挂钩机制，强化个人执业资格管理，落实工程造价咨询成果质量终身责任制，推广职业保险制度。支持行业协会提升自律水平，完善会员自律公约和职业道德准则，做好会员信用评价工作，加强会员行为约束和管理。充分发挥社会监督力量参与市场秩序治理。鼓励第三方信用服务机构开展信用业务。

五、提升工程造价咨询服务能力。继续落实《关于推进全过程工程咨询服务发展的指导意见》（发改投资规〔2019〕515号）精神，深化工程领域咨询服务供给侧结构性改革，积极培育具有全过程咨询能力的工程造价咨询企业，提高企业服务水平和国际竞争力。

六、加强事中事后监管。各级住房和城乡建设主管部门要高度重视工程造价咨询企业资质取消后的事中事后监管工作，落实放管结合的要求，健全审管衔接机制，完善工作机制，创新监管手段，加大监管力度，依法履行监管职责。全面推行“双随机、一公开”监管，根据企业信用风险分类结果实施差异化监管措施，及时查处相关违法、违规行为，并将监督检查结果向社会公布。

住房和城乡建设部办公厅

2021年6月28日

（此件主动公开）

住房和城乡建设部办公厅关于做好建筑业“证照分离”改革衔接有关工作的通知

建办市〔2021〕30 号

各省、自治区住房和城乡建设厅，直辖市住房和城乡建设（管）委，北京市规划和自然资源委，新疆生产建设兵团住房和城乡建设局，国务院有关部门建设司（局），中央军委后勤保障部军事设施建设局，国资委管理的中央企业：

为贯彻落实《国务院关于深化“证照分离”改革进一步激发市场主体发展活力的通知》（国发〔2021〕7 号）要求，深化建筑业“放管服”改革，做好改革后续衔接工作，现将有关事项通知如下：

一、按照国发〔2021〕7 号文件要求，自 2021 年 7 月 1 日起，各级住房和城乡建设主管部门停止受理本文附件所列建设工程企业资质的首次、延续、增项和重新核定的申请，重新核定事项含《住房城乡建设部关于建设工程企业发生重组、合并、分立等情况资质核定有关问题的通知》（建市〔2014〕79 号）规定的核定事项。2021 年 7 月 1 日前已受理的，按照原资质标准进行审批。

二、为做好政策衔接，自 2021 年 7 月 1 日至新的建设工程企业资质标准实施之日止，附件所列资质证书继续有效，有效期届满的，统一延期至新的建设工程企业资质标准实施之日。新的建设工程企业资质标准实施后，持有上述资质证书的企业按照有关规定实行换证。

三、自 2021 年 7 月 1 日起，建筑业企业施工劳务资质由审批制改为备案制，由企业注册地设区市住房和城乡建设主管部门负责办理备案手续。企业提交企业名称、统一社会信用代码、办公地址、法定代表人姓名及联系方式、企业净资产、技术负责人、技术工人等信息材料后，备案部门应当场办理备案手续，并核发建筑业企业施工劳务资质证书。企业完成备案手续并取得资质证书后，即可承接施工劳务作业。

四、对于按照实行告知承诺方式改革的许可事项，各级住房和城乡建设主管部门应当明确实行告知承诺制审批的资质目录，制定并公布告知承诺书格式文本、告知承诺内容、核查办法和办事指南。对通过告知承诺方式取得资质证书的企业，要加强事中事后监管，经核查发现承诺不实的，依法撤销其相应资质，并按照有关规定进行处罚。

五、对于按照优化审批服务方式改革的许可事项，各级住房和城乡建设主管部门要进一步优化审批流程，推动线上办理，实行全程电子化申报和审批。要精简企业申报材料，不得要求企业提供人员身份证明和社保证明、企业资质证书、注册执业人员资格证书等证明材料，切实减轻企业负担。

六、《住房和城乡建设部办公厅关于开展建设工程企业资质审批权限下放试点的通知》（建办市函〔2020〕654 号）和《住房和城乡建设部办公厅关于扩大建设工程企业资质审批权限下放试点范围的通知》（建办市函〔2021〕93 号）明确的试点时间统一延长至新的建设工程企业资质管理规定实施之日。

附件：国发〔2021〕7 号文件决定取消的建设工程企业资质

住房和城乡建设部办公厅

2021 年 6 月 29 日

（此件公开发布）

住房和城乡建设部办公厅关于做好建设工程消防设计审查验收工作的通知

建办科〔2021〕31号

各省、自治区住房和城乡建设厅，直辖市住房和城乡建设（管）委，北京市规划和自然资源委，新疆生产建设兵团住房和城乡建设局：

建设工程消防设计审查验收事关建设工程消防安全和人民群众生命财产安全。为加强和改进建设工程消防设计审查验收管理，切实从源头上防范化解建设工程消防安全风险，现就有关事项通知如下：

一、加强审验管理

各地建设工程消防设计审查验收主管部门（以下简称主管部门）要依法依规履行建设工程消防设计审查验收职责，审查验收工作应覆盖各类建设工程，做到应办尽办、程序合法、过程透明，不得擅自改变需进行消防设计审查验收的特殊建设工程范围，不得随意取消建设工程消防验收备案和抽查手续。落实国务院“放管服”改革和优化营商环境要求，向社会公开审查验收流程图、事项清单、办事指南、申报材料和内容要求，加强对工程建设单位的技术指导，提高服务意识和服务质量，主动靠前服务。充分依托工程建设项目审批管理系统等平台，实现建设工程消防设计审查验收在线办理；能够通过部门交换获取的信息，不要求申请单位或个人提供。结合实际积极推动开展联合审图和竣工联合验收。

二、强化技术要求

各地主管部门要认真查阅工程建设单位申请消防验收备案提交的建设工程资料，核对消防设计执行的国家工程建设消防技术标准内容，并作为抽查的依据。建设工程的消防设计、施工必须符合国家工程建设消防技术标准。既有建筑改造利用不改变使用功能、不增加建筑面积的，宜执行现行国家工程建设消防技术标准，不得低于原建筑物建成时的消防安全水平。历史文化街区、历史建筑改造确实无法满足现行国家工程建设消防技术标准要求的，应制定科学合理的技术方案，由当地主管部门会同有关部门，组织工程建设单位、业主单位、利害相关人等依法会商解决，确保满足消防安全需要。

三、严格评审论证

组织特殊建设工程的特殊消防设计专家评审时，各省级主管部门应着重评审技术资料中的必要性论证、多方案比较、模拟数据或实验验证结论等内容。科学判定所采用国际标准、境外工程建设消防技术标准的成熟条件。拟采用新技术、新工艺、新材料的，提供的有关应用实例、产品说明等应与建设工程直接相关。要系统论证特殊消防设计内容和现行国家工程建设消防技术标准的关系，以及模拟数据或实验验证结论的可靠性。

四、规范技术服务

各地主管部门要推进建设工程消防设计技术审查、全过程消防技术咨询、竣工验收消防查验、建设工程消防验收现场评定、消防验收备案抽查的现场检查等技术服务市场化工作，促进公平竞争，提高审验效率。加强信息化手段在建设工程消防设计审查验收技术服务机构和人员管理中的应用，建立完善信用采集、失信惩戒、信用修复等各项措施。指导提供相关技术服务的机构加强行业自律，健全技术服务标准和质量保证体系，强化自我约束。

五、落实监督责任

各地主管部门要高度重视建设工程消防设计审查验收工作，切实加强组织领导，改进工作方式，主动与有关部门协商完善齐抓共管工作机制，守牢安全底线。贯彻落实全国安全生产专项整治三年行动和城市建设安全三年专项整治要求，系统梳理在建和 2019 年 4 月 1 日以来投入使用建设工程的消防设计审查验收情况，建立台账，加强备案抽查项目的消防设计安全监管，合理确定抽查比例。加强高层建筑、健身休闲场所、社会教育培训机构、歌舞娱乐游艺场所、养老机构、危险化学品生产储存场所、老旧小区、物流仓储设施，以及利用原有建筑物改建改用为酒店、饭店、学校、体育馆等场所的消防设计审查验收管理。依法严肃处理不执行建设工程消防设计审查验收制度的各方主体和有关人员，并加大曝光力度。

住房和城乡建设部办公厅
2021 年 6 月 30 日
（此件主动公开）

住房和城乡建设部办公厅关于发布绿色建筑标识式样的通知

建办标〔2021〕36 号

各省、自治区住房和城乡建设厅，直辖市住房和城乡建设（管）委，新疆生产建设兵团住房和城乡建设局：

按照《绿色建筑标识管理办法》（建标规〔2021〕1号）要求，我部进一步完善了绿色建筑标识证书式样，增加了标牌式样，现予以发布。有关事项通知如下：

一、绿色建筑标识由牡丹花叶、长城、星级和中国绿色建筑中英文构成，体现中国绿色建筑最大限度实现人与自然和谐共生。

二、绿色建筑标识证书和标牌应严格按照绿色建筑标识制作指南（附件 1）、标识证书矢量文件（附件 2）和标识标牌矢量文件（附件 3）规定的式样与要求制作。扫描证书和标牌中的二维码可查询项目证书信息。

三、自 2021 年 6 月起，住房和城乡建设部门按照《绿色建筑标识管理办法》（建标规〔2021〕1 号）认定绿色建筑项目，授予绿色建筑标识证书。绿色建筑项目申请单位可根据不同应用场景自行制作绿色建筑标识标牌。

四、绿色建筑标识式样除用于绿色建筑标识制作外，不得用做其他用途。

附件：1. 绿色建筑标识制作指南
2. 绿色建筑标识证书矢量文件
3. 绿色建筑标识标牌矢量文件

住房和城乡建设部办公厅
2021 年 7 月 16 日
（此件主动公开）

住房和城乡建设部办公厅关于开展工程建设领域整治工作的通知

建办市〔2021〕38 号

各省、自治区住房和城乡建设厅，直辖市住房和城乡建设（管）委，新疆生产建设兵团住房和城乡建设局：

为深入贯彻党中央关于常态化开展扫黑除恶斗争的决策部署，落实全国扫黑除恶斗争领导小组工作要求，加强房屋建筑和市政基础设施工程招标投标活动监管，治理恶意竞标、强揽工程等突出问题，决定开展房屋建筑和市政基础设施工程建设领域（以下简称工程建设领域）整治工作，现将有关事项通知如下。

一、总体要求

以习近平新时代中国特色社会主义思想为指导，深入学习贯彻党的十九大和十九届二中、三中、四中、五中全会精神，认真贯彻落实党中央关于常态化开展扫黑除恶斗争的决策部署，聚焦工程建设领域存在的恶意竞标、强揽工程等突出问题，严格依法查处违法违规行为，及时发现和堵塞监管漏洞，建立健全源头治理的防范整治长效机制，持续规范建筑市场秩序。

二、工作目标

通过整治工作，到2022年6月底，工程建设领域恶意竞标、强揽工程等违法违规行为得到有效遏制，招标投标乱象和突出问题得到有效整治，招标投标监管制度进一步完善。

三、整治重点

针对工程建设领域以下突出问题开展整治工作：

（一）投标人串通投标、以行贿的手段谋取中标、挂靠或借用资质投标等恶意竞标行为。

（二）投标人胁迫其他潜在投标人放弃投标，或胁迫中标人放弃中标、转让中标项目等强揽工程行为。

四、工作措施

（一）制定整治工作方案。2021年9月底前，省级住房和城乡建设主管部门结合本地实际，制定本行政区域内工作方案，明确工作任务，指导监督各市、县（区）有序推进整治工作落实。地方各级住房和城乡建设主管部门进一步完善工作机制，细化工作措施，积极开展整治工作。

（二）集中整治行业乱象。2021年10月至2022年4月，地方各级住房和城乡建设主管部门对本行政区域内的在建房屋建筑和市政基础设施工程项目进行全面排查，聚焦整治工作重点任务，严厉打击治理行业乱象，维护建筑市场秩序。畅通投诉举报渠道，完善处置机制，全面收集群众举报线索，加大线索核查力度。对发现的涉黑涉恶问题线索，及时移交有关部门处理。

（三）健全源头治理长效机制。2022年5月至6月，地方各级住房和城乡建设主管部门全面总结整治工作，研究梳理房屋建筑和市政基础设施工程招标投标突出问题，深入研判招标投标领域出现的新动向、新情况，健全完善行业监管制度，堵塞监管漏洞，巩固整治成果，建立健全防范问题发生的常态化制度机制。

五、组织保障

（一）加强组织领导。地方各级住房和城乡建设主管部门要切实提高政治站位，充分认识整治工作的必要性和紧迫性，强化组织领导，明确工作目标，完善工作机制，强化责任落实，认真组织开展整治工作，确保整治任务取得扎实成效。

（二）强化监督指导。省级住房和城乡建设主管部门要建立任务跟踪督导机制，密切跟进各项工作进展。积极指导监督各市、县（区）住房和城乡建设主管部门按照“双随机、一公开”原则，通过开展现场巡查、专项检查等多种方式，加强对招标投标活动的监管。对整治不积极、效果不明显的地区、单位，通过约谈、通报、现场督导等方式督促落实，确保按期整治到位。

（三）构建联动机制。地方各级住房和城乡建设主管部门要加强与政法机关、纪检监察机关的信息共享和工作联动，强化行政执法与刑事司法衔接，不断提升监察、司法、检察建议和公安提示函（“三书一函”）办理质量，全面加强行业监管。对发现的涉黑涉恶问题线索，应当及时移交政法部门，并积极配合开展案件侦办工作。对发现的领导干部或工作人员违法违纪问题线索，应当及时移交纪检监察部门。

（四）加强正面宣传。地方各级住房和城乡建设主管部门要通过政府网站和主流媒体，加强对整治工作的舆论宣传，有计划地宣传报道一批典型案件，为整治工作营造良好社会氛围，鼓励和引导群众积极参与整治工作，净化市场环境。

（五）及时总结上报。地方各级住房和城乡建设主管部门要及时总结整治工作推进落实情况，由省级住房和城乡建设主管部门汇总后，分别于2021年12月底、2022年3月底填写工程建设领域整治工作情况统计表（附件1）报送我部建筑市场监管司；于2022年6月底前形成书面总结报告，并根据整治工作总体开展情况填写统计表，一并报送我部建筑市场监管司。总结报告内容应包括工程建设领域整治工作总体情况，采取的工作措施，取得的工作成效（包括查处的违法违规行为、整治的行业乱象、移送的涉黑涉恶问题线索等，应有具体的量化指标），发现的典型案例，招标投标监管制度完善情况以及工作建议等。

请省级住房和城乡建设主管部门确定一名同志作为整治工作联络员，于2021年9月30日前将整治工作方案和联络员登记表（附件 2）报送我部建筑市场监管司。各地在开展工程建设领域整治工作中遇到的重大问题，请及时报送我部。

附件：1. 工程建设领域整治工作情况统计表
2. 工程建设领域整治工作联络员登记表

住房和城乡建设部办公厅
2021 年 8 月 31 日

（此件主动公开）

中国银保监会办公厅住房和城乡建设部办公厅 中国人民银行办公厅关于防止经营用途贷款违规流入房地产领域的通知

银保监办发〔2021〕39 号

各银保监局，各省、自治区、直辖市及新疆生产建设兵团住房和城乡建设厅（委、管委、局），中国人民银行上海总部，各分行、营业管理部，各省会（首府）城市中心支行，各副省级城市中心支行，各政策性银行、大型银行、股份制银行、外资银行：

近年来，个人经营性贷款、企业流动资金贷款等经营用途贷款在满足企业临时性周转性资金需求、提升企业持续运行能力等方面发挥了积极作用，为做好“六稳”工作、落实“六保”任务提供了有力支持。但近期一些企业和个人违规将经营用途贷款投向房地产领域问题突出，影响房地产调控政策效果，挤占支持实体经济特别是小微企业发展的信贷资源。为落实好党中央、国务院关于促进房地产市场平稳健康发展的决策部署，防止经营用途贷款违规流入房地产领域，更好地支持实体经济发展，现就有关要求通知如下。

一、加强借款人资质核查

银行业金融机构要切实加强经营用途贷款“三查”，落实好各项授信审批要求，不得向无实际经营的空壳企业发放经营用途贷款。对企业成立时间或受让企业股权时间短于 1 年，以及持有被抵押房产时间低于 1 年的借款人，要进一步加强借款主体资质审核，对工商注册、企业经营、纳税情况等各类信息进行交叉验证，不得以企业证明材料代替实质性审核。

二、加强信贷需求审核

银行业金融机构要对经营用途贷款需求进行穿透式、实质性审核，要根据借款人实际经营需求合理确定授信总额，与企业年度经营收入、资金流水等实际经营情况相匹配。密切关注借款人第一还款来源，不得因抵押充足而放松对真实贷款需求的审查。坚持线上线下相结合，对贷款金额较大的，要通过多种形式全方面了解企业情况，进一步加强审核。对通过互联网渠道发放的经营用途贷款，应满足互联网贷款管理相关规定。不得向资金流水与经营情况明显不匹配的企业发放经营性贷款。

三、加强贷款期限管理

银行业金融机构要做好经营用途贷款期限管理，根据借款人实际需求合理确定贷款期限。对期限超过 3 年的经营用途贷款，要进一步加强风险管理，建立健全内部管理制度，建立专门统计台账，逐笔登记并定期进行核查，确保贷款期限与借款人生产经营周期、资金收支规律相匹配，真正用于企业经营。

四、加强贷款抵押物管理

对使用房产抵押的贷款，银行业金融机构要加强抵押物估值管理，合理把握贷款抵押成数。重点审查房产交易完成后短期内申请经营用途贷款的融资需求合理性，对抵押人持有被抵押房产时间低于 1 年的，审慎确定贷款抵押成数。抵押人持有被抵押房产时间低于 3 年的，银行业金融机构应定期核查贷款使用情况并保存核查记录。

五、加强贷中贷后管理

银行业金融机构要进一步严格贷中贷后管理，

落实资金受托支付要求，防范企业通过关联方规避受托支付要求。加强贷后资金流向监测和预警，不得以已开展受托支付为由弱化贷后资金管控。银行业金融机构应书面向借款人提示违规将信贷资金用于购房的法律风险和相关影响，在和借款人签订贷款协议时应同时签订资金用途承诺函，明确一旦发现贷款被挪用于房地产领域的将立刻收回贷款，压降授信额度，并追究相应法律责任。银行业金融机构应通过网站公示、营业网点张贴公告等方式加强宣传教育。

六、加强银行内部管理

银行业金融机构要落实主体责任，进一步强化合规意识和审慎经营理念，认真梳理经营用途贷款业务操作流程，扎紧制度笼子，切实强化内部问责。要加强对分支机构经营用途贷款的监测分析。要加强员工异常行为监控，严防内外勾结，对相关违法违规人员依法严格问责。

七、加强中介机构管理

各银行业金融机构要制定各类中介机构准入标准，建立合作机构“白名单”。对存在协助借款人套取经营用途贷款行为的中介机构，一律不得进行合作，并将相关机构名单报送地方有关管理部门，对存在违法行为的及时移交司法机关。要加强对合作类业务的监测统计，对与单家中介机构合作业务快速增长的情况要重点加强分析核查。

房地产中介机构不得为购房人提供或与其他机构合作提供房抵经营贷等金融产品的咨询和服务，不得诱导购房人违规使用经营用途资金；在提供新房、二手房买卖经纪服务时，应要求购房人书面承诺，购房资金不存在挪用银行信贷资金等问题。各地住房和城乡建设部门建立房地产中介机构和人员违规行为“黑名单”，加大处罚问责力度并定期披露。

八、继续支持好实体经济发展

银行业金融机构要进一步提升服务实体经济效能，持续加大对经济社会发展重点领域和薄弱环节的支持力度，深入贯彻落实党和国家关于金融支持小微企业发展的战略部署，保持小微企业信贷支持政策的连续性、稳定性，发挥经营用途贷款支持实体经济的积极作用。

九、强化协同监督检查

各银保监局、地方住房和城乡建设部门、人民银行分支机构要加大对经营用途贷款违规流入房地产问题的监督检查力度，畅通违规问题投诉举报方式，及时共享并联合排查违规线索；要将经营用途贷款违规流入房地产等相关问题作为各类检查的重要内容，依法严格问责，加强联合惩戒，将企业和个人违规挪用经营用途贷款的相关行政处罚信息及时纳入征信系统。

各银保监局、地方住房和城乡建设部门、人民银行分支机构要联合开展一次经营用途贷款违规流入房地产问题专项排查，于2021年5月31日前完成排查工作，并加大对违规问题督促整改和处罚力度。

中国银保监会办公厅

住房和城乡建设部办公厅

中国人民银行办公厅

2021年3月26日

住房和城乡建设部办公厅　国家发展改革委办公厅 国家能源局综合司关于切实加强城镇供热采暖运行保障工作的通知

建办城〔2021〕47号

各有关省、自治区、直辖市、新疆生产建设兵团住房和城乡建设厅（委、管委、局）、发展改革委、能源局：

城镇供热是重要民生保障工作，涉及千家万户，关系到人民群众切身利益，党中央、国务院高度重视。受能源、天气等多方面因素叠加影响，今冬明春保障人民群众温暖过冬工作面临较大挑战。目前，我国北方采暖地区已进入全面供热阶段，为贯彻落实党中央、国务院决策部署，切实加强城镇供热运行保障工作，坚决守住群众温暖过冬民生底线，现就有关事项通知如下。

一、压实地方属地管理责任

各地要认真履行保障民生、供热取暖主体责任，全力保障供热用能，落实国家已有的支持政策，结合本地区实际出台相关政策措施，加快组织煤企与中小型锅炉供热企业对接，确保煤炭资源供应，有条件的地方要加强政府煤炭资源储备，支持供热企业正常运行。强化对供热企业的监督检查，坚决防范发生停暖、弃供、断供事件，对出现问题的企业，要无条件接管。加大城镇老旧供热管网节能改造力度，降低供热能耗水平，加强能源节约。抓紧做细做实煤炭、天然气“压非保民”预案，组织有关企业充分对接，完善有序用能方案，扎实开展提前演练，必要时及时启动，确保民生用能需要。对民生用能保障问题多发的城镇供热和燃气企业，要积极采取措施督促整改，对整改后仍不符合要求的，坚决依法清出市场。政府承诺的补贴要落实到位、不得拖欠，及时精准发放困难群众取暖补助，加强对公益性机构、特困低保群体等供热取暖需求保障。

二、加强供热设施运行管理

各地要督促供热企业全面做好供热设施设备运行维护，加强设施巡查巡检，特别是对一些运行时间长、维护不到位以及处于低温雨雪冰冻等极端天气条件下运行的供热设施，要及时排查和消除各类隐患。健全完善应急救援体系，组建应急抢险队伍，备齐抢修车辆、设备等各类应急救援物资，确保在出现设施故障、极端天气等情况时，能够做到反应迅速、处置妥善，最大限度降低对居民用热的影响。深刻吸取近期部分地区发生燃气安全事故教训，举一反三，严格落实安全生产责任，严格遵守安全生产规章规程，切实防范事故发生。

三、主动靠前解决群众问题

各地要督促供热企业高度重视供热服务质量，严格执行国家有关标准，推动供热服务标准化、规范化，不断提高供热服务水平。要在总结往年工作经验的基础上，继续组织开展“访民问暖”专项活动，尤其是在供暖季初期和严寒期，主动走进社区、入户走访等，靠前了解群众诉求，加强沟通交流，采取有针对性的解决措施，确保供热问题整改到位、室温达标。畅通电话、网络等投诉渠道，实行 24 小时值班和投诉处理等制度，及时回应群众诉求，积极主动发声，加强宣传解释，全力确保群众满意。

四、建立健全工作协同机制

各地要充分利用煤电油气运保障工作部际协调机制，坚持日调度、周平衡，狠抓各项措施落地落实，持续推动能源保供工作。严格落实城镇供热运行保障工作信息报送机制，及时调度掌握供热运行保障工作情况，第一时间发现问题、报告问题、研究问题、解决问题，主动加强部门间的沟通协调，积极推动供热用能供应稳定。对于供热运行的个案问题，一经发现，应立即交办、立即处置，做到早知情、早处理、早解决，如遇无法解决的困难问题，及时履行有关报告程序。

住房和城乡建设部办公厅
国家发展改革委办公厅
国家能源局综合司
2021 年 11 月 26 日

住房和城乡建设部办公厅关于印发危险性较大的分部分项工程专项施工方案编制指南的通知

建办质〔2021〕48 号

各省、自治区住房和城乡建设厅，直辖市住房和城乡建设（管）委，新疆生产建设兵团住房和城乡建设局：

为进一步加强和规范房屋建筑和市政基础设施工程中危险性较大的分部分项工程安全管理，提升房屋建筑和市政基础设施工程安全生产水平，我部组织编写了《危险性较大的分部分项工程专项施工方案编制指南》。现印发给你们，请结合实际参照执行。

住房和城乡建设部办公厅
2021年12月8日

住房和城乡建设部办公厅 国家发展改革委办公厅 财政部办公厅关于进一步明确城镇老旧小区改造工作要求的通知

建办城〔2021〕50号

各省、自治区住房和城乡建设厅、发展改革委、财政厅，直辖市住房和城乡建设（管）委、发展改革委、财政局，新疆生产建设兵团住房和城乡建设局、发展改革委、财政局：

城镇老旧小区改造是党中央、国务院高度重视的重大民生工程和发展工程。《国务院办公厅关于全面推进城镇老旧小区改造工作的指导意见》（国办发〔2020〕23号）印发以来，各地加快推进城镇老旧小区改造，帮助一大批老旧小区居民改善了居住条件和生活环境，解决了不少群众“急难愁盼”问题，但不少地方工作中仍存在改造重“面子”轻“里子”、政府干群众看、改造资金主要靠中央补助、施工组织粗放、改造实施单元偏小、社会力量进入困难、可持续机制建立难等问题，城镇老旧小区改造既是民生工程、也是发展工程的作用还没有充分激发。为扎实推进城镇老旧小区改造，既满足人民群众美好生活需要、惠民生扩内需，又推动城市更新和开发建设方式转型，现就有关要求通知如下：

一、把牢底线要求，坚决把民生工程做成群众满意工程

（一）市、县应建立政府统筹、条块协作、各部门齐抓共管的专门工作机制，明确工作规则、责任清单和议事规程，形成工作合力，避免把城镇老旧小区改造简单作为建设工程推进。

（二）各地确定年度改造计划应从当地实际出发，尽力而为、量力而行，不层层下指标，不搞“一刀切”。严禁将不符合当地城镇老旧小区改造对象范围条件的小区纳入改造计划。严禁以城镇老旧小区改造为名，随意拆除老建筑、搬迁居民、砍伐老树。

（三）各地确定改造计划不应超过当地资金筹措能力、组织实施能力，坚决防止财政资金大包大揽，坚决防止盲目举债铺摊子、增加政府隐性债务。各地应加快财政资金使用进度，摸清本地区待改造城镇老旧小区底数，建立改造项目储备库，提前谋划改造项目，统筹安排改造时序，变“钱等项目”为“项目等钱”。城镇老旧小区改造中央补助资金应严格按有关规定使用，严禁截留、挪用。

（四）各地应督促引导电力、通信、供水、排水、供气、供热等专业经营单位履行社会责任，将老旧小区需改造的水电气热信等配套设施优先纳入本单位专营设施年度更新改造计划，并主动与城镇老旧小区改造年度计划做好衔接。项目开工改造前，市、县应就改造水电气热信等设施，形成统筹施工方案，避免反复施工、造成扰民。

（五）市、县制定城镇老旧小区改造方案之前，应对小区配套设施短板及安全隐患进行摸底排查，并按照应改尽改原则，将存在安全隐患的排水、燃气等老旧管线，群众意愿强烈的配套设施和公共服务设施，北方采暖地区建筑节能改造等作为重点内容优先列为改造内容。

（六）市、县应明确街道、社区在推动城镇老旧小区改造中的职责分工，并与加强基层党组织建设、居民自治机制建设、社区服务体系建设相结合，加快健全动员居民参与改造机制，发动居民参与改造方案制定、配合施工、参与过程监督和后续管理、评价与反馈小区改造效果等。

（七）居民对小区实施改造形成共识的，即参与率、同意率达到当地规定比例的，方可纳入改造计划；改造方案应经法定比例以上居民书面（线上）表决同意后，方可开工改造。

（八）居民就结合改造工作同步完善小区长效管理机制形成共识的，方可纳入改造计划。居民对改造后的物业管理模式、缴纳必要的物业服务费用等，集体协商形成共识并书面（线上）确认的，方可开工改造。

（九）各地应完善城镇老旧小区改造事中事后质量安全监管机制。应完善施工安全防范措施，建立工程质量安全抽检巡检制度，明确改造工程验收移交规定，确保施工安全和工程质量；应建立健全改造工程质量回访、保修制度以及质量问题投诉、纠纷协调处理机制，健全改造工程质量安全信用管理及失信惩戒机制，压实各参建单位质量安全责任。

（十）有关市、县应及时核查整改审计、国务院大督查发现的问题。未按规定及时整改到位的，视情况取消申报下一年度改造计划资格。

二、聚焦难题攻坚，发挥城镇老旧小区改造发展工程作用

（一）市、县应当结合改造完善党建引领城市基层治理机制。鼓励结合城镇老旧小区改造成立小区党组织、业主委员会，搭建居民沟通议事平台，利用“互联网＋共建共治共享”等线上手段，提高居民协商议事效率。鼓励下沉公共服务和社会管理资源，按照有关规定探索适宜改造项目的招投标、奖励等机制。

（二）市、县应当推进相邻小区及周边地区联动改造。结合城市更新行动、完整居住社区建设等，积极推进相邻小区及周边地区联动改造、整个片区统筹改造，加强服务设施、公共空间共建共享，推动建设安全健康、设施完善、管理有序的完整居住社区。鼓励各地结合城镇老旧小区改造，同步开展绿色社区创建，促进居住社区品质提升。

（三）鼓励市、县以改造为抓手加快构建社区生活圈。在确定城镇老旧小区改造计划之前，应以居住社区为单元开展普查，摸清各类设施和公共活动空间建设短板，以及待改造小区及周边地区可盘活利用的闲置房屋资源、空闲用地等存量资源，并区分轻重缓急，在改造中有针对性地配建居民最需要的养老、托育、助餐、停车、体育健身等各类设施，加强适老及适儿化改造、无障碍设施建设，解决“一老一小”方面难题。

（四）市、县应当多渠道筹措城镇老旧小区改造资金。积极通过落实专业经营单位责任、将符合条件的城镇老旧小区改造项目纳入地方政府专项债券支持范围、吸引社会力量出资参与、争取信贷支持、合理落实居民出资责任等渠道，落实资金共担机制，切实提高财政资金使用效益。

（五）鼓励市、县吸引培育城镇老旧小区改造规模化实施运营主体。鼓励通过政府采购、新增设施有偿使用、落实资产权益等方式，在不新增地方政府隐性债务的前提下，吸引培育各类专业机构等社会力量，全链条参与改造项目策划、设计、融资、建设、运营、管理。支持规范规模化实施运营主体以市场化运作方式，充分挖掘运营社区服务等改造项目收益点，通过项目后续长期运营收入平衡改造投入，实现可持续。

（六）市、县应当推动提升金融服务力度和质效。鼓励与各类金融机构加强协作，加快产品和服务创新，共同探索适合改造需要的融资模式，为符合条件的城镇老旧小区整体改造项目，以及水电气热信等专项改造项目，提供金融支持。鼓励金融机构为专业机构以市场化方式投资运营的加装电梯、建设停车设施项目，以及以“平台＋创业单元”方式发展养老、托育、家政等社区服务新业态项目提供信贷支持。在不增加地方政府隐性债务的前提下，鼓励金融机构依法依规参与投资地方政府设立的城镇老旧小区改造等城市更新基金。

（七）各地应当加快构建适应存量改造的配套政策制度。积极构建适应改造需要的审批制度，明确审批事项、主体和办事程序等。鼓励因地制宜完善适应改造需要的标准体系。加快建立健全既有土地集约混合利用和存量房屋设施兼容转换的政策机制，为吸引社会力量参与、引入金融支持创造条件，促进城镇老旧小区改造可持续发展。

（八）鼓励市、县将改造后专营设施设备的产权依照法定程序移交给专业经营单位，由其负责后续维护管理，切实维护水电气热信等市政配套基础设施改造成果，守牢市政公用设施运行安全底线。

（九）市、县应当结合改造建立健全城镇老旧小区住宅专项维修资金归集、使用、续筹机制，促进小区改造后维护更新进入良性轨道。

（十）鼓励市、县积极引导小区居民结合改造同步对户内管线等进行改造，引导有条件的居民实施房屋整体装修改造，带动家装建材消费。

三、完善督促指导工作机制

（一）科学评价工作质量和效果。各地要对照底线要求，逐项排查改进工作中存在的问题；以推动高质量发展为目标，聚焦需攻坚的难题，借鉴先行地区经验做法，完善工作机制及政策体系，不断提升工作质量和效果。各地要以人民群众满意度和受益程度、改造质量和财政资金使用效率为衡量标准，科学评价本地区改造工作成效，形成激励先进、督促后进、以先进促后进的浓厚氛围；各地可参照城镇老旧小区改造工作衡量标准（见附件），统筹谋划各环节工作，扎实系统推进。

（二）建立巡回调研指导机制。住房和城乡建设部将组织相关部门、地区及行业专家，组成巡回调研指导工作组，聚焦破解发动居民参与共建、吸引社会力量参与、多渠道筹措资金、合理拓展改造实施单元、健全适应改造需要的制度体系等难题，加强对各地的调研指导，对部分工作成效显著的省份，重点总结其可复制可推广经验做法、政策机制；对部分工作进展有差距的省份，重点开展帮扶指导，帮助其健全机制、完善政策、明确措施。各省（区、市）可结合本地区实际，建立相应的巡回调研指导机制，加强对市、县的指导。

（三）健全激励先进、督促落后机制。城镇老旧小区改造工作成效评价结果作为安排下达中央财政补助资金的重要参考。对中央预算内投资执行较好的地方，给予适当奖励。将城镇老旧小区改造工作纳入国务院督查激励事项，以工作成效评价作为确定激励名单的重要依据。各省（区、市）住房和城乡建设、发展改革、财政等部门要加大督促指导力度，畅通投诉举报渠道，对发现市、县工作成效突出的，要及时总结上报好的经验做法，对督导检查、审计、信访、媒体等发现市、县存在违反底线要求的，要及时督促整改，问题严重的依法依规严肃处理。

（四）加强宣传引导。各地要加大城镇老旧小区改造工作宣传力度，注重典型引路、正面引导，全面客观报道城镇老旧小区改造作为民生工程、发展工程的工作进展及其成效，提高社会各界对城镇老旧小区改造的认识。要准确解读城镇老旧小区改造政策措施，加大对优秀项目、典型案例的宣传力度，营造良好舆论氛围。主动接受舆论监督，及时解决群众反映的问题、改进工作中的不足，积极回应社会关切，形成良性互动。

附件：城镇老旧小区改造工作衡量标准

住房和城乡建设部办公厅
国家发展改革委办公厅
财政部办公厅
2021 年 12 月 14 日

（此件主动公开）

附件

城镇老旧小区改造工作衡量标准

一级指标	二级指标	内涵解释
一、需把牢的底线要求	（一）建立统筹协调机制	市、县均建立政府统筹、条块协作、各部门齐抓共管的专门工作机制，明确工作规则、责任清单和议事规程，形成工作合力。
	（二）科学合理确定改造计划	1. 确定年度改造计划从当地实际出发，尽力而为、量力而行，未层层下指标、搞“一刀切”，未超过当地资金筹集能力、组织实施能力，未盲目举债铺摊子、增加政府隐性债务。 2. 未将不符合当地城镇老旧小区改造对象条件的小区纳入改造计划。 3. 未以城镇老旧小区改造为名，随意拆除老建筑、搬迁居民、砍伐老树。
	（三）改造资金使用符合相关规定	1. 建立城镇老旧小区改造项目储备库，对入库项目建立档案，实现同步录入改造项目基本情况、居民改造意愿、改造方案、工程进度、改造前后效果的数据、图片信息；根据小区配套设施状况，改造方案的完整性、针对性，居民改造意愿等，对入库项目初步实施方案进行量化计分、排序，明确纳入年度改造计划的优先顺序。 2. 无资金截留、挪用等违规违纪行为。

续表

一级指标	二级指标	内涵解释
一、需把牢的底线要求	（四）加强专营设施改造统筹衔接	1. 省、市、县年度改造计划均与水电气热信等相关专营设施增设或改造计划有效衔接。 2. 对需改造水电气热信等设施的小区，开工改造前就水电气热信等设施形成统筹施工方案。
	（五）群众改造意愿强烈的内容应改尽改	1. 对于在老旧管线等市政配套基础设施、小区内建筑物本体公共部位、北方采暖区建筑节能改造以及公共区域无障碍设施、适老化改造、适儿化改造等方面存在短板的小区，将相关设施短板纳入改造方案。 2. 对于存在停车、加装电梯、充电、安防、照明、智能信包箱及快件箱等完善类短板的小区，有相关内容纳入改造方案。 3. 对存在体育健身以及养老、托育等提升类设施短板的小区，将相关设施短板纳入改造方案，通过改造、新建、租赁、购买等方式在片区层面统筹补齐。
	（六）健全动员居民参与机制	1. 市、县均明确街道、社区在推动城镇老旧小区改造中的职责分工。 2. 实施改造的小区健全动员居民参与机制，发动居民参与改造方案制定、配合施工、参与过程监督和后续管理、评价与反馈小区改造效果。 3. 当年完工小区群众满意度。
	（七）改造方案充分征求居民意见	1. 纳入年度改造计划的小区，居民应对小区实施改造形成共识，参与率、同意率达到当地规定比例。 2. 开工改造前，小区改造方案应经法定比例以上居民书面（线上）表决同意。
	（八）居民对长效管理机制形成共识	开工改造前，居民就改造后小区物业管理模式、缴纳必要的物业服务费用等，集体协商形成共识并书面（在线）确认。
	（九）强化改造质量安全监管	1. 完善城镇老旧小区改造质量安全事中事后监管机制，压实建设单位、设计单位、施工单位、监理单位等参建单位质量安全责任。 2. 工程质量符合标准，改造工程竣工验收合格。 3. 城镇老旧小区改造项目无工程质量安全问题。
	（十）加强发现问题整改	及时核查整改审计、国务院大督查发现的问题。
二、需重点破解的难点问题	（一）结合改造完善党建引领城市基层治理机制	1. 在改造的小区内成立党组织，在改造中由小区党组织引领多种形式基层协商。 2. 坚持党建引领，引导改造的小区选举业主委员会，在改造中业主委员会发挥积极作用。 3. 引导居民利用“互联网＋共建共治共享”等线上手段，对改造中共同决定事项进行表决，提高居民协商议事效率。
	（二）推进片区联动改造	推进相邻小区及周边地区联动、连片实施改造。
	（三）构建社区生活圈	以居住社区为单元，对待改造小区所在社区设施短板、安全隐患、可利用存量资源等开展摸排，有针对性地确定居民最需要改造建设的各类设施。
	（四）多渠道筹措改造资金	1. 积极引导企业、产权单位（原产权单位）、专业经营单位等社会力量及居民出资。 2. 地方财政安排补助资金用于城镇老旧小区改造，积极通过发行地方政府专项债券或一般债券用于城镇老旧小区改造。
	（五）培育改造规模化实施运营主体	鼓励改造项目由城镇老旧小区改造规模化实施运营主体实施。
	（六）提升金融服务力度和质效	鼓励改造项目通过银行贷款、债券融资等方式筹集资金。

续表

一级指标	二级指标	内涵解释
二、需重点破解的难点问题	（七）构建适应存量改造的政策制度	1.省、市、县出台精简改造项目审批方面配套政策。 2.省级、地级及以上城市因地制宜完善适应改造需要的标准体系。 3.省、市、县出台整合利用小区及周边存量资源、改造中既有土地集约混合利用和存量房屋设施兼容转换等方面配套政策。
	（八）小区专营设施专业化管理	将改造后小区公共区域的水电气热信等专营设施设备产权依照法定程序移交给专业经营单位，由其负责维护管理。
	（九）结合改造完善住宅专项维修资金归集、使用、续筹机制	鼓励结合改造，建立健全老旧小区住宅专项维修资金归集、使用、续筹机制。
	（十）居民同步实施户内改造	制定引导促进小区居民结合改造同步实施户内管线改造、整体装修、家具家电消费等方面的政策措施。

住房和城乡建设部办公厅关于开展2021年世界城市日主题宣传活动的通知

建办外电〔2021〕62号

各省、自治区住房和城乡建设厅，北京市住房和城乡建设委、规划和自然资源委、城市管理委、水务局、交通委、园林绿化局、城市管理综合行政执法局，天津市住房和城乡建设委、规划和自然资源局、城市管理委、水务局，上海市住房和城乡建设管委、规划和自然资源局、绿化和市容管理局、水务局，重庆市住房和城乡建设委、规划和自然资源局、城市管理局，新疆生产建设兵团住房和城乡建设局，海南省自然资源和规划厅、水务厅：

为贯彻落实《中共中央　国务院关于进一步加强城市规划建设管理工作的若干意见》，推动实施联合国《2030年可持续发展议程》和《新城市议程》，讲好城市发展领域中国故事，决定组织开展2021年世界城市日主题宣传活动。现将有关事项通知如下：

一、积极开展2021年世界城市日主题宣传活动

每年10月31日为世界城市日，这是首个由我国发起设立的国际日，其总主题为“城市，让生活更美好”，2021年世界城市日活动主题为“应对气候变化，建设韧性城市”。

请各单位组织本地区城市按照疫情防控要求并结合本地重点工作和实际情况，组织开展有声有色、形式多样的世界城市日主题宣传活动，通过各类媒体积极宣传各地在推进城市绿色低碳发展、改善人居环境方面取得的成绩，鼓励社会各界及城市居民参与城市建设和城市治理，推动住房和城乡建设事业高质量发展。

二、积极参与2021年世界城市日中国主场活动暨城市可持续发展全球大会

为提升世界城市日国内外影响力，促进相关国际交流与合作，自2014年起，我部与联合国人居署联合举办世界城市日中国主场活动已成为每年例行重要宣传活动。2021年世界城市日中国主场活动暨城市可持续发展全球大会，将于10月30日至11月1日在上海市举办。与会嘉宾将围绕年度主题，探讨我国落实联合国《2030年可持续发展议程》和《新城市议程》的途径，交流和展示在推进城市可持续发展方面的经验做法等。

请各单位1名负责同志参加活动，有关活动具体安排及疫情防控要求请与上海市住房和城乡建设管理委员会联系，并于10月15日前将参加活动人员名单传真至上海市住房和城乡建设管理委员会。差旅食宿费用自理。

三、认真做好活动总结工作

请各单位及时对世界城市日主题宣传活动开展情况进行总结，认真梳理好的经验和做法，于11月10日前将活动开展情况报送我部计划财务与外事司。

住房和城乡建设部办公厅

2021年9月30日

（此件主动公开）

住房和城乡建设部办公厅关于开展建筑企业跨地区承揽业务要求设立分（子）公司问题治理工作的通知

建办市函〔2021〕36号

各省、自治区住房和城乡建设厅，直辖市住房和城乡建设（管）委，北京市规划和自然资源委，新疆生产建设兵团住房和城乡建设局：

为进一步深化建筑业“放管服”改革，建立健全统一开放的建筑市场体系，扎实做好“六稳”“六保”工作，决定开展建筑企业跨地区承揽业务要求设立分（子）公司问题治理工作。现将有关事项通知如下：

一、各级住房和城乡建设主管部门要严格执行《住房城乡建设部关于印发推动建筑市场统一开放若干规定的通知》（建市〔2015〕140号）第八条规定，不得要求或变相要求建筑企业跨地区承揽业务在当地设立分（子）公司；对于存在相关问题的，要立即整改。各级房屋建筑与市政基础设施工程招标投标监管部门要全面梳理本行政区域内房屋建筑和市政基础设施工程招标文件，清理招标文件中将投标企业中标后承诺设立分（子）公司作为评审因素等做法。

二、各级住房和城乡建设主管部门要进一步健全投诉举报处理制度，建立公平、高效的投诉举报处理机制，及时受理并依法处理建筑企业在跨地区承揽业务活动中的投诉举报事项，保障建筑企业合法权益。

三、各省级住房和城乡建设主管部门要统一思想，提高认识，加强组织领导，扎实推进本地区治理工作，严肃查处违规设置建筑市场壁垒、限制和排斥建筑企业跨省承揽业务的行为，清理废除妨碍构建统一开放建筑市场体系的规定和做法，营造公平竞争的建筑市场环境。请于2021年3月31日前将本地区治理工作情况报我部建筑市场监管司。

联系人及电话：张　娟　010-58933262

58934964（传真）

住房和城乡建设部办公厅

2021年1月22日

（此件主动公开）

住房和城乡建设部办公厅关于征集智能建造新技术新产品创新服务案例（第一批）的通知

建办市函〔2021〕51号

各省、自治区住房和城乡建设厅，直辖市住房和城乡建设（管）委，北京市规划和自然资源委，新疆生产建设兵团住房和城乡建设局：

为贯彻落实《住房和城乡建设部等部门关于推动

智能建造与建筑工业化协同发展的指导意见》（建市〔2020〕60号），指导各地住房和城乡建设主管部门及企业全面了解、科学选用智能建造技术和产品，加快智能建造发展，我部决定组织征集智能建造新技术新产品创新服务案例（第一批）。现将有关事项通知如下。

一、征集类别

（一）建筑产业互联网平台。包括建材集中采购、部品部件生产配送、工程设备租赁、建筑劳务用工、装饰装修等垂直细分领域的行业级平台，提升企业产业链协同能力和经济效益的企业级平台，实现工程项目全生命周期信息化管理和质量效率提升的项目级平台等。

（二）建筑机器人等智能工程设备。包括部品部件生产机器人、建筑施工机器人、智能运输机器人、建筑维保机器人、建筑破拆机器人以及智能塔吊、智能混凝土泵送设备等智能工程设备。

（三）自主可控数字化设计软件。包括建筑信息模型（BIM）软件、设计图纸智能辅助审查软件、基于BIM的性能化分析软件、协同设计平台软件、装修智能设计软件等。

（四）部品部件智能生产线。包括预制构件、外围护部品部件、内装部品部件、厨卫部品部件、门窗、设备管线等部品部件智能生产线。

（五）智慧施工管理系统。包括集成部品部件进场管理、物料验收和堆场优化、装配模拟分析、远程视频监控、建筑工人实名制管理、工程设备安全监控、环境监测、施工电梯智能管控和资料管理等功能的智慧施工管理系统。

二、申报条件

（一）申报主体应在中华人民共和国境内注册登记、具有独立法人资格，近三年财务状况良好，无重大违法违规行为。

（二）申报主体应是技术和产品成果持有单位或案例服务对象，申报案例无知识产权权属争议。

（三）案例应充分体现智能建造特点和优势，具有较强创新性，实施效果良好，具有较强借鉴意义和推广价值。

三、工作要求

（一）各省级住房和城乡建设主管部门负责本地区案例的组织申报、初审、推荐工作，每省（区、市）报送的推荐案例总数不超过20个。

（二）各省级住房和城乡建设主管部门应于2021年4月15日前（以邮戳时间为准）将推荐材料（纸质版1份，电子版刻录光盘1份）寄送我部建筑市场监管司，逾期不予受理。

（三）我部将委托住房和城乡建设部科技与产业化发展中心组织专家对推荐案例进行评审，经认定后公布，并向智能建造试点地区和项目推荐。

四、联系方式

联系人：王广明、明刚

电　话：010-58934965　58933327

邮　编：100835

邮寄地址：北京市海淀区三里河路9号住房和城乡建设部建筑市场监管司

附件：1. 智能建造新技术新产品创新服务案例申报书

2. 智能建造新技术新产品创新服务案例推荐汇总表

住房和城乡建设部办公厅

2021年2月1日

（此件公开发布）

住房和城乡建设部办公厅关于扩大建设工程企业资质审批权限下放试点范围的通知

建办市函〔2021〕93号

各省、自治区住房和城乡建设厅，直辖市住房和城乡建设（管）委，北京市规划和自然资源委，新疆生产建设兵团住房和城乡建设局：

为贯彻落实《建设工程企业资质管理制度改革

方案》（建市〔2020〕94 号），推进建设工程企业资质审批权限下放工作，决定新增河北、内蒙古、福建、山东、湖北、广西、重庆、贵州、陕西等 9 省（区、市）开展建设工程企业资质审批权限下放试点。试点时间为 2021 年 3 月 15 日—6 月 30 日。

请各试点地区按照《住房和城乡建设部办公厅关于开展建设工程企业资质审批权限下放试点的通知》（建办市函〔2020〕654 号）确定的试点内容和工作要求认真开展试点工作，并于每月末报送试点情况总结。试点过程中有何情况和问题，请及时与我部建筑市场监管司联系。

住房和城乡建设部办公厅

2021 年 3 月 2 日

（此件公开发布）

住房和城乡建设部办公厅关于做好 2021 年城市排水防涝工作的通知

建办城函〔2021〕112 号

各省、自治区住房和城乡建设厅，北京、天津、上海市水务局，重庆市住房和城乡建设委员会，海南省水务厅，新疆生产建设兵团住房和城乡建设局：

据气象部门初步预测，2021 年极端天气气候事件偏多，北方多雨的可能性较大，黄河、海河、珠江、松花江和辽河流域部分地区可能发生较重汛情，城市排水防涝工作形势严峻。为贯彻党中央、国务院的决策部署，落实国家防汛抗旱总指挥部办公室《关于切实做好汛前准备工作的通知》（国汛办电〔2021〕4 号）要求，在推进新冠肺炎疫情常态化防控工作的同时，做好城市排水防涝工作，现就有关事项通知如下。

一、切实落实工作责任

省级住房和城乡建设（水务）主管部门要坚决杜绝侥幸心理，克服麻痹松懈思想，强化防大汛、防极端降雨意识，督促本地区城市落实《住房和城乡建设部关于 2021 年全国城市排水防涝安全及重要易涝点整治责任人名单的通告》（建城函〔2021〕25 号）要求，将工作责任逐一落实到具体岗位和个人，消除责任盲区和监管空白。城市排水防涝安全责任人要统筹城市防洪和排涝，扎实推进排水防涝工作，着力解决房前屋后内涝积水等实际问题，切实为群众办实事解难题，确保城市安全度汛。

二、强化隐患排查整治

省级住房和城乡建设（水务）主管部门要指导督促城市排水主管部门全面开展内涝积水隐患排查，建立清单和台账，力争汛前整治到位；对于汛前难以整治到位的，应制定专门处置方案，防范安全事故。城市排水主管部门要及时组织清掏淤积堵塞的排水管渠、雨水收集口和检查井，补齐修复丢失、破损的井盖，落实防坠落措施，加强泵站、闸门、拍门等设施的维修保养，保证设施设备安全、正常运行；整治疏浚具有排涝功能的城市河道，保障雨水行泄通畅。城市排水主管部门要协调相关部门督促责任单位在立交桥下、地下通道等易涝区段设置必要的监控设备、警示标识，安排值守人员，配置抢险设备；对车库、地铁等地下空间出入口采取防倒灌措施，避免因暴雨造成人员伤亡和财产损失。

三、加强作业安全管理

省级住房和城乡建设（水务）主管部门要指导督促城市排水主管部门按照当地新冠肺炎疫情防控要求，做好设施维护养护从业人员卫生健康防护。排水设施维护养护单位要严格执行安全操作规程，确保清淤、带水（火）作业、地下有限空间施工以及电气维护等作业安全；降雨期间不能保证施工安全的，要坚决停工、撤人，避免发生作业人员伤亡事故。

四、开展应急演练

省级住房和城乡建设（水务）主管部门要指导督促城市排水主管部门认真总结往年排水防涝工作中的难点堵点和暴露出的薄弱环节，有针对性地修订完善排水防涝应急预案，落实工作任务、响应程序和处置措施；加强抢险救灾物资储备，充实抢险队伍，以城市重要易涝区段或薄弱地区为重点，组织开展应急培训演练，提升抢险实战能力。

五、加强部门联动

城市排水主管部门要加强与气象、应急管理、水利、公安、交通运输等部门的信息共享与联动，建立健全城区水系、排水管渠与周边江河湖海、水库等“联排联调”运行管理模式，根据气象预警信息，按照应急预案对河湖、水库、排水管渠、调蓄设施采取预先腾空、预降水位等措施，协助做好暴雨期间交通组织等工作。

六、加快设施建设补短板

省级住房和城乡建设（水务）主管部门要指导督促城市排水主管部门编制排水防涝系统化实施方案，着力用系统的方法解决城市内涝问题，统筹落实具体建设项目，明确时间表和路线图，加快开工建设，加强施工质量管理，补齐排水防涝设施短板。100个易涝城市要按照《防汛抗旱水利提升工程实施方案》要求，尽快排查整治易涝区段。

七、严格落实值班值守制度

地方各级城市排水主管部门要按要求加强值班值守，掌握雨情、涝情、水情，迅速采取应对措施。严格执行汛期涝情“一日一报”制度，按时报告内涝积水基本情况、成因及应对措施等情况。采取多种方式加大城市排水排涝安全知识宣传力度，及时发布预警预报信息，第一时间回应社会关切，做好舆论引导工作。

省级住房和城乡建设（水务）主管部门要指导督促城市排水主管部门对汛前准备以及易涝区段整治等工作进行全面自查，整理形成本省（区、市）汛前自查情况报告，于4月20日前报送我部城市建设司。

联系人：龙侠义　陈玮　牛璋彬

电　话：010-58933326　58933542（传真）

邮　箱：hmcs@mohurd.gov.cn

住房和城乡建设部办公厅

2021年3月16日

（此件主动公开）

住房和城乡建设部办公厅关于做好全国住房公积金小程序上线运行的通知

建办金函〔2021〕144号

各省、自治区住房和城乡建设厅，直辖市、新疆生产建设兵团住房公积金管理中心：

为落实国务院“放管服”改革和“跨省通办”等相关工作要求，整合全国住房公积金服务资源，推动服务标准化、规范化、便利化，我部组织开发了全国住房公积金小程序。为做好小程序服务事项接入和上线运行工作，现将有关事项通知如下：

一、总体要求

以习近平新时代中国特色社会主义思想为指导，贯彻落实党中央、国务院决策部署，坚持以人民为中心的发展思想，结合党史学习教育工作要求，扎实开展“我为群众办实事”实践活动，建立以全国住房公积金小程序为载体的业务受理窗口，加快推进全国统一入口、统一受理、统一标准的住房公积金线上服务渠道建设，形成全国“一张网”，向住房公积金缴存人提供更便捷的服务。

2021 年 5 月下旬，实现全国住房公积金小程序正式上线运行，首批向全国住房公积金缴存人提供住房公积金信息查询、异地转移接续业务受理等服务，推动与各地住房公积金管理中心（含分中心，以下简称公积金中心）线上服务渠道的互联互通，并通过跳转至公积金中心线上服务渠道方式提供其他事项办理服务。持续推进各地住房公积金业务办理规范化、标准化，逐步实现更多服务事项通过全国住房公积金小程序受理。

二、工作任务

（一）按期完成首批接入工作。请各地公积金中心做好异地转移接续申请受理等首批服务事项接入工作，于 2021 年 4 月底前完成系统对接。各地可从全国住房公积金监管服务平台下载全国住房公积金小程序接入工作相关技术文档。

（二）做好业务办理和业务衔接。各地公积金中心要严格按照异地转移接续等业务规则，及时办理全国住房公积金小程序受理的相关业务申请；同时，确保从全国住房公积金小程序跳转的其他业务能有效衔接。各地要持续优化业务审核环节、办理流程，实现更多服务事项全流程网上办理，推进线上线下业务融合，进一步提升办理效率。

（三）及时响应，做好服务应答。按照“谁办理、谁负责”原则，业务属地公积金中心要增强服务意识，及时响应住房公积金缴存人的服务需求，持续改进服务措施，切实做好服务咨询、投诉处理等工作，不断改善住房公积金缴存人的服务体验。

（四）按要求完成后续服务事项接入工作。我部将按照成熟一项、上线一项的原则，在全国住房公积金监管服务平台上定期发布新上线服务事项接入工作相关技术文档，请各地公积金中心按照本通知要求，结合自身实际，及时完成后续服务事项接入工作，确保全国统一的线上服务渠道建设与使用工作顺利推进。

三、加强运行保障

（一）加强监督指导。各省、自治区住房和城乡建设厅要加强对本行政区域全国住房公积金小程序上线运行工作的组织推动和督促指导，确保按时完成各项任务。

（二）畅通系统联动。各地公积金中心要加强业务系统后台管理和运行维护，制定和完善应急预案，强化日常监测、预警和应急处置能力，确保业务系统与全国住房公积金小程序有序对接、快速联动、稳定运行。

（三）确保数据质量。各地公积金中心要按照《住房公积金基础数据标准》整理数据，并按时报送至全国住房公积金数据平台，遵照“谁提供、谁负责”的原则，及时处理异议数据，确保全国住房公积金小程序数据完整性、准确性和及时性。

（四）健全服务机制。各地公积金中心要完善服务进度查询、办结时限监督和咨询投诉响应工作机制，及时处置疑难业务，畅通住房公积金 12329 服务热线，积极化解服务工作的堵点。

住房和城乡建设部办公厅

2021 年 3 月 31 日

（此件主动公开）

住房和城乡建设部办公厅关于印发 2021 年培训计划的通知

建办人函〔2021〕158 号

各省、自治区住房和城乡建设厅，直辖市住房和城乡建设（管）委及有关部门，新疆生产建设兵团住房和城乡建设局，部机关各单位、直属各单位：

为深入学习贯彻习近平新时代中国特色社会主

义思想，全面贯彻党的十九大和十九届二中、三中、四中、五中全会精神，认真落实习近平总书记关于住房和城乡建设工作的重要指示批示精神、中央城市工作会议精神和党中央、国务院决策部署，推动住房和城乡建设事业高质量发展，提高各级领导干部专业化能力水平，根据《干部教育培训工作条例》，我部制定了2021年培训计划。现印发给你们，并就有关事项通知如下。

一、做好学员选派。请各地按照《2021年住房和城乡建设部培训计划》及相关班次培训通知要求，结合实际工作需要，做好学员选派工作，提高学员选派质量。

二、确保培训质量。各培训主办和承办单位要以服务2021年住房和城乡建设重点工作和推动致力于绿色发展的城乡建设为目标，优化课程设计，精选教学内容，配强师资力量，保障培训质量。

三、严格办班管理。各主办和承办单位要严格按照部培训办班有关管理规定，做好培训计划组织实施，未经批准不得计划外办班。加强学风建设，严格执行中央组织部《关于在干部教育培训中进一步加强学员管理的规定》，从严治教、从严管理。切实遵守《中央和国家机关培训费管理办法》，厉行勤俭节约，合理使用培训经费。

四、落实防疫责任。各地要加强对学员健康情况监测，不得选派疫情中高风险地区学员参训。各主办和承办单位要切实担负起疫情防控责任，扎实做好培训期间疫情防控各项工作。

联 系 人：田歌　赵丽莉

联系电话：010-58934045，58933389（传真）

住房和城乡建设部办公厅

2021年4月8日

（此件主动公开）

住房和城乡建设部办公厅关于启用全国工程质量安全监管信息平台的通知

建办质函〔2021〕159号

各省、自治区住房和城乡建设厅，北京市住房和城乡建设委员会、规划和自然资源委员会，天津市住房和城乡建设委员会，上海市住房和城乡建设管理委员会、交通委员会，重庆市住房和城乡建设委员会，新疆生产建设兵团住房和城乡建设局，山东省交通运输厅：

为贯彻落实《国务院办公厅关于促进建筑业持续健康发展的意见》（国办发〔2017〕19号）和《国务院办公厅转发住房城乡建设部关于完善质量保障体系提升建筑工程品质指导意见的通知》（国办函〔2019〕92号）精神，全面推行"互联网+监管"模式，以信息化手段加强房屋建筑和市政基础设施工程质量安全监管，大力促进信息共享和业务协同，我部组织开发了全国工程质量安全监管信息平台（以下简称平台），定于近期上线启用。现将有关事项通知如下：

一、工作目标

构建一体化的全国房屋建筑和市政基础设施工程质量安全监管信息平台，覆盖建筑施工安全监管、工程勘察设计质量监管、工程质量监管、城市轨道交通工程质量安全监管等业务，支撑部、省、市、县各级住房和城乡建设部门及有关部门履行房屋建筑和市政基础设施工程质量安全监管职能，实现跨层级、跨地区、跨部门间信息共享和业务协同，提升监管工作效能和政务服务能力，有力维护人民群众生命财产安全。

二、启用时间

自2021年4月15日起，各地住房和城乡建设部门及有关部门可登录平台，熟悉系统环境，试用系统功能；自2021年5月15日起，正式启用平台。

三、平台功能

平台集成工程质量安全监管业务信息系统、全国工程质量安全监管数据中心、工作门户以及公共服务门户，供各地免费使用。

（一）工程质量安全监管业务信息系统。支持各级住房和城乡建设部门与有关部门办理各类房屋建筑和市政基础设施工程质量安全监管业务。

1. 建筑施工安全监管信息系统。覆盖建筑施工企业安全生产许可证管理、建筑施工企业安全生产管理人员管理、建筑施工特种作业人员管理、建筑起重机械管理、工程项目安全监督检查、危险性较大的分部分项工程管理、安全生产标准化考评、房屋市政工程施工安全事故查处、施工安全监督机构及人员管理等业务，支持移动终端应用。

2. 工程勘察设计质量监管信息系统。覆盖项目施工图审查、施工图审查机构及人员、勘察设计质量不良记录、勘察设计质量抽查等信息管理业务。

3. 工程质量监管信息系统。覆盖工程质量监管、工程质量行政处罚、工程质量检测资质、检测机构从业人员、检测机构不良记录、各地优质工程等信息管理业务。

4. 城市轨道交通工程质量安全监管信息系统。覆盖轨道交通线路信息管理、监督检查管理、参建企业管理、关键机械设备管理、事故及重大风险管理等业务。

5. 工程质量安全监督执法检查信息系统。支持部本级开展全国房屋建筑和市政基础设施工程质量安全监督执法检查工作。

（二）全国工程质量安全监管数据中心。按照统一的共享交换数据标准和技术规范，全面归集全国房屋建筑和市政基础设施工程质量安全监管信息，构建全国工程质量安全监管大数据集合，与各地工程质量安全监管信息系统、住房和城乡建设部数据中心以及国家数据共享交换平台互联互通。

（三）工作门户。向各级住房和城乡建设部门及有关部门提供文件办理、数据查询、统计分析、可视化展示、事故案例分析、监管人员培训、意见建议征集、舆情监测、法律法规以及事故信息快报等支撑和服务。

（四）公共服务门户。发布房屋建筑和市政基础设施工程质量安全监管领域相关通知公告、行业动态、地方信息、全国工程勘察设计大师、工程质量安全专家委员会、城市轨道交通专家委员会信息以及工程质量安全事故情况，提供工程质量安全监管数据和政策法规查询等服务。

四、平台用户

平台用户包含各级住房和城乡建设部门及有关部门房屋建筑和市政基础设施工程质量安全监管人员，工程项目建设各方主体以及相关机构、单位从业人员，社会公众等。

主管部门监管人员账号采用逐级分配方式创建。其中，地方各级部门管理员账号由上级主管部门创建和分配，其他监管人员账号由同级主管部门管理员分配。有关单位从业人员账号采用注册方式创建。

五、访问方式

（一）公共服务门户。社会公众通过住房和城乡建设部门户网站主页“全国工程质量安全监管信息平台公共服务门户”链接，或者直接访问 zlaq. mohurd. gov. cn 进入平台公共服务门户。

（二）工作门户。监管人员访问平台公共服务门户，点击“全国工程质量安全监管信息平台入口”链接，通过平台统一登录窗口进入工作门户。

（三）工程质量安全监管业务信息系统。监管人员登录平台工作门户，通过“核心业务信息系统入口”访问相关业务信息系统；从业人员访问平台公共服务门户，点击“全国工程质量安全监管信息平台入口”链接，通过平台统一登录窗口进入相关业务信息系统。

六、工作职责

住房和城乡建设部统一负责平台建设和运行维护管理，组织制定全国工程质量安全监管信息化建设相关数据标准、技术规范以及工作制度，督促指导各地做好平台应用和信息共享交换工作。地方各级住房和城乡建设部门及有关部门具体负责平台在本地区推广应用以及信息共享交换等工作。

七、有关要求

（一）高度重视平台应用。启用平台是推进工程质量安全治理能力现代化的重要举措。各地要切实提高政治站位，加强组织领导，建立统筹推进机制，研究制定配套措施和具体落实方案，加强专业人才队伍建设和培训，确保平台应用和信息共享交换各项工作落到实处。

（二）全面推进监管信息化。具备信息化监管条件的地区，要按照相关标准规范要求建设和完善本地区信息系统，提升信息系统建设标准化、规范化水平。暂不具备信息化监管条件的地区，要应用部级平台办理相关监管业务，实现工程质量安全监管信息化全覆盖。以上工作应于 2021 年 9 月底前完成。

（三）加快推进数据共享。各地要加快推进本地区工程质量安全监管数据中心建设，严格按照《全国建筑施工安全监管信息系统共享交换数据标准（试行）》（建办质〔2018〕5号）、《全国房屋建筑和市政基础设施工程施工图设计文件审查信息系统数据标准（试行）》（建办质〔2018〕64号）和《城市轨道交通工程质量安全监管信息平台共享交换数据标准（试行）》（建办质〔2020〕56号）等标准规范要求，归集本地区房屋建筑和市政基础设施工程质量安全监管信息，并全面、准确、及时共享交换至部级平台。以上工作应于2021年9月底前完成。要做好经费保障，合理安排经费支持工程质量安全数据共享。鼓励各地积极申请使用部级数据中心建设成果，推进在辅助政务决策、支撑政府履职、服务企业和群众等方面的应用。

（四）加强数据质量安全管理。各地要按照“谁提供、谁负责”的原则，对共享数据的真实性和准确性负责，不断提高数据完整性、可用性和时效性。数据提供方要加强数据采集、归集、整合、提供等环节的安全管理，防范数据泄露和被非法获取。数据使用方要加强账号管理，严格控制数据使用范围，防范泄露、滥用、篡改信息等行为。

（五）强化督促指导。各省级住房和城乡建设部门及有关部门要建立本地区工程质量安全监管信息化建设工作机制，加大平台在本地区推广应用以及信息共享交换等工作的监督指导力度，督促有关单位和人员落实工作责任。我部将密切跟踪调度各地信息化建设进展情况。

八、其他事项

（一）各省级住房和城乡建设部门及有关部门要明确专人具体负责联络协调本地区平台应用、信息共享交换以及账号分配和管理等工作。请于2021年4月23日前将工作联系人登记表传真至我部工程质量安全监管司（样表及联系方式详见附件1），我部将及时向工作联系人提供账户信息。

（二）我部将择期开展培训工作，指导各地住房和城乡建设部门及有关部门监管人员、相关单位从业人员准确掌握平台使用方法，推动平台应用、信息共享交换以及账号分配和管理等工作顺利实施。

（三）启用平台各项具体事宜以及试用意见建议可联系我部相关工作人员（人员名单及分工详见附件2）进行咨询，技术问题请致电平台技术支持电话010-58934541/4542进行咨询。

附件：1. 全国工程质量安全监管信息平台工作联系人登记表

2. 住房和城乡建设部工作联系人

住房和城乡建设部办公厅

2021年4月9日

（此件主动公开）

住房和城乡建设部办公厅关于开展既有建筑改造利用消防设计审查验收试点的通知

建办科函〔2021〕164号

河北、黑龙江、江苏、福建、江西、山东、湖南、广东、四川、陕西省，广西、新疆、内蒙古自治区住房和城乡建设厅，北京、上海市住房和城乡建设（管）委，北京市规划和自然资源委：

为适应城市发展新形势新要求，统筹发展和安全，改进和完善既有建筑改造利用消防设计审查验收管理，推动城市更新过程中既有建筑改造利用科学开展，经充分协商，决定于2021年6月至2022年6月，在北京、广州等31个市县（详细名单附后）开展既有建筑改造利用消防设计审查验收试点。现将有关事项通知如下：

一、试点目的

创新适应城市更新过程中既有建筑改造利用的建设工程消防设计审查验收工作机制，探索既有建筑改造利用消防设计审查验收管理简化优化路径，形成可复制可推广的经验。

二、试点内容

对试点市县的城镇老旧小区、旧商业区、旧厂区改造，历史文化街区和历史建筑活化利用，以及利用存量房屋建设保障性租赁住房等既有建筑改造利用，建设工程消防设计审查验收主管部门探索开展以下工作：

（一）完善消防设计审查验收技术依据。既有建筑改造不改变使用功能的，应执行现行国家工程建设消防技术标准，受条件限制确有困难的，应不低于建成时的消防技术标准。既有建筑改为他用的，试点市县消防设计审查验收主管部门应会同有关部门依据新旧消防技术标准，共同研究确定不同功能类型的既有建筑改造利用消防技术要点，作为消防设计审查验收的依据。连片改造中综合运用消防新技术、新设备、加强性管理措施等保障消防安全的，试点市县消防设计审查验收主管部门应会同有关部门组织特殊消防设计专家评审论证。

（二）优化消防设计审查验收管理。既有建筑改造利用不改变使用功能的，申请消防设计审查时可以不用提交建设工程规划许可文件；改为他用但不变更产权的，试点地区消防设计审查验收主管部门会同有关部门共同研究确定免于提交建设工程规划许可文件的情形。既有建筑改造利用消防验收应以经审查合格的消防设计文件为依据，细化与竣工验收同步开展或整合开展的具体措施。

（三）探索实行消防验收备案告知承诺。既有建筑改造利用应办理消防验收备案、火灾危险等级较低的，探索通过精简申请材料、告知承诺等方式，简化消防验收备案手续，同步制定完善事中事后监管措施，加强信用管理。

（四）完善技术服务管理措施。规范既有建筑改造利用消防设计技术审查、消防设计施工技术指导、消防查验和现场评定等环节的第三方技术服务行为，完善技术服务机构和人员信用评价、失信追责、信用恢复等措施。

三、工作要求

各省级建设工程消防设计审查验收主管部门及试点市县应强化安全意识和责任意识，守牢人民群众生命财产的安全底线，稳妥推进，做好以下工作：

（一）制定试点方案。各省级建设工程消防设计审查验收主管部门要加强指导，组织本地区试点市县合理确定既有建筑改造利用消防设计审查验收试点项目，编制实施方案，明确工作基础、试点内容、可评估的试点目标、工作进度安排、保障措施等。各试点市县实施方案应于 2021 年 5 月 15 日前报送我部建筑节能与科技司。

（二）强化组织保障。各省级建设工程消防设计审查验收主管部门要研究制定省级配套保障试点工作措施。各试点市县要高度重视，切实落实试点实施方案，细化工作安排，统筹推进。

（三）总结推广经验。各试点市县要认真研究解决试点过程中遇到的问题，及时梳理并总结好的经验做法，按季度定期报送试点工作情况。

试点期间，我部将组织专家开展实地调研，加强对试点地区的技术指导，评估试点成效。各试点市县应于 2022 年 7 月 15 日前将试点工作总结报告报送我部建筑节能与科技司。

联系人：建筑节能与科技司　李昂　陆宇

电　话：010-58933815　010-58933437（传真）

附件：既有建筑改造利用消防设计审查验收试点市县名单

住房和城乡建设部办公厅

2021 年 4 月 12 日

（此件主动公开）

住房和城乡建设部办公厅关于做好 2021 年全国城市节约用水宣传周工作的通知

建办城函〔2021〕174 号

各省、自治区住房和城乡建设厅，直辖市住房和城乡建设委员会（城市管理局、水务局），海南省水务厅，新疆生产建设兵团住房和城乡建设局：

为贯彻习近平生态文明思想，落实党中央、国务院关于加强节约用水工作的决策部署，实施国家节水行动，推进全民节水，促进城市高质量发展，现就2021年全国城市节约用水宣传周工作通知如下。

一、时间和主题

2021年是全国城市节约用水宣传周活动开展30周年，本次宣传周活动时间为5月9日至15日，主题为“贯彻新发展理念，建设节水型城市”。

二、切实做好宣传工作

（一）明确宣传重点。以新发展理念引领城市节水，宣传创新、协调、绿色、开放、共享理念在城市节水工作中的引领作用，把人水和谐的要求贯穿和落实到城市规划建设管理全过程，构建自然健康水循环系统。以系统性思路推进城市节水，宣传立足提升水资源安全保障水平，在城市更新行动中系统性推进节水的做法，重点宣传推进水资源循环利用、提高用水效率方面的工作，让节水减排、绿色低碳理念深入人心。以城市节水新成效激励全社会参与节水，宣传城市用水效率提升成效、海绵城市建设成效、污水再生利用成效以及水环境改善等，提升人民群众节水意识和参与积极性。

（二）创新宣传形式。充分利用广播、电视、报纸等传统媒体和微信、微博、短视频等各类新兴媒体，深入开展节水宣传进家庭、进社区街道、进公共建筑、进企业单位、进学校等活动，通过张贴标语和宣传画、发放节水手册、推广节水型器具和节水技术、讲述身边的节水小故事、上一堂节水课、参观节水设施、推介优秀案例等方式，提高全社会节水意识，推动形成绿色发展方式和生活方式。

（三）增强宣传实效。要将城市节水宣传落到实处，营造全民节水、惜水、亲水的良好气氛，切实提高节水宣传带来的实际效果，使节约用水成为每个单位、每个家庭、每个人的自觉行动。同时，要以2021年城市节约用水宣传周为契机，完善节水管理制度，推进节水型城市建设，提升城市节水工作水平，并与城市建设各项工作有机融合、统筹推进。

三、加强组织和指导

各省级住房和城乡建设（城市节约用水）主管部门要在做好疫情防控工作的基础上，督促指导行政区域内城市围绕宣传周主题开展形式多样、内容丰富、覆盖面广的宣传活动。国家节水型城市要高度重视，精心组织，有计划、有步骤地开展宣传活动。宣传周期间各地相关活动情况请及时报我部城市建设司。各省（区、市）开展城市节约用水宣传周活动情况请于5月23日前报送我部城市建设司。

联 系 人：城市建设司　张志果　徐慧纬

联系方式：010-58933543，58934465（传真）

附件：2021年全国城市节约用水宣传周宣传口号（参考）

住房和城乡建设部办公厅

2021年4月19日

（此件主动公开）

附件

2021年全国城市节约用水宣传周宣传口号（参考）

1. 贯彻新发展理念，建设节水型城市
2. 坚持节水优先，推进绿色发展
3. 节水减排，利在当代，惠及长远
4. 建设节水型城市，推动高质量发展
5. 实施国家节水行动，推进可持续发展
6. 坚持人水和谐，建设生态文明
7. 推进污水再生利用，改善城市水系生态
8. 节水，让生态更美好
9. 让节水成为绿色低碳生活新风尚
10. 全民参与节约用水，共建共享绿色生活
11. 节约用水你我参与，美好生活你我共享
12. 节约用水，关“住”点滴

各地可根据实际情况，提出其他宣传口号。

住房和城乡建设部办公厅　自然资源部办公厅关于 2021 年度房地产估价师职业资格考试有关事项的通知

建办房函〔2021〕422 号

各省、自治区、直辖市及新疆生产建设兵团住房和城乡建设厅（委、管委、局）、自然资源主管部门，各地考试管理机构：

根据《人力资源社会保障部办公厅关于 2021 年度专业技术人员职业资格考试计划及有关事项的通知》（人社厅发〔2021〕4 号）、《住房和城乡建设部自然资源部关于印发〈房地产估价师职业资格制度规定〉和〈房地产估价师职业资格考试实施办法〉的通知》（建房规〔2021〕3 号），现就 2021 年度房地产估价师职业资格全国统一考试（以下简称房地产估价师考试）有关事项通知如下：

一、考试报名

（一）考试报名条件

具备下列考试报名条件的公民，可以申请参加房地产估价师考试：

1. 拥护中国共产党领导和社会主义制度；

2. 遵守中华人民共和国宪法、法律、法规，具有良好的业务素质和道德品行；

3. 具有高等院校专科以上学历。

各地考试管理机构应按照上述要求，对报考人员的报名条件进行审核。

（二）考试收费标准

房地产估价师考试收费标准按照《国家发展改革委财政部关于改革全国性职业资格考试收费标准管理方式的通知》（发改价格〔2015〕1217 号）、《住房城乡建设部关于重新发布有关专业技术人员资格考试项目收费标准的通知》（建计〔2016〕82 号）的有关规定执行。

（三）考试报名期限

各地的具体报名日期由各地考试管理机构自行确定，并向社会公布报名日期、报名地点和咨询电话。

（四）考试报名数据

各地考试管理机构应将房地产估价师考试报名申请表（附件 1）的内容，按照《数据库格式及说明》（附件 2）的相应要求建成报名数据库，并于 2021 年 11 月 5 日前将报名数据库和试卷预订单（一式 2 份，附件 3），寄送至中国房地产估价师与房地产经纪人学会（地址：北京市海淀区三里河路 15 号中建大厦 B 座 9001 室，联系人：王佳，联系电话：010-88083150，88565730，邮政编码：100835；电子邮箱：gjsks@cirea. org. cn）。

二、考试时间和方式

（一）考试时间和科目

资格名称	考试日期	考试时间	科目名称
房地产估价师	11 月 13 日	上午 9：00—11：30	房地产制度法规政策
		下午 14：00—16：30	房地产估价原理与方法 （自备计算器）
	11 月 14 日	上午 9：00—11：30	房地产估价基础与实务 （自备计算器）
		下午 14：00—16：30	土地估价基础与实务 （自备计算器）

（二）考试大纲

《2021 年房地产估价师职业资格全国统一考试大纲》（以下简称考试大纲）已由全国房地产估价师职业资格考试办公室发布，考生可通过“中国房地产估价师”网站（网址：www. cirea. org. cn）、“中国土地估价师与土地登记代理人”网站（网址：www. creva. org. cn）下载。

（三）考试方式

所有考试科目均采用闭卷、纸笔考试。其中，《房地产制度法规政策》《房地产估价原理与方法》2个科目，以填涂答题卡的方式作答；《房地产估价基础与实务》《土地估价基础与实务》2个科目，以填涂答题卡和在答题纸上书写2种方式作答。

各地考试管理机构应在所有科目的考试中为考生统一准备草稿纸。

三、试卷交接

（一）各地考试管理机构根据各科目的报名人数合理预订考试试卷，并确保备用卷数量充足。各地的试卷数量由全国房地产估价师职业资格考试办公室根据各地考试管理机构上报的试卷预订单核发，于2021年11月12日前由专人将试卷送达指定的交接地点。

（二）考试结束后，各地考试管理机构应严格按照有关规定存放试卷、草稿纸，相关科目违纪考生的违纪处理材料一并存放至该科目答题卡中，并于2021年11月26日前将所有科目的所有应考人员（包括实考人员和缺考人员）的答题卡、答题纸、考场情况记录单，以及违纪处理材料，一并送到中国房地产估价师与房地产经纪人学会（地址：北京市海淀区三里河路15号中建大厦B座9001室，联系人：王佳，联系电话：010-88083150，88565730），或者采用机要方式寄到中国房地产估价师与房地产经纪人学会（地址：北京市海淀区三里河路9号，邮政编码：100835）。

四、考试纪律要求

各地考试管理机构应根据《专业技术人员职业资格考试考务工作规程》（人社厅发〔2021〕18号）要求，建立健全安全管理制度、风险防控机制和工作责任体系，认真落实考试考务工作各项要求。对违反考试纪律和有关规定的行为，应按照《专业技术人员资格考试违纪违规行为处理规定》（人力资源社会保障部令第31号）的相关规定进行处理。

五、考试合格标准和成绩查询

考试日期后2个月内，全国房地产估价师职业资格考试办公室将公布考试合格标准，并开通成绩查询通道。考生可通过“中国房地产估价师”网站（网址：www.cirea.org.cn）、“中国房地产估价”微信公众号（微信号：CIREA-WX）查询考试合格标准和考试成绩。

六、其他相关要求

（一）关于我国港澳台居民报考问题

根据《关于做好香港、澳门居民参加内地统一举行的专业技术人员资格考试有关问题的通知》（国人部发〔2005〕9号）、《关于向台湾居民开放部分专业技术人员资格考试有关问题的通知》（国人部发〔2007〕78号）和《关于台湾居民参加全国房地产估价师资格考试报名条件有关问题的通知》（国人厅发〔2007〕116号）精神，我国香港、澳门和台湾地区居民可按照就近和自愿原则，在内地（大陆）的任何省、自治区、直辖市申请参加房地产估价师考试，在报名时应向当地考试管理机构提交本人身份证明和国务院教育行政部门认可的学历或学位证书。

（二）考试期间值班和巡考

考试期间，各地要有专人值班。全国房地产估价师职业资格考试办公室委托中国房地产估价师与房地产经纪人学会会同中国土地估价师与土地登记代理人协会做好考试值班工作。中国房地产估价师与房地产经纪人学会的值班电话为010-88083150、88565730；中国土地估价师与土地登记代理人协会值班电话为：010-66560185、66562203。

（三）考试费缴纳时间

各地考试管理机构应于2021年12月15日前，将本年度应上缴的考试费汇入指定账户。

（四）往年保留成绩衔接

为保证考试科目调整平稳过渡，2020年取得房地产估价师考试部分科目合格成绩的，其保留成绩按照下表对应关系转换至新科目，该科目保留成绩有效期仍按2年一个周期进行管理。《房地产开发经营与管理》《房地产估价案例与分析》任意1科有保留成绩的，均对应至《房地产估价基础与实务》。2020年取得房地产估价师考试部分科目合格成绩的，2021年因疫情等原因造成本年度延考，或者考生根据自身情况未报名的，其2020年度的保留成绩顺延至2022年。

原考试科目	新考试科目
房地产基本制度与政策	房地产制度法规政策
房地产估价理论与方法	房地产估价原理与方法
房地产开发经营与管理	房地产估价基础与实务
房地产估价案例与分析	

自 2022 年起，全国房地产估价师职业资格考试通知由全国房地产估价师职业资格考试办公室印发，并直接邮寄至各地考试管理机构。

附件：1. 2021 年度房地产估价师考试报名申请表

2. 数据库格式及说明

3. 2021 年度房地产估价师考试试卷预订单

住房和城乡建设部办公厅

自然资源部办公厅

2021 年 10 月 18 日

住房和城乡建设部办公厅关于开展第一批城市更新试点工作的通知

建办科函〔2021〕443 号

各省、自治区住房和城乡建设厅，直辖市住房和城乡建设（管）委、规划和自然资源委（局），新疆生产建设兵团住房和城乡建设局，海南省自然资源和规划厅：

为贯彻落实党的十九届五中全会精神，完整、准确、全面贯彻新发展理念，积极稳妥实施城市更新行动，引领各城市转型发展、高质量发展，在各地推荐基础上，经遴选，决定在北京等 21 个城市（区）开展第一批城市更新试点工作。现将有关事项通知如下：

一、试点目的

针对我国城市发展进入城市更新重要时期所面临的突出问题和短板，严格落实城市更新底线要求，转变城市开发建设方式，结合各地实际，因地制宜探索城市更新的工作机制、实施模式、支持政策、技术方法和管理制度，推动城市结构优化、功能完善和品质提升，形成可复制、可推广的经验做法，引导各地互学互鉴，科学有序实施城市更新行动。

二、试点内容

第一批试点自 2021 年 11 月开始，为期 2 年。重点开展以下工作：

（一）探索城市更新统筹谋划机制。加强工作统筹，建立健全政府统筹、条块协作、部门联动、分层落实的工作机制。坚持城市体检评估先行，合理确定城市更新重点，加快制定城市更新规划和年度实施计划，划定城市更新单元，建立项目库，明确城市更新目标任务、重点项目和实施时序。鼓励出台地方性法规、规章等，为城市更新提供法治保障。

（二）探索城市更新可持续模式。探索建立政府引导、市场运作、公众参与的可持续实施模式。坚持“留改拆”并举，以保留利用提升为主，开展既有建筑调查评估，建立存量资源统筹协调机制。构建多元化资金保障机制，加大各级财政资金投入，加强各类金融机构信贷支持，完善社会资本参与机制，健全公众参与机制。

（三）探索建立城市更新配套制度政策。创新土地、规划、建设、园林绿化、消防、不动产、产业、财税、金融等相关配套政策。深化工程建设项目审批制度改革，优化城市更新项目审批流程，提高审批效率。探索建立城市更新规划、建设、管理、运行、拆除等全生命周期管理制度。分类探索更新改造技术方法和实施路径，鼓励制定适用于存量更新改造的标准规范。

三、工作要求

（一）编制实施方案。各省级住房和城乡建设主管部门要组织本地区试点城市（区）编制实施方案，明确试点目标、试点内容、重点项目、实施时序和保障措施，于 2021 年 11 月 30 日前报送我部建筑节能与科技司。

（二）强化组织领导。各试点城市（区）要高度重视，加强组织领导，严格落实城市更新底线要求，切实落实试点实施方案，扎实推进试点工作，确保试点取得成效。各省级住房和城乡建设主管部门要广泛宣传城市更新理念内涵，加强对本地区试点工作的支持力度，督促和指导实施方案落实。我部将组织专家跟踪指导，定期对试点工作进行评估。

（三）总结推广经验。各试点城市（区）要及时研究解决试点工作中的难点问题，认真梳理总结好经验、好做法、好案例，每季度向我部报送试点工作情况。我部将搭建试点工作宣传平台，推动试点城市之间的交流，及时向全国推广试点经验。

附件：第一批城市更新试点名单

住房和城乡建设部办公厅
2021年11月4日

（此件主动公开）

抄送：各试点城市（区）人民政府。

住房和城乡建设部办公厅关于简化监理工程师执业资格注册程序和条件的通知

建办市函〔2021〕450号

各省、自治区住房和城乡建设厅，直辖市住房和城乡建设（管）委，新疆生产建设兵团住房和城乡建设局：

为深入推进建筑业“放管服”改革，优化审批服务，提高审批效率，决定自2022年1月1日起，进一步简化监理工程师执业资格注册程序和条件。现将有关事项通知如下：

一、取消公示审核意见环节。取得监理工程师职业资格证书的人员通过国家政务服务平台申请初始注册，经聘用单位确认，由双方对申报材料真实性进行承诺。我部审核后不再公示审核意见，直接公告审批结果。任何单位和个人对审批结果持有异议，均可向我部反映。

二、取消相关职称注册条件。取得监理工程师职业资格证书的人员通过国家政务服务平台申请监理工程师执业资格注册，无需申报本人职称情况。我部在注册审查中不再考核职称条件。

监理工程师执业资格注册信息、个人工程业绩信息、执业单位变更记录信息、不良行为信息等，可通过全国建筑市场监管公共服务平台查询。

住房和城乡建设部办公厅
2021年11月5日

（此件主动公开）

住房和城乡建设部办公厅关于发布智能建造新技术新产品创新服务典型案例（第一批）的通知

建办市函〔2021〕482号

各省、自治区住房和城乡建设厅，直辖市住房和城乡建设（管）委，北京市规划和自然资源委，新疆生产建设兵团住房和城乡建设局：

按照《住房和城乡建设部等部门关于推动智能建造与建筑工业化协同发展的指导意见》（建市〔2020〕60号）要求，为总结推广智能建造可复制经验做法，指导各地住房和城乡建设主管部门和企业全面了解、科学选用智能建造技术和产品，经企业申报、地方推荐、专家评审，确定124个案例为第一批智能建造新技术新产品创新服务典型案例（案例集可在住房和城乡建设部门户网站上查询）。现予以发布，请结合实际学习借鉴。

附件：智能建造新技术新产品创新服务典型案例清单（第一批）

住房和城乡建设部办公厅
2021年11月22日

附件

智能建造新技术新产品创新服务典型案例清单（第一批）

一、自主创新数字化设计软件典型案例

序号	案例名称	申报单位	推荐单位
1	基于 BIM 的装配式建筑设计软件 PKPM-PC 的应用实践	北京构力科技有限公司	北京市住房和城乡建设委员会
2	"打扮家" BIM 设计软件在家装设计项目中的应用	打扮家（北京）科技有限公司	
3	BIM 全流程协同工作平台在北京市城市轨道交通工程中的应用	北京市轨道交通建设管理有限公司 北京市轨道交通设计研究院有限公司	北京市规划和自然资源委员会
4	工程建设项目三维电子报建平台在北京城市副中心的应用	中设数字技术股份有限公司	
5	中国建设科技集团工程项目协同设计与全过程管理平台	中设数字技术股份有限公司	
6	"天磁" BIM 模型轻量化软件在协同设计中的应用	上海交通大学	上海市住房和城乡建设管理委员会
7	"同磊" 3D3S Solid 软件在钢结构深化设计中的应用	上海同磊土木工程技术有限公司	
8	"黑洞" 三维图形引擎软件在第十届中国花卉博览会（上海）数字管理系统中的应用	上海秉匠信息科技有限公司	
9	"开装" 装配化装修 BIM 软件在上海嘉定新城 E17-1地块租赁住宅项目中的应用	上海开装建筑科技有限公司	
10	"BeePC" 软件在装配式混凝土建筑项目深化设计中的应用	杭州嗡嗡科技有限公司	浙江省住房和城乡建设厅
11	"晨曦" BIM 算量软件在福建省妇产医院建设项目的应用	福建省晨曦信息科技股份有限公司	福建省住房和城乡建设厅
12	装配式建筑深化设计平台在福州市蓝光公馆项目的应用	福建省城投科技有限公司	
13	中机六院数字化协同设计平台	国机工业互联网研究院（河南）有限公司	河南省住房和城乡建设厅
14	"智装配" BIM 设计平台在装配式叠合剪力墙结构设计中的应用	美好建筑装配科技有限公司	湖北省住房和城乡建设厅
15	BIM 智能构件资源库系统在中信智能建造平台中的应用	中信工程设计建设有限公司 中信数智（武汉）科技有限公司	
16	基于 BIM 的装配式建筑设计协同管控集成系统	中机国际工程设计研究院有限责任公司	湖南省住房和城乡建设厅
17	小库智能设计云平台在建筑工程项目设计方案评估、优化和生成中的应用	深圳小库科技有限公司	广东省住房和城乡建设厅
18	华智三维与二维协同设计平台	广州华森建筑与工程设计顾问有限公司	
19	"ECOFLEX" 设计施工一体化软件在装配化装修项目中的应用	广州优智保智能环保科技有限公司 广州优比建筑咨询有限公司	
20	建筑工程结构 BIM 设计数字化云平台（EasyBIM-S）在成都天府新区独角兽岛启动区项目的应用	中国建筑西南设计研究院有限公司	四川省住房和城乡建设厅

二、部品部件智能生产线典型案例

序号	案例名称	申报单位	推荐单位
1	中清大钢筋桁架固模楼承板石家庄生产基地生产线	中清大科技股份有限公司 清华大学建筑设计研究院有限公司	北京市住房和城乡建设委员会
2	和能人居科技天津滨海工厂装配化装修墙板生产线	和能人居科技（天津）集团股份有限公司	天津市住房和城乡建设委员会
3	河北奥润顺达高碑店木窗生产线	河北奥润顺达窗业有限公司	河北省住房和城乡建设厅
4	山西潇河重型 H 型钢、箱型梁柱生产线	山西潇河建筑产业有限公司	山西省住房和城乡建设厅
5	上海建工可扩展组合式预制混凝土构件生产线	上海建工建材科技集团股份有限公司	上海市住房和城乡建设管理委员会
6	基于 BIM 的机电设备设施和管线生产线	无锡市工业设备安装有限公司	江苏省住房和城乡建设厅
7	苏州昆仑绿建胶合木柔性生产线	苏州昆仑绿建木结构科技股份有限公司	
8	装配式叠合剪力墙结构体系预制构件生产线	浙江宝业现代建筑工业化制造有限公司 上海紫宝实业投资有限公司	浙江省住房和城乡建设厅 上海市住房和城乡建设管理委员会
9	浙江亚厦装配化装修墙板生产线	浙江亚厦装饰股份有限公司	浙江省住房和城乡建设厅
10	浙江建工 H 型钢生产线	浙江省建工集团有限责任公司 杭州固建机器人科技有限公司	
11	中建海峡装配式建筑产业基地预制混凝土构件生产线	中建海峡建设发展有限公司	福建省住房和城乡建设厅
12	山东万斯达模块化自承式预应力构件生产线	山东万斯达科技股份有限公司	山东省住房和城乡建设厅
13	海天机电集约式预制构件生产线	海天机电科技有限公司	
14	山东绿厦钢构件生产线	山东联兴绿厦建筑科技有限公司	
15	济南市中建绿色建筑预制混凝土构件生产线	中建绿色建筑产业园（济南）有限公司	
16	青岛荣华预制混凝土构件生产管理系统	荣华（青岛）建设科技有限公司 北京和创云筑科技有限公司	
17	济南市中建八局门窗幕墙生产线	中建八局第二建设有限公司	
18	郑州宝冶钢构件生产线	郑州宝冶钢构有限公司	河南省住房和城乡建设厅
19	预制混凝土构件双循环流水线在成都市蓉经新型建材厂中的应用	中建三局集团有限公司	湖北省住房和城乡建设厅
20	基于 BIM 的施工现场钢筋集约化加工技术在湖北省鄂州市中建三局葛店新城 PPP 项目的应用	中建三局集团有限公司	
21	湖南省三一榔梨工厂预制混凝土构件生产线	湖南三一快而居住宅工业有限公司	湖南省住房和城乡建设厅
22	中建五局装配式机电管线生产线	中国建筑第五工程局有限公司	
23	筑友智造双循环预制混凝土构件生产线在筑友集团焦作工厂中的应用	筑友智造智能科技有限公司 焦作筑友智造科技有限公司	湖南省住房和城乡建设厅 河南省住房和城乡建设厅

续表

序号	案例名称	申报单位	推荐单位
24	佛山市睿住优卡整体卫浴生产线	广东睿住优卡科技有限公司	广东省住房和城乡建设厅
25	中建科技深汕工厂飘窗钢筋网笼生产线	中建科技集团有限公司	
26	中建科技深汕工厂预应力带肋混凝土叠合板生产线	中建科技（深汕特别合作区）有限公司	
27	广东省惠州市中建科工钢构件生产线	中建钢构广东有限公司	
28	成都市美好装配金堂生产基地装配整体式叠合剪力墙结构体系预制构件生产线	美好智造（金堂）科技有限公司	四川省住房和城乡建设厅
29	成都建工预制混凝土构件工厂管理平台	成都建工工业化建筑有限公司	

三、智慧施工管理系统典型案例

序号	案例名称	申报单位	推荐单位
1	北京市朝阳区建设工程智慧监管平台	北京市朝阳区住房和城乡建设委员会 北京建科研软件技术有限公司	北京市住房和城乡建设委员会
2	5G高清视频远程监管一体化系统在北京市大兴临空经济区发展服务中心的应用	中国联合网络通信有限公司 北京宜通科创科技发展有限责任公司 北京电信规划设计院有限公司	
3	隧道施工智能预警与安全管理平台在新疆维吾尔自治区东天山隧道的应用	北京市市政工程研究院	
4	钢结构施工管理平台在北京丰台站建设项目的应用	中铁建工集团有限公司	
5	北京首开智慧建造管理平台在苏州湖西星辰项目的应用	北京首都开发股份有限公司 北京建科研软件技术有限公司	
6	复杂空间结构智能建造技术在国家会议中心二期项目的应用	北京建工集团有限责任公司 北京市建筑工程研究院有限责任公司	
7	“品茗”智能安全防控系统在阿里巴巴北京总部建设项目的应用	杭州品茗安控信息技术股份有限公司	
8	全景成像远程钢筋测量技术在河北雄安新区宣武医院建设项目的应用	金钱猫科技股份有限公司	河北省住房和城乡建设厅
9	大连三川智慧施工管理系统在大连市绿城诚园项目的应用	大连三川建设集团股份有限公司 北京和创云筑科技有限公司 方维建筑科技（大连）有限公司	辽宁省住房和城乡建设厅
10	辽宁省沈抚改革创新示范区全过程咨询服务项目管理平台	精简识别科技（辽宁）有限公司 国泰新点软件股份有限公司	
11	吉林省工程质量安全手册管理平台	吉林省住房和城乡建设厅 中国再保险（集团）股份有限公司 北京中筑数字科技有限责任公司	吉林省住房和城乡建设厅
12	上海市预制构件信息化质量管理保障平台	上海城建物资有限公司	上海市住房和城乡建设管理委员会
13	江苏省建筑施工安全管理系统智慧安监平台	江苏省建筑安全监督总站 南京傲途软件有限公司	江苏省住房和城乡建设厅
14	南京市 BIM 审查和竣工验收备案系统	南京市城乡建设委员会 中通服务咨询设计研究院有限公司	

续表

序号	案例名称	申报单位	推荐单位
15	徐州市沛县建筑施工智慧监管系统	沛县建筑工程质量监督站	江苏省住房和城乡建设厅
16	基于BIM的智慧施工管理系统平台	江苏东曌建筑产业创新发展研究院有限公司	
17	基于GIS+BIM的智慧工地管理平台	江苏南通二建集团有限公司	
18	杭州市装配式建筑质量监管平台	浙江省建工集团有限责任公司 杭州市建筑业协会	浙江省住房和城乡建设厅
19	宁波市装配式建筑智慧管理平台	宁波市住房和城乡建设局 宁波杉工智能安全科技股份有限公司	
20	施工现场信息自动化采集工具和平台应用	浙江省建工集团有限责任公司 杭州市建筑业协会	
21	智慧工地管理系统在浙江舟山波音737MAX飞机完工及交付中心定制厂房项目的应用	中铁建工集团有限公司	
22	智慧建造平台在苏锡常太湖隧道项目中的应用	中铁四局集团有限公司	安徽省住房和城乡建设厅
23	厦门海迈市政工程智慧施工管理平台	厦门海迈科技股份有限公司	福建省住房和城乡建设厅
24	中建海峡智慧建造一体化管理系统	福建优建建筑科技有限公司	
25	基于BIM的智慧施工管理系统在江西省抚州市汝水家园建设项目的应用	中阳建设集团有限公司	江西省住房和城乡建设厅
26	中建八局一公司智慧建造一体化管理平台	中建八局第一建设有限公司	山东省住房和城乡建设厅
27	青岛市工地塔吊运行安全管理系统	青岛市建筑施工安全监督站 一开控股（青岛）有限公司	
28	青岛市建设工地渣土车管理平台	青岛市建筑工程管理服务中心 青岛英通信息技术有限公司	
29	基于BIM和物联网技术的智能建造平台在青岛海洋科学国家实验室智库大厦项目的应用	青建集团股份公司 山东青建智慧建筑科技有限公司	
30	数字工地精细化施工管理平台在湖北鄂州花湖机场的应用	湖北国际物流机场有限公司	湖北省住房和城乡建设厅
31	湖南省“互联网＋智慧工地”管理平台	湖南省住房和城乡建设厅 中湘智能建造有限公司	湖南省住房和城乡建设厅
32	智慧建造管理平台在广州“三馆合一”项目的应用	中建三局集团有限公司	广东省住房和城乡建设厅
33	基于BIM的智慧工地管理系统	广联达科技股份有限公司	
34	智慧施工管理系统在机场建设中的应用	广东省机场管理集团有限公司	
35	广西建筑农民工实名制管理公共服务平台	广西壮族自治区住房和城乡建设厅	广西壮族自治区住房和城乡建设厅
36	广西建工智慧工地协同管理平台	广西建工集团有限责任公司 广西建工集团智慧制造有限公司 广西建工智慧制造研究院有限公司	
37	智慧建造施工管理平台在成都市大运会东安湖片区配套基础设施建设项目的实践	中国五冶集团有限公司 上海鲁班软件股份有限公司	四川省住房和城乡建设厅

续表

序号	案例名称	申报单位	推荐单位
38	华西集团智能建造管理系统	四川省建筑科学研究院有限公司 中国华西企业股份有限公司	四川省住房和城乡建设厅
39	成都市智慧工地平台	成都市建设信息中心 成都鹏业软件股份有限公司	
40	标准化开源接口在成都建工智慧工地平台的应用	成都建工集团有限公司 成都建工第五建筑工程有限公司	
41	“ZoCenter”工程数字档案管理平台	中基数智（成都）科技有限公司	
42	西安市城市轨道建设智慧工地管理平台	中铁一局集团有限公司	陕西省住房和城乡建设厅

四、建筑产业互联网平台典型案例

序号	案例名称	申报单位	推荐单位
1	基于 BIM-GIS 的城市轨道交通工程产业互联网平台	北京市轨道交通建设管理有限公司 北京市轨道交通设计研究院有限公司	北京市住房和城乡建设委员会
2	“装建云”装配式建筑产业互联网平台	北京和创云筑科技有限公司	
3	“筑享云”建筑产业互联网平台	三一筑工科技股份有限公司	
4	“绝镨”平台在中白工业园科技成果转化合作中心项目中的应用	北京建谊投资发展（集团）有限公司	
5	基于 BIM 的城市轨道交通工程全生命期信息管理平台	上海市隧道工程轨道交通设计研究院	上海市住房和城乡建设管理委员会
6	特大型城市道路工程全生命周期协同管理平台	上海城投公路投资（集团）有限公司	
7	公共建筑智慧建造与运维平台	上海建工四建集团有限公司	
8	“乐筑”建筑产业互联网平台	江苏乐筑网络科技有限公司	江苏省住房和城乡建设厅
9	“比姆泰客”装配式建筑智能建造平台	浙江精工钢结构集团有限公司	浙江省住房和城乡建设厅
10	装配式建筑工程项目智慧管理平台	浙江省建材集团浙西建筑产业化有限公司	
11	“筑慧云”建筑全生命期管理平台	江西恒实建设管理股份有限公司	江西省住房和城乡建设厅
12	河南省建筑工人培育服务平台	中国建设银行河南省分行 广东开太平信息科技有限责任公司	河南省住房和城乡建设厅
13	湖南省装配式建筑全产业链智能建造平台	湖南省住房和城乡建设厅 北京构力科技有限公司	湖南省住房和城乡建设厅
14	“塔比星”数字化采购平台	塔比星信息技术（深圳）有限公司	广东省住房和城乡建设厅
15	中建科技智慧建造平台在深圳市长圳公共住房项目中的应用	中建科技集团有限公司	
16	腾讯云微瓴智能建造平台	腾讯云计算（北京）有限责任公司	
17	“云筑网”建筑产业互联网平台	中建电子商务有限责任公司	四川省住房和城乡建设厅
18	“建造云”建筑数字供应链平台	四川华西集采电子商务有限公司	
19	“安心筑”平台在建筑工人实名制管理中的应用	一智科技（成都）有限公司	
20	“即时租赁”工程机械在线租赁平台	中铁一局集团有限公司	陕西省住房和城乡建设厅

五、建筑机器人等智能建造设备典型案例

序号	案例名称	申报单位	推荐单位
1	混凝土抗压强度智能检测机器人在北京地铁 12 号线东坝车辆段建设项目中的应用	北京建筑材料检验研究院有限公司 北京华建星链科技有限公司 无锡东仪制造科技有限公司	北京市住房和城乡建设委员会
2	“虹人坦途 ”热熔改性沥青防水卷材自动摊铺装备	北京东方雨虹防水技术股份有限公司	
3	复杂预制构件混凝土精确布料系统和装备在大连德泰三川建筑科技有限公司生产线的应用	沈阳建筑大学	辽宁省住房和城乡建设厅
4	深层地下隐蔽结构探测机器人在上海星港国际中心基坑工程中的应用	上海建工集团股份有限公司	上海市住房和城乡建设管理委员会
5	建筑物移位机器人在上海喇格纳小学平移工程中的应用	上海天演建筑物移位工程股份有限公司	
6	地铁隧道打孔机器人在徐州市城市轨道交通 3 号线建设项目中的应用	中建安装集团有限公司	江苏省住房和城乡建设厅
7	砌筑机器人“On-site”在苏州星光耀项目的应用	中亿丰建设集团股份有限公司	
8	船闸移动模机在安徽省引江济淮工程项目中的应用	安徽省路港工程有限责任公司	安徽省住房和城乡建设厅
9	超高层住宅施工装备集成平台在重庆市御景天水项目中的应用	中建三局集团有限公司	湖北省住房和城乡建设厅
10	大疆航测无人机在土石方工程测量和施工现场管理中的应用	深圳市大疆创新科技有限公司	广东省住房和城乡建设厅
11	建筑机器人在广东省佛山市凤桐花园项目的应用	广东博智林机器人有限公司	
12	三维测绘机器人在深圳长圳公共住房项目中的应用	中建科技集团有限公司	
13	墙板安装机器人在广东省湛江市东盛路公租房项目的应用	中建科工集团有限公司	

住房和城乡建设部办公厅关于加强农村自建房安全常识宣传的通知

建办村函〔2021〕484 号

各省、自治区住房和城乡建设厅，直辖市住房和城乡建设（管）委，新疆生产建设兵团住房和城乡建设局：

为深入学习贯彻习近平总书记关于安全生产的重要论述，落实党中央、国务院关于农村房屋安全管理的决策部署，从源头上预防农村房屋安全事故的发生，现就加强农村自建房安全常识宣传工作通知如下。

一、充分认识做好农村自建房安全常识宣传工作的重要性。农村房屋安全事关人民群众生命财产

安全和切身利益，做好农村自建房安全常识宣传，加强选址安全、结构安全、施工安全、使用安全科普教育，对提高农民群众建筑安全意识，预防农房安全事故发生至关重要。各地要高度重视农房安全常识宣传工作，并作为一项长期的基础性工作抓实抓细抓好。

二、采用多种形式开展农村自建房安全常识宣传。地方各级住房和城乡建设部门要制定工作方案，制作宣传材料、安全常识图集和安全事故警示视频等，指导乡镇做好农村自建房安全常识宣传工作。要充分发挥乡镇政府和村“两委”作用，在乡镇便民服务中心、村党群服务中心通过电子屏滚动播放、宣传栏张贴海报，向建房农户免费发放建房安全告知书、宣传手册和农房安全事故案例光盘等，因地制宜广泛深入开展农村自建房安全常识宣传。要利用广播、电视、报纸、微信、短视频等融媒体扩大宣传范围和效果。

三、切实提高农村自建房安全常识宣传工作实效。各地要结合农村房屋安全隐患排查整治深入推进农村自建房安全常识宣传工作，引导房屋产权人、使用人通过自查，及时发现和消除安全隐患，对鉴定为C、D级危房的及时开展整治，确保宣传工作深入人心、取得实效。

为切实做好农村自建房安全常识宣传工作，我部组织编制了《“农村自建房安全常识”一张图》，供各地在宣传工作中使用。各地要采取多种方式广泛宣传，可在乡镇便民服务中心窗口摆放，向建房群众免费发放，并可作为乡村建设工匠培训辅助教材。

附件：“农村自建房安全常识”一张图

住房和城乡建设部办公厅

2021 年 11 月 22 日

（此件主动公开）

住房和城乡建设部办公厅关于做好 2022 年城乡建设统计工作的通知

建办计函〔2021〕517 号

各省、自治区住房和城乡建设厅，直辖市住房和城乡建设（管）委，北京市统计局、农业农村局，新疆生产建设兵团住房和城乡建设局：

2022 年城乡建设统计继续执行《城市（县城）和村镇建设统计报表制度》，包括 3 项统计任务：2021 年城乡建设统计年报、2022 年城市（县城）建设统计快报和 2021 年服务业统计年报。现就做好 2022 年城乡建设统计工作有关事项通知如下：

一、关于 2021 年城乡建设统计年报

（一）统计范围。

城乡建设统计年报分为城市（县城）建设统计年报和村镇建设统计年报 2 部分。

城市（县城）建设统计年报统计范围为设市城市城区和县城；村镇建设统计年报统计范围为建制镇、乡和镇乡级特殊区域。

（二）统计内容。

城市（县城）建设统计年报内容包括：人口和建设用地、公用事业价格和标准、市政公用设施建设固定资产投资、供水、节约用水、燃气、集中供热、轨道交通、道路桥梁、排水和污水处理、园林绿化、市容环境卫生、历史文化街区及市政安全。

村镇建设统计年报内容包括：村镇基本情况、市政公用设施、房屋建筑、建设投资。

（三）报送方式。

2021 年城乡建设统计年报报送纸质数据和电子数据。其中，纸质件统一用 A4 纸打印，加盖公章并由各省（自治区、直辖市）城乡建设统计年报主管部门负责人签字后，按城市、县城、村镇分别装订报送我部计划财务与外事司。

电子数据通过城乡建设统计信息管理系统（http://cxtj.mohurd.gov.cn/）联网直报。用户名和密码同去年一致，如遗失可联系上级单位查询。

（四）时间安排。

各省（自治区、直辖市）城乡建设统计年报主管部门应于 2022 年 2 月 28 日前完成本地区数据的汇

总和初审，并将电子数据通过信息系统报送我部。纸质件待我部审核定稿后再报送。

二、关于2022年城市（县城）建设统计快报

（一）统计范围。

城市（县城）建设统计快报的统计范围是设市城市城区和县城。

（二）统计内容。

统计内容包括：人口和建成区面积、供水、燃气、集中供热、轨道交通、道路、污水处理、园林绿化、生活垃圾处理、市政公用设施建设固定资产投资。

（三）报送方式。

2022年城市（县城）建设统计快报数据通过城乡建设统计信息管理系统联网直报。

（四）时间安排。

各省（自治区、直辖市）城市（县城）建设统计快报主管部门应于2022年11月15日前完成本地区数据的审核，并报送我部计划财务与外事司。

三、关于2021年服务业统计年报

（一）统计范围。

服务业统计年报统计范围为：执行企业会计制度的年营业收入500万元及以上的公共设施管理业法人单位，以及执行行政和事业单位会计制度的公共设施管理业法人单位。

（二）统计内容。

统计内容包括：单位基本情况和主要财务情况。

（三）报送方式。

2021年服务业统计年报数据可通过城乡建设统计信息管理系统联网直报，也可由各省（自治区、直辖市）服务业统计年报主管部门自主确定本地区的报送方式。

（四）时间安排。

各省（自治区、直辖市）服务业统计年报主管部门应于2022年3月15日前将本地区汇总数据报送我部计划财务与外事司。

四、组织实施

城乡建设统计内容丰富、涉及面广。各级城乡建设统计主管部门要统筹协调，精心组织，做好数据报送和审核工作，确保数据上报及时、完整准确，做到应统尽统、不重不漏，坚决防范和惩治数据造假、弄虚作假情况。

2022年，我部将继续对城乡建设统计工作情况进行通报。对工作成绩突出的地区给予表扬，对迟报漏报、虚报瞒报的地区通报批评。

各省（自治区、直辖市）城乡建设统计主管部门要对本地区城乡建设统计工作负总责，明确责任处室和责任人，加大统计培训力度，完善数据核查机制，创新数据获取方式，按时完成各项统计任务，提高统计数据质量。

业务咨询电话：010-58933603

技术服务电话：4001199797　17610827298

住房和城乡建设部办公厅

2021年12月17日

（此件主动公开）

数据统计与分析

2021 城乡建设统计分析

2021 年城市（城区）建设

【概况】 2021 年年末，全国设市城市 692 个，比上年增加 5 个，其中，地级市 300 个，县级市 392 个。城市城区户籍人口 4.57 亿人，暂住人口 1.02 亿人，建成区面积 6.24 万平方公里。

［说明］

城市（城区）包括：市本级（1）街道办事处所辖地域；（2）城市公共设施、居住设施和市政公用设施等连接到的其他镇（乡）地域；（3）常住人口在 3000 人以上独立的工矿区、开发区、科研单位、大专院校等特殊区域。

各项统计数据均不包括香港特别行政区、澳门特别行政区、台湾省。

城市、县、建制镇、乡、村庄的年末实有数均来自民政部，人口数据来源于各地区公安部门，部分地区如北京、上海为统计部门常住人口数据。

建成区面积不含北京市。

【城市市政公用设施固定资产投资】 2021 年完成城市市政公用设施固定资产投资 23371.70 亿元，比上年增长 4.88%。其中，道路桥梁、轨道交通、排水投资分别占城市市政公用设施固定资产投资的 36.99%、27.12%和 8.89%。2021 年全国城市市政公用设施建设固定资产投资的具体行业分布如图 1 所示。

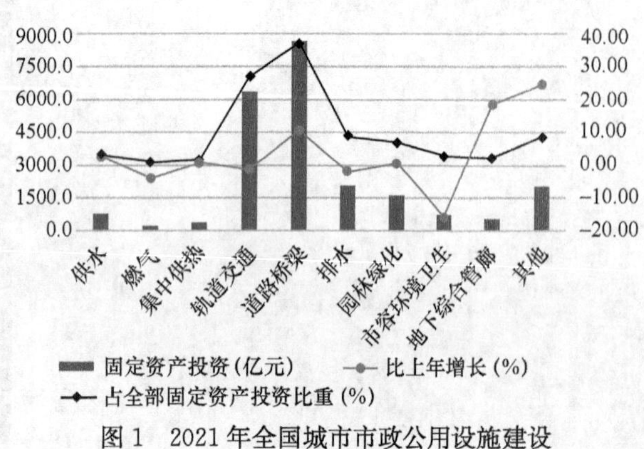

图 1　2021 年全国城市市政公用设施建设固定资产投资的行业分布及增速

［说明］

市政公用设施固定资产投资统计口径为计划总投资在 5 万元以上的市政公用设施项目，不含住宅及其他方面的投资。

全国城市市政公用设施投资新增固定资产 9939.98 亿元，固定资产投资交付使用率 42.53%。主要新增生产能力（或效益）是：供水管道长度 5.30 万公里，道路长度 3.98 万公里，排水管道长度 6.96 万公里，城市污水处理厂日处理能力 1500 万立方米。

2021 年按资金来源分城市市政公用设施建设固定资产投资合计 25778.00 亿元，比上年增长 10.80%。其中，本年资金来源 22121.60 亿元，上年末结余资金 3656.40 亿元。本年资金来源的具体构成，如图 2 所示。

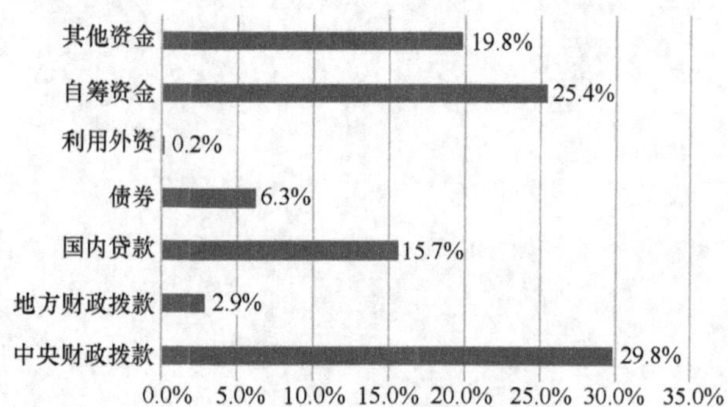

图 2　2021 年城市市政设施建设固定资产投资本年资金来源的具体构成

【城市供水和节水】 2021 年年末，城市供水综合生产能力为 3.17 亿立方米/日，比上年减少 1.04%，其中，公共供水能力 2.83 亿立方米/日，比上年增长 2.53%。供水管道长度 105.99 万公里，比上年增长 5.26%。2021 年，年供水总量 673.34 亿立方米，其中，生产运营用水 170.44 亿立方米，公共服务用水 97.82 亿立方米，居民家庭用水 276.45 亿立方米。用水人口 5.56 亿人，人均日生活用水量 185.0 升，供水普及率 99.38%，比上年提高 0.39 个百分点。2021 年，城市节约用水 73.86 亿立方米，节水措施总投资 55.20 亿元。

[说明] 供水普及率指标按城区人口和城区暂住人口合计为分母计算。

【城市燃气】2021 年，人工煤气供气总量 18.72 亿立方米，天然气供气总量 1721.06 亿立方米，液化石油气供气总量 860.68 万吨，分别比上年下降 19.10%、增长 10.06%、增长 3.24%。人工煤气供气管道长度 0.92 万公里，天然气供气管道长度 92.91 万公里，液化石油气供气管道长度 0.29 万公里，分别比上年减少 7.04%、增长 9.23%、减少 27.43%。用气人口 5.48 亿人，燃气普及率 98.04%，比上年增加 0.17 个百分点。

【城市集中供热】2021 年年末，城市供热能力（蒸汽）11.88 万吨/小时，比上年增加 14.80%，供热能力（热水）59.32 万兆瓦，比上年增加 4.78%，供热管道 46.15 万公里，比上年增长 8.34%，集中供热面积 106.03 亿平方米，比上年增长 7.30%。

【城市轨道交通】2021 年年末，全国建成轨道交通的城市 50 个，比上年增加 8 个；建成轨道交通线路长度 8571.43 公里，比上年增加 973.49 公里；正在建设轨道交通的城市 48 个，比上年增加 3 个；正在建设轨道交通线路长度 5172.30 公里，比上年增加 78.75 公里。

【城市道路桥梁】2021 年年末，城市道路长度 53.25 万公里，比上年增长 8.08%，道路面积 105.37 亿平方米，比上年增长 8.65%，其中人行道面积 23.29 亿平方米。人均城市道路面积 18.84 平方米，比上年增加 0.80 平方米。2021 年，全国城市地下综合管廊长度 6706.95 公里，其中新建地下综合管廊长度 1799.59 公里。

【城市排水与污水处理】2021 年年末，全国城市共有污水处理厂 2827 座，比上年增加 209 座，污水厂日处理能力 20767 万立方米，比上年增长 7.79%，排水管道长度 87.23 万公里，比上年增长 8.67%。城市年污水处理总量 611.90 亿立方米，城市污水处理率 97.89%，比上年增加 0.56 个百分点，其中污水处理厂集中处理率 98.31%，比上年增加 0.11 个百分点。城市再生水日生产能力 7134.90 万立方米，再生水利用量 161.05 亿立方米。

【城市园林绿化】2021 年年末，城市建成区绿化覆盖面积 273.24 万公顷，比上年增长 3.60%，建成区绿化覆盖率 42.42%，比上年增加 0.36 个百分点；建成区绿地面积 249.25 万公顷，比上年增长 3.94%，建成区绿地率 38.70%，比上年增加 0.46 个百分点；公园绿地面积 83.57 万公顷，比上年增长 4.73%，人均公园绿地面积 14.87 平方米，比上年增加 0.09 平方米。

【城市市容环境卫生】2021 年年末，全国城市道路清扫保洁面积 103.42 亿平方米，其中机械清扫面积 81.09 亿平方米，机械清扫率 78.41%。全年清运生活垃圾、粪便 2.49 亿吨，比上年增长 5.77%。全国城市共有生活垃圾无害化处理场（厂）1407 座，比上年增加 120 座，日处理能力 96.34 万吨，处理量 2.48 亿吨，城市生活垃圾无害化处理率 99.91%，比上年增加 0.08 个百分点。

【2014—2021 年全国城市建设的基本情况】2015—2021 年全国城市建设的基本情况见表 1。

2015—2021 年全国城市建设的基本情况 表 1

类别	指标	年份（年）						
		2015	2016	2017	2018	2019	2020	2021
概况	城市数（个）	656	657	661	673	679	687	692
	地级市（个）	291	293	294	302	300	301	300
	县级市（个）	361	360	363	371	379	386	392
	城区人口（亿人）	3.94	4.03	4.10	4.27	4.35	4.43	4.57
	城区暂住人口（亿人）	0.66	0.74	0.82	0.84	0.89	0.95	1.02
	建成区面积（平方公里）	52102.3	54331.5	56225.4	58455.7	60312.5	60721.3	62420.5
	城市建设用地面积（平方公里）	51584.1	52761.3	55155.5	56075.9	58307.7	58355.3	59424.6
投资	市政公用设施固定资产年投资总额（亿元）	16204.4	17460.0	19327.6	20123.2	20126.3	22283.9	23371.7
城市供水和节水	年供水总量（亿平方米）	560.5	580.7	593.8	614.6	628.30	629.54	673.34
	供水管道长度（万公里）	71.0	75.7	79.7	86.5	92.0	100.69	105.99
	供水普及率（%）	98.07	98.42	98.30	98.36	98.78	98.99	99.38
城市燃气	人工煤气年供应量（亿立方米）	47.1	44.1	27.1	29.79	27.68	23.14	18.72
	天然气年供应量（亿立方米）	1040.8	1171.1	1263.8	1443.95	1527.94	1563.70	1721.06
	液化石油气年供应量（万吨）	1039.22	1078.80	998.81	1015.33	922.72	833.71	860.68
	供气管道长度（万公里）	52.8	57.8	64.1	71.60	78.33	86.44	94.12
	燃气普及率（%）	95.30	95.75	96.26	96.70	97.29	97.87	98.04

续表

类别	指标		年份（年）						
			2015	2016	2017	2018	2019	2020	2021
城市集中供热	供热能力	8.07	8.07	7.83	9.83	9.23	10.09	10.35	11.88
		47.26	47.26	49.33	64.78	57.82	55.05	56.62	59.32
	管道长度（万公里）	1.17	1.17	1.22	27.63	37.11	39.29	42.60	46.15
		19.27	19.27	20.14					
	集中供热面积（亿平方米）		67.22	73.87	83.09	87.81	92.51	98.82	106.03
城市轨道交通	建成轨道交通的城市个数（个）		24	30	32	34	41	42	50
	建成轨道交通线路长度（公里）		3069.23	3586.34	4594.26	5141.05	6058.90	7597.94	8571.43
	正在建设轨道交通的城市个数（个）		38	39	50	50	49	45	48
	正在建设轨道交通线路长度（公里）		3994.15	4870.18	4913.56	5400.25	5594.08	5093.55	5172.30
城市道路桥梁	城市道路长度（万公里）		36.49	38.25	39.78	43.22	45.93	49.27	53.25
	城市道路面积（亿平方米）		71.77	75.38	78.89	85.43	90.98	96.98	105.37
	城市桥梁（座）		64512	67737	69816	73432	76157	79752	83673
	人均道路面积（平方米）		15.60	15.80	16.05	16.70	17.36	18.04	18.84
城市排水与污水处理	污水年排放量（亿立方米）		466.62	480.30	492.39	521.12	554.65	571.36	625.08
	排水管道长度（万公里）		53.96	57.66	63.03	68.35	74.40	80.27	87.23
	城市污水处理厂座数（座）		1944	2039	2209	2321	2471	2618	2827
	城市污水处理厂处理能力（万立方米/日）		14038	14910	15743	16881	17863	19267	20767
	城市污水日处理能力（万立方米）		16065.4	16779.2	17036.7	18145.2	19171.0	20405.1	21745.1
	城市污水处理率（%）		91.90	93.44	94.54	95.49	96.81	97.53	97.89
	再生水日生产能力（万立方米）		2317	2762	3588	3578	4428.9	6095.2	7134.9
	再生水利用量（亿立方米）		44.5	45.3	71.3	85.5	116.08	135.38	161.05
城市园林绿化	建成区绿化覆盖面积（万公顷）		210.51	220.40	231.44	241.99	252.29	263.75	273.24
	建成区绿地面积（万公顷）		190.79	199.26	209.91	219.71	228.52	239.81	249.25
	建成区绿化覆盖率（%）		40.12	40.30	40.91	41.11	41.51	42.06	42.42
	建成区绿地率（%）		36.36	36.43	37.11	37.34	37.63	38.24	38.70
	人均公园绿地面积（平方米）		13.35	13.70	14.01	14.11	14.36	14.78	14.87
	公园个数（个）		13834	15370	15633	16735	18038	19823	22062
	公园面积（万公顷）		38.38	41.69	44.46	49.42	50.24	53.85	64.80
城市市容环境卫生	清扫保洁面积（万平方米）		730333	794923	842048	869329	922124	975595	1034211
	生活垃圾清运量（万吨）		19142	20362	21521	22802	24206	23512	24869
	每万人拥有公厕（座）		2.75	2.72	2.77	2.88	2.93	3.07	3.29

（住房和城乡建设部计划财务与外事司、哈尔滨工业大学）

2021 年县城建设

【概况】2021 年年末，全国共有县 1482 个，比上年减少 13 个。县城户籍人口 1.39 亿人，暂住人口 0.17 亿人，建成区面积 2.10 万平方公里。

［说明］

县城包括：(1) 县政府驻地的镇、乡（城关镇）或街道办事处地域；(2) 县城公共设施、居住设施等连接到的其他镇（乡）地域；(3) 县城内常住人口在 3000 人以上独立的工矿区、开发区、科研单位、大专院校等特殊区域。

县包括县、自治县、旗、自治旗、特区、林区。

【县城市政公用设施固定资产投资】2021 年，完成县城市政公用设施固定资产投资 4087.2 亿元，比上年增长 5.22%。其中：道路桥梁、排水、园林绿化分别占县城市政公用设施固定资产投资的 35.98%、15.56%和 8.92%。2021 年全国县城市政公用设施建设固定资产投资的具体行业分布如图 3 所示。

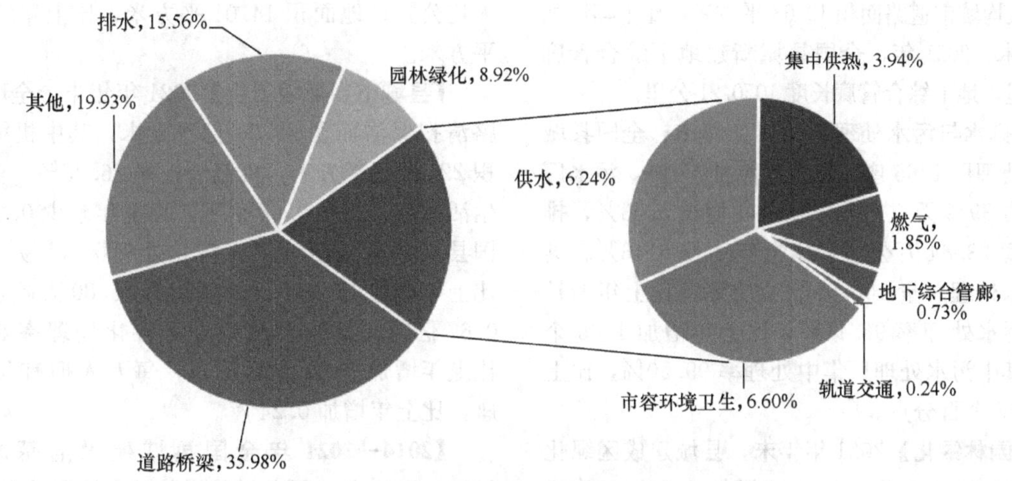

图 3　2021 年全国县城市政公用设施建设固定资产投资的行业分布

[说明]

县城的市政公用设施固定资产投资统计口径为计划总投资在 5 万元以上的市政公用设施项目，不含住宅及其他方面的投资。

2021 年，按资金来源分县城市政公用设施建设固定资产投资合计 4927.7 亿元，比上年增长 12.78%。其中，本年资金来源 4606.5 亿元，上年末结余资金 323.1 亿元。本年资金来源的具体构成，如图 4 所示。

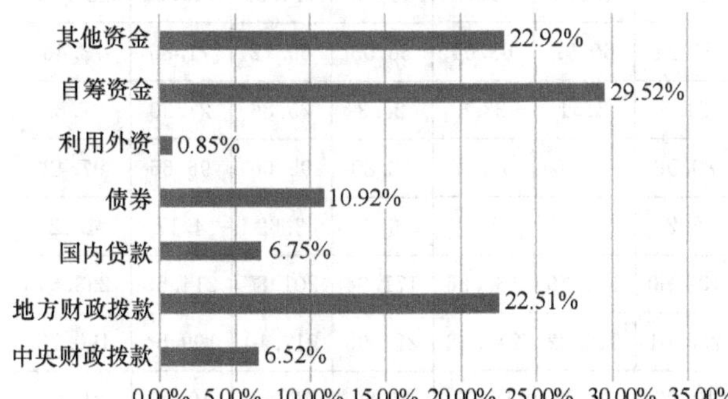

图 4　2021 年全国县城市政公用设施建设固定资产投资本年资金来源的分布

2021 年，全国县城市政公用设施投资新增固定资产 2658.19 亿元，固定资产投资交付使用率为 65.04%。主要新增生产能力（或效益）是：供水管道长度 5532 公里，集中供热蒸汽能力 561 吨/小时，热水能力 1041 兆瓦，道路长度 0.42 万公里，排水管道长度 1.45 万公里，污水处理厂日处理能力 209 万立方米。

【县城供水和节水】2021 年年末，县城供水综合生产能力为 0.69 亿立方米/日，比上年增长 7.66%，其中，公共供水能力 0.60 亿立方米/日，比上年增加 9.09%。供水管道长度 27.85 万公里，比上年增加 2.03%。2021 年，全年供水总量 121.99 亿立方米，其中生产运营用水 26.30 亿立方米，公共服务用水 11.63 亿立方米，居民家庭用水 61.11 亿立方米。用水人口 1.53 亿人，供水普及率 97.42%，比上年增加 0.76 个百分点，人均日生活用水量 132 升。2021 年，县城节约用水 4.98 亿立方米，节水措施总投资 5.95 亿元。

【县城燃气】2021 年，人工煤气供应总量 4.42 亿立方米，天然气供气总量 253.64 亿立方米，液化石油气供气总量 190.75 万吨，分别比上年增长 5.89%、增长 18.23%、减少 4.40%。人工煤气供气管道长度 0.27 万公里，天然气供气管道长度 20.64 万公里，液化石油气供气管道长度 0.23 万公里，分别比上年减少 0.65%、增长 10.61%、增长 58.59%。用气人口 1.41 亿人，燃气普及率 90.32%，比上年增加 1.25 个百分点。

【县城集中供热】2021 年年末，供热能力（蒸汽）1.86 万吨/小时，比上年增长 3.10%，供热能力（热水）15.92 万兆瓦，比上年增长 0.66%，供热管道 8.93 万公里，比上年增长 9.72%，集中供热面积19.45亿平方米，比上年增长4.71%。

【县城道路桥梁】 2021年年末，县城道路长度16.36万公里，比上年增长2.64%，道路面积30.81亿平方米，比上年增长2.81%，其中人行道面积7.66亿平方米，人均城市道路面积19.68平方米，比上年增加0.76平方米。2021年，全国县城新建地下综合管廊281.56公里，地下综合管廊长度1050.21公里。

【县城排水与污水处理】 2021年年末，全国县城共有污水处理厂1765座，比上年增加57座，污水厂日处理能力3979万立方米，比上年增长5.53%，排水管道长度23.84万公里，比上年增长6.46%。县城全年污水处理总量105.06亿立方米，比上年增长6.53%。污水处理率96.11%，比上年增加1.06个百分点，其中污水处理厂集中处理率99.50%，比上年增加0.16个百分点。

【县城园林绿化】 2021年年末，县城建成区绿化覆盖面积80.54万公顷，比上年增长2.70%，建成区绿化覆盖率38.30%，比上年增加0.72个百分点；建成区绿地面积72.29万公顷，比上年增长3.25%，建成区绿地率34.38%，比上年增加0.83个百分点；公园绿地面积21.93万公顷，比上年增长2.96%，人均公园绿地面积14.01平方米，比上年增加0.57平方米。

【县城市容环境卫生】 2021年年末，全国县城道路清扫保洁面积29.94亿平方米，其中机械清扫面积22.84亿平方米，机械清扫率76.25%。全年清运生活垃圾、粪便0.68亿吨，比上年减少0.28%。全国县城共有生活垃圾无害化处理场（厂）1441座，比上年增加13座，日处理能力33.80万吨，处理量0.67亿吨，县城生活垃圾无害化处理率98.48%，比上年增加0.22个百分点；每万人拥有公厕3.75座，比上年增加0.24座。

【2014—2021年全国县城建设的基本情况】 2014—2021年全国县城建设的基本情况见表2。

2014—2021年全国县城建设的基本情况 表2

类别	指标	年份（年）						
		2015	2016	2017	2018	2019	2020	2021
概况	县数（个）	1568	1537	1526	1519	1516	1495	1482
	县城人口（万人）	14017	13858	13923	13973	14111	14055	13941
	县城暂住人口（万人）	1598	1583	1701	1722	1755	1791	1714
	建成区面积（平方公里）	20043	19467	19854	20238	20672	20867	21026
投资	市政公用设施固定资产年投资总额（亿元）	3099.8	3394.5	3634.2	3026.0	3076.7	3884.3	4087.2
县城供水和节水	供水总量（亿平方米）	106.9	106.5	112.8	114.5	119.09	119.02	121.99
	生活用水量	61.24	60.92	63.64	66.05	69.72	71.86	73.46
	供水管道长度（万公里）	21.5	21.1	23.4	24.3	25.86	27.30	27.85
	供水普及率（%）	89.96	90.50	92.87	93.80	95.06	96.66	97.42
县城燃气	人工煤气供应总量（亿立方米）	8.2	7.2	7.4	6.2	3.62	4.17	4.42
	天然气供应总量（亿立方米）	102.60	105.70	137.96	171.04	201.87	214.53	253.64
	液化石油气供应总量（万吨）	230.01	219.22	215.48	214.06	217.10	199.54	190.75
	供气管道长度（万公里）	10.99	10.89	12.93	14.80	17.22	19.05	21.14
	燃气普及率（%）	75.90	78.19	81.35	83.35	86.47	89.07	90.32
县城集中供热	供热面积（亿平方米）	12.31	13.12	14.63	16.18	17.48	18.57	19.45
	蒸汽供热能力（万吨/小时）	1.37	1.02	1.49	1.68	1.75	1.81	1.86
	热水供热能力（万兆瓦）	12.58	13.04	13.72	13.99	15.33	15.82	15.92
	蒸汽管道长度（万公里）	0.33	0.33	6.08	6.68	7.51	8.14	8.93
	热水管道长度（万公里）	4.30	4.30					

续表

类别	指标	年份（年）						
		2015	2016	2017	2018	2019	2020	2021
县城道路桥梁	道路长度（万公里）	13.35	13.16	14.08	14.48	15.16	15.94	16.36
	道路面积（亿平方米）	24.95	25.35	26.84	27.82	29.01	29.97	30.81
	人均道路面积（平方米）	15.98	16.41	17.18	17.73	18.29	18.92	19.68
县城排水与污水处理	污水排放量（亿立方米）	92.65	92.72	95.07	99.43	102.30	103.76	109.31
	污水处理厂座数（座）	1599	1513	1572	1598	1669	1708	1765
	污水处理厂处理能力（万立方米/日）	2999	3036	3218	3367	3587	3770	3979
	污水处理率（%）	85.22	87.38	90.21	91.16	93.55	95.05	96.11
	排水管道长度（万公里）	16.79	17.19	18.98	19.98	21.34	22.39	23.84
县城园林绿化	建成区绿化覆盖面积（万公顷）	61.70	63.33	68.69	77.17	75.75	78.42	80.54
	建成区园林绿地面积（万公顷）	54.22	55.95	61.03	63.16	67.27	70.02	72.29
	建成区绿化覆盖率（%）	30.78	32.53	34.60	35.17	36.64	37.58	38.30
	建成区绿地率（%）	27.05	28.74	30.74	31.32	32.54	33.55	34.38
	人均公园绿地面积（平方米）	10.47	11.05	11.86	12.21	13.10	13.44	14.01
县城市容环境卫生	生活垃圾年清运量（万吨）	6655	6666	6747	6660	6871	6810	6791
	每万人拥有公厕（座）	2.78	2.82	2.93	3.13	3.28	3.51	3.75

（住房和城乡建设部计划财务与外事司　哈尔滨工业大学）

2021年村镇建设

【概况】2021年年末，全国建制镇统计个数1.91万个，乡统计个数0.82万个，镇乡级特殊区域统计个数427个，村庄统计个数236.09万个。村镇户籍总人口9.62亿人。其中，建制镇1.66亿人，占村镇总人口的17.26%；乡0.22亿人，占村镇总人口的2.28%；镇乡级特殊区域0.02亿人，占村镇总人口的0.17%；村庄7.72亿人，占村镇总人口的80.29%。

［说明］

村镇数据不包括香港特别行政区、澳门特别行政区、台湾省；也未包括西藏自治区。

村镇包括：(1) 城区（县城）范围外的建制镇、乡、以及具有乡镇政府职能的特殊区域（农场、林场、牧场、渔场、团场、工矿区等）的建成区；(2) 全国的村庄。

乡包括乡、民族乡、苏木、民族苏木。

2021年年末，全国建制镇建成区面积433.6万公顷，平均每个建制镇建成区占地227.02公顷；乡建成区58.78万公顷，平均每个乡建成区占地71.68公顷；镇乡级特殊区域建成区8.07万公顷，平均每个镇乡级特殊区域建成区占地188.93公顷。

【规划管理】2021年年末，全国已编制总体规划的建制镇16809个，占所统计建制镇总数的88.13%，其中本年编制978个；已编制总体规划的乡6181个，占所统计乡总数的75.47%，其中本年编制331个；已编制总体规划的镇乡级特殊区域287个，占所统计镇乡级特殊区域总数的67.21%，其中本年编制11个；2021年全国村镇规划编制投资（不包括村庄）达49.30亿元，其中建制镇投入40.05亿元，乡投入8.70亿元，镇乡级特殊区域投入0.55亿元。

【建设投资】 2021年，全国村镇建设总投资20337.17亿元。按地域分，建制镇建成区9342.40元，乡建成区596.03亿元，镇乡级特殊区域建成区143.49亿元，村庄10255.39亿元，分别占总投资的45.94%、2.93%、0.71%、50.43%。按用途分，房屋建设投资14957.33亿元，市政公用设施建设投资5379.99亿元，分别占总投资的73.55%、26.45%。2021年全国村镇建设固定资产投资结构如图5所示。

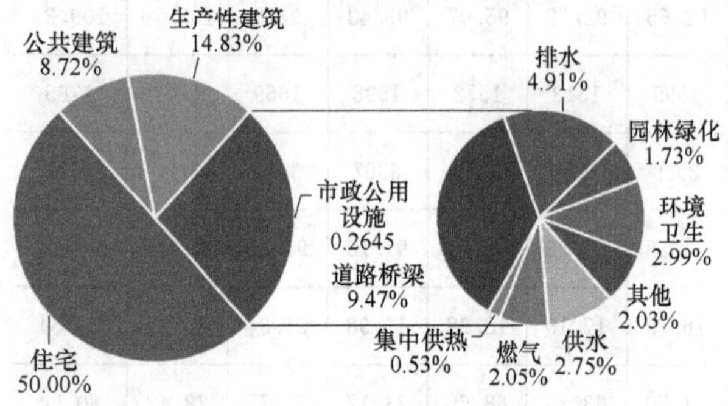

图5　2021年全国村镇建设固定资产投资结构

在房屋建设投资中，住宅建设投资10168.78亿元，公共建筑投资1773.10亿元，生产性建筑投资3015.44亿元，分别占房屋建设投资的67.99%、11.85%、20.16%。

在市政公用设施建设投资中，道路桥梁投资1926.42亿元，排水投资997.87亿元，环境卫生投资607.65亿元，供水投资558.77亿元，分别占市政公用设施建设总投资的35.81%、18.55%、11.29%和10.39%。

【房屋建设】 2021年，全国村镇房屋竣工建筑面积12.04亿平方米，其中住宅8.29亿平方米，公共建筑1.52亿平方米，生产性建筑2.23亿平方米。2021年年末，全国村镇实有房屋建筑面积424.28亿平方米，其中住宅339.43亿平方米，公共建筑35.15亿平方米，生产性建筑49.70亿平方米，分别占80.00%、8.28%、11.71%。

2021年年末，全国建制镇年末实有房屋建筑面积100.01亿平方米，其中住宅63.24亿平方米，人均住宅建筑面积37.10平方米；乡年末实有房屋建筑面积11.58亿平方米，其中住宅8.12亿平方米，人均住宅建筑面积38.11平方米；镇乡级特殊区域年末实有房屋建筑面积1.12亿平方米，其中住宅0.76亿平方米，人均住宅建筑面积48.03平方米，村庄人均住宅建筑面积34.61平方米。

【公用设施建设】 2021年年末，建制镇年供水总量147.12亿立方米，其中生活用水64.9亿立方米，用水人口1.67亿，供水普及率90.3%，人均日生活用水量106.8升，供水管道长度64.88万公里；道路长度45.66万公里，道路面积30.33万平方米，桥梁7.43万座，人均道路面积16.44平方米；排水管道长度21.07万公里，排水暗渠长度11.63万公里，排水管道暗渠密度7.54公里/平方公里，污水处理率61.95%，其中污水处理厂集中处理率52.68%；公园绿地面积4.97万公顷，人均公园绿地面积2.70平方米，绿化覆盖率16.98%，绿化率10.88%；生活垃圾处理率91.12%，其中无害化处理率75.84%，环卫专用车辆设备11.58万辆，公共厕所12.66万座；燃气普及率58.93%。

2021年年末，乡年供水总量13.16亿立方米，其中生活用水6.50亿立方米，用水人口0.18亿人，供水普及率84.16%，人均日生活用水量98.71升，供水管道长度14.52万公里；道路长度8.84万公里，道路面积4.93万平方米，桥梁1.55万座，人均道路面积22.97平方米；排水管道长度2.29万公里，排水暗渠长度2.13万公里，排水管道暗渠密度7.53公里/平方公里，污水处理率26.97%，其中污水处理厂集中处理率17.02%；公园绿地面积0.36万公顷，人均公园绿地面积1.69平方米，绿化覆盖率15.16%，绿化率8.63%；生活垃圾处理率81.78%，其中无害化处理率56.60%，环卫专用车辆设备2.77万辆，公共厕所3.65万座；燃气普及率33.63%。

2021年年末，镇乡级特殊区域年供水总量1.51亿立方米，其中生活用水0.76亿立方米，用水人口0.02亿人，供水普及率90.99%，人均日生活用水量42.70升，供水管道长度1.43万公里；道路长度0.67万公里，道路面积0.48万平方米，桥梁993座，人均道路面积24.62平方米；排水管道长度0.36万公里，排水暗渠长度0.13万公里，排水管道暗渠密度5.98公里/平方公里，污水处理率61.99%，其中污水处理厂集中处理率56.08%；公园绿地面积0.08万公顷，人均公园绿地面积4.01平方米，绿化覆盖率16.33%，绿化率11.92%；生活垃圾处理率91.60%，其中无害化处理率55.95%，环卫专用车辆设备0.15万辆，公共厕所0.19万座；燃气普及率65.42%。

2021年年末，全国83.64%的行政村有集中供水，用水普及率85.33%，人均日生活用水量99.31升；道路长度348.7万公里；燃气普及率38.19%。

【2015—2021年全国村镇建设的基本情况】 2015—2021年全国村镇建设的基本情况见表3。

2015—2021 年全国村镇建设的基本情况 表 3

类别	指标		2015	2016	2017	2018	2019	2020	2021
概况	村镇户籍人口（亿人）	总人口	9.57	9.58	9.41	9.61	9.68	9.69	9.62
		建制镇建成区	1.60	1.62	1.55	1.61	1.65	1.66	1.66
		乡建成区	0.29	0.28	0.25	0.25	0.24	0.24	0.22
		镇乡级特殊区域建成区	0.03	0.04	0.05	0.04	0.03	0.02	0.02
		村庄	7.65	7.63	7.56	7.71	7.76	7.77	7.72
	村镇建成区面积和村庄现状用地面积（万公顷）	建制镇建成区	390.8	397.0	392.6	405.3	422.9	433.9	433.6
		乡建成区	70.0	67.3	63.4	65.4	62.95	61.70	58.78
		镇乡级特殊区域建成区	9.4	13.6	13.7	13.4	8.15	7.22	8.07
		村庄现状用地	1401.3	1392.2	1346.1	1292.3	1289.05	1273.14	1249.11
房屋建设	年末实有房屋建筑面积（亿平方米）		381.0	383.0	376.6	392.16	400.41	419.26	424.28
	其中：住宅		320.7	323.2	309.8	320.18	325.16	337.14	339.43
	本年竣工房屋建筑面积（亿平方米）		11.4	10.6	16.9	15.1	14.06	15.12	12.04
	其中：住宅		8.6	8.0	13.3	11.6	10.34	10.84	8.28

（住房和城乡建设部计划财务与外事司　哈尔滨工业大学）

2021 年城乡建设统计分省数据

2021 年城市（城区）建设分省数据

【2021 年城市市政公用设施水平分省数据】 2021 年城市市政公用设施水平分省数据见表 4。

2021年城市市政公用

地区名称	人口密度（人/平方公里）	人均日生活用水量（升）	供水普及率（%）	燃气普及率（%）	建成区供水管道密度（公里/平方公里）	人均城市道路面积（平方米）	建成区排水管道密度（公里/平方公里）
上年	**2778**	**179.40**	**98.99**	**97.87**	**14.02**	**18.04**	**7.07**
全国	**2868**	**185.03**	**99.38**	**98.04**	**14.14**	**2868**	**185.03**
北京		163.27	98.80	100.00			163.27
天津	4392	122.72	100.00	100.00	17.01	4392	122.72
河北	3162	128.18	100.00	99.79	9.87	3162	128.18
山西	4150	138.25	99.53	97.90	9.59	4150	138.25
内蒙古	1979	109.65	99.58	97.86	9.43	1979	109.65
辽宁	1833	154.73	99.66	97.86	12.67	1833	154.73
吉林	1939	125.35	95.91	94.85	10.27	1939	125.35
黑龙江	5367	120.55	99.17	92.23	13.03	5367	120.55
上海	3926	211.51	100.00	100.00	31.96	3926	211.51
江苏	2278	226.15	100.00	99.92	18.55	2278	226.15
浙江	2322	212.21	100.00	100.00	20.60	2322	212.21
安徽	2730	190.23	99.81	99.48	13.46	2730	190.23
福建	3577	231.10	99.92	99.34	18.38	3577	231.10
江西	3790	200.21	99.17	98.76	16.85	3790	200.21
山东	1716	126.12	99.88	99.33	10.58	1716	126.12
河南	4754	141.27	99.32	97.65	8.88	4754	141.27
湖北	3017	190.26	99.87	98.86	15.05	3017	190.26
湖南	4719	210.44	98.99	97.45	16.60	4719	210.44
广东	3819	250.52	100.00	98.26	16.70	3819	250.52
广西	2530	262.37	99.81	99.47	15.18	2530	262.37
海南	2279	315.08	95.73	99.42	5.56	2279	315.08
重庆	2121	178.52	96.26	98.19	14.48	2121	178.52
四川	3382	194.03	98.66	98.12	15.56	3382	194.03
贵州	2238	172.37	98.44	90.19	9.17	2238	172.37
云南	3099	174.44	99.02	78.53	13.23	3099	174.44
西藏	1538	256.12	98.90	68.09	10.88	1538	256.12
陕西	5328	161.31	98.16	98.77	7.66	5328	161.31
甘肃	3359	141.98	99.46	96.87	6.83	3359	141.98
青海	2955	143.08	98.83	94.48	12.89	2955	143.08
宁夏	3268	168.15	99.66	97.75	5.91	3268	168.15
新疆	4243	159.03	99.65	98.81	8.98	4243	159.03
新疆生产建设兵团	1497	198.79	97.70	98.71	8.75	1497	198.79

设施水平分省数据 **表 4**

污水处理率（%）		人均公园绿地面积（平方米）	建成区绿化覆盖率（%）	建成区绿地率（%）	生活垃圾处理率（%）	
	污水处理厂集中处理率					生活垃圾无害化处理率
97.53	**95.78**	**14.78**	**42.06**	**38.24**	**99.92**	**99.75**
97.89	**96.24**	**14.87**	**42.42**	**38.70**	**99.97**	**99.88**
97.19	95.59	16.62	49.29	46.93	100.00	100.00
96.82	96.03	9.74	38.28	35.31	100.00	100.00
99.07	99.07	15.14	42.91	39.28	100.00	100.00
98.40	98.09	13.66	43.72	39.85	100.00	100.00
97.87	97.87	19.96	41.95	38.62	99.89	99.89
98.46	97.92	13.44	41.75	39.39	99.82	99.82
97.60	97.60	13.55	41.14	36.70	100.00	100.00
96.82	93.17	13.60	37.40	33.63	100.00	100.00
96.89	96.89	9.02	37.73	36.08	100.00	100.00
96.97	91.73	15.60	43.70	40.40	100.00	100.00
97.92	96.94	12.87	41.51	37.56	100.00	100.00
97.14	96.11	14.49	44.07	40.35	100.00	100.00
98.28	94.66	15.01	44.25	40.76	100.00	100.00
98.10	97.12	16.22	46.89	43.29	100.00	100.00
98.39	98.25	17.94	43.04	38.91	100.00	100.00
99.21	99.21	15.08	41.57	36.55	100.00	100.00
97.75	90.67	14.63	42.79	38.87	100.00	100.00
98.63	98.48	12.61	42.20	38.33	100.00	100.00
98.39	97.89	17.74	42.92	38.94	100.00	100.00
99.14	90.77	13.80	40.23	35.40	100.00	100.00
99.64	99.34	12.96	40.80	37.05	100.00	100.00
98.88	98.57	16.67	42.56	39.33	100.00	96.63
96.41	93.97	13.73	43.05	37.98	99.99	99.99
98.47	98.30	16.01	41.79	39.80	98.99	98.99
98.13	96.91	12.94	42.50	38.45	100.00	100.00
83.51	83.51	13.33	38.20	36.01	99.73	99.73
97.10	97.10	12.90	41.76	37.63	100.00	100.00
97.27	97.27	14.88	36.29	32.73	100.00	100.00
95.72	95.72	12.81	34.81	32.90	99.35	99.35
98.24	98.24	20.48	42.01	39.68	100.00	100.00
97.40	97.40	14.46	40.72	37.35	100.00	100.00
96.92	96.92	22.81	42.61	40.83	99.97	99.97

【2021年城市人口和建设用地分省数据】2021 年城市人口和建设用地分省数据见表5。

2021年城市人口和

地区名称	市区面积	市区人口	市区暂住人口	城区面积	城区人口	城区暂住人口	建成区面积	本年征用土地面积	耕地
上年	**2322592**	**81643**	**12983**	**186628.87**	**44253.74**	**9509.02**	**60721.32**	**2362.38**	**999.14**
全国	**2368544**	**83733**	**13585**	**188300.45**	**45747.87**	**10180.09**	**62420.53**	**1902.24**	**827.92**
北京		2189			1916.10				
天津	11926	1373		2653.42	1165.40		1237.33	10.64	5.17
河北	49498	3779	220	6324.00	1817.68	182.17	2278.90	47.57	31.85
山西	30045	1650	227	2989.29	1081.39	159.21	1268.86	40.51	14.92
内蒙古	148695	914	276	4565.51	682.13	221.46	1271.48	57.64	24.20
辽宁	76134	3088	352	12321.67	2000.76	257.55	2697.80	33.32	19.72
吉林	109275	1857	227	6272.78	998.03	218.40	1585.58	57.81	37.09
黑龙江	220395	2177	199	2591.50	1204.14	186.79	1836.84	8.02	4.00
上海	6341	2489		6340.50	2489.43		1242.00	15.38	12.38
江苏	69957	5915	1407	15930.99	3084.37	544.15	4857.64	120.59	61.40
浙江	55801	3765	1980	13924.06	1996.16	1237.22	3366.42	97.85	53.29
安徽	46930	2899	595	7125.58	1400.48	544.85	2460.17	138.95	83.50
福建	48502	2429	786	4138.09	1100.12	380.13	1778.32	64.03	18.41
江西	46500	2240	138	3307.95	1133.48	120.27	1732.66	74.33	26.29
山东	93653	6828		23814.08	3447.40	638.19	5669.85	276.09	104.00
河南	49628	4899	551	5762.62	2288.40	451.42	3234.53	54.31	29.26
湖北	97625	4236	701	8185.62	1950.97	518.47	2787.88	143.12	63.15
湖南	56821	3213	321	4076.45	1685.91	237.64	2065.56	48.48	18.76
广东	99829	8830	2571	17101.29	4788.72	1741.63	6582.65	106.87	24.47
广西	78641	2677	345	5305.61	1027.68	314.55	1679.09	81.92	25.13
海南	17072	603	184	1439.41	228.74	99.35	409.51	18.19	2.14
重庆	43264	2650	430	7781.33	1322.63	327.49	1645.38	91.16	44.94
四川	92234	4546	864	9313.57	2514.51	635.10	3367.42	127.79	57.89
贵州	41809	1652	185	4049.00	726.22	179.99	1187.16	12.52	6.06
云南	91678	1803	194	3303.98	771.19	252.79	1252.31	54.76	19.48
西藏	48658	93	41	632.58	56.46	40.81	170.30	12.96	8.31
陕西	56687	2133	180	2618.60	1255.46	139.61	1526.97	13.24	5.51
甘肃	89282	901	182	2021.65	528.60	150.43	927.57	34.82	10.51
青海	203423	298	19	738.91	191.22	27.12	249.44	2.45	0.05
宁夏	21889	440	68	955.76	230.65	81.66	495.30	7.60	2.95
新疆	245426	1034	296	1997.86	588.79	259.00	1329.54	27.49	6.44
新疆生产建设兵团	20926	134	46	716.79	74.65	32.64	226.07	21.83	6.65

建设用地分省数据 **表 5**

面积单位：平方公里

人口单位：万人

城市建设用地面积								
合计	居住用地	公共管理与公共服务设施用地	商业服务业设施用地	工业用地	物流仓储用地	道路交通设施用地	公共设施用地	绿地与广场用地
58307.71	**18102.07**	**5221.26**	**4039.15**	**11478.80**	**1650.53**	**9328.65**	**1823.09**	**2684.81**
59424.59	**18617.91**	**5248.92**	**4264.06**	**11336.75**	**1575.87**	**10060.61**	**1551.02**	**6769.45**
1079.25	302.25	86.52	93.27	256.54	51.90	167.64	19.61	101.52
2229.97	678.12	167.27	150.64	241.12	67.55	411.92	58.03	455.32
1325.14	421.94	157.78	113.00	181.96	53.58	234.16	32.33	130.39
1158.97	365.59	104.27	97.26	123.66	34.58	221.57	34.16	177.88
2799.95	914.08	166.93	182.27	687.54	86.37	444.30	68.65	249.81
1509.72	517.46	116.60	84.04	314.26	48.85	226.08	53.88	148.55
1706.29	605.37	143.45	98.12	381.91	56.52	216.90	37.97	166.05
1083.32	373.49	99.84	106.79	179.68	43.07	187.64	14.31	78.50
5791.66	1668.74	473.36	393.31	1214.55	132.28	1009.19	209.37	690.86
3454.18	1078.41	322.73	242.71	782.59	57.50	613.86	68.80	287.58
2407.11	717.00	171.62	156.64	477.19	41.63	461.83	66.31	314.89
1454.02	459.50	132.54	99.09	270.70	31.53	244.89	40.63	175.14
1587.70	500.72	168.39	104.16	320.81	27.76	258.49	28.77	178.60
5271.73	1708.96	454.96	418.80	1137.45	149.24	757.98	117.47	526.87
3077.66	947.78	316.78	162.78	380.56	84.19	510.64	102.53	572.40
1874.21	580.11	157.71	114.36	431.42	53.54	310.53	61.23	165.31
1908.54	722.89	215.53	138.84	295.89	43.29	246.55	71.90	173.65
6036.31	1874.67	455.01	402.28	1590.32	97.49	1171.73	95.51	349.30
1633.46	464.80	142.31	96.78	231.42	51.79	303.87	56.75	285.74
408.28	152.09	55.80	55.32	20.91	7.19	73.34	7.37	36.26
1493.20	441.95	147.12	86.34	321.39	36.62	300.12	32.27	127.39
3181.76	1018.63	287.29	247.02	530.58	85.97	529.12	72.79	410.36
1035.91	344.44	119.61	93.96	152.90	30.57	167.60	23.58	103.25
1283.60	415.55	162.16	143.63	128.88	41.44	209.44	29.07	153.43
159.72	35.50	24.68	15.88	15.56	4.35	23.56	9.60	30.59
1385.32	436.93	129.27	114.57	169.87	32.33	260.17	30.27	211.91
941.73	244.12	75.52	77.35	203.28	41.99	151.71	30.71	117.05
227.02	60.56	17.61	15.70	23.14	13.47	41.00	11.29	44.25
453.78	134.83	42.79	35.22	48.78	10.05	82.25	8.05	91.81
1250.53	372.98	110.98	104.95	187.77	55.83	189.31	50.53	178.18
214.55	58.45	22.49	18.98	34.12	3.40	33.22	7.28	36.61

【2021 年城市市政公用设施建设固定资产投资分省数据】 2021 年城市市政公用设施建设固定资产投资分省数据见表 6。

2021 年城市市政公用设施建设

地区名称	本年投资完成合计	供水	燃气	集中供热	轨道交通	道路桥梁	地下综合管廊
上年	**222839259**	**7494247**	**2386063**	**3938223**	**64208400**	**78143056**	**4535653**
全国	**233716850**	**7705636**	**2295797**	**3972963**	**63390117**	**86445177**	**5389397**
北京	13102005	199918	132161	294232	3873512	3498026	50715
天津	4609025	88230	14575	26666	3486515	420345	116157
河北	5489770	295664	83110	499334	116103	2030919	728394
山西	3023454	30840	15349	484074	380102	1331774	55102
内蒙古	1516947	92486	14884	314656	18814	345071	11435
辽宁	3299117	209287	134297	132174	1197321	687891	
吉林	2987404	108840	77979	78520	1048127	824605	142181
黑龙江	2867522	328702	13770	250081	483189	958593	9159
上海	4620910	166505	115946		1448600	1446083	44258
江苏	19445342	1014194	162987	9245	6773631	7022117	221259
浙江	20776746	240100	119178	1800	7823666	7983304	372732
安徽	8983442	455726	159873	41484	1859003	3974005	176901
福建	6910093	230700	125650		2254576	2283963	210727
江西	8779752	216432	54060		2020604	3421997	104736
山东	15087678	530708	134417	996006	2156007	6863000	151253
河南	9981039	249995	57794	244127	3004985	2857677	76185
湖北	13932804	305687	41462	20315	3582984	5174323	534766
湖南	9578140	268652	166552	1000	1887624	4202552	172936
广东	22007836	742272	304641		8922917	6241744	1004261
广西	4906878	297926	69374		484793	2504769	147559
海南	914411	24738	858			610551	485
重庆	11884033	244623	35241		3147403	5941188	60990
四川	16360486	397629	41986	8302	3088425	8572606	264346
贵州	5332979	120789	35627	2180	1031769	1845928	56432
云南	1929268	81440	38457		3360	443922	154945
西藏	225919	69623	23837			59779	9911
陕西	10090627	321242	81522	167858	2937237	3024885	355030
甘肃	1763699	124160	11699	57752	223259	733856	18426
青海	318872	11261	6544	12158	995	141002	52401
宁夏	446119	85839	12883	55214		100032	849
新疆	1930199	109447	9084	257849	134596	595270	73880
新疆生产建设兵团	614334	41981		17936		303400	10986

固定资产投资分省数据

表 6

计量单位：万元

排水				园林绿化	市容环境卫生		其他	本年新增固定资产
	污水处理	污泥处置	再生水利用			垃圾处理		
21147815	**10130699**	**368561**	**303299**	**16262894**	**8626479**	**7057970**	**16096428**	**99164527**
20787619	**8553097**	**291243**	**384448**	**16386032**	**7271429**	**5358529**	**20072683**	**99399829**
572900	85024	18479	21853	1016026	180544	16672	3283971	4475706
161886	66086		210	104959	98863	98322	90829	150039
682137	125072		6215	732775	272217	211549	49117	2181881
201734	125609			116461	116933	109218	291085	801972
199136	60342	16946	11945	101065	64698	32499	354702	329723
304869	155977	684	7	130195	213865	206008	289218	793011
190874	78181	320	2430	147379	49265	35262	319634	1764443
245406	117080	1194		142603	245154	233034	190865	679195
717799	348801	17205		192461	233132	216632	256126	1690648
1490404	811696	24622	4612	1812251	413731	270819	525523	8984187
1103298	632420	16766	410	1632684	287860	155749	1212124	9061351
968814	274298	12999	23091	631299	338780	127532	377557	2346436
834760	526859	1240	2122	377805	256718	221976	335194	2026854
1162697	469737	15574	1520	762833	108183	22686	928210	3264373
1134332	321021	13390	33385	1283013	392911	324552	1446031	9342580
901686	270778	7435	105734	1914414	606787	480573	67389	7030825
1177414	300757	10826		1218206	234726	195129	1642921	3382477
1005179	442491	57056	24498	296139	158981	128895	1418525	2106800
2475332	1496247	1646	18545	366302	1070654	924598	879713	11651563
609193	138618	7660		244695	260807	227042	287762	2709559
81156	58169	52	4173	56593	64117	58830	75913	31732
819277	126194	2211	757	504644	369899	325370	760768	4935854
1902502	725468	1410	23610	1291360	582397	283752	210933	10831973
234379	113378	1020	1000	60002	132596	116882	1813277	1349980
541288	141406	4700	2451	129662	84315	74662	451879	2342709
7913	207			44367	6199	6199	4290	92405
588998	290225	53061	6498	776631	189435	50511	1647789	2397787
176587	137873	2279	14369	86303	58571	57864	273086	1251855
53249	28236			16772	5302	3619	19188	107619
105783	20479	1500	59268	14071	49593	47791	21855	100645
91250	44903	718	12002	156332	94424	80335	408067	753773
45387	19465	250	3743	25730	29772	13967	139142	429874

【2021 年城市市政公用设施建设固定资产投资资金来源分省数据】 2021 年城市市政公用设施建设固定资产投资资金来源分省数据见表 7。

2021 年城市市政公用设施建设固

地区名称	本年实际到位资金合计	上年末结余资金	小计	国家预算资金		国内贷款
					中央预算资金	
上年	**232656828**	**22285658**	**210371170**	**64905851**	**5685968**	**39325915**
全国	**257780011**	**36563558**	**221216453**	**67843747**	**6615913**	**35662275**
北京	12605018	1115057	11489961	4689849	193839	1607029
天津	4379472	433284	3946188	1083196	58803	1254543
河北	5878517	1176021	4702496	2255847	453145	353302
山西	3341838	304464	3037374	1456208	17883	364641
内蒙古	1559417	117658	1441759	536332	134971	207871
辽宁	2962905	182369	2780536	675038	443146	480041
吉林	4067776	1098938	2968838	612774	259046	1058004
黑龙江	3685325	407802	3277523	1488668	568165	357101
上海	4483475	497314	3986161	2061877	71000	85767
江苏	24755924	4123283	20632641	4719312	184771	3169593
浙江	23095613	2181605	20914008	5519719	135895	5963914
安徽	8765328	183638	8581690	4306056	276235	285999
福建	7790953	913537	6877416	3632725	57276	651793
江西	8348880	340808	8008072	2116109	223061	635412
山东	15118795	807504	14311291	2668754	20726	2125495
河南	9422590	754850	8667740	3507352	567224	1694863
湖北	9637413	1078728	8558685	1916943	380470	523357
湖南	9657355	1998152	7659203	1219342	316745	121851
广东	36889907	14179096	22710811	6551486	258284	4174648
广西	4560823	218243	4342580	1391588	274361	945723
海南	943061	116414	826647	377946	75331	124556
重庆	13391616	344862	13046754	5486568	230054	3515861
四川	16253220	1564968	14688252	2605719	177850	1958990
贵州	4758586	359093	4399493	218570	43500	716480
云南	2369834	174492	2195342	553491	244757	402709
西藏	355354	16428	338926	81974	40846	
陕西	12245079	1182463	11062616	4455716	108883	1728928
甘肃	2559483	314893	2244590	361514	236293	725508
青海	429092	81559	347533	293419	51338	10300
宁夏	514689	43279	471410	110162	52107	168364
新疆	2120940	199589	1921351	500597	298207	248142
新疆生产建设兵团	831733	53167	778566	388896	161701	1490

定资产投资资金来源分省数据 **表 7**

计量单位：万元

本年资金来源				各项应付款
债券	利用外资	自筹资金	其他资金	
18639941	**675471**	**53433171**	**33390821**	**31652511**
14281469	**389861**	**57890876**	**45148225**	**174609451**
100000		2314642	2778441	1847653
224744	23865	916669	443171	643092
575062		1232205	286080	2968715
111349		821970	283206	466390
230491	8130	235979	222956	710148
276734	12172	1027000	309551	1052104
379510	6486	695393	216671	750239
860929	7210	330567	233048	877388
		1834571	3946	812403
772511	9624	9454563	2507038	3589143
407420		5993006	3029949	1919939
166927	23484	1605744	2193480	135405029
407079		1455186	730633	885504
377601	50300	2868480	1960170	469500
1479997	45344	5664783	2326918	2737977
438859	134133	1881945	1010588	2003716
1430873	5147	2321632	2360733	1867909
637671	35238	3469597	2175504	324866
1260494	134	1303527	9420522	1744016
138026	4792	1077196	785255	1350434
96125		19479	208541	242288
1144132		1395407	1504786	1707455
928918	1000	2436268	6757357	4239793
89537		2531625	843281	1416081
224154		383077	631911	813133
152392		82997	21563	
243701		3617756	1016515	2188896
230376	9291	310954	606947	772518
23407		17724	2683	10682
31030		110718	51136	212586
681566	13511	321895	155640	530597
159854		158321	70005	49257

2021年县城建设分省数据

年县城市政公用设施水平分省数据见表8。

【2021年县城市政公用设施水平分省数据】2021

2021年县城市政公用

地区名称	人口密度（人/平方公里）	人均日生活用水量（升）	供水普及率（%）	燃气普及率（%）	建成区供水管道密度（公里/平方公里）	人均城市道路面积（平方米）	建成区路网密度（公里/平方公里）	建成区道路面积率（%）
上年	**2107**	**128.53**	**96.66**	**89.07**	**11.56**	**18.92**	**6.88**	**13.15**
全国	**2160**	**131.95**	**97.42**	**90.32**	**11.87**	**19.68**	**7.01**	**13.45**
河北	2768	110.82	100.00	99.08	11.67	25.20	8.93	17.99
山西	3525	95.49	95.79	83.13	11.97	16.47	7.43	14.17
内蒙古	878	101.75	98.60	90.67	11.78	31.46	6.83	14.33
辽宁	1416	132.80	97.25	87.83	12.86	16.13	4.68	7.91
吉林	2615	102.67	94.10	87.90	12.71	16.89	6.25	11.90
黑龙江	2889	96.88	92.38	56.68	10.19	13.93	6.70	8.03
江苏	2001	163.04	100.00	99.99	14.62	22.43	6.65	13.61
浙江	899	220.34	100.00	100.00	22.59	24.91	9.20	16.09
安徽	1812	139.51	97.82	96.82	12.71	24.32	6.34	14.57
福建	2583	178.68	99.56	98.21	16.89	19.08	8.85	14.59
江西	4654	144.06	97.97	97.21	16.39	22.93	7.86	15.11
山东	1384	111.87	99.06	97.62	7.55	22.53	6.24	13.49
河南	2587	113.95	95.44	89.11	7.47	18.71	5.76	13.41
湖北	3223	150.20	96.56	95.01	12.08	18.94	6.73	13.83
湖南	3746	160.71	96.97	92.35	14.87	15.15	6.63	12.11
广东	1482	164.20	100.00	97.14	14.87	13.94	6.38	0.75
广西	2658	171.61	99.53	98.90	13.50	21.38	8.99	16.10
海南	2768	231.09	99.04	96.83	4.71	30.45	5.60	10.80
重庆	2686	125.32	98.29	97.81	14.21	10.76	6.90	12.58
四川	1432	131.31	95.31	89.96	11.32	14.17	6.26	12.23
贵州	2406	109.56	96.81	81.26	8.87	19.57	7.91	13.24
云南	3496	123.33	97.97	58.64	13.52	18.49	8.09	15.08
西藏	2666	155.62	85.99	62.65	8.88	18.39	5.19	6.34
陕西	3737	99.78	95.87	88.21	7.73	15.82	7.14	12.25
甘肃	4782	87.66	95.67	78.74	9.37	15.03	6.03	10.66
青海	2000	87.94	96.13	64.53	9.63	21.92	7.45	12.64
宁夏	3633	122.70	99.02	77.63	9.52	25.65	7.03	14.85
新疆	3185	139.77	98.42	95.94	10.49	22.54	6.71	11.58

设施水平分省数据 **表 8**

建成区排水管道密度（公里/平方公里）	污水处理率（%）	污水处理厂集中处理率	人均公园绿地面积（平方米）	建成区绿化覆盖率（%）	建成区绿地率（%）	生活垃圾处理率（%）	生活垃圾无害化处理率
9.60	**95.05**	**94.42**	**13.44**	**37.58**	**33.55**	**99.31**	**98.26**
10.11	**96.11**	**95.63**	**14.01**	**38.30**	**34.38**	**99.68**	**98.47**
9.85	98.44	98.44	13.76	41.38	37.34	100.00	100.00
10.65	98.56	98.56	11.56	40.36	35.78	99.90	96.39
8.54	96.49	96.49	22.21	36.67	33.90	99.65	98.73
6.38	98.50	98.45	13.59	22.94	18.92	100.00	93.13
10.00	96.82	96.81	14.98	36.66	32.74	100.00	100.00
6.42	96.66	96.65	13.40	28.39	24.73	100.00	100.00
12.60	92.72	92.61	15.16	42.72	39.89	100.00	100.00
16.27	97.68	97.55	15.76	43.62	39.54	100.00	100.00
11.66	96.00	95.61	15.04	38.42	34.30	100.00	100.00
14.01	96.58	96.58	15.82	43.43	40.16	100.00	100.00
13.23	93.37	92.50	16.77	42.54	38.55	100.00	100.00
10.07	98.04	98.04	16.50	40.80	36.56	100.00	100.00
9.38	97.66	97.64	12.15	37.89	33.33	99.23	91.13
9.10	95.82	95.82	12.98	39.62	35.13	100.00	100.00
9.56	97.02	96.79	11.63	37.72	33.63	99.67	99.67
6.77	91.45	91.45	14.23	35.62	32.29	100.00	95.58
12.45	97.35	91.20	12.98	38.95	34.35	100.00	100.00
5.60	97.56	95.02	6.78	40.51	31.02	100.00	100.00
15.83	99.54	99.54	13.82	42.23	38.50	100.00	100.00
9.78	93.58	91.40	14.34	38.64	34.90	99.77	99.77
6.21	93.98	93.94	14.31	37.76	35.34	97.40	97.40
14.26	96.85	96.73	12.21	40.53	36.23	99.94	99.94
7.06	41.61	41.44	1.40	6.65	4.08	98.62	94.09
8.66	94.41	94.41	10.81	36.49	32.31	98.94	98.94
9.52	96.17	96.17	12.73	30.08	26.67	99.97	99.97
9.44	91.12	91.12	7.79	27.76	24.05	95.43	95.43
9.05	98.83	98.83	17.99	40.67	37.34	99.77	99.77
6.92	97.34	97.32	16.47	40.40	36.51	99.67	99.67

【2021 年县城人口和建设用地分省数据】2021 年县城人口和建设用地分省数据见表 9。

2021 年县城人口和

地区名称	县域面积	县域人口	县域暂住人口	县城面积	县城人口	县城暂住人口	建成区面积	本年征用土地面积	
									耕地
上年	**7327141**	**64126**	**3056**	**75196.79**	**14055.43**	**1790.96**	**20867.09**	**949.90**	**428.08**
全国	**7274986**	**62324**	**3055**	**72467.84**	**13941.09**	**1714.36**	**21026.49**	**844.44**	**420.30**
河北	136229	3975	157	3773.45	943.92	100.52	1415.40	45.38	29.06
山西	125034	1894	81	1839.98	602.37	46.30	716.09	5.99	2.95
内蒙古	1049160	1423	112	5478.83	409.25	71.70	1005.85	8.85	1.57
辽宁	74797	1009	25	1442.66	193.54	10.76	379.57	10.73	4.88
吉林	85748	719	19	655.42	158.07	13.31	236.34	5.62	3.75
黑龙江	217768	1313	38	1260.68	336.62	27.62	593.96	9.08	4.49
江苏	33537	1964	59	2592.68	486.20	32.49	716.80	30.67	19.50
浙江	49750	1424	314	5055.42	346.19	108.47	629.09	35.06	18.09
安徽	92416	4274	172	5092.45	816.83	106.08	1340.43	71.85	33.48
福建	75592	1719	160	1819.78	404.26	65.83	548.29	25.59	5.58
江西	121499	2783	76	1757.51	763.79	54.07	1099.98	63.59	23.81
山东	65131	3342		7568.30	995.91	51.18	1570.95	56.87	31.59
河南	116681	6947	222	5766.23	1369.90	121.85	1883.16	38.65	21.52
湖北	92366	1954	79	1434.96	421.16	41.30	593.50	39.36	16.31
湖南	155732	4281	321	3051.91	952.11	191.12	1355.67	49.19	13.12
广东	79500	2244	94	3432.70	472.42	36.32	647.27	28.95	8.48
广西	158193	3073	78	1959.50	474.14	46.76	670.11	37.42	15.41
海南	17400	324	26	245.25	58.08	9.81	149.38	3.37	0.93
重庆	39137	928	96	823.39	188.83	32.36	188.82	13.28	7.37
四川	399099	4683	275	8169.99	994.88	175.13	1284.76	47.00	23.80
贵州	135186	2876	109	2784.28	602.06	67.88	877.95	29.64	9.50
云南	296390	3096	159	1779.50	541.49	80.63	720.83	134.64	102.11
西藏	1195536	275	43	315.66	58.55	25.61	164.57	6.27	1.58
陕西	148994	2012	80	1406.67	471.03	54.64	631.39	15.57	5.27
甘肃	368959	1808	88	842.29	360.09	42.69	506.70	17.54	9.97
青海	481537	351	27	586.40	100.07	17.19	197.07	2.11	1.36
宁夏	38402	321	26	315.47	99.36	15.25	188.66	3.92	2.69
新疆	1425212	1311	118	1216.48	319.97	67.49	713.90	8.25	2.13

建设用地分省数据

表 9

面积单位：平方公里

人口单位：万人

城市建设用地面积								
合计	居住用地	公共管理与公共服务设施用地	商业服务业设施用地	工业用地	物流仓储用地	道路交通设施用地	公共设施用地	绿地与广场用地
19632.14	**6450.08**	**1718.64**	**1283.72**	**2543.97**	**524.37**	**3088.92**	**761.65**	**3260.79**
19752.08	**6563.62**	**1724.63**	**1268.80**	**2531.41**	**493.71**	**3141.13**	**754.52**	**3274.26**
1372.22	438.03	92.55	80.74	95.42	20.32	272.71	27.50	344.95
689.18	250.64	59.54	36.07	45.41	11.59	111.66	45.66	128.61
921.91	285.47	91.66	64.46	79.93	18.52	166.16	33.63	182.08
355.86	149.06	22.23	19.55	73.92	9.20	41.19	15.16	25.55
237.38	88.26	15.41	14.61	31.69	10.70	32.28	8.54	35.89
542.97	235.68	44.60	25.97	79.20	22.68	64.41	16.06	54.37
699.96	225.60	51.26	41.67	126.65	8.49	114.66	21.17	110.46
645.53	202.00	55.57	43.71	136.72	8.98	94.90	23.24	80.41
1320.21	379.45	97.44	85.00	227.03	41.89	238.82	46.01	204.57
520.13	188.16	42.98	31.46	76.99	6.49	88.17	16.15	69.73
1070.67	315.25	95.83	67.46	172.24	25.07	184.70	34.90	175.22
1455.62	491.76	121.85	101.66	281.60	33.97	195.91	39.88	188.99
1767.11	554.53	145.08	104.25	197.33	44.67	311.44	70.82	338.99
542.54	175.97	53.70	35.54	82.01	12.13	83.67	21.43	78.09
1249.68	430.84	125.26	95.21	168.28	61.49	159.27	60.89	148.44
584.47	217.97	51.88	41.86	87.91	10.26	75.96	24.57	74.06
630.56	197.63	53.24	31.96	69.70	14.88	115.95	19.12	128.08
136.13	36.90	10.97	8.64	27.88	4.40	26.51	2.39	18.44
167.78	62.66	15.98	8.94	17.80	2.90	27.98	6.28	25.24
1189.45	395.56	112.39	70.31	174.29	33.76	166.58	53.91	182.65
757.53	279.17	75.35	57.78	77.83	22.25	101.33	38.06	105.76
693.06	221.17	70.61	47.86	45.94	16.22	124.09	28.67	138.50
136.85	44.67	19.91	12.91	7.37	5.85	23.51	11.25	11.38
591.68	185.43	48.57	38.35	40.22	13.32	94.41	28.40	142.98
473.56	175.92	50.20	32.66	29.90	12.13	68.92	24.03	79.80
166.70	53.30	18.64	11.21	16.55	3.73	28.67	8.96	25.64
185.48	61.04	16.82	16.24	14.63	4.96	31.39	6.22	34.18
647.86	221.50	65.11	42.72	46.97	12.86	95.88	21.62	141.20

【2021 年县城市政公用设施建设固定资产投资分省数据】2021 年县城市政公用设施建设固定资产投资分省数据见表 10。

2021 年县城市政公用设施建设

地区名称	本年投资完成合计	供水	燃气	集中供热	轨道交通	道路桥梁	地下综合管廊
上年	**38842864**	**2322499**	**796908**	**1297883**	**145812**	**13996240**	**369184**
全国	**40871812**	**2552271**	**755704**	**1609966**	**97176**	**14706390**	**299835**
河北	2178486	48768	26027	194426		602327	40592
山西	840650	23044	9868	130384	1400	341031	11900
内蒙古	706503	33889	1232	204077	4013	143988	
辽宁	206562	31287	8814	72636		26968	2150
吉林	170599	14598	150	761		57385	
黑龙江	377755	102297	7828	135128		56846	
江苏	1112582	98632	3401	3886	78	448279	
浙江	1856721	93889	39057	8000		731617	17809
安徽	2637260	279433	81079	880		1303066	
福建	1686369	128369	28155			827552	28612
江西	3908108	205396	70966			1373708	16182
山东	1884951	83506	21242	223627		594812	15740
河南	3004466	158024	84083	201491		841689	
湖北	937746	39647	43871		2000	233710	486
湖南	2690959	175028	58797		536	965671	1312
广东	556633	47092	13685		205	221386	
广西	1076790	97852	15628			591289	
海南	224282	13965	18073			118522	1343
重庆	1205686	15535	1793			811846	26464
四川	2138454	86081	31770	13006	30000	911167	18518
贵州	4678714	374097	57587	2500		1370407	61545
云南	2439037	134405	38761		55000	850269	32977
西藏	169089	18399		85		84947	100
陕西	1614763	15130	31477	84942	3939	397474	24105
甘肃	1152203	52344	19787	120019		532375	
青海	156241	10190		16214	5	60057	
宁夏	181468	301		39614		47895	
新疆	1078735	171073	42573	158290		160107	

固定资产投资分省数据

表 10

计量单位：万元

排水				园林绿化	市容环境卫生		其他	本年新增固定资产
	污水处理	污泥处置	再生水利用			垃圾处理		
5609088	**2905831**	**116439**	**155736**	**5682400**	**2673817**	**1995464**	**5949034**	**28379136**
6359772	**3133417**	**145700**	**125181**	**3645066**	**2698448**	**2069162**	**8147184**	**26581933**
473248	137985	440	1600	183977	509877	408923	99244	1256269
92680	40271	2627		35660	23860	16975	170823	412601
93416	42212	2929	5272	69603	60349	47239	95936	203760
27654	15583	220	380	11339	14005	10197	11709	118631
72023	29296		1556	10518	6604	2605	8560	182474
41134	24988	1297		8689	4780	2772	21053	268469
180721	121249	500	2217	110266	42935	27450	224384	507433
271686	147359	985	322	195355	131259	97871	368049	1825745
450875	129369	10569	13680	335554	48873	18993	137500	1406745
168025	92248			127412	88733	85814	289511	1054838
564683	194965	67288	4243	301568	297612	156809	1077993	2645377
396353	138340	3252	950	267275	192038	172308	90358	1502422
409035	191226	3150	17021	859258	388934	362398	61952	2136524
173184	85292	1700	144	47181	49326	19163	348341	839700
512617	419130	1492		89096	110763	104392	777139	1270658
138540	123037	56	346	18801	10572	6315	106352	212852
216178	51247			55139	50104	39430	50600	735520
25958	4006			6036	6102	5506	34283	13910
68770	30350	5402		221437	42032	35784	17809	927932
492142	262108	20090	12466	303050	53857	26535	198863	1931049
408292	253412	4442		67694	254164	226291	2082428	2600189
253034	133472	3109	6965	173526	143659	84608	757406	1963889
34183	17891	2062	1542	1253	11905	4557	18217	144269
309857	188065			38287	42007	23734	667545	677091
238950	162745	10715	4398	48582	46858	32725	93288	912859
22668	15850			4650	10202	5748	32255	117732
46596	17900	375	1356	23435	14384	13184	9243	88805
177270	63821	3000	50723	30425	42654	30836	296343	624190

【2021 年县城市政公用设施建设设固定资产投资资金来源分省数据】 2021 年县城市政公用设施建设固定资产投资资金来源分省数据见表 11。

2021 年县城市政公用设施建设固

地区名称	合计	上年末结余资金	小计	国家预算资金	中央预算资金
上年	**43709750**	**2105568**	**41604181**	**13872697**	**2521622**
全国	**49296521**	**3231092**	**46065429**	**13371737**	**3002278**
河北	2305882	104774	2201108	717439	137806
山西	848817	47206	801611	383167	18330
内蒙古	770891	76559	694332	201914	56136
辽宁	340014	303	339711	125802	72715
吉林	376127	66130	309997	150978	74493
黑龙江	600654	46954	553700	144756	99834
江苏	1280809	76377	1204432	526047	30702
浙江	2340324	26227	2314097	761945	26726
安徽	2806165	39379	2766786	1307112	29019
福建	2032431	140269	1892162	360390	39585
江西	5254747	157742	5097005	1799479	100336
山东	1603598	12177	1591421	449354	7647
河南	3067237	81616	2985621	1191212	127281
湖北	1190683	49796	1140887	264642	110660
湖南	4227729	385252	3842477	619279	331796
广东	567517	19315	548202	144797	14174
广西	1146187	93273	1052914	495171	67661
海南	323249	46899	276350	213734	736
重庆	1370371	42509	1327862	587451	43941
四川	2638405	435188	2203217	329863	114179
贵州	5410646	845381	4565265	332071	109486
云南	3043260	116225	2927035	563224	336295
西藏	308405	64022	244383	163239	95752
陕西	1785453	16284	1769169	477407	139795
甘肃	1419980	70779	1349201	424789	322683
青海	337144	84066	253078	176039	128660
宁夏	190054	6891	183163	45290	34362
新疆	1709742	79499	1630243	415146	331488

定资产投资资金来源分省数据 **表 11**

计量单位：万元

本年资金来源					各项应付款
国内贷款	债券	利用外资	自筹资金	其他资金	
2239594	**4066593**	**290351**	**11699171**	**9435777**	**7562679**
3109859	**5032448**	**393495**	**13598463**	**10559427**	**7606741**
137229	462714	34310	556946	292470	439193
6232	80396	26000	243232	62584	176237
19128	146969	8385	229297	88639	179556
610	142669		56048	14582	31815
	119036		30997	8986	21638
89	238346		100432	70077	49738
82026	38156		236570	321633	274453
67466	115278	11000	938067	420341	101300
85044	154694		856479	363457	526319
166851	120583		841425	402913	214061
520711	124604	156725	1137068	1358418	414177
54291	153790		614069	319917	345533
223716	228955		712040	629698	329106
99272	73733		392747	310493	406793
218632	270316	98882	1922033	713335	113710
1198	151247	12902	46959	191099	216695
142288	30856		307950	76649	150753
			37131	25485	13615
310908	163198		232155	34150	84532
280225	233146		415441	944542	324922
225711	243948	5360	1895765	1862410	1169476
301769	401764	10562	572947	1076769	1089921
	7126		8306	65712	22528
39170	47570	22989	803115	378918	365918
36920	341755		238553	307184	333821
	54611		8273	14155	10122
17314	96126		15338	9095	53339
73059	790862	6380	149080	195716	147470

2021年建制镇市政公用设施水平分省数据见表12。

2021年村镇建设分省数据

【2021年建制镇市政公用设施水平分省数据】

2021年建制镇市政公

地区名称	人口密度（人/平方公里）	人均日生活用水量（升）	供水普及率（%）	燃气普及率（%）	人均道路面积（平方米）	排水管道暗渠密度（公里/平方公里）
上年	**4249**	**107.00**	**89.08**	**56.94**	**15.79**	**7.20**
全国	**4254**	**106.79**	**90.27**	**58.93**	**16.44**	**7.54**
北京	4572	131.43	89.50	62.51	12.87	7.62
天津	3541	93.96	94.11	85.92	14.25	5.73
河北	3911	88.40	93.42	76.16	12.18	4.66
山西	3845	80.43	85.26	32.90	14.47	6.38
内蒙古	2235	86.11	79.84	28.49	17.69	2.75
辽宁	3148	123.05	78.19	30.32	16.82	4.34
吉林	2611	100.47	92.02	49.90	16.91	3.98
黑龙江	2919	85.14	86.86	17.71	17.26	4.06
上海	5984	125.28	91.34	79.02	8.51	4.96
江苏	5180	104.11	98.75	94.84	20.10	11.45
浙江	4707	116.92	91.30	58.61	16.88	9.72
安徽	4067	101.08	85.59	50.84	19.92	8.43
福建	4728	116.22	93.38	70.26	16.91	8.13
江西	3987	103.01	83.05	44.93	17.33	8.12
山东	4000	85.36	93.97	73.33	16.62	7.56
河南	4381	126.60	85.61	34.35	17.77	7.03
湖北	3791	103.23	89.23	48.71	19.31	8.33
湖南	4306	106.58	82.32	43.06	13.68	6.82
广东	4642	140.91	94.59	84.98	15.87	8.74
广西	5183	110.73	88.07	75.30	19.12	9.14
海南	4302	96.07	85.34	78.35	16.97	8.04
重庆	5468	90.58	95.54	75.40	8.98	9.85
四川	4746	97.01	89.75	70.10	13.75	7.94
贵州	3756	100.63	89.62	13.52	20.15	7.88
云南	4865	101.51	94.63	12.70	16.43	8.86
西藏	4262	998.84	55.51	30.89	19.76	4.62
陕西	4242	84.55	90.35	29.63	16.51	7.29
甘肃	3633	77.17	90.71	14.07	17.37	5.62
青海	3839	89.15	91.14	32.72	16.13	4.79
宁夏	3073	90.39	94.52	51.35	16.70	6.65
新疆	3051	97.65	90.02	26.94	32.11	5.33
新疆生产建设兵团	2959	111.54	97.73	55.48	16.15	3.84

用设施水平分省数据 **表 12**

污水处理率（%）	污水处理厂集中处理率	人均公园绿地面积（平方米）	绿化覆盖率（%）	绿地率（%）	生活垃圾处理率（%）	无害化处理率
60.98	**52.14**	**2.72**	**16.88**	**10.81**	**89.18**	**69.55**
61.95	**52.68**	**2.69**	**16.98**	**10.88**	**91.12**	**75.84**
65.59	54.39	2.55	25.78	17.60	89.37	84.49
74.23	70.80	2.25	15.23	9.09	90.79	85.17
66.94	44.85	1.31	14.95	8.94	99.65	99.17
31.48	22.78	1.67	16.72	8.82	56.86	15.90
31.17	29.09	3.06	13.34	8.46	45.23	36.03
33.46	27.93	1.11	13.87	7.52	71.60	38.44
49.71	48.18	2.44	11.46	6.90	99.06	91.81
29.50	22.99	1.49	9.18	6.67	54.68	46.69
70.48	65.26	3.05	17.78	11.48	89.88	80.17
86.53	81.47	6.95	30.37	24.79	99.52	96.66
75.51	64.07	2.68	18.72	12.57	92.10	80.86
58.36	49.88	1.88	18.30	10.21	98.18	96.69
78.23	59.81	5.02	22.48	16.42	99.11	97.54
41.17	29.38	2.06	13.57	9.23	88.28	53.05
71.27	54.79	4.78	24.46	15.91	99.22	96.22
26.94	19.96	1.76	17.27	6.77	78.14	45.51
74.29	59.03	1.53	15.34	8.27	97.45	90.01
44.47	31.91	2.19	20.68	13.53	88.35	51.93
65.97	61.94	3.05	13.92	9.28	98.62	92.93
59.67	47.64	2.78	16.20	10.18	97.39	59.96
17.66	12.46	0.22	17.59	12.06	98.94	70.81
85.14	77.68	0.72	12.16	7.16	95.42	73.99
71.27	62.87	1.00	7.86	5.62	96.61	84.13
48.80	39.97	1.28	13.10	7.55	88.12	51.83
26.49	20.68	0.64	8.78	5.70	85.47	44.38
2.34	1.86	0.13	7.15	2.82	91.15	39.38
45.28	39.84	1.42	8.59	5.83	71.57	33.88
27.59	21.62	1.04	12.55	7.44	64.56	49.79
17.23	13.35	0.29	11.78	8.08	74.46	39.29
74.33	66.25	2.37	14.43	8.94	98.33	83.51
32.35	21.06	3.82	17.72	14.08	89.46	58.30
76.15	68.95	1.55	14.26	10.27	97.46	71.45

【2021 年建制镇基本情况分省数据】2021 年建　制镇基本情况分省数据见表 13。

2021 年建制镇基

地区名称	建制镇个数（个）	建成区面积（公顷）	建成区户籍人口（万人）	建成区常住人口（万人）
上年	**18822**	**4338502.52**	**16596.22**	**18433.28**
全国	**19072**	**4335769.80**	**16592.92**	**18445.82**
北京	115	31015.86	74.61	141.81
天津	113	45160.16	119.26	159.90
河北	1049	168430.62	613.65	658.81
山西	522	80201.49	280.75	308.34
内蒙古	436	110994.4	231.85	248.12
辽宁	612	94781.33	284.41	298.33
吉林	390	78845.33	225.32	205.85
黑龙江	486	88667.26	278.87	258.82
上海	101	138806.81	350.35	830.58
江苏	663	272018.84	1227.00	1408.98
浙江	568	215058.02	696.63	1012.33
安徽	905	255922.52	1017.64	1040.95
福建	554	146724.08	627.57	693.75
江西	724	149455.20	586.09	595.84
山东	1057	390223.78	1448.75	1560.70
河南	1065	289942.02	1273.53	1270.17
湖北	698	230024.17	857.55	871.95
湖南	1068	252886.50	1108.15	1089.05
广东	995	348532.28	1254.83	1617.99
广西	702	99790.66	553.09	517.24
海南	156	26710.31	101.66	114.92
重庆	590	79312.26	418.40	433.68
四川	1843	235730.64	1011.41	1118.84
贵州	768	143570.20	561.44	539.22
云南	591	78791.87	371.28	383.30
西藏	74	2801.72	8.76	11.94
陕西	920	124027.31	527.20	526.09
甘肃	795	69122.97	244.66	251.11
青海	107	11087.57	42.05	42.57
宁夏	75	20900.36	51.67	64.23
新疆	301	43835.16	118.36	133.73
新疆生产建设兵团	29	12398.10	26.10	36.69

本情况分省数据 **表 13**

规划建设管理					
设有村镇建设管理机构的个数（个）	村镇建设管理人员（人）	专职人员	有总体规划的建制镇个数（个）	本年编制	本年规划编制投入（万元）
17413	**90505**	**57075**	**16833**	**1039**	**383162.44**
17599	**94059**	**58021**	**16809**	**978**	**400519.47**
108	1403	679	95	1	7441.47
112	664	395	72	6	1479.03
917	2824	1748	786	49	2192.80
389	863	416	370	7	3890.12
396	1459	981	394	16	878.10
607	1563	1019	526	19	1442.41
380	1116	719	274	14	1619.60
468	1059	642	390	32	227.50
101	1154	735	85	6	3508.36
660	9459	4982	648	46	20392.70
548	5362	3357	539	42	21889.15
835	4047	2641	849	64	22723.95
519	2161	1383	517	11	19986.59
698	2746	1762	700	49	11293.58
1057	7535	4922	1003	69	15998.47
1042	7061	4590	910	42	20753.61
681	4557	2940	658	30	13923.73
987	5658	3369	980	66	24164.10
951	9116	5334	900	56	18171.26
699	4562	2900	675	19	78035.63
150	651	478	151		12150.03
589	2591	1854	559	54	2151.80
1506	5249	3442	1419	61	47625.15
760	2328	1562	717	87	9503.00
581	2714	1659	559	17	12203.94
14	47	9	47	6	131.00
804	2378	1335	813	61	12157.81
614	2281	1276	700	30	11270.98
83	128	75	100	5	271.00
68	279	119	68	5	2342.00
250	861	580	281	6	400.60
25	183	118	24	2	300.00

【2021 年建制镇建设投资分省数据】 2021 年建　　制镇建设投资分省数据见表 14。

2021 年建制镇建

地区名称	合计	房屋				
		小计	房地产开发	住宅	公共建筑	生产性建筑
上年	**96782066**	**76306857**	**33023322**	**50237848**	**11261295**	**14807714**
全国	**93424018**	**74933752**	**32881494**	**46610770**	**9482293**	**18840689**
北京	816173	773079	536422	607943	151575	13561
天津	2300202	1878212	1618833	1670988	95687	111537
河北	1268903	762560	154326	522827	118779	120954
山西	582487	393060	133982	312351	49114	31595
内蒙古	171066	90234	20248	41130	35972	13132
辽宁	362845	230387	117959	172847	8295	49244
吉林	1054418	796883	653841	644461	92805	59617
黑龙江	142435	47923	5682	10825	18867	18231
上海	8411038	7536676	4416686	5428466	1107685	1000525
江苏	12335087	10216282	3186086	5109741	938418	4168123
浙江	15191224	13055975	6436582	7687351	1229038	4139586
安徽	4221975	2992547	892850	2009481	357395	625671
福建	2690961	2119266	1028722	1451699	322090	345478
江西	1843021	1267807	431579	716335	193326	358146
山东	7926446	6308908	1853062	3388717	831498	2088693
河南	2673892	2069188	675655	1376938	327396	364855
湖北	2078128	1340969	294781	770573	305738	264658
湖南	2443478	1609455	334202	1130404	279122	199929
广东	12417416	10853604	6500270	6472460	1136450	3244693
广西	1498205	1135843	219963	737828	152259	245755
海南	437886	211914	69885	177301	28361	6251
重庆	785894	462552	181039	297324	56129	109099
四川	3484478	2332340	629884	1542718	381366	408256
贵州	2380855	1918794	942593	1552782	169787	196225
云南	1232211	977473	324231	741528	146827	89119
西藏	206487	187782	31200	173986	11656	2140
陕西	1231310	680022	151048	435217	154358	90447
甘肃	1099570	882582	547708	660946	121885	99751
青海	278010	245305	159156	197419	36005	11881
宁夏	239941	181756	119368	151392	19770	10595
新疆	1299612	1178541	135580	328786	586627	263128
新疆生产建设兵团	318366	195833	78073	88006	18013	89815

设投资分省数据 **表 14**

计量单位：万元

市政公用投资										
小计	供水	燃气	集中供热	道路桥梁	排水		园林绿化	环境卫生		其他
						污水处理			垃圾处理	
20475209	**1704760**	**889131**	**576376**	**6681606**	**5090016**	**3740511**	**1771294**	**2259535**	**1219604**	**1502491**
18490265	**1481840**	**790064**	**619882**	**6065761**	**4150646**	**2999740**	**1642173**	**2143578**	**1143410**	**1596322**
43093	1461	4901	4160	8706	3270	1683	5454	9103	3529	6039
421990	12119	2019	38165	134227	31907	15165	31139	12893	3135	159522
506343	20305	36561	70547	158815	51966	38811	129526	34411	19942	4212
189427	9586	10646	69688	22282	47841	37922	8689	17389	6075	3307
80832	9306	224	17019	19281	7377	6243	10384	12351	6257	4890
132459	15622	1235	43141	21380	25940	17888	3885	15836	10329	5419
257535	17350	3918	45197	61290	76307	63358	14089	15160	8152	24223
94512	1487	544	24626	11959	31614	25135	3068	10219	5812	10995
874362	15069	23786	85	351930	114387	73416	52039	131919	51955	185147
2118805	146092	126319	12980	811785	389943	258057	242184	254157	118180	135344
2135249	138641	59225	937	880206	413191	277820	226535	251618	105385	164896
1229428	92596	41521	530	458588	296378	195390	124028	142783	75839	73005
571695	66357	19764	395	179691	138702	108492	48781	91443	60628	26563
575214	57382	8470	733	181936	153432	101210	55382	58723	30247	59155
1617539	111142	139363	137023	421363	299739	214782	180076	204867	101495	123966
604703	54134	47387	13796	188929	102213	67085	81195	85128	40409	31921
737159	63839	20727	935	239429	217062	175393	58164	67632	41527	69372
834022	102035	27344	561	165173	346288	280562	45418	87475	50276	59728
1563812	147883	44694		501230	461186	348908	92629	205959	114771	110230
362362	33507	5853	11	149274	98812	68740	25104	37738	29384	12063
225973	17124	2946		55594	69684	64815	3598	73424	68519	3601
323342	48180	9882	10	97608	94578	73496	21000	35894	20060	16191
1152138	120337	92217	0.5	375529	325049	252082	65359	93561	58143	80086
462061	49280	14627	15	179238	130794	109966	13313	45493	30351	29301
254738	42497	2214	10	64327	64533	41020	12994	35001	22410	33161
18704	2543	0	430	5384	3552	3026	2688	3008	2947	1099
551288	39739	22508	51072	147418	89823	44367	58751	55604	27486	86373
216988	21311	2557	56163	59254	22615	12638	10899	25012	17501	19178
32705	771	2710	407	14392	5735	273	1403	1924	1032	5363
58185	3123	4070	4363	20037	7362	5099	5800	12266	2783	1163
121071	13906	10491	20950	41525	15942	7503	5556	11184	8493	1517
122533	7120	1341	5935	37979	13423	9397	3040	4403	359	49292

【2021年乡市政公用设施水平分省数据】2021 年乡市政公用设施水平分省数据见表15。

2021年乡市政公用

地区名称	人口密度（人/平方公里）	人均日生活用水量（升）	供水普及率（%）	燃气普及率（%）	人均道路面积（平方米）	排水管道暗渠密度（公里/平方公里）
上年	**3718**	**97.02**	**83.85**	**30.85**	**21.41**	**7.18**
全国	**3649**	**98.71**	**84.16**	**33.63**	**22.97**	**7.53**
北京	3505	194.98	92.83	60.45	23.86	7.53
天津	798	89.84	80.25	71.41	18.52	2.28
河北	3163	88.76	84.31	65.47	16.03	3.89
山西	3209	79.85	75.90	20.20	18.75	4.47
内蒙古	1929	84.00	70.51	20.65	26.40	3.15
辽宁	3383	107.32	53.35	15.34	25.61	3.70
吉林	2616	88.95	88.59	32.84	24.00	4.36
黑龙江	2276	82.99	89.51	8.57	23.64	3.48
上海	2367	105.75	100.00	23.20	40.71	14.30
江苏	5281	92.81	99.19	96.71	25.56	16.84
浙江	3272	120.92	87.02	50.41	29.43	14.31
安徽	3659	92.67	91.55	44.82	23.98	10.38
福建	4688	110.13	92.98	65.00	21.55	11.08
江西	4296	105.81	82.31	42.21	21.05	10.00
山东	3532	88.66	95.07	63.36	22.40	8.91
河南	4260	102.59	84.18	29.43	21.73	6.25
湖北	3451	109.00	85.39	47.93	23.25	7.81
湖南	3357	110.43	75.98	31.82	22.05	6.64
广东	3007	89.35	80.44	55.26	19.71	8.61
广西	5672	105.60	90.91	63.05	24.21	9.09
海南	2614	82.02	90.89	85.05	30.29	6.30
重庆	4658	88.85	90.43	43.68	18.53	12.50
四川	4293	99.05	86.49	28.53	19.07	7.95
贵州	3715	107.92	85.17	12.12	31.41	10.85
云南	4500	98.43	94.54	10.05	20.97	9.42
西藏	4409	105.35	39.68	13.44	43.18	12.89
陕西	3001	102.01	80.07	21.73	27.76	7.66
甘肃	3352	75.23	92.77	8.50	19.60	26.50
青海	4129	92.06	65.65	2.26	19.33	5.15
宁夏	3163	94.81	94.77	14.76	29.67	7.52
新疆	3099	91.91	89.27	11.56	33.66	4.48

设施水平分省数据 **表 15**

污水处理率（%）	污水处理厂集中处理率	人均公园绿地面积（平方米）	绿化覆盖率（%）	绿地率（%）	生活垃圾处理率（%）	无害化处理率
21.67	**13.43**	**1.76**	**15.04**	**8.49**	**78.60**	**48.46**
26.97	**17.02**	**1.69**	**15.16**	**8.63**	**81.78**	**56.60**
21.61	20.67	4.25	31.79	23.11	99.00	98.30
54.26	21.04	2.31	6.74	2.68	24.37	
44.23	21.79	1.35	13.45	8.66	99.26	97.92
12.24	6.87	1.12	22.03	8.71	58.01	17.55
6.88	6.10	1.40	11.90	7.63	36.16	19.88
6.37	5.86	0.47	15.64	7.71	51.19	30.73
4.51	4.14	1.57	11.70	8.64	97.93	90.84
2.47	0.91	0.63	7.70	5.06	49.94	45.23
67.79	67.79	1.12	26.27	22.03	100.00	100.00
79.57	67.02	6.37	31.05	24.45	99.95	97.48
49.07	18.60	2.38	12.83	7.38	91.66	62.19
52.29	42.55	2.98	19.62	11.78	97.99	92.71
82.31	60.91	6.53	24.28	15.77	96.52	96.07
27.55	16.84	1.31	13.04	8.35	86.92	49.51
48.47	31.16	2.45	22.82	13.03	99.99	97.33
14.27	9.90	1.53	17.47	7.22	78.12	45.83
74.79	42.84	1.50	11.48	6.06	97.55	89.21
10.42	4.75	2.07	18.56	10.78	82.02	49.82
71.88	45.97	2.94	22.12	11.63	76.33	57.55
11.06	8.85	3.95	16.14	11.40	97.35	57.25
39.61	25.11	0.44	20.34	14.06	99.67	94.53
79.92	62.66	0.48	12.72	7.59	92.07	61.70
31.09	26.48	1.09	9.37	6.06	84.72	60.43
31.28	23.08	1.10	12.08	6.94	81.26	43.96
29.43	13.14	0.66	8.52	5.34	82.44	45.20
0.62	0.43	0.07	9.26	5.21	73.78	17.78
30.53	20.18	0.05	5.68	4.34	90.14	19.53
22.99	20.71	0.56	13.36	8.64	57.35	45.65
3.69	3.24	0.00	8.41	5.21	64.97	26.12
45.53	34.87	1.35	12.84	8.45	94.42	50.56
8.47	3.18	1.41	18.94	13.39	66.39	39.82

【2021 年乡基本情况分省数据】2021 年乡基本情况分省数据见表 16。

2021 年乡基本

地区名称	乡个数 （个）	建成区面积 （公顷）	建成区户籍人口 （万人）	建成区常住人口 （万人）
上年	**8876**	**616993.10**	**2371.60**	**2294.02**
全国	**8190**	**587827.48**	**2196.10**	**2144.91**
北京	14	501.50	2.26	1.76
天津	3	1084.25	0.75	0.86
河北	660	52800.78	178.69	166.99
山西	549	36418.65	107.73	116.89
内蒙古	262	21927.64	44.68	42.31
辽宁	188	11108.60	37.54	37.58
吉林	163	12558.97	33.95	32.85
黑龙江	318	25544.05	70.50	58.13
上海	2	136.38	0.24	0.32
江苏	27	4360.56	23.30	23.03
浙江	238	14149.39	54.16	46.30
安徽	233	26413.10	100.05	96.64
福建	240	15493.90	80.95	72.64
江西	536	42079.16	189.95	180.77
山东	56	7269.02	26.75	25.67
河南	574	90024.56	389.49	383.53
湖北	153	26396.10	78.70	91.09
湖南	378	40536.42	133.00	136.09
广东	12	1022.00	3.66	3.07
广西	306	12348.40	78.40	70.03
海南	21	891.45	2.11	2.33
重庆	162	5597.49	28.44	26.07
四川	622	15508.79	66.02	66.58
贵州	299	24532.99	96.68	91.13
云南	537	32006.36	136.24	144.01
西藏	524	7765.72	32.11	34.24
陕西	18	1088.47	3.78	3.27
甘肃	329	12450.67	43.65	41.73
青海	223	6504.20	27.88	26.86
宁夏	87	5324.93	18.45	16.84
新疆	456	33982.98	105.97	105.30

情况分省数据 **表 16**

规划建设管理					
设有村镇建设管理机构的个数（个）	村镇建设管理人员（人）	专职人员	有总体规划的乡个数（个）	本年编制	本年规划编制投入（万元）
6692	**19509**	**12364**	**6491**	**367**	**70751.74**
6460	**18651**	**11723**	**6181**	**331**	**87036.51**
14	68	32	13		4617.40
3	19	10			
533	1195	740	407	27	1055.43
378	834	542	259	6	4475.50
210	459	299	200	6	321.00
186	304	271	155	5	310.00
157	313	232	91	5	263.64
305	535	321	230	17	114.20
2	27	17	2		
27	152	122	26	3	395.00
193	536	342	207	12	1347.00
199	641	393	199	15	5626.91
213	466	310	226	12	6305.50
513	1465	901	513	35	7560.58
55	186	133	50	6	679.00
560	2841	1866	462	13	9639.01
150	652	415	134	3	9125.60
322	1206	715	304	12	7829.76
10	49	15	12		278.00
302	950	625	288	4	1655.00
21	41	28	21		441.30
161	418	307	152	10	382.20
277	640	379	250	11	1123.51
293	615	367	275	32	1449.36
511	1754	1057	492	27	12158.01
107	486	210	280	41	459.80
12	23	14	12	1	1330.00
217	626	353	266	6	3026.70
127	145	87	159	11	149.50
80	154	92	76	5	984.60
322	851	528	420	6	3933.00

【2021 年乡建设投资分省数据】2021 年乡建设　投资分省数据见表 17。

2021 年乡建设

地区名称	合计	房屋				
		小计	房地产开发	住宅	公共建筑	生产性建筑
上年	**7799565**	**6091686**	**583408**	**3637473**	**1675251**	**778961**
全国	**5960264**	**4452435**	**443246**	**2848267**	**904857**	**699311**
北京	17783	1535	10	1535		
天津	124					
河北	265640	222773	3601	170841	28408	23525
山西	125982	89459	13143	60177	16559	12723
内蒙古	42135	29044		4194	14962	9888
辽宁	59046	24073		3265	611	20197
吉林	69466	35499	6500	10528	20267	4704
黑龙江	48182	35005	91	4142	1950	28913
上海	1539	353				353
江苏	134207	105175	11100	79126	3967	22082
浙江	230712	139495	35650	83422	37980	18093
安徽	407254	310016	108560	154817	69926	85273
福建	250998	124763	22020	78153	28035	18575
江西	548272	386824	60340	263302	80119	43404
山东	353618	334812	9128	292084	18084	24644
河南	918793	747297	56540	492598	164676	90023
湖北	277288	191851	59095	119000	52753	20097
湖南	256584	180120	10207	125540	36803	17777
广东	40204	34923	4800	7353	1970	25600
广西	169852	135154	2961	72382	19771	43000
海南	4880	327	116	187	140	
重庆	31322	15606	750	12083	2964	559
四川	142023	107197	17934	72084	25878	9236
贵州	228563	152073	3606	81592	33879	36602
云南	515464	404447	8892	266965	68938	68544
西藏	98346	76903	609	32894	40207	3803
陕西	15885	13075	876	10777	2006	292
甘肃	84550	51732	78	27126	15150	9457
青海	84987	32955		15800	15340	1815
宁夏	39554	24717	602	10090	8524	6103
新疆	497015	445233	6039	296214	94990	54029

投资分省数据 **表 17**

计量单位：万元

市政公用投资										
小计	供水	燃气	集中供热	道路桥梁	排水		园林绿化	环境卫生		其他
						污水处理			垃圾处理	
1707879	**211354**	**42854**	**34807**	**546896**	**375867**	**272921**	**146160**	**228868**	**128337**	**121073**
1507829	**200818**	**31857**	**24893**	**486645**	**312494**	**226035**	**127080**	**211907**	**120310**	**112134**
16249	65	10	114	13615	136	40	158	1551	510	600
124		120						4	4	
42867	4670	7432	1873	8959	6208	2633	3036	6359	3038	4329
36523	4040	3098	5971	5675	4964	1951	4164	6513	2883	2100
13091	2462	61	833	3057	2000	1408	1335	2358	1407	986
34973	30392	5	625	1339	670	47	246	1541	863	156
33966	1513	171	1192	3719	23040	22155	950	2944	1917	437
13177	480		406	5284	1584	622	593	3681	2353	1150
1186				804	151	151	11	200	180	20
29032	1796	1150		4625	6167	4397	3431	5223	2384	6641
91217	16452	229	0	22088	11301	8002	13642	13187	5447	14318
97238	10535	2669		32072	24450	16581	6552	12725	6887	8236
126235	8942	176		68271	23154	19432	7280	14684	10206	3728
161448	14656	761	48	53003	38238	25646	14867	24544	14493	15330
18807	4408	1189	1358	6673	1094	384	1111	2348	858	626
171496	19596	9146	3564	48495	21901	12119	29582	29826	14169	9387
85437	10751	1115		37240	14122	11601	6357	8871	6165	6982
76464	9764	985	26	17693	27984	22917	3826	10426	6022	5760
5281	648			1124	2852	2822	189	438	358	30
34698	3571	203	5	11756	5582	2452	5986	5208	3710	2388
4552	4172			130	2	1	27	221	31	
15716	2366	202		2924	4138	3542	1849	2918	1344	1320
34826	2765	2001		7855	12611	10406	2867	5275	4214	1452
76490	9724	184	102	24511	26314	18046	1848	7600	5014	6206
111016	17701	127		31046	32088	26651	6404	15662	11036	7990
21442	2396	1	1355	9159	2090	1387	497	3965	3529	1980
2810	123	52	15	524	602	457	180	645	331	669
32817	2837	106	621	13788	6711	2609	1949	5207	3585	1599
52032	1339	231	4340	35833	1560		1254	3349	2607	4126
14837	1056	101	630	5773	3637	2183	908	2116	646	615
51782	11599	333	1816	9612	7146	5396	5983	12318	4122	2975

【2021年镇乡级特殊区域市政公用设施水平分省数据】2021年镇乡级特殊区域市政公用设施水平分省数据见表18。

2021年镇乡级特殊区域市政

地区名称	人口密度（人/平方公里）	人均日生活用水量（升）	供水普及率（%）	燃气普及率（%）	人均道路面积（平方米）	排水管道暗渠密度（公里/平方公里）
上年	**3115**	**120.70**	**92.39**	**66.28**	**20.70**	**6.61**
全国	**2428**	**116.99**	**90.99**	**65.42**	**24.62**	**5.98**
北京	3750	199.25	100.00	36.36	7.52	4.85
河北	2821	92.96	90.17	76.38	23.66	6.50
山西	2833	105.45	95.18	31.27	76.98	3.36
内蒙古	2055	84.48	77.17	4.26	56.77	3.81
辽宁	2018	84.43	33.30	63.52	20.49	1.47
吉林	4141	82.80	99.13	26.92	23.67	7.21
黑龙江	442	83.24	76.18	16.98	79.74	1.64
上海	2198	72.96	64.94		5.78	2.06
江苏	4480	92.98	97.75	82.68	17.14	10.54
浙江	1346	82.88	100.00	84.03	67.23	8.37
安徽	6903	98.34	78.40	56.18	17.00	18.16
福建	5838	117.49	76.23	74.88	20.47	10.83
江西	2982	103.77	96.26	70.62	19.71	7.07
山东	1749	81.35	99.81	69.36	22.36	6.29
河南	4591	62.30	98.18	77.15	22.42	16.67
湖北	2738	104.33	92.39	57.28	32.39	9.88
湖南	4786	105.01	63.06	26.18	21.88	15.12
广东	2759	109.40	53.73	40.26	23.05	6.58
广西	1044	100.99	100.00	85.21	30.37	3.49
海南	5585	145.42	90.95	90.57	13.67	10.73
云南	4723	116.43	92.68	12.86	28.97	9.59
甘肃	3970	125.48	100.00		61.45	9.24
宁夏	3637	99.17	96.97	58.34	20.56	6.75
新疆	2436	94.89	94.48	44.88	49.44	27.02
新疆生产建设兵团	2289	126.06	98.39	71.47	23.71	4.98

公用设施水平分省数据 **表 18**

污水处理率（%）		人均公园绿地面积（平方米）	绿化覆盖率（%）	绿地率（%）	生活垃圾处理率（%）	
	污水处理厂集中处理率					无害化处理率
63.14	**50.40**	**3.86**	**20.23**	**14.51**	**84.35**	**47.48**
61.99	**56.08**	**4.01**	**16.33**	**11.92**	**91.60**	**55.95**
			96.98	96.98	100.00	100.00
73.53	41.90	2.55	12.71	6.58	100.00	92.45
			16.89	6.82	11.10	9.57
		0.03	16.15	8.80	30.46	22.65
19.01	19.01	2.98	6.08	4.83	86.16	78.59
		1.58	11.05	4.17	100.00	93.45
		6.39	15.07	5.22	3.63	3.63
			28.68	28.57	98.70	98.70
78.08	60.64	9.76	24.26	19.52	99.36	55.98
26.32	1.32		10.41	5.88	78.26	
8.90	8.90	2.68	26.84	12.62	99.70	98.29
75.62	57.98	2.59	23.03	19.32	99.84	72.84
36.61	21.49	2.23	9.50	6.75	91.28	48.08
28.26	25.16	6.61	17.23	13.68	100.00	100.00
15.29	10.59	1.82	9.00	2.08	65.47	43.58
83.05	54.55	4.79	24.65	15.25	98.88	95.11
3.34	0.05	9.73	18.40	14.15	63.01	21.83
12.29	12.29	0.26	10.55	5.06	98.48	51.27
94.67	94.67		23.73	10.19	100.00	92.14
84.91	84.91	0.53	9.63	4.41	100.00	26.69
2.41		0.64	8.47	6.08	58.88	24.02
100.00	100.00		33.33	29.55	100.00	100.00
32.17	19.83	1.59	17.38	13.32	84.45	67.64
83.85	83.32	1.20	18.54	9.45	82.19	43.34
71.65	67.88	4.95	16.50	13.07	94.79	50.91

【2021年镇乡级特殊区域基本情况分省数据】 2021年镇乡级特殊区域基本情况分省数据见表19。

2021年镇乡级特殊

地区名称	镇乡级特殊区域个数（个）	建成区面积（公顷）	建成区户籍人口（万人）	建成区常住人口（万人）
上年	**447**	**72181.38**	**177.20**	**224.87**
全国	**427**	**80671.94**	**159.06**	**195.88**
北京	1	132.00	0.35	0.50
河北	19	1549.59	4.40	4.37
山西	4	89.40	0.26	0.25
内蒙古	30	1958.70	3.78	4.03
辽宁	23	4671.24	8.54	9.43
吉林	6	166.30	0.75	0.69
黑龙江	39	3858.72	3.21	1.71
上海	1	1447.00	0.75	3.18
江苏	8	967.57	3.93	4.33
浙江	1	442.03	1.43	0.60
安徽	13	765.95	4.75	5.29
福建	8	756.00	2.58	4.41
江西	26	2099.97	8.60	6.26
山东	5	2769.00	5.44	4.84
河南	2	120.00	0.35	0.55
湖北	25	2965.85	8.57	8.12
湖南	16	437.98	1.55	2.10
广东	11	985.94	3.07	2.72
广西	3	1148.63	0.73	1.20
海南	6	1764.73	2.28	9.86
云南	16	606.70	2.87	2.87
甘肃	1	6.60	0.03	0.03
宁夏	15	1159.90	4.74	4.22
新疆	39	2236.14	5.31	5.45
新疆生产建设兵团	109	47566.00	80.78	108.90

区域基本情况分省数据 **表 19**

规划建设管理					
设有村镇建设管理机构的个数（个）	村镇建设管理人员（人）		有总体规划的镇乡级特殊区域个数（个）		本年规划编制投入（万元）
		专职人员		本年编制	
350	**2475**	**1276**	**301**	**12**	**5334.08**
327	**2414**	**1359**	**287**	**11**	**5492.60**
1	6		1		
16	38	32	13		
3	3	2			
26	99	78	21	1	11.00
21	41	30	15		2.00
4	6	6	2		
17	24	13	5		
1			1		
4	19	7	7		
			1.00		
9	178	106	8		
6	12	7	8		58.20
24	128	56	22	1	71.00
5	18	16	4		17.00
2	7	5	2		
23	163	79	21	2	202.00
10	16	9	7	1	26.50
8	25	10	6		27.00
3	133	49	1		
4	7	2	3		210.00
12	84	73	6		60.00
1	2	2	1		
14	59	43	11		540.00
23	37	21	27		10.00
90	1309	713	94	6	4257.90

【2021年镇乡级特殊区域建设投资分省数据】 2021年镇乡级特殊区域建设投资分省数据见表20。

2021年镇乡级特殊区

地区名称	合计	房屋				
		小计	房地产开发	住宅	公共建筑	生产性建筑
上年	**2133018**	**1732419**	**1121444**	**920698**	**464334**	**347387**
全国	**1434948**	**1199253**	**755847**	**808908**	**203844**	**186501**
北京	719					
河北	2386	806		806		
山西	24	23		23		
内蒙古	2044	1270	180	450	20	800
辽宁	7844	5918		418	2700	2800
吉林	19					
黑龙江	802	23			23	
上海	13874	7296	7296	7296		
江苏	6851	4694			2000	2694
浙江	500	450			450	
安徽	14825	14349		2822	227	11300
福建	52443	49405	41050	38405		11000
江西	23978	18456		12265	4856	1335
山东	75962	57690	19745	19630	4367	33693
河南	992	992				992
湖北	15636	4200		1145	2027	1028
湖南	5183	4446		1928	1678	840
广东	2750	1095		758	337	
广西	617	169	30	36	96	36
海南	62213	55728	5544	6401	1406	47922
云南	10610	7536		2131	235	5170
甘肃	91					
宁夏	2635	1813		1200	613	
新疆	9706	7046	2770	7046		
新疆生产建设兵团	1122244	955849	679232	706149	182809	66891

域建设投资分省数据 **表 20**

计量单位：万元

市政公用投资										
小计	供水	燃气	集中供热	道路桥梁	排水	污水处理	园林绿化	环境卫生	垃圾处理	其他
400599	**26069**	**7750**	**55105**	**137494**	**61273**	**43947**	**58155**	**30417**	**16212**	**24336**
235694	**16970**	**7960**	**36480**	**46566**	**52153**	**37157**	**22571**	**26856**	**14349**	**26138**
719	110						513	96	36	
1580	44	249	330	178	151	14	206	383	138	39
1								1	1	
774	14		30	557	12		50	107	62	3
1926	30	120	71	531	247	215	115	494	338	318
19					16		1	2		
779	5				583		19	172		
6578	168	3290		620	400		2000	100	60	
2157	92	28		500	786	300	132	397	202	222
50				20	30					
476	66	35		70	30		160	115	30	
3038	87	20		1415	558	419	272	593	246	93
5522	633			2096	461	237	1016	932	282	385
18272	353	133	111	11545	617	304	2908	1892	953	713
11437	541	660		2998	4140	1496	746	1502	381	850
737	109	3		148	42	17	191	187	87	57
1655	19			179	279	248	345	604	185	230
449	21			162			28	151	113	87
6485				227	6058	6058	50	150	110	
3074	229			407	1620	1620	97	562	405	158
91				6			40	25	25	20
822	77			198	315	312	55	121	52	56
2661	565		964	335	283	243	123	391	336	
166395	13807	3422	34973	24375	35526	25674	13504	17880	10308	22908

【2021年村庄人口及面积分省数据】 2021年村庄人口及面积分省数据见表21。

2021年村庄人口

地区名称	村庄建设用地面积（公顷）	行政村个数（个）
上年	**12731429.17**	**492995**
全国	**12491133.23**	**481339**
北京	86638.75	3461
天津	61565.41	2924
河北	859071.07	44529
山西	333309.12	19684
内蒙古	264560.34	11043
辽宁	473762.01	10572
吉林	337917.23	9168
黑龙江	440443.81	8941
上海	63400.86	1514
江苏	659211.47	13586
浙江	304418.14	16339
安徽	598909.67	14360
福建	271833.72	13287
江西	454130.35	16733
山东	1034255.99	58654
河南	997055.43	41759
湖北	460758.74	20961
湖南	680369.93	23260
广东	641480.47	17940
广西	482216.25	14205
海南	105167.36	2728
重庆	202154.79	8243
四川	750183.11	26473
贵州	364388.75	13625
云南	490995.99	13257
西藏	39948.44	5413
陕西	352209.99	15949
甘肃	316365.95	15870
青海	54362.48	4139
宁夏	67935.78	2236
新疆	211400.37	8781
新疆生产建设兵团	30711.46	1705

及面积分省数据 **表 21**

自然村个数（个）	村庄户籍人口（万人）	村庄常住人口（万人）
2362908	**77671.33**	**67529.59**
2360875	**77224.95**	**64626.47**
4564	324.70	469.98
2947	235.14	225.34
67059	4683.19	4132.21
43186	1912.99	1605.32
45874	1334.93	1001.03
49366	1686.51	1504.42
39372	1314.52	1037.45
34632	1639.37	1213.45
18754	306.92	448.42
123480	3433.30	3318.85
74270	2066.52	2135.09
192165	4428.75	3563.71
63542	1962.30	1635.25
155440	3070.84	2541.90
86975	5306.12	4827.48
183730	6708.98	5712.49
107726	3300.39	2674.85
122447	4325.10	3394.03
146989	4676.05	3766.88
169122	3981.73	2846.24
18645	573.50	513.54
57522	1892.65	1169.91
126001	5715.67	4233.05
72656	2763.00	2158.76
129366	3410.74	3137.82
19957	245.82	234.43
68164	2136.51	1831.87
85512	1868.69	1582.69
11492	362.25	346.01
12675	372.55	281.36
25395	1093.76	1022.97
1850	91.45	59.67

【2021年村庄建设投资分省数据】2021年村庄建设投资分省数据见表22。

2021年村庄建

地区名称	合计	房屋				
		小计	房地产开发	住宅	公共建筑	生产性建筑
上年	**115034156**	**79133431**	**12240545**	**56696884**	**8559286**	**13877262**
全国	**102553936**	**68987822**	**9678695**	**51419827**	**7140055**	**10427939**
北京	1432150	853461	211429	789340	62831	1290
天津	352576	170446	600	50097	112258	8091
河北	3213236	1692749	128928	1282773	137241	272734
山西	2089966	1635606	81803	1394707	140164	100735
内蒙古	421394	244987	12979	121097	13713	110177
辽宁	988383	672869	35162	488155	19939	164775
吉林	859607	330002	12585	114594	42818	172591
黑龙江	549831	340825	17147	291282	5368	44175
上海	709636	171367	6659	99051	31106	41210
江苏	6177081	4018310	445824	2474715	393545	1150050
浙江	6190978	4203176	1000403	2679479	402530	1121167
安徽	3879871	2485534	230989	1834641	339000	311893
福建	4177807	3222641	1138570	2413137	322397	487107
江西	3791775	2718094	66045	2151775	334907	231412
山东	10735372	5928383	1347628	4252175	566747	1109461
河南	7386995	5960507	409377	4990810	468061	501636
湖北	3535690	2257990	214700	1629779	304449	323761
湖南	5475111	3492789	258661	2558963	516411	417415
广东	11495884	8249539	2493286	6166919	599232	1483388
广西	3444606	2330076	122165	1953633	190686	185757
海南	678334	441246	51744	384414	32638	24194
重庆	1606305	987193	68109	804392	71439	111363
四川	6017739	4261304	315026	3323424	284191	653690
贵州	3179054	2159087	194378	1723419	189907	245760
云南	5736639	4684199	538498	3846508	394206	443484
西藏	1110601	779872	1715	138675	613447	27750
陕西	2316981	1214140	22823	849813	205292	159035
甘肃	1638078	1074799	111755	835171	96268	143360
青海	331549	241172	2769	197426	14156	29591
宁夏	500509	300350	6291	194287	15701	90362
新疆	2218690	1709832	112922	1334306	181907	193620
新疆生产建设兵团	311508	155278	17727	50871	37501	66906

设投资分省数据 **表 22**

计量单位：万元

市政公用投资										
小计	供水	燃气	集中供热	道路桥梁	排水	污水处理	园林绿化	环境卫生	垃圾处理	其他
35900725	**4022320**	**1806222**	**355332**	**15560876**	**5439444**	**3524426**	**2050536**	**4803526**	**2776661**	**1862469**
33566114	**3888091**	**3347422**	**393713**	**12665211**	**5463394**	**3669025**	**1720109**	**3694124**	**1960279**	**2394050**
578689	42606	9083	112197	53887	117918	78836	63017	177286	108970	2695
182131	22397	11157	9394	41588	59985	28636	6489	29345	11655	1776
1520487	68543	245405	35922	685983	87439	52606	42032	125000	72985	230164
454359	44043	57845	81956	132464	28002	13706	30523	68170	26311	11357
176407	21328	7870	7623	64581	17457	8558	7236	27046	14468	23266
315514	31195	1271	6123	175072	26456	18187	11178	55527	33588	8693
529605	146043	511	972	221141	34324	9277	20266	83463	43377	22886
209006	15168	1204	988	109442	18283	10424	9042	39539	24076	15342
538269	13346	9668	0	103111	243578	184018	35071	63200	20700	70294
2158771	151166	63388	750	640417	575172	407571	212455	348481	164297	166941
1987803	261758	39859	3637	679936	344172	233309	168697	272599	135263	217145
1394337	177918	25844	0	619789	209404	120800	97379	201248	111265	62755
955165	90025	13008	45	354534	234911	167144	65572	141320	92085	55751
1073680	123468	6303	555	463413	149528	66910	72523	147648	77051	110243
4806989	290099	2346333	79799	841164	439195	287158	204841	411219	207168	194339
1426488	140643	168650	8304	536386	189994	115780	120532	198381	101675	63599
1277700	151130	29597	336	534626	184790	96558	109959	145186	80014	122078
1982322	188255	16322	605	1366909	148830	67467	50063	135118	80377	76220
3246345	849119	22341	8410	674609	1298757	1140865	101751	230918	128234	60438
1114531	138672	3691	11	702675	110545	51532	16633	88970	62750	53334
237088	39675	5381	5667	78682	58264	20098	9539	28702	11397	11179
619112	64333	31607	27	349190	63742	44757	21366	55009	30605	33837
1756435	169962	101411	0	984991	237050	140323	46086	143025	87503	73910
1019967	136481	21726	589	591257	133773	68419	20028	67881	43348	48233
1052440	188479	3490	1569	470227	142055	87662	45434	107502	62941	93684
330729	15210	320	203	284993	16205	7174	7969	2978	1688	2851
1102842	134317	49331	3639	288804	86041	38219	42767	84761	38036	413181
563280	61237	10533	6922	258877	47583	13798	26511	66787	39036	84829
90376	6082	3668	458	50776	11215	4518	3767	9938	5828	4473
200159	12366	607	2711	71233	30642	19345	21183	41485	12602	19932
508857	77000	34937	12954	185664	95139	55271	22552	63324	23934	17288
156229	16031	5063	1347	48790	22946	10099	7648	33069	7054	21336

2021 年建筑业发展统计分析

2021 年全国建筑业基本情况

2021 年是党和国家历史上具有里程碑意义的一年。在以习近平同志为核心的党中央坚强领导下，我国建筑业弘扬伟大建党精神，全力以赴建设疫情防控设施，扎实推进保障性住房建设，积极参与城市更新行动，加快推动建筑产业转型升级，发展质量和效益不断提高，实现了“十四五”良好开局。全国建筑业企业（指具有资质等级的总承包和专业承包建筑业企业，不含劳务分包建筑业企业，下同）完成建筑业总产值 293079.31 亿元，同比增长 11.04%；完成竣工产值 134522.95 亿元，同比增长 10.12%；签订合同总额 656886.74 亿元，同比增长 10.29%，其中新签合同额 344558.10 亿元，同比增长 5.96%；房屋施工面积 157.55 亿平方米，同比增长 5.41%；房屋竣工面积 40.83 亿平方米，同比增长 6.11%；实现利润 8554 亿元，同比增长 1.26%。截至 2021 年年底，全国有施工活动的建筑业企业 128746 个，同比增长 10.31%；从业人数 5282.94 万人，同比下降 1.56%；按建筑业总产值计算的劳动生产率为 473191 元/人，同比增长 11.89%。

【建筑业增加值增速低于国内生产总值增速 但支柱产业地位依然稳固】经初步核算，2021 年全年国内生产总值 1143670 亿元，比上年增长 8.1%（按不变价格计算）。全年全社会建筑业实现增加值 80138 亿元，比上年增长 2.1%，增速低于国内生产总值 6 个百分点（参见图 6）。

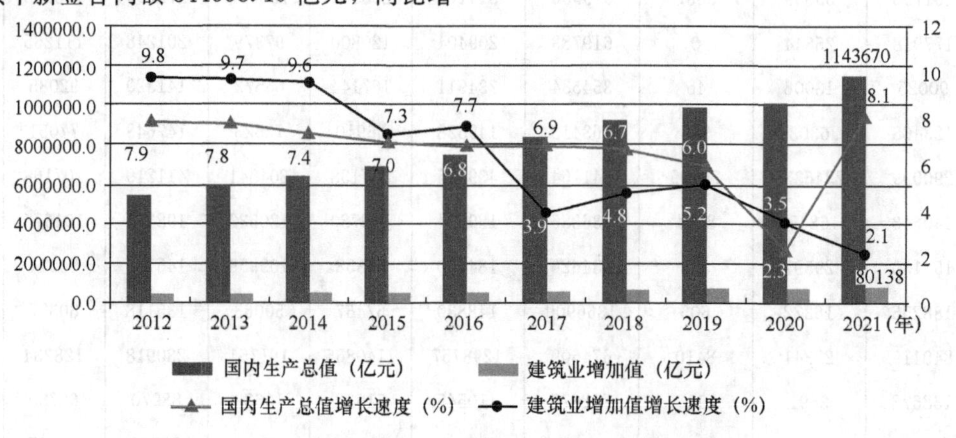

图 6　2012—2021 年国内生产总值、建筑业增加值及增速

自 2012 年以来，建筑业增加值占国内生产总值的比例始终保持在 6.85%以上。2021 年虽有所下降，仍然达到了 7.01%（参见图 7），建筑业国民经济支柱产业的地位稳固。

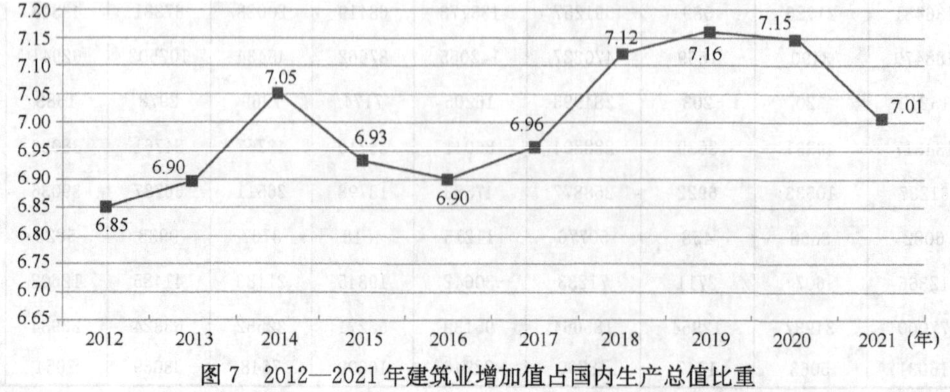

图 7　2012—2021 年建筑业增加值占国内生产总值比重

【建筑业总产值持续增长　增速连续两年上升】 近年来，随着我国建筑业企业生产和经营规模的不断扩大，建筑业总产值持续增长。2021 年达到 293079.31 亿元，比上年增长 11.04％。建筑业总产值增速比上年提高了 4.80 个百分点，连续两年上升（参见图 8）。

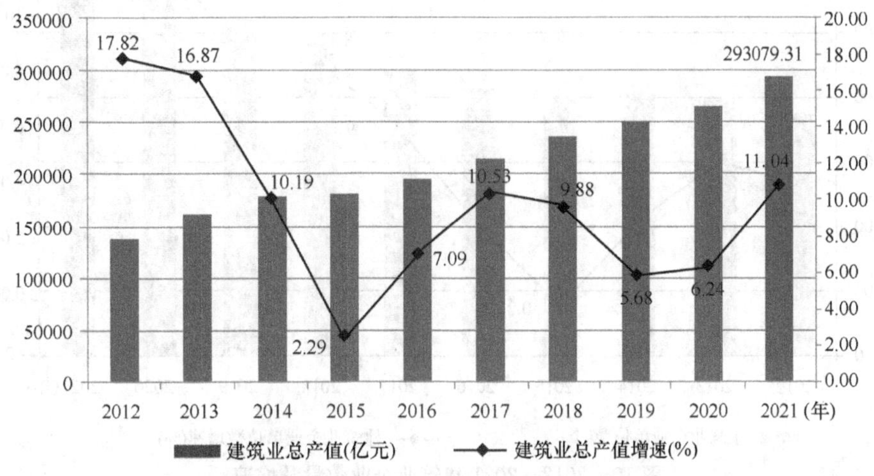

图 8　2012—2021 年全国建筑业总产值及增速

【建筑业从业人数减少但企业数量增加　劳动生产率再创新高】 2021 年，建筑业从业人数为 5282.94 万人，连续三年减少。2021 年比上年末减少 83.98 万人，减少 1.56％（参见图 9）。

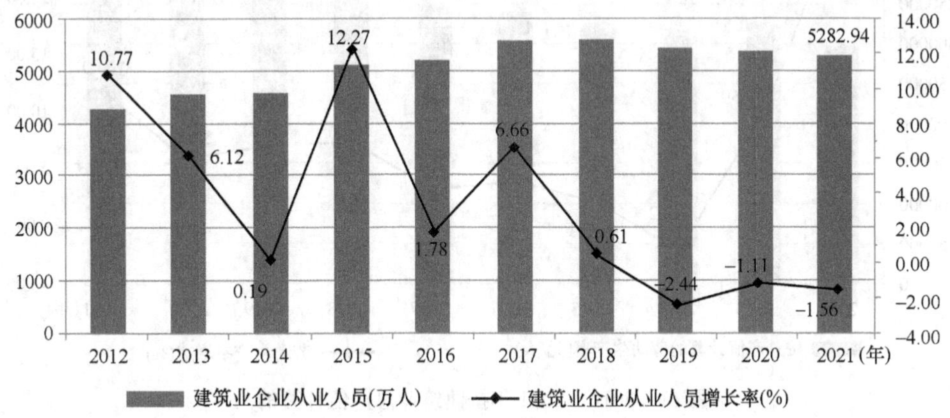

图 9　2012—2021 年建筑业从业人数增长情况

截至 2021 年底，全国共有建筑业企业 128746 个，比上年增加 12030 个，增速为 10.31％，比上年减少了 2.12 个百分点，增速在连续五年增加后出现下滑（参见图 10）。国有及国有控股建筑业企业 7826 个，比上年增加 636 个，占建筑业企业总数的 6.08％，比上年下降 0.08 个百分点。

2021 年，按建筑业总产值计算的劳动生产率再创新高，达到 473191 元/人，比上年增长 11.89％，增速比上年增长 6.07 个百分点（参见图 11）。

【建筑业企业利润总量增速继续放缓　行业产值利润率连续五年下降】 2021 年，全国建筑业企业实现利润 8554 亿元，比上年增加 106.26 亿元，增速为 1.26％，比上年降低 0.77 个百分点，增速连续五年放缓（参见图 12）。

建筑业产值利润率（利润总额与总产值之比）自 2014 年达到最高值 3.63％后，总体呈下降趋势。2021 年，建筑业产值利润率为 2.92％，跌破 3％，为近十年最低（参见图 13）。

【建筑业企业签订合同总额增速由降转升　新签合同额增速放缓】 2021 年，全国建筑业企业签订合同总额 656886.74 亿元，比上年增长 10.29％，增速在连续三年下降后出现回升，比上年增长了 1.02 个百分点。其中，本年新签合同额 344558.10 亿元，比上年增长了 5.96％，增速比上年下降 6.46 个百分点（参见图 14）。本年新签合同额占签订合同总额比例为 52.45％，比上年下降了 2.15 个百分点（参见图 15）。

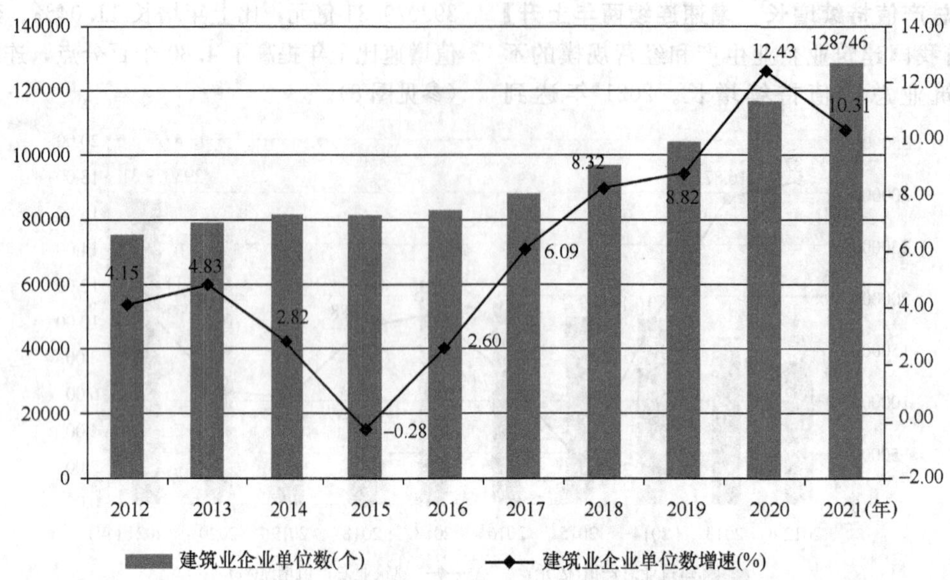

图 10 2012—2021 建筑业企业数量及增速

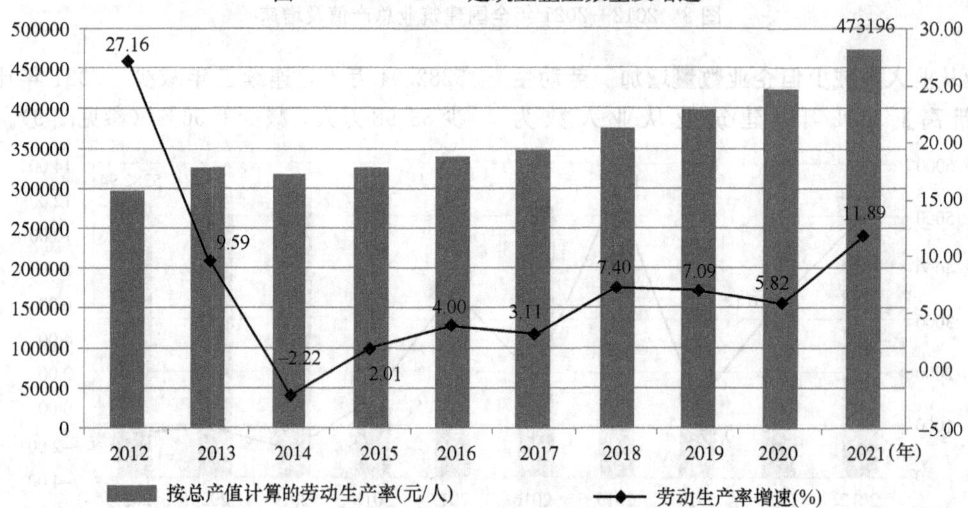

图 11 2012—2021 年按建筑业总产值计算的建筑业劳动生产率及增速

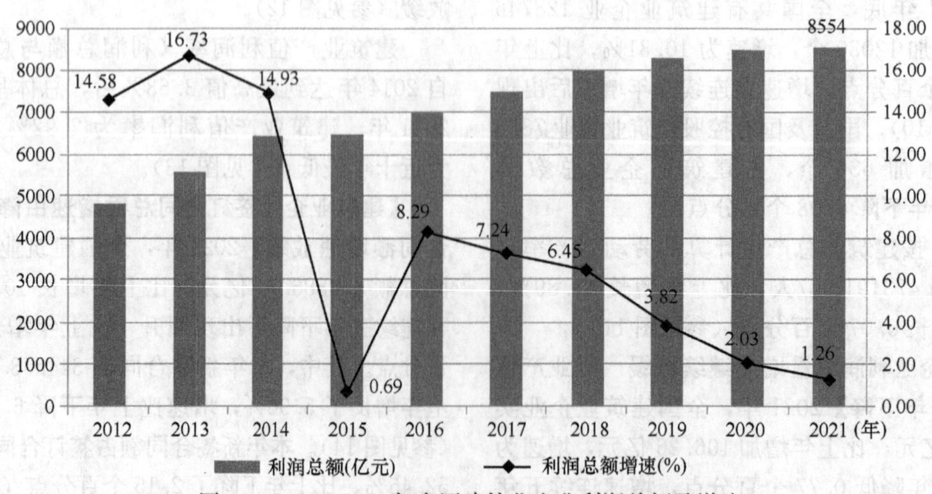

图 12 2012—2021 年全国建筑业企业利润总额及增速

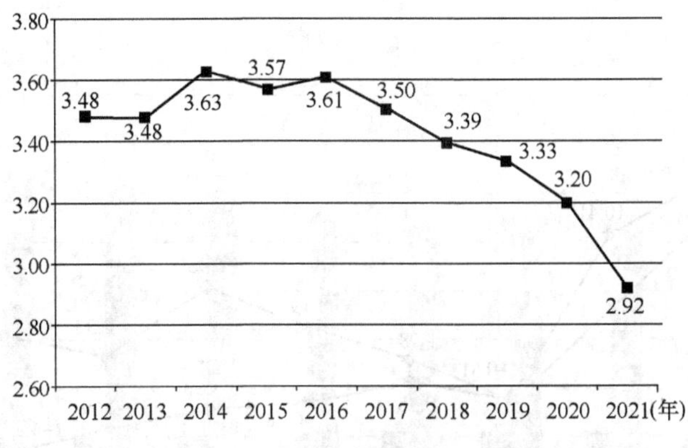

图 13　2012—2021 年建筑业产值利润率

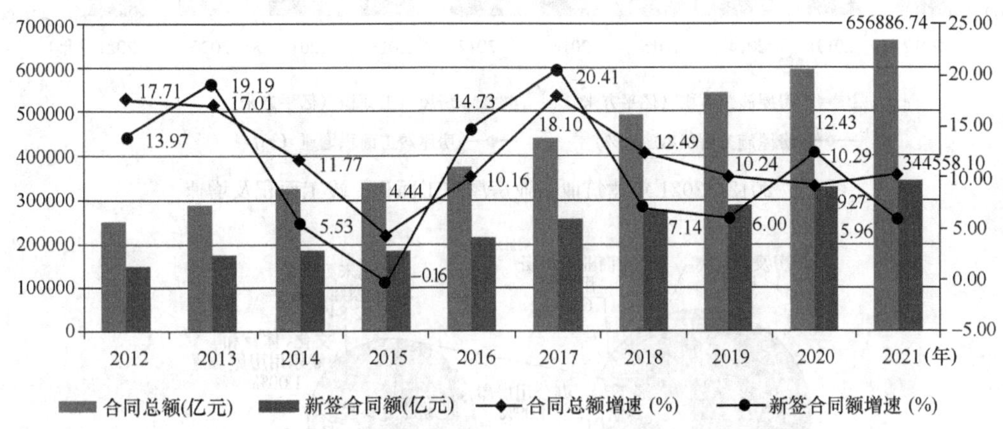

图 14　2012—2021 年全国建筑业企业签订合同总额、新签合同额及增速

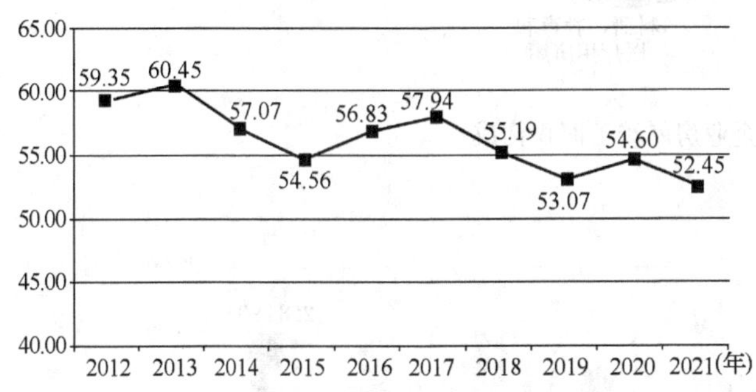

图 15　2012—2021 年全国建筑业企业新签合同额占合同总额比例（%）

【房屋施工面积增速保持增长　竣工面积止降为升　住宅竣工面积占房屋竣工面积近 2/3】2021 年，全国建筑业企业房屋施工面积 157.55 亿平方米，比上年增长 5.41%，增速比上年提高了 1.72 个百分点，连续两年保持增长。竣工面积 40.83 亿平方米，结束了连续四年的下降态势，比上年增长 6.11%（参见图 16）。

从全国建筑业企业房屋竣工面积构成情况看，住宅竣工面积占最大比重，为 66.26%；厂房及建筑物竣工面积占 13.81%；商业及服务用房竣工面积占 6.19%；其他各类房屋竣工面积占比均在 6% 以下（参见图 17）。

全年全国各类棚户区改造开工 165 万套，基本建成 205 万套；全国保障性租赁住房开工建设和筹集 94 万套。

【对外承包工程完成营业额继续下降　新签合同额出现增长】2021 年，我国对外承包工程业务完成营业额 1549.4 亿美元，比上年下降 0.64%。新签合同额 2584.9 亿美元，比上年增长 1.15%（参见图 18）。

2021 年，我国对外劳务合作派出各类劳务人员 32.3 万人，较上年同期增加 2.2 万人；其中承包工程项下派出 13.3 万人，劳务合作项下派出 19 万人。2021 年末在外各类劳务人员 59.2 万人。

美国《工程新闻记录》（简称“ENR”）杂志公布的 2021 年度全球最大 250 家国际承包商共实现海外市场营业收入 4203.2 亿美元，比上一年度减少了 11.1%。我国内地共有 78 家企业入选 2021 年度全球最大 250 家国际承包商榜单，比上一年度增加了 4 家。入选企业共实现海外市场营业收入 1074.6 亿美元，比上年度收入合计额减少 10.5%，降幅略低于

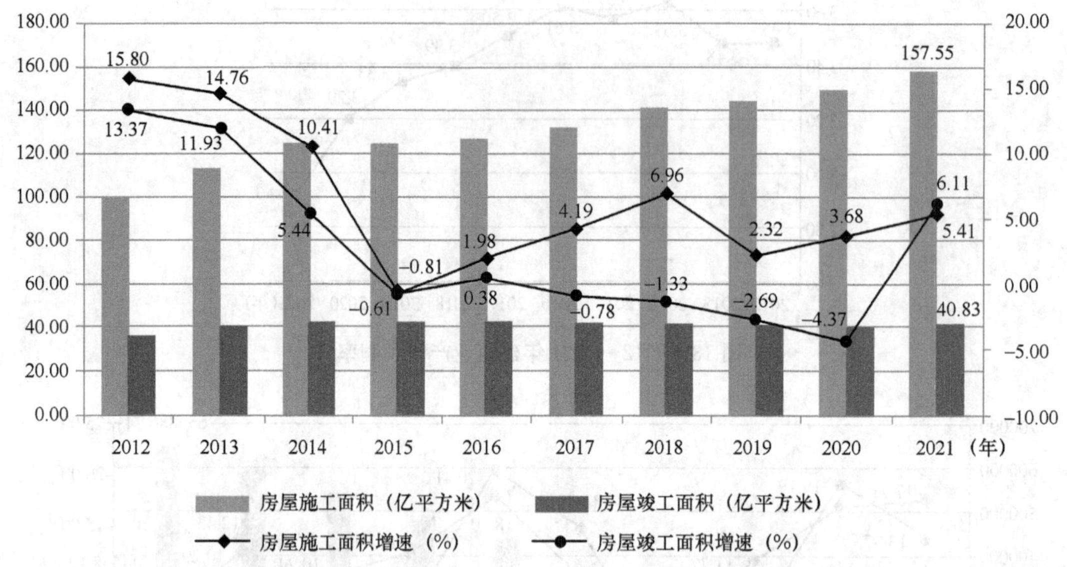

图 16 2012—2021 年建筑业企业房屋施工面积、竣工面积及增速

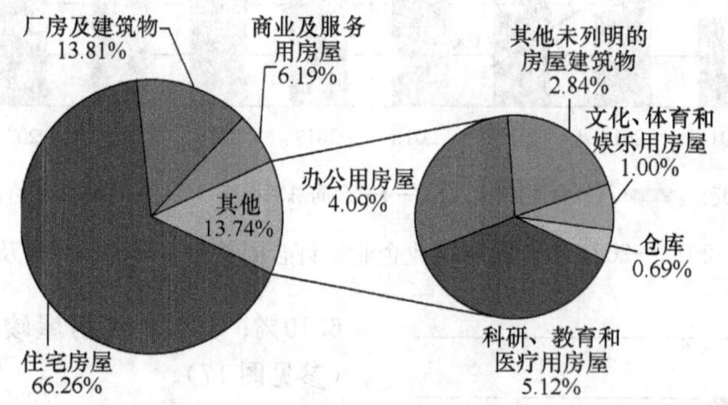

图 17 2021 年全国建筑业企业房屋竣工面积构成

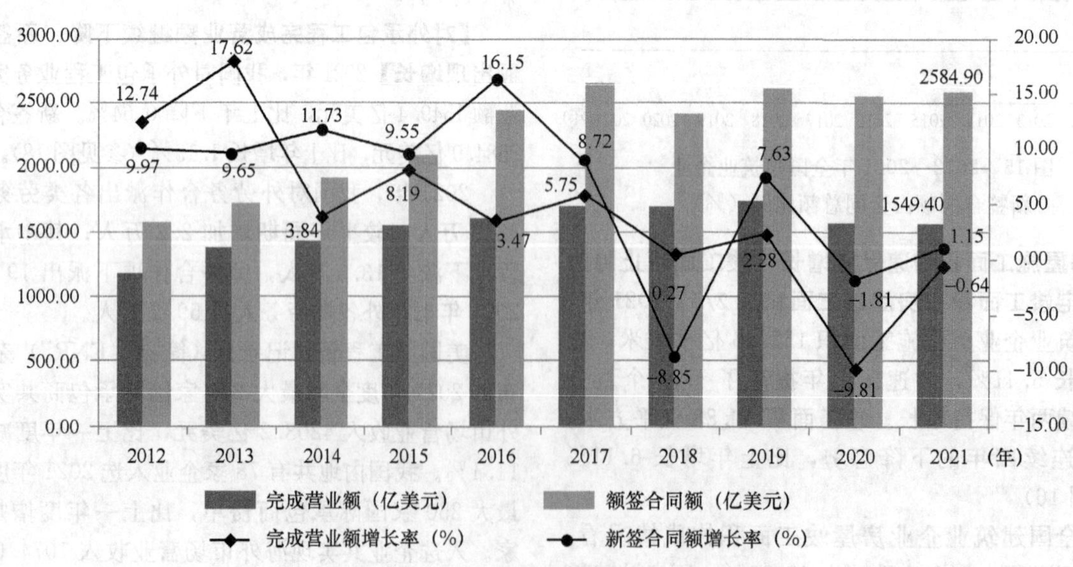

图 18 2012—2021 年我国对外承包工程业务情况

250强企业总体海外收入的缩减幅度，收入合计占250家国际承包商海外市场营业收入总额的25.6%，比上年微增0.2个百分点。

从进入榜单企业的排名分布来看，78家内地企业中，进入前10强的仍为3家，分别是中国交通建设集团有限公司排在第4位，中国电力建设集团有限公司排在第7位，中国建筑集团有限公司排在第9位。进入100强的有27家企业，比上年度增加2家。与上年度排名相比，位次上升的有39家，排名保持不变的有6家，新入榜企业6家。排名升幅最大的是前进109位，排名达到第51位的上海电气集团股份有限公司。新入榜企业中，排名最前的是排在第167位的西安西电国际工程有限责任公司（参见表23）。

2021年度ENR全球最大250家国际承包商中的中国内地企业 **表23**

序号	公司名称	排名		海外市场收入
		2021（年）	2020（年）	（百万美元）
1	中国交通建设集团有限公司	4	4	21348.4
2	中国电力建设集团有限公司	7	7	13007.9
3	中国建筑集团有限公司	9	8	10746.2
4	中国铁道建筑有限公司	11	12	8375.0
5	中国铁路工程集团有限公司	13	13	7419.9
6	中国化学工程集团有限公司	19	22	4221.8
7	中国能源建设集团有限公司	21	15	4177.4
8	中国石油工程建设（集团）公司	33	34	3340.5
9	中国机械工业集团公司	35	25	3113.0
10	上海电气集团股份有限公司	51	160	1731.9
11	中国冶金科工集团有限公司	53	41	1659.8
12	中国中原对外工程有限公司	55	63	1635.4
13	中国中材国际工程股份有限公司	60	54	1297.8
14	中信建设有限责任公司	63	62	1242.1
15	中国通用技术（集团）控股有限责任公司	67	73	1151.7
16	中国江西国际经济技术合作公司	72	81	1023.6
17	中国电力技术装备有限公司	73	111	1019.4
18	江西中煤建设集团有限公司	75	85	989.9
19	哈尔滨电气国际工程有限公司	78	95	942.6
20	北方国际合作股份有限公司	81	90	894.9
21	浙江省建设投资集团有限公司	84	82	871.6
22	中石化炼化工程（集团）股份有限公司	86	70	807.2
23	中国水利电力对外公司	89	97	772.8
24	山东高速集团有限公司	90	139	736.1
25	上海建工集团	93	101	692.5
26	青建集团股份公司	94	58	685.3
27	中国地质工程集团公司	100	96	588.3
28	中原石油工程有限公司	105	110	524.6
29	云南建工集团有限公司	106	106	516.8
30	江苏省建筑工程集团有限公司	107	99	515.1
31	江苏南通三建集团股份有限公司	108	122	507.3
32	北京城建集团	109	105	502.0
33	特变电工股份有限公司	111	93	489.3

续表

序号	公司名称	排名		海外市场收入（百万美元）
		2021（年）	2020（年）	
34	新疆兵团建设工程（集团）有限责任公司	113	168	476.3
35	北京建工集团有限责任公司	117	117	457.4
36	烟建集团有限公司	119	146	450.0
37	中国河南国际合作集团有限公司	121	107	444.8
38	东方电气股份有限公司	123	123	427.9
39	中国江苏国际经济技术合作公司	124	120	427.0
40	安徽省外经建设（集团）有限公司	127	126	410.2
41	中国武夷实业股份有限公司	129	138	408.1
42	江西水利水电建设有限公司	132	143	388.7
43	中鼎国际工程有限责任公司	135	144	365.3
44	中地海外集团有限公司	143	136	331.7
45	上海城建（集团）公司	147	185	321.3
46	中钢设备有限公司	148	145	314.0
47	中国有色金属建设股份有限公司	155	133	244.3
48	中国航空技术国际工程有限公司	159	127	231.5
49	西安西电国际工程有限责任公司	167	**	211.7
50	沈阳远大铝业工程有限公司	171	154	197.3
51	中国成套设备进出口（集团）总公司	172	148	197.0
52	山西建设投资集团有限公司	173	186	194.1
53	安徽建工集团有限公司	174	178	191.7
54	山东德建集团有限公司	175	188	191.3
55	龙信建设集团有限公司	176	194	191.0
56	山东淄建集团有限公司	177	187	189.6
57	湖南建工集团有限公司	180	191	185.2
58	浙江省东阳第三建筑工程有限公司	184	198	167.9
59	河北建工集团有限责任公司	186	241	162.7
60	南通建工集团股份有限公司	189	205	161.6
61	浙江省交通工程建设集团有限公司	190	201	160.4
62	湖南路桥建设集团有限责任公司	192	221	156.3
63	江苏中南建筑产业集团有限责任公司	193	240	155.7
64	江西省建工集团有限责任公司	194	208	153.0
65	中国建材国际工程集团有限公司	197	140	143.0
66	天元建设集团有限公司	199	167	134.9
67	重庆对外建设（集团）有限公司	200	207	133.6
68	中国甘肃国际经济技术合作总公司	202	204	125.9
69	绿地大基建集团有限公司	207	**	112.3
70	正太集团有限公司	210	**	100.5
71	南通四建集团有限公司	211	232	100.5
72	四川公路桥梁建设集团有限公司	213	210	92.0
73	中国大连国际经济技术合作集团有限公司	217	**	84.7
74	山东科瑞石油装备有限公司	219	202	79.7
75	中铝国际工程股份有限公司	221	233	75.8
76	蚌埠市国际经济技术合作有限公司	228	**	70.1
77	江苏南通二建集团有限公司	232	**	61.7
78	江联重工集团股份有限公司	242	177	37.0

**表示未进入2020年度250强排行榜

2021年全国建筑业发展特点

【江苏建筑业总产值以绝对优势领跑全国　鄂、新增速较快】2021年，江苏建筑业总产值超过3.8万亿元，达到38244.49亿元，以绝对优势继续领跑全国。浙江建筑业总产值仍位居第二，为23010.97亿元，比上年增长9.90%，增幅高于江苏，相对缩小了与江苏的差距。两省建筑业总产值共占全国建筑业总产值的20.90%。

除苏、浙两省外，总产值超过1万亿元的还有广东、湖北、四川、山东、福建、河南、北京、湖南、安徽9个省市，上述11个地区完成的建筑业总产值占全国建筑业总产值的69.35%（参见图19）。

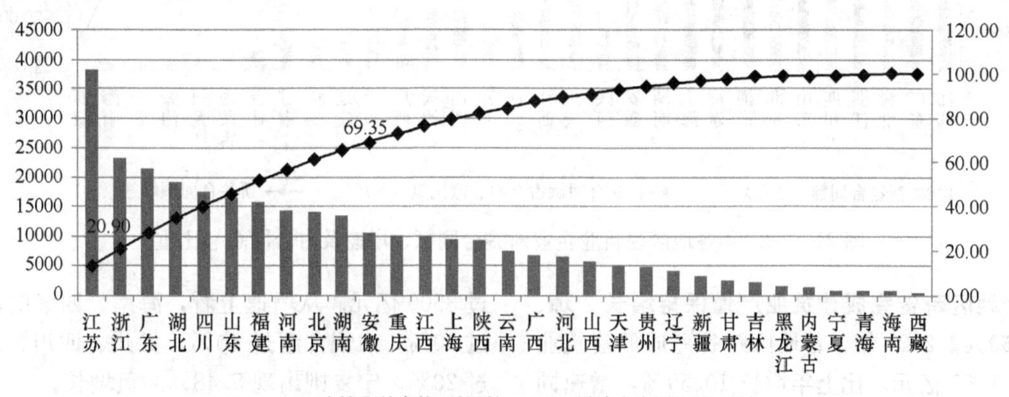

图19　2021年全国各地区建筑业总产值排序

从各地区建筑业总产值增长情况看，除西藏外，各地建筑业总产值均保持增长，25个地区的增速高于上年。湖北、新疆、广东、青海和广西分别以17.94%、16.03%、15.82%、14.66%和14.46%的增速位居前五位（参见图20）。

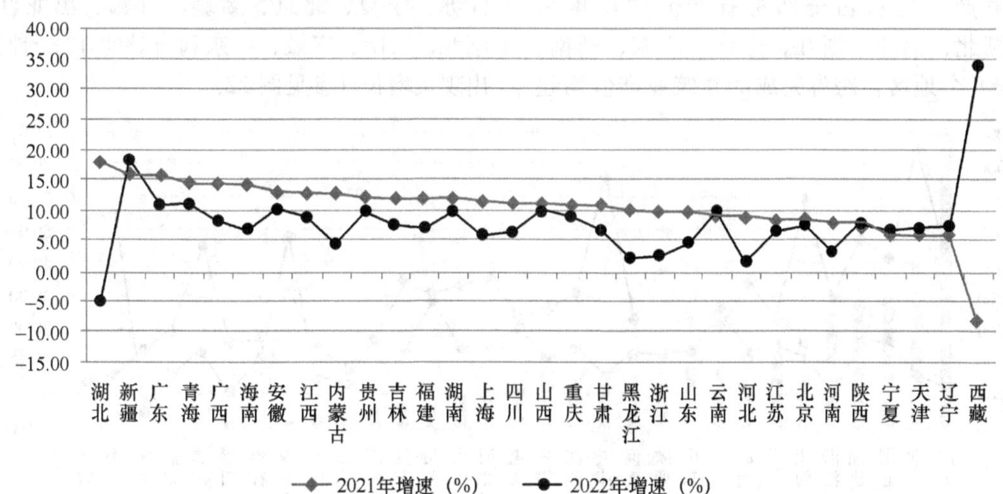

图20　2020—2021年各地区建筑业总产值增速

【江苏新签合同额以较大优势占据首位　8个地区出现负增长】2021年，全国建筑业企业新签合同额344558.10亿元，比上年增长5.96%，增速较上年下降了6.46个百分点。江苏建筑业企业新签合同额以较大优势占据首位，达到34608.65亿元，比上年增长了0.01%，占签订合同额总量的56.33%。新签合同额超过1万亿元的还有广东、湖北、浙江、四川、山东、北京、河南、福建、上海、湖南、安徽、陕西等12个地区。新签合同额增速超过10%的是青海、湖北、广东、天津、山东、安徽等6个地区，西藏、内蒙古、贵州、海南、吉林、辽宁、福建、浙江等8个地区新签合同额出现负增长（参见图21）。

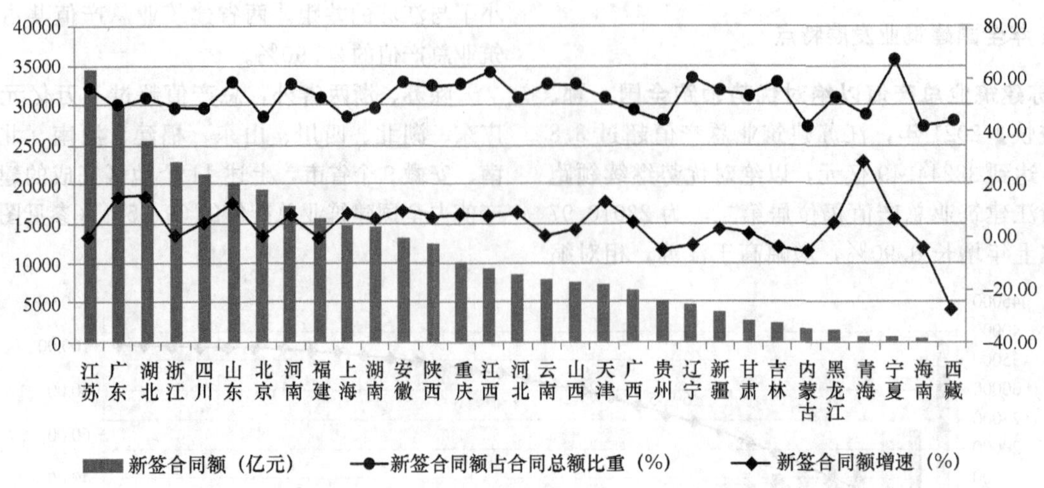

图 21　2021 年各地区建筑业企业新签合同额、增速及占合同总额比重

【30 个地区跨省完成建筑业产值保持增长　琼、藏增速超 50%】2021 年，各地区跨省完成的建筑业产值 100711.63 亿元，比上年增长 10.59%，增速同比减少 1.44 个百分点。跨省完成建筑业产值占全国建筑业总产值的 34.36%，比上年减少 0.14 个百分点。

跨省完成的建筑业产值排名前两位的仍然是江苏和北京，分别为 16959.22 亿元、10369.92 亿元。两地区跨省产值之和占全部跨省产值的比重为 27.14%。湖北、福建、浙江、上海、广东、湖南、四川和山东 8 个地区，跨省完成的建筑业产值均超过 3500 亿元。从增速上看，海南、西藏的增速均超过 50%，内蒙古超过 40%，贵州、四川、重庆均超过 20%。宁夏则出现 5.48% 的负增长。

从外向度（即本地区在外省完成的建筑业产值占本地区建筑业总产值的比例）来看，排在前三位的地区仍然是北京、天津、上海，分别为 74.14%、66.00% 和 59.62%。外向度超过 30% 的还有福建、青海、江苏、湖北、陕西、河北等 6 个地区。浙江、江苏、宁夏、北京、新疆、甘肃、黑龙江、青海、湖北、云南、安徽、广东和吉林等 13 个地区外向度出现负增长（参见图 22）。

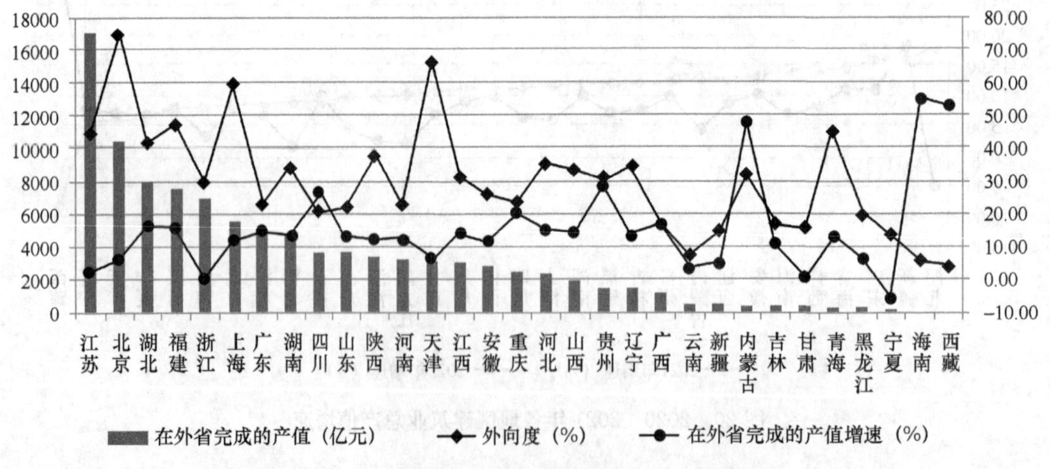

图 22　2021 年各地区跨省完成的建筑业总产值、增速及外向度

【24 个地区建筑业从业人数减少　各地区劳动生产率均有所提高】2021 年，全国建筑业从业人数超过百万人的地区共 15 个，与上年持平。江苏从业人数位居首位，达到 880.09 万人。浙江、福建、四川、广东、河南、湖南、山东、湖北、重庆等 9 个地区从业人数均超过 200 万人。

与上年相比，7 个地区的从业人数增加，其中，江苏增加人数超过 25 万人，湖北、广东增加人数超过 10 万人；24 个地区的从业人数减少，其中，四川减少 28.76 万人、云南减少 15.54 万人、陕西减少 13.32 万人、重庆减少 11.08 万人。吉林、北京、湖北从业人数增速排在前三位，分别为 7.83%、

7.65%和6.82%；西藏从业人数降幅超过25%，青海、黑龙江、内蒙古、天津、贵州、云南、海南等7个地区的从业人数降幅均超过10%（参见图23）。

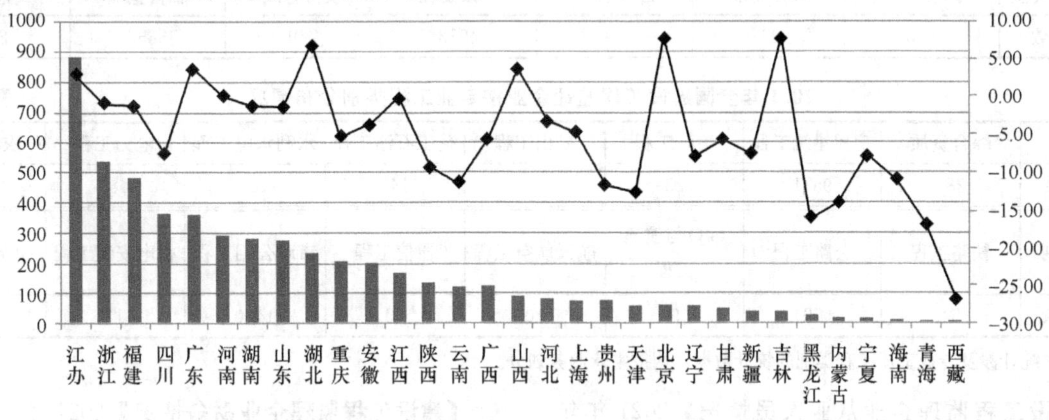

图23　2021年各地区建筑业从业人数及其增长情况

2021年，按建筑业总产值计算的劳动生产率排序前三位的是湖北、上海和青海。湖北为761375元/人，比上年增长1.24%；上海为760647元/人，比上年增长13.93%；青海为713397元/人，比上年增长36.80%。各地区劳动生产率均有所提高，增速超过30%的有青海、海南、天津、广西等4个地区，宁夏、云南、黑龙江、西藏、贵州、四川和辽宁等7个地区的增速也超过了20%（参见图24）。

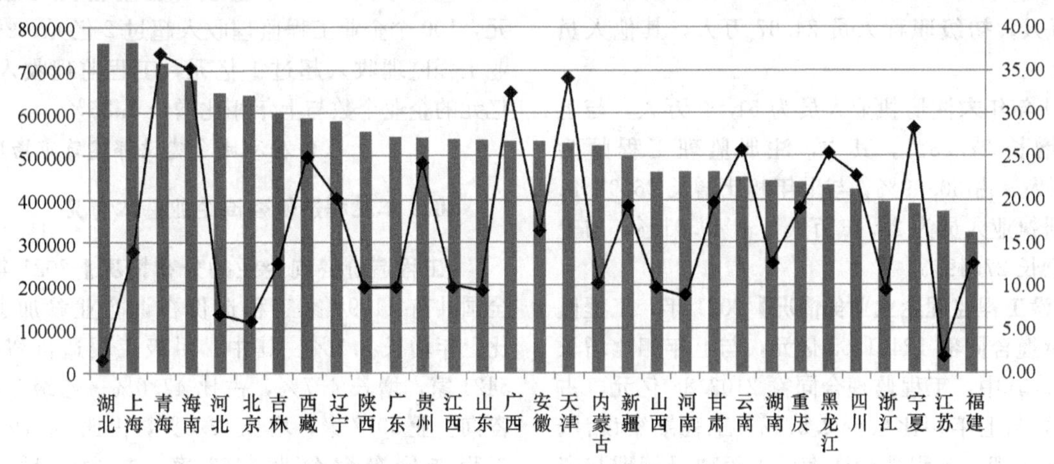

图24　2021年各地区建筑业劳动生产率及其增长情况

（中国建筑业协会　哈尔滨工业大学　赵峰　王要武　金　玲　李晓东）

2021年建设工程监理行业基本情况

【建设工程监理企业的分布情况】2021年，全国共有12407个建设工程监理企业参加了统计，与上年相比增长25.32%。其中，综合资质企业283个，增长15.04%；甲级资质企业4874个，增长20.76%；乙级资质企业5915个，增长30.23%；丙级资质企业1334个，增长24.21%；事务所资质企业1个，减少50%。具体分布见如表24～表26所示。

2021年全国建设工程监理企业按地区分布情况　**表24**

地区名称	北京	天津	河北	山西	内蒙古	辽宁	吉林	黑龙江	上海	江苏	浙江	安徽	福建	江西	山东	河南
企业个数	400	137	378	252	130	301	236	182	271	985	996	958	1147	333	664	454
地区名称	湖北	湖南	广东	广西	海南	重庆	四川	贵州	云南	西藏	陕西	甘肃	青海	宁夏	新疆	合计
企业个数	413	400	802	357	97	209	663	106	244	123	643	201	113	92	120	14207

2021年全国建设工程监理企业按工商登记类型分布情况 **表25**

工商登记类型	国有企业	集体企业	股份合作	有限责任	股份有限	私营企业	其他类型
企业个数	696	41	49	4913	769	5658	281

2021年全国建设工程监理企业按专业工程类别分布情况 **表26**

资质类别	综合资质	房屋建筑工程	冶炼工程	矿山工程	化工石油工程	水利水电工程	电力工程	农林工程
企业个数	283	9571	23	45	149	151	483	16
资质类别	铁路工程	公路工程	港口与航道工程	航天航空工程	通信工程	市政公用工程	机电安装工程	事务所资质
企业个数	54	79	9	10	60	1460	13	1

注：本统计涉及专业资质工程类别的统计数据，均按主营业务划分。

【建设工程监理企业从业人员情况】2021年年末，工程监理企业从业人员166.96万人，与上年相比增长19.8%。其中，正式聘用人员109.84万人，占65.79%；临时聘用人员57.12万人，占34.21%；工程监理从业人员为86.26万人，占51.67%。

2021年年末专业技术人员111.50万人，占年末从业人员总数的66.78%，与上年相比增长9.74%。其中，高级职称人员18.83万人，中级职称人员46.32万人，初级职称人员24.67万人，其他人员21.69万人。

2021年年末注册执业人员为51.00万人，与上年相比增长27.23%。其中，注册监理工程师为25.55万人，占50.09%，与上年相比增长26.97%；其他注册执业人员为25.46万人，占49.91%，与上年相比增长27.49%。

【建设工程监理企业业务情况】2021年，工程监理企业承揽合同额12491.65亿元，与上年相比增长25.52%。其中，工程监理合同额2103.88亿元，占16.84%，与上年相比减少2.87%；工程勘察设计、工程招标代理、工程造价咨询、工程项目管理与咨询服务、全过程工程咨询、工程施工及其他业务合同额10387.77亿元，占83.16%，与上年相比增长33.42%。

【建设工程监理企业财务情况】2021年，工程监理企业全年营业收入9472.83亿元，与上年相比增长31.97%。其中，工程监理收入1720.33亿元，占18.16%，与上年相比增长8.15%；工程勘察设计、工程招标代理、工程造价咨询、工程项目管理与咨询服务、全过程工程咨询、工程施工及其他业务收入7752.5亿元，占81.84%，与上年相比增长38.75%。其中，41个企业工程监理收入超过3亿元，100个企业工程监理收入超过2亿元，295个企业工程监理收入超过1亿元，工程监理收入超过1亿元的企业个数与上年相比增长9.26%。

（住房和城乡建设部建筑市场监管司）

2021年工程造价咨询企业基本情况

【工程造价咨询企业的分布情况】2021年年末，全国共有11398家工程造价咨询企业参加了统计，比上年增长8.7%。其中，甲级工程造价咨询企业5421家，增长4.7%，占比47.6%；乙级工程造价咨询企业5977家，增长12.6%，占比52.4%。专营工程造价咨询企业3167家，减少3.1%，占比27.8%；兼营工程造价咨询企业8231家，增长14.0%，占比72.2%。具体分布如表27、表28所示。

2021年全国工程造价咨询企业分布情况 **表27**

地区名称	北京	天津	河北	山西	内蒙古	辽宁	吉林	黑龙江	上海	江苏	浙江	安徽	福建	江西	山东	河南	湖北
企业个数	403	114	461	403	340	379	198	224	228	1049	810	766	327	291	871	455	402
地区名称	湖南	广东	广西	海南	重庆	四川	贵州	云南	西藏	陕西	甘肃	青海	宁夏	新疆	新疆兵团	行业归口	合计
企业个数	428	568	190	69	240	545	220	161	24	274	215	93	143	283	9	215	11398

2021年全国工程造价咨询企业工商登记注册类型情况 **表28**

合计	国有独资公司及国有控股公司	有限责任公司	合伙企业	合资经营企业和合作经营企业
11398	231	11093	62	12

【工程造价咨询企业从业人员情况】2021年年末，工程造价咨询企业共有从业人员868367人，比上年增长9.8%。其中，正式聘用人员803870人，增长9.6%，占比92.6%；临时工作人员64497人，增长12.8%，占比7.4%。

工程造价咨询企业共有专业技术人员504620人，比上年增长6.5%，占全部从业人员的58.1%。其中，高级职称人员131152人，增长10.0%，占比26.0%；中级职称人员246391人，增长4.7%，占比48.8%；初级职称人员127077人，增长6.6%，占比25.2%。

工程造价咨询企业共有注册造价工程师129734人，比上年增长16.0%，占全部从业人员的14.9%。其中，一级注册造价工程师108305人，增长6.9%，占比83.5%；二级注册造价工程师21429人，增长104.3%，占比16.5%。其他专业注册执业人员131727人，增长19.1%，占全部从业人员的15.2%。

【工程造价咨询企业业务情况】2021年，工程造价咨询企业营业收入为3056.68亿元，比上年增长18.9%。其中，工程造价咨询业务收入1143.02亿元，增长14.0%，占全部营业收入的37.4%；招标代理业务收入263.47亿元，减少7.8%，占比8.6%；项目管理业务收入586.03亿元，增长52.3%，占比19.2%；工程咨询业务收入275.70亿元，增长37.0%，占比9.0%；建设工程监理业务收入788.46亿元，增长13.3%，占比25.8%。

上述工程造价咨询业务收入中：

按所涉及专业划分，有房屋建筑工程专业收入677.53亿元，增长13.3%，占比59.3%；市政工程专业收入197.92亿元，增长16.3%，占比17.3%；公路工程专业收入56.12亿元，增长11.8%，占比4.9%；火电工程专业收入26.21亿元，增长2.3%，占比2.3%；水利工程专业收入28.34亿元，增长15.2%，占比2.5%；其他工程造价咨询业务收入合计156.90亿元，增长16.8%，占比13.7%。

按工程建设的阶段划分，有前期决策阶段咨询业务收入91.16亿元，增长8.6%，占比8.0%；实施阶段咨询业务收入224.59亿元，增长12.5%，占比19.6%；竣工结（决）算阶段咨询业务收入398.34亿元，增长10.2%，占比34.9%；全过程工程造价咨询业务收入371.10亿元，增长20.3%，占比32.5%；工程造价经济纠纷的鉴定和仲裁的咨询业务收入33.46亿元，增长25.4%，占比2.9%；其他工程造价咨询业务收入合计24.37亿元，增长7.5%，占比2.1%。

【工程造价咨询企业财务情况】2021年，工程造价咨询企业实现营业利润297.56亿元，比上年增长12.4%。应交所得税合计53.03亿元，比上年增长5.9%。

（住房和城乡建设部建筑市场监管司）

2021年工程勘察设计企业基本情况

【企业总体情况】2021年，全国共有26748个工程勘察设计企业参加了统计。其中，工程勘察企业2873个，占企业总数10.7%；工程设计企业23875个，占企业总数89.3%。

【从业人员情况】2021年，具有勘察设计资质的企业年末从业人员483.3万人。其中，勘察人员16.4万人，与上年相比增长2.3%；设计人员109.2万人，与上年相比增长3.5%。

年末专业技术人员228.5万人。其中，具有高级职称人员49.9万人，与上年相比增长7.9%；具有中级职称人员80.7万人，与上年相比增长5.2%。

【业务情况】2021年，具有勘察设计资质的企业工程勘察新签合同额合计1410.2亿元，与上年相比减少5.6%；

工程设计新签合同额合计7347亿元，与上年相比增长4.3%。其中，房屋建筑工程设计新签合同额2464.4亿元，市政工程设计新签合同额1065.4亿元。

工程总承包新签合同额合计57885.8亿元，与上年相比增长5.1%。其中，房屋建筑工程总承包新签合同额22324亿元，市政工程总承包新签合同额8416.1亿元。

其他工程咨询业务新签合同额合计1289.3亿元，与上年相比增长16.3%。

【财务情况】2021年，全国具有勘察设计资质的企业营业收入总计84016.1亿元。其中，工程勘察收入1103亿元，与上年相比增长7.5%；工程设计收入5745.3亿元，与上年相比增长4.8%；工程总承包收入40041.6亿元，与上年相比增长21.1%；其他工程咨询业务收入964.8亿元，与上年相比增长19.8%。净利润2477.5亿元，与上年相比减少1.4%。

【科技活动状况】2021年，全国工程勘察设计行业科技活动费用支出总额为2541.7亿元，与上年相比增长36.1%；企业累计拥有专利38.2万项，与上年相比增长27.4%；企业累计拥有专有技术7.6万项，与上年相比增长25.4%。

（住房和城乡建设部建筑市场监管司）

2021年房屋市政工程生产安全事故情况

【总体情况】根据全国工程质量安全监管信息平台提供的信息，2021年，全国共发生房屋市政工程生产安全事故717起、死亡803人，比2020年事故起数增加23起、死亡人数增加6人，分别提高3.31%和0.75%。

全国31个省（区、市）和新疆生产建设兵团均有房屋市政工程生产安全事故发生，19个省（区、市）和新疆生产建设兵团事故起数同比上升，11个省（区、市）事故起数同比下降，1个省（区、市）事故起数持平（参见图25）。全国31个省（区、市）和新疆生产建设兵团发生的房屋市政工程生产安全事故中均有人员死亡，15个省（区、市）和新疆生产建设兵团死亡人数同比上升，14个省（区、市）死亡人数同比下降，2个省（区、市）死亡人数持平（参见图26）。

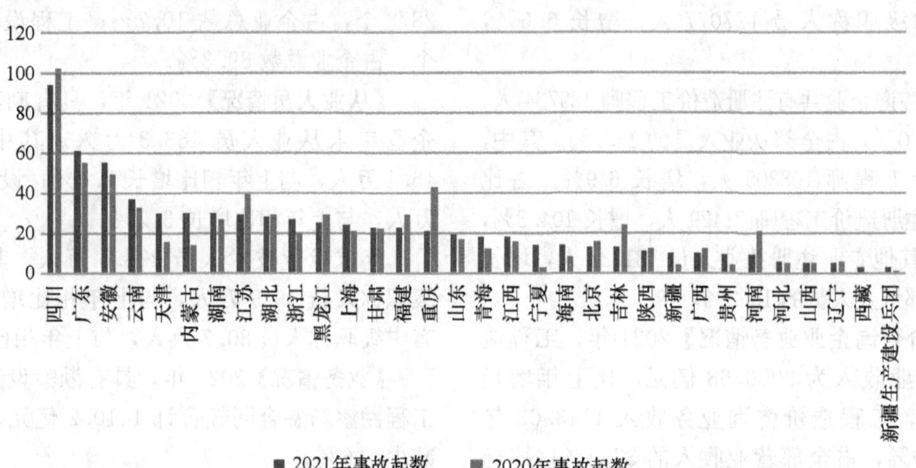

图25　2020—2021年房屋市政工程生产安全事故起数情况

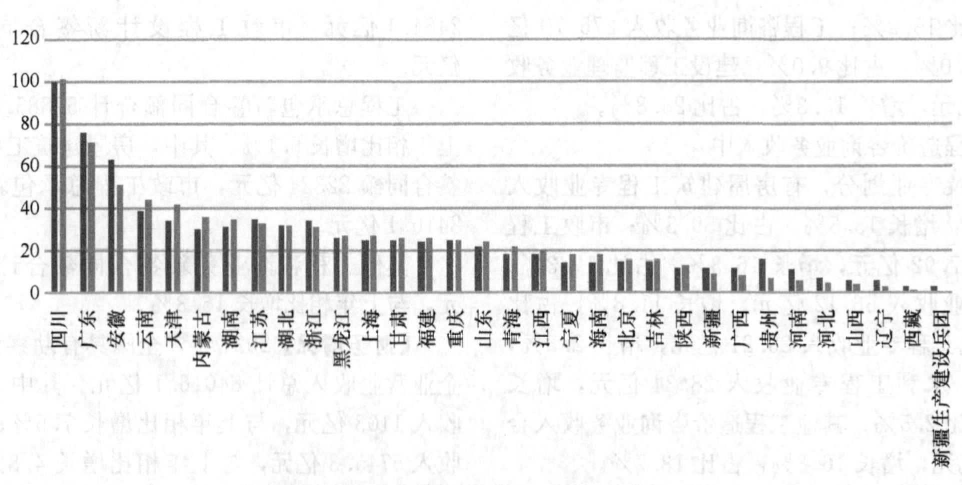

图26　2020—2021年房屋市政工程生产安全事故死亡人数情况

【较大及以上事故情况】2021年，全国共发生房屋市政工程生产安全较大及以上事故15起、死亡65人，比2020年事故起数减少7起、死亡人数减少24人，分别降低31.82%和26.97%。

全国有11个省（区、市）发生房屋市政工程生产安全较大及以上事故。其中，广东发生1起、死亡14人；安徽、贵州各发生3起、死亡10人；浙江发生1起、死亡6人；重庆发生1起、死亡5人；四川、天津各发生2起、死亡4人；江苏、湖北、山东、新疆各发生1起、死亡3人。

（哈尔滨工业大学）

2021 年全国房地产市场运行分析

2021 年全国房地产开发情况

根据国家统计局发布的有关数据，2021 年我国房地产市场开发情况如下：

【房地产开发投资完成情况】2021 年，全国房地产开发投资 147602 亿元，比上年增长 4.4%；比 2019 年增长 11.7%，两年平均增长 5.7%。其中，住宅投资 111173 亿元，比上年增长 6.4%。2021 年全国房地产开发投资增速情况如图 27 所示。

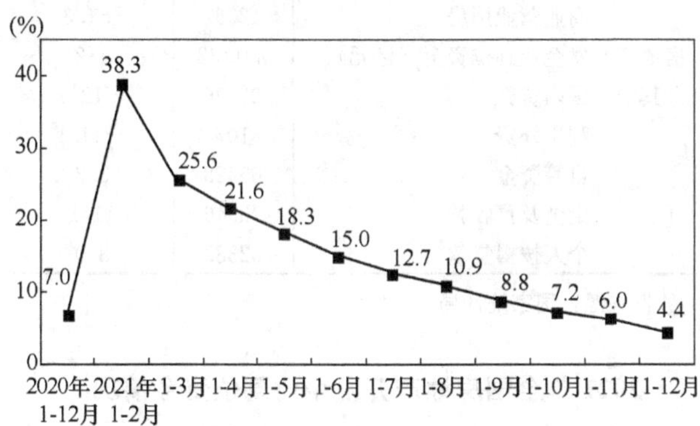

图 27　2021 年全国房地产开发投资增速

2021 年，东部地区房地产开发投资 77695 亿元，比上年增长 4.2%；中部地区投资 31161 亿元，增长 8.2%；西部地区投资 33368 亿元，增长 2.2%；东北地区投资 5378 亿元，下降 0.8%。具体如表 29 所示。

2021 年东中西部和东北地区房地产开发投资情况

表 29

地区	投资额（亿元）		比上年增长（%）	
		住　宅		住　宅
全国总计	**147602**	**111173**	**4.4**	**6.4**
东部地区	77695	56636	4.2	5.7
中部地区	31161	25248	8.2	11.4
西部地区	33368	25150	2.2	4.2
东北地区	5378	4140	−0.8	2.1

数据来源：国家统计局

注：东部地区包括北京、天津、河北、上海、江苏、浙江、福建、山东、广东、海南 10 个省（市）；中部地区包括山西、安徽、江西、河南、湖北、湖南 6 个省；西部地区包括内蒙古、广西、重庆、四川、贵州、云南、西藏、陕西、甘肃、青海、宁夏、新疆 12 个省（市、自治区）；东北地区包括辽宁、吉林、黑龙江 3 个省。

【房屋供给情况】2021 年，房地产开发企业房屋施工面积 975387 万平方米，比上年增长 5.2%。其中，住宅施工面积 690319 万平方米，增长 5.3%。房屋新开工面积 198895 万平方米，下降 11.4%。其中，住宅新开工面积 146379 万平方米，下降 10.9%。房屋竣工面积 101412 万平方米，增长 11.2%。其中，住宅竣工面积 73016 万平方米，增长 10.8%。

2021 年，房地产开发企业土地购置面积 21590 万平方米，比上年下降 15.5%；土地成交价款 17756 亿元，增长 2.8%。

2021 年商品房销售和待售情况

2021 年，商品房销售面积 179433 万平方米，比上年增长 1.9%；比 2019 年增长 4.6%，两年平均增长 2.3%。其中，住宅销售面积比上年增长 1.1%，办公楼销售面积增长 1.2%，商业营业用房销售面积下降 2.6%。商品房销售额 181930 亿元，增长 4.8%；比 2019 年增长 13.9%，两年平均增长 6.7%。其中，住宅销售额比上年增长 5.3%，办公楼销售额下降 6.9%，商业营业用房销售额下降 2.0%。2021 年全国商品房销售面积及销售额增速，如图 28 所示。

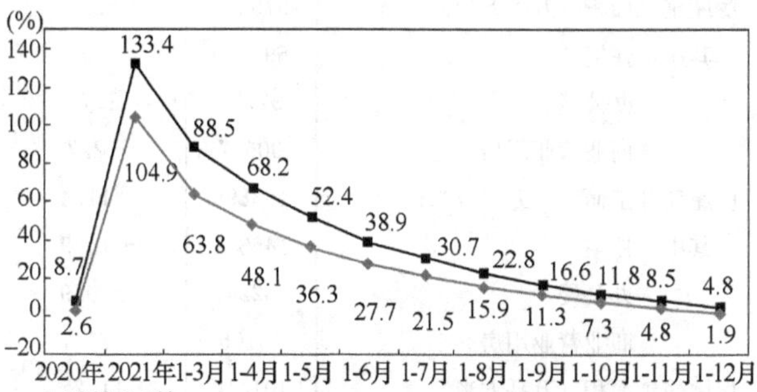

图 28　2021 年全国商品房销售面积及销售额增速

2021年，东部地区商品房销售面积73248万平方米，比上年增长2.7%；销售额103317亿元，增长8.0%。中部地区商品房销售面积51748万平方米，增长5.4%；销售额38157亿元，增长6.4%。西部地区商品房销售面积47819万平方米，下降1.7%；销售额35241亿元，下降2.8%。东北地区商品房销售面积6618万平方米，下降6.4%；销售额5215亿元，下降10.3%。具体如表30所示。

2021年1—12月份东中西部和东北地区房地产销售情况　表30

地区	商品房销售面积		商品房销售额	
	绝对数（万平方米）	比上年增长（%）	绝对数（亿元）	比上年增长（%）
全国总计	**179433**	**1.9**	**181930**	**4.8**
东部地区	73248	2.7	103317	8.0
中部地区	51748	5.4	38157	6.4
西部地区	47819	−1.7	35241	−2.8
东北地区	6618	−6.4	5215	−10.3

数据来源：国家统计局。

2021年末，商品房待售面积51023万平方米，比11月末增加858万平方米。其中，住宅待售面积增加480万平方米，办公楼待售面积增加94万平方米，商业营业用房待售面积增加46万平方米。

2021年1—12月份全国房地产开发和销售情况详见表31。

2021年1—12月份全国房地产开发和销售情况　表31

指标	绝对量	比上年增长（%）
房地产开发投资（亿元）	147602	4.4
其中：住宅	111173	6.4
办公楼	5974	−8.0
商业营业用房	12445	−4.8
房屋施工面积（万平方米）	975387	5.2
其中：住宅	690319	5.3
办公楼	37730	1.7
商业营业用房	90677	−2.7
房屋新开工面积（万平方米）	198895	−11.4
其中：住宅	146379	−10.9
办公楼	5224	−20.9
商业营业用房	14106	−21.7
房屋竣工面积（万平方米）	101412	11.2
其中：住宅	73016	10.8
办公楼	3376	11.0
商业营业用房	8718	1.1
土地购置面积（万平方米）	21590	−15.5
土地成交价款（亿元）	17756	2.8
商品房销售面积（万平方米）	179433	1.9
其中：住宅	156532	1.1
办公楼	3375	1.2
商业营业用房	9046	−2.6
商品房销售额（亿元）	181930	4.8
其中：住宅	162730	5.3
办公楼	4701	−6.9
商业营业用房	9692	−2.0
商品房待售面积（万平方米）	51023	2.4
其中：住宅	22761	1.7
办公楼	3795	0.0
商业营业用房	12767	−1.3
房地产开发企业到位资金（亿元）	201132	4.2
其中：国内贷款	23296	−12.7
利用外资	107	−44.1
自筹资金	65428	3.2
定金及预收款	73946	11.1
个人按揭贷款	32388	8.0

数据来源：国家统计局

2021年全国房地产开发企业到位资金情况

2021年，房地产开发企业到位资金201132亿元，比上年增长4.2%；比2019年增长12.6%，两年平均增长6.1%。其中，国内贷款23296亿元，比上年下降12.7%；利用外资107亿元，下降44.1%；自筹资金65428亿元，增长3.2%；定金及预收款73946亿元，增长11.1%；个人按揭贷款32388亿元，增长8.0%。2021年全国房地产开发企业本年到位资金增速，如图29所示。

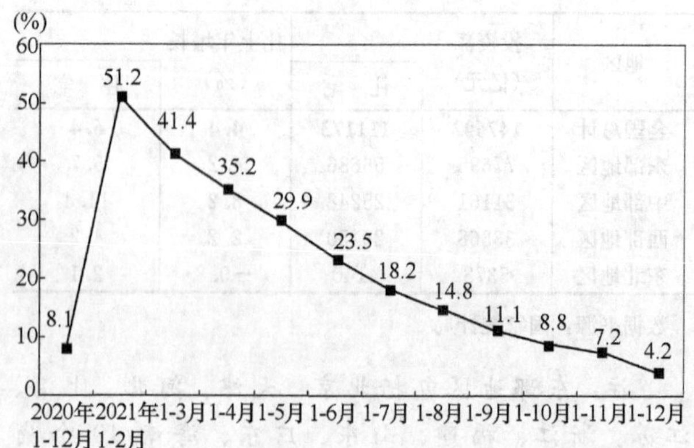

图29　2021年全国房地产开发企业本年到位资金增速

2021 年全国房地产开发景气指数

2021 年全国房地产开发景气指数如图 30 所示。

70 个大中城市商品住宅销售价格变动情况

【新建商品住宅销售价格情况】根据国家统计局公布的月度数据，2021 年全国 70 个大中城市的新建商品住宅销售价格指数情况分别如表 32、表 33 和表 34 所列。

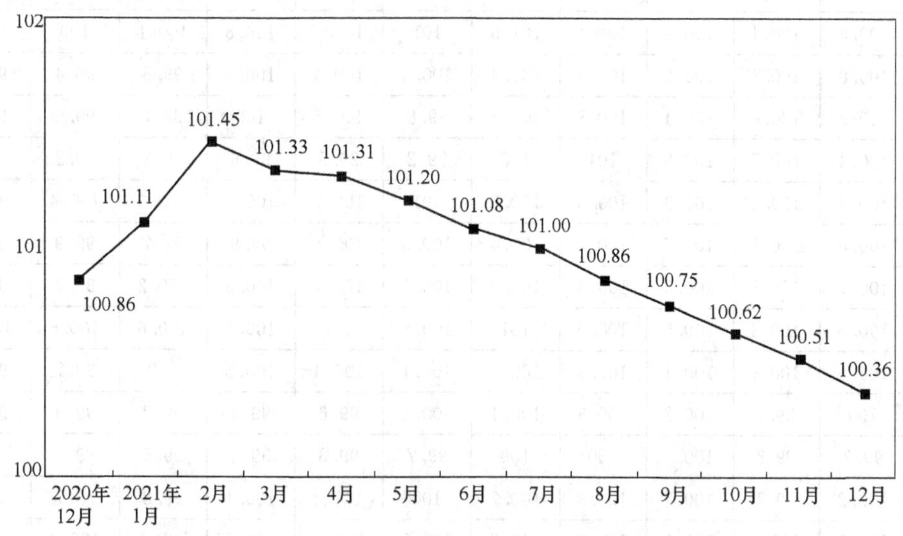

图 30　2021 年全国房地产开发景气指数

2021 年 70 个大中城市新建商品住宅销售价格指数环比数据　　**表 32**

城市	1 月	2 月	3 月	4 月	5 月	6 月	7 月	8 月	9 月	10 月	11 月	12 月
北京	100.5	100.7	100.2	100.6	100.3	100.9	100.8	100.2	100	100.6	100.3	100
天津	100.3	100.4	100.6	100.7	100.6	100.9	100.6	100.3	99.9	99.5	99.4	99.3
石家庄	100	99.8	100.6	100.5	100.4	100	100.2	99.7	100.4	98.9	98.8	99.1
太原	99.6	99.9	99.9	100.2	100.3	99.8	100	99.8	99.3	99.7	99.5	99.1
呼和浩特	100.1	99.8	99.7	100	100.5	100.2	99.9	100.2	99.7	99.5	99.5	100
沈阳	100.8	100	100.3	100.6	100.9	100.7	100.5	100.3	99.9	99.7	99.6	99.5
大连	100.1	100.2	100.8	100.7	101.2	101	100.6	100.6	100.1	99.8	99.8	99.6
长春	100.4	99.8	99.9	100.3	100.3	100.2	100.1	100.3	100.4	100.1	99.7	99.7
哈尔滨	99.5	100.4	100.3	100.2	100.4	99.9	100	99.7	99.5	99.7	99.3	99.2
上海	100.6	100.5	100.3	100.3	100.4	100.5	100.4	100.4	100.2	100.1	100.2	100.4
南京	100.2	100.5	100.8	100.6	100.8	100.8	100.4	100.1	100.2	100	99.5	100.3
杭州	100.1	100.2	100.5	100.5	100.6	100.8	100.5	100.6	100.4	100.4	100.5	100.5
宁波	100.5	100.5	100.8	100.6	100.4	100.6	100.4	100.3	100	99.9	99.7	99.6
合肥	100.9	100.6	100.7	100.5	100.2	100.2	100.1	100.2	100.4	99.9	99.7	100.2
福州	100.6	100.3	101	100.6	100.5	100.5	100.3	100.2	100	99.8	99.6	100.1
厦门	100.3	100.4	100.3	100.2	100.9	100.7	100.4	100.4	100.3	100.2	99.4	100.2
南昌	100.3	100.1	100.4	100.5	100	100	100.3	100.1	99.9	99.7	99.6	99.9
济南	100.2	100.4	100.5	100.8	101	101.5	100.7	100.6	100.4	99.6	99.5	100
青岛	100.2	100.3	100.5	100.7	100.8	100.7	101	100.8	100	99.8	99.7	99.9
郑州	100.2	100.5	100.8	100.7	100.8	100.8	100.4	99.9	99.7	99.5	99.4	99.3
武汉	100.7	100.4	100.4	101	100.9	100.7	100.6	100.4	100	99.6	99.2	99.7
长沙	100.6	101	100.5	100.7	100.8	101.3	100.8	100.5	100.3	100.2	100.2	100.3

续表

城市	1月	2月	3月	4月	5月	6月	7月	8月	9月	10月	11月	12月
广州	101	100.9	101	101.1	101.5	101	100.2	99.9	99.9	99.7	99.4	99.4
深圳	100.3	100.1	100.1	100.5	100.6	100.5	100.5	101	100.2	99.8	100	99.9
南宁	100.3	100.5	100.6	100.4	100.6	100.5	100.3	99.7	99.6	99.5	99.9	99.8
海口	100.3	100.6	100.3	101	100.4	100.8	101	100.3	100.3	100	99.5	99.7
重庆	100.5	100.4	100.9	101.4	101.9	101	100.7	100.8	100.1	100	99.8	100.3
成都	100.8	100.7	100.5	100.5	100.4	100.3	100.4	100.3	99.8	99.4	99.8	99.6
贵阳	100.2	100.4	100.4	100.8	100.3	99.8	100.5	100	99.7	99.6	98.9	99.5
昆明	100.4	100.7	100.8	101	100	99.2	99.5	99.6	99.3	99.2	100	99.8
西安	100.4	100.8	100.9	100.6	100.5	101	100.7	100.7	100.6	100.4	100.2	99.5
兰州	100.8	100.7	100.5	100.7	100.4	100.5	100.4	99.8	99.7	99.9	99.6	99.6
西宁	100.7	100.6	100.5	100.6	100.8	100.9	100.7	100.5	100.2	99.7	99.5	99
银川	100.6	100.8	100.5	100.6	101	100.8	101	100.4	100.6	100.6	100.3	99.6
乌鲁木齐	100.5	100.9	100.4	100.3	100.7	100.1	100.4	100.8	100	99.7	99.5	99.6
唐山	100	99.8	100.2	100.3	100.1	100.4	99.6	99.4	99.2	99.3	99.7	100.2
秦皇岛	99.7	99.8	100.4	100	100	99.7	99.8	99.4	99.5	99.2	99.6	99
包头	100.2	99.7	100.5	100.3	100.7	100	100.2	100.1	99.8	99.7	99.5	99.4
丹东	100.1	100.5	100.1	100.2	100.2	100.1	100.4	100.3	100.1	100.2	99.8	99.6
锦州	100.5	100.5	100	100.2	100.7	100.5	100.3	100.2	100.5	100.3	99.5	99.8
吉林	99.8	100.6	100.3	100.8	100.4	100.4	100.5	100.2	99.8	99.7	99.6	100.1
牡丹江	99.9	99.8	100	100.4	100.3	100.2	99.9	100.4	99.3	99.5	99.5	99.3
无锡	100	100.2	100.7	100.6	100.8	101.2	100.9	100.3	100.5	100	99.7	99.5
徐州	100.7	101.2	100.3	100.9	100.7	100.7	100.3	100.1	99.7	99.7	99.8	99.6
扬州	100.9	100.7	100.7	100.9	101	101.1	100.6	100	99.6	99.6	99.2	99.9
温州	100.4	100.2	100.1	100.6	100.7	100.5	100.5	100.2	100.4	100	99.9	100.3
金华	101.2	100.4	100.7	100.4	100.5	100.6	100.3	100.4	100.1	99.8	99.7	99.9
蚌埠	100.7	100.3	100.3	99.8	99.7	100.5	100.5	100.4	99.9	99.8	99.7	99.8
安庆	100.2	99.6	99.7	99.7	99.8	99.7	99.9	100	100.4	99.9	99.8	100
泉州	100.8	100.7	100.8	100.7	100.6	100.4	100.6	100.3	100.1	99.9	99.5	99.2
九江	100.3	100.8	100.4	100.4	100.3	100.3	100.5	100.2	99.8	99.6	99.6	99.5
赣州	100.6	100.6	100.3	100.2	100.4	100.4	99.9	99.9	100	99.7	99.9	100.4
烟台	99.8	100.3	100.5	100.6	100.4	100.3	100.6	99.9	99.8	99.5	99.7	99.7
济宁	100.7	100.6	100.8	100.7	101	100.8	100.7	100.1	100.4	99.9	99.6	99.5
洛阳	100.3	100	100.1	100.6	100.8	100.4	100.6	100.5	100.3	100.2	99.8	99.3
平顶山	100.2	100.3	100.3	100.2	100.2	100.1	99.9	100.4	100.2	100.3	99.6	99.9
宜昌	99.9	100.4	100.5	100.8	100.7	100.5	100.6	100	99.7	99.7	99.8	99.6
襄阳	100.3	100.2	100.4	100.7	100.4	100.3	100.5	100.4	99.9	99.8	99.3	99
岳阳	99.7	100.4	99.6	100.2	100.5	99.6	99.3	99.7	99.5	99.3	100.3	99.6
常德	99.9	100.2	100.3	100	99.7	99.5	99.9	99.7	99.3	99.5	99.8	99.7
韶关	100.1	100.6	100.5	100.5	100.3	100.8	99.5	100.4	99.5	98.9	99.8	99.5
湛江	100.2	100.8	100.3	100.7	100.6	99.8	100.4	99.8	99	99.3	99.6	98.9

续表

城市	1月	2月	3月	4月	5月	6月	7月	8月	9月	10月	11月	12月
惠州	100.3	100.2	100.2	100.4	100.7	100.5	100	99.6	99.7	99.4	100.1	99.7
桂林	99.9	100.5	100.4	100.4	100.5	100.3	99.7	99.6	99.4	99.3	99.5	100.4
北海	99.7	99.7	99.9	99.7	100.6	100.3	100.3	100.1	99.6	99.7	99.5	99.4
三亚	100.3	100.2	100.7	100.2	100.3	100.6	100.5	100.2	100.1	100.8	100.7	100.2
泸州	99.4	99.6	100.8	99.7	100.5	99.9	99.8	99.9	99	99.1	99.3	100
南充	99.7	100.8	100.5	100.4	99.8	99.6	99.7	99.5	99.9	99.5	99.3	99.3
遵义	100.4	100.6	100.2	100.3	100.6	100.2	99.4	99.9	99.7	99.4	99.5	100.1
大理	99.6	99.8	100.3	99.8	99.6	99.4	99.5	100.1	99.5	99.1	99	99.6

数据来源：国家统计局

2021年70个大中城市新建商品住宅销售价格指数同比数据 **表33**

城市	1月	2月	3月	4月	5月	6月	7月	8月	9月	10月	11月	12月
北京	102.9	103.4	103.6	104.5	104.3	104.9	105.4	104.9	104.5	104.9	105.4	105.1
天津	101.5	102.3	103.2	103.6	103.9	104.2	104.3	104.3	104.1	104	103	102.4
石家庄	102.9	102.7	103	102.8	103.1	102.9	102.8	102.4	102.1	100.8	99.2	98.5
太原	99.2	99.2	98.9	98.9	98.7	97.9	98	98	97.8	97.9	97.7	97.1
呼和浩特	104.7	104.5	104.1	103.6	103.1	103.1	102.3	102.1	101.2	100.1	99.3	99.1
沈阳	105.8	105.1	105.1	104.9	104.7	104.5	104.2	103.4	103.3	103.1	102.8	102.7
大连	104.7	104.5	105.2	105.4	105.8	106	106.1	106.5	106.1	105.5	105.3	104.7
长春	102.7	102.6	102.1	101.8	101.7	101.2	100.9	100.6	100.7	100.9	100.9	101
哈尔滨	99.9	100.3	100.3	99.6	99.9	99.8	99.9	99.4	99.3	98.7	98.3	98.2
上海	104.4	105	105.3	104.9	104.5	104.6	104.5	104.3	104	103.8	104	104.2
南京	105	105.7	106.3	105.1	104.6	104.4	104.6	104.8	105	104.5	103.9	104.1
杭州	104.2	104.5	103.5	103.3	103.2	102.6	102.8	103	103.4	103.9	104.7	105.5
宁波	104.3	104.9	105.4	105.9	105	104.8	104.7	104.2	103.9	103.7	103.5	103.3
合肥	104.3	105	105.6	106.8	107.1	106.4	106.1	106	105.7	104.9	104	103.5
福州	105.4	105.1	105.7	105.7	105.8	105.8	105.7	105.7	105.4	105.1	104.2	103.4
厦门	104.7	105.1	105.5	105.6	106.1	105.8	105.5	105.6	105.3	105.4	104.3	103.9
南昌	100.8	100.9	101.6	101.6	101.2	100.9	101	101.3	101.1	101.2	101.2	100.6
济南	99.6	100.2	101.1	101.9	102.4	103.6	104.2	105.2	105.5	105.2	105	105.1
青岛	102.9	103.4	104.4	104.6	105.1	105.1	105.4	105.4	104.9	105	104.7	104.4
郑州	99.4	100.3	101.2	101.8	102.7	103.2	103.7	103.1	102.8	102.6	102.4	101.9
武汉	104.6	105	105.5	106.7	107.3	106.7	106.5	106.4	106	105.3	104.3	103.7
长沙	104.9	105.6	105.9	106.3	106.7	106.7	107.1	106.8	106.9	107.1	107.5	107.5
广州	105.9	106.9	108.6	109.9	111.2	111.6	110.9	109.8	109	107.9	106.3	105
深圳	103.7	103.8	103.4	103.9	103.7	103.5	103.3	103.9	103.8	103.4	103.4	103.3
南宁	105	105.5	106.1	106	105.9	105.4	104.9	103.7	102.7	102.1	102.1	101.7
海口	103.2	103.8	104.1	104.6	105.4	105.8	106.5	105.8	105.6	105.4	104.5	104
重庆	104.9	105.7	106.2	106.7	108	108	108.3	108.8	108.3	108	108	107.9
成都	106.9	106.5	106.5	106.6	106.2	105.7	104.8	104.2	103.6	102.8	102.6	102.4
贵阳	103.4	103.2	103.7	105	105.2	104.7	104.9	104.2	103.7	102.9	101.1	100.2

续表

城市	1月	2月	3月	4月	5月	6月	7月	8月	9月	10月	11月	12月
昆明	105.6	106.5	107.5	107.5	106.8	104.7	103.8	102.4	101.5	100	99.8	99.4
西安	106.5	107.4	107.8	108	108	108.2	108.1	107.7	107.5	107.4	107.4	106.3
兰州	104.9	105.6	106.6	106.7	106.6	106.7	106.7	105.9	105.1	104.5	103.5	102.6
西宁	109	109.1	108.2	108	107.9	107.8	108.6	108	107.6	106.6	105.5	103.7
银川	113.9	114.9	114.1	113.7	112.4	111.2	110	108.5	108	107.9	107.7	106.7
乌鲁木齐	103.4	104.6	105.1	104.5	104.7	103.7	103.5	104.3	104.2	103.3	102.6	102.8
唐山	109.8	109.2	108.3	106.9	105.9	104.7	103.1	101.2	99.8	99.1	98.6	98.3
秦皇岛	103.1	103.3	103.3	102.5	101.7	100.6	100.3	99.2	98.2	97.8	97.3	96.3
包头	102.6	102.5	102.9	103.4	103.3	103.3	103	102.3	101.6	101.2	101	100.2
丹东	106.2	106.3	105.9	105.6	105.5	105.8	105.1	104.6	103.9	103.7	102.7	101.7
锦州	106.4	106.9	106.7	106	105.7	105.6	104.8	103.7	104.4	104.6	103.7	103.2
吉林	103	103.4	103.2	103.2	103.4	103.4	103.5	102.9	101.8	101.8	101.7	102.2
牡丹江	98	97.6	97.6	98.7	99.3	99.6	99.9	99.4	98.7	98.7	98.5	98.5
无锡	105.6	105.6	105.8	105.9	105.7	105.9	105.4	104.5	104.7	104.6	104.4	104.2
徐州	110	110.3	110.1	109.9	109.7	109.2	107.9	107.2	105.5	104.5	104.3	103.9
扬州	107	107.7	108	108.5	108.8	109.3	109	108.1	107.3	106	105.1	104.2
温州	104.3	104.9	105.5	105.2	105.2	104.6	104.4	103.2	103.7	103.4	103.7	104
金华	105.9	106.3	107	106.9	106.6	106.3	106.1	105.3	105.2	105.2	104.8	104.1
蚌埠	105.6	105.8	105.5	104.8	104	103.5	103.6	103.4	102.8	102.2	101.7	101.3
安庆	98.6	98.5	98.8	98.8	98.7	99.1	99.2	100	100.2	99.6	99.1	98.7
泉州	106	107.1	107.4	108	107.7	107.2	107.2	106.6	106.1	105.7	105	103.7
九江	103.2	103.6	104.3	104	103.8	103.3	103.4	103.8	103.1	102.6	102.5	101.8
赣州	104.8	105.1	105.5	105.2	105.3	105.2	104.3	103.7	103.5	102.9	102.3	102.5
烟台	105	104.6	104.8	105.1	105.2	104.9	105	103.6	102.8	101.8	101.3	100.9
济宁	108.8	109.4	109.9	110	110.4	110.6	110.2	109	108.4	107.6	105.9	104.9
洛阳	102.3	102.2	102.4	102.9	103.5	103.8	103.6	103.7	103.7	103.9	103.5	102.8
平顶山	103.3	103.6	103.8	104	103.8	103.3	102.7	102.9	102.8	103	102.1	101.7
宜昌	102.9	103.3	104.1	104.6	104.9	105	104.8	104.7	104.2	103.2	102.6	102.2
襄阳	103.6	103.7	104.1	105	105.4	105.2	105	104.7	104.1	103.5	102.3	101.1
岳阳	101	101.8	101.3	100.9	100.9	99.9	99.1	98.3	97.6	97.6	98	97.6
常德	98.5	98.3	99	99.2	98.6	98.3	97.9	97.6	97.5	97.7	97.8	97.5
韶关	100	101.2	101.8	102.3	102.9	103.5	103	103.1	102.6	101.2	100.9	100.5
湛江	101.1	102.1	103.3	103.9	104.8	104.6	104.7	104	102.5	101.4	100.6	99.6
惠州	107.1	107.4	107.9	108	107.5	106.3	105.1	102.8	101.8	100.9	101.4	100.9
桂林	100.3	101.2	102	101.8	101.8	101.8	101.6	102.3	101.1	100	99.8	99.9
北海	96.3	95.8	95.6	95.5	96.3	97.1	97.7	98.4	98.4	98.8	98.5	98.4
三亚	104.6	104.8	106.3	106	106.8	107.3	106.6	105.9	105.1	105.1	105.3	105
泸州	99.4	99.8	100.8	100.5	100.6	99.9	99.7	99.1	97.8	97.3	96.7	96.8
南充	99.4	100.8	100.8	100	98.5	99	99	98.9	98.8	98.7	98.4	97.8
遵义	100.4	101.4	101.4	101.5	102.2	102.3	102.1	101.8	101.7	101.2	100.3	100.4
大理	100.4	100.2	100.3	100.1	99.8	99.5	98.8	98.3	97.6	96.8	95.8	95.7

数据来源：国家统计局。

2021年70个大中城市新建商品住宅销售价格指数定基数据 **表34**

城市	1月	2月	3月	4月	5月	6月	7月	8月	9月	10月	11月	12月
北京	101.8	102.5	102.7	103.3	103.6	104.6	105.4	105.5	105.5	106.1	106.4	106.5
天津	100.9	101.4	102	102.7	103.4	104.3	104.8	105.1	105	104.4	103.7	103
石家庄	101.4	101.2	101.8	102.3	102.6	102.7	102.9	102.6	103	101.9	100.7	99.8
太原	98.8	98.7	98.6	98.8	99.1	98.9	98.9	98.6	98	97.7	97.2	96.3
呼和浩特	102.5	102.3	102	102	102.5	102.7	102.6	102.8	102.5	102	101.5	101.5
沈阳	102.3	102.3	102.6	103.2	104.1	104.8	105.3	105.6	105.5	105.2	104.7	104.2
大连	102.1	102.3	103.2	103.9	105.1	106.2	106.8	107.4	107.5	107.3	107.1	106.7
长春	101	100.7	100.7	100.9	101.2	101.4	101.5	101.7	102.1	102.2	101.9	101.6
哈尔滨	99	99.4	99.7	99.9	100.4	100.2	100.3	99.9	99.5	99.1	98.4	97.7
上海	102.4	103	103.3	103.6	103.9	104.5	104.8	105.2	105.4	105.5	105.7	106.1
南京	102	102.5	103.3	103.9	104.7	105.6	105.9	106	106.2	106.1	105.7	105.9
杭州	101	101.2	101.7	102.3	102.8	103.6	104.1	104.7	105.1	105.5	106	106.5
宁波	102	102.5	103.3	103.9	104.3	104.9	105.3	105.6	105.6	105.6	105.3	104.9
合肥	103.5	104.1	104.8	105.3	105.5	105.7	105.8	106	106.4	106.2	105.9	106.1
福州	103	103.2	104.2	104.8	105.4	105.9	106.1	106.3	106.4	106.1	105.7	105.8
厦门	102.9	103.3	103.6	103.8	104.8	105.5	105.9	106.4	106.7	107	106.4	106.6
南昌	100.4	100.5	100.9	101.4	101.4	101.4	101.6	101.7	101.6	101.2	100.8	100.6
济南	99.8	100.1	100.6	101.4	102.5	104	104.7	105.3	105.7	105.2	104.7	104.7
青岛	101.7	102	102.5	103.2	104	104.7	105.7	106.5	106.6	106.4	106.1	105.9
郑州	99.7	100.2	101	101.7	102.5	103.3	103.7	103.6	103.3	102.7	102.1	101.4
武汉	102.9	103.3	103.7	104.7	105.6	106.4	107	107.4	107.5	107.1	106.2	105.9
长沙	102.4	103.5	103.9	104.7	105.6	106.9	107.8	108.3	108.7	108.9	109.1	109.4
广州	104.5	105.5	106.5	107.7	109.3	110.3	110.5	110.4	110.3	109.9	109.3	108.7
深圳	101.7	101.8	101.9	102.4	103	103.5	104	105	105.2	104.9	104.9	104.8
南宁	102.5	103	103.6	104.1	104.7	105.2	105.5	105.1	104.7	104.2	104.1	103.9
海口	102	102.5	102.9	103.9	104.3	105.1	106.2	106.5	106.7	106.7	106.1	105.8
重庆	102.5	102.9	103.8	105.3	107.3	108.4	109.1	109.9	110	110	109.8	110.1
成都	102.9	103.6	104.2	104.8	105.1	105.4	105.8	106	105.8	105.2	104.9	104.5
贵阳	102.2	102.7	103.1	103.9	104.2	104	104.5	104.5	104.2	103.8	102.7	102.2
昆明	103	103.8	104.6	105.6	105.7	104.8	104.2	103.8	103.1	102.2	102.2	102
西安	103.5	104.4	105.3	106	106.5	107.6	108.3	109	109.6	110	110.2	109.7
兰州	103.3	104	104.6	105.3	105.7	106.3	106.7	106.5	106.1	106	105.6	105.2
西宁	104.4	105.1	105.6	106.2	107.1	108	108.8	109.4	109.6	109.2	108.7	107.6
银川	106.7	107.5	108	108.6	109.7	110.5	111.6	112	112.7	113.3	113.6	113.1
乌鲁木齐	101.6	102.5	103	103.2	103.9	104	104.5	105.3	105.2	104.9	104.4	104
唐山	104	103.8	103.9	104.3	104.4	104.9	104.5	103.8	103	102.3	102	102.2
秦皇岛	101.1	100.9	101.3	101.3	101.4	101.1	100.9	100.3	99.7	99	98.6	97.6
包头	101.6	101.2	101.8	102.1	102.8	102.8	103	103.1	102.8	102.5	102.1	101.5
丹东	103.4	104	104.1	104.3	104.5	104.6	105	105.3	105.5	105.7	105.4	105
锦州	103.2	103.8	103.8	104	104.7	105.3	105.6	105.8	106.3	106.7	106.2	106

续表

城市	1月	2月	3月	4月	5月	6月	7月	8月	9月	10月	11月	12月
吉林	100.7	101.4	101.7	102.5	102.8	103.2	103.8	104	103.8	103.5	103.1	103.2
牡丹江	98.6	98.4	98.5	98.9	99.2	99.4	99.3	99.6	99	98.4	97.9	97.3
无锡	102.1	102.3	103	103.6	104.4	105.6	106.5	106.8	107.3	107.3	107	106.4
徐州	104.5	105.8	106.1	107.1	107.9	108.6	109	109.1	108.8	108.5	108.3	107.9
扬州	104.2	104.9	105.6	106.5	107.5	108.7	109.3	109.3	108.9	108.5	107.6	107.6
温州	102.2	102.5	102.5	103.2	103.9	104.5	105	105.2	105.7	105.7	105.6	105.9
金华	103.5	104	104.7	105	105.6	106.2	106.5	106.9	107.1	106.9	106.6	106.5
蚌埠	103	103.3	103.5	103.4	103.1	103.5	104	104.4	104.3	104.1	103.8	103.6
安庆	100.3	99.8	99.5	99.2	99	98.7	98.6	98.6	99.1	99	98.8	98.8
泉州	103.6	104.3	105.1	105.8	106.5	106.9	107.6	107.9	108	107.9	107.3	106.5
九江	101.3	102.2	102.6	103	103.4	103.7	104.2	104.4	104.3	103.8	103.4	102.9
赣州	102.7	103.4	103.7	103.9	104.4	104.9	104.7	104.6	104.6	104.3	104.2	104.6
烟台	102.2	102.5	103	103.6	104	104.3	104.9	104.8	104.5	104	103.7	103.4
济宁	105.2	105.9	106.7	107.5	108.6	109.5	110.2	110.3	110.7	110.5	110.1	109.6
洛阳	101.3	101.3	101.4	102.1	102.8	103.3	103.9	104.3	104.6	104.8	104.6	103.9
平顶山	102	102.2	102.6	102.8	103	103.1	103	103.5	103.7	104	103.6	103.5
宜昌	101.6	102.1	102.6	103.4	104.1	104.6	105.2	105.2	104.9	104.6	104.3	104
襄阳	102.4	102.5	102.9	103.6	104	104.4	104.8	105.3	105.2	105	104.3	103.2
岳阳	100.1	100.5	100	100.2	100.6	100.3	99.6	99.3	98.8	98.1	98.4	98
常德	98.7	99	99.3	99.3	99	98.5	98.4	98.1	97.4	96.9	96.6	96.3
韶关	100.4	101	101.6	102.1	102.4	103.3	102.8	103.1	102.6	101.6	101.4	100.8
湛江	101.3	102.1	102.5	103.2	103.9	103.7	104.2	104	102.9	102.2	101.8	100.7
惠州	103.6	103.8	104	104.5	105.1	105.7	105.7	105.3	105	104.4	104.5	104.2
桂林	100.3	100.7	101.2	101.6	102	102.4	102.1	101.7	101.1	100.4	99.9	100.3
北海	97.4	97.1	97	96.8	97.3	97.6	97.9	97.9	97.5	97.2	96.8	96.1
三亚	103.4	103.6	104.4	104.6	105	105.5	106.1	106.3	106.4	107.2	108	108.2
泸州	99.5	99.1	100	99.7	100.1	100	99.8	99.7	98.7	97.7	97	97
南充	98.8	99.7	100.1	100.5	100.3	99.9	99.6	99.1	98.9	98.5	97.7	97
遵义	100.5	101.2	101.3	101.6	102.3	102.5	101.9	101.8	101.6	101	100.4	100.5
大理	100	99.8	100.2	100	99.5	98.9	98.5	98.6	98.2	97.3	96.4	96

数据来源：国家统计局。

【二手住宅销售价格情况】根据国家统计局公布的月度数据，2021年全国70个大中城市的二手住宅销售价格指数情况分别如表35、表36和表37所列。

2021年70个大中城市二手住宅销售价格指数环比数据 表35

城市	1月	2月	3月	4月	5月	6月	7月	8月	9月	10月	11月	12月
北京	100.9	101.2	101.4	101.2	101.1	101.3	100.7	100.4	99.8	99.5	99.8	100.8
天津	100	100.1	100.4	100.3	100.4	100.3	100.2	100	100.6	99.9	99.7	99.6
石家庄	100	99.8	100	100.3	100.1	99.6	99.8	99.5	99.7	99.4	99.2	99
太原	99.9	99.8	99.9	99.7	99.7	100	100.4	99.6	99.5	99.6	99.2	98.8

续表

城市	1月	2月	3月	4月	5月	6月	7月	8月	9月	10月	11月	12月
呼和浩特	99.9	100.2	100.2	99.9	99.8	100	99.5	100.4	99.4	99.5	99.6	99.9
沈阳	100	100.4	100.5	100.6	100.5	100.4	100.3	100.2	99.9	99.8	99.7	99.5
大连	100.3	100.5	100.6	100.7	100.6	100.5	100.4	100.4	100.2	100.1	99.9	99.8
长春	99.6	99.6	99.8	99.8	100.4	100.4	100.2	100.4	100.1	99.9	99.6	99.6
哈尔滨	99.8	100.4	100.4	100.5	100.4	100.3	100.2	99.8	99.3	99.5	99	99
上海	101.3	101.3	101.1	100.9	100.7	101	100.7	100.2	99.4	99.6	99.9	100.4
南京	100.5	100.6	100.9	100.7	100.6	100.7	100.4	100.4	100.1	99.7	99.5	99.7
杭州	100.7	100.4	101.2	101	100.9	100.8	100.5	100.2	99.6	99.5	99.9	100.3
宁波	100.9	100.7	100.8	100.7	100.4	100.5	100.3	99.9	99.8	99.6	99.7	99.8
合肥	100.6	100.8	100.8	100.5	100.3	100.3	100.1	100	99.8	99.8	99.9	99.7
福州	100.8	100.6	100.7	100.7	100.6	100.6	100.2	99.7	99.9	99.6	99.9	99.8
厦门	100.6	100.5	100.4	100.4	100.1	100.3	100.3	100	99.8	99.7	99.8	99.6
南昌	100.5	99.9	100.1	100.1	99.8	99.9	100	100	99.9	99.8	99.9	99.7
济南	100.4	99.8	100.1	100.6	100.5	100.5	100.4	100.2	99.7	99.8	99.5	99.9
青岛	99.9	100.3	100.4	100.5	100.4	100.3	100.3	100.1	99.9	99.9	99.6	99.7
郑州	100.1	100.3	100.5	100.5	100.6	100.5	100.3	99.8	99.7	99.5	99.3	99.5
武汉	100.5	100.5	100.4	100.7	100.3	100.7	100.4	100	99.8	99.8	99.7	99.5
长沙	100.6	100.5	100.7	100.5	100.3	100.7	101.2	100.4	100.2	99.7	100	100.2
广州	101.4	101	101.4	101.2	100.9	100.6	100.6	100.5	99.6	99.4	99.5	99.7
深圳	101.7	100.9	100.4	100	99.9	99.8	99.6	99.6	99.5	99.8	99.8	99.6
南宁	100.2	100.2	99.9	99.8	99.9	100.1	99.9	99.7	99.8	99.7	99.4	99.6
海口	100.4	100.5	100.6	100.8	100.5	100.8	101.3	100.8	100.5	100.3	100.3	100.1
重庆	100.3	100.2	100.8	101.3	101	100.9	100.2	100	100.3	99.8	100	99.6
成都	101	100.8	100.7	100.3	100.7	100.5	100	100.5	100.1	100	99.4	99.7
贵阳	99.8	100.1	100.2	100.4	100.3	99.8	99.9	99.6	99.4	99.7	99.3	99.4
昆明	100.8	100.8	100.3	100.5	100.2	99.4	99.6	99.4	99.5	99.7	99.7	100.5
西安	101	100.9	100.6	100.8	101	100.9	100.6	100.3	100.2	99.8	99.5	99.7
兰州	100.4	100.6	100.4	100.6	100.3	100.1	100.2	99.9	99.7	99.6	99.7	99.8
西宁	100.8	100.4	100.3	100.4	100.4	100.6	100.4	100.3	100.1	99.4	99.3	99.5
银川	100.7	100.5	100.7	100.6	100.8	100.5	100.2	99.9	99.8	99.8	99.7	99.8
乌鲁木齐	100.3	100.5	99.9	100.5	99.8	99.7	99.8	99.7	99.5	99.5	99.6	99.7
唐山	100.4	100.6	100.1	99.6	99.5	100.2	99.5	99.7	99.4	99.9	100.2	99.6
秦皇岛	99.9	99.8	100.2	99.8	99.9	99.5	99.5	99.8	99.7	99.8	99.7	99.5
包头	100.2	100.2	100.3	100.5	100.5	100.2	99.8	99.8	99.7	99.9	99.6	99.6
丹东	100.3	100.2	100.2	100.3	100.4	100.2	100.1	100	100.1	99.9	99.7	99.2
锦州	99.6	100.2	100.2	99.5	99.9	99.7	99.9	100.2	99.7	99.5	99.3	99.7
吉林	100.1	100.1	100.3	100.1	100	99.9	100.2	99.8	99.6	99.6	99.9	99.6
牡丹江	99.7	99.8	100	99.9	99.7	99.3	99.4	99.5	99.2	99.2	99.6	98.7
无锡	100.8	100.3	100.9	100.7	100.4	100.9	100.5	100.2	100.1	99.6	99.6	99.4
徐州	101	100.3	101.3	101.4	101.1	100.5	99.8	99.7	99.7	99.5	99.4	99.5

续表

城市	1月	2月	3月	4月	5月	6月	7月	8月	9月	10月	11月	12月
扬州	100.5	100.5	100.8	100.8	100.7	100.7	100.3	100	99.7	99.6	99.5	99.3
温州	100.5	100.8	100.6	100.8	100.7	100.6	100.3	100.1	99.6	99.5	99.8	99.7
金华	101.3	100.5	100.5	100.4	100.6	101	100.4	99.7	99.8	99.7	99.6	99.8
蚌埠	100.4	100.3	100.6	100.3	100.3	100.7	100.3	100.2	99.8	99.6	99.5	99.6
安庆	99.9	99.6	99.9	99.8	99.7	99.8	99.6	99.7	99.6	99.5	99.4	99.5
泉州	100.9	100.8	100.7	101	100.7	100.6	100.3	100.2	99.9	99.6	99.3	99.5
九江	100.7	100.5	100.6	100.3	100.2	100.4	100.2	99.8	99.9	99.6	99.5	99.7
赣州	100	100.3	100	100	99.8	100.2	99.7	99.9	100.1	100.5	100.4	100
烟台	100.4	100.3	100.5	100.5	100.3	100.3	100.6	100.1	99.9	99.8	99.8	99.9
济宁	100.6	100.5	100.3	100.4	100.6	100.5	99.8	99.8	100.2	99.8	100	99.3
洛阳	100.2	99.9	100.5	100.9	100.6	100.3	100.4	100.1	100.1	100	99.2	99.4
平顶山	100.3	100.4	100.2	100.2	100.1	100	99.9	100	99.8	99.9	99.7	99.9
宜昌	99.7	99.8	100.2	99.8	99.9	99.9	99.8	99.7	99.8	99.8	99.5	99.5
襄阳	100	99.8	100.3	100.3	100.2	100.2	99.9	99.8	100	99.5	99.8	99.7
岳阳	99.8	99.7	99.7	99.8	99.7	99.9	99.4	100.1	99.7	99.7	99.8	99.5
常德	100	100	100.1	100.1	99.8	100	99.5	99.7	99.9	99.7	99.7	99.4
韶关	100.3	100.1	100.4	100.5	100.4	99.7	99.9	100.3	99.9	99.2	99.5	99.7
湛江	99.9	100.3	100.5	100.7	100	100.3	100	99.7	99.6	99.6	99.8	99.6
惠州	100.7	100.6	100.4	100.2	100.2	100.4	99.8	99.7	99.7	99.5	99.6	99.8
桂林	100.5	100.2	100.1	99.8	100.1	100.2	100.3	99.8	99.6	99.4	99.3	99.8
北海	99.9	99.8	99.8	99.7	100	100.5	100.1	99.9	99.8	99.8	99.6	99.4
三亚	100.6	100.7	100.7	100.8	100.7	100.5	100.4	100.3	100.2	100.4	100	99.4
泸州	100.1	100.4	99.7	100.4	100.5	100	100.2	100.5	100.1	99.2	99.1	99.7
南充	99.7	99.8	99.5	100.4	99.7	99.5	99.3	99.4	99.5	99.1	99.2	99.5
遵义	100.5	100.2	100.3	99.8	99.5	100	99.9	99.8	99.6	99.5	99.8	99.7
大理	100.2	100.6	100.2	100.2	100.1	99.9	99.5	99.8	99.6	99.2	99	99.2

数据来源：国家统计局。

2021年70个大中城市二手住宅销售价格指数同比数据 表36

城市	1月	2月	3月	4月	5月	6月	7月	8月	9月	10月	11月	12月
北京	106.9	108.5	109.9	110.1	109.3	109.9	110.7	110.4	109.7	108.8	108.1	108.5
天津	96.6	97.1	98	98.5	99.4	100	100.1	100.9	101.7	101.6	101.5	101.3
石家庄	97.9	97.7	97.8	98.4	98.7	98.4	98.5	98.4	98.1	97.9	97.3	96.6
太原	97.1	97.4	96	96.3	96.9	97.9	98.6	97.8	97.9	97.9	97.3	96.2
呼和浩特	99.1	99.3	100.1	100.1	100.4	100	99.1	99	98.4	98.1	98	98.3
沈阳	107.2	107.4	107.6	106.3	105.9	105.5	105.2	104.5	104.2	103.3	102.4	101.8
大连	106.5	107	107.2	106.8	106.5	106.3	106	105.7	105.5	105.3	104.9	104.1
长春	98.9	98.3	97.8	97.3	97.6	97.5	98.1	98.3	98.7	99	99	99.3
哈尔滨	96	96.3	96.5	96.5	96.9	98.1	99	99.4	99.4	99.3	98.8	98.4
上海	107.6	108.8	109.7	109.3	109.4	110.1	110.3	109.7	108	107	106.7	106.5
南京	104.7	105.2	105.9	106.1	106.2	106.4	106.5	106.4	106.1	105.4	104.5	103.8

续表

城市	1月	2月	3月	4月	5月	6月	7月	8月	9月	10月	11月	12月
杭州	107.7	108.2	108.7	108.7	108.7	108.6	107.8	107.3	106.6	105.7	105.5	105.2
宁波	108.8	110.1	110.5	110.4	109.7	109	108.1	107.1	105.9	104.8	104	103.2
合肥	105	105.8	106.3	106.3	106.1	106.3	106.1	105.6	105	104.3	103.5	102.5
福州	103.4	104.1	105.2	105.1	104.6	105	105.7	105.6	105.1	104.3	104.2	103.1
厦门	105.1	105.6	105.9	105.8	104.9	104.4	104.2	104.2	104	103.3	102.5	101.4
南昌	100.2	100.1	100.7	100.9	100.2	100.2	100.6	101	101	101	100.4	99.6
济南	97.7	98	98.2	98.9	99.2	100	100.2	100.9	101	101.1	101.1	101.5
青岛	97.9	98.8	99.7	100.2	100.7	100.8	101.3	101	101.2	101.5	101.4	101.2
郑州	97	97.2	98.3	99.3	100.6	101.3	101.8	101.7	102	101.7	101.3	100.9
武汉	101.1	101.6	102	102.8	103.1	104.2	104.1	103.3	102.8	102.5	102.3	102.2
长沙	102	102.7	103.5	104.4	104.7	104.9	105.7	106	106.2	105.7	105.5	105.1
广州	108.7	109.8	111.5	112.9	113.5	113.2	112.2	110.9	109.6	108.3	106.9	105.8
深圳	115.3	116	114.6	112.9	110.9	108.7	107	105.4	103.6	102.5	101.7	100.6
南宁	103.2	103.3	103.1	102.6	102.5	102.4	101.5	101	100.5	99.8	98.8	98.1
海口	102.6	103.2	104.5	105.6	106.7	107.4	108.1	107.8	108	107.5	107.4	107.2
重庆	100.1	100.7	102.3	103.7	104.8	105.5	105.6	105	104.9	105	104.7	104.4
成都	109.3	109.3	109.3	107.4	106.8	106.7	106	105.3	105.1	104.8	103.7	103.8
贵阳	96.7	96.8	97.3	98	98.4	98.5	99.3	99.1	98.7	98.7	98.2	97.9
昆明	103.9	104.4	104.2	104.2	104.1	103.1	102.6	102.4	101.3	100.6	100.1	100.5
西安	103.8	104.7	105.6	106.6	107.4	107.8	107.9	107.3	106.8	106.2	106	105.6
兰州	103.9	104.4	105.3	105.2	105.3	105	104.6	104.2	103.4	102.6	101.9	101.2
西宁	108.6	108.7	108.6	108.1	107.7	106.8	106.2	105.8	105.5	104.4	103.1	102.1
银川	109.7	110	110.4	109.8	109.3	108.4	107.4	106.1	105.4	104.3	103.5	103
乌鲁木齐	106.1	107.2	106.3	106	104.8	103.5	102.8	102.4	101.1	99.9	99.3	98.5
唐山	107.8	107.7	106.8	105.5	104.3	103.5	102.2	100.8	99.7	99.5	99.4	98.8
秦皇岛	103	103.3	103.6	103.2	102.4	101.4	99.9	98.8	98.1	97.8	97.3	97.1
包头	101.8	102	102.7	103.9	103.3	102.8	102.3	102	101.4	101.5	101.1	100.5
丹东	104.6	104.5	104.6	104.6	104.7	104.6	104.4	103.6	103.1	102.6	101.8	100.6
锦州	99.4	99.6	99.4	99.6	99.8	99.4	99.3	98.9	98.5	98.3	97.5	97.4
吉林	98.2	98.4	98.6	98.7	98.7	98.6	99.4	99.5	99.3	99.2	99.3	99.4
牡丹江	90	90.1	90.6	91.7	92.9	94	94.6	95.7	95.4	95.2	95.3	94.3
无锡	107.9	108.5	109	108.7	108.2	107.5	106.7	105.7	104.9	104.5	104	103.4
徐州	109.1	108.8	109.8	110.6	110.9	110.4	109.4	108.1	106.4	105.4	104.1	103.2
扬州	105	105.5	106.1	106.5	107.1	107.8	108	107.1	106.1	104.9	104.2	102.6
温州	105.8	106.6	107.5	107.3	107.4	107.2	106.5	105.6	104.7	104.2	103.6	103
金华	106.2	107	107.3	107.5	108.1	108.4	107.9	106.4	105.5	104.9	104.3	103.2
蚌埠	103.9	104.2	105	104.8	104.6	104.9	105	104.6	104.2	103.7	102.7	101.9
安庆	98.4	98.4	98	97.4	97.3	97.2	97.3	97.2	96.8	96.5	96.3	96.2
泉州	105	106.1	107.1	108.2	108.2	108.3	108.4	107.7	106.9	106	104.8	103.6
九江	102	102.4	103	103.4	103.1	103	103.2	103.3	103.2	103.1	102	101.4

续表

城市	1月	2月	3月	4月	5月	6月	7月	8月	9月	10月	11月	12月
赣州	102.4	102.5	102.8	102.6	101.9	101.8	101.2	100.7	100.3	100.8	100.8	100.9
烟台	99.6	100.6	101.5	102.3	102.8	103.3	104.2	104.2	103.7	103.1	102.6	102.4
济宁	105.4	106	106.3	106.3	106.9	106.8	105.9	104.6	104.2	103.6	103.2	101.9
洛阳	102.9	102.8	102.9	103.8	104.1	104.2	103.7	103.3	103.3	103.2	102.5	101.5
平顶山	103.4	103.7	103.6	103.5	103.4	103.1	102.7	102.1	101.3	100.8	100.5	100.3
宜昌	99.3	99.1	99.9	99.9	100	99.9	98.9	98.9	98.4	98.1	97.7	97.5
襄阳	98.8	98.6	99.1	99.6	99.7	100	100.5	100.1	100.1	99.7	99.7	99.5
岳阳	100.9	101.1	100.6	99.9	99.3	98.8	98.1	98.2	97.6	97.8	97.3	96.8
常德	98.2	98.2	98.9	99.2	99.3	99.7	99.4	98.8	99	99	98.4	97.8
韶关	99.8	100.3	100.7	101.7	102.5	101.7	101.4	101.3	101.4	100.8	99.9	99.9
湛江	98.1	98.8	100	101.1	101.4	102.1	102.2	101.9	100.9	100.4	100.2	100
惠州	103.9	104.5	105	105.5	105.4	105.6	104.8	103.6	102.4	101.6	101.2	100.6
桂林	102.6	102.6	102.6	102.1	101.7	101.8	101.8	101.5	100.7	99.9	99	99
北海	96.6	96.7	96.6	96.7	97.3	98.1	98.7	98.6	98.7	98.9	98.9	98.3
三亚	100.6	101.3	102.5	103.5	105.1	105.3	105.4	106.3	105.9	106.3	106	104.7
泸州	97.3	98.4	98.5	99.2	100.1	100.2	100.6	101.6	101.5	100.8	100	99.9
南充	94.4	95.1	94.7	95.5	95.6	95.5	95	95	95.1	94.8	94.8	94.7
遵义	99.9	100.9	101.2	101.2	100.8	100.6	100.4	99.7	99.3	99	98.7	98.6
大理	102	102.6	102.6	102.7	102.5	102.3	101.5	100.4	99.6	98.9	98.1	97.6

数据来源：国家统计局。

2021年70个大中城市二手住宅销售价格指数定基数据 **表37**

城市	1月	2月	3月	4月	5月	6月	7月	8月	9月	10月	11月	12月
北京	103.9	105.2	106.7	108	109.2	110.5	111.2	111.7	111.4	110.9	110.7	111.6
天津	98.5	98.6	99	99.3	99.7	100	100.1	100.1	100.7	100.5	100.2	99.8
石家庄	98.8	98.6	98.6	98.9	99	98.7	98.5	98	97.7	97.1	96.4	95.4
太原	98.4	98.2	98.1	97.8	97.5	97.5	97.9	97.6	97.1	96.7	95.9	94.7
呼和浩特	99.5	99.7	99.9	99.8	99.7	99.6	99.1	99.5	98.9	98.4	98	97.9
沈阳	103.1	103.5	104.1	104.7	105.2	105.6	106	106.1	106	105.9	105.5	105
大连	103.2	103.8	104.4	105.2	105.8	106.3	106.7	107.1	107.3	107.4	107.3	107.1
长春	98.4	97.9	97.8	97.5	98	98.4	98.6	98.9	99	98.9	98.5	98.1
哈尔滨	97.1	97.4	97.8	98.3	98.6	98.9	99.1	98.8	98.2	97.7	96.7	95.7
上海	104.5	105.8	107	107.9	108.6	109.6	110.3	110.5	109.9	109.5	109.4	109.8
南京	102.7	103.2	104.2	104.9	105.5	106.2	106.6	107.1	107.2	106.9	106.4	106.1
杭州	103.9	104.3	105.6	106.7	107.6	108.4	109	109.2	108.8	108.3	108.1	108.4
宁波	105.1	105.9	106.8	107.5	107.9	108.5	108.7	108.7	108.4	108.1	107.7	107.5
合肥	103.2	104	104.7	105.3	105.6	105.9	106	106	105.8	105.6	105.5	105.1
福州	102.3	102.9	103.6	104.4	105	105.6	105.9	105.6	105.4	105	104.9	104.7
厦门	103	103.5	103.9	104.3	104.4	104.7	105.1	105	104.8	104.4	104.2	103.8
南昌	100.7	100.7	100.8	100.8	100.6	100.5	100.5	100.6	100.5	100.2	100.1	99.8
济南	98.8	98.5	98.7	99.3	99.8	100.3	100.7	100.9	100.6	100.4	99.9	99.8

续表

城市	1月	2月	3月	4月	5月	6月	7月	8月	9月	10月	11月	12月
青岛	99	99.3	99.8	100.2	100.6	100.9	101.2	101.3	101.2	101.1	100.7	100.3
郑州	98.7	99	99.5	100.1	100.7	101.2	101.5	101.3	101	100.6	99.9	99.4
武汉	100.8	101.3	101.7	102.4	102.7	103.4	103.8	103.8	103.5	103.3	103	102.5
长沙	101.8	102.4	103.1	103.6	103.9	104.6	105.8	106.3	106.5	106.1	106.1	106.4
广州	105.9	107	108.4	109.7	110.6	111.3	112.1	112.6	112.2	111.4	110.9	110.5
深圳	107.6	108.6	109	109	108.9	108.8	108.3	107.9	107.4	107.2	107	106.5
南宁	101.9	102.1	102	101.8	101.7	101.8	101.8	101.4	101.2	100.9	100.3	99.8
海口	102.5	103	103.7	104.5	105	105.9	107.2	108	108.6	108.9	109.2	109.4
重庆	100.8	100.9	101.7	103	104.1	105	105.2	105.2	105.4	105.2	105.3	104.8
成都	103.8	104.7	105.5	105.8	106.5	107	107	107.6	107.7	107.6	107	106.6
贵阳	98.1	98.2	98.5	98.8	99.1	98.9	98.8	98.4	97.9	97.6	96.9	96.3
昆明	102.1	102.9	103.2	103.7	104	103.4	103	102.4	101.9	101.6	101.2	101.8
西安	102.7	103.6	104.2	105.1	106.1	107.1	107.8	108.1	108.3	108.1	107.5	107.3
兰州	102.5	103	103.5	104.1	104.5	104.6	104.8	104.6	104.3	103.9	103.6	103.3
西宁	104.5	104.9	105.3	105.7	106.1	106.8	107.2	107.6	107.7	107	106.3	105.8
银川	104.9	105.4	106.1	106.8	107.6	108.1	108.4	108.3	108.1	107.9	107.6	107.4
乌鲁木齐	103.3	103.8	103.7	104.3	104	103.7	103.5	103.1	102.6	102.1	101.7	101.4
唐山	103.4	104	104.1	103.7	103.2	103.4	102.9	102.6	102	101.9	102.1	101.7
秦皇岛	101.6	101.4	101.6	101.4	101.3	100.8	100.3	100.1	99.7	99.5	99.2	98.7
包头	101.1	101.3	101.7	102.3	102.8	103	102.7	102.5	102.3	102.2	101.8	101.4
丹东	102.8	102.9	103.1	103.5	103.8	104	104.1	104.1	104.2	104.1	103.9	103.1
锦州	99.5	99.7	99.9	99.5	99.3	99	98.9	99.1	98.8	98.3	97.6	97.3
吉林	98.8	98.9	99.2	99.3	99.3	99.2	99.4	99.2	98.9	98.5	98.4	98
牡丹江	95.1	94.9	94.9	94.8	94.5	93.9	93.3	92.9	92.1	91.4	91.1	89.9
无锡	103.9	104.2	105.2	105.9	106.3	107.3	107.8	108	108.1	107.7	107.3	106.6
徐州	105	105.3	106.6	108.1	109.3	109.8	109.6	109.2	109	108.5	107.8	107.2
扬州	103.3	103.8	104.7	105.5	106.3	107.1	107.4	107.4	107.1	106.7	106.1	105.4
温州	103.1	103.9	104.6	105.4	106.1	106.8	107.1	107.2	106.8	106.3	106	105.7
金华	104.3	104.8	105.4	105.7	106.4	107.4	107.8	107.5	107.3	107	106.6	106.3
蚌埠	102.4	102.7	103.4	103.7	104	104.7	105.1	105.3	105.1	104.7	104.3	103.8
安庆	98.8	98.5	98.3	98.2	97.8	97.6	97.2	97	96.6	96.1	95.6	95.2
泉州	103.7	104.5	105.2	106.3	107.1	107.7	108.1	108.3	108.2	107.7	107	106.4
九江	101.4	101.9	102.5	102.8	103	103.5	103.6	103.5	103.4	103	102.5	102.1
赣州	101.3	101.5	101.6	101.5	101.3	101.5	101.2	101.1	101.3	101.8	102.2	102.2
烟台	100.8	101.1	101.6	102.2	102.5	102.8	103.4	103.5	103.4	103.1	102.9	102.8
济宁	103.5	104	104.3	104.7	105.4	105.9	105.7	105.5	105.8	105.6	105.5	104.8
洛阳	101.5	101.4	101.9	102.8	103.4	103.8	104.2	104.2	104.3	104.3	103.4	102.8
平顶山	101.8	102.2	102.4	102.6	102.7	102.7	102.6	102.6	102.4	102.3	102	101.8
宜昌	99.7	99.5	99.7	99.5	99.4	99.3	99.1	98.9	98.7	98.4	97.9	97.5
襄阳	99.3	99.1	99.5	99.8	100	100.2	100.1	99.9	99.9	99.4	99.2	98.9

续表

城市	1月	2月	3月	4月	5月	6月	7月	8月	9月	10月	11月	12月
岳阳	100.3	100	99.6	99.5	99.2	99.1	98.5	98.6	98.3	98	97.8	97.4
常德	99.5	99.4	99.5	99.5	99.4	99.4	98.9	98.5	98.5	98.2	97.9	97.3
韶关	100.3	100.4	100.8	101.3	101.8	101.4	101.3	101.6	101.5	100.7	100.2	99.9
湛江	99.6	99.9	100.4	101.1	101	101.4	101.4	101.1	100.7	100.3	100.2	99.7
惠州	102.7	103.3	103.7	104	104.2	104.6	104.4	104.1	103.8	103.3	102.9	102.7
桂林	101.4	101.6	101.6	101.5	101.5	101.7	102	101.8	101.4	100.8	100.1	99.9
北海	98.3	98.2	98	97.7	97.7	98.1	98.2	98.1	97.9	97.7	97.3	96.7
三亚	101.3	102	102.7	103.6	104.3	104.8	105.2	105.5	105.7	106.1	106.1	105.5
泸州	99.1	99.5	99.2	99.6	100.1	100.1	100.3	100.8	100.9	100.1	99.2	98.9
南充	96.9	96.7	96.3	96.6	96.3	95.8	95.2	94.6	94.1	93.3	92.5	92
遵义	100.5	100.7	101	100.8	100.3	100.3	100.2	100	99.7	99.2	99	98.6
大理	100.9	101.5	101.7	101.9	102	101.9	101.4	101.2	100.8	100	99	98.3

数据来源：国家统计局。

（哈尔滨工业大学　王要武　李晓东）

部属单位、团体

全国市长研修学院（住房和城乡建设部干部学院）

【概况】 2021年，全国市长研修学院（住房和城乡建设部干部学院）（以下简称“学院”）在住房和城乡建设部党组的坚强领导下，坚持以习近平新时代中国特色社会主义思想为指导，按照全国住房和城乡建设工作会议部署，全体教职工齐心协力、攻坚克难、真抓实干，学院党建纪检、巡视整改、培训科研、疫情防控等各项工作都上了新台阶。

2月9日，住房和城乡建设部党组书记、部长王蒙徽在学院“呈报万荣同志：全国市长研修学院（住房和城乡建设部干部学院）2020年工作总结及2021年工作打算；2020年度学院十件大事”上批示：一年来市长研修学院各方面工作都取得了较好的成绩，希望再接再厉，再创佳绩。

【紧贴住房和城乡建设工作重大决策部署，扎实做好各类培训工作】 以学习贯彻习近平总书记关于住房和城乡建设工作的重要论述和指示批示精神、中央城市工作会议精神为主线，按照全国住房和城乡建设工作会议提出的要求，聚焦城市更新等重点工作共举办面授及网络培训班102期，培训学员91125人次，其中面授培训班69期，培训学员8527人次。举办了市长研究班4期，党校处级干部进修班1期，住房和城乡建设系统领导干部培训班6期等。

部领导高度重视、司局支持是学院培训工作的根本保障。王蒙徽等部领导亲自审定学院年度培训计划或到学院座谈调研等。学院聚焦当前城市建设管理中的重大问题来设计培训主题，贯彻落实绿色发展理念，围绕致力于绿色发展的城乡建设，主题涵盖城市更新、城乡历史文化保护与传承、城乡建设绿色低碳发展、保障性租赁住房、老旧小区改造等部重点工作开展培训。培训学员在中组部办班系统中，对“地级市主要负责同志提高领导城市工作能力市长专题研究班”总体评分为98.6分，对“县级市主要负责同志提高领导城市工作能力市长专题研究班”总体评分为97.8分。杨保军、潘安、俞孔坚、李郇、张杰等同志的授课，受到学员一致好评。

注重研讨交流，提高培训有效性。“住房和城乡建设系统学习贯彻党的十九届五中全会精神厅长专题研讨班”改变了原有以讲授为主的培训形式。党组书记、部长王蒙徽以“学习贯彻习近平总书记重要论述和党的十九届五中全会精神推动住房和城乡建设事业高质量发展”为题，亲自为厅长班学员做主题报告，带领全体学员深入学习习近平总书记关于住房和城乡建设工作的重要论述和党的十九届五中全会精神，系统阐释新时代新阶段推动住房和城乡建设事业高质量发展需要把握的重点问题，就进一步改进思想和工作方法提出明确要求。学员们围绕主题报告就如何做好省级住房和城乡建设工作、促进住房和城乡建设事业高质量发展深入交流研讨。学员们表示，此次研讨内容丰富，具有极强的思想性、针对性和操作性，学到了很多新的工作理念、工作方法和破解难题的对策。

市长培训与部重点工作推进现场会相结合，更好服务部中心工作。在福州举办的“地级市主要负责同志提高领导城市工作能力市长专题研究班”与部“发展保障性租赁住房工作现场会”套开，部领导及司局领导深入讲解加快发展保障性租赁住房的重要意义，解读政策、给出方法路径，福州、上海、杭州、广州、厦门等地介绍地方经验，现场观摩4个不同类型的福州保障性租赁住房建设示范点，解决了学员思想中“为什么，干什么”的困惑，对回去“怎么干”提供了具体的工作指引，取得了“1＋1＞2”的效果。

深入一线办班，提高培训针对性。“历史文化保护与城市风貌塑造市长专题研究班”安排在首批历史文化名城景德镇市，“地级市主要负责同志提高领导城市工作能力市长专题研究班”安排在福州市，这都是在京外举办市长研究班的成功尝试。学员们普遍认为这种在工作一线开展培训的方式，是一种最直接的城市工作理念更新、开拓视野的方式。深入了解并学习借鉴先进地区开展城市工作的经验做法，为今后科学开展城市建设工作奠定了坚实的理论和实践基础，培训起到了事半功倍的效果。

线上线下相结合，提高培训实用性。受疫情影响，学院多期培训班采取线上线下相结合的方式举办，解决了一些名师不能亲临培训现场教学的遗憾。在“地级市主要负责同志提高领导城市工作能力市长专题研究班”上，创新性地开展了中国与新加坡专家的线上培训，新方专家们围绕新加坡组屋更新与振兴、市镇规划与发展、水质管理、新加坡城市规划与复兴策略等进行了四次专题讲座和互动交流。让学员们拓宽了视野，借鉴了经验，这也是在疫情常态化下探索的一条跨国开展培训的有效途径。

开展多样教学活动，提高党校班教学质量。集中住读的学习方式让党校班有更多的学时开展教学活动和理论学习。党校班以各种形式开展教学活动，提高学员的理论水平、党性修养和履职能力。以学懂弄通做实习近平新时代中国特色社会主义思想为目标，围绕“习近平新时代中国特色社会主义思想”成立专题学习小组，建立常态化学习机制，相互借鉴相互促进。开展了党史学习教育、党的十九届六中全会精神系列学习活动，开设了12门部门特色课，邀请部有关单位领导、知名专家等为学员授课。组织了多期学员论坛，围绕“推动住房和城乡建设绿色发展”主题，开展业务研讨和思想交流，提升了学员推动绿色发展意识和落实绿色发展理念的能力。

【大力推进网络培训，取得了突破性成效】抓好网络培训是应对疫情冲击的重要举措，学院主动调整培训方式，利用已建成的“全国住建系统领导干部网络培训平台（全国住建系统专业技术人员在线学习平台）”，进行技术升级改造，录制大量网络培训课程，大量培训项目改为线上培训，为完成培训任务提供了强有力的保障。新版“全国住建系统领导干部在线学习平台”正式上线。新的干部学习平台搭建了省级分平台，增设了“住建在线”手机App等移动端功能，个性化开设定制培训等，上线了300余门课程，已有8000余人注册学习，“全国住建系统领导干部培训一张网”的目标初步形成。为住房和城乡建设部干部学习平台更新上线了住房和城乡建设系统领导干部视频远程教育培训课程，党的十九届五中全会精神和党史学习教育等2期专题网络培训课程，共605人在线学习。

积极为地方省厅干部培训服务。开通“陕西省住房和城乡建设干部学习平台”，共8000余人参加学习。为黑龙江省住房和城乡建设厅开通“省住建系统领导干部学习平台”，并举办系统业务能力提升专题培训班，共2800多名系统领导干部参加学习。举办山东省注册建筑师继续教育共1300余人参加学习，江西省注册建筑师、注册结构工程师继续教育项目共500余人参加培训。免费为26个省开通了2475个学习账号共3200余人参加线上学习。

陆续推出注册执业人员继续教育网络课程。“全国住建系统专业技术人员在线学习平台”推出了注册建筑师、结构工程师、建造师继续教育学习课程203门，还上线了35门建设工程消防技术精品课程，在线学习8万余人，充分发挥国家级专业技术人员继续教育基地在住建领域专业技术人员知识更新中的重要作用。

【建设新型智库，努力推动学院转型发展】在已出版的《致力于绿色发展的城乡建设》系列培训教材10本的基础上，为贯彻落实习近平总书记关于建立城市体检评估机制的重要指示精神，推动城市体检工作，增编城市体检教材。学院推荐的杨保军、吕舟主讲的《全面实施城市更新行动推动城市高质量发展》《城乡历史文化保护传承体系建设》2门课程，参评中组部全国干部教育培训好课程。

围绕部中心工作开展课题研究。学院在研的部级、院级各类课题28项，做好新立项的“城市更新政府决策与激励政策研究”“以县城为重要载体的就地城镇化研究”等4项部级课题研究，继续做好“城市管理体系化建设研究”“公共建筑节能管理部门人员培训方案研究”等10余项课题研究，完成了部司局委托的“政务公开第三方评估”“城市运行管理服务平台建设指南与实务”“城市奖项统筹策略研究”等课题。“重庆市深入推进‘马路办公’创新基层治理机制”登在部信息专报上并上报中办、国办，《陕西省住房和城乡建设厅以“共同缔造”专题培训为契机探索干部网络培训新模式》登在部建设工作简报上。围绕部党组赋予的重点任务和改革发展大局，学院领导班子成员带队深入地方开展调研，《工程建设领域注册执业人员继续教育工作情况的调研报告》登在部调查与研究上并上报国务院研究室。

【加强学院自身建设，不断提高干部队伍素质】深入学习贯彻习近平新时代中国特色社会主义思想，把贯彻党中央决策部署，落实部党组指示要求作为义不容辞的政治责任，坚定拥护“两个确立”，忠诚践行“两个维护”。充分发挥党委理论学习中心组学习示范带动作用，运用党支部学习、青年理论学习小组学习狠抓党员和青年干部的理论武装，持续深化政治机关意识教育。狠抓党的组织建设，顺利完成党委、纪委换届选举工作。加强党风廉政建设，坚持不懈纠治“四风”，坚决贯彻落实部党组、驻部纪检监察组关于力戒形式主义、官僚主义“十不准”的规定。党史学习教育取得实实在在的成效，党员干部进一步深刻理解把握“两个确立”的决定性意义，更加坚定自觉地践行“两个维护”。持续抓好巡视整改工作，巡视整改任务全部完成，做好主题教育整改、定点帮扶工作。2个党支部组队参加了中央和国家机关工委组织的党史学习接力赛。

干部队伍建设逐步形成梯队。出台《2020—2024年人才发展规划》《推动教师上讲台实施方案》《促进学院专业技术人员成长实施办法》《教职工交流轮岗管理办法》等多项干部培养方案，完成了首次副处级组织员选拔聘任工作。选派多名干部到部、地方挂职或协助工作。在全体教职工中开展系统领导干部视频远程教育培训网络课程学习，举办了自有教师上讲台试讲、教职工能力素养提升培训、公文处理讲座培训等。

学院规章制度不断健全。修订新订学院《青年理论学习小组工作制度》《党员组织关系转接管理办法》《内部控制制度》《干部人事档案管理办法》等10余项规章制度。为进一步规范干部选拔任用工作，出台了《中层干部选拔任用工作办法》；为激励学院工作人员担当作为、干事创业，出台了《工作人员奖励实施办法》。

学院文化建设取得新突破。评选出炉2020年度学院十件大事，十件大事评选已经成为学院文化名片。结合党史学习教育，继续推动为教职工办实事办好事活动，印发财务规章制度汇编口袋书、开展急救知识讲座、维护办公楼窗户等实事好事。学院工会、妇女委员会、青年理论学习小组等群众组织发挥了积极作用。学院2名共产党员获得住房和城乡建设部直属机关优秀共产党员；1名共产党员获得优秀党务工作者；1个党支部获得先进基层党组织称号。学院获得了“2018－2020年度首都文明单位”称号。

〔全国市长研修学院（住房和城乡建设部干部学院）〕

住房和城乡建设部人力资源开发中心

【2021年专业技术职务任职资格评审】在部人事司的指导下，完成2021年住房城乡建设领域专业技术职务任职资格评审工作，共组织召开29次评审会，提交到职称评审委员会并上会评审的申报人员共计3321人，评审通过2623人；完成住房和城乡建设部专业技术职务任职资格评审标准修编的前期准备工作，对拟修编的内容进行梳理并细化修编计划；研究拟定《职称评审管理暂行办法（初稿）》。

【行业职业技能标准编写（编制）】组织开展行业职业技能标准编制工作，《智能楼宇管理员职业技能标准》《城镇排水行业职业技能标准》待校稿出版；《装配式建筑职业技能标准》《装配式建筑专业人员职业技能标准》《燃气行业职业技能标准》《市政行业职业技能标准》待上网征求意见；《机械清扫工职业技能标准》《保洁员职业技能标准》《垃圾处理工职业技能标准》《垃圾清运工职业技能标准》已完成送审稿审查；召开《建设安装职业技能标准》首次编制会。

【提升行业从业人员的管理能力和业务水平】完成部里财政培训项目“建设工程消防设计审验政策宣传贯彻及能力建设培训班”；完成建筑节能与科技司委托的消防审验技术服务人员培训机制研究课题研究工作。

【全国住房和城乡建设职业教育教学指导委员会秘书处工作】完成住房和城乡建设行指委（2021—2025年）换届工作；结合行业产业发展和岗位需求完成新版职业教育土木建筑类专业目录的修订工作；对接行业新业态，对应新职业启动职业教育土木建筑大类专业教学标准和简介修（制）订工作；完成“建筑工程技术”专业实训教学条件建设标准编制工作；完成行业职业院校课程思政示范项目推荐工作。

【行业企事业单位人力资源服务】发挥人事档案管理专业优势，为14家部属、行业企事业单位提供2195卷人事档案专项审查服务。推进人事档案信息化建设，2021年完成1794卷人事档案数字化加工。筹划举办休假管理、勘察设计行业人力资源管理、行动学习、HR如何顺应组织数字化转型、2021年劳动仲裁十大经典案例分析等人力资源管理系列沙龙活动，为部属单位和行业企业提供人力资源管理的问题解决思路，促进交流合作。

（住房和城乡建设部人力资源开发中心）

住房和城乡建设部执业资格注册中心

【执业资格考试情况】组织完成2021年度一级注册建筑师、一级注册结构工程师、注册土木工程师（岩土）、注册土木工程师（港口与航道工程）、注册土木工程师（水利水电工程）、注册土木工程师（道路工程）、注册公用设备工程师、注册电气工程师、注册化工工程师、注册环保工程师、注册安全工程师（建筑施工安全专业类别）、一级建造师等执业资格全国统一考试的命题及阅卷工作。完成2021年度二级注册建筑师、二级注册结构工程师和二级建造师执业资格考试命题工作。

2021年，全国共有近518万人报名参加各专业执业资格考试，具体报考情况见表1。

2021年度各专业执业资格考试报考情况统计表

表1

专业		报考人数（人）
一级注册建筑师		75318
二级注册建筑师		26431
勘察设计注册工程师	一级注册结构工程师	23220
	二级注册结构工程师	13135
	注册土木工程师（岩土）	17871
	注册土木工程师（港口与航道工程）	428
	注册土木工程师（水利水电工程）	1604
	注册土木工程师（道路工程）	7141
	注册公用设备工程师	23662
	注册电气工程师	13695
	注册化工工程师	1086
	注册环保工程师	1819
注册安全工程师（建筑施工安全专业类别）		190844
一级建造师		1538360
二级建造师		约325万
合计		近518万

【考试管理工作】一是研究制定考试工作应急预案和防疫指南，严格遵守集中工作防疫要求，加强与命题专家沟通，根据实际情况及时调整专家，确保按时完成各项命审题和阅卷工作。二是严格保密管理，工作中加强对专家及工作人员的保密教育，认真落实保密措施和要求，连续第四年对一级建造师建筑、市政、机电三大热门专业命题专家采取入闱管理，确保实现考试安全目标。三是加强命审题过程中的质量管理，通过往年考试总结分析，强化对专家命题工作的指导，严格按照命题规程和技术手册的要求开展命题工作。

【注册管理】继续开展一级注册建筑师、勘察设计注册工程师、注册监理工程师、一级建造师、注册安全工程师（建筑施工安全专业）等执业资格注册管理相关工作，2021年共完成近106万人次的各类注册工作。据统计，截至年底，各专业（除二级建造师）有效注册人数近134万人，具体情况见表2。

2021年度各专业执业资格有效注册情况统计表 **表2**

专业		至2021年底有效注册人数（人）
一级注册建筑师		38585
勘察设计注册工程师	一级注册结构工程师	44410
	注册土木工程师（岩土）	21980
	注册公用设备工程师	35908
	注册电气工程师	24016
	注册化工工程师	6073
一级建造师		815417
注册安全工程师（建筑施工安全专业）		69639
注册监理工程师		283212
合计		1339240

执业资格注册管理中，推动一级建筑师、一级建造师注册电子证照改革工作。8 月 1 日起，一级建筑师全面实行电子证书，10 月 15 日起，一级建造师全面实行电子证书，2021 年年底前，已有 22429 名注册建筑师和 543738 名建造师申领了电子注册证书，两项电子证书申领率已达到 60%和 66%。推进监理工程师注册管理系统重构工作。新系统已于 12 月 23 日正式上线。围绕“我为群众办实事”实践活动，加强注册咨询服务，更新优化各类指导性文件和常见问题指南，解决电话咨询难的问题上做了大量工作，主动提高服务水平。继续推进打击“挂证”专项整治，在以往初始注册审查环节对比社保数据的基础上，年内实现了延续注册对接社保系统，更大范围地遏制“挂证”行为。加强事中事后监管力度，规范权力运行，编制了《一级建筑师违法违规行为的处罚权力运行和制约监督机制》。

【建设行业职业技能鉴定】积极做好住房城乡建设行业《职业分类大典》修订工作。通过征集相关单位的修订意见、召开行业专家论证会、征求相关司局的意见等，归纳完成了《职业分类大典》修订意见，并持续跟踪住房和城乡建设行业未被纳入《职业分类大典》的急需、紧缺职业（工种），及时组织补充上报，确保职业分类动态调整更新。积极推进有关课题研究，组织开展《建筑产业工人技能培训评价体系建设研究》《建筑产业工人工匠精神宣传途径的研究》两项重要课题研究工作。对全国 15 个省市区开展了实地调研，并对其他省市区进行书面调研，进一步摸清了住房和城乡建设行业产业工人队伍底数。同时，认真梳理了住房和城乡建设行业技能人员职业（工种）及其对应的行业标准。与建筑杂志社开展战略合作，在《建筑》杂志开设“技能提升”专栏，为各方提供交流展示平台，助力技能人才培养。

【国际交流与继续教育】根据中日韩三方约定和各国新冠肺炎疫情发展情况，沟通协调了在韩国举办三国交流会的相关事宜，并与日本、韩国的建筑师组织就相关问题达成一致意见，确保了中日韩三国建筑师组织交流工作机制畅通。参加第九届 APEC 注册建筑师项目理事会线上会议。配合中国建筑学会完成 APEC 建筑师项目中国监督委员会人选推荐工作。参与中俄总理定期会晤委员会建设和城市发展分委会工作。以视频会议形式交流中俄注册建筑师执业资格制度有关情况，推动中俄建筑师资格互认工作。推动继续教育制度建设，协调管委会推进注册建筑师继续教育必修课教育方式改革研究，提交了《“十四五”期间注册建筑师必修课教材选题的建议》等报告，组织召开注册建筑师继续教育教材发展研讨会，明确了具体改革措施。开展新注册周期注册建筑师继续教育必修课选题及编写工作，确定了新注册周期必修课教材选题，成立编写工作组，协调出版社和编写组推进教材编写工作。

【其他工作】完成《全国一级注册建筑师资格考试大纲》（2021 年版）的修订工作，并于 2021 年 11 月对外颁布。组建专家组开展了全国二级注册建筑师考试大纲研究及编写工作。《全国二级注册建筑师资格考试大纲》（2021 年版）已完成终审稿，并于 2022 年初公布。勘察设计注册工程师管委会秘书处受理了公用设备考试专家组人员调整申请和港口与航道工程基础、专业考试大纲的修订报审工作。对公用设备专委会推荐的专家成员任职条件进行了审核，对港口与航道专委会提交的大纲在结构、题量、分值等方面与原大纲保持一致性进行了审核，经签报两部三司批准后，分别印发了文件。协助住房和城乡建设部建筑市场监管司起草完成勘察设计注册公用设备工程师和注册电气工程师执业办法的研究制定工作。已形成了两个管理办法规范性文件的征求意见稿。

（住房和城乡建设部执业资格注册中心）

中国建筑出版传媒有限公司（中国城市出版社有限公司）

【调整结构，稳中求进，推动住房和城乡建设出版事业高质量发展】2021 年，中国建筑出版传媒有限公司（中国城市出版社有限公司）（以下简称“公司”）坚持以习近平新时代中国特色社会主义思想为指导，在住房和城乡建设部党组的坚强领导下，统筹疫情防控和生产经营，扎实开展党史学习教育，全公司上下栉风沐雨，勇毅前行，较好地完成了年度目标任务，取得了社会效益和经济效益双丰收，实现了“十四五”良好开局。

【扎实开展党史学习教育，推动党的建设全面加强】一是深入学习党的创新理论。把学习领会习近平总书记在党史学习教育动员大会、庆祝建党100周年大会等重要讲话精神，与学习贯彻党的十九大、十九届历次全会精神结合起来，与系统学习指定教材贯穿起来，组织专题学习；组织参观红色教育基地，观看主旋律电影，丰富学习教育方式，促进学党史与悟思想融会贯通、办实事与开新局同向发力。二是注重抓好年轻干部教育培养。组织召开年轻干部座谈会、青年理论学习小组学习会，专题学习习近平总书记在中央党校中青班开班式上的重要讲话精神，提升年轻干部爱党爱国爱社热情，增强工作积极性主动性。三是“我为群众办实事”实践活动取得实效。参加新闻出版署“读掌上精品 庆百年华诞”活动，在“中国建筑出版在线”开设专栏，遴选建筑图书、标准规范、建筑图库、视频课程等数字资源，向社会公众免费开放；向延安职业技术学院捐赠图书2万余册，支持革命老区教育事业发展；向部定点帮扶县投入300万元帮扶资金，开展消费扶贫34.57万元，建知、教材开展支部结对共建捐赠物资2.8万余元，助力当地乡村振兴。四是夯实党的组织建设。首先，加强党委领导班子自身建设，发挥头雁作用，带头讲党课领学促学；持续抓好巡视整改，全力配合巡视“回头看”，深化巡视整改成果运用。其次，建强基层党组织，以党建引领生产业务工作，抓住支部书记这个关键少数，推动“四强”党支部建设。在部直属机关和公司党委分别开展的“两优一先”评选中，涌现出一批优秀和先进典型，彰显了先锋模范形象。五是持续纠“四风”树新风。严格落实“两个责任”，贯彻中央八项规定精神；深化运用“四种形态”，依规依纪处置问题线索；召开警示教育大会，及时通报违纪案件，用身边事教育身边人；对京外分社进行党风廉政建设检查，组织干部职工参观廉政教育基地，多种形式做好节假日和重要节点廉政提醒，以优良作风保障“十四五”良好开局。

【巩固建筑出版主阵地，服务住房和城乡建设事业高质量发展】一是围绕国家大政方针，主动融入并服务住房和城乡建设事业发展需要，做好《致力于绿色发展的城乡建设》《中国科技之路·建筑卷·中国建造》和《城市更新与实施丛书》《北京冬奥·2022·中国实践》《城市能源碳中和丛书》等主题图书、重点图书的编辑出版工作，大力宣传住房和城乡建设事业在党的领导下取得的辉煌成就。二是以规划引领精品出版，巩固和发展两社品牌优势。《中国建造关键技术创新与应用丛书》等14项兼具原创性、专业性、学术性的选题入选“‘十四五’时期国家重点图书、音像、电子出版物出版专项规划”，在所有出版社中位列第9；《新型智慧城市研究与实践》等5项选题获得国家出版基金资助，《既有建筑结构检测与鉴定》等4项选题获批国家科学技术学术著作出版基金资助。三是教育教材工作稳步推进，板块规模不断壮大。1400余种教材入选住房和城乡建设部“十四五”规划教材；成立了高等学校城市管理专业课程教材专家委员会，组织召开高等学校给排水科学与工程等六个专业课程教材与教学资源专家委员会会议；在6所院校建立教材专架，3所院校建立校园书店；出版码洋约2亿元，数字出版收入103万元，为“十四五”教材建设奠定基础。四是加快“走出去”步伐，提升服务“一带一路”的能力。全年输出图书版权35种，涵盖尼泊尔文、爱沙尼亚文、蒙古文等多个文种。《工程管理论》（英文版）入选2021年度丝路书香工程项目，《颐和园》《中国古典园林分析》入选2021年度国家社科基金中华学术外译项目。

【提高生产保障水平，出版物质量持续提升】一是积极应用出版新技术，扩大智能审校软件应用面，提高按需印刷比例，推进软片电子化，提高生产服务能力。二是强化质量管理，制定修订《书稿著译编校工作手册》《出版物质量管理办法》等文件，严格“三审三校一审读”制度，保障质量安全。三是建立图书印装质量反馈机制，增设质检反馈热线，落实质量监督管理闭环。全年396种图书获评出版物优质产品。

【加强营销渠道管理，严厉打击盗版侵权】一是发挥网店一体化平台对线上线下营销工作的统筹作用，推动营销宣传、库存调配、物流保障协同管理，提升服务集约化水平。二是积极拓展新媒体营销，在微信公众号推出每周新书、每月精品书栏目，推广主题书单，提高微信宣传效果，建工社微信公众号在全国出版业新媒体影响力评比中升至第六位；探索挖掘直播渠道，在京东直播46场，与抖音大V开展直播与短视频合作；修改完善《非营销人员推销图书奖励暂行办法》，鼓励非营销人员参与营销，实现社群销售收入1450万元。三是编发联动创新营销模式，以《梁思成与林徽因：我的父亲母亲》等市场热点图书为突破点，探索推进立体营销，起步良好。四是重拳出击打盗维权，查处盗版印刷厂3家、库房7个，查缴盗版图书14万余册；投诉关闭淘宝网店52家，删除盗版链接8000余条，提起网络侵权盗版书诉讼150余起；打赢了诉其他出版社侵权、诉销售公司合同纠纷等多起法律诉讼案，维护了公司合法权益。

【数字出版品牌价值和营业规模显著提升，融合发展渐入佳境】自主创新能力取得新突破。一是搭建建工社微课程自主技术团队，牢牢掌握融合发展主动权；二是建知公司通过中关村高新技术企业认定，实现“双高认定”；三是加大技术研发投入，取得“建造师继续教育APP”等7项软件著作权，累计拥有各类软件著作权22项；四是升级迭代“中国建筑出版在线”“数字图书馆”等平台，开发建工社微课程APP，促进知识服务提质增效；五是成功入选国家新闻出版署标准应用示范单位（全国共4家），获批出版业科技与标准重点实验室，为公司下一步转型融合奠定了坚实基础。

项目运营能力显著提升。一是果断更换建造师知识服务项目运营合作团队，调整项目运营模式，提高合作主导性与可控性；二是加强数字知识服务布局，启动建标知网运营，上线建造师继续教育平台，开通天猫教育旗舰店，助力用户享受数字经济红利；三是全媒体演播中心实现多元发展，与全国宣传干部学院、中国编辑学会、中国钢结构协会等多家单位建立长期合作关系；四是私域流量稳定增长，“建工社微课程”累计关注人数320余万人，增长7%，头条阅读量达651万次，累计总阅读量1097.2万次，新媒体影响力持续扩大。

【改进工作机制，提升管理水平】一是深入贯彻中央关于深化国有企业改革，完善中国特色现代企业制度部署要求，加强董事会、监事会建设，制定修订《固定资产投资管理办法（试行）》等制度，规范公司管理。二是加强领导班子和人才队伍建设，部党组配齐配强公司领导班子，公司党委推进干部轮岗交流、约定工资制员工转复合工资制，优化人力资源配置，提升人力资源效用。三是改革完善人事、薪酬制度，制定修订《中层干部选聘管理办法》以及编辑部、建知公司、营销中心、建筑书店效益考核分配办法等规章制度，激发干事创业热情。四是增强决策透明度，扩大党委会等会议纪要印发范围，改进总经理办公会、生产经营形势分析会会议机制，提高议事效率。五是坚持问题导向，大处着眼，小处着手，以小切口解决大问题，推进图书分类研究，促进一般书销售；推动出版合同版权条款修订，提高版权保护水平；建立议定事项定期反馈机制，提高执行力。

【加强智库建设，提高服务部中心工作的能力】深入推进“新时代中国建筑业企业改革与发展研究”等项目实施，完成“政府公共工程高质量发展研究”“我国建筑业企业‘走出去’重大问题研究”等课题；围绕实施城市更新行动，邀请部总经济师杨保军做智库大讲堂讲座；做好信息专报编制报送工作，编制报送《发展研究快报》《建设智库简报》68期，其中《老旧小区居家养老设施适老化改造实施建议》得到孙春兰副总理批示。

【高质量编制“十四五”规划，谋划公司发展蓝图】在前期开展大量工作基础上，组织力量攻坚克难，按照调整结构、稳中求进的总思路，系统总结过去五年公司改革发展取得的成效，深刻分析面临的形势与任务，广泛听取各方面的意见建议，制定公司“十四五”发展规划纲要，为未来5年发展锚定了方向、明确了任务。

【落实常态化疫情防控措施，统筹生产安全】认真落实部疫情防控统一部署，扎实做好常态化疫情防控工作。积极宣传疫苗接种，大幅提升疫苗接种率，筑牢防疫安全屏障。研究探索常态化疫情防控下工作方法，创造性开展工作，取得了疫情防控和生产经营企稳回升的双胜利。

［中国建筑出版传媒有限公司
（中国城市出版社有限公司）］

中国建筑学会

【服务创新型国家和社会建设】2021年，中国建筑学会承担中国科协党校示范项目——建设专家资源库项目，对全国84家学会提交的410份党史党课报送材料进行梳理，筛选出100名科学家讲党史党课，内容整理成汇编集册，建立专家资源库，并从中选取10节精品党课课程。

完成中国科协工程师国际能力互认项目中10门课20个课时的专业课程。

完成2021年度全国学会期刊出版能力提升计划申报，并获批立项。

制定并发布团体标准9项；编制计划二批，共17项。

完成冬奥、绿色、城市更新及数字技术方向的5项科技成果鉴定。

开展“百名科学家讲党史党课”系列活动。通过与理事单位党委、团体会员单位党委、地方学会、地方政府、地方科协、全国高校党委、设计院党委、学会分支机构及学会科普基地联合组织的形式，线上线下相结合，以讲座、交流、展览、参观等多种方式展现中国共产党的红色印迹及党史的伟大。活动足迹遍布北京、上海、重庆、四川、武汉、南京、广州等10余省市，邀请专家学者50余位，包括3位院士、7位大师，进行专题报告，大力弘扬科学家精神，展现大国工匠的坚守传承。线上线下累计230万人次参会。

7月，为落实《国务院办公厅关于全面推进城镇老旧小区改造工作的意见》(国办发〔2020〕23号)，以及住房和城乡建设部“我为群众办实事”实践活动部署安排，中国建筑学会以发出倡议书、组织专题研讨、积极展开优秀案例征集与先进事迹与代表人物宣传等方面，推动开展设计师、工程师与社区“结对子”，部分工作还将在2022年继续完善和加强。

重庆市长江音乐厅、长江音乐学院概念性建筑设计方案国际征集工作，本次国际方案征集由重庆市规划和自然资源局、重庆市地产集团主办，学会受邀担任技术咨询。征集采用“全球邀请和公开报名”方式，吸引了来自15个国家及地区29家设计单位（联合体）参与报名，最终选定7家（联合体）单位入围。

重庆市广阳岛智创生态城城市设计征询，该项工作由重庆经开区管委会、重庆市规划和自然资源局主办，中国建筑学会组织，共收到有效报名26个，最终选定5家设计团队（联合体）入围。设计团队（联合体）对广阳岛智创生态城城市设计的总体思路、目标愿景、总体结构、生态本底分析、景观系统和节点规划、生态城市设计等方面进行了深入解读，为广阳岛智创生态城建设探索新模式、贡献新思路。

重庆寸滩邮轮母港站TOD概念性建筑方案设计国际征集，采用“意向邀请”加“公开征集”的方式，面向国际征集具有前瞻性与创新性的策划理念和设计方案。公开征集环节共收到来自法国、英国、德国、丹麦、澳大利亚、中国大陆及中国香港特别行政区等14份国内外知名设计单位（联合体）报名文件，涉及27家设计单位，最后共5家入围设计单位（联合体）参与概念性建筑方案设计工作。最终由MAD建筑事务所与中国建筑科学研究院有限公司（联合体）提交的设计方案成功中选。

第三期苏州工作营选择了极具代表性的苏州戏服厂原址，以及苏州历史名人故居海红坊潘宅两个项目点作为设计课题。第三期苏州工作营均得到了包括院士、大师在内的广大设计师的积极参与和大力支持，评审专家和设计团队共同为苏州建言献策，贡献了许多极具参考价值的思路和方法，部分设计已经在逐步落地。

杭州未来科技文化中心国际体育中心概念性建筑方案国际征集，中国建筑学会接受浙江杭州未来科技城管理委员会委托，就该项目征集工作开展前期策划研究，编制设计任务书。2021年10月21日，在邀请3家国内外知名设计院（悉地国际设计顾问（深圳）有限公司、英国Zaha Hadid建筑事务所、德国gmp建筑事务所）的基础上，发布征集公告。共有来自英国、美国、德国、西班牙、澳大利亚、日本、中国大陆和中国香港特别行政区等国家和地区的31家知名设计团队报名参赛。最终选定6家单位入围。

【学会建设】 12月28日，中国建筑学会召开第十四次全国会员代表大会，大会选举产生了以修龙为理事长的中国建筑学会第十四届理事会，副理事长11人，理事180人。

中国建筑学会完善会议制度、改革会议方式，规范调整负责人、常务理事、理事，规范召开理事会议、常务理事会议和监事会议。进一步加强二级组织管理，修订了《中国建筑学会章程》。

共有二级组织58家，新成立1家。

共有个人会员71404人，团体会员2323家。

建立了包括网站、微信公众号、微博、今日头条等多样化的信息宣传平台，并整合上级单位、二级组织、合作媒体等多家资源，形成中国建筑学会宣传媒体矩阵。2021年中国建筑学会官方网站、今日头条、微博基本做到日日更新，网站全年发文765篇，单篇最高阅读量突破20万人次，总阅读量突破1000万人次，全媒体访问突破3000万人次。全年举办的 96 场学术活动共 180 多小时的直播，观看人次突破 300 万人次。学会宣传工作在中国科协发布的三季度全国学会宣传排名前 10，其中网站和今日头条排名第三。

【主办期刊】2021 年，中国建筑学会及二级组织公开出版和内部发行的刊物 16 种，全年累计发行 40 万册。

其中，《建筑学报》全年出版正刊 11 期，7＋8 期冬奥合刊"北京 2022 冬奥会建设的时代与地理决定性"，荣获由中共中央组织部、中共中央宣传部、人力资源和社会保障部、科技部四部委联合评定的"第六届全国杰出专业技术人才先进集体"称号，在"CSSCI 源刊微信公众号传播力指数（人文学科类，2020 年度）"排名中，名列前十；8 月，入选"《世界期刊影响力指数（WJCI）报告（2020 科技版）》"

《建筑结构学报》全年正刊出版 12 期，2 期增刊，荣获"百种中国杰出学术期刊""2021 中国国际影响力优秀学术期刊"等称号，入选《世界期刊影响力指数（WJCI）报告（2020 科技版）》，位列 Q1 区。同时，有 4 篇优秀论文入选"领跑者 5000"。

《建筑实践》2021 年总计发表建筑评论 23 篇，案例介绍 94 篇，文章 101 篇。

【学科发展工程】配合中国工程师联合体关于工程能力评价有关工作，中国建筑学会积极参与《工程能力评价通用规范》《土木工程类工程能力评价规范》《建筑工程类工程能力评价规范》的编制、工程能力评价候任考官培训、工程技术人员在线学习课程建设等工作。

教育评估办公室承担住房和城乡建设部人事司全国高校建筑学专业评估委员会秘书处日常运作工作，截至 2021 年 11 月，通过建筑学专业评估学校共 74 所。

承担全国注册建筑师管理委员会办公室工作，于 11 月 12 日发布了《关于发布〈全国一级注册建筑师资格考试大纲（2021 年版）〉的公告》和《关于印发〈全国一级注册建筑师资格考试大纲新旧考试科目成绩认定衔接办法〉的通知》。

【国际学术会议】7 月 12 日，由国际建筑师协会、巴西里约世界建筑师大会组委会、北京市人民政府、中国建筑学会联合举办的"第 27 届世界建筑师大会中巴合作论坛"在北京城市副中心张家湾未来设计园区顺利举行，北京市市长陈吉宁视频致辞，中国建筑学会理事长修龙出席会议并讲话。由中元国际工程公司首席总建筑师孙宗列担任策展人的"第 27 届世界建筑师大会中国馆展览"同期在张家湾展出。

中国建筑学会联合同济大学共同主办的第 19 届亚洲建筑师大会于 2021 年 10 月 29 日至 11 月 2 日在上海成功召开，本届大会以"共享更新"为主题，开设了主旨报告会和五大专题论坛，同期还举办了亚建协执行局会议、专业委员会会议、理事会会议、亚建协建筑奖颁奖典礼、建筑学生联谊会等活动。住房和城乡建设部副部长黄艳、中国建筑学会理事长修龙以视频方式出席会议并发表致辞。本次大会严格按照疫情防控要求，全部以线上直播的形式进行，海内外专家、学者和学生共近 6 万人次通过在线形式共聚一堂，共同探讨亚洲建筑和城市面临的挑战和机遇，共商亚洲各国、各地区之间建筑设计理念共享与更新的途径。

【国内主要学术会议】完成 2021 中国建筑学会学术年会总体实施方案，学术方案策划及相关物料设计、嘉宾邀请及会期接待方案，因新冠肺炎疫情变化，中国建筑学会年会延期至 2022 年春季举办。

10 月 17 日，在威海举行了第十一届中国威海国际建筑设计大奖赛和 2021 国际大学生建筑设计方案竞赛评审会，共评出 87 项获奖作品。原计划于 11 月 13 日召开的威海人居节系列活动，因新冠肺炎疫情延期至 2022 年 9 月举行。

由住房和城乡建设部和青海省人民政府共同主办的"新时代高原美丽城镇建设省部论坛"的分论坛之一，由中国建筑学会承办。2021 年 10 月 25 日在青海省西宁市召开。共邀请 5 位专家就城市体检、城市安全、韧性城市、BIM 及 CIM 应用、城市智慧治理等方面的研究成果展开交流和探讨。以期促进学术知识、地方经验、智能技术等有效地结合，增强宜居城市的韧性，提高城市建设及生活质量。

分别与清华大学建筑学院、东南大学建筑学院联合主办了为纪念梁思成先生、杨廷宝先生诞辰 120 周年学术活动和大型展览。

2021 年中国建筑学会及二级组织共举办系列学术活动 200 多场，线上＋线下总参会人数 600 多万人次。

【国际组织任职】国际建协在 2021 年 7 月进行了换届选举，张利当选为理事，张维当选为副理事。11 人在国际建协 4 个委员会任职，分别是李翔宁、张彤、唐孝祥为建筑教育委员会委员，董卫、刘刊为国际竞赛委员会委员，庄惟敏为职业实践委员会联席主任、张维、袁锋为职业实践委员会委员，张利、穆钧、王静为可持续发展目标委员会委员。27

人在国际建协10个工作组任职，分别是王兴田、邵磊、黄向明任“所有人的建筑”工作组成员；袁野、徐燊任“建筑与儿童”工作组成员；刘小虎、潘曦、肖伟任“遗产与文化认同”工作组成员；韩洁任“社会人居”工作组成员；鲍莉、张蔚任“社区建筑”工作组成员；韩林飞任“中等城市：城市化与建筑师”工作组成员；刘玉龙、张远平、齐奕、龙灏任“公共卫生”工作组成员；钱锋、张军英、宗轩任“运动与休闲”工作组成员；褚冬竹、刘宇波、曹雨佳任“教育文化场所”工作组成员；张俊杰、张利、唐文胜、杨震、李华任“公共空间”工作组成员。

【国际交往】2月27日，中国建筑学会修龙理事长出席了亚洲建筑师协会中期理事会线上特别会议。受新冠肺炎疫情影响，原计划于2020年10月召开的第19届亚洲建筑师大会暨第41次理事会延期至2021年10月。本次中期理事会听取了各成员学会理事长的年度汇报，亚洲建协专业委员会2021年的活动规划，并就亚洲建协官方事务进行了通报。

2021年4月16—17日，中国建筑学会理事长修龙、秘书长李存东应邀参加2021香港建筑师学会一带一路论坛线上会议。修理事长出席了开幕式并致辞。此外，修理事长和李秘书长分别在论坛上做了报告和发言。香港特首林郑月娥应邀出席了论坛开幕式并讲话。

6月24日和25日，全国高等学校建筑学专业教育评估委员会主任庄惟敏院士、中国建筑学会副理事长赵琦组成中方代表团参加了堪培拉协议第八次代表大会线上会议。本届会议听取了各成员协议实施情况汇报，讨论了2021年的周期性考察工作，宣布了协议新任秘书处及秘书。

7月18日、22日、26日、28日，修龙理事长率领中方代表团出席了国际建协第28届会员代表线上大会。本次会议听取了主席、司库和秘书长工作报告，进行了国际建协理事会换届选举和2026年国际建协世界建筑师大会主办城市选举等活动。

8月26日，修龙理事长、赵琦副理事长、张利常务理事参加了国际建协四区线上会议。

10月27—28日，赵琦副理事长、执业资格注册中心副主任于洋参加了第九届APEC建筑师项目中央理事会。会议内容主要包括审议和通过第八次中央理事会以来的会议纪要，听取各经济体的工作汇报并对APEC建筑师项目的未来发展进行讨论，审议和通过秘书处工作报告，审议和修订APEC建筑师项目操作手册，修改和确定秘书处轮值时间表等。

【科普活动】截至2021年，中国建筑学会科普教育基地93家，举办的科普活动受惠人群10万余人。支持十七项科普公益项目，项目涵盖国际建筑文化交流、建筑遗产科普、乡建科普与技能培训、儿童建筑科普教育等领域。其中由同济大学建筑学院策划组织的科普专项中学生建造节荣获了2021年度上海科普成果奖。

与机械工业出版社合作出版建筑科普系列丛书《图解词典》，版权输出韩国、俄国、越南、阿拉伯等国家及中国台湾地区，书中超1000幅的精美手绘插图形成特色，语言通俗易懂，以图应文，贯彻“高深理论通俗化”“科技图书大众化”的理念。

【表彰举荐优秀科技工作者】《建筑学报》2021年被中共中央组织部、中共中央宣传部、人力资源社会保障部、科技部评为“第六届全国专业技术人才先进集体”。

亚洲建筑师协会2021年度建筑奖由中国建筑学会承办，共收到14个国家和地区共224份参赛作品，其中中国提交144份。最终评出5个金奖、17个荣誉提名奖以及4个特别奖，共计25个项目获奖。本次中国建筑师共斩获3个金奖、7个荣誉提名奖和4个特别奖。

完成2019—2020建筑设计奖评审工作，共授奖924项，其中人物类23项、项目类901项；完成2019—2020科技进步奖的全部评审工作，共授奖69项。

【党建强会】组织全体党员同志赴香山革命纪念馆瞻仰学习，从党的光辉历史中汲取奋进力量。组织“庆祝建党100周年·发现春天的美”摄影比赛活动，报住房和城乡建设部《关于举办庆祝中国共产党成立100周年书画摄影诗词手工作品展》。组织全体党员参加“追忆百年红色历史传承新时代长城精神”活动，通过实地、实景、实物的教育，真实的历史史实，使全体党员心灵受到涤荡，激发了投身新时代中国特色社会主义建设的伟大热情。

【会员服务】修订《中国建筑学会通讯（外籍）会员管理办法》等文件，规范二级组织发展会员流程。

利用学会网站、微信公众号、今日头条、短信平台、邮件平台、各种会议及活动资料以及面对面宣讲等形式，向广大会员推介学会服务、活动通知，宣传会员权益，服务会员需求。

督促和监督中国建筑学会及二级组织举办的学术活动会议注册费向会员打折。

完善会员系统、会议系统。

【事件性条目】

【中国建筑学会召开第十四次全国会员代表大会】2021 年 12 月 28 日，中国建筑学会采取线上线下相结合的方式召开了第十四次全国会员代表大会。

中国科学技术协会常委、党组成员、书记处书记王进展，住房和城乡建设部总经济师杨保军出席现场会议并发表致辞和讲话。中国建筑学会第十三届理事会理事长修龙等 30 余人出席现场会议，副理事长崔愷、丁烈云、刘加平、孟建民、王建国、梅洪元，学会理事、会员代表等 200 多人在线上出席了大会。会议由中国建筑学会副理事长、中国工程院院士庄惟敏主持。

（中国建筑学会）

中国风景园林学会

【服务创新型国家和社会建设】巩固湖北麻城扶贫成果，做好麻城菊花技术人员培训和职业竞赛。中国风景园林学会（以下简称：学会）菊花分会协助麻城菊花专业技术人员赴射阳学习交流，继续委派教师赴麻城现场考察并组织技术培训。为弘扬菊花文化，提升菊艺水平，学会申报国家级职业技能竞赛——中国花卉园艺工职业技能竞赛，竞赛由中国就业培训技术指导中心、中国风景园林学会主办，麻城市人民政府承办。学会菊花分会承担组织专家考试出题、评委培训、实操对接、现场考试等多项筹备工作。湖北麻城菊花扶贫工作已列入国家扶贫典型案例。

协助住房和城乡建设部开展涉及园林绿化行业职业人员和工种的修订工作，针对 2015 版国家职业分类大典中涉及风景园林工程技术人员和园林绿化工在定义、工作性质、主要工作任务和工种设置方面存在的问题，开展调研，提出了修订意见。

【学会建设】截至 12 月 31 日，学会完成登记注册的个人会员数量达 12100 人，较 2020 年增 420 人；单位会员数量达 1541 家，较 2020 年增 121 家。

加强理事会建设，做好学会换届筹备工作。4 月，在宜昌召开第六届七次常务理事会议，审议通过了学会 2020 年工作总结及 2021 年工作计划。原定与年会一起召开的理事会议，由于年会延期和疫情影响，于 12 月采取通信会议形式召开，完成审议总结计划、换届方案等工作。按照国务院国有资产监督管理委员会、住房和城乡建设部要求，积极推进学会下属企业改制工作，北京中国风景园林规划设计研究中心已经完成，《中国园林》杂志社也基本完成。

加强分支机构活动报备管理，开展活动更加规范合规。明确学会分支机构应围绕学会工作计划开展工作，确实起到服务会员、服务行业的作用。严格指导和监督分支机构按年度工作计划开展工作。完成了国土景观专业委员会成立筹备工作，计划择期召开成立大会；先后完成了城市绿化专业委员会、园林生态保护专业委员会和植物保护专业委员会副主任委员调整等工作。

加大微信公众号的宣传力度，截至 12 月 31 日，微信公众号共推送 259 篇文章，点击量超 42 万人次，同比增长 97%；阅读量超 117 万人次，公众号分享 7.7 万多次，收藏 1.2 万多人次，粉丝数超 4 万人。

【学术期刊】学会继续加强学刊《中国园林》建设，坚持特色办刊，关注前沿热点。配合风景园林一级学科的相关工作，对本学科国际、国内前沿发展理论和优秀实践案例进行及时报道。2021 年，《中国园林》共编发论文 370 余篇，20 余万字，正刊 12 期，增刊 2 期，配合风景园林师分会年会出版了论文集。举办《中国园林》2020 年度优秀论文评选，评选出一等奖 5 篇，二等奖 10 篇，三等奖 15 篇。继续保持"中文核心期刊、中国科技核心期刊、RCCSE 中国核心学术期刊、建筑科学领域高质量科技期刊分级目录（2020 年）T1 级期刊、中国农林核心期刊和中国人文社会科学来源期刊"，新进中国科学引文数据库（CSCD）来源期刊。

《园林》首次组建青年编委会。

【学科发展研究】2021 年，是新中国风景园林专业教育建立 70 周年，也是风景园林学一级学科批准设立 10 周年。学会年度工作定位为"学科发展年"，围绕学科创立七十年纪念和学科建设发展，举办系列研究、研讨和总结活动，进一步推动中国特色风景园林学科体系的建设和完善。

延续深化学科发展研究项目。有序推进并完成中国科协立项的2020—2021年度“风景园林学学科发展研究”工作。2021年3月，在北京召开风景园林学科发展研究大纲修订会。2021年8月，在北京召开《风景园林学学科发展报告2020—2021》编制研讨会。2021年9月末，研究报告如期完成并提交，将于2022年初出版。同时，加紧筹备“学科发展路线图课题研究”，展望学科未来发展方向，规划发展思路。

12月，召开中国风景园林学科发展大会暨风景园林学科创立七十年纪念会。会议主题为面向未来的风景园林学，分为主会场和北方、华东、华中、华南、西部五个区域会场，吴良镛院士、孟兆祯院士、IFLA主席James Hayter以及吴志强院士等学科专家作主旨报告发言。同期组织了学科发展论文和学科70年大事记建议征集，启动了学科七十年系列图书、学科发展共识编写和学科未来十大任务编撰。在学会公众号上开辟“学科七十年”专栏，连续刊载有影响力的研究成果和学术论文，促进行业学习交流。系统梳理了近二十年来学科发展研究工作情况，提出未来工作思路。

开展并推进一系列学科基础性工作。加快推进风景园林学名词审查工作，先后组织5次专家审查会，确定了全部词条和目录，预计于2022年1月定稿并提交。继续推进《风景园林设计资料集（第二版）》《中国风景园林史》《中国近代园林史（续篇）》等学科基础性图书的编写。

开展中国风景园林申报世界非物质文化遗产相关工作。弘扬中国风景园林文化，树立文化自信，深化落实相关研究和申报筹备工作，多方征询专家意见，完成申报论证工作，并编制了研究方案和工作方案。

【决策咨询】依托学会专家库，开展云南立体花坛大赛等咨询服务。启动与咸宁市风景园林学会的合作，共建“咸宁科技协作站”，指导和服务当地行业建设。与青海省住房和城乡建设厅签署合作协议，为美丽高原城镇建设提供重大建设项目咨询、学术交流、课题研究、技术培训等方面的理论与实践支撑。

【国际学术会议】10月，在北京成功召开第十七届中日韩风景园林学术研讨会，会议由中国风景园林学会、日本造园学会和韩国造景学会共同主办，主题为“自然文化遗产与美好生活”。受疫情影响，会议采用线上、线下结合的形式。配合会议，联合举办三国大学生风景园林设计竞赛，竞赛主题为“生活在遗产之中——城市河流自然与文化的风景价值”。共收到325份参赛作品，经过初评和终评，共有18份参赛作品脱颖而出。

【国内主要学术会议（含与香港、澳门）】鉴于新冠肺炎疫情防控，学会采取线上、线下相结合的灵活办会方式，开展各类学术活动，营造学术氛围。积极筹备中国风景园林学会2021年会，主题为“美美与共的风景园林：人与天调和谐共生”。完成年会论文和大学生设计竞赛征集工作。组织10个主旨报告，5个专题会场、9个专题论坛和3个特别论坛，约180个学术报告。原计划于11月在长沙召开，但受新冠肺炎疫情影响，年会延期到2022年5月举办。

5月，聚焦全面提升城市发展质量和城市聚居环境品质的新发展要求，学会在北京举办“城市小微绿地和城市更新”研讨会，组织风景园林、建筑和规划不同领域的跨学科研讨。同月，与江苏省住房和城乡建设厅等单位，联合举办江苏名园传承与发展高峰论坛。10月，配合住房和城乡建设部“部省共建高原美丽城镇示范省工作”，承办“美丽高原城镇高峰论坛（西宁）第二分论坛”。同月，与首都绿化委员会办公室、北京市延庆区人民政府和北京世园公园共同举办以绿色生活、美丽家园为主题的“第二届北京国际花园节”及专题论坛。

支持分支机构召开学术年会、专题研讨会和论坛等，丰富学术活动内容。城市绿化专业委员会2021年会在南京举办，园林生态保护专业委员会2021学术年会在武汉召开。城市绿化专业委员会举办首届“风景园林与前沿交叉领域”青年论坛暨天津大学博士生学术论坛，还成功举办了“城市生物多样性与景观多样性”青年专家论坛。园林植物与古树名木专业委员会2021年园林植物多样性（威海）专题学术研讨会在威海举办。教育工作委员会与其他单位联合主办、北京林业大学承办的2021年中国风景园林教育大会在北京召开。菊花分会在太原举办了“推动菊花产业发展·传承中国菊花文化”研讨会。女风景园林师分会首次以纯云端的形式召开主题为“风景园林与生活的艺术”的论坛，并在桂林召开了2021年会。经济与管理研究专业委员会在上海组织召开了“风景园林经济与管理专题研究中期推进会”。盆景分会先后承办和支持了中国风景园林年暨（中国临沂）第二届全国中青年盆景创意展、第九届沭阳花木节精品盆景邀请展、第十二届王恒亮盆景艺术公益大讲堂、2021年第六届中国滁州-（来安）华东苗木花卉交易博览会暨第一届（来安）安徽省精品盆景邀请展、贵州省盆景艺术协会盆景奇石根艺展等，协办了中国花卉协会盆景分会主办的 2021 年全国盆景精品展暨盆景创作大赛。

支持指导行业专题论坛。先后主办、指导支持“栋梁——梁思成诞辰 120 周年文献展”“孟兆祯院士学术成就展”“杨廷宝先生诞辰 120 周年学术论坛”“孙筱祥先生百年诞辰纪念会”的举办。支持举办“公园城市·让城市生活更美好”“世界风景园林师论坛”“第三届长江经济带景观与生态国际青年论坛”“2021 风景园林行业发展论坛”等活动。

【国际交往】学会继续做好与 IFLA 的交流与合作工作。完成中文版的 IFLA 发布的风景园林师全球职业道德准则、修订的风景园林师职业标准定义的翻译。签署同意支持并参与 IFLA 气候行动承诺。与 IFLA 合作开展对风景园林教育课程项目的认证试点工作进入实质性阶段。组织参加了线上 IFLA 世界理事会及亚太区理事会。

继续获批中国科协对学会在 IFLA 国际组织会费的全额资助。组织专家申报多项双边交流项目课题经费。推荐华中农业大学邵继中教授、深圳大学张柔然副教授参加了科协组织的国际组织任职及后备人员培训。

【科普活动】学会继续举办“风景园林月”系列学术科普活动，4 月，举办 2021 城乡人居生态环境系列青年论坛暨“风景园林月”说园沙龙活动，主题为“风景园林与城市生态服务”。还邀请三位科学传播专家，以“风景园林与高品质生活”为题，组织了三场线上科普主题报告会。响应全国科普日活动安排，依托各科普教育基地，以“风景园林科技引领绿色高品质生活”为主题，结合各基地单位工作特色举办了风景园林相关方向 80 余场科普活动。中国风景园林学会科普日活动获得“2021 年中国科协全国科普日优秀活动”。

6 月，在成都召开第二届科普工作座谈会，发布《加强学会科普工作的通知》等，进一步加强科学传播专家团队和科普教育基地建设工作。启动新一轮科普教育基地和科学传播专家认定。

继续加强官方微信公众号科普版块的建设，开设公园城市建设、城市生物多样性、城市微更新等专题版块，将科普工作常态化，累计推送科普文章 60 余篇，访问量累计 46600 余次。

【表彰举荐优秀科技工作者】推荐清华大学郑晓笛副教授竞选 IFLA 教育与学术委员会下设的教育能力建设工作组（ECBWG）主任（Chair）一职并成功当选。

推荐孟兆祯院士参加了第十四届光华工程科技奖评选，已列为中国科协推荐候选人。与光华龙腾设计创新奖建立了合作，推荐何昉教授参加本年度评选。

【学会创新发展】深入推进标准化工作。配合住房和城乡建设部完成《重大疫情期间城市公园运行管理指南（试行）》编制，参与《城市公园和绿地体育健身设施建设指南》编制。立项《历史名园石质假山无损检测、监测技术标准》等 10 个团体标准编制，新发布《公园城市评价标准》《重金属污染土壤甜高粱栽培技术规程》2 个团体标准。2021 年 7 月，在苏州成功召开学会第二期团体标准编制研修班，进一步提高学会团体标准编制水平，提升团体标准编制能力，规范团体标准工作开展程序。为强化团体标准的推介和宣传，在学会公众号上设立固定板块对团体标准进行介绍和解读，建立固定的销售渠道。

探索科技评价工作。7 月，在北京组织“城市更新区高效园林绿化关键技术及工程应用”和“多目标多要素协同的城市生态修复关键技术研究与应用”两项目的成果鉴定会。两项目均荣获 2021 年度华夏奖一等奖。拟定了科技成果评价认定管理办法，为持续推进相关工作奠定了基础。

【科技奖励】继续开展“中国风景园林学会科学技术奖”评选。积极争取“优秀人物子奖项”增项，继续完善评奖组织，优化评奖细则，并建成网上申报和评审平台。本年度收到有效申报材料 971 份，经过初评、终评，评出获奖项目 483 项，其中科技进步奖 18 项、规划设计奖 166 项、园林工程奖 291 项。本年度获奖比例为 49.7%，比 2020 年度上升 2.8%。

做好推荐举荐工作。在学会科学技术奖评选基础上，择优推荐 7 个项目参评 2021 年华夏建设科学技术奖，其中 2 项荣获二等奖，1 项荣获三等奖。推荐 3 个项目参评住房和城乡建设部城市更新示范项目。

【党建强会】2021 年，是中国共产党成立一百周年，是国民经济社会发展“十四五”开局之年，学会积极开展建党纪念系列活动，加强自身建设，提升服务能力，推动学科和行业更好地协同发展，开创风景园林事业发展和学会工作新局面。

组织党史教育学习，提高认识和工作自觉性。2021 年学会理事会党委和学会党支部认真落实上级党组织各项部署，制定学习方案，召开党史学习动员会，组织领导班子及全体党员开展党史教育学习活动、开展“党史学习教育知识答题”活动。认真召开专题民主生活会，理事会党委书记兼党支部书记陈重同志总结党史学习教育工作开展情况，结合学会工作实际总结经验、查找不足，推进工作。学会相关领导在七一前夕，代表学会理事会党委、学会党支部向杨赉丽、刘金声两位同志颁发了“光荣在党50年”纪念章，对老前辈为风景园林行业所作出的贡献表示衷心感谢。

举办纪念活动，感受党的奋斗历程，激发工作热情。7月，组织召开主题为“风景园林中的红色故事”的“说园林、学党史”专题研讨会。中国科协科技社团党委副书记刘桂荣、住房和城乡建设部党史学习指导组成员及学会全体党员干部参加。会议围绕庆祝中国共产党成立100周年、党史学习教育和2021年“全国科技工作者日”活动等精神，组织园林专家代表，讲述风景园林中发生的党的发展故事，梳理风景园林中的红色记忆和党的辉煌历程。会议列为2021年度“全国科技工作者日”重点活动。

【会员服务】学会继续加强会员发展、管理和服务工作。截至12月底完成个人会员12100人，单位会员1541家。积极探索新的会员发展和服务方式，继续以会员需求为导向，以年会为契机推进会员参加活动优惠制度和机制建设，提高服务能力和水平，进一步增强会员的归属感和获得感。

【服务园林绿化市场管理改革，推进行业技能人才建设】学会启动全国园林绿化企业信用信息系统，推动建设和维护健康有序、公平竞争的园林绿化工程市场环境，促进全国园林绿化行业高质量发展。已有240余家企业完成企业基本信息的填写。2021年7月，在长春成功举办新时期园林企业发展论坛。

举办江苏和湖北两场项目负责人考试，新拓展吉林省为开展项目负责人考试的省份。新版《项目负责人培训教材》完成出版，持续完善项目负责人考试题库。开发建设“中国风景园林行业网络培训资源库”，完成园林绿化工职业技能培训课程的视频、课件以及相关章节考题的初审并上线。配合在徐州市举办的第十三届中国（徐州）国际园林博览会，成功举办全国首届园林绿化职业技能竞赛。这项活动有史以来第一次把职业技能提到广泛而突出的位置，宣传了园林绿化对建设美丽中国的重要地位和作用，激发了广大园林绿化工学习掌握技能的积极性，对促进全行业高质量发展贡献了力量。开发“中国风景园林行业人才评价考核平台”，已在园林绿化职业技能竞赛中应用。

【继续推进“送设计下乡”，助力乡村地区发展】学会响应国家乡村振兴、科技下乡、精准扶贫等政策精神，按照住房和城乡建设部指示要求，针对乡村地区生态建设、环境提升、文化振兴等需求，发挥风景园林专业特点，持续推进“送设计下乡”工作，助力乡村地区发展。

召开“送设计下乡”科技志愿服务工作座谈会，会议总结了2020年度工作情况，交流体会和进一步提升工作成效的建议，并对2021年工作进行讨论和统筹安排。

2020年启动的新疆阿克苏地区送设计下乡项目圆满完成。新疆阿克苏地区送设计下乡圆满完成，《乌什县阿合雅镇托万克库曲麦村乡村环境品质提升规划设计》和《温宿县托乎拉乡思源村乡村旅游发展与景观提升规划》项目成果通过会议审查，托万克库曲麦村党史纪念馆前广场环境工程已建设完成。

2021年，新启动重庆市石柱县西沱镇长江沿线乡村聚落区域（逍遥半岛）环境提升规划项目。因地势为一块伸入江中的半岛，能远观到“长江盆景”石宝寨，故被当地人称为逍遥半岛。项目在地域和工作思路上具有特殊性，是送设计下乡工作模式的新探索。学会规划设计分会组织中国城市规划设计研究院、重庆市风景园林规划研究院、西南大学三家单位共同承担，针对地方“提供发展思路、引领示范”的需求，以宏观和中观层面的规划为主，实现对逍遥半岛的未来发展提供战略性的引领。

学会“送设计下乡”工作受到住房和城乡建设部的关注和肯定，“送设计下乡”科技志愿服务队荣获了中国科协2021年度科技志愿服务先进典型。

（中国风景园林学会）

中国勘察设计协会

2021年，既是中国勘察设计协会（以下简称："协会"）与行政机关脱钩后建立市场化运行体制的"改革年"，又是换届之年。在这一年里，在中央和国家机关工委、民政部的领导下，在住房和城乡建设部的指导下，求真务实，艰苦奋斗，克服新冠肺炎疫情带来的不利影响，基本完成全年工作任务。

【召开2021年度同业协会工作会议】协会于5月13日在长沙召开工程勘察设计行业发展"十四五"规划专题研讨会暨2021年度全国勘察设计同业协会工作会议，来自全国各地方、各部门勘察设计同业协会，协会各分支机构、直属机构的主要负责人以及勘察设计单位代表等160多人出席会议。施设理事长出席会议并做了题为《团结协作 提升价值 高质量迈向世界一流——工程勘察设计行业的新机遇与对策建议》主题报告；湖南省住房和城乡建设厅党组成员、副厅长宁艳芳致辞；王子牛副理事长兼秘书长做全国勘察设计同业协会2020年工作报告；协会行业发展部主任侯丽娟对《工程勘察设计行业年度发展研究报告（2020）》进行了解读；汪祖进副秘书长在会上做了《工程勘察设计行业发展"十四五"规划》编制思路和工作进展的汇报。会议期间，与会代表还围绕"十四五"规划内容、主题报告及行业关注的热点问题进行了分组讨论。

【圆满完成换届】12月9日，协会第七届会员代表大会暨第七届第一次理事会议以"线下+线上"相结合的形式召开，完成协会换届。会议选举产生第七届理事会领导班子，朱长喜当选理事长，王子牛等23人当选副理事长，周文连当选秘书长。住房和城乡建设部总工程师李如生出席会议并讲话，住房和城乡建设部工程质量安全监管司司长曲琦、建筑市场监管司二级巡视员江华出席会议。大会审议通过第六届理事会工作报告、财务工作报告；审议通过了修改后的《中国勘察设计协会章程》；选举产生了第七届理事会成员、监事会成员。新当选理事长朱长喜发表题为《开拓进取不断推进行业高质量发展》的就职讲话。会议表决通过关于向第六届理事会致谢并聘任施设同志为第七届理事会名誉理事长的决议、关于成立城市设计分会的决议等。在京第六届理事会负责人、在京第七届理事会负责人候选人，以及来自全国各地的近1600名会员代表，分别在北京主会场以及四川、陕西、湖北、广东、天津、重庆6个分会场线下或线上参加了会议。

【参与行业规划编制】2021年，协会继续配合市场司完成勘察设计行业与建筑业"十四五"规划编制工作，参与住房和城乡建设部工程质量安全监管司牵头的工程勘察设计行业"十四五"规划编制工作，完成调研走访企业、讨论确定框架、按分工起草文本、全文详细讨论等工作。

【承接、参与住建部课题】2021年，协会受住房和城乡建设部建筑市场监管司委托开展《〈建设工程勘察设计管理条例〉修订前期准备研究》。《建设工程勘察设计管理条例》修订是行业大事，9月召开了有住房和城乡建设部建筑市场监管司领导和协会领导出席的开题会，先后完成国内外工程建设相关法律法规资料的收集整理、面向全行业的专题问卷调研等前期工作，经资料分析和研究，完成《〈建设工程勘察设计管理条例〉修订前期准备研究报告》编制，并召开了课题评审会，迈出《建设工程勘察设计管理条例》修订的第一步；与此同时，协会参与了住房和城乡建设部《房屋建筑和市政工程项目全过程工程咨询服务费用估算编制指南》课题研究。该课题前身是《全过程工程咨询服务计费规则》课题，对培育发展全过程工程咨询具有重要意义。住房和城乡建设部建筑市场监管司于2020年底组织若干协会启动研究，协会组织建筑、市政、勘察成本测算专家组成课题小组参与，先后完成课题工作大纲讨论、国内外工程勘察设计服务计价方式对比、三次提交分工范围内的勘察设计部分的文稿编写等工作。

【参与《中华人民共和国建筑法》修订】按照住房和城乡建设部建筑市场监管司2021年3月关于《中华人民共和国建筑法》（修订）2021年任务分工方案的要求，协会组织建筑分会、建设项目管理和工程总承包分会分别开展了修订研究工作，于2021

年8月提交了《中华人民共和国建筑法》修订建议的整体说明、《〈中华人民共和国建筑法〉修订大纲》勘察设计相关条款的修订建议稿，以及《建筑师负责制制度论证报告（建议稿）》等成果；2021年11月参与住房和城乡建设部建筑市场监管司拟增加的“建筑设计”章节的条文起草。

【开展广泛调研】2021年，协会组织开展了形式多样的调研：一是开展工程勘察设计行业参与“一带一路”建设专题调研。在调研分析基础上编制完成《工程勘察设计行业参与“一带一路”建设专题调研报告》，为主管部门相关信息服务。二是根据课题研究需求开展专题调研。先后组织开展了《〈建设工程勘察设计管理条例〉修订前期准备研究》专题调研和《工程勘察设计咨询高质量发展研究课题》研究专题调研。三是参与住房和城乡建设部建筑师负责制实施情况调研。在两个工程项目现场了解北京市建筑师负责制模式实施情况，参与住房城乡建设部建筑市场监管司专题座谈，了解参会企业开展建筑师负责制的现状、意见和建议。此外，各分支机构的调研活动聚焦主题，取得很好效果：建筑分会开展了疫情下的企业专题座谈调研，为编制“十四五”规划提供依据；岩土工程与工程测量分会开展了岩土工程行业全过程咨询、专业总承包实践问题和工程勘察装备信息化、各地勘察企业及注册岩土工程师从业行为信息管理的相关制度及执行情况等多项调研；风景园林与生态环境分会开展了风景园林行业在设计、施工以及行业发展方面存在问题的调研，并编写调研报告；人民防空与地下空间分会开展了对海南省部分会员单位复工复产的实地调研；施工图审查分会开展了对市政基础设施工程施工图审查开展及变革调研工作；信息化工作委员会开展了《工程勘察设计行业“十四五”信息化工作指导意见》修编及编制《不同类型业务企业一体化信息系统配置及实施指南》的专题调研。

【开展行业发展研究】协会组织合作单位开展2021年度行业发展研究，编制工作大纲，开展数据分析，征集“风采篇”案例和提升国际竞争力专题研究案例，完成《工程勘察设计行业年度发展研究报告（2021）》；建筑分会组织编写《中国建筑设计行业发展年度研究报告（2020－2021）》和《中国建筑设计行业发展史（2010－2021）》；电气分会和中国建筑节能协会电气分组织编写《中国建筑电气节能发展报告（2020）》；民营企业分会完成《2020－2021年度民营设计行业发展报告》编制；农业农村分会编写完成《农业农村投资年报（2020年度）》《2021年农业建设项目季度调度报告》《2020年度高标准农田建设第三方评估总报告》和《2020年度中央财政农业相关转移支付项目实施调度与绩效监控季度报告》。

【开展工程总承包营业额排名活动】2021年，协会继续委托建设项目管理和工程总承包分会按照排名活动管理办法完成2021年营业额排名活动的各项工作，排序名单于2021年9月9日在协会网站和相关媒体发布。

【研编“十四五”信息化指导意见】发布实施《指导意见》是协会推进行业信息化建设健康发展的重要工作抓手。协会在2020年广泛征求《指导意见（征求意见稿）》的意见基础上，组织专家经过5轮修改，形成《指导意见（送审稿）》。

【召开第三届工程项目管理大会】为贯彻落实国务院和住房和城乡建设部有关文件精神，推进完善工程建设组织模式，加快推进工程总承包、培育全过程工程咨询等相关工作，2021年6月22—23日，协会委托建设项目管理和工程总承包分会在京召开主题为“创新管理、提升能力、防范风险、提高效率”的第三届全国勘察设计行业工程项目管理大会。施设理事长出席会议并致辞，住房和城乡建设部建筑市场监管司二级巡视员江华出席会议并讲话，协会副理事长兼建设项目管理和工程总承包分会会长荣世立作主题报告。来自政府主管部门、行业协会的领导以及勘察设计企业、工程公司等单位的代表近200人参加会议。大会邀请部分中外知名企业围绕行业关注的国际工程公司运营管理模式、组织结构、专业化工程项目管理作用和价值、工程项目数字化管理等专题进行了交流。大会还发布了《全国勘察设计行业工程项目管理和工程总承包经典项目案例集》。

【召开高质量发展圆桌会议】为了贯彻落实商务部等19部门《关于促进对外设计咨询高质量发展有关工作的通知》精神，进一步发挥设计咨询工作在对外承包工程价值链上的引领作用，协会于6月11日组织召开了主题为“迈入新阶段、共建新格局”的国际工程设计咨询高质量发展圆桌会议，取得很好效果。

【完善行业优评选办法】为做好“工程勘察、建筑设计行业和市政公用工程优秀勘察设计奖”的管理及评审工作，2021年，协会修订了《工程勘察、建筑设计行业和市政公用工程优秀勘察设计奖评选办法》，并制定了《实施细则（试行）》，建立评选指标体系，并完成优化行业优评选管理信息系统。

2021 年度行业优评选工作于 2021 年 7 月 22 日启动，2021 年 9 月 1 日启动网上申报，共收到申报项目 2861 项，经专业组初审后 2547 个项目进入评审阶段。

【举办第十二届 BIM 大赛】2021 年，协会联合欧特克公司举办第十二届“创新杯”BIM 大赛。本届大赛历时 5 个多月，在奖项设置上进行了创新与优化，经初评、网评、终评，最终从 1957 件参赛作品中评选出单项优秀作品 627 项，优秀企业 16 家。为了总结行业 BIM 应用成就，推动我国 BIM 技术健康发展，信息化工作委员会精选 12 届 BIM 大赛的获奖精品，计划于 2022 年 1 月出版《中国勘察设计》的“创新杯 BIM 大赛增刊”。

【开展政策法规培训】2021 年，协会法律事务部以“线下＋线上”方式开展多期法律相关培训，150 余人参加。具体包括：线上“2020 版《建设项目工程总承包合同（示范文本）》解读与应用操作宣贯培训班”一期，线下“企业会计准则新变化与税收新政策解读、工程勘察设计企业收入确认与成本处理实务操作与税务全面筹划培训班”三期。

【推进团体标准工作】2021 年度，协会稳步推进 2018 年、2019 年度立项 48 部在编团体标准的各阶段编制及批准发布工作，批准发布 10 部，待批 6 部，在编标准 32 部；安排 2020 年度立项 45 部团体标准编制启动工作，启动 42 部，待启动 3 部。标准化工作委员会受协会委托承办具体管理工作，认真组织各主编部门开展标准编制工作，并作为主编部门组织各标准主编单位完成团体标准的启动、征求意见、审查、报批和出版等工作；岩土工程与工程测量分会、市政分会、风景园林与生态环境分会、建筑环境与能源应用分会、智能分会、高校分会、结构分会、人民防空与地下空间分会、传统建筑分会、质量和职业健康安全环保工作委员会稳步推进团体标准编制工作；智能分会开展了《无源光局域网工程技术标准》团体标准宣贯工作；风景园林与生态环境分会主编《景观水水质标准》《多雨地区低影响开发设施设计标准》，水系统分会主编《城市黑臭水体整治技术方案编制技术手册》《城市水系统规划技术规程》《城镇供水系统规划技术评估方法指南》和标准化工作委员会主编《建筑工程质量潜在缺陷保险技术风险管理服务（TIS）规程》团体标准正式发布实施。

【开展行业交流】2021 年，各分支机构根据自身的业务范围和会员单位的需求，组织开展管理创新、技术创新交流活动。建筑分会举办了“全国建筑设计行业创新创优峰会暨园博建筑规划设计论坛”和“全国建筑设计行业创新创优学术峰会”等活动；建筑环境与能源应用分会举办了“科技冬奥·冰雪人工环境暖通技术论坛”和第 12 届制冷展总工团活动；智能分会举办了“智能·未来系列线上沙龙—模块化数据中心覆能新基建”和“新基建城市智能体及全光网络学术研讨会”等活动；高校分会举办了“第五届 U7＋Design 中青年建筑师设计论坛”和 2021 年度院校给排水专业学术交流会等活动；电气分会举办了“交通建筑电气设计高峰论坛”和“双碳战略下的建筑电气发展研讨论坛”等活动；结构分会举办了第八届全国建筑结构技术交流会和 2022 北京冬奥会首钢滑雪大跳台赛道转换专家论坛及观摩会等活动；抗震防灾分会举办了第二届全国工程抗震与隔震减振技术论坛；建筑产业化分会举办了“2021 中国装配式钢结构建筑发展论坛”和第四届装配式建筑高峰论坛等活动；传统建筑分会举办了首届丝路地域建筑文化学术论坛、传统建筑文化传承与发展主题讲座和“2021 传统建筑设计作品巡回展”等活动；水系统分会联合举办了“城市水系统高质量创新发展高端论坛”，举办了水业院士论坛、给水大会等 2 个超千人的大型论坛，以及农村水环境、垃圾渗滤液、排水大会等 3 个 400－600 人的中型论坛等活动；信息化工作委员会举办了“数字设计一体化助力行业转型升级研讨会”“工程勘察设计行业数智化创新应用峰会”和“2021 年工程勘察设计企业（第十三届）CIO 高峰论坛暨推进勘察设计企业数字化转型工作研讨会”等活动。

【充实技术专家库】为充分发挥行业智库作用，协会 2021 年度对技术专家库进行了规范，通过完善专家库结构框架、推进系统开发建设，加强了入库专家管理，提高管理效能；按照行业、专业、工程全生命周期、技术特色等维度，面向全行业组织开展了技术专家征集，10892 名专家入库；对技术专家委员会的结构及构成进行多回合、多维度梳理，夯实了专家委的组建基础。

【加强党建工作】2021 年，协会坚持党的引领，凝聚思想共识，着力推进党建工作和业务工作深度融合，增强“四个意识”，坚定“四个自信”，做到“两个维护”，勇于担当作为。协会党支部稳妥推进标准化规范化建设，坚持“三会一课”制度，加强组织建设，组织开展了包括集中政治学习、讲党课、专题组织生活会、发展党员、党史学习教育、党风廉政教育等活动，发挥了党支部的战斗堡垒作用；积极组织党员和职工加强学习教育，提高政治觉悟和政治站位。组织参加全国勘察设计同业协会工作会议代表及党员、入党积极分子赴韶山和宁乡花明楼红色教育基地等开展党史教育活动，包括：瞻仰伟人故居、向毛主席铜像敬献花篮，邀请党史专家讲党课、重温入党宣誓等，取得很好的学习教育效果。组织参观了由中央和国家机关工作委员会主办的“永远跟党走”中央和国家机关庆祝中国共产党成立100周年书画摄影展。

（中国勘察设计协会）

中国建筑业协会

2021年，中国建筑业协会（以下简称：“中建协”）在中央和国家机关工委、住房和城乡建设部的指导下，在广大会员的大力支持下，充分发挥党史学习教育感召力，激发职工的工作热情和服务意识，面对新冠肺炎疫情挑战，团结一心，迎难而上，着力提升服务水平，创新开展业务工作，圆满完成了全年计划，为推进建筑业的持续健康发展做出了积极贡献。

【举办首届绿色智慧建筑博览会】6月24日，中建协、中国对外贸易中心共同举办的首届绿色智慧建筑博览会在国家会展中心（天津）隆重开幕。此次博览会是国家会展中心（天津）建成后的首展，也是中建协首次主办的大型展会。开幕式上，天津市委书记李鸿忠、市长廖国勋，商务部党组成员、部长助理任鸿斌，住房和城乡建设部总工程师李如生，中国对外贸易中心党委书记、主任储士家，中建协会长齐骥、副会长吴慧娟、副会长兼秘书长刘锦章、监事长朱正举，中建集团总经理郑学选等出席开幕仪式。世贸组织副总干事张向晨、部分驻华使节代表发来致贺视频。

齐骥代表绿色智慧建筑博览会主办方致辞。他指出，作为国家会展中心（天津）的首展，选择了绿色智慧建筑主题，是落实习近平总书记关于京津冀协同发展重要指示，是践行绿色发展理念，推动建筑业高质量发展的重大举措。在新发展理念的指导下，建筑业正不断探索新的发展路径，通过新型建筑工业化、智能化、绿色化，加快行业转型升级。本届博览会将全方位、多角度展示新时代中国建造的创新发展成果。

此次博览会为期4天，展区面积达到21万平方米，参展企业近500家，参观人员突破22万人次，同期还举办了172场建筑业高端论坛。展会规模大，参展企业多，论坛质量高，对于推动新时期建筑业高质量发展具有重要意义，是行业内思想碰撞、技术融通、共话发展的一次盛会。

【召开庆祝建党100周年党史学习教育交流会】6月30日，中建协召开庆祝建党100周年党史学习教育交流会。中建协会长齐骥、副会长吴慧娟、副会长兼秘书长刘锦章、监事长朱正举出席会议，党总支书记兼副秘书长赵峰主持会议，各支部全体党员、秘书处全体职工及分支机构负责人参会。会上，集体观看了中央党校教授关于《党对中国社会主义建设道路的探索》党史讲座，协会副秘书长以上领导同志和3位党员代表交流了党史学习体会。

齐骥结合自身经历和历史事件，深刻阐述了中国共产党为什么能、马克思主义为什么行、中国特色社会主义为什么好的道理。齐会长要求协会全体职工听党话，跟党走，严格要求自己，克己奉公，做好协会工作。

【召开特别理事联谊会】4月11日，中建协在北京召开特别理事联谊会。会长齐骥、副会长兼秘书长刘锦章、监事会监事长朱正举出席会议，副会长吴慧娟主持会议。来自全国28个地区和12个行业的特别理事共90余人参会。

会上，刘锦章介绍了中建协2021年主要工作。一是深入开展调查研究，反映行业诉求。二是树立质量品牌，提升工程品质。三是突出科技引领，加快转型升级。四是加强信用建设，促进行业自律。五是扎实推进会展、培训、工程咨询、法律仲裁业务。六是提高服务会员的质量和效率。七是进一步加强协会自身建设。

各位特别理事就建筑业改革发展面临的主要问题、脱钩后中建协发展的机遇和挑战以及对中建协今后的工作建议进行了充分交流和热烈讨论。会议认为特别理事联谊会机制对深化交流、增强联动、促进合作具有重要意义，有利于增进行业的凝聚力和向心力。

齐骥做总结讲话。他结合七届一次理事会以来中建协开展的工作，指出中建协下阶段一要继续提供有效服务，包括政策信息、市场信息、科技信息等信息服务，纠纷调解、争议仲裁等法律服务，企业转型升级、技术创新等咨询服务。二是深入调研，积极反映企业诉求，促进与地方协会和行业协会的交流。三是加强协会党建工作和运行机制等规章制度建设。

【深入调研和反映诉求】2021 年，中建协领导多次赴湖南、天津、四川等地深入会员企业和当地协会开展调研。编印《中国建筑业协会研究报告汇编（2020 年）》，发布中建协 2021 年调研题目组织各地协会调研。开展《山东省建筑业高质量发展研究》《建筑垃圾减量与资源化利用》等多项课题调研工作，向政府部门提交了《关于建筑业发展形势及施工原材料价格变化情况分析》等 12 份报告。受住房和城乡建设部委托，开展特、一级建筑业企业主要指标月度快速调查工作，撰写发布了 2020 年全年、2021 年上半年建筑业统计分析报告，编制了全国建筑工人大数据报告，为行业管理部门提供及时可靠的统计分析资料。

【促进提升行业质量安全水平】2021 年，中建协修订了鲁班奖评选办法、复查工作细则和评选工作纪律，完成 2020—2021 年度第二批鲁班奖工程评选工作。举办提升工程质量经验交流会、“质量月”专家行、工程建设质量管理小组、“安康杯”竞赛、建筑供应链大会等活动，受到企业的欢迎。

【科技成果推广】2021 年，中建协举办了第六届建设工程 BIM 大赛、2021 中国国际智能建筑展览会、钢结构装配式住宅建设试点项目观摩交流会、建筑业数字化转型 CIO 会议暨信息化建设经验交流会、中小建筑企业融智融资交流会等活动。充分发挥专家作用，组织推荐“建筑业十大技术创新”，编写出版《建筑业技术发展报告（2021）》《中国建筑业 BIM 应用分析报告（2021）》，为企业提供技术指导与工程咨询服务。

完成第五批 44 项团标立项工作，对前四批 106 项团标编制情况进行跟踪管理，出版《墙体饰面砂浆应用技术规程》《城市综合管廊工程监测技术规程》《建筑工程物资管理标准》等 7 项团体标准。

【推动行业信用建设】2021 年，中建协组织开展了 2021 年度全国建筑业 AAA 级信用企业评价工作，对之前通过的 AAA 级信用企业进行动态管理和复评，引导企业诚信经营。

【行业培训】2021 年，中建协针对不同层次企业、人员的实际需求提供培训。共举办建设领域各类培训班 21 期，其中 18 期为现场培训，学员 5456 人，4 期为公益性线上培训，参训人员 61.2 万人。北京昌平中建协项目管理培训中心与 38 家机构签订了注册建造师继续教育合作协议，培训了大量学员。继续举办工程建设行业吊装职业技能竞赛，有效推动吊装技术进步和从业人员技能水平提高。稳步推进建筑工人职业技能等级评价工作，上线中国建筑业职业技能提升平台，开展首期考评员督导员培训。此外，还组织了关心关爱建筑工人系列公益活动。

【自身建设与发展】2021 年，中建协继续加强党建工作，认真开展党史学习教育，召开党史学习教育动员大会、学习交流会，开展群众实践活动，把党史学习教育成果转化到协会具体工作中，发挥长效作用，推动协会持续健康发展。完成党总支换届工作。加强制度建设，修订完善内部规章制度，编印《内部管理制度汇编》并组织全员培训。坚持合法合规开展业务，多次进行自查自纠，全年未发生任何违规活动问题，顺利通过年检。加强分支机构管理，支持指导分支机构规范开展业务活动，充分发挥咨询公司、培训中心作用，实行财务预算和业务计划统一管理，完成对分支机构年度考核工作。开展“我为企业减负担”行动，减免了一部分困难企业的会费，为企业减负 691.7 万元。

【信息宣传工作】2021 年，中建协编辑出版 12 期会刊《中国建筑业》，出版《中国建筑业年鉴（2020 卷）》。继续做好中建协微信公众号和网站管理工作，共发布协会文件、重要通知、各类动态、消息等 1500 余条。

【重要会议与活动】3 月 12 日，中建协监事会监事长朱正举赴河北省建筑业协会进行实地调研，就中小企业发展现状、运营中存在的问题及解决思路进行了交流和探讨。

4 月 1 日，中建协召开党史学习教育动员会。中建协会长齐骥、副会长吴慧娟、监事长朱正举出席会议，副会长兼秘书长刘锦章主持会议，各支部全体党员、秘书处全体职工及分支机构负责人参会。会议传达了中央和国家机关行业协会商会党史学习教育动员部署会精神，通报了《中国建筑业协会党史学习教育工作方案》。

4 月 11 日，中建协在北京召开特别理事联谊会。来自全国 28 个地区和 12 个行业的特别理事等共 90

余人参会。

4月10日，中建协钢木建筑分会成立大会在北京举行。建筑领域相关机构、专家学者、企业代表等近500人现场参会。

4月12日，中建协中小企业分会成立大会在北京召开。有关行业协会，各省、自治区，直辖市建筑业协会的负责人，中小企业分会会员企业共计300余人出席了成立大会。

4月17日，中建协第一届监事会第二次会议在江西省南昌市召开。会议审议通过了《关于首届监事会成立以来的工作总结和2021年工作安排》《2020年度协会财务报告》和《2021年监事会工作要点（征求意见稿）》，通报了关于中国建筑业协会监事变更的情况。

4月22—23日，由中建协、深圳建筑业协会主办，中建协建筑供应链与劳务管理分会承办的《加快培育新时代建筑产业工人队伍的指导意见》解读暨《建筑劳务管理标准》宣贯培训班在深圳举办。

5月11日，中建协在北京组织召开《中华人民共和国建筑法》修订课题研究工作暨《中国工程案例》汇编工作启动会。

5月19—21日，中建协会长齐骥、副会长兼秘书长刘锦章一行赴湖南长沙，调研了湖南建工集团有限公司和中国建筑第五工程局有限公司。

5月25—26日，中建协在武汉召开建筑业数字化转型CIO会议暨信息化建设经验交流会。

5月28日，中建协承担的《山东省建筑业高质量发展研究》课题开题会在济南召开，该课题是山东省住房和城乡建设厅通过竞争性磋商方式采购的课题项目。

6月8—9日，中建协在成都举办了提升工程质量创建精品工程经验交流会。来自全国各地、行业建筑业（建设）协会及建筑业企业代表近1700人参加了会议。

6月24日上午，由中建协、中国对外贸易中心共同举办的首届绿色智慧建筑博览会在国家会展中心（天津）开幕。

6月30日，中建协召开庆祝建党100周年党史学习教育交流会。各支部全体党员、秘书处全体职工及分支机构负责人集体观看了中央党校教授关于《党对中国社会主义建设道路的探索》党史讲座。

7月25—28日，由中建协和全国市长研修学院（住房和城乡建设部干部学院）共同组织的2021年大型建筑施工企业总工程师培训班（第24期万名总师培训班）在京举办。来自全国各地的大型建筑施工企业的总工程师或主管技术副总经理60余人参加了培训。

9月9日，中建协在北京召开2020—2021年度第二批中国建设工程鲁班奖（国家优质工程）复查启动会。

10月13日，中建协在大连召开2021年度第二次特别理事联谊会。来自全国21个地区和8个行业的特别理事等共70余人参会。

10月21日，由中建协主办的以“创新融合共建产业新生态”为主题的2021第三届建筑供应链大会在江苏昆山召开。来自全国各地区的政府主管部门、协会领导、企业代表及行业媒体等近千人参加了大会。

12月1日，中建协受山东省住房和城乡建设厅委托承担的课题《山东省建筑业高质量发展研究》通过评审验收。

（中国建筑业协会）

中国安装协会

2021年，中国安装协会深入贯彻落实习近平新时代中国特色社会主义思想和党的十九大、十九届历次全会精神，弘扬伟大的建党精神，发挥党支部政治保障作用，秉承服务宗旨、贯彻新发展理念，坚持稳中求进的工作基调，有力有序、扎实稳妥地开展各项工作，为持续推动行业高质量发展作出积极贡献。

【坚持民主办会，加强组织建设】 2021年，协会坚持民主办会，加强组织建设，注重发挥理事会作用，推进协会各项工作科学决策，增强会员单位参与协会工作的积极性，提升协会凝聚力和影响力。

召开理事会议。4月，协会在济南召开第七届二次理事（扩大）会议。会议审议通过了秘书处工作报告，审议通过了“关于增选第七届理事会理事的提案”“关于制定《中国安装协会会议收费标准》的提案”，选举中国二十冶集团有限公司党委书记、董事长樊金田为第七届理事会副会长，批准了41家企业的入会申请，并就2021年协会工作进行了安排部署。

召开科技委会议，完成协会科技委换届工作。6月，协会在南京召开中国安装协会科技委会议，会议审议通过了科技委工作报告，表决通过了“关于中国安装协会第六届科学技术委员会主任委员、副主任委员、顾问委员人选的提案”“关于中国安装协会第六届科学技术委员会委员人选的提案”和“关于修订《中国安装协会专家库管理办法》的提案”。杨存成当选为第六届科技委主任委员，唐忠赤等21人当选为副主任委员，149人当选为委员，7人被聘请为顾问委员，1042人被聘任为科技委专家。

召开秘书长工作会议。12月，协会在上海召开秘书长扩大会议。会议回顾了协会2021年全年工作，研究了2022年协会工作思路和重点工作。与会秘书长、监事会监事围绕促进行业高质量发展、加强协会内部管理进行深入探讨，对下一步提高协会服务能力，做好协会工作提出了意见和建议。

【走访调研会员单位，掌握行业发展动态】2021年，协会深入会员单位走访座谈、实地观摩工程项目，调研行业热点，挖掘典型案例，倾听会员意见建议。

围绕装配式安装、信息化管理应用等行业热点开展调研。2021年6月，协会赴中建安装集团有限公司南京公司312国道改扩建工程调研，实地考察工程建设现场，听取了项日装配式技术应用、智慧可移动工厂建设、四新技术创新应用、管理创新和“四节一环保”施工实施成效等方面的情况介绍，就装配式施工工艺应用等进行了深入探讨。

在举办会议活动的间隙，走访当地会员单位。2021年5月创精品机电工程研讨会后，协会对四川省工业设备安装集团有限公司、中建八局西南公司、成都建工工业设备安装有限公司和中国五冶集团有限公司进行调研。12月，协会走访调研上海市安装工程集团有限公司和中国二十冶集团有限公司。通过走访调研，协会详细了解企业发展历史沿革、组织架构、生产经营、发展战略、荣誉奖项、企业文化、党建工作以及科技创新等方面的情况，听取了部分重要项目、重点工程的情况介绍。围绕企业2021年度综合业绩成效、特色亮点、工作规划等内容与会员单位进行座谈，共同探讨行业发展动态、最新热点和前沿导向，征求会员单位对协会工作的意见和建议。

【强化创精品意识，做好质量科技双创工作】协会将开展奖项评选活动作为促进行业工程质量提升和科技进步的重要抓手。2021年，协会结合防疫形势，高标准、严要求地统筹评选各环节工作，采取线上线下联动方式，保证评选活动有序高效开展。

召开2019—2020年度中国安装工程优质奖（中国安装之星）颁奖大会。2021年4月，协会在济南召开颁奖大会，向荣获2019—2020年度中国安装工程优质奖（中国安装之星）的439项工程，775家单位及突出贡献个人颁发了奖杯、奖牌和荣誉证书。

组织2021—2022年度中国安装工程优质奖（中国安装之星）第一批评选活动。在线申报工程284项，经专家在线审查，275项符合申报条件，进入复查。2021年10月，协会派出39个专家复查组分赴全国对275项工程进行复查。12月28日，协会在上海召开评审会，262项工程入选2021—2022年度第一批中国安装工程优质奖（中国安装之星）。为总结推广工程创优经验，提升行业工程质量安全管理水平，协会组织编制了《2020年度精品安装工程专辑》，发给订阅的会员单位学习交流。

召开创精品机电工程研讨会。2021年5月，协会在成都召开2021年全国创精品机电工程研讨会暨现场观摩会，来自全国400多家企业的总工程师、行业专家、项目工程师、科技质量工作者等1400多人参加会议。会议总结推广安装行业在创建精品机电工程中的先进质量管理经验、创新技术和创优做法，剖析常见质量问题，解读评选办法，对中国安装工程优质奖（中国安装之星）申报要求、在线申报操作方法进行了讲解和指导。

开展2020—2021年度中国安装协会科学技术进步奖评选工作。2021年1月，协会在线召开专业审查视频协调会议，对243项申报成果进行专业审查，形成推荐意见。3月，协会在北京召开评审会议，126项成果入选2020—2021年度中国安装协会科学技术进步奖，其中一等奖12项、二等奖48项、三等奖66项。6月，协会在南京召开颁奖会，向获奖单位和个人颁发奖牌和荣誉证书。

开展2022年度中国安装协会科学技术进步奖评选工作。2021年11月，协会启动2022年度科技进步奖申报工作。申报期间，在线申报成果460项，其中406项通过形式审查，进入专业审查。

【引领行业科技发展，组织技术交流等活动】协会将促进行业科技创新作为推进安装行业改革和发展的首要任务，根据行业发展趋势，结合会员单位需求组织各项活动，以科技创新赋能行业高质量发展。

组织行业先进经验交流活动，促进行业科技创新和管理创新。2021年4月，工程创优经验交流会邀请中国建筑股份有限公司总工程师毛志兵作题为《科技创新推进行业高质量发展》专题讲座。5月，2021年安装行业BIM应用与智慧建造经验交流会邀请行业专家作“机电工程数字化转型与智慧建造解决方案”和“从数字建造到智慧建造—BIM的足下与远方”主题讲座。6月，中国安装协会科技委会议邀请专家分别就“科技赋能助推安装行业高质量发展”“培育高水平技能人才，促进安装行业高质量发展”“抓住国家发展机遇，推广新能源电力工程新技术”“加强科技成果总结凝练，获取高水平国家科技奖”与参会代表交流、研讨。10月，协会BIM应用与智慧建造分会举办全国机电工程BIM技术应用线上公益讲座，2630人线上参会，300人通过线上测评。

组织工程观摩活动。2021年，协会结合大型会议活动，组织开展多次工程观摩活动，4月至6月，先后组织观摩了中建三局第一建设工程有限责任公司承建的京东方重庆第6代AMOLED柔性生产线项目机电工程、中建八局第一建设有限公司承建的济南万达文化体育旅游城融创茂项目、中建五局第三建设有限公司承建的马栏山视频文化产业园区能源项目（一期）北区能源站项目、中建三局第一建设工程有限责任公司承建的四川大学华西天府医院机电总承包工程、中建八局第三建设有限公司承建的南京扬子江国际会议中心机电总承包工程。

开展安装行业BIM技术应用成果评价工作。5月，协会BIM应用与智慧建造分会在长沙召开2021年安装行业BIM应用与智慧建造经验交流暨现场观摩会。会议向2020年安装行业BIM技术应用成果评价活动中的先进单位及先进个人颁发了奖杯和荣誉证书，启动了2021年安装行业BIM技术应用成果评价活动。2021年6月，BIM应用与智慧建造分会发出评价活动通知，2021年9月召开初评会，形成统一推荐意见。2021年12月召开终评会，最终确定2021年安装行业BIM技术应用国内领先水平（Ⅰ类）成果26项，国内先进、行业领先（Ⅱ类）73项，行业先进（Ⅲ类）103项。

召开全国安装人“五小”成果短视频大赛总决赛。由协会主办，上海市安装行业协会承办，中建八局科技建设有限公司协办的全国安装人“五小”成果短视频大赛活动于2020年10月启动，经过专家初评和网络投票，前45项作品入围终评阶段的评委终审会议。2021年5月，2021全国“五小”成果短视频大赛总决赛在上海召开，最终评选出20个一等奖和42个二等奖，总决赛后进行了现场颁奖。

编制、发布团体标准，推进行业标准化建设。2021年，协会发布团体标准2项，启动编制团体标准1项。其中，《建筑设备安装工程支吊架计算书编制标准》于2021年4月召开宣贯会，《冷热源机房机电装配式施工技术标准》于11月在协会官网发布公告。启动编制《数据中心机电工程技术规程》，2021年7月召开立项审查会，8月召开编制组成立暨第一次工作会议。

召开《建筑机电工程抗震技术标准》（征求意见稿）线上技术研讨会。2021年8月，由协会主办，中建三局一公司安装公司承办的《建筑机电工程抗震技术标准》（征求意见稿）技术研讨会在线召开，20余名行业专家在线进行了深入研讨，从不同角度提出意见和建议。经讨论，会议达成一致意见。会后，协会将意见和建议汇总整理，向住房和城乡建设部标准定额司进行了书面反映。

【做好机电工程建造师相关工作，促进从业人员素质提高】做好注册建造师相关工作。受住房和城乡建设部委托，2021年，协会组织专家，完成住房和城乡建设部布置的一、二级建造师执业资格考试大纲（机电工程）及考试用书《机电工程管理与实务》的修编工作，向住房和城乡建设部注册中心推荐一、二级建造师执业资格考试命题、阅卷专家，参与考试命题和阅卷工作。2021年7月，根据注册中心要求，协会推荐8位专家为一级建造师执业资格考试命题专家，参与考试命题工作。

组织录制机电工程专业一级注册建造师继续教育网络课程。协会与住房和城乡建设部干部学院合作，组织电力、石油、化工、冶金方面的专家录制了一级注册建造师（机电工程专业）继续教育网络课程。必修课60学时于2021年10月底上线，选修课60学时于11月中旬上线。2021年11月底，协会向会员单位发出了《关于推荐使用全国住建系统专业技术人员在线学习平台开展继续教育学习的通知》。

编写《机电工程安装工艺细部节点做法优选》3月召开书籍编写启动会，确定了编写框架、主要内容、编写进度及完成时间。2021年4月召开编委会会议，成立了编委会，明确了分工和责任，确定了编写框架和节点编写样例。2021年6月召开编委会第二次会议，听取了第一次会议后各章节编写进度情况的汇报，对初稿进行了审核，对下一步编写工作进行了安排。

编写《机电工程新技术（2022）应用指南》。2020年，协会组织专家编写了《机电工程新技术（2020）》，已被部分省市选作建造师继续教育用书。2021年，协会又组织专家编写了《机电工程新技术（2022）应用指南》，目的是促进机电工程新技术推广应用。目前，该书已由中国建筑工业出版社出版发行。

征集优秀论文。11月，协会组织开展2022年安装行业优秀论文征集活动，总结交流安装企业先进管理经验和施工技术创新成果。活动得到会员单位积极响应，共征集到论文700余篇。

【做好信息宣传工作，加强“一刊一网”、微信公众号建设】2021年，协会加强《安装》杂志，协会网站，《协会简报》以及“中国安装协会”“《安装》杂志社”两个微信公众号建设，及时、准确宣传协会的最新动态和重点工作，持续优化信息服务质量，做好信息宣传工作。

加强《安装》杂志社建设。2021年，《安装》杂志社进一步明确科技期刊定位，跟踪行业前沿科技，报道最新行业形势和协会动态，充分利用“《安装》杂志社”微信公众号宣传扩大行业影响。办刊质量稳中有升，在行业内的影响力和知名度不断提高。2021年6月，《安装》杂志社在南京召开《安装》杂志编委会会议，完成编委会换届工作。会议听取第三届编委会工作报告，产生了第四届编委会，通过了工作规则。

加强网站建设。协会网站跟进协会工作，宣传协会最新动态，发布各项活动通知，开展奖项网上申报，建立专家库专家在线申报。一年来，协会网站保持正常运转，服务界面得到优化，响应速度提升，各功能模块运行平稳。

充分利用《协会简报》、“中国安装协会”微信公众号和微信群做好信息宣传。2021年来，协会共发出6期简报，向副会长、常务理事、理事，省市安装协会（分会），有关省市建筑业协会，有关行业建设协会及协会（会员单位）地区联络组通报协会工作。微信公众号和微信群作为协会重要的宣传渠道，及时发布最新活动通知，跟踪报道协会最新动态，倾听会员单位对协会工作的意见和建议，搭建沟通桥梁，促进协会与会员单位之间的互联互通，提升服务质量。

【扎实推进党史学习教育，加强协会自身建设】2021年，协会扎实开展党史学习教育，庆祝党的百年华诞，深入学习贯彻习近平总书记“七一”重要讲话和党的十九届六中全会精神，更好地把握和运用党的百年奋斗历史经验，有力提振了支部党员干部锐意进取、干事创业的精气神，协会自身建设得到进一步加强。

扎实推进党史学习教育。2021年，协会坚持党建引领，在中央和国家机关行业协会商会党委和第一联合党委的领导下，不断增强“四个意识”、坚定“四个自信”、做到“两个维护”，严肃党内政治生活，通过落实“三会一课”，支部书记讲党课，召开组织生活会，组织专题学习研讨，开展主题党日和党建联建，组织集体参观党建巡展等党建活动，增强党性观念，强化宗旨意识，扎实推进党史学习教育。深入学习贯彻落实党的十九届六中全会精神，将党的政治建设贯穿到协会工作的各个方面，以党建工作引领业务发展，实现党建和业务的联动推进、共同发展，保证了协会工作稳中有进、稳中提质的发展态势，为协会发展提供坚实可靠的政治保障。

不断加强协会自身建设，提高工作人员素质。2021年，协会坚持服务宗旨，倾听会员意见建议，总结归纳经验做法，改进完善工作模式，丰富拓展服务内容，更多企业加入协会中来，会员队伍不断壮大。协会注重提高秘书处工作人员综合素质，以党史学习教育为契机，坚持服务为本，增强服务意识，提升服务能力与水平，将工作成效作为检验学习成果的标尺，扎实为会员办实事、解难题，为促进行业高质量发展作出贡献。

（中国安装协会）

中国建筑金属结构协会

【党建工作】

2021年，中国建筑金属结构协会（以下简称“协会）党支部以协会党建工作评议会、支部委员集中学习、全体党员集中学习、民主生活会等多种形式组织党员同志学习“中国共产党简史”、观看“党史故事100讲”、支部书记给大家上党课、重温入党宣誓，学习习近平总书记系列讲话、学习十九届六中全会公告，组织党员和群众观看爱国主义教育影片，参观党的历史展、成就展贯穿全年的学习生活。

3月31日，协会党支部组织协会党员干部职工及退休老同志参观“伟大的征程—庆祝中国共产党成立100周年特展”。

4月25日，协会建筑遮阳分会走进常州霸狮腾特种纺织品有限公司，开展“协企共建，探索行业党建新思路”交流会。

从5月起，协会党支部设立“红色印记百年荣光，党史上的今天”栏目，每日更新学习新内容，并于每周五下午组织全体党员干部观看党史学习教育影片。

5月，协会党支部组织党员干部及职工以“传承红色基因，感受幸福生活”为主题，参观了香山革命纪念馆和双清别墅。

6月15日，协会党支部组织党员干部前往农业展览馆开展以参观“永远跟党走—中央和国家机关庆祝中国共产党成立100周年书画摄影展”为主题的党日活动。

6月28日，协会建筑遮阳分会与上海BAC竹园艺术中心联合举办了以“变革——百年·百事·百人”推介活动，举办了党建联建签约仪式，邀请百名书画家联袂现场创作等，以丰富多彩的活动，向建党100周年献礼。

7月1日，协会组织全体党员干部观看庆祝中国共产党成立一百周年大会直播，聆听习近平总书记在庆祝大会上的重要讲话。

7月28日，协会党支部组织党员、职工群众参观了“让党中央放心、让人民群众满意——新时代中央和国家机关党的建设成就巡礼展”。

【严格防疫】

8月2—20日，鉴于全国部分城市新冠肺炎疫情突发，协会秘书处根据北京市疫情防控规定需要，及时下发疫情防控通知，要求协会所属各部门坚决落实北京市疫情防控措施，确保责任落实到位，坚持做到非必要、不出京，非必要、不外出，采取居家办公形式，尽量减少人员流动。

【协会成立四十周年】

协会第十一届理事会三次会议暨协会成立四十周年纪念大会因疫情原因以通信形式召开。协会对会员单位中为行业发展做出突出贡献的企业、企业家、专家及行业工匠，以及积极奉献、回馈社会的公益模范会员企业进行了表彰。

【启用会员系统　更换新版会员证】

自2021年1月18日起，协会线上会员管理系统正式上线运行，同时响应国家“积极利用信息化手段，推行无纸化办公”的号召，推行会员证的灵活使用，启用新版电子会员证，旧版会员证即时废止。

【加强自律　积极引导】

3月24日，协会向全体会员发出抵制非法社会组织倡议书。并对协会所属部门及工作人员就抵制非法社会组织提出明确“七不得”要求。

7月30日，协会通过官方网站发布《中国建筑金属结构协会规范收费自律承诺书》，郑重承诺坚持正确办会导向，严格遵守协会章程，自觉接受社会监督。

建筑门窗配套件委员会发布《建筑门窗配套件行业自律倡议书》，向企业发起加强行业自律、抵制恶意竞争的倡议。

【深入调研　合理建议】

3月5—10日，协会会长郝际平参加2021全国政协会议，并提交了《推进城镇老旧小区建筑门窗改造》《关于“大力发展装配式钢结构建筑为实现碳达峰、碳中和贡献建筑业的力量”》等提案。

6月7—9日，副会长兼秘书长宋为民一行到丹东的辽宁川宇蓄能给水设备有限公司考察调研。期间，同丹东市科学技术协会就给水产品的创新发展进行了交流，对丹东地区的二次供水情况有了更深层次的了解。宋为民秘书长对他们致力于消除二次供水污染，努力解决好“最后一公里”的供水质量安全，造福千家万户的工作宗旨给予高度赞赏，希望该他们继续组织整合技术力量，不断提高品牌优势，将优质产品推向全国各地。

6月16—17日，会长郝际平，副秘书长秦永新受协会常务理事单位中创环艺技术集团有限公司董事长徐继来邀请，前往南京参观考察江北新区长江岸线湿地保护与环境提升工程，现场观看了他们创作的《长江之歌智幻灯光水影观》项目。该项目做到了景观融于城市发展，是长江岸线整体规划的重要组成部分，在中央广播电视总台新闻频道以《坚持绿色发展，工业“锈”带变“秀”带》做了专题报道，成为江北新区城市发展进程中的重要标志。

协会建筑钢结构分会按照住房城乡建设部相关司局要求，组织开展了钢结构住宅试点调研。

【行业年会】

3月11日，铝门窗幕墙行业年会暨中国建筑经济峰会在广州召开。会上宣读的分会工作报告指出，过去的一年里，分会积极开展“线上课堂”等助力复工复产，通过企业调查深入了解行业发展运行现状，支持各类行业峰会及高峰论坛活动，为上下游产业链充当桥梁纽带，编制多项行业标准规范维护行业科学有序健康发展，在积极推动大公司、大品牌实现战略转型与产业升级的同时，积极扶持与培育行业内中小企业发展，通过技术培训与标准宣贯、经济论坛等方式，引领技术创新与行业高质量发展。

3月20日，中国建筑金属结构协会国防系统机电设计分会暨清洁采暖论坛在北京召开。大会围绕国家发展和改革委员会、中央军委后勤保障部等10部委共同发布的《北方地区冬季清洁取暖规划(2017—2021)》要求，探讨在北方地区落实清洁取暖、坚持清洁替代、减少大气污染物的新举措。

3月23日，协会建筑遮阳分会行业年会在上海召开。

4月15—16日，由协会塑料门窗及建筑装饰制品分会主办的第25届全国塑料门窗行业年会暨低能耗定制门窗及相关产品和装饰装修制品展示会在陕西西安召开。本届年会以“创新、自强、提升、发展”为主题，以“推动行业高质量发展”为目标，宣传贯彻国家新时代新发展理念和产业政策，推动绿色低碳塑料门窗产业技术创新和升级发展，推动建筑装饰装修用PVC环保材料转型创新发展，并开展了低能耗定制门窗及相关产品和装饰装修制品展示。

4月30日，由协会自动门电动门分会主办的2021全国自动门电动门行业年会在北京召开。本届年会以“新时代、新理念、新征程”为主题。

5月28—29日，由协会主办，协会建筑钢结构分会、中建三局第一建设工程有限责任公司、湖北省建筑业协会、武汉建筑业协会联合承办的2021年全国建筑钢结构行业年会在武汉召开。年会以“绿色引领、智能建造，实现钢结构建筑高质量发展”为主题，聚焦智能建造与工业化建筑协同发展，加快数字技术与精益制造、绿色建造的深度融合，推进钢结构全产业链转型升级，实现“碳达峰、碳中和”目标，全面提高钢结构建筑质量、技术与应用水平。

10月11日，由协会新风与净水分会主办的第一届新风与净水分会会长工作会议暨健康舒适家居系统应用与发展座谈会，在北京召开。

12月8日，由协会舒适家居分会、清洁供热分会、辐射供暖供冷委员会、采暖散热器委员会、新风与净水分会联合中国土木工程学会燃气供热专业委员会、中国节能协会热泵专业委员会主办的“A.O.史密斯杯”2021中国舒适家居大会于南京召开。

【行业展会】

3月11—15日，2021年全国铝门窗幕墙新产品博览会在广州召开。

3月19日，由协会舒适家居分会和浙江省诸暨市店口镇人民政府联合主办的店口水暖博览会在店口镇召开。

5月12日，由协会舒适家居分会、法兰克福展览（上海）有限公司以及中展智奥（北京）国际展览有限公司联合主办的2021年中国国际供热通风空调、卫浴及舒适家居系统展览会（ISH中国供热展）在北京中国国际展览中心（新馆）开幕。本届展会展出面积达到95000平方米，展商约900余家，观展观众达到69000余人。

5月26日，由中国建筑金属结构协会、中国商业联合会、中国房地产业协会、浙江中国科技五金城集团有限公司联合主办的第11届中国（永康）国际门业博览会在浙江永康国际会展中心开幕。

5月27—30日，由协会建筑钢结构分会主办的2021年钢结构建筑暨建筑工业化产品与设备展示会在湖北武汉召开，展会布展面积2835平方米，参展企业达30多家，来自全国各地上千人参加了会议。

6月25—27日，由中国建筑金属结构协会、永年区人民政府主办，协会建筑机电抗震分会、邯郸市永年区标准件产业发展管理委员会、河北金江会展策划有限公司承办的首届中国邯郸（永年）建筑建材、机电抗震及五金模板脚手架产品展览会在河北省邯郸市开幕。本次展会参展企业230家，展示面积6000平方米。展会旨在面向全国，打造建筑机电抗震、模板脚手架领域的专业会展，为机电抗震彰显实力、推介产品、为业内同仁分享宝贵经验提供交流平台。

6月26—28日，由永康市人民政府和协会联合主办的第三届中国（永康）安全与应急产品博览会在浙江省永康市举行。

【行业论坛】

3月26日，由协会给水排水设备分会主办的2021世界水务日暨中国智慧水务高峰论坛在陕西西安召开。会议以“智慧、节能、环保、健康”为主题，来自全国各地的从事给水排水产品研发生产的企业、水务公司、工程公司、设计院等与会代表350余人。

4月16日，由协会净化与新风委员会主办2021

年中国净化与新风行业发展论坛在四川成都召开。

5月11日，由协会、全国建筑幕墙门窗标准化技术委员会等单位联合主办的布局新赛道——2021全国建筑门窗标准宣贯暨行业高品质发展高峰论坛首站在广州举办。

5月13日，由协会舒适家居分会主办的中国国际暖通高峰论坛·舒适家居智能化发展论坛和中国冷暖两联供技术交流（产业发展）论坛在北京中国国际展览中心召开。

5月31日，由山东省枣庄市人民政府、国家建筑幕墙门窗质量监督检验中心、中国建筑金属结构协会联合主办的创建全国节能系统门窗科技创新区暨2021绿色建筑高质量发展峰会在山东省枣庄市举办。

6月25日，中国建筑机电抗震产品创新发展论坛在河北省邯郸市中国永年紧固件博览中心召开，论坛特邀政府、行业协会、科研院所、检测认证机构等单位的领导和专家到会。

6月26日，由永康市政府和自动门电动门分会主办、以“科技创新与应急体系能力现代化”为主题的第三届中国安全与应急产业创新发展论坛在永康国际会展中心举办。

7月30日，由协会清洁供热分会主办的第四届西藏零碳清洁供热峰会在拉萨召开。

12月16—17日，“第二届钢结构桥梁建造技术发展论坛”在广西南宁召开。

【行业活动】

3月2日，由协会舒适家居分会和辐射供暖供冷委员会联合主办的2021“格兰富”杯第八届壁挂炉零配件采购节三大会议之一2021“新沪”杯中国壁挂炉产业供应链大会在广东顺德召开。

3月11日起，协会舒适家居分会和辐射供暖供冷联合主办的开利杯·中国供暖《健康舒适家居计划》万里行上海站、南昌站、苏州站、长沙站、重庆站、成都站活动均圆满落幕。

3月23日起，由协会舒适家居分会、辐射供暖供冷委员会、清洁供热分会、采暖散热器委员会联合主办的2021中国供暖行业集成商峰会暨省级壁挂炉分户供暖推广会分别于武汉、成都、合肥、贵阳召开。

5月27—28日，由协会铝门窗幕墙分会、广东城博建科展览有限公司共同主办的“2021全国建筑门窗技术培训班”在广东佛山召开。

7月18日，由协会铝门窗幕墙分会指导，上海市创造学会主办、上海市创造学会幕墙共享设计专业委员会创办的首届“7·18上海幕墙共享设计节”在上海国家会展中心举办。

7月23日，由协会辐射供暖供冷委员会、采暖散热器委员会联合主办的“万和杯”2021中国壁挂炉产业贸易博览会在贵阳召开。

10月27日，协会建筑机电抗震分会组织首批会员企业到河北南皮经济开发区参加招商引资项目对接考察。经实地考察，会员企业对南皮的区位交通优势、科技创新优势、发展空间优势、基础设施优势、营商环境优势有了进一步的认识。

协会建筑遮阳分会围绕新型建设材料推广工作与上海市建筑建材业管理总站联合举办了“新型建设材料推介会”。组织开展《新型建设材料推荐目录(2021版)》编制工作，分别推送给了绿城地产项目、复星地产项目、融创地产项目、阿里巴巴集团、百盛集团节能改造项目以及16个上海超低能耗建筑实施项目。

【标准规程】

4月8日，由协会给排水分会主编的国家标准《真空排水集成设备通用技术条件》启动会在上海召开。

9月17日，协会建筑钢结构分会与上海建工集团股份有限公司共同发起，联合钢结构行业专家和16家骨干企业共同编制的《钢结构工程造价编制指南》在京召开启动会。

10月18日，协会建筑钢结构分会在浙江桐乡组织召开团体标准《钢结构装配式建筑楼承板生产企业评价标准》编制启动会。

10月21日，由协会清洁供热分会组织的《太阳能“光热＋”清洁能源户用供暖系统》编制启动会在京召开。来自全国各地的知名企业、科研机构、大专院校的代表30多人参加会议，并就标准编制大纲、编制计划、标准初稿进行了讨论。

10月27日，钢木门窗委员会主编修订的国标《木门窗通用技术要求》在北京以线上线下结合的方式召开了标准启动会。

11月10日，由协会塑料门窗及建筑装饰制品分会组织相关单位共同编制的团体标准《塑料门窗用增强型钢》编制启动会通过线上与线下相结合的方式召开。

12月9日，建筑门窗配套件委员会以线上会议方式，组织召开了《建筑窗用内平开下悬五金系统》GB/T 24601标准启动会。

12月17日，协会集成房屋分会在京组织召开《箱式快装建筑设计、施工、验收规程》团体标准编制启动会，会议采取线上线下结合的方式。

12 月 29 日，由协会铝门窗幕墙分会组织的《幕墙运行委会 BIM 应用规程》审查会议在北京顺利召开，会议成立了由 7 位专家组成的审查委员会，来自幕墙生产、设计、科研和管理等单位共计 20 余人参加了会议。

全年获批颁布：《光伏组件屋面工程技术规程》《脚手架用 S600E 高强不锈结构钢焊接钢管》《电热毛巾架》《建筑门窗行业企业信用等级评价指标》《集成打包箱式房屋》《平滑自动门机组》《铸铝门》《建筑用铜门》《高性能平板太阳能集热器》《内衬不锈钢钢管件》《给水用不锈钢管及管件》《铝合金门窗生产技术规程》《电热毛巾架》《公共建筑用平开门》《旋转门》《装配式不锈钢活套法兰管件》《装配式不锈钢肩型管接头及管件》《紧急疏散平滑门》《沉淀池用排泥阀》《倒流防止器》《建筑门用传感器》《建筑幕墙系统技术评定实施指南》《居住建筑智能门技术要求》《光伏幕墙应用指南》《钢结构装配式建筑楼承板生产企业评价标准》《建筑市场主体信用评价标准》《国际工程风险评估技术规范》。

【交流研讨】

5 月 12 日，由协会清洁供热分会、采暖散热器委员会、法兰克福展览（上海）有限公司、中展智奥（北京）国际展览有限公司联合主办的 2021 北京清洁供热技术交流会在北京中国国际展览中心召开。

6 月 25—26 日，由协会建筑钢结构分会主办的中美钢结构设计标准对比研讨会及海外工程技术交流会在天津召开。

7 月 19 日，由协会建筑钢结构分会主办，浙江国星钢构有限公司承办，浙江省钢结构行业协会和杭州圣建钢结构工程管理有限公司协办的 2021 年钢结构工程质量提升工作培训暨创优经验交流会在浙江萧山召开。

9 月 28 日，由协会铝门窗幕墙分会与中国建筑学会科技培训中心联合主办，广东坚朗五金制品股份有限公司、北京和平铝业有限公司、天津北玻玻璃工业技术有限公司共同协办，以“衍”表皮进化“生”建筑未来为主题的沙龙活动圆满举办。

10 月 9 日，由协会与中国建筑标准设计研究院有限公司联合主办，中国建筑标准设计研究院有限公司工程检验检测所、建筑产品应用技术研究院以及中国建筑金属结构协会检测鉴定加固改造分会承办的主题为“携手共进合作共赢”的业务交流座谈会在标准院召开。

10 月 15 日，在浙江桐乡组织召开钢结构装配式建筑楼承板企业专题座谈会，来自全国行业专家、楼承板生产的骨干企业 50 余人参加会议。本次会议得到了桐乡市、乌镇两级政府的大力支持。

12 月 28—29 日，由新风与净水分会指导的“A. O. 史密斯杯”2021 舒适住宅产业峰会暨舒适家居生态链峰会和“卡洛尼杯”2021 新风净化行业发展峰会暨中国被动房环境解决方案交流会在山东济南圆满举行。

【课题研究】

3 月 19 日，协会由建筑钢结构分会承办的住房城乡建设部科学技术计划项目《钢结构住宅构件标准化和建造智能化研究及应用》（2020-k-113）课题启动会在杭州召开。

5 月 31 日，“校园新风系统课题研究及技术导则编制工作”讨论会，在上海召开。

建筑钢结构分会受湖南省住房和城乡建设厅委托，承担了湖南省住房城乡建设引导资金项目一《“十四五”湖南省钢结构装配式建筑发展目标、政策标准及实施路径研究》课题。

【论文专著】

协会会长郝际平、协会教育分会秘书长钟炜辉和西安建筑科技大学土木工程学院钢结构科研团队田炜烽发表在国际著名期刊 Journal of Constructional Steel Research 上的论文“Buckling of stepped columns considering the interaction effectamongcolumns”被加拿大科技媒体 Advances in Engineering（AIE）遴选为关键科学文章（Key Scientific Article），并通过其官网以及 Facebook、Twitter、LinkedIn 等平台进行了专题报道。本次被报道的成果属于钢结构稳定领域，在带有阶形柱的复杂钢框架的稳定问题研究上取得了突破。

由协会建筑遮阳分会会长忻国樑、副会长薛德兴、秘书长魏国樑共同执笔的《“碳达峰碳中和”行动中建筑遮阳作为可期》论文正式发表。文章在调查研究的基础上，梳理了我国建筑遮阳行业的发展历程。同时借鉴了国外建筑遮阳的实践和趋势，分析了行业现状和存在的问题，并以多个所实行过的较为成功的旧改建筑节能项目经验，提出相关对策建议。

【行业发展报告】

协会清洁供热分会联合友绿智库编制完成了《中国清洁供热发展报告 2020》。

协会建筑钢结构分会成立建筑钢结构行业可持续发展研究课题组，组织行业专家编写并发布《中国建筑钢结构行业发展报告（2019—2020）》，深刻分析行业发展真实数据和产业运行情况，把握行业脉搏，理清热点、难点，广泛宣传优秀企业和技术，为政府和企业提供资讯。

【官方媒体】

2021年初，《中国建筑金属结构》杂志进行了全新改版，从以信息传播为主向学术论文传播、专题报道为主进行转型。2021年共发表党建专题报道10篇、访谈报道1篇，“两会”与实现钢结构建设高质量发展专题报道14篇，新风与健康专题9篇，学术论文799篇，总计发布834篇。

【中国钢结构金奖】

4月11日，第十四届第二批（2020年度）中国钢结构金奖工程专家评审会在北京举行。

4月27日，分别公布了荣获第十三届第二批“中国钢结构金奖年度杰出工程大奖”，第十四届第二批“中国钢结构金奖”和“中国钢结构金奖年度杰出工程大奖”获奖名单。

【中国专利奖】

6月25日，国家知识产权局和世界知识产权组织发布公告正式公布，由协会推荐，广州市高士实业有限公司报送的专利项目——高性能工业胶粉及其制备方法（ZL201410505506.8）；浙江中南建设集团钢结构有限公司的报送专利项目——钢构车间自动装箱方法（ZL201710041919.9）获得了第二十二届（2020）中国专利优秀奖。

【分支机构调整】

撤销阀门委员会、给水热水设备委员会、排水和排水利用委员会，将其业务整合至给水排水设备分会；撤销光电建筑构件应用专业委员会，将其业务整合至清洁供热分会；撤销建筑模板脚手架委员会、扣件委员会，组建建筑施工设备分会。

10月10日，“中国建筑金属结构协会净化与新风委员会”更名大会在北京国家会议中心召开。副会长兼秘书长宋为民宣读《关于中国建筑金属结构协会净化与新风委员会名称变更的通知》，原“中国建筑金属结构协会净化与新风委员会”正式更名为“中国建筑金属结构协会新风与净水分会”。

11月27日，中国建筑金属结构协会教育分会成立大会在西安、北京两地通过线下会场、线上直播的方式举行。副会长兼秘书长宋为民、副秘书长兼办公室主任赵志兵在北京会场宣读分会成立批复文件及分会组织名单。会长郝际平、西安建大副校长黄廷林共同为中国建筑金属结构协会教育分会揭牌并讲话。

（中国建筑金属结构协会）

中国建设监理协会

2021年，中国建设监理协会（以下简称“协会”）在中央和国家机关行业协会商会第一联合党委和住房城乡建设部的指导下，在行业专家及广大会员单位的大力支持下，紧紧围绕行业发展和协会工作实际，创新工作思路，加大工作力度，如期完成年度各项工作。

【服务会员】为加强监理行业自律管理和诚信建设，规范服务和执业行为，提高服务质量，维护合法权益，推进行业管理工作有序开展，协会修订了《中国建设监理协会会员管理办法》。

开展片区个人会员业务辅导活动。6月10日，协会在重庆市举办西南片区个人会员业务辅导活动，会议由重庆市建设监理协会承办，会长王早生出席活动并做专题讲座。来自云南、贵州、四川、重庆约250余名会员代表参加了本次活动。2021年10月19日，协会在山东泰安市举办了苏、鲁、辽、吉片区个人会员业务辅导活动，会议由江苏省建设监理与招投标协会承办，协会会长王早生出席活动并做专题讲座。苏、鲁、辽、吉四省个人会员260余人参加了本次活动。

编写监理人员学习系列丛书。为更好地开展建设工程监理工作，提高建设工程监理服务水平，推动建设工程监理行业高质量发展，协会结合监理工程师工作实际，组织业内专家编写监理人员学习系列丛书。

丰富会员免费网络业务学习内容。在会员网络学习课件库中新增“监理企业诚信建设和标准化服务经验交流会”“监理企业信息化管理和智慧化服务现场经验交流会”相关内容。

在地方和行业协会对参建鲁班奖、詹天佑奖工程项目的监理企业和总监理工程师统计的基础上，协会组织完成了对参建 2020—2021 年度中国建设工程鲁班奖（国家优质工程）工程项目、第十八届中国土木工程詹天佑奖工程项目的监理企业和总监理工程师的汇总统计工作。

为推进协会服务公开透明，发挥协会的桥梁纽带作用，更好地服务会员，促进行业健康发展，协会制定了会员服务清单，并在中国建设监理协会网络平台专栏予以公布。

为提高会员服务信息化水平，提升会员管理效果，“中国建设监理协会会员系统”于 2021 年 10 月 11 日正式上线。原“中国建设监理协会个人会员系统”并入“中国建设监理协会会员系统”，实现了会员从申请入会到日常管理的网络化信息化，会员入会、信息变更、会费缴纳、会费票据生成、电子证书及有关会员服务等都能在系统中实现。

根据《民政部社会组织管理局关于部署全国性行业协会商会开展“我为企业减负担”专项行动的通知》（民社管函〔2021〕37 号），协会开展“我为企业减负担”专项行动。免收团体类单位会员会费，免收会员业务培训费和资料费，免收经验交流会会务费和资料费。

【行业诚信建设】为推进工程监理行业诚信体系建设，构建以信用为基础的自律监管机制，维护市场良好秩序，打造诚信监理，促进行业高质量可持续健康发展，协会组织单位会员开展信用自评估工作。

针对近几年监理行业出现的违法违规现象，协会收集了具有代表性的案例，组织编写了《建设监理警示录》，以增强法治意识，督促监理人员认真履行职责，杜绝或减少违法违规现象。

【行业标准化建设】1 月 25 日，协会与中国工程建设标准化协会共同发布《装配式建筑工程监理管理规程》团体标准，5 月 1 日起实施。

2021 年 3 月，协会发布《城市道路工程监理工作标准（试行）》《市政基础设施项目监理机构人员配置标准（试行）》《城市轨道交通工程监理规程（试行）》《市政工程监理资料管理标准（试行）》四项标准，试行期一年。

2021 年协会完成《房屋建筑工程监理资料管理标准》《房屋建筑工程监理工作标准》《房屋建筑工程项目监理机构人员配置标准》《房屋建筑监理工器具配置标准》《化工工程监理规程》五项课题成果转团体标准研究工作。

12 月 1 日，协会发布团体标准《化工建设工程监理规程》，2022 年 1 月 1 日起实施。

【服务政府】参与业务指导部门调研工作，组织征求行业意见。在行业内开展监理秩序专题调研，并将调研结果报建筑市场监管司。根据《关于提升新建住宅小区品质指导意见》中涉及监理的内容，收集反馈意见并报房地产市场监管司。收集整理《注册监理工程师管理规定（修订稿）》《工程监理企业资质标准（征求意见稿）》意见建议，报建筑市场监管司。收集整理建设工程监理质量安全工作典型案例，报建筑市场监管司。

承担住房城乡建设部建筑市场监管司委托的《工程监理企业资质标准研究》《家装工程监理调查研究》《业主方委托监理工作规程》《全过程工程咨询涉及工程监理计价规则研究》等课题研究工作。

组织完成 2021 年全国监理工程师职业资格考试基础科目一和基础科目二以及土木建筑工程专业科目的有关工作、2021 年度全国监理工程师考试案例分析科目网络阅卷技术服务采购项目招标及相关工作。

组织修订了全国监理工程师职业资格考试基础科目及土木建筑工程专业科目大纲，并组织完成 2021 年全国监理工程师职业资格考试用书（共八册）的编写工作。

【课题研究】2021 年协会开展《监理工作信息化管理标准》《施工项目管理服务标准》《监理人员职业标准》《工程监理企业发展全过程工程咨询服务指南》四项研究课题。

《监理工作信息化管理标准》引导企业加强信息化建设，以优质能力为业主和社会提供智慧化的监理服务。对于推动信息技术与工程监理深度融合，不断提升工程监理信息化服务能力和水平具有重要的意义。

《施工项目管理服务标准》在明确施工项目管理服务组织模式及职责的基础上，分别从施工项目管理策划、施工准备管理、施工过程管理、施工收尾管理等方面明确了施工项目管理服务内容和方法，对于指导和规范工程监理单位及项目管理单位开展施工项目管理服务具有重要的指导意义。

《监理人员职业标准》提出监理人员的职业能力评价制度，为从业人员履行职责提供科学合理的执业要求，进一步规范从业人员，促进行业健康发展，是建设工程监理工作标准体系的重要组成部分。对保持行业人才队伍稳定、激励从业人员提高技能具有重要意义。

《工程监理企业发展全过程工程咨询服务指南》明确了工程监理企业发展全过程工程咨询服务的模式及路径，提出了发展策略，并引导工程监理企业应用数字化技术。适用于工程监理企业采用不同经营模式、开展投资决策综合性咨询、工程建设全过程咨询及跨阶段不同类型咨询服务组合。

【热点交流】组织召开“巾帼不让须眉 创新发展争先”女企业家座谈会。4月22日，由中国建设监理协会主办、江西省建设监理协会协办、江西恒实建设管理股份有限公司承办的首届女企业家座谈会在江西南昌召开，来自全国16个地区的30余名女企业家参加会议。此次座谈会既是回应会员单位诉求，也是为了更好地发挥女企业家在监理行业创新发展中的积极作用，展示巾帼担当，助力行业高质量发展。

组织召开项目监理机构经验交流会。为进一步提高项目监理机构服务质量和水平，促进监理行业高质量可持续健康发展，6月22日，由中国建设监理协会主办、四川省建设工程质量安全与监理协会协办的项目监理机构经验交流会在成都召开，来自全国260余名会员代表参加会议。交流会主要围绕项目监理机构在开展全过程工程咨询实践、运用信息化管理实践、安全管理实践等方面的监理工作展开经验交流。

组织召开全过程工程咨询和政府购买监理巡查服务经验交流会。为进一步提升监理企业综合性、跨阶段、一体化咨询服务的能力，探索具备条件的工程监理企业向全过程工程咨询服务转型升级和参与政府监管模式，2021年12月28日，协会首次采用线上直播的方式召开“全过程工程咨询和政府购买监理巡查服务经验交流会”。会议主要围绕监理企业在承接政府购买监理巡查服务及开展全过程工程咨询服务中的实践经验进行交流。客户端累计观看61400人次。

为建立中国建设监理协会和澳门工程师学会联系与沟通，共同促进内地与澳门地区监理行业健康发展，11月25日，协会与澳门工程师学会签署了建立联系沟通机制备忘录，备忘录明确了建立联系的时间、联系方式和对共同关心的问题定期进行沟通与交流。

【行业宣传】利用协会网站、中国建设监理协会微信公众号及中国建设监理与咨询微信公众号实时发布行业有关制度、法规及相关政策；宣传报道协会和地方协会的活动。充分发挥行业宣传工作对内凝聚人心、对外树立形象的特殊作用。

为宣传监理行业对促进建筑行业健康发展和提高工程质量水平所作的巨大贡献，总结推广各地区及有关行业监理企业在加强工程质量管理和企业转型升级发展的成功经验，展示重大项目的建设成果和管理特色，协会开展“监理行业创新发展经验交流征文”活动，共收到征文550篇。

办好《中国建设监理与咨询》连续出版物。全年累计刊登各类稿件140余篇，180余万字。同时为提升刊物质量，对编委会进行补充调整，充实专家力量，使之能更好地服务于行业和读者。

【协会自身建设】落实党建质量攻坚行动，积极建章立制，做好党支部工作制度化、标准化、规范化建设，协会制定了《中国建设监理协会党支部工作制度》。执行学习教育制度，坚持每周学习和专题学习相结合，推进“两学一做”学习教育常态化制度化。认真贯彻“学史明理、学史增信、学史崇德、学史力行”要求，开展党史学习教育活动。将党员学习与全员学习有机统一起来，依托党组织的先进性，组织教育活动，教育和引导党员干部树立为会员服务意识，充分发挥党组织战斗堡垒和党员先锋模范作用，以党建促发展，促进秘书处工作的整体提升。

成立监事会。3月17日，经协会六届三次会员代表大会暨六届四次理事会审议通过，中国建设监理协会成立了监事会。同时召开第六届监事会第一次会议，选举产生了监事长，商定了监事会工作分工和安排。

调整组织机构。经会长办公会研究，中央和国家机关行业协会商会工委审核，六届三次会员代表大会审议，增补4名副会长；经地方协会和分会申请，六届三次会员代表大会审议，调整部分协会理事、常务理事；经六届八次常务理事会和六届九次常务理事会审议，同意调整化工监理分会、石油天然气分会等负责人。

完善协会制度建设。根据《中共中央办公厅国务院办公厅关于印发〈行业协会商会与行政机关脱钩总体方案〉的通知》和国家发展改革委《关于全面推开行业协会商会与行政机关脱钩改革的实施意见》的部署，协会结合工程监理行业发展需求及协会实际情况，对章程进行了修订，并经六届三次会员代表大会审议通过，报民政部备案。

为加强和规范协会资产管理工作，维护协会资产安全与资产完整，促进协会健康发展，根据《中国建设监理协会章程》《社会团体登记管理条例》

《脱钩后行业协会商会资产管理暂行办法》等相关法规、规范性文件，协会制定了《中国建设监理协会资产管理办法》（经六届三次会员代表大会审议通过）。

根据《中华人民共和国国民经济和社会发展第十四个五年规划和2035年远景目标纲要》《“十四五”民政事业发展规划》及相关法规政策，协会编制了《中国建设监理协会“十四五”规划》（经六届十次常务理事会审议通过），明确发展目标、重点任务和工作思路。

开展自查自纠工作。按照《关于进一步加强社会组织管理严格规范社会组织行为的通知》（民社管函〔2021〕43号）要求，协会秘书处对行为自律、评比表彰、是否违规收费、是否违规举办会议等方面进行了自查自纠活动，未发现有违规行为。

完善工会组织建设。12月10日，经中央和国家机关行业协会商会工会联合会常委会批准，中国建设监理协会召开工会成立暨第一次全体会员大会。

（中国建设监理协会）

中国建筑装饰协会

2021年喜迎建党100周年，中国建筑装饰协会（以下简称：中装协）坚持以习近平新时代中国特色社会主义思想为指导，坚决贯彻党中央决策部署，充分发挥党建引领作用，不断推动党建与业务工作深度融合，深入研究新形势下行业发展规律，促进行业高质量发展。

【行业概况】

近几年，建筑装饰行业虽然受到固定资产投资增速放缓、企业资质改革和新冠肺炎疫情等多重因素影响，行业产值规模仍然保持稳步增长，全国建筑装饰行业完成工程总产值由2015年的3.4万亿元增长到2020年的4.88万亿元，整体增长43.53%。截至2020年，全国有资质的建筑装饰企业达100600多家。

【发展环境】

习近平总书记在第七十五届联合国大会一般性辩论上的讲话提出，力争于2030年前达到峰值，努力争取2060年前实现碳中和。中央和各地方相继出台相关政策，引导推动绿色低碳发展，2021年10月，国务院印发《2030年前碳达峰行动方案》，提出“加快推进新型建筑工业化，大力发展装配式建筑，推广钢结构住宅”。同期，国务院《关于推动城乡建设绿色发展的意见》中再次强调“重点推动钢结构装配式住宅建设”。住房和城乡建设部印发的“十四五”发展规划中主要任务之一就是加快智能建造与新型建筑工业化协同发展，其有力支撑是完善智能建造政策和产业体系，夯实标准化和数字化基础，加快建筑机器人研发和应用，大力发展装配式建筑，打造建筑产业互联网平台，推广绿色建造方式及推广数字化协同设计。

随着中央和相关部委的政策相继出台，各地方政府发布了配套的落实措施及目标规划，根据住房和城乡建设部数据显示，2020年装配式建筑占新建建筑面积的比例约为20.5%，从多个地方省份设立的政策目标看，到2025年装配率达到30%。如江苏省要求到2025年装配式建筑的比例达到50%，针对装配式装修的比例要达到60%。江西省要求到2025年，装配式建筑新开工面积占新建建筑总面积的比例力争达到40%，到2025年年底，全省采用装配式施工的建筑占同期新建建筑的比例力争达到50%，从政策目标来看装配式装修增长将进一步加速。

在大建筑业的发展趋势及政府的引导下，建筑装饰行业的材料低碳制造与低碳施工、装配式装修、数字化管理、智慧建造、智能家居及配套的新材料研发、新技术创新应用等已成为行业高质量发展的重要推动技术领域。

【发展趋势】

面对新趋势，建筑装饰行业作出积极反应寻求发展契机。例如在绿色低碳方面，主要应用在建筑屋顶和墙面结构的光伏建筑（BIPV）成为绿色建筑新秀。近年我国年均房屋建筑竣工面积约为40亿平方米，屋顶的年增竣工面积约为6.67亿平方米，屋顶+墙面的总竣工面积约为15亿平方米，假设屋顶面积为总建筑面积的1/6，光伏建筑市场前景广阔。

江河创建集团股份有限公司、深圳瑞和建筑装饰股份有限公司、方大集团股份有限公司等企业已投入大量人力物力建设 BIPV 研发中心，研究 BIPV 建筑安装新型工艺等，以提升企业核心竞争力，增强专业服务能力。

我国 BIPV 的增量市场规模

相关指标	屋顶	屋顶+建筑南墙
总面积（亿平方米）	6.67	15.00
年增潜在装机量（乘子：光伏板荷载 150 瓦/平方米；单位：吉瓦）	100.05	225.00
年增潜在市场空间（乘子：光伏系统造价 4 元/瓦；单位：亿元）	4002.00	9000.00
年增实际装机量（乘子：渗透率 10%～20%；单位：吉瓦）	10.01～20.01	22.50～45.00
年增实际市场空间（乘子：渗透率 10%～20%；单位：亿元）	400.40～800.40	900.00～1800.00

数据来源：Wind，国家统计局，中国建筑科学研究院，中国光伏协会，发展改革委能源所，住房城乡建设部，广发证券发展研究中心。

2020 年我国房屋建筑竣工面积细分结构及 BIPV 实际新增市场空间计算

竣工面积细分结构渗透率	总面积（亿平方米）	屋顶面积（亿平方米）	新增装机量（吉瓦）	BIPV 新增市场空间（亿元）
住宅—10%	25.91	4.32	6.48	259.20
商业及服务用房—20%	2.57	0.43	1.29	51.60
科研教育医疗用房—20%	1.81	0.30	0.90	36.00
厂房及建筑物—20%	4.85	0.81	2.43	97.20
仓库—15%	0.27	0.05	0.11	4.50
文化教育娱乐用房—10%	0.37	0.06	0.09	3.60
办公用房—10%	1.63	0.27	0.41	16.20
其他未列明的房屋建筑—10%	1.07	0.18	0.27	10.80
合计	38.48	6.41	11.98	479.10

数据来源：Wind，国家统计局，中国建筑科学研究院，中国光伏协会，发展改革委能源所，住房城乡建设部，广发证券发展研究中心。

另外，一批企业在装配式与数字化管理的结合的智能建造、城市更新与既有建筑改造、社会老龄化带来的康养装饰装修、新材料新工艺的研发应用等“专、精、特、新”的专业化细分领域深耕细作，已取得一定的品牌影响力和专业化发展。

抓质量、提效率，行业高质量发展取得阶段性成果。装配式装修在公装、家装领域日益普及，智能建造、数字化管理探索取得进展。装配式装修以标准化设计、工业化生产、装配化施工、信息化协同统筹行业产业链，整合产业链上下的设计、材料、施工、服务企业，促进企业管理水平和工程质量提升。苏州金螳螂建筑装饰股份有限公司、浙江亚厦装饰股份有限公司、中建深圳装饰有限公司等领军企业发力装配式装修设计生产和研发，部分企业投资建设了自有装配式部品生产基地，和能人居科技有限公司、上海开装建筑科技有限公司、上海中寓住宅科技集团有限公司、上海品宅装饰科技有限公司等企业引领装配式部品生产研发。在家装方面，随着社会大众对住宅品质要求的提升，舒适智能、绿色环保已成为家装的重点关注因素，全屋整装成为热门，东易日盛、业之峰、星艺装饰、名雕装饰、聚通装饰、点石装饰、生活家装饰、红蚂蚁装饰、今朝装饰、尚层装饰等企业引领家装行业发展。

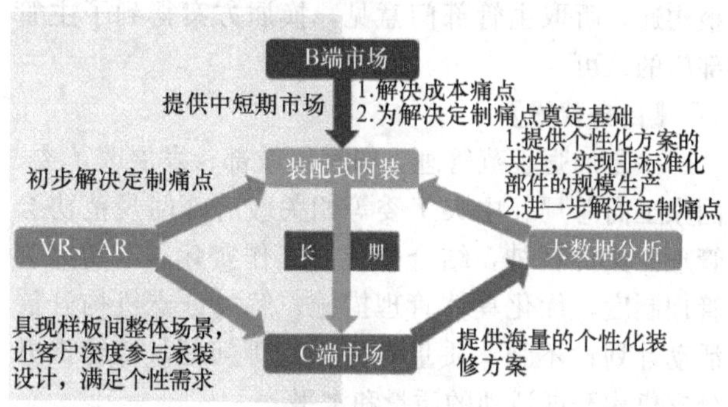

数据来源：广发证券发展研究中心

科技创新加速。党的十八大以来，以习近平同志为核心的党中央高度重视科技创新，坚持把科技创新摆在国家发展全局的突出位置，深入实施创新驱动发展战略。建筑装饰行业企业积极贯彻落实国家战略部署，不断加强对科技创新的投入，行业科技创新的积极性和科技创新能力日益提升。“建筑装饰行业科学技术奖”获奖专利技术、优质工程新技术应用、新技术研发的数量逐年提升，同时培养了一批建筑装饰行业科技创新人才队伍。部分企业自行创建研发中心或实验室，着力开展新工艺、新技术、新材料、新设备的创新研发及应用，并积极参与标准编制工作，《建筑装饰装修碳排放计算》《装配式装修工程质量验收标准》《建筑幕墙工程质量验收标准》等标准的立项编制，紧扣行业发展需求，有效推动对行业高质量发展具有重要驱动作用的专业技术领域发展，将为行业和企业健康可持续发展提供强有力的技术支撑。

【行业指导】

发挥中装协职能，指导行业高质量发展。组织编制并发布了《建筑装饰行业十四五发展规划》，规划主要编制思路是回顾总结行业“十三五”以来取得的成绩，研究分析当前困扰行业发展的瓶颈，重点围绕装配式、数字化、人才建设、产业工人、管理和技术创新等领域，以及具体实施路径进行研究，以帮助行业企业在当前错综复杂的环境中，准确把握行业发展脉络，找准行业发展重点，坚定行业发展信心，指导企业确定发展方向，推动行业高质量发展。

【筹备换届】

为顺利推进协会换届工作，中装协成立了由主要领导组成的换届领导小组，多次召开领导班子办公会，反复研讨换届方案，逐项落实流程细节，确保换届工作稳妥推进。中装协主要领导亲自走访各副会长单位、省市地方协会，听取对中装协换届工作的意见建议，向中央和国家机关工委、民政部汇报沟通，听取主管部门意见，换届方案得到了主管部门的认可。

【自身建设】

一是加强规范管理。根据民政部、发展改革委、国家工商总局、中央工委等相关政府部门规范协会管理的文件精神，结合中装协工作实际，不断完善管理制度，优化具体管理措施，解决分支机构开展活动计划性不强、质量有待提高等问题，持续提升分支机构开展活动的质量和水平。

2021 年 1 月，中装协向行业发出了《关于征求问题情况和意见建议的公开信》，鼓励企业提供问题线索，加强行业监督，规范下属分支机构的行为。2021 年 7 月，中装协组织全体和各分支机构负责人集体学习收看了民政部、国家发展改革委、国家市场监督管理总局联合召开的“行业协会商会乱收费专项清理整治工作动员部署电视电话会议”，并要求各分支机构、下属单位组织所有员工集体收看学习，严格按照要求进行自查自纠、规范自身行为。

二是加强制度建设。中装协 2021 年修订了《中国建筑装饰协会会员和会费管理办法》《中国建筑装饰协会分支机构管理办法》，制订发布了《关于坚决抵制非法社会组织净化社会组织生态空间倡议书》《中国建筑装饰协会奖惩管理办法》《中国建筑装饰协会有偿服务收支管理规定》《关于进一步加强分支机构印章使用和管理的通知》《中国建筑装饰协会规范收费自律承诺书》等系列规范性文件。其中，《规范收费自律承诺书》被民政部收录在“中国社会组织动态”官方公众号向全社会发布。

三是持续提升“四大品牌”工作。2021 年装饰奖、行业统计工作的一项重大改革是将装饰奖幕墙类和行业统计设计类、幕墙类从前端到后端都实行了秘书处集中统一管理。并在总结多年来装饰奖复查经验的基础上，对现有的管理办法、评审细则进行了优化完善，提升获奖项目的含金量。在装饰奖和科技奖的专家培训会上，除了进行业务培训外，进一步强化了复查纪律和廉洁要求，确保装饰奖复查过程的规范开展。2021 年，在新冠肺炎疫情多点反复暴发的不利情况下，为了满足会员企业生产经营需要，中装协通过合理安排复查行程，动态调整复查组织，在各省市地方协会和复查专家团队的共同努力下，安全、稳妥、保质、保量地完成了装饰奖的复查工作。

四是做好团体标准编制。2021 年中装协立项 CBDA 标准 12 项，批准发布标准 11 项。分别完成了由住房和城乡建设部科技发展促进中心、苏州金螳螂建筑装饰股份有限公司、东南大学主编的 3 项国标、行标的转化承接工作。重点组织开展了《建筑室内装配式装修施工质量验收标准》《建筑装饰装修工程碳排放计算标准》《建筑幕墙工程质量验收标准》等对工程质量、绿色低碳具有重要影响的专业技术领域的标准编制工作。

【信用建设】

2021 年，新获评中装协行业信用评价企业 607 家，其中 3A 级企业 564 家，2A 级企业 31 家，A 级企业 2 家，合格供应商 1 家，家装企业信用评价五星级企业 7 家，四星级企业 2 家；通过中装协行业信用评价复评企业 779 家，其中 3A 级企业 734 家，2A 级企业 19 家，合格供应商 4 家，装企业信用评价五星级企业 22 家。对历年信用评价参与企业数量进行分析，企业更加注重品牌信用建设，平均每年新申报企业增长率约 10%～20%，行业发展更加有序，行业营商环境进一步优化。

【人才建设】

根据国务院有关文件精神，启动建筑装饰行业职业能力水平评价工作，编制完成幕墙设计师、照明设计师两项职业能力标准和配套考试题库，稳步推进室内设计师和家装设计师两个职业类别的相关工作。此项工作为广大建筑装饰行业专业技术人员职业发展、技术能力提升提供方向和指导，为建筑装饰企业可持续发展奠定坚实的人才基础。

【公益活动】

一是捐资助学。中装协积极响应习总书记在全国脱贫攻坚总结表彰大会上的号召，继续向中国社会组织促进会捐款5万元合作开展文化教育公益项目，向全国“三区三州”52个未脱贫摘帽贫困县的学校、社区、异地扶贫搬迁点捐赠图书，解决中小学教育资源极度匮乏现状，收到了定点捐赠对象贵州省榕江县团委赠送的锦旗和感谢信。

二是援助灾区。2021年7月份河南发生暴雨灾情，中装协第一时间向行业发出了“援助河南、爱心捐助”的号召倡议，中装协各分支机构、下属单位及时与受灾地区的会员企业联系，了解当地灾情和企业需求，指导企业开展自救，联络组织为灾区捐款捐物。众多行业企业积极响应协会号召，迅速加入同心援豫行动中，助力灾后重建，充分体现了建筑装饰行业的社会责任和企业担当。

【宣传工作】

2021年，《中华建筑报》全年编辑出版了48期，深度阐述行业焦点话题，纵深剖析行业热点，信息传递有热度、内容报道有深度，正确把握建筑装饰行业主流舆论阵地。

2021年，《中国建筑装饰装修》杂志编辑出版了24期杂志及两期幕墙专刊，编印了《中国建筑装饰装修年鉴》，编辑出版《向建党100周年献礼—中国建筑装饰行业发展成就盘点》大型画册，为行业理论探讨和学术交流打造了重要平台。

《中装新网》、中装协官方微信等媒体，积极开展各项宣传推介工作，向企业传递党中央精神、行业政策、重要文件、技术前沿热点、企业管理创新等重要信息，为加强行业交流、提升企业品牌影响力发挥了积极作用。

为总结和推广优秀企业创精品工程典型经验，交流提高工程品质方面的先进做法，展示优秀企业竞争力和品牌形象，弘扬工匠精神，发挥标杆示范引领作用，推动工程质量持续提升实现行业高质量发展，中装协组织编撰了《中国建筑装饰创精品工程经验交流文集》。

【重要活动】

2021年3月24－25日，在上海举办第八届“设计面对面·东西方设计与交流高峰论坛”。

2021年4月25日，在成都召开建筑幕墙行业高质量发展工程观摩大会，推进建筑幕墙行业技术进步，促进建筑幕墙企业提高技术装备和经营管理水平，提升建筑幕墙工程整体品质。

2021年4月14日，在深圳召开了智慧建造应用发展论坛，围绕智慧建造相关技术和精品优秀案例作分享交流。

2021年4月15日，在深圳召开了2021年建筑装饰行业智能大会，大会汇综了建筑装饰智能技术的最新动态、最新技术、最新应用。

2021年4月22日，在北京举办了行业专家交流培训和统计工作会议。

2021年5月11日，在北京举办了2021年建筑装饰行业科学技术奖经验交流及专家培训工作会。

2021年5月20日，在重庆召开了第四届精装修产业发展大会。

2021年6月2日，在南京召开了2021数字装饰中国行——走进江苏暨装饰企业数字化转型和BIM应用交流会。

2021年6月26—27日，在天津召开了第八届建筑装饰行业绿色发展大会。

2021年5月28—29日，在苏州召开了中装协会设计分会成立大会暨第七届中国设计年度大会。

2021年7月8日，在南京召开了中国建筑装饰行业高质量可持续发展大会。

2021年7月9日，在北京召开了中国建筑幕墙设计师和项目经理技术交流与商务管理会。

2021年10月19—20日，在杭州召开了第五届住宅装饰装修行业T20峰会及第三届供需链大会。

2021年2021年7月，组织建材家居企业开展“品质中国行”系列活动。

2021年9月17—18日，在深圳举办了2021中国建筑装饰产业发展论坛及第十一届中国国际空间设计大赛典礼。

2021年9月27日，在上海举办了第七届中国建材家居产业发展大会及第四届上海国际互联网家居节。

2021年10月14—15日，在深圳召开了2021数字装饰中国行——走进深圳暨5G智慧工地现场观摩会。

2021年10月21日，召开了建筑幕墙设计师等国家职业技能标准开发会。

2021年11月26日，在上海召开了中国建筑装饰协会医养装饰产业分会成立大会暨第一届中国建筑装饰行业医养产业先锋展。

2021年12月18—19日在上海北虹桥绿地铂骊酒店召开中国建筑装饰协会幕墙工程分会七届五次全体会员大会。

2021年12月22日，举办了“金税四期政策展望与建筑装饰企业业财资税一体化管理”线上培训会。

为提升行业专业领域业务能力，中装协组织开展了第二十三届中国专利奖推荐工作及家装行业企标“领跑者”工作，举办了第十三届照明应用设计大赛、第三届“之江杯·中国建筑幕墙技术创新视频大赛”、第七届“中装杯”全国大学生环境设计大赛、第三届江西高校空间设计大赛（美华杯）、第三届建筑装饰 BIM 大赛。

（中国建筑装饰协会）

中国建设工程造价管理协会

2021 年，中国建设工程造价管理协会（以下简称“中价协”）坚持以习近平新时代中国特色社会主义思想为指导，深入学习贯彻党的十九大和十九届历次全会精神，认真践行新时期对社会组织的职能定位，统筹疫情防控和推动行业高质量发展，结合行业和中价协工作实际，形成了上下联动的工作格局，各项工作取得扎实成效。

【行业概况】通过对 2021 年原具有工程造价咨询资质企业的基本数据进行统计，2021 年，全国共有工程造价咨询企业 11398 家，其中，甲级 5421 家，比上年增长 4.7%；乙级 5977 家，比上年增长 12.6%。工程造价咨询企业从业人员 868367 人，其中，注册造价工程师 129734 人，比上年增长 16.0%。工程造价咨询企业的营业收入 3056.68 亿元，其中，工程造价咨询业务收入 1143.02 亿元，比上年增长 14.0%。在工程造价咨询业务构成上，包含了从前期决策到竣工结（决）算等各阶段以及全过程工程造价咨询、工程造价经济纠纷的鉴定和仲裁的咨询等，其中，竣工结（决）算阶段咨询和全过程工程造价咨询业务收入占比最大。

【坚持党的领导】扎实开展党史学习教育，引导广大党员干部学党史、悟思想、办实事、开新局。认真学习贯彻习近平总书记在庆祝中国共产党成立 100 周年大会上的重要讲话精神。制定党员教育管理、意识形态责任制、党务公开等 5 项党务工作制度，健全分工合作、运转协调有序的工作机制。以“我为群众办实事解难事”活动为载体，广泛开展“工程造价改革”“证照分离”调研和政策宣传，有针对性地提出意见、建议，为更好服务工程造价高质量发展贡献智慧和力量；聚焦会费减免、团体标准、行业发展、信用评价、职工需求 5 个方面，紧盯会员和群众需求，建立“办实事”销号制度，凝心聚力促进中价协事业发展。6 月 24 日，中央和国家机关“两优一先”表彰大会在人民大会堂举行，中价协荣获“先进基层党组织”荣誉称号。

【参与政策和制度建设】《国务院关于深化“证照分离”改革进一步激发市场主体发展活力的通知》发布后，为积极应对工程造价咨询企业资质取消后的影响，中价协组织高校、中价协和部分企业专家进行研讨，就资质取消后如何提升行业自律水平、加强事中事后监管等问题向政府有关部门积极建言献策，协助制定应对措施；分别起草《积极应对资质改革推动工程造价行业高质量发展》宣传稿和《关于适应新形势变革推动工程造价咨询行业高质量发展的意见》，引导工程造价咨询企业及从业人员要积极转变思路，实现新的跨越。多次组织开展工程造价市场化改革调研和座谈会议，了解企业在改革发展过程中遇到的新情况、新问题，配合有关部门解读和宣讲改革思路，帮助全行业充分认识新形势下改革的必要性，坚定行业改革信心。

为做好《中华人民共和国建筑法》工程造价相关条款修订工作，收集国内地方政府、相关部门发布的工程造价管理条例（办法、规定），起草有关工程造价重大制度的论证报告，根据在各地征求意见反馈的情况继续修改、完善工程造价的条款内容。参与《建筑工程施工发包与承包计价管理办法》修订，针对各级工程造价管理部门以及工程造价咨询企业的职责、工程计价依据的内容和范围等提出修改意见。参与编制建设项目总投资费用组成，落实工程造价改革方案，统一工程费用组成。

在国家发展改革委、住房和城乡建设部的指导下，按照“政府政策引导、企业积极参与、协会协同推进”工作思路，联合其他 11 家行业协会、商会共同发起设立全过程工程咨询数字化发展论坛机制，积极推动全过程工程咨询数字化深度应用，赋能投资建设产业数字化转型升级。

完成2020年工程造价咨询行业统计调查和数据分析工作，对企业的利润和所得税数据进行重点核查，进一步提升数据准确性。协助完成全国一级造价工程师职业资格考试相关工作，2021年报考人数近60万人，人数创历史新高。

【开展课题研究和标准制定】2021年，中价协持续开展有利于推动行业高质量发展的课题研究和标准制定，预判未来发展趋势，明确行业引导方向，为企业提升和拓展业务提供指引。联合地方协会、专业工作委员会共同完成《中国工程造价咨询行业发展报告（2021版）》，充分发挥行业引领作用，为企业和从业人员提供全方位服务和参考。参与国家标准编制，完成《矿山工程工程量计算规范》《构筑物工程工程量计算规范》两项国标的修编工作，贯彻工程量计算规范体现绿色和环保的发展理念。根据国家深化标准化工作发展纲要的要求，以及鼓励社会组织制定团体标准的有关精神，启动《建设工程总承包计价规范》《房屋工程总承包工程量计算规范》等9项团体标准的编制工作。

【推进信息化建设】开展工程造价信息化标准体系研究，调研梳理各省市工程造价信息化标准的现状及现有工程造价数据标准，形成“一个体系、三个类别、十三个标准”的规划建议。出版《工程造价咨询BIM应用指南》，为工程造价咨询行业在BIM技术应用方面提供指导，推进工程造价咨询企业数字化应用。为满足建设各方对工程造价信息的需求，组织编制《典型工程造价指标2021年版》，选取医院、学校、城市轨道交通工程等典型工程的经典案例入册，为开展工程造价咨询活动提供参考数据。组织编制《工程造价指标编制指南》，重点研究工程造价指标的编制内容、层级架构、特征描述等，引导行业科学规范地开展造价指标编制工作。

【完善信用体系建设】继续加强行业诚信体系建设，完成住房和城乡建设部标准定额司课题《工程造价咨询企业诚信监管模式》研究，为工程造价行业资质改革后开展信用监管的模式提出了具体建议。完成自律体系落地深化课题研究工作，梳理自律管理相关主体的责权关系，形成《工程造价咨询行业自律管理办法》《工程造价咨询行业自律规则》《中国注册造价工程师职业道德守则》等关键制度。开展资信评价相关制度研究，调研其他行业资信评价工作情况，根据会员企业需求，提出资信评价工作方案。结合市场变化和行业政策的变革，进一步修订完善信用评价办法。克服疫情影响，采取线上线下结合的方式，开展本年度信用评价工作。全年开展四批共1043家工程造价咨询企业的信用等级认定，结果得到会员单位和社会公众的认可。

【注重人才培养】全面加强行业人才队伍建设，完成《工程造价行业高端人才培养研究》，深化以在校教育为基础、在职教育为核心、高端人才为引领的人才培养体系建设。为16万名注册造价工程师提供继续教育服务，切实抓好行业执业人才培养工作质量。优化人才培养方式，提升网络教育平台服务功能，重点推进“课程库、师资库”两库建设，按照分类分级分层的整体思路合理架构系统，切实增强会员的课程认可度和学习获益感。各地方协会通过打造后备人才梯队、举办造价课堂、构建现代学徒制、开展校企合作和举办技能竞赛等多种形式，做好人才培养专项活动。

【促进国际交流】作为PAQS正式成员国组织，参加第24届PAQS全球理事会、国际年会，通过积极参与国际行业事务，深化对外合作交流。编制3期《国际工程造价行业动态简报》，展示世界主要发达、发展中国家和地区的行业发展动态、造价资讯和工程经济相关的活动与调查，让业内人士了解国际行业信息。完成《国外工程造价咨询业务指南（东南亚、南亚篇）》《我国西南周边“一带一路”沿线区域国际合作建设项目工程造价管控思路与方法研究》，为我国工程造价咨询行业“走出去”提供实践参考。

【提供专业服务】重视调解员队伍建设，在全国范围内选聘第二批92名调解员，同时完成对第一批128名调解员的续聘工作。加强上下联动，合力推进调解工作，调解委员会2021年处理案件数量是2020年的两倍，涉及工程造价26.54亿元，呈现逐年上升趋势。在全国范围内选出33篇具有较强典型性、借鉴性和广泛性的工程造价司法鉴定案例出版，为开展工程造价鉴定业务提供指引。继续推广工程造价咨询企业职业保险，修订保险服务手册，开展有关职业保险课题研究。

【做好会员服务】分析研究各地会员发展工作的差异性，围绕各地需求、会员数量占比和年增长率等关键因素，制订有针对性的会员发展计划。整合会员服务项目，形成会员服务清单，清单涵盖会员服务的7个大类，41个小项，有效避免会员服务缺失与重复，真正将会员服务落到实处，使会员有更强的参与感和获得感。为适应新媒体时代下会员对协会工作的新要求，搭建基于微信的会员服务工作平台，打通协会与会员的联系渠道，建立与微信一致沟通体验的“中国造价”生态环境。为适应新发展形势的需要，完成《会员管理及服务合作协议》的修订，探索新的合作模式。因疫情影响未能有效开展线下服务，主动向会员赠送中价协最新研究成果和专业资料，全年累计邮寄 5 种图书共 14000 册。

充分考虑受疫情影响的经济发展现状，主动落实国家关于减税降费的决策部署，研究制定会费减免方案，为小微企业减负。针对已交费的会员单位，制定了减免退费流程及办法，得到会员单位和地方管理机构的一致好评。减免政策吸引了 163 家小微企业首次入会，会员认可度也得到不断提升，2021 年，中价协单位会员同比增长 12%，个人会员同比增长 20%。

【加强协会建设】克服疫情等不利条件，依规依章程定期召开理事会、常务理事会会议，确保议事程序有序规范。3 月 30 日，以网络通信形式召开第七届理事会第四次会议暨第七次常务理事会议，会议通过了七届四次理事会暨第七次常务理事会工作报告、总结了 2020 年工作、就 2021 年重点工作进行了研讨等，完成了各项议程。2021 年 12 月 1—2 日以网络通信形式召开第七届理事会第五次会议暨第八次常务理事会会议，表决通过了换届工作领导小组名单。换届工作领导小组将担负起组织领导职责，拟定换届方案，统筹协调好工作事务，研究解决有关问题，保证换届顺利进行。

研究制定、修订 6 项内部管理制度，进一步明确权限和责任，细化量化操作流程和实施步骤。印发《2020 年地方协会工作总结汇编》，完成全国工程造价管理协会通信录信息采集工作，加强与地方协会、专业工作委员会的沟通联系。充分发挥专委会多领域、多专业的智库优势，采用微信工作群和视频会议等方式，召开专委会工作会议并开展课题研究，为行业发展凝聚智慧。

做好宣传工作，配合建党 100 周年专题，根据住房和城乡建设部办公厅期刊工作会议要求，全面提高《工程造价管理》期刊内容、形式、出版、印刷质量。微信公众号总关注数呈稳定增长态势，起到较好的宣传作用。

（中国建设工程造价管理协会）

附　录

2020年度全国绿色建筑创新奖获奖名单

序号	获奖等级	获奖项目	项目所在地	获奖单位	获奖人员
1	一等奖	北京大兴国际机场旅客航站楼及停车楼工程	北京市	北京新机场建设指挥部、北京市建筑设计研究院有限公司、北京清华同衡规划设计研究院有限公司、北京城建集团有限责任公司、中国建筑第八工程局有限公司、首都机场集团公司北京大兴国际机场	姚亚波、郭雁池、朱文欣、吴志晖、王亦知、肖伟、王晓群、韩维平、赵建明、易巍、白洋、李晋秋、段先军、张志威、何彬、陈杰、张晓峰、杨鑫、康春华
2	一等奖	首钢老工业区改造西十冬奥广场项目	北京市	北京首钢建设投资有限公司、中国建筑科学研究院有限公司、君凯环境管理咨询（上海）有限公司、杭州中联筑境建筑设计有限公司、北京首钢国际工程技术有限公司、北京首钢建设集团有限公司、北京首钢自动化信息技术有限公司	金洪利、白宁、罗刚、袁芳、陈亚波、谢琳娜、赵乃妮、寇宏侨、陈自强、秦未末、薄宏涛、张志聪、王兆村、陈罡、李建辉、王伟林、李腾、官承波
3	一等奖	2019年中国北京世界园艺博览会中国馆	北京市	北京世界园艺博览会事务协调局、中国建筑设计研究院有限公司、中国建筑科学研究院有限公司	叶大华、崔愷、董辉、景泉、曾宇、白彬彬、黎靓、黄欣、李静威、裴智超、王进、郑旭航、蒋璋、田聪、吕亦佳、吴燕雯、朱超、吴洁妮、魏婷婷、吴南伟
4	一等奖	北京市房山区长阳西站六号地01-09-09地块住宅楼项目	北京市	北京五和万科房地产开发有限公司、北京市住宅建筑设计研究院有限公司	姜然、刘威、王耀辉、冯睿、钱嘉宏、赵智勇、徐连柱、徐天、李庆平、高洋、王少锋、王国建、杜庆、袁苑、胡丛薇、刘敏敏、果海凤、王义贤、熊樱子、丁雯
5	一等奖	天津市建筑设计院新建业务用房及附属综合楼工程	天津市	天津市建筑设计研究院有限公司、天津天一建设集团有限公司、天津建华工程咨询管理公司、天津市宏伟蓝图物业管理有限公司、天津市天泰建筑设计院	张津奕、吴彤、伍小亭、王东林、宋晨、马旭升、李杰、曲辰飞、李宝鑫、高鹏举、刘小芳、卢琬玫、谢鹏程、袁乃鹏、陈奕、田铖、陈彦熹、何莉莎、张卫星、蔡江
6	一等奖	雄安市民服务中心项目（企业临时办公区）	河北省	中国建筑设计研究院有限公司、中国建筑科学研究院有限公司、雄安中海发展有限公司	崔愷、任祖华、周海珠、孙王琦、杨彩霞、梁丰、李晓萍、庄彤、王雯翡、朱宏利、周立宁、王俊、田露、陈谋朦、范凤花、盛启寰、邓超、刘长松、刘志军、裴韦杰
7	一等奖	中国博览会会展综合体项目（北块）	上海市	国家会展中心（上海）有限责任公司、华东建筑设计研究院有限公司、清华大学建筑设计研究院有限公司、北京清华同衡规划设计研究院有限公司、上海上安物业管理有限公司	庄惟敏、宁风、李晓锋、张俊杰、郭于林、齐亚腾、姚红梅、傅海聪、陈娜、赵云、张晓其、黄瑶、侯晓娜、郑燕妮、魏志高、张则诚、张剑、黄晓丹、李嫡斌、李文思

续表

序号	获奖等级	获奖项目	项目所在地	获奖单位	获奖人员
8	一等奖	上海中心大厦	上海市	上海中心大厦建设发展有限公司、上海市建筑科学研究院（集团）有限公司、同济大学建筑设计研究院（集团）有限公司、上海中心大厦世邦魏理仕物业管理有限公司	顾建平、韩继红、范宏武、王健、严明、安宇、孙峻、陈继良、方舟、朱文博、刘申、梁云、高月霞、王岚、孙桦、孙建、廖琳、张嘉祥、李芳、张晓黎
9	一等奖	第十届江苏省园艺博览会博览园主展馆	江苏省	东南大学、南京工业大学、东南大学建筑设计研究院有限公司、南京工业大学建筑设计研究院、扬州园博投资发展有限公司、苏州昆仑绿建木结构科技股份有限公司	王建国、葛明、陆伟东、刘伟庆、徐静、路宏伟、程小武、朱雷、王登云、王玲、赵晋伟、孙小鸾、许轶、曾波、施娟、徐保鹰、许卉、周金将、倪竣、姚昕悦
10	一等奖	常州建设高等职业技术学校新校区建设项目	江苏省	江苏城乡建设职业学院、常州市规划设计院、江苏省住房和城乡建设厅科技发展中心、深圳市建筑科学研究院股份有限公司、江苏城建校建筑规划设计院	黄志良、周炜炜、申雁飞、张赟、李雨桐、张浩、赵帆、梁月清、黄爱清、袁春树、白明宇、程震、李湘琳、吴越、段凯、李长青、米文杰
11	一等奖	中衡设计集团研发中心	江苏省	中衡设计集团股份有限公司	冯正功、李铮、张谨、薛学斌、张勇、傅卫东、詹新建、郭丹丹、武鼎鑫、段然、王恒阳、高霖、黄琳、邓继明、殷吉彦、徐宽帝、丘琳、孙艳明、赵文俊
12	一等奖	丁家庄二期（含柳塘）地块保障性住房项目（奋斗路以南A28地块）	江苏省	南京安居保障房建设发展有限公司、南京长江都市建筑设计股份有限公司、中国建筑第二工程局有限公司	汪杰、刘建石、苏宪新、王畅、张奕、吴敦军、卞维锋、李敏、王俊平、吴磊、祝捷、郁锋、何玉龙、孙菁、韦佳、刘婧芬、郑伟荣、谭德君、杨剑、王流金
13	一等奖	中德生态园技术展示中心	山东省	中国建筑科学研究院有限公司、中德生态园被动房建筑科技有限公司、中国建筑节能协会、荣华建设集团有限公司、青岛市建筑节能与产业化发展中心、建科环能（北京）科技有限公司	徐伟、胥小龙、孙峙峰、黄冬、刘磊、黄锦、刘洋、吴景山、于震、于永刚、张晓东、岳永兴、韩飞、聂建卫、刘欢、何海东、付宇、宋斌磊、刘斌、梁艳
14	一等奖	广州白云国际机场扩建工程二号航站楼及配套设施	广东省	广东省机场管理集团有限公司工程建设指挥部、广东省建筑设计研究院有限公司、广州白云国际机场股份有限公司、华南理工大学、中国建筑科学研究院有限公司上海分公司	冯兴学、陈雄、于洪才、孟庆林、李雪晖、陈星、刘先南、焦振理、潘勇、张建诚、麦云峰、周昶、黄明生、彭卫、王世晓、张琼、郭其轶、钟世权、赖文辉、钟伟华
15	一等奖	中建科工大厦	深圳市	中建科工集团有限公司、深圳市建筑科学研究院股份有限公司、中国建筑东北设计研究院有限公司	王宏、杨正军、于力海、张帆、高长跃、严明、张大鹏、韩叙、尹贵珍、林盛正、袁吉、陈益明、刘鹏、肖雅静、陈诚、任炳文、梁均铭、王超、董明东、孟玮

续表

序号	获奖等级	获奖项目	项目所在地	获奖单位	获奖人员
16	一等奖	卓越后海金融中心	深圳市	深圳市卓越康合投资发展有限公司、深圳万都时代绿色建筑技术有限公司	孙延、李美乐、林博衍、韩婷婷、李善玉、周友、苏志刚、张占莲、宿子敬、丁嘉城、陈威、伍雨佳、郑紫彤、严贞桢、张立科、廖燕、罗娟、潘芳
17	二等奖	2019年中国北京世界园艺博览会国际馆	北京市	北京世界园艺博览会事务协调局、北京市建筑设计研究院有限公司、中国建筑科学研究院有限公司	叶大华、胡越、游亚鹏、曾宇、王铄、马立俊、蒋璋、王兰涛、耿多、黄欣、江洋、吕亦佳、陈佳、杨彩青、朱超、鲁冬阳、刘沛、王熠宁、裴雷、韩京京
18	二等奖	石家庄国际展览中心	河北省	清华大学建筑设计研究院有限公司、中建浩运有限公司、中建八局第二建设有限公司、清华大学建筑学院、浙江江南工程管理股份有限公司	庄惟敏、曹星华、张维、高善友、刘建华、张葵、张红、霸虎、李青翔、葛鑫、王威、续宗广、刘加根、余娟、王磊、韩佳宝、吕洋洋、张海旭、蒋军、王晓亮
19	二等奖	高碑店市列车新城住宅小区一期项目	河北省	中国建筑科学研究院有限公司、高碑店市中誉房地产开发有限公司、河北奥润顺达窗业有限公司、建科环能（北京）科技有限公司	于震、高彩凤、吴剑林、王长明、汪寅、潘玉亮、彭莉、马文生、陈梦源、邓滨涛、郭强、赵宝、徐荣晋、叶冬青、崔志强、谭婧玮、田甄、刘伟、田振、范振发
20	二等奖	上海市第一人民医院改扩建工程	上海市	上海市第一人民医院、同济大学建筑设计研究院（集团）有限公司	吴锦华、张洛先、赵文凯、陈剑秋、汪铮、戚鑫、任国辉、吴明慧、刘冰韵、于翔、李晓璐、李冬梅
21	二等奖	虹桥商务区核心区南片区02地块办公楼项目	上海市	上海紫宝实业投资有限公司、上海市建筑科学研究院有限公司	夏锋、杨建荣、恽燕春、李坤、王卫东、季亮、华天宇、孙伟、程亮、余洋、阮昊、徐爽、祝磊、芮丽燕、张媛
22	二等奖	上海临空11-3地块商业办公用房项目9号楼	上海市	上海新长宁（集团）有限公司、上海建筑设计研究院有限公司	倪尧、施建星、王平山、张瑛、潘嘉凝、李勒、燕艳、李建强、孙斌、张宏、季捷、周琪、张伟程、汤福南、叶海东、方廷、陈家乐、叶弋戈、张皓
23	二等奖	青浦区徐泾镇徐南路北侧08-02地块商品房项目	上海市	中国葛洲坝集团房地产开发有限公司、葛洲坝唯逸（上海）房地产开发有限公司、中国建筑科学研究院有限公司、葛洲坝物业管理有限公司	桂桐生、杨扬洋、焦家海、孟冲、王得水、何中凯、陈昕、曾彪、胡文全、秦淑岚、张伟、肖勇、吴兵、汪亮、赵新睿、谢琳娜、李帆、张然、雷雄文、王山
24	二等奖	常州市武进绿色建筑研发中心维绿大厦	江苏省	常州市武进绿色建筑产业集聚示范区管委会、上海市建筑科学研究院有限公司、江苏省住房和城乡建设厅科技发展中心	徐宁、杨建荣、贺军、李芳、张宏儒、李湘琳、林姗、宋亚杉、赵帆、周泽平、秦岭、王东、万科、周乐涵、尹海培、季亮、史珍妮、季雪纯、李文、王宁

续表

序号	获奖等级	获奖项目	项目所在地	获奖单位	获奖人员
25	二等奖	杭州市未来科技城第一小学	浙江省	浙江省建筑设计研究院、杭州未来科技城资产管理有限公司、中国美术学院风景建筑设计研究总院有限公司	朱鸿寅、周勇武、王伟、洪玲笑、杨高伟、胡斌、徐盛儿、吴进、郑佩文、黄嘉骅、卜华烨、鞠治金、马俊、胡国军、武兆鹏、王侃翮、邵忠明、龚晶凡、吴福来、任弘洋
26	二等奖	安徽省城乡规划建设大厦	安徽省	安徽省住房和城乡建设厅、中国建筑科学研究院有限公司、安徽省建筑设计研究总院股份有限公司、安徽建工集团股份有限公司、中机意园工程科技股份有限公司	单龙、曾宇、左玉琅、詹煜坤、裴智超、杜世泉、程中华、陈静、侯毓、许荷、毕丽敏、赵彦革、谢亦伟、霍一峰、刘辛、王勤、贺最荣、余海涛、刘余德、王树波
27	二等奖	厦门中航紫金广场A、B栋办公塔楼	厦门市	中航物业管理有限公司厦门分公司、深圳万都时代绿色建筑技术有限公司、中建三局集团有限公司、厦门紫金中航置业有限公司	陆莎、许开冰、郑新材、刘显涛、苏志刚、赵乐、陈威、张占莲、闫瑾、徐周权、李涛、于月敏、林娟、唐俊、汪科斌、郑源锋
28	二等奖	珠海兴业新能源产业园研发楼	广东省	珠海兴业节能科技有限公司、住房和城乡建设部科技与产业化发展中心、珠海兴业绿色建筑科技有限公司、珠海中建兴业绿色建筑设计研究院有限公司、中国水发兴业能源集团有限公司、水发兴业能源（珠海）有限公司	罗多、李进、梁俊强、邓鑫、余国保、刘珊、张玲、曾泽荣、程杰、邬超、吴咏昆、刘幼农、劳彩凤、毛惠洁、张志刚、吴友焕、钟华锋、曾得雄、彭成泉、李颖雯
29	二等奖	万科峰境花园	广东省	广州市万融房地产有限公司、广州市万科物业服务有限公司、广东省建筑科学研究院集团股份有限公司、广州市喜城建筑设计顾问有限公司	李志伟、李孟生、周荃、巫琼、蒋秋实、劳剑、丁可、张耀良、宋健、黄蕊、余书法、关彩虹、钟国振、张昌佳、吴静文、黄志锋、叶喆、郑坚耀、邓东明、蔡剑
30	二等奖	岗厦皇庭大厦	深圳市	深圳市皇庭房地产开发有限公司、深圳市皇庭物业发展有限公司皇庭中心分公司、深圳市幸福人居建筑科技有限公司	姚占派、张可平、吴海兵、姚大钟、彭鸿亮、洪文斌、彭标、彭孝田、米柯
31	二等奖	万科滨海置地大厦	深圳市	捷荣创富科技（深圳）有限公司、深圳万物商企物业服务有限公司、深圳万都时代绿色建筑技术有限公司	叶义凯、胡爽、郑晓玲、何浪、胡林、苏志刚、陆莎、闫瑾、王波、熊嘉平、张占莲、周友、郑紫彤、伍雨佳、陈威、张志锋、朱振涛、刘卿卿、李善玉、黄武东
32	二等奖	海口市民游客中心	海南省	海南华侨城市民游客中心建设管理有限公司、中国建筑设计研究院有限公司、中建三局集团有限公司	崔愷、康凯、蔡昌平、杜鹏飞、李长、曹玉凤、朱巍、陈在意、林海、史杰、杨东辉、秦长春、郭丝雨、王明竟、胡时岳、张龙、白雪涛、王龙龙、颜聪聪、胡其文
33	二等奖	四川省建筑科学研究院有限公司科技楼改造项目	四川省	四川省建筑科学研究院有限公司	刘霜艳、高波、倪吉、于佳佳、赵干荣、周正波、王文萍、苏英杰、王德华、于忠、郭阳照、李阳、张利俊、陈红林、朱晓玥、杨晓娇、周耀鹏、廖江川

续表

序号	获奖等级	获奖项目	项目所在地	获奖单位	获奖人员
34	二等奖	腾讯成都A地块建筑工程项目	四川省	四川省建筑设计研究院有限公司、腾讯科技（成都）有限公司、深圳市建筑科学研究院有限公司	涂舸、贺刚、熊林、刘新发、唐元旭、姚坤、王家良、陈银环、邹秋生、吴婷婷、幸运、梁文婕、付韵潮、杨艳梅、刘萍、张晓辉、刘富勇、刘鹏、陈益明、肖雅静
35	二等奖	中联西北工程设计研究院科技办公楼	陕西省	中联西北工程设计研究院有限公司	倪欣、刘涛、邢超、梁润超、席巧玲、薄蓉、赵勇兵、李欣、王福松、刘海霞、覃夷简、史光超、郑琨、来永攀、费威克、王翼、龚瑛、薛超、董嬴政、刘哲序
36	二等奖	玺云台小区一期7号楼	宁夏回族自治区	宁夏中房实业集团股份有限公司、中国建筑科学研究院有限公司上海分公司	张彦斌、张峑、左龙、邵文晞、黄学经、张世杰、林永洪、铁文军、薛岚、杨硕、冯伟、赵斌、董亚萌、刘妍炯、陈健、吴鹏辉、薛磊磊、李慧蓉、缪裕玲
37	三等奖	北京丰科万达广场购物中心	北京市	北京丰科万达广场商业管理有限公司、清华大学建筑学院、北京清华同衡规划设计研究院有限公司、万达商业管理集团有限公司、万达商业规划研究院有限公司、万达商业管理集团有限公司北京分公司	李晓锋、王志彬、孙亚洲、尹强、吴承祥、吴小菊、朱镇北、谢杰、陈娜、高峰、刘晓峰、侯晓娜、刘敏、薛勇、王文广、时兵、郑晓蛟、王新民、任雨婷、吴思奇
38	三等奖	北京中航资本大厦	北京市	北京航投置业有限公司、中国建筑科学研究院有限公司上海分公司、中国航空规划设计研究总院有限公司、中航物业管理有限公司北京分公司	杨建、张峑、高大勇、周小明、杨刚、邵文晞、冯伟、陈健、董璞、缪裕玲、傅绍辉、刘京、谢启良、孟凡兵、甘亦忻、李毅、李金波
39	三等奖	中海油天津研发产业基地建设项目	天津市	中海油基建管理有限责任公司天津分公司、深圳市建筑科学研究院股份有限公司	李茂大、刘闪闪、王立松、姚燕枫、严莉、徐小伟、李晓瑞、李莹莹、吉淑敏、傅小里、卢铮、田鑫东、刘鹏
40	三等奖	天保房地产空港商业区住宅项目（1～32号楼）	天津市	天津天保房地产开发有限公司、天津建科建筑节能环境检测有限公司	侯海兴、汪磊磊、刘荣跃、董乐、陈丹、伍海燕、戴洪昌、赵慧梅、王晓丹、詹立琴、王乃铁、宋友祥、陶昱婷、王茂智、沈常玉
41	三等奖	辽宁城市建设职业技术学院生态节能实验楼	辽宁省	辽宁城市建设职业技术学院、辽宁省建设科学研究院有限责任公司、中国建筑东北设计研究院有限公司、浅蓝（辽宁）科技有限公司、国启检测科技有限公司、沈阳双元科技有限公司	王斌、王庆辉、石海均、王健、许金渤、刘鑫、李梅、李晓萌、张伟、刘丽、许伟华、陈海洋、杨晓文、朱宝旭、朱浩、胡媛、孟德新、任爱芳、李源、刘健
42	三等奖	哈尔滨太平国际机场扩建工程-新建T2航站楼	黑龙江省	黑龙江省寒地建筑科学研究院、黑龙江省机场管理集团有限公司、黑龙江省建筑设计研究院、中建三局集团有限公司	李若冰、尹冬梅、王健、朱广祥、高志斌、柯卫、孙士博、韩向阳、王树军、王跃、李毅、赵健、王双翼、周传喜、王雷、冷祥玉

续表

序号	获奖等级	获奖项目	项目所在地	获奖单位	获奖人员
43	三等奖	上海虹桥商务区核心区一期05地块南区D、E、F、G办公楼	上海市	上海恒骏房地产有限公司、中国建筑科学研究院有限公司上海分公司	钱娟娟、袁健、曹燕、孙祝强、徐佳、王伊铖、张崟、邵文晞、邵怡、高欣、颜婧、殷明昊、张益铭、缪裕玲、杨晨驰、戴永亮
44	三等奖	华能上海大厦1号楼、2号楼项目	上海市	上海华永投资发展有限公司、上海市建筑科学研究院有限公司、上海市建筑设计研究院有限公司	袁松、安宇、杨慧璋、姚璐、张颖、章升旺、周晓飞、李定、杨晓双、叶剑军、樊荣、李晓、乔正珺、李鹏魁、陈娴、史珍妮、王宁、季雪纯、李文、张迪
45	三等奖	陈家镇实验生态社区4号公园配套用房	上海市	华东建筑设计研究院有限公司、上海陈家镇建设发展有限公司、上海市建筑科学研究院有限公司、华东师范大学	瞿燕、黄明星、张君瑛、刘智伟、赵常青、戎武杰、安宇、胡国霞、林琳、刘羽岱、陈新宇、陈湛、王东、张伟伟、刘剑、宋亚杉、张小波、张琼芳、费赛华、秦岭
46	三等奖	上海中建广场项目1# 楼	上海市	上海中建东孚投资发展有限公司、华东建筑设计研究院有限公司	孙弋宁、瞿燕、钱涛、李海峰、孙学锋、张丹丹、朱小琴、张继红、刘剑、王昊、范昕杰、杨艳萍、刘羽岱、郑文健、周大明、于偲、张飞廷、任婕、邹曦光、邹炫
47	三等奖	苏州工业园区体育中心服务配套项目	江苏省	中国建筑第八工程局有限公司、苏州新时代文体会展集团有限公司、上海建筑设计研究院有限公司	马怀章、陆国良、李建强、刘智勇、徐素君、赵晨、谢彬、梁申发、燕艳、彭影星、唐伟、徐晓明、彭浩、沈波、孙斌、田胜祥、陈永俊、潘海迅、徐旭、郑超
48	三等奖	海门龙信广场1～14号楼	江苏省	江苏龙信置业有限公司、中国建筑技术集团有限公司	史惠强、程志军、狄彦强、李颜颐、徐少伟、孔令标、张晓彤、殷佩锋、李小娜、甘莉斯、狄海燕、沈剑、李玉幸、刘芳
49	三等奖	扬州市蓝湾国际22～39号、48～49号楼项目	江苏省	恒通建设集团有限公司、扬州裕元建设有限公司、扬州通安建筑节能研究有限公司、南京启文节能环保科技有限公司、江苏筑森建筑设计有限公司、江苏恒通不动产物业服务有限公司	陈有川、李晓金、蔡俊、王桂发、崔庆华、吕君、陈贵礼、李家彬、赵万伟、严峰
50	三等奖	浙江建设科技研发中心	浙江省	浙江省建筑科学设计研究院有限公司、浙江建科节能环保科技有限公司、浙江省建科建筑设计院有限公司、浙江省建工集团有限责任公司、浙江工程建设管理有限公司、浙江建科物业管理有限公司	林奕、马旭新、曾宪纯、王立、周萌强、徐少华、邢艳艳、苏翠霞、杨敏、方徐根、肖文芹、张美凤、李飞、王雪峰、洪佐承、刘亚辉、陆辰涛、赵丹、梁利霞、魏玮
51	三等奖	浙江大学医学院附属第四医院	浙江省	浙江大学医学院附属第四医院、浙江五洲工程项目管理有限公司、浙江省建筑设计研究院、爱玛客服务产业（中国）有限公司义乌分公司	周庆利、李强、瞿龙、姚佳丽、楼樱红、骆临华、连志刚、徐佳、邹滔、陈志青、骆高俊、马建民、姜雯、朱恬岚、骆健东、张传开

续表

序号	获奖等级	获奖项目	项目所在地	获奖单位	获奖人员
52	三等奖	合肥中央公馆Ⅰ地块西区（9～12号、15～16号楼）	安徽省	合肥新辉皓辰地产有限公司、深圳万都时代绿色建筑技术有限公司	陈卓、祝勇、陈松、过旸、任牧原、程大伟、张刚、刘海波、蒋旭阳、金赵、王志强、苏志刚、刘卿卿、张怡、林艺展
53	三等奖	航信大厦	江西省	浙江宝业建设集团有限公司、江西航信置业有限责任公司、南昌大学设计研究院、上海紫宝建设工程有限公司	夏锋、吴竺、吴闽、陈连禄、贾辉、孙慧平、袁华江、吴志源、高国庆、刘茂、恽燕春、杨晓华、黄仁清、王炎伟、曾华、娄克勇、程昱、张之久、凌秋华、蔡振祺
54	三等奖	中国红岛国际会议展览中心	山东省	建科环能（北京）科技有限公司、青岛国信建设投资有限公司、青岛市建筑节能与产业化发展中心、中国建筑节能协会、公信检测（山东）有限公司、中国建筑科学研究院有限公司	吴景山、何海东、刘欢、杨春华、李翔、李晓蓉、李佃亮、辛兆锋、马鹏真、胥小龙、付宇、尹海涛、胡晓杰、杨晓峰、刘登龙、陈桥、杨远程、李福、李效禹、马晴
55	三等奖	武汉建工科技中心	湖北省	武汉建工项目投资管理有限公司、中南建筑设计院股份有限公司、湖北中城科绿色建筑研究院、武汉长富物业管理有限公司	郭向东、王新、王艳华、唐文胜、蒋超、王俊杰、张伟、陈忠、李俊慷、陆通、罗俊文、熊明、吴茜、卞璐、陈桂营、孙金金、杨菊菊、程琬淋、但良波、姚澜
56	三等奖	白天鹅宾馆更新改造工程	广东省	白天鹅宾馆有限公司、广州市设计院	马震聪、邓文岳、屈国伦、关穗麟、何恒钊、黄润成、谭海阳、李觐、门汉光、陈卫群、沈微、林辉、马路福、蒙卫、江慧妍、胡嘉庆、陈志强、李翔、周名嘉
57	三等奖	深圳安托山花园1～6栋、9栋	深圳市	深圳市东方欣悦实业有限公司、深圳万都时代绿色建筑技术有限公司	朱怀涛、黄鑫、苏志刚、袁梓华、赵乐、于传睿、朱亚雄、贾文宇
58	三等奖	两江新区悦来组团C分区望江府一期（C50/05、C51/05地块）（居住建筑部分）	重庆市	重庆碧桂园融创弘进置业有限公司、重庆市斯励博工程咨询有限公司、上海联创建筑设计有限公司、重庆市永安工程建设监理有限公司、重庆融碧物业服务有限公司	江丽蓉、张梅、李宗晔、曹旭阳、龙海、唐龙全、叶剑军、刘颉、何勤阳、胡婷婷、谭兴华、曹燕、王颖婷、张敏、谭毓凌、欧昊、李竑霖、王琪、廖怀钲、刘杰
59	三等奖	昆钢科技大厦	云南省	昆明钢铁控股有限公司、清华大学建筑学院、华东建筑设计研究院有限公司、中建三局集团有限公司、云南泰瑞物业服务有限公司、清华大学建筑设计研究院有限公司	马朝阳、朱颖心、邵亚君、何云、刘加根、钱永祥、葛鑫、陈学伟、刘欣华、陈广炜、段振、张丽红、陆道渊、钱军、张晓波、鲁丽娜、解开国、盛安凤、周晓静、张雪婕
60	三等奖	甘肃科技馆	甘肃省	甘肃省建筑设计研究院有限公司	冯志涛、莫笑凡、党晓晖、靳东儒、符勇、王璐、张举涛、郑世钧、芮佳、胡斌东、曲洪彦、姜凌云、毛明强、郑安申、陶生辉、李成坤、张宏、黎琰、程理、王金

续表

序号	获奖等级	获奖项目	项目所在地	获奖单位	获奖人员
61	三等奖	兰州市建研大厦绿色智慧科研综合楼改造工程	甘肃省	甘肃省建筑科学研究院有限公司、甘肃建研建设工程有限公司、甘肃省建筑设计研究院有限公司、甘肃华兰工程监理有限公司	张永志、王公胜、史智伟、冯志涛、刘赟、莫笑凡、党晓晖、李建华、王蓉、潘星、雷鸣、田恬、鲁彦、李斌、马梅、李俊杰、陶生辉、匡静、张书维、李高峰

城镇老旧小区改造可复制政策机制清单（第二批）

序号	工作机制	主要举措	既有住宅加装电梯具体做法	来源
一	前期准备阶段	（一）明确责任主体	1. 既有住宅加装电梯可以住宅小区、楼栋、单元（门）为单位申请。 2. 以单元为单位申请的，本单元内同意加装电梯的相关业主（或公有住房承租人）作为加装电梯的申请人，负责统一意见、编制方案、项目报建、设备采购、工程实施、竣工验收、维护管理等工作。公有或者单位自管的老旧小区住宅由其所有权人或者委托管理人作为申请人。 3. 申请人可以推举业主代表，也可以书面委托加装电梯企业、具有设计施工资质的单位、物业服务人、原建设单位、原产权单位、第三方代建单位、街道办事处（镇人民政府）等单位作为实施主体代理上述工作。 4. 受托人应当与委托人签订委托协议，明确双方权利和义务。申请人或受委托的单位应当承担相关法律、法规规定的工程项目建设单位所应承担的义务。申请人依法承担项目建设单位的相关责任和义务，受委托的单位负责工程的组织实施、手续办理、履行承诺和建设期间的质量安全管理。 5. 鼓励业主委员会、老旧小区住宅原产权单位、建设单位、物业服务人等积极参与加装电梯的组织、实施工作	天津市、杭州市、沈阳市、厦门市
		（二）制定实施方案	1. 既有住宅加装电梯应当按照“一梯一策”的原则，由申请人或实施主体组织编制符合建筑设计、结构安全、人防防护功能安全、消防安全和特种设备等相关规范、标准的既有住宅加装电梯实施方案。 2. 对居民提出加装电梯意愿的小区，有条件的街道办事处（镇人民政府）可以委托建筑设计等专业单位，对小区加装电梯的规划要求、建筑条件、消防安全、小区环境等进行可行性评估，初步明确该小区加装电梯整体设计要求。评估结果应告知申请人，同时告知社区居民委员会，并抄送有关部门和相关配套管线单位。 3. 业主应当就加装电梯的意向和具体方案等问题进行充分协商，妥善处理好相邻关系。需要加装电梯的，申请人应当就加装电梯的意向和具体方案等问题，征求所在楼栋（单元）全体业主意见，由专有部分面积占比三分之二以上的业主且人数占比三分之二以上的业主参与表决，并经参与表决专有部分面积四分之三以上的业主且参与表决人数四分之三以上的业主同意。 4. 加装电梯项目协议书和实施方案，应当在计划加装电梯的单元、楼栋、小区公示栏等显著位置公示。加装电梯项目协议书应当明确项目申请人及实施主体职责、项目建设资金预算及资金分摊方案、电梯运行使用和维护保养方式及资金分摊方案等内容	天津市、上海市、石家庄市、杭州市、青岛市

续表

序号	工作机制	主要举措	既有住宅加装电梯具体做法	来源
一	前期准备阶段	（三）引导居民协商	1. 广泛开展美好环境与幸福生活共同缔造活动，建立和完善党建引领基层治理机制，充分发挥社区党组织的领导作用，统筹协调社区居民委员会、业主委员会、产权单位、物业服务人等，共同推进老旧小区既有住宅加装电梯工作，实现决策共谋、发展共建、建设共管、效果共评、成果共享。 2. 街道办事处（镇人民政府）、社区居民委员会搭建沟通议事平台，细化协商议事流程，引导各利益相关方理性表达意见诉求，寻求各方意愿的最大公约数。 3. 区、县（市）人民政府、街道办事处（镇人民政府）加装电梯专门工作机构组织电梯企业、设计单位、设计师、工程师、法律顾问、志愿者等提供“一站式”咨询服务；利用政务信息服务平台，开展项目咨询、调解、受理和预审服务，将服务下沉到基层，让社区工作人员、设计师、工程师、志愿者等与业主前期协商。以政府购买方式，开展社会组织参与老旧小区住宅加装电梯的培育工作	上海市、天津市、杭州市、北京市、广州市、大连市
		（四）化解意见分歧	1. 业主对加装电梯有异议，认为因增设电梯侵犯其所有权和相邻权等民事权益而提出补偿要求的，由业主之间协商解决，也可以委托业主委员会、人民调解组织和其他社会组织进行协调。 2. 业主提出增设电梯直接影响通风、采光或者通行的，相关部门可以组织有关方面进行技术鉴定。建筑设计违反通风、采光或者通行的相关技术标准与规范的，应当要求申请人取得受影响业主的书面同意意见或者修改设计方案，申请人已经与相关受影响业主达成协议的除外。建筑设计不违反通风、采光或者通行的相关技术标准与规范的，应当对业主做好解释说明。 3. 相关当事人协商不成的，街道办事处（镇人民政府）或社区居民委员会依照工作职责与程序，通过协调会、听证会等方式积极组织调解，努力促使相关业主在平等协商基础上自愿达成调解协议，出具调解情况说明。对老年人、残疾人居住的老旧小区住宅加装电梯项目，社区居民委员会及街道办事处（镇人民政府）应当加大调解力度，引导当事人自愿达成调解协议，化解纠纷。 4. 业主之间协商或者调解不成的，依法通过民事诉讼途径解决。 5. 由街道办事处（镇人民政府）或社区居民委员会对加装电梯的整个过程进行指导监督	福州市、厦门市、广州市、杭州市
二	工程审批阶段	（一）方案联合审查	1. 实施主体应当向所在区、县（市）加装电梯工作牵头部门提出加装电梯申请。加装电梯工作牵头部门制定具体的办理服务指南和材料清单，开通既有住宅加装电梯绿色通道，指定专门受理窗口。 2. 加装电梯工作牵头部门应当组织住房和城乡建设、规划和自然资源、城市管理、市场监管等相关部门对申请人提交的老旧小区住宅加装电梯申请材料进行联合审查，在规定时间内出具联合审查意见。明确同意加装电梯的，由加装电梯工作牵头部门出具同意加装告知书，相关部门一并办理相关手续，并进行事中、事后监管；不同意的说明理由，出具一次性告知书。加装电梯工作牵头部门可以根据加装电梯项目实际，征求建筑设计、结构安全、特种设备等相关专家的意见。其中，符合无需办理建设工程规划许可证情形的，不再办理建设工程规划许可证。符合无需办理建筑工程施工许可证情形的，不再办理建筑工程施工许可证。加装电梯项目不办理建设项目立项核准、建设用地规划许可手续。 3. 加装电梯涉及供水、供电、供气、供热、有线电视、通信等管线移位、改造及其他配套设施项目改造的，相关单位应当开通绿色通道，根据联合审查意见，予以优先办理。相关专业经营单位在实施老旧小区改造、低压电网改造、通信管线迁移、雨污混接改造等项目时，应统筹考虑加装电梯的配套需要	杭州市、天津市、上海市、石家庄市、北京市、西宁市

续表

序号	工作机制	主要举措	既有住宅加装电梯具体做法	来源
二	工程审批阶段	（二）专项设计和审查	1. 实施主体委托具有相应资质的设计单位按照现行电梯标准和安全技术规范要求进行施工图设计。设计单位应当对加装电梯的建筑结构及消防设计安全负责。施工图设计文件需经认定的施工图审查机构审查合格。 2. 住房和城乡建设部门依法办理消防设计审查手续	天津市、连云港市
		（三）明确支持政策	1. 在满足消防、安全条件前提下，加装电梯不进行建筑间距计算、日照计算、容积率核算。 2. 加装电梯新增建筑面积不计入容积率，不征收增容地价、市政基础设施配套费等其他费用，不再另行测绘，不计入分户面积，不再办理不动产登记。电网企业免收（临时）接电费和居民电力增容费。 3. 由房地产开发企业、物业服务人、电梯生产企业、电梯安装企业及社会组织等单位出资开展加装电梯的，不改变原有土地权属	天津市、厦门市、南昌市、唐山市
三	建设安装阶段	（一）落实质量安全责任	明确相关部门加强对加装电梯项目实施过程的安全、质量监督，督促参建单位落实建设工程质量终身责任制	北京市
		（二）联合竣工验收	1. 老旧小区住宅加装电梯项目完工并经特种设备检验机构监督检验合格后，申请人应当组织设计、施工、监理单位和电梯安装单位对加装电梯项目进行竣工验收，邀请属地人防主管部门、街道办事处（镇人民政府）、社区居民委员会参加。竣工验收合格的，方可交付使用。 2. 住房和城乡建设部门依法办理消防验收手续	杭州市、天津市、石家庄市
		（三）应用新技术	1. 研究应用新材料、新技术、新方法推进加装电梯工作。因地制宜采取加装技术，科学合理运用贴墙式、廊桥式、贯穿式等多种加装电梯样式。 2. 对于不具备加装电梯条件的，可通过在楼道中设置简易折叠方便椅、完善楼梯扶手和无障碍设施、增设楼道代步设备等多种方式解决上下楼问题	上海市、北京市、西宁市
四	运营维护阶段	（一）日常维护保养	1. 本单元相关业主为电梯后续管理主体及责任主体，日常对电梯运行进行管理，与依法取得许可的电梯维保单位签订电梯日常维护保养合同，对电梯进行日常维护，保障电梯使用安全。 2. 加装电梯的业主发生变更的，变更后的业主应该按照加装电梯相关书面协议的约定承担原业主的管理责任，变更后的业主与其他加装电梯业主重新约定维护、养护分摊等电梯管理责任的除外	沈阳市、重庆市
		（二）质量保修责任	设计、施工、安装单位应落实质量保修责任。电梯制造企业应加强电梯质量跟踪，落实“厂家终身责任制”	上海市
		（三）引入保险机制	鼓励加装电梯申请人购买电梯综合服务保险，用于电梯的维护保养、改造修理、检验检测和人身财产损失赔偿等事项，解决后期管养问题	杭州市、株洲市
五	多渠道筹集资金	（一）合理分担建设资金	1. 业主可根据所在楼层、面积等因素分摊加装电梯资金，分摊比例由出资的全体业主协商确定。 2. 出资加装电梯中缴存住房公积金的业主，可提取本人及配偶、本人直系血亲的住房公积金，用于支付加装电梯个人分摊费用。提取额度不超过既有住宅加装电梯费用扣除政府补贴后的个人分摊金额。 3. 按照相关规定申请使用住宅专项维修资金，用于加装电梯。 4. 对老旧小区住宅加装电梯项目可给予适当财政补贴，财政补贴不属于财政投资，不形成政府固定资产	南京市、上海市
		（二）探索创新运营模式	1. 按照“谁投资、谁受益”和“权责一致”的原则，加装电梯的投资方享有加装电梯的相关权益，并承担电梯投入使用后的管理责任。 2. 鼓励老旧小区住宅加装电梯工作探索代建租赁、分期付款、委托运营、共享电梯等市场化运作模式。 3. 支持鼓励拥有建筑技术的企业、新材料制造和电梯设备安装企业参与加装电梯项目，按规定享受相应税费优惠政策。符合条件的企业，在缴纳国家规定的建设领域各类保证金时，可按规定享受减免政策	北京市、杭州市、日照市、湖南省

城镇老旧小区改造可复制政策机制清单（第三批）

序号	政策机制	主要举措	具体做法	来源
一	动员居民参与	（一）加强党建引领	充分发挥基层党组织作用，将党支部建在小区上、党小组建在楼栋上，推进老旧小区党组织建设全覆盖，组织居民党员主动亮身份、领岗位、办实事、树形象，充分发挥居民党员在小区自治管理中的先锋模范作用。建立机关企事业单位及党员干部下沉社区参与治理长效机制，充实社区力量，提高治理能力。街道社区党组织组织驻区单位党组织与小区党组织开展结对子帮建活动，定期召开联席会议，集中会商研究解决困扰小区的“急难盼愁”问题，结对子单位党员根据自身情况，主动认领党员先锋岗，主动为居民开展志愿服务	安徽省 湖北省 辽宁省丹东市 江苏省苏州市 湖北省宜昌市 湖南省会同县 四川省成都市
		（二）先自治后改造	将城镇老旧小区改造融入社区治理体系建设，将成立业主委员会等作为启动改造的前置条件，构建以基层党组织为核心，以自治为基、法治为本、德治为先的“一核三治、共建共享”基层治理机制，推动社区可持续发展能力和治理现代化水平同步提升	
		（三）加强基层协商	建立和完善社区居民委员会、业主委员会、产权单位、物业服务企业等共同参与机制，及时协调老旧小区居民在改造前、中、后期的需求，推动改造顺利实施。通过小区居民议事会等方式，实现小区内部充分协商，协调利益诉求。对于同一社区临近老旧小区或纳入统一实施改造的片区、街区，建立“美好环境与幸福生活共同缔造”委员会、社区居民议事会等公众参与议事平台，吸纳居民代表、社区工作者、专家顾问、商户、媒体等多方力量参与，协调各方利益，优化改造方案	
		（四）推进“互联网＋共建共治共享”	结合建设物业管理服务信息化平台，推进建设和使用业主大会电子投票决策支持系统，采用“实名制＋人脸识别”技术，保障投票表决的真实性，有效解决老旧小区业主大会“召开难、投票难”问题，提高居民协商议事效率	
二	改造项目生成	（一）开展调查评估	改造前，市、县制定城镇老旧小区改造评估标准，组织对老旧小区基础设施与公共服务设施的服务能力与服务范围开展摸底调查及评价，及时利用信息化手段为小区建立档案；将发现的不足和短板，作为制定小区改造方案、竞争优选年度计划实施项目的重要参考	河北省 湖北省 浙江省杭州市 浙江省宁波市 浙江省温州市 湖南省长沙市
		（二）编制专项规划	以市、县为单位，组织编制城镇老旧小区改造专项规划和分年度计划，明确融资方式、建设模式、建设时序与工作标准等，合理划分改造区域，将片区内有共同改造需求、距离较近的老旧小区归并整合，统一规划设计，打破围墙等空间分割，整合优化配置公共资源，统筹实施改造。专项规划由地方人民政府批准实施	
		（三）制定小区改造方案	街道、社区指导小区党组织、业主委员会等收集居民改造意愿，提出改造申请，委托相关设计咨询单位根据小区实际情况和改造需求，与小区党组织、业主委员会等按照“一小区一方案”要求，共同商议编制改造方案，明确改造内容、工程设计、工程预算、资金筹集方案与各方义务、长效管理机制等内容。其中，对小区改造调查评估中发现的问题，逐项明确改造内容及措施，做到条目化表达；资金筹集方案需明确有关权属单位出资要求与居民出资比例等。 小区党组织、业主委员会等组织业主对本小区改造方案进行表决，表决结果在小区内醒目地点进行公示。小区内部改造项目启动和方案确定均由法定比例以上业主参与表决，并达到相关法律规定的业主人数同意条件。表决通过后，小区党组织、业主委员会等向街道报送改造方案。街道对辖区内的老旧小区改造方案进行汇总，报属地住房和城乡建设部门	

续表

序号	政策机制	主要举措	具体做法	来源
二	改造项目生成	（四）建立改造项目库	按"谋划一批、生成一批、实施一批、储备一批"原则，建立改造项目库。建立省市县联通、信息共享的改造项目信息管理平台，实现改造计划申报、项目进展动态更新，同步录入反映改造效果、形象进度的数据和图片信息	河北省 湖北省 浙江省杭州市 浙江省宁波市 浙江省温州市 湖南省长沙市
		（五）竞争优选年度计划实施项目	区、县住房和城乡建设部门会同相关部门按照竞争比选的原则，建立改造项目评价规则。评价内容包括小区配套基础设施与社区服务设施状况，改造方案的完整性、针对性、可操作性，居民表决、出资等参与改造积极性，完善小区治理结构情况，专项维修资金补交续交情况，与片区有机更新、专项工程协同推进情况等。对入库项目初步实施方案进行量化计分、排序，择优纳入年度实施计划	
三	金融支持	（一）培育规模化实施运营主体	地方政府及相关部门加强与金融机构交流合作，在不新增地方政府隐性债务的前提下，培育以有实力国企及社会资本参与、市场化运作的规模化实施运营主体，全过程参与城镇老旧小区改造融资、实施和运营管理，打造"城市综合运营商"。政府可通过资产注入、资源整合等方式给予支持	重庆市 吉林省 浙江省 山东省 广东省 山东省枣庄市 广东省广州市
		（二）编制一体化项目实施方案	市、县住房和城乡建设部门会同发展改革、财政等部门，组织金融机构、项目单位及设计单位编制设计、融资、改造、运营等一体化项目实施方案，重点明确实施主体选择、建设运营模式、项目整合立项、存量土地房屋资源整合利用、规划用途及指标、土地房屋权属性质调整、空置用房运营及收益、新增经营性收入、公共收益让渡等具体事项	
		（三）探索创新融资模式	1. 项目自平衡模式。主要适用于项目自身预期收益可以覆盖投入的城镇老旧小区改造项目。如单个项目满足现金流要求可单独申报，也可以社区、片区、城区为单位联合申报，通过同步规划、同步立项、同步实施改造，实现项目现金流整体自平衡。 2. PPP 模式。主要适用于项目预期收益不能覆盖改造成本的城镇老旧小区改造项目。通过引入社会资本建立 PPP 运营机制，以有收益改造内容产生的现金流作为使用者付费，以财政资金作为可行性缺口补助，统筹用于无收益改造内容，实现项目现金流整体可平衡。 3. 公司融资模式。主要适用于预期收益不能覆盖投入但又无法采用 PPP 模式的项目。可通过将区域内的停车位、公房等存量经营性资产以及城镇老旧小区改造后形成的相关资产、特许经营权或未来收益权注入改造项目实施运营主体，增强企业自身"造血"能力，以企业的经营收入平衡改造投入。 4. 垂直行业整体支持模式。以市、县为单位选取城镇老旧小区改造中某一特定行业进行系统整合，如加装电梯、加建停车设施、水电气改造等，统一给予支持	
		（四）创新金融产品和服务	鼓励金融机构灵活设计金融产品，为参与改造的企业（电梯企业、施工企业等）流动性资金周转及城镇老旧小区居民参与改造的相关消费（房屋装修、加装电梯等）提供信贷支持，有针对性提供其他特色金融服务（造价咨询、智慧平台建设、支付结算一等）	
		（五）与金融机构建立协同工作机制	省级住房和城乡建设部门与金融机构联合摸排各地城镇老旧小区改造项目和资金需求，梳理融资项目；定期开展会商，共同推动项目。在城镇老旧小区改造综合管理系统中新增金融支持项目库模块。市、县组织编制可行性研究方案和资金平衡方案，积极与金融机构对接，推动意向项目加快落地	

续表

序号	政策机制	主要举措	具体做法	来源
四	市场力量参与	（一）多种方式引入社会资本	1. 社会资本可通过提供专业化物业服务方式参与。经业主大会决定或组织业主共同决定，业委会等业主组织通过招标等方式选定物业服务企业，参与城镇老旧小区改造。小区已有物业服务企业的，经业主大会决定或组织业主共同决定，依据居民提升物业服务水平和老旧小区改造的需求，重新与物业服务企业签订物业服务合同。 2. 社会资本可通过“改造＋运营＋物业”方式参与。在街道指导下，经业主大会决定或组织业主共同决定，可将小区共用部位的广告、停车等公共空间利用经营与物业服务打包，采用招标等方式选定社会资本，社会资本通过投资改造，获得小区公共空间和设施的经营权，提供物业服务和增值服务。 3. 社会资本可通过提供专业服务方式参与。业主组织或实施主体可通过招标或竞争性谈判选择养老、托育、家政、便民等专业服务企业投资改造或经营配套设施	北京市
		（二）简化审批流程	1. 纳入老旧小区改造计划或完成相应投资决策审批的项目，即可在建设工程承发包招标平台或勘察设计招标平台进行一体化招标。 2. 社会资本经委托或授权取得的设施用房，在办理经营所需证照时，持老旧小区改造联席会议认定意见即可办理工商等相关证照，不需提供产权证明。 3. 供（排）水、供电、供气、供热等专业公司对社会资本运营的配套服务设施，给予缩短接入时间、精简审批手续等支持措施	
		（三）加强监督管理	1. 健全引入社会资本的监管制度，对社会资本投资、改造和运营进行全过程监管。建立评估机制，聘请第三方定期对社会资本的服务情况进行评估，总结经验，持续改进和提升社会资本的服务质量。 2. 社会资本违反合同约定，存在擅自改变使用用途、服务收费明显高于周边水平、服务质量差居民反应强烈等触及退出约束条件的，授权主体依据合同约定终止授权	
五	存量资源整合利用	（一）盘活存量房屋用于公共配套服务	1. 房屋产权或管理权属于行政事业单位或国有企业的房屋或建筑物，当前用途非本单位职能工作必须保留的，可提供给所在街道、社区用于老旧小区配套公共服务。按照“谁使用、谁负责”的原则，由街道、社区等存量房屋使用单位履行存量房屋管理职责。 2. 由老旧小区所在街道、社区全面排查小区及周边配套用房现状和市级存量用房情况，结合改造需要提出用房需求，并与产权（管理）单位协商。在产权不变的前提下，产权（管理）单位将存量房屋以租赁方式提供给街道、社区使用，租金参照房产租金评估价由双方协商确定，并签订租赁合同或使用协议。 3. 市住房和城乡建设部门会同相关部门加强存量房屋提供使用工作的统筹协调和服务指导，区、县政府负责日常监督，避免使用单位将房屋挪作他用。市财政局、住房保障局、国资委、机关事务管理局等根据部门职责，在资产管理、房产管理、审批手续和考核指标核减等方面予以支持	北京市 江苏省 浙江省杭州市 湖南省长沙市
		（二）明确存量资源授权使用方式	1. 业主共有的自行车棚、门卫室、普通地下室、物业管理用房、腾退空间等存量资源，在街道指导下，经业主大会决定或组织业主共同决定使用用途，统筹使用。 2. 行政事业单位所属配套设施，以及国有企业通过划拨方式取得的小区配套用房或区域性服务设施，经专业机构评估，可将所有权让渡或一定期限的经营收益作为当地政府老旧小区改造投入。 3. 市、区属国有企业通过出让方式取得的配套用房，以及产权属于个人、民营企业和其他单位的配套用房，加强用途管控，恢复原规划用途或按居民实际需要使用。地方政府搭建平台，鼓励产权人授权实施主体统筹使用。 上述存量资源授权社会资本改造运营的，授权双方应当签订书面协议，明确授权使用期限、使用用途、退出约束条件和违约责任等。国有资产的产权划转由地方政府根据实际情况确定	

续表

序号	政策机制	主要举措	具体做法	来源
五	存量资源整合利用	（三）明晰新增设施权属	增设服务设施需要办理不动产登记的，不动产登记机构依法积极予以办理。配套建设的社区服务用房、车库等不动产在小区红线外的，所有权由建设单位与属地政府协商确定，所有权移交属地政府的，可确定一定的无偿经营使用期限；在小区红线内的，由建设单位与业主协商，综合测算投资收益，确定一定的无偿经营使用期限，设施属全体业主共有，登记在全体业主名下。在依法收回并实施补偿后的小区土地上新增建设的设施，根据用地批准文件或者合同办理不动产登记	北京市 江苏省 浙江省杭州市 湖南省长沙市
六	落实各方主体责任	（一）落实建设单位主体责任	城镇老旧小区改造工程建设单位成立工程质量、安全生产管理机构，建立工程质量、安全生产责任制，定期开展质量安全检查，建立问题台账，实行销号管理。加强对设计、施工、监理等责任主体单位和项目负责人的管理，落实质量安全生产会议和检查制度，定期召开工程质量、安全生产例会。对工程设计、材料采购或供应、施工及验收等环节严格把关	河北省 陕西省 辽宁省朝阳市 山东省枣庄市 湖南省会同县
		（二）落实工程质量安全部门监管责任	区、县住房和城乡建设部门建立健全科学有效的质量安全防范体系和管理制度，对纳入监管范围的老旧小区改造工程开展日常监督，建立质量安全监督档案；严格开展监督检查，对发现的质量安全隐患，督促相关单位及时整改，对隐蔽工程、管道工程、屋面防水、墙体修缮等重点部位重要工序加大监督抽查抽测频率。对发现工程质量安全违法行为的，特别是施工中偷工减料、使用不合格防水或保温材料、不按照工程设计图纸或施工技术标准施工、存在较大质量安全生产隐患等情况，及时责令立即整改，并依据法律法规对相关责任单位和责任人实施行政处罚	
		（三）强化行政督导检查	城镇老旧小区改造主管部门抽调专业技术人员，采取“四不两直”（不发通知、不打招呼、不听汇报、不用陪同接待、直奔基层、直插现场）或第三方巡查等方式对全市城镇老旧小区改造工程开展督导检查，对发现的质量安全问题及时反馈并跟踪整改处理结果。对不落实整改或整改不到位的单位，进行通报，对主管部门质量安全监管不力及存在重大质量安全隐患的工程项目责任主体，依照有关法律法规严肃处理	
		（四）发挥社会监督作用	畅通投诉举报渠道，组织有技术专长的小区居民参与工程建设过程监督，建立属地社区代表、小区党组织、业主委员会、施工单位、监理单位等多方参与的协调小组，小组成员现场轮流值班，确保改造过程中发生的问题能够第一时间发现、解决。改造后组织开展居民满意度测评，居民满意度达到规定标准的改造项目，方可进行联合竣工验收。居民满意度未达标的，须根据居民意愿对改造内容进行整改提升，直至居民满意度达标	
七	加大政府支持力度	建立改造资金统筹与绩效评价考核机制	1. 将城镇老旧小区改造纳入民生实事项目，市级建立评价考核机制，完善日常巡查和月通报制度，对政策措施落实不到位、行政审批推诿扯皮、项目建设进度缓慢、质量安全问题突出的区、县进行通报、约谈，确保目标任务、政策措施、工作责任落实落细。 2. 建立城镇老旧小区改造评价绩效与奖补资金挂钩机制。市级委托第三方机构开展全周期绩效评价，评价结果作为下一年度计划申报、财政政策及资金安排的依据，对工作积极主动、成效显著的给予政策、资金倾斜；对组织不力、工作落后的，予以通报、约谈。 3. 加强专项补助资金统筹。市、县人民政府可通过一般公共预算收入、土地出让收益、住房公积金增值收益、地方政府专项债券、新增一般债券额度、城市基础设施配套费、彩票公益金等渠道统筹安排资金支持城镇老旧小区改造。当年土地出让收益中提取10%的保障性安居工程资金可统筹用于城镇老旧小区改造。住房公积金中心上缴的廉租住房建设补充资金中，可安排一定资金用于支持本地城镇老旧小区改造，具体实施方案由财政部门制定并组织实施。对城镇老旧小区改造中符合社区综合服务设施建设、体育设施、公共教育服务设施等专项资金使用对象条件的配套项目，相关部门优先安排专项补助资金。 4. 对城镇老旧小区改造免收城市基础设施配套费等各种行政事业性收费和政府性基金。 5. 社会资本参与城镇老旧小区改造的，政府对符合条件的项目给予不超过5年、最高不超过2%的贷款贴息。 6. 鼓励将金融机构支持城镇老旧小区改造的信贷资金投放情况，纳入财政性资金存放考核，引导其加大信贷投放。地方金融监管部门将金融机构支持城镇老旧小区改造的信贷资金投放情况纳入当地金融机构支持地方发展考核	北京市 福建省 湖北省 安徽省合肥市 湖南省株洲市 四川省南充市 四川省遂宁市 甘肃省庆阳市

城镇老旧小区改造可复制政策机制清单（第四批）

序号	难点问题	表现及原因	解决问题的举措
一	改造计划不科学不合理	没有根据小区配套设施短板及安全隐患摸底排查结果，统筹考虑待改造小区设施状况、居民意愿等，确定小区纳入改造计划的优先顺序	浙江省宁波市建立城镇老旧小区改造项目库，对项目改造方案进行竞争比选，择优纳入年度计划。一是全面摸底调查。街道、社区组织对辖区内老旧小区底数进行摸排，全面掌握小区建成年代、建筑结构等基本信息，以及配套设施、安全隐患等。二是广泛征集居民意愿。街道、社区指导小区业主委员会收集居民改造意愿，组织业主对改造内容进行选择，根据业主表决情况，将小区缺损严重、改造需求度高的设施纳入改造内容，由小区业主委员会向街道提出申请。三是编制改造方案。街道委托设计单位结合小区实际和改造需求编制工程设计、工程预算、资金筹集方案，引导业主共同协商议定改造后小区管理模式，并组织业主进行二次表决。四是方案量化打分。区（县）人民政府对改造项目实施竞争性管理，从小区配套设施与服务短板、居民参与的积极性、改造后长效管理机制建立情况等多个维度，综合评价老旧小区改造项目实施方案，实行量化计分、排序，将得分高的小区优先纳入年度改造计划。五是滚动纳入计划。对暂未纳入当年计划的项目，组织街道、社区进一步完善改造方案，做好群众工作，在确定下一年度改造计划时予以优先考虑；条件成熟的，在已列入当年计划的项目遇到突发情况不能实施时，及时增补
		纳入年度改造计划的项目提前谋划不充分，急于完成开工任务，群众工作等前期工作不到位	北京市实行“居民申请、先征询意见制定方案、后纳入年度计划”的工作机制。居民可通过街道、社区、电话、网络等渠道申请纳入改造计划，各区（县）安排属地街道、社区，组织业主委员会、社区责任规划师、物业服务企业等，做好入户调查、政策宣传，征集居民改造意愿和改造需求。居民就改不改、改什么、改后怎么管，以及愿意承担配合改造、拆除违法建设、缴纳物业费、归集住宅专项维修资金等义务等达成共识的，方可纳入年度改造计划。实践中，不少项目往往先用 1—2 年去做群众工作，再纳入年度改造计划实施，既有效调动了居民参与积极性，也保障了开工进度要求，还让居民掌握改造时间安排，便于有需要的居民同步进行户内改造或装饰装修、家电更新
二	统筹协调不够	未建立政府统筹、条块协作、各部门齐抓共管的专门工作机制，由个别部门单打独斗，工作未形成合力	河南省开封市采取“1个领导小组+7个工作专班”的组织领导模式，强化城镇老旧小区改造工作统筹协调。一是成立由市委书记、市长任双组长，市委常委、组织部部长任常务副组长，主管副市长任副组长的组织领导机构，高位推动改造工作。二是下设 7 个工作专班，明确工作职责分工。其中“党建工作专班”负责加强党建引领、发动群众参与配合改造和改造后长效管理；“规划专班”负责推进城市更新层面统筹改造的规划设计，对所有改造项目的设计方案审核把关；“资金整合专班”负责整合财政各类资金、引入社会资本、做好项目融资；“工程专班”负责定标准、把质量、促推进，统筹指导老旧小区改造；“拆违和管网整治专班”负责统筹协调改造中各种管线施工和违法建设拆除；“土地专班”负责落实改造中土地支持政策；“生活圈配套专班”负责结合改造推进“15 分钟社区生活圈”配套建设，完善养老、托育等公共服务设施。三是完善工作调度协调机制。组织部部长每月组织各县区、各专班召开改造工作推进会，听取进展汇报，协调解决工作中遇到的问题。市委、市政府督查局会同工程专班每周督导工作进度、质量，每月对区（县）进度排名通报，对工作落后的区（县）进行提醒、通报批评，合力推进老旧小区改造高标准实施
		改造方案缺乏统筹、甩项漏项、系统性不强	1. 湖北省武汉市加强改造方案联合审查，强化内容统筹。设计方案经过街道、社区组织居民确定后，由区牵头部门组织联席会议集中联审，及时提出意见建议，其中，区城市管理、消防、公安、交通管理部门负责对方案中拆除违法建设、消防通道、安防设施、交通组织等内容提出要求，水务、供电、园林、文旅等部门负责将海绵城市建设、绿化提升、雨污分流、二次供水、加装电梯、文体设施等项目统筹到改造项目中。改造方案根据审查意见及时修改，有效提高方案的专业性、系统性，避免出现改造内容不合规、重复施工等问题。 2. 江苏省常州市统筹考虑居民当前与长远需求，积极推动实施改造的城镇老旧小区同步加装电梯。一是对具备加装电梯条件的楼栋，在征求意见过程中，同步组织加装电梯政策解读、居民协商等工作，引导居民充分认识老旧小区加装电梯的政策机遇。二是在推动居民形成共识前提下，将加装电梯列入改造内容同步开展方案设计，在管线改造时，统筹实施加装电梯所需地下管线迁移，管线迁移费用纳入改造费用解决。三是对居民暂未形成共识、具备加装电梯条件的楼栋，在城镇老旧小区改造项目实施地下管线改造时，预留加装电梯基坑空间条件，避免今后加装电梯时重复迁改管线

续表

序号	难点问题	表现及原因	解决问题的举措
二	统筹协调不够	统筹水、电、路、气等管线单位参与改造力度不够	1. 河北省石家庄市从住房和城乡建设、城市管理、体育、通信管理、供电、供水等部门单位，抽调“水、暖、电、气、通信”等专业人员，组建市级工作专班，集中办公、同向发力，统筹协调推进老旧小区专营设施改造。依托工作专班，定期召开会议，强化督导协调，推动各专营单位优化施工时序、避免反复施工。 2. 北京市改变原来由各专营单位就不同专业管线，分别进行“勘察设计、改造方案制定、立项批复、工程招标、工程验收”的实施方式，优化调整为实施主体组织各专业公司统一摸排专业管线情况、统一编制各专业管线打捆实施的资金筹措及施工组织等设计方案、统一立项审批、统一工程监理、统一验收移交。改造后，各市政专业管线单位延伸至小区红线内各专业管线产权分界点，基本实现专业管线管理入楼入户，打通市政设施专业化管理服务“最后一公里”
		施工缺乏统筹，各施工主体在改造中各吹各号，施工衔接不当	1. 四川省成都市在城镇老旧小区改造施工前，各区（县）牵头部门将项目点位信息，及时通报水电气等专业经营单位；专业经营单位组织技术力量实地踏勘，对实施专营设施改造的点位信息予以确认，编制专项改造方案；老旧小区改造项目实施单位在此基础上，编制整体改造施工方案，优化施工流程，统筹组织实施。 2. 浙江省宁波市城镇老旧小区改造项目全面推行全过程工程咨询服务模式，推动提高项目管理效率及质量。聘请专业机构作为全过程工程咨询服务单位，全面承担从方案设计、立项审批、合同管理、投资管理、施工图设计、工程招标、施工管理（包含工程监理）等各个阶段的管理工作；全过程工程咨询服务单位在现场派驻各类管理人员，既有按规定配置的总监理工程师、专业监理工程师、监理员，也有负责沟通协调的专业经理，切实加强现场沟通协调管理
三	发动居民共建不到位、居民主体作用未充分发挥	改造意愿调查走过场，征求意见不实、不细，覆盖面不够，居民对改造方案知晓率低	1. 湖北省宜昌市采取“三轮征询”工作法，征求居民对改造工作意见建议，宣传改造政策，推动形成共识。第一轮，由小区业主委员会通过入户走访、微信群调查、集中座谈等方式，全面征询居民对改造的意见建议；第二轮，由小区网格员组织开展入户调查，重点听取暂不支持改造居民意见，争取大部分居民同意；第三轮，由社区居委会、网格员、业主委员会共同入户，重点做通少数不支持改造居民工作，最终实现100%居民同意改造方案。 2. 广东省珠海市、四川省成都市要求城镇老旧小区改造方案需法定比例以上居民投票表决通过方可实施，确保“改什么”居民说了算。一是设计单位通过发放调查问卷、实地踏勘、与居民面对面交流等方式，确定居民意愿强烈的改造内容，编制初步方案。二是街道社区组织召开多轮居民研讨会，由建设单位及设计单位现场讲解方案，解答居民疑问、收集居民意见，根据各方意见建议对设计方案反复优化，直至各方基本达成一致。三是设计单位将设计方案打印成册，在重要时间节点打印大幅彩图张贴在小区主要位置，街道社区组织小区业主对设计方案现场投票表决，经专有部分面积占比2/3以上的业主且人数占比2/3以上业主参与表决，参与表决专有部分面积3/4以上的业主且参与表决人数3/4以上的业主同意，并对表决结果进行公示后，方能实施
		群众工作效率不高、基层负担较大、入户征询难、居民意愿人工统计时间长	河北省积极运用信息技术，提高群众工作效率，落实“80%的小区居民同意方可纳入改造、征求80%的居民意愿制定改造方案、80%的居民满意方可组织竣工验收”3个80%要求。开设“河北老旧小区改造”微信公众号，通过线上调查、自动统计分析小区居民改造意愿、改造方案意见和满意度，为合理确定改造项目、科学制定改造方案提供精准数据支持；设置“随手拍”功能，实时接受群众监督，小区居民对改造中发现的问题或意见建议，可随时随地拍摄并通过公众号反映给有关部门，推动及时掌握、化解改造中遇到的问题，赢得居民支持与认可

续表

序号	难点问题	表现及原因	解决问题的举措
三	发动居民共建不到位、居民主体作用未充分发挥	投诉举报渠道不畅，社会监督不够，改造中存在问题处置不及时	1. 黑龙江省哈尔滨市运用线上手段，畅通投诉举报渠道。每个项目组建居民、街道社区相关负责人、项目施工及监理单位负责人等加入的微信群，方便居民及时了解项目工程安排，足不出户表达自己的意见建议，有关单位及时根据居民合理诉求优化调整施工安排，扩大居民参与覆盖面、及时解决问题。 2. 河南省焦作市健全社会监督及回访机制。设立并向社会公开老旧小区改造工作热线电话，明确回复流程、时限，推动及时解决群众合理诉求。改造过程中，在项目现场明显区域设立信访投诉公示牌，公示联系人、联系电话，做到问题早发现、早处理，避免积累激化。组织工会、共青团、妇联等群团组织，对改造后小区入户走访查看，收集汇总居民意见，及时反馈相关部门解决
		发挥街道社区作用不够，促进居民达成共识方法不多	上海市、浙江省杭州市调动街道、社区加装电梯工作积极性、主动性，搭建协商议事平台，充分发挥基层党员及热心群众、专业技术人员作用，化解矛盾分歧、促进形成共识。如，上海市自2021年起实行"只要有一户居民申请，社区就启动组织加装电梯意愿征询"，2021年1—10月，居民达成一致意见、签约加装电梯5007部，比过去10年加装电梯总量还多。浙江省杭州市在老旧小区改造项目中，由街道社区逐个单元组织居民召开座谈会，共同协商加装电梯方案，通过集中讲解政策、解答居民困惑、动画演示加梯后效果等方式打消居民顾虑，会上无反对意见、达成一致的，组织居民当场签订加装协议、迅速启动实施，成熟一个单元、加装一个，让等待观望的业主看到实效，尽快转变观念、形成共识，有效提高了整个小区、整栋楼的电梯加装率
四	施工组织粗放，有些地方改造工程存在质量常见问题	参建各方质量主体责任未有效压实	北京市强化改造工程质量监管，督促改造工程各参建单位落实主体责任，提升项目施工水平。一是要求改造工程的建设、勘察、设计、施工总承包、监理单位的法定代表人、项目负责人签署工程质量终身责任承诺书。二是推行举牌验收制度，对关键工序、关键部位隐蔽工程实施举牌验收，明确分项工程名称、验收部位、验收内容、验收结论、验收人、验收时间等，并留存影像资料，影像资料在工程竣工后交付使用单位或物业企业。三是工程质量监督机构依据工程综合风险等级，确定改造项目的监督检查频次，实施差别化监管。四是住房和城乡建设部门建立改造工程参建单位和人员信用档案，记录项目建设过程中以及保修期限内涉及工程质量等受到行政处罚或处理的违法违规不良行为，采用披露、评价、联合惩戒等方式强化结果应用
		动员群众参与施工监督不够	山东省淄博市动员居民参与改造相关施工监督，通过"眼见为实"打造"居民放心工程"。一是在改造现场设立工程使用主要材料展示柜，向居民展示采样的材料和质量合格证、检测合格证，邀请居民把采样材料和实际施工使用材料做比较。二是制作施工"明白墙"，将改造工程工艺和流程公示上墙，让居民明晰施工规范，方便居民监督。三是组织有工程施工经验、责任心强的居民成立义务监督队伍，随时监督改造项目进度和施工质量，并做好施工单位、居民之间的沟通协调工作
		使用不合格建筑材料	吉林省通化市严把改造工程材料质量关、降低工程成本、建设放心工程，对改造工程大宗材料统一实施集中招标采购，对大宗商品实行竞争性谈判，在保证质量的同时，以数量优势降低采购成本，仅材料采购方面就节省工程投资2000余万元
		工程质量回访、保修制度以及质量问题投诉、纠纷协调处理机制不健全	北京市加强改造工程质量保修管理。改造工程完工后，要求建设单位建立工程质量回访、质量保修制度和投诉、纠纷协调处理机制，向居民发放保修事项告知书，按照有关规定、合同约定履行保修义务。对于存在质量问题、处于保修期和保修范围内的工程，建设单位应及时与业主协商维修方案，组织施工单位先行维修

续表

序号	难点问题	表现及原因	解决问题的举措
五	建立长效管理机制难，改造效果难保持	不注重结合改造同步健全小区治理结构，没有引导居民确定改造后的小区物业管理模式	湖北省咸宁市坚持建管并重，将社区治理能力建设融入改造过程，结合改造同步完善小区治理结构、健全小区长效管理机制，2019—2021年纳入中央补助支持改造计划的313个老旧小区，实现党组织、业主委员会全覆盖，业主委员会成员中党员占比50%以上，物业管理全覆盖。一是要求所有纳入改造计划的老旧小区，必须完善小区治理结构，组建党组织、业主委员会，党组织、业主委员会成员“交叉任职”。二是坚持一小区一策，推出物业服务企业管理、政府兜底托管、居民自我管理等物业管理模式，引导居民在改造开工前，集体决策、自主选定适合本小区实际的管理模式。三是推行“小区吹哨、各方报到”，推动职能部门、包保单位、下沉党员干部、小区党员、业主和物业企业形成小区治理合力
		老旧小区规模小、管理成本高，引入专业化物业服务难	北京市昌平区昌盛社区在改造中通过拆墙并院、拆除违法建设、统一封闭管理，降低管理成本，有效破解开放式老旧小区物业管理难题。一是充分发挥党建工作协调委员会平台作用，强化各产权单位协同联动，通过“吹哨报到”动员产权单位移交土地管理权，逐楼组织业主表决将整个社区36个独立楼院合并为一个物业管理区域，打破各小区各自为政的僵局。二是拆除各楼院之间围墙，使社区公共空间连为一体，封堵部分出入口，合理保留必要出行通道，扫清封闭管理障碍；拆除各小区私搭乱建，统筹拆除违法建设、围墙腾出的闲置空间，增加养老、托育、物业管理用房等服务设施，为引入物业管理创造条件。三是在合并小区成立业主委员会，经业主大会以双超80%的高同意率表决通过，公开招投标引入物业服务企业，物业服务企业通过物业费、停车管理费、广告、增值服务等渠道收入实现盈亏平衡
		未同步建立城镇老旧小区住宅专项维修资金归集、使用、续筹机制	浙江省宁波市推行住宅专项维修资金“即交即用即补”机制，提升老旧小区住宅专项维修资金交存占比。对未建立、未交齐住宅专项维修资金的老旧小区，利用城镇老旧小区改造中召开业主大会、成立业主委员会、引入专业化物业管理等契机，引导业主参照新建住宅60%—80%标准补齐住宅专项维修资金，鼓励统筹小区公共收益补充住宅专项维修资金；小区维修资金交纳后，可立即用于城镇老旧小区改造中居民出资，市、区两级财政按居民改造中使用住宅专项维修资金金额的50%给予补贴
六	多渠道筹措资金难，部分地方主要靠中央补助实施改造	改造项目小而散、收益不高、回报低，社会力量参与积极性不高	1. 山东省枣庄市积极吸引社会力量参与，探索多方共担的改造资金筹集机制。一是鼓励供水、燃气、供热、通信等专营单位参与老旧小区配套设施改造，对改造费用给予税收“计提折旧”优惠。如，该市峄城区、市中区、薛城区将雨污分流管道、水气热管网等作为必改项目，引导专营单位出资1.53亿元，对56个老旧小区基础设施实施升级改造。二是吸引社会力量投资。通过调增容积率、改变土地用途等手段，盘活33处老旧小区闲置地块，吸引社会力量投资1.7亿元，完成提升类项目改造。如，滕州市利用闲置土地、厂房等存量资源，引入社会力量投资4000余万元，建设2000余平方米社区服务中心1处、1000余平方米便民市场1处、室内健身托育场所1处，既平衡了项目投入，又方便居民生活。 2. 重庆市九龙坡区通过PPP模式，吸引社会力量采取“市场运作、改管一体”方式参与改造，培育项目自身造血机制，争取2.8亿银行贷款支持，缓解财政投入压力。一是由民营企业、国企成立合资公司，作为实施运营主体，负责全过程投融资、建设、运营、后续维护等工作；二是挖掘小区及周边存量资源，新建、改建养老、托育、医疗等公共服务设施，引导让渡小区公共收益及周边国有资产收益，通过公共服务设施、停车位、充电桩、农贸市场、公有房屋、广告位等经营性收入以及可行性缺口补助回收投资
		统筹涉及住宅小区的条线资金，用于城镇老旧小区改造不够	陕西省铜川市王益区坚持“渠道不乱、用途不变”，加强部门条线资源整合，积极抢抓成功申报全国海绵城市示范城市政策机遇，将全区22个落实海绵城市理念的老旧小区改造项目捆绑纳入全市系统化全域推进海绵城市建设项目库；抢抓北方清洁取暖试点城市政策机遇，争取到既有建筑节能改造补助资金2787万元，与城镇老旧小区改造中央补助资金统筹使用，有效提高财政资金使用效率

续表

序号	难点问题	表现及原因	解决问题的举措
六	多渠道筹措资金难，部分地方主要靠中央补助实施改造	水电气热信等管线单位出资责任不明确	福建省明确电力、通讯、供水、排水、供气等专业经营单位出资责任。对城镇老旧小区改造范围内电力、通讯、有线电视的管沟、站房及箱柜设施，土建部分建设费用由地方财政承担。供水、燃气改造费用，由相关企业承担；通讯、广电网络缆线的迁改、规整费用，相关企业承担65%，地方财政承担35%。供电线路及设备改造，产权归属供电企业的，由供电企业承担改造费用；产权归属产权单位的，由产权单位承担改造费用；产权归属小区居民业主共有的，供电线路、设备及"一户一表"改造费用，政府、供电企业各承担50%。非供电企业产权的供电线路及设备改造完成后，由供电企业负责日常维护和管理，其中供电企业投资部分纳入供电企业有效资产
		原产权单位出资责任未落实	湖北省黄石市是老工业城市，需改造老旧小区多为原国有工矿企业家属区，市政府主要领导高位协调，推动当地相关国有企业通过直接出资、向社区捐赠小区内及周边的所属办公用房及活动场所用于完善社区服务设施等方式，落实原产权单位出资责任，积极支持城镇老旧小区改造

2021年城市体检样本城市名单

序号	省、自治区、直辖市	样本城市
1	北京	北京市
2	天津	天津市
3	上海	上海市
4	重庆	重庆市
5	河北	石家庄市、唐山市
6	山西	太原市、晋城市
7	内蒙古	呼和浩特市、包头市
8	黑龙江	哈尔滨市、大庆市
9	吉林	长春市、四平市
10	辽宁	沈阳市、大连市
11	山东	济南市、青岛市、东营市
12	江苏	南京市、徐州市
13	安徽	合肥市、亳州市
14	浙江	杭州市、宁波市、衢州市
15	福建	厦门市、福州市
16	江西	南昌市、赣州市、景德镇市
17	河南	郑州市、洛阳市
18	湖北	武汉市、黄石市
19	湖南	长沙市、常德市
20	广东	广州市、深圳市
21	广西	南宁市、柳州市
22	海南	海口市、三亚市
23	云南	昆明市、临沧市
24	贵州	贵阳市、安顺市
25	四川	成都市、遂宁市
26	西藏	拉萨市
27	陕西	西安市、延安市
28	甘肃	兰州市、白银市
29	宁夏	银川市、吴忠市
30	青海	西宁市
31	新疆	乌鲁木齐市、克拉玛依市

2020—2021年度中国建设工程鲁班奖(国家优质工程)获奖名单(排名不分先后)

序号	工程名称	承建单位	项目经理	参建单位
1	北京新机场工程（航站楼及换乘中心、停车楼）	北京城建集团有限责任公司 北京建工集团有限责任公司 中国建筑第八工程局有限公司	李建华 郭双朝 王振宇	北京城建七建设工程有限公司
				深圳市三鑫科技发展有限公司
				深圳市宝鹰建设集团股份有限公司
				北京城建五建设集团有限公司
				北京城建华夏基础建设工程有限公司
				北京城建二建设工程有限公司
				北京城建亚泰建设集团有限公司
				北京城五工程建设有限公司
				北京城建安装集团有限公司
				北京城建北方集团有限公司
				森特士兴集团股份有限公司
				浙江精工钢结构集团有限公司
				北京城建十六建筑工程有限责任公司
				北京城建建设工程有限公司
				江苏沪宁钢机股份有限公司
				北京城建长城建筑装饰工程有限公司
				北京建工四建工程建设有限公司
				北京市机械施工集团有限公司
				北京市设备安装工程集团有限公司
				北京市建筑工程装饰集团有限公司
				珠海兴业绿色建筑科技有限公司
				深圳市博大建设集团有限公司
				中国建筑装饰集团有限公司
				华翔飞建筑装饰工程有限公司
				德才装饰股份有限公司
				浙江东南网架股份有限公司
				建峰建设集团股份有限公司
				北京东方雨虹防水工程有限公司
				北京中航弱电系统工程有限公司
				中船重工（武汉）凌久高科有限公司
				深圳市广弘盛工程建设有限公司
				龙海建设集团有限公司
				中国建筑第二工程局有限公司
				北京城建精工钢结构工程有限公司
				苏州金螳螂建筑装饰股份有限公司
				山西运城建工集团有限公司
				北京城建六建设集团有限公司
				苏州柯利达装饰股份有限公司
				上海市建筑装饰工程集团有限公司

续表

序号	工程名称	承建单位	项目经理	参建单位
2	626-2 号商业办公楼等 3 项及地下车库（朝阳区崔各庄乡大望京村 2 号地 626-2 号商业办公楼项目）	中国建筑一局（集团）有限公司	高　峰	苏州金螳螂建筑装饰股份有限公司 建元建设发展有限公司 中建一局集团第三建筑有限公司 中建一局集团装饰工程有限公司 沈阳远大铝业工程有限公司 江苏沪宁钢机股份有限公司
3	腾讯北京总部大楼	中建三局集团有限公司	黄道军	中建三局第一建设工程有限责任公司 中国建筑第二工程局有限公司 北京江河幕墙系统工程有限公司 深圳海外装饰工程有限公司 深装总建设集团股份有限公司 同方股份有限公司
4	北京市档案馆新馆	北京住总集团有限责任公司	杜　海	方圆化集团有限公司 北京住总装饰有限责任公司 北京中卓时代消防工程有限公司 苏州金螳螂建筑装饰股份有限公司
5	世园酒店工程	北京城建集团有限责任公司	马　迅	北京承达创建装饰工程有限公司 北京港源建筑装饰工程有限公司 北京江河幕墙系统工程有限公司 北京城建北方设备安装有限责任公司 北京佰达明建筑装饰工程有限公司 北京科华消防工程有限公司
6	4 号商务办公楼（北京市西城区华嘉胡同 0110-633 地块 C2 商业金融用地、0110-634 地块 R2 二类居住用地项目）	中建二局第三建筑工程有限公司	范　林	北京金碧筑业装饰工程技术有限公司 长沙广大建筑装饰有限公司 北京江河幕墙系统工程有限公司
7	天津医科大学总医院滨海医院一期工程	天津市建工工程总承包有限公司	韩　鹍	天津市丽豪装饰工程有限公司 中发建筑技术集团有限公司 天津诚建明达机电工程有限公司 天津市建设装饰工程有限公司
8	天津医科大学肿瘤医院扩建二期北院工程	中国建筑第八工程局有限公司	张子良	中国电子系统工程第二建设有限公司 中诚（天津）医疗科技发展有限公司 深圳市广弘盛工程建设有限公司 天津市津勘岩土工程股份有限公司
9	天津科技大学体育馆	天津天一建设集团有限公司	范素华	深圳文业装饰设计工程有限公司
10	中共石家庄市委党校迁建暨高等级公共人防工程项目	河北建工集团有限责任公司 石家庄市住宅开发建设公司	李孟超 吴悃志	河北建工集团装饰工程有限公司

续表

序号	工程名称	承建单位	项目经理	参建单位
11	新建华能山西低碳技术研发中心项目	河北建设集团股份有限公司	王　毅	河北建设集团装饰工程有限公司
12	物质科学综合交叉实验研究平台项目	河北省第二建筑工程有限公司	刘福兴	上海银睿建筑安装工程有限公司
13	国家北方足球训练基地一期工程足球场	兴泰建设集团有限公司	高培义	内蒙古碧轩装饰工程有限责任公司 内蒙古电子科技有限责任公司 内蒙古金鑫泰钢结构有限责任公司 江苏省苏中建设集团股份有限公司 凯建建筑安装工程有限公司
14	伊泰华府世家住宅项目（二期）B-8 号、9 号、10 号、11 号、12 号楼及地下车库 B 区	江苏省苏中建设集团股份有限公司	顾　兵	兴泰建设集团有限公司
15	晋中市博物馆（档案馆）、图书馆、科技馆建设项目一博物馆（档案馆）	山西四建集团有限公司	侯睿华	
16	临汾市滨河西路与彩虹桥、景观大道立交桥项目	中建交通建设集团有限公司	林丽军	中建科工集团有限公司
17	抗美援朝纪念馆改扩建工程	中国建筑第八工程局有限公司	张希盛	中建八局大连建设工程有限公司 中通建工城建集团有限公司 中建八局装饰工程有限公司 中建二局装饰工程有限公司
18	长春市快速轨道交通北湖线一期工程	中铁一局集团有限公司 中庆建设有限责任公司 中建交通建设集团有限公司	王树旺 文　功 张洪军 何　斌 丁　中 赵洪斌	中铁一局集团第二工程有限公司 中铁三局集团有限公司 通号城市轨道交通技术有限公司 中铁电气化局集团有限公司 长春建工集团有限公司
19	三亚俄罗斯旅游度假城项目一期第四标段	黑龙江省二建建筑工程有限责任公司	于有杰	湖南省长沙湘华建筑工程有限公司
20	遂宁市河东新区海绵城市建设五彩缤纷北路景观带 PPP 项目-合家欢园区工程	龙建路桥股份有限公司 黑龙江省龙建路桥第四工程有限公司	李鸿志 朱有伟	中恒建设集团有限公司
21	上海浦东国际机场三期扩建工程一卫星厅	上海建工集团股份有限公司	王伟良	上海建工七建集团有限公司 上海市安装工程集团有限公司 上海建工二建集团有限公司 上海市机械施工集团有限公司 上海市基础工程集团有限公司 上海市建筑装饰工程集团有限公司

续表

序号	工程名称	承建单位	项目经理	参建单位
22	上证所金桥技术中心基地项目	中国建筑第八工程局有限公司	陈雨生	无锡恒尚装饰工程有限公司
				江苏宜安建设有限公司
				上海普宏建设工程有限公司
				捷通智慧科技股份有限公司
				中建八局装饰工程有限公司
23	中国联通移动互联网产业南方运营基地工程1号楼	上海建工一建集团有限公司	王永卿	百世建设（集团）有限公司
				上海嘉春装饰设计工程有限公司
				上海誉童建设集团有限公司
				北京江森自控有限公司
				上海志佳消防工程技术有限公司
				南通蓝星装饰工程有限公司
				上海建溧建设集团有限公司
24	上海市轨道交通网络运营指挥调度大楼	上海建工四建集团有限公司	许　壮	上海市安装工程集团有限公司
				上海市机械施工集团有限公司
				上海旭博建筑装饰工程有限公司
				上海新丽装饰工程有限公司
25	东吴文化中心总包工程	苏州第一建筑集团有限公司	刘　军	苏州市华丽美登装饰装璜有限公司
				苏州市洪鑫机电设备安装工程有限公司
				苏州承志装饰有限公司
26	无锡新区新瑞医院（上海交通大学医学院附属瑞金医院无锡分院一期）项目	南通建工集团股份有限公司 江苏无锡二建建设集团有限公司	王金锋 许　悦	苏州金螳螂建筑装饰股份有限公司
				南京国豪装饰安装工程股份有限公司
				深圳市卓艺建设装饰工程股份有限公司
				江苏天威虎建筑装饰有限公司
				南通建工安装工程有限公司
27	江苏省政务服务中心及公共资源交易中心项目二期	南通四建集团有限公司	孙建明	江苏鑫瑞德系统集成工程有限公司
				南通市建筑装饰装璜有限公司
				江苏东保建设集团有限公司
28	邳州市人民医院新区医院二期病房楼	江苏江中集团有限公司	沈　岳	
29	海门市人民医院新院住院楼、门急诊楼、医技楼及防空地下室	江苏中南建筑产业集团有限责任公司	晏金洲	南通市中南建工设备安装有限公司
				金丰环球装饰工程（天津）有限公司
				苏州美瑞德建筑装饰有限公司
				无锡市精工建筑装饰工程有限公司
				上海风神环境设备工程有限公司
				江苏省工业设备安装集团有限公司
30	丁家庄二期（含柳塘）地块保障性住房项目A27地块（1号、2号楼、地下车库）	南京大地建设（集团）股份有限公司	马　弘	
31	金华科技文化广场	浙江金立建设有限公司	张雄耀	浙江世贸装饰股份有限公司
				浙江快达建设安装工程集团有限公司

续表

序号	工程名称	承建单位	项目经理	参建单位
32	杭州奥体中心主体育场	中天建设集团有限公司	赵纯阳	浙江东南网架股份有限公司 浙江中南建设集团有限公司 浙江省武林建筑装饰集团有限公司 浙江威星电子系统软件股份有限公司 杭州市设备安装有限公司
33	浙江自然博物园核心馆区建设工程（主馆）	浙江省二建建设集团有限公司	施旗明	浙江省二建建设集团安装有限公司 浙江省二建建设集团装饰工程有限公司
34	临海农商银行总行大楼	临海市第四建筑工程公司	吴　来	龙邦建设股份有限公司
35	临沂市委党校新校建设项目	天元建设集团有限公司	张　勇	山东天元装饰工程有限公司 山东天元安装工程有限公司
36	济南国际学校建设项目	山东天齐置业集团股份有限公司	吕　超	浙江精工钢结构集团有限公司
37	德州市人民医院门诊楼扩建工程	山东德建集团有限公司	唐志勃	山东德建建筑科技股份有限公司 中青建安建设集团有限公司 湖南高岭建设集团股份有限公司
38	中国·红岛国际会议展览中心项目	青建集团股份公司	屈晓明	青岛第一市政工程有限公司 德才装饰股份有限公司 北京江河幕墙系统工程有限公司 山东津单幕墙有限公司 青岛建设集团有限公司 中青建安建设集团有限公司 东亚装饰股份有限公司 苏州金螳螂建筑装饰股份有限公司 中国新兴建筑工程有限责任公司
39	济南西部会展中心（展览中心部分）	中国建筑第八工程局有限公司	宋增民	中建八局第二建设有限公司 浙江东南网架股份有限公司 上海宝冶集团有限公司 济南消防工程有限公司
40	潍坊市丰麓苑被动式住宅项目	潍坊昌大建设集团有限公司	张蕴宝	潍坊建业装饰工程有限公司
41	创新国际（A座、裙房及地下车库）	安徽四建控股集团有限公司	葛玄子	
42	中国人保财险华东中心（一期）2-4号楼及地下室工程	中国建筑第八工程局有限公司	辛月升	中建八局第一建设有限公司 中建东方装饰有限公司 青岛瑞源工程集团有限公司
43	合肥市阜阳北路（东方大道-北外环高速）工程	安徽省公路桥梁工程有限公司	孙　伟 王世凯	安徽路桥路面工程有限责任公司
44	海峡文化艺术中心	中建海峡建设发展有限公司	周永祥	中建科工集团有限公司 中国建筑装饰集团有限公司 中孚泰文化建筑股份有限公司 福建省永泰建筑工程公司

续表

序号	工程名称	承建单位	项目经理	参建单位
45	特房·同安新城酒店一期（2012TP01酒店）	厦门特房建设工程集团有限公司	连世洪	
46	兴业银行大厦工程	中建三局集团有限公司	周　萌	中建三局（厦门）建设有限公司 中建三局第二建设工程有限责任公司 中建深圳装饰有限公司 深圳市三鑫科技发展有限公司 深圳市中装建设集团股份有限公司
47	海峡旅游服务中心（旅游会展中心）工程	福建荣建集团有限公司	陈振枝	福建易凯建设有限公司
48	江西省人民医院红谷分院一期建设项目医疗综合楼	江西中煤建设集团有限公司	万　平	北京城建长城建筑装饰工程有限公司
49	江西省妇幼保健院红谷滩分院地下室、妇幼保健中心、门急诊楼	江西建工第一建筑有限责任公司	徐光智	江西省建华装璜有限责任公司 江西建工建筑安装有限责任公司
50	航信大厦工程	浙江宝业建设集团有限公司	祝本龙	深圳市晶宫设计装饰工程有限公司 上海紫宝建设工程有限公司 中经建筑安装工程有限责任公司
51	洛阳市隋唐洛阳城应天门遗址保护展示工程	河南六建建筑集团有限公司	王贤武	北京清尚建筑装饰工程有限公司
52	武陟县人民医院门急诊医技综合楼及地下停车场工程建设项目	郑州一建集团有限公司	杜世涛	
53	郑州市奥林匹克体育中心-体育场	中国建筑第八工程局有限公司	鞠保国	中建八局第二建设有限公司 中建科工集团有限公司 深圳市奇信集团股份有限公司 浙江东南网架股份有限公司
54	中建·光谷之星项目办公部分H地块	中建三局集团有限公司	刘道安	中建三局第三建设工程有限责任公司 中建三局安装工程有限公司 中建深圳装饰有限公司 中建东方装饰有限公司 中建三局第二建设工程有限责任公司
55	襄阳四中迁建项目	湖北省工业建筑集团有限公司	宁宏伟	湖北工建集团第三建筑工程有限公司 湖北省工业建筑集团安装工程有限公司
56	华中师范大学南湖校区教学实验综合楼及地下停车场（一期）	新七建设集团有限公司	徐　方	中建鼎元建设工程有限公司
57	东西湖区人民医院异地新建项目（一期）	武汉市傅友建设集团有限公司	白福良	山西二建集团有限公司 武汉华康世纪医疗股份有限公司 光谷技术股份公司

续表

序号	工程名称	承建单位	项目经理	参建单位
58	宜昌博物馆新馆	中建三局第一建设工程有限责任公司	雷　帆	武汉建工集团装饰工程有限公司 武汉博艺美建筑装饰安装工程有限公司
59	环东湖绿道工程（湖中道、郊野道）	中国一冶集团有限公司 中建三局集团有限公司 汇绿园林建设发展有限公司 武汉市花木公司	吴宗庆 王甲兵 王少波 李鹏飞	武汉市马鞍山苗圃发展有限公司 武汉建开工程总承包有限责任公司 中建三局第三建设工程有限责任公司 中建三局基础设施建设投资有限公司
60	南县人民医院异址新建项目	湖南省第四工程有限公司	刘桂林	湖南四建安装建筑有限公司 湖南建工集团装饰工程有限公司 湖南洪山建设集团有限公司
61	长沙智能终端产业双创孵化基地项目（一期）生产厂房及动力站	中建五局第三建设有限公司	皮远明	中建五局安装工程有限公司 中建五局装饰幕墙有限公司 中建不二幕墙装饰有限公司
62	邵阳市纪检监察办案场所（1号办案楼、2号综合楼及地下室）	湖南省沙坪建设有限公司	汪海春	湖南沙坪装饰有限公司
63	新桂广场·新桂国际	湖南省第五工程有限公司	陈　宇	湖南天禹设备安装有限公司 湖南艺光装饰装潢有限责任公司
64	中国资本市场学院建设工程	中国建筑第八工程局有限公司	鞠保国	中建八局第二建设有限公司 深圳市美芝装饰设计工程股份有限公司
65	基金大厦项目施工总承包工程	中国华西企业有限公司	严　强	深圳市华西安装工程有限公司 深圳市宝鹰建设集团股份有限公司 中建深圳装饰有限公司 深圳市奇信集团股份有限公司
66	中山大学珠海校区大气科学学院楼	广东建星建造集团有限公司	石　青	
67	坪山高新区综合服务中心设计采购施工（EPC）总承包工程	中建二局第一建筑工程有限公司 中建科技集团有限公司	夏春颖 蒋　杰	中建深圳装饰有限公司 中建科工集团有限公司 深圳海外装饰工程有限公司 中建二局安装工程有限公司
68	民大广场（B楼）	湛江市第四建筑工程有限公司	王　艺	广东省工业设备安装有限公司 深圳市中装建设集团股份有限公司 深圳市奇信集团股份有限公司
69	壹成中心花园（A824-0118）（3座、4座、5座、6座、裙房及其地下室）	江苏省华建建设股份有限公司	窦　真	江苏邗建集团有限公司 江苏伟业安装集团有限公司 江苏华宇装饰集团有限公司 深圳广田集团股份有限公司
70	广西建工大厦1号楼、2号楼工程	广西建工集团第一建筑工程有限责任公司 广西建工集团第五建筑工程有限责任公司	梁　兵 雷　雨	广西建工集团第二建筑工程有限责任公司 广西建工集团联合建设有限公司 广西建工集团基础建设有限公司

续表

序号	工程名称	承建单位	项目经理	参建单位
71	南宁市轨道交通 3 号线一期工程（科园大道～平乐大道）	中国中铁股份有限公司 中国铁建股份有限公司 中铁隧道局集团有限公司 中铁一局集团有限公司 中铁十八局集团有限公司 中铁二十五局集团有限公司	刘进友 臧守杰 林 锐 李奎发 董瑞桥 谢碧辉	中铁隧道局集团建设有限公司
				中铁三局集团有限公司
				中铁三局集团线桥工程有限公司
				中铁四局集团有限公司
				中铁七局集团有限公司
				中铁八局集团有限公司
				中铁九局集团有限公司
				中铁上海工程局集团有限公司
				中铁广州工程局集团有限公司
				中铁十一局集团有限公司
				中铁十二局集团有限公司
				中铁十六局集团有限公司
				中铁十九局集团有限公司
				中铁二十局集团有限公司
				中国铁建电气化局集团有限公司
				中国铁建大桥工程局集团有限公司
				中铁城建集团有限公司
				中铁二十四局集团有限公司
72	海南兴隆希尔顿逸林滨湖度假酒店 1 号楼	中国建筑第六工程局有限公司	武 科	浙江华汇安装股份有限公司
				中建电子信息技术有限公司
				中建六局装饰工程有限公司
73	长影海南生态文化产业园中国区	中铁建设集团有限公司	李 鹤	中铁建设集团南方工程有限公司
				中铁建设集团设备安装有限公司
				深圳市万德建设集团股份有限公司
				广西华宇建工有限责任公司
				福建省浩业建设工程有限公司
				北京中铁装饰工程有限公司
74	创孵（总部）基地一期 PPP 项目总部城工程-研发展示中心	四川省第十一建筑有限公司	杨秋驰	金刚幕墙集团有限公司
				成都东南钢结构有限公司
75	梅山春晓大桥工程	四川公路桥梁建设集团有限公司	邓亨长	中铁山桥集团有限公司
76	成都露天音乐公园	中国五冶集团有限公司	沈昌伟	五冶集团装饰工程有限公司
77	成都城市音乐厅（成都城市音乐厅（综合剧场部分））	中建三局集团有限公司	任志平	中孚泰文化建筑股份有限公司
				中建深圳装饰有限公司
				中建三局智能技术有限公司
				浙江大丰实业股份有限公司
				中建科工集团有限公司
				中建东方装饰有限公司
78	遂宁市宋瓷文化中心项目（博物馆、科技馆、城乡规划展览馆）	中国建筑第八工程局有限公司	李新平	中建八局第二建设有限公司
				中建八局装饰工程有限公司
				四川省泰龙建设集团有限公司

续表

序号	工程名称	承建单位	项目经理	参建单位
79	重庆市巴南区三级甲等医院	重庆巨能建设（集团）有限公司	陈时伟	重庆中环建设有限公司 重庆千牛建设工程有限公司 重庆巨能建设集团四川有限公司 重庆巨能建设集团路桥工程有限公司 重庆巨能建设集团建筑安装工程有限公司
80	忠县电竞场馆及配套设施项目EPC	中国建筑第二工程局有限公司 中建科工集团有限公司	陈克飞 刘　星	中建二局安装工程有限公司 中建二局装饰工程有限公司 湖北龙泰建筑装饰工程有限公司 重庆高如建筑工程有限公司 广西建工集团第一建筑工程有限责任公司 重庆建工第十一建筑工程有限责任公司
81	总部广场二期工程	重庆建工集团股份有限公司	王　辉	重庆建工第三建设有限责任公司 重庆建工渝远建筑装饰有限公司 重庆工业设备安装集团有限公司 重庆西南铝装饰工程有限公司 河南省中创建筑工程有限公司
82	贵州省地质资料馆暨地质博物馆建设项目	中铁五局集团建筑工程有限责任公司	张　良	贵州飞大装饰有限公司 湖南顺源建设工程有限公司
83	昆明规划馆	云南建投第三建设有限公司	沈雁波	云南泛远建设工程有限公司 云南友鹏装饰工程有限公司
84	楚雄市政务服务中心项目	云南建投第二建设有限公司	张光富	云南建投安装股份有限公司 山东美达建工集团股份有限公司
85	西安交通大学科技创新港科创基地项目	陕西建工集团股份有限公司	沈兰康	陕西建工装饰集团有限公司 陕西建工安装集团有限公司 陕西华山路桥集团有限公司 陕西建工第二建设集团有限公司 陕西建工第四建设集团有限公司 陕西建工第八建设集团有限公司
86	宝鸡文化艺术中心（新建）	宝鸡市第二建筑工程有限责任公司	杨江平	浙江精工钢结构集团有限公司 中建七局建筑装饰工程有限公司 宝鸡建安集团股份有限公司
87	延长石油科研中心	陕西建工集团股份有限公司	吴　延	陕西建工第一建设集团有限公司 陕西建工安装集团有限公司 陕西恒业建设集团有限公司 陕西建工机械施工集团有限公司 陕西华新建工集团有限公司
88	陕西中烟工业有限责任公司澄城卷烟厂易地技术改造项目联合工房	陕西建工集团股份有限公司	李朝晖	陕西建工第四建设集团有限公司 陕西建工安装集团有限公司 陕西建工机械施工集团有限公司 陕西盈湖设备安装有限公司

续表

序号	工程名称	承建单位	项目经理	参建单位
89	西安理工大学曲江校区图书馆	陕西建工第十一建设集团有限公司	高　峰	
90	北京第二实验小学兰州分校	甘肃第三建设集团有限公司	张渭军	
91	吴忠市人民医院迁建项目（一期）门诊医技楼、住院楼工程	宁夏宏远建设工程有限公司 安徽四建控股集团有限公司 北京建工集团有限责任公司	马少鹏 张寿俊 徐　峰	
92	石嘴山银行银川分行办公大楼	江苏江都建设集团有限公司	李治峰	
93	青海国投广场建设工程施工一标段	江苏省建工集团有限公司	万双明	江苏南工科技集团有限公司 南通华荣建设集团有限公司 深圳市博大建设集团有限公司
94	新疆艺术中心	江苏南通二建集团有限公司	顾建辉	江苏启安建设集团有限公司 苏州苏明装饰股份有限公司 苏州金螳螂建筑装饰股份有限公司 中建三局集团有限公司
95	重庆至贵阳铁路扩能改造工程新白沙沱长江特大桥	中铁大桥局集团有限公司	季跃华	中铁大桥局集团第一工程有限公司 中铁大桥局集团第八工程有限公司
96	新建吉安西站站房及相关工程	中铁建设集团有限公司	王　硕	浙江东南网架股份有限公司 北京中铁装饰工程有限公司 湖南洪山建设集团有限公司
97	银川北京路延伸及滨河黄河大桥工程	上海绿地建设（集团）有限公司 中铁大桥局集团有限公司	胡　华 曹克强	中铁大桥局集团第一工程有限公司 上海朝泰建设工程有限公司
98	长江南京以下12.5米深水航道二期工程	长江航道局 中交第三航务工程局有限公司 中交第一航务工程局有限公司	王小华 曹根祥 张庆文	中交第二航务工程局有限公司 中交上海航道局有限公司 中交天津航道局有限公司
99	河北邢西500kV变电站新建工程	河北省送变电有限公司	王怀民	邢台兴力集团有限公司
100	上海庙±800千伏换流站工程	国网湖北送变电工程有限公司	乾　俊	湖南省送变电工程有限公司
101	湖北华电江陵发电有限公司一期2×660兆瓦超超临界燃煤发电机组工程	中国华电科工集团有限公司	陈利平	中电建湖北电力建设有限公司 中国能源建设集团湖南火电建设有限公司 浙江菲达环保科技股份有限公司 中国十五冶金建设集团有限公司 中国能源建设集团安徽电力建设第二工程有限公司

续表

序号	工程名称	承建单位	项目经理	参建单位
102	濮阳龙丰"上大压小"新建项目	河南省第二建设集团有限公司 中国电建集团河南工程有限公司	丁泽培 王彦峰	
103	北仑区梅山水道抗超强台风渔业避风锚地工程（北堤）	浙江艮威水利建设有限公司	邵永刚	
104	中天合创能源有限责任公司门克庆矿井及选煤厂建设项目	中煤建筑安装工程集团有限公司 中煤第一建设有限公司	李远宝 苏　永	中煤第五建设有限公司 中煤第六十八工程有限公司 中煤第九十二工程有限公司
105	山钢集团日照钢铁精品基地项目轧钢工程（2050毫米热轧、2030毫米冷轧）	中国二十冶集团有限公司 上海宝冶集团有限公司	袁殿文 张　林 马广明	浙江二十冶建设有限公司 德成建设集团有限公司
106	珠海十字门会展商务组团一期标志性塔楼（办公酒店）工程	上海宝冶集团有限公司	靳　峰	广东景龙建设集团有限公司 深圳市建筑装饰（集团）有限公司 湖南建工集团有限公司 上海宝冶建筑装饰有限公司 深圳市三鑫科技发展有限公司 珠海华发景龙建设有限公司
107	白银市地下综合管廊建设工程Ⅰ标段	中国一冶集团有限公司	魏华杰	喀什华达建设工程有限责任公司
108	中冶新材料项目工程	中国二十二冶集团有限公司 中冶天工集团有限公司 中国恩菲工程技术有限公司	吴东风 张　彦 刘　诚	唐山德盛城科技有限公司
109	通州区再生能源发电厂	山东淄建集团有限公司	张富贵	中国能源建设集团广东火电工程有限公司 深圳金粤幕墙装饰工程有限公司 中国机械工业第四建设工程有限公司
110	长阳航天城科技园三院北京华航无线电测量研究所建设项目（一期）3-1科研研试调度中心（Ⅰ-Ⅲ段）	中航天建设工程集团有限公司	周永宏	
111	广州周大福金融中心	中国建筑股份有限公司	叶浩文	中国建筑第四工程局有限公司 中建三局第一建设工程有限责任公司 中建科工集团有限公司 中建四局安装工程有限公司 中铁建工集团有限公司 江河创建集团股份有限公司

续表

序号	工程名称	承建单位	项目经理	参建单位
112	华润总部大厦	中建三局集团有限公司	白宝军	中建三局第二建设工程有限责任公司 中建科工集团有限公司 中建三局智能技术有限公司 广州江河幕墙系统工程有限公司 北京优高雅装饰工程有限公司
113	中国建设银行股份有限公司山东省分行综合营业楼项目	中国建筑第八工程局有限公司	张　志	中建八局第一建设有限公司 中建八局装饰工程有限公司 青岛瑞源工程集团有限公司
114	国寿大厦	中国建筑第五工程局有限公司 中国建筑第八工程局有限公司	徐玉强 王大勇	中建五局装饰幕墙有限公司 中建八局第二建设有限公司 深圳市建筑装饰（集团）有限公司 浙江亚厦装饰股份有限公司 北京江河幕墙系统工程有限公司
115	CBD 核心区 Z13 地块商业金融项目	中建一局集团建设发展有限公司	商文升 王东宇	北京中建华威建设发展有限公司 北京中建华昊建筑工程有限公司 中建一局集团安装工程有限公司 中山盛兴股份有限公司
116	昆明三峡大厦一期项目	中建二局第三建筑工程有限公司	陈　军	中建二局安装工程有限公司 中建二局装饰工程有限公司 浙江宝业幕墙装饰有限公司 北京航天万源建筑工程有限责任公司 中国建筑装饰集团有限公司
117	济宁市文化中心	中建三局集团有限公司	熊焕然	中建科工集团有限公司 中建深圳装饰有限公司 苏州金螳螂建筑装饰股份有限公司 江苏合发集团有限责任公司
118	新建石家庄至济南铁路客运专线济南黄河公铁两用桥工程	中铁四局集团有限公司	郭　晓	中铁四局集团第二工程有限公司 中铁四局集团钢结构建筑有限公司 中铁十局集团有限公司 中铁电气化局集团有限公司
119	波音 737MAX 飞机完工及交付中心定制厂房及配套设施建设项目工程	中铁建工集团有限公司	陈　超	
120	新建济南至青岛高速铁路工程站房及相关工程施工总价承包 JQGTZFSG-6 标潍坊北站	中铁建工集团有限公司	王中伟	江苏沪宁钢机股份有限公司
121	武汉市轨道交通 8 号线一期工程	中铁十四局集团有限公司 中铁一局集团有限公司 中国水利水电第八工程局有限公司 中铁四局集团有限公司	张　哲 李霄辉 王晓伟 钱枞雄	中铁十四局集团大盾构工程有限公司 中铁十一局集团电务工程有限公司 中国建筑装饰集团有限公司 中铁十二局集团电气化工程有限公司

续表

序号	工程名称	承建单位	项目经理	参建单位
122	北京新机场南航基地项目	中铁建设集团有限公司 北京建工集团有限责任公司 中国建筑一局（集团）有限公司 中国建筑第二工程局有限公司 中国新兴建设开发有限责任公司	王广为 原　波 周广存 李　波 焦中岭	中铁建设集团北京工程有限公司 中铁建设集团设备安装有限公司 北罡建设工程有限公司 广东世纪达建设集团有限公司 中建一局集团建设发展有限公司 北京江河幕墙系统工程有限公司 北京筑邦建筑装饰工程有限公司 北京城建亚泰建设集团有限公司 中建二局安装工程有限公司 森特士兴集团股份有限公司 江苏沪宁钢机股份有限公司 国泰瑞安股份有限公司 北京市建筑工程装饰集团有限公司 北京市设备安装工程集团有限公司 浙江东南网架股份有限公司 北京海泉电力安装有限公司 中建安装集团有限公司
123	广西大学君武文化艺术教育中心项目	中铁建设集团有限公司	狄春锋	中铁建设集团南方工程有限公司 中铁建设集团设备安装有限公司 中孚泰文化建筑股份有限公司 西安飞机工业装饰装修工程股份有限公司
124	武汉市四环线沌口长江公路大桥	中交第二航务工程局有限公司	付望林	重庆市智翔铺道技术工程有限公司 武汉中交交通工程有限责任公司 武船重型工程股份有限公司
125	重庆万州至湖北利川高速公路（重庆段）驸马长江大桥	中交一公局集团有限公司	吴　琼	中交一公局第三工程有限公司 中交一公局厦门工程有限公司 中交一公局交通工程有限公司
126	上海国际航运中心洋山深水港区四期工程	上海振华重工（集团）股份有限公司	张　健	中交第三航务工程局有限公司 中交上海航道局有限公司 中港疏浚有限公司
127	亚洲基础设施投资银行总部永久办公场所	北京建工集团有限责任公司 北京城建集团有限责任公司 中国建筑第八工程局有限公司	杜洪涛 黄越平 任合仕	北京市第五建筑工程集团有限公司 北京市机械施工集团有限公司 北京市设备安装工程集团有限公司 苏州柯利达装饰股份有限公司 江苏沪宁钢机股份有限公司 中建科工集团有限公司 北京城乡建设集团有限责任公司 西安西航集团铝业有限公司 中建东方装饰有限公司 中建八局第三建设有限公司

续表

序号	工程名称	承建单位	项目经理	参建单位
127	亚洲基础设施投资银行总部永久办公场所	北京建工集团有限责任公司 北京城建集团有限责任公司 中国建筑第八工程局有限公司	杜洪涛 黄越平 任合仕	北京城建二建设工程有限公司 深圳市华辉装饰工程有限公司 北京城建北方集团有限公司 北京城建亚泰建设集团有限公司 浙江精工钢结构集团有限公司 北京市建筑工程装饰集团有限公司 浙江中南建设集团有限公司 中建八局装饰工程有限公司 中电系统建设工程有限公司 中国建筑设计研究院有限公司 同方股份有限公司 北京住总装饰有限责任公司
128	北京市朝阳区 CBD 核心区 Z15 地块项目（中信大厦）	中建三局集团有限公司 中国建筑股份有限公司 中建安装集团有限公司	汤才坤 肖　南 丁　锐	中建科工集团有限公司 苏州金螳螂建筑装饰股份有限公司 江苏沪宁钢机股份有限公司 北京江河幕墙系统工程有限公司 北京华美装饰工程有限责任公司 浙江亚厦装饰股份有限公司 深圳市建筑装饰（集团）有限公司 中建三局安装工程有限公司 中建深圳装饰有限公司 中建东方装饰有限公司 中建一局集团建设发展有限公司 中建电子信息技术有限公司 深圳市智宇实业发展有限公司
129	对外服务业务楼等 7 项（国家知识产权局专利业务用房）	中国建筑第二工程局有限公司	董　瑄	苏州柯利达装饰股份有限公司 中建二局安装工程有限公司 中建二局装饰工程有限公司 北京太平机电设备安装有限责任公司 北京亚洲卫星通信技术有限公司
130	朝阳区垡头地区焦化厂公租房项目(17号、21号、22号公租房、DE地下车库-1)	北京城乡建设集团有限责任公司	谭江山	北京市住宅产业化集团股份有限公司
131	中国医学科学院肿瘤医院住院综合楼（医技用房、手术用房、病房等）	中铁建设集团有限公司	徐　斌	中铁建设集团北京工程有限公司 中铁建设集团设备安装有限公司 北昱建设工程有限公司 北京侨兴达装饰工程有限公司
132	东第家园三期 15-23 号楼、地下车库项目	天津天一建设集团有限公司	郑　华	

续表

序号	工程名称	承建单位	项目经理	参建单位
133	中共天津市委党校二期新建项目	中国建筑第八工程局有限公司	马立鹏	中星联丰建设集团有限公司
				中建八局装饰工程有限公司
				天津安装工程有限公司
				深圳市广弘盛工程建设有限公司
134	景州文体中心工程	河北建工集团有限责任公司	李志广	河北建工集团装饰工程有限公司
				河北建工集团生态环境有限公司
135	电谷科技中心2号研发生产楼	河北建设集团股份有限公司	孟志刚	河北建设集团装饰工程有限公司
				河北天森建工集团有限公司
				保定雪花电器工程实业有限公司
				河北新华幕墙有限公司
136	赣榆区莒城湖水厂项目	河北省第二建筑工程有限公司	李军巧	连云港赣榆市政建筑园林有限公司
137	鄂尔多斯市蒙古族学校（新校区）建设项目	兴泰建设集团有限公司	高培义	内蒙古铭世泰生态园林有限公司
				南通道恒建设工程有限公司
				山东友联工程有限公司
				内蒙古电子科技有限责任公司
				内蒙古兴泰科技装饰集团有限公司
138	国电综合业务楼	赤峰鑫盛隆建筑工程有限责任公司	赵玉君	凯建建筑安装工程有限公司
				上海森信建设集团有限公司
				内蒙古方睿建筑工程有限责任公司
139	长治县大医院医疗综合大楼及配套工程建设项目	山西二建集团有限公司	赵奋勇	山西六建集团有限公司
				中建五局第三建设有限公司
				国基建设集团有限公司
140	高平市神农健康城项目	山西四建集团有限公司	胡勇刚	山西广业建设工程有限公司
141	综合教学楼	太原市第一建筑工程集团有限公司	张晋峰	山西龙城建设集团有限责任公司
				陕西建工第一建设集团有限公司
142	台辉高速公路豫鲁界至范县段—黄河特大桥	中国建筑第八工程局有限公司	高登峰	中国建筑土木建设有限公司
				中建八局大连建设工程有限公司
				中建八局天津建设工程有限公司
				中建八局第三建设有限公司
143	双辽至洮南高速公路建设项目	中国中铁股份有限公司	高兴泽	中铁四局集团路桥工程有限公司
				中铁北京工程局集团第六工程有限公司
				中铁五局集团有限公司
				中铁五局集团机械化工程有限责任公司
				中铁七局集团第三工程有限公司
				中铁十局集团有限公司
				北京云星宇交通科技股份有限公司
				中铁北京工程局集团有限公司
				中铁九桥工程有限公司

续表

序号	工程名称	承建单位	项目经理	参建单位
144	鸡西市人民医院门诊、医技、病房综合楼	江苏省苏中建设集团股份有限公司	陆　俊	南通市第七建筑安装工程有限公司
				苏中达科智能工程有限公司
				北京住总装饰有限责任公司
145	港城广场建设项目（16-1地块）	中国建筑第八工程局有限公司	边守江	青岛瑞源工程集团有限公司
				上海建溧建设集团有限公司
				广东省建筑工程机械施工有限公司
				上海嘉春装饰设计工程有限公司
				中建八局第一建设有限公司
				上海绿地建筑装饰工程有限公司
146	九棵树（上海）未来艺术中心新建工程—未来艺术中心	上海建工四建集团有限公司 上海市建工设计研究总院有限公司	赵　斌	上海市安装工程集团有限公司
				上海市机械施工集团有限公司
				上海旭博建筑装饰工程有限公司
				上海市建筑装饰工程集团有限公司
147	前滩中心 25-02 地块办公楼	上海建工一建集团有限公司	王俊杰	上海市建筑装饰工程集团有限公司
				上海强荣建设集团有限公司
				上海秋元华林建设集团有限公司
				上海市机械施工集团有限公司
				上海一建建筑装饰有限公司
				上海江河幕墙系统工程有限公司
				上海森信建设集团有限公司
148	创晶科技中心（临港科技创新城 A0202 地块项目）	上海建工七建集团有限公司	张军烈	上海市安装工程集团有限公司
				上海祥谷钢结构工程有限公司
				中建不二幕墙装饰有限公司
				上海建工一建集团有限公司
149	江苏省供销合作经济产业园（A 栋、B 栋、C 地下室）	南通新华建筑集团有限公司	赵勇杰	江苏华东建设基础工程有限公司
				南通承悦装饰集团有限公司
				武汉凌云建筑装饰工程有限公司
150	南通国际会展中心	南通四建集团有限公司	顾晓峰	江苏达海智能系统股份有限公司
				苏州金螳螂建筑装饰股份有限公司
				南通承悦装饰集团有限公司
				江苏沪宁钢机股份有限公司
				上海祥谷钢结构工程有限公司
151	苏州市第二工人文化宫	中亿丰建设集团股份有限公司	王志祥	中亿丰（苏州）绿色建筑发展有限公司
				苏州金螳螂建筑装饰股份有限公司
				苏州中亿丰科技有限公司
152	苏州第二图书馆	苏州第一建筑集团有限公司	周　凉	苏州市洪鑫机电设备安装工程有限公司
				苏州广林建设有限责任公司
153	常州市轨道交通工程控制中心及综合管理用房	江苏武进建工集团有限公司	黄留法	江苏鑫洋装饰工程有限公司
				江苏武进星辰装饰有限公司
				江苏华淳建设工程有限公司

续表

序号	工程名称	承建单位	项目经理	参建单位
154	启东市文化体育中心	江苏南通二建集团有限公司	陈 兵	中孚泰文化建筑股份有限公司 江苏启安建设集团有限公司 苏州金螳螂幕墙有限公司
155	衢州市区生活垃圾焚烧发电项目	浙江省二建建设集团有限公司	孙小明	浙江宏兴建设有限公司 江苏常虹钢结构工程有限公司 山东省工业设备安装集团有限公司
156	嘉善县文化惠民项目	中元建设集团股份有限公司	沈建明	嘉兴市方舟装饰工程有限公司 杭州市设备安装有限公司 嘉兴市中元幕墙有限公司 江苏大美天第文化产业有限公司
157	振石科技中心	巨匠建设集团股份有限公司	曹应标	深圳广田集团股份有限公司
158	长峙岛 CZ-a-2 号地块一期工程	恒尊集团有限公司	张朝明	辉迈建设集团有限公司
159	宁波栎社国际机场三期扩建工程-T2 航站楼、交通中心工程	宁波市建设集团股份有限公司 海达建设集团有限公司	苗志春 周豪峰	浙江东南网架股份有限公司 浙江亚厦装饰股份有限公司
160	长兴太湖博览园及基础设施配套工程	浙江省建工集团有限责任公司	刘文吉	浙江省武林建筑装饰集团有限公司 浙江建工设备安装有限公司
161	淄博市中心医院西院区一期	山东金城建设有限公司 山东高阳建设有限公司	王廷华 杨森林	山东金城装饰工程有限公司 淄博美达装饰设计工程有限公司
162	淄博市文化中心 AC 组团项目	山东天齐置业集团股份有限公司 中国建筑第八工程局有限公司	李小龙 陈成林	中建八局装饰工程有限公司 苏州金螳螂建筑装饰股份有限公司 中建八局第一建设有限公司 深圳洪涛集团股份有限公司 湖南省沙坪建设有限公司
163	浪潮科技园 S02 科研楼	天元建设集团有限公司	郭鹏飞	山东天元安装工程有限公司 浙江亚厦幕墙有限公司 万得福实业集团有限公司 上海市建筑装饰工程集团有限公司
164	济南市传染病医院新建项目门诊医技住院楼	金瀚建设有限公司	贾 涛	中宝鼎盛建设集团有限公司
165	济南轨道交通大厦	济南四建（集团）有限责任公司 中国建筑第八工程局有限公司	马 昕 徐 超	济南四建集团智能消防工程有限责任公司 山东国宸装饰工程有限公司 深圳市科源建设集团股份有限公司 中建八局第二建设有限公司 万得福实业集团有限公司 山东津单幕墙有限公司 深圳新艺华建筑装饰工程有限公司

续表

序号	工程名称	承建单位	项目经理	参建单位
166	青岛市轨道交通辽阳东路应急指挥中心	中青建安建设集团有限公司	况成强	东亚装饰股份有限公司 中嘉建盛建工集团有限公司 青建集团股份公司
167	淮北市采煤塌陷区生态综合治理工程	安徽省交通航务工程有限公司 淮北淮海建设工程有限责任公司 安徽建工集团股份有限公司	邵　佳 苏　伟 阮　明	苏州金螳螂园林绿化景观有限公司 安徽省路港工程有限责任公司
168	寿县文化艺术中心项目	圣沃建设集团有限公司	褚　杰	安徽唯民建筑工程有限公司 宏盛建业投资集团有限公司
169	合肥离子医学中心工程项目合肥离子医学中心主楼、医用气体	中国建筑第八工程局有限公司	温卫军	江苏苏鑫装饰（集团）公司 南京国豪装饰安装工程股份有限公司 讯飞智元信息科技有限公司 上海普宏建设工程有限公司 合肥科大立安安全技术有限责任公司
170	福州第三中学滨海校区	福建省二建建设集团有限公司	曾木水	
171	晋江市第二体育中心-体育馆、游泳馆、训练馆、平台及商业	中建海峡建设发展有限公司	胡友伟	中建海峡（厦门）建设发展有限公司 徐州鹏程钢结构工程有限公司 中建科工集团有限公司 浙江东南网架股份有限公司 泉州市磊盛装饰工程有限公司
172	厦门国际会展中心四期项目（B8B9馆及配套东广场地下室）	上海宝冶集团有限公司	王　靖	中冶（上海）钢结构科技有限公司 深圳市维业装饰集团股份有限公司
173	厦门市心脏中心	福建三建工程有限公司	方雨柏	厦门中联永亨建设集团有限公司 厦门金腾装饰集团有限公司
174	上饶市建筑科技产业园-总部经济园（地下室、2-4楼）	宏盛建业投资集团有限公司	倪　冰	江西国金建设集团有限公司 圣沃建设集团有限公司 江西建工第三建筑有限责任公司
175	南昌市老年活动中心	江西昌南建设集团有限公司	王建强	美华建设有限公司
176	江西建工第二建筑有限责任公司研发中心	江西建工第二建筑有限责任公司	熊守义	
177	河南建设大厦	河南省第二建设集团有限公司	牛小昌	广州建筑装饰集团有限公司 河南省建设基础工程有限公司
178	中建创业大厦（A楼、裙房A区、C楼、裙房C区、地下车库及开闭所）	中国建筑第七工程局有限公司	陈坤鹏	中建七局建筑装饰工程有限公司 中建七局安装工程有限公司

续表

序号	工程名称	承建单位	项目经理	参建单位
179	中国（河南）自由贸易试验区洛阳片区综合服务中心（洛阳创岩创业服务有限公司服务楼）	河南三建建设集团有限公司	郑逢辉	科兴建工集团有限公司
180	息县高级中学建设项目二期工程	河南科建建设工程有限公司	马西锋	苏州金螳螂建筑装饰股份有限公司 郑州诺林电子科技有限公司 新蒲建设集团有限公司
181	荆州市中心医院荆北新院一期	中建三局集团有限公司	王　颖	中建三局第二建设工程有限责任公司 中建三局智能技术有限公司 中泽（荆州）建设工程有限公司 武汉华康世纪医疗股份有限公司 上海延华智能科技（集团）股份有限公司 江西建工第一建筑有限责任公司
182	湖北省妇幼保健院光谷分院项目一期门诊楼	民族建设集团有限公司	卢友余	湖北省工业建筑集团有限公司
183	金银湖协和医院	中天建设集团有限公司	华国飞	浙江中天智汇安装工程有限公司 浙江浙大中控信息技术有限公司 武汉凌宏建筑装饰工程有限公司
184	武汉杨泗港长江大桥（鹦鹉堤～八铺街堤）正桥工程	中铁大桥局集团有限公司	罗瑞华	
185	天易示范区文体公园A、B、C、D、E区主体工程及景观工程	湖南省第三工程有限公司	罗志军	湖南华意建筑装修装饰有限公司
186	湖南省美术馆及文艺家之家	湖南省第六工程有限公司	刘立明	湖南六建装饰设计工程有限责任公司 湖南六建机电安装有限责任公司 湖南建工集团装饰工程有限公司 湖南省城市建筑集团有限公司
187	山河工业城二期新总部基地项目一总部大楼	湖南东方红建设集团有限公司	张　灿	
188	中南大学湘雅医院教学科研楼	中建五局第三建设有限公司	何　兴	中建不二幕墙装饰有限公司 中建五局装饰幕墙有限公司
189	乐昌正升华府（一期工程）	广东正升建筑有限公司	李伟丰	
190	茂名市电白区绿能环保发电项目	湖南省工业设备安装有限公司	王长胜	广东融都建设有限公司 广东永骏建筑工程有限公司
191	前海国际会议中心总承包工程	中国建筑第八工程局有限公司	孙　磊	中建八局第二建设有限公司 中建八局装饰工程有限公司 苏州金螳螂建筑装饰股份有限公司 深圳市方大建科集团有限公司

续表

序号	工程名称	承建单位	项目经理	参建单位
192	季华实验室一期建设项目(B1栋、B3栋、B4栋、C1栋)	广东省六建集团有限公司	张建基	广东怡信电力工程有限公司
193	五华县足球文化公园体育场馆（第一期、第二期）	广东五华一建工程有限公司	蔡祥卿	广东省兴宁市第二建筑工程有限公司 深圳市嘉信建设集团有限公司 浙江东南网架股份有限公司
194	深圳湾科技生态园项目四区施工总承包12栋	中国建筑第二工程局有限公司	邵宝奎	深圳市中装建设集团股份有限公司 中建二局装饰工程有限公司
195	邕江综合整治和开发利用景观及亮化工程（北岸清川大桥至五象大桥段）	广西建工集团控股有限公司 中建八局第二建设有限公司 中铁一局集团有限公司 广西建工集团冶金建设有限公司 中国建筑第五工程局有限公司	杨志海 张广岁 布　强 莫继文 张　胥	中铁七局集团有限公司 广东永和建设集团有限公司 广西城建建设集团有限公司 广西碧虹建设集团有限公司
196	交投大厦	广西建工第五建筑工程集团有限公司 广西建工第一建筑工程集团有限公司 广西建工集团冶金建设有限公司	闫　勇 赵鲜鸾 刘　春	中恒建设集团有限公司
197	海南省儿童医院新建项目(一期)	海南建设工程股份有限公司	李　玮	中商联合泰盛建筑集团有限公司 海南第五建设工程有限公司 江苏省建筑工程集团有限公司
198	川北医学院附属医院新区医院住院大楼建设项目	中国华西企业股份有限公司	刘维轩	四川省第十五建筑有限公司
199	泸州老窖酿酒工程技改项目—主生产线	中国五冶集团有限公司 中国建筑一局（集团）有限公司	刘世国 李文乾	中冶成都勘察研究总院有限公司 中建一局集团第二建筑有限公司 中建一局集团安装工程有限公司 四川省工业设备安装集团有限公司
200	西南交通大学犀浦校区3号教学楼	成都建工第八建筑工程有限公司	任　杰	成都建工集团有限公司 成都建工工业设备安装有限公司 四川天适空调工程技术有限责任公司
201	丰德成达中心1号楼及地下室	中国华西企业股份有限公司	马国超	北京港源建筑装饰工程有限公司 中国五冶集团有限公司 成都建工工业设备安装有限公司 深圳市方大建科集团有限公司 重庆工业设备安装集团有限公司
202	雅康高速泸定大渡河大桥	四川公路桥梁建设集团有限公司	徐国挺	中铁宝桥集团有限公司

续表

序号	工程名称	承建单位	项目经理	参建单位
203	重庆涉外商务区B区二期	重庆教育建设（集团）有限公司	文传贵	浙江省邮电工程建设有限公司 重庆建工第九建设有限公司 重庆思源建筑技术有限公司 厦门辉煌装修工程有限公司
204	深圳市东部过境高速公路工程第一合同段莲塘隧道	重庆中环建设有限公司	魏 超	中南建设集团有限公司 四川晴宇交通科技有限公司 深圳市锦粤达科技有限公司 重庆巨能建设集团建筑安装工程有限公司 重庆巨能建设集团路桥工程有限公司 重庆巨能建设集团四川有限公司 重庆千牛建设工程有限公司 重庆川九建设有限责任公司
205	快速路一横线歇马至蔡家段工程—中梁山歇马隧道及东西干道二标段工程	中铁十四局集团有限公司 中冶建工集团有限公司	刘京增 唐元虎	中铁十四局集团第五工程有限公司
206	新八达岭隧道及长城站工程	中铁五局集团有限公司	陈彬	中铁五局集团第四工程有限责任公司 中铁五局集团建筑工程有限责任公司
207	昆明万达城（KCXS2017-10-A1地块）一期娱雪、海洋乐园	中国建筑第二工程局有限公司	张 勇	中建二局安装工程有限公司 上海市安装工程集团有限公司 安徽富煌钢构股份有限公司 广东美科设计工程有限公司 重庆全冠建筑工程有限公司
208	环湖南路古城段景观及道路提升改造工程	西南交通建设集团股份有限公司 中铁上海工程局集团有限公司 中铁十局集团第五工程有限公司	李升连 尹 竹 蔡红涛	云南建投中航建设有限公司
209	川藏公路（西藏境）通麦至105道班段整治改建工程迫龙沟特大桥	中铁大桥局集团有限公司	张煊鑫	中铁大桥局集团第六工程有限公司
210	曲江·国际中小学	陕西建工第一建设集团有限公司	王 佳	陕西建工基础工程集团有限公司 北京市力安达消防安全工程有限公司 苏州金螳螂建筑装饰股份有限公司 苏州朗捷通智能科技有限公司 华新建工集团有限公司
211	华山医疗养生中心主体工程建设项目	陕西建工第四建设集团有限公司	冯 华	华新建工集团有限公司 臻友建设有限公司
212	安康汉江大剧院工程	陕西建工集团有限公司	陈 培	陕西建工第十二建设集团有限公司 陕西建工机械施工集团有限公司 陕西建工第一建设集团有限公司 陕西建工装饰集团有限公司 中明建投建设集团有限责任公司

续表

序号	工程名称	承建单位	项目经理	参建单位
213	甘肃敦煌机场扩建工程航站区等工程	中铁建工集团有限公司	蔡文刚	
214	新疆医科大学新校区（一期）教学楼及图文信息中心	中建新疆建工（集团）有限公司 江苏南通二建集团有限公司	李康明 彭向华	中建新疆建工集团第一建筑工程有限公司 中建新疆建工集团第五建筑工程有限公司 中建新疆建工土木工程有限公司 中建八局第一建设有限公司 九冶建设有限公司 江苏启安建设集团有限公司 北京东方泰洋幕墙股份有限公司
215	乌鲁木齐奥林匹克体育中心（体育馆及地下建筑）	中建三局集团有限公司	马　泉	浙江精工钢结构集团有限公司 天浩建设集团有限公司 新疆天一建工投资集团有限责任公司 江苏启安建设集团有限公司 中国建筑装饰集团有限公司 中建三局安装工程有限公司
216	华源·尚源贝阁小区	新疆新城建筑工程有限公司	马力刚	
217	新建蒙华铁路洛河大桥	中铁五局集团有限公司	李枝元	中铁五局集团机械化工程有限责任公司 中铁五局集团第六工程有限责任公司
218	新建北京至张家口铁路清华园隧道工程	中铁十四局集团有限公司	薛　峰	中铁十四局集团大盾构工程有限公司 中铁十四局集团第二工程有限公司 中铁十四局集团房桥有限公司 中铁电气化局集团有限公司
219	湖南省临湘至岳阳高速公路洞庭湖大桥	湖南路桥建设集团有限责任公司 中交路桥建设有限公司	谢　臣 南进江	
220	深圳港盐田港区西作业区集装箱码头工程	中交第四航务工程局有限公司	廖雄飞	
221	云南澜沧江大华桥水电站工程	中国水利水电第八工程局有限公司 中国水利水电第一工程局有限公司	罗长青 李怀国	
222	佛山 500 千伏凤城（顺德Ⅱ）变电站工程	广东威恒输变电工程有限公司	李建锋	
223	甘肃张掖 750 千伏变电站新建工程	甘肃送变电工程有限公司	索毓杰	甘肃第九建设集团有限责任公司
224	枣庄 1000 千伏变电站	山东送变电工程有限公司	王　圆	
225	云南省牛栏江-滇池补水工程	云南建投第一水利水电建设有限公司 中国水利水电第十四工程局有限公司	王嘉贵 陈晓洪	中铁五局集团有限公司 中铁十九局集团有限公司 中铁十六局集团第五工程有限公司 福建省水利水电工程局有限公司 中国水利水电第八工程局有限公司

续表

序号	工程名称	承建单位	项目经理	参建单位
226	温州市瓯飞一期围垦工程（北片）	浙江省第一水电建设集团股份有限公司 中交第三航务工程局有限公司 浙江省围海建设集团股份有限公司 浙江省正邦水电建设有限公司	宫宝军 施立军 王狄青 张鲁刚	浙江省水电建筑安装有限公司
227	扬州至绩溪高速公路宁国至绩溪段	安徽开源路桥有限责任公司	梁惠勇	安徽省交通建设股份有限公司 安徽省公路桥梁工程有限公司 中交第三公路工程局有限公司 中石化胜利建设工程有限公司 中煤第三建设（集团）有限责任公司 安徽省高路建设有限公司
228	首钢京唐钢铁联合有限责任公司二期一步工程一炼铁、焦化工程	北京首钢建设集团有限公司 中国五冶集团有限公司 中国一冶集团有限公司 中国二十二冶集团有限公司	王　鑫 何德忠 祝成洲 孙　海	鞍钢建设集团有限公司
229	莲塘口岸-旅检区建筑施工总承包	上海宝冶集团有限公司	彭　亮	深圳广田集团股份有限公司 中国一冶集团有限公司
230	普朗铜矿一期采选工程矿山井巷工程出矿系统	金诚信矿业管理股份有限公司	孙占群	
231	黄岛区静脉产业园项目（一期）	山东淄建集团有限公司	张升贵	山东省工业设备安装集团有限公司 西安飞机工业装饰装修工程股份有限公司 徐州东大钢结构建筑有限公司 青岛地矿岩土工程有限公司 舜元（上海）装饰工程有限公司
232	江北新区市民中心工程	中国建筑第二工程局有限公司	戴华勇	中建八局装饰工程有限公司 深圳市奇信集团股份有限公司 江苏盛凡建设工程有限公司 中国建筑装饰集团有限公司 中国通广电子有限公司 南京珍珠泉园林建设有限公司 中建二局安装工程有限公司 上海羲明建设集团有限公司
233	南康家居小镇 PPP 项目孵化器工程	中国建筑第五工程局有限公司	石润乾	中建五局土木工程有限公司 中建五局第三建设有限公司 中建五局安装工程有限公司 中建五局装饰幕墙有限公司 山西二建集团有限公司

续表

序号	工程名称	承建单位	项目经理	参建单位
234	观音文化园（观音圣坛、正法讲寺）	中建三局集团有限公司 中国建筑第八工程局有限公司	杨　锋	中建三局安装工程有限公司
				浙江省东阳木雕古建园林工程有限公司
				上海大华装饰工程有限公司
				杭州赛石园林集团有限公司
				杭州滨江区市政园林工程有限公司
				浙江中亚园林集团有限公司
				苏州金螳螂建筑装饰股份有限公司
				浙江亚厦装饰股份有限公司
				苏州金螳螂幕墙有限公司
				中建八局装饰工程有限公司
				深圳洪涛集团股份有限公司
235	浙江省台州湾大桥及接线工程	中国建筑股份有限公司 腾达建设集团股份有限公司 保利长大工程有限公司 中交第四公路工程局有限公司	李　健 唐　辉 蔡炎标 陈文平	中建三局集团有限公司
				中建港航局集团有限公司
				中国建筑一局（集团）有限公司
				中国建筑第五工程局有限公司
				中国建筑第七工程局有限公司
				中国建设基础设施有限公司
				中国建筑土木建设有限公司
				中建路桥集团有限公司
				杭州市交通工程集团有限公司
				中铁四局集团第二工程有限公司
				浙江良和交通建设有限公司
				中交一公局厦门工程有限公司
				中交三公局第一工程有限公司
				中交路桥建设有限公司
				浙江省机电设计研究院有限公司
				中咨泰克交通工程集团有限公司
				建德市路安交通设施有限公司
				江苏镇江路桥工程有限公司
236	深圳北理莫斯科大学建设工程	中国建筑一局（集团）有限公司 中国建筑第八工程局有限公司	应　博 赵　华	中建一局集团安装工程有限公司
				广东省美术设计装修工程有限公司
				深圳市科源建设集团股份有限公司
				中建八局装饰工程有限公司
				中建安装集团有限公司
				广东省工业设备安装有限公司
237	中国第一历史档案馆迁建工程	中国建筑第八工程局有限公司	余超红	中国建筑土木建设有限公司
				中建八局装饰工程有限公司
				北京港源建筑装饰工程有限公司
238	宁安铁路芜湖站工程	中铁电气化局集团有限公司	赵庆国	中铁电气化局集团北京建筑工程有限公司
				君兆建设控股集团有限公司

续表

序号	工程名称	承建单位	项目经理	参建单位
239	新建南昌至赣州铁路客运专线站房和生产生活用房及配套工程 CGFJ-5 标	中铁建工集团有限公司	李　静	华鼎建筑装饰工程有限公司 江苏沪宁钢机股份有限公司 浙江东南网架股份有限公司
240	成都地铁 7 号线工程	中国中铁股份有限公司 中铁四局集团有限公司 中铁六局集团有限公司 中铁上海工程局集团有限公司 中铁五局集团有限公司 中铁八局集团有限公司	黄天德 郑远松 刘　丹 宋　芊 粟盈盈 周　波	中铁北京工程局集团有限公司 中铁一局集团有限公司 中铁十局集团有限公司 中铁九局集团有限公司 中铁八局集团电务工程有限公司 中铁二局第二工程有限公司 中铁二局集团电务工程有限公司 中铁武汉电气化局集团有限公司 中铁四局集团机电设备安装有限公司 中铁一局集团建筑安装工程有限公司 中铁建工集团建筑安装有限公司 中铁隧道局集团有限公司 中铁二局集团装饰装修工程有限公司 中铁隧道股份有限公司 中铁三局集团电务工程有限公司 中铁六局集团电务工程有限公司 中铁二局集团有限公司
241	新建南昌至赣州客运专线赣州赣江特大桥工程	中铁十六局集团有限公司	赵　永	中铁十六局集团第五工程有限公司 中铁二十一局集团有限公司
242	新建南阳东站站房及相关工程	中铁建设集团有限公司	李双来	北京中铁装饰工程有限公司 中铁建设集团设备安装有限公司 山东龙江装饰工程有限公司 浙江东南网架股份有限公司 中铁电气化局集团有限公司
243	新建浩吉铁路汉江特大桥	中铁十一局集团有限公司	田红星	中铁十一局集团第一工程有限公司 中铁十一局集团第三工程有限公司 中国铁建电气化局集团有限公司
244	海南铺前大桥（海文大桥）	中交第二航务工程局有限公司 中交一公局集团有限公司	杨志德 傅铣明	上海振华重工（集团）股份有限公司 陕西高速交通工贸有限公司 黑龙江省龙建路桥第四工程有限公司
245	浙江省乐清湾大桥及接线工程	中交一公局集团有限公司	胡风明	中铁四局集团第二工程有限公司 中交第二公路工程局有限公司 中铁四局集团第一工程有限公司 浙江交工路桥建设有限公司
246	孝感市文化中心	中交第四公路工程局有限公司	刘立峰	南通通博设备安装集团有限公司 珠海市晶艺玻璃工程有限公司